2024

福建产业经济年鉴

FUJIAN INDUSTRIAL ECONOMY YEARBOOK

总第10卷

福建产业经济年鉴编委会 编

海峡出版发行集团 | 福建科学技术出版社
THE STRAITS PUBLISHING & DISTRIBUTING GROUP | FUJIAN SCIENCE & TECHNOLOGY PUBLISHING HOUSE

特 别 致 谢

下列单位为本书编撰提供了大量翔实的数据资料和产经信息，福建科学技术出版社为本书出版进行了精心的审读与编校，在此一并致以真诚的谢意！

福建省人民政府、各设区市、县(市、区)人民政府、平潭综合实验区管委会
福建省发展和改革委员会
福建省国有资产监督管理委员会
福建省卫生健康委员会
福建省农业农村厅
福建省工业和信息化厅
福建省住房和城乡建设厅
福建省商务厅
福建省交通运输厅
福建省科学技术厅
福建省文化和旅游厅
福建省财政厅
福建省民政厅
福建省审计厅
福建省公安厅
福建省自然资源厅
福建省生态环境厅
福建省水利厅
福建省人力资源和社会保障厅
福建省教育厅
福建省退役军人事务厅
福建省应急管理厅
福建省审计厅
福建省统计局
福建省林业局
福建省海洋与渔业局
福建省粮食和物资储备局
福建省地质矿产勘查开发局
福建省煤田地质局
福建省地方金融监督管理局
福建省市场监督管理局
国家税务总局福建省税务局
福建省新闻出版局
福建省广播电视局
福建省体育局
福建省医疗保障局
福建省药品监督管理局
福建省通信管理局
福建省邮政管理局
中国人民银行福建省分行
中国人民银行厦门市分行
中华人民共和国福州、厦门海关
国家金融监督管理总局福建监管局
国家金融监督管理总局厦门监管局
中国证券监督管理委员会福建监管局
中国证券监督管理委员会厦门监管局
中华人民共和国福建海事局
福建社会科学院
福建省农业科学院
福建省供销合作社联合社
福建省总工会
中国共产主义青年团福建省委员会
福建省妇女联合会
福建省科学技术协会
中国国际贸易促进会福建省委员会
福建省企业与企业家联合会
福建省乡村振兴促进会(福建省乡村振兴基金会)
福建省开发区协会
福建省统计学会
福建省工艺美术学会

(以上单位排名不分先后)

《2024 福建产业经济年鉴》
编　委　会

《2024 福建产业经济年鉴》
编　辑　部

编 辑 说 明

一、《2024 福建产业经济年鉴》是系统汇集福建产业经济发展重要文献和基本情况的资料性年刊，正式出版，国内外公开发行，自 2015 年创刊以来每年编撰一卷。

二、《2024 福建产业经济年鉴》以习近平新时代中国特色社会主义思想为指导，宣传福建产业经济发展的指导思想，反映产业经济发展的新进展、新成就和出现的新情况、新问题，总结经验，提供信息，留史存真，服务产业经济高质量发展。

三、《2024 福建产业经济年鉴》收录内容从 2023 年 1 月 1 日至 12 月 31 日（除注明外），分为：重要文献、产经总览、发展重点、市县概况、开发园区、品牌建设、年度纪事、政策文件、数据资料和高级人才等十篇，比较客观、详实地记载 2023 年福建产业经济发展的实际情况。

四、《2024 福建产业经济年鉴》中的一些论述仅代表作者观点，所引用的数据和资料均采用政府各部门正式发布的数据和资料；由相关协会提供的稿件，因统计口径不尽相同，个别数据可能有差异。读者如需引用数据和资料，请向相关单位查证，以相关单位提供的数据和资料为准。

五、《2024 福建产业经济年鉴》的编辑出版工作，得到了福建省委、省政府和各级政府、省直各有关单位、各有关社会组织和社会各界人士的大力支持，在此一并致以衷心的感谢。在本书编撰过程中，参考、引用了一些专著或资料，因沟通渠道的制约，无法一一与原作者取得联络，请有关作者看到本书后与编委会联系，我们将支付稿酬并深表谢忱。限于经验和水平，难免存在疏漏和欠妥之处，谨请广大读者指正。

目　录

第一篇　重要文献

第二篇　产经总览

第三篇　发展重点

第四篇　市县概况

第五篇　开发园区

第六篇　品牌建设

第七篇　年度纪事

第八篇　政策文件

第九篇　数据资料

第一篇

重要文献

中共福建省委　福建省人民政府印发《关于做好2023年全面推进乡村振兴重点工作的实施意见》

2023年2月17日，中共福建省委、福建省人民政府印发《关于做好2023年全面推进乡村振兴重点工作的实施意见》，并发出通知，要求各地各部门结合实际认真贯彻落实。

《关于做好2023年全面推进乡村振兴重点工作的实施意见》公布如下：

党的二十大报告强调，全面建设社会主义现代化国家，最艰巨最繁重的任务仍然在农村。党中央要求，必须坚持不懈把解决好“三农”问题作为全党工作重中之重，举全党全社会之力全面推进乡村振兴，加快农业农村现代化，加快建设农业强国。做好2023年和今后一个时期我省“三农”工作，要坚持以习近平新时代中国特色社会主义思想为指导，全面贯彻落实党的二十大精神，深入贯彻落实习近平总书记关于“三农”工作的重要论述和对福建工作的重要讲话重要指示批示精神，坚持和加强党对“三农”工作的全面领导，坚持稳中求进工作总基调，更好统筹疫情防控和经济社会发展，更好统筹发展和安全，坚持农业农村优先发展，坚持城乡融合发展，强化科技创新和制度创新，坚决守牢确保粮食安全、防止规模性返贫等底线，扎实推进乡村发展、乡村建设、乡村治理等重点工作，加快建设宜居宜业和美乡村，走具有福建特色的乡村振兴之路，为建设农业强国贡献福建力量。

一、切实保障粮食和重要农产品有效供给

（一）全力稳定粮食生产。严格落实粮食安全党政同责，加强市县两级党委和政府耕地保护和粮食安全责任制考核，确保粮食播种面积稳定在1253万亩以上，粮食总产量稳定在507万吨以上。推进蔬菜大棚轮作水稻、果茶园间作套种马铃薯等作物、低效茶果园退茶退果还粮，继续开展耕地认领种粮等活动，多渠道扩大粮食播种面积。健全种粮农民收益保障机制，落实稻谷最低收购价、耕地地力保护补贴、实际种粮农民一次性补贴、储备订单粮食直接补贴等政策。继续实施粮食生产大县奖励制度，对规模种植双季稻、再生稻、烟后稻给予奖补。扩大水稻种植（制种）政策性保险覆盖面，鼓励各地开展水稻完全成本保险。聚焦关键薄弱环节和小农户，发展粮食生产单环节、多环节、全程生产托管服务，开展“供销农场”粮食生产全托管服务改革试点，做好化肥等农资生产储备调运。实施新一轮粮食产能提升行动，开展粮食绿色高质高效创建，强化粮食产能区增产模式攻关。在产粮大县建设具有示范带动作用的科技基地和“农民田间学校”，加强粮食“五新”推广应用。深挖大豆油料扩种潜力，抓好大豆增产增效基地建设，积极发展大豆间作套种，开展大豆玉米带状复合种植技术试验。实施油茶产业发展三年行动，建设改造油茶基地20万亩。

（二）保障重要农产品供给。强化生猪产能调控，保持能繁母猪存栏90万头、生猪规模养殖场5000个以上，实现省内供需基本平衡。扩大肉禽、蛋禽和草食动物生产，稳步提升鲜蛋、生鲜乳供给水平。严格“菜篮子”市长负责制考核。大力发展冬春设施蔬菜、夏秋高山冷凉蔬菜，建设城市叶菜基地，促进蔬菜均衡供应。优化水果品种、熟期结构，适度提高加工鲜食兼用品种比重，发展采后商品化处理。统筹疫情防控和农产品市场供应，确保农产品物流畅通。深入开展粮食节约行动，推进全链条节约减损。提倡健康饮食。

（三）大力发展设施农业。实施设施农业现代化提升行动。积极发展设施农业温室大棚，完善水肥一体化、智能控制、无土栽培、机械化作业等设施装备，集中连片推进老旧蔬菜设施改造提升。加快发展水稻集中育秧中心和蔬菜集约化育苗中心。深入开展国家级、省级畜禽养殖标准化示范创建。推进传统养殖渔排、筏式养殖浮球改造，支持建设深水抗风浪网箱和离岸大型养殖装备，加快建设深远海养殖装备。提高食用菌工厂化生产、设施化栽培水平，推广移动智慧菇房、立体层架式栽培、光伏菇棚等模式。

（四）加强多元化食物供给。树立大食物观，念好“山海经”，构建粮经饲统筹、农林牧渔结合、植物动物微生物并举的多元化食物供给体系。推进珍稀特色菌类产业化发展。大力发展林下经济，积极开发竹笋、板栗、锥栗等绿色森林食品。推进“福海粮仓”建设，支持加快海洋牧场建设，拓展深远海、大水面、生态立体养殖、稻渔综合种养等空间。

（五）加强粮食流通与储备。落实50万吨粮食新增储备任务，加快省级75万吨粮库建设，推动全省县级以上中心粮库智能化升级改造全覆盖。强化储备和购销领域监管。深化粮食产销合作，办好粮食产销协作福建洽谈会，巩固和拓宽引粮入闽渠道。支持符合条件的企业到主产区建设粮食生产、加工、储备基地，打造福州、厦门（漳州）两个国家级物流枢纽，不断提升完善粮食供应链。落实保供稳价措施，保持粮食市场总体平稳。

二、完善农业基础设施

（六）加强耕地保护和用途管制。全面实行永久基本农田特殊保护，永久基本农田重点用于发展粮食生产，一般建设项目不得占用永久基本农田。严格控制耕地转为其他农用地，确需转用的严格执行“占一补一、占优补优、占水田补水田”，实行部门联合开展补充耕地验收评定和“市县审核、省级复核、社会监督”机制，确保补充的耕地数量相等、质量相当、产能不降。严格落实耕地利用优先序，探索建立耕地种植用途管控机制，加强动态监测，有序开展试点。加大撂荒耕地复耕和利用力度。统筹实施土地综合整治、生态修复等，拓展补充耕地途径。按照国家统一部署，全面开展第三次全国土壤普查工作。

（七）加强高标准农田建设。提高建设标准，建设高标准农田90万亩，扩大农田设施灾损保险试点范围。加快大中型灌区节水配套改造，提高农田灌溉水有效利用率。实施地力提升工程，开展土壤酸化治理，推广绿肥秸秆还田、测土配方施肥、增施有机肥等措施。制定逐步把永久基本农田全部建成高标准农田的实施方案。做好耕地后备资源综合开发利用试点。

（八）加强水利基础设施建设。加快“一河一网一平台”建设，推进重大水资源配置工程，加快大中型水库和引调水工程建设，持续完善闽江、晋江、九龙江等“五江一溪”防洪体系。加强田间地头渠系与灌区骨干工程连接等农田水利设施建设。深入推进农业水价综合改革。强化病险水库除险加固，按期实施安全鉴定，力争发现一座、除险一座、销号一座。建设安全生态水系200公里，打造水土保持生态清洁小流域。推进现代化渔港、渔船通导装备能力建设，提高沿海渔业应急“一网一号一中心”规范化水平。

（九）完善农产品冷链物流体系。鼓励各地因地制宜建设冷链物流集配中心，构建“农产品产地—物流基地—直销城市”的产业链供应链。加快多品类冷链物流配套设施和配送体系建设，优化肉类、果蔬、花卉、水产品冷链物流全品类服务。支持冷链物流企业升级冷链运输设施设备，推进冷链物流企业及运输车辆规范化标准化建设。加快培育一批冷链物流细分领域的“专精特新”企业，加大冷链物流专业人才培养力度。整县推进国家农产品产地冷藏保鲜设施建设试点，支持新型农业经营主体建设农产品产地冷藏保鲜设施，鼓励农产品商贸企业、冷链物流企业与农户在产地合作建设冷藏保鲜库。

（十）提升农业安全生产水平。开展新一轮农业气候资源普查和农业气候区划工作。加强气象预警机制建设，实施智慧气象保障工程，提高精细农业气象服务能力。强化山洪灾害防治，加强旱涝灾害防御体系建设。落实应急救灾物资储备，支持打造国家应急装备物资储备库，加快建设国家级救灾备荒种子储备库。推进农作物病虫疫情监测分中心（省级）田间监测点和省级农业有害生物监控信息系统建设，有效防治稻瘟病、草地贪夜蛾、红火蚁等病虫灾害。加强非洲猪瘟、高致病性禽流感、口蹄疫等重大动物疫病防控，做好人兽共患病源头防控。加强森林防火体系建设，持续推进松材线虫病疫情防控，深入实施沿海防护林工程，开展互花米草除治攻坚行动，维护滨海湿地生物多样性和生态系统安全。强化口岸检疫和外来入侵物种防控，加强“异宠”交易与放生规范管理。强化农业转基因生物安全监管。

三、强化现代农业科技和装备支撑

（十一）增强农业科技创新和推广能力。健全农业科研稳定支持机制。构建梯次分明、分工协作、适度竞争的农业科技创新体系。深化产学研合作，提升省级现代农业产业技术体系和农业科技创新专业联盟建设水平，加快农业重大科研成果转化应用。实施基层农技推广体系改革与建设项目，落实基层农技推广人员“双百”计划，建设一批具有示范带动作用的科技基地和主体。加强科技小院标准化建设和管理，示范推广科技小院服务乡村振兴平台。加强农业科学技术普及。

（十二）深入实施种业振兴行动。加强农业种质资源保护和利用，全面完成农业种质资源普查，建设农业生物种质资源库。推进省级种业创新与产业化工程，开展绿色水稻、特色果蔬、白羽肉鸡、短生育期油菜、高辣超辣辣椒、花卉、林木、水产等联合育种攻关。加快国家级杂交水稻制种大县和三明“中国稻种基地”建设，改扩建福建海南南繁科研育种基地，建设国家区域性良种繁育基地、种业创新中心新品种展示评价基地。加强种业知识产权保护，开展种业监管执法年活动。

（十三）加快先进适用农机研发推广。优化农机购置补贴政策，开展成套设施装备补贴、新产品购置补贴等试点。鼓励研发推广适合丘陵山区和特色作物生产的小型机械、智能机械。开展农机全程推进行动，培育建设一批“全程机械化+综合农事”服务中心。

（十四）提高数字农业发展水平。实施福建“农业云131”信息工程（二期）项目，建设一批国家级、省级数字农业创新应用基地。深化“益农信息社”与“农村普惠金融服务点”联合运营试点，推进信息进村入户。加快构建数字孪生流域，健全完善具有预报预警预演预案功能的智慧水利体系。实施智慧林业工程，建成卫星遥感、无人机监测、视频监控、护林员网格巡查等为一体的监测感知体系。建设“智慧海洋”工程，推进渔船“宽带入海”项目，扩大海上卫星互联网覆盖面。

（十五）加快农业绿色发展。坚持源头减量、过程控制、末端治理、生态循环，推进化肥农药减量增效，推广国标地膜和全生物降解地膜，推广秸秆综合利用新技术新模式，实施畜禽粪污资源化利用提升行动。推进省级以上农业绿色发展先行区建设，争创一批国家级、建设一批省级生态农场。健全耕地休耕轮作制度。加强土壤污染防治，完善耕地质量监测网络，提高受污染耕地安全利用水平。

四、巩固拓展脱贫攻坚成果

（十六）坚决守住不发生规模性返贫底线。坚持“四个不摘”，落实教育、医疗、住房、饮水等民生保障普惠性政策，巩固提升“三保障”和饮水安全保障成果。发挥“一键报贫”平台作用，组织基层干部常态化走访排查，密切部门协作联动预警，及时将易致贫返贫人口纳入监测帮扶。建立脱贫人口持续稳定增收机制，落实财政、金融、创业就业和消费帮扶等政策，积极开展庭院经济试点，增强脱贫地区和脱贫群众内生发展动力。省级以上衔接推进乡村振兴补助资金用于产业发展的比重力争提高到60%以上，财政资金和帮扶资金支持的经营性帮扶项目要健全利益联结机制，带动农民增收。扎实做好脱贫人口小额信贷工作。完善扶贫项目资产管理机制，用好乡村振兴（扶贫惠民）资金在线监管平台，规范衔接资金等管理使用。

（十七）加快老区苏区振兴发展。完善省领导联系、省直部门挂钩帮扶、经济较发达县（市、区）对口协作工作制度，落实实地互访、资金支持、园区建设、招商引资等帮扶政策。推进龙岩与广州、三明与上海对口合作。统筹规划建设区域交通、能源、水利、信息等重大设施，提升教育、健康、社会保障等基本公共服务供给水平。鼓励发展优势特色产业，加大财政转移支付、用地保障、金融服务、科技创新、生态补偿等支持力度，用好中央专项彩票公益金，打造一批富民兴县产业。推进闽西革命老区高质量发展示范区建设。深化“万企兴万村”行动。

（十八）加强农村低收入人口常态化帮扶。开展农村低收入人口动态监测，用好社会救助信息系统等平台，做到精准识别、及时认定。坚持开发式帮扶，发挥消费帮扶、以工代赈等政策作用，统筹用好乡村公益性岗位，帮助有劳动能力的低收入人口依靠双手勤劳致富。完善最低生活保障工作规范、特困人员认定办法，落实基本生活标准动态调整机制。健全分层分类社会救助体系，适度扩大社会救助保障范围，做到应救尽救。落实低保延保渐退等政策。

（十九）深化闽宁对口协作。坚持“联席推进、结对帮扶、产业带动、互学互助、社会参与”协作机制，打造闽宁协作“升级版”。落实财政援宁资金，选派各类专技人员400人以上赴宁夏开展服务，提升闽宁镇、闽宁乡村振兴样板村、闽宁产业园建设水平，加强“闽宁云”、“东数西算”等数字经济领域合作创新。实施消费扶贫惠民行动，加强在闽宁夏农特产品场馆建设，采取直播带货、“以购代捐”等方式，帮助宁夏销售农特产品。引导社会力量积极参与，充分发挥慈善机构、行业协会、基金会等社会组织作用。扎实做好援藏援疆工作。

五、推进特色现代农业高质量发展

（二十）培育壮大乡村优势特色产业。实施特色现代农业高质量发展“3212”工程，以创建现代农业产业园、优势特色产业集群、农业产业强镇、“一村一品”专业村为抓手，深入实施品种培优、品质提升、品牌打造和标准化生产提升行动，做强做优做大茶叶、蔬菜、水果、林竹、花卉苗木、畜禽、水产、食用菌等乡村特色产业。统筹推进茶文化、茶产业、茶科技融合发展，开展“闽茶海丝行”活动，增强“多彩闽茶”知名度、美誉度。加强重点区域林相改善，精准提升森林质量290万亩。实施林业产业升级行动，建设商品用材林工程、竹业花卉与名特优经济林工程、林产工业工程和森林旅游工程。培育“福九味”等闽产药材产业。

（二十一）推动农村一二三产业融合发展。推进国家农村产业融合发展示范园、农业现代化示范区建设。加快发展农产品产地初加工和精深加工，支持农产品加工企业技术改造、智能升级。开发预制菜加工新工艺新产品，支持建设预制菜加工园区，积极推广中央厨房等生产方式。鼓励发展生物能源、生物医药、生物质材料等新兴产业。改造提升产地、集散地、销地批发市场，深入实施“数商兴农”和“互联网+”农产品出村进城工程，加快农村电子商务发展。改造提升基层供销社，加强乡镇惠农综合服务平台建设。发展乡村餐饮购物、文化体育、旅游休闲、养老托幼、信息中介等生活服务。实施文化产业赋能乡村振兴计划，实施乡村休闲旅游精品工程，推动乡村民宿提质升级。争创一批全国乡村旅游重点镇村、建设一批省级全域生态旅游小镇和金牌旅游村，培育一批全国休闲农业重点县、中国美丽休闲乡村。

（二十二）深化闽台农业融合发展。落深落细惠台惠农政策，提升台湾农民创业园、闽台农业融合发展产业园建设水平，支持申报新设国家级台湾农民创业园，积极创建海峡两岸乡村振兴合作基地。支持建设海峡两岸乡村融合发展试验区。以闽台农业融合发展推广县和推广基地为载体，加大台湾农业“五新”示范推广力度。深化闽台基层交流，开展海峡论坛两岸特色乡镇交流对接专场活动。

（二十三）提高农业对外合作水平。创建一批农业国际贸易高质量发展基地，推进国际认证认可、国际标准应用、自主品牌培育、贸易促进公共服务，提升出口农产品品质。深化与区域全面经济伙伴关系协定（RCEP）有关成员国的合作，用好优惠市场准入条件，扩大茶叶、蔬菜、食用菌、畜产品、水产品等优势农产品出口。强化农业技术援外工作，落实菌草技术等援助项目。

（二十四）保障农产品质量安全。推进农业标准化生产，制定修订农业农村地方标准，争创国家现代农业全产业链标准化示范基地。实施农产品地理标志保护工程，打造“福农优品”福建优质农产品区域公用品牌，培育一批福建名牌农产品。强化农产品质量安全监管，改造提升农产品质量安全监管信息平台，推进承诺达标合格证与一品一码追溯并行，开展达标合格农产品“亮证”行动。打好食用农产品“治违禁、控药残、促提升”三年行动收官战。

六、拓展农民增收致富渠道

（二十五）促进农民就业。强化各项稳岗纾困政策落实，加大对中小微企业稳岗倾斜力度，稳定农民工就业。开展农民工稳就业职业技能培训，实施农民素质提升行动。加强就业指导和服务，帮助农民对接产业转移升级和企业用工需求，提升就业信息咨询和发布、劳务对接、权益保护等服务。组织实施以工代赈项目，鼓励增加生态管护、环卫保洁等乡村公益性岗位，吸纳符合条件的农民就业。

（二十六）促进农业经营增效。深入开展新型农业经营主体提升行动，做大做强龙头企业，深化省市县三级农民合作社、家庭农场建设，完善利益联结机制，带动农民参与乡村特色产业发展，让农民更多分享产业链增值收益。鼓励村集体经济组织、农业经营主体开展农业社会化服务。深化供销合作社综合改革，支持供销社建设一批覆盖县乡村的服务网点，降低单家独户生产经营成本。引导土地、林地、滩涂等经营权规范有序流转，鼓励发展多种形式适度规模经营。探索在农民自愿前提下，结合农田建设、土地整治逐步解决细碎化问题。健全社会资本通过流转取得土地经营权的资格审查、项目审核和风险防范制度，切实保障农民利益。

（二十七）依法赋予农民更多财产权益。深化农村土地制度改革，稳妥有序推进农村承包地“三权分置”。巩固提升农村集体产权制度改革成果，构建产权关系明晰、治理架构科学、经营方式稳健、收益分配合理的运行机制，探索资源发包、物业出租、居间服务、资产参股等多样化途径发展新型农村集体经济。健全农村集体资产监管体系。稳慎推进农村宅基地制度改革试点，切实摸清底数，加快房地一体宅基地确权登记颁证，探索农房财产权和宅基地使用权价值实现形式。建设农村宅基地和村民住宅建设审批管理平台，完善宅基地审批、规划许可、质量安全、建筑风貌管控等联动运行的联审联批机制。有序推进农村集体经营性建设用地入市试点工作。保障妇女在农村集体经济组织中的合法权益。深化集体林权制度改革。深入推进农村综合改革试点示范。

七、大力建设宜居宜业和美乡村

（二十八）科学推进乡村规划实施。按照“多规合一”、“阳光规划”要求，区分集聚提升型、城郊融合型、特色保护型、搬迁撤并型等村庄类型，推进实用性村庄规划应编尽编。开展镇村联编和驻村规划师试点。结合国土空间规划编制和“三区三线”划定成果，做好既有村庄规划评估优化。规范优化乡村地区行政区划设置，严禁违背农民意愿撤并村庄、搞大社区。推进以乡镇为单位的全域土地综合整治试点，积极盘活存量集体建设用地，优先保障农民居住、乡村基础设施、公共服务空间和产业用地需求，制定乡村振兴用地政策指南。落实农村基本具备现代生活条件建设指引。

（二十九）深化农村人居环境整治提升五年行动。加大村庄公共空间整治力度，持续开展村庄清洁行动。整县整村推进农村人居环境整治提升，打造一批整治提升样板县、农村“厕所革命”样板县。巩固农村户厕问题摸排整改成果。因地制宜改造升级一批老旧公厕，新改建一批农村卫生厕所。以人口密集、水环境问题突出的中心村为重点，加强农村生活污水治理设施建设，推进农村改厕与生活污水治理有机衔接。完善“户分类、村收集、镇转运、县处理”农村生活垃圾收运处置体系，新增72个乡镇全镇域落实农村生活垃圾分类机制。编制村容村貌提升导则，防止大拆大建、盲目建牌楼亭廊“堆盆景”。严格执行农户自建房审批制度，大力推广农房建筑立面图集，强化农房风貌管控，加大农村既有裸房整治力度，着力提升农村住宅建筑风貌品质。开展美丽乡村庭院、美丽乡村微景观、美丽乡村小公园（小广场）、美丽田园、美丽乡村休闲旅游点等乡村“五个美丽”建设，融入乡土内涵、传统农耕、人文历史、民俗风情等，打造福建版美丽乡村。完善农村人居环境整治“互联网+督查”平台功能，健全农村人居环境长效管护机制。深化爱国卫生运动。

（三十）保护修复乡村生态环境。完善河湖长制，科学实施农村河湖综合整治。完成水土流失综合治理面积75万亩。创新森林、湿地等自然资源管护机制，实施生物多样性工程，加强武夷山国家公园建设。深入实施森林质量提升行动，推进城乡绿化、绿色通道和森林步道工程、江河流域生态林工程。持续开展林业碳汇试点，创新林业碳汇产品与交易机制，协同推进降碳、减污、扩绿、增长。严格海洋伏季休渔制度，实施海洋渔业资源总量管理制度，探索开展限额捕捞试点，创建国家级海洋牧场示范区。

（三十一）*加强乡村基础设施建设*。持续推进“四好农村路”高质量发展，优化通乡达村路网布局规划，新建改造农村公路1500公里。构建建制村通客车长效机制，确保农村客运“开得通、留得住”。实施农村供水保障工程，力争73个有任务的县（市、区）城乡供水一体化全部动工建设，新增受益人口200万人。支持农村危房改造和抗震改造，基本完成农房安全隐患排查整治，建立全过程监管制度。开展现代宜居农房建设示范。实施农村电网巩固提升工程，优化县域电网网架结构，增强用电保障及服务能力。加强乡村清洁能源建设，因地制宜实施“电能替代”。推进农村通信基础设施提档升级，加速推动5G网络向乡镇及重点建制村延伸覆盖。继续实施智慧广电乡村工程，推进基层广播电视公共服务网络标准化建设。深入实施数字乡村发展行动，推动数字化应用场景研发推广，加快农村基础设施数字化改造升级。加强农村应急管理基础能力建设，深入开展乡村交通、消防、经营性自建房等重点领域风险隐患治理攻坚。

（三十二）*提升农村基本公共服务水平*。巩固提升义务教育基本均衡成果，提升农村学校办学水平。加强县域高中对口帮扶，支持县域高中示范建设和达标晋级。加大乡村教师培养力度，开展乡村教师省级专项培训，深入推进中小学教师“县管校聘”管理体制改革。提升乡镇卫生院和社区卫生服务中心服务能力，加强基层医疗卫生机构和乡村卫生健康人才队伍建设。提高农村传染病防控和应急处置能力。做好农村新冠疫情防控工作，加强农村老幼病残孕等重点人群医疗保障，最大程度维护好农村居民身体健康和正常生产生活秩序。优化低保审核确认流程，确保符合条件的困难群众“应保尽保”。深化农村社会工作服务。拓展公共图书馆、文化馆总分馆制建设。打造一批省级乡村“复兴少年宫”重点推进县（市、区）。实施全民健身场地设施建设提升工程，在人口聚集的乡村新建一批体育公园、运动角、多功能运动场等健身设施。加强县乡村三级农村养老服务网络建设，扶持建设农村区域养老服务中心，创建一批养老服务改革试点县，推广日间照料、互助养老、探访关爱、老年食堂等养老服务。加大农村妇女、未成年人、残疾人、精神障碍人员等支持保障力度。

八、加强和改进乡村治理

（三十三）*强化农村基层党组织政治功能和组织功能*。突出大抓基层的鲜明导向，强化县级党委抓乡促村责任，健全乡镇党委统一指挥和统筹协调机制，推动上级投入支持的公共服务资源以乡镇党委和村党组织为主渠道落实。全面培训提高乡镇、村班子领导乡村振兴能力。加强软弱涣散村党组织整顿。推进农村“六大员”队伍建设，进一步整合岗位、强化管理、激发活力。健全农村基层党组织领导的村级集体经济组织运行机制，推进党支部领办合作社，实施“跨村联建”模式。持续开展市县巡察，推动基层纪检监察组织和村务监督委员会有效衔接，落实村党组织书记县级党委备案管理、县级组织部门谈心谈话等制度，强化对村干部全方位管理和经常性监督。对农村党员分期分批开展集中培训。通过设岗定责等方式，发挥农村党员先锋模范作用。

（三十四）*提升乡村自治水平*。健全农村基层党组织对同级其他各类组织领导制度，完善农村重大事项、重要工作由党组织讨论决定工作机制。健全党组织领导的村民自治机制，全面落实“四议两公开”、“六要”群众工作法等制度，开展全国村级议事协商创新实验试点。规范村级组织承担的工作事务、设立的工作机制、加挂的牌子、出具的证明事项。加强和规范村规民约工作。健全城乡社区服务体系，全面推行城乡社区近邻服务。完善网格化管理、精细化服务、信息化支撑的基层治理平台。完善推广积分制、清单制、数字化、接诉即办等务实管用的治理方式。深化乡村治理体系建设试点，推进乡村治理示范村镇创建。

（三十五）深化新时代农村精神文明建设。深入开展社会主义核心价值观宣传教育，继续在乡村开展听党话、感党恩、跟党走宣传教育活动。深化文明村镇创建，拓展新时代文明实践中心、县级融媒体中心等建设，发挥乡镇（街道）实践所和村（社区）实践站作用，常态化开展文明实践志愿服务。持续开展家庭家教家风宣传活动，弘扬八闽红色文化、优秀农耕文化等“福”文化资源，支持申报中国重要农业文化遗产和全球重要农业文化遗产。加强历史文化名镇名村、传统村落保护，实施传统村落集中连片保护利用示范，建立完善传统村落调查认定、撤并前置审查、灾毁防范等制度。办好中国农民丰收节系列庆祝活动，举办福建乡村音乐会、乡村“村晚”、戏曲进乡村演出等群众性文化活动。深化移风易俗，扎实开展高价彩礼、大操大办等重点领域突出问题专项治理。推进农村丧葬习俗改革。

（三十六）深化法治乡村和平安乡村建设。深化法律进农村，落实“谁执法谁普法”责任制，发挥“蒲公英”普法志愿者作用，加大乡村“法律明白人”培养力度。加强乡村公共法律服务体系建设，巩固“一村（社区）一法律顾问”全覆盖成果，提高乡村法律援助和司法救助水平。深入开展“民主法治示范村（社区）”创建。加强基层综治中心规范化建设，加强乡镇（街道）队伍建设，强化网格员队伍要素保障。完善农村警务工作机制，发挥“一村一警务助理”作用。推进智能安防小区建设，织牢“平安家园·智能天网”防护网。推进农村扫黑除恶常态化，持续打击整治“村霸”等黑恶势力、农村赌博等违法犯罪。深入开展“枫桥经验”在福建、提升矛盾纠纷排查化解质效专项行动。完善乡镇（街道）信访工作联席会议机制，提升乡村配备专职调解员比例，推进县乡村三级矛盾纠纷排查化解。

九、强化责任落实和体制机制创新

（三十七）压实五级书记抓乡村振兴责任。出台乡村振兴责任制实施细则，细化各级各有关部门特别是党委和政府主要负责人抓乡村振兴责任。统筹开展实绩考核，将抓党建促乡村振兴情况作为市县乡党委书记抓基层党建述职评议考核的重要内容。持续深化乡村振兴“百镇千村”试点，衔接开展乡村振兴示范县、示范乡镇、示范村创建。全面落实县级领导班子成员包乡走村、乡镇领导班子成员包村联户、村干部经常入户走访制度。加强工作作风建设，党员干部特别是领导干部要树牢群众观点，贯彻群众路线，多到基层、多接地气，大兴调查研究之风。推行干部与群众同吃、同住、同劳动、同调研的实践锻炼模式，推动干部力量下沉基层一线。统筹解决好“三农”工作中两难、多难问题，把握好工作时度效。加强乡村振兴统计监测。深化纠治乡村振兴中的各类形式主义、官僚主义等问题，切实减轻基层迎评送检、填表报数、过度留痕等负担。

（三十八）健全乡村振兴多元投入机制。压实各地政府投入责任，坚持把农业农村作为一般公共预算优先保障领域，稳步提高土地出让收益用于农业农村比例。加大地方政府专项债券支持乡村振兴公益性项目建设力度，推动金融机构增加农业农村现代化重点领域中长期信贷投放。支持以市场化方式设立乡村振兴基金。鼓励将符合条件的项目打捆打包按规定由市场主体实施，撬动金融和社会资本按市场化原则更多投向农业农村。完善金融机构服务乡村振兴考核评估指标体系，推动更多金融资源配置到农村经济社会发展的重点领域和薄弱环节，保持涉农贷款余额持续增长。依托省级政策性优惠贷款风险分担资金池，扩大“乡村振兴贷”规模。大力发展农村普惠金融。支持县级农业信贷担保机构建设，建立健全农业信贷担保体系。健全农业保险产品体系，完善政策性农业保险，创新“一县一品”特色农业保险产品，优化“保险+期货”。鼓励发展渔业保险。

（三十九）加强乡村人才队伍建设。实施乡村振兴人才支持计划，完善派驻第一书记和工作队、科技特派员、乡村振兴指导员、金融指导员等制度，推进“师带徒”人才下乡、“一村一名大学生”，实施“青耘福建”、“八闽巾帼”、“美丽工坊”等行动，组织引导党政、科技、金融、教育、卫生、文化、社会工作、精神文明建设等领域人才到基层一线服务，支持培养本土急需紧缺人才。继续实施农村订单定向医学生免费培养项目、“大学生乡村医生”专项计划、教师“优师计划”、“特岗计划”和“国培计划”。大力发展面向乡村振兴的职业教育，深化产教融合和校企合作。实施高素质农民培育计划、农村创业带头人培育行动、乡村产业振兴带头人培育“头雁”项目，推进创业培训“马兰花计划”，加大创业担保贷款贴息等政策支持力度，培育一批联农带农紧密的创业创新群体。引导城市专业技术人员入乡兼职兼薪和离岗创业，对长期服务乡村的在职务晋升、职称评定方面予以适当倾斜。允许符合一定条件的返乡回乡下乡就业创业人员在原籍地或就业创业地落户。深化闽台乡建乡创合作，吸引台湾建筑师、文创团队参与乡村建设。发挥农民主体作用，调动农民参与乡村振兴的积极性、主动性、创造性。

（四十）健全城乡融合发展体制机制。加快县域内城乡融合发展，深化经济发达镇行政管理体制改革，加强中心镇市政、服务设施建设，推动国家城乡融合发展试验区建设。实施县域商业建设行动，支持优化县域商业网点设施布局，建立完善县域统筹、以县城为中心、乡镇为重点、村为基础的农村商业体系。深入推进县域农民工市民化，建立健全基本公共服务同常住人口挂钩、由常住地供给机制，落实农业转移人口市民化奖补政策。维护进城落户农民土地承包权、宅基地使用权、集体收益分配权。探索建立城乡统一的产权交易市场，畅通农村资源要素流通渠道。统筹县域城乡规划建设，梯度配置县乡村公共资源，发展城乡学校共同体、紧密型医疗卫生共同体、养老服务联合体，推动县域供电、供气、电信、邮政等普遍服务类设施城乡统筹建设和管护。加快农业农村领域立法进程。

中共福建省委　福建省人民政府印发《福建省质量强省建设纲要》

2023年4月16日，中共福建省委、福建省人民政府印发了《福建省质量强省建设纲要》，并发出通知，要求各地各部门结合实际认真贯彻落实。

《福建省质量强省建设纲要》主要内容如下。

为深入贯彻党中央、国务院关于推进质量强国建设的决策部署，进一步加快质量强省建设，全面提高质量整体水平，结合实际，制定本纲要。

一、总体要求

（一）指导思想

以习近平新时代中国特色社会主义思想为指导，全面贯彻落实党的二十大精神，深入贯彻落实习近平总书记对福建工作的重要讲话重要指示批示精神，立足新发展阶段，完整、准确、全面贯彻新发展理念，服务和融入新发展格局，坚持以人民为中心的发展思想，以全方位推进高质量发展为主题，以提高供给质量为主攻方向，以改革创新为根本动力，牢固树立质量第一意识，健全质量政策体系，加强全面质量管理，联动实施质量、标准、品牌强省战略，不断提升福建产品、工程、服务质量，推动福建制造向福建创造转变、福建速度向福建质量转变、福建产品向福建品牌转变，为奋力谱写全面建设社会主义现代化国家福建篇章提供质量支撑。

（二）主要目标

到2025年，全省质量整体水平进一步全面提高，福建品牌知名度和市场占有率稳步提升，人民群众质量获得感、满意度明显增强，质量推动经济社会发展的作用更加突出，质量强省建设取得明显成效。

——经济发展质量效益稳步提升。产业结构更加优化，创新能力显著提升，单位GDP资源能源消耗不断下降，经济发展质量新优势显著增强。

——质量发展水平不断提升。产业质量竞争力进一步增强，质量竞争型产业规模显著扩大，建成一批国内领先、具有引领力的质量卓越产业集群。产品、工程、服务质量水平进一步提升。

——品牌建设取得显著成绩。品牌战略深入实施，中国品牌创建行动深入开展，品牌领军企业持续涌现，打造一批质量强省建设标杆，打造一批美誉度高的特色区域品牌，打造一大批质量过硬的福建品牌。

——质量基础支撑能力持续增强。质量基础设施管理体制机制更加健全，区域、产业质量技术服务机构合理布局，计量、标准、认证认可、检验检测协同发展水平进一步提升，打造一批高效实用的质量基础设施集成服务基地。

到2035年，质量强省建设基础更加牢固，先进质量文化蔚然成风，福建质量和福建品牌综合实力达到更高水平。

二、重点任务

（一）实施重点产品质量提升工程

1. 提高食品农产品质量安全水平。严格落实食品安全“四个最严”要求，实行全主体、全品种、全链条监管，实施粮食质量追溯提升行动，扎实推进食品安全放心工程建设专项行动。丰富完善特色食品安全地方标准，推动特色食品产业高质量发展。推进农业品种培优、品质提升、品牌打造和标准化生产，创建现代农业全产业链标准化示范基地，带动提升标准化生产能力和水平。落实食用农产品（含水产品）承诺达标合格证与“一品一码”追溯并行制度，加强网格化管理，构建全程覆盖、运行高效的农产品质量安全监管体系。到2025年，食品抽检合格率和水产品产地监督抽查合格率均达到98.5%以上，农产品质量安全例行监测合格率高于98%。

2. 提升药品质量安全水平。加强药品和疫苗全生命周期管理，提高药品检验检测和生物制品（疫苗）批签发能力，加快省食品药品质量检验研究院等检测机构能力建设，加大医疗器械检验基础设施和仪器设备投入，加快形成覆盖全省集采中选医疗器械品种的检验能力；力争2025年省级药品检验检测机构能力全面达到国家B级标准。加速推进化学原料药、中药技术研发和质量标准升级。支持创新产品研发，开展仿制药质量和疗效一致性评价奖励。

3. 优化消费品供给结构。深入实施消费品“三品”战略，加快纺织鞋服、食品等产业数字化、绿色化、品质化转型，积极引导企业增加中高端消费品供给。重点推动福州、泉州、莆田等地纺织鞋服产业加快发展，引导龙头企业实施品牌并购、兼并重组，培育壮大产业链上下游品牌。鼓励食品行业开发更贴近新零售特征的个性化、多样化、品牌化健康营养产品，加快发展老年食品、婴幼儿配方食品和满足特定人群需求的功能性食品，培育特色细分产业。实施商品市场优化升级专项行动，引导日用消费品行业传统优势企业转型升级，打造区域性日用消费品生产基地、供应基地、集散基地。办好中国（福建）茶产业互联网综合服务平台（福茶网），助力茶文化、茶产业、茶科技统筹发展。鼓励优质消费品进口，提高出口商品品质和单位价值，实现优进优出。制定消费品质量安全监管目录，加大对涉及人民群众身体健康和生命财产安全的重要消费品的监管力度。

4. 推动工业品质量迈向中高端。全面实施福建“强制造”计划，着力打造电子信息、先进装备制造、石油化工、现代纺织服装等万亿级支柱产业，做大产业集群、做强龙头企业、做优产品质量。电子信息产业突出“增芯强屏”延链补链发展，加快发展“芯屏器核”；先进装备制造产业突出高端化、智能化发展，推进装备数字化，推广新能源汽车，推进电动船舶产业发展试点示范；石油化工产业突出一体化、精细化发展，注重“减油增化”，增加高附加值产品；现代纺织服装产业突出品牌化、高附加值发展，做大做强上游纤维原料产业，补强中端织造染整关键环节，丰富下游高端产品供给。发挥工业设计对质量提升的牵引作用，大力发展优质制造，强化研发设计、生产制造、售后服务全过程质量控制。持续开展质量技术帮扶“提质强企”等系列行动，深入实施“十百千万”工程，重点帮扶工业园区，推动重点企业产品质量、重点行业产业链质量、重点区域质量水平提升，塑造福建制造新优势。到2025年，制造业质量竞争力指数达到86.5，制造业产品质量合格率稳定在95%以上。

（二）实施重点领域质量提升工程

5. 提高产业质量竞争水平。聚焦产业基础质量短板，分行业实施产业基础质量提升工程。加强技术创新、标准研制、计量测试、检验检测、认证认可、知识产权、工业数据等产业技术基础能力建设，加快产业基础高级化进程。加大重要产品技术攻关力度，提升产业基础制造和协作配套能力，推动产业链供应链现代化、多元化。深化5G、物联网、大数据等新一代信息技术与制造业融合发展，提升企业质量管控能力和水平。开展对标达标提升行动，以先进标准助推传统产业提质增效和新兴产业高质量发展。加快传统制造业技术迭代和质量升级，强化战略性新兴产业技术、质量、管理协同创新，培育壮大质量竞争型产业，推动制造业高端化、智能化、绿色化发展，大力发展服务型制造。

6. 推动数字经济质量升级。推动数字经济核心产业龙头企业壮大规模，培育5000家以上数字经济领域科技小巨人、单项冠军、“瞪羚”、“专精特新”等创新企业。实施“5G+工业互联网”创新工程和“上云用数赋智”行动，培育多层次、多元化工业互联网平台，支持我省传统优势行业和生物医药、新材料、新能源等重点行业加大数字化资源投入，促进数字产业化、产业数字化。推进质量管理数字化所需的测量基础、软件平台、数据标准、辅助决策工具研究与应用，强化质量管理数字化关键业务场景创新。加强数字政府建设，推动“互联网+政务服务”优化升级，实现一网好办、跨省通办，推广“一件事”集成套餐服务，推进政务服务标准化、规范化、便利化。到2025年，数字经济核心产业增加值占国内生产总值（GDP）比重比2020年提高3个百分点。

7. 提升海洋经济质效。优化“一带两核六湾多岛”的海洋经济发展总体格局，做强福州、厦门两大海洋经济发展示范区，加快环三都澳、闽江口、湄洲湾、泉州湾、厦门湾、东山湾六大湾区高质量发展。深化海上福建建设，迭代实施海洋经济高质量发展三年行动，将培育壮大海洋产业与优化海洋开发建设空间布局有机结合，做大做强绿色石化、海洋旅游、现代渔业、航运物流、海洋信息等产业集群。实施海上养殖转型升级行动，全面优化养殖空间布局，调整优化养殖结构，引导发展优质养殖品种，促进渔业增汇，到2025年，全省完成44万口传统养殖渔排改造，31.8万亩贝藻类筏式养殖泡沫浮球改造，新建888口深水抗风浪养殖网箱。有序推进海上风电开发，建设福州江阴等海上先进风电装备园区。进一步实施海洋渔船“宽带入海”工程，推动建设重点海洋信息产业园区。新增一批省级以上涉海创新平台，建成我国科技兴海重要示范区。“十四五”期间，全省海洋生产总值年均增长率8%以上。

8. 加快绿色经济发展。实施绿色低碳技术创新行动，组织实施绿色产业指导目录，加快相关标准制定修订。开展清洁生产整体审核创新试点，持续推动绿色工厂、绿色园区等绿色制造体系建设，推进省级以上园区循环化改造。建立健全生态产品价值核算地方标准体系和应用制度体系，着力打响“武夷山水”、“木兰溪”、“红古田”、“下乡的味道”等生态产品区域公用品牌。加快推行农业绿色生产方式，提升农业面源污染防治水平。推进碳排放权、排污权、用水权等资源环境权益交易市场建设，构建金融支持绿色低碳发展的长效机制，稳步扩大绿色信贷规模。实施森林质量精准提升工程，增强森林碳汇能力。实施国土空间生态修复标准体系，加快推进绿色矿业发展示范区建设。推进“电动福建”建设，加快新能源产业集群发展，推广绿色出行方式。到2025年，累计创建省级以上绿色园区15个、绿色工厂150家；新能源产业增加值力争达到1000亿元。

9. 提升文旅经济品质。坚持以文塑旅、以旅彰文，建设全域生态旅游省。重点打造“红军长征起点”等一批红色品牌，建设龙岩、三明长征国家文化公园。丰富乡村旅游产品供给，新建设一批全域生态旅游小镇、金牌旅游村。推动厦门园林植物园等创建国家5A级旅游景区，支持龙岩永定创建国家级旅游度假区。新评定一批4A级旅游景区和省级旅游度假区。通过开展线上线下文化交流和旅游推介活动，加强对福建优质文旅品牌项目的宣传和推广。发挥以“放心游福建”服务承诺为核心的综合监管机制作用，持续规范和整治旅游市场秩序，提升旅游服务品质。到2025年，推动福州、厦门、泉州等争创国家文化和旅游消费示范城市，实现“县县有4A、市市有度假区”，形成一批优质旅游服务品牌，旅游市场更加规范有序，消费环境明显改善。

（三）实施区域质量发展工程

10. 争创区域质量发展新优势。实施新时代山海协作，发挥福州、厦门、泉州等沿海地区质量变革创新的引领带动作用，引导山区因地制宜发展特色产业，推动区域内支柱产业质量升级，培育形成质量发展比较优势，促进闽东北、闽西南两大协同发展区质量协同发展。鼓励各地结合区位、资源要素、产业基础和发展空间，实行差异化发展，培育壮大县域特色产业。依托国家数字经济创新发展试验区、福厦泉国家自主创新示范区、自由贸易试验区、国家高新技术产业开发区等平台，积极打造技术、质量、管理创新策源地，培育形成一批国内领先的质量卓越产业集群。

11. 打造区域质量发展标杆。深化质量强市、县（区）和质量强园建设，积极开展质量强国标杆城市、全国质量强市示范城市、全国质量品牌提升示范区、国家地理标志产品保护示范区等区域质量品牌申报创建活动，建立政府、园区、企业、社会组织等共同促进质量品牌提升的有效机制。聚焦重点产业和产品关键质量指标，以品牌带动提升区域质量竞争力。到2025年，争创10个以上国家级区域质量发展标杆。

（四）实施福建建造质量提升工程

12. 强化工程质量保障。全面落实各方主体工程质量责任，实现质量责任可追溯。推进工程质量管理标准化，严格建筑材料、构配件、设备进场检验和施工工序、项目验收，提高全过程质量管控水平。推进监管信息化建设，实现所有受监项目纳入平台在线监管、所有检测报告在线监测、所有工地在线监控。推动智慧工地建设试点工作，通过施工现场“人、机、料、法、环”等关键要素信息互联互通，促进提升质量管理信息化、智能化水平。健全完善工程建设招标投标制度，将企业工程质量情况纳入招标投标评审。激励项目微创新，推广应用新技术、新工艺、新材料、新设备。到2025年，质量安全管控体系基本健全，工程质量水平稳中有升。

13. 提高建筑材料质量水平。加快开发新型绿色建材产品，推进精深加工高附加值建筑饰面石材发展，发展高端定制、智慧型卫生陶瓷和水暖产品、特种水泥产品，提高产业集中度，建设全国重要建材生产基地。实施《福建省绿色建筑发展条例》，提高新建建筑中绿色建材的应用比例。积极推广装配式建筑，鼓励企业建立装配式建筑部品部件生产、施工、安装全生命周期质量控制体系，推行装配式建筑部品部件驻厂监造。到2025年，全省城镇新建建筑中绿色建筑面积比达到100%，装配式建筑占新建建筑面积比例达到35%以上。

14. 提升工程品质。推进智能建造和新型建筑工业化协同发展，积极推广先进建造设备以及物联网、移动通信、人工智能等新技术在工程项目中集成创新应用。深化建筑信息模型（BIM）技术应用，提升建筑设计、施工、运营维护协同水平。推进公共无障碍设施品质提升行动，积极创建无障碍环境市县村镇。推进水资源、水生态、水环境、水灾害系统治理，实现城乡居民饮用水“同水质、同服务”。到2025年，全省建筑业总产值力争达到2万亿元，大中型水利项目建设管理基本实现智能化，水利建设质量考核保持全国A级优秀行列。

（五）实施服务业质量提升工程

15. 提高生产性服务业专业化高端化水平。推进现代服务业和先进制造业、现代农业深度融合，引导和支持制造业企业从主要提供“产品”向提供“产品+服务”转变、农业企业以一产为主向全产业链发展转变。大力发展面向制造业的信息技术服务，提高重点行业信息应用系统的方案设计、开发、综合集成能力。重点培育具有全产业链服务能力的大型服务平台企业。推动物流、金融等生产性服务业向专业化和价值链高端延伸，加快建设福州、厦门国家物流枢纽，统筹推进普惠金融、绿色金融、科创金融、供应链金融发展，鼓励福州、厦门、泉州、平潭建设各具特色的金融集聚区。加快跨境电商贸易创新，推进福州、厦门、漳州、泉州、莆田、龙岩等跨境电子商务综合试验区建设。发展智能化解决方案、系统性集成、流程再造等服务，提升工业设计、检验检测、认证认可、知识产权、质量管理咨询等科技服务水平。加快推进农产品产地冷藏保鲜设施和集配中心建设，优化农产品冷链物流全品类服务。深化“互联网+”农产品出村进城工程，打造一批产销一体化农产品电商供应链。到2025年，力争创建全省年交易额超1000亿元的互联网平台达2个以上。

16. 促进生活服务和公共服务提档升级。积极培育体育赛事活动，丰富体育赛事产品和服务有效供给。促进商贸创新转型，鼓励超市、电商平台等零售业态多元化融合发展。加快构建高质量教育体系，推进基础教育公平、公益、优质发展，发展现代职业教育，建设一流大学和一流学科。实施文化产业数字化战略，加快发展新型文化企业、文化业态、文化消费模式，持续丰富公共文化服务供给。实施促进闽菜繁荣三年行动，创建500家以上“闽菜馆”。积极培育和引入家政龙头企业，大力开展职业技能培训，推动酒店业、物业、康养机构等与家政服务企业融合发展。加快健康福建建设，健全医疗质量管理体系，支持中医药养生保健、医疗康复、健康管理、心理咨询等服务业发展，努力为群众提供全生命周期的卫生健康服务。支持县级养老服务机构建设改造，将具备条件的乡镇级特困人员供养服务设施（敬老院）改扩建为区域养老服务中心。到2025年实现乡镇（街道）层面区域养老服务中心建有率达到60%，建设1000个以上长者食堂。

（六）实施品牌强省战略工程

17. 打造质量强省建设标杆。深入实施以争先创优为核心的品牌战略，推进中国品牌创建行动，打造一批中国精品和“百年老店”。大力实施中小企业创新能力和专业化水平提升工程，健全创新型中小企业、专精特新中小企业、专精特新“小巨人”企业等为主体的优质中小企业培育体系，培育形成一批优质中小企业群体，打造一批专注于细分产品市场、生产技术或工艺领先、单项产品市场占有率位居全国前列、抗风险能力强的制造业单项冠军。到 2025 年，培育打造中国质量奖（含提名奖）10 个次、中国标准创新贡献奖 30 个、福建省政府质量奖（含提名奖）75 个次、省级工业企业质量标杆 90 个、省级单项冠军企业 300 家、福建老字号 160 个。

18. 打响“福”字号品牌。进一步打响“清新福建”、“福”文化等品牌，积极开发兼具艺术性和实用性、适应现代生活需要、符合市场消费需求的文化创意产品。高质量发展绿色食品、有机农产品，深入实施地理标志农产品保护工程，大力推进全国名特优新农产品收集登录工作，积极引导开展良好农业规范认证，到 2025 年，培育打造“福”字号优质农产品品牌 180 个、农产品区域公用品牌 90 个。充分发挥我省地理优势、旅游资源优势和产业优势，鼓励和引导市场主体提高质量和效益，加大创新力度，着力打造福茶、福酒、福装、福鞋、福渔、福果、福菜、福稻、福菌、福九味等价值清晰、形象统一、品质可靠的“福”字号公共品牌；加强宣传推广，持续扩大“全闽乐购”影响力，促进福品闽货、万福商旅等优质“福”字号商品走向全国、走向世界。

19. 做强福建建造品牌。构建现代工程建设质量管理体系，促进建筑工程品质提升，积极培育优质工程奖，提升福建建造品牌影响力。发挥平安百年品质工程创建示范项目引领作用，带动实施精细管理和精品建造，培育一批具有福建特色的项目。“十四五”期间，培育打造鲁班奖 15 个、国家优质工程奖 30 个、闽江杯 300 个。到 2025 年，力争再获大禹奖 3 个。

（七）实施质量基础设施建设支撑工程

20. 提升标准技术支撑能力。全域推进标准强省建设，着力建设多层次、高水平、高质量标准体系。加强农业绿色生产地方标准制定修订，强化制标用标，每年遴选推荐 25 个以上以提质为导向的绿色标准和引领产业升级的优质标准。实施“标准化+”行动，为新兴产业提供标准技术支撑，推动传统产业向数字化、网络化、智能化转型。探索两岸标准融合发展新路。支持组建贸易标准联盟，推进区域全面经济伙伴关系协定（RCEP）等国际标准研究，推动更多国际国内标准组织工作机构落户福建，打造国际标准化交流平台。强化技术性贸易壁垒应对，推进“同线同标同质”和内外贸一体化发展。推动一般性产品、服务标准逐步由市场自主制定。到 2025 年，新增主导和参与制定修订国际标准、国家标准、行业标准 1800 项，制定地方标准 300 项，新增符合市场和创新需求的团体标准 500 项、自我声明公开的企业标准 33000 项，标准化服务业基本适应全省经济社会发展需要，标准化发展水平全国领先。

21. 加强现代先进测量测试体系建设。实施制造业计量能力提升工程，加强产业计量测试中心和重点实验室建设，开展计量测试技术和测量方法研究，推进国家光伏产业计量测试中心、国家平板显示产业计量测试中心（厦门）、国家城市能源计量中心（福建）和国家蒸汽流量计产品质量监督检验中心（福建）建设，推进省力值计量测试重点实验室建设。完善计量标准体系架构，建立社会公用计量标准、部门行业计量标准、企事业单位计量标准为主体，布局合理、层次分明、链条清晰的计量标准基础设施体系。加强社会公用计量标准的统筹规划和有效管理。实施计量标准能力提升工程，推进各级各类社会公用计量标准技术改造和升级换代，到 2025 年，我省社会公用计量标准超过 2400 项。

22. 强化认证检测服务能力建设。深入推进小微企业质量管理体系认证提升行动，支持企业导入各类管理体系并开展认证活动，推动先进质量管理标准和方法全领域延伸。推进绿色建材产品认证及推广应用工作，推动社会采信绿色建材产品认证结果。推动检验检测认证机构为企业提供产品设计、研发、生产、使用全生命周期“一体化”解决方案。打造若干个国内一流检验检测认证机构，支持各地争创国家检验检测认证公共服务平台示范区。到 2025 年，争创国家检验检测认证公共服务平台示范区 2 个。

23. 建设一批高水平质量技术机构。推动高校、科研院所、质检中心、技术标准创新基地和专业技术创新中心等承担质量标准基础科学与应用研究，研究解决质量创新、安全风险管控、质量治理等方面的重要问题，加快质量科研成果转化。重点推动国家加工食品质量检验检测中心（福州）建设毒理实验室，建设国内一流的茶叶质量与安全重点实验室，推动建设电磁兼容安全评价技术重点实验室和国家智能装备质量检验检测中心；高标准建设石化产品质检中心（古雷特种设备综合保障基地）、国家特种机器人质检中心、福建省专用车质检中心、福建省生物医药产业计量测试中心、福建省海洋高端装备产业计量测试中心。到2025年，争取实现国家质检中心达到24个，国家市场监管重点实验室达到2个。

24. 提升知识产权综合服务和保护能力。高效运营“知创中国”、“知创福建”线上线下知识产权公共服务平台，推动平台向“智慧运营+大数据”纵深发展。开展地理标志与专利、商标等多类型知识产权协同运用，支撑产业区域创新发展实践，高质量推动地理标志运用促进工程重点项目建设。持续完善知识产权服务“最多跑一地”创新范式，推进各地“知创福建”分平台和工作站建设，推动数据资源开放共享和服务联动，提升便民利民服务水平。健全便捷高效、严格公正、公开透明的知识产权行政保护体系。强化和规范基层知识产权执法，建立健全行政保护技术调查官制度，建设全省统一的技术调查官专家数据库并实现数据共享。健全司法保护与行政执法、仲裁、调解等有机衔接的知识产权多元化纠纷解决机制。加强国家级知识产权保护中心、快速维权中心建设和运行，构建省、市、县三级知识产权协同保护体系，完善知识产权全链条保护机制。加强海外知识产权纠纷应对指导，完善海外知识产权风险预警和应对指导工作机制，完善知识产权协同保护格局。到2025年，每万人口高价值发明专利拥有量力争达到10件，有效注册商标数、地理标志证明商标分别达到250万件、700件。

25. 打造质量基础设施集成服务基地。推进质量基础设施“一站式”服务，建立健全质量基础设施运行机制，加强计量、标准、认证认可、检验检测等要素统筹建设与协同服务，推进技术、信息、人才、设备等向社会开放共享，支撑中小微企业、民营企业质量升级，推动产业集群、特色优势产业链质量联动提升。推动高校和科研院所重大科研基础设施和大型科研仪器向社会开放共享。鼓励企业非财政性资金建设、购置的科研设施仪器向社会开放服务，更好服务市场需求。加大质量基础设施能力建设投入，逐步增加计量检定校准、标准研制与实施、检验检测认证等无形资产投资，鼓励社会各方共同参与质量基础设施建设。

（八）实施质量治理现代化工程

26. 推动企业落实质量主体责任。弘扬企业家精神和工匠精神，引导企业牢固树立质量第一的经营理念，积极开展质量强企活动，推广卓越绩效等先进质量管理方法和现代企业管理制度，建立全员、全过程、全方位的质量管理体系，加强企业供应链质量协同管控。广泛开展政府质量奖获奖组织经验分享活动。引导企业加强数字经济的质量管理创新，以创新驱动为动力，以远见卓识的领导力为引领，不断创造更具特色的卓越质量经营管理的新方法、新经验。引导企业加大技术创新投入，积极应用新技术、新工艺、新材料组织生产、经营。支持有条件的企业建立技术中心、工程中心和产业化基地，努力培育集研发、设计、制造和系统集成于一体的创新型企业。引导企业加强全员质量教育，建设质量经理、质量工程师、质量技术能手队伍，完善企业首席质量官制度，到2025年，累计公益培训企业首席质量官10000名。

27. 健全质量政策制度。鼓励各市、县（区）按有关规定对质量管理先进、成绩显著的组织和个人实施激励。鼓励企业实施质量承诺和标准自我声明公开。鼓励金融机构支持企业提升产品和服务质量。鼓励银行业金融机构创新专利权、商标权等知识产权融资产品，强化对质量改进、技术改造、设备更新的金融服务供给，助力中小微企业创新发展。支持上市、挂牌企业通过再融资、并购重组等方式进行质量改进，鼓励私募股权基金投向质量创新、技术改造的优质企业，帮助企业强化技术改进、创新升级。将质量教育纳入全民教育体系，支持高校加强质量相关学科建设和专业设置，完善质量专业技术技能人才职业培训制度。

28. 强化质量科技支撑。持续推进科技研发创新平台建设，高水平打造省创新实验室体系，加快建设 6 家省创新实验室，筹建海洋领域省创新实验室，在相关领域争创国家实验室福建基地。强化企业创新主体地位，完善高新技术企业成长加速机制，实施高新技术企业“双倍增”专项行动、100 家重点企业创新计划和龙头企业“培优扶强”专项行动，力争到 2025 年国家高新技术企业数量突破 10000 家。支持省内产业龙头企业、行业骨干企业联合上下游企业、高校、科研院所和技术服务机构等，共建产学研联合体、新型研发机构和研发创新平台等，共同开展科技研发、联合攻关和成果转化。加强质量领域基础性、原创性研究，推动质量技术攻关，实施一批产业链供应链质量攻关项目。

29. 提升质量监管效能。健全以“双随机、一公开”监管和“互联网+监管”为基本手段、以重点监管为补充、以信用监管为基础的新型监管机制，探索开展工业企业产品质量安全信用风险分级分类监管，推动实施差异化、精准化监管。对涉及人民群众身体健康和生命财产安全、公共安全、生态环境安全的产品以及重点服务领域，依法实施严格监管。构建产品质量安全风险监测防控新体系，整体提升福建省产品质量安全风险监控协作网，全面拓展监控协作功能和监测站点覆盖面。完善产品质量监督抽查制度，实行“四式”抽查和“四个一批”精准抽查新模式，强化监督抽查结果处理。全面加强检验检测认证监管，督促检验检测机构落实主体责任。健全产品召回管理体制机制。完善进出口商品质量安全风险预警和快速反应监管机制，提高进出口商品质量安全风险治理能力和治理水平。加大对城乡结合部、农村等重点区域制售假冒伪劣商品违法犯罪活动的打击力度。组织开展网剑行动，严厉打击网络销售侵权假冒伪劣商品等行为。

30. 深化质量社会共治。创新质量治理模式，健全以法治为基础、政府主导、社会各方参与的多元治理机制。动员各地区、各行业及广大企业全面加强质量管理，全方位推进质量提升。围绕数字经济、海洋经济、绿色经济、文旅经济，开展各类青年职业技能竞赛及交流活动，提升青年创新创业能力水平。发挥行业协会商会桥梁纽带作用，开展标准制定、品牌建设、质量管理、质量技术等服务，及时反映企业与消费者质量需求，促进行业质量诚信自律。强化品牌意识，发挥新闻媒体宣传引导作用，传播先进质量理念、讲好福建品牌故事，曝光一批侵害群众利益的典型案例，引导消费者树立绿色、健康、安全消费理念，主动参与质量促进、社会监督等活动。引导社会力量参与质量文化建设，鼓励创作体现福建质量文化特色的影视和文学作品。用好福建干部网络学院等平台，开设质量强省建设专题专栏，加强领导干部质量法律知识培训。以“质量月”等活动为载体，深入开展全民质量行动，营造政府重视质量、企业追求质量、社会崇尚质量、人人关心质量的良好氛围。

三、组织保障

（一）加强党的领导

坚持党对质量工作的全面领导，坚决贯彻落实党中央、国务院决策部署，加强质量强省工作统筹，完善部门协同、上下联动的工作机制，健全质量监督管理体制，联动实施质量、标准、品牌强省战略。

（二）狠抓工作落实

各级党委和政府要将质量强省建设列入重要议事日程，加大投入力度，采取有力措施加快推进本地区质量强市、县（区）建设。各地各有关部门要结合实际，将本纲要主要任务与经济和社会发展规划有效衔接，同步推进，相互配合，强化工作合力，促进产业、财政、金融、科技、贸易、环境、人才等方面政策与质量政策协同，确保各项任务落地见效。

（三）完善考核机制

加强质量工作考核，将考核结果纳入各级党政领导班子和领导干部政绩考核内容。对在本纲要实施中作出突出贡献的单位和个人，按照有关规定予以表彰。强化纲要实施评估，省市场监管局会同有关部门加强跟踪分析和督促指导，重大事项及时向省委和省政府请示报告。

中共福建省委　福建省人民政府关于实施新时代民营经济强省战略推进高质量发展的意见

（二〇二三年八月二十五日）

为深入贯彻落实习近平新时代中国特色社会主义思想和党的二十大精神，现就实施新时代民营经济强省战略，推进高质量发展提出如下意见。

一、充分认识实施新时代民营经济强省战略的重大意义，明确总体要求

（一）重大意义

习近平总书记高度重视民营经济发展，在福建工作期间总结提出“晋江经验”，党的十八大以来对正确引导民营经济健康发展、高质量发展作出一系列重要论述。党的二十大对促进民营经济发展壮大作出战略部署。在习近平总书记重要论述指引下，经过多年发展，民营经济成为福建经济的特色所在、活力所在、优势所在。实施新时代民营经济强省战略，是全面贯彻落实党的二十大精神，深入贯彻落实习近平总书记重要讲话重要指示批示精神，创新和发展“晋江经验”，提振民营企业发展信心，激发全社会创新创业创造活力的迫切需要。各级各部门要充分认识实施新时代民营经济强省战略的重要意义，推动民营经济提质增效、转型升级、再创优势。

（二）指导思想

以习近平新时代中国特色社会主义思想为指导，全面贯彻落实党的二十大精神，深刻领悟“两个确立”的决定性意义，增强“四个意识”、坚定“四个自信”、做到“两个维护”，牢记“国之大者”，完整、准确、全面贯彻新发展理念，服务和融入新发展格局，落实“两个毫不动摇”、“三个没有变”、“两个健康”，聚焦新福建宏伟蓝图和“四个更大”等重要要求，坚持推动民营经济健康发展、高质量发展，着力以创新增动能、以转型优结构、以改革激活力、以开放拓空间，着力构建公平竞争的市场环境、良法善治的法治环境、便利高效的政务环境，着力加强民营企业党的建设、促进民营经济人士健康成长，推动福建从民营经济大省向民营经济强省跨越突破。

（三）发展目标

到2027年，新时代民营经济强省战略实施取得积极进展，民营经济实现质的有效提升和量的合理增长，预计在册市场主体总数达940万户左右，个体工商户总数达670万户左右，中国民营企业500强入榜企业数与我省经济规模相称；民营企业核心竞争力显著增强，累计建设智能制造优秀场景和示范工厂600个以上，参与制定修订国际标准15项、国家标准600项，累计培育省级制造业单项冠军企业380家、国家专精特新“小巨人”企业600家、国家高新技术企业14400家、科技型中小企业9000家，规上工业民营企业研发费用年均增长18%以上，民营企业研发活动和研发机构覆盖面显著提高；民营经济社会贡献显著增强，每年新增就业岗位50万个左右；国有经济布局和民营经济发展定位更加合理；具有福建特色的民营企业全生命周期服务模式和服务链条全面建成，全省营商环境水平居于全国一流行列。

二、加大鼓励、支持、引导力度，促进民营经济健康发展、高质量发展

（四）坚持以创新驱动增添动能，推动民营经济成为实现科技自立自强和产业链自主可控的重要力量

深入实施科教兴省战略、人才强省战略、创

新驱动发展战略，加快建设高水平创新型省份，支持民营企业打造创新链产业链资金链人才链融合共同体。

1. 强化企业技术创新主体地位。修订我省促进科学技术进步相关法规，健全有利于技术、人才、资金等创新要素向企业流动的政策环境。推行“揭榜挂帅”、“赛马”等新型管理制度，支持民营企业承担实施重大科技项目，加强基础研究与关键核心技术研发。完善高等学校、科研院所管理制度和成果转化机制。出台《福建省促进首台套技术装备推广应用条例》，支持民营企业创新产品迭代应用。

2. 加强创新公共服务平台建设。强化全省战略科技力量布局，支持民营企业参与构建多层次科技创新平台体系。支持民营企业与高等学校、科研机构共建产学研联合体、新型研发机构和协同创新中心，参与省重点实验室、省创新实验室建设，争创国家级创新平台。积极引进“大院大所大平台大机构”，加快向民营企业开放重大科研基础设施和大型科研仪器。支持优势企业设立创新飞地。

3. 强化人才战略支撑。深入实施产业领军团队、省引才“百人计划”、卓越工程师培养等人才项目，探索民营企业柔性引才机制。赋予科技领军人才更大的人财物支配权和技术路线选择权。完善科技特派员“订单式”和“菜单式”技术需求精准对接机制。支持福州、厦门、泉州等地打造吸引集聚人才的重要平台。

（五）坚持以产业升级优化结构，推动民营经济成为建设现代化产业体系的重要力量

坚持发展实体经济，加快建设先进制造业强省，推进产业补链延链升链建链，引导民营企业投身供给侧结构性改革，实现质量更好、效益更高、竞争力更强、影响力更大的发展。

4. 发展壮大产业集群。支持民营经济加快链条协作、集群发展，做优做强做大数字经济、海洋经济、绿色经济、文旅经济，积极参与建设先进制造业强省，发展战略性新兴产业，超前布局未来产业，打造布局合理、区域特色明显的产业集群。整合提升经济（技术）开发区、高新区、工业（产业）园区等产业平台，引导产业链上下游企业向园区集聚。发展省级中小企业特色产业集群。

5. 梯次培育壮大民营企业。实施培优扶强龙头企业行动计划，健全省市县协同培育机制，培育一批世界一流企业。支持中小企业专精特新发展，构建创新型中小企业—专精特新中小企业—专精特新“小巨人”企业—制造业单项冠军的梯度培育体系。引导龙头企业与中小企业深度融合、嵌入式发展。

6. 推动高端化、智能化、绿色化发展。支持民营企业向核心零部件和高端制成品设计研发等方向延伸。推进传统产业智能化改造、数字化转型，推动低成本、模块化的智能制造设备和系统的推广应用，梯度培育“智能生产线—智能车间—智能工厂”。支持民营企业开展数字化共性技术研发，参与数据中心、工业互联网等新型基础设施投资建设和应用创新，通过省公共数据资源开发服务平台开发利用公共数据资源。深入实施绿色制造，推进资源循环综合利用，鼓励提高绿色电力消费。

（六）坚持以改革攻坚激发活力，推动民营经济成为构建高水平社会主义市场经济体制的重要力量

纵深推进经济体制改革，以重点改革突破带动整体效能提升，引导民营企业通过自身改革发展、合规经营，完善企业治理、提升治理效能，不断提升发展质量。

7. 鼓励完善治理结构和管理制度。鼓励有条件的民营企业建立完善中国特色现代企业制度。依法推动实现企业法人财产与出资人个人或家族财产分离，明晰企业产权结构。引导民营企业加强全面质量管理，主导或参与国际、国家标准制定修订。支持民营企业科学构建品牌架构体系，参与国外高端品牌并购，加快培育享誉全球的知名品牌。

8. 支持积极参与混合所有制改革。深化国有经济与民营经济对接合作。鼓励民营资本通过出资入股、收购股权、认购可转债、股权置换等形式参与国有企业改制重组、国有企业控股上市公司增资扩股、新设混合所有制企业等项目。支持混合所有制企业改制上市。

9. 完善市场化重整机制。鼓励民营企业盘活存量资产回收资金。建立省级层面的企业破产常态化府院联动协调机制，完善“执破直通”工作机制，健全破产制度配套政策。按照国家统一部署，开展企业强制退出改革试点。优化个体工商户转企业相关政策，降低转换成本。

（七）坚持以开放提升拓展空间，推动民营经济成为服务和融入新发展格局的重要力量

稳步推进制度型开放，建设开放强省、贸易强省，支持民营企业打造全球闽商经贸协作网络，深度融入国内国际双循环，拓展民营经济发展空间。

10. 深度融入全国统一大市场。清理废除含有地方保护、市场分割、指定交易等妨碍统一市场的政策。引导民营企业积极对接长江经济带、粤港澳大湾区等，充分利用泛珠三角区域合作、闽浙赣皖区域协作等平台，加强省际产业对接合作。

11. 积极开拓多元化国际市场。支持民营企业用足用好区域全面经济伙伴关系协定（RCEP）等规则，深耕海外市场。引导民营企业优化研发生产营销服务布局，培育国际营销服务公共平台和公共海外仓。推动金融机构加大对外贸企业的支持力度。

12. 优化产业链供应链全球布局。在确保安全自主可控前提下，提升民营企业在产业链供应链关键环节的供应能力，加快构建植根福建、面向全球的产业链体系。研究建立民营跨国公司培育机制。鼓励民营企业参与共建“一带一路”，参与推动中国—印度尼西亚、中国—菲律宾经贸创新发展示范园区以及中沙（福建）产业合作区等重点园区建设。加强闽港澳台产业协同，支持民营企业融入两岸融合发展示范区建设。

（八）坚持以共享发展增进福祉，推动民营经济成为促进共同富裕的重要力量

引导民营企业践行以人民为中心的发展思想，助推缩小城乡发展差距、区域发展差距和收入分配差距，积极投身光彩事业和公益慈善事业，做到“富而有责、富而有义、富而有爱”。

13. 引导培育壮大中等收入群体。完善创业带动就业政策，鼓励民营企业自主自愿扩大吸纳就业。引导民营企业积极参与产业工人队伍建设改革，完善工资分配制度，提高劳动报酬在初次分配中的比重，构建和谐劳动关系。

14. 引导促进城乡区域协调发展。支持民营企业参与乡村振兴，因地制宜发展乡村特色产业，积极投身“万企兴万村”行动。支持民营企业参与新时代山海协作，引导沿海地区民营企业有序向山区梯度转移。

15. 支持更好履行社会责任。鼓励引导民营经济人士做发展的实干家和新时代的奉献者，将社会责任理念融入企业战略、日常运营、产品全生命周期中。鼓励民营企业参与应急救灾，支持国防建设。引导民营企业有序参与境外项目，在走出去中遵守当地法律法规。

（九）坚持以规范引导厚植优势，推动民营经济成为促进发展和安全的重要力量

贯彻总体国家安全观，建设更高水平的平安福建，引导民营企业深度融入新安全格局，强化风险监测预警和应急处置。

16. 依法规范和引导资本健康发展。建立健全资本监管体系，全面提升资本治理效能。支持民营资本进入基于互联网的医疗健康、养老家政、文化、旅游、体育等新兴服务领域。支持平台企业在创造就业、拓展消费、国际竞争中大显身手，推动平台经济规范健康持续发展。研究鼓励民间资本参与的项目清单并加强推介。

17. 加强风险防范管理。引导民营企业建立覆盖企业战略、规划、投融资、市场运营等各领域的全面风险管理体系。健全民营企业风险监测、预警、应对机制，对严重影响企业运营并可能引发社会稳定风险的情形提前预警。

18. 强化安全生产保障。引导民营企业把安全发展贯穿生产经营全过程，加强核心基础零部件等生产保障，提高产业链供应链韧性，提升应急扩产转产能力。健全促进对外投资政策和服务体系，指导支持民营企业防范应对贸易保护主义等外部挑战。

三、完善市场经济制度，营造支持民营经济发展的一流营商环境

（十）坚持以有序竞争筑牢基石，增强民营企业公平参与市场竞争的活力

创新制度供给，在更高起点、更高层次、更

高目标上构建竞争公平有序的市场体系，降低制度性交易成本，不断增强民营企业发展的内驱动力。

19. 持续破除市场准入壁垒。严格落实市场准入负面清单制度，清理规范行政审批、许可、备案等政务服务事项的前置条件和审批标准。全面开展市场准入效能评估，健全隐性壁垒线索发现、认定、处置全流程网上办理机制。优化政府采购，按规定加大对中小企业的支持力度。

20. 全面落实公平竞争制度。出台促进公平竞争相关法规，修订《福建省招标投标条例》，强化竞争政策基础地位，清理与企业性质挂钩的行业准入、资质标准、产业补贴等歧视性规定和做法。强化制止滥用行政权力排除限制竞争的反垄断执法。

21. 依法推进社会信用体系建设。出台《福建省社会信用条例》。推广信用承诺和信用评价，构建以信用为基础的新型监管机制。加强政务诚信建设，依法依规公示违约毁约、拖欠账款、拒不履行司法裁判等严重失信行为信息，依法依规实施失信惩戒措施，做到"新官要理旧账"。健全完善信用修复机制。

（十一）坚持以公正法治稳定预期，增强民营企业心无旁骛谋发展的信心

全面推进依法治省，深化海丝中央法务区建设，全力构建新型监管机制，切实保护企业合法权益，让企业家放心创业、安心经营、专心发展。

22. 依法保护民营企业产权和企业家权益。修订企业和企业经营管理者权益保护相关法规。防止和纠正利用行政或刑事手段干预经济纠纷，以及执法司法中的地方保护主义。准确适用民营经济主体违法行为处理的法律法规，规范涉产权强制性措施和涉案财产处置程序。强化民营企业腐败源头治理，依法加强对民营企业内部人员侵害企业利益犯罪行为的打击。

23. 完善知识产权保护体系。出台我省知识产权保护与促进相关法规。加大对民营中小微企业原始创新保护力度，落实国家关于商业改进、文化创意等创新成果的知识产权保护办法，严厉打击侵犯商业秘密、仿冒混淆等不正当竞争行为和商标恶意抢注等违法行为。构建省市县三级联动、行刑衔接的知识产权快速协同保护体系。

24. 完善监管和执法体系。全面实施"双随机一公开"监管，建立协同高效的跨部门综合监管机制，优化提升省一体化大融合执法平台，杜绝选择性执法，减少多头执法、重复执法。依法推行涉企行政执法"首违不罚""轻微不罚"。对新兴产业实行包容审慎监管。

（十二）坚持以优质政务贴心服务，增强民营企业享受宜商优惠政策的便利

创新政府管理和服务方式，加快打造能办事、好办事、办成事的"便利福建"，打响数字化营商环境品牌，全力建设让人民更加满意的政府，提升民营企业获得感。

25. 优化政务服务格局。建设企业掌上服务专区，推动政务服务"一网好办"。执行行政许可清单管理制度，深化"一件事一次办""一业一证"改革。完善财政资金直达机制。全面推行惠企政策"免申即享"，推广告知承诺制。深入推进涉及民营企业的投融资体制改革和工程建设项目审批制度改革。

26. 健全涉企收费长效监管机制。完善政府定价的涉企收费清单制度，进行常态化公示，接受企业和社会监督，杜绝以评比达标表彰等形式向企业收取费用或变相收费。畅通投诉举报平台渠道，加强各相关部门协调联动，公开曝光违规收费典型案例。

27. 完善拖欠账款常态化预防和清理机制。严格落实《保障中小企业款项支付条例》，健全防范和化解拖欠中小企业账款长效机制。完善拖欠账款投诉处理和信用监督机制，加强对恶意拖欠账款案例的曝光。完善拖欠账款清理与巡视、督查、审计等制度的常态化对接机制。

（十三）坚持以服务提质强化保障，增强民营企业高效平等获取要素的能级

构建流动自主有序、配置更加高效公平的要素市场化体制机制，优化民营企业融资服务，保障民营企业用地、用工、用能等需求，进一步激发民营企业创造力和市场活力。

28. 强化融资支持保障。鼓励金融机构针对民营企业和个体工商户特点推出差异化金融产品，

扩大普惠小微贷款投放，提高民营企业获得贷款便利性和实效性。加强“金服云”等线上融资服务平台推广运用。鼓励符合条件的民营企业发行科技创新公司债券，推动民营企业债券融资专项支持计划扩大覆盖面、提升增信力度。发挥区域性股权市场作用，加强民营上市后备企业培育。

29. 强化用工需求保障。深化产教融合、校企合作，推进中国特色企业新型学徒制，培育一批我省急需的高技能产业人才。健全民营企业专业技术人员评价激励机制，完善职称评审办法，建立职称申报兜底机制。完善灵活就业和新就业形态劳动者权益保障。优化职工住房、就医、就学、落户等职业发展环境。

30. 强化土地要素保障。支持民营企业选择长期租赁、先租后让、弹性年期出让等适宜的用地方式。有序推行工业用地“标准地”改革。在符合国土空间规划、用途管制要求和安全等前提下，鼓励探索以工业为主导功能的混合产业用地供给方式，支持民营企业依法根据产业发展需要和市场环境变化在混合产业用地中合理转换产业类型。

31. 强化能源资源要素保障。推进工业园区供热、供气等公共基础设施共建共享，提高电、气、热等能源供应保障能力。探索和健全排污权、用能权、用水权、碳排放权等交易机制。支持民营企业参与可再生能源发电和储能等新能源投资建设。

（十四）坚持以亲清互促优化环境，增强民营企业行稳致远的发展决心

弘扬优良作风，全面构建亲清政商关系，规范政商交往行为，构筑“干部敢为、地方敢闯、企业敢干、群众敢首创”良性机制。

32. 畅通政企沟通渠道。健全挂钩联系重点民营企业等制度机制，完善与商会组织、民营企业常态化沟通交流机制，建立民营企业诉求收集、转办、督办、反馈闭环平台，探索构建“企业诉求—平台吹哨—部门报到”助企服务制度。大力推进闽商回归工程，探索建立领导干部挂钩联系省内外商会机制。完善民企签约项目落地协调机制。持续提升“党企新时空·政企直通车”平台服务效能。鼓励民营经济人士积极主动同各级党委和政府及部门沟通交流。

33. 制度化规范政商交往。研究制定规范政商交往行为的意见，明晰交往边界和底线，推动政商交往亲而有度、清而有为。建立健全容错纠错机制，鼓励公职人员主动依法依规服务企业，同时加大监督力度，严肃查处在涉企服务中懒政怠政、不作为慢作为等问题，坚决治理政商勾连破坏政治生态和经济发展环境问题。

34. 强化政策沟通和预期引导。落实企业家参与涉企政策制定机制。提升涉企政策稳定性、连续性和针对性，基于公共利益确需调整的，依法依规履行调整程序，合理设立过渡期。加强直接面向民营企业和个体工商户的政策发布和解读引导。各级党委和政府要积极组织召开民营经济座谈会。支持各级政府部门邀请优秀企业家开展咨询。

（十五）坚持以企业家精神凝聚力量，营造促进民营企业发展壮大的社会氛围

持续激发民营企业家敢为人先、敢拼会赢的精神特质，凝聚崇尚创新创业正能量，营造尊重企业家价值、鼓励企业家创新、发挥企业家作用的舆论氛围。

35. 加强优秀民营企业家队伍建设。建立民营经济代表人士数据库，完善民营经济代表人士综合评价体系。优化民营经济代表人士队伍结构，稳妥做好推荐优秀民营经济人士作为各级人大代表候选人、政协委员人选工作，发挥工商联在民营经济代表人士有序政治参与中的主渠道作用。支持民营经济代表人士在国际经济活动和经济组织中发挥更大作用。支持年轻一代民营经济人士在青年组织中更好发挥作用。

36. 完善民营经济人士教育培训体系。完善民营企业培训制度，构建多领域多层次、线上线下相结合的培训体系。深化福建青创创业导师库建设，健全年轻一代民营经济人士培育“导师制”，推动事业新老交接和有序传承。创新开展“党建引领产业发展”系列专题培训。

37. 深入践行企业家精神。加强对优秀企业家先进事迹、加快建设新时代民营经济强省的宣传报道，引导全社会客观正确全面认识民营经济和民营经济人士，定期开展福建省优秀民营企业家和优秀民营企业表彰。加强涉民营经济舆情跟踪

监测，依法严厉打击以负面舆情为要挟进行勒索等行为。鼓励科研机构、高端智库等加强闽商文化研究。研究设立“福建民营企业家日”，探索设立闽商博物馆。

四、加强组织领导，落实保障措施

全省各级党组织要加强领导、精心组织、周密部署，深入实施“深学争优、敢为争先、实干争效”行动，科学谋划推动民营经济发展新举措，全方位推动新时代民营经济高质量发展。

（十六）加强党的全面领导

坚持高位统筹协调，建立全面实施新时代民营经济强省战略协调机制，压实部门责任，把党的领导落实到工作全过程各方面。开展新时代民营经济发展环境综合改革。全面增强民营企业党组织政治功能和组织功能。推动党的组织和工作在商会有效覆盖，支持工商联更好发挥作用。

（十七）健全民营经济人士思想政治建设机制

深入开展理想信念教育和社会主义核心价值观教育。健全民营企业党组织与涉企部门党组织对接机制，深化党建强企“联合行动”。在民营企业中扩大党的组织和工作覆盖面，积极稳妥做好在民营经济代表人士优秀分子中发展党员工作。积极探索创新民营经济领域党建工作方式，鼓励民营企业把党建工作写入公司章程，在人员、经费、场所等方面给予支持。

（十八）及时做好总结评估

统合民营经济健康发展工作力量。强化已出台政策的督促落实，在与宏观政策取向一致性评估中对涉民营经济政策开展专项评估审查。持续完善营商环境数字化监测督导机制。加强民营经济统计监测和分析评估。鼓励各地结合实际大胆探索，不断创新和发展“晋江经验”，对行之有效的经验做法要以适当形式予以固化，为丰富发展习近平新时代中国特色社会主义思想贡献福建经验。

2024年福建省人民政府工作报告

——2024年1月23日在福建省第十四届人民代表大会第二次会议上

福建省人民政府省长　赵龙

各位代表：

现在，我代表省人民政府，向大会报告工作，请予审议，并请省政协委员和列席同志提出意见。

一、坚持以习近平新时代中国特色社会主义思想为指导，新福建建设取得新进展新成效

2023年是全面贯彻党的二十大精神的开局之年，是三年新冠疫情防控转段后经济恢复发展的一年。一年来，我们坚持以习近平新时代中国特色社会主义思想为指导，深入学习贯彻党的二十大和二十届二中全会精神，坚决贯彻落实习近平总书记重要讲话重要指示批示精神和党中央决策部署，牢牢把握习近平总书记亲自擘画的新福建宏伟蓝图和“四个更大”重要要求，紧紧围绕中央支持福建建设两岸融合发展示范区的重要使命，在省委领导下，深入开展主题教育，深学争优、敢为争先、实干争效，坚持稳中求进工作总基调，着力扩内需、优结构、提信心、防风险，经济持续回升向好，社会大局保持稳定，高质量发展迈出坚实步伐。

初步统计，2023年全省地区生产总值54355亿元、增长4.5%，一般公共预算总收入5907亿元、增长9.8%，地方一般公共预算收入3591亿元、增长7.6%，固定资产投资增长2.5%，社会消费品零售总额增长5%，进出口总额下降0.2%，城镇居民、农村居民人均可支配收入分别增长4.3%、6.9%，城镇调查失业率4.8%，居民消费价格与上年持平。

一年来的主要工作是：

（一）积极培育经济发展新动能，实体根基更加稳固

产业升级蹄疾步稳。坚定不移推动“智改数转”，实施省重点技改项目1704个、总投资4477亿元，关键业务环节全面数字化企业占比居全国第三位，福州、厦门入选全国首批中小企业数字化转型试点城市。坚定不移拓宽产业新赛道，工业战略性新兴产业产值占规上工业产值比重28.3%、提高3.4个百分点，出台促进人工智能产业发展10条措施，建成光储充检一体化充电站15座，全球最大18兆瓦直驱海上风电机组顺利下线。坚定不移培育壮大产业链，发布全国首份县域重点产业链发展白皮书，制造业增加值占地区生产总值比重32%，制造业百强企业营收总额达2.5万亿元。动力电池、鞋服、化工、食品等产业链条更加坚实，竹产业、陶瓷产业高质量发展步伐加快。6个设区市入选全国先进制造业百强城市，中沙古雷乙烯项目进入建设实施阶段，莆田入选中国食品产业名城。坚定不移推进园区标准化建设，26个试点园区新增标准化厂房超500万平方米，4个园区上榜全国先进制造业百强园区。坚定不移发展壮大现代服务业，4个设区市列入国家流通战略支点城市，福州港口型物流枢纽入选国家建设名单，厦门获批国家智慧口岸试点，金融业增加值增长7.4%。坚定不移做强做优“四大经济”，数字经济增加值达2.9万亿元，海洋生产总值达1.2万亿元，清洁能源装机比重达63%，实现旅游总收入6981亿元。数字中国建设峰会、世界航海

装备大会、亚太电协大会成功举办，行业风向标、合作策源地、成果展示窗作用日益凸显。

内需潜力加速释放。把扩大有效投资作为重要抓手，发行地方政府专项债券1618亿元，1580个省重点项目完成投资7387亿元。福厦高铁开通运营，福厦“一小时生活圈”、厦漳泉“半小时交通圈”由愿景变成现实。龙岩新机场获批立项，龙龙高铁龙岩至武平段、厦门翔安大桥、福州地铁4号线首通段等建成通车，大动脉更加畅通、微循环更加便捷。新中国成立以来我省最大引调水工程“一闸三线”全线通水，润泽榕岚两地近580万人，平潭人民从此告别“靠天吃水”的历史。把恢复和扩大消费摆在优先位置，实施扩消费“八大行动”，开展“全闽乐购”活动近万场，举办第二届福品博览会、新闽菜发展大会，福茶、福酒、福文创等线上线下销售火爆，限额以上网络商品零售额增长6.1%。泉州获批国家第三批一刻钟便民生活圈建设试点城市，福州三坊七巷和厦门中山路入选全国示范步行街。

城乡区域协调发展。深入实施新型城镇化战略，率先启动全域范围内户口迁移“跨省通办”，农业转移人口落户城镇37.7万人。持续提升城市品质，改造老旧小区38.2万户，全面完成43.9万户低收入群体居住环境消防安全改造，新增公共停车位3.1万个，新建改造公园绿地1002公顷，创建无障碍设施样板街道11个，累计建成福道8740公里。福州荣获首届全球可持续发展城市奖，厦门上榜中国十大“大美之城”，三明入选第三批全国海绵城市建设示范城市。深入实施乡村振兴战略，严格落实耕地保护和粮食安全责任制，粮食生产和增储任务超额完成，全年粮食播种面积1261.7万亩、产量511万吨，3个省级粮库提前建成。新增3个国家乡村振兴示范县、2个国家现代农业产业园、7个国家农业产业强镇，3个县（市）入选第四批国家农业绿色发展先行区创建名单，“福九味”中药材入围国家优势特色产业集群，三明获评国家农产品质量安全市。深入实施新时代山海协作，调整优化市、县结对协作关系，老区苏区加快振兴发展。创新实施“两通工程”，新开通20个高速公路服务区出入口，实现82%陆域乡镇30分钟内上高速。加快打造闽宁协作“升级版”，援藏援疆工作保持全国前列，沪明、广龙对口合作走深走实，红色圣地和开放高地双向奔赴前景广阔。

民营经济提质增效。加大政策扶持，传承弘扬、创新发展“晋江经验”，推动出台《关于实施新时代民营经济强省战略推进高质量发展的意见》和19份配套政策文件，修改废止313件妨碍民企公平参与市场竞争的地方性文件。优化服务保障，完善省领导挂钩联系机制，推出三期共300亿元提质增产争效专项贷款、惠及2万多家企业。引进民企制造业项目2280个，民间制造业投资增长8.1%。壮大经营主体，大力推动闽商回归，实施培优扶强行动，新登记民营经营主体112.8万户、增长9.1%。宁德时代获中国工业大奖、动力电池出货量连续7年全球第一，福耀汽车玻璃市场占有率达34%、长期保持全球第一，安踏入选全球十大最具价值运动服饰品牌。民营经济贡献了全省近70%的地区生产总值、70.6%的税收、70%以上的科技创新成果、80%以上的城镇劳动力就业和94%的企业数量。越来越多的民营企业为福建增了光、添了彩，为高质量发展作出了重要贡献。

（二）加快建设创新型省份，内生动力更加强劲

教育质量持续提升。坚持以教育之强筑牢创新之基，促进基础教育扩优提质，补充公办中小学幼儿园教师1.8万人，新建、改扩建公办幼儿园195所，学前教育普惠率达94.6%。新增公办义务教育学位10.7万个，随迁子女在公办义务教育学校就读比例达95.5%，达标高中在校生占比达90%。促进职业教育产教融合，出台推动职业教育服务经济社会发展10条措施，深入实施高水平职业院校和专业建设计划，成立6个行业产教融合共同体，晋江入选第一批国家级市域产教联合体。促进高等教育内涵式发展，加快建设高等教育强省，福建工程学院更名福建理工大学，福建中医药大学成为省部（局）共建高校。全省高校新获评A类学科19个、增长72.7%，新增教育部重点实验室3个、医药基础研究创新中心1个，人才孵化器、创新策源地作用有效发挥。

科技创新提速加力。坚持以科技之强提升创新之效，聚力优平台，重组入列全国重点实验室2

家，落地建设“海洋负排放”国际大科学计划，新增国家企业技术中心7家，新建集成电路省创新实验室，引进香港理工大学晋江研究院等高水平科创平台。新设省级高新区2个、实现设区市全覆盖，福州入选全国创新驱动示范市，4个县（市）入选第二批全国创新型县（市）。聚力强主体，投放“科技贷”75亿元，新增国家级科技企业孵化器4家、专精特新“小巨人”企业42家，国家高新技术企业超1.2万家、增长35%。聚力活机制，出台加快推进科技创新发展20条措施，实施12个“揭榜挂帅”项目，建成5个国家级知识产权保护中心、快速维权中心，新增中国专利奖15项，突破海水直接电解制氢等关键技术，白羽肉鸡突破国外育种技术封锁。全社会研发投入超千亿元，科技创新按下了“快进键”、跑出了“加速度”。

人才支撑不断强化。坚持以人才之强激活创新之源，完善人才培养体系，认真落实《福建省“十四五”期间人才发展规划》，培育壮大创新创业创造主力军。新增两院院士5人、国家杰青7人，2人获评国家卓越工程师。引进急需紧缺人才，坚持需求导向、以用为本，优化数字经济等重点领域省级高层次人才认定办法。实施省级引才引智项目78个，遴选第四批产业领军团队19个，新认定和支持省级高层次人才2414人。创新人才使用机制，以省创新实验室为试点，开展人才发展体制机制综合改革，落实设立编制池、自主确定用编条件等改革举措，单位引才用才有了更多的自主权、选择权。

（三）持续深化改革开放，发展空间更加广阔

闽台融合再谱新篇。推动重大战略落地落实，深入贯彻《中共中央、国务院关于支持福建探索海峡两岸融合发展新路建设两岸融合发展示范区的意见》，推动出台我省实施意见，发布首批15条政策措施。加快基础设施应通尽通，向金门供水累计超3000万吨，厦金望嶝变电站投产，厦门第三东通道开工建设，“小三通”客运、榕台空中客运、平潭对台货运航线复航。促进经贸合作互惠互利，新设台企户数和实际利用台资规模保持大陆首位，闽台贸易额累计突破1.5万亿元。6个台湾农民创业园连续六年包揽国家考评前六名，研制发布181项两岸共通标准。支持基层民众交流交往，引进台湾乡建乡创团队132支，海峡两岸交流基地增至26家、居大陆首位。成功举办第十五届海峡论坛、第十一届海峡青年节、第八届世界妈祖文化论坛等重点活动近280场，岛内台胞来闽达57.3万人次，两岸同胞越走越近、越走越亲。

改革攻坚纵深推进。深化重点领域改革，厦门综合改革试点开局良好，国企改革三年行动考评获全国A级，福州、厦门、泉州、漳州入选全国低效用地再开发试点城市，漳州、三明、上杭入选中央财政支持普惠金融发展示范区。深化福建特色改革，公立医院综合改革效果评价连续8年居全国前列，三明林业碳票首次实现跨省交易，7项改革经验被中央改革办推广，我省主导制定的科技特派员国家标准发布实施。深化营商环境创新改革，行政服务许可事项网上可办率达98.7%、158项实现跨省通办，一体化政务服务能力连续2年位列全国第一梯队，工程建设项目审批制度改革评估位列全国第一，便捷办事广受好评，贴心服务常受点赞。

开放水平不断提升。发挥多区叠加优势，中印尼、中菲经贸创新发展示范园区获批设立，中欧（亚）班列开行135列，“丝路海运”联盟成员达320家，海丝中央法务区新增11个涉外交流项目，中国—金砖国家新时代科创孵化园揭牌运行，自贸试验区获批对接国际高标准推进制度型开放试点，新推出全国首创举措26项。推动对外贸易双向投资保稳提质，入选首批内外贸一体化试点省份，新增国家电子商务示范基地2家，跨境电商出口增长18%，机电产品出口增长11.9%，锂电池等“新三样”出口增长49.8%。新设外商投资企业数增长36.2%，高技术制造业实际使用外资增长35.8%，实际对外投资额增长51.4%，派出各类劳务人员规模保持全国首位。深化交流合作，成功举办2023“鼓岭缘”中美民间友好论坛、第十届中国—中亚合作论坛、第二十三届投洽会、全球南方智库对话会、首届中国侨智发展大会等，闽港闽澳合作取得新进展，侨的工作暖心有效，国际友城达125对。我们的朋友圈越来越大，为服务国家总体外交作出了积极贡献。

（四）着力增进民生福祉，百姓生活更加殷实

就业形势总体平稳。扩大就业容量，出台稳

工稳产促就业7条、毕业生就业创业10条，创新实施新增岗位补贴、毕业生就业岗位补贴，扎实推进返乡创业，大力支持灵活就业，城镇新增就业53万人，高校毕业生等重点群体就业保持稳定。强化就业帮扶，开展防止返贫就业攻坚行动，对就业困难人员实行个性化援助，就业困难人员实现就业3.7万人，失业人员实现再就业超15万人。提升就业技能，深入实施“技能福建”行动，全省投入3.4亿元开展职业技能培训，5所技工院校获评国家级高技能人才培训基地，新建国家级技能大师工作室5个、省级工作室60个，培养高技能人才5.8万人，就业结构进一步优化，供需匹配更加精准。

社会保障提档升级。提升“一老一小”服务，牢记习近平总书记亲自连线看望慰问福州市社会福利院老年朋友的殷殷嘱托，优化养老服务供给，新建示范性长者食堂300个、嵌入式养老服务机构50个，新增普惠性托位1.28万个。提高社保待遇水平，城镇职工基本养老金增长3.8%，城乡居民省定基础养老金标准提高至每月150元，失业保险基金省级统筹全面实施，城乡居民医保人均财政补助标准提高至不低于640元，医保服务实现乡村全覆盖。强化社会救助帮扶，低保、特困供养年人均标准分别提高到10112元、25380元，集中养育和社会散居孤儿基本生活最低月人均标准分别提高到2100元和1700元，参照社会散居孤儿标准为事实无人抚养儿童、艾滋病病毒感染儿童发放基本生活保障金，使兜底更加有力，帮扶更加暖心。

公共服务量质齐升。落实“乙类乙管”，因时因势推动新冠疫情防控平稳转段。优化医疗供给，新增医疗机构床位9100张，复旦大学附属肿瘤医院福建医院获批国家区域医疗中心，省立医院、省妇幼保健院列入国家中西医协同“旗舰”医院建设试点，南平、三明获批国家紧密型城市医疗集团建设试点，三级公立医院绩效考核成绩连续4年居全国前列。加强住房保障，开工保障性租赁住房8.4万套、棚户区改造5.9万套，全国首个新建配售型保障房在福州动工建设。确保饮水安全，城市饮用水水源地水质达标率保持100%，农村自来水普及率提高到93.5%。发展体育事业，新建1140个体育公园等场地设施，健身步道超1万公里。在第19届杭州亚运会上，我省体育健儿获金牌人次居全国第二，取得历史最好成绩。

文化建设成果丰硕。大力弘扬社会主义核心价值观，新时代文明实践阵地实现县乡村全覆盖，700多万志愿者活跃在基层、奉献在一线，林占熺获评“感动中国十大人物”。大力传承发展优秀传统文化，持续实施“福”文化传承发展工程，深入推进海洋文化传承发展工程。莆田获评国家历史文化名城，泉州古城入选国家文物保护利用示范区，城村汉城国家考古遗址公园正式授牌。新增2个全国传统村落集中连片保护利用示范县、2个国家文旅产业融合发展示范区。大力提升文艺作品质量，成功举办第32届中国金鸡百花电影节、第五届海上丝绸之路国际艺术节、第十届丝绸之路国际电影节、首届中国电视剧大会、第12届中国国际民间艺术节，连续11届获中国戏剧梅花奖并摘得“双梅花”，《山海情》等一批作品和个人荣获曹禺戏剧文学奖、中国音乐金钟奖、白玉兰奖。组织评选省第十届百花文艺奖，113件优秀作品脱颖而出。大力完善公共文化服务体系，开工建设福建美术馆等重大文化设施，广泛开展科学普及活动，101家公共文化场馆试点错时延时开放。“欢乐常相逢”、百姓大舞台、乡村音乐会等文化惠民活动群众喜闻乐见，内容多姿多彩。

（五）全面强化生态省建设，绿色底蕴更加深厚

污染防治攻坚战实现新进展。打好蓝天保卫战，设区城市空气质量达标天数比例98.4%，$PM_{2.5}$浓度为每立方米20微克。打好碧水保卫战，主要流域优良水质比例99%，三明金溪（将乐段）、厦门筼筜湖入选全国美丽河湖，河湖长制工作连续6年获得国家正向激励。打好碧海保卫战，整治重点入海排污口1365个，近岸海域优良水质比例88.7%，厦门东南部海域、漳州东山岛南门湾—马銮湾段入选全国美丽海湾。打好净土保卫战，1.4万家危废产生单位纳入信息化管理。污染防治攻坚战成效考核连续四年全国优秀，生活垃圾分类工作位列全国第一档。

绿色低碳发展取得新成效。加快推进绿色制造，70家工厂、5个工业园区入选国家绿色制造名单。加快发展绿色能源，闽粤支干线与漳州LNG

外输管道联通工程全面开工，全国首个国家级海上风电研究与试验检测基地启动建设，成功举办2023世界储能大会。加快推动绿色出行，推广新能源汽车标准车20.4万辆，启用全国首条高速公路重卡换电绿色物流专线，“电动福建”驶入快车道，绿色交通走进千万家。

生态文明制度建设结出新硕果。创新生态保护模式，实施重要生态系统保护修复和生物多样性保护重大工程，生态质量指数居全国前列。提前完成13.7万亩互花米草除治。全国首单水土保持项目碳汇交易落地龙岩。完善示范创建体系，入选全国省级水网先导区，建成安全生态水系305公里。闽江河口湿地入选国际重要湿地名录，新增5个国家生态文明建设示范区、2个“绿水青山就是金山银山”实践创新基地。健全责任追究制度，坚决推进中央生态环保督察整改，完善生态环境损害赔偿机制和党政领导生态环保目标责任制，生态环保“党政同责”“一岗双责”压得更紧更实，生态文明理念更加深入人心。

（六）奋力打造平安福建，社会大局更加稳定

安全发展基础有效夯实。全面落实安全生产十五条硬措施，实施重大事故隐患专项排查整治行动，全年未发生重大以上事故，打“黑气”、治海砂得到国家肯定。全面提升应急处突能力，建成省应急指挥中心，有力有效应对“杜苏芮”“海葵”等台风和极端强降雨。全面强化食品药品安全监管，严防严管严控药品安全，持续建设“食品放心工程”，深化治理“餐桌污染”，主要农产品、水产品、加工食品抽检合格率均保持在99%以上，牢牢守住了人民群众“舌尖上的安全”。

重点领域风险有效防范。聚焦金融领域，加强金融风险监测评估、预警和处置，不良贷款率保持较低水平，持续保持无高风险机构的良好态势。聚焦房地产领域，稳妥处置房企债务风险，“保交楼、保民生、保稳定”工作可控有序。聚焦财经领域，制定一揽子化债方案，“一地一策”化解个别重点区域地方债务风险。聚焦能源领域，建成投用福厦特高压输变电工程，能源产供储销体系更加完善，高质量发展用能更有保障。

社会治理能力有效提升。高水平推进基层治理创新，推动出台全国首部规范村规民约的地方性法规，近邻党建模式全面推广，福州、厦门、漳州、龙岩获评全国市域社会治理现代化试点合格城市。综治中心实体化建设扎实推进，乡镇（街道）社会工作服务站建设持续加强，信访形势平稳有序。高标准强化社会治安防控，大力弘扬新时代“漳州110”精神，常态化推进扫黑除恶斗争，有力打击遏制电信网络诈骗、涉麻制毒、走私等违法犯罪，平安建设绩效位居全国前列，群众安全感率达99%以上。高效能支持各方工作，积极支持工会、共青团、妇联、关工委、老龄委、残联、红十字会等开展工作，智库、档案、地方志、参事、文史等工作实现新提升，民族团结、宗教和顺的良好局面不断加强。高质量做好国防动员和双拥共建工作，国防动员新体制运行顺畅，军民融合、退役军人服务保障等工作更加精准高效，驻闽部队广大官兵和全省人民同呼吸、共命运、心连心，鱼水之情充盈八闽大地。

过去一年，全省各级政府坚持忠诚为政，扎实开展主题教育，以学铸魂、以学增智、以学正风、以学促干，坚定拥护“两个确立”、坚决做到“两个维护”。坚持为民施政，尽力而为、量力而行、久久为功，民生支出占财政支出的77.1%，入学、托幼、住房、养老等老百姓高度关注的29项省委省政府为民办实事项目全面完成。办理人大代表建议673件、政协提案699件，办结率均为100%。坚持依法行政，提请审议地方性法规17件，制定修改废止政府规章8件。建成省一体化大融合行政执法平台，已在全省46个条线、4113个执法单位上线试运行。数字政府服务能力获评“卓越级”，省政府门户网站绩效评估连续2年全国第一。坚持务实勤政，“四下基层”“四个万家”“马上就办、真抓实干”等优良作风相沿成习，主动想事、主动干事、主动成事日益成为各级政府的行动自觉。坚持廉洁从政，深入推进党风廉政建设和反腐败斗争，严格落实中央八项规定及其实施细则精神，持续整治形式主义、官僚主义，弘扬务实之风、清廉之风、俭朴之风，政治生态更加纯洁，更加风清气正。

各位代表！过去的一年，挑战前所未有，困难超出预期。我们始终坚定忠诚，传承弘扬习近平总书记在福建工作期间开创的重要理念和重大

实践，沿着总书记的足迹学思想学理念学方法，学出了忠诚爱戴之心、坚定捍卫之志，学出了破解难题之道、推动发展之策；坚持不懈用习近平新时代中国特色社会主义思想凝心铸魂，统一思想、统一意志、统一行动，奋力把习近平总书记擘画的新福建宏伟蓝图变成美好现实；胸怀“国之大者”，自觉把福建工作放在全国大局中去考量、去推动，努力走在前列、勇挑大梁，为全国大局多作贡献。我们始终坚守初心，牢记政府前面“人民”二字，把群众路线作为根本工作路线，扑下身子、沉到一线，拜人民为师、向人民学习，确保决策回应人民关切、施政顺应人民意愿；把为人民添福造福作为最大追求，想人民之所想，行人民之所嘱，推动政策向民生聚焦、资源向民生倾斜、服务向民生覆盖，努力让老百姓过上更好的日子；把人民满意作为最高评价，谋划工作先看人民赞成不赞成、高兴不高兴，工作成效再由人民来检验、来评判。我们始终坚毅前行，保持战略定力，面对经济下行压力不气馁，坚持高质量发展不动摇，及时出台助企纾困政策，让企业有全面的感受、真实的体验、确切的实惠，帮助企业增强信心、恢复发展；保持转型耐力，牢牢把握调整优化经济结构的最佳时机，苦练高质量发展内功，持之以恒推进传统产业数字化转型、智能化改造，锲而不舍培育战略性新兴产业、布局未来产业，推动产业向中高端迈进；保持深耕毅力，鼓励引导企业心无旁骛做实业、一心一意创品牌，努力把一片叶、一根竹、一张纸等做到极致，把一双鞋、一块玻璃、一组电池等做得更好，坚实地走在高质量发展的康庄大道上。

一年来，福建高质量发展取得的成绩，根本在于习近平总书记掌舵领航，在于习近平新时代中国特色社会主义思想科学指引，是党中央坚强领导的结果，是省委团结带领全省人民真抓实干的结果，是省人大、省政协和社会各界有效监督、鼎力支持的结果。在此，我代表省人民政府，向全省人民，向人大代表、政协委员、各民主党派、工商联和无党派人士、各人民团体和社会各界人士，向中央驻闽单位、驻闽人民解放军、武警部队官兵、公安干警和消防救援队伍，向长期关心支持福建发展的台港澳同胞、海外乡亲和国际友人，表示崇高敬意和衷心感谢！

我们清醒地看到，我省发展还面临不少困难挑战，具体表现在：消费仍处于弱复苏状态，投资增长仍需扩力，外贸出口压力加大；科技创新不足问题较为突出，传统产业转型升级还不够优，新兴产业规模还不够大，未来产业前瞻布局还不够快；拖欠企业债务问题仍然存在，部分民营企业特别是中小微企业生产经营困难；房地产、地方债务、中小金融机构等风险不容忽视；民生事业仍有短板，一些群众的就业生活遇到困难；政府系统作风能力建设仍需加强，少数干部还不能完全适应高质量发展要求，等等。对此，我们将增强忧患意识，有效应对，全力解决。

二、坚持以推动高质量发展为主题，全力以赴做好2024年各项工作

2024年是中华人民共和国成立75周年，是实现“十四五”规划目标任务的关键一年，是习近平总书记亲自擘画“机制活、产业优、百姓富、生态美”新福建宏伟蓝图10周年。我们将以习近平新时代中国特色社会主义思想为指导，全面贯彻落实党的二十大、二十届二中全会和中央经济工作会议精神，聚焦新福建建设宏伟蓝图和“四个更大”重要要求，按照省第十一次党代会和省委十一届四次、五次全会及省委经济工作会议部署，坚持稳中求进工作总基调，完整、准确、全面贯彻新发展理念，围绕推动高质量发展首要任务和构建新发展格局战略任务，紧扣建设两岸融合发展示范区重要使命，以实体经济为根基，以科技创新为引领，以改革开放为动力，加快建设现代化经济体系，统筹扩大内需和深化供给侧结构性改革，统筹新型城镇化和乡村全面振兴，统筹高质量发展和高水平安全，切实增强经济活力、防范化解风险、改善社会预期，巩固和增强经济回升向好态势，持续推动经济实现质的有效提升和量的合理增长，厚植绿色底色，增进民生福祉，保持社会稳定，奋力推动中国式现代化福建实践取得新突破。

今年经济社会发展的主要预期目标是：全省地区生产总值增长5.5%左右，固定资产投资增长5%左右，社会消费品零售总额增长6.5%左右，出口增长5.5%左右，城镇调查失业率5.5%左右，居民消费价格涨幅3%左右，居民人均可支配收入与经济增长同步，粮食总产量507万吨以上，按序时进度完成国家下达的单位地区生产总值能耗下降目标。

当前，外部环境复杂性、严峻性、不确定性仍在演化，经济发展的周期性结构性矛盾交织叠加，但我们有信心、有条件、有能力实现上述目标。信心在于，我们有习近平总书记的掌舵领航和党中央的坚强领导，有习近平新时代中国特色社会主义思想的科学指引，有中央丰富宏观调控经验实践的有力引导，有国内超大规模市场的需求牵引，有经济发展潜力强、回旋余地大的韧性，特别是习近平总书记对福建工作始终高度重视、关怀备至，这是我们实现经济社会高质量发展的最大底气、最强保证。条件在于，我省民营企业活力足，实体经济根基稳，投资兴业环境优，新产业新动能正在加速培育，新业态新模式正在蓬勃发展，新质生产力正在加快形成，经济回升向好、长期向好的基本趋势没有改变，也不会改变，特别是党中央、国务院支持建设两岸融合发展示范区，我省迎来新的重大机遇，多区叠加优势更加凸显，开放格局更加宽广，发展前景更加光明。能力在于，福建是著名革命老区，也是改革开放先行省份，具有光荣的革命传统和敢拼会赢的奋斗精神，特别是经过三年新冠疫情大考和转段后恢复发展的磨砺，全省人民直面挑战、攻坚克难的劲头更足，化危为机、应变求变的意识更强，承压前行、开创新局的本领更高，我们完全有把握跨越前进道路上新的“娄山关”“腊子口”，推动高质量发展迈步从头越，行稳而致远。要聚力增信心，加强经济宣传和舆论引导，把为企服务工作做得实实的，把经营主体信心鼓得满满的；要全力稳增长，抓住一切有利时机，利用一切有利条件，稳中求进、以进促稳、先立后破，多出有利于稳预期、稳增长、稳就业的政策，审慎出台收缩性、抑制性举措，让稳的基础更牢、进的动能更足、立的实效更优；要大力抓产业，持续推动传统产业转型升级，加快培育新产业、开辟新赛道、塑造新优势；要加力优环境，构建亲清政商关系，维护公开公平公正的市场经济秩序，全面深化政务服务模式创新，全力推动“高效办成一件事”，加快打造市场化法治化国际化一流营商环境；要尽力惠民生，加强普惠性、基础性、兜底性民生建设，办好老百姓的身边事、贴心事、具体事；要着力防风险，下好先手棋、打好主动仗，提高安全保障能力，明确安全边界，守好安全底线。

推进中国式现代化是最大的政治，推进中国式现代化福建实践必须坚持高质量发展。这是党中央的部署要求，我们要提高站位；这是为了满足人民群众对高品质生活的强劲需求，我们要顺应期盼；这是基于我省具备的基础、能力和条件，我们要抓住机遇；这是为了确保在激烈的竞争中赢得主动、赢得未来，我们要头脑清醒。我们将牢牢扭住高质量发展这一“牛鼻子”，完整、准确、全面贯彻新发展理念，坚持创新发展，牢固树立创新理念，以创新的动能驱动发展，用创新的思维促进发展；坚持协调发展，统筹各方关系，协调一致行动，做到同向发力，形成正向合力；坚持绿色发展，践行绿水青山就是金山银山的理念，真正从心底里、骨子里尊重自然、顺应自然、保护自然；坚持开放发展，发挥多区叠加优势，在更大范围、更宽领域、更深层次提高开放型经济水平；坚持共享发展，在做大蛋糕的同时分好蛋糕，以高质量发展推进高品质生活，促进共同富裕。创新、协调、绿色、开放、共享五大发展理念相互贯通、相互促进，我们将深刻理解其相互关系和内在规律，强化理念、统一思想、共同行动，做到勇立潮头而不畏，锚定目标而向前。

（一）全面提升产业体系现代化水平

产业强则经济强，产业稳则大局稳。我们将始终坚持把发展经济的着力点放在实体经济上，推进产业智能化、绿色化、融合化，持续夯实福建高质量发展的实体根基。

以更高站位推进新型工业化。立足条件禀赋，选准主攻方向，提升产业链供应链韧性和安全水平，建设先进制造业强省。加快打造县域重点产业链，制定专项政策和考核评价体系，引导每个县域做强1~2条重点产业链。深入推进园区标准化建设，盘活低效用地，新开工建设项目载体超2000万平方米。鼓励企业入园入区、加速工业上楼，打造上下游协同、大中小融通的先进制造业集群。加快传统产业“智改数转”，滚动推进省重点技改项目1000项以上，支持培育一批工业互联网平台和数字化转型运营商，全省关键业务环节全面数字化企业比例达67%。加快发展新质生产力，培育壮大新一代信息技术、新能源、新材料、生物医药、低空经济等战略性新兴产业，支持宁德建设新能源新材料产业核心区。前瞻布局人工智能、量子科技、氢能等未来产业，推进福州、厦门、泉州人工智能产业园建设。办好第七届数字中国建设峰会。发挥福建大数据交易所作用，全力培育数据要素市场，发展壮大数据产业，数字经济增加值达3.2万亿元。加快培育优质企业，强力推进质量强省建设，大力实施世界一流企业、制造业领航企业、专精特新中小企业培育工程，新增专精特新“小巨人”企业50家、专精特新企业1000家以上，推动更多企业练就“独门绝技”、掌握“硬核科技”。

以更新理念做强现代服务业。鼓励生产性服务业提质扩面，为实体经济提供更多支撑；促进生活性服务业做大做优，为经济社会注入更多活力。大力发展金融业，放大福厦泉和平潭特色金融集聚区效应，统筹做好科技金融、绿色金融、普惠金融、养老金融、数字金融五篇文章，提高上市公司数量和质量，支持“金服云”打造全国一流的地方融资征信平台，推动更多金融资源用于促进科技创新、先进制造、绿色发展和中小微企业。大力发展现代物流业，深入实施厦福泉国家综合货运枢纽补链强链工程，建好国家物流枢纽城市和国家骨干冷链物流基地，推进多式联运“一单制”试点，促进交通物流降本增效提质。大力发展工业设计，推广定制化服务、共享制造等服务型制造业态模式，促进先进制造业与现代服务业深度融合。大力发展体验服务、共享服务、智慧服务等新业态新模式，推动商贸、养老、托育、体育、家政、餐饮等向高品质和多样化升级，引领服务新风尚，增添百姓幸福味。

以更实举措发展高质高效农业。树立大农业观、大食物观，推进产业兴农、质量兴农、绿色兴农，不断夯实农业基础。严格落实耕地保护和粮食安全责任制，坚持稳面积、增单产两手发力，坚决整治乱占、破坏耕地违法行为，新建和改造提升高标准农田90万亩，确保粮食播种面积稳定在1253万亩以上。深入实施种业振兴行动，建好省农业生物种质资源库、海南南繁科研育种基地和三明稻种基地，培育更多粮食作物优新品种。加快推进特色现代农业高质量发展“3212”工程，发挥精耕细作传统优势，大力发展茶叶、水果、花卉、林竹、食用菌、水产等特色产业，全方位打造“福农优品”品牌，推动更多“小品种”成为增收“大产业”。深化农村三产融合，加快国家农村产业融合发展示范园建设，发展农产品精深加工、冷链物流、休闲观光农业，进一步延伸产业链、提升价值链、完善利益链，让农业更有奔头，农村更有看头，农民更有盼头。

（二）着力强化科技创新支撑引领

抓创新就是抓发展，谋创新就是谋未来。我们将加快建设创新型省份，实现高水平自立自强，坚定走好福建高质量发展的必由之路。

发挥企业主体作用。强化政策支持，推动创新要素向企业集聚，充分调动企业创新积极性，全社会研发投入增长18%以上，国家高新技术企业突破1.3万家。科研资金向企业倾斜，优化企业研发经费投入分段补助等政策，实施更加精准有效补助方式，将企业研发投入情况与科技创新资源配置紧密挂钩，鼓励企业放心投入、大胆创新。技术攻关请企业参与，支持企业领衔国家和省级重大创新任务和工程，大幅增加各类科技专家库中企业专家数量权重，加大对企业科技创新团队和科研人员的激励力度，让更多企业参与到基础研究、技术创新、“卡脖子”攻关中来。成果转化予企业便利，加大知识产权保护力度，开展科技成果转化“搭桥”行动，支持企业与高校院所、省创新实验室加强对接，联合开展订单式定向研发转化，促进更多技术创新在企业抽枝散叶、开花结果。

发挥机制保障作用。落实好新一轮科技管理机构改革任务，全力破除制度藩篱，充分激发全社会创新活力。完善重大科研攻关机制，强化“产业界出题、科技界答题”导向，优化“揭榜挂帅”“赛马”制度，建立关键核心技术需求清单，组织实施10个以上重大科技创新项目。推动职务科技成果权属改革，允许高校院所职务科技成果实行单列管理，完善职务科技成果转化尽职免责机制，免除科研机构和人员的后顾之忧。健全科技创新投融资机制，建立支持科技型企业融资跨部门协调机制，引导金融机构丰富金融产品供给，加大“科技贷”投放力度，扩大对科技型小微企业贷款担保规模和覆盖面，撬动更多社会资本参与创新项目投资。

发挥平台载体作用。坚持建管并重、量质齐升，更好汇聚创新资源、链接创新主体、驱动产业变革。着力建平台，建成完善科技成果转移转化公共服务平台，在产学研用间搭起便捷畅通的桥梁。深化福厦泉科学城、省创新研究院建设，建好7家省创新实验室，筹建海洋领域省创新实验室。着力提能级，完善绩效评估和动态调整机制，加快省级科技创新平台重组提升，支持各类创新主体争创国家级科技创新平台。着力优服务，推动科研设施开放共享，出台支持科技成果转化中试基地建设政策，在种业创新、生物医药、纺织鞋服等领域打造产业技术研发公共服务平台。着力强赋能，更高起点建设数字福建，做强做优做大数字经济，发展高效协同的数字政务，打造自信繁荣的数字文化，构建普惠便捷的数字社会，建设绿色智慧的数字生态文明。

发挥人才支撑作用。深入实施新时代人才强省战略，促进人才链与创新链、产业链深度融合。精细育才，整合设立省青年科学基金，推动校企联合培养工程硕博士。实施高层次人才培养和“托举”计划，建设一批卓越工程师学院和实践基地，壮大青年科技人才队伍，培育更多能工巧匠。精准引才，开展引进首席科学家和领军人才团队科研经费稳定支持机制试点，做热做旺“院士专家八闽行”“人才福建周”等活动。推进福州、厦门等地高水平引才聚才平台建设，服务保障好人才的工作和生活，进一步集聚海内外高端智力资源。精心用才，不断深化人才发展体制机制改革，持续完善人才使用、评价、激励等机制，向用人主体充分授权，为人才“松绑”，让人才能够脱颖而出，竞相施展才华。广聚人才切忌叶公好龙，必须徙木立信，以千金买马骨而引来金凤凰。

（三）加快建设两岸融合发展示范区

两岸一家亲，闽台亲上亲。我们将坚持贯彻新时代党解决台湾问题的总体方略，努力在探索海峡两岸融合发展新路上迈出更大步伐，以福建高质量发展服务祖国统一大业。

共建共享促进社会融合。着眼加快建设台胞台企登陆第一家园，打造两岸社会融合示范样板。建设台胞社会参与实践地，推出更多便于台胞参与的社会融合项目、基层治理岗位，鼓励更多台胞投身生态环保、乡村振兴、社会公益、司法服务等各项事业。建设台胞求学研习集聚地，优化在闽台胞子女申请就读中小学和公立幼儿园流程，扩大高校对台招生规模，合作兴办职业学校，设立一批两岸青少年研学基地。建设台胞宜居宜业首选地，落实取消台胞在闽暂住登记政策，拓展台湾居民居住证应用场景，推动台胞在闽就医、购房、养老服务、社会救助等享受当地居民待遇。扩大台湾地区职业技能资格直接采认范围，建好用活台湾青年创业就业基地。建设涉台司法服务优选地，完善海丝中央法务区、海峡两岸仲裁中心等涉台服务功能，提升台胞权益保障法官工作室、检察联络室等运行质效，让涉台司法服务更高效更便利更温暖。

互惠互利促进经济融合。持续深化经贸合作，打造两岸经济融合示范样板。拓展对台连接通道，加快推进闽台与长三角、粤港澳大湾区和中西部运输通道建设，推动共建两岸物流集散中心，促进对台客货运枢纽设施提级扩能。优化涉台营商环境，依法依规放宽台资台企市场准入限制，建设两岸标准共通服务平台，支持海峡股权交易中心深化“台资板”建设，完善台胞台企权益保障协调联动机制。深化闽台产业融合，高质量建设海峡两岸集成电路产业合作试验区、生技和医疗健康产业合作区等涉台园区，加快布局建设古雷石化基地重大石化项目，支持中国东南（福建）科学城打造海峡区域创新平台，提档升级台湾农民创业园、闽台农业融合发展产业园，促进闽台经贸合作提质增效。

常来常往促进情感融合。加深血脉相连、血浓于水的骨肉亲情，打造两岸同胞情感融合示范样板。促进民间互动更加活跃，办好第十六届海峡论坛，深入开展“迁台记忆”档案文献征集、保护、开发利用和数字化工作，巩固拓展闽台同名同宗村交流。促进青少年交流更加活跃，办好第十二届海峡青年节，推动闽台青年社团和中小学校结对交流，开展闽台棒垒球等青少年特色体育项目合作。促进文化交流更加活跃，加强闽台历史文化、南岛语族文化等研究，深入实施涉台文物保护工程，推进两岸妈祖文化史迹、关圣文化史迹、开漳圣王信俗、闽南红砖建筑申遗，开展民间艺术、地方戏曲、体育文艺等双向交流，不断增进台湾同胞民族认同、文化认同、国家认同，让两岸亲情割不断，不再区分你和我。

先行先试促进全域融合。坚持因地制宜、以点带面，构建福建全域融合发展新格局。提升厦金融合质效，纵深推进厦门综合改革试点，打造厦金“同城生活圈”。促进福马创新融合，谋划建设福马产业合作园区，打造福马“同城生活圈”。加快平潭开放发展，打造两岸共同市场先行区域，探索对台服务贸易创新发展，推动平潭至台湾本岛海上客运航线复航，支持开通对台邮轮航线。拓展其他地区对台融合实践，加快建设泉州和漳州世界闽南文化交流中心、三明海峡两岸乡村融合发展试验区、莆田妈祖文化中心，发展龙岩和三明客家文化对台交流项目，支持南平打造生态文旅产业对台合作品牌、宁德打造闽台新能源汽车智造基地。

（四）积极服务和融入新发展格局

供需两侧齐发力，内外循环更畅通。我们将着力推动更深层次改革、更高水平开放，积极融入全国统一大市场，牢牢把握福建高质量发展的战略主动。

激发投资活力。聚焦补短板、强弱项，积极扩大有效益的投资，夯实经济发展的基础。强化招商引资，优化完善招商工作领导体制，统筹省市县联动、境内外互动，建立健全一盘棋工作机制。坚持科学招商、精准招商，强化“一把手”招商、产业链招商、园区平台招商、以商招商、资本招商，全年新引进落地总投资10亿元以上项目50个，以招商实际成效夯实产业发展根基。强化项目攻坚，谋划实施省重点项目1600个、年度计划投资6700亿元以上。聚焦交通强省，推进福州机场二期、厦门新机场、大安高速三明段等建设，开建漳汕高铁、龙龙高铁武平至梅州段、福莆宁F2和F3线、厦漳泉城际铁路R1线等，提速温福高铁、昌福厦高铁、赣龙厦高铁、泉厦高速扩容工程、武夷山机场迁建、龙岩新机场等前期工作，实施30个“两通工程”项目。聚焦能源保障，推进漳州核电1—4号机组、宁德核电5—6号机组、可门电厂三期、福建天然气管网二期和一批抽水蓄能电站项目建设。聚焦水利设施，做好上白石水利枢纽、“一库三线”工程前期工作，全力推进白濑水库、金门供水水源保障等重大项目。聚焦新基建，深入实施新型基础设施建设三年行动计划，迭代升级智能算力基础设施，新建5G基站1万个以上，实现千兆城市建设全达标，全省千兆宽带用户占比超25%。强化要素保障，拓宽多元化融资渠道，用好地方政府专项债、中央增发特别国债。在严守红线底线前提下，通过优化服务，加大用地、用林、用海、环境容量等保障力度，确保重大项目签得成、批得快、落得下、建得好。

深挖消费潜力。适应新形势新业态，拿出真招实策，开展“消费促进年”活动，推动消费从疫后恢复转向持续扩大。把新型消费做活，大力发展数字消费、绿色消费、健康消费，拓展直播电商、社交电商等应用面，培育首店首发首秀、国货国潮、银发经济等新增长点，打造网红打卡点、夜经济等消费场景。把传统消费做大，深化“三品”专项行动，持续开展“全闽乐购”活动，办好第三届福品博览会，加快推进新闽菜创新发展三年行动。推动家居消费与老旧小区改造等政策衔接，提振新能源汽车、电子产品等大宗消费。把文旅消费做热，整体谋划、串珠成链，加快塑造特色文旅IP，打造世界知名旅游目的地。加快建设5个世界遗产地文旅集聚区，构建蓝色海丝、绿色休闲、红色文化3条特色文化旅游带，推出沿长征国家文化公园等7条精品文旅线路，接待旅游总人数增长11%，实现旅游总收入增长16%。省市联动、省际联手，强化跨区域旅游资源整合利用，开通更多“清新福建”旅游列车，创新高品位文旅业态产品，有效解决人旺钱不旺、假期短缺平日过剩等结构性矛盾。项目牵引、龙头带动，加快推进平潭国际旅游岛、“1号滨海风景道”、环大金湖旅游度假区等建设，一体化完善武夷山、福建土楼、泉州古城等重点旅游目的地配套设施，建设一批金牌旅游村、全域生态旅游小镇，打响“海丝起点 清新福建”品牌，让更多游客“来福建，福气多，一路山海一路歌”。

增强改革动力。用好改革这个关键一招，推动改革系统集成、向纵深发展。聚焦重点领域，突出经济体制改革牵引作用，以福厦泉试点为突破，推进要素市场化配置综合改革，让各类要素合理流动、高效集聚，想得到快速得到，想转出快速转出。完善财政转移支付体系，健全县级基本财力保障机制，兜牢基层“三保”底线。实施国企改革深化提升行动，加强战略性重组和专业化整合。加快农村产权流转交易市场建设，稳慎推进农村宅基地制度改革试点。认真组织好第五次全国经济普查，夯实高质量发展的数据支撑。聚焦福建特色，持续提升推广三明医改经验，健全职工医保门诊共济保障制度，提高医保待遇水平，完善医疗服务价格动态调整、药品耗材集中带量采购等机制，推进公益性导向的公立医院改革和高质量发展，促进医保、医疗、医药协同发展和治理。抓实集体林权制度改革，持续探索林票、碳票制度，加快建设深化集体林权制度改革先行区。聚焦关键环节，正确处理好全面深化改革目的与手段、立与破、上与下、对与错等关系，以有为政府平衡多方利益，让有效市场散发更多活力。坚持问题导向，鼓励地方推进首创性、差异化改革探索，并及时总结推广。以法规、政策、制度及时固化改革成果，将改革纳入法治化轨道。建立容错机制，调动各方面改革积极性、创造性，让源头活水不断涌出，让发展活力竞相迸发。

提升开放张力。坚持开放不动摇、不止步，统筹用好国内国际两个市场、两种资源，深度融入高质量共建“一带一路”。推动开放平台提档升级，积极推进“丝路海运”港航贸一体化发展，高水平建设中印尼、中菲经贸创新发展示范园区和金砖创新基地，提升中欧（亚）班列规模效益。深入实施自贸试验区提升战略，深化对接国际高标准推进制度型开放试点工作。推动对外贸易保稳促优，加快内外贸一体化，统筹推进货物贸易、服务贸易、数字贸易，巩固发展市场采购、跨境电商、保税物流等新业态，优化拓展国际贸易“单一窗口”，壮大“新三样”出口优势。支持企业走出去、抢订单、拓市场。推动利用外资提质增效，开展“投资福建”全球招商活动，招引增量，做大存量，让外商愿意投、安心投、放心投。办好第二十四届投洽会、海丝博览会暨海交会。推动对外交流持续深化，服务国家总体外交，拓展国际友城合作，加强民间往来交流。立足传统优势，深化闽港闽澳合作，促进优势互补、共同发展。更好团结广大侨胞，引侨资、汇侨智、聚侨力、护侨益，办好第二届中国侨智发展大会。推动海洋经济做大做强，加快建设海洋强省，大力发展海洋信息、海工装备、海洋生物医药、临港石化、深海养殖等产业，支持福州（连江）国家远洋渔业基地建设，办好2024世界航海装备大会，挺进深蓝，向海图强。

做强民企实力。坚持“两个毫不动摇”和“三个没有变”，传承弘扬、创新发展“晋江经验”，深入实施新时代民营经济强省战略。持续清理妨碍民营企业参与公平竞争的法规规章、规范性文件，严格落实市场准入负面清单制度，对民营企业一视同仁、平等对待，降低企业合规经营成本，促进民营经济的“森林”共享阳光雨露、更加枝繁叶茂。持续完善党政领导挂钩联系机制，及时了解企业诉求，帮助企业解决发展中的实际困难和问题。持续依法保护民营企业产权和民营企业家权益，严格规范涉企收费，依法推行涉企行政执法首违不罚、轻微不罚，以公正法治稳定民营企业预期。持续优化涉企服务，坚决清理拖欠企业账款，政策要更加公开、更多免申即享，承诺要坚决落实兑现，做到新官理旧账，口惠而实至，真正从心底里把民营企业和民营企业家当作自己人。

（五）统筹推进城乡区域协调发展

千钧将一羽，轻重在平衡。我们将严格实施国土空间规划，统筹实施新型城镇化战略、乡村振兴战略、区域协调发展战略，以福建高质量发展布局推动实现共同富裕。

奏好新型城镇化“交响曲”。积极推进以县城为重要载体的城镇化建设，让城市像城市，更加宜居宜业。突出以人为本，鼓励各地先行先试，着力解决农业转移人口市民化问题，推动未落户常住人口均等享有公共服务，同享改革成果。突出补齐短板，加快推进保障性住房建设、“平急两用”公共基础设施建设、城中村改造等“三大工程”，提速海绵城市、城乡供水一体化等建设。突出提升品质，鼓励各地结合城市更新，优化规划设计，合理匹配产业、居住、交通、设施等功能，打造十五分钟便利生活圈，推动产城人融合。新启动城市片区综合开发、完整社区建设等省级样板工程 16 个，实施“口袋公园”、风雨连廊、加装电梯等城市微改造。保护好传统古建筑、老宅子、老街区，让城市更有文化、更有品位、更有底蕴。突出联动发展，增强福州、厦漳泉两大都市圈辐射带动作用，推动福州新区平潭一体化，促进大中小城市协调发展，让大城市更富魅力、中小城市更具活力。

绘好乡村振兴“新画卷”。学习运用“千万工程”经验，实施“千村示范引领、万村共富共美”工程，走好具有福建特色的乡村振兴之路，让乡村像乡村，保持田园风光。加强监测帮扶，巩固拓展脱贫攻坚成果同乡村振兴有效衔接，守牢不发生规模性返贫底线，脱贫人口稳岗就业 15 万人以上。加强人居环境整治，实施农村建设品质提升暨乡村建设行动，完成投资 300 亿元以上，打造乡镇生活污水治理提升县 3 个、农村生活垃圾治理试点县 2 个。加强人才培养，深入实施高素质农民培育计划，提升科技特派员、乡村振兴指导员服务水平，引导各类人才在广阔农村大显身手。加强乡村治理，强化党建引领，用好村规民约，鼓励各地创新探索务实管用的治理方式，让自治更规范、法治更健全、德治更润心。

念好新时代“山海经”。落实市市结对新机制，通过“小切口”引领“大协作”，以小手的积极和大手的主动，推动区域共促、产业共兴、山海共富。促进产业深度协同，加强山海招商对接，完善产业转移和园区共建政策，创新“飞地经济”模式。促进公共资源共享，推进教育、医疗、托幼等优质资源向山区延伸，提升山区基本公共服务水平。促进老区苏区振兴，健全乡村振兴重点县及欠发达老区苏区县挂钩帮扶机制，深化沪明、广龙对口合作，加快建设闽西革命老区高质量发展示范区。促进省际协作深化，加强与粤港澳大湾区、长三角经济区的协调协作，实现上下联通、左右逢源。加强东西部协作和对口支援，始终如一、用心用情做好闽宁协作和援藏援疆工作，让山海情越结越深、共富路越走越宽。

（六）努力让老百姓过上更好的日子

民之所望、政之所向，民之所得、政之所乐。我们将坚持以人民为中心的发展思想，扎实推进共同富裕，充分彰显福建高质量发展的价值追求。

千方百计促进就业增收。更加突出就业优先导向，促进充分就业和持续增收，城镇新增就业 50 万人以上、失业人员实现再就业 10 万人以上。聚焦重点群体，全力保障高校毕业生等青年、退役军人、农民工稳定就业，优化调整稳岗扩岗政策，加快零工市场建设，加强困难群体就业兜底帮扶。破解结构性矛盾，加强基层就业公共服务能力建设，强化职业技能培训。建成全省统一就业信息平台，全面启动“智慧就业”系统，推动供需有效对接。拓展增收渠道，落实“四大群体”增收计划，完善低收入人口动态监测机制。适时提高最低工资标准，多渠道增加中低收入群体收入，扩大中等收入群体。鼓励更多企业、社会组织和个人积极投身公益慈善事业，优化第三次分配。促进城乡居民收入节节高，生活年年好。

多措并举建设教育强省。全面落实立德树人根本任务，以更高标准办好人民满意的教育。夯实基础教育，继续实施扩优提质行动，推进 150 个公办幼儿园改扩建项目，新增公办义务教育学位 4 万个，扩大普通高中招生规模，组织优质高中对口帮扶 100 所县域高中。引导和规范民办教育发展。持续深化“双减”，加强学生心理健康教育。提升职业教育，实施职业院校办学条件达标工程，建设一批市域产教联合体和行业产教融合共同体，开展中职和普高互融互通试点，推动中职、高职、职教本科贯通衔接，拓宽职校学生成才通道。引导社会各界特别是行业企业积极支持参与职业教育，广泛吸纳毕业生就业，营造人人皆可成才、人人尽展其才的良好环境。做强高等教育，实施重点高校重点学科提升工程，支持有条件的学校建设“双一流”高校和学科，面向需求，面向未来，优化学科专业和资源结构布局。加快建设福州大学城联合研究生院，新增博硕士学位授予单位3个以上、授权点50个以上。办好第61届中国高等教育博览会。发展终身教育，开展继续教育，推动社区、老年教育向基层、农村延伸，建设全民终身学习的学习型社会。

全心全意守护人民健康。加快建设健康福建，为群众提供全方位全周期健康服务。推动优质医疗资源扩容下沉和均衡布局，健全分级诊疗服务体系，提升8个国家级区域医疗中心建设医院整体水平，加快13个省级区域医疗中心建设；加强紧密型县域医共体建设，实施薄弱乡镇卫生院服务能力提升工程，补齐县乡村医疗卫生短板；鼓励推动医护人员下基层，带动提升基层医疗卫生服务能力，努力实现大病重病在本省解决、常见病多发病在市县解决、头疼脑热等小病在乡村解决。推动中医药传承创新发展，加快县级中医院“两专科一中心”、共享中药房项目建设，大力发展中医特色优势专科，全面提升中医药服务能力。推动公共卫生服务能力提升，开展爱国卫生运动，加强全省传染病监测预警体系建设，提高居民健康素养，强化职业健康安全；为老弱妇孺等重点人群提供更多关爱，把服务送到“家门口”，当好健康“守门人”。

尽心尽力加强社会保障。坚持全覆盖、保基本、多层次、可持续，织密社会保障安全网。积极实施全民参保计划，推进企业职工基本养老保险全国统筹，健全企业年金、职业年金制度，继续提高城乡居民基础养老金，鼓励发展个人养老金，探索建立新型职业伤害保险制度。积极推进养老事业和养老产业协同发展，促进医养康养深度融合，建立多元化、多层次养老服务体系，因地制宜推进农村区域性养老服务中心建设；加快适老化改造和无障碍环境建设，加强养老服务人才队伍建设，改进失能老人护理，新建400个示范性长者食堂、50个嵌入式养老服务机构；鼓励发展养老产业，培育更多银发经济企业，打造更多产品品牌。积极完善生育支持政策，加快构建普惠托育服务体系，推进生育友好型社会、儿童友好城市（社区）建设，深入实施中长期青年发展规划，促进人口高质量发展。积极发展公益慈善事业，加大社会优抚力度，完善分层分类社会救助体系，关心关爱社会散居孤儿、事实无人抚养儿童，做好集中养育和寄宿就读工作，兜住、兜准、兜牢民生底线。

百花齐放发展文体事业。坚持以文化人、以体强身，让人民群众生活更丰富、更多彩。加快建设文化强省，深入贯彻习近平文化思想，大力发展社会主义先进文化，加强社会主义核心价值观教育，提升公民道德素质，推进全国文明城市创建。传承弘扬红色文化，强化龙岩、三明等革命文物集中连片保护利用，加快长汀、宁化长征国家文化公园建设，推进革命史料和革命文物研究。活化利用八闽优秀文化，支持三坊七巷、万里茶道、福建船政等申遗，加快水下考古（平潭）基地等项目建设，筹办好世界妈祖文化论坛、海丝国际旅游节等重大活动。促进文化市场繁荣，鼓励创作更多群众喜闻乐见的文艺精品，深入开展文艺惠民活动。加快建设社科强省，繁荣发展哲学社会科学，做好档案、地方志、参事、文史工作，提升新型智库服务决策能力。加快建设体育强省，推动全民健身，新建一批智慧体育公园、多功能运动场、社区智慧“运动角”。发展竞技体育，巩固优势项目，培养潜力项目。大力培育和引进国内国际品牌赛事，打造羽毛球、篮球、马拉松、自行车等“八闽名赛”，推动群众体育做“广”、竞技体育做“强”、体育产业做“活”。

（七）奋力打造美丽中国先行示范省

生态资源是福建最宝贵的资源，生态优势是福建最具竞争力的优势，生态文明建设应当是福建最花力气抓的建设。我们将深入贯彻习近平生态文明思想，更高起点建设生态强省，扎实推进第三轮中央生态环保督察整改，持续擦亮福建高质量发展的绿色底色，让绿水青山永远成为福建的骄傲。

持续打好污染防治攻坚战，让蓝天白云、繁星闪烁常在，清水绿岸、鱼翔浅底常在，碧海银滩、海豚逐浪常在，田园相依、百姓安居常在。全力守好蓝天，强化区域污染协同治理，深化水泥、玻璃、建陶、锅炉等行业污染综合整治，完成福州、三明、漳州钢铁企业超低排放改造。全力守护碧水，统筹水资源、水环境、水生态治理，深化闽江、九龙江流域综合治理，抓好化工园区整治提升，完成畜禽养殖粪污处理设施改造，新增城市污水处理能力每日 19 万吨，县级城市黑臭水体消除率达 80%以上。全力守卫碧海，深化重点海湾综合治理，完成 85%重点海域入海排污口整治，推进提水式海水养殖和网箱养殖整治，常态化清理海漂垃圾。全力守住净土，深化土壤污染源头防控，加强固体废物和新污染物治理，强化危废处置和农村污水处理，抓好垃圾分类和再生资源回收利用，全域推进“无废城市”建设。还是那句话，当产业项目、经济增长速度与生态环境发生冲突时，宁可放弃项目，宁可速度降下来一些，也要保护好生态环境，这是我们的责任，更是我们的义务。

持续加强生态保护修复，让福建环境更清新，生态更优质，百姓生活更美好。切实加强综合治理，支持环武夷山国家公园保护发展带建设，推动福州创建国际湿地城市，加快闽江河口湿地申遗，推进木兰溪下游水生态修复与治理。提升森林质量 322 万亩，治理水土流失 150 万亩。巩固互花米草除治成果，培育修复红树林 4900 亩。加强矿山修复治理。切实强化生态监管，完善生态保护修复监管制度，严格生态保护红线督察执法，全面实施新型生态警务，让破坏生态者付出代价。切实维护生态安全，加强生物安全系统治理和全链条防控，有效防治外来物种和林业有害生物，守好生态美，当好“优等生”。

持续推进绿色低碳发展，让绿色理念深入人心，绿色生产加快推行，绿色生活成为时尚。健全减污降碳约束机制，统筹推进重点行业碳达峰，推进碳排放权、排污权交易，支持南平建设国家碳计量中心，支持三明、龙岩、南平建设国家林业碳汇试点市。培育壮大绿色经济，大力发展新能源汽车、电动船舶、新型储能、海上风电、光伏发电等产业，打造绿色低碳供应链。积极建设新型电力系统省级示范区，支持漳州建设全国重要清洁能源基地。拓宽“两山”转化路径，完善生态保护补偿等制度，深化生态产品价值实现机制试点，推进生态产品价值核算实践，真正把绿色潜能转化为发展动能，把生态优势转化为发展胜势。

（八）全力维护社会安定稳定

生活在一个安定稳定的社会，是百姓的幸福。我们将深入贯彻总体国家安全观，加快建设更高水平的平安福建，坚决守住福建高质量发展的底线红线。

筑牢安全发展防线。保持时时放心不下的责任感和枕戈待旦的警觉，切实维护人民群众生命财产安全。狠抓安全生产责任落实，开展治本攻坚三年行动，加强燃气、危化品、水上运输和渔业船舶、道路交通、消防等重点领域隐患排查整治，坚决遏制重特大事故发生。狠抓食品药品安全，深入开展食品安全专项治理，严把从农田到餐桌、从实验室到医院的每一道防线。狠抓防灾减灾救灾，深化“五个一百”公共安全保障提升工程，常态长效推进基层防汛、防台风标准化建设，提升灾害预警、组织动员、应急处置、灾后恢复能力，守护全省人民岁月静好，保障八闽大地岁岁安澜。

筑牢风险防范屏障。增强底线思维、极限思维，未雨绸缪、抓早抓小，坚决守住不发生系统性风险的底线。防范政治风险，深化反颠覆、反渗透、反邪教、反恐怖和意识形态斗争，切实维护政治安全。防范能源安全风险，加大支撑性电源和输电通道建设，统筹煤电油气保障。防范化解金融风险，全面加强地方金融组织监管，推动地方中小法人金融机构改革化险，严厉打击非法金融活动。防范化解房地产风险，着力满足房地产企业合理融资需求，持续做好“保交楼”工作；以满足刚性和改善性住房需求为重点，加快构建房地产发展新模式。防范化解地方债务风险，健全化债长效机制，确保政府债务整体风险可控。基础设施建设、民生改善、招商引资工作要尽力而为，量力而行，久久为功，绝不允许寅吃卯粮、透支未来。

筑牢社会治理根基。着力深化共建共治共享，建设人人有责、人人尽责、人人享有的社会治理共同体。提升市域治理现代化水平，深入实施“八五”普法规划，推广近邻党建、网格化服务管理等模式，推动社会治理重心向基层下移。提升社会治安整体防控水平，全力推进常态化扫黑除恶斗争向纵深发展，重拳打击电信网络诈骗等突出违法犯罪。提升信访工作法治化水平，坚持和发展新时代“枫桥经验”，深入实施“五化”“四到位”路线图，积极开展“四门四访”、信访评理等工作，坚决整治拖欠农民工工资，妥善处理工伤赔偿、新就业形态劳动者权益保护等矛盾纠纷，让老百姓感受到和谐无处不在、平安就在身边。

推动高质量发展是一项系统工程，我们将积极支持工会、共青团、妇联、计生协、残联、红十字会等群团组织更好发挥作用，积极支持做好关心下一代、老体协等工作。共同建设中华民族团结进步窗口，推进宗教中国化福建实践。抓实新时代国防动员、军民融合等工作，深化全民国防教育，优化退役军人工作和政策体系；扎实推进双拥共建工作，全力支持驻闽部队建设，部队的事特事特办、马上就办、办就办好，争创全国双拥模范城“满堂红”“六连冠”，奋力书写“爱我人民爱我军”的时代新篇章。

三、坚持和加强党的全面领导，努力打造让人民满意的服务型政府

政府自身建设永远在路上，我们将把党的集中统一领导贯穿政府工作各领域全过程，为党分忧、为国尽责、为民造福，当好贯彻党中央决策部署和省委工作要求的执行者、行动派、实干家。

（一）坚持学深悟透、忠诚铸魂

提高政治站位，牢记政府机关首先是政治机关，深刻领悟“两个确立”的决定性意义，增强“四个意识”、坚定“四个自信”、做到“两个维护”，始终对总书记忠诚、对党中央忠诚。提升政治能力，巩固深化主题教育成果，学思想学理念学方法，以学懂促深化，以弄通促内化，以做实促转化，不断提高政治判断力、政治领悟力、政治执行力，始终做党的创新理论的坚定信仰者、忠实实践者。落实政治责任，增强纪律意识、规矩意识，严格执行民主集中制、重大事项请示报告等制度，始终做到党中央有号令、省委有部署，政府系统快行动、抓落实、见成效。

（二）坚持“四下基层”、为民服务

深入开展调查研究，走出机关大院，到企业中了解实际需求，到群众中了解急难愁盼，到基层中了解干部状态，真正做到在群众和社会中倾听呼声、解决问题，汲取智慧、促进发展。实实在在为民办事，把老百姓的贴心事、难心事、期盼事当作自己的事，全力以赴去干，坚决完成30项为民办实事项目，把孩子们的抚养教育做好，把年轻人的就业成才抓好，把老年人的就医养老办好。真心诚意接受监督，习惯在监督下开展工作，用以约束自身、检视己过、不断进步。深入践行全过程人民民主，认真办理人大代表建议和政协提案，诚恳接受人大、政协监督，自觉接受纪检监察、审计、财会、统计等各方面监督。加大政务公开力度，做到请百姓参与、受百姓监督、由百姓检验。

（三）坚持马上就办、真抓实干

不折不扣抓落实，把任务项目化、项目清单化、清单具体化，心无旁骛，盯紧目标任务不放，不左顾右盼，不做一手留一手，以工作的实际成效检验工作的态度作风。创新创造抓落实，善用改革思维、创新办法，在起点和目标之间造“船”建“桥”，找到做事成事的最佳路径，达到事半功倍的最好结果。雷厉风行抓落实，看准的事、定下的事，大胆地干、坚决地做，以工作没完成吃不下饭、睡不着觉的责任感，确保尽快出成果、见效益。求真务实抓落实，讲党性、讲奉献、讲良知，树牢正确的政绩观，坚决防范和纠治“形象工程”“面子工程”“政绩工程”，坚决杜绝搞数字游戏、文字游戏，确保各项工作经得起历史和人民检验。

（四）坚持行为规范、依法行政

强化法治思维，深入学习贯彻习近平法治思想，带头尊法学法守法用法，加快推进法治政府示范创建，营造办事依法、遇事找法、解决问题用法、化解矛盾靠法的法治环境，确保政府各项工作在法治轨道上运行。加强制度建设，完善重大行政决策程序制度，加强重点、新兴和特色领域立法，用好省一体化大融合行政执法平台，强化行政执法监督，严格规范公正文明执法。提升机关效能，以数字政府建设为牵引，赋能机关效能建设，规范政府行为，提高办事效率，以高效能政府服务高质量发展。推进机构改革，落实好金融监管、科技管理、数据管理、行政执法等重点领域政府机构改革任务，确保思想不乱、工作不断、干劲不减。

（五）坚持自我革命、廉洁从政

落实“九个以”的实践要求，激发共产党员

崇高理想追求，勤掸“思想尘”、多思“贪欲害”、常破“心中贼”，推动政府系统全面从严治党向纵深发展。一体推进“三不腐”，严格落实“一岗双责”和主体责任，深化整治金融、国企、能源、医药和基建工程等权力集中、资金密集、资源富集领域的腐败；完善权力运行监督制约机制，强化廉洁风险隐患动态监测；把以权谋私、贪污腐败看成是极大的耻辱，常讲常新腐败之害、贪欲之祸，建设新时代廉洁文化，营造崇廉拒腐的良好风尚。锲而不舍纠“四风”，常态长效深化落实中央八项规定及其实施细则精神，坚决整治形式主义、官僚主义，深化精文减会，整治数字留痕，真正把基层干部从一天到晚陪检查、跑会场、报材料、填表格中解放出来，让大家卸掉包袱，放开手脚专心干实事、干有效能的事。坚持过“紧日子”，发扬艰苦朴素的优良作风，弘扬勤俭节约的传统美德，严控一般性支出，把有限的资金用在发展所需、民生所急、基层所盼上，确保每一分钱都能让发展增后劲、群众得实惠。

各位代表，征程万里风正劲，重任千钧再奋蹄。让我们更加紧密地团结在以习近平同志为核心的党中央周围，全面贯彻习近平新时代中国特色社会主义思想，在省委领导下，踔厉奋发、勇毅前行，滴水穿石、久久为功，全方位推进高质量发展，奋力谱写中国式现代化福建篇章！

2023年福建省国民经济和社会发展统计公报

福建省统计局　国家统计局福建调查总队

2024年3月14日

一、综合

初步核算，全年实现地区生产总值54355.10亿元，比上年增长4.5%。其中，第一产业增加值3217.66亿元，增长4.2%；第二产业增加值23966.43亿元，增长3.7%；第三产业增加值27171.01亿元，增长5.2%。第一产业增加值占地区生产总值的比重为5.9%，第二产业增加值比重为44.1%，第三产业增加值比重为50.0%。全年人均地区生产总值129865元，比上年增长4.5%。

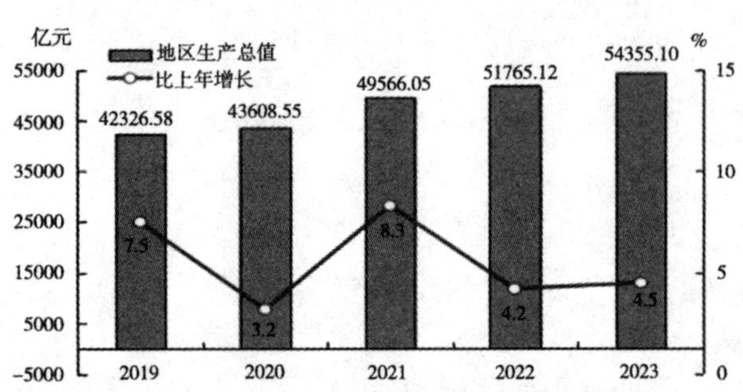

图1　2019—2023年地区生产总值及其增长速度

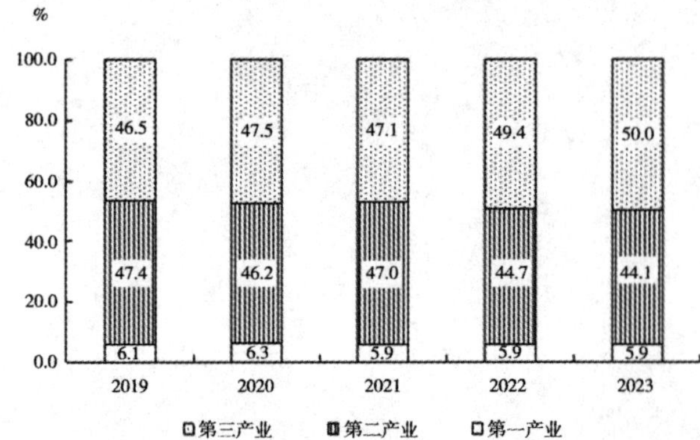

图2　2019—2023年三次产业增加值占地区生产总值比重

年末常住人口4183万人。其中，城镇常住人口2972万人，占总人口比重（常住人口城镇化率）为71.04%，比上年末提高0.93个百分点。全年人口出生率为6.81‰，人口死亡率为6.95‰，自然增长率为-0.14‰。年末户籍人口数为3969.28万人，比上年末增加7.69万人。

全年城镇新增就业53.49万人。有15.42万名城镇失业人员实现了再就业。

全年居民消费价格与上年持平。工业生产者出厂价格下降1.8%。工业生产者购进价格下降3.8%。农产品生产者价格下降0.2%。

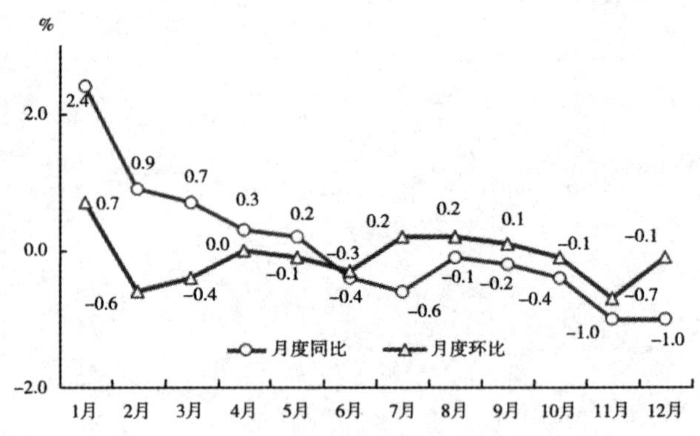

图3　2023年居民消费价格月度涨跌幅度

表1　2023年居民消费价格比上年涨跌幅度

指标	全省（%）	城市	农村
居民消费价格	0.0	0.1	0.0
食品烟酒	0.9	0.9	0.8

续表

指标	全省（%）		
		城市	农村
衣着	0.0	0.0	-0.2
居住	-0.2	-0.1	-0.4
生活用品及服务	-0.1	0.0	-0.4
交通通信	-3.3	-3.4	-3.0
教育文化娱乐	1.6	1.7	1.2
医疗保健	0.7	0.6	0.8
其他用品服务	3.1	3.2	2.5

全年新登记经营主体124.43万户，日均（按工作日计算）新登记企业1220户，年末实有经营主体757.08万户。

二、农业

全年农林牧渔业总产值5729.21亿元，比上年增长4.3%。粮食种植面积841.10千公顷，比上年增加3.49千公顷。粮食产量510.97万吨，比上年增加2.26万吨，增长0.4%。其中，稻谷产量394.64万吨，增加0.89万吨，增长0.2%。

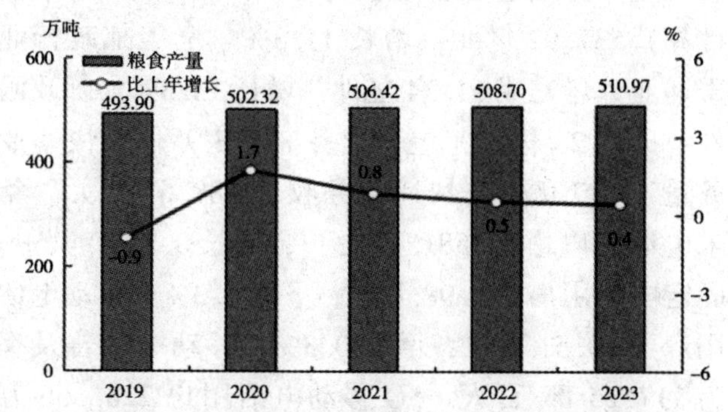

图4　2019—2023年粮食产量及其增长速度

表2　2023年主要农产品产量

产品名称	产量（万吨）	比上年增长（%）
粮食	510.97	0.4
春收	24.85	1.1
夏收	76.46	-0.8
秋收	409.66	0.6
油料	24.38	3.3
其中：花生	22.99	2.5
油菜籽	1.32	19.5
甘蔗	28.50	-1.2
烤烟	13.43	11.0
茶叶	55.01	5.6
水果	914.34	5.7
蔬菜	1649.42	3.1
食用菌	155.36	1.5

全年猪肉产量135.47万吨，增长5.8%；禽蛋产量69.13万吨，增长15.6%；牛奶产量24.90万吨，增长15.8%。年末生猪存栏948.62万头，比上年末下降0.9%；全年生猪出栏1694.95万头，比上年增长5.0%。

全年水产品总产量890.2万吨，比上年增长3.3%。其中，淡水产品产量102.4万吨，增长3.4%；近海捕捞152.9万吨，下降0.1%；远洋渔业55.1万吨，下降10.5%；海水养殖579.8万吨，增长5.9%。

三、工业和建筑业

全年全部工业增加值比上年增长3.4%。规模以上工业增加值增长3.3%。其中，轻工业下降1.7%，重工业增长7.8%；采矿业增长6.5%，制造业增长3.2%，电力、热力、燃气及水生产和供应业增长3.5%。工业产品销售率96.2%。

全年规模以上工业的38个行业大类中有23个增加值实现正增长。其中，汽车制造业增长15.6%，电气机械和器材制造业增长6.0%，计算机、通信和其他电子设备制造业增长0.9%，电力、热力生产和供应业增长2.3%。高技术制造业增加值增长0.6%。装备制造业增加值增长3.9%。

年末发电装机容量8141.38万千瓦，比上年末增长8.1%。其中，火电装机容量3716.99万千瓦，增长1.0%；水电装机容量1606.24万千瓦，增长4.4%；核电装机容量1166.20万千瓦，增长5.9%；风电装机容量761.72万千瓦，增长2.7%；太阳能发电装机容量874.53万千瓦，增长88.1%。

全年规模以上工业企业利润比上年增长10.9%。全年规模以上工业企业每百元营业收入中的成本为86.7元，比上年下降0.17元；营业收入利润率为6.07%，提高0.57个百分点。年末规模以上工业企业资产负债率为54.9%，比上年末提高0.4个百分点。

全年建筑业增加值比上年增长5.1%。具有资质等级的总承包和专业承包建筑业企业完成建筑业总产值增长4.8%。

四、服务业

全年批发和零售业增加值6825.75亿元，比上年增长6.2%；交通运输、仓储和邮政业增加值2238.42亿元，增长7.9%；住宿和餐饮业增加值851.62亿元，增长11.0%；金融业增加值4355.89亿元，增长7.4%；房地产业增加值2552.45亿元，下降4.9%。规模以上服务业企业营业收入比上年增长10.9%。

全年公路通车里程115646公里，比上年增长2.5%。高速公路网通车里程6168.59公里，增长0.2%。铁路营业里程4574.0公里，增长8.1%。

全年货物运输总量178766.04万吨，比上年增长5.7%，货物运输周转量12235.42亿吨公里，增长7.9%。旅客运输总量28795.34万人，增长58.7%，旅客运输周转量1004.18亿人公里，增长96.2%。

表3 2023年各种运输方式完成货物运输量及其增长速度

指标	单位	绝对数	比上年增长（%）
货物运输总量	万吨	178766.04	5.7
铁路	万吨	5211.01	8.2
公路	万吨	110496.97	3.3
水运	万吨	63040.20	9.9
民航	万吨	17.86	6.2
货物运输周转量	亿吨公里	12235.42	7.9
铁路	亿吨公里	214.57	4.0
公路	亿吨公里	1319.11	4.6
水运	亿吨公里	10697.20	8.3
民航	亿吨公里	4.54	4.2

表4 2023年各种运输方式完成旅客运输量及其增长速度

续表

指标	单位	绝对数	比上年增长（%）
旅客运输总量	万人	28795.34	58.7
铁路	万人	12470.52	95.5
公路	万人	12024.38	24.6
水运	万人	1088.84	102.5
民航	万人	3211.60	104.2
旅客运输周转量	亿人公里	1004.18	96.2
铁路	亿人公里	378.58	97.4
公路	亿人公里	86.61	27.1
水运	亿人公里	0.99	84.3
民航	亿人公里	538.01	114.0

全年沿海港口完成货物吞吐量74894.25万吨，比上年增长4.9%。其中，外贸货物吞吐量29051.45万吨，增长12.7%。集装箱吞吐量1817.87万标箱，增长1.0%。

年末民用汽车保有量870.59万辆，比上年末增加43.52万辆，其中私人汽车保有量760.46万辆，增加41.84万辆。民用轿车保有量518.86万辆，增加22.80万辆，其中私人轿车保有量479.93万辆，增加23.37万辆。

全年完成电信业务总量（按2022年不变单价计算）537.92亿元，增长11.3%。全年邮政行业寄递业务量完成61.34亿件，增长13.4%。邮政函件业务0.28亿件，包裹业务86.93万件，快递业务量49.87亿件，快递业务收入388.67亿元。年末电话用户总数5581.49万户，增长0.1%。其中，固定电话用户670.98万户，下降1.3%；移动电话用户4910.51万户，增长0.3%。移动电话普及率为117.25部/百人。5G移动电话用户2268.66万户，在移动电话用户中占比46.2%。固定互联网宽带接入用户2261.21万户，增长5.4%。固定宽带家庭普及率为128.98部/百户。1000Mbps及以上接入速率的宽带接入用户达494.56万户，在固定宽带接入用户中占比21.9%。

五、国内贸易

全年社会消费品零售总额22109.57亿元，比上年增长5.0%。按经营地统计，城镇消费品零售额19123.42亿元，增长4.8%；乡村消费品零售额2986.15亿元，增长6.5%。按消费类型统计，商品零售额20019.57亿元，增长4.5%；餐饮收入额

2090.00 亿元，增长 10.8%。

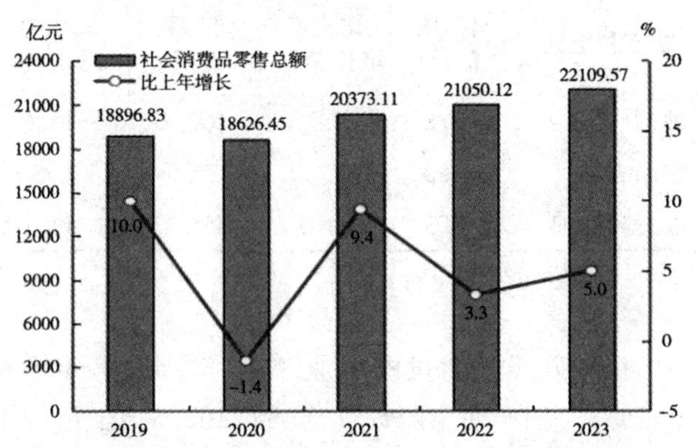

图5　2019—2023年社会消费品零售总额及其增长速度

限额以上单位商品零售额中，通信器材类零售额比上年增长 18.9%，家具类增长 10.2%，体育娱乐用品类增长 8.8%，烟酒类增长 8.5%，日用品类增长 6.4%，服装鞋帽针纺织品类增长 5.0%，粮油食品类增长 4.7%，石油及制品类增长 3.9%，中西药品类增长 3.4%，饮料类增长 1.9%，文化办公用品类增长 1.9%，汽车类下降 5.9%。

全年限额以上商品网上零售额比上年增长 6.1%。

六、固定资产投资

全年固定资产投资比上年增长 2.5%。第一产业投资增长 9.7%；第二产业投资增长 12.0%，其中，工业投资增长 12.3%；第三产业投资下降 2.5%。基础设施投资增长 5.7%。全年到位资金比上年下降 5.8%。

表 5　2023 年分行业固定资产投资情况

行业	比上年增长（%）
农业、林业、牧业、渔业	20.6
采矿业	30.0
制造业	11.6
电力、热力、燃气及水生产和供应业	16.0
建筑业	−34.2
批发和零售业	−4.7
交通运输、仓储和邮政业	7.5
住宿和餐饮业	35.1
信息传输、软件和信息技术服务业	9.8

续表

行业	比上年增长（%）
金融业	124.6
房地产业	−11.5
租赁和商务服务业	21.2
科学研究和技术服务业	7.0
水利、环境和公共设施管理业	3.2
居民服务、修理和其他服务业	41.1
教育	−6.3
卫生和社会工作	2.8
文化、体育和娱乐业	−1.6
公共管理、社会保障和社会组织	27.5

全年房地产开发企业投资比上年下降 12.7%。其中，住宅投资下降 14.5%。

全年各类棚户区改造开工 5.9 万套，基本建成 3.3 万套。新开工建设城镇保障性安居工程住房 14 万套（户），基本建成城镇保障性安居工程住房 6.8 万套（户）。

表 6　2023 年房地产开发和销售主要指标及其增长速度

指标	比上年增长（%）
投资完成额	−12.7
其中：住宅	−14.5
其中：90 平方米及以下	−16.9
房屋施工面积	−12.5
其中：住宅	−13.7
房屋新开工面积	−14.7
其中：住宅	−18.5
房屋竣工面积	5.2
其中：住宅	2.4
商品房销售面积	−15.8
其中：住宅	−14.1
本年实际到位资金	−23.3
其中：国内贷款	−16.2
个人按揭贷款	−39.4

1580 个在建省重点项目完成投资 7387 亿元。全年建成或部分建成 276 个项目，新开工 352 个

项目。

七、对外经济

全年货物进出口总额19743.5亿元，比上年下降0.2%。其中，出口额11766.4亿元，下降2.7%；进口额7977.1亿元，增长3.9%。

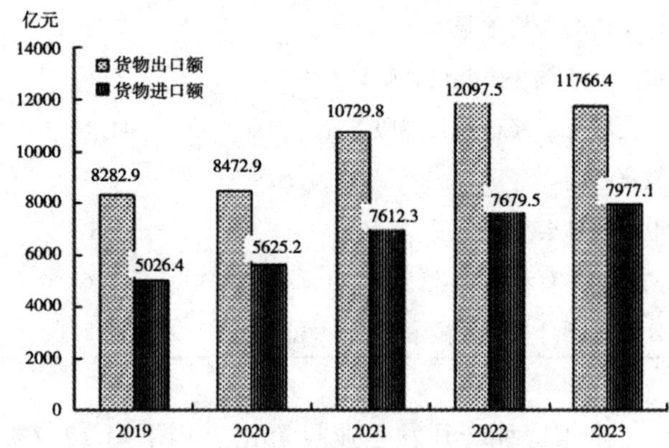

图6 2019—2023年货物进出口总额

表7 2023年进出口主要分类情况

指标	绝对数（亿元）	比上年增长（%）
进出口总额	19743.5	-0.2
出口额	11766.4	-2.7
其中：一般贸易	8885.8	-0.2
加工贸易	1273.7	-13.5
其中：机电产品	5185.2	11.9
其中：高新技术产品	1267.7	-1.5
进口额	7977.1	3.9
其中：一般贸易	6663.6	5.2
加工贸易	651.4	-13.0
其中：机电产品	1195.7	4.0
其中：高新技术产品	907.2	8.6

表8 2023年对主要国家和地区进出口情况

国家和地区	出口额（亿元）	比上年增长（%）	进口额（亿元）	比上年增长（%）
东盟	2512.0	-3.6	1616.9	1.0
欧盟	2065.3	-1.6	461.6	26.1
美国	2008.9	-6.0	527.9	6.6
中国台湾	547.7	-15.6	358.5	-10.2
日本	489.1	-7.3	224.9	-24.5
韩国	443.8	5.7	167.2	-13.6
中国香港	387.3	-17.0	20.6	10.8
沙特阿拉伯	118.5	-1.1	456.1	-11.1

续表

注：欧盟不含英国。

全年新设外商投资企业3721家，比上年增长36.2%。实际使用外资金额302.6亿元，下降6.5%。

全年新备案（核准）境外投资企业和分支机构243个，比上年增长40.5%。实际对外投资额28.1亿美元，增长51.4%。全年对外承包工程完成营业额9.8亿美元，下降16.3%；对外劳务合作派出劳务人员54538人次，增长19.7%。

八、财政金融

全年一般公共预算总收入5907.88亿元，比上年增长9.8%，其中，地方一般公共预算收入3591.87亿元，增长7.6%。一般公共预算支出5868.43亿元，增长3.1%。

年末金融机构本外币各项存款余额81021.13亿元，比上年末增长11.1%；金融机构本外币各项贷款余额82387.64亿元，比上年末增长8.2%。

年末农村合作金融机构人民币各项贷款余额7222.62亿元，比上年末增长12.2%。中资金融机构人民币个人消费贷款余额24224.59亿元，比上年末下降2.3%。

表9 2023年末全部金融机构本外币存贷款情况

指标	年末数（亿元）	比上年末增长（%）
各项存款	81021.13	11.1
其中：住户存款	35934.08	13.8
非金融企业存款	22246.99	4.5
其中：人民币存款	78471.93	10.7
各项贷款	82387.64	8.2
其中：住户贷款	37257.75	3.6
企（事）业单位贷款	43066.31	11.7
其中：人民币贷款	81378.80	8.6

年末境内A股上市公司171家，比上年末增加2家，总市值28477.61亿元；B股上市公司1家，总市值5.28亿元。

全年保险公司保费收入1509.01亿元，比上年增长9.8%。其中，财产险371.94亿元，人身险1137.06亿元。赔款及给付支出528.76亿元，比上年增长18.3%。其中，财产险272.40亿元，人身险256.36亿元。

九、居民收入消费和社会保障

全年居民人均可支配收入45426元，比上年增长5.4%，扣除价格因素，实际增长5.4%。按常住地分，农村居民人均可支配收入26722元，增长6.9%，扣除价格因素，实际增长6.9%；城镇居民人均可支配收入56153元，增长4.3%，扣除价格因素，实际增长4.2%。城乡居民人均可支配收入比值为2.10，比上年缩小0.05。

全年居民人均生活消费支出31869元，比上年增长6.1%，扣除价格因素，实际增长6.1%。按常住地分，农村居民人均生活消费支出21746元，增长6.3%，扣除价格因素，实际增长6.3%；城镇居民人均生活消费支出37674元，增长5.6%，扣除价格因素，实际增长5.4%。

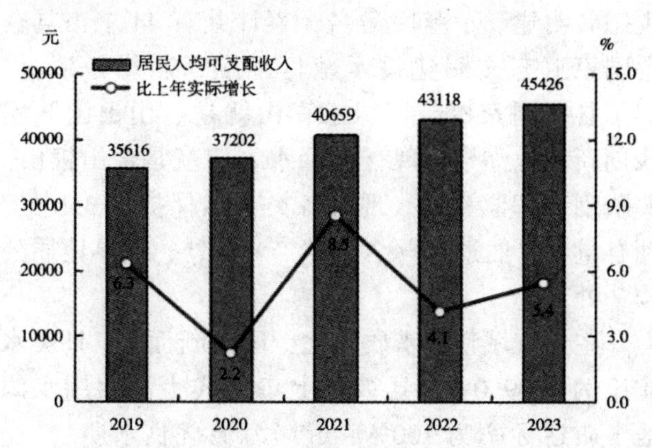

图7　2019—2023年居民人均可支配收入及其实际增长速度

年末参加城镇职工基本养老保险人数1788.90万人，比上年末增加114.51万人。企业参加基本养老保险离退休人员为191.03万人，全部实现养老金按时足额发放。参加基本医疗保险人数3833.46万人。参加失业保险人数763.06万人，比上年末增加1.72万人。

年末领取失业保险金人数7.61万人，比上年末增加1.42万人；纳入城市最低生活保障的居民7.09万人，比上年末增加0.31万人；纳入农村最低生活保障的居民52.73万人，比上年末增加2.27万人；城乡特困人员6.83万人。

年末各类养老床位数29.6万张（其中机构养老床位14.13万张），每千名老人拥有养老床位39张。建立社区服务中心（站）18300个。全年销售社会福利彩票56.92亿元，筹集福利彩票公益金17.37亿元。

十、科学技术和教育

已布局建设38家省级产业技术研究院。拥有国家重点实验室10个、全国重点实验室2个、省创新实验室7个、省重点实验室267个、国家级工程技术研究中心7个、省级工程技术研究中心527个、省级新型研发机构220家。拥有省级及以上工程研究中心（工程实验室）136家，其中国家级工程研究中心（工程实验室）6个、省级工程研究中心（工程实验室）97个、国地共建工程研究中心（工程实验室）33家。建设国家备案众创空间72家、国家专业化众创空间4家、省级众创空间369家、国家级科技企业孵化器27家、省级科技企业孵化器69家，在孵企业和创业团队共计13116家。现有国家高新技术企业12080家。新认定国家技术创新示范企业1家、国家企业技术中心7家、省级企业技术中心132家。专利授权120264件，其中，发明专利授权17858件。截至年末，有效发明专利90927件，比上年末增长21.1%，每万人口发明专利拥有量21.7件。新增商标注册22.94万件，有效注册商标246.16万件，比上年增长8.1%。全年共登记技术合同21175项，成交金额375亿元。

年末共有1624家机构通过检验检测资质认定，比上年末减少75家。共有国家产品质量监督检验中心22个，省级产品质量监督检测中心36个。现有认证主机构18个、认证子机构8个。共有各类获证组织28758家，各类认证证书123989张。共有法定计量检定机构68个，全年强制检定工作计量器具约240万台（件）。全年参与制修订国家标准767项，发布地方标准58项。

年末共有国家级地面气象观测站71个，高空气象观测站3个，天气雷达站10个，风廓线雷达站19个，大型海洋气象浮标站5个。共有地球物理台站（点）43个，前兆测项411个，测震台站（点）128个，强震动观测站位（点）205个，GNSS观测基准站60个。共有744个渔业资源环境监测站位、235个近岸海域环境监测站位，共有45个海上水文气象观测浮标站位、45个沿海自动验潮站。测绘地理信息部门审批通过了公开出版地图314件。

全年研究生教育招生3.01万人，在校生9.05万人，毕业生2.34万人。普通本专科招生37.08万人（含高职招生19.93万人），在校生113.99万人，毕业生29.78万人。中等职业教育（不含技工校）招生14.25万人，在校生40.90万人，毕业生11.63万人。普通高中招生28.99万人，在校生80.37万人，毕业生21.97万人。初中招生52.83万人，在校生157.70万人，毕业生51.38万人。普通小学招生63.82万人，在校生369.79万人，毕业生53.03万人。特殊教育招生0.55万人，在校生3.06万人，毕业生0.52万人。学前教育在园幼儿135.44万人。九年义务教育巩固率为99.49%，高中阶段毛入学率为97.24%。

十一、文化旅游、卫生健康和体育

年末文化系统共有国有艺术表演团体70个，公共图书馆95个，文化馆95个，国有博物馆100个，非国有博物馆41个。全年文化系统各类艺术表演团体线下演出9868场，观众409.41万人次，本年度首演剧目116个。各级各类档案馆117个。

年末共有影院418家，银幕2431块，年度电影票房17.89亿元。广播电台3座，电视台3座，广播电视台68座，教育电视台1座。有线电视用户725.10万户，数字化率100%。广播节目综合覆盖率为99.89%；电视节目综合覆盖率为99.90%。

全年出版图书4954种，总印数1.59亿册；报纸42种（不含校报、副版），总印数6.02亿份；期刊174种，总印数0.19亿册。

全年接待入境游客172.24万人次，比上年增长256.9%。国际旅游外汇收入17.58亿美元，增长460.4%。接待国内旅游人数57003.58万人次，增长45.6%；国内旅游收入6857.12亿元，增长59.2%。旅游总收入6981.08亿元，增长61.3%。

年末共有各级各类医疗卫生机构3.0万个，其中，医院732个，卫生院877个，村卫生室1.6万个。年末共有卫生技术人员32.6万人，其中，执业（助理）医师12.3万人，注册护士14.5万人。年末共有医疗机构床位24.2万张，其中医院19.3万张，基层医疗卫生机构4.0万张。

全年我省运动员在全国最高级别比赛中共获得43金45银33铜。举办73项全省青少年体育赛事，参与人数2.4万人。

全年为民办实事项目新建20个智慧体育公园、30个游泳池。新增国家级体育产业示范基地1个、示范单位2家、示范项目1项。销售体育彩票142.79亿元。

十二、资源、环境和应急管理

全年水资源总量979.41亿立方米。

全年植树造林总面积7.24万公顷。其中，人工荒山造林0.20万公顷，人工迹地更新面积5.27万公顷，低产低效林改造1.18万公顷。城市（县城）新增建成区绿地面积1317公顷，建成区绿地率40.7%；新增公园绿地面积223公顷，人均公园绿地面积15.3平方米。新增水土流失治理面积1223.4平方公里。

森林覆盖率65.12%。全年新增晋安区、华安县、建阳区、延平区、屏南县等5个县区获得国家生态文明建设示范区命名，累计共有44个市县获得国家生态文明建设示范区命名；新增松溪县、周宁县被国家授予“绿水青山就是金山银山”实践创新基地称号，现有“绿水青山就是金山银山”实践创新基地9个。现有各类自然保护地358处。拥有世界自然遗产（含双遗产）2处、世界地质公园2处。

主要流域整体水质为优，国控断面Ⅰ~Ⅲ类水质比例为99.0%；县级以上集中式生活饮用水源地水质达标率为100%。近岸海域优良水质（一、二类）面积比例88.7%。

九个设区城市空气质量优良天数比例98.4%，$PM_{2.5}$年均浓度为每立方米20微克。县级以上城市空气质量均达到国家空气质量二级标准。九市一区、11个县级市和长乐区、龙海区、建阳区中，区域声环境质量“二级”的城市14个；道路交通声环境质量“一级”的城市16个，“二级”的城市8个。

市县生活垃圾无害化处理率100%，市县污水处理率98.34%。

全年共发生森林火灾7起，受害面积37.44公顷。海洋灾害造成直接经济损失约21.23亿元，比上年增加21.09亿元。发生（现）海洋赤潮11次，累计赤潮面积225.4平方公里。

全省发生各类生产安全事故553起、死亡420人，均比上年下降11.0%。没有发生重大事故。亿元GDP生产安全事故死亡率0.0077，比上年下降14.4%。

注：

1. 本公报未包括金门县和连江县的马祖列岛。

2. 本公报所列数据为初步统计数，部分合计数或相对数由于单位取舍不同而产生的计算误差，均不做机械调整。

3. 本公报地区生产总值、各产业增加值按现价计算，增长速度按可比价格计算。

资料来源：

本公报中城镇新增就业、社会保障数据来自省人社厅；财政数据来自省财政厅；重点项目投资、工程实验室、国家企业技术中心数据来自省发改委；公路里程、公路水路运输及生产数据来自省交通运输厅；铁路数据来自中国铁路南昌局集团有限公司；户籍人口数据、民用汽车数据来自省公安厅；保障性住房、城市污水处理、公园绿地面积数据来自省住建厅；货物进出口数据来自福州海关；外商直接投资、对外直接投资、对外承包工程、对外劳务合作等数据来自省商务厅；邮政业务数据来自省邮政管理局；电话用户、电信业务总量等数据来自省通信管理局；文化、旅游数据来自省文旅厅；货币金融数据来自人行福建省分行；上市公司数据来自福建证监局；保险业数据来自国家金融监督管理总局福建监管局；省级企业技术中心、国家技术创新示范企业数据来自省工信厅；工程技术研究中心、技术合同等数据来自省科技厅；教育数据来自省教育厅；专利数据、质量检验数据来自省市场监督管理局；气象数据来自省气象局；地震数据来自省地震局；测绘数据来自省自然资源厅；水产品产量、海洋数据来自省海洋渔业局；广播、电视数据来自省广电局；电影、报纸、期刊、图书数据来自省委宣传部；档案数据来自省档案局；体育数据来自省体育局；卫生数据来自省卫健委；医保数据来自省医保局；低保、养老数据来自省民政厅；环境监测数据来自省生态环境厅；应急管理、森林火灾数据来自省应急管理厅；林业数据来自省林业局；水资源数据来自省水利厅；电力数据来自国网福建省电力有限公司；其他数据来自福建省统计局和国家统计局福建调查总队。

FUJIAN

INDUSTRIAL ECONOMY YEARBOOK

第二篇

产经总览

福建省 2023 年经济回顾与展望

2023 年以来，福建省坚持以习近平新时代中国特色社会主义思想为指导，认真贯彻落实党中央、国务院决策部署和省委、省政府工作要求，坚持稳中求进工作总基调，深入实施“深学争优、敢为争先、实干争效”行动，落实巩固拓展经济向好势头的一揽子政策，全省主要经济指标从二季度开始，呈现逐月逐季回升向好的态势，经济运行持续恢复。2023 年全省经济发展“稳”的态势在加固，发展质量“进”的动能在增强。根据地区生产总值统一核算，2023 年全省生产总值 54355.1 亿元，按可比价格计算，同比增长 4.5%。其中，第一产业增加值为 3217.66 亿元，同比增长 4.2%；第二产业增加值为 23966.43 亿元，同比增长 3.7%；第三产业增加值为 27171.01 亿元，同比增长 5.2%。从经济总量看，2023 年位居全国第 8 位，较湖北省（55803.63 亿元）少 1448.53 亿元；从经济增速看，2023 年实际增速低于全国平均 0.7 百分点，由 2022 年国内 GDP 增速首位降至第 25 位。

一、2023 年全省经济发展基本态势

根据地区生产总值核算结果，2023 年一季度全省生产总值 12061.86 亿元，按可比价格计算，同比增长 1.7%；上半年生产总值 25547.8 亿元，同比增长 3.8%；前三季度生产总值 39120.75 亿元，同比增长 4.1%；2023 年全年全省生产总值 54355.1 亿元，比增 4.5%。其中，生产总值增速高于全省平均水平有：宁德市 8.6%、漳州市 5.9%、福州市 5.2%、南平市 5%、泉州市 4.8%，增速低于全省平均水平有：龙岩市 3.8%、莆田市 3.6%、厦门市 3.1%、三明市 1.8%，如表 1 所示。

表 1　2020—2023 年全省各市 GDP 总额与增长情况

单位：亿元、%

地市	2020 年	2021 年	增速	2022 年	增速	2023 年	增速
全省	43608.88	48810.36	8	53109.85	4.7	54355.1	4.5
福州	10020	11324.48	8.40	12308.2	4.4	12928.47	5.2
泉州	10159	11304.17	8.10	12103	3.5	12172.33	4.8
厦门	6384	7033.89	8.10	7802.7	4.4	8066.49	3.1
漳州	4546	5025.4	7.70	5706.6	6.9	5728.43	5.9
宁德	2619	3151.08	13.30	3554.6	10.7	3807.33	8.6
龙岩	2871	3081.78	7.70	3314.5	5	3317.96	3.8
莆田	2644	2882.96	6.40	3116.3	4	3070.73	3.6
三明	2702	2953.47	5.80	3110.1	3.1	3007.1	1.8
南平	2007	2117.58	6.50	2211.8	3.8	2270	5.0

资料来源：福建省统计局与各地市统计局资料整理。

（一）三次产业运行呈现稳进—回升—平稳发展

1. 一产稳中有进。一季度全省农林牧渔业总产值929.97亿元，按可比价格计算同比增长4.1%，增幅比上年提高0.2个百分点。其中，农业产值同比增长2%，林业产值增长4.5%，牧业产值增长5.4%，渔业产值增长4.4%，农产品产量总体保持增长。上半年全省农林牧渔业实现总产值2193.7亿元，同比增长4.2%；春收粮食产量同比增长1.2%，蔬菜产量增长3.7%，茶叶产量增长5.2%；毛竹产量增长8.1%；肉蛋奶总产量增长6.2%；水产品产量增长4.9%。前三季度全省农林牧渔业总产值3561.1亿元，同比增长4.2%，增幅与上半年持平。2023年全年农林牧渔业总产值5729.21亿元，比增4.3%。分行业看，农业产值比增3.7%；林业产值比增3.5%；牧业产值比增6.2%；渔业产值比增4.0%。全年粮食种植面积841.1千公顷，比增3.49千公顷；粮食产量510.97万吨，比增2.26万吨、0.4%（稻谷产量394.64万吨，增加0.89万吨、0.2%）；蔬菜产量比增3.1%，园林水果产量比增6.0%，茶叶产量比增5.6%，木材产量比增1.5%，肉蛋奶总产量比增7.3%，水产品总产量比增3.8%。

2. 二产逐季回升。2023年受市场需求不足等因素的影响，一季度全省第二产业增加值同比下降2.7%；上半年全省规模以上工业实现增加值同比增长0.7%，其中，化学原料和化学制品制造业增长28.1%，电气机械和器材制造业增长22.1%，有色金属冶炼和压延加工业增长16.6%，汽车制造业增长13.7%。前三季度，全省规模以上工业增加值同比增长2.5%，增幅比上半年提高1.8个百分点。2023年全年全省工业增加值比增3.4%，规模以上工业增加值比增3.3%。工业产品销售率96.2%。从全省工业生产增幅看，呈现逐月、逐季回升态势，即从4月份以来已连续增速回升。从三大工业门类看，采矿业比增6.5%，制造业比增3.2%，电力、热力、燃气及水的生产和供应业比增3.5%。原材料制造业增长较快，其中，化学原料和化学制品制造业比增20.1%，黑色金属冶炼和压延加工业比增18.9%，有色金属冶炼和压延加工业比增17.9%。从规上企业效益看，2023年全省规模以上工业企业实现营业收入比增0.5%，实现利润比增10.9%，营业收入利润率为6.07%，较上年上升0.57个百分点；企业亏损面亏损额呈现双双收窄态势，2023年全省规模以上亏损企业2938家，亏损面降至13.7%。从民营工业发展态势看，2023年前三季度，全省规模以上民营工业企业实现增加值同比增长3.4%，高于全省规模以上工业增速0.9个百分点；民营工业增加值占规上工业增加值比重达60.7%，对全省规上工业增加值增长贡献率83.4%。2023年全省工业民间投资比增8%，为全省工业经济持续发展注入新动力。

3. 三产总体平稳。2023年一季度全省服务业实现增加值同比增长5.5%，增幅比上年提高1.5个百分点。上半年服务业实现增加值同比增长5.7%，前三季度实现增加值同比增长5%，全年服务业增加值比增5.2%。其中，批发和零售业实现增加值6825.75亿元，比增6.2%；交通运输、仓储和邮政业增加值2238.42亿元，比增7.9%；住宿和餐饮业增加值851.62亿元，比增11.0%；金融业增加值4355.89亿元，比增7.4%；房地产业增加值2552.45亿元，同比下降4.9%。全年规模以上服务业实现企业营业收入比上年增长10.9%。一是新兴服务业保持较快增长。2023年租赁和商务服务业营业收入比增20.3%，文化、体育和娱乐业比增13.7%，信息传输、软件和信息技术服务业比增13.1%。二是货物运输平稳增长。2023年货物运输总量178766万吨，比增5.7%；旅客运输总量28795.34万人，比增58.7%；沿海港口完成货物吞吐量74894.25万吨，比增4.9%。其中，外贸货物吞吐量29051.45万吨，比增12.7%；集装箱吞吐量1817.87万标箱，比增1%。

表 2　福建省 2023 年服务业发展情况

单位：亿元、%

	一季度	比增	二季度	比增	三季度	比增	全年	比增
第三产业实现增加值	6274. 74	5. 5	12615. 16	5. 7	19069. 73	5. 0	27171. 01	5. 2
其中：批发和零售业	1412. 05	3. 5	2993. 77	6. 6	4621. 80	6. 1	6825. 75	6. 2
交通运输、仓储和邮政业	439. 83	4. 1	931. 94	8. 0	1485. 86	5. 9	2238. 42	7. 9
住宿和餐饮业	175. 18	8. 1	364. 04	9. 9	598. 59	12. 2	851. 62	11
金融业	1062. 10	11. 0	2056. 74	8. 4	3070. 18	7. 5	4355. 89	7. 4
房地产业	730. 04	−1. 1	1464. 87	−0. 2	2098. 16	−3. 8	2552. 45	−4. 9

资料来源：2023 年福建省统计局相关资料整理。

（二）三大需求呈现稳增—回暖—回落

1. 固定资产投资稳步增长。强化投资带动作用，全省固定资产投资增速连续回升。2023 年一季度全省固定资产投资 4680. 15 亿元，同比增长 0. 5%。分产业看，第一产业投资下降 26. 5%，第二产业增长 12. 4%，第三产业下降 4. 5%。分领域看，制造业投资增长 14. 8%，基础设施投资增长 2. 4%，高技术产业投资增长 11. 6%。上半年全省固定资产投资同比增长 1. 8%，比一季度提高 1. 3 个百分点。重点项目实现“双过半”，完成投资 4123 亿元、占年度计划的 63. 6%，超序时进度 13. 6 个百分点；200 个省级重点项目完成投资计划的 62. 3%，超序时进度 12. 3 个百分点。前三季度全省固定资产投资同比增长 3%，其中，制造业投资比增 14. 3%，占全省投资的 30. 7%；基础设施投资同比增长 7. 4%，电力、热力、燃气及水的生产和供应业投资增长 17%，交通运输投资增长 7%；重大项目投资同比增长 14. 4%。2023 年全省固定资产投资比增 2. 5%，三次产业投资结构为 1. 4 ∶ 36. 2 ∶ 62. 4。其中，第一产业投资比增 9. 7%；第二产业投资比增 12%，其中，工业投资比增 12. 3%；第三产业投资下降 2. 5%，其中，基础设施投资比增 5. 7%。全年房地产开发企业投资比上年下降 12. 7%。其中，住宅投资下降 14. 5%。

2. 消费市场逐步回暖。实施促消费政策举措，开展“全闽乐购”活动，出台促消费 16 条措施和 8 大行动方案，2023 年一季度，全省社会消费品零售总额 5710. 43 亿元，同比增长 3. 5%，增幅比上年同期提高 0. 2 个百分点。其中，餐饮消费同比增长 9. 9%，增幅比上年同期提高 3. 6 个百分点。上半年全省社会消费品零售总额 10899. 75 亿元，同比增长 4. 2%。前三季度全省社会消费品零售总额 16252. 89 亿元，同比增长 4. 3%。其中，城镇零售额增长 4%，乡村零售额增长 5. 8%。接触型消费持续回暖，线下消费恢复常态化运行，前三季度全省餐饮业收入同比增长 9. 9%；限额以上网络零售额占比由上年同期的 24. 8% 提高到 26. 2%。2023 年全省社会消费品零售总额 22109. 57 亿元，比增 5%。其中，城镇消费品零售额 19123. 42 亿元，比增 4. 8%；乡村消费品零售额 2986. 15 亿元，比增 6. 5%。从消费类型看，按消费类型统计，商品零售额 20019. 57 亿元，比增 4. 5%；餐饮收入额 2090 亿元，比增 10. 8%。从商品类别看，限额以上单位新能源汽车零售额比增 28%，可穿戴智能设备零售额比增 15. 5%，智能家用电器和音像器材比增 17. 9%，智能手机比增 20. 5%。

表 3　2019—2023 年福建省固投、消费增长情况

		2019	2020	2021	2022	2023
固定资产投资增长速度（%）		6	−0. 4	6	7. 5	2. 5
社会消费品零售总额	总额（亿元）	18896. 83	18626. 45	20373. 1	21050. 12	22109. 57
	增速（%）	10	−1. 4	9. 4	3. 3	5

资料来源：2019—2023 年福建省统计局相关资料整理。

3. 进出口增幅回落较大。加大市场开拓力度，出台外贸回稳提质政策措施，扭转外贸下跌态势。一季度，全省外贸进出口4792.49亿元，同比增长10.1%；上半年外贸进出口9535.7亿元，同比下降1.3%；前三季度外贸进出口14504.7亿元，同比下降1.7%。其中，出口8580.2亿元，下降4.8%；进口5924.5亿元，增长3.1%；2023年外贸进出口总额19743.5亿元，比上年下降0.2%（全国增长0.2%）。其中，出口额11766.4亿元，下降2.7%（全国增长0.6%）；进口额7977.1亿元，增长3.9%（全国下降0.3%）。从进出口贸易类别看，一是一般贸易占比持续提升。2023年全省一般贸易进出口1.55万亿元，比增2.1%，占同期全省外贸进出口总值的78.8%。二是民营企业主力作用增强。2023年全省民营企业进出口1.15万亿元，比增4.7%，占同期全省外贸进出口总值的58.5%；国有企业进出口4311.2亿元，占比21.8%；外商投资企业进出口3875.1亿元，占比19.6%。三是“一带一路”国家进出口超万亿元。2023年进出口达1万亿元，比增2.6%，占全省进出口总值比重达51%，较2022年提升1.4%。对东盟、美国进出口分别为4129亿元、2536.8亿元，分别占全省进出口总值的20.9%、12.8%。机电产品出口提升，“新三样”出口强劲。2023年全省出口机电产品5185.2亿元，比增11.9%，占同期全省外贸出口总值的44.1%，较上年提高5.8%。其中，锂离子蓄电池、太阳能电池、电动载人汽车等“新三样”商品合计出口1365.6亿元，比增49.8%。此外，全年船舶出口大幅增长44.9%。四是大宗、民生、机电产品进口扩大。2023年全省大宗商品进口量普遍增加，煤、原油、天然气等能源产品合计1.27亿吨，同比增长62.2%；进口铁、铝等金属矿砂合计1.34亿吨，同比增长4.8%。同期，农产品进口1193.8亿元，比增2.7%。其中，食用水产品、小麦、大麦、玉米分别增长5.7%、20%、131.4%、164.3%。机电产品进口1195.7亿元，比增4%。其中，半导体制造设备、液晶平板显示模组、航空器零部件分别增长65.9%、20.9%、50.7%。进口商品增长显示省内需求的持续恢复。

（三）财政金融稳健运行，居民收入稳步提高

1. 财政支撑力增强。2023年一季度，全省一般公共预算总收入1978.92亿元，同比增长3.7%。上半年，全省一般公共预算总收入3510.38亿元，完成预算的61.5%，同比增长14.3%。其中，地方一般公共预算收入2182.53亿元，完成预算的62%，增长11.4%。一般公共预算支出2884.01亿元，增长5.7%。上半年全省政府性基金收入798.69亿元，完成预算的29.5%，同比下降35.2%，主要是国有土地使用权出让收入下降。全省政府性基金支出1885.55亿元，完成预算的51.5%，同比下降15.3%。上半年全省税收收入2635亿元，比增18.6%。其中，地方级税收收入1307亿元，比增17.8%。但若剔除留抵退税因素，上半年全省税收收入同口径累计下降1.5%。前三季度，全省一般公共预算总收入4783.55亿元，同比增长10.3%。其中，地方一般公共预算收入2971.99亿元，增长7.8%。一般公共预算支出4284.87亿元，增长5.3%。2023年全年一般公共预算总收入5907.88亿元，比增9.8%，其中，地方一般公共预算收入3591.87亿元，比增7.6%。一般公共预算支出5868.43亿元，比增3.1%。

2. 金融稳健运行。2023年年末全省金融机构本外币各项存款余额81021.13亿元，比增11.1%；金融机构本外币各项贷款余额82387.64亿元，比增8.2%。2023年农村合作金融机构人民币各项贷款余额7222.62亿元，比增12.2%。中资金融机构人民币个人消费贷款余额24224.59亿元，同比下降2.3%。年末境内A股上市公司171家，比增2家，总市值28477.61亿元。2023年保险公司保费收入1509.01亿元，比增9.8%。统计数据显示，金融业流动性合理充裕，信贷结构持续优化，为全省经济回升提供金融支撑。

3. 居民收入持续增加。2023年一季度，全省居民人均可支配收入13054元，扣除价格因素实际增长3.1%，其中，城镇居民人均可支配收入16870元，同比增长2.3%；农村居民人均可支配收入6567元，同比增长3.9%。2023年前三季度，全省居民人均可支配收入35439元，同比增长4.8%，比上半年提高0.1个百分点，高于全省经济增速；居民人均消费支出23262元，同比增长6.8%。2023年全省居民人均可支配收入45426元，

比增5.4%，扣除价格因素，实际增长5.4%。其中，城镇居民人均可支配收入56153元，比增4.3%，扣除价格因素，实际增长4.2%；农村居民人均可支配收入26722元，比增6.9%，扣除价格因素，实际增长6.9%；城乡居民人均可支配收入比值为2.1，比上年缩小0.05。2023年全年居民人均生活消费支出31869元，比增6.1%，扣除价格因素，实际增长6.1%。其中，城镇居民人均生活消费支出37674元，比增5.6%，扣除价格因素，实际增长5.4%；农村居民人均生活消费支出21746元，比增6.3%，扣除价格因素，实际增长6.3%。

表4　2019—2023年居民人均可支配收入情况

	2019	2020	2021	2022	2023
居民人均可支配收入（元）	35616	37202	40659	43118	45426
增长速度（%）	6.3	2.2	8.5	4.1	5.4

资料来源：2019—2023年福建省统计局相关资料整理。

4. 就业物价整体稳定。2023年前三季度全省城镇新增就业47.28万人，超序时完成目标进度。城镇调查失业率为4.9%，比全国平均水平低0.4个百分点。物价保持低位运行。2023年全省居民消费价格与上年持平，其中，其他用品和服务类上涨3.1%，教育文化和娱乐上涨1.6%，食品烟酒类价格上涨0.9%，医疗保健类上涨0.7%，衣着类价格与上年持平，生活用品及服务类下降0.1%，居住类下降0.2%，交通和通信类下降3.3%。全省工业生产者出厂价比上年下降1.8%，工业生产者购进价格比上年下降3.8%。

二、经济运行中存在的主要问题

自2020年以来，新冠疫情对我省经济运行造成较大的影响，当前经济发展环境仍面临着不稳定、不确定性因素较多，国际环境更趋复杂严峻，我省经济恢复的基础还不稳固等制约因素，主要表现在：

1. 经济稳定增长压力明显加大。2022年福建省以4.7%经济增长速度位居全国各省市首位，2023年经济增速降为4.5%，低于全国平均增长5.2%的水平。特别是工业作为支撑全省经济增长的主要产业，2023年面临的问题较为突出。一是工业增速下降。2023年全省规模以上工业增加值同比增长3.3%%，较2022年增长5.7%下降2.4%；在全省38个行业大类中，仅有23个行业增加值实现增长，行业增长面为60.5%。厦门市2023年工业经济呈深度低开、缓慢回升态势，全年规模以上工业增加值与上年持平。新能源产业保持高速增长，锂电池制造带动新能源产业快速增长，全年累计工业总产值比增32.5%，拉动全市规模以上工业总产值增长2.3%。新增企业拉动作用显著，全年新增规模以上工业企业348家，工业总产值增长1.6倍，拉动规模以上工业总产值增长2.8%。但全市电子、机械两大工业支柱行业总产值比上年下降3.1%。在厦门市六区规模以上工业发展中，除翔安区增长15%、思明区增长8.8%外，集美区下降1.5%、同安区下降2.5%、湖里区下降4.3%、海沧区下降6.2%，岛外四区规模以上工业增加值占全市比重达74.6%。二是企业经营困难。2023年一季度，全省规模以上工业企业实现营业收入15564亿元，同比下降6.5%；实现利润729.53亿元，同比下降20.5%；营业收入利润率为4.69%，下降0.82个百分点。上半年全省规模以上工业企业实现营业收入同比下降1.2%；实现利润同比下降11.3%；营业收入利润率为4.76%，同比下降0.54个百分点。前三季度，全省规模以上工业企业营业收入降幅0.8%，工业企业实现利润总额同比下降2.0%。2023年全省规模以上工业企业实现营业收入较上年增长0.5%，其中，制造业实现营收增长0.1%%。据宁德市对2023年三季度工业企业生产经营景气状况调查显示，有15.7%的企业反映综合生产成本上升，企业面临的主要成本压力是原材料成本、用工成本、能耗成本、物流成本，占比分别为74.8%、64.3%、

29.1%、18.3%。三是小微企业恢复欠佳。宁德市前三季度小微企业增加值同比下降14%，降幅分别比上半年、一季度扩大2.9个、4.2个百分点，影响全市规模以上工业增加值增长1.8个百分点。

2. 房地产持续低迷态势尚未改观。2023年全省房地产开发投资比上年下降12.7%。其中，住宅投资下降14.5%，占房地产开发投资的比重为72.8%。房地产开发企业房屋施工面积比上年下降12.5%，商品房销售面积比上年下降15.8%，其中，住宅销售面积下降14.1%。商品房销售额下降14.7%。2023年末，全省商品房待售面积比上年末增长14.8%，其中，住宅待售面积增长20.5%。

3. 消费市场活力不足，恢复不及预期。2023年全省社会消费品零售总额实现22109.57亿元，比上年增长5%，其中，餐饮、住宿等接触型消费持续回暖，但整体消费增幅尚未恢复到疫情前水平。如莆田市2023年前三季度社会消费品零售总额1361.84亿元，同比仅增长0.4%。其中，与日常生活相关的限额以上日用品类零售额增长5.9%，拉动社会消费品零售总额增长0.5个百分点；限额以上化妆品类、家用电器和音像器材类和体育、娱乐用品类零售额分别增长32.4%、21.1%和13.1%，拉动社会消费品零售总额增长0.2个百分点。宁德市前三季度社会消费品零售总额增幅比上半年回落2.5个百分点，其中，限额以上零售额23.47亿元，同比下降5.2%，降幅分别较一季度、上半年扩大5.5、25.7个百分点，影响全市限额以上零售额增速回落1.1个百分点；限额以上汽车类商品零售额15.76亿元，同比下降9.4%，降幅比上半年扩大0.4个百分点。

4. 外贸进出口拓展压力增大。2023年全省外贸进出口19743.5亿元（人民币），同比下降0.2%（全国增长0.2%）。其中，出口下降2.7%（全国增长0.6%）；进口增长3.9%（全国下降0.3%）。若以美元计价，全省进出口总额2808.1亿美元，同比下降5.4%，其中，出口1672.6亿美元，下降7.8%；进口1135.5美元，下降1.5%。从全省各市进出口情况看，外贸呈现正增长的有：宁德市1500.2亿元，比增16.2%；三明市157.9亿元，比增9.9%；厦门市9470.4亿元，比增2.7%；漳州市1218.1亿元，比增1.6%。外贸呈现负增长的有：莆田市641.9亿元，同比下降3.3%；泉州市2599.3亿元，同比下降4%；福州市3435.3亿元，同比下降5.7%；南平市130.8亿元，同比下降12.8%；平潭地区170.6亿元，同比下降19.2%；龙岩市418.9亿元，同比下降22.5%。

表5　2023年福建省各市外贸进出口情况

单位：亿元人民币、%

	进出口		出口		进口	
	总额	比增	总额	比增	总额	比增
合计	19743.5	−0.2	11766.4	−2.7	7977.1	3.9
福州市	3435.3	−5.7	2558.5	0.2	876.8	−19.6
厦门市	9470.4	2.7	4474.5	−3.9	4996.0	9.4
莆田市	641.9	−3.3	327.0	−10.7	314.9	5.9
三明市	157.9	9.9	147.8	8.6	10.1	34.4
泉州市	2599.3	−4.0	1885.5	−5.3	713.8	−0.5
漳州市	1218.1	1.6	857.3	5.3	360.9	−6.3
南平市	130.8	−12.8	125.4	−13.0	5.5	−7.6
宁德市	1500.2	16.2	1100.2	10.6	400.0	34.9
龙岩市	418.9	−22.5	200.3	−37.1	218.6	−1.4
平潭区	170.6	−19.2	89.9	−26.1	80.7	−9.8

资料来源：2023年福州海关统计。

三、2024年经济发展预测与对策建议

2020年全省经济增速呈现“前低后高”态势，2021年经济增速呈现“前高后低”态势，2022年呈现稳中有进、“前高后低”态势，2023年呈现“前低后高”、逐季回升态势，预计2024年经济增速5-5.2%。为此，提出以下建议：

1. 推动工业产业持续发展。以新型工业化为重点，构建现代化工业产业体系，着力提升产业链供应链韧性和安全水平，巩固主导优势产业，培育发展战略性新兴产业，夯实现代化产业体系基石，增强工业产业发展后劲。精准推进工业发展。聚焦重点工业行业、重点地区和重点企业，采取有效措施确保企业稳产增效，持续发挥主导产业、传统产业、新兴产业中龙头企业的支撑作用。优化产业结构，培育一批具有产业链影响力的龙头企业，推动专精特新企业发展。着力在研发设计、信息咨询、品牌建设、物流管理等关键环节推动高端化、专业化的生产性服务业发展，促进先进制造业与现代服务业深度融合。精准推进提质增效。加大力度培育工业经济新增长点，加大对新投产、新开业、“个转企”、“小升规”企业的培育，确保达标企业及时入库。落实各项助企惠企政策，加大对小微企业、传统产业的政策扶持，解决中小微、民营企业生产经营中困难和问题，进一步增强企业发展信心。精准抓好项目储备。全省各地着力抓好一批重点工业项目的策划、立项和实施工作，聚焦主导产业、县域特色产业等重点领域，发挥各类招商平台作用，引进一批新兴产业项目、产业链延伸项目、补短板增优势项目，通过工业有效投资增量调整存量，促进工业经济实现质的有效提升和量的合理增长。

2. 化解房地产风险推动行业有序发展。按照2023年4月中央政治局会议精神，进一步明确“房子是用来住的、不是用来炒的”定位，持续做好“保交楼、保民生、保稳定工作”，促进房地产市场平稳健康发展。强化标本兼治。要在深入研判房地产市场供求关系和城镇化发展格局等趋势性、结构性变化基础上，加强地方政府债务管理，严控新增隐性债务，坚持标本兼治，化存量、优增量、降负债、控杠杆，促进房地产市场平稳健康发展。强化分类管理。由于房地产业链条长、涉及面广，要针对个别房地产企业风险事件及其产生的外溢效应，以更加精准方式化解房地产风险。重点是“抓两头”即抓优质房企，支持优质国有、民营房企改善资产负债状况，满足合理的融资需求；抓出险房企，依法合规、高效有序地向经复核备案的借款主体发放“保交楼”专项借款，封闭运行、专款专用，专项用于支持已售逾期难交付住宅项目加快建设交付；鼓励金融机构提供配套融资支持，化解未交楼个人住房贷款风险，推动房地产企业改善经营，促进保交楼和稳定房地产融资政策落到实处，稳妥有序化解房地产风险。防范隐性债务规模的扩大。有序推进房地产项目并购与融资业务，重点支持优质房地产企业兼并收购受困房地产企业项目；加大融资平台治理，防范化解隐性债务风险；建立长效监管制度机制，清除隐性债务形成的土壤环境，筑牢房地产债务风险“防护网”。

3. 激活消费潜能促进消费持续恢复。当前，消费日益成为拉动经济增长的基础性力量。拓展消费领域。创新文旅特色消费，实现“吃、住、行、游、购、娱”一体化，激活文化、旅游消费市场。拓展汽车、家电等大宗消费，支持充电设施、停车场等建设，扩大新能源汽车销售。激发消费意愿。抢抓“双十一”“双十二”等重要时间节点，开展形式多样的消费促销活动，通过合理增加消费信贷，支持住房改善、新能源汽车、养老服务、教育医疗、文化体育服务等消费，充分挖掘、释放消费潜力。推进消费升级。以促进居民增收、帮扶低收入群体为重点，拓展增收渠道，优化分配结构，建立和完善扩大居民消费的长效机制，使居民有稳定收入能消费、没有后顾之忧敢消费、消费环境优愿消费。创新消费场景。加快新技术应用推广，加强服务消费、线上线下消费场景的培育，引导“互联网+”等消费模式创新，促进绿色消费、健康消费、文化消费成为新的消费领域。补齐消费短板。着力推动城市、县城商业基础设施改造升级，提升县域与农村消费水平；统筹推进农村电商示范县、商务特色镇建设，支持改造商贸中心、农产品交易市场设施，完善城乡消费环境，促进消费市场繁荣。

4. 推动外贸企业提质增效培育新增长点。要

针对外贸出口面临全球消费动能不足、企业订单外流等问题，采取一系列行之有效的措施。增强企业国际竞争力。重点是培育优质代工企业，支持企业提升研发设计、生产制造、渠道网络能力，鼓励企业向高端代工、标准定制转变；支持企业创新供应链服务模式，为国际品牌商、境外高端采购商提供专业化、定制化的供应链服务。积极拓展市场渠道。依托省内主导、传统产业以及“新三样”出口商品优势，策划举办相关产业展会、论坛活动，打造知名展会品牌；发挥侨乡资源优势，鼓励海外侨商参与共建展销中心、交易服务平台，推动产品出口。拓展外贸物流通道。推动“中欧班列”常态化开行，助力外贸企业开拓“一带一路”市场；扩大口岸对外开放，持续推进电子公共服务平台建设，扩大外贸通道。

（撰稿：福建社会科学院　伍长南）

2023年福建农业农村经济运行态势与展望

2023年以来，全省农业农村系统全面贯彻党的二十大精神，深入开展学习贯彻习近平新时代中国特色社会主义思想主题教育，认真贯彻落实省委、省政府关于“三农”工作的决策部署，学习“千万工程”经验，实施“深学争优、敢为争先、实干争效”行动，扎实推进各项工作任务落实，农业农村经济保持稳中有进良好态势。2023年全年，全省农林牧渔业增加值1989.4亿元、比增4.1%，农民人均可支配收入21746元、比增6.3%，为全省发展大局发挥了“压舱石”作用。

一、2023年度农业农村经济形势分析

2023年以来，我省气候良好，农林牧渔生产呈现稳中有升态势。牧业受供求关系影响趋于平稳，农、林、渔业保持稳步发展。2023年全年，全省农林牧渔业总产值3561.1亿元，按可比价计算比上年同期增长4.3%。

从行业看，农业产值1201.5亿元，同比增长3.7%；林业产值247.5亿元，增长3.5%；牧业产值730.7亿元，增长6.2%；渔业产值1238.9亿元，增长4.0%。

从各设区市看，漳州市农林牧渔业总产值同比增长5.5%，三明市增长4.6%，南平增长4.4%，福州市增长4.1%，龙岩市和宁德市增长4.0%，泉州市增长3.9%，莆田市增长3.6%，厦门市下降2.8%。

（一）粮食作物生产总体平稳

严格落实粮食安全党政同责，制定省委常委会及其委员粮食安全工作职责清单、省政府领导班子及其成员年度粮食安全重点工作职责清单。加大稳粮惠农政策力度，九市一区和全部涉粮县（市、区）制定稳粮惠农政策，及时兑付12.7亿元耕地地力保护补贴、种粮农民一次性补贴等中央惠粮资金，落实省级种粮奖补资金4658.9万元，创新推出“兴业惠粮贷”，深化“我在乡间有亩田”机关党员志愿服务活动，保护和调动农民种粮积极性。实施粮油等主要农作物单产提升行动，发展再生稻15万亩，压茬推进粮食生产。2023年度粮食已丰收到手，完成春粮面积83.85万亩、产量24.86万吨、单产297公斤；收获早稻141.45万亩、产量60.1万吨，早稻亩产425公斤、连续7年居全国第一。其中，主要品种薯类产量23.31万吨，增长1.0%。夏收粮食产量76.46万吨，下降0.8%。其中，主要品种早稻产量60.12万吨，下降2.4%；玉米产量9.75万吨，增长10.9%；大豆产量4.20万吨，增长1.5%。秋收粮食409.66万吨，增长0.6%。全年粮食产量510.97万吨，增长0.4%。其中，稻谷产量394.64万吨，增长0.2%。全年完成粮食播种面积1262万亩，产量511万吨，单产405公斤，实现面积、产量、单产“三增长”，粮食稳中有增，超额完成国家下达任务。

（二）重要农产品稳中有增

2023年度，蔬菜产量约为1649.4万吨，同比增长3.1%，播种面积增长2.5%，单产提高0.8%。食用菌产量155.36万吨，同比增长1.5%。由于蘑菇种植效益低，菇农种植意愿走低，我省近几年蘑菇种植面积下降，产量持续下降。因此我省菇农开始种植经济效益高的品种，如凤尾菇、竹荪、杏鲍菇、红菇、白木耳等。前三季度，我省平菇类（含袖珍菇、凤尾菇等）产量17.43万吨，增长8.6%；其它菇（海鲜菇、鹿茸菇等）产量21.79万吨，增长9.8%；竹荪1.25万吨，增长6.4%；茶薪菇1.90万吨，增长5.5%。茶叶产量55.01万吨，同比增5.6%，其中，全省白茶产量

增长9.6%。红茶增长5.4%，青茶产量增长5.5%。园林水果产量261.50万吨，同比增长6.0%，其中，主要品种李40.58万吨，增长5.5%；枇杷31.08万吨，增长3.8%，龙眼21.95万吨，增长4.5%；杨梅18.60万吨，增长3.8%；桃17.72万吨，增长4.3%；青梅16.00万吨，增长8.7%。花卉播种面积48.78万亩，同比增长2.6%。盆景园艺播种面积8.23万亩，同比增长2.6%。中草药材播种面积24.80万亩，同比增长3.7%。烟叶产量13.47万吨，增速11.1%。农产品质量安全监测总体合格率保持全国前列。

（三）林产品生产保持稳定

全年全省木材产量956.90万立方米，同比增长1.5%；毛竹产量3.87亿根，增长0.6%；篙竹产量2.02亿根，增长0.4%；竹笋干产量37.05万吨，增长4.8%；茅草产量392.85万吨，下降0.3%。

（四）畜牧产品产量平稳增长

1. 生猪生产平稳发展。生猪出栏保持增长，存栏总体稳定。2023年度，全省生猪出栏1694.95万头，同比增加80.82万头，增长5.0%；猪肉产量135.47万吨，同比增加7.40万吨，增长5.8%。年末，全省生猪存栏948.62万头，同比减少8.14万头，下降0.9%；其中，全省能繁母猪存栏97.56万头，同比减少1.28万头，下降1.3%，生猪生产总体延续上半年平稳增长态势。

生猪生产总体平稳的主要原因：一是各地强化落实生猪生产扶持政策。2023年各地继续落实全省《畜牧业高质量发展实施方案》，或继续落实生猪保险政策，或出台生猪价格保险相关工作方案，或积极落实生猪复养政策等。二是部分养殖场（户）集中出栏。上半年生猪价格持续低迷，进入三季度生猪价格有所反弹，8月起生猪养殖进入盈利区间，部分养殖户加快出栏以弥补损失。如丰豚牧业、清禾农牧、好未来农牧、众兴牧业等企业表示近期生猪市场价格上涨，把之前压栏的生猪纷纷出栏。三是部分地区开展生态环境综合整治。如龙岩新罗辖区内生猪养殖场自今年4月以来，大中型养殖场均出现不同程度的减栏或清栏；南平延平区持续进行畜禽养殖污染整治，对仍处于禁养区内的生猪饲养户采取整治，受前期清栏或减栏影响，能繁母猪存栏同比下降。

生猪价格低开低走，同比下跌19.2%。今年上半年，生猪出栏价格持续在成本线以下低位震荡，养殖户连续亏损程度加深。下半年生猪养殖处于盈利区间。生猪出栏价格低位震荡、前跌后涨的主要原因：一是市场生猪供应充足现状没有改变。从供给端看，大量资本介入生猪养殖，要求企业占据市场，不断扩大养殖规模，在生猪市场长期供大于求、价格持续低迷的情况下，产能并未明显去化。7月以来出现的猪价反弹，主要是前期持续亏损状态下养殖户将肥猪集中出栏较多，叠加二次育肥进场造成市场肥猪较少，加上部分地区受非洲猪瘟及台风天气影响造成的局部供给不足，多种因素造成猪价短期阶段性上涨。此后猪价一路下行，年末弱势收尾，12月27日价格已接近年内最低。二是消费需求总体平稳。从需求端来看，上半年市场需求较弱，猪价持续低位震荡。进入下半年市场需求短暂回暖，市场需求持续疲弱，国庆、中秋等主要节假日提振市场需求十分有限，猪肉价格“旺季不旺”特征非常明显。展望2024年，生猪价格总体或高于2023年，生猪养殖行业经历长时间亏损，产能主动去化成为部分企业首选，生猪供给过剩局面有望缓解，且国内经济回升趋势稳定，消费持续恢复改善，2024年市场需求或明显增加。

2. 牛羊生产总体稳定。全省牛羊生产总体保持平稳发展，出栏小幅增长，存栏略减，牛奶产业发展形势较好。全年全省牛出栏17.46万头，同比增长5.9%，牛肉产量1.95万吨，同比增长5.9%，牛奶产量24.90万吨，同比增长15.8%。三季度末，全省牛存栏32.55万头，同比下降3.3%。前三季度，全省羊出栏116.89万只，同比增长0.9%，羊肉产量1.72万吨，同比增长0.6%。三季度末，全省羊存栏100.96万只，同比下降4.0%，其中绵羊存栏2.93万只，同比增长了2.6倍。绵羊存栏增幅较大主要是龙岩市武平县部分因环保整治对养殖结构进行调整，引进污染小、生长快、利润高的湖羊进行养殖。福建牛羊生产规模较小，以散养户为主，预计后期将继续保持平稳发展。

3. 家禽产能稳步上升。前三季度家禽出栏

8.27 亿只，同比增长 3.6%，禽肉产量 112.72 万吨，同比增长 3.8%，禽蛋产量 51.61 万吨，同比增长 12.2%。三季度末，全省活家禽存栏 2.22 亿只，同比增长 4.5%。家禽生产保持增长的主要原因：一是地方政府积极扶持引导。如 2022 年四季度光泽新增一家白羽肉鸡场。龙岩优化畜牧业养殖结构，引导扶持污染较小的家禽及草食动物的养殖。泉州市出台抗击台风“杜苏芮”灾后恢复农业生产政策措施，以 2023 年 12 月底的存栏统计数与 2023 年 6 月底存栏统计数比对，新增养殖蛋鸡按 3 元/羽的标准进行补助，促进灾后规模养殖场及重点养殖户开展补栏增养生产。二是家禽养殖技术不断提升。如漳州市大力推广集约高效养殖模式，由农户散养改为工厂化笼养、单层笼养改为双层和多层笼养，由一年养殖 3 批次增加到 5 批次左右。目前我省家禽产能较为充足，预计后期家禽生产总体仍将保持稳中有增的发展趋势，养殖户利润较为稳定。

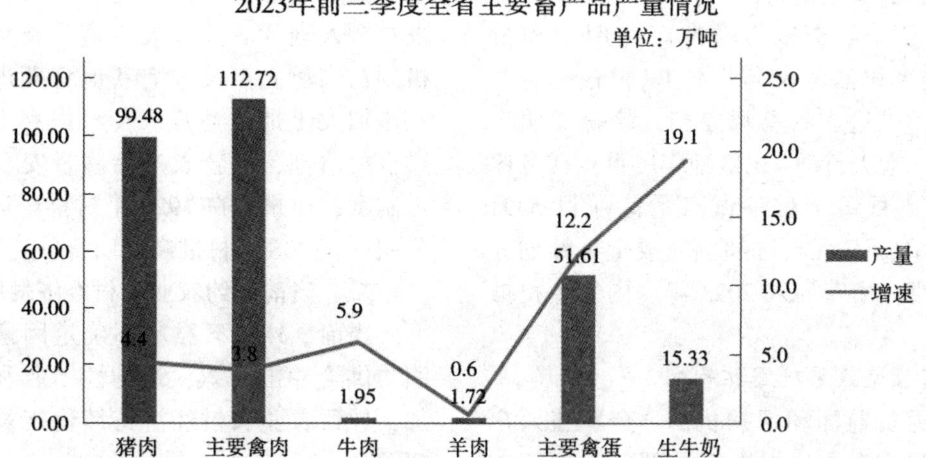

（五）水产品产量增长较快

据省海洋渔业局统计，全年全省水产品总产量 890.2 万吨，同比增长 3.3%。其中，海水产品产量 787.8 万吨，增长 3.2%；淡水产品产量 102.4 万吨，增长 3.4%。占海水产品比重最大的牡蛎产量同比增长 4.2%，比重较大的蛤增长 3.9%，沙丁鱼增长 46.26%。其他海水产品中，鱿鱼增长 35.6%，鲍鱼增长 8.9%，梭子蟹增长 8.4%，鲐鱼增长 8.3%，江蓠增长 16.6%。

（六）特色现代农业提质增效

大力实施“3212”工程，新创“福九味”中药材国家优势特色产业集群，漳浦（蝴蝶兰、蔬菜）、福清（鳗鲡、生猪）2 个国家现代农业产业园，安溪感德镇等 7 个国家农业产业强镇，争取国家资金 4.7 亿元，扶持发展“一村一品”专业村 970 个，开工建设现代农业重点项目 1052 个，完成投资 452.7 亿元、占年计划 116%。建成高标准农田 118 万亩、占年计划 131%。加强“福农优品”品牌建设，举办中国农民丰收节系列活动，发布首批“福农优品”百品榜，5 个品牌列入农业农村部农业品牌精品培育计划，新增全国名特优新农产品 35 个、绿色有机农产品 277 个，安溪铁观音茶文化系统获全球重要农业文化遗产地授牌，长乐番薯种植系统、武夷岩茶文化系统入选中国重要农业文化遗产。加快农村三产融合，大力发展预制菜、直播带货等新业态，举办福建省首届乡村振兴电商大赛，预计 1—9 月农产品网络零售额 375.1 亿元、比增 21%，新创建 8 个中国美丽休闲乡村，6 条乡村休闲旅游路线入选中国美丽乡村休闲旅游行（春季、夏季）精品线路。深化闽台农业融合发展，6 个台湾农民创业园连续 6 年包揽国家评价前 6 名，新批台资农业项目 64 个，合同利用台资 1.48 亿美元，农业利用台资数量规模保持全国第一。

（七）乡村振兴重点项目扎实推进

省委召开全省深入学习“千万工程”经验建

设福建美丽乡村现场推进会和全省乡村振兴工作机制创新现场推进会，对美丽乡村建设作出全面部署。完成年度实施乡村振兴战略实绩考核，印发实施《福建省乡村振兴责任制实施细则》，压紧压实五级书记抓乡村振兴责任。推进农村人居环境整治提升五年行动，农村建设品质提升5类21项重点项目完成投资368.1亿、占年计划122.7%，全面开展乡村“五个美丽”建设，沙县区入选全国改善农村人居环境激励县、获得中央奖励资金2000万元，海沧、石狮、建宁评为全国村庄清洁行动先进县。加强改进乡村治理，组织22个县开展“清单制”试点，53%的村推广运用“积分制”，举办和美乡村篮球大赛（村BA）福建省赛和东南大区赛，推进农村移风易俗，培育文明乡风。乡村振兴“十大行动”120项年度重点任务序时推进，建设“百镇千村”试点示范项目5491个、完成投资61.9亿元，已超额完成全年计划任务，寿宁、漳浦、翔安列入2023年度国家乡村振兴示范县。

（八）脱贫攻坚成果巩固拓展

落实防止返贫监测和帮扶机制，全覆盖入户走访脱贫户、监测对象，加大行业部门专项筛查力度，核实认定新增防止返贫监测对象8户21人，推动监测对象及申报农户264户451人纳入低保、557户689人得到临时救助，帮助群众解决生产生活困难2.4万个，全省没有发现新增致贫返贫现象。安排省级以上衔接资金20.8亿元，推广移动智慧菇房等庭院经济模式，扶持带动10.3万户脱贫户和监测对象发展产业项目，推动17.5万名脱贫劳动力稳岗就业。推进山海协作，经济较发达县帮扶资金全部拨付到位，实施帮扶项目509个。深化闽宁协作，省委周祖翼书记、赵龙省长率领党政代表团赴宁夏学习考察，召开深化闽宁协作发展交流座谈会，落实省级财政援宁资金6.25亿元，实施产业帮扶项目268个，选派617名援宁专业技术人才，帮助宁夏26211名农村劳动力、13624名脱贫人口稳定就业。

（九）农村改革不断深化

把深化改革作为全面推进乡村振兴的重要法宝，制定出台一批农业农村重点领域和关键环节改革的实施意见，基本确立全省农业农村改革的“四梁八柱”。全面完成农村承包地确权登记颁证，推动农村土地“三权分置”，发展多种形式规模经营。各地实施农村产权流转服务中心建设，成立市农村产权流转交易监督管理委员会，组建工作专班，建立了工作例会制度。加大培训高素质农民力度，新型农业经营主体持续壮大，新增一批省级、市级农业产业化龙头企业，涌现一批省级、市级示范家庭农场、省级农民合作社示范社。整省推进农村集体产权制度改革，全面完成清产核资、集体经济组织成员确认，股份合作制改革基本完成。全省农业社会化服务加快发展，带动小农户融入现代农业发展轨道。城乡融合发展体制机制初步建立。农村宅基地管理进一步规范，进一步加大土地收益投入乡村振兴力度。加强和改进乡村治理，创新农产品质量安全监测网格员管理制度，福州市在1920个村推广运用乡村治理积分制，在738个村推广运用清单制。

二、当前制约农业农村经济发展的主要问题

当前，外部不稳定不确定因素较多，需求收缩与供给冲击交织，结构性矛盾和周期性问题叠加，导致农业农村经济持续稳定发展仍面临诸多问题。

（一）农业生产基础设施较为薄弱

福建耕地条件先天不足，人均耕地不足0.4亩，且平耕地少，2度以下坡度耕地占比仅为34.8%，耕地“碎块化”导致流转难度大、费用高，适度规模经营受限，规模化、机械化程度不高，且部分地区农田水利基础设施存在多年失修、设备老化、受灾损坏未及时修复等情况。如仙游县钟山镇鸣和村由于山塘坝体损坏，底部漏水问题严重，部分山垅田缺少用于灌溉农田的水源，影响水稻等作物正常种植。此外，耕地撂荒、“非粮化”现象不容忽视。

（二）农民持续增收压力较大

全年，农民人均可支配收入26722元、比增6.9%，增幅低于全国平均水平0.8个百分点，和年初预期目标差0.6个百分点。主要原因有：①受经济下行影响，我省部分企业开工不足，社会大宗消费恢复缓慢，二三产业吸纳农村劳动力能力减弱，农民务工就业存在较大压力。今年前三季度农民工资性收入分别增长5.2%、6.4%、6.8%，

分别低于去年同期0.6、1.0、1.3个百分点。②部分农产品价格走低。四川、贵州等省白茶产量高、成本低，今年我省白茶销量较去年降低。受台风、降水影响，早熟柚子、柑橘等水果品质下降，有的经销商取消订单。今年以来，生猪价格保持低位，8月初才超过盈亏平衡点，目前养猪处于微利状态，未来生猪价格上升空间有限。③农产品出口降幅较大。1—8月，全省农产品出口额74.51亿美元、同比下降14.5%，其中茶叶、水海产品出口额分别下降37.1%、18.7%。④粮食种植收益总体较低。据福建调查总队调研，2022年稻谷种植收益约为200元/亩，远低于蔬菜、烟叶等经济作物（亩均收益约2500元），也低于玉米、甘薯等其他粮食作物（亩均收益约1500元）。种植水稻多出于改良土壤考虑，种植积极性不高。又如建瓯市房道村魏某反映，近年来粮食收购价格基本稳定，但仍低于10年前的收购价，且今年男工价格为每人200元/天，女工每人160元/天，均比去年上涨了20元，人工成本逐年上涨，进一步压缩种粮收益。

（三）台风、降雨等不利气候的影响

八九月间我省农业气象条件不如去年，8月我省气温正常至偏高，日照大部分正常至偏少，降水大部分正常至偏多，9月恰逢中稻进入收割期、晚稻进入抽穗扬花期，台风“海葵”给我省带来较大范围的持续性降雨，对于秋粮生产特别是已进入收获期的中稻生产较为不利，部分地方秋粮作物受台风、暴雨影响出现倒伏、积水。台风对水果等经济作物产生较大影响，漳州、莆田等地反映，受台风影响，龙眼、柚子等产量少于往年，价格出现较大幅度上涨，且台风带来的强降雨对蔬菜生产也产生不利影响。7月底到10月初台风“杜苏芮”“苏拉”“海葵”等台风登陆和影响我省，据初步统计，农业因灾损失约18.1亿元。未来台风、秋寒、冻害等不确定性仍然存在，对农业生产还可能产生较大影响。

（四）日本核污水排放的负面影响

日本核污水排放的负面作用在三季度已经显现，消费者购买意愿受到影响，据农产品生产者价格调查调查显示，三季度渔业产品多数品种下跌，海水捕捞产品尤为明显，价格由二季度同比上涨11.7%，变为三季度同比下跌6.3%，部分养殖户、捕捞户对前景持悲观预期，预计日本核污水排放将对未来一段时间的渔业生产和价格体系产生较大冲击。

（五）种粮结构有待进一步优化

一是农户秋冬播种植意向不强。除部分种植大户外，我省农户秋冬播种植意愿相对较弱，以满足自用的蔬菜为主，中晚稻收获后的11月至来年春播前的3月不少耕地处于闲置状态，农作物种植强度相对较低。2022年我省春粮总产量为77.09万吨，仅占全年粮食总产量的不到5%。二是薯类占比较低。我省适宜种植薯类的坡耕地较多，但目前薯类占比仍较低，2022年我省薯类产量为85.18万吨，仅占全年粮食总产量的16.7%。三是再生稻发展相对缓慢。受效益不佳、种植技术普及不够等因素影响，经多年发展，2022年我省再生稻收获面积也仅为8.08万亩，产量仅为1.94万吨，发展相对较为缓慢。

（六）农业社会化服务能力不足

目前，农业劳动力年龄结构老化问题突出，“雇工难、雇工贵”已成为共性问题，发展农业社会化服务是破解这一难题的重要举措。但据调查，当前具有农业社会化服务功能的组织和农林牧渔专业及辅助性活动法人企业数量少、规模小、服务功能不全（烘干少、销售少）、能力不足（农机存在缺口），不能完全满足粮食生产的要求。福清市种植大户陈家和、李训康表示，计划在台风前抢收更多的早稻，但是因为当地粮食收购商缺乏足够的加工收储能力，导致部分早稻无法完成收割，发生倒伏，两家损失达三万余元。

三、2024年加快农业农村经济发展的对策建议

全面落实省委和省政府工作部署，巩固拓展主题教育成果，坚持目标导向、问题导向、结果导向，紧盯年度目标不放松，抓重点、补短板、强弱项、促增长，全力冲刺攻坚，奋力实现全年农业农村经济发展目标任务。

（一）加强秋冬农业生产

抓好秋粮后期田管和收获，力夺丰收，确保完成全年粮食生产任务。加快落实秋冬种任务，种植秋冬粮食83万亩、油菜14.8万亩、绿肥150

万亩、蔬菜500万亩，栽培食用菌30亿袋。加强生猪产能调控，统筹抓好菜果茶菌、肉蛋奶生产，保障市场供给。加大“福农优品”品牌推介力度，深化闽茶海丝行等经贸活动，发展农产品电子商务，推动农产品货畅其流。要密切关注台风、火灾、寒潮等自然灾害，要注意做好抗旱工作和防寒防冻工作。科学防治农作物病虫害和松材线虫病等林业有害生物，加强病虫害监测和自然灾害预警预报，提升防灾减灾救灾能力。

（二）加快农业农村重点项目建设

完善挂钩联系推动重点工作机制，加强项目调度和要素保障，推动项目早落地早建成，力争现代农业重点项目完成投资390亿元以上、农村建设品质提升完成投资300亿元以上，高质量完成高标准农田、农业科技攻关等重点项目建设任务。建立健全项目库，再策划储备落地一批高质量项目，促进项目接续滚动实施，努力扩大农业农村有效投资。多渠道促进农民增收，加强农民就业指导服务，引导各地在乡村建设中优先使用本地农民工，鼓励农业新型经营主体带动农户发展乡村特色产业，努力完成年度农民增收目标。

（三）巩固拓展脱贫攻坚成果

加强防止返贫监测帮扶，及时将易致贫返贫人口纳入监测范围，牢牢守住不发生规模性返贫底线，健全对38个乡村振兴重点县及老区苏区县帮扶机制，加快老区苏区振兴发展。推进闽宁对口协作，召开闽宁协作第27次联席会议，强化产业合作、劳务协作、人才交流、消费帮扶，助力宁夏脱贫地区加快发展。

（四）加强农业安全生产

科学防灾减灾，指导应对台风、秋寒、冻害等灾害性天气，降低农业因灾损失。强化农作物病虫害防治，完成秋季重大动物疫病集中强制免疫，遏制区域性重大动植物疫情发生。抓好农业行业领域安全生产监管，强化安全隐患排查整治，严防发生重大事故。

（五）完善农田基础设施

一是因地制宜改造农田，根据丘陵地形地理条件，合理规划沟、渠、路、塘和灌溉、降排水等农田水利设施布局，提高基础设施的覆盖面。二是巩固提升高标准农田建设，重点加强土壤改良、农田灌溉、高效节水等。三是落实管护机制，明确基础设施管护责任主体、监督主体，并加大巡查力度，加快损毁设施的修复进度，真正做到“建管并重”。

（六）确保农户种粮收益

一是稳定农资价格，尤其是化肥价格，控制种粮成本过快上涨。二是加大粮食生产补贴，在对规模种粮户补贴同时，兼顾对小规模种粮户的补贴力度，让种粮户均能获得种粮叠加补贴。三是加强种植业保险推广，加大种植业保险保额，解决农户种粮的后顾之忧。

（七）强化防灾减灾能力

一是加大宣传力度。在有线电视、网络等平台应开辟农业科普专栏，广泛宣传灾害的产生与预防等科普知识。二是普及推广农业科学实用技术。加大技术集成、示范推广和人才培训力度，重点围绕稻谷“三虫两病”（二化螟、稻飞虱、稻纵卷叶螟、纹枯病、稻瘟病），指导农民采取针对性防范措施，打好病虫防治攻坚战。三是健全农业保险救助体系。制定合理的定损标准，简化保险理赔程序，确保受灾农户能及时得到合理的赔偿，缓解农户资金压力。

（八）挖掘粮食种植潜能

一是鼓励支持引导农户在秋冬季种植马铃薯等作物，提升耕地利用效率，提高秋冬播粮食种植面积，为来年粮食生产打下坚实基础，有效保障粮食安全；二是有效充分启用撂荒地，合理利用旱作区耕地，推广玉米、甘薯耐旱杂粮粮食种植；三是持续推广再生稻种植，有效缓解种粮劳动力资源紧张问题，切实帮助农户增产增收。

（九）提高社会化服务能力

一是加大仓储设施维修改造力度，有效解决仓容不足和收储条件差等问题；二是大力扶持发展粮食产后服务中心，面向种植户开展代清理、代烘干、代储存、代加工、代销售等服务，提升农业社会化服务效率，一揽子帮助农户解决收粮、清理、烘干、储粮、卖粮等难题。

（撰稿：福建社会科学院　蔡学雄）

2023 年福建工业经济运行分析

2023 年，国际环境复杂严峻、市场需求缓慢恢复，给工业发展带来不小的挑战。福建省工业部门认真贯彻落实党中央、国务院决策部署和省委省政府工作安排，落实落细稳经济各项政策举措，在攻坚克难中不断推动工业经济运行持续好转，主要工业经济指标逐步恢复到合理区间。全年规模以上工业实现增加值同比增长 3.3%。

一、我省工业运行基本态势

（一）工业增速低于全国水平

2023 年，我省工业经济整体回落。其中，第二产业增加值 23966.43 亿元，同比增长 3.7%；规模以上工业增加值同比增长 3.3%，规模以上制造业增加值同比增长 3.2%，增速分别比上年同期下降 1.7%、2.4%和 2.4%。

从横向比较看，2023 年，我省工业增速低于全国。其中，第二产业增加值、规模以上工业增加值、规模以上制造业增加值分别比全国平均水平低 1.0%、1.3%和 1.8%，在全国排名前十的主要工业省份中，福建位列末座。当然，基数较高可能是今年福建工业同比下降的原因之一，湘粤两省工业增速与福建一样也从 2022 年较高水平上回落。如表 1 所示。

表 1　前三季度工业排名前十省份增加值增速比较

	广东	江苏	山东	浙江	河南	福建	四川	湖北	湖南	河北
同比增长	4.4	7.6	6.3	4.9	5.0	3.3	6.1	5.6	5.1	5.5

数据来源：各省统计局网站

（二）民营工业对经济贡献较大

2023 年，规模以上股份制企业增加值同比增长 5.1%，拉动全省规模以上工业增加值增长 3.9 个百分点；全省规模以上民营工业企业增加值比上年增长 3.5%，高于全省规模以上工业增速 0.2 个百分点。民营工业增加值占规模以上工业增加值比重为 61.1%，对全省规模以上工业增加值增长贡献率超六成。分三大门类看，采矿业增加值同比增长 6.5%，制造业增长 3.2%，电力、热力、燃气及水生产和供应业增长 3.5%。全省 38 个工业行业大类中，有 23 个行业增加值实现同比增长，行业增长面为 60.5%，比上半年提高 10.5 个百分点。原材料制造业贡献突出，其中石油、煤炭及其他燃料加工业，化学原料和化学制品制造业，黑色金属冶炼和压延加工业，有色金属冶炼和压延加工业均为两位数增长，分别拉动全省规模以上工业增长 0.3、1.3、0.7、0.7 个百分点。新产品实现较快增长。3D 打印设备产量比上年增长 1.5 倍，碳纤维及其复合材料增长 1 倍，太阳能电池（光伏电池）增长 21.7%。

（三）工业经济探底回升

一季度，由于福建疫情压峰转段时间晚于全国，叠加海外市场加速去库存，导致福建制造业出现多年未有的负增长，尤其是 3 月份福建规模以上工业增加值同比下降 7.8%，整个季度工业增速为-4.9%。第二季度，疫情影响逐步消退、各地促消费政策也显效发力，接触性聚集性服务业增长开始带动了工业品需求得到一定恢复，5、6 月份工业同比增速由负转正，二季度工业增速为0.8%。第三季度，中央和省委省政府出台了关于促进民营经济发展壮大的支持意见，极大鼓舞了民营制造业高质量发展，工业生产水平逐月上升，7、8、9月工业增速分别为5.3%、5.4%和6.7%，三季度工业增速5.8%，超过全国平均水平。第四季度，福建认真落实省委经济工作会议部署，坚持稳中求进、以进促稳、先立后破，着力恢复和扩大需求，工业增速提高到6.7%，尤其是12月份，同比增长7.6%，达到全年峰值。如图1所示。

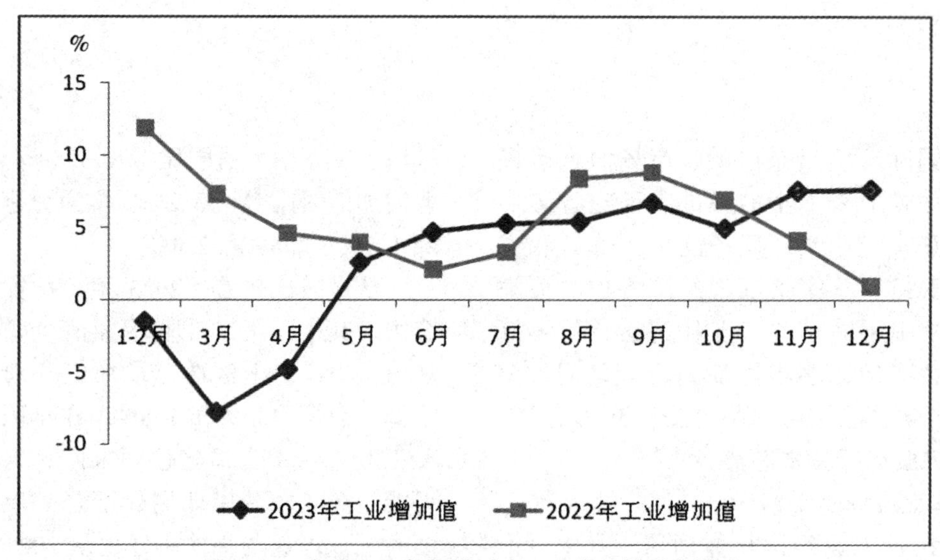

图1 2022年及2023年规模以上工业增加值月度增速

（四）IPI与PPI双双下降

2023年，工业生产者购进价格（IPI）大幅下降3.8%。9个大类中有8个指标下降。其中，化工原料类降幅达到7.0%，而黑色金属材料类和燃料动力类两类去年增幅最大的品类降幅也达到5.5%和5.8%，纺织原料类和农副产品类相对降幅较低，有色金属材料及电线类增长0.6%。

2023年，工业生产者出厂价格（PPI）下降1.8%。生产资料价格下降3.2%，其中原材料和加工类分别下降4.3%和2.7%。生活资料则上升0.6%。衣着、食品分别上升1.3和0.8，一般日用品有所下降。

2023年IPI和PPI的双双下降，主要是市场疲软导致的价格下滑。由于2022年同期IPI增幅高达7%，制造企业的价格环境看似好转，实际仍面临较大压力。

（五）宁德、漳州增速全省领先

分地区看，宁德市前三季度规模以上工业增加值增长17.1%，连续6年居全省首位。锂电新能源、新能源汽车、不锈钢新材料、铜材料四大主导产业产值突破5800亿元大关，增加值同比增长21.8%。漳州市石化重点企业对工业拉动效率显著，总投资711亿元的古雷炼化一体化二期项目正式“入规”，带动工业增加值增长5.5%。其他地市也纷纷回升企稳，莆田、南平、三明、泉州、福州、龙岩规模以上工业增加值增速分别为3.6%、3.5%、3.4%、3.3%、3.3%和.2%。厦门市受外贸环境疲软影响，工业增加值与去年持平。

（六）制造业投资不断扩大

2023年，福建积极培育发展新动能，制造业投资步伐不断加快。全省制造业投资同比增长11.6%，高于全省投资增幅9.1个百分点，拉动全省投资增长3.3个百分点，对全省投资增长的贡献率超过100%。31个行业大类中24个行业投资实现增长，行业增长面达77.4%。技术改造升级力度加大，工业改建和技术改造投资增长9.7%，占制造业投资的比重为26.7%。

（七）工业利润扭负为正

2023年福建规模以上工业企业利润在前三季度下降2.0%的基础上实现10.9%的正增长。其中，原材料行业受大宗商品价格回升激励，利润增长 75.0%。电气机械行业受动力电池、储能电池等产品带动，继续保持快速增长态势，利润同比增长 29.8%。

工业效益明显改善，规模以上工业企业营业收入利润率为 6.07%，上升 0.57%；每百元营业收入中的成本为 86.70 元，减少 0.17 元。规模以上工业企业应收账款 6747.61 亿元，增长 3.4%；产成品存货 2301.76 亿元，下降 8.4%。每百元资产实现的营业收入为 108.63 元，减少 7.34 元；人均营业收入 167.37 万元，增加 9.13 万元；产成品存货周转天数为 17.4 天，增加 0.1 天；应收账款平均回收期为 41.2 天，增加 2.2 天。2023 年末，资产负债率为 54.94%，提高 0.39 个百分点。

二、我省工业经济运行存在的问题

2023 年福建工业的增长实属不易，但在复杂严峻的内外部环境下，需求不足等问题依然存在，部分产业和企业还面临不小的挑战与问题，主要体现在以下四个方面。

（一）传统产业转型升级压力凸显

福建是民生制造业强省，传统制造业门类众多、占比高，食品、家具、建材、轻工都是福建很有影响力的传统产业。尤其是最具代表性的纺织鞋服产业，企业数占全省制造业的比例达到近五分之一左右。但近年来，全球供应链合作受到美国对华“脱钩”的严重干扰，不少企业出口量显著下降、原材料供应不畅，发展面临不少困难。如 2023 年福建省进出口总额 1.97 万亿元，同比下降 0.2%；其中出口 1.18 万亿元，下降 2.7%；尤其是以外贸为主的厦门、泉州和莆田，出口分别下降了 3.9%、5.3%和 10.7%。

另一方面，随着我国经济发展进入新常态，国内需求形势也出现新变化，传统企业开拓国内市场的难度加大。以宁德为例，电机电器、合成革制造、冶金特钢、生物医药、食品加工等传统产业降幅虽较年初有不同程度收窄，但面临的成本上涨、需求下降等压力尚未恢复至同期水平，增加值同比分别下降 0.6%、4.7%、10.3%、11.9%、28.3%。严峻的形势促使企业转型升级势在必行。但这些企业转型升级也面临一系列问题和挑战：一是市场困境，外贸出口主要采取订单式销售，流程简单、回款迅速。转向内销后企业需要建立自己的销售部门，在市场推广、广告投放、渠道拓展方面加大投入，但短期收益不高、回款时间拉长。二是财务困境，在战略转型过程中，企业要进行资金筹集、资产管理、成本控制等财务管理工作，能否坚定地、灵活地将适当的资金投入转型过程，对企业是一个巨大挑战。三是能力困境，除个别优秀企业家外，一般传统企业的经营者都缺乏迎接新变革的勇气与能力。

（二）房地产继续加速下行

长期以来，房地产都是我国经济增长的重要推动力。近年来无论福建还是全国，都出现市场需求下降、成交量和成交额底部徘徊、曾经的百强企业频频暴雷等现象，说明整个行业已经进入下行周期。最近中央适时调整优化房地产政策，旨在降低购房成本、增加供应、完善保障、规范市场，但巨大的市场存量还需市场逐步消化。

2023 年，房地产开发企业房屋施工面积同比下降 12.5%，其中住宅施工面积下降 13.7%。房屋新开工面积下降 14.7%，其中住宅新开工面积下降 18.5%。房屋竣工面积增长 5.2%，其中住宅竣工面积增长 2.4%。全省商品房销售面积同比下降 15.8%，商品房销售额下降 14.7%，商品房待售面积同比增长 14.8%。

房地产是对制造业产业关联性最大的行业，它既对钢铁、水泥、玻璃等行业具有后向拉动作用，也对家电、家具、纺织等行业具有前向推动作用。此外，房地产下行还会导致供应商应收账款面临减值风险，增加相关企业的再融资压力，也会影响金融系统的稳定性和地方财政收入。

（三）制造企业招工用人成本增加

用工成本是劳动密集型企业最重要的成本，近两年来因社保基数和费率的调整，企业社保成本不断攀升。以明达实业（厦门）为例，2023 年，企业每月每人需增加 300 多元的成本用于缴交社保，全年新增支出将超过 3000 万元，叠加上次社保政策调整，企业每年需增加 8000 万元左右的用工成本，这使得企业不敢多增加用工、不敢扩大生产。此外随着各地城市改造进程明显加快，城乡结合部的城中村、城郊等租金低廉的房子越来越少，租房成本剧增，也推高了企业的用工成本。

现代制造业需要大量高素质的技术人才，如机器人操作员、机械工程师、设备维护员等。这类人才发展需要企业投入大量的时间和金钱，并配以适当的设备和工作环境。但在激烈的市场环境下，员工很容易被其他企业挖走，导致企业怯于投资人才培养。此外，支撑中小企业发展的这些技术型骨干人才，学历、职称一般都不高，无法享受各地对高层次人才的相关优惠政策，使企业引人留人难度进一步提高。

（四）小微企业发展活力不足

2023年，受大宗商品涨价、订单需求锐减、劳动力成本上升等因素影响，福建小微企业发展信心和活力明显不足，倒闭关停现象明显增加。部分地市小微企业工业下降更为明显，如宁德市小微企业增加值同比下降12.5%，影响全市规模以上工业增加值增长1.3个百分点。1–11月，小微企业营业收入、利润总额同比分别下降13.8%、28.7%。再如莆田市规模以上工业增加值增速有3.6%，但其中小型工业企业增长2.0%，而微型企业更是下降34.2%。

小微企业规模较小，产品种类和销售对象比较单一，经济稳定性差，抗风险能力弱，在市场竞争中本就处于不利地位，而面临的政府市场进入难题也未彻底解决。当前大型政府采购和市政工程招标多采用总承包方式，这有利于降低采购成本、提高工程建设水平。但也因此多由国有企业或规模较大的民营企业中标，小微企业只能采用分包的形式参与项目，使得中小微企业利润被大幅压缩、账期被拖长，发展空间受到较大影响。

三、提升我省工业竞争力的对策建议

制造业是立国之本、强国之基。党的十八大以来，习近平总书记多次强调，要坚持把发展经济的着力点放在实体经济上，推动我国从制造大国迈向制造强国。福建省第十一次党代会报告也提出："做大做强做优制造业，是我省经济发展必须长期坚持的工作重点。"要在推动产业优化升级上继续下功夫，加快先进制造业强省和创新型省份建设，奋力谱写全面建设社会主义现代化国家福建篇章。

（一）大力发展新质生产力

2023年9月，习近平总书记在黑龙江考察时首次提出："整合科技创新资源，引领发展战略性新兴产业和未来产业，加快形成新质生产力。"新质生产力，起点是"新"，关键在"质"，落脚于"生产力"。新质生产力是社会生产力经过一定阶段的积累，以新的技术推动形成新的生产方式与产业结构，并迅猛发展，最终代替旧的生产力，以此推动社会不断向前发展。在当前阶段，新质生产力主要体现为数据要素的充分运用、资源环境的合理利用，是更具融合性、更体现新内涵的生产力。

新能源汽车产业是近年来福建工业发展的最大亮点，新能源客车、动力电池、永磁电机等关键产品技术均处于全国前列。要支持宁德时代等龙头企业开展关键零部件技术攻关，突破新一代高可靠性、高倍率、全天候、全温域动力电池技术，积极研发生产车用高性能驱动电机、电控系统。围绕上汽宁德基地、龙海金龙基地、闽侯青口汽车工业园区、三明埔岭汽车工业园等园区，做大新能源客车、做优新能源乘用车、做精新能源专用车，打造自主品牌、开发高附加值产品，积极推动智能网联汽车道路测试及商业示范应用。

新一代信息技术产业已成为中美技术竞争的主战场，福建的电子信息产业经过长期努力，"缺芯少屏"的情况得到有效改善，信息化水平和数字化能力保持全国前列。要深化新时代数字福建建设，重点发展集成电路、大数据云计算等产业，打造国内领先的新一代信息技术产业高地。聚焦存储器、光通信芯片、第三代半导体芯片等领域，布局建设较大规模特色工艺制程生产线和先进工艺制程生产线，积极发展先进封装测试，形成具有全国影响力的半导体基地。争取全国一体化大数据中心国家节点、大型互联网企业区域性数据中心在我省布局，发展数据挖掘、数据可视化、数据安全保障等，培育一批大数据技术外包和知识流程外包服务供应商。

智能装备产业是福建推动传统产业高端化、智能化、绿色化的关键产业。要大力发展高端精密数控机床、复合数控机床（铣磨、车铣、增减材等）、慢走丝线切割机床等自主创新产品，提升主轴、丝杠、导轨、刀具、伺服电机、轴承、光栅等主要功能部件及数控系统的配套水平。培育

若干专业型数字化解决方案供应商，在纺织鞋服、建筑建材、轻工、食品、电子等重复性操作多、劳动强度大的行业推广工业机器人，

新材料是中国及福建七大战略性新兴产业之一，近年来新材料产业创新发展，产业增加值年均增长25.7%，建成全球最完整的钨产业链和稀土产业链。要立足区位、产业等比较优势，聚焦有发展基础的前沿新材料、先进基础材料、关键战略材料，打造一批重点集群。发展产业创新平台，力求突出精深加工、高值应用，加强核心技术攻关，提高新材料产业的支撑能力。

福建致力于推动绿色能源发展，加快发展核、风、水、气等多种新能源，至2022年末，清洁能源装机容量达4541万千瓦，占全省发电装机的比重首次超过60%。要发展半片技术、叠片技术、双玻等光伏组件产品，大力培育异质结电池大规模生产制造与光伏电站运营的核心企业，推动建设漂浮式太阳能光伏发电项目，实现“渔光互补”的共生场景。依托福州化工副产氢丰富的优势，支持企业开发化工副产氢提纯技术和回收技术，建设低成本规模化的制氢产业基地，打造制氢、运氢、储氢、加氢全产业链。加快锂离子电池、钠离子电池、电池等储能技术的研发，推动储能电池的安全性、能量密度、循环能力等性能提升，探索共享储能模式，形成风光储充测一体化智能电站。

未来产业是当前尚处于孕育孵化阶段的具有高度风险性、又有高度前瞻性与战略性的前沿产业。要积极跟踪国际科技前沿，聚焦引领产业变革的颠覆性技术，围绕可见光通信与光计算、脑科学与类脑智能、合成生物技术、基因与细胞技术、空天与深海等新技术领域，前瞻性布局前沿科学问题研究与技术研发，推动新技术、新产品产业化应用，培育未来产业。要高度重视与未来产业相关科技伦理的前瞻研究，积极推动、参与国际科技伦理重大议题研讨和规则制定，对科技创新可能带来的规则冲突、社会风险、伦理挑战加强研判、提出对策。

（二）提升企业技术创新能力

坚持创新在现代化建设全局中的核心地位，加快推动产业基础高级化发展和关键核心技术攻关，推动“卡脖子”问题体系解决，构建以企业为主体、市场为导向、产学研用紧密结合的技术创新体系，积极融入全球制造业创新网络，打造全球重要的制造业创新聚集地。

提升企业自主创新能力。以研发费用加计扣除等创新激励政策支持企业研发机构加大研发投入，持续扩大规模以上工业企业研发活动覆盖面，提高有研发活动的企业比重。推动企业组建研发中心、实验室和检测中心等研发实体，鼓励行业重点骨干企业引领上下游企业加强产业协同和技术合作攻关。

加快突破关键核心技术。聚焦国家有需求、福建有基础的领域，综合运用“揭榜挂帅”、众包众筹等方式，组织开展分领域分阶段协同攻关。围绕集成电路、高端装备、新能源汽车、新材料等重点产业，组织实施一批省级科技重大专项，攻克关键共性技术、工艺及装备，掌握一批具有自主知识产权的核心技术。运用政府采购政策支持创新产品应用和服务升级，完善首台（套）重大技术装备、首版次软件、首批次材料保险补偿和激励政策。

布局建设产业创新平台。加快构建一批高水平的产业创新平台体系，加快国家产业创新中心、国家技术创新中心、国家制造业创新中心、国家工程研究中心等国家级载体的布局建设。高水平建设福厦泉国家自主创新示范区，增强辐射功能，以沿海科技创新走廊带动内陆建设重点产业协同创新平台，完善产业区域创新体系。积极引进“大院大所”等重大科研机构，吸引和对接全球创新资源，鼓励有条件的企业在境外设立研发中心，拓展产业科技合作网络。

推动科技成果转化应用。完善科技成果转移转化激励机制，提升中国·海峡创新项目成果交易会、国家技术转移海峡中心和中科院科技服务网络福建中心等创新服务平台功能，重点推动国家级科技成果在闽落地转化。健全以技术交易市场为核心的技术转移和产业化服务体系，完善科技成果信息发布和共享平台。

（三）促进民营工业发展壮大

民营经济是福建制造业的特色所在、活力所在、优势所在，从白手起家、遍地开花到配套成

链、集群挺进，广大民营企业已成为推进中国式现代化福建实践的重要力量。2023 年 7 月，福建省委省政府出台《关于实施新时代民营经济强省战略推进高质量发展的意见》，进一步提振民营企业发展信心，激发全社会创新创业创造活力。我们要用好“晋江经验”这把金钥匙，推动福建民营制造业提质增效、转型升级、再创新优势。

引导民营企业自觉走高质量发展之路。鼓励民营企业根据国家战略需要和福建行业发展趋势，持续加大研发投入，开展关键核心技术攻关，积极申报承担国家重大科技项目。支持中小企业数字化转型，推动低成本、模块化智能制造设备和系统的推广应用。推进产业补链延链升链建链，引导民营企业投身供给侧结构性改革，实现质量更好、效益更高、竞争力更强、影响力更大的发展。

营造支持民营经济发展的一流营商环境。健全公平竞争制度框架和政策实施机制，坚持对各类所有制企业一视同仁、平等对待。持续破除市场准入壁垒，开展市场准入效能评估。出台促进公平竞争相关法规，清理与企业性质挂钩的行业准入、资质标准、产业补贴等歧视性规定和做法。依法保护民营企业产权和企业家权益，防止和纠正利用行政或刑事手段干预经济纠纷，准确适用民营经济主体违法行为处理的法律法规。

创新政府管理和服务方式。以优质政务贴心服务，增强民营企业享受宜商优惠政策的便利。健全涉企收费长效监管机制，完善政府定价的涉企收费清单制度，进行常态化公示，接受企业和社会监督，完善拖欠账款常态化预防和清理机制。

全面构建亲清政商关系。规范政商交往行为，研究制定规范政商交往行为的意见，明晰交往边界和底线，推动政商交往亲而有度、清而有为。健全挂钩联系重点民营企业等制度机制，完善与商会组织、民营企业常态化沟通交流机制，

（四）支持龙头企业引领发展

龙头企业是产业链生态的核心，在提升产业竞争力、促进技术创新、带动上下游企业共同发展等方面起着重要作用。福建共有 21 家企业入围“2022 中国制造业企业 500 强”，其中紫金矿业和宁德时代跻身百强。虽已有一定规模和数量，但整体实力与粤苏鲁浙相比仍不够强。要着力做优做强一批现有龙头企业，加快壮大一批龙头培育企业，策划引进一批新的龙头企业，形成 50 家“链主”企业引领、300 家单项冠军企业攻坚、1000 家专精特新企业筑基的优质企业梯度培育体系。

支持龙头企业做大做强。针对龙头企业组织开展发展战略咨询诊断，一企一目标、一企一对策，通过产品创新、模式变革、兼并重组等，推动龙头企业提升经营能力和管理水平。鼓励龙头企业国际化拓展，支持建设面向全球的资源、市场、人才配置和生产服务体系，不断开拓国际市场。引导龙头企业主动围绕产业导向、市场需求和企业战略，策划实施增资扩产项目，持续扩大产能。

加强龙头企业引进培育。深入梳理产业龙头企业招商目录，有针对性地梳理跟踪产业龙头企业信息，挖掘投资意向，整合资源、精准对接、集中攻关，着力引进一批产业龙头重点项目。培育形成新的本土龙头企业。

强化龙头企业引领带动。推动龙头企业持续增强上下游产业链协同，带动中小企业发展，提升经济发展活力。突出龙头企业作为产业集群主引擎的作用，提升集群化发展水平，打造龙头引领、关联配套、专业分工、协作发展、社会化服务的产业集群格局。

（撰稿：福建社会科学院　黄继炜）

2023年福建省服务业稳韧有进

2023年，全省各级各部门坚持以习近平新时代中国特色社会主义思想为指导，认真贯彻落实省委、省政府工作部署，深入实施“深学争优、敢为争先、实干争效”行动，服务业新产业、新模式、新动能潜力释放，助推服务业加快恢复，总量规模不断壮大。

一、以进固稳，服务业稳中有进发展韧性显现

（一）服务业量速齐增，支撑贡献持续加强

初步核算，2023年全省服务业增加值27171.01亿元，比上年增长5.2%，增幅比GDP和第二产业分别高0.7和1.5个百分点；两年平均增长4.6%，比全国高0.9个百分点。服务业增加值占GDP比重为50.0%，比上年提高3.0个百分点；对GDP增长的贡献率为56.2%，拉动GDP增长2.5个百分点，分别比第二产业高18.1和0.8个百分点。

（二）规上服务业稳中有进，主要指标增长快于全国

2023年，全省7381家规上服务业企业实现营业收入8943.08亿元，比上年增长10.9%，比全国（8.3%）高2.6个百分点。其中，重点行业实现营业收入5664.56亿元，增长13.5%，比全国（7.4%）高6.1个百分点。2023年，全省规上服务业企业应付职工薪酬198.64亿元，增长8.1%，比全国（4.4%）高3.7个百分点；研发费用163.13亿元，增长4.6%，比全国（4.3%）高0.3个百分点。12月末，资产总计2.74万亿元，增长7.1%，比全国（5.8%）高1.3个百分点。

（三）服务业投资结构优化，助推服务业提质增效

2023年，全省高技术服务业固定资产投资（以下简称“投资”）比上年增长10.6%，增幅比服务业投资高13.1个百分点，比上年提高14.1个百分点。生产性服务业投资加快增长，为加快形成新质生产力创造条件。信息传输、软件和信息技术服务业投资增长9.8%，比上年提高2.3个百分点；科学研究和技术服务业投资增长7.0%，比上年提高25.4个百分点；全省交通重大工程建设扎实推进，基础设施建设提质扩容，交通领域完成投资1533.77亿元，综合运输服务保障水平持续提升。民生需求保障项目稳步推进，优质高效民生服务体系加快构建。卫生和社会工作投资增长2.8%，比全国高6.6个百分点，比上年提高4.1个百分点；居民服务业投资增长41.1%，比全国高25.3个百分点，比上年提高33.9个百分点；公共管理、社会保障和社会组织投资增长27.5%，比全国高64.5个百分点，比上年提高25.0个百分点。

二、创新驱动，新动能担纲中坚助推高质量发展

（一）消费结构转型升级，消费潜力持续释放

2023年，全省实现社会消费品零售总额22109.57亿元，比上年增长5.0%。网络销售市场持续向好，引领消费市场加快恢复，全省实现电商交易额15967.31亿元，居全国第8位；比上年增长9.7%，增幅比上年提高4.5个百分点。消费结构转型升级，增长动力向绿色化、高端化、智能化方向转换升级，全省限额以上单位新能源汽车零售额增长28.0%，占全部汽车类商品比重为19.7%，比上年提高7.0个百分点；全省限额以上单位可穿戴智能设备零售额增长15.5%，智能家用电器和音像器材增长17.9%，智能手机增长20.5%，均实现两位数增长。

（二）客货流动明显增强，交通运输业加快恢复

2023年，全省交通运输、仓储和邮政业实现增加值2238.42亿元，比上年增长7.9%，占GDP比重为4.1%，对GDP增长贡献率为6.4%。全省完成货物发送量17.88亿吨，增长5.7%；货物周转量12235.42亿吨公里，增长7.9%。沿海港口货物吞吐量7.49亿吨，增长4.9%。全省实现邮政业务总量592.82亿元，增长15.3%；全省快递业务量49.87亿件，增长17.0%；快递业务收入388.67亿元，增长9.5%。福厦高铁时空效应有效发挥，客运量持续复苏，全省铁路客运量增长95.5%；泉州至金门“小三通”客运航线恢复通航，水路客运量增长102.5%；旅游热助推航空客运加快恢复，航空客运量增长104.2%。

（三）数字经济加速蓄能，信息服务业稳步提升

2023年，全省数字经济基础设施不断夯实，数字核心产业竞争力有效提升，数字经济与实体经济融合纵深推进。全省新建5G基站3万个，累计建成5G基站10.2万个，所有乡镇和93%以上的行政村实现5G覆盖，福州国家级互联网骨干节点双向宽带扩容至2000G，厦门国际互联网数据专用通道开通运营。全省实现电信业务总量537.92亿元，增长11.3%；电信业务收入526.32亿元，增长4.5%。依托数字基础设施体系更加完善，创新能力持续提高。2023年，信息传输、软件和信息技术服务业实现增加值1542.01亿元，比上年增长10.0%，两年平均增长8.9%，占GDP比重2.8%，对GDP增长贡献率为6.6%。规模以上信息传输、软件和信息技术服务业实现营业收入2193.22亿元，增长14.5%，比全国（12.0）高2.5个百分点。其中，互联网和相关服务业营业收入增长52.1%，比全国高36.5个百分点。

（四）金融“活水”持续释放，聚力服务实体经济

2023年，全省金融业实现增加值4355.89亿元，比上年增长7.4%，比全国高0.6个百分点，占GDP比重为8.0%，对GDP增长贡献率为12.6%。2023年末，全省金融机构本外币各项存款余额8.10万亿元，增长11.1%；本外币各项贷款余额8.24万亿元，增长8.2%。金融市场创新不断推进，市场效率不断提高，全省企业实现境内资本市场直接融资6225.69亿元，为2018年1.44倍。金融服务实体质效不断提升，推动设立“福建省企业上市服务云平台”在全国首创上市辅导员制度，全省共有境内外上市公司277家，境内上市公司总市值2.85万亿元，居全国第7位；建设“金服云”平台，注册用户达39万户，累计解决融资需求3209.47亿元。金融支持民营经济持续发力，不断推动民营企业融资面扩量增，发放8期中小微企业纾困增产增效贷款共800亿元；设立三期共300亿元规模的中小微企业提质增产争效专项资金贷款，惠及企业超2万户；组建总规模150亿元的省民营经济新动能基金；全省中小微企业（含个人经营性）贷款余额增长12.7%，高于本外币各项贷款余额4.5个百分点。

（五）平台经济作用凸显，商务服务业高位增长

2023年，全省租赁和商务服务业实现增加值2245.13亿元，比上年增长13.6%，增幅比全国（9.3%）高4.3个百分点，增加值占全省GDP的比重为4.1%，比上年提高0.3个百分点。规模以上商务服务业在互联网广告企业及灵活用工人力资源平台企业等互联网新业态助推下高速增长，实现营业收入2722.64亿元，增长20.8%，比全国（12.3%）高8.5个百分点，对规上服务业营业收入增长贡献率为26.2%。厦门今日头条信息技术、福建巨量引擎、福建今日头条互联网等抖音集团旗下互联网广告企业依托短视频广告高转化率倍受广告主青睐，成为拉动我省商务服务业增长的主要引擎，我省规上互联网广告服务业实现营业收入893.52亿元，增长27.0%。厦门方胜众合、福建捷仕达、灵才（福州）网络科技等人力资源企业搭建灵活用工平台，以零工小市场激活就业大民生，带动我省规上人力资源服务实现营业收入1179.89亿元，增长18.3%。

（六）文化搭台催热旅游业，文旅产业复苏升温

2023年，我省统筹谋划全力打造世界知名旅游目的地“11537”思路和布局，做好八闽文化保护、传承、传播、发展“四篇文章”。全省接待国内旅游人数5.72亿人次，比上年增长45.9%，恢复到2019年的111.9%；实现旅游总收入6981亿

元，比上年增长61.3%，恢复到2019年的91.6%。文旅产业链条持续做强做优，优质文旅产品亮点纷呈，丰富多元体验。“清新福建·共享非遗嗨一夏”主题活动入选全国“2023非遗与旅游融合特色活动典型案例”。认定建设非遗工坊218家，七匹狼工业园等3家工业园区入选国家工业旅游示范基地，漳州古城等4个街区成功创建国家级旅游休闲街区，新评定10个4A级景区、44家省级文化产业示范基地，培育“金牌旅游村”和“全域生态旅游小镇”52个。“畅游八闽”APP实现平台用户总量突破150万人，文旅商户入驻超千家，文化产业链韧性持续增强。

三、存在问题值得关注

（一）民营企业营收偏低，行业领军企业缺乏

2023年，全省规上民营服务业企业共6002家，占规上服务业企业数的81.3%；实现营收5630.98亿元，占规上服务业企业营收的63.0%，营收占比比企业数占比低18.3个百分点；企业户均营收仅为0.94亿元，比全省户均营收1.21亿元低22.3%。从竞争力看，我省缺乏具有核心竞争力的行业领军企业。据全国工商联2023中国服务业民营企业100强榜单，北京、上海、江苏、浙江分别上榜17家、6家、10家、15家，上榜企业中不乏从事互联网及软件相关行业，而我省仅永辉超市、一柏集团2家批零企业上榜，且上榜名次靠后，分别为第30名和第92名。

（二）服务业投资呈负增长，持续发展后劲不足

2023年，全省服务业投资比上年下降2.5%，比全社会投资低5.0个百分点，自2017年以来服务业投资增幅持续低于全社会投资。其中，房地产业投资下降11.5%，教育投资下降6.3%，批发和零售业投资下降4.7%。受外部不确定因素增多、有效需求不足、成本费用上涨等影响，服务业企业预期投资信心偏弱，2023年四季度规上服务业生产景气调查显示，2024年一季度固定资产投资计划比本季度减少的企业占10.2%，比三季度高0.9个百分点。市场竞争加剧、账款资金回笼慢等不利因素也一定程度影响后续投资积极性，44.1%的企业表示本季度企业生产经营面临的突出问题是市场竞争激烈，72.2%企业表示本季度资金紧张的主要原因为应收账款回笼慢。

（三）服务业吸纳就业能力减弱，企业用工成本高

2023年，全省规上服务业期末用工人数125.26万人，同比下降0.9%，自7月起连续6个月负增长。四季度规上服务业景气调查显示，10.2%的企业表示本季度用工需求低于上个季度，比用工需求上升企业高3.3个百分点。企业用工需求下降，而企业用工成本却上涨。2023年，全省规上服务业企业应付职工薪酬198.64亿元，增长8.1%，比全国高3.7个百分点。四季度规上服务业景气调查显示，23.7%企业表示本季度企业生产经营面临的突出问题为用工成本上升较快。一是劳动力市场竞争、员工期望薪酬增长等影响企业用工成本上升，69.3%企业表示求职者对薪酬期望过高。二是养老保险金及社保基数上涨导致企业用工成本负担加重，南平市某劳动密集型服务业企业表示2022年单位为个人缴纳最低养老保险金为341.44元，2023年上调为412元，2024年上涨至528元，上涨幅度持续增加，负担增大。

四、发展建议

（一）持续优化营商环境，深化产业升级

一是降低经营主体交易成本。持续优化“一张网、一朵云、三大一体化平台、一个综合门户”的“1131”数字政府体系，降低民营服务业经营主体成本。二是利用政策优势，深化产业升级。落实落细稳财税奖补、投资便利、金融支持、人才服务等一揽子政策，助推生产性服务业提质扩面，生活性服务业做大做优。三是助力企业降本增效，夯实创新根基。从交通、通讯、供电、高品质产业园区建设提升等方面持续加强营商环境硬实力，助力企业降本增效，增强企业发展内生动力。

（二）持续优化投资环境，激发投资活力

一是发挥好政府资金引导带动作用。加强投贷联动、债贷联动，鼓励银行保险机构加大对服务业领域重大项目建设支持力度。二是增强服务业重点领域谋划筹备。围绕科技创新产业、战略新兴产业、未来网络产业等新质生产力核心要素产业，瞄准辐射带动强、科技含量高、投资规模大、市场前景好的重点项目招商攻坚。三是聚焦

新赛道，创新民营企业商业流通模式。支持民营企业参与县域商业体系建设，在农贸市场升级改造、商贸流通企业冷链物流设施建设和升级改造等项目中发挥更大作用。

（三）持续优化人才政策，强化服务保障

深入实施新时代人才强省战略，促进人才链与创新链、产业链深度融合。一是聚焦产业，精细育才。聚焦围绕信息服务、人工智能等战略性新兴产业，养老、托育、家政等生活服务业，通过实习实训、订单委托培养，构建产教供需对接体系，推动校企联合培养工程。二是招才引智，精准引才。推进福厦等地高水平引才聚才平台建设，落实落细第八批省引进人才“百人计划”、卓越工程师培养等人才项目，为产业转型升级提供有力人才保障。三是减负稳岗，精心用才。用好用足财政支持、税费政策，进一步释放政策红利，完善人才使用、评价、激励等机制，落实落细“降、贷、返、补、提”等一揽子稳岗补助补贴，助力企业拓岗稳工促发展。

（撰稿：福建省统计局　吴渝）

福建利用外资发展态势与前景预测

利用外资是我国对外开放的基本国策，是推进制度型开放的重要内容。2023 年以来，我省努力克服经济发展环境的不利影响，出台鼓励外企加快到资、强化招优引强、科学精准招商、实施正向激励等一系列政策措施，确保外商投资企业享受要素获取、资质许可、经营运行、知识产权保护、标准制定、招标投标、政府采购等方面平等待遇，加强与境外商协会、跨国公司、全球行业龙头企业、台湾百大企业等交流对接，有效落实“促增资扩产能”“引侨资聚侨力”等行动，全力打造引资大省，实际使用外资出现止跌回升势头。

一、福建利用外资的总体情况

我省积极扩大对外开放，强化利用外资政策落实，利用外资呈现以下特点。

1. 实际到资止跌回升。2023 年以来，我省积极释放吸引和利用外资政策预期，各地相继开展“项目攻坚增效年”“项目奋斗年”“项目提升年”等系列行动，召开“9·8”投洽会、世界航海装备大会等大型会议，全省利用外资结构继续优化，实际使用外资逐步扭转下滑势头，经济运行呈现向好态势。1—2 月，全省新设外商投资企业 282 家，实际使用外资额 8.3 亿美元，同比增长 7.4%。一季度，全省实际使用外资额 12.4 亿美元，同比下降 31%。上半年，全省实际使用外资额 32 亿美元，同比增长 4.7%。前三季度，全省实际使用外资额 37.1 亿美元，同比下降 17.3%。按实际使用外资额看，厦门居首位（15.75 亿美元，占 42.45%），福州次之（7.96 亿美元，占 21.46%），泉州第三（7.16 亿美元，占 19.3%），其他依次为漳州（3.95 亿美元，占 10.65%）、南平（1—8 月，4110 万美元）、三明（3420 万美元）、莆田（2374 万美元）、龙岩（336 万美元）。按实际使用外资增长率看，南平、龙岩和漳州同比分别增长 194.8%、84.8%和 8.8%，厦门、福州、泉州、三明、莆田分别负增长 0.9%、21.1%、14.7%、47.3%和 75.8%，呈现出“两级化”发展态势。

2. 外资投向集中度高。受地缘因素、产业聚集和经济发展水平等因素影响，我省外资来源、行业分布和区域聚集度高、相关性强。从投资来源看，我省利用外资以港澳台地区为主，前三季度实际使用外资额 22.52 亿美元，占全省实际使用外资总额的 60.7%，较上年同期降幅较大，其中香港（20.17 亿美元）、澳门（457 万美元）、台湾地区（1.91 亿美元），分别下降 34.2%、93.1%和 5.3%。从投资行业看，我省利用外资以二、三次产业为主，一产、二产占比提高。一季度，第一产业实际使用外资同比下降 37.6%，第二产业实际使用外资下降 37.6%，第三产业实际使用外资下降 28.2%。前三季度，第一产业实际使用外资额 16940 万美元，同比增长 513.8%，第二产业实际使用外资额 183535 万美元，增长 10.6%，第三产业实际使用外资额 170499 万美元，下降 39.1%。从投资区域看，我省实际利用外资集中在东部沿海地区。前三季度，厦门、福州、泉州和漳州实际使用外资额累计达 34.82 亿美元，占同期全省实际使用外资总额的 95%以上，其他地区实际使用外资额很小，如莆田、龙岩、南平、平潭等不足 5000 万美元，龙岩为 336 万美元，仅为同期厦门、福州、泉州、漳州实际使用外资额的 0.21%、0.42%、0.47%和 0，85%。

3. 外资拉动作用减弱。长三角经济一体化，粤港澳大湾区产业集群发展，规模经济效应增强，对外资区域流动、选择偏好和产业布局产生了积极影响，已形成较强的“极化”功能与“虹吸”效应，我省吸引外资面临较强竞争，世界500强、重点侨资企业、台湾百大企业在我省投资数额仍然较少。与此同时，随着营商环境改善，民营经济崛起，固定资产投资增加，区域比较优势提高，尤其是近年来我省实际使用外资总量徘徊不前，今年实际使用外资增速低于全国平均水平，外资对经济增长作用下降，拉动进出口贸易增长动能减弱。1—7月，我省（含厦门）外商投资企业进出口总额累计480.3亿美元，占同期全国外资企业进出口总额的4.62%，其中进口额占5.17%、出口额占3.97%。与2022年同期相比，我省（不含厦门）外商投资企业进出口总值下降22.4%，其中进口额下降26.6%，出口额下降15.2%，降幅比全国同期分别高出7.1个、11.1个和0.01个百分点。

二、福建加强利用外资的政策措施

为发挥外商投资效应，促进经济高质量发展，我省加快出台一系列鼓励外资的政策措施，促进外资扩增量稳存量提质量，更好地服务新发展阶段新福建建设。

1. 明确利用外资的重点领域。鼓励外资重点投向电子信息、高端装备制造、石油化工等先进制造业，新材料、新能源、生物医药、节能环保、海洋高新等新兴产业，研发设计、现代物流、电子商务、科技信息等生产性服务业。鼓励各地各部门给予外商投资企业利润再投资与新增外资同样的配套支持政策，支持符合条件的外资企业同等享受生物医药、石化、锂电新能源、氢能等产业政策，鼓励外商投资企业境内再投资制造业领域。积极对接RCEP、CPTTP等多边经贸合作协定，鼓励各地用好数字中国建设峰会、中国国际投资贸易洽谈会、海丝博览会暨海交会等重点招商引资平台，积极开展跨国公司福建行，并视情组织赴境外开展招商引资，通过引进更多的延链、补链、强链、筑链的外资大项目，助力我省做大做强“四大经济”，促进经济高质量发展。

2. 强化外商投资的要素保障。重点降低外商投资企业融资成本，支持制造业外商投资企业进出口，支持外商投资创新发展和绿色低碳升级，对符合条件的外资研发中心可按规定享受支持科技创新进口税收政策，符合条件的外商投资企业可享受研发费用加计扣除、高新技术企业所得税减免、企业研发费用分段补助等创新优惠政策。提高外资到资奖励力度，对新设制造业外资项目实际到资1000万美元及以上部分，支持比例由原来1.5%提高至2%，最高奖励1000万元。首次将银行、保险、证券等金融类外商投资企业纳入支持范围，对新设（含增资）外商投资项目（不含房地产业）实际到资达500万美元及以上（三明、南平、龙岩、宁德300万美元及以上）部分，支持比例由原来1%提高至1.5%，最高奖励1000万元。

3. 全力打造对外开放高地。出台《福建省优化营商环境条例》等政策举措，将优化营商环境工作纳入法治化规范化轨道，推动有效市场和有为政府更好结合，支持全省开发区优化升级，完善各类创新要素向产业和企业集聚机制，健全现代产业发展促进机制，充分激发市场主体活力，促进全省招商引资一体发展。实施自贸试验区重点平台提升行动，加快推进中印尼、中菲“两国双园”建设，强化外资项目储备，促进“陆丝”与“海丝”无缝衔接，“丝路海运”通达国家和地区达31个、108座港口，“中欧班列”开通城市6个，“丝路贸易”、“丝路投资”、“丝路电商”建设取得新成效。拓展对外开放广度和深度，实施高质量“引进来”与高水平“走出去”政策，积极引进“一带一路”沿线国家和地区资金，加快推进一批外资大项目落地。

总体上看，随着优惠外资政策加快落地，有效化解外商投资遇到的困难和问题，增加外商在我省的投资信心，有利于我省实现外资总量稳定、结构优化、质量效益提升，促进利用外资再上新台阶。

三、福建利用外资的前景预测

2023年政府工作报告指出：制造业领域基本全面放开，金融等服务业开放水平不断提升。在第三届“一带一路”国际合作高峰论坛开幕式上，习近平总书记宣布中国支持高质量共建“一带一路”的八项行动，中方将创建“丝路电商”合作先行区，同更多国家商签自由贸易协定、投资保护协定；深入推进跨境服务贸易和投资高水平开放，扩大数字产品等市场准入，全面取消制造业领域外资准入限制措施。根据中国贸促会最新发布的《2023年第三季度中国外资营商环境调研报告》，八成受访外资企业预期本年度利润持平或有所提高，近九成预期未来五年利润持平或有所提高。外资调高中国经济增速预期，看好中国经济增长前景，将对我省吸引外资增添新活力。

1. 从国际环境看，外资流向具有不确定性。一是全球经济增速下降。近年来，受俄乌冲突、巴以问题等地缘政治影响，局部区域动荡加剧，加之通货膨胀、居民购买力不足，引发全球政治格局发生变化，主要表现为发达国家经济增长乏力，新兴经济体经济增速回落，全球贸易规模有所萎缩，经济下行压力加大，导致投资者信心不足，国际资本流量下降，使得我省利用外资将受到影响。二是中美经济摩擦影响。近年来，中美经济摩擦领域扩大，为遏制中国发展，美国精准实施“小院高墙”政策，通过近岸外包、友岸外包等途径，在美国盟友和伙伴之间重新构造新的生产网络，将中国排除出美国主导的国际经济秩序。美国强化对高科技、知识产权保护，我国企业相建被列入“实体清单”、出口管制清单，中美经济“脱钩”和“去风险”加大，不确定性、不稳定性增加，部分外资向外转移或观望态度，使得我省利用外资环境更加严峻复杂。三是多边自贸协定排他性。近年来，RCEP、CPTTP等多边自由贸易协定相建落地实施，通过削减关税及非关税壁垒，建立统一市场，以密切经济合作关系，提高区域经济一体化程度。与此同时，区域自由贸易协定具有的局限性和排他性，将一定程度强化投资贸易盟友化和意识形态化，不利于全球要素资源自由流动，有可能限制域内资本向域外流动，也使我省利用外资多样化格局将受到影响。

2. 从国内环境看，利用外资有利因素聚集。一是制度型开放有序推进。国务院出台《关于在有条件的自由贸易试验区和自由贸易港试点对接国际高标准推进制度型开放的若干措施》，明确在上海、广东、天津、福建、北京自贸区和海南自贸港，外资金融机构业务准入享“国民待遇”，除特定新金融服务外，允许试点地区内的外资金融机构与中资金融机构开展同类服务。建立健全合格境外有限合伙人外汇管理便利化制度，提升投资经营便利化水平，为外商投资企业的外籍高管、技术人员本人及家属提供入出境、停居留便利。二是缩减市场准入负面清单。据商务部统计，在最新版全国外资负面清单、自贸区外资负面清单中，负面清单条款70%以上集中在服务业领域。下一阶段将以电信、金融、商务服务、医疗、文娱等服务领域为主，重点开展全国推行+地方试点的服务业清单缩减。国务院出台的《关于进一步优化外商投资环境加大吸引外商投资力度的意见》，明确鼓励外资重点领域，加大服务业扩大开放综合试点示范先行先试力度，鼓励外商投资企业及其设立的研发中心承担重大科研攻关项目等。三是放宽外资战略投资限制。我国稳步扩大规则、规制、管理、标准等制度型开放，大幅降低投资门槛，放宽对外国投资者的要求，允许外国自然人投资，并降低投资者的资产总额要求；大幅缩短持股锁定期，降低最低持股比例要求。丰富投资模式，在定向发行、协议转让和现金收购模式的基础上，增加要约收购和跨境换股模式。修订《外国投资者对上市公司战略投资管理办法》，进一步放宽外国投资者对上市公司战略投资限制。四是加大外商投资引导力度。加快推进生物医药、电信、金融业务开放，积极引导外资更多投向先进制造业、现代服务业、高新技术、节能环保等领域。近期商务部、科技部出台《关于进一步鼓励外商投资设立研发中心若干措施的通知》，明确支持外资在华设立研发中心，支持各地区在法定权限范围内对符合鼓励外商投资产业目录规定的外商投资企业实施配套奖励措施。五是强化外商投资促进和服务保障。建立健全外商投资企业圆桌会议制度，支持先进制造等领域外商投资企业与职业院校、职业培训机构开展职业教育和培训，支持外商投资企业在我国创新研发全球领先产品，支持外商投资企业以所募的境外人民币直接开展境内相关投资。

从省内看，利用外资环境有效改善。一是经济转型成效较好。前三季度，全省改建和技术改造投资增长10.9%，占全省投资比重的11.2%。全省规模以上装备制造业增加值增长3.3%，拉动规上工业增加值增长0.9个百分点。1—8月，全省规上软件和信息技术服务业、租赁和商务服务业营业收入比增9.1%、18.8%。二是发展动能韧性较足。前三季度，全省新能源汽车、太阳能电池（光伏电池）、碳纤维及其复合材料产量比增28.5%、41.3%和95.0%，可穿戴智能设备类、智能家用电器和音像器材类和智能手机商品零售额分别增长20.9%，17.2%和22.2%。三是有效投资增长较快。前三季度，全省制造业投资比增14.3%，占全省投资比重30.7%，31个制造业行业大类有23个行业投资同比增长。基础设施投资增长7.4%，对全省投资增长贡献率为59.1%。计划总投资亿元及以上大项目（不含房地产开发）投资比增14.4%，占全省投资56.7%。四是要素供应保障较强。9月末，全省金融机构本外币各项存款余额79658.57亿元，比增10.6%；本外币各项贷款余额81352.64亿元，增长8.3%。前三季度，全社会发电量比增5.8%，其中工业用电增长4.7%。货运量130249.42万吨，增长4.6%。五是市场主体活力较高。9月末，全省“四上”企业共67839家、增长7.7%。前三季度，全省规上民营工业增加值比增3.4%，占规上工业增加值比重60.7%。全省餐饮收入比增9.9%，1—8月全省规上文化、体育和娱乐业、旅行社及相关服务营业收入分别增长11.9%、92.7%，经济转型发展和持续向好趋势进一步巩固。

综上所述，我省利用外资面临的发展环境喜忧参半，逐步向好趋势增强。要强化利用外资紧迫感，全面扩大制度型开放，优化营商环境，提升载体功能，拓宽外资渠道，坚持创新驱动，保障要素供给，有效降低制度性成本，加快引进一批技术含量、附加值高的外资企业，不断优化产业结构，提升经济发展质量。

一是优化营商环境，扩大外资增量。深化“放管服”改革，全面简化《外商投资产业指导目录》，加快落实外资准入负面清单管理制度，积极实施企业境外所得抵免、境外投资者以境内利润直接投资以及技术先进型服务企业税收减免政策，有效保护外商投资合法权益，持续降低外资企业经营成本，促进招商引资从低成本招商向营商环境招商转变，深度释放外资政策红利，进一步提高利用外资质量。创新招商引资方式，围绕“四大经济”，聚焦关键环节、强化项目策划和产业链招商，统筹用好“9·8”投洽会、数字中国建设峰会等重大招商引资平台，积极对接境外投资促进机构和跨国公司，扩大外资增量，提升招商引资实效。

二是拓宽外资渠道，稳定外资存量。对标国际先进投资和贸易规则，有效衔接RCEP、CPTPP，以先进制造业、战略性新兴产业和现代服务业为核心，鼓励通过并购重组、购买资产、增资扩股和股权投资等途径，积极吸引发达国家、“一带一路”沿线国家和地区投资，不断拓宽利用外资空间。按照“产业链图谱”，瞄准世界500强企业、境外重点侨商企业和台湾百大企业，建立健全外资重点项目库和企业库，编制发布外商投资指引，促进市、区县联动开展“链长制”招商、“靶向”招商，常态化“云招商”，利用优势企业资本、技术、品牌和市场优势，加快延伸产业链供应链，提高要素资源的配置效率。

三是坚持创新驱动，提升外资质量。坚持引资引智引才相结合，加快引进关键技术、先进经验、高端人才和新产业新业态，鼓励外资参与国有企业混合所有制改革，促进利用外资由规模型向技术型、效益型转变，从低端制造向中高端制造转型，加快引进一批专精特新的“小巨人”、“独角兽”和行业龙头企业，鼓励外资企业设立研发机构、技术中心和区域总部，增强技术溢出效应，促进经济增长动能转换。完善外商投资考核评价机制，建立健全外商投资企业“一站式”服务窗口，提升引资引智引才市场化和服务专业化水平，充分释放外资政策效应，进一步提升外资对产业发展和经济转型升级的重要作用。

四是提升载体功能，增强外资效应。围绕完善产业链、提升价值链、壮大供应链，以自贸试验区、高新区、开发区、台商投资区和福厦泉自主创新示范区为载体，充分发挥叠加政策效应，有效推进政策、资金、项目、人才、平台和服务要素集中，进一步培育和提升各类载体平台集聚功能，形成规模溢出效应。对标国际先进投资和贸易规则，加大政策赋能，实施差别化引资政策，积极引导外资企业投资先进制造业、高新技术产业和现代服务业，积极构建产业投资梯度转移方式，促进招商引资向多元化发展，鼓励外资项目加快落地，有效带动欠发达地区、山区县市和老少边穷地区发展，促进产业转型升级。

五是保障要素供给，优化外资布局。充分发挥沿海发达地区比较优势，加快商品要素流动型开放向制度型开放转变，推动项目跟着规划走、要素跟着项目走，推进外商投资由企业集聚向产业集聚转变，积极培育经济新增长点，加快建设高质量外资集聚地。聚焦产业链、供应链、价值链、创新链，以闽江口、厦门湾和泉州湾为中心，依托湾区经济发展优势，积极吸引外资投向先进制造业、战略性新兴产业和现代服务业，培育壮大新一代信息技术产业、高端装备制造产业、新材料产业、生物产业、新能源汽车产业、新能源产业、节能环保产业，通过产业梯度转移，提升资源配置效率，促进区域协调发展。

（撰稿：福建社会科学院研究员　李鸿阶）

2023年福建省固定资产投资运行情况分析

2023年，全省各地各部门认真贯彻落实党中央、国务院决策部署和省委、省政府工作要求，深入实施“深学争优、敢为争先、实干争效”行动，扎实推进项目建设，全省固定资产投资（以下简称“投资”）保持平稳运行，投资新活力不断涌现，结构不断优化。

一、全省投资平稳增长

2023年，全省投资比上年增长2.5%，居全国第16位，东部地区第7位。其中，项目投资增长9.4%，房地产开发投资下降12.7%。

分三次产业看，第一产业投资基础不断巩固，比上年增长9.7%，增幅比全国平均水平高9.8个百分点；第二产业投资贡献显著，增长12.0%，拉动全省投资增长4.0个百分点；第三产业投资下降2.5%。三次产业投资结构由上年同期的1.3∶33.1∶65.6调整为1.4∶36.2∶62.4。（详见表1）

表1 三次产业投资结构情况表

分类	全省增幅（%）	全国增幅（%）	占全省投资比重（%）	拉动全省投资增长（百分点）
固定资产投资	2.5	3.0	100.0	—
其中：				
第一产业	9.7	-0.1	1.4	0.1
第二产业	12.0	9.0	36.2	4.0
第三产业	-2.5	0.4	62.4	-1.6

分投资构成看，建筑安装工程投资增长2.6%，增幅比全国平均水平高0.5个百分点，占全省投资的65.9%，是全省投资的主要支撑；设备工器具购置费增长2.6%；其他费用增长2.1%。

分九市一区看，八成地区投资实现增长，其中福州增长3.2%，厦门增长0.5%，莆田增长1.6%，三明增长2.8%，泉州增长11.5%，漳州增长8.1%，南平增长2.7%，平潭综合实验区增长3.8%。宁德（-22.5%）、龙岩（-3.7%）投资负增长，合计拉低全省投资增幅1.5个百分点。（详见图1）

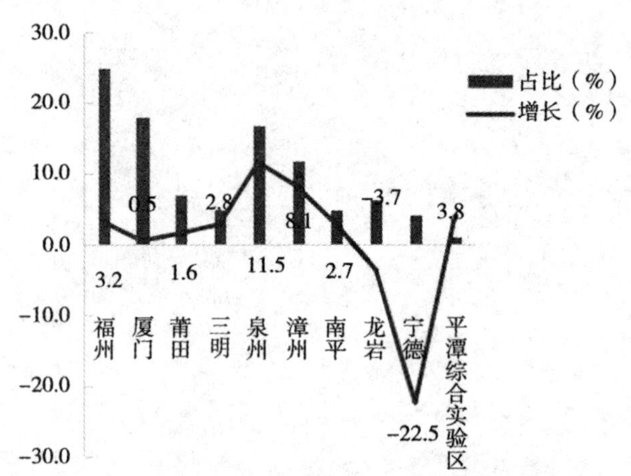

图1 2023年设区市投资占比和增长情况

二、服务高质量发展有力有效

（一）工业投资蹄疾步稳

全省坚持优先发展实体经济，补齐产业链供应链短板，培育高质量发展强劲驱动力，工业投资规模不断壮大。2023年，全省工业投资比上年增长12.3%，占全部投资的36.2%，拉动全部投资增长4.1个百分点。工业亿元及以上项目投资增长17.1%，占全部工业投资的78.9%，工业大项目支撑作用显著，工业投资不断提速增效。其中，制造业投资增长11.6%，全省制造业强基工程持续深入，31个行业大类中24个行业投资实现增长，行业增长面达77.4%。在福鼎时代锂离子电池生产基地、宁德时代湖西锂离子电池扩建、厦门时代新能源电池产业基地等项目的带动下，储能“新赛道”加速发力，全省已形成以宁德、厦门为重点区域的锂电产业集群。

（二）新动能投资成效显著

全省投资注重挖掘存量和技术革新并重，有效实现内涵式增长，改建和技术改造投资比上年增长9.2%，增幅比全省投资高6.7个百分点。其中，工业改建和技术改造投资增长9.7%，高技术制造业改建和技术改造投资增长12.7%，技术改造投入持续加大。一批存量企业通过技术改造，向数字化、自动化、智能化、信息化方向转型，全省不仅培育了一批诸如九牧卫浴、中海创等数字化转型的企业平台，还诞生了宁德时代、京东方等权威认定的全球“灯塔工厂”。

（三）民间项目投资规模持续扩大

全省实施培优扶强行动，不断壮大经济主体，投资内生动力得到增强，2023年，全省民间项目投资（不含民间房地产开发投资）比上年增长9.4%，增幅比全省投资高6.9个百分点，比全国平均水平高0.2个百分点，拉动全省投资增长3.0个百分点。民间投资不断扩大，推动民营经济持续发力，民营经济贡献了全省近70%的地区生产总值，大批优秀民营企业不断涌现，获中国工业大奖的宁德时代动力电池出货量连续7年全球第一，福耀汽车玻璃市场占有率达34%、长期保持全球第一，安踏入选全球十大最具价值运动服饰品牌。

（四）科技创新能力不断提升

全省坚持以科技之强提升创新之效，科学研究投入持续加大，科技创新提速加力，创新型省份建设步伐稳步向前。2023年，全省研究和试验发展投资比上年增长10.5%，比全省投资增幅高8.0个百分点，新增国家级科技企业孵化器4家、专精特新“小巨人”企业42家。新增中国专利奖15项，新设省级高新区2个，实现设区市全覆盖。国家高新技术企业超1.2万家、增长35%。知识产权强省加快建设，15项专利获第二十四届中国专利奖。

三、民生保障迈上新台阶

（一）基础设施投资潜力有序释放

全省聚焦基础设施建设，以重大项目为抓手，基础设施建设日臻完善。2023年全省基础设施投资比上年增长5.7%，对全省投资增长的贡献率达57.2%，拉动全省投资增长1.4个百分点，福州市轨道交通6号线、滨海快线（福州至长乐机场城际铁路工程）、漳州能源核电一期、厦门新机场等重大项目带动明显。老旧小区改造和城市更新建设全面推进，城市面貌提升进展加快，改造老旧小区38.2万户，新建改造公园绿地1002公顷，累计建成福道8740公里，新增公共停车位3.1万个，新建1140个体育公园等场地设施。全省交通运输业投资增长5.5%，通道枢纽建设持续强化，综合交通设施实现跨越式发展，交通建设精品工程不断涌现，其中平潭海峡公铁大桥获国家优质工程金奖，福厦高铁开通运营，福厦“一小时生活圈”、厦漳泉“半小时交通圈”由愿景变成现实。

（二）民生补短板投入不断加大

全省聚焦补短板保民生，深入落实各项惠民利民政策措施，着力增进民生福祉。2023年，居民服务、修理和其他服务业投资比上年增长41.1%，电力、热力、燃气及水生产和供应业投资增长16.0%。民生财政支出保持稳定增长，全省住房保障支出增长17.1%。社会领域投入加大，新增公办义务教育学位10.7万个，新增医疗机构床位9100张，天津大学福州校区（一期）、福州滨海新城综合医院（一期）、四川大学华西厦门医院、厦门新体育中心等一批项目建成投产。

（三）生态省建设全面强化

全省进一步加大生态建设力度，有效助力国家生态文明试验区和生态省建设，2023年全省生态保护和环境治理业投资比上年增长16.3%，其中，环境治理业投资增长19.3%，生态保护业投资增长8.5%，节能环保力度不断加大。围绕碳达峰、碳中和目标，针对生态环境补短板，全省生态治理力度不断加大，新增5个国家生态文明建设示范区，生态质量指数居全国前列。污染防治攻坚战成效考核连续四年全国优秀，生活垃圾分类工作位列全国第一档。设区城市空气质量达标天数比例98.4%。主要流域优良水质比例99%，近岸海域优良水质比例88.7%。

（四）绿色低碳发展取得新进展

全省坚持绿色发展，能源布局日趋完善，绿

色发展成就斐然。2023年全省能源投资比上年增长16.3%。清洁电力投资增长29.3%，占全部电力生产投资的90.8%，其中太阳能发电投资增长89.1%，水力发电投资增长38.8%，核力发电投资增长36.7%。清洁能源装机容量持续提升，从2022年的4541.19万千瓦提升至2023年的5131.87万千瓦；清洁能源消纳能力稳步提升，清洁能源发电量从2022年的1675.14亿千瓦时提升至2023年的1730.32亿千瓦时。清洁能源新增装机量占全省发电装机增量的96.8%。清洁能用利用率持续提升，为我省绿色发展奠定基石。

（五）数字经济创新发展

伴随数字福建建设浪潮，全省数字经济乘风而上，2023年全省信息传输、软件和信息技术服务业投资比上年增长9.8%，其中软件和信息技术服务业投资增长63.2%，互联网和相关服务业投资增长45.4%。数字技术与各产业融合持续深化，为福建实施数字产业化和产业数字化“双轮驱动”提供有力支撑。福州、泉州、漳州、龙岩、三明、平潭综合实验区6个城市达到千兆城市建设标准，国家新一代人工智能公共算力开放创新平台获批建设。截至2023年12月底，福建累计建成5G基站10.2万个，实现所有乡镇和93%行政村5G网络覆盖，5G用户普及率和5G流量占比分别达54.2%和51.4%，双双突破50%。

四、存在问题值得关注

（一）新增项目支撑乏力

2023年，全省在库项目（不含房地产开发项目）23877个，比上年下降8.4%。其中，本年新增项目11798个，下降25.0%，计划总投资下降18.3%，新增项目本年完成投资下降11.8%，拉低全省投资增幅3.9个百分点。从投资规模看，计划总投资亿元以上新增项目2649个，下降28.2%，计划总投资下降14.4%，本年完成投资下降9.9%；亿元以下新增项目9149个，下降24.0%，计划总投资下降34.2%，本年完成投资下降15.2%。从主要领域看，全省新增工业项目数下降27.5%，计划总投资下降12.3%；新增基础设施项目数下降20.5%，计划总投资下降9.2%，将对后续工业和基础设施投资增长带来隐忧。作为投资增长的新鲜血液，新增项目个量齐降，全省项目投资后续稳增长仍存在压力。

（二）房地产开发持续低位运行

2023年，全省房地产开发投资比上年下降12.7%。按工程用途分，商业营业用房投资下降22.8%，办公楼投资下降21.0%，住宅投资下降14.5%。从投资主体看，民营房企拿地积极性不高、投资意愿下降，占比54.4%的民间房地产开发投资下降34.4%，拉低全省房地产开发投资增幅24.9个百分点。从先行指标看，全省房地产开发项目数下降10.7%，其中本年新增项目数下降27.2%；房屋施工面积下降12.5%，其中新开工面积下降14.7%，房地产市场尚未走出低位运行趋势。房地产开发投资占全省投资的26.6%，调整和修复期将影响全省投资增长能力。

（三）资金压力仍待破解

2023年，全省投资到位资金比上年下降5.8%，降幅比全国平均水平大4.4个百分点。部分房企面临资金流动性紧张甚至资金链断裂风险，房地产开发投资到位资金下降23.3%，其中个人按揭贷款下降39.4%，定金及预收款下降23.1%。民间投资本年到位资金下降17.3%，其中国内贷款下降18.7%。虽然民间投资融资渠道不断拓宽，但是对于民营企业，尤其是中小企业来说，因缺少有效抵押物、信用等级达不到要求、企业盈利偿债能力降低等原因融资困难仍然存在。

五、对策建议

（一）加大项目储备，发挥重大项目牵引作用

紧扣高质量发展，持续释放投资增长潜力。加大招商引资力度，精准聚焦、靶向发力，提高项目谋划质效，促进项目滚动接续，精准扩大有效投资。围绕重点领域谋划项目，为新福建建设蓄势储能。聚焦实体经济投资，围绕产业链关键紧缺环节，强化建链、补链、强链、固链项目储备，积极引进产业链延伸项目、补短板增优势项目以及带动型、效益型、规模型重点企业，持续拓展有效投资空间，优化投资环境，切实提高投资综合效益，为后续发展储备后劲、积蓄力量。

（二）稳定市场信心，促进房地产市场平稳发展

按照中央经济工作会议精神，加大保障性住房建设和供给，积极推动城中村改造和“平急两

用”公共基础设施建设，盘活改造各类闲置房产，助力加快构建房地产发展新模式，促进行业平稳健康发展。一方面加强金融、财政和税收政策优惠，优化调整商品房预售资金监管政策，进一步优化住房公积金贷款支持，刺激需求释放，稳定收入预期，提振购房者信心。另一方面改善房地产金融环境、宽限房企拿地等办法，加强对房地产项目合理融资需求保障，提升企业信心。

（三）强化要素保障，积极提升资金筹措能力

持续加强投资项目跟踪服务和要素保障，强化协同配合，支持重点项目加快前期工作进度，切实解决好项目推进过程中的难点堵点，推动项目早开工、早竣工、早达产，尽早形成实物工作量。加强重大工程项目与财政性建设资金、银行贷款、社会资本匹配，健全政银企项目合作对接长效机制，优先配套支持重点领域和重大项目建设。用足用好专项债券工具，确保预算内资金下达后不闲置、不沉淀，发挥投资乘数放大效应。加强财政资金支持引导，鼓励企业联合体共同投资、建设、运营，引导民间资本通过股权投资、债权投资、合作经营、参与盘活存量资产等方式参与投资，用好用活政策“工具箱”，解决民营企业融资难的问题。

（撰稿：福建省统计局　薛慧贞）

2023年福建省建筑业生产运行情况分析

2023年，全省上下认真贯彻中央和省委经济工作会议精神，坚持稳中求进工作总基调，完整、准确、全面贯彻新发展理念，加快培育市场主体，助力产业结构转型，全省建筑业企业生产规模不断扩大，实现平稳增长。

一、建筑业运行基本情况

（一）建筑业生产规模持续扩大

2023年，全省资质内总承包和专业承包建筑业企业完成总产值比上年增长4.8%，建筑业总产值和竣工产值占全国的比重分别为5.5%和5.0%。从全年走势看，一季度建筑业总产值增速为2.7%，上半年提升至4.6%，前三季度小幅提高至4.9%，全年稳定在4.8%，整体呈平稳增长态势。全年全省建筑业增加值增长5.1%，拉动全省经济增长0.5个百分点，有效发挥经济稳增长作用。

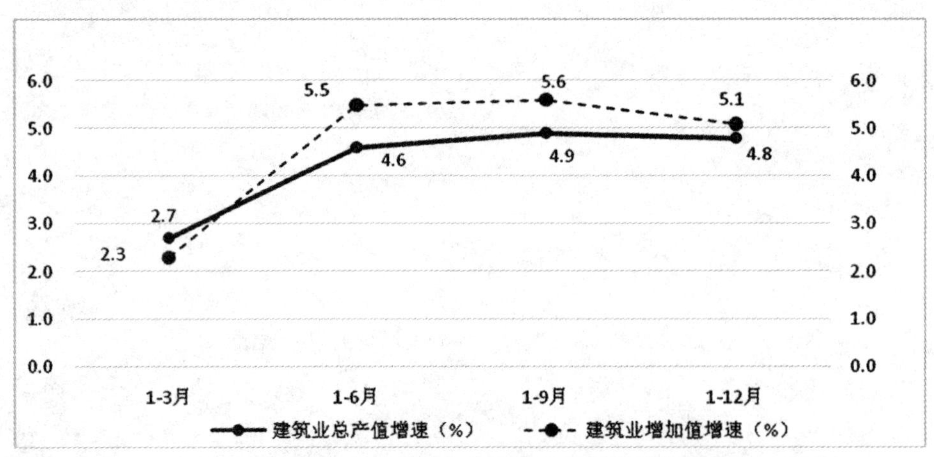

图1　2023年全省建筑业总产值及增加值增长情况

从构成看，建筑工程产值稳步增长，依然占主导地位。2023年，全省建筑工程产值增长4.9%，增幅比建筑业总产值高0.1个百分点，占建筑业总产值的92.5%；安装工程产值增长7.2%，增幅比上年提高6.2个百分点，占比5.8%，比上年提高0.2个百分点；其他产值下降5.2%，占比1.7%。

分行业大类看，房屋建筑业和土木工程建筑业占比高，但增速放缓。2023年房屋建筑业产值增长5.6%，增幅比上年回落2.9个百分点；土木工程建筑业产值增长3.4%，增幅比上年回落6.3个百分点，二者合计占全省建筑业总产值的94.8%，合计影响全省产值增幅比上年回落3.6个百分点。建筑安装业产值增长4.3%；建筑装饰、装修和其他建筑业产值下降1.7%。

（二）市场主体培育成效明显

2023年，全省总承包和专业承包建筑业企业9671家，比上年增长7.1%；有工作量的建筑企业9269家，增长6.6%，占比95.8%。各种类型企业均有所增长，市场发展活力凸显，2023年新增建筑业企业804家，其中新增总承包建筑业企业434家。804家新增企业完成产值357.14亿元，拉动全省建筑业总产值增长 2.2 个百分点。2023 年，全省从事建筑业活动的平均从业人员 537.30 万人，比上年增加 25.43 万人，持续发挥稳就业作用。

（三）国有控股企业实力发展壮大

2023 年，全省共 269 家国有控股建筑业企业，比上年增加 47 家，总产值超过 3500 亿元，比上年增长 13.2%，增幅比全省建筑业总产值高 8.4 个百分点，占全省建筑业总产值的比重由上年的 19.3%提高到 20.7%，拉动全省建筑业总产值增长 2.5 个百分点。5 家产值超 100 亿元的国有控股建筑业企业总产值占全部国有控股建筑业企业总产值的 31.3%，国有控股龙头企业实力增长显著。

（四）龙头企业引领作用更加凸显

大型龙头企业拉动明显，2023 年全省特、一级建筑业企业 1372 家，占全省总承包和专业承包建筑业企业的 14.2%；实现产值占全省建筑业总产值的 71.8%，占比较上年提高 5.4 个百分点；签订合同额占比 73.7%，较上年提高 3.6 个百分点，是支撑建筑业增长的主力军。总产值超 50 亿元的建筑业企业 60 家，比上年增加 1 家，完成产值增长 15.9%。其中，产值超 100 亿元企业有 14 家，比上年增加 1 家。龙头企业持续发挥带动效应，对稳定全省建筑业市场起到了关键作用。

（五）建筑产业转型步伐加快

自《福建省绿色建筑发展条例》正式实施以来，我省不断加大力度推广装配式建筑。2023 年，全省装配式建筑工程产值增长 11.3%，实施装配式建筑工程的企业数增长 19.2%。2023 年全省装配式建筑比例超过 30%，新建绿色建筑 8223 万平方米。我省建筑产业逐步转型发展，为实现“碳达峰”“碳中和”目标和高质量发展助力。

（六）区域集聚特征更加显著

2023 年，全省建筑业产业集中度不断提高，福州市（含平潭）、厦门市、泉州市三市的建筑业总产值占全省建筑业总产值的 72.9%，比上年提高了 2.1 个百分点，三市产值合计对全省建筑业总产值的贡献率为 81.2%，拉动增长 3.9 个百分点。南平市、漳州市、莆田市建筑业总产值分别增长 20.4%、8.7%、7.1%，增幅居全省前三。

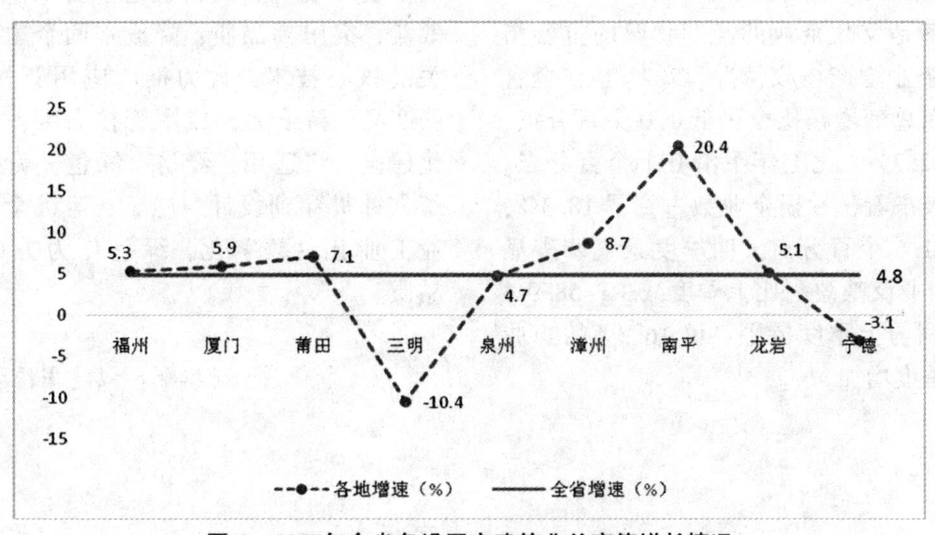

图 2　2023年全省各设区市建筑业总产值增长情况

二、需要关注的问题

（一）受房地产下行影响较深

房屋建筑业是我省建筑业产业的主体。2023 年，我省资质内房屋建筑业企业占全部建筑业企业的 54.5%，全省房屋建筑业产值占建筑业总产值的比重超七成，而从房建市场情况来看，全年房地产开发投资比上年下降 12.7%，降幅比上年扩大了 1.7 个百分点；建筑业企业本年新开工房屋建筑施工面积下降 5.3%。房地产开发投资、新开工房屋建筑施工面积下降，将对全省建筑业总产值的持续增长造成影响。

（二）本年新签合同额低位增长

2023年，全省建筑业企业签订合同额比上年增长2.5%，增幅比上年回落3.2个百分点，比全国低0.3个百分点，其中，本年新签合同额仅增长1.7%，比建筑业总产值增速低3.1个百分点，本年无新签合同的企业有1243家，占全省建筑业企业的12.9%，比重较上年提高了2.6个百分点。合同是企业工程储备后劲的重要衡量指标，签订合同额低位增长，将影响全省建筑业发展。

（三）民营建筑企业产值增速放缓

2023年，民营建筑企业个数占我省全部建筑企业个数的97.0%，提供着78.8%的建筑业产值。民营建筑业企业完成产值仅增长2.4%，增速比全省建筑业总产值低2.4个百分点，比国有控股企业低10.8个百分点；新签合同额比上年下降1.0%，增速比全部建筑企业低2.7个百分点，比国有控股企业低12.3个百分点。目前，大型工程、重点项目中标单位几乎都由央企或国企承揽，民企通常只能作为分包商承揽，直接总包承建较少。

（四）建筑企业盈利能力减弱

产值利润率是反映企业的经营状况的重要指标，可以判断企业增产增收情况。2023年，全省建筑业企业利润总额增幅比全国低1.0个百分点，产值利润率为2.7%，比上年下滑0.1个百分点。从四季度财务表来看，亏损企业数占到了18.3%，比上年扩大了1.6个百分点。四季度景气调查显示，24.1%的企业反映盈利比上季度减少；58.9%的企业反映盈利与上季度持平；仅16.3%的企业反映盈利比上季度增加。

三、促进建筑业平稳健康发展的相关建议

（一）促进房建市场健康发展

房屋建筑业发展与房地产市场发展情况密切相关，应加强对房地产市场的跟踪监测，主动把握当前宏观市场的积极因素，依托相继推出的各项优惠政策，逐步释放刚性和改善性住房需求，提振市场信心，切实稳定市场预期。因城施策运用好房地产调控政策“工具箱”，不断完善房地产市场长效机制，保障房屋建筑市场在合理规模上稳健发展，推动全省房屋建筑生产活动顺利开展。

（二）打造公平竞争市场环境

针对现行招标过程中可能存在的民营企业中标难、民营企业与国有企业不平等等问题，可以借鉴江苏、山东等省经验，进一步加强顶层设计，完善招投标体制机制，切实解决招投标中的隐形壁垒，开展专项治理，重点核查是否存在所有制歧视、地方保护等不合理限制，督促整改到位，从制度和法律层面落实国企民企平等待遇。

（三）积极引导建筑企业转型升级

严格实施项目建设全过程动态监管，用好数字化手段，构建诚信守法、公平竞争、追求品质的市场环境。要向科技进步要质量、要安全、要效益，突出提品质、降成本两个主攻方向，攻克关键核心技术，大力推广应用新材料、新工法、新产品。持续加大成本管控力度，大力推进数字化建设，将适用、经济、绿色、美观的新时期建筑方针贯穿到设计、施工、运维全过程，以建筑业工业化、数字化、绿色化为方向，提升建筑品质。

（撰稿：福建省统计局　林蓝天）

2023年福建省房地产开发运行情况分析

2023年，面对纷繁复杂的经济形势，福建加强对房地产市场监测分析，因城施策精准实施房地产调控政策工具箱，充分释放多孩家庭、新市民等刚性及改善型需求，着力促进房地产业良性循环和健康发展。但受开发企业和购房者信心不足等影响，房地产市场下行压力仍然较大。

一、福建房地产开发市场运行主要特点

（一）开发投资波动调整

从全年走势看，房地产开发投资呈波动式调整。1—2月，因存量项目投资释放，房地产开发投资降幅比2022年有所收窄，同比下降8.4%，但受市场预期较弱、新开发项目较少等影响，降幅又扩大到两位数，1—3月下降14.3%，1—6月下降11.2%，1—9月下降12.3%，全年下降12.7%（详见图1），居全国第16位、东部地区第8位。在房地产开发投资调整过程中，仍呈现一些亮点。

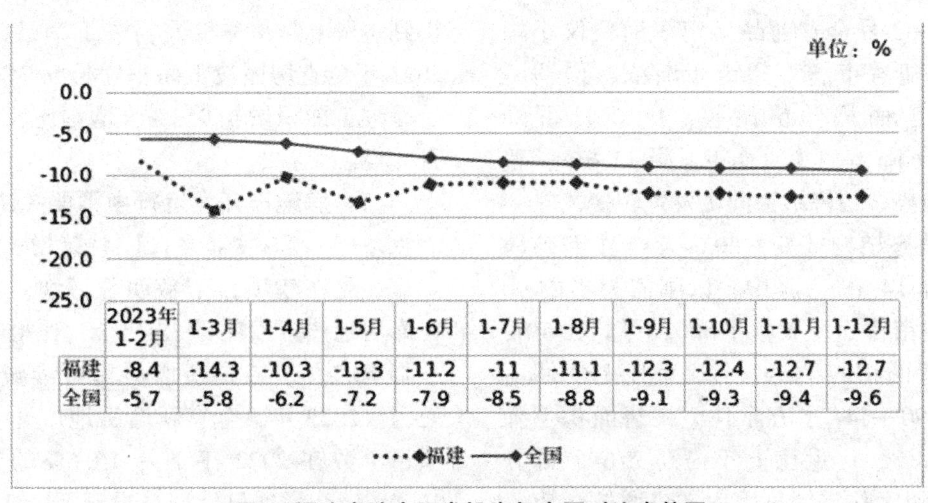

	2023年1-2月	1-3月	1-4月	1-5月	1-6月	1-7月	1-8月	1-9月	1-10月	1-11月	1-12月
福建	-8.4	-14.3	-10.3	-13.3	-11.2	-11	-11.1	-12.3	-12.4	-12.7	-12.7
全国	-5.7	-5.8	-6.2	-7.2	-7.9	-8.5	-8.8	-9.1	-9.3	-9.4	-9.6

图1　福建房地产开发投资与全国对比走势图

一是国有投资增势强劲。2023年1—2月以来，国有房地产开发投资增速均在30%以上，特别是下半年以来国有房地产开发投资增速均在50%以上，全年增长59.8%，增速比全省房地产开发投资增速高72.5个百分点，拉动房地产开发投资增长13.2个百分点，展现出较强韧性（如图2）。

二是其他房屋投资平稳增长。随着经济发展，居民对居住品质要求也逐步提升，对居住小区的配套设施、居住环境提出了更高要求。2023年，全省以车库、配套幼儿园等为主的其他房屋开发投资同比增长1.8%，实现平稳增长。

三是大面积住宅投资逆势抢眼。房地产行业经过多年发展，消费者已初步实现“从无到有”的需求，目前处在“从有到优”向“从优到精”的改善主导阶段。房地产开发企业紧抓市场需求，加大对改善型住宅特别是大面积住宅投资力度。2023年，住宅投资中，144平方米以上的大面积住宅投资表现亮眼，同比增长7.0%，比全部住宅投资增速（-14.5%）高21.5个百分点，占住宅投资的比重由上年的14.1%提高至17.7%。

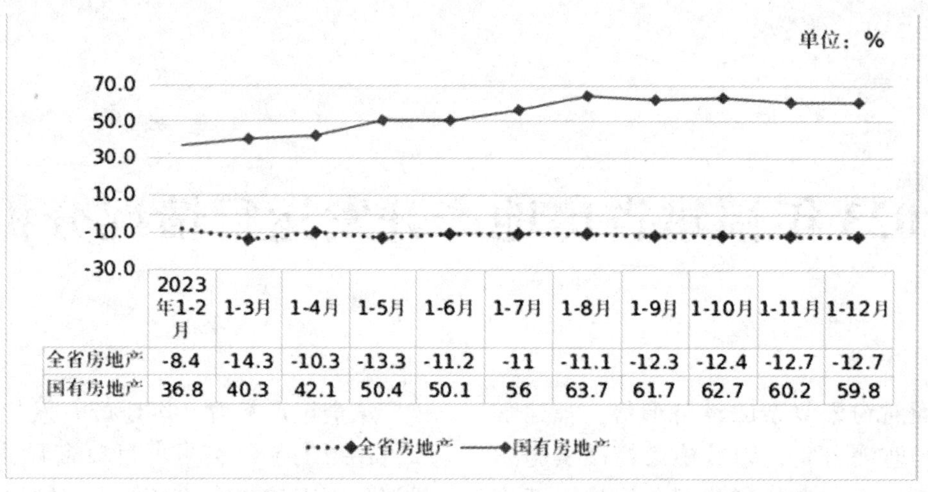

	2023年1-2月	1-3月	1-4月	1-5月	1-6月	1-7月	1-8月	1-9月	1-10月	1-11月	1-12月
全省房地产	-8.4	-14.3	-10.3	-13.3	-11.2	-11	-11.1	-12.3	-12.4	-12.7	-12.7
国有房地产	36.8	40.3	42.1	50.4	50.1	56	63.7	61.7	62.7	60.2	59.8

图 2　全省房地产开发投资与国有房地产开发投资对比走势图

（二）销售市场分化发展

2023 年，全省商品房销售面积比上年下降 15.8%，比全国平均水平低 7.3 个百分点。从全年走势看，年初因疫情平稳转段，累积住房需求得到短暂释放，1—2 月全省商品房销售面积仅小幅下降 4.7%，但随着市场观望情绪渐浓、预期不稳，商品房销售面积低位调整，1—6 月下降 9.9%，1—9 月下降 16.1%，全年下降 15.8%，整体呈先扬后抑趋势，销售结构同步发生转变。

一是住宅销售结构转变。2023 年，住宅销售面积比上年下降 14.1%。其中，以刚需为主的 90 平方米以下住宅销售面积大幅下降，下降 33.5%，占全部住宅销售面积的 14.5%，比重比上年回落 4.2 个百分点；90—144 平方米住宅销售面积下降 11.0%，占 74.8%，比重比上年提高 2.6 个百分点；144 平方米以上住宅销售面积逆势增长 0.8%，占 10.7%，比重比上年提高 1.6 个百分点。

二是现房销售好于期房。受房地产市场下行影响及部分房企暴雷余波影响，消费者购房心态更加审慎，更倾向于购置现房。2023 年，全省现房销售面积比上年增长 1.7%，增幅高于期房销售面积 21.5 个百分点，显著反映出购房者对于现房的偏好更强。现房销售面积占全部商品房销售面积的比重达 22.7%，较上年提高 3.9 个百分点。

（三）融资压力有所缓解，竣工面积扭负转正

2023 年，随着多项房地产政策利好持续释放，有形之手加大纾困力度，房企融资压力得到一定缓解。2023 年房地产本年实际到位资金比上年下降 23.3%，较上半年收窄 3.3 个百分点，较年初收窄 1.8 个百分点。受益于房企资金状况改善、“保交楼”工作持续推进等因素，部分项目交付困局得到缓解。从单季度看，竣工率已出现企稳现象，2023 年全省房屋竣工面积增长 5.2%，其中四季度单季竣工面积增长 9.3%，增幅比一季度高 36.4 个百分点。

二、房地产开发运行中需要关注的问题

（一）项目支撑不足，持续增长乏力

一是在建项目个数明显减少。2023 年，全省在库房地产开发项目 3367 个，比上年减少 405 个，下降 10.7%。二是新增项目持续减少，增长接续乏力。2023 年，全省新增房地产开发项目 367 个，项目个数在 2022 年下降 16.6%的基础上再下降 27.2%；新增项目计划总投资下降 25.8%。新增项目支撑不足，房地产市场持续增长动能乏力。

（二）市场信心低迷，供需两端需求较弱

从供给端信心看，房企投资意愿下降，开发拿地积极性不高，新开工面积持续下降，施工规模缩减。2023 年，全省房地产新开工面积比上年下降 14.7%，房屋施工面积下降 12.5%。根据有关部门数据，2023 年，全省住宅土地供应面积 17741.90 亩，比上年下降 39.5%，出让面积 15257.02 亩，下降 33.4%，出让价款 1310.02 亿元，下降 39.4%。

从需求端信心看，市场观望情绪浓厚，消费

者购房信心仍显不足。一是期房销售下降。2023年，全省期房销售面积下降19.8%，降幅比全部商品房销售面积大4.0个百分点；占全部商品房销售面积比重（77.3%）比上年回落3.9个百分点。二是待售面积增加。2023，全省商品房待售面积增长14.8%，其中住宅待售增长20.5%，办公楼待售增长36.3%，去化效果有待进一步提高。

（三）房地产开发企业融资难题仍存

虽然各地出台了一系列政策满足房地产行业合理融资需求，但政策效应显现仍需时间，政策落实到位仍需长期制度支持，受企业经营效益下滑、市场预期信心不足等因素影响，房地产本年到位资金降幅虽有所收窄，但降幅仍较深，房企融资压力较大的局面仍在。尤其是作为企业最直接的现金流——销售回款（含定金及预收款、个人按揭贷款）受销售下滑因素影响，2023年同比降幅达28.9%，占全部到位资金的比重34.8%，比上年低了2.7个百分点。

（四）建筑安装工程投资回落明显，民间投资增长乏力

2023年，全省房地产建筑安装工程投资比上年下降22.0%，占全部房地产开发投资的47.1%，比上年回落5.7个百分点，拉低全省房地产开发投资增速11.6个百分点。同时，2023年房地产民间投资下降34.4%，占房地产开发投资的54.4%，比上年回落17.9个百分点。福建作为民营经济大省，民间房地产发展乏力，将对福建经济发展带来一定影响。

三、促进房地产市场平稳健康发展的建议

（一）优化住房保障体系，建立房地产调控长效机制

福建保障性住房建设仍有较大的发展空间。应完善住房保障基础性制度和支持政策，结合2024年“三大工程”重点工作，积极开展城中村改造、保障房建设、平急两用等工程的规划、报批、建设等工作，全力争取各地市报送项目入围国家重点工程并取得各类政策性贷款扶持，鼓励社会资本参与，与政府投资形成同频共振。建立完善房地产调控长效机制，全力保障房地产市场的平稳健康运行。

（二）增强市场信心，促进需求释放

2023年，因部分房企项目资金短缺、质量下滑、进度减缓，市场信心受到一定程度挫伤。下一步，应加强房地产开发项目全过程监管力度，充分保障项目的质量和工期进度并及时公布，稳定购房者对新建商品房的信心和预期，促进销售市场企稳恢复。同时进一步完善调控政策，全力增强住房消费潜力，对新市民、青年等各类刚性和改善性需求充分释放，激发市场活力。

（三）引导转型升级，促进健康发展

党的二十大报告强调了“房住不炒”的定位，提出加快建立多主体供给、多渠道保障、租购并举的住房制度，切实增进民生福祉，十四五规划也提出“加快培育和发展住房租赁市场”、“促进住房消费健康发展”等内容，为房地产行业健康发展明确了方向。主管部门应加强对房地产企业转型升级的引导力度，以创新为主线，以政策为导向，摒弃粗犷的高杠杆发展模式，向开发、运营、服务并重的综合发展模式转型升级，以“房地产+文旅”、“房地产+服务”、“房地产+信息化”等产融发展模式，夯实房地产开发与实体经济的耦合效应，不断满足市场的需求，提升企业竞争能力。

（四）化解房企风险，促进土拍回暖

一是给予房企配套指导，引导企业紧抓房地产金融扶持政策带来的融资窗口期，满足企业合理融资需求，缓解企业资金运营压力。二是各地要充分发挥房地产项目工作专班作用，破解阻碍项目施工进度的难题，推动企业停缓建项目尽快复工，实现良性循环。三是引导企业加强信用评价建设，结合省政府发布的商品房预售条件、预售资金差异化监管政策支持，有效减轻企业资金压力。四是根据市场情况适时调整土地出让底价和溢价率，降低拿地成本，为房企留出合理的利润空间，恢复拿地、开发的信心。

（撰稿：福建省统计局　洪永华）

2023年福建运输邮电业发展情况分析

2023年是疫情后生产生活秩序恢复正常的第一年，经济复苏进程加快，运输邮电业发展提速。据初步核算结果，2023年，全省交通运输、仓储和邮政业实现增加值2238.4亿元，比上年增长7.9%，增幅高于上年7.2个百分点；增加值占GDP的比重为4.1%，比上年提高0.4个百分点；对GDP增长贡献率为6.4%，比上年提高5.9个百分点。2023年，规模以上交通运输、仓储和邮政业实现营业收入2598.4亿元，增长1.6%，增幅高于上年6.7个百分点；实现营业利润85.2亿元，增长20.0%。

一、总体运行情况

（一）运输行业综合实力显著增强

2023年，全省铁路、公路、水运和航空合计客货总周转量为12674.3亿吨公里，比上年增长9.6%。其中，铁路593.2亿吨公里，公路1339.7亿吨公里，水运10697.7亿吨公里，航空43.8亿吨公里。规模以上运输企业实现营业收入1695.5亿元，增长6.2%，增幅高于上年14.3个百分点；实现营业利润58.3亿元，增长82.3%，增幅高于上年37.5个百分点。

（二）邮政电信业实现量收双增

2023年，全省邮政行业寄递业务量累计完成61.34亿件，比上年增长13.4%；业务收入（不包括邮政储蓄银行直接营业收入）497.18亿元，增长8.7%。2023年，全省电信业实现业务总量537.9亿元，比上年增长11.3%；实现业务收入526.3亿元，增长4.5%。

二、主要运行特点

（一）铁路、航空运输呈现强劲恢复态势

随着我国进入后疫情时代，人口流动性增加，生产和消费活动逐渐恢复，运输市场持续回暖。尤其是铁路与航空运输扭转了2022年下降的趋势，在2023年均以两位数的增幅高速增长。其中，铁路运输总周转量比上年增长49.0%，高于上年58.5个百分点；航空运输总周转量增长92.9%，高于上年116.5个百分点。铁路基础设施体系愈加完善，截至2023年末，铁路营业里程4574.0公里，增长8.1%，比上年提高1.9个百分点。

（二）新增内河港口，生产动能再提速

自2022年12月南平港通航以来，闽江干流集装箱班输运营常态化成效显著，开启了福建集装箱江海联运的新篇章。2023年全省港口完成货物吞吐量7.49亿吨，比上年增长4.9%，高于上年1.7个百分点。分主要港口看，福州港保持快速增长，完成货物吞吐量33202.14万吨，增长10.1%；湄洲湾潜能迸发，增幅位列全省第一，完成货物吞吐量13368.93万吨，增长21.1%，高于上年18.2个百分点，连续4年成为大陆对台矿石中转的最大港口；厦门港增幅由负转正，完成货物吞吐量22020.34万吨，增长0.4%，增幅高于上年4.0个百分点。

（三）快递行业有力拉动邮政业回升向好

随着电商贸易的蓬勃增长，快递业务量屡创新高。2023年，全省快递业务量累计完成49.87亿件，比上年增长17.0%，增幅高于上年14.3个百分点，占全省寄递业务量的81.3%，占比提高2.5个百分点。分地区看，泉州市、福州市、厦门市快递业务量和业务收入均保持在全国城市前50名，漳州市快递业务量第一次跻身全国城市前50名。近年来，我国跨境电商贸易规模不断扩大，快递企业纷纷拓展海外市场。2023年，全省国际/港澳台快递业务量完成1.58亿件，增长41.2%，增幅高于全省快递行业24.2个百分点，国际快递

成为快递行业新的增长点。

（四）固定宽带建设再上新台阶

2023 年福建实施新型基础设施“强基”行动，“千兆到户”能力加速向乡镇及以下地区普及。截至 2023 年末，全省固定宽带接入端口 3833.2 万个，较上年末净增 107 万个；具备千兆网络服务能力的 10G-PON 端口达 70.7 万个，较上年末增加 25.3 万个。截至 2023 年末，全省固定宽带接入用户 2261.2 万户，比上年增长 5.4%。其中，千兆宽带用户保持三位数以上高速增长，1000M 及以上用户 494.6 万户，增长 135.1%，占比达 21.9%，比上年提高 12.1 个百分点。福州、三明、泉州、漳州、龙岩市成功入选全国“千兆城市”，截至 2023 年末，我省已有 6 个“千兆城市”（厦门市于 2022 年入选）。

（五）5G 业务发展提质增效明显

2023 年，全省移动电话用户 4910.5 万户。其中，5G 电话用户 2268.7 万户，比上年增长 38.3%。2023 年，全省移动互联网用户接入流量达 78.9 亿 G，增长 10%。其中，5G 移动互联网用户接入流量 36.8 亿 G，增长 68.7%。截至 2023 年 11 月底，5G 用户普及率和 5G 流量占比双双突破 50%，分别达 51.5%和 51.2%，福建加速进入 5G 时代。

三、主要问题

（一）旅客运输总体恢复程度不足

自 2023 年新型冠状病毒调整为“乙类乙管”以来，消费恢复进程加快，在商务活动、居民休闲消费以及旅游需求释放的带动下，旅客运输市场需求旺盛。在此背景下，全省旅客运输量和运输周转量虽均以两位数高速增长，但仅达到 2019 年同期水平的 58.3%和 84.4%，恢复速度慢。2023 年，全省铁路、公路、水运和民航累计完成旅客运输量 28795 万人，增幅低于全国 7.8 个百分点；完成旅客周转量 1004.18 亿人公里，增幅低于全国 25.2 个百分点。

（二）港口集装箱业务增速放缓

集装箱航运市场在疫情期间历经“一箱难求”的短期繁荣之后，2023 年集装箱航运业摆脱疫情影响，市场格局逐渐恢复，运力从疫情期间的供不应求转为出现过剩迹象，集装箱运输需求增长放缓。受世界经济增长动力不足，国际贸易增长乏力的影响，预计将在相当长一段时期面临增长艰难的窘境。2023 年，全省港口集装箱吞吐量增幅低于上年 2.1 个百分点。分港口来看，2023 年福建主要港口集装箱吞吐量增幅除福州港外都有不同程度的下降。其中，湄洲湾港增幅低于上年 2.6 个百分点；厦门港增幅低于上年 2.2 个百分点；泉州港降幅比上年扩大 15.1 个百分点。

（三）快递单价持续走低影响行业良性发展

在快递行业发展如火如荼的背景下，价格战的阴霾却一直笼罩着快递企业，激烈的竞争倒逼各大快递公司“以量换价”，快递业务平均单价逐年走低，2023 年全省快递业务平均单价为 7.79 元/件，比上年下降 6.4%（详见图 1）。揽收端价格低廉，在除去各种中间环节费用后，末端派费已不足 1 元/件，快递价格与服务存在严重倒挂。2023 年末，规模以上快递企业从业人数 12173 人，比上年末下降 9.3%，降幅扩大 0.4 个百分点。快递企业营业利润与营业收入增速差距进一步扩大，2023 年规上快递企业实现营业利润 3.8 亿元，与营业收入相比，增幅低 25.6 个百分点。

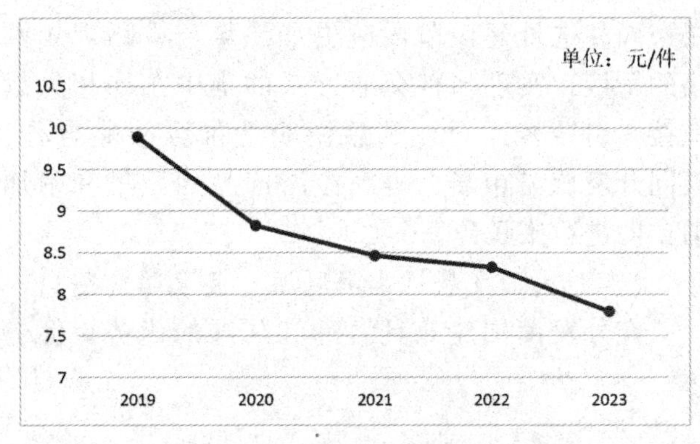

图1　2019—2023年全省快递平均单价

（四）电信业新兴业务成长后劲不足

电信业是我国战略性、先导性和基础性产业，近年来电信业对经济的稳定和恢复发挥了重要作用，但目前福建电信业的潜力仍未能得到有效开发。2023 年，福建按上年不变价计算的电信业务总量增幅低于全国 5.5 个百分点，业务收入增幅低于全国 1.7 个百分点（详见图 2）；规模以上电信业企业实现营业利润 72.7 亿元，比上年下降 14.9%，增幅低于上年 29.2 个百分点。IPTV、互联网数据中心、大数据、云计算、物联网等新兴业务是电信行业的重要增长点，但目前仍未摆脱疫情时期影响。2023 年，全国 IPTV 用户增长 5.4%，而我省 IPTV 用户下降 4.4%，依靠用户增长带动收入的模式难以为继。

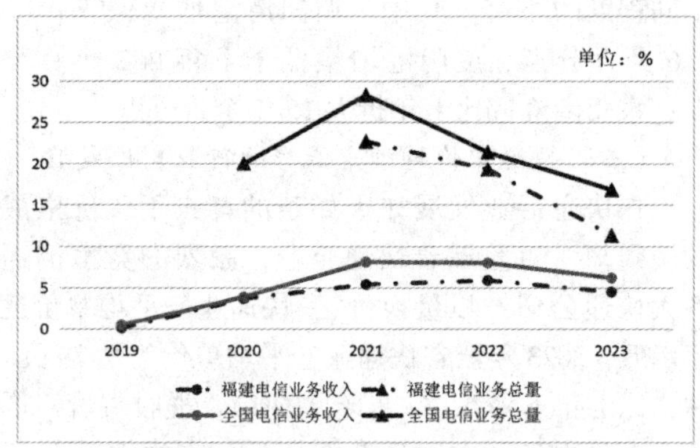

图2　全国与福建电信业务量、电信收入增速

四、下一步建议

（一）多措并举培育旅客运输市场

随着高铁、机场等基础设施不断成熟，铁路和民航客运市场份额均有了较大的提升，铁路、航空运输成为未来旅客运输市场主力。政府在机场布局和选址建设阶段应更加注重与铁路规划网络的衔接，实现多种交通方式的集中布局和无缝衔接。引导客运企业和旅游企业加强战略合作，共同开发旅游市场，提高旅游产品的质量和附加值，促进运旅联合。

（二）大力发展“山海联运”集装箱业务

充分发挥福建兼具海港和陆港的优势，促进海港和陆港间高效联动，发展多式联运。进一步完善港口与铁路间基础设施衔接，破除铁路进港“临而不接”的运输梗阻，解决港口铁路集疏运“最先、最后一公里”问题，进一步扩大集装箱运输的辐射面。推动铁路和水路在集装箱运输、装载要求等方面的规则协调和互认，提倡实施“一站托运”“一单到底”的门到门服务。

（三）促进快递行业高质量发展

建议制定地方性法规推进快递业高质量发展，为破解治理问题提供法治保障，以约束强、时效长的政策维持快递市场的正常秩序。推动行业分级，对快递服务做产品区分，引导消费者根据需要选择不同的服务种类，实现消费分层，既满足消费者的不同需求，又保障快递企业的权益，实现双赢。支持和引导相关快递企业应用数字化技术，推进快递业整个作业链和上下游产业链的标准化、数字化、网络化、智能化。

（四）培育通信业竞争新优势

以科技创新推动产业创新，引导通信企业不断提升科技创新能力、产品创新力、品牌影响力、现代治理能力等企业核心竞争力。推动通信业新兴产业从用户规模增长转向用户价值提升，推动数字技术与实体经济各领域融合应用继续走深向实，促进 5G、千兆光网在重点行业规模化推广，不断拓展信息通信业发展新空间。

（撰稿：福建省统计局　曾阳兰）

2023年福建工艺美术产业概况

一、行业运行基本情况

近年来，在省委、省政府高度重视和关心支持下，福建工艺美术产业发展进入了快车道，连年保持着稳健的发展势头。2023年，我省工艺美术产业规模居全国第二位。从业人员超100万人，规上工业企业1572家，年创造产值达1851.2亿元。

二、产业分布与产品产量

福建工艺美术以历史悠久，门类众多，技艺精湛，积淀了丰富灿烂的优秀传统文化，享誉国内外，成为中国工艺美术乃至世界工艺美术的重要组成部分。从历史、技艺、人才发展、产业发育以及发展态势来看，福建都是当之无愧的工艺美术大省，是我国名副其实的工艺美术重点产区和重要出口基地。

目前，全省已形成了一批相对集中的工艺美术产区，包括福州“中国寿山石文化之都”“中国脱胎漆艺之都”、泉州“中国工艺美术之都”、莆田“中国木雕之城”、南平“中国建盏之都·建阳”等11个国家级区域品牌，惠安“世界石雕之都”、德化“世界陶瓷之都”、仙游“世界中式古典家具之都”、安溪“世界藤铁工艺之都”等4个世界级区域品牌。福州、莆田、泉州均已形成我国重要的工艺美术特色产业集群。

2023年德化县白瓷产业集群入选国家级中小企业特色产业集群，仙游县仙作红木家具产业集群、安溪县藤铁工艺产业集群入选省中小企业特色产业集群。

福州　工艺美术具有独特的民族风格和浓厚的地方特色。传统工艺美术在我国工艺美术领域占有重要地位，主要有脱胎漆器、漆画、寿山石雕、玉雕、木雕、根雕、软木画、工艺陶瓷、金银首饰、角梳、纸伞等20多个品种。寿山石雕、脱胎漆艺、软木画技艺已列入中国非物质文化遗产保护名录，寿山石雕、脱胎漆艺还被列入国家地理标志保护产品。2012年，福州荣膺“中国脱胎漆艺之都”和“中国寿山石文化之都”特色区域荣誉称号。福州工艺美术人才济济，有中国工艺美术大师33人，福建省工艺美术大师178人。2023年，福州加大对传统工艺美术的抢救保护和振兴发展工作力度，进一步推进行业技术进步、技术创新和产品的市场拓展，促进产品优化升级提升竞争力，完成产值197.8亿元。

泉州　工艺美术历史悠久，品类繁多，技艺精湛，享誉海内外，是奠定和支撑泉州作为国家首批历史文化名城和当选中国首个"东亚文化之都"和成功列入世界遗产名录的重要基石。工艺美术系泉州市第七个千亿产业集群，2023年全市现有工艺美术企业7000多家，从业人员50多万人，其中，中国工艺美术大师12名、福建省工艺美术大师322名。全市规模以上工艺美术企业475家，销售产值1460亿元，约占全国7%；出口交货值近630亿元，约占全国16%；工业增加值比2022年增长5.8%。泉州已发展成为福建省乃至全国工艺美术的重点产区和出口基地。

惠安县石雕和德化县陶瓷产业年营业收入均逾500亿元，德化“中国白”产业呈现大师艺术瓷、出口工艺瓷、日用家居瓷“三足鼎立”之势。现有规上陶瓷企业190家，2023年产值577亿元，规上陶瓷企业产值占全县规上工业企业产值的77%。白瓷产业集群入选国家级中小企业特色产业集群。享誉海内外的德化陶瓷产业，正是我省工艺美术产业蓬勃发展的生动写照。安溪县藤铁家居工艺产业拥有从业人员15万人，年产值265亿元，电商交易额突破105亿元。安溪已成为全国“家居工艺”重点出口生产基地之一，出口占全国同类产品交易额的1/3以上。

莆田 工艺美术产业主要涵盖工艺家具、雕刻、金银珠宝、油画、香业和家居装饰等六大细分行业。2023年全市工艺美术产业从业人员30余万人，其中，中国工艺美术大师9名，省级工艺美术大师123名，生产企业7000多家，其中规上企业211家，全年实现工业产值274.2亿元，比增3.6%。已成功举办十七届的中国（莆田）海峡工艺品博览会、举办两届的中国（莆田）香文化产业大会、举办两届的中国（莆田）国际黄金珠宝博览会、举办十一届的中国（仙游）红木家具精品博览会、首届中国（莆田）佛教造像艺术展览会。现有8个工艺专业园区，分别为莆田工艺美术城、北高国际珠宝首饰产业园、秀屿区上塘首饰珠宝城、城厢国际油画城、涵江新中式家具双创示范产业园、仙游古典工艺博览城、仙游国际油画城、仙游海峡艺雕城。4个省级特色小镇，分别为仙游仙作工艺小镇、秀屿上塘银饰小镇、仙游艺雕小镇、荔城北高黄金珠宝小镇。

南平 建窑建盏发展历史久远，在宋朝，建盏成为达官贵人生活的奢侈品，技艺和产业发展达到一个高峰。近年来，在当地政府的重视下，建盏恢复性发展势头迅猛，市场主体已达近万个，其中企业近2千家，其余为个体工商户，规上企业7家，从业人员超过6万人，2023年实现产值70亿元，成为当地高速发展的一个产业。

漳州 传统工艺美术历史悠久，技艺精湛，具有浓厚的地方色彩，是闽南特色传统工艺重要的组成部分。漳州市工艺美术产业呈现出良好的发展态势，人才队伍结构层次及区域化趋势明显。全市获得省级工艺美术大师称号17人、省级工艺美术名人称号13人、市级工艺美术名人称号45人，获得市级以上非物质文化遗产传承人称号47人，共建成省级技能大师工作室26个、市级技能大师工作室4个，具备一定的人才基础。2023年全市传统工艺美术行业完成产值128.5亿元，现有规模以上生产企业46家，规模以下生产企业、作坊、艺人工作室300多家，从业人员逾2万人。"漳州三宝" 之一的八宝印泥享誉海内外，成为漳州的城市名片。

三、行业重大活动

我省工艺美术产业在各级党委、政府的领导与支持下，产业基础不断巩固、产业结构不断完善，实现产能持续增长、重点项目稳妥推进、人才培养力度加大、融资服务优化创新、市场拓展有力有效、品牌建设逐步增强。

（一）出台法规政策

省工艺美术行业发展促进中心开展“直通车服务”送政策入企。建立挂钩帮扶机制，会同德化县工信商务局等行业主管部门一同入企服务，先后赴盛艺窑瓷业、飞天陶瓷、威尔陶瓷等企业，将梳理出的技改奖励、高新技术企业奖励、税费减免等惠企政策送上门，并就工艺美术职称、工艺美术大师评审相关政策进行详细解读，多方发力，加强对企业的帮扶指导及政策宣贯。

福州市工信局印发《福州市传统工艺美术大师示范工作室管理办法》《福州市软木画年轻从艺人员管理办法》，进一步规范大师示范工作室和软木画年轻从艺人员管理工作。

泉州市城镇集体工业联合社紧紧围绕《关于加强工艺美术大师服务管理的实施意见》要求，以组建命名工艺美术大师工作室作为重要抓手，进一步加强大师服务工作，组织各县（市、区）工艺美术主管部门专题研究部署大师工作室评审工作。经过择优推荐、实地考核以及专家严格公正评审，确认本次30个工艺美术大师工作室。推动泉州市工艺美术保护传承和创新发展。

（二）培育新质生产力

各级政府引导工艺美术企业及从业者运用现代新技术、新工艺、新材料，推进工艺美术创造性转化和创新性发展，不断推出工艺美术精品和珍品。发挥国家、省级工艺美术大师等行业人才引领作用，以人才引项目、兴产业、创品牌，推动工艺美术高端人才接续培养，积极推动企业与产业基地、院校建立人才培育及产学研合作基地，加大培养、选拔、集聚一批行业高端人才和名家大师。推动产学研合作，鼓励有条件的企业与清华大学美术学院、景德镇陶瓷大学等有关高校合作，发挥福州大学厦门工艺美术学院、国家陶瓷行业工业设计研究院等平台作用，发展高科技产品，提高产品附加值和竞争力。推动福州大学厦门工艺美术学院建设实践教学基地，开展技能培训，举办工艺美术行业职业技能竞赛，提升工艺美术人才技能水平，激励工艺美术从业人员传承创新。仙作产业加快培育全产业链新质生产力，突出固本培新，仙作发展“创新力”不断提升；注重延链强链，仙作发展“融合度”持续增强；涵养品牌价值，仙作发展“软实力”日益显现。仙作产业高质量发展的基础更加牢固。

（三）扩大品牌影响力

2023年，“仙游县仙作红木家具产业集群”入选年度福建省中小企业特色产业集群，仙作信用监管创新经验走进第四届中国城市信用建设高峰论坛。博览交易会，特别是第十一届中国（仙游）红木家具精品博览会的成功举办，展现了产业新风貌。仙游持续在京广线、京沪线、沪深线等高铁线路、中央电视台等投放仙作公益广告，在2023世界品牌莫干山大会上发布仙作指数报告，不断展现区域发展特色，仙作品牌影响力指数均值2023年达到181.65点，处于高位运行。

福州市工信局会同福州市海洋渔业局，在第六届中国金鱼大赛上开展漆艺与金鱼文化相结合的创新大赛。30余件漆画、漆器作品在大赛上获奖，通过金鱼主题漆艺术创作，进一步推动“漆艺”与“金鱼”这两张享誉世界的福州地方文化名片走向全国，打响闽都文化品牌。

（四）举办福建工艺美术产业发展论坛

8月23日，由省科协和莆田市政府共同主办、福建省工艺美术学会和莆田市二轻工业联社、莆田市工艺美术学会承办的福建省工艺美术产业发展论坛在莆田举行。中国工艺美术学会副理事长、省工艺美术学会理事长、中国工艺美术大师黄宝庆主持工艺美术产业发展论坛，并代表中国工艺美术学会理事长才大颖向大会祝贺。

本次论坛以“传承·创新·发展”为主题，旨在加强工艺美术产业之间的交流，引领行业适应时代新形势，把握产业发展新特点，引导行业发展新方向，进一步培育壮大龙头企业，加快企业技术改造、发挥名人示范带头作用，强化专技人才培养，助力工艺美术企业转型发展，提高产业影响力和竞争力，为全省工艺美术产业发展注入新动力。

工艺美术产业发展论坛的成功举办，既是工艺美术行业内一次重要思想碰撞和深度交流，也是对工艺美术产业未来发展的殷切展望。面对新形势，唯有与时俱进，契合发展大势，并肩携手、砥砺奋斗，才能互惠互利、共赢多赢。

本次论坛，福州大学厦门工艺美术学院院长、教授刘玉龙；中国工艺美术大师、高级工艺美术师、温州市工艺美术研究院院长叶萌春；中国工艺美术大师、二级教授、贵州民族大学陶瓷艺术研究院院长曾瑾；教授级高级工艺美术师、中国文化产业促进会城市雕塑文化委员会副会长陈培一四位工艺美术领域专家学者围绕“工艺美术产业发展”作主旨演讲，与大家交流了新思想、提出了新方案、绘制了新路径，通过各位工艺界大师和学者跨界交流，共同弘扬工匠精神，传承优秀技艺，碰撞思想火花，有助于聚焦工艺美术产业增长点，全力打造我省工艺美术新高地。

（五）提升展会赛事平台

推动办好行业知名度高、富有区域特色的中国（莆田）海峡工艺品博览会、中国（惠安）国际雕刻艺术品博览会、中国（仙游）红木家具精品博览会、德化国际陶瓷博览会等行业展会平台，引导行业企业线上升级，帮助生产企业接订单、促销售、拓市场，提振区域品牌影响力。支持举办工艺美术“争艳杯”大赛、创意设计大赛、工艺美术类技能大赛等相关赛事活动，为我省工艺美术行业从业人员提供学习交流、提升技艺水平的平台。

福州市以“守匠心　致创新”为主题，通过“现场竞技+展示展览”的竞赛方式，成功举办福州市第27届工艺美术创新设计“如意杯”大奖赛。经过评委评选，观众投票，微信投票等环节，共评出金奖10名、最佳人气奖3名、最佳创意奖3名、银奖25名、铜奖30名。同时加大赛前、赛中、赛后宣传力度，扩大“如意杯”大奖赛的影响力。

9月28日至10月2日，第十七届中国（莆田）海峡工艺品博览会（以下简称“艺博会”）在莆田工艺美术城隆重举办。2023年是莆田市建市40周年，本届艺博会以此为契机，以“工艺40

年成就”为主题，重点展示莆田工艺大师风采、获奖名作、世界纪录、工艺园区、荣誉称号、行业集群、非遗之光等工艺精品。邀请台湾文化产业联盟、南投县文化资产学会、台湾新北市莺歌陶瓷文化观光交流会等台湾特色工艺品参展，山东、新疆、贵州、景德镇、宜兴等工艺美术特色区域也将组团亮相，推动海峡两岸多元艺术文化交流。

艺博会期间举办2023年全国“艺鼎杯”技能竞赛、第九届“宗教泥塑造像技艺”大赛、2023年“中匠杯”大赛及“经典工美”作品大赛、第十二届福建省工艺美术精品“争艳杯”大赛等多场国家级、省级评奖赛事。“争艳杯”大赛为福建省规模最大、影响力最广的工艺美术赛事之一，旨在以赛聚英、以赛育才，助推我省工艺美术产业高质量发展。本届大赛作品按类别分为四组17类，经评委评选，共评出金奖87件、银奖147件、铜奖206件、优秀奖291件。

“五彩斑斓中国白”—2023德化陶瓷文化周9月19日上午在世界陶瓷之都·德化县隆重开幕。本次活动规模进一步扩大，内容更丰富，通过建立多层次的交流合作机制，广泛开展“陶瓷+”文化交流活动，全力打造全民参与、全城狂欢的陶瓷文化嘉年华，全方位展示德化陶瓷、旅游、文化、城市的魅力。德化启动了“中国白·德化瓷”产业高质量发展五年行动计划。2023德化陶瓷周的举办，旨在以中国白为载体，以文旅融合为理念，更好地贯彻落实习近平总书记作出的“紧紧抓住陶瓷这一支柱产业，结构调整要围绕特色来优化，并不断向工艺县发展。”“精美的瓷器做出来、摆出来，还要传出去。”等重要指示精神，实施陶瓷创新战略，推进“陶瓷+”产业融合发展，加快打造陶瓷千亿产业集群。

（撰稿：福建省工艺美术学会）

第三篇

发展重点

国务院批复同意《福建省国土空间规划（2021—2035年）》

2023年11月28日，国务院发布相关批复，原则同意自然资源部审查通过的《福建省国土空间规划（2021—2035年）》（以下简称《规划》）。

批复指出，《规划》是福建省空间发展的指南、可持续发展的空间蓝图，是各类开发保护建设活动的基本依据。《规划》实施要坚持以习近平新时代中国特色社会主义思想为指导，全面贯彻落实党的二十大精神，完整、准确、全面贯彻新发展理念，坚持以人民为中心，统筹发展和安全，促进人与自然和谐共生，在加快建设现代化经济体系上取得更大进步，在服务和融入新发展格局上展现更大作为，在探索海峡两岸融合发展新路上迈出更大步伐，在创造高品质生活上实现更大突破。

按照《规划》，到2035年，我省耕地保有量不低于1341.00万亩，其中永久基本农田保护面积不低于1215.00万亩；生态保护红线面积不低于4.34万平方千米，其中海洋生态保护红线面积不低于1.18万平方千米；城镇开发边界扩展倍数控制在基于2020年城镇建设用地规模的1.3倍以内；单位国内生产总值建设用地使用面积下降不少于40%；用水总量不超过国家下达指标，其中2025年不超过189.9亿立方米。

（摘编：吴建翰）

福建省委经济工作会议召开

2023年12月25日，省委经济工作会议在福州召开。会议以习近平新时代中国特色社会主义思想为指导，深入贯彻党的二十大精神，传达学习贯彻中央经济工作会议精神，落实省委十一届四次、五次全会要求，总结2023年全省经济工作，分析当前形势，部署2024年经济工作。省委书记周祖翼主持并讲话。省委副书记、省长赵龙作具体工作部署。省政协主席滕佳材出席。

会议指出，习近平总书记在中央经济工作会议上的重要讲话，全面总结今年经济工作，深刻分析当前经济形势，系统部署明年经济工作，具有很强的政治性、思想性、指导性。全省各级各部门要认真学习、全面贯彻，深刻领会今年我国发展取得的重要成就，深刻领会党中央对新时代做好经济工作的规律性认识，深刻领会党中央对当前形势的科学判断，深刻领会党中央对明年经济工作的总体要求和政策取向，深刻领会明年经济工作的重点任务，深刻领会党中央关于加强党对经济工作的全面领导的重要要求，切实把思想和行动统一到中央经济工作会议精神上来，以实际成效坚定拥护“两个确立”、坚决做到“两个维护”。

会议指出，今年以来，全省上下全面贯彻党的二十大精神，深入落实习近平总书记重要讲话重要指示批示精神，以改善社会心理预期、提振发展信心为切入点推动经济加快恢复，以强化科技创新、做强实体经济为重点建设现代化产业体系，以实施新时代民营经济强省战略为牵引全面深化改革，以打好台侨特色牌为抓手扩大高水平对外开放，以解决群众急难愁盼问题为突破口保障和改善民生，以实施“深学争优、敢为争先、实干争效”行动为载体推动主题教育，全省高质量发展取得新成效，发展态势回升向好、发展根基不断夯实、发展动力持续迸发、发展优势有力彰显、发展成果充分共享、发展氛围更加浓厚。同时要清醒认识到，我省发展还面临不少困难和挑战。全省各级各部门要准确认识大局大势，保持清醒坚定，更好识变应变求变，始终把握工作主动权，形成心往一处想、劲往一处使的良好局面。

会议强调，做好明年我省经济工作意义重大，要牢记嘱托、对标复盘、奋起再进，聚焦经济建设这一中心工作和高质量发展这一首要任务，准确把握明年福建发展面临的宏观环境，坚持稳中求进、以进促稳、先立后破，切实用好机遇、发挥优势、激发活力，强化系统思维、统筹协调、整体推进，推动新福建建设不断取得新成效。

会议强调，做好明年全省经济工作，要以习近平新时代中国特色社会主义思想为指导，全面贯彻落实党的二十大、二十届二中全会和中央经济工作会议精神，聚焦新福建建设宏伟蓝图和“四个更大”重要要求，坚持稳中求进工作总基调，完整、准确、全面贯彻新发展理念，围绕推动高质量发展首要任务和构建新发展格局战略任务，紧扣建设两岸融合发展示范区重要使命，以科技创新为引领，以改革开放为动力，加快建设现代化产业体系，深入实施新时代民营经济强省战略，统筹扩大内需和深化供给侧结构性改革，统筹新型城镇化和乡村全面振兴，统筹高质量发展和高水平安全，切实增强经济活力、防范化解风险、改善社会预期，巩固和增强经济回升向好态势，持续推动经济实现质的有效提升和量的合理增长，厚植绿色底色，增进民生福祉，保持社会稳定，奋力推动中国式现代化福建实践取得新突破。

会议强调，要坚持硬道理、把握关键点，扎实抓好明年经济工作。

一要稳固回升向好态势，推动经济运行保持在合理区间。要深挖潜力扩内需，千方百计增加城乡居民收入，培育壮大新型消费，稳定和扩大传统消费，提升文旅消费，对接用好一揽子政策、聚焦重点领域、加强项目储备和落地建设，推动房地产投资逐步企稳，促进民间投资。要扩大开放稳外贸，深入实施自贸试验区提升战略，稳步扩大制度型开放，推进海丝核心区、“两国双园”、金砖创新基地等建设，谋划实施一批标志性工程；发挥“侨”的优势，深入实施引侨资汇侨智聚侨力工程；加强国际交往和商贸活动，加快培育外贸新动能，加快内外贸一体化发展，稳定和扩大利用外资规模。

二要加快推进新型工业化和实施新时代民营经济强省战略，以更大力度培育发展新动能。要强化创新驱动，推动产业转型升级，实施先进制造业集群发展工程和服务型制造提升行动，完善推动产业结构优化调整的政策体系，巩固提升支柱产业，培育壮大新兴产业，布局发展未来产业，加快形成新质生产力。要优化发展环境，激发企业动力活力，制定新一轮营商环境重点改革方案，着力打通惠企政策落地“最后一公里”，加大对民营企业创新转型支持力度。健全完善优质企业梯度培育体系，深入实施国有企业改革深化提升行动。领导干部要带头构建亲清政商关系，帮助各类企业解难题、促发展。

三要加快建设两岸融合发展示范区，构建闽台全域融合新格局。按照省委十一届五次全会部署抓好落实，推动闽台融合与高质量发展相互促进、相得益彰。要持续引育“融”的主体，大力实施促进闽台产业融合行动计划，深化闽台科技创新合作，吸引更多台胞来福建发展。要持续提升“融”的平台，探索建设两岸共同市场先行区域，增强对台产业园区集聚功能，探索台胞参与乡村振兴新路径，支持建设多层次两岸金融市场。

要持续夯实“融”的基础，聚焦基础设施、能源资源、行业标准等领域，着力打通堵点、降低门槛、清除障碍。

四要加快美丽福建建设，加强生态环境保护。要加快发展方式绿色低碳转型，统筹推进重点行业碳达峰，提高可再生能源和清洁能源比重，健全碳排放权市场交易制度，加快打造绿色低碳供应链。要坚决打好污染防治攻坚战，大力实施流域性区域性行业性污染整治，持续深入打好蓝天、碧水、碧海、净土保卫战。对中央生态环境保护督察指出的问题，要深入查找根源、举一反三、标本兼治。要持续加强生态保护和修复，深化武夷山国家公园建设，推进闽江、九龙江等重点领域生态环境综合治理，在生态文明制度建设上先行先试。

五要提升区域协调发展水平，促进城乡融合发展。要构建山海协作新机制，高质量建设福州都市圈和厦漳泉都市圈，创新和完善对口协作机制，统筹推进产业链群协同、基础设施联通、公共资源共享，实施新一轮海洋经济高质量发展三年行动，积极融入国家区域重大战略，更好联结周边、借梯登高。要构建城乡融合新格局，以县域为重点推进城乡融合发展，拓展优化县域发展空间，因地制宜、分类引导镇村发展，学习运用“千万工程”经验，深入实施“千村示范引领、万村共富共美”工程，全面推进乡村振兴，巩固拓展脱贫攻坚成果，坚守耕地红线、粮食安全底线，因地制宜发展乡村特色现代农业。

六要提升民生保障水平，持续提高人民生活品质。坚持人民至上、为民造福，在高质量发展中不断增进民生福祉。要更加突出就业优先导向，完善就业促进机制，优化调整稳岗扩岗政策，确保高校毕业生、退役军人、农民工等重点群体就业稳定。要持之以恒办好民生实事，聚焦补齐教育、医疗、社会保障、养老等短板，深入研究谋划新一年为民办实事项目，解决人民群众急难愁盼问题。

七要提升安全稳定水平，切实防范重点领域风险。坚持系统观念，抓早抓小、防微杜渐，坚决守住不发生系统性风险的底线。完善金融风险防控机制，严厉打击非法金融活动，防止出现新的房地产风险，坚决遏制新增地方政府隐性债务。加强重点产业风险监测，切实保障能源资源安全。统筹抓好安全生产、综治信访维稳、防汛防台风、森林防火等工作，确保全省社会大局安定稳定。

会议指出，要坚定发展信心，切实增强做好经济工作的责任感使命感，始终保持奋发有为的精神状态，确保明年经济工作重点任务落地落实。要牢牢把握高质量发展这个首要任务，完整、准确、全面贯彻新发展理念，坚持创新发展，既要抓科技创新、科技赋能，又要牢固树立创新理念、习惯运用创新性思维；坚持协调发展，制定政策要协调，部门行动要协同，形成正向合力；坚持绿色发展，尊重自然、顺应自然、保护自然，让绿水青山永远成为福建的骄傲；坚持开放发展，营造市场化、法治化、国际化一流营商环境，加快建设两岸融合发展示范区；坚持共享发展，扎实做好就业、社保、教育、医疗等各项工作，持续保障和改善民生，实现共同富裕。要在狠抓落实上下功夫，不折不扣、心无旁骛，把任务项目化、项目清单化、清单具体化；敢作善为、创新创造，在复杂局面下找到最佳路径，达到更好效果；雷厉风行，马上就办、真抓实干，紧抓快办、办就办好；求真务实，一切以解决问题、群众有获得感为要，更好地满足人民群众高品质生活的期盼。

会议要求，要加强党对经济工作的全面领导，完整准确全面落实党中央决策部署，深化拓展“深学争优、敢为争先、实干争效”行动，不断激发争优争先争效的精气神，把学懂弄通做实习近平新时代中国特色社会主义思想贯穿始终，把牢固树立和践行正确政绩观贯穿始终，把改革精神、改革思维和改革办法贯穿始终，把“马上就办、真抓实干”优良作风贯穿始终，把凝聚力量、团结奋斗贯穿始终。要统筹协调岁末年初各项工作，善始善终抓好主题教育，守好基本民生底线，维护社会大局稳定。

（摘编：陈闽声）

福建省首次对国家高新区实施晋位奖励

2023 年 5 月 7 日福建省财政厅消息，日前，省财政厅、省科学技术厅下发通知，决定对在全国排名晋位的国家高新技术产业开发区（以下简称“国家高新区”）实行奖励。厦门火炬高新区、莆田高新区、龙岩高新区被列入 2022 年全省国家高新区晋位奖励清单。这也是我省首次对国家高新区实施晋位奖励。

根据省政府出台的《关于促进高新技术产业开发区高质量发展的实施方案》，到 2025 年，全省高新区创新能力明显提升，福州、厦门、泉州科技城基本建成，省级以上高新区实现设区市全覆盖；到 2035 年，建成一批具有全国影响力的高科技园区，福州、厦门、泉州科技城全面建成，实现园区治理体系和治理能力现代化。该《实施方案》还提出了强化高新区评价晋位的激励政策。

2022 年，我省制定了首份对国家高新区奖励规范性文件，决定自 2022 年起，省财政对国家高新技术产业开发区实施晋位奖励。对福建省在全国评价排名 100 名（含）以前的国家高新区，每晋升一个位次，奖励 100 万元，最高奖励 300 万元；对全国评价排名 100 名以后的国家高新区，每晋升一个位次，奖励 50 万元，最高奖励 150 万元。奖励资金统筹用于创新发展和园区建设。

国家高新区排名以每年科技部火炬中心公布的国家高新区评价排名结果为准，省级高新区升格为国家高新区后，晋位奖励从进入排名的次年开始实施。

首次实施的晋位奖励，以 2021 年公布的排名结果为对比基数。其中，厦门火炬高新区 2021 年全国排名第 14 位，比 2020 年上升 1 位，奖励 100 万元；莆田高新区 2021 年全国排名第 110 位，比 2020 年上升 9 位，奖励 150 万元；龙岩高新区 2021 年全国排名第 131 位，比 2020 年上升 10 位，奖励 150 万元。

（摘编：周少雄）

福建省出台促进外资扩增量稳存量提质量政策措施

2023 年 5 月 31 日福建省商务厅和财政厅联合印发《关于促进外资扩增量稳存量提质量若干政策措施的通知》（闽商务规〔2023〕3 号）（以下简称《若干措施》），从促进外资保稳促优、强化投资促进、优化投资环境、实施正向激励等方面提出相关政策措施，以积极营造亲商、富商、安商良好氛围，稳定外商投资预期，提振外商投资信心。

此次出台的《若干措施》保留了原有企业到资奖励政策，并鼓励地市出台配套政策，加大对制造业引资、世界500强、台湾百大等项目支持力度。此外，企业到资奖励期限将由原来的上年7月1日至当年6月30日调整为自然年度。

为支持外资企业加快到资，《若干措施》提出对新设（含增资）外资项目（不含房地产业、金融业）于2023年累计实际到资500万美元（三明、南平、龙岩、宁德四市300万美元）及以上，用于服务福建经济建设的，由省级财政按1%比例给予最高1000万元奖励（世界500强、台湾百大项目最高奖励1500万元）。

为鼓励制造业招大引强、促进外资提质增效，还有两类企业可享受特别的福利：对新设（含增资）制造业外资项目外方于2023年累计实际到资1000万美元及以上、用于服务福建经济建设的，以及被认定为国家高新技术企业、确认为技术先进型服务企业，符合到资条件的，支持比例均由1%提高至1.5%，最高奖励1000万元。

奖励措施也向前延伸至招商引资环节。

为强化主动科学精准招商，《若干措施》提出，支持省市县联合赴境外开展招商引资，按市、县（区）招商部门境外招商活动支出费用的70%给予最高30万元投资促进工作补助。对推动重大外资项目落地且外方到资达认缴注册资本10%以上的，每个项目给予招商部门30万元投资促进工作补助。

重点项目落地建设也有支持。对推动纳入全生命周期管理平台外资项目开工建设且外方到资达认缴注册资本20%以上的，每个项目给予招商部门40万元投资促进工作补助。

《若干措施》资金支持对象为我省（不含厦门）各设区市、平潭综合实验区相关企业、单位和机构。为确保外资政策延续性，近期，省商务厅和财政厅将联合印发项目申报指南，组织各地商务和财政部门开展2022年下半年企业到资奖励项目申报工作。明年初，将组织开展2023年度（含一季度稳外资政策措施）资金奖励项目申报工作。

（摘编：郭向东）

福建省出台举措强化个体工商户金融服务

2023年4月9日福建银保监局消息，为保护和激发经营主体活力，大力促进个体经济健康发展，我省近日出台进一步强化个体工商户金融服务支持稳增长扩就业14项举措，全力提高个体工商户金融服务水平。

个体工商户是市场经济运行的微观基础和国民经济发展的“毛细血管”，在繁荣经济、稳定就业、促进创新、方便群众等方面发挥重要作用。截至2022年底，全省实有个体工商户523.54万户，同比增长4.82%。2022年末，全省普惠小微贷款余额1.18万亿元，同比增长24.5%，增速比人民币各项贷款高12个百分点；小微经营主体（含个体工商户）授信户数达194.65万户，全年增加16.18万户。来自福建银保监局的统计数字显示，截至2022年末，辖区个体工商户抵（质）押贷款占比75.77%，比2020年上升3.5个百分点；小微企业法人抵（质）押贷款占比44.25%，比2020年下降6.57个百分点。两组数据对比，反映银行对个体工商户贷款抵质押依赖性强的现象仍较突出。

2022年11月1日，我国《促进个体工商户发展条例》正式实施，为扶持个体工商户发展创造了良好环境。福建银保监局、省市场监督管理局、省地方金融监督管理局近日联合下发通知，就进一步强化个体工商户金融服务提出要求。

加强信用机制建设。各级金融监管部门与市场监管部门加强信息共享协作，强化对银行保险机构、个体私营企业协会的指导，及时协商解决个体工商户金融服务中存在的信用机制问题。设立个体工商户金融服务观察点。开展“个体工商户金融服务月”活动。

创新服务模式。在福建“金服云”平台研究推出“闽商易融”贷款码，个体工商户扫“码”发布融资需求，金融机构运用平台数据主动开展融资对接。在商业聚集区、专业化市场、菜场集市等区域，建立信用方案，探索开展小额信用、批量准入的“整圈”授信方式。深化“网络+网格”模式，线上线下结合开展服务对接，提高信用贷款发放比例，满足个体工商户“短、小、频、急”的融资需求。

完善服务机制。各银行机构要把经营能力、信用状况等作为个体工商户准入的重要依据，避免对抵质押物的过度依赖。对依法无须申领营业执照的个体经营者，应比照个体工商户，在同等条件下给予金融支持。提升数据处理和信息挖掘能力，进一步简化个体工商户信贷流程。鼓励通过内部资金转移定价、专项激励费用等方式，提高基层机构和人员工作积极性。切实加强借款人资质核查和贷款全流程管理，不得向无实质经营的个体工商户发放经营性贷款。

强化保险保障。各保险机构要根据个体工商户特点和创新创业需求，提供财产、责任、安全、人身及健康等相关保险保障。鼓励保险机构面向新产业、新业态个体工商户和灵活就业人员推出多样化保险产品和服务。

深化银担合作。鼓励银行机构、政府性融资担保机构深化“总对总”业务合作，积极创设符合个体工商户融资需求的特色担保业务产品和合作模式，进一步扩大业务合作范围，并保持较低担保费率。

（摘编：郑欣然）

福建创新支持民营经济发展税收服务举措

2023年8月23日，国家税务总局福建省税务局推出新一批20项税收服务举措，着力推动破解民营经济发展中面临的突出问题，服务福建实施新时代民营经济强省战略。

为以更加精准有力的举措支持民营企业发展，此前，全省税务系统各级领导班子带队深入企业、基层调查研究，察实情、问需求。其间，还选派20名机关青年干部到一线开展蹲点调研，汇总梳理各类问题52个，提出工作建议91条。近日，又与省工商联联合举办民营企业家座谈会，听取企业诉求及意见建议。

在今年年初推出12条措施基础上，接续推出的新20条，深入贯彻国家税务总局支持民营经济发展的相关政策措施，以及省委十一届四次全会要求，聚焦增强发展动能、优化发展环境、提升发展质效，拓展了提升办理效率、保障合法权益、优化执法方式、精简办理流程、促进公平竞争等税费服务内容，更好促进民营经济高质量发展。

尤其是针对当前复杂严峻外部环境下一些民营企业经营困难，福建省税务局从多个方面突破，优化创新我省特色措施，突破难点、解决痛点。

含金量更高。为进一步解决企业资金周转紧张等问题，着力提高增值税留抵退税办理效率，将纳税信用A级纳税人留抵退税办理时限由原来的10个工作日缩短至5个工作日以内，加快改善企业现金流。同时，积极落实福建省加快推进惠企政策“免申即享”要求，推出为符合条件的民营企业提供“自行申报、网上办理、先行享受”的“免申即享”服务，实现税费优惠政策直达快享、精准落袋。

针对部分企业在日常生产经营中，因管理不善或重视不足，纳税信用存在降级风险问题，创新推出纳税信用指标提醒预警服务，通过精准提示提醒，帮助纳税人及时识别潜在失信风险，保障民营企业充分参与市场竞争的机会。

（摘编：李元）

福建发布全国首份县域重点产业链发展白皮书

2023年9月21日福建省工信厅消息，近日，由省工信厅牵头，联合省政府发展研究中心等单位编制的《福建省县域重点产业链发展白皮书(2023)》(以下简称《白皮书》)正式发布，这是全国首份系统介绍县域重点产业链的指导性文件。

《白皮书》指出，经多年发展，福建省县域重点产业链已具备相当规模和比较优势。截至2022年底，全省县域规模以上工业企业营业收入平均规模为678.2亿元。规模以上工业企业营业收入超过2000亿元的县域有8个，分别为晋江、蕉城、长乐、惠安、福安、海沧、南安、福清。这些县域面积占全省7.4%，但规模以上工业企业营收占全省40.6%。其中，晋江市规模以上工业企业营收5607.9亿元，约占全省10.0%，居全省首位。

依托县域产业，2022年，福建工业增加值1.96万亿元，工业增加值占地区生产总值比重37%，对全省经济增长贡献率38.1%。其中，制造业增加值占地区生产总值比重34.9%，居全国第3位。

《白皮书》分析认为，福建部分县域重点产业链已在国内形成较强竞争优势。如晋江是国内著名鞋服产业基地，长乐是全国最大的锦纶民用丝、经编花边面料、化纤混纺纱生产基地，蕉城动力电池、储能电池、消费类电池出货量连续多年全球第一等等。

从县域产业规模、产业链布局、链条完整性、龙头企业带动性、产业集聚度等维度综合分析，《白皮书》将全省县域分为四种类型：一是产业链布局清晰、产业特色明显，在国内外市场具有较强竞争力的县域；二是产业链发展基础较好、产业特色较为明显、发展路径较为清晰的县域；三是有一定产业规模、产业基础一般，制造业集聚水平相对较低的县域；四是工业规模较小、基础弱的县域。

《白皮书》提出了福建县域重点产业链发展的5条路径，分别是：以先进制造业集群带动县域产业链，推动“强强联合”，加快产业提质增效；以产业链条串联带动跨县域产业优势互补、协调发展，推动“区域协同”，壮大一批特色产业；以龙头企业带动县域产业链发展，推动“以强带弱”，促进产业链强链补链延链；以中小企业特色产业集群为目标发展县域产业链，推动“个性化发展”；以资源优势培育发展合适的县域产业链，推动“一二三产融合”“产城融合”。

《白皮书》还从加强规划和政策引导、提升企业创新能力、强化产业项目支撑等提出七方面的推进措施，建议福建每个县域应发展1—2条重点产业链，一些产业基础优势明显的县域可发展3—4条重点产业链。

《白皮书》的发布有助于帮助县域理思路、明方向，实现产业差异化、集聚化发展，促进全省经济高质量发展。

（摘编：郑欣然）

福建省实施“五大行动”进一步深化闽台农业融合发展

2023年3月22日，福建省农业农村厅消息，为进一步深化闽台农业融合发展，今年我省对台农业将重点组织实施“五大行动”，即实施闽台产业合作深化行动、涉台农业园区提升行动、闽台乡村融合推进行动、闽台基层交流连心行动和政策服务优化行动，持续推动闽台农业交流合作走深走实，帮助台胞台企更好地参与福建农业林业高质量发展及乡村振兴。根据规划，今年福建将争取新批台资农业项目50个以上，合同利用台资超1亿美元；在全省范围内创建一批海峡两岸乡村振兴合作基地，扩大台胞台青参与乡村治理试点，积极打造两岸乡村融合发展新平台。

在实施闽台产业合作深化行动方面，我省将充分发挥独特对台优势，加强闽台人才、资金、科技、市场等要素资源对接，吸引更多台胞台企来闽投资农业、集聚发展。全省争取新批台资农业项目50个以上，合同利用台资1亿美元以上。

在实施涉台农业园区提升行动方面，将加快台湾农民创业园（以下简称“台创园”）和闽台农业融合发展产业园（以下简称“产业园”）建设，推动产业集聚、增创特色优势、培育龙头企业，更好地发挥园区示范引领作用。指导和推动条件成熟的产业园申报新设国家级台创园。

在实施闽台乡村融合推进行动方面，积极与台胞台企分享大陆发展机遇，引导他们参与现代农业农村高质量发展。主要包括建好海峡两岸乡村融合发展试验区，打造示范样板，共同推动两岸乡村融合发展；深化闽台乡建乡创合作，鼓励引导台湾设计师、建筑师、文创团队参与我省村庄规划编制、人居环境整治以及历史文化名镇名村、传统村落、民族村寨保护与利用等；创建一批海峡两岸乡村振兴合作基地，支持台胞台企参与发展特色主导产业，引导台湾团队开展乡村环境整治、产业培育、文化创意、活化运营和实施驻村“陪护”服务等；扩大台青参与乡村治理试点，鼓励台湾团队和台湾青年参与社区营造、微治理、村庄管理等。

在实施闽台基层交流连心行动方面，突出“基层”和“青年”，加强两岸特色乡镇对接交流，积极邀请台湾基层农会、产销班、农业企业等代表来闽参访考察，开展“台湾农民福建行”、台湾青年中华农耕文化福建行、福建高校台湾学生农业教学实践等活动，持续推动两岸民众走近走亲。

在实施政策服务优化行动方面，精准对接台胞台企生产生活实际需求，落实落细贷款贴息、产业项目和用电优惠等惠台利农政策，积极为台企纾困解难，不断增强台胞来闽农业创业发展的磁吸效应。

（摘编：李元）

福建省出台“粮九条”扶持粮油生产

2023年3月27日，福建省农业农村厅、财政厅联合出台《2023年稳定发展粮油生产九条措施》（以下简称“粮九条”），重点支持规模种植双季稻、设施蔬菜大棚轮作水稻、再生稻生产、山垄田复垦种粮等。

2022年完成粮食播种面积1256.4万亩，超国家任务3.7万亩；粮食产量508.7万吨，比上年增产2.3万吨。2023年，我省粮食生产目标任务是：粮食播种面积1253万亩（其中大豆52.8万亩），总产量507万吨，油料面积125万亩。

为保护调动农民种粮积极性，确保完成粮食生产年度目标任务，“粮九条”提出，在加快落实耕地地力保护补贴、农机购置补贴等中央惠农政策基础上，省级财政相关资金优化支出结构，并向重点领域倾斜。

在推进规模种粮方面，产能区项目县对流转耕地100亩以上、流转时间3年以上（涵盖2023—2025年）的主体给予每亩200元一次性奖励。

今年我省继续重点扶持双季稻生产。省级对规模种植早稻且连作晚稻30亩以上的经营主体，按早稻实际面积每亩最高奖补200元。粮食产能区、粮食绿色高质高效创建、优质稻示范推广等项目应优先支持双季稻生产。

再生稻通过对光温资源物尽其用，实现“种一季收两季”，可提高耕地复种指数，具有增产增收、省种省工、减肥减药等优势。作为全国最适宜种植再生稻的省份之一，我省再生稻发展空间广阔。按计划，到2023年，全省再生稻面积要力争达到15万亩。

为此，“粮九条”提出，从耕地地力保护补贴中安排资金对再生稻种植户给予每亩20元催芽肥补贴，鼓励各地在此基础上，统筹县级财政资金，适当提高补助金额，有条件的地方可补助设立再生稻种植保险。

去年，我省开展“我在乡间有亩田”活动，有效推动抛荒山垄田复耕。今年，这一活动还将继续推进，耕地认领订单优先安排给近3年复垦种粮面积较大的生产主体。为充分挖掘粮食种植潜力，我省还鼓励各地在设施大棚、幼龄果茶园、边坡荒地间作套种、扩种大豆、马铃薯、甘薯、玉米等粮食作物，有序推进退果退茶还粮。值得一提的是，对耕地上新补助建设的设施农业温室大棚，生产经营主体应承诺每年种植一季粮食。

在粮油生产社会化服务方面，今年我省继续实施国家农业生产社会化服务项目，对粮油生产代耕、代种、代防、代收、代烘等给予分环节或全环节补助，单季每亩最高补助130元。

高标准农田建设，是提高粮食综合产能的重要抓手之一。今年，我省高标准农田建设重在扩面提标。本年度，全省应新建、改造、提升高标准农田90万亩。亩均财政投入标准从1600元提高到2400元，其中不低于5%的补助资金，应统筹用于耕地质量提升。

此外，“粮九条”还鼓励市、县（区）出台本级叠加扶持政策，适当降低起步面积、提高补助标准，扩大政策惠及面。

（摘编：马新华）

福建省自主选育的白羽肉鸡被列为全国主导品种

2023年6月11日福建省农业农村厅消息，日前，农业农村部组织遴选出2023年农业主导品种143个（其中，畜禽类17个），并面向全国推介发布。我省企业圣农集团自主选育的白羽肉鸡配套系“圣泽901”入选，是白羽肉鸡行业唯一入选的新品种。

我国白羽肉鸡种源曾长期为外国企业垄断。圣农集团于2011年开始白羽肉鸡育种研究，先后选育出10多个具有不同遗传背景的白羽肉鸡原种新品系，在此基础上研发出具有自主知识产权的配套系“圣泽901”。2021年，“圣泽901”获颁畜禽新品种证书。

“圣泽901”本土适应性强、遗传稳定，父母代种鸡产蛋率、种蛋合格率、受精率和孵化率高，商品代肉鸡增重快、产肉多、饲料转化率高，综合性能达到国际先进水平。

不满足于此，圣农集团每年投入超1亿元，持续推进育种研发。得益于此，“圣泽901”每年性能都有新的提升，饲料转化率、产肉率、产蛋数等关键生产指标持续优化。

在产业化应用与市场推广方面，早在2019年，圣农集团便在企业内部闭环使用“圣泽901”，实现进口替代。2022年6月，首批“圣泽901”父母代种鸡雏批量供应国内市场。按照企业规划，到2025年，“圣泽901”祖代鸡在国内市场占有率将达到40%，并逐步拓展国际市场。

此外，农业农村部日前公示了151家企业重点实验室名单。圣农集团旗下的福建圣泽生物科技发展有限公司建设的白羽肉鸡生物育种重点实验室榜上有名。

（摘编：游永贵）

福建省出台工业领域碳达峰实施方案

2023年7月18日，经省政府同意，省工信厅、省发改委、省生态环境厅联合印发《福建省工业领域碳达峰实施方案》（以下简称《方案》），主要内容如下。

一、总体目标

分为“十四五”目标和“十五五”目标，覆盖2030年前工业碳达峰完整时间段。

“十四五”目标：一是规模以上工业单位增加值能耗下降14%以上，重点行业碳排放强度明显下降。二是培育省级以上绿色低碳工厂150家、绿色低碳供应链企业25家、绿色低碳园区15个。三是研发、树立典型、推广一批节能减排效果显著的低碳零碳负碳技术装备工艺产品及一批节能降碳项目，实现产业结构和用能结构持续优化，能源资源利用效率显著提升。

“十五五”目标：单位工业增加值能耗和碳排放强度持续下降，努力达峰削峰，强化碳中和能力，产业结构和用能结构进一步优化，基本建立以高效、绿色、循环、低碳为重要特征的现代工业体系，确保工业领域碳排放在2030年前达峰。

二、《方案》重点任务、重大行动

《方案》通过实施深度优化产业结构、深入推进节能降碳、全面推行绿色制造、大力发展循环经济、加快绿色低碳技术创新、推动工业领域数字化转型等六个方面重点任务和重点行业碳达峰行动、工业节能与能效提升行动、绿色低碳产品供给提升行动等三个重大行动，推进全省工业实现碳达峰目标。

（一）六大重点任务

一是深度优化产业结构。构建有利于碳减排的产业布局，坚决遏制高耗能高排放低水平项目发展，优化重点行业产能规模，推动产业低碳协同发展。

二是深入推进节能降碳。调整优化用能结构，推动工业用能电气化，加快工业绿色微电网建设，大力开展节能降碳升级改造，持续提升用能设备系统能效。

三是全面推行绿色制造。建设绿色低碳工厂，构建完善绿色低碳供应链，打造绿色低碳工业园区，促进中小企业绿色低碳发展，全面提升清洁生产水平。

四是大力发展循环经济。推动低碳原料替代，健全再生资源循环利用体系，大力发展再制造产业，加强工业大宗固废综合利用。

五是加快绿色低碳技术创新。推动绿色低碳技术攻关，加快绿色低碳技术成果转化应用，开展绿色低碳化技术改造，强化低碳技术创新平台建设。

六是推动工业领域数字化转型。推进新一代信息技术与制造业深度融合，构建数字化能碳管理，推进“工业互联网+绿色低碳”。

（二）三个重大行动

1. 重点行业碳达峰行动。聚焦重点行业制定钢铁、有色金属、建材、石化化工等行业碳达峰实施方案，研究纺织、装备等行业低碳发展路线图，分业施策、持续推进，降低碳排放强度，控制碳排放量。

钢铁行业。严控钢铁产能增长，推进存量优化和行业整合重组。到2025年，短流程炼钢占比达15%以上。到2030年，富氢碳循环高炉冶炼、氢基竖炉直接还原炼铁、碳捕集利用封存等技术取得突破应用，短流程炼钢占比达20%以上。

有色金属行业。严控电解铝新增产能。到2025年，力争铝水直接合金化比例达到90%，再生金属供应占比达24%以上。到2030年，电解铝使用清洁能源比例进一步提高到30%以上。

石化化工行业。合理增加炼油能力，着力打造“两基地一专区”。到2025年，“减油增化”取得积极进展，新建炼化一体化项目成品油产量占原油加工量比例降至40%以下，全省原油一次加工装置产能利用率达到80%以上。到2030年，合成气一步法制烯烃、乙醇等短流程合成技术实现规模化应用。

建材行业。加强产能置换监管，引导低效产能有序退出。到2025年，水泥熟料单位产品综合能耗水平降低3.7%以上。到2030年，原燃料替代水平大幅提高，低碳技术取得突破应用，改造建设一批绿色低碳生产线，单位产品能耗进一步降低。

其他行业。现代纺织服装行业。突出品牌化、高附加值发展。先进装备制造行业突出高端化智能化发展。电子信息行业突出“增芯强屏”延链补链发展。制浆造纸行业鼓励建设林纸一体化生产线及相应配套造纸生产线。食品加工行业突出生态化、特色化发展。

2. 工业节能与能效提升行动。通过开展企业节能降碳技术改造，强化工业能效标杆引领、工业企业能效管理等措施提升工业能效水平。

3. 绿色低碳产品供给提升行动。包括构建绿色低碳产品开发推广机制，加大能源生产领域、交通运输领域、城乡建设等领域绿色低碳产品供给。

三、《方案》的贯彻落实

一是加强政策保障。法律法规方面，贯彻落实国家相关法律法规，完善地方法规规章和工业领域碳达峰相关配套制度。经济政策方面，加大专项资金支持，落实税收优惠政策。完善政府绿色采购制度，落实并完善保险补偿机制。市场机制方面，积极参与全国、区域碳排放权交易市场建设，推动碳排放权、用能权及电力交易等市场建设。发展市场化节能方式，积极推行合同能源管理，推广“一站式”综合服务模式。绿色金融方面，鼓励引导金融机构提供融资支持，推动加快工业绿色低碳改造。鼓励符合条件的绿色企业上市融资、挂牌融资和再融资。节能监督管理方面，持续做好专项节能监察，强化日常监察。完善节能监察工作机制，规范执法程序，加强节能监察队伍建设，创新监察方式，提高监察效能，强化结果运用，持续推动合理用能。依法对违规企业依法依规处理。

二是做好组织实施。组织领导方面，加强统筹协调，强化部门合作。责任落实方面，各地区严格落实目标责任，压实企业主体责任。宣传引导方面，多渠道多形式组织宣传教育，营造工业绿色低碳发展良好环境。

（摘编：郭向东）

工业领域数据安全管理试点成效突出地区福建入选

2023年2月4日福建省工信厅消息，工信部日前公布了工业领域数据安全管理试点成效突出地区名单，福建与山东、湖北、江西、江苏共同入选。

在同期公布的27项工业领域数据安全管理试点典型案例中，由福建省工信厅申报的3个项目入选。其中，紫金矿业集团的“工业数据安全保护整体解决方案”、福建省恒申合纤科技有限公司的“面向化纤工业场景的数据安全实践方案”入选整体典型案例；福建中信网安信息科技有限公司的“工业互联网云应用安全检测与数据安全监测服务方案”入选数据安全监测典型案例。

（摘编：林汇智）

福建省发布促进当前全省工业稳定增长有关措施

2023年4月11日福建省工信厅、财政厅发布《关于促进当前全省工业稳定增长有关措施的通知》（以下简称“措施”），从鼓励企业增产增效、实施工业稳增长正向激励、支持新投产企业加快投产纳统出台具体举措。

对符合国家产业政策、2023年二季度工业总产值不低于5000万元（其中，三明市、南平市、龙岩市、平潭综合实验区的企业不低于3000万元）且现价同比增长10%及以上、季度产值增量1000万元及以上的规模以上制造业企业，按企业二季度工业总产值同比增量的1‰给予奖励，单家企业奖励最高不超过80万元。厦门市可参照执行，所需资金由厦门市政府统筹解决。

对2023年各地规模以上工业增加值、工业投资、高质量项目推进、“小升规”等方面完成情况进行综合评分，并实施正向激励，二、三季度对季度得分前三名的设区市分别给予300万元、200万元、100万元奖励，年终对总得分前三名的设区市分别给予400万元、300万元、200万元奖励，由省工信厅会同省财政厅组织实施。

对2023年二季度新投产并纳入规模以上工业统计的企业，省级财政每家给予10万元奖励，若同时符合二季度增产增效奖励条件的，可叠加享受产值增量奖励。

（摘编：曾文升）

福建省公布2023年新一代信息技术与制造业融合发展项目

2023年11月20日福建省工业和信息化厅印发《关于公布2023年新一代信息技术与制造业融合发展项目的通知》（闽工信函信息〔2023〕582号）提出，根据《福建省工业和信息化厅关于开展2023年新一代信息技术与制造业融合发展项目申报工作的通知》（闽工信函信息〔2023〕74号）和《福建省工业和信息化厅　福建省财政厅关于印发推进工业数字化转型九条措施的通知》（闽工信规〔2022〕11号，以下简称《九条措施》），经各地工信部门推荐、专家评审、现场核实、网上公示等，确定2023年新一代信息技术与制造业融合发展项目89个，其中省级工业互联网示范平台（第五批）7个、新一代信息技术与制造业融合发展新模式新业态标杆企业（第三批）80家、示范平台持续赋能数字化转型（第一批）2家，现予以公布，并就有关事项通知如下。

一、实施奖励政策

对评选认定的新一代信息技术与制造业融合发展项目，应根据企业注册所在地，按照《九条措施》确定的奖补标准，对省级工业互联网示范平台运营单位每家给予200万元奖励、新模式新业态标杆企业（含5G全连接工厂）每家给予50万元奖励、示范平台持续赋能数字化转型的给予136.8万元奖励（其中摩尔云工业互联网平台63.6万元，长乐区纺织工业互联网平台73.2万元），从省级技改专项资金中安排，计入项目法资金。各地要加快奖补资金直接兑现，力争年底前全部兑现至企业，在兑现奖补资金时，不要求企业重复申报。同时，上述符合省重点技改项目条件的，可叠加享受省技改项目设备投资补助和奖励政策。

二、加强跟踪服务

要认真做好项目的跟踪服务工作，加大政策配套支持和宣传推广力度，及时总结推广典型经验，持续推进新一代信息技术与制造业融合发展。

（摘编：林汇智）

福建运用金融科技手段赋能乡村振兴

2023年12月12日，中国人民银行福建省分行举行的金融“六下乡”系列集体采访现场消息，我省金融科技赋能乡村振兴工作紧紧围绕“促进农村普惠金融、赋能乡村产业振兴、便利农村公共服务、提升乡村治理水平”四个方面开展项目建设，截至目前已筛选出涉农林渔业、公共事业缴费、卫生健康等领域的30个试点项目，并全部投入建设。其中，“基于卫星遥感技术的涉农信贷服务”项目入选我省首批金融科技创新监管应用，并获评中国人民银行总行金融数字化转型优秀案例。

农村信贷融资便利性大幅提高。我省积极推动农村信用体系建设，着力破解涉农主体缺乏抵押担保的融资难题。我省创新运用物联网、卫星遥感等技术实时获取渔业、农业作物种植面积、作物类型和长势等数据，率先在宁德市蕉城区推出“渔排养殖贷”，并成功复制至福鼎、霞浦、福安等沿海地区。借助区块链技术去中心化、不可篡改、全程可追溯等特性，整合林业局、不动产登记局、林权服务中心等多部门信息，完善林农“信用档案”，龙岩市武平县建成全省首个基于区块链的融资服务平台，已汇聚15家金融机构49款林业信贷产品。

农村金融服务获得感显著增强。针对农村金融基础设施落后、金融服务供给不足的问题，我省探索出一条线上线下融合的农村数字普惠金融发展新路径。在线下加强农村普惠金融服务点建设，运用5G、图像识别等技术推动服务设施智能化升级；在线上加快打造“惠农版”移动金融APP。农业银行福建省分行在掌上银行上线“乡村走透透”金融服务平台，助推蜜柚、莲子、食用菌等特色农产品销售。

农村治理水平满意度持续上升。中国人民银行福建省分行指导辖内金融机构探索利用技术手段打通金融和“三农”壁垒，将银行服务引入农业农村管理工作中，赋能乡村治理数字化转型。利用微服务、分布式计算等技术搭建农村集体资产监督管理平台，以“互联网+线上支付”为载体，实行村级集体资金管理“一支一收”同步监管，让每一笔支出都有据可查，从源头上预防“四风”问题；推动系统互联，提升财政奖补资金代发便利度，使村民“足不出村”可享受补贴红利。

（摘编：游永贵）

福建省出台加力推动外贸稳规模优结构八条措施

2023年7月7日福建省商务厅消息，为贯彻落实《国务院办公厅关于推动外贸稳规模优结构的意见》，近日省商务厅联合中国信保福建分公司印发《关于加强政策性出口信用保险支持加力推动外贸稳规模优结构的通知》，更好发挥政策性出口信用保险作用支持福建省外贸高质量发展。

一是发挥资信服务助力拓市场。结合重点展会平台，发挥全球信保风险信息数据库作用，助力企业开拓多元化市场。

二是拓展链式承保提升产业韧性。通过优化产业链龙头企业服务、加强产业链中小微企业（特别是“专精特新”企业）支持，全产品联动，提升产业链供应链服务质效。

三是强化普惠保障稳定市场主体。持续推进“单一窗口+出口信保”服务模式扩容，通过“数字+普惠”持续深化“福建小微出口护航行动”。

四是加大新业态支持服务外贸创新。积极拓展外贸新业态业务承保，对接中印尼、中菲“两国双园”建设，共同尝试探索易货贸易、中间商模式下的新型合作模式。

五是孵化“小而美”项目，促进“抱团出海”。对项目加强辅导和支持，共同孵化一批经济社会效益好的“小而美”项目，支持福建省外贸企业参与国际合作。

六是提升保单融资增信支持。着力强化对小微企业保单融资支持力度。与省外汇局紧密联动，持续深化辖区保单融资场景业务开展，助力实现融资便利化。

七是加强对台经贸合作交流。支持对台出口企业（含台资企业）充分运用政策性金融工具功能，保障出口收汇安全，持续推动海峡两岸的经贸合作交流。

八是运用数字化赋能外贸管理。更好发挥商务、信保大数据等资源整合，持续深化与“单一窗口”平台合作，为外贸企业提供线上综合服务。

2023年1—5月在省商务厅的持续推动下，中国信保福建分公司支持辖区国际贸易和投资已超百亿美元，充分发挥政策性金融作用支持我省外向型经济高质量发展。

（摘编：游学荣）

福建省推八大行动助消费提质升级

2023年2月27日福建省商务厅消息，为强化优先恢复和扩大消费，促进形成强大内需市场，近日，省商务厅联合省工信厅、农业农村厅、文化和旅游厅等四部门共同实施2023年扩消费八大行动。按照“省市县联动，线上线下融合”方式，以“全闽乐购·畅享福品”为主题，今年我省将组织开展1000场线下、10000场线上主题促销活动，促进城乡消费提质升级。

八大行动具体为：

大宗消费提振行动。扩大汽车消费，省级安排资金，支持各地商务部门出台汽车促销补贴政策，对消费者购买新车给予一定资金补贴。开展汽车下乡活动。鼓励各地开展家电以旧换新和家电下乡活动，推动绿色智能家电消费。

餐饮消费复苏行动。提升闽菜知名度、美誉度和影响力。引导“闽菜馆”入驻景区、旅游集散服务中心、交通服务区、酒店等，全年支持50个“闽菜馆”。支持创建9个以上特色美食街（城）。组织开展全省特色风味小吃评选活动，参与活动小吃数不少于60个。

福品消费扩大行动。打造中国品牌、福建特色名牌，借助新电商平台首发多样化新品。鼓励发展首店首发经济，丰富高端商品供给。开展8场以上老字号嘉年华活动，打造数字博物馆、线下体验馆等。举办第二届福品博览会。

网络消费拓展行动。鼓励电商服务实体经济，择优支持10个总部在闽的电商平台。择优支持20家利用电子商务第三方平台、自营平台实现闽货网销的企业。择优支持5家产业链完整、有创新特色的直播电商产业基地。

新业态培育行动。开展生活服务数字化赋能，推动智慧商圈、智慧街区建设，提升一刻钟便民生活圈数字化水平。培育国家级直播电商集聚区和领军企业。推动即时零售、夜间经济、童经济、Ta经济、银发经济、孕经济、社区电商等新业态发展。

会展消费扩容行动。以食品、日用百货、轻工、纺织鞋服等我省优势行业产品为重点，组织优势福品企业参加进博会、消博会、厦门投洽会、闽货华夏行等省内外有影响力的重要展会20场以上。

农村消费提升行动。加快完善县域商业体系，支持建设改造集贸市场等乡镇商贸中心30个。持续推动农村电商发展。支持福州、泉州等建设“福农优品”线下体验中心，新筛选一批“三品一标”农产品，提升“福农优品”品牌知名度和市场占有率。

文旅消费推进行动。以“清新福建　精彩四季”为主题，组织各地开展系列文化和旅游促消费活动。以福州、厦门等5个国家文化和旅游消费试点城市为重点，改造升级文旅场所消费设施，打造“城市会客厅”。培育滨海旅游、乡村休闲、自驾露营、亲子研学、后备厢经济等文旅消费新业态，大力发展路衍经济。支持全省5A级景区推出首道门票优惠活动。

消费对经济发展的基础性作用正越来越得到重视。随着疫情防控措施的优化，今年瞄准消费新动向促进消费提质升级，各地围绕特色优势产业策划27项具体活动，涵盖生产端、流通端、消费端等各个环节，参与企业更广，促销更精准。

（摘编：周少雄）

2023年福建省重点招商项目公布

2023年5月29日福建省发改委消息，省发改委日前筛选推出2023年福建省重点招商项目272项。这些项目已在省发改委官网发布，并将在今年“9·8”投洽会、境内外招商推介会等各项重大经贸交流活动中予以重点推介。

这些项目以各类园区为主要载体，符合国家及我省产业政策导向，具有较好的产业基础和资源优势，前期工作已达一定深度，预期投资收益较好。重点招商项目中，电子信息和数字产业项目43个，先进装备制造项目34个，石油化工项目11个，现代纺织服装项目12个，新能源新材料项目35个，生物医药和健康产业项目25个，冶金建材项目19个，现代农业和食品加工项目31个，商贸物流和平台经济项目34个，文创和旅游会展项目28个。

围绕做强万亿级支柱产业、培育壮大战略性新兴产业、改造提升传统优势产业、加快发展现代服务业的总体目标，省发改委筛选推出今年重点招商项目，旨在以更大力度吸引和利用外资，以制造业为重点促进利用外资稳存量、扩增量、提质量，与更多海内外投资者和企业家分享福建的投资发展机遇。

（摘编：马新华）

2023年度福建省数字经济重点项目公布

2023年6月20日福建省数字福建建设领导小组办公室关于印发2023年度省数字经济重点项目名单的通知（闽数字办〔2023〕4号）提出，省数字办遴选确定2023年度省数字经济重点项目191个，项目总投资1168亿元，年度计划投资260亿元。

这是我省首次遴选确定年度数字经济重点项目。项目名单中，福州市项目数达55个，总投资311.8亿元，总投资占比约26.7%；莆田市项目数达10个，总投资227.7亿元；漳州市项目数达27个，总投资187.3亿元。

通知要求各级各有关单位强化组织领导、统筹部署，不断优化数字经济营商环境，大兴调查研究，全力以赴确保项目完成当年度投资计划，尽早竣工投产、发挥效益，更大发挥数字经济重点项目支撑带动作用。

我省计划今年实现数字经济增加值2.9万亿元以上。借助第六届数字中国建设峰会，我省招商对接项目606个，总投资3357亿元。2023年，全省遴选公布数字经济核心产业领域创新企业350家，较2022年增加34家。

（摘编：王利兴）

2023年福建省生态环境项目成果发布

2023年6月19日，2023年福建省生态环境项目成果发布会在福州举行。会上54个项目现场签约，总投资670亿元。

发布会现场展出32个生态环境项目案例、10项前沿技术、10项金融成果；来自高校、生态环境部环境规划院的专家学者分享对生态环境项目工作的思考与建议。

我省大力实施项目工作法，将工程项目作为生态环境工作的重要载体和关键抓手。2022年以来，全省累计策划申报区域性、流域性、行业性生态环境项目2506个，总投资3631亿元；获中央、省级生态环境专项资金逾51亿元，新增生态环保专项债8亿元，今年还新增设立省级生态环境综合性专项资金4亿元；1862个生态环境项目获金融机构优先审批，累计获授信4533亿元，实际投放1785亿元，同比增长58.72%；全省已有11个EOD（生态环境导向开发模式）项目新增纳入中央储备库，总投资370亿元，项目数居全国前列。在生态环境项目支撑下，福建生态环境质量保持优良并位居全国前列。

（摘编：李元）

第一届中国侨智发展大会成效显著

2023年12月20—22日，由中国侨联、福建省人民政府共同主办的第一届中国侨智发展大会在福州成功举办。全国人大常委会副委员长、农工党中央主席何维在开幕式上讲话并宣布大会开幕。省委书记、省人大常委会主任周祖翼，中国侨联党组书记、主席万立骏在开幕式上致辞。省委副书记、省长赵龙主持开幕式。全国人大常委会委员、华侨委员会副主任委员黄志贤，省政协主席滕佳材出席。

12月22日，省政府新闻办举行第一届中国侨智发展大会成果新闻发布会，邀请中国侨联、福建省侨办、福建省侨联及福州市相关部门，介绍第一届中国侨智发展大会的特色亮点、主要成果。

本届大会立足福建、服务全国、面向海外，致力打造“溯源头学思想、聚侨心凝共识、汇侨智助发展”的国家级平台，取得了积极成效。

海内外嘉宾踊跃参与，47位海内外院士、102家海内外专业社团以及来自全球37个国家和地区的1000余名嘉宾参会，汇聚起侨界人才推动高质量发展的磅礴力量。高层次人才众多，博士以上高层次人才632名，占嘉宾总数的61.8%；45岁以下的新侨和华裔新生代516名，占比50.4%。大会期间，110多位海外博士、博士后与省内14家高校、科研院所、创新实验室达成对接意向，30

多名海外博士与福州市福耀高等研究院进行初步对接并达成就业意向。本届大会还倾力打造“侨智汇”系列品牌活动，开展线上线下大型招才引智推介，线下吸引近万人参加，线上超2.6万人次访问，线下线上投递简历3600多份，包含海外人才350多人，达成初步就业意向1480人；邀请海内外科技精英人才开展竞技比赛，发掘和培养国际化、高水平的技术技能人才。

用先进技术和人才，有效助力产业升级。中国科学院在专场推介活动中围绕福建主导产业、优势产业和新兴产业，集中发布了稀土材料、工业仿真、能源动力、先进医疗等领域24项科研成果，8个项目进行现场签约。据统计，大会共举办4项产业推介和成果对接专场活动，侨界院士和高层次专家学者发表83场主旨演讲。现场推介展示高新技术成果45项，9个合作项目成功签约，17个项目达成初步合作意向，意向金额逾70亿元。

人才聚，产业兴。为满足产业、人才发展需求，大会着力打造中国相关产业和人才政策措施的发布平台。形成了《“侨企侨资”税收政策指引》，鼓励侨界人才回乡投资兴业；首次提出并发布《芯动力汽车芯片产品评审规程》，完善了国内汽车芯片审查认证体系；发布了《汽车芯片技术分享实例蓝皮书》等。

为高质量发展注入“侨动力”，离不开机制的保驾护航。大会围绕新发展阶段，贯彻新发展理念，探讨和初步形成了五项机制。包括，产业链贯通机制得以建立，30多家行业重点企业联合成立氢能产业创新发展联盟，建立了中国福州与东盟数字贸易合作机制。

引侨资，聚侨智，汇侨力。本次大会，“侨商兴闽基金”正式成立，目标规模100亿元，首期30亿元资金到位；省侨办、省侨联与中国工商银行福建省分行签订了《涉侨金融服务框架合作协议》，厦门国际银行等机构参与了产业对接活动等，这些安排促进了华侨金融和产业发展的融通，华侨资本和产业融通机制更加健全。

（摘编：吴建翰）

第六届数字中国建设峰会推进中国式现代化

2023年4月28日，第六届数字中国建设峰会在福州闭幕。峰会上，系列论坛活动解读重大政策、发布重要报告，“两展一赛”集中展示了一系列数字中国建设最新成果，系列特色活动持续推动重点行业产业生态协同创新、共同发展。数据显示，本届峰会共招商对接数字经济项目606个，总投资3357亿元。其中，集中签约项目52个，总投资581亿元，项目平均投资额比上届增长超30%。

本届峰会成果展重点展示数字基础设施、数字经济、数字社会等11个方面的百余项数字化最新成果和优秀实践案例。峰会举行的最佳成果遴选活动，产生三大奖项。“昇思MindSpore全场景开源AI融合框架”等成果入选“十大硬核科技”；“数字战场实战指控平台”等成果入选“十佳解决方案”；“腾讯银发AI助听解决方案”等成果入选“十佳数字普惠案例”。

作为峰会重要组成部分，本届数字中国创新大赛设置9个赛道，参赛人数2.7万余人。大赛以多赛道并行的形式，面向产业实际需求，搭建数字人才成长桥梁，多角度展现数字中国建设创新成果。

峰会还举办开幕式、主论坛以及20个分论坛系列论坛活动。院士专家、数字产业领军人物进行了深入的理论经验和实践交流。峰会发布了《数字中国发展报告（2022年）》《中国数字经济发展报告（2023年）》《数字中国系统工程300问》《算力发展及其应用研究报告——“东数西算”背景下的分析》《中国互联网教育应用测评：方法、实践与展望》等重要报告。

在今年的峰会上，主办方还举办了云生态大会、工业互联网生态大会、人工智能生态大会、数据要素与产业生态大会等系列特色活动，推动重点领域数字生态深度对接。

第六届数字中国建设成果展览会、第二届中国国际数字产品博览会持续至4月30日。

（摘编：陈闽声）

第二十三届投洽会福建省签约50个重大项目

第二十三届中国国际投资贸易洽谈会暨2023国际投资论坛9月8日在福建厦门开幕，第十四届全国政协副主席王勇出席开幕式并致辞。

福建省委书记周祖翼在致辞中说，福建将积极融入共建“一带一路”，与海内外投资者深度合作，推动开放之门更大、开放机制更活、开放环境更优，共同谱写高水平开放发展的新篇章。

同日，第二十三届中国国际投资贸易洽谈会福建省重大项目集中签约仪式在厦门国际会展中心举行。省委书记周祖翼、省长赵龙出席并见证签约。

本次现场集中签约项目50个，计划总投资1222.8亿元。其中，数字经济、海洋经济、绿色经济、文旅经济项目42个，计划投资968亿元，分别占签约项目的84%和79.2%。外商投资项目22个、计划投资486.8亿元，央企投资项目11个、计划投资465.8亿元，民企投资项目15个、计划投资218.5亿元，省属国企投资项目2个、计划投资51.7亿元。

从产业投向看，制造业项目24个、计划投资671.3亿元，服务业项目24个、计划投资468.5亿元，电力能源项目2个、计划投资83亿元。从项目规模看，单个项目平均计划投资24.5亿元，其中，计划投资50亿元（含）以上的有福清天辰耀隆产业链延伸、厦门金砖创新基地总部等6个项目，计划投资最大的为中化泉州基地炼化产业升级项目（150亿元）。从签约形式看，合同项目27个、计划投资463.3亿元，协议项目23个、计划投资759.5亿元。

据组委会初步统计，638个项目在大会期间达成合作协议，计划总投资4845.7亿元，参会机构数量和协议总投资额均创下五年来新高。

本届投洽会继续通过展览展示、会议论坛、项目对接和信息发布等相互融合，助力招商引资和投资合作需求实现精准匹配，共吸引来自106个国家和地区的1000多个工商经贸团组、近8万名境内外客商参会。投洽会设置12万平方米展览展示，举办62场论坛研讨活动、36场对接洽谈、项目路演和投资考察活动，发布《世界投资报告2023（中文版）》《中国外资统计公报2023》《中资企业国别发展报告》《中国双向投资报告2023》等15个权威报告和研究成果。

联合国贸发会议、联合国工发组织、经济合作与发展组织等12个国际组织在大会期间举办论坛、发布报告或应邀演讲，是近年来国际组织参与最多的一次。在一系列重要论坛上，722位演讲嘉宾，围绕境内外投资趋势和国际产业合作等议题发表真知灼见。

围绕全球发展倡议重点合作领域中的数字经济、绿色发展、扶贫三大领域，本届投洽会设置智能制造及数字经济展、新能源及绿色创新展、警安法务科技展、乡村振兴产业展、运动时尚展等专业展区，聚焦新能源、人工智能、新一代信息技术、医疗设备、乡村振兴等产业领域，汇聚包括GE、西门子、飞利浦、博世、航天科工、鞍钢、京东等世界500强和华西、百度等中国500强企业等在内的行业头部企业，展示产业新蓝海、投资新赛道。

本届投洽会作为商务部“投资中国年”活动的重要一站，举办以“投资中国　共创开放繁荣的美好未来”为主题的“投资中国年”主旨论坛暨福建专场推介会，全面展示中国及福建的投资机遇与发展前景。

（摘编：林汇智）

第二十一届海创会在福州落幕

2023年6月22日，为期五天的第二十一届中国·海峡创新项目成果交易会（以下简称“海创会”）在福州高新区双创高新产业孵化基地顺利闭幕。据不完全统计，本届海创会成功对接项目521项，金额约4000亿元。

本届海创会上，来自海内外的两院院士、创新企业代表、金融专家会聚福建，参会参展，共话创新发展，展示前沿成果，推动项目对接，共同形成支撑新福建建设的强大合力。海创会整合高校、科研机构、企业资源，助力科技成果转化对接，持续推动新技术、新产品、新模式、新业态蓬勃发展。

这是海创会首次在海创中心举办。于今年5月揭牌的海创中心位于福州市高新区海西园，占地面积约22.5亩，总建筑面积约5万平方米。海创中心作为海创会延伸的服务平台，将为更好地常态化举办海创会活动，促进科技创新与经济深度融合夯实基础，让项目、技术、资本、人才常年对接，永不落幕。

海创会将以海创中心的落成为契机，创新办展模式，逐步拓展创新生态圈，串点成线，连线成面，构建“创新成果+技术攻关+孵化产业化+科技金融+人才支撑”的全过程创新生态链。

（摘编：邓新民）

第六届海丝博览会
暨第二十五届海交会拓展海丝合作

2023年5月18日，第六届21世纪海上丝绸之路博览会暨第二十五届海峡两岸经贸交易会（以下简称“5·18”）在福州海峡国际会展中心开幕。

本届“5·18”围绕“拓展海丝合作、共享发展机遇”“深化两岸融合、建设第一家园”主题，安排展览面积12万平方米，设置了中印尼经贸博览会、主宾国及RCEP经贸合作展区、“一带一路”成果及精品展区、台资企业投资大陆成果展区等19个特色主题展区，展览将持续至22日。

今年恰逢共建“一带一路”倡议提出10周年，本届“5·18”邀请多位东盟国家驻华使节，分享10年来东盟与中国经贸合作、文化交流成果与故事，并展望未来10年合作发展的重点与愿景。同时，首次设置双主宾国——印度尼西亚和阿根廷，其中印尼主宾国展区邀请35家印尼企业来榕参展，展示内容涵盖高端制造、珠宝首饰、调味酱料等印尼特色展品；阿根廷主宾国展区设有6个展示区域，通过产品展示、图文视频展示等方式，集中展示阿根廷的产业发展、旅游资源、足球文化等。

本届“5·18”策划举办了系列高端产业发展和经贸交流活动，延续举办21世纪海上合作委员会“菌草技术”专题研讨活动、“三茶”融合高质量发展大会等重要活动。此外，抓住中印尼“两国双园”上升为共建“一带一路”新旗舰项目的机遇，与印尼合作举办了RCEP经贸创新合作发展论坛暨中印尼“两国双园”开放发展对话。

在第六届21世纪海上丝绸之路博览会暨第二十五届海峡两岸经贸交易会到来之际，5月17日，“万商云集有福之州”2023全球招商大会举行，共签约项目59个，总投资1138亿元。省委常委、福州市委书记林宝金，省委常委、常务副省长郭宁宁，中国贸促会副会长陈建安出席大会并致辞。山西省委常委、大同市委书记卢东亮出席。

1994年，首届“福州国际招商月”以“万商云集有福之州”为主题成功举办。历经30年的传承发展，“国际招商月”的内涵不断拓展，并上升为“21世纪海上丝绸之路博览会暨海峡两岸经贸交易会”，成为福州对外开放的重要窗口、两岸交流合作的重要品牌。

（摘编：曾文升）

福建省文旅经济发展大会打造世界知名旅游目的地

2023年4月18日，2023年福建省文旅经济发展大会在宁德召开。省委书记、省人大常委会主任周祖翼出席并讲话。省委副书记、省长赵龙主持大会。文化和旅游部副部长杜江、世界旅游联盟主席张旭出席并讲话，中国旅游集团董事长陈寅出席。

会议指出，文旅产业是绿色产业、朝阳产业、富民产业、幸福产业。习近平总书记曾在福建工作17年半，高度重视文化和旅游事业，为福建文旅经济发展打下了坚实基础，也为我们创造了文旅资源“富矿”。大力发展文旅经济，是贯彻落实习近平总书记重要讲话重要指示精神的必然要求，是顺应时代大势、推动高质量发展的战略需要。福建是有“福”之地，处处有文化、满眼皆山水，拥有大自然恩赐的秀丽风光、前人创造的不朽历史文化遗产、革命先辈留下的宝贵红色基因、“多面逢源”的区位和交通优势，发展文旅经济具有得天独厚的资源禀赋和比较优势，空间广阔、潜力巨大。

会议强调，做大做强做优文旅经济正当其时、恰逢其势。要着眼供给侧，突出福建味，着力丰富文旅产品供给。立足福建特色，重点做好红色游、绿色游、蓝色游，做足“文旅+”文章，整合山区与沿海、自然与人文、城市与乡村文旅资源，推动串珠成链、串点成线、连线成片。要着眼需求侧，突出加速度，着力推动文旅市场振兴复苏。持续促文旅消费、扩文旅投资，为中小微文旅企业“输血补气”，打造新时代文旅“闽军”，激活文旅市场“一池春水”。要着眼服务质量，突出满意度，着力提升八闽旅游的品牌形象。坚持以游客的满意指数、幸福指数为目标，完善基础设施，规范服务标准，加强人员培训，强化市场管理，维护游客权益，全方位提升文旅服务水平。要着眼科技含量，突出数字化，着力促进文旅产业智能化发展。坚持把数字文旅建设作为基础性先导性工程，构建数字文旅综合服务平台，加快智慧景区建设，大力发展沉浸式数字文旅产品，增强新体验、乐享新服务。周祖翼指出，发展文旅经济是一项系统工程，全省各地各相关部门要加大政策供给和投入力度，强化一把手抓文旅经济的意识和本领，进一步调动各方积极性，推进全领域、全行业、全要素的文旅深度融合发展，全面促进文旅市场活起来、热起来、火起来。

会上举行了省级全域生态旅游示范区授牌仪式，并签约重点项目12个、约350亿元。宁德市、省旅游发展集团、锦江国际（集团）有限公司的主要负责同志作了交流发言。

省领导张彦、吴偕林、王金福出席大会。文化和旅游部有关负责同志，部分省市、对口协作地区文旅部门负责同志；相关省直单位，各设区市和平潭综合实验区的主要负责同志；有关县（市、区）政府，国家级和省级全域生态旅游示范区的主要负责同志；国内、省内部分文旅企业和金融机构负责人等参加大会。

大会还在17日晚举行了以“有福相见”为题的文艺演出用极具福建文化特色的精彩节目喜迎与会各界来宾。

据统计，大会期间，全省各地成功洽谈94个文旅招商合作项目，涵盖海洋旅游、生态康养、数字文旅、乡村振兴等领域，总投资1101亿元；银企合作项目7个，合计融资授信151亿元。其中，现场签约项目40个：招商引资项目33个，总投资569亿元；银企合作项目7个，融资151亿元。此外，省人民政府与中国旅游集团签订战略合作框架协议，省文旅厅与中国文化传媒集团签订数字文化产业共建协议。

（摘编：余松山）

福建省第十三届民营企业产业项目洽谈会聚焦发展实体经济

2023年6月18日，福建省第十三届民营企业产业项目洽谈会在福州召开，集中签约50个重点项目，总投资1213亿元。省长赵龙出席并讲话，副省长林瑞良主持。

会上，中国科学院院士姚建年、中国工程院院士俞建勇，民营企业家代表曹德旺、尹同跃、周达文、陈建龙先后发言，围绕发展实体经济、培育战略性新兴产业、加快科技创新步伐、优化营商环境等方面分享经验、建言献策。赵龙认真听取发言，要求各地各有关部门认真研究消化，把意见建议落实到今后政府工作中，进一步改进服务，加强要素保障，推动签约项目早建设、早投产、早见效。

会议指出，福建是民营企业发展的沃土、民营企业家投资兴业的福地，福建民营企业家素来爱国爱乡、爱拼会赢、诚实守信、乐善好施，过去是、现在是、将来也一定是福建发展不可或缺的重要力量。当前，我们正全面贯彻落实习近平总书记亲自擘画的新福建建设宏伟蓝图和“四个更大”重要要求，奋力打造富强福建、创新福建、活力福建、幸福福建、美丽福建、平安福建，在谱写中国式现代化福建篇章的进程中，民营企业将拥有全新的发展机遇、更广阔的发展空间、更完备的产业配套、更优良的营商环境。我们将把用心用情服务民营企业和民营企业家作为永恒不变的承诺，持续优化政策环境，全面兑现、精准推送、科学评估政策，保持政策连续性稳定性有效性，让民营企业“轻装上阵”；持续优化市场环境，创造一流营商环境，做到随叫随到、不叫不到，无事不扰、有事登门，让民营企业“放开手脚”；持续优化法治环境，健全民营企业司法保障机制，加大知识产权保护力度，让民营企业“卸下包袱”、蓬勃发展、做大做强。希望广大企业家坚守实体经济、专注主业实业，做爱国敬业、守法经营、创新创业、回报社会的典范，热忱欢迎大家投资福建、深耕福建，助力福建高质量发展。

大会共征集拟签约项目156个，计划总投资2692亿元，涉及电子信息、先进装备、石油化工、现代纺织服装、新材料新能源等领域。

（摘编：曾文升）

第133届广交会二期开幕福建省近千家企业参展

第133届中国进出口商品交易会（以下简称“广交会”）二期于2023年4月23日在广州琶洲展馆开幕。福建省交易团780家企业参展、2036个展位，单独组团的厦门交易团198家企业、656个展位，主要展品涵盖餐厨用具、陶瓷、家居用品、个人护理用具、宠物用品、钟表眼镜、玩具、礼品及赠品、家居装饰品、园林、家具、进口产品等，及新题材“孕婴童”产品。

亮相“中国第一展”，企业带来的都是全新研发的产品。从首日接待客商情况看，不少福建企业表示好于预期。为应对目前欧美市场订单下滑，企业将积极拓展新兴国家市场，同时更要以优质产品取胜。

第133届广交会于4月15日至5月5日分三期在广州线下举办，总展览面积150万平方米，参展企业超过3.4万家。福建省交易团组织1619家企业参展，共4226个展位，为历届最多。厦门交易团组织455家企业参展，共1571个展位。

（摘编：林汇智）

2023世界航海装备大会在福州开幕

10月12日，2023世界航海装备大会在福州开幕。中共中央政治局委员、国务院副总理张国清出席开幕式并致辞。他强调，要深入学习贯彻习近平总书记关于新型工业化的重要指示精神，落实全国新型工业化推进大会部署，大力发展先进制造业，加快推进新型工业化，为中国式现代化构筑强大物质技术基础。省委书记、省人大常委会主任周祖翼出席并致辞。他说，福建因海而生、向海而兴，是21世纪海上丝绸之路核心区，也是中国近代海洋装备工业的重要发源地。习近平主席有着深厚的“海洋情怀”，在福建工作期间就开创了建设“海上福州”“海洋强省”等重要理念和重大实践；党的十八大以来，就构建海洋命运共同体、建设海洋强国作出了一系列重要论述。这些都为全球海洋治理、发展海洋事业指明了方向。省委副书记、省长赵龙主持开幕式。

10月12—15日举办的2023世界航海装备大会以“承载人类梦想、驶向星辰大海”为主题，由福建省人民政府、工业和信息化部、交通运输部联合主办，打造了一场世界航海装备领域高层次、高能级、高水平的国际交流合作盛会。

大会期间，举办1场主论坛、6场专题论坛，来自世界各地的航海装备领域专家学者、企业负责人、行业代表齐聚福州，围绕技术创新、绿色发展、产业合作等热门话题展开深入交流，共商航海装备产业发展大计。

同期举办的2023中国航海装备博览会，吸引14个国家和地区的715家企业参展，集中展示了6500多项海洋装备领域的优秀产品、先进技术和解决方案，全方位展现我国海洋装备领域发展的最新成就。

本次大会也是加快建设“海上福州”、助力福建打造“海洋强省”的重要平台。10月12日同期举办的福建省海洋经济产业合作创新发展大会上，共对接签约项目170项，总投资超2000亿元。其中，福州市共对接签约项目76项，总投资超1100亿元，展现了福州市结合开展第二批主题教育、深入实施“深学争优、敢为争先、实干争效”行动取得的新成效，为“海上福州”建设注入新动能、谱写新华章。

10月12日，与2023世界航海装备大会同期举办的2023中国海洋装备博览会，在福州海峡国际会展中心开幕，副省长林瑞良、省政协原副主席陈义兴出席。

本届博览会由中国船舶集团主办，以“开放海洋　装备未来”为主题，吸引了来自14个国家和地区的715家企业参展，集中展示6500多项海洋装备领域的优秀产品、先进技术和解决方案，包括无人船、水下机器人、智能化港口设备、智慧海洋系统、各式游艇以及相关供应链产品等，全方位展现我国海洋装备领域发展的最新成就。

博览会设置了室内主展区、户外游艇及游艇生活分展区，规模达10万平方米。其中，主展区细分为船舶制造、绿色能源动力、数智科技装备、海工装备等15个展区；户外游艇及游艇生活分展区主要展出国内外知名游艇品牌以及与游艇相关的生活方式等。

本届博览会为期4天，将围绕产业链和供应链协同创新、产学研合作、人才交流、经贸对接、成果转化等重点，举办包括人工智能在深远海开发中的应用高峰论坛、海洋产业发展高峰论坛等10场论坛会议，以及3场供采对接交易会、5场推介及揭牌签约活动、6场大众科普互动类活动等。

（摘编：赵远）

2023世界储能大会展现全新储能

2023年11月9日，2023世界储能大会在宁德开幕。福建省副省长林瑞良、第十三届全国政协经济委员会副主任苏波、中国机械工业联合会会长徐念沙、国务院国有重点大型企业监事会原主席季晓南出席。

大会由宁德市人民政府、福建省工业和信息化厅、工业和信息化部装备工业发展中心联合主办，以“全球视野、全新储能”为主题，旨在打造世界级储能交流合作平台，推动储能行业高质量发展。

在活动现场，10家国内外储能相关行业协会（联盟）联合发布《全球储能产业未来发展倡议（宁德）》；中国机械工业联合会授予宁德市“中国新能源电池之都”称号，宁德市政府还发布了《宁德市动力电池国家先进制造业集群培育提升三年行动方案（2023—2025）》和《“零碳岛”建设宁德宣言》。会上，宁德市举行项目集中签约仪式，以储能为代表的新能源产业签约项目共63个，签约总金额1191.2亿元。

本次大会还将陆续发布《新型储能产业发展报告（2023）》《2023光储充一体化充电设施发展报告》和《配置电化学储能的光伏系统性能检测技术规范》《光储充一体化电站技术规范》《电化学储能光伏系统电能质量检测规程》《储能电池

集成式液冷设备技术规范》等4项团体标准。

此外，大会同期还组织了中国（宁德）国际新能源产业及储能装备博览会。

2022年，全省锂电池产业营业收入3386亿元，相比上年增长84.1%，已形成以宁德市、厦门市为重点区域的锂电产业集群。其中，宁德依托全球领先的锂电新能源产业基础，积极抢占储能产业新赛道，储能电池市场占有率连续2年全球第一，2022年全市储能电池出货量53GWh，市场占有率43.4%；全国首座标准化光储充检智能超充站、全国首条重卡换电高速干线（宁德—厦门）、全国单体规模最大的储能标杆工程国网时代霞浦储能电站等一批储能产业示范应用项目相继落地运行。

（摘编：李元）

2023金砖国家新工业革命展在厦门举办

11月14日至18日，2023金砖国家新工业革命伙伴关系系列活动在厦门举行，主要包括2023金砖国家新工业革命展、第五届金砖国家新工业革命伙伴关系论坛、2023金砖国家工业创新大赛决赛、首届金砖创新基地企业家论坛等。

11月16日，2023金砖国家新工业革命伙伴关系论坛在厦门开幕。来自金砖及“金砖+”国家的嘉宾共聚一堂，围绕“深化伙伴关系合作，推进金砖国家新型工业化”主题开展交流对接。省长赵龙，工业和信息化部副部长张云明，省委常委、厦门市委书记崔永辉在开幕式上致辞。副省长林瑞良主持。开幕式后，赵龙一行参观了金砖新工业革命展。

作为2023金砖国家新工业革命伙伴关系重要系列活动之一，2023金砖国家新工业革命展16日在厦门国际会展中心开幕。

本届展会的“朋友圈”持续扩大，伊朗、加纳、联合国工业发展组织等国家和机构首次参展。展会以“深化伙伴关系合作　推进金砖国家新型工业化”为主题，规模达1.1万平方米，设立金砖创新基地展区、国别展区、福建展区、专业展区和创新专区。吸引中国石油、中国通用技术、巴航工业、华为、比亚迪、沙特阿美、新松机器人、新开发银行等180余家国内外知名企业和机构参展。

金砖创新基地展区是此次展会的重头戏，除了展示20余家厦门金砖创新基地企业在数字智造、绿色低碳、医疗健康和科研创新等领域最新成果，还重点展示创新基地八大赋能平台。另外，首次设立的创新专区吸引了来自德国、瑞士等国的10余家创新中心、初创企业集中亮相。

（摘编：郑欣然）

第24届亚太电协大会开幕式在厦门举行

2023年10月20日，第24届东亚及西太平洋电力工业协会大会开幕式在厦门举行。国家副主席韩正出席并致辞。

韩正表示，面对能源供需格局新变化、国际能源发展新趋势，习近平主席提出“四个革命、一个合作”的能源安全新战略。中共二十大报告确立了到2035年基本实现美丽中国的目标，对推动绿色发展作出全面部署。我们正加快推动经济社会和生态环境协调发展，为世界能源电力转型提供中国方案。

韩正指出，能源绿色低碳转型已成为世界各国共识，是不可逆转的时代趋势。中国将秉持人类命运共同体理念，同亚太各国一道，携手推动构建开放共赢的能源电力国际合作新格局。

韩正提出三点倡议。一是加强互联合作，推动能源转型。要加强能源电力交流合作，共建能源电力基础设施，促进清洁能源在区域范围内大规模开发利用。二是推进绿色低碳，应对气候变化。要坚定维护以联合国为核心的国际体系，全面有效落实《联合国气候变化框架公约》及其《巴黎协定》，推动建立公平合理、合作共赢的气候治理体系。三是深化务实合作，推动科技创新。要以更加开放的思维和举措，合作开展新能源和关键技术的研发应用，共同探索新技术、新业态、新模式，为亚太电力科技创新注入强劲动力。

省委书记、省人大常委会主任周祖翼在致辞中指出，能源是现代经济社会的血液。习近平主席高度重视能源事业发展，作出了一系列重要论述，为我们推动世界能源变革转型和能源治理体系建设指明了方向。福建是中国对外开放重要省份，也是清洁能源大省。新征程上，福建发展潜力巨大，对能源电力有着更大需求。我们将认真学习贯彻习近平主席关于能源工作的重要论述，坚持夯基固本、加强能源电力基础设施建设，聚力绿色转型、加快清洁能源发展，着眼互利共赢、深化能源交流合作，为共创亚太能源清洁低碳美好未来贡献福建力量。衷心希望各位朋友常来福建，寻商机、谋合作，享清新、行福运，共同书写亚太地区能源电力合作新篇章。

省委副书记、省长赵龙出席。亚太电协主席、中国电力企业联合会理事长、国家电网有限公司董事长辛保安致欢迎辞，新加坡能源集团新能源电网公司总裁邱秀金在会上致辞。世界能源理事会秘书长兼首席执行官安吉拉·威尔金森，电气电子工程师学会主席兼首席执行官赛义夫·拉曼先后作主旨演讲。

本次大会以“绿色低碳　电亮未来”为主题，为各方探讨能源转型、推动绿色发展提供了重要平台。亚太电协18个成员国和地区的政府和企业代表、国际组织代表、专家学者等2700余人参加会议。

会议开始前，韩正集体会见中外与会嘉宾，进行了座谈交流。

（摘编：赵远）

第一届海峡两岸农业交流大会举办

2023年10月24日，第一届海峡两岸农业交流大会在漳平开幕。大会以“深化两岸农业交流，携手共创美丽乡村”为主题，由国务院台办经济局、农业农村部台办、福建省台办、福建省农业农村厅、龙岩市人民政府指导，海峡两岸农业交流协会、全国台企联农业委员会、福建省乡村振兴促进会、台湾杰出农民协会、台湾精致农业发展协会、台湾休闲农业发展协会主办，龙岩市台港澳办、龙岩市农业农村局、漳平市人民政府承办。海峡两岸关系协会会长张志军，福建省人民政府副省长常斌，农业农村部总经济师魏百刚，福建省乡村振兴促进会会长许维泽参加大会。

会议指出，福建始终秉持“两岸一家亲、闽台亲上亲”理念，让政策支持更加有力，产业合作更加紧密，交流互动更加深入，持续推进两岸农业融合发展，深化闽台乡建乡创交流，两岸农业合作不断取得新成效。福建将为广大台胞台企在闽投资兴业创造更好发展条件、提供更优政务服务，努力打造台胞台企登陆第一家园。

活动还举行了农业领域对台合作项目签约仪式，签约项目共有25个，总投资额58亿元，主要涉及台湾名优农产品种植、农产品加工、三产融合等领域，其中12个项目上台签约。

（摘编：王利兴）

2023年海峡两岸农博会·花博会闭幕

2023年11月30日，由农业农村部、国务院台湾事务办公室、中国国际贸易促进委员会、中国食品工业协会共同主办的2023年海峡两岸现代农业博览会·海峡两岸花卉博览会在厦门市和漳州市开幕。农业农村部副部长邓小刚，海峡两岸关系协会会长张志军，省委副书记罗东川，省委常委、厦门市委书记崔永辉，台湾新党前主席郁慕明、台湾农会理事长黄瑞吉出席开幕式并致辞，农业农村部总经济师魏百刚主持开幕式，副省长王金福、农业农村部国家首席兽医师李金祥、台湾中华民族发展基金会董事长林中森在漳州出席。

本届农博会以“两岸农情　融合发展”为主题，在为期3天的时间里，展示了包括高附加值农业生产、农产品加工制造以及农业供应链等多元业态，政策对接、经贸合作、青年交流等多个领域的交流活动在厦门、漳州两地开展。

12月2日，2023年海峡两岸现代农业博览会·海峡两岸花卉博览会闭幕。初步统计，

农博会吸引了来自海峡两岸的1500多家企业

参展，2300多家采购商前来洽谈交流，意向签约金额合计125.6亿元，其中，厦门展区意向签约金额41.6亿元、漳州展区意向签约金额84亿元，大会期间总参观人数达1.35万人次。

（摘编：李元）

第十五届海峡两岸茶业博览会聚焦“三茶”发展

2023年11月16日，第十五届海峡两岸茶业博览会在武夷山开馆。茶博会以“‘三茶’统筹、融合发展”为主题，突出两岸交流、茶旅互动、全链发展，打造全国有特色、国际有影响的茶业盛会。

本届茶博会是贯彻落实2021年3月习近平总书记在武夷山考察时提出的“三茶”统筹发展理念举办的茶博会，是受疫情影响两年后复办的茶博会，也是在《中共中央　国务院关于支持福建探索海峡两岸融合发展新路　建设两岸融合发展示范区的意见》出台的大背景下举办的盛会，备受关注、影响深远。

本届茶博会创下多个“最多”：展览面积4.5万平方米，分为两层，设置标准展位1900个，展位数为历届最多。参展企业813家，邀请VIP采购商4367家。台湾馆由原来的100个展位增加到150个展位，参展数量、品类、面积都是历年以来最多。展馆设有茗茶馆、闽台馆（包含台湾馆）、茶机械/茶器具馆、茶包装馆四大主题展区，涵盖茶包装、茶机械、茶器具、茶空间、茶食品、茶洗护用品等从茶园到茶桌的全产业链产品，充分展示“三茶”统筹助力乡村振兴以及两岸以茶为媒融合发展的最新成果。

开幕式上，五项成果重磅发布：武夷红茶健康养生功能；福建武夷岩茶文化系统入选第七批中国重要农业文化遗产名单；《武夷山水·茶空间建设通则》团体标准；红茶、白茶冲泡品饮标准器具；武夷茶宴大赛成果。

本届茶博会内容丰富。其间，海峡两岸茶业交流协会与台湾区制茶工业同业公会、台湾茶协会、台湾省茶商业同业公会联合会、台湾区茶输出同业公会在武夷山签订《关于加强闽台茶业交流合作的框架协议》。根据协议，各方以茶为两岸感情连接点，将加强闽台茶文化、茶产业、茶科技交流合作，推动优秀传统茶文化创新发展，以茶为媒促进闽台茶产业融合发展形成共识。

当天下午，“共话三茶统筹　同谱非遗新篇——世界非物质文化遗产项目交流座谈会”举行。会上，武夷山市介绍了该市“三茶”统筹发展的工作情况和成效；来自全国各地的30余名非遗传承项目代表、文旅部门代表相聚一堂，畅谈“三茶”融合，共话文化传承，共促文化创新。

此外，当天，福建武夷国际茶叶交易中心开市，国家加工食品质量检验检测中心（福州）武夷山基地及国家茶产业计量测试中心挂牌，还举办了“三茶”统筹推介、重点项目签约等多场活动。

世界文化与自然遗产地武夷山，是红茶、乌龙茶的发源地，万里茶道的起始地。茶叶是武夷山的一张名片，也是乡村振兴、百姓致富的“金叶”。截至目前，武夷山全市注册茶叶类市场主体2.11万家，规上茶企43家，市级以上龙头茶企21家，其中国家级龙头企业2家。涉茶电商企业1727家、茶包装企业44家、物流企业83家、茶机械企业28家、茶食品企业4家。通过食品生产许可企业1522家，获得使用地理标志使用权的企业980家。

（摘编：余松山）

第十二届海峡两岸机械产业博览会促进投资龙岩

2023年11月8日上午，第十二届海峡两岸机械产业博览会暨第十四届中国龙岩投资项目洽谈会（以下简称“机博投洽会”）在龙岩会展中心开幕。开幕式上，现场签约了总投资约246亿元的25个产业项目。

本届“机博投洽会”以“两岸融合发展，投资龙岩共赢”为主题，邀请海内外近500家企业和机构参展，展览展示面积3万平方米，共设置产业发展、工程和环保机械、专用车和应急装备、新能源和新材料、台湾机械、智能制造、配件等七大展区，展示国际国内技术领先的智能制造、工程机械、环保设备等领域的机械和自动化设备。在突出机械产业主题的同时，本届“机博投洽会”还借势发力龙岩“2+4”工业产业中的新材料、新能源等产业，专门设置了新能源和新材料展区，邀请国内多家新能源汽车龙头企业参展，并新增“老区不老·风华正茂”中青企协闽西老区行、环卫装备智慧化发展论坛、“房·车总评榜”评选等活动。

海峡两岸机械产业博览会是经商务部批准、福建省政府确定的全省机械类重点展会，也是龙岩市承办的规格最高、规模最大的展会。

（摘编：郭向东）

第十八届林博会在三明举办

第十八届海峡两岸（三明）林业博览会暨投资贸易洽谈会（以下简称“林博会”）2023年11月6日至11月9日在三明市举行，副省长常斌出席并宣布开幕。本届林博会以“发挥森林‘四库’功能　促进两岸融合发展”为主题，突出四个方面特色：

林业改革发展成果新。举办林票2.0首发上市仪式，是展示林业权益类产品市场化交易的最新成果。同时，在林业改革发展成果、生态文明、乡村振兴新闻摄影3个展示区设置丰富内容，进一步展现生态产品价值实现新成效。

两岸融合发展路子新。主动融入海峡两岸融合发展示范区建设，台湾村里长联合总会总会长陈建良等重要嘉宾将现场参会。延续组织海峡两岸（三明）乡村融合发展论坛等特色活动，新增举办国际运动森林康养研讨会、2023年海峡两岸“三茶”统筹发展交流等活动。

两岸特色产品展销新。布设福建省森林食品展区，展示展销特色森林食品、林下经济产品等。在会展中心打造网红直播基地，布设绿都明品展区、各县（市、区）绿色生态林（农）产品展区。台湾商品展销区融入更多宝岛元素。举办三明名小吃展。

沪明合作进展新。本届林博会分会场——2023国际（永安）竹博会走出三明，在上海国家会展中心举办。邀请上海市有关单位及对口合作相关区领导参加，在开馆仪式中举行沪明合作重点项目签约仪式，促进两地合作共赢。

开幕式现场还举办了三明林票2.0首发仪式和全省林业产业及三明市重点招商项目签约仪式，发布了首批“绿都名品”系列产品。

（摘编：郑欣然）

第二届福品博览会推动福品卖全球

为弘扬“福”文化、升级“福”消费，进一步推动“福品卖全球，全球买闽货”，2023年12月1日，第二届福品博览会在福州海峡国际会展中心开幕。副省长王金福出席开幕式。

本次展会为期3天，展览规模达6万平方米，汇聚逾1500家参展商，着力打造集商贸洽谈、新品发布、订货采购为一体的专业化、市场化、创新化的福品展示交易平台。重点聚焦我省传统特色产业，构建福茶生活、福见商旅、福农优品、福贸名品、福潮国风、福家福居、福汽满满等主题展区，助力特色品牌和产品实现多元化营销。展会配套举办的第4届中国预制菜产业博览会、2023中国福建漆艺博览会、中国（福建）国际烘焙休闲食品博览会等三大专业展，结合特色“福”文化优势，把握新消费风口，帮助企业品牌建设、开拓市场。

本届福博会将现场发布多项促消费政策，其间还将举办福品推介暨一刻钟便民生活节启动仪式、“福酒”公共品牌宣传推介会、“2023电商主播大赛”总决赛等活动，更好展现“福”产业的新价值与新文化，诠释“福”生活新方式。

（摘编：曾文升）

第四篇

市县概况

福州市产业经济发展综述

2023年是全面贯彻党的二十大精神的开局之年，是三年新冠疫情防控转段后经济恢复发展的一年。习近平总书记视频连线市社会福利院发表重要讲话，并向“鼓岭缘”中美民间友好论坛发来贺信，给全市人民巨大鼓舞。

一年来，在省委、省政府和市委的领导下，福州市以习近平新时代中国特色社会主义思想为指导，全面贯彻党的二十大和二十届二中全会精神，认真落实习近平总书记来闽考察重要讲话精神，坚持“3820”战略工程思想精髓，加快建设现代化国际城市，攻坚克难、砥砺前行，经济持续回升向好，社会大局安定稳定。全市地区生产总值增长5.3%左右；规上工业增加值增长3.5%；固定资产投资增长5%左右；一般公共预算总收入1189.8亿元，增长12.3%；地方一般公共预算收入754.1亿元，增长8%；出口总额保持正增长；实际利用外资不低于全省平均水平；社会消费品零售总额4960亿元，增长6%以上；城镇、农村居民人均可支配收入分别达58031元、28650元，分别增长4.3%、6.8%；居民消费价格总水平上涨0.4%。完成省下达的节能减排降碳任务。福州成为全国唯一荣获首届全球可持续发展城市奖（上海奖）的城市。一年来产业经济发展的主要工作和成效是：

产业发展步伐坚实。深化16条重点产业链“链长制”，引进产业链项目366个，56家链主企业产值增长15.5%。实施“工业提振”三年专项行动，工业固定资产投资增长30%、位居全省第一。实施“榕升计划”“榕腾计划”，新增规上工业企业270家、上市企业3家。举办第六届数字中国建设峰会、第三届数博会，数字经济规模突破7000亿元，入选全国首批中小企业数字化转型试点城市。举办2023世界航海装备大会、中国海洋装备博览会，福州（连江）国家远洋渔业基地建设有序推进，成立福州海洋食品研究院及六大涉海产业联合研发中心，全国首个国家级海上风电研究与试验检测基地动工建设。东南汽车生产线完成升级改造并实现量产。新增限上规上商贸服务业企业超2100家。开展“惠聚榕城”促消费活动超2740场，获评全国夜间经济新锐十城、国际（闽菜）美食之都。数字人民币累计交易额位居全国前三，金融业增加值突破1400亿元。举办第三届中国跨境电商交易会，跨境电商交易规模突破850亿元。办展规模近150万平方米。举办第八届海丝国际旅游节、第十届丝路国际电影节、第十一届中国大学生电视节等活动，开展街头艺术演出1200场，开通内河游航线9条，投用海丝国际旅游中心，全市接待旅游总人数突破1亿人次。

项目建设提速增效。开展“项目攻坚增效年”专项行动，动建旭川新材料、三钢闽光产能置换等项目835个，建成福达智能仪表、恒申特种气体等项目601个，项目工作正向激励综合考评保持全省第一。开展招商攻坚行动，落地产业项目728个，引进中石油LNG、永荣锦逸新材料、青山航海装备产业园等投资30亿元以上项目23个。

实施工业（产业）园区标准化建设重点项目325个、战略性新兴产业集群重点项目305个、亿元以上技改项目216个。机场二期、高铁进机场、港口后方铁路等项目稳步推进，福厦高铁顺利运营。“一闸三线”工程全线通水，霍口水库下闸蓄水。新建智慧灯杆1300根，建成5G基站2.1万个，实现光网城乡全覆盖。开展“千名干部进千企”“企业接待日”，建立市领导挂钩联系重点民营企业机制，常态化协调重点项目，解决问题

5223个。清理批而未供、闲置土地2.75万亩。

创新动能有力释放。入选全国创新驱动示范市。全社会研究与试验发展经费投入总量保持全省第一。国家自主创新示范区福州片区推出改革创新举措67项，科创走廊超额完成建设目标。闽都创新实验室初步建成，福耀科技大学（暂名）主体封顶，福州大学城联合研究生院获批建设，省人工智能计算中心一期建成投用。开展关键核心技术“揭榜挂帅”攻关项目59个，新增国家级科技企业孵化器1家、省级众创空间孵化器14家。国家级高新技术企业突破4000家、省级科技小巨人企业达749家，均位居全省第一。新增省级以上“专精特新”企业177家、中小企业特色产业集群5个。入选第二批国家知识产权保护示范区建设城市，有效发明专利拥有量超2.9万件、位居全省第一。“好年华 聚福州”人才工作品牌持续打响，福州国际人才港加快建设，入选国家重大人才计划专家11人，引进培养高层次人才3650人、高技能人才1.6万人，吸引来榕留榕就业创业应届高校毕业生7.5万人，连续三年获评中国年度最佳引才城市。

改革开放蹄疾步稳。落实强省会战略。福州都市圈实施年度协作项目69个。福州新区、自贸试验区福州片区、长乐区融合发展持续推进，管理体制不断健全完善，自贸试验区福州片区推出全国首创举措8项。新增减税降费及退税缓费约130亿元。整合组建市冶城发展集团，市属国企资产总额突破万亿元。一体化政务服务能力总体指数升至“非常高”等级，政务服务在线办理成熟度、办事指南准确度指标被列为全国标杆，“马上就办”引领政务服务“一网好办、全城通办”做法获全国推广，工程建设项目审批制度改革评估综合得分全国第一。入选首批全国网络市场监管与服务示范区。中印尼经贸创新发展示范园区获国务院批复，中印尼“两国双园”项目入选第三届“一带一路”国际合作高峰论坛务实合作项目清单。赴境外举办经贸合作推介会8场，签约项目45个。长乐国际机场综合保税区获批，新开空白航点航线11条。中欧等国际班列开行17列。获批港口型国家物流枢纽，福州港货物吞吐量位居全省第一。举办第十一届海峡青年节等涉台交流活动158场，福马“小三通”航线、榕台空中客运航线顺利复航，福马通水工程（大陆侧）先行段动工建设。举办首届“中国—东盟周”、第54个世界地球日主场活动、第六届海丝博览会暨第二十五届海交会、2023“一带一路”国际商协会大会、第一届中国侨智发展大会等重大活动。与塞浦路斯尼科西亚市缔结友好城市关系，与阿根廷马德林港市、尼日利亚埃多州建立友好交流关系。闽东北、榕港澳、闽浙赣皖、泛珠三角区域协作深入拓展。侨务、异地商会等工作取得实效。

乡村振兴纵深推进。农林牧渔业总产值达1235亿元。整治抛荒撂荒耕地7775亩，新改建高标准农田8.3万亩，种植粮食125.4万亩。新增国家级农业产业化重点龙头企业1家、国家农业产业强镇1个，福清成功创建国家现代农业产业园。新增全国名特优新农产品7个，长乐番薯种植系统入选第七批中国重要农业文化遗产。举办2023渔业周·渔博会、第四届食用菌产业博览会、第二届中国茶叶交易会等活动。新培育乡村振兴四、五星级村54个，新增全国乡村旅游精品线路3条，晋安寿山村获评中国美丽休闲乡村。引入台湾团队开展驻村“陪护式”服务，创建闽台乡建乡创省级样板3个。农村人居环境整治积分制实现行政村全覆盖。新改建农村公路202公里。新建“绿盈乡村”45个，植树造林4.97万亩，综合治理水土流失12.6万亩，完成互花米草除治后生态修复4570亩。选认省市科技特派员694名。

人居环境日益优化。福州新区直管区提速建设，森林城市生态提升等239个项目加快推进，国道316线长乐漳港至营前段等49个项目建成投用。三江口片区配套进一步优化提升，植物园一期等50个项目加快建设，福厦客专南站广场等20个项目竣工投用。实施城市品质提升项目1004个。闽江对渡码头、美丽闽江展示馆建成开放，“闽江之心”建设提档升级。实施古厝保护利用项目122个、文物修缮和活化利用工程69个，世遗大会展示馆建成开放。地铁4号线首通段、5号线后通段开通运营。城区北向第二通道建成通车。新改扩建市政道路145公里。新增更新新能源公交车135辆，新辟优化公交线路60条，新建改造公交站点116座。新增公共停车泊位5210个，新建“光储充检”充电站11座。全国首个新建配售型保障性住房顺利开工，新增保障性租赁住房2.35万套。2024年全市经济社会发展主要预期目标是：地区生产总值增长6%左右，规上工业增加值增长6%，地方一般公共预算收入增长5%，固定资产投资增长5%，社会消费品零售总额增长7%，出口总额增长不低于全省平均水平，实际利用外资保持正增长，城镇、农村居民人均可支配收入与经济增长保持同步，完成省下达的节能减排降碳任务。重点抓好以下工作：

增强科技创新能力。发挥国家自主创新示范区福州片区优势，推进福州高新区、福州软件园、一流大学城、东南（福建）科学城、科创走廊建设。加快科创中国试点城市建设，做大做强闽都创新实验室等平台，支持海洋科创高地建设。健全完善科技重大专项“揭榜挂帅”攻关机制，加快突破一批关键共性技术。力争国家级高新技术企业突破4600家，新增省级以上“专精特新”企业80家、创新型中小企业100家、众创空间孵化器10家，全社会研究与试验发展经费投入总量突破300亿元。

推进传统产业升级。深化“工业提振”三年专项行动，推动工业经济高质量发展。实施新一轮工业（产业）园区标准化建设重点项目200个以上，建成园区“十五分钟工作生活圈”，加快推动“工业上楼”，持续推进福兴经济开发区改造提升。

培育壮大新兴产业。推进福晶科技核心元器件、福特科精密光学元件等50个战略性新兴产业项目建设，力争规上工业战略性新兴产业产值占规上工业总产值比重超35%。推动前沿新材料产业跨越发展，推进新一代光电、自主人工智能等6个具有发展潜力的产业倍增发展，前瞻布局量子科技、未来网络、生物医药等未来产业，促进形成新质生产力。

做大做强数字经济。积极融入国家数字经济创新发展试验区建设，力争数字经济规模达7700亿元以上。办好第七届数字中国建设峰会、第四届数博会。拓展数字贸易，推动数字人民币交易量突破2500亿元。在海洋、金融、医疗、交通等领域探索数据创新场景与试点应用，发展数据要素市场。

大力发展海洋经济。推进国家海洋经济发展示范区建设，实施新型海上风电运维母船等重点项目150个以上，力争海洋生产总值增长8%。办好第二届世界航海装备大会、中国海洋装备博览会，推动海洋工程装备产业集群成为国家级战略性新兴产业集群。办好福州海洋研究院，力争涉海高新技术企业突破300家。做大做强化工新材料、冷轧不锈钢及下游产品等临港工业。

发展现代服务业。深化“险资入榕”，推进“榕腾计划”，大力发展创业投资、股权投资，推动地方金融组织更好服务普惠金融等重点领域，力争金融业增加值突破1500亿元。加快服务业集聚区建设，新增限上规上商贸服务业企业1500家以上、总部企业10家。开展现代物流降本增效三年行动，推进现代流通战略支点城市建设，深入实施国家综合货运枢纽补链强链工程，动建永辉创鸿、川捷物流等项目，投产运营正祥物流、新希望冷链等项目。推动市属国企围绕主业做强供应链业务，力争全市物流与供应链平台经济纳统销售额达7000亿元。力争办展规模突破150万平方米。

扩大有效投资。开展“项目攻坚突破年”专项行动，开工福耀全球出口基地、连江硅砂新材料等重点项目750个，提速大东海高端精品钢铁、华电可门三期等重点项目630个。加强产业链招商、“基金+”招商、“资源+”招商，推动“以投促引”，落地天辰耀隆二期、新美偏光片有机玻璃等重点项目676个以上。

深化重点领域改革。实施《福州市国土空间总体规划（2021—2035年）》。整合福州新区、长乐区部门职能，启用福州新区政务服务中心。力争自贸试验区福州片区推出首创性举措30项以上。支持海丝中央法务区福州片区设立全国人大常委会法工委基层立法联系点。

（摘编：郑平名）

鼓楼区产业经济发展概述

2023年是全面贯彻落实党的二十大精神的开局之年，是三年新冠疫情防控转段后经济恢复发展的一年。一年来，鼓楼区以习近平新时代中国特色社会主义思想为指导，认真学习宣传贯彻党的二十大和二十届二中全会精神，深入实施省委“深学争优、敢为争先、实干争效”、市委“党建领航、经济领跑、民生领先”行动，扎实开展区委“比学习争示范、比作为争先锋、比实干争一流”行动，凝心聚力，攻坚克难，各项事业取得新进展。全年地区生产总值增长5.8%；一般公共预算总收入63.23亿元，增长10.6%；地方一般公共预算收入40.16亿元，增长15%；社会消费品零售总额增长5.5%；实际利用外资2.25亿美元，增长427%；城镇居民人均可支配收入增长3.8%。入选首批国家文化产业和旅游产业融合发展示范区建设单位，位居全国创新百强区第18名，“两会一员”机制获评全国创新社会治理年度十佳案例、全国城乡社区高质量发展典型案例。一年来产业经济发展的主要工作和成效是：

勇创新、建集群，产业能级进一步跃升，科创走廊成型成势。重点打造“两中心五平台”，累计新增载体85.6万平方米，汇集61个国家、省市级创新平台，涵盖全区90%的专精特新企业、57%的高新技术企业，集聚效应凸显。福州软件园高级版标准化建设稳步推进，竣工投产软件信息产业基地，建成福山数字人才港等7大共享空间，入选中国软件名园试点园区名单，营收突破1800亿元。数字经济增挡提速。56家企业入选省数字经济创新企业，居全省首位。数字经济规模占GDP比重达66%。携手中航集团、吉利科技前瞻布局低空经济等新赛道，福州市元宇宙产业创新基地入驻企业32家，人工智能产业加速中心与软件园A区组团入选省级人工智能产业园。启动建设“星火·链网”骨干节点。

海洋经济奋楫扬帆。按照“城区+沿海”“里+外”模式，“无中生有”打造海洋经济科创高地，入驻申昊科技等企业32家，落地国际院士科创中心等平台7个。组建海洋金融产业联盟，设立赛事中心，积极联动全国高能级科创平台。

绿色经济焕发新姿。分期建设新能源科创中心，落地东方电气等企业33家，引进省数智双碳创新研究院等平台。国企、民企共拓应用场景，建设“光储充检”超充站3座，新增电动汽车充电桩154根。实施全省首个党政机关能源费用托管服务项目。

文旅经济活力迸发。拓展文旅消费新场景，搭建“乐福游”数字文旅平台，推出6个“温泉+”复合业态空间，贯通“西湖—白马河—东西河”内河游航线，前三季度接待国内游客2327.9万人次，增长32.3%，国内旅游收入186.5亿元，增长48.3%，总量均居全市第一。三坊七巷获评全国示范步行街。

金融资本多维赋能。强化省市区三级共建，实施海丝核心区国际金融中心建设三年行动，招引项目52个，注册资本239亿元，举办政金企对接等活动142场，服务企业762家。坚持“以投促引”，带动资本投向省内项目387亿元。朱紫坊基金港累计引进基金157支，资管规模1807亿元。金融业增加值达700亿元以上，占全市近50%。

稳预期、强信心，内生动力进一步积蓄。惠企措施精准有效。出台贯彻落实新时代民营经济强省战略37条措施，推出“金融政策包”，助力千家企业获得融资45.2亿元。开展“企业接待日”等行动，解决问题4189个。制定扶持高端精品会展 6 条措施，举办“鼓楼论见”等论坛活动 41 场。

注重赋能企业发展、齐心打造最优生态圈成为全区上下共识。市场主体量质齐升。全市首创“数据先行、远程审核”绿色直通模式，市场主体数量创历史新高，达 16.5 万户、增长 4.6%。新增“四上”企业 354 家。新认定市级总部企业 9 家，总数增至 45 家，居全市第一；华电新能 IPO 成功过会，省市重点上市后备企业达 61 家。

招大引强硕果累累。抢抓数字中国建设峰会、世界航海装备大会中国侨智发展大会等契机，与中船风电等 15 家单位签订战略合作协议，引进永辉科技等项目 274 个，总投资 568.7 亿元。开发“鼓楼招商助手”管理平台，完善招商项目全生命周期服务。项目建设蹄疾步稳。开展“项目攻坚增效年”行动，推进 123 个项目提速攻坚，129 个省、市重点项目完成投资 190.7 亿元。创新“1533”工作机制，13 个项目获扶持资金及专项债 1.28 亿元。

消费市场回暖复苏。建成香格里拉中心 TOD 城市公园综合体，打造数字人民币示范商圈。坚持“政府搭台、企业唱戏”，开展促消费活动超千场，重点商圈客流量增长 38.5%，销售额增长 16.4%，东街口、熙街口商圈营业额分别达 128 亿元、77 亿元。

抓改革、促开放，发展生态进一步优化。改革试点落地见效。完善商务楼宇服务等五大行业试点标准 216 项，7 项改革经验在省、市推广，3 项改革经验获评市优秀案例。做大做强区属国企，总营收 19 亿元，运用私募公司债、跨境结构性票据融资投向新兴产业 9 亿元。开发“国有资产一体化管理系统”。依托区劳务派遣公司混改组建文儒坊人力资源公司。

法务区成为靓丽名片。深化海丝中央法务区福州片区建设，设立专业运营公司，搭建“一带一路”法律服务等六大平台，成为省市人大常委会基层立法联系点。打造全国首个政务法务融合服务大厅，新入驻窗口单位 13 家，一站式提供 1324 项政务服务和 180 项法务、泛法务服务。创新生态日益优化。鼓励企业攻克“卡脖子”技术，企业研发经费增长 17.9%，创近四年新高。福晶科技入选国家企业技术中心。开展“好年华　聚福州”引才行动，吸引 5305 名青年人才落地。新增国家级人才 2 名，新认定高层次人才 305 名，发放人才奖励金 2255 万元。成立市、区级人才驿站 16 家，建设人才公寓 195 套。

两岸融合走深走实。成立两岸法务服务交流中心，开设台胞医保服务窗口，开展集成电路应用型人才“一考双证”闽台合作，举办海峡信息大赛、闽台城隍文化研讨会等两岸交流活动 25 场，引进台资合同项目 25 个。开放协作深入推进。成立首个境外同乡社团—香港鼓楼联谊会，完成鼓楼区新联会换届。接续开展山海协作、闽宁协作，深化与仙游县教育帮扶、产业合作，“一线处置”平台在原州区上线运行。

根据省委省政府、市委市政府和区委统一部署，2024 年鼓楼区工作总体要求是：以习近平新时代中国特色社会主义思想为指导，全面贯彻落实党的二十大和二十届二中全会精神，紧扣“四个更大”重要要求，坚持“3820”战略工程思想精髓，完整、准确、全面贯彻新发展理念，服务和融入新发展格局，坚持稳中求进、以进促稳、先立后破，聚焦经济建设这一中心工作和高质量发展这一首要任务，转方式、调结构、提质量、增效益，强化改革创新，提升治理效能，切实增强经济活力、防范化解风险、改善社会预期，建设更强支撑、更强示范的实力鼓楼，更具创新力、更具竞争力的活力鼓楼，更高品质、更高颜值的魅力鼓楼，更加可感可享、更加宜居宜业的幸福鼓楼，全力打造现代化国际城市“最美窗口”，扎实推进中国式现代化鼓楼实践。2024 年全区经济社会发展的主要预期目标是：地区生产总值增长 6%；一般公共预算总收入增长 5%；地方一般公共预算收入增长 5%；社会消费品零售总额增长 6%；城镇以上固定资产投资增长 6%；城镇居民人均可支配收入增长 3.5%。

（摘编：王利兴）

台江区产业经济发展概述

2023年是全面贯彻党的二十大精神的开局之年，是三年新冠疫情防控转段后经济恢复发展的关键之年。一年来，台江区坚持以习近平新时代中国特色社会主义思想为指导，全面贯彻党的二十大和二十届一中、二中全会精神，坚持“3820”战略工程思想精髓，主动融入省、市发展大局，扎实开展“深学争优、敢为争先、实干争效”推动“党建领航、经济领跑、民生领先”行动，持续深化“1234”工作机制，凝心聚力、苦干实干，各项事业取得了新的进展，成功获评全国科普示范区、全省城乡建设品质提升绩效优异区。全年地区生产总值710.2亿元，增长4.1%；固定资产投资153亿元，增长6%；社会消费品零售总额318.9亿元，增长7.9%；一般公共预算总收入26.5亿元，地方一般公共预算收入17.7亿元；实际利用外资4258万美元；城镇居民人均可支配收入6.3万元，增长4.5%。一年来台江区经济发展的主要工作和成效是：

扬优势、稳增长，产业发展提质增效。现代金融蓬勃发展。创建福建省金融支持共同富裕试验区获省政府支持，首个共富金融服务站在福瑞社区揭牌运行。福州数字金融审执中心落地台江数智港，新增华福资管等持牌金融机构，汇方典当成为今年全市唯一获得典当经营牌照企业，金融司法服务体系初步建立。平台经济稳步提升。盛合盈实业、新榕等77家企业入驻海荣供应链平台经济产业园，年销售额达200亿元。琛榕冷链物流中心等11个项目纳入“海上福州”重点项目库，总投资近26亿元。福农优品体验中心建成运营，全省30个县区3000多种产品入驻，初步实现“买八闽、卖八闽”。数字赋能纵深推进。数字人民币应用场景实现辖区重点商圈和街区全覆盖，成功打造元宇宙商业消费街区，第二届“闽江之心”电竞文旅嘉年华活动顺利举办。落地数字经济项目95个、总投资61.4亿元，新增省级数字经济核心领域“未来独角兽”“瞪羚”企业6家。现代商贸提档升级。“闽江之心”成为近悦远来的城市会客厅，日最高人流量达6万人次，“一街一园四馆”招商基本完成。新入驻餐饮、文创等各类品牌275个，引进久赞、山葵家等首店16家，成功打造祥坂、福见等特色夜市5个。“全闽乐购·惠聚台江”品牌效应不断放大，累计开展促消费活动725场，拉动消费29.3亿元。

重谋划、勇攻坚，项目建设成效明显。深入开展“项目攻坚增效年”专项行动，统筹推进各级攻坚项目150个。提速项目建设。福州三宝中心、望熙雅筑等59个项目开工动建，新玺中心、泉州银行福州大楼等27个项目提速增效，国家能源集团福建生产指挥中心、南公河口街区二期等31个项目竣工投产，累计完成投资212.3亿元。增强发展后劲。谋划生成福建医科大学医疗健康科技园、华侨中学艺体综合楼等前期储备项目98个。完成汽车南站周边等5幅地块约189亩征收工作，祖庙后等7幅地块约126亩顺利出让，雁塔二地块在全市同期启动的26个“百日攻坚”项目中率先实现100%签约搬迁。聚力招大引强。用好用活“一把手”招商、产业链招商、以商招商等机制，引进中电金投、金润中心等项目433个、总投资348.6亿元。强化项目保障。落实项目全生命周期服务机制，提前完成蓝谷体育中心、福州二十五中扩建工程等17个项目建审手续。获批中央预算内投资及地方政府专项债资金7591万元。

强服务、添活力，改革创新不断深化。科创走廊建设加快推进。新增省级科技小巨人企业6

家、省级“专精特新”中小企业4家、省市级众创空间5个，国家级高新技术企业累计超290家。支出R&D经费1.3亿元，比增43.2%，增幅排名全市第一。成功举办全球发明大会中国区福建赛区总决赛。坚持“人才强区”战略。新认定省市高层次人才594名、高技能人才533名，首批遴选区级G类人才112名，“人才之家”挂牌福建省海归科技创新人才服务基地，打造共享社群空间等人才服务驿站10余个。营商环境有效优化。“五级十五同”标准化工作实现全覆盖，“一件事一次办”事项覆盖率达95%，全市首个惠企政策服务平台“营商通”上线运行。“千名干部进千企”行动稳步推进，“闽江夜话”等政金企对接活动扎实开展，协调解决企业各类问题诉求595个。出台推进民营经济高质量发展一揽子政策，新增省重点上市后备企业2家，市场主体突破13万家。新增减税降费及退税缓费超11亿元，累计发放提质增产争效贷、纾困贷5.4亿元，兑现奖补资金9443万元。区域共建实现突破。与上海市杨浦区人民政府签订战略合作协议，联合12个县（市）区发起成立“上下杭商旅经济合作发展联盟”。台胞法务服务家园正式成立，成功举办第十一届海青节台江区特色主题系列活动。重点领域攻坚破题。结合“点题整治”，全面开展国有（集体）房产清理工作，盘活国有资产396处，收回被侵占房产53处，追回欠租房产136处、租金1754.8万元。“五经普”清查工作基本完成。“十四五”中期评估工作圆满完成。

优环境、提品质，城区面貌有效改善。实施闽江北岸全线贯通工程等城市品质提升项目179个，累计投资51亿元。城区建设有序推进。“闽江之心”二期项目加快建设，达道河、中亭街、台江码头慢行系统优化改善，八一七路（台江段）、台江路街区品质提升工作进展顺利，半岛国际立面整治基本竣工，完成夜景亮化项目77处。福州三宝城地标建筑开工动建，雕刻总厂改造提升项目实现完工。宜居水平持续提升。苍霞新城老旧小区改造提升工程全面竣工，获评2023年中国人居环境范例奖，纳入省级完整社区建设试点。新改扩建双浦巷、龙成丽景等市政道路6条，新建改造雨污水管网48.4公里，新增祥坂街等街头小公园3处、公共停车泊位500个。深入挖掘辖区温泉资源，四块田、荷塘路大众温泉汤屋对外营业。社区和物业垃圾分类主体责任有效落实，成功入选省级垃圾分类示范区创建试点。拆除“两违”面积2.9万平方米。生态环境不断改善。全力配合开展第三轮中央生态环境保护督察工作。全域治水、“护河爱水、清洁家园”行动常态化开展，闽江流域主要断面水质100%达标，15条内河水质稳定在Ⅳ类以上，瀛洲河等4条内河游航线投入运营。空气质量优良天数比例保持前列。

根据省委省政府、市委市政府和区委统一部署，2024年台江区各项工作的总体要求是：以习近平新时代中国特色社会主义思想为指导，全面贯彻党的二十大和二十届二中全会精神，坚决落实中央、省、市和区委部署要求，坚持以人民为中心的发展思想，坚持稳中求进工作总基调，完整、准确、全面贯彻新发展理念，统筹扩大内需和深化供给侧结构性改革，统筹新型城镇化和乡村全面振兴，统筹高质量发展和高水平安全，紧扣“四个更大”重要要求，坚持稳中求进工作总基调，完整、准确、全面贯彻新发展理念，服务和融入新发展格局，着力推动高质量发展，坚持“3820”战略工程思想精髓，深入实施“1234”工作机制，持续推动经济实现质的有效提升和量的合理增长，增进民生福祉，保持社会稳定，扎实推进现代化国际城市核心区建设，努力在中国式现代化福州实践中走前列、争一流。2024年全区经济社会发展的主要预期目标是：地区生产总值增长6%左右；第三产业增加值增长6%；固定资产投资增长6%；社会消费品零售总额增长6%；一般公共预算总收入增长5%，地方一般公共预算收入增长6%；实际利用外资完成市下达任务；城镇居民人均可支配收入增长4.5%。

（摘编：周少雄）

仓山区经济发展概述

2023年，是全面贯彻落实党的二十大精神的开局之年。仓山区紧紧围绕“深学争优、敢为争先、实干争效”推动“党建领航、经济领跑、民生领先”行动部署，深入开展“九大专项”“项目攻坚增效年”等行动，经济社会发展取得新进展。全年地区生产总值1065亿元，增长2.5%；一般公共预算总收入41.2亿元，增长31.9%；地方一般公共预算收入26.2亿元，增长18.2%；固定资产投资474亿元，增长0.5%；社会消费品零售总额575.2亿元，增长2.5%；进出口总额305亿元，增长1.8%；实际利用外资1.43亿美元；居民人均可支配收入53072元，增长2.8%。获得“全国市辖区高质量发展百强区”“全国首届自然资源节约集约示范县（市）”等荣誉。一年来产业经济发展的主要工作和成效：

发展环境持续向好。出台推动民营经济创新发展的《实施方案》，制定40条扶持措施，深入开展“千名干部进千企”等专项行动，落实“企业家接待日”“一企一议”机制，帮助企业协调解决问题810个。新增市场主体2.28万户，总量达17.21万户、居全市第1。落实政务服务入驻事项“负面清单”，新增290项业务入驻区政务服务中心，智能产业园政务服务代办点揭牌启用，145项园区事实现园区办，营商环境指数居全市前列。举办“烟山鹊桥荟”等政金企对接活动8场，帮助19家企业获得授信资金35.4亿元。开展清理拖欠民营企业、中小企业账款工作，完成清偿4.85亿元。推进综合行政执法机制改革，全区累计办理赋权行政执法案件2212件，排名全市第1。依托大数据建设智慧化城市管理综合项目，开发房建和市政工程管理远程视频监控指挥平台等城市管理应用，入选福建省一体化大融合行政执法平台首批创新应用点。“台商台胞金融信用证书贷款风险化解机制”获评全国首创性创新举措。国企改革持续深化，打造“榕易租”电子资产竞价平台，累计成交金额13.13亿元，溢价率13.1%，获得省委领导批示肯定。规上企业研究与试验发展经费投入30.02亿元，总量居全市第3。新认定“专精特新”中小企业28家，总量58家、居全市第1，新增科技小巨人企业20家，全区高新技术企业、科技型中小企业分别达572家、338家，均居全市第3。人才支撑不断增强，优化“南台贤士卡”服务，引进各类高层次人才439人、培养高技能人才874人。知识产权试点建设深入推进，成立全省首家知识产权金融服务驿站，打击侵犯“冰墩墩”标志专有权案件入选全国知识产权保护典型案例。

产业转型升级加快。工业发展提质增效。工业园区标准化建设持续推进，橘园洲C、E地块17.5万平方米高标准厂房基本建成，中能电气提升改造项目竣工，奋安实业等9个自主提升项目开工建设，金山工业园区入选“2023中国省级开发区高质量发展百强榜单”。重大项目技改扩产攻坚行动稳步实施，19个亿元以上项目加快推进，全区技改投资增速超20%。推进工业重点领域节能降碳改造升级，星网锐捷获评国家级绿色工厂，森源电力获评省级绿色工厂。实施“榕升计划”，完成工业企业小升规12家。数字经济动能不断释放。在第六届数字中国建设峰会上，福维新能源福建总部等3个项目上省、市台签约。畅玩网络等21家企业入选省数字经济领域创新企业，入选总数居全市第2。生物医药产业加速发展。国际医疗综合实验区建设持续推进，组织参与中国医疗器械监督管理国际会议等重要活动，落地佰孟医学等128个生物医药产业项目，规上、限上生物医药企业达83家。现代服务业持续壮大。沃尔玛山姆全省首家独立法人会员店落地开业，举办“惠聚榕城·畅享福品”“金山约惠节”等促销活动332场，吸引客流超千万。培育左海供应链、财经供应链等物流与供应链平台企业38家，纳统销售额428.38亿元，同比增长25.54%，永辉彩食鲜入选商务部2023年全国商贸物流重点联系企业。开展“庆元旦　迎新春”焰火秀、“海丝奇妙夜”等“闽江之心”系列文旅活动247场，宝宝巴士、和声钢琴等6家企业获评省文化产业示范基地，戏梦蝶园二期、燕山香舍等两家民宿开业运营，全区累计吸引游客827.75万人次，带动消费76.52亿元。全年新增提升限上商贸、规上服务业企业244家。特色农业做大做强。绿艺园林等4家企业获评省级农业产业化龙头企业，闽瑞茶业获评省级物联网应用基地，优野牌甜玉米获评福建名牌农产品。春伦集团、闽榕茶业等4家企业获得福州茉莉花茶产业发展奖补资金。项目建设加快推进。亚升总部大楼等137个省、市重点项目完成率超序时12.8个百分点；福顺半导体等53个、总投资377.98亿元的项目开工，橘园洲D地块等44个项目竣工。新增中央预算内投资、专项债项目6个，争取资金2.47亿元，缓解了项目建设经费短缺问题。招商引资有力有效。坚持“一月一主题”，举办产业空间对接大会、“三江口会客厅”沙龙等招商活动11场；在“投资仓山”小程序增设招商驿站功能，搭建招商交流平台；落地福大自动化总部大楼、比亚迪直营片区总部等117个项目，预期投资157.11亿元，招商工作综合排名保持全市第一方阵。

城区建设提档升级。征迁出让稳步推进。组建工业园区标准化建设征迁指挥部。实施“征迁交地突破攻坚”、旧改项目“百日攻坚”行动，强力推进高宅、市社会福利院周边地块等42个、共3432.64亩的项目征迁，交地1896.64亩，完成金浦路南侧等11宗、196.06亩土地出让。完成首山丽景一期、祥浦苑等9个，共2.29万平方米商贸楼回购。功能品质加速提升。实施市政、园林、水系等36项、总投资1103.38亿元的城建项目竞赛，完成金山绿轴道路工程、连坂污水厂三期等6个项目，完成投资103.76亿元。推动万乐新村等25个老旧小区综合整治提升，盘活保障性租赁住房5226套。推进温泉之都建设，打造“福泉金汤”品牌，建成九福汤泉二期和首开螺洲温泉小镇等2个项目。建成金山片区、烟台山片区等两个完整街区，完成街巷整治等172项综合提升工作。完成义序公交综合车场等城区交通治堵项目80个，道路拥堵指数下降12%。启动严复公园二期建设；建成口袋公园10处、立体绿化10处、福道5公里。完成历史建筑、传统风貌建筑保护修缮5处、活化利用10处，文物建筑保护修缮15处、活化利用2处。市容环境持续改观。开展市容环境品质提升专项整治行动，加强全区“门前三包”管理、“两车”综合整治等工作，创建精美小街巷39条。新建垃圾分类屋亭20座、提升改造100座。拆除“两违”面积2.34万平方米。

人居环境不断改善。国家生态文明建设示范区创建工作持续推进，空气质量综合指数2.45，空气质量优良率99.1%，城门等饮用水水源地水质达标率100%。建成开放53条、总长度约120公里河道，胪厦溪一期、浦口河一期整治主体工程基本完成，下洋河整治项目进场施工。“护河爱水、清洁家园”、村庄清洁“六清一改”等行动深入开展。

2024年仓山区将加大开发建设力度，以城市建设带动产业发展，进一步增进民生福祉。初步确定全区经济社会发展的主要预期目标是：地区生产总值增长5.5%；一般公共预算总收入增长5%；地方一般公共预算收入增长5%；社会消费品零售总额增长5%；固定资产投资增长3%；居民人均可支配收入增长5%；完成市下达的实际利用外资、进出口总额和节能减排降碳任务。

（摘编：邓新民）

晋安区经济发展概述

2023年，晋安区以开展学习贯彻习近平新时代中国特色社会主义思想主题教育为动力，全面贯彻落实党的二十大和二十届二中全会精神，深化实施“三争三领”行动，细化落实“能力提升年、争先突破年、提质增效年”，抢抓机遇、乘势而上，攻坚克难、砥砺前行，全方位推进高质量发展。初步统计，全区地区生产总值增长6%左右；三次产业结构为0.8：24.7：74.5；固定资产投资增长8.2%；一般公共预算总收入34.8亿元，增长32.1%；地方一般公共预算收入21.6亿元，增长24.7%；进出口总额335.4亿元，增长4.9%；实际利用外资8680万美元，增长近2倍；社会消费品零售总额逼近千亿，达972.4亿元，增长10.8%；城镇、农村居民人均可支配收入分别达5.9万元、2.87万元，分别增长5.2%、6%。成功入选第七批国家生态文明建设示范区，科技创新、绿色发展、新型城镇化质量连创3个“全国百强”，跻身2023中国市辖区高质量发展百强。一年来产业经济会发展的主要工作和成效：

坚持稳中求进，创新动能持续增强。迅速贯彻落实省市主要领导深入晋安调研指导精神，坚持改革创新保持定力，与时俱进形成合力，坚定不移推动高质量发展，奋力实施开局争先、亮点争先、试点争先行动，经济运行保持平稳向好态势，地区生产总值增速全市排名从一二季度的第四位跃升至三季度的第三位，12个考核指标中高于全省平均的指标数从一季度6个、二季度9个跃升至三季度的11个，市委市政府重点工作月度综合考评从头两个月连续第二跃升至后三个月连续第一。全区市场经营主体保持两位数增长，总量增加至12.6万户，新增入库企业474家，连续两年增加300家以上，企业减产面从31.4%缩减至28.6%。盛丰物流、喜相逢接连成功上市，分别成为纳斯达克“中国合同物流第一股”、省内年度首家在港上市企业。坚持以赛赋能、以赛聚才、以赛兴产，接连办好第八届“创客中国”光电中小企业创新创业大赛等多场国家和省市行业赛事，一些重大创新成果脱颖而出、捧得大奖，正在加速对接、落地转化。全区规上企业研发经费投入突破13亿元、增长33.1%，申报国家级高新技术企业177家，新增省科技小巨人企业8家、省“专精特新”中小企业19家，对接落地福州市“专精特新”企业服务基地，新增省市级众创空间、星创天地3家。拓天生物等3家企业入选国家知识产权示范企业，实现零的突破。开展科创走廊建设增效行动，顺利完成科创走廊三年建设目标，福州国际人才港鼓岭基地建成启用，举办引才聚才活动139场，引进培育高层次人才345名、高技能人才1632名。细化落实“工业提振”三年专项行动，规上工业增加值企稳回升，连续6个月实现正增长。全力推进福兴经济开发区改造提升，滚动盘活产业用地167亩，制定完善“工业上楼”实施指引，推动列入省级人工智能产业园先行区。开展产业集群培育增效行动，助力重点企业对接行业巨头，高意全球销售中心落户软件园晋安分园，三耀科技高性能激光器生产线实现当年落地、当年建设、当年投产，未来无线等9家企业入选2023年省数字经济核心产业领域创新企业，重点企业“数转智改”等技改投资增速超过100%，增幅跃居全市首位。

强化项目支撑，发展后劲持续夯实。落实“项目攻坚增效年”专项行动，183个项目完成投资488.98亿元、超序时进度14个百分点，开工建设太阳电缆总部等重点项目63个，竣工投用融媒体数字经济产业园等重点项目43个，全市专项行动月度综合考评从第九名一路跃升至第三名，第三季度全省项目工作正向激励综合考评进入前三。重点产业项目建设提速，首个“政府+国企”合作建设的晋安三创中心正式投用，总投资18.5亿元、面积19万平方米的湖塘科创园顺利竣工。开展招商入库增效行动，在福兴经济开发区举办创新型都市产业项目对接大会，吸引区内外大型央企国企、知名民企外企及科研院所、行业组织等参加，签约重点项目32个、总投资208亿元。借力第六届数字中国建设峰会、2023世界航海装备大会等，加大对接中国500强、民营100强等重点企业，引进落地中国长航、中车唐车、盛隆能源等高质量产业项目121个、总投资322亿元，招商考评预期连续两年排名全市第二。开展企业服务增效行动，总结推广科技特派员制度，拓展完善金融特派员、法律特派员等创新举措，为企业协调解决困难问题730多个，对接融资需求14亿元，新增减税降费及退税缓费7.29亿元。

畅通内外循环，市场活力持续迸发。开展消费中心打造增效行动，东二环、王庄、五四北等重点商圈提质发展，引入首店品牌近30家，康桥里、光明港梅园等特色街区加快提升，潮溜街、红星里、八闽美食第一站等网红夜市相继开街，“一刻钟便民生活圈”优化升级。开展“福聚晋安·晋买晋卖”等特色促销活动221场，重点商圈销售额增长18%。大力发展新业态新模式，网络零售额增长26%，培育超10亿元供应链平台18家，实现销售额超500亿元。持续深化文旅融合，开展寿山石雕、软木画等非遗活动17场，完成古厝保护修缮及活化利用11处，闽王文化园入选福建省新时代特色文艺示范基地。开展“福聚晋安·乐迎八方”系列文旅活动25场，联手携程落地建成海丝国际旅游中心，旅游市场加速回暖，全区游客接待量、旅游综合收入分别增长33.6%、47.2%，接待游客总量保持全市第二。持续提振外贸出口，聚力实施“世界茶港”等重点项目，加快打造五里亭国际茶叶联合交易中心，推动建设跨境电商企业孵化基地，“三产提升年”专项行动考评预期全市第一。

突出建管并举，城市品质持续提升。开展城乡建设增效行动，实施77个、总投资150亿元的新一轮城市建设品质提升项目，同步打造福兴经济开发区及周边城市片区综合开发、岭头集镇环境整治两个省级样板，顺利通过省级现场评审。交通基础设施配套更加完善，城区北向第二通道等17条道路建成通车，站西路延伸段等85条道路加快建设，区内地铁4号线首通段正式通车运行。加大实施火车站片区交通综合整治，盘活城区桥下空间、边角地等闲置地块，新增公共停车泊位577个、电动充电桩300个。实施老旧小区改造项目22个，惠及群众2万多人。开展污水提质增效专项行动，新建市政污水管网12公里，完成鼓山下院周边高品质饮用水试点片区改造。

坚持融合发展，乡村振兴持续推进。开展乡村振兴突破行动，全面推进“五大工程”，实施产业带动等重点项目28个，成立区乡村振兴服务中心，培育新型农业经营主体14家，新增农业产业化省级龙头企业2家、省级优质农产品生产基地2个，日溪梓山村（食用菌）获评省级“一村一品”专业村。在全省率先将农产品质量安全快检服务中心前移至山村一线，新增“三品一标”农产品5个，鹅鼻萝卜、日溪莲田甲鱼入选全国名特优新农产品名录，其中鹅鼻萝卜品牌估值3.46亿元，一年两登《人民日报》头版。推进实施农村建设品质提升项目22个，加大农村公路养护提升，持续擦亮“四好农村路全国示范县（区）”品牌。组织开展“护河爱水·清洁家园”行动851场，完成22个行政村农村污水提升治理，率先实现农村人居环境整治积分制全覆盖，季度考核保持全市前三。有序开展村集体经济组织换届，规范农村集体“三资”管理，超半数村集体经济收入超100万元。严守耕地保护红线，加快全域土地综合开发，建设高标准农田1000亩。

（摘编：陈闽声）

马尾区产业经济发展概述

2023年，马尾区坚持以习近平新时代中国特色社会主义思想为指导，全面贯彻党的二十大和二十届二中全会精神，坚持“3820”战略工程思想精髓，始终牢记习近平总书记“马尾的事，特事特办、马上就办”殷切嘱托，全区经济“稳”的基础不断夯实，“进”的动能不断积累，“保”的底线不断巩固，高质量发展迈出坚实步伐，各项工作取得新的成效。获评2023年度全国先进制造业百强园区、科技创新百强区、高质量发展百强区、中国水产品预制菜之都、福建省建筑之乡等荣誉。全区地区生产总值增长5%；固定资产投资增长12.7%；一般公共预算总收入增长18.5%；地方一般公共预算收入增长14.5%；社会消费品零售总额增长7%；出口总额增长5.4%；城镇居民人均可支配收入增长4.5%；农村居民人均可支配收入增长6.5%。一年来产业经济发展的工作和成效主要表现在：

坚持创新驱动，发展质量取得新提升。深入开展“项目攻坚增效年”专项行动，实施联东U谷·马尾智能制造产业园等重大项目149个，完成投资242.79亿元。开展“工业提振”三年专项行动，实施时代星云智慧储能产业园等30个亿元以上重点技改项目，工业固定资产投资比增53%，位居全市前列。实施“榕升计划”，培育提升规上工业企业15家；星云股份和时代星云分别入选省级工业龙头企业和工业龙头培育企业，全区共有省级工业龙头企业8家、工业龙头培育企业23家，总数位居全市第三。出台《关于贯彻落实新时代民营经济强省战略推进高质量发展的实施意见》，新登记注册各类市场主体5154户，飞毛腿、冠城大通等5家企业入选2023福建省民营企业百强。新增2家国家级服务型制造示范企业，总数达13家，位居全市第一。开展“2023招商强化年”行动，引进招商项目266个，总投资305.17亿元，推动粤浦科技·福州科创中心、好利来等61个高质量项目落地，其中30亿元以上重大项目2个，3亿元以上重点项目15个。区域创新能力持续增强，全区有效发明量2325件，比增20.1%，位居全市前列。2023年规上企业R&D经费投入强度达3.5%，位居全市前列，提前实现“十四五”规划目标。实施高新技术企业倍增计划，全区国家级高新技术企业数达252家；新增国家级中小企业特色产业集群1个、省级及以上“专精特新”企业15家、创新型中小企业22家、省级科技小巨人企业9家。创新平台建设取得新进展，星云股份入选国家级博士后科研工作站，3家企业入选省级博士后创新实践基地。落地总投资50亿元的福州闽都基础设施投资基金；总部企业数达21家，上市企业数达14家，数量均位居全市第二。专标融合工作不断推进，制定全省首批专标融合市级地方标准。人才强区建设持续加强，新增认定省级及以上高层次人才94人，引进培育高技能人才1000人，吸引2129名高校毕业生来马尾就业创业。

坚持产业引领，转型升级进入新阶段。农业产业现代化稳步推进，新增省级农业产业化重点龙头企业3家，落地立信研究院、万农高科等种业创新项目，全国农业产业强镇建设持续推进。“三大产业”蓬勃发展。新一代信息技术产业规模达420亿元，累计聚集物联网企业254家；行业应用持续深入，推动6家企业10款产品加入鸿蒙系统适配认证；企业实力不断提升，新大陆科技、网龙网络等11家企业入选市级软件龙头企业，总数居全市第一。新能源储能产业规模达200亿元，马尾新能源产业园、时代星云智慧储能产业园等重点项目按序时推进，聚集产业链上下游企业超20家；马尾区用户侧新型储能产业集群以全省第一的成绩入选国家级中小企业特色产业集群。水产品预制菜全产业链规模达320亿元；成立马尾区预制菜产业发展协会，主办首届福建省水产预制菜产业发展大会，举办马尾区首届预制菜文化旅游节等多场展销会，全力打响马尾预制菜品牌；名成海峡水产品交易中心荣登中国商品市场综合百强榜；马尾区获评全国2023预制菜产业基地百强第七名。文旅消费加速回暖，出台《关于促进商贸行业稳增长的若干措施》，新增限上规上商贸服务业企业184家；打造船政夜市、茶山铁路驿站、青洲渔人广场等特色商业街；成功举办马尾区海鲜啤酒音乐节、首届汽车文化旅游节等促销活动近百场，累计带动消费超25亿元；中国船政文化城、闽安古镇等景区全年累计接待游客超430万人次，旅游收入达28亿元，分别比增40%和43%，增速均位居全市第二。

坚持先行先试，改革开放迈出新步伐。国企改革稳步推进，开展“国有企业提升年”行动，完善企业合规管理机制，国有企业竞争力不断增强。营商环境持续优化，推出自贸区创新举措4项，其中3项为全国首创；行政许可事项“全网办”“一趟不用跑”“最多跑一趟”比例均位居全市前三；不动产权证业务流程压缩至一个工作日，全年登记量达2.3万件。金融创新能力不断加强，引进福州首支合格境外有限合伙人基金，开辟利用外资新途径；落地福州招银租赁，实现福州金融租赁项目公司零的突破；全省率先开展原油贸易境外人民币结算业务，累计金额达278亿元。侨务工作成效明显，马尾区侨联荣获全省侨联系统先进集体。两岸融合进一步加强，“两马小三通”在全市率先复航；高水平构建两岸物流通道，对台海运跨境电商业务量实现545.74万票，比增38.6%；推动优你康等台资项目引进战略投资者，新增台资企业14家，总户数达259家；成功举办第二十一届“两马同春闹元宵”、第十一届海峡青年节·海峡气象青年说、第十五届“两马”体育联谊赛等活动。

坚持生态优先，绿色发展实现新进展。生态环境不断改善，全区空气优良天数比例为98.5%，空气质量居六城区之首。林业改革提质增效，完成植树造林1855亩，森林覆盖率为47.5%，森林蓄积量92.82万立方米，超额完成森林抚育任务1700亩；完成重点区域林相改善768亩，松林改造提升1012亩。深入开展“护河爱水、清洁家园”“河湖长制”等工作，主要流域优良水质达标率为100%。耕地保护严格落实，全力推进永久基本农田、耕地保有量核实保护，补充耕地工作获市政府肯定；设立“田长制”，耕地保护网格化监管实现区、镇（街）、村三级全覆盖。成立美丽海湾保护与建设工作领导小组，开展58公里海湾岸线管理保护工作，海漂垃圾平均密度同比下降19.6%。企业实现绿色低碳转型，福人木业获评国家级绿色工厂，中日达等4家企业获得省、市节能和循环经济专项扶持。

坚持协同发展，人居环境呈现新面貌。城市品质不断提升。持续推进福州机场第二高速公路等重点基础设施建设；“福马号”盾构机始发，地铁建设取得关键性进展；港口路下穿工程稳步推进，2024年春节前主路通车；新改扩建济安东路、铁南东路二期等市政道路7条，新建改造雨水、污水管网31公里，完成老旧小区改造1.51万平方米；“两违”综合治理、房屋结构安全整治取得实效，拆除违建面积7.97万平方米，摸排鉴定自建房、经营性建筑近5万栋。乡村环境不断改善，开展村庄清洁“六清一改”及裸房整治等行动，实施8个农村生活污水提升治理项目。乡村振兴全力推进，打造全市首个村级工业园升级改造示范项目，新增市级乡村振兴四星级村1个、市级乡村旅游精品示范村1个；全市春季农业生产现场会、深入学习“千万工程”经验暨党建引领乡村振兴“五大工程”现场推进会在琅岐召开，琅岐网格治理、人居环境整治等经验做法在全市推广。

（摘编：吴建翰）

长乐区产业经济发展概述

2023年是全面贯彻党的二十大精神的开局之年，是三年新冠疫情防控转段后经济恢复发展的一年，也是长乐建县1400年的里程碑之年。长乐区坚持以习近平新时代中国特色社会主义思想为指导，全面贯彻党的二十大和二十届一中、二中全会精神，紧扣“四个更大”重要要求，坚持“3820”战略工程思想精髓，深入实施“深学争优、敢为争先、实干争效”推动“党建领航、经济领跑、民生领先”行动，较好地完成区十八届人大二次会议确定的主要目标任务，位列全国综合实力百强区第62位、中国工业百强区第37位、市辖区高质量发展百强第37位、绿色发展百强区第68位、新型城镇化质量百强区第76位、科技创新百强区第93位，长乐经济开发区入选中国省级开发区高质量发展百强。全区地区生产总值突破1250亿元，增长3.5%；第一产业增加值增长4.5%；规模以上工业增加值增长1.5%；第三产业增加值增长4%；一般公共预算总收入87.36亿元，地方一般公共预算收入61.59亿元；固定资产投资完成560亿元；社会消费品零售总额222亿元，增长6%；出口总额157.7亿元，增长28.6%；实际利用外资7.8亿元，增长310%；居民人均可支配收入44100元，增长5.4%；开展第五次全国经济普查，完成节能减排降碳任务。一年来产业经济发展的主要工作和成效是：

坚持产业强区，千年古邑产业转型升级不断提速。落实“项目攻坚增效年”“工业提振”“工业争先增效”“榕升计划”“榕腾计划”等行动，聚焦13条重点产业链，持续实施新型工业化、园区标准化建设、产业链链长制，465个省市区重点项目完成投资超680亿元，新增规上工业企业41家，力恒投资、天泉教育科技实现上市，“项目攻坚增效年”专项行动和“亮晒比学”活动考评位居全市前列。

传统支柱产业持续做优，列入省市重点工业技改项目73个、总投资343亿元，大东海高端精品钢铁、锦逸新材料、立华智纺等重点项目落地建设，长乐纺织新材料入选国家中小企业特色产业集群，大东海实业、恒申集团、永荣控股、金纶高纤入围中国民营企业500强，金源纺织、山力化纤等5家企业入选中国纺织服装品牌竞争力优势企业，凯邦锦纶入选国家工业互联网试点示范名单。战略性新兴产业持续做大，入选省级战略性新兴产业重点项目6个、技术创新重点攻关及产业化项目5个，长源纺织、智旦运宝宝等13家企业入围福建战略性新兴产业企业100强，福米恒美偏光片全球首条8K超高清第二条生产线投产，福米贴片模组产出第一片产品，阿石创ITO靶材等重点项目加速推进，临空新型显示标准化园区完整产业链条初步形成。

实施“海上福州”重点项目40个，总投资270亿元的海上风电项目加速建设。数字经济产业持续做强，承办第六届数字中国建设峰会分论坛、中国人工智能大会等重大活动，东南大数据产业园新入驻优立方科技等企业91家，入选全省数字经济核心产业领域创新企业10家，新增“上云上平台”企业60家、设备1364台，列入市数字经济高质量发展项目28个、总投资超470亿元，数字福建云计算中心扩容、辅布司工业互联网平台等9个项目竣工，福建人工智能计算中心一期建成并纳入全国人工智能算力战略体系，中国移动数据中心入选国家新型数据中心典型案例，省工业互联网发展研究中心、健康医疗数商总部基地挂牌成立，入选省新一代信息技术与制造业融合发展标杆企业2家、示范平台2个，数字经济规模达750亿元。

新城建设提质增效，福州新区连续两年获得全省新区（组团）建设样板评比第一，福州新区智慧城市管理平台入选国家重点研发计划应用示范项目、全国智慧城市先锋榜优秀案例一等奖，沿江沿海走廊、CBD南岸组团等10余项控规编制完成，联通“智·云”数据中心、研发楼六期、租赁房四期等建成投用，CBD核心区输配环、安置房八期、福翔小区和东卓名郡安置房等加快推进，滨海新城综合医院一期入选中国建设工程鲁班奖，海瑜公寓公司、新投海瑜菁英社区入选中国住房租赁广厦奖，全国首单保障性住房项目落地，福州新区成为全省首个规模化智能网联道路建成区、自动驾驶场景落地示范区，规划无人驾驶公交、动态交通应用等20个数字应用场景。

乡村振兴全面推进，聚焦闽江口、董奉山等重点区域，推进乡村振兴项目96个，打造13个省级、15个市级“一村一品”示范村，猴屿乡获评省级乡村振兴示范乡镇，新增乡村振兴省级试点村10个、市级四星级以上村6个，乡村振兴工作位居全市前列；策划生成总投资95亿元的金峰镇启动区项目11个，金峰镇、潭头镇入选全省首批政策性金融支持乡村振兴整镇推进试点，金梅潭片区EOD项目一期等启动建设；落实耕地保护和粮食安全责任制，改造提升高标准农田4000亩，完成粮食播种面积17.46万亩，全省最大储备粮库——中央储备粮长乐直属库粮食仓储物流项目建成；建成省内首座桩基桁架式智能养殖平台，提升改造潭头二级渔港；入选全省绿色高产高效行动示范县，区现代农业（蔬菜）产业园获评市级现代农业产业园，鹤上镇获评市级农业产业强镇，元成豆业、聚泉食品入围福建农业产业化龙头企业100强，认证绿色食品产品6个、省级优质农产品生产基地2个，培训高素质农民3000余人次。

交通网络日趋完善，“天字一号”机场二期T2航站楼外部轮廓初步形成，跑道水稳施工基本完成，空管工程塔台封顶，“地字一号”高铁进机场工程环评通过国家审查，机场综合交通枢纽配套、机场第二高速等加速建设，全省规模最大的机场跨境电商监管中心建成投用，首次运营国际通程航班业务，比去年新增国内外航线34条，机场旅客吞吐量突破1200万人次；地铁6号线人气火爆，单日客运量突破20万人次，城际铁路F1线多点施工，F2、F3线先行工程开工建设，福州地铁智慧产业园竣工；金福路及潭头连接线一期通车，松下港区防波堤、新福北路B段、文前路、马山一路等竣工，沈海高速营前互通进口完成拓宽改造，国道G316漳港至营前段主线、金峰胪峰大道即将通车，新改扩建农村公路10公里；松下港区12#、13#泊位对外开放通过省级验收。

坚持改革赋能，千年古邑高质量发展活力不断迸发。落实新时代民营经济强省战略，创新出台支持民营经济高质量发展、金融支持数字经济发展等40份、813条稳经济、稳增长政策措施，用好“万名干部下基层”“千名干部进千企”“企业家接待日”等机制，兑现各类企业扶持资金、减税降费、退税缓税缓费20.38亿元。

聚焦全市营商环境改革创新示范区建设，深化网上政务服务、“一件事”集成服务、产业园区代办服务，实现147个事项跨省通办、52个事项省内通办、940个事项全市通办，“一趟不用跑”“最多跑一趟”“全程网办”事项占比达90.3%、99.7%、79.7%，服务新设立企业主体2437户，认缴注册资本217亿元。临空经济区获批全省首个空港综合保税区，为国际航空城发展注入强劲动力。组织企业参加“一带一路”国家商协会经贸交流、东盟国际纺织服务产业博览会等活动，聚焦闽港合作数字贸易示范区建设，成立福州新区闽港IDC产业联盟，形成闽港数据灾备中心等40余项闽港合作事项。融入海峡两岸融合发展示范区建设，福州新区“两岸三地”融合社区建成投用，新注册森一制作空间设计等台资企业7家，招引64名台湾教师来航任教，策划马祖乡亲来榕欢度元宵等联谊活动，吸引200多名台湾民众来航寻根谒祖。

（摘编：李元）

福清市产业经济发展概述

2023年，充满考验、极具挑战。面对多重压力交织叠加的复杂形势，福清市坚持以习近平新时代中国特色社会主义思想为指导，以党的二十大精神为引领，深入实施“三争三领”行动推进“十大工程”，“五盘并转”，系统谋划，以实干担当迎接挑战，用创新破题书写华章，推动经济社会发展取得新成绩，较好地完成了年初确定的目标任务，以及“十四五”规划中期目标。地区生产总值比增6.5%，固定资产投资比增5%，规上工业总产值比增4.8%，一般公共预算总收入突破200亿元。县域发展潜力跃居百强县第9位，县域经济实力提升至百强县第14位。一年来福清市产业经济发展的主要工作和成效是：

经济发展积蓄新动能。项目攻坚提速增效。实施重大项目“百日攻坚”等行动，签约引进中核海洋装备等34个总投资900亿元项目，开工动建国电二期、国家级海上风电研究与试验检测基地、中石油LNG接收站等130个总投资870亿元项目，竣工投产友谊特种胶带基材等92个总投资620亿元项目，技改升级京东方8.5代生产线扩产等91个总投资570亿元项目。正向激励综合考评位居全省第一，“项目攻坚增效年”行动、招商引资考核稳居福州市第一。

市场主体不断壮大。落实巩固经济向好一揽子政策，兑现惠企资金4亿元，清理企业欠款1亿元，新增减税降费及退税缓费29亿元。促进银企深度合作，新增制造业贷款126亿元、普惠小微贷款65亿元。深化“万名干部下基层”行动，联系服务企业163家，解决问题793个。实施“融升计划”，新增规上工业企业73家、限上规上商贸服务业企业211家。新登记市场主体2.1万户，比增4.7%，市场活跃度进一步提升。

消费活力提振复苏。开展“惠聚融城”等系列促消费行动，举办首届啤酒节、汽车团购节等活动，拉动线下消费26亿元。持续提升特色夜市品质，九亩底商业广场开业运营，打造龙江夜游等消费场景，城市生活更具烟火气和人情味。打响“福湾海泉”品牌，建成海口温泉水厂，投用龙江、龙山温泉体验馆，研发海水温泉系列产品，温泉度假成为福清文旅“新名片”。外贸出口稳中提质。动建江阴跨境电商产业园，创新“保税展示+跨境电商+急速配送”新零售模式，全年电商单量突破500万票。江阴港区获批进境散粮指定监管场地。开辟滚装汽车出口业务，汽车出口累计突破2万辆，新增出口额30亿元。支持重点企业组团出境拓市场、抢订单，新增外贸订单30亿元，吸引外资到资1.6亿美元。

产业集聚迸发新活力。优势产业集聚成势。福清核电5、6号机组荣获国家优质工程金奖，冠捷电子摘得“中国工业大奖”。福融新材料投产全球最先进BOPP生产线，中景石化建成全球最大年产100万吨丙烷脱氢项目，东方电气下线全球最大18兆瓦直驱海上风电机组。引进落地克睿互感器等25个新赛道项目。融侨经济技术开发区获评省级绿色工业园区，江阴港城经济区入选全国省级开发区高质量发展百强榜单，化工新材料产业集群被认定为省级中小企业特色产业集群。产业结构优化升级。现代农业稳步提升，获评农业绿色发展先行区、现代农业产业园两块“国字招牌”，9家企业入选全省农业产业化龙头企业100强。生产性服务业规模壮大，新增主辅分离企业5家、购销供应链企业15家，实现销售额100亿元。

智能制造加快发展，京东方入选国家级智能制造示范工厂，福光、冠捷入选国家级智能制造优秀场景，友谊等6家企业数字化项目入选省级工业互联网应用标杆。福耀、中景获评全国民营企业、制造业民营企业“双料”500强，民企产值比重提升至54.6%。完成“五经普”全省综合试点任务。创新动能加速释放。新申报国家级高新技术企业94家，新增省级科技小巨人企业8家，“专精特新”中小企业14家，国家知识产权示范企业1家。全市R&D经费投入48亿元，总量稳居福州第一。举办科技人才创新发展大会，发布互联网产业园等10个创新平台示范点。启动洪宽片区“科创硅谷”建设，联东U谷正式投用，岁金智谷、均和云谷（一期）建成，新引进科创孵化企业21家。厦大福清科创园获评福州市级众创空间，落地转化专利技术成果27项，完成市场交易12宗。

对外开放打开新局面。两国双园建设提速。中印尼经贸创新发展示范区喜获国务院批复，省15条、福州市28条配套政策接续出台。签约引进椰子产业园等54个总投资903亿元经贸合作项目。高标准编制城市设计、产业合作规划，策划123个总投资530亿元基础设施项目。创新指挥部“1+4”运作模式，设立百亿基础设施建设基金，完成元创路等6条道路改造提升。成立中印尼“两国双园”经贸创新基地，入驻市场主体625家。港口枢纽能级跃升。江阴港实现集装箱交接全线智慧化运作，入选国家港口型物流枢纽建设名单，全年集装箱吞吐量比增10%。元洪作业区1—2号码头、江阴港区6—7号码头扩能工程开工动建，万华13号码头投入运营。创新重点化工企业“一年一检”出口查验机制，落地启运港退税、内河运费扣减等政策，进出口通关时间分别压缩至16小时和50分钟。新开通中亚国际班列，海铁联运集装箱量突破6万标箱。侨台工作扎实推进。深化海外侨团商会及融台交流合作，落地侨资项目40个总投资44亿元，台资项目21个总投资13亿元。建成“大侨务”观实践教育基地，侨乡博物馆入选全省首批华侨文化交流基地。南岭镇入选全省闽台乡建乡创合作样板集镇。

要素保障彰显新优势。营商环境更加优质。自贸片区推出36项创新举措，其中1项获评全国首创、3项被复制推广。创新“首席服务官”全程代办机制，为352家企业提供全链条服务。新增“省内通办”事项29个、“跨省通办”事项162个，推出“市场主体歇业”一件事打包办。推进工程建设领域“验登合一”改革，实现“验收即发证”。多元融资高效运作。积极应对财政运转压力，开辟多条融资渠道，授信93.4亿元、用资64.4亿元；专项债获批130亿元、发行70.9亿元，额度位居全省第一。深化国企改革及市场运作，创投供应链公司营收突破100亿元，市属国企总资产突破600亿元，全年营收比增143%。基金港正式运作，落地3支产业基金，全市基金总规模达68亿元。发展空间优化拓展。开展江阴化工区、两国双园、东部新城等片区征迁，拆迁总建筑面积79.3万平方米，征地5000亩。盘活处置低效闲置用地110宗7500亩，相关经验做法获得全省推广。成立土地报批和造地专班，设立用地指标管理“集中池”，新增耕地1280亩、水田1250亩，获批用地85宗6300亩，获批宗数位居全省第一。

城乡建设展现新面貌。城市品质持续提升。福厦高铁福清西站正式通车，市域轨道S1线规划落地，福通大桥开工动建，龙江南路、清繁大道延伸线双洞贯通，G228滨海风景道三山南倪至江镜前华段将在春节前通车。开展玉融山、龙江夜景提升行动，城市新地标玉融福阁正式点亮，全省最大裸眼3D光影秀震撼上线。实施71个总投资148亿元品质提升项目，新改建供水管网20.3公里、污水管网9.6公里、电力线路459公里，改造提升35个老旧小区。城区新增造林2220亩、瞭望台4处、生态步道70公里。

乡村振兴成果丰硕。实施213个乡村振兴试点项目，新增星级村11个、省级示范镇村14个、“绿盈乡村”21个，一都镇获评国家农业产业强镇。“福清尖椒”入选全国名特优新农产品，“岚湖山石竹白眉茶”获评全省著名农业品牌。

（摘编：曾文升）

闽侯县产业经济发展概述

2023年是全面贯彻党的二十大精神的开局之年，是三年新冠疫情防控转段后经济恢复发展的关键之年。闽侯县坚持以习近平新时代中国特色社会主义思想为指导，统筹“三大”优势，着力“三城”建设，推动新时代现代化滨江新城高质量发展取得新成效。地区生产总值完成1045亿元，财政收入总量保持省市前列，城乡居民人均可支配收入增长5.3%。再次荣登县域经济和社会综合发展百强县、县域经济基本竞争力百强县两大榜单，入选第二批国家创新型县（市）建设名单，排名创新百强县第24位，跃升县域发展潜力百强县第12位。高新区位列全国先进制造业百强园区第47位，获评国家知识产权服务业高质量集聚发展试验区。一年来闽侯县产业经济发展的主要工作和成效是：

产业提质步伐更加坚实。闽侯县园区标准化建设加快推进，67个市级项目完成投资120亿元，高新区园区标准化建设综合考评排名全省第二。“扶持龙头壮大产业”专项行动深入开展，奔驰汽车等“链主”企业持续发力，11家市级工业龙头企业完成产值266亿元，东南汽车生产线升级完成、实现量产，汽车配件产业集群入选全省中小企业特色产业集群。集中攻坚抓工业“3512”行动有效实施，规上工业产值增长6.5%，培育“小升规”企业79家。工艺品城市展厅开馆运营，“我为工艺品产业发展做奉献”行动反响热烈。“热闹街市”等三产跃升行动扎实开展，“快来闽侯，吃住游乐购”系列促销活动成效明显，培育限上规上商贸服务业企业181家。扎实做好“三农”工作，建成高标准农田1.02万亩，完成粮食播种面积16.88万亩，闽侯橄榄入选全国名特优新农产品名录，新增农业产业化省级重点龙头企业5家，白沙镇获评首批“国家农业产业强镇”称号。

创新发展动能更加充沛。闽侯县均和云谷·东南科创基地、福建国家大学科技园、福建大数据科技园等创新平台加快搭建，申报认定高新技术企业591家，新增省级“专精特新”企业51家、“科技小巨人”企业40家、创新型企业86家，3家企业入选省级智能制造重点项目，幕派教育科技入选“瞪羚”创新企业，奔驰汽车、祥鑫铝业获评国家级绿色工厂。高新区闽都创新实验室、东方电气（福建）研究院等研发楼交付使用，海峡创新实验室、福耀科技大学等项目主体封顶。科技创新实现新的突破，高校科技成果对接转化机制不断完善，26家企业对接技术需求33项。产业工人技能提升体系加快建立，奔驰汽车4名职工获评福建省数字工匠（金牌工匠）荣誉称号，闽侯科技特派员工作站成功揭牌，合盈机械、创新食品专家工作站入选第十三批院士（专家）工作站。专利授权量与有效发明专利量双双位列全市第一。认定省、市、县高层次人才1154人、排名全市第一，建成投用人才公寓1416套、10.87万平方米，东南汽车城人力资源服务产业园竣工投用。

项目支撑作用更加明显。闽侯县“项目攻坚增效年”专项行动有力有效，337项省、市重点项目完成投资630亿元，第二季度项目工作正向激励综合考评全省第一。有效投资持续发力，开工、竣工亿元以上项目分别达86个、80个，带动固定资产投资增长5%。“招商落地深化攻坚行动”深入实施，落地项目145个、总投资471.55亿元，其中5亿元以上项目39个。重点项目建设资金有效保障，使用专项债券资金33.8亿元。

城乡功能品质更加完善。《闽侯县国土空间总体规划（2020—2035年）》编制工作基本完成，落实《闽侯经济技术开发区控制性规划提升方案（荆溪片区）》等控制性详细规划30个。闽侯县新型城镇化建设步伐持续加快，新城开发、老城提升统筹推进，首邑大道、苏洋地铁防洪排涝等一批重大基础设施项目加快实施，东南汽车城自来水厂、南通文山至祥谦兰圃段道路拓宽改造工程等一批项目建成投用，落实市级城市品质提升项目195个，改造二次供水设施0.19万户，新辟（优化）公交线路13条。乡村振兴战略深入实施，“我的家乡我建设”、村庄清洁“六清一改”等行动扎实开展，实施农村生活污水治理项目54个，新开通农村客运线路3条，尚干后福村、白沙林柄村、小箬福田村等12个村入选全省乡村振兴示范村创建名单，上街侯官村登上央视“一年又一年”春节直播节目。“六提升·助创城”攻坚行动扎实推进，落实创城重点工作项目55个，城乡管理水平、文明程度持续提升。

县域生态环境更加清新。闽侯县坚持尊重自然、顺应自然、保护自然，统筹山水林田湖草沙一体化保护和系统治理，认真抓好第三轮中央生态环境保护督察反馈问题整改工作，生态环境持续向好。生态环境质量提升百日攻坚行动深入实施，“护河爱水、清洁家园”“污水不入河”等工作成效明显，综合整治“散乱污”企业359家、入河排污口859个，新建（改造）污水管网87.25公里。深化“河湖长制”，河湖保护、管理、治理“三位一体”责任全面落实，获评“全省河长制湖长制正向激励奖励县”。

改革开放工作更加深入。闽侯县重点领域和关键环节改革持续深化，国防动员体制、县属国有企业管理体制、农业水价、“一支队伍管执法”等改革取得突破。营商环境5.0版改革不断深入，办事平均提速30%以上、少跑3趟，“最多跑一趟”和“一趟不用跑”事项占比分别提高到99.94%、84.5%，“在闽侯、好办事”政务服务品牌深入人心，群众满意度达99.94%。项目多规审查由21个工作日压缩至5个工作日，项目建设实现“四证同发”，做到“交地即发证”“拿地即开工”。支持民营经济发展一系列举措全面落实，“金融服务民营经济”政银企大会顺利召开，新增市场主体2.1万户。退减降缓税费17.56亿元。实际利用外资增长3.1%，进出口总额增长8.6%。五虎山国家森林公园与南非开普区（桌山）国家公园签署增进友好合作会议纪要，省长率团见证。深化闽台合作，出台《闽侯县关于支持台胞台企融合发展的八条措施》，推出台胞公寓152套，设立全市首个“台胞权益保障警官工作室”，成立台胞职业资格一体化服务中心闽侯工作站，台湾青年就业创业基地挂牌开放，第十一届海青节“两岸直播创新体验营”成功举办。侨联组织、异地商会等工作稳步推进。山海协作、东西部对口帮扶工作成效显著。

2024年是中华人民共和国成立75周年，是实施“十四五”规划攻坚之年，也是全面贯彻落实党的二十大精神的关键之年。根据县委部署，2024年闽侯县各项工作的总体要求是：高举中国特色社会主义伟大旗帜，以习近平新时代中国特色社会主义思想为指导，全面贯彻落实党的二十大和二十届二中全会精神，完整、准确、全面贯彻新发展理念，对标中国式现代化，坚持稳中求进、以进促稳、先立后破，紧扣“四个更大”重要要求，坚持“3820”战略工程思想精髓，统筹扩大内需和深化供给侧结构性改革，统筹新型城镇化和乡村全面振兴，统筹高质量发展和高水平安全，深化八闽首邑意识，发挥近郊区位优势，紧密融入福州主城，加快建设科教名城、产业强城、宜居新城，推动新时代现代化滨江新城高质量发展，在福州加快建设现代化国际城市中再放异彩。根据这一总体要求，2024年闽侯县经济社会发展的主要预期目标是：地区生产总值增长6%；第一产业增加值增长4%；第二产业增加值增长6.2%；第三产业增加值增长6%；一般公共预算总收入增长5%；固定资产投资增长5%；社会消费品零售总额增长10%；城乡居民人均可支配收入增长5.3%；全面落实节能、减排、降碳任务。

（摘编：林汇智）

连江县产业经济发展概述

2023年工作，连江县坚持以习近平新时代中国特色社会主义思想为指导，以学习宣传贯彻党的二十大精神为主线，坚决贯彻落实习近平总书记重要讲话、重要指示批示精神，完整、准确、全面贯彻新发展理念，深入实施“深学争优、敢为争先、实干争效”推动“党建领航、经济领跑、民生领先”行动，扎实推进“八个年”专项活动，全县68万人民同心与共，6万多市场主体携手并进，奋力实现经济质的有效提升和量的合理增长。完成全县地区生产总值777.8亿元，比增6.3%；一般公共预算总收入50.11亿元，比增10.3%，地方一般公共预算收入34.33亿元，比增1.9%；固定资产投资405亿元，比增15.7%；实际利用外资7162万美元，完成进度103%；出口总额116.6亿元，比增32.8%。

一年来，连江县稳中求进、迎难而上，科学统筹、精准发力，聚焦民生、尽心尽力，推进了一批事关长远的大事要事，办成了一批事关全局的急事难事，办好了一批造福群众的实事好事。

首次入选全国县域高质量发展百强县，再次入选全国GDP百强县、全国县域发展潜力百强县、全省县域经济实力“十强县”。获评2022年全国乡村振兴百强县，在全省排名中位列第一。获评2021—2025年度第二批全国科普示范县。连江经济开发区入选2023中国省级开发区高质量发展百强榜单。承办全省重点园区产业链招商与产业链发展现场会；参加全省盘活低效用地工作暨园区标准化建设现场会，作经验交流。连江鲍鱼入选2023国家农业品牌精品培育名单、国家地理标志产品保护示范区筹建名单以及第二批地理标志运用促进重点联系指导名录。获评国家级水产健康养殖和生态养殖示范区，蝉联“中国海带之乡”。获评“中国生态食材（鲍鱼、鱼丸、海带）之都”与“中国美食地标之都”。

连江水产精深加工产业集群入选福建省中小企业特色产业集群（第二批）名单。“海上智慧平台 护航‘福海粮仓’”项目荣获2023全球智慧城市大会中国赛区“宜居和包容大奖”入围奖。

一年来产业经济发展的主要工作和成效是：

经济实力迈上新台阶，发展质量显著提升。经济运行企稳向好。坚持做强做优实体经济，有序推进第五次经济普查工作，一产增加值完成189.36亿元，比增2%；规模以上工业增加值比增12%；建筑业增加值完成98.49亿元，比增11.1%；三产增加值完成291.48亿元，比增5.9%；三次产业结构调整为24.3∶38.2∶37.5。连续三季度“经济领跑”综合考评位列全市前三，并在全市作典型发言。

海洋产业集聚发展。加快推进海洋全产业链条布局，创建国家农村产业融合发展示范园，全力促进海洋产业一二三产融合发展。坚持创新驱动，深化与中国海洋大学、厦门大学、中国水产科学研究院黄海水产研究所等高校、科研院所合作，“岱衢族”大黄鱼规模化育苗获得成功，“黄官2号”海带新产品系培育推广取得成效，持续提升水产种业造“芯”能力。深入践行大食物观，加快实施“百台万吨”工程，实现全省“七个率先”，全国首座半潜式深远海渔旅融合养殖平台“闽投1号”运营投用，“乾动2号”正式下水，养殖水体达17.75万立方米，深远海养殖规模位居全国县级第一。

市场主体活力迸发。充分发挥民营企业在经济社会发展中的重要作用，持续深化领导干部挂钩服务重点企业重点项目制度，深入开展“千名干部进千企”等专项行动，常态化举办“民营企业家座谈会”，及时帮助企业协调解决困难和问题1289个。用好用足促进稳经济一揽子措施，滚动梳理惠企政策申报指南，累计退减降缓税费超10亿元。完善中小企业融资“白名单”制度，帮助企业融资238亿元。进一步提升市场主体业务办理便利度，全年新增市场主体10769户。

产业发展取得新成效，发展动能持续增强。招商选资再掀热潮。始终把招商选资作为经济发展的引擎，揭牌启用县招商中心，成立招商中心上海、北京分中心，全面开展以链招商、以商招商、以情招商、基金招商，锚定水产品精深加工、海工装备制造等九条重点产业链，逐链绘制招商图谱，举办或参加“强链赋能开门红”等招商项目集中签约活动6场，引进中船集团赛思亿船舶电推、华润海上风电、中国邮政、川捷物流等项目50个、总投资477.4亿元，其中超50亿元项目4个、超10亿元项目13个。

项目攻坚提速增效。深入实施“项目攻坚增效年”“工业提振”等专项行动，福州现代物流城、丝路（可门）海港城等实现大变样。用好增发万亿国债的政策窗口期，策划生成项目93个、总投资173.44亿元。祥鹏新材料、申芯湿电子化学品等总投资102.34亿元的79个项目开工建设，鸿华连江金枪鱼、鱿鱼加工基地等总投资346亿元的211个项目入库纳统，中通快递、申远三期等总投资229亿元的58个项目全面提速，溥泉、聚力水产品、长恒食品等总投资63.52亿元的53个项目建成投产。引导工业企业加快实施技术改造，完成技改投资75.39亿元。

改革开放迈出新步伐，发展活力不断提增。营商环境持续优化。深入实施“放管服”改革，大力推行“马上办、网上办、打包办、自助办、跨域通办”，实行政务服务“体验官”制度，全面完成145条营商环境创新改革目标任务。推行企业“白名单”制度，实行柔性执法，推进“进一次门、查多件事”。建设24小时自助便民服务区，推动118个政务服务事项入驻县级政务服务中心。

对外开放持续拓展。与菲律宾利纳帕坎市签订友好城市意向合作协议。福州港口岸罗源湾港区环下屿岛作业区口岸扩大开放顺利通过省市两级验收，与黄岐港区有望在春节前一并完成国家级验收，实现正式对外开放。可门作业区6#—7#泊位工程加快推进，可门港吞吐量有望突破5000万吨。举办首届连江鲍鱼产业战略发展大会，积极参加数字峰会、“9·8”投洽会、海交会、世界航海装备大会等大型活动，鼎菱跨境电商综合产业园等项目加速推进，必创等跨境电商产业园开展业务。

连马融合持续深化。充分发挥连江对台独特优势和先行示范作用，抢抓重大机遇，积极向上争取政策、项目，被省里采纳4项政策、2个项目，加快构建两岸融合发展示范区。坚持以通促融，启动福州向马祖地区供水等（大陆侧）工程建设。因疫情暂停三年之久的连江黄岐—马祖白沙“小三通”客运航线恢复通航，并在“e福州”平台上线航线售票系统，台胞往来更加便利。坚持以惠促融，与中国工程院课题组合作设立连马（两岸）合作基地，免费为两岸群众开展胃癌精准防治筛查。坚持以情促融，马祖“县长”多次率团来连交流，开展各类交往活动34场，首届连马龙舟联谊赛、连马讨海音乐节、福州（连马）鱼丸文化节、两岸环马祖澳骑游、海峡两岸姓氏交流研讨会、连马和美乡村健康跑等成功举办。坚持以业促融，引进连江马祖长新设计、福建伍陆柒李体育等台资企业。

城乡建设实现新进步，发展面貌焕然一新。城市品质稳步提升。北二通道全线贯通，228国道赤湾至道澳段顺利通车，104国道南塘至新洋段即将完工。实施22个城市品质提升项目，完成投资1.84亿元。推进青塘湖公园片区收储与景观设计工作，提速丹凤西路、书香路等市政工程进度，新增6个口袋公园、256个停车位。

乡村振兴提档升级。巩固拓展脱贫攻坚成果同乡村振兴有效衔接，潘溪南干渠整治工程等44项为民办实事项目基本完工。推动实施“八美”创建工程，扮靓乡村“颜值”。

（摘编：林维耀）

闽清县产业经济发展概述

2023年是全面贯彻党的二十大精神的开局之年，是三年新冠疫情防控转段后经济恢复发展的一年。闽清县坚持以习近平新时代中国特色社会主义思想为指导，深入学习贯彻党的二十大和二十届一中、二中全会精神，坚持“3820”战略工程思想精髓，主动融入省、市发展大局，扎实开展“深学争优、敢为争先、实干争效”推动“党建领航、经济领跑、民生领先”行动，经济社会发展呈现稳中有进、进中提质的良好态势。

信念坚定。全党上下深入开展学习贯彻习近平新时代中国特色社会主义思想主题教育，为奋进新征程、建功新时代提供了坚强政治保证、强大思想指引、磅礴精神力量。全县广大干部思想共识更加凝聚，奋斗目标更加明确，工作思路更加清晰。

斗志昂扬。全县上下忠诚履职、敢为争先、创新突破，不断增强经济抗压韧性和发展活力，指标考核逐月进位，乡村振兴百花齐放，闽台乡建乡创如火如荼，获评全省“建筑之乡”，闽清经开区成功晋级省级开发区。

初心如磐。始终牢记“人民就是江山，江山就是人民”“财力再紧也不能紧民生”，教育医疗、交通建设、饮水安全等民生领域投入持续增长，31件县级为民办实事项目完成年度目标任务，群众幸福感进一步增强。全年完成地区生产总值468.6亿元，增长5%；固定资产投资156亿元，增长15%；一般公共预算总收入32.2亿元，增长4.8%；地方一般公共预算收入20.4亿元，增长11.7%；社会消费品零售总额45.5亿元，增长5%；城镇居民、农村居民人均可支配收入分别增长3%、5%。

咬定目标、加压奋进，经济运行稳中提质特色农业做强做优。农林牧渔业总产值70亿元，增长5.5%。全面推行“田长制”，新建高标准农田7000亩，粮食产量5.49万吨。大力推广特色农业政策性保险，惠及经营主体及种植大户209家，有效提升农业抵御风险能力。市级以上农业龙头企业达62家、省级“一村一品”特色示范村9个，新增“两品一标”3个，“闽清西红柿”获国家地理标志证明商标。闽清橄榄获评全国名特优新农产品。第七届中国·福州（闽清）橄榄节在闽江之心青年广场成功举办。农业“五大园区”持续推进。闽清禽蛋产业园年产值突破2亿元，全市第一。梅溪镇入选首批国家农业产业强镇。塔庄镇茶口村入选全国乡村特色产业产值超亿元村。

工业经济克难前行。常态化开展“千名干部进千企”行动，清单化推动一揽子政策落地落实，新增规上工业企业10家，完成工业固投67亿元，增长33%。工业“一区四园”蓄势待发。以省级经开区发展为契机，加速推进综合服务中心、园区中心医院等14个“共享区”项目。全市“一区多园”年度考核位列政策辐射区第1名。绿建产业园新增工业用地1069亩，引进7家上下游产业链项目。新材料产业园完成征拆迁1115亩，道路、管网等基础工程全面提速。建筑强县阔步迈进。全年完成建筑业产值1276亿元，增长超10%，保持全省县区第一。新增引进一级总承包企业4家，二级总承包企业4家，产值超亿元建筑企业61家。

全域旅游加速发展。深入实施文旅“六个一”工程，神龙井等58个旅游项目完成投资36亿元。瓷天下获评国家4A级旅游景区。东桥镇入选全省全域生态旅游小镇。省璜镇前峰村获评市级乡村旅游精品示范村，云龙乡后垅村入选“觅山海 福建FUN”文旅热度榜单最特色乡村，闽清“品

民俗　泡温泉”入选全国乡村旅游精品线路。

集聚资源、积蓄后劲，动能转换全面起势项目攻坚提速增效。设立重大项目前期“资金池”，强化项目全生命周期管理，385 个县级以上重点项目完成投资 285 亿元，丰辰大厦等 60 个项目开工建设，汇森宝二期等 40 个项目竣工投产。第三季度项目工作正向激励考评位列全省前十。

招商引资再掀热潮。常态化开展“一把手”招商，北上南下、跨江出海，梳理对接招商线索 405 条，新签约项目 19 个，总投资 18.9 亿元。威朗高端生物制药装备、荣清氢能源汽车橡胶密封件等 37 个项目会审落地，总投资 36.9 亿元。万邦装配式房屋、闽创新材料铝单板等 11 个延链补链项目成功摘牌拿地、开工建设。要素保障持续加强。推动亩均税收 5 万元以下低效企业整治提升，消化批而未供土地 320 亩，盘活闲置用地 280 亩，集中连片征迁房屋 20 万平方米，农转用报批 796 亩，公开出让土地 355 亩。

创新机制、做优平台，活力动力不断释放改革攻坚多点突破。22 项重点改革任务纵深推进。150 项行政执法事项有序赋能乡镇，一体化大融合执法平台扎实推进。深化国企国资改革，完善国有企业经营业绩考核，提升造血能力。有效挖掘潜在财源，推动砂石土地资源“点石成金”，盘活金品苑安商房等沉睡资产，全年创收 5.4 亿元。创新项目投融资方式，农文旅示范区等 4 个项目融资授信 22.23 亿元，入选全省首批政策性金融支持乡村振兴整县推进试点。实施 30 万亩国储林项目，开发“闽清林业碳票”，首期融资授信 8 亿元。创新驱动持续加强。鼓励引导企业加大科研投入，力鑫数控等 72 个技改项目完成投资 41.6 亿元，全年新增高新技术企业、专精特新企业、科技型中小企业 37 家，授权专利 320 件。

持续推动人才强县战略，引进培养高层次人才 551 人。39 名省级科技特派员下沉服务，有效助力乡村振兴。全市科技特派员工作现场会暨成果展在闽清县召开。营商环境不断优化。出台营商环境优化提升九大举措，园区“1+N”项目服务更加顺畅，“一趟不用跑”“最多跑一趟”事项占比 91.1%，888 项业务实现全程网办，办理承诺时限压缩至法定时限 90%以上。率先在全市实行国有产权、林权等项目电子化交易。

一年来，闽清县全域统筹、协同推进，城乡融合加快步伐宜居品质不断提升。聚焦“三大省级样板”，实施翔美楼

老旧小区改造、梅溪休闲栈道等 75 个项目，全力打造城乡建设品质提升示范工程。南山片区县城更新样板 17 个子项目全面铺开，“瞰山揽城·沿溪向江”山水步道初成体系。闽台乡建乡创合作样板在雄江镇先行试点，创新“微整治、微改造、微调整”全域整治模式，为打造“闽江第一镇”的美好愿景注入全新活力。梅溪新城无障碍设施样板项目建成投用，成功打造新城主干道、公园广场等 30 分钟无障碍生活圈，获得群众一致点赞。乡村振兴全面推进。投入 14.8 亿元，实施 129 个乡村振兴试点示范项目，获评 2023 年省级促进乡村振兴重点工作激励县。31 个农文旅示范区项目加快推进，累计完成投资 4.65 亿元。云溪漫谷、橄榄湖小镇、九野小镇、小丫村等一批带动性强、社会效益高的乡村振兴典型模式在省市争先亮相。“心上莲”作为全省唯一代表参加第三届“中国新农民”故事会，得到国家乡村振兴局高度认可。

基础配套更加完善。建成新民大桥涉铁段、李坂大道等 6 条干线公路，提升道路养护 24 条，新增通车里程 37.4 公里。加快京台高速复线项目前期工作，完成城关、雄江等落地互通选址论证。城乡供水一体化项目覆盖全县 103 个村居，惠及群众 23 万人。梅溪污水处理厂加快实施扩容提标。新建改造城乡污水管网 145 公里，接户管道铺设 80 公里。220 千伏白中输变电、35 千伏下祝输变电等项目加快推进，北电南送特高压（闽清段）输变电工程全线贯通。新增燃气管网 6 公里。新建 5G 基站 453 个。扎实推进中央和省生态环境保护督察反馈问题整改销号。建陶行业环境整治两年行动加快推进，脱硫提标改造取得积极进展。全年空气质量优良天数比例 99.4%，在全省县区位次上升 18 名。

（摘编：余松山）

罗源县产业经济发展概述

2023年是全面贯彻党的二十大精神的开局之年，是三年新冠疫情防控转段后经济恢复发展的一年。一年来，罗源县坚持以习近平新时代中国特色社会主义思想为指导，全面贯彻党的二十大和二十届一中、二中全会精神，坚持“3820”战略工程思想精髓，聚焦县委绘制的美好蓝图，抢抓机遇、主动作为，全面建设可持续发展的现代化美丽海湾城市，在全方位推进高质量发展新征程上奋发作为、勇毅前行。

扎实开展“三争三领”“攻坚2023”等行动，成功跻身“全国县域高质量发展百强县”，“全国县域发展潜力百强县”提升至29位，三季度全市“经济领跑”专项行动排名第二，县域经济保持稳中向好态势。全年实现地区生产总值450亿元，比增6.5%；完成地方一般公共预算收入15.2亿元以上，比增29.2%；全社会固定资产投资190亿元，比增10.7%；出口总额19.3亿元，比增20.6%；社会消费品零售总额69.3亿元，比增5.5%；城镇居民人均可支配收入增长5.5%，农村居民人均可支配收入增长7.5%。

认真践行在县十八届人大二次会议上的庄严承诺，锚定目标、攻坚克难，集中精力推动年初确定的10个重大项目达成预期目标：一是牛坑湾填海工程环评审批进入收官环节，计划于2024年3月开工建设。二是沈海高速水古互通及接线工程（西兰隧道）完成项目立项、设计等前期工作并挂网招标，计划于2024年6月正式动建。三是罗源湾公共运输廊道项目已推进2.5公里，完成固定资产投资1.7亿元。四是北门巷历史文化街区（文锦街）正加速建设，计划于2024年6月主体竣工。五是县总医院项目（一期）住院楼完成主体建设，门诊楼、医技楼计划于2024年3月建成。六是特殊教育学校新校区、滨海第三实验幼儿园等10个教育基础设施项目建成投用。七是城乡供水一体化项目完成一期C1标段主体建设，已覆盖凤山、松山、碧里等片区共计16个村。八是台商投资区围填海历史遗留问题完成整改，已向自然资源部申请预验收。九是清华大学重大科研项目已完成可研报告编制等前期工作，待上级论证通过后推进实施。十是中心市场改造项目正在有序推进施工，计划于2024年6月建成。一年来，产业经济发展的主要工作和成效是：

产业发展提质聚能。罗源县实施“工业提振”三年专项行动，被省政府确定为钢铁产业链发展重点县。落实扶持工业发展“19条”，帮助企业争取各类奖补资金6236万元。推动制造业改造升级，全年实施10个省重点工业项目、总投资65亿元，31个市重点工业项目、总投资140亿元，推进宝钢高炉技改等15个项目竣工投产，闽光年产130万吨高速线材生产线等8个项目开工建设，德胜能源配套煤气改造升级等10个项目加快建设。实施“榕升计划”攻坚行动，全年新增规上工业企业14家，规上工业增加值增速稳居全市前二。推动重点企业主辅分离，新成立宝闽劳务派遣等3家服务企业，全年新增规上商贸服务企业53家。举办罗源县首届“新闽菜·山海新概念”烹饪大赛。组织“八闽美食嘉年华”“国潮集市美食文化节”等促消费活动超百场，世纪金源购物中心美食夜市、亿阁广场凤山文创夜市开业。引进七彩电商孵化基地产业链项目，打造区域直播带货、电商人才孵化中心。投入5000万元，实施31个乡村振兴试点示范项目。培育乡村振兴四星级村4个、三星级村22个。建成3个百亩稻渔养殖示范基地、1个千亩莲虾套养基地，种植林下中草药1500亩。洋泽生物获批“中国农技协沙蚕科技小院”，并入选省重点上市后备企业库。起步镇入选首批国家农业产业强镇名单。农产品“三品一标”认证数达43个，荣获“国家农产品质量安全县”称号。

项目建设提速增效。罗源县积极参与2023世界航海装备大会、第六届数字中国建设峰会，现场签约招商项目11个，总投资158亿元。持续做强“双龙抱珠”产业集群，新引进不锈钢产业链项目5个、总投资15.2亿元，新能源产业链项目6个、总投资16.2亿元。全年招引产业链项目56个，30亿元重大产业链项目1个，亿元以上项目29个，战略性新兴产业产值达521亿元。全力推动156个省市重点项目，力促中辰新能源等59个项目开工建设，东恒新能源（一期）等46个项目竣工投产，北湾时代等51个项目提速建设。国家重大节水工程霍口水库项目顺利通过验收，计划春节前后下闸蓄水。1—10月“项目攻坚增效年”专项行动全市排名第四，二季度项目工作正向激励考评全省排名第二。夯实要素保障，获批新增地方政府债券资金12.2亿元，争取上级各项资金16亿元；获批用地8宗808亩，出让用地10宗451亩，处置低效闲置土地11宗595亩；新建基干林带、生态林储备库5365亩。

城乡面貌持续改善。学前路、府前街等5条市政道路“白改黑”工程竣工通车。完成水古、罗源湾高速口灯光亮化改造，完成东大新村3栋楼老旧小区改造，筹集3239套保障性租赁住房。新增10公里福道、5个“口袋公园”，新建10条健身路径、1片多功能运动场。争创全国文明城市提名城市，集中开展“五大行动”，打造环境卫生示范小区10个、文明示范小区4个，创建文明示范背街小巷2条。打造凤山镇闽凤社区、松山镇松岐社区城市一刻钟便民生活圈，设置5个流动摊位便民集中疏导点，新增城区停车泊位220个，让居民生活更加便捷。持续开展“护河爱水·清洁家园”行动，打造66个人居环境整治示范村。新改建农村道路13公里，实施幸福农村路工程22.5公里，完成生命防护工程4公里，危桥改造2座。全省集镇环境整治样板现场会在起步镇召开，中房镇集镇环境整治列入市级样板。

发展活力更加强劲。罗源县落实新时代民营经济强省战略，成立青年企业家商业联合会，全县民营企业新增1143家。重组非正常经营县属国有企业，建发集团完成资产整合18亿元，年营收超1.5亿元。加强对台工作，联合福州日报社举办“同根同源中华情”海峡两岸青少年文学交流活动，与市台胞投资企业协会、台北市商会签订三方战略合作框架协议。海外统战工作卓有成效，成立美国罗源同乡会、香港罗源同乡联谊会，持续聚侨力、融侨情。实施高新技术企业倍增计划，申报国家级高新技术企业20家，新增省级专精特新企业2家、市级企业技术中心1家。全社会研发投入（R&D）达10.7亿元。重视知识产权保护，新增有效发明专利254件。全力援企纾困解难，深化“千名干部进千企”“县处级领导挂点重点企业”等机制，帮助企业协调解决困难446个，组织线上线下产销对接会24场次。优化“一机制三靠前”项目落地服务体系，梳理惠企政策50项，为25个重点招商项目提供一站式服务。全省首创乡镇税费服务延伸点11个。全年减税降费1.13亿元。帮助小微企业融资贷款14亿元，为市场主体赋能添力。

生态环境稳中向好。坚持严准入、严监管，完成审批建设项目环评36个。嘉纳塑胶、景泰软包装等6家企业完成VOCs深度治理改造。闽光、宝钢基本完成超低排放改造项目，宝钢德盛屋面光伏项目实现并网发电。建成白塔生活污水处理厂、起步镇村庄污水治理等7个城乡污水治理项目，全县重点流域水质稳定达标Ⅲ类以上。完成55个入海排污口、2个入海沟渠“消劣”，清理海漂垃圾2900吨，近岸海域水质稳定优良。新增植树造林超1万亩，全县森林覆盖率达54.26%。排查整治流域污染源，清退敖江流域鳗鱼养殖场5家，清退非法畜禽养殖场82家。

（摘编：郑欣然）

永泰县产业经济发展概述

2023年是全面贯彻党的二十大精神的开局之年，是三年新冠疫情防控转段后经济恢复发展的关键之年。永泰县坚持以习近平新时代中国特色社会主义思想为指导，深入学习贯彻党的二十大和二十届二中全会精神，全力推进经济复苏和社会事业发展，各项工作取得新的成绩。全县地区生产总值384.4亿元，增长4.1%；一般公共预算总收入19.3亿元，增长19.5%，地方一般公共预算收入13.1亿元，增长14.2%；固定资产投资139亿元，增长5%；工业固定资产投资39.5亿元，增长80%；规模以上工业产值54.5亿元；社会消费品零售总额36.8亿元；进出口总值28.5亿元，增长13%；实际利用外资501万美元；城镇居民和农村居民人均可支配收入分别增长7%和8%。一年来产业经济发展的主要工作和成效是：

产业结构不断优化。特色现代农业蓄势赋能。永泰县丹云金蛋工程二区、富泉羊菌草养殖基地落地动建，葛岭梅满天下青梅加工厂、塘前帮利茶业产业园提速建设，大洋种子产业园初具规模，槟榔芋精深加工产业扩能提速。获评省级农产品质量安全县和省级优质农产品生产重点县。新增闽台合资企业7家，完成长庆中埔村“寨下有李”等闽台农业产业园扶持项目14个。嵩口国家级农业（李果）产业强镇通过认定。建成百亩以上规模生态茶园6个，入选福州茉莉花茶、福建红茶等省级优势特色产业集群。设立全国首个农业农村部茶叶指导组专家县级工作室，卢峰茶产业联合体入选省级农业产业化联合体。举办首届永泰细茶节、“则徐杯”斗茶赛，打响“永泰细茶”品牌。环境友好型工业稳步壮大。金泰纺织二期、利尼尔技改项目顺利动建。晟源纺织智能制造产业园一期厂房主体竣工。“匠福仙”白酒、劳德巴赫精酿啤酒小镇建设全面提速。数字永泰产业园新引进企业112家，网驿智能制造产业园一期、友通慧科产业园一期竣工验收，岁金智谷产业园竣工交付，智能中央厨房项目建成投用，数字经济规模达180亿元。新增一级建筑施工企业4家、二级12家，建筑业总产值突破千亿。永泰县荣获2023年度福建省“建筑之乡”。

全域旅游提质增效。赤锡、富泉携程度假农庄开业运营。赤壁景区重装开业。引进福建旅发集团闽江饭店合作运营御温泉酒店。永泰县开展“百场活动、千场会议”，举办永泰葱饼美食文化节、国际温泉旅游节等活动105场，引进各类会议1225场。接待游客1500万人次，创旅游产值82.5亿元，分别增长19.5%、26.3%。上榜全国县域旅游发展潜力百佳县。获评中国文旅融合创新典范县、“2023年美丽中国首选旅游目的地”。永泰县“爱在同安”庄寨之旅等线路入选全国乡村旅游精品线路。

项目建设提速增效。落实“项目攻坚增效年”专项行动。永泰县谋划实施重点项目292个，完成投资124.3亿元，梧桐生态工业园等43个项目开工，温泉村改造安置房等47个项目竣工投产。国道355葛岭濑下至台口溪尾段、国道534城峰蕉濑至大洋段、东嵩公路等道路建设稳步推进。“一闸三线”工程全线通水。白云抽水蓄能电站全面投产。福建北电南送特高压工程永泰段全线贯通。福州至永泰有轨电车项目完成建设规划报告编制，列入福州市“平急两用”公共基础设施项目库。龙湘水库项目完成全阶段设计招标。油洋混合抽水蓄能电站项目申报国家中长期规划推荐站点。福建（永泰）电商产业园项目完成土地招拍挂。建立工业用地项目税收履约监管机制。深入推进招商攻坚，完善招商考评激励机制，引进福建宝元、黑狮科技节能环保等高质量招商项目 57 个，落地楼宇经济项目 215 个。

乡村振兴全面推进。永泰县入选 2024 年省级闽台乡建乡创样板县。岭路凤落村入选全国红色美丽村庄建设试点村。丹云赤岸村、梧桐埕演村入选省级美丽休闲乡村。白云北山寨入选国家文物建筑保护利用典型案例。“爱永泰计划”—乡村振兴项目获首届福建慈善奖。“嵩口模式”获中央宣传部推广。

“多规合一”实用性村庄规划实现全覆盖。永泰县实施乡村振兴“六个一”先导项目 162 个，引进专家团队 23 支，活化利用古厝 23 座，培育直播团队 51 支，直播带货收入 4041 万元。永泰县启动综合土地整治，新增耕地 345 亩。集中代管“未耕地”经营权 1.5 万亩，统筹利用抛荒耕地 2292 亩。完成粮食产量 9.5 万吨，建设高标准农田 1.2 万亩。整治农村裸房 371 栋。永泰县乡村振兴电商直播基地建成投用。建成盖洋红生产基地，青红酒成品正式销售。盘谷官村等 25 个村党组织领办合作社试点项目投入实体化运营，村集体经济收入 20 万元以上占比 80%以上。闽台张圣君信俗文化节、传统村落保护利用永泰论坛等活动顺利举办。累计整理出版永泰历史文书 60 册。新增市级乡村振兴四星级以上村 7 个。

城市品质提档升级。永泰县 98 个城市品质提升项目顺利实施。樟城西大道、清凉环山北路等 4 条市政道路全面通车，南门景观廊桥竣工投用。建立安置房选房超市，纳入存量房源 207 套。完成城区主干道交通信号灯系统提升改造 36 处。新建福道 14.4 公里，改造提升公园 9.5 万平方米，人均公园绿地面积达 20.5 平方米。新建改造雨污管网 9 公里、供水供气管网 9 公里。永泰县新增保障性租赁住房 1680 套。排查经营性自建房 1831 栋，完成经营性自建房挂牌巡检。餐饮类商户燃气报警装置实现全覆盖。城镇生活污水管网一期项目竣工。县厨余垃圾处理设施建成投用。城区保洁面积扩大至 40 万平方米，环卫市场化率达 90%。规范摆摊设点，增设便民摊位 107 个。樟城中心市场获评省五星级文明集市。国家文明城市创建有序推进。

生态建设持续领跑。永泰县空气质量优良天数比例达 99.4%。成功创建全市唯一省级森林养生城市，岭路乡获省级森林康养小镇，嵩口镇入选省级森林乡镇。御温泉获省级森林康养基地。新增造林绿化 9430 亩，完成商品林赎买 3187 亩。开展松材线虫病防治，清除枯死松木 1.6 万株，改造林地 3.1 万亩。常态化开展“护河爱水、清洁家园”行动，建立“河长日”重点工作会商机制。全域治水工作全面铺开。实施安全生态水系建设项目 6 个、中小河流治理项目 4 个，治理河道 28 公里。设置水质监测断面 32 个，大樟溪水质保持Ⅱ类以上标准。大樟溪流域供水生态补偿实现破题，首批补偿款 1000 万元顺利到位。开展藤山省级自然保护区生物多样性司法保护协作行动。推进省级林业碳中和试点县建设。

根据县委统一部署，新一年永泰县各项工作的总体要求是：以习近平新时代中国特色社会主义思想为指导，全面贯彻落实党的二十大和二十届二中全会精神，认真落实省、市各项决策部署以及县委十四届五次全会精神，以高质量发展为首要任务，以“三示范三跨越”为总路径，完整、准确、全面贯彻新发展理念，积极服务和融入新发展格局，坚持做大城关与做大产业，统筹扩大内需和深化供给侧结构性改革，统筹新型城镇化和乡村全面振兴，统筹高质量发展和高水平安全，持续构建“生态+”绿色产业体系，奋力推进现代化绿色发展先行区建设。2024 年永泰县经济社会发展的主要预期目标是：地区生产总值增长 6.5%；一般公共预算总收入、地方一般公共预算收入分别增长 8.5%和 7.5%；固定资产投资增长 5%；工业固定资产投资增长 9%；规模以上工业增加值增长 5%；社会消费品零售总额增长 5%；进出口总值增长 10%；实际利用外资 1280 万美元；城镇居民和农村居民人均可支配收入分别增长 7%和 8%。

（摘编：郭向东）

厦门市产业经济发展综述

2023年是全面贯彻党的二十大精神的开局之年，是三年新冠疫情防控转段后经济恢复发展的一年。一年来，厦门市坚持以习近平新时代中国特色社会主义思想为指导，全面贯彻党的二十大和二十届二中全会精神，深入贯彻落实习近平总书记重要讲话重要指示精神特别是致厦门经济特区建设40周年贺信重要精神，认真贯彻落实党中央国务院决策部署和省委省政府工作要求，深入开展学习贯彻习近平新时代中国特色社会主义思想主题教育，坚持稳中求进工作总基调，完整、准确、全面贯彻新发展理念，积极服务和融入新发展格局，着力推动高质量发展，深学争优、敢为争先、实干争效，加快实施“一二三”战略规划，坚持应急与谋远相结合，奋力抢机遇、强优势、挖潜力，经济回升向好，社会保持稳定。实现地区生产总值增长3.1%，规模以上工业增加值与上年持平，固定资产投资增长0.5%，社会消费品零售总额增长2.9%，居民消费价格指数增长0.2%，全体居民人均可支配收入增长4.5%，一般公共预算总收入、地方一般公共预算收入分别增长5.6%和5.5%，完成年度节能减排任务。一年来，产业经济发展的主要工作和成效是：

着力稳住经济大盘。助企纾困力度加大。厦门市顶格落实国家、省稳增长一揽子政策，制定实施稳增长转动能、合力抓工业等系列政策，大力推广“免申即享”“即申即享”，兑现助企纾困资金340亿元。打造“财政政策+金融工具”升级版，增设产业链招商、供应链协作和先进制造业基金，扩大技术创新基金、中小微企业融资增信基金规模，撬动超800亿元金融资金助企发展。

发展后劲持续增强。深化项目全生命周期管理，用好“两化三单”工作法和“项目之家”平台，全力促前期、促开工、促建设，策划生成项目1074个、总投资6930亿元，新增开工项目1042个、总投资3025.5亿元。制造业投资增长9.2%，246个亿元以上产业项目完成投资536.7亿元，厦门时代、中创新航三期等一批重大产业项目加快建设，东南智慧供应链产业园等园区建成投用。

消费潜力加速释放。大力推动住宿餐饮、文化旅游、会议展览等行业复苏，举办600多场促消费活动，网络零售额增长12.2%，限额以上住宿业、餐饮业营业额分别增长33.1%和22.5%，接待游客人次、旅游收入分别增长67.3%和83.3%，会展业参会人数、展览面积分别增长155.3%和68.2%，厦门国际博览中心投入使用，中山路入选全国示范步行街，夜间经济城市发展指数、消费者满意度均位居全国前列，城市便利店发展指数蝉联全国第一。

对外贸易平稳增长。开展“百展千企拓市场”等活动，外贸进出口总额9470.4亿元，增长2.7%，高于全国、全省水平。新能源汽车、锂电池、光伏产品“新三样”出口额增长1.7倍，跨境电商进出口额增长65%，电子信息产业入选国家外经贸提质增效示范产业，3项工作获评全国服务贸易创新发展试点最佳实践案例，获批首批全国内外贸一体化试点城市。

着力推动创新发展。创新生态持续优化。健全多元化科技投入机制，组织实施181个重大技术攻关、“揭榜挂帅”、产学研合作等项目，转化高新技术成果513项。实施“群鹭兴厦”人才工程，新增国际化人才3382人，吸引近8万名高校毕业生在厦就业。厚植创新文化，完善服务体系，营造创新氛围，全社会研发投入强度达3.3%，科技集群、科技强度排名分别跃升至全球城市第80位和第 81 位。

企业创新活力不断增强。启动企业千亿研发投入引领计划，实施企业技术创新能力提升行动，有效发明专利拥有量增长 19.4%，技术合同交易额增长 29.3%，主导或参与制定修订国际、国家标准 350 项，获批国家级知识产权保护中心。净增国家高新技术企业超 600 家、国家级专精特新小巨人企业 22 家、中国制造“隐形冠军”企业 21 家，海辰储能成为厦门市首家独角兽企业。

创新载体提质扩容。组建厦门科学城管委会，完善建设运营管理机制，加快建设Ⅰ号孵化器，启动建设Ⅱ号孵化器，核心园区入驻企业超 1600 家。嘉庚创新实验室建成全球首条 23.5 英寸 Micro-LED 激光巨量转移示范线，百千瓦级 PEM 电解水制氢装备入选国家首台（套）重大技术装备清单，翔安创新实验室获批建设传染病疫苗研发全国重点实验室，引进建设 6 家新型研发机构。海洋负排放国际大科学计划加快实施。

着力构建现代化产业体系。产业转型步伐加快。“4+4+6”现代化产业体系加快构建，四大支柱产业集群总规模超 2 万亿元；战略性新兴产业增加值占规模以上工业增加值 46.6%，新能源产业产值、文旅创意产业营业收入分别增长 32.5%和 10%；第三代半导体、基因与生物技术等六个未来产业加快培育。做大做强“四大经济”，启动建设省级海洋高新技术产业园区，设立省级人工智能产业园，获评中国软件名城、全国中小企业数字化转型试点城市，位列全国先进制造业百强市第 18 位、智能制造城市二十强。

经营主体更加活跃。开展先进制造业倍增计划和供应链主体倍增计划，各类经营主体数量增长 8.2%，新增规模以上工业企业 349 家、限额以上批发零售企业 1034 家，新设立外商投资企业 1682 家，新增境内外上市企业 5 家。

招商引资提质增效。坚持大招商、招大商、大员招商，开展“走出去”招商百日行动，举办第二十三届中国国际投资贸易洽谈会等重大活动，投洽会参会主宾国、国际组织、跨国公司和签约项目数、投资额均创五年来新高。新增签约项目 739 个、三年计划投资 880.6 亿元，新增招商开工项目 931 个、三年计划投资 1672.8 亿元，新增增资扩产项目 311 个、三年计划投资 514.8 亿元。

着力深化改革扩大开放。综合改革试点扎实推进。获批综合改革试点，以清单批量授权方式赋予厦门在重点领域和关键环节改革上更大自主权。按照一项改革任务对应编制一份改革方案、一套操作规范、一组应用场景、一个评估体系的标准，统筹推进改革任务落地实施。开工建设翔安南部片区启动区，全力打造改革重要承载区。混合产业用地供给、不停运办证等改革取得初步成效，改革热度指数全国领先。

重点领域改革取得突破。推进系统集成式财政管理改革，开展专项资金竞争性分配 30 多亿元。推行城市综合开发模式，厦门科学城、海洋高新技术产业园区获政策性金融支持。获批地方政府债券等财政性资金 384 亿元。探索实施房票制度。获批低效用地再开发试点城市。优化国有经济布局，市属国有企业资产总额增长 14%，建发、国贸、象屿位列国内供应链企业核心集团四强。

开放水平进一步提升。落实习近平总书记在金砖国家领导人第十五次会晤上的重要倡议，启动建设中国—金砖国家新时代科创孵化园，对金砖国家进出口增长 14.4%。实施厦门自贸片区提升战略，新增全国首创经验 16 项。持续打造海上合作战略支点城市，“丝路海运”命名航线突破 110 条。举办第十届中国—中亚合作论坛等重大活动，与巴西福塔莱萨市、南非德班市两个金砖国家城市结为国际友城，国际友城增至 23 个。

两岸融合发展稳步推进。习近平总书记向第十五届海峡论坛致贺信，成功举办两岸农博会、文博会等 270 多场活动。设立全国首只数字人民币台企融资增信基金，新批台资项目数、实际使用台资分别增长 64%和 408.3%。率先实现台胞同等待遇购买保障性商品房，在厦参加基本养老保险、医疗保险台胞突破 1.2 万人次。厦金“小三通”客运航线复航，累计运送旅客突破 2000 万人次。

着力优化营商环境。法治环境更加完善。细化落实《厦门经济特区优化营商环境条例》，实施再创营商环境新优势助力企业高质量发展行动。国家发展改革委在厦门举办全国优化营商环境现场会，城市平均综合信用指数排名全国第一。海丝中央法务区集聚法务相关机构 900 多家，成为

"海丝"核心区标志性工程。广泛开展普法宣传，完善现代公共法律服务体系，营造全社会尊法学法守法用法的良好环境。

政务环境更加高效。建成一体化政务服务平台，市行政服务中心事项进驻率提升至97.5%，综合窗口实现市区全覆盖，政务服务事项100%网上可办、84%"全程网办"、911项"免证办"，入选全国数字政府创新成果和实践案例，工程建设项目审批制度改革稳居全国前列。

市场环境更加优化。厦门市坚持对各类经营主体一视同仁、平等对待，出台促进民营经济发展壮大系列措施，深化"益企服务"专项行动，举办企业家日大会，常态化开展企业家座谈会、企业接待日等活动，全市近九成国家高新技术企业、近八成境内上市公司来自民营企业。

着力打造更加宜居韧性智慧城市。厦门市新城建设和城市更新加快推进。深入推进跨岛发展，加强片区产业导入、项目建设和配套完善，马銮湾新城、翔安新城公建设施加快完善，同安新城、同翔高新城产业集群成型成势，集美新城进一步集聚成城。深入实施城市更新行动，启动建设首批25个城中村现代化治理试点，扎实推进92个岛内大提升项目和516个城市建设品质提升项目，完成老旧小区改造9.1万户。

城市环境更为宜居。厦门市完成前两轮中央生态环保督察反馈问题整改，空气质量保持全国前列，集中式饮用水水源地、主要流域国省控断面水质达标率保持100%，近岸海域水质稳中向好，生活垃圾分类考评连续22个季度位列全国大城市第一。上榜中国十大"大美之城"，鼓浪屿、筼筜湖、东南部海域分别获评国家和美海岛、美丽河湖、美丽海湾，生态文明建设工作获国务院督查激励，城市宜居指数位居全国前列。

城市运行更具韧性。厦门市增强城市空间布局安全，制定城市体检评估标准，建立地下空间资源调查和应用体系。加强交通基础设施联通，新机场飞行区、航站区等项目加快建设，翔安大桥通车，福厦高铁开通运营，轨道交通3号线南延段和4号线、6号线建设有序推进，2号线二期工程等3个项目获鲁班奖。新建改造燃气管道80公里，新增供水能力20万吨/日，供电可靠性达到国际先进水平。完善城市防灾减灾救灾体系，构建海陆空应急救援新格局。

乡村振兴全面推进。厦门市严格落实耕地保护和粮食安全责任制、"菜篮子"责任制，新建高标准农田1.1万亩。加快建设64个现代农业项目，都市现代农业产业集群营业收入增长6.1%。推进12个乡村振兴精品村、30个试点示范村建设，翔安区入选国家乡村振兴示范县创建名单。

2024年厦门市要以习近平新时代中国特色社会主义思想为指导，全面贯彻落实党的二十大、二十届二中全会和中央、省委经济工作会议精神，按照市委十三届六次全会和市委经济工作会议部署要求，坚持稳中求进工作总基调，完整、准确、全面贯彻新发展理念，围绕推动高质量发展首要任务和构建新发展格局战略任务，统筹扩大内需和深化供给侧结构性改革，统筹新型城镇化和乡村全面振兴，统筹高质量发展和高水平安全，以综合改革为动力，推进科技创新引领和现代化产业体系建设，打造新发展格局节点城市，促进两岸融合发展，切实增强经济活力、防范化解风险、改善社会预期，巩固和增强经济回升向好态势，加快培育发展新动能，推动经济实现质的有效提升和量的合理增长，厚植绿色底色，增进民生福祉，保持社会稳定，加快把努力率先实现社会主义现代化的宏伟蓝图变成美好现实。2024年厦门市经济社会发展的主要目标是：地区生产总值增长5.5%左右，规模以上工业增加值增长8%左右，固定资产投资增长6%左右，一般公共预算总收入、地方一般公共预算收入均增长5.5%左右，社会消费品零售总额增长5.5%左右，外贸进出口总额增速高于全省，居民消费价格涨幅控制在3%左右，全体居民人均可支配收入与经济增长保持同步，完成年度节能减排目标。

（摘编：赵远）

思明区产业经济发展概述

2023年，思明区坚持以习近平新时代中国特色社会主义思想为指导，全面学习贯彻党的二十大精神，深入贯彻落实习近平总书记重要讲话重要指示精神特别是致厦门经济特区建设40周年贺信重要精神，坚持稳中求进工作总基调，完整、准确、全面贯彻新发展理念，积极服务和融入新发展格局，着力推动高质量发展，深入实施“深学争优、敢为争先、实干争效”行动，紧密围绕厦门“一二三”战略规划，求真务实，团结奋进，经济社会保持平稳健康发展。全年地区生产总值增长5.6%；实现财政总收入410.12亿元；固定资产投资增长46.3%；年度节能减排任务顺利完成。

坚定信心，谋定快动，经济运行稳中向好。助企惠企精准高效。全面落实省市稳经济、稳增长各项政策措施，持续开展“益企服务”专项行动，出台先进制造业高质量发展等产业政策4项，累计“退减缓降”税费22.4亿元，兑现各类扶持资金20.4亿元、惠及企业2313家次。构建“财政+金融”服务矩阵，首推“科创贷”2“税易贷”3“大消费专项贷”，提供各类融资担保26.7亿元。推广“智慧思明·企业VIP服务”平台，推行“即申即兑”　“免申即享”。全市首推“视频帮办”，创新推出“政务智能办”服务模式，一次性申报通过率达90%以上。深化商事制度改革成效明显，获国务院督查激励。全区新增商事主体3.15万家，增长7.84%。

产业发展提质升级。软件和信息服务业优势巩固向好，规上企业营收增长23.2%，引入飞书、兔跃等新兴领域优质项目，吉比特、四三九九成为全市仅有入选全国软件和信息技术服务竞争力百强企业。游戏产业园及产业配套加速推进，智慧城市智能系统产业集群入选工信部“中小企业特色产业集群”。金融业支撑强劲有力，实现增加值631亿元，增长5.7%。在地私募基金管理公司136家，管理基金1171只，形成五个私募基金集聚区。区产业引导基金参股子基金规模达540亿元，投向思明区项目48个。成立金服控股集团，打造全周期全产业链金融综合发展服务平台。商贸业量质齐升，安踏、特步、朴朴等重点企业零售额实现15%以上增长，均和、紫金等11家企业年销售额超百亿，九牧厨卫等149家企业入选首批厦门市供应链企业白名单。文体旅融合发展，举办元宇宙数字公路自行车赛、国际钢琴公开赛、中国田径街头巡回赛等赛事活动，体育时尚季、音乐季等品牌IP影响力持续提升，获评国家体育产业示范基地、中国体育旅游精品项目十佳目的地。“金鸡百花电影节”成功签约36个文化影视产业项目，投资总额达88.6亿元。全区规上文化企业数量占全市42%，营收占全市六成以上。共接待国内外游客5670万人次，限上住宿业营业额增长48%，以赛兴业、以节促产效应彰显。

消费市场加快复苏。组织策划“幸福生活·好运思明”购物节等促消费活动400余场，发放500万元数字人民币消费券，撬动居民消费1.4亿元。举办10余场“思明有好市”主题市集，培育嘉莲里等夜间经济集聚区，激发多元“夜”态消费活力。举办传统老字号文化节，支持黄则和等本土“老字号”品牌焕新升级，引入老广新意等83家首店，万象城等商圈持续繁荣。深田、莲兴、前埔南等8个社区纳入商务部“一刻钟便民生活圈”试点名单。中山路成功入选第三批全国示范步行街。

招商引资成效显著。坚持大招商、招大商、大员招商，建立重大招商项目落地推进工作机制，入库落地项目投资完成率居全市第一。聚焦行业龙头精准招商，推动中远海特、新希望六和等143个项目落地，总注册资金512亿元。做强产业投资基金，新增大钲资本总部等115个高能级项目，注册资本达510亿元。加强与自贸区、火炬高新区联动招商，推动普路托思科技等22个项目入库。九八投洽会签约项目90个，总投资381.9亿元。厦门市校友经济促进会落地思明，平台载体招商加速成势。

抢抓机遇，顺势而为，发展动能稳步增强。改革创新蓄势突破。思明区“数实融合”机制入选全省“一县一特色”专项改革创新项目。新增市级以上创新载体23个，年度研发投入超千万元企业达112家，规上企业R&D投入6突破30亿大关，促成科技成果转化项目99个。新引育市级以上高层次人才479人，12个人才领衔的科技创新成果获福建省科学技术奖表彰。全省首创人工智能职称评审试点，评审通过人工智能工程师59名、大数据工程师累计近千名。每万人有效发明专利拥有量突破80件，达全国平均水平2.5倍。设立全市首只区级政府直投科创基金，助力中小企业发展壮大。位列赛迪全国创新百强区榜单第31名，创新创业生态持续向好。

片区开发加速推动。厦门国际商务核心区A1地块成功出让，与四川华西集团合作推进统一规划、统一开发、统一运营。湖滨四里标段、何厝岭兜片区安置房封顶，泥窟石村片区安置房加快建设。开元创新社区B05地块顺利出让，优质产业空间加快释放。全力做好第三东通道岛内端用地保障。将军祠片区攻坚克难，顺利完成历史遗留征拆任务，释放厦禾路南侧4.6万平发展空间。滨北超总片区中外运等地块收储取得实质性进展，东坪山片区启动配套设施用地征收工作。同文顶、前埔、厦港、环厦大科创谷等片区规划设计方案持续深化，为优化城区功能布局奠定基础。

项目支撑强劲有力。思明区34个省市重点项目实现投资214.94亿元，完成年度投资计划的229%，美亚柏科智慧城市创新中心提前3个月竣工，海峡成功大厦等重点项目顺利开工。固定资产投资增速、建安投资增速均排名全市第一。深化投融资体制改革，抢抓中央支持保障性住房建设、“平急两用”公共基础设施建设、城中村改造等“三大工程”窗口期，策划储备专项债项目包21个、总投资约300亿元，申报增发国债项目64个、申报额度超50亿元。

开放合作持续拓展。思明区积极融入新发展格局节点城市建设，支持建发中欧班列项目，挖掘金砖国家及班列沿线国家商贸资源。海丝中央法务区思明示范区设立大陆首个涉台海事纠纷解决中心，受理国际商事、海事案件248件。成立全省首个区级台胞工会、全市首个区级“台胞之家”，完善台胞来厦就业创业服务窗口和交流平台。全年安排3230万元资金，在就业对接、基础设施、产业生态等领域，加强对口协作。

2024年是中华人民共和国成立75周年，也是实施“十四五”规划的关键一年。全区上下要进一步凝聚共识、提振信心、攻坚克难，出实招求实效，打基础利长远，以实际行动展现中心城区应有担当。各项工作的总体要求是：坚持以习近平新时代中国特色社会主义思想为指导，全面贯彻落实党的二十大和二十届二中全会精神，深入贯彻落实习近平总书记重要讲话重要指示精神特别是致厦门经济特区建设40周年贺信重要精神，坚持稳中求进、以进促稳、先立后破，完整、准确、全面贯彻新发展理念，围绕市委“三个引领”“六个率先”重要要求，坚定信心、保持定力，抢抓机遇、乘势而上，统筹高质量发展和高水平安全，巩固和增强经济回升向好态势，持续推动经济实现质的有效提升和量的合理增长，增进民生福祉，保持社会稳定，为厦门更高水平建设高素质高颜值现代化国际化城市作出新的更大贡献。2024年思明区经济社会发展的主要预期目标为：地区生产总值增长5.5%左右，财政总收入、地方一般公共预算收入均增长5.5%，固定资产投资达到300亿元，完成市下达的节能减排任务。

（摘编：郭向东）

湖里区产业经济发展概述

2023年是极具压力、极富挑战的一年。湖里区全面贯彻党的二十大精神，深入贯彻落实习近平总书记重要讲话重要指示精神特别是致厦门经济特区建设40周年贺信重要精神，落实落细省委“深学争优、敢为争先、实干争效”行动要求，围绕全市“一二三”战略规划，锚定“10+13”任务，在市场环境低迷、主导行业支撑减弱等压力下，千方百计推动经济复苏，逐月逐季争先进位。全年地区生产总值比增1.5%，一般公共预算总收入281.9亿元，其中区级一般公共预算收入59.4亿元、比增6.2%。成为全市唯一进入全国工业、创新百强“双榜单”的先进区，荣获全国国土资源节约集约模范区、投资竞争力百强区、旅游综合实力百强区，全省十优发展区、基础教育综合改革实验区、平安建设示范区、建筑之乡等称号。建成神山党员综合教育基地，投用仙岳山闽台文化交流馆、侨文化馆，成功举办首届金砖创新基地产业创新联盟企业家论坛、首届中国数字音乐产业大会、第十五届海峡两岸福德文化节、区侨联成立三十五周年等重大活动。湖里区坚持志不求易、事不避难，做成了许多难而有意义的事，攻克了一批制约发展的卡点堵点、难点痛点，比如：攻坚完成体量最大的钟宅社、泥金社征拆扫尾，历时5年的东部旧改征拆工作顺利收官，历时30年的乌石浦旧村改造项目完成返迁等，为加快建设“两高两化”中心城区提供有力支撑。

服务融入“国之大者”。金砖创新基地总部区摘牌落地，金砖数字工业智谷开工建设。湖里区邮轮母港成为全国邮轮运输试点示范港，东渡港区纳入全省实施启运港退税试点。成立全市首个台胞服务中心，台青创客家获批国家级海峡两岸青年就业创业基地。惠和石文化园入选国家4A级旅游景区，获评省级对台交流基地。厦金航线“小三通”有序恢复。深化东西部对口帮扶及浦城、连城等山海协作，其中闽宁产业园封顶通用厂房16栋，落户企业17家，消费帮扶5亿元。首个通过“全国义务教育优质均衡发展区”省级督导评估，并顺利通过国家评估认定实地核查。

推动产业“优二进三”。“3+2”主导产业集聚发展，二、三产结构优化至36.8∶63.2（提高3.8个百分点），总量分列全市第一、二。湖里区高技术增加值占规上工业78.3%，居全市第一。建筑业产值规模升至全市第一。批零业保持万亿规模，三年蝉联全市第一。软件信息业在雨果等企业带动下实现营收翻番，全市占比从6%升至16%。

纵深扩展发展空间。湖里区东部完成供地4.3平方公里，出让用地面积达64%。经营性用地出让11宗，其中产业用地7宗、比增700%。率先推出“湖里招商一张图”，全景呈现可招商楼宇空间156万平方米、56幅地块99公顷。盘活国企闲置资产，去化率全市第二。大力推进湖里老工业区2.5平方公里低效工业用地再开发，制定“1+1”提升方案，推动7个试点项目前期工作。后坑垃圾焚烧厂搬迁工作顺利启动。

改善扮靓城区面貌。湖里区东部33个城中村、超930万平方米的旧村整村改造征拆工作和乌石浦、浦东花园等返迁工作完成。106个老旧小区完成改造，实现建成超20年小区全覆盖。快速推进城中村“两改造三提升”，率先完成16个城中村空中缆线整治，城中村现代化治理经验被国务院研究室、国家发展改革委等高度肯定。东荣社区入选全国首批完整社区建设试点；后坑片区“留改拆并举”实现整治与开发一体化；湖里社大片区全市首推城中村联动老旧小区连片改造。一年来，产业经济发展的主要工作和成效是：

统筹固本兴新，经济大盘企稳向好。湖里区先进制造业实力跃升。强化联动火炬，以占全市不到10%的规上工业企业数和不足5%的工业用地面积，贡献全市20%的规上工业增加值。培育千亿产业集群1个，百亿产业集群2个，工业大类覆盖率达75%。工业投资完成28亿元，比增36.6%，居全市第一。区属工业以17.1%的产值占比（火炬工业产值占比82.9%），拉动全年GDP增速0.4个百分点，其中航空维修业增速超50%，历史最高。亿联网络等3家企业获评国家级工业设计中心。

现代服务业提振扩容。湖里区交通物流营收、批零销售额、房地产销售面积、建筑业产值均占全市超四分之一。国贸、象屿、厦航入选全国供应链示范企业。新增市级总部企业1家、成长型总部企业3家。新增影视企业95家，全国首个以闽南文化为基础的文旅商综合体“屿见时光”项目启动。新天地商业综合体顺利开业。“湖里魅力购”品牌效应凸显，投入近2000万元拉动消费超13亿元，政策效能放大80倍。

投融资改革多元增收。湖里区率先采用PPP、EOD、EPC+O等投资建设模式，有效破解政府单方投资民生基础设施困局。打好“财政+金融”组合拳，产业引导基金出资4.2亿元参投6只基金，撬动社会资本48亿元。境内外上市和新三板挂牌企业36家，其中境内外上市企业数全市第一。发行政府债券资金11.8亿元，争取上级各项补助资金23.6亿元。

强化深谋快干，发展动能加速迸发。项目建设提速增效。策划谋划项目392个、总投资约2740亿元，达去年实际投资的5倍。连续两个季度进入全省项目工作综合考评县（区）前10。优化“七办”联动机制，168项建设项目审批实现“日清日结”，压缩前期、工期超20%、10%。122个项目顺利开工，超50%重点项目提前开竣工。67个省、市重点项目完成投资210.1亿元。固定资产投资完成544亿元、比增26.1%，占全市21.6%，总量及增速分列全市第一、第二。

招商引资精准发力。坚持大招商、大员招商，滚动生成“三促”招商项目251个，总投资890亿元，招商项目落地率达80%。引入中国通用、中国航天等5个央企项目和百威等4个世界500强项目。德尔等4个“研发+总部+委外制造”项目投入运营，省级重大签约项目数居全市第一。102个新落地重点企业贡献税收超11.5亿元。各类商事主体28.9万户，比增21.2%，数量及增速均居全市第一。11家企业入选省民营企业百强榜单、占全市三分之一。

科技赋能持续深化。落实创新引领工程和产业倍增计划，兑现资金2.2亿元、比增10%，其中前置支持达40%。国家级高新技术企业增至621家，市级以上专精特新企业增至142家，企业技术中心增至30个，重点实验室增至17个，研发机构增至7家。立项支持新能源、新材料等领域研制及产业化项目21个，比增17%，带动科研投入2.2亿元。联合嘉庚实验室共建科创产业加速器，落地桑若钙钛矿光伏研发及中试等科创项目。建设全省首个“数字工匠”工业互联网人才培育基地。

2024年湖里区将坚持以习近平新时代中国特色社会主义思想为指导，认真贯彻落实党中央、国务院决策部署和省委、省政府，市委、市政府和区委工作要求，积极融入综合改革试点，全面落实“一二三”战略，以科技创新为引领，以项目建设、招商引资攻坚年、提升年为抓手，坚持应急与谋远相结合，持续在“抓机遇、强优势、挖潜力”上下功夫，加快推进现代化产业体系建设，切实把多区叠加优势转化为发展动能，为努力率先实现社会主义现代化作出新的更大贡献。经济社会发展主要预期目标为：地区生产总值预估增长5.5%，区级财政收入增长5.5%，区属规模以上工业产值增长12%，限额以上批发零售业销售额增长5%，固定资产投资增长5%。

（摘编：游永贵）

集美区产业经济发展概述

2023 年是全面贯彻落实党的二十大精神的开局之年，是昂扬奋进“十四五”的关键之年。集美区坚持以习近平新时代中国特色社会主义思想为指导，紧紧围绕学习贯彻党的二十大精神这一主线，聚焦“中国式现代化”这一主题，落实省委“深学争优、敢为争先、实干争效”行动部署、市委“一二三”战略，锚定“走前头、作示范”目标定位，坚持稳中求进工作总基调，全力做好稳增长、促改革、调结构、惠民生、防风险、保稳定各项工作。

2023 年是集美承压而上、转换动力的一年。受疫情“疤痕效应”、国际环境、宏观形势等多重因素影响，叠加制造业外向度高、房地产对经济财政影响大等深层次、结构性问题，全区经济发展和财政收支面临前所未有的压力与挑战。集美区咬紧牙关拼经济、全力以赴调结构。地区生产总值同比增长 2.6%；三产结构比例优化调整为 0.3∶44.4∶55.3，第三产业比重同比提高 4.4 个百分点；全体居民人均可支配收入同比增长 4.1%；区级一般公共预算总收入、区级一般公共预算收入分别达到 151.27 亿元和 45.87 亿元。荣获全国综合实力百强区称号，是全市唯一上榜的行政区；同时入选全国科技创新百强区、全国新型城镇化质量百强区。

2023 年也是集美攻坚克难、勇毅前行的一年。面对极不平凡的发展环境，集美区坚持以改革创新激发动力活力，以担当实干书写崭新篇章，做成了许多长期想办而没有办成的大事难事，攻克了一批制约集美发展的痛点堵点，比如：开启了国企重塑性改革，收回了闲置 20 多年的原东方快乐岛及周边用地，完成了遗留 13 年的国道 324 线与金辉路交汇段西北侧用地征收扫尾工作等。一年来，产业经济发展的主要工作和成效是：

始终把改革创新作为根本动力，开拓进取、奋楫争先，书写了活力迸发的改革答卷。以改革破难题。推动项目工作改革，整合工作职能和重点力量，成立项目工作推进领导小组及其办公室，实现项目更高水平策划、更大力度投资、更高效率推进。深化招商体制改革，进一步强化招商办统筹职能，市场化重组招商公司，建立高水平招商专才队伍。探索产学研协作模式改革，成立产学研融合创新领导小组及其办公室，政府牵头组建一系列以学科专业为单元的“创新发展共同体”，进一步推动产学研融合创新发展。实施发展能力专职化改革，成立区发展研究中心、金融事务中心、新能源产业创新发展中心、数字经济创新发展中心、国际合作中心和统计服务中心，以专业机构、专门队伍、专项职能，加快推动高质量发展。完成区属国企改革，聚焦城市经营、产业投资、市政运维，重组成立集美发展、集美产投、集美市政三家集团公司，破解同质化经营瓶颈。

以创新促发展。新增 8 家国家级“专精特新”小巨人企业，占全市新增数的 36%，新增创新型中小企业 335 家。加强知识产权保护，有效发明专利拥有量同比增长 27.9%。深化产教融合，顺利完成全国青年发展型县域试点中期评估，辖区高校在校师生数突破 16.7 万人，新建 18 个腰部企业的校企研究生工作站，促成产学研合作项目 58 个、申报技术专利 165 项；成立人工智能应用产业联盟和美妆联盟，与火炬高新区、国科科技共建软件园产教融合基地；以创业大厦为载体，围绕大学城打造科创街区。集美大学成为全省高校中唯一获批的交通强国建设试点单位，理工学院成为本年度全省唯一获批的国家知识产权信息公共服务网点，华侨大学6个学科进入ESI全球排名前1%。

以服务振信心。营商环境和社会信用评估指标连续三年排名全市第一，发布全省首份区级综合性营商环境白皮书，2项创新举措获评市“十佳”。推动全国首个政务服务台胞台企一件事集成改革。创设全省首个“商事登记许可网办引导区”和“社保/医保综合咨询导办区”。落地全省首个镇（街）级NQI集质小站。启动全省首个区级上市人才培养计划。兑现各类惠企资金11.3亿元。

始终把高质量发展作为首要任务，知重负重、砥砺奋进，书写了难中求成的经济答卷。产业转型升级不断提速。前瞻布局“五创五美”产业，铱钼重卡、泛蓝新能源、矽杰微电子等57个科技创新项目，普盛食品厦门总部、跑红科技、新东方文旅福建总部等93个美好生活项目成功落地，达产总营收（产值）373.3亿元。集美工业机器人产业集群入选2022年度（首批）工信部中小企业特色产业集群。省人工智能产业园厦门园区在软件园三期揭牌。智慧交通金砖示范项目启动试运行，金龙客车斩获“2023迪拜自动驾驶运输世界挑战赛”冠军。

产业发展质效持续提升。新增各类商事主体近3万户，同比增长15.6%，增幅全市第一，全区现有商事主体14.2万户；新增3家IPO过会企业和2家新三板挂牌企业，过会企业数占全省超四成，路桥信息成为厦门首家北交所上市企业；现有省、市重点上市后备企业35家、54家，数量均居六区之首。产业基金持续发力，区产业投资基金规模继续领跑全省各区（县），连续三年入选清科榜单；杏林湾基金聚集区今年以来落地基金超400亿元，总规模达2010亿元，增量占全市超五成。软件信息业和互联网服务业表现亮眼，实现营收216.4亿元，同比增长31.3%；软件园三期新交付研发楼20万平方米，今年以来净增注册企业4244家，天翼云等一批重点企业落地，中俄数字经济中心等项目签约进驻金砖未来创新园。

重点项目建设势头强劲。策划生成亿元以上项目155个，总投资1872亿元；新增8个市重大前期项目，总投资84亿元，综合排名全市第一；211个省、市、区重点项目完成投资352.9亿元，完成年度计划的135.7%。加快推动墩上、东埔等8个整村征收遗留扫尾工作。沈海高速杏林互通及接线工程（仙灵旗隧道段—长泰段）等项目提前交地。全面完成原东方快乐岛及周边项目地上物清理，收回土地687.4亩，东部新城片区完成高标准规划设计；福厦高铁通车运营，厦门北站新场站同步启用，北站片区综合交通枢纽功能进一步提升。

消费市场热度持续攀升。商贸业规模不断扩大，新增销售额10亿元以上批发零售企业40家，同比增长11%。集美中央活力区（CAZ）正式发布，商业联盟同步成立，成功举办“青春市集”“青年潮玩节”等高品质活动，累计吸引52万人次参与。持续打造“集美欢乐购”促消费品牌活动，发放消费补贴1100余万元，拉动消费超6.5亿元。汽车消费市场回暖，北站汽车集聚区销售总额超65亿元，二手车零售交易同比增长超6倍。旅游消费市场人气高涨，接待游客2841.6万人次，同比增长110.9%；实现旅游收入184.7亿元，同比增长131.3%。

2024年，集美区工作的主题主线是：坚持以习近平新时代中国特色社会主义思想为指导，全面贯彻党的二十大和二十届二中全会精神，认真落实中央经济工作会议精神和省、市、区委各项决策部署，坚持稳中求进、以进促稳、先立后破，以改革创新为根本动力，以创新驱动高质量发展为鲜明底色，全力推动集美在迈向产业现代化、城乡建设现代化、社会治理服务现代化、人的现代化的新征程中高歌猛进、笃行不怠。集美区经济社会发展的预期目标是：地区生产总值增长6%以上，争取实现更好结果，规模以上工业增加值增长5%，固定资产投资增长6.5%，一般公共预算总收入、地方一般公共预算收入分别增长6.2%、5.5%，全体居民人均可支配收入与经济增长基本同步。

（摘编：郑欣然）

海沧区产业经济发展概述

2023年，是全面贯彻党的二十大精神的开局之年，是三年新冠疫情防控转段后经济恢复发展的一年。海沧区坚持以习近平新时代中国特色社会主义思想为指导，深入学习贯彻党的二十大精神，认真贯彻落实市委、市政府和区委的正确领导下，坚持稳中求进工作总基调，完整、准确、全面贯彻新发展理念，积极服务和融入新发展格局，着力推动高质量发展，深学争优、敢为争先、实干争效，主动融入厦门“一二三”战略规划实施，全力促发展、保民生、防风险，经济社会保持平稳健康发展，首次进入“中国工业百强区”前五十强、位列第42位，发展韧性不断彰显。全年地方生产总值继续保持千亿规模，地方一般公共预算收入增长4.4%，其他营利性服务业营收增长34.7%，社会消费品零售总额增长2.2%，实际使用外资增长15.1%，居民人均可支配收入稳步增长。一年来，产业经济发展的主要工作和成效是：

加力构建现代化产业体系，发展能级不断提高。工业经济稳定恢复。落实各级“合力抓工业、全力稳增长”部署要求，加大政策支持力度，全年兑现工业企业扶持资金8.2亿元，助力企业生产经营加快恢复，增产面持续扩大，四季度规上工业产值增长6.4%。工业规模继续领先，规上工业产值、增加值总量蝉联全市各区第一。

制造业优势巩固。积极融入厦门“4+4+6”现代化产业体系，70家企业入选先进制造业倍增计划、占全市1/4。战略性新兴产业加速培育，生物医药产业累结硕果，1款新药成功上市、28款新药进入临床研究，33个境内第三类医疗器械获批注册、占全省80%；新材料产业抢抓风口，锂电池正极材料等产品出口增长55%，引进第三代太阳能电池产品项目、填补发展空白；集成电路产业成长迅速，开元通信、士兰集科、云天半导体等3家企业成为潜在独角兽企业。现代制造业稳健发展，船舶制造等机械装备行业高速增长，食品、智能家居等行业走势平稳。

服务业提质升级。生产性服务业赋能发展，落地宏东冷链总部等优质物流项目，金融业、其他营利性服务业、交通运输业对经济增长贡献加大。商业品质日益提升，首个高能级TOD商业综合体招商花园城盛大开业，成为购物体验新地标。消费市场活力激发，举办多场促消费活动，发放购车补贴及消费券，撬动销售额超14亿元；旅游业持续升温，接待国内游客人次、旅游收入分别增长33%和43%。

科技创新步伐加快。全社会研发经费投入强度达4.2%，厦门钨业、万泰沧海等企业单家年度研发费用超亿元。创新集群规模壮大，新增国家级高新技术企业117家，累计496家；新增国家级专精特新“小巨人”企业7家，累计31家；新增省级科技小巨人企业36家、中国制造“隐形冠军”企业2家。积极打造创新平台，新增省、市重点实验室3家，与中国药科大学开展深度产学研协作。修订出台“国际一流人才湾区15条”政策，兑现人才扶持资金1.5亿元，新入选高层次人才471人次。

市场主体保持活力。持续优化营商环境，坚决落实各级稳增长一揽子政策，大力推广“免申即享”“即申即享”，兑现惠企资金18.7亿元，其中减税降费超10亿元。市场主体规模攀升，新增商事主体1.1万户、总量达7.8万户，新设企业4271家、总量超4万家。上市培育进程加快，新增上市企业1家，境内上市企业数量及市值均位居全市第一；28家企业进入上市后备梯队，其中4

家企业入选全省重点上市后备企业库。

加力推动招商引资，强劲动能不断汇聚。招引成效更为显著。坚持招商引资和增资扩产两手发力，深入推进大招商、招大商、大员招商，开展“走出去”招商172次，充分利用“九八”投洽会等重大活动，带动项目签约180个、总投资545亿元，其中增资扩产项目56个、总投资256亿元，招商实绩竞赛排名全市第一。

链式招商更加精准。聚焦9条重点产业链，研究绘制招商图谱，形成922家目标企业名录，有效开展叩门招商。围绕延链补链强链，发挥法拉电子等龙头企业辐射效应，深度洽谈上下游配套企业，相继引进嘉德利新能源等关联项目，产业集聚度进一步提升。

资产盘活更有力度。畅通招商渠道，拓展空间载体，有力盘活各类闲置资产近37万平方米。国有资产去化成效明显，海投CBD 1号、建筑产业园实现整体租售，分别落户厦门文广集团总部、央美恒一高中等优质项目；引入上海华纳酒店集团，打造海沧公交枢纽商业综合体。支持企业改造利用闲置厂房，港汇邻里中心全面升级并顺利开业，钢宇厂房转型为新能源新材料产业园。

加力攻坚产业项目，发展基础不断夯实。突出优势谋项目。树牢“项目为王、产业为要”理念，策划生成项目502个、总投资2042亿元，其中产业项目投资占比近四成，在建亿元以上产业项目31个、数量各区最多。制造业支撑更加坚实，围绕生物医药研发、前沿新材料等领域重点推动128个产业项目，其中制造业项目数和投资占比均超85%。继续支持企业增资扩产，加大技术改造等补助力度，推动增资扩产项目202个、总投资529亿元。

突出供地强保障。征收工作有力有序，完成征地1110亩、交地1386亩，后井整村征收基本收官。深度挖掘可利用空间，近两年集中出让产业用地30宗、面积超1.5平方公里。有力缩短供地时长，坚持专班服务、高效调度，产业用地从选址到出让提速33%。

突出效益拓空间。坚持土地节约集约利用，盘活金旸、通士达等2宗低效用地，总面积31.8公顷，新增投资29亿元。支持47家企业利用自有用地改扩建，建成后将增加建筑面积166万平方米，容积率平均提高了0.6。支持商业办公和厂房等存量空间改建，新增保障性租赁住房956套。

突出服务抓进度。强化项目全生命周期管理，全力以赴促开工、促进度、促竣工、促投产，工业建安投资增长36.7%。优化审批流程，引入市属国企提供专业服务，产业项目前期工作明显提速。狠抓建设进度，创新分段联合验收等方式，保障55个产业项目提前投产、贡献产值超50亿元。

加力深化改革开放，创新活力不断迸发。稳步推进两岸融合。主动融入建设两岸融合发展示范区，深入践行“两岸一家亲”理念，产业合作更加密切，新增台资企业55家、总数达660家。对台往来更加活跃，首次开通跨境电商厦金航线，合作举办海峡两岸汉字节等活动，两岸民间交流持续深化。

不断扩大开放格局。有力发挥自贸优势，海沧港综合保税区出口翻番，中欧班列首次承载新能源汽车出口。海沧港集装箱吞吐量保持增长，完成839万标箱。大力推进港口高质量发展，海润码头获评全国首批四星级智慧港口，引进新加坡港务集团、合作打造港口物流枢纽项目。

做深做实企业服务。坚持“两个毫不动摇”，深化“益企服务”专项行动，力促民营经济做大做强。服务质效持续增强，延伸企业“进不了窗口”事项综合服务中心功能，强化区街联动，受理企业诉求602件、办结率超九成；召开“服务企业接待日”61场，扁平高效解决企业难点堵点358项，以优质服务提振“企业敢干”的信心。政务服务高效便捷，省药监局“一站一部两中心”办件量增长28%、医药器械审评提速76%，809个涉企审批事项实现“一窗通办”，首个智慧办税微厅正式启用。

加力升级城乡环境，生活品质不断改善。城中村治理成效凸显。按照市委、市政府“全域、彻底、科学”的现代化治理要求，首批打造渐美、新垵、山边、石塘等4个精品村。规划更精细，坚持一村一策，制定一个总体规划及多个专项子规划，生成改造项目121个，总投资4.7亿元。

（摘编：余松山）

同安区产业经济发展概述

2023年，是全面贯彻党的二十大精神的开局之年，是三年新冠疫情防控转段后经济恢复发展的关键之年，也是全区上下聚力攻坚、承压前行的一年。一年来，同安区坚持以习近平新时代中国特色社会主义思想为指导，全面学习贯彻党的二十大精神，深入贯彻落实习近平总书记重要讲话重要指示批示精神，坚持稳中求进工作总基调，高效统筹发展和安全，扎实开展省委“三争”行动和区委“四个年”活动，积极克服各种超预期因素不利影响，全力以赴拼经济、铆足干劲促发展，富美新同安建设迈出坚实步伐。全年地区生产总值增长1.5%，固定资产投资增长12.3%，财政总收入、区级财政收入分别增长17.5%、4.6%，全体居民人均可支配收入同比增长4.2%。一年来，同安区产业经济发展的主要工作和成效体现在：

凝心聚力稳增长，经济运行筑底回暖。同安区工业经济企稳回升。规上工业总产值完成1346.8亿元，新增规上工业企业136家，6家企业入选省制造业民营企业100强。战略性新兴产业产值占规上工业比重近50%，高技术产业增加值同比增长24.5%。大力发展先进制造业，新一代信息技术、机械制造、家居智造等支柱产业运行稳定，新能源产业发展势头强劲，实现产值234亿元，同比增长174%，海辰储能成为福建首批、厦门首家中国独角兽企业。同安区预制菜产业发展步伐加快，核心生产企业达34家，跻身全国预制菜产业基地百强区第六位。

现代服务业加快发展。同安区批发零售业、住宿业实现较快增长，第三产业增加值增长6.9%。大力发展数字经济、总部经济，“数菜联”平台、和储能源总部等项目相继落地。成功举办母基金年度论坛暨第四届鹭江创投论坛，累计落地特房梅花等34只基金。文旅经济加快复苏，滨海游、乡村游持续升温，全年接待游客768万人次、旅游收入97亿元，分别增长61%、69%。获评省全域生态旅游示范区。

投资消费“双轮”发力。同安区全年固定资产投资首次超500亿元，东亚机械、浦声水闸等146个项目开工，青田食品、美山路等232个项目竣工，99个省市重点项目投资完成率达147%。完成土地征收3408.1亩、房屋征收60.6万平方米、交地4739.3亩，省市重点项目征拆综合考评保持全市第一。争取中央资金4.5亿元、地方政府债券11.4亿元。

招商引资加力提速。同安区坚持大招商、招大商，深入开展“招商引资提质年”活动，华润喜力啤酒二期、红星美凯龙等5个10亿元以上项目签约落地。紧抓市科技创新大会、“9·8”投洽会等活动契机，集中签约项目52个，总投资达454.7亿元。强化“基金+产业”招商，推动万皮思、溪木源区域总部等项目签约落地。盘活存量资产资源，成功招引中科海锐等12个“零地招商”项目，推动生成汇盛生物等12个增资扩产项目。

统筹城乡促发展，功能品质稳步提升。同安区新城建设快速推进。同安新城、同翔高新城（同安片区）全年完成固定资产投资345亿元，占全区比重超60%，“双引擎”作用更加凸显。同安新城成型起势，未来产业园、市民服务中心等20个重点项目加快建设，银城智谷二期竣工投用，环东云谷一期正式开园，美峰创谷辰星展览中心开放营业，“三谷”注册企业超1600家。同翔高新城（同安片区）快速崛起，厦门时代、苏颂天文馆等重点项目加速推进，厦门新能安、华尔达智能制造等企业相继投产，高新城入驻企业达162家、员工超2.2万人。

城市更新有序开展。同安区轨道交通6号线涉铁段盾构双线贯通，辖区13个车站全面开建。同安东路、海翔大道完善工程等城市主干道建成通车，4条“断头路”顺利打通。西湖片区一期核心区完成征拆，谋划生成项目47个，与中国能建达成战略合作。祥平西、城北等片区开发稳步推进，华润喜力啤酒生产基地等项目落地开工。改造提升老旧小区14个、农贸市场5个，新增绿道12公里、园林绿地91.4公顷，完成20平方公里正本清源改造，新建改造雨污水管网12公里、燃气管道24.7公里。

乡村振兴深入实施。同安区完成粮食播种面积3.3万亩、粮食总产量1.3万吨，新增高标准农田超1万亩。5个精品村、12个试点村、82个乡村振兴项目有序推进，建成全市首家现代农业综合服务中心，现代都市农业产业集群产值同比增长11.1%。提升改造农村道路21.5公里，获评“四好农村路”全国示范县，莲花村入选中国美丽休闲乡村。村集体经济公司增至48家，81个行政村集体经济收入全部超过50万元。推动首批“闽宁协作”农业碳汇交易成功落地泾源，援疆援藏、省内帮扶取得新成效。

守正创新促改革，发展活力加速释放。改革攻坚扎实推进。同安区深化“放管服”改革，推出34个“一件事”集成套餐，办理跨省通办事项8.7万件。创新“管委会+运营公司”模式，实质性推动工业园区转型升级。加快财政投融资体制改革，盘活停车场、农污特许经营权等存量资产。调整区对镇（街）财政体制，镇（街）一般公共预算收入同比增长20.4%。深化国企改革，整合成立国有资本控股公司。加强对台交流合作，成功举办首届厦台现代农业技术交流大会，新设台企42家。

创新能力稳步提高。厦门科学城I号孵化器正式投用，中国科学院理化所等6个创新研发项目签约落户，转移转化多项科技创新成果。同安区举办第一届科技服务节，搭建“同企云”平台，推动科创服务与产业融合发展。加大科技创新扶持力度，兑现科技奖补资金8000万元，净增国家高新技术企业108家、专精特新“小巨人”企业5家，有效发明专利拥有量增长33.2%。聚力招才引智，引进国家级人才计划入选者等科研专家，引育高层次人才120名。

营商环境持续优化。同安区全面落实稳增长各项政策措施，兑现惠企扶持资金12.1亿元，为企业减税降费、退税缓费超12.4亿元。出台“民营经济23条”“营商环境24条”，支持民营企业加快发展，新增经营主体2.2万户、“四上”企业180家、上市后备企业4家。举办企业家日、政银企对接会，做实“一企一品”益企服务行动，“验登合一”赋能项目落地“加速度”入选市“十佳”营商环境创新举措。加强知识产权保护，集体商标、地理标志证明商标数量位居全市第一。东西溪水环境质量稳中有升，国省控断面优良水质率达100%，同安湾通过省级美丽海湾专家评审。

2024年是中华人民共和国成立75周年，是实施“十四五”规划的攻坚之年。各项工作总体要求是：以习近平新时代中国特色社会主义思想为指导，全面贯彻落实党的二十大精神，深入贯彻落实习近平总书记重要讲话重要指示批示精神，特别是致厦门经济特区建设40周年贺信重要精神，认真贯彻落实党中央、国务院决策部署以及省委省政府、市委市政府和区委工作要求，坚持稳中求进工作总基调，充分发挥同安“大、乡、古、工”比较优势，聚力推进“四区一基地”建设，加快构建“一圈一轴双翼”城市发展格局，持续推动经济实现质的有效提升和量的合理增长，增进民生福祉，保持社会稳定，勇当“跨岛发展”的主引擎、主力军，为全市努力率先实现社会主义现代化作出同安贡献。2024年同安区经济社会发展的主要预期目标是：地区生产总值增长6%左右，规上工业总产值增长10%以上，区级财政收入增长6.5%，全社会固定资产投资增幅高于省市平均水平，社会消费品零售总额增长5%，居民人均可支配收入增幅高于省市平均水平。

（摘编：林汇智）

翔安区产业经济发展概述

2023年是全面贯彻党的二十大精神的开局之年，是三年新冠疫情防控转段后经济恢复发展的一年。面对复杂形势和艰巨任务，翔安区坚持以习近平新时代中国特色社会主义思想为指导，全面学习贯彻党的二十大精神，深入贯彻落实习近平总书记重要讲话重要指示精神特别是致厦门经济特区建设40周年贺信重要精神，坚持稳中求进工作总基调，奋力抢机遇、强优势、挖潜力，努力克服经济下行压力影响，经济社会发展持续稳中向好，以一份亮眼的成绩单向建区二十周年献礼。地区生产总值从一季度增长3%稳步提升至全年7%，规模以上工业增加值增长15%，财政总收入增长16.9%，区级财政收入增长12.6%，批发零售业销售额增长44%，全体居民人均可支配收入增长4.8%，其中地区生产总值、规模以上工业增加值、建筑业总产值、批发零售业销售额、餐饮业营业额、社会消费品零售额、区级财政收入、全体居民人均可支配收入等8项指标增幅排名全市第一，成为全市经济增长的重要引擎。连续第四年入围“中国工业百强区”，全市唯一上榜国家乡村振兴示范县创建名单，获评国家农产品质量安全县、全国节水型社会建设达标县等国家级荣誉。一年来，产业经济发展的主要工作和成效是：

聚力稳增长，经济运行稳中向好。实体经济有力发展。坚持工业立区战略，规模以上工业增加值增速超全省、全市11.7和15个百分点，电气硝子五期等138个项目开竣工，完成工业投资243亿元、占全市三分之一。建筑业持续壮大，引进中铁十八局等8家大型建筑企业，产值规模达521亿元。消费市场加速回暖，各类促消费活动反响热烈，下潭尾红树林公园等火热出圈，接待游客人次增长30.7%，社会消费品零售额增长5.9%。

市场信心有效提振。全面落实国家、省、市稳增长一揽子措施，出台“提振市场信心22条”等7份区级政策，累计为近8万家市场主体降本减负13.2亿元，新增商事主体1.4万户、入统“四上”企业156家、增资扩产项目103个，新出让产业用地17宗、连续两年占全市总量一半。率先全市成立区金融服务中心，创新“商会+金融”等工作模式，推动金融更好服务实体经济，社会信贷规模超700亿元、增长11.5%。

投资建设有序扩大。深化项目全生命周期管理机制，新策划亿元以上项目154个、开工2000万元以上项目146个，全年固定资产投资达664亿元、稳居全市第二。强化用地保障，土地征收7265亩、占全市一半，房屋征收35.6万平方米、居全市第二，45天完成庄垵千亩土地征收、60天完成何垄整村搬迁，综合处置低效用地6130亩、盘活闲置厂房楼宇9万平方米，为重大项目落地建设提供有力支撑。

聚力调结构，产业发展提质增效。主导产业稳健增长。持续推进“4+3+3”产业体系建设，电子信息逐月回暖，产值增速较年初回升35个百分点，百亿投资项目天马8.6代全面封顶、瀚天天成碳化硅外延晶片正式量产。新能源新材料加速壮大，中创新航三期、ABB综合能源开工建设，钜瓷科技氮化铝陶瓷产能居全球第二。机械装备加快转型，亿联科技、科华数能等高端制造项目竣工投产。海洋高新、航空临空、生物医药有序培育，全省首个省级海洋高新产业园揭牌动建，厦门航空产业启动区、太古翔安基地结构封顶。

第三产业加速发展。第三产业占GDP比重增至35.8%、创近年新高。现代服务业加快发展，鹭燕总部、英裕酒店等高能级项目落地，新增2家上市公司、3家新三板挂牌企业。商业配套持续完善，新增2个商业综合体、32家社区商超，一刻钟便民生活圈初步构建。体育会展迈入发展“元年”，成功举办世界田联钻石联赛、女足奥运预选赛、全国制药机械博览会等多场高规格赛事展会，吸引观众超20万人次。

科技创新动能增强。创新平台加快拓展，科学城Ⅱ号孵化器动建，海洋三所翔安基地主体封顶，翔安创新实验室获批建设传染病疫苗研发全国重点实验室。创新成果加速转化，全社会研发投入增长20%，有效发明专利拥有量增长15%，嘉庚创新实验室建成全球首条23.5英寸Micro-LED激光巨量转移示范线，百千瓦级PEM制氢装备入选国家首台（套）装备清单，6家企业获厦门市科学技术奖。创新主体不断壮大，新增国家高新技术企业172家、国家级专精特新小巨人4家、制造业“单项冠军”企业8家，引育高层次人才、国际化人才618名。

聚力提品质，城乡魅力不断彰显。重大片区取得新突破。重大片区完成投资600亿元，新机场航站区、飞行区工程全面展开，机务维修、空管货运等通航配套加速实施。全省最大体育会展场馆—奥体中心、国际博览中心开馆投用，片区交通市政、酒店住宅等接续投建。翔南片区正式动建，翔业、火炬、市政等市属产业集团齐聚落地，彭厝北片区、新城CBD开发稳步推进。同翔高新城加快拓展，产业集群不断壮大，片区产值规模突破200亿元。

乡村振兴实现新变化。携手天津大学开展“12个一”行动，投入1.3亿元实施“1312”示范工程，全市深入学习“千万工程”经验建设美丽乡村现场推进会在翔安召开。深化文旅融合发展，新增4个省级美丽休闲镇村，红珊汽车文化公园获评中国体育旅游精品景区。开展全域村庄环境“六七八”整治，房前屋后更加干净整洁有序。严格落实耕地保护和粮食安全责任制，建成高标准农田1660亩，超额完成粮食生产任务。

城区配套再获新提升。翔安大桥全面通车，第三东通道开工动建，地铁3、4号线机场段加速掘进，“桥隧铁”进出岛交通格局成形；城区路网持续完善，溪东大桥、大嶝大桥竣工通车，民安大道、舫山北路、文勤路等遗留十余年的“断头路”成功打通堵点，新增城乡道路里程26公里。市政设施有序提升，新建变电站3座，新改建给排水、燃气、综合管廊等管道53公里，建成区正本清源改造完成83%，城镇污水集中收集处理率提升至78%，农村生活污水治理实现全域覆盖。

宜居环境展现新面貌。全面推行“大市政”机制，重拳整治乱倒乱盖等“城市顽疾”，清整固体废弃物24万立方米、拆除“两违”137万平方米。下大力气改造提升一批城中村、老旧小区，洋唐安居工程获中国人居环境奖。翔安中心公园景观主体完工，新增园林绿地25公顷、慢行步道10公里。砂场、废弃矿坑、畜禽养殖等突出环境问题得到破解，空气质量优良率99.2%。

2024年翔安区要坚持以习近平新时代中国特色社会主义思想为指导，全面贯彻落实党的二十大和二十届二中全会精神，深入学习贯彻习近平总书记重要讲话重要指示精神特别是致厦门经济特区建设40周年贺信重要精神，认真落实党中央、国务院决策部署和省市工作要求，聚焦经济建设这一中心工作和高质量发展这一首要任务，围绕厦门“一二三”战略规划这一重点，坚持稳中求进、以进促稳、先立后破，完整、准确、全面贯彻新发展理念，更好服务和融入新发展格局，统筹扩大内需和深化供给侧结构性改革，统筹新型城镇化和乡村全面振兴，统筹高质量发展和高水平安全，切实增强经济活力、防范化解风险、改善社会预期，持续推动经济实现质的有效提升和量的合理增长，为全市努力率先实现社会主义现代化作出新的更大贡献。经济发展主要预期目标是：地区生产总值增长6.5%，规模以上工业增加值增长10%以上，财政总收入增长6%，固定资产投资增长5%，居民收入保持平稳增长。

（摘编：曾文升）

漳州市产业经济发展综述

2023年，漳州市坚持以习近平新时代中国特色社会主义思想为指导，认真学习贯彻党的二十大精神，完整、准确、全面贯彻新发展理念，突出深学争优、敢为争先、实干争效，扎实开展“产业发展项目建设提升年”活动，全方位推进高质量发展。全市实现地区生产总值增长5.9%，一般公共预算总收入增长19.6%，地方一般公共预算收入增长11.5%，规模以上工业增加值增长5.6%，固定资产投资增长8.1%，社会消费品零售总额增长9.2%，出口总额增长5.3%，城镇、农村居民人均可支配收入分别增长5.1%、7.7%，居民消费价格指数（市辖区）99.5，完成年度节能减排任务，顺利完成了年初确定的目标任务。一年来，产业经济发展的主要工作和成效是：

坚持拼经济、稳增长，发展质效持续提升。深入开展“七比一看”竞赛，出台巩固拓展经济向好势头、促进工业高质量发展、稳外贸稳外资促消费等政策，推动经济运行稳中有进、稳中向好。大抓项目建设，坚持每季度举行项目集中签约、开竣工、招商大会等活动，实施市级以上重点项目876个、完成年度计划投资的116.2%，集中开竣工项目537个、总投资2764.5亿元，新增入库项目2022个、总投资3242亿元；总投资1200亿元的漳州核电1号机组转入调试、2号机组进入安装、3—4号机组取得用地用海手续，总投资711亿元的古雷炼化一体化二期项目正式“入规”，总投资448亿元的中沙古雷乙烯项目进入实体工程建设阶段，总投资192亿元的联盛林浆纸一体化项目一期生产线6月份投产。

大力招商引资，举办中国—菲律宾经贸创新发展示范园区建设推进会暨招商大会以及建筑业、海洋渔业、特色现代农业等专场招商活动，赴长江经济带、粤港澳大湾区等地举办推介会并常态化驻外招商，招引项目1032个、总投资3371.2亿元。强化要素保障，发挥项目前期办作用，组建市重大项目跟踪协调服务工作组，全年完成土地报批2.7万亩；处置批而未供土地2.7万亩，清理闲置土地4479亩；争取上级资金78亿元、地方政府专项债券额度132.6亿元；漳汕高铁等两批次22个项目列入国家重大用地项目清单，11个集中式光伏电站项目获批，数量均居全省第一。

稳定市场主体，积极落实全省新时代民营经济强省战略，持续开展“千名干部挂千企”帮扶活动，举办首个“漳州企业家日”系列活动，新注册市场主体13.04万户、总量超80万户。

坚持强实体、兴实业，产业集群加速壮大。围绕“9+5”产业集群，深入实施“千百亿产业培育行动计划”。着力二产进，开展产业集群培优扶强专项行动，建立工业龙头企业培育库，新培育省级工业龙头企业5家、市级工业龙头企业35家；开展“十产百场”产业链“手拉手”对接等活动，新增新上规模以上工业企业351家，其中新增108家、居全省第一；石英钟表产业集群入选首批国家中小企业特色产业集群，入围2023年全国先进制造业百强市。

着力一产稳，深入实施特色现代农业“1122”工程，省级以上农业龙头企业达243家、总数居全省第一；累计建设农业优新品种基地458个，2家种业企业入选农业农村部企业重点实验室，荣获“中国鲍鱼种苗之都”“中国蛤类种苗之都”称号；漳州国家农业绿色发展先行区顺利通过评估，漳浦县入选国家现代农业产业园创建名单，南靖县入选全国优势特色产业集群建设名单。

着力三产优，积极发展现代物流、电子商务、数字服务、金融服务等新业态，开展“消费提振年”行动，举办“全闽乐购”“汽车促消费”等活动，落实购房购车补贴及新能源汽车减免税等政策，新增新上限额以上贸易业企业947家、规模以上服务业企业146家。培育壮大“四大经济”，实施海洋经济高质量发展三年行动，统筹“核、光、风、储、氢、冷、热”绿色经济一体化发展，着力打造“花样漳州”特色文旅品牌，入选省数字经济重点项目数居全省第二。开展高新技术企业“双倍增”行动，新获评国家专精特新“小巨人”企业3家，新增国家级科技企业孵化器2家、实现零的突破。

加快县域经济发展，召开全市县域经济高质量发展分析会，推动各县区因地制宜发展“3+X”产业，龙海区、长泰区、芗城区入选2023年度福建省城市发展“十优区”，东山县、漳浦县、华安县入选经济发展“十佳县”。

坚持抓改革、扩开放，动力活力有效增强。持续开展营商环境攻坚提升行动，推出104项改革创新举措。率先在全省建成市级数字化营商环境督导平台，成功创建全国第四批社会信用体系建设示范区。施行《漳州市政务服务条例》，推进“一网好办”改革。推行拿地即开工、验收即办证、竣工即投产“三即”极简审批，提升市场准入便利化水平。深化“亩均论英雄”改革，评选一批标杆企业，完成低效工业用地改造157家，用地面积11907.7亩。在全国率先开展林业数字碳票、海水养殖碳汇核算。

优化调整国企结构布局，市属国企已有7家企业获得AA+以上信用评级，九龙江集团首次跻身中国企业500强。建立“校长库”“院长库”，高层次人才队伍进一步壮大，“科特派”工作成效保持全省前列。主动融入“海丝”核心区建设，中国—菲律宾经贸创新发展示范园区获国务院批复设立并进入实质性建设阶段，签约合作项目38个、总投资449亿元；中沙（福建）产业合作区完成总体方案编制，东山经济技术开发区更名为东山湾古雷经济技术开发区。加快国家跨境电商综合试验区建设，积极组织企业参与境外重点展会，推进“B保”“市场采购”等外贸新业态发展，首次上榜中国外贸百强城市。

服务和融入两岸融合发展示范区建设，举办海峡两岸现代农业博览会·花卉博览会、关帝文化旅游节、开漳圣王文化节、海峡茶会、海峡两岸中秋晚会等活动，漳州古城、长泰龙人古琴研究院获批国家级海峡两岸交流基地，成立漳州市人才一体化服务中心暨台湾人才一站式服务窗口，全市新设台资企业98家、实际使用台资2.2亿美元。

深入打好污染防治攻坚战，启动九龙江流域（漳州段）水质提升攻坚，深化花山溪饮用水水源地风险突出问题整治，推进国家农村黑臭水体治理试点项目建设，加快前两轮中央生态环境保护督察反馈问题整改销号，抓好第三轮中央生态环境保护督察问题立行立改，主要流域49个国省控断面Ⅰ—Ⅲ类水质达到年度考核目标要求，Ⅰ—Ⅱ类水质同比提升12.2个百分点，九龙江西溪入选全国“最美家乡河”。着力防范化解重点企业信贷风险，年末全市不良贷款率保持在合理水平。全市完成商品房销售面积556万平方米。创新“债转股”“信托计划持股”等模式，一盘一策推进21个保交楼项目处置。守牢耕地保护和粮食安全底线，完成补充耕地8226亩、水田及旱改水5862亩，恢复耕地1.7万亩；完成粮食播种面积93.04万亩、产量42.12万吨，油料播种面积13.34万亩。国家食品安全示范城市创建工作有力推进，食品安全和药品安全满意率保持全省前列。

2024年是中华人民共和国成立75周年，是实施“十四五”规划的关键一年。漳州市要以习近平新时代中国特色社会主义思想为指导，全面贯彻落实党的二十大和二十届二中全会精神，紧扣“四个更大”重要要求，坚持稳中求进工作总基调，完整、准确、全面贯彻新发展理念，围绕推动高质量发展首要任务和构建新发展格局战略任务，聚焦建设两岸融合发展示范区重要使命，以科技创新为引领，以改革开放为动力，加快建设现代化产业体系，统筹扩大内需和深化供给侧结构性改革，统筹新型城镇化和乡村全面振兴，统筹高质量发展和高水平安全，深入实施“产业发展项目建设增效年”活动和“七比一看”竞赛，切实增强经济活力、防范化解风险、改善社会预期，持续推动经济实现质的有效提升和量的合理增长，全力打造全省高质量发展新的重要增长极。

主要预期目标是：地区生产总值增长6%左右，一般公共预算总收入增长7%，地方一般公共预算收入增长5%，规模以上工业增加值增长7%，固定资产投资增长6.5%，社会消费品零售总额增长6.5%，出口总额增长5%，城镇、农村居民人均可支配收入分别增长6%、7.5%，居民消费价格指数（市辖区）控制在103左右，完成节能减排任务。

新的一年，漳州市将运用好“十四五”规划实施情况中期评估成果，产业经济发展重点抓好以下几个项工作：

强化科技创新引领。研究出台加快科技创新政策，加大研发投入，力争R&D增长18%以上。培育创新型企业，壮大高新技术企业集群，力争申报国家高新技术企业数超400家。加快漳州市食品科学研究院等创新平台建设，实施规模以上工业企业研发机构广覆盖行动，新增新型研发机构5家以上。加强产学研深度融合，开展“9+5”产业关键核心技术攻关，新增省级以上各类科技计划项目超20个。推进“科特派+”服务模式，组建一批“一县一业”“一村一品”“R&D”科特派团队。发挥“全国地标第一市”优势，设立知识产权保护中心，加快知识产权转化运用，推进国家知识产权强市建设试点城市工作。

大力推进新型工业化。实施先进制造业集群发展工程和服务型制造提升行动，完善产业结构优化调整政策体系。实施“三头六臂千手”行动，加快食品加工、装备制造等传统产业智改数转，培育新一代信息技术、生物医药、新能源、新材料等新兴产业，布局人工智能、氢能与储能等未来产业，发展新质生产力。实施“一十百千”数字化转型提升工程，推进“上云用数赋智”行动，推动200家企业接入工业互联网标识解析二级节点、累计超3000家企业“上云上平台”。

培育壮大民营经济。坚持“两个毫不动摇”，加大民营企业创新转型支持力度，完善促进民营经济高质量发展“1+N”政策体系，打通惠企政策落地“最后一米”。规范实施政府和社会资本合作新机制，聚焦使用者付费项目，推出一批合作项目，拓宽民间投资空间。引导民营企业深度融入全国统一大市场，积极参与基础设施建设、县域经济发展、乡村振兴等领域，加大重点产业、重要区域、重大项目投资。

加快发展县域经济。做好“产城人”融合文章，争创更多全省“十强”“十佳”“十优”县（区）。用好福建省《县域重点产业链发展白皮书（2023）》，立足全市“9+5”产业和县区“3+X”产业，着力建设“两园两区”，突出“一县一特色”，宜工则工、宜农则农、宜商则商、宜游则游，加快打造百亿工业链条、千亿产业集群。实施“大城关”战略，推进公共服务、产业配套、环境卫生等设施建设。

积极扩投资。坚持长中短项目统筹、大中小项目配套、央国企民企外企和政府投资项目齐抓，扎实抓好177个省级重点项目和882个市级重点项目建设，全力推进漳州核电等23个百亿项目。强化策划储备，发挥项目前期办作用，新策划项目投资额3160亿元以上、新增固定资产投资入库2000亿元以上。争取更多预算内投资、地方政府专项债、增发国债向漳州市倾斜，统筹用地、用海、用林、用能等保障，推动资源要素向优质项目和重点区域集中。

积极促消费。推动制造建造融合发展平台应用，提振新能源汽车、电子产品等大宗消费。大力发展数字消费、绿色消费、健康消费，积极培育智能家居、文娱旅游、体育赛事、国货“潮品”等新的消费增长点。开展“乐购漳州”一月一主题促消费活动，放大“全闽乐购”促消费品牌效应。培育绿色商场、夜间经济聚集示范区、一刻钟便民生活圈、示范商圈等消费载体，不断丰富消费场景。抓住高铁“文旅新红利”，加快构建“快旅慢游”交通系统，完善交通接驳、景区服务和旅游市场管理，加强与互联网头部平台合作，大力推介漳州美景美图美食。健全城乡商贸流通体系，加大县乡绿色智能产品展销推广，推动智能家居、绿色建材下乡。

（摘编：郑平名）

芗城区产业经济发展概述

2023年是全面贯彻落实党的二十大精神的开局之年，是三年新冠疫情防控转段后经济恢复发展的一年。一年来，芗城区坚持以习近平新时代中国特色社会主义思想为指导，全面贯彻落实党的二十大精神，深入实施省委“深学争优、敢为争先、实干争效”行动，积极开展“产业发展项目建设提升年”活动以及“七比一看”竞赛，坚持稳中求进工作总基调，完整、准确、全面贯彻新发展理念，服务和融入新发展格局，全方位推进高质量发展，较好完成年初确定的各项目标任务。全年实现地区生产总值924.8亿元、增长7.5%；固定资产投资261.3亿元、增长8.3%；一般公共预算总收入36.62亿元、增长10%；地方一般公共预算收入22.22亿元、增长10%；社会消费品零售总额353.5亿元、增长6.6%；城镇居民人均可支配收入55179元、增长6%；农村居民人均可支配收入27778元、增长8%。节能减排降碳各项任务有序推进。

一年来，芗城区凝心聚力稳增长，经济发展提质增量。“七比一看”竞赛深入推进，竞赛排名连续三年位居全市前列，经济运行稳中有进。工业经济持续向好，四大主导产业累计完成产值563.6亿元，对规模工业产值的贡献率达83%；新增新上规模工业企业27家，三宝集团首次跻身“中国企业500强”，金峰开发区入选全国省级开发区高质量发展百强榜单。

产业转型升级步伐加快，实施技改项目158个，完成投资94亿元、增长49.8%；新培育国家级高新技术企业5家、省“专精特新”中小企业6家，东方科技集团智能测试仪表工业设计创新中心获评国家级工业设计中心。建筑业加速发展，新增资质建筑业企业11家，引进一级总承包企业2家。第三产业活力迸发，新增限上商贸企业79家、规上服务业企业35家，三产增加值实现515亿元、增长8.2%，限上批发业销售额突破1000亿元、增长26%；漳州古城、站前夜市、大学城等夜间经济日益繁荣，芗城万达、芗江酒店等新商圈逐步形成；漳州古城获评“国家级旅游休闲街区”、“海峡两岸交流基地”，林语堂文化园、咪古森林、松洲书院等景区景点加快串点成线，全年接待游客人数1150万人次、实现旅游收入117亿元。

现代农业提优增效，新增国家级农民专业合作社1家，省级农业产业化龙头企业3家；聚力农业产业强镇建设，全力打造天宝食用菌产业基地，“移动智慧菇房”食用菌产业发展新模式获全省推广，天宝镇入选“全国农业产业强镇”创建名单。

一年来，芗城区攻坚项目增后劲，有效投资持续扩大。坚持项目引领，全力抓竞赛、扩投资、促赶超。项目建设攻坚突破，持续深化“重中之重”项目会商机制，71个市级以上重点项目完成投资288亿元，贡献率居全市首位。海量消防设备生产、辉源金属制品深加工等39个产业项目开工建设，三宝1780mm热轧特殊钢卷板生产线、万利达生活电器厂房扩建等13个项目竣工投产。

招商引资成果丰硕，围绕电子信息、高端装备制造等重点产业，紧盯长三角、珠三角等重点区域，坚持“一把手”招商，举办4场大型招商推介会、7场项目签约活动，全年新签约项目96个、总投资223.8亿元，成功引进民翔半导体存储、闽西南新能源产业生态云谷、科华能源装备产业园等6个10亿元以上重大产业项目。

要素保障扎实高效，统筹协调土地、资金等资源要素，全年完成土地报批1028亩、处置批而未供用地1055亩、清理盘活闲置土地282亩，加快亚邦、宝诺等630亩低效工业用地“腾笼换鸟”；争取省级以上资金超7亿元、政府专项债券资金16.55亿元。深入开展“千名干部挂千企”活动，帮助企业解决疑难问题40个，减免缓退各项税费5.6亿元，兑现惠企资金1.44亿元。

一年来，芗城区统筹城乡促振兴，人居环境明显提升。深入实施乡村振兴战略，常态化开展文明城区创建，全力推进城乡优功能提品质。城市颜值不断刷新，实施81个城建项目，改造67个老旧小区，新建口袋公园10个、绿道10公里，北环城路、厦门路、丹霞路全面提升，百里弦歌片区、龙溪遗址公园建成开放，西湖生态园正式开园，让老城区焕发新活力，西部片区绽放新光彩。

城市运行高效精细，开展“双员进社区”活动，主动倾听民声，打通联系服务群众“最后一公里”；纠治占道经营、占道施工等违规行为2.2万余起，查处车辆违停16万起，处置“两违”面积约43万平方米；推进夜市规范化管理，守护城市的“烟火气”；加强生活垃圾分类设施建设，新建垃圾分类亭50座，城市形象显著提升。

乡村建设稳步推进，深入开展农村人居环境整治，“五个美丽”建设成效凸显，浦南镇双溪村入选省级美丽宜居村庄培育对象；城乡供水一体化项目持续推进，铺设管网150公里；新改建农村公路8公里，顺利通过省级“四好农村道路”示范区验收，整治裸房1317栋，村容村貌大幅提升，美丽乡村更加宜人。

2024年芗城区要坚持以习近平新时代中国特色社会主义思想为指导，全面贯彻落实党的二十大和二十届二中全会精神，坚持稳中求进工作总基调，完整、准确、全面贯彻新发展理念，服务和融入新发展格局，紧扣“四个更大”重要要求，深入开展“产业发展项目建设增效年”活动和“七比一看”竞赛，着力推动高质量发展，统筹新型城镇化和乡村全面振兴，统筹高质量发展和高水平安全，切实增强经济活力、防范化解风险、改善社会预期，巩固和增强经济回升向好态势，持续推动经济实现质的有效提升和量的合理增长，增进民生福祉，保持社会稳定，加快建设高品质中心城区，努力在建设现代化滨海城市中贡献芗城力量。2024年芗城区经济社会发展的主要预期目标为：全年地区生产总值增长7.3%左右、力争突破1000亿元大关，规模以上工业总产值增长9.3%左右，固定资产投资增长9%左右，社会消费品零售总额增长7.2%左右，一般公共预算总收入增长7%左右，地方一般公共预算收入增长6%左右，城镇居民人均可支配收入增长6%左右，农村居民人均可支配收入增长8%左右；完成市下达的节能减排降碳任务。

围绕上述目标，芗城区产业经济发展要以开展“产业发展项目建设增效年”活动为抓手，突出抓好以下工作：

坚持产业融合发展，加快传统产业转型升级，持续优化产业结构，力促全年GDP实现千亿目标。夯实工业支撑。坚持改造存量、培育增量、壮大总量，加快电子信息、冶金新材料、高端装备制造等主导产业延链补链强链。大力推进新型工业化，加快园区标准化建设，统筹推进金埔片区成片开发、整体发展，形成新型产业融合片区。

强化创新驱动，加快培育一批国家高新技术企业、“专精特新”企业，加快实施三宝冷轧硅钢和高磁感电工钢等一批重大技改项目。扎实推进数字经济重点项目建设，力促数字经济和实体经济深度融合。做强城市经济。依托西湖生态园、新经济产业园等重要载体，引进总部经济、楼宇经济以及大型商业综合体，抓紧业态植入，建设新型都市区。

做优现代农业。守牢耕地保护和粮食安全底线，坚决遏制耕地“非农化”、“非粮化”，确保完成年度粮食播种面积任务。以工业化思维推动农业发展，以种养加一体化现代农业产业园为载体，提速晨科太鲲、明力畜牧、万怡农业等现代农业产业项目建设，持续发展特色优势产业。

牢固树立“项目为王、项目为大、项目为重”的工作主线，推动项目建设再加力、再提速。强化项目引领。把抓项目、促投资作为稳增长的关键一招，全年安排市级以上重点项目76个，年度计划投资达260亿元。

（摘编：李元）

龙文区产业经济发展概述

2023年是全面贯彻落实党的二十大精神的开局之年，也是三年新冠疫情防控转段后经济恢复发展的第一年。龙文区坚持以习近平新时代中国特色社会主义思想为指导，全面贯彻落实党的二十大精神，坚决落实中央和省、市决策部署，以开展“产业发展项目建设提升年”活动为抓手，迎难而上、创新突围，推动经济运行回升向好，高质量发展扎实推进，社会保持安定稳定。全年地区生产总值完成468亿元，增长6.5%；规模以上工业总产值291.2亿元，增长5.5%；固定资产投资217.4亿元，增长6%；社会消费品零售总额275.3亿元，增长9%；一般公共预算总收入21.3亿元，增长-2.3%，地方一般公共预算收入14.2亿元，增长-11.5%；城镇、农村居民人均可支配收入分别为55704元、29950元，分别增长5%和8%。

坚持“两周一会商、一月一调度”，围绕GDP抓招商、攻项目，补短板、强弱项，1—11月“七比一看”竞赛总得分位居全市第一。全域赛发展、比成效。立足中心城区发展定位，聚焦“产业发展、社区治理、城市品质”三大领域，自加压力开展赛区域发展活动，推动“工业建园强链、商贸业态升级、农业兴生态优、建筑产业集聚、社区善治良治、城市品质提升”六项突破，持续营造比学赶超、争先创优浓厚氛围，进一步拓宽发展空间、增强发展后劲、提升竞争能力。全员抓招商、增实力。坚持“一把手”招商、“产业链”招商，派出招商小分队到“长三角”、粤港澳大湾区、闽南金三角等地驻点招商，做好产业项目招引。今年来开展外出招商活动72次，新签约产业项目104个，总投资120.9亿元。

全力攻项目、抢进度。严格实行“领导挂钩、部门联系、每月调度”项目工作机制，专班推进、挂图作战，对各项目建设进行全周期服务、全要素保障、全闭环管理，全力抢抓项目进度。全区累计集中开竣工项目135个，总投资386.3亿元；2个省级、51个市级在建重点项目年度完成投资分别超序时进度30个百分点、10个百分点。

坚持把发展经济的着力点放在实体经济上，统筹“一产稳、二产进、三产优”，加快产业转型升级，构建现代城市产业体系，逐步降低对房地产的依赖。龙文区着力打造“五园”，做强工业。坚持集群拉动，谋划建设科技产业园、恒丽智能产业园、漳州工业互联网产业园、裕廊高端智能制造产业港、盈科智谷产业园等“五大园区”以及檀林片区提升改造项目，引导聚集一批现代化工业、高端化制造、数字化产业。目前已签约企业22家，绿米联创、鼎达实业等一批电子信息产业顺利落地。石英钟表产业集群入选国家中小企业特色产业集群，获评漳州市“突出工业、突破工业”十件大事；恒丽钟表工业园全市唯一获评“2023年国家工业旅游示范基地”。坚持龙头带动，挖掘培育7家省级、4家市级工业龙头企业，企业数均位居全市第二。天辰纸品包装入选“2023中国印刷包装企业100强”。

坚持创新驱动，加快战略性新兴产业发展，新增2个国家级绿色工厂、119家科技型中小企业，申报高新技术企业74家、全市最多，成功立项5个省级以上科技项目。坚持效益促动，力促存量工业“退二优二”“腾笼换鸟”，共收回低效工业用地274.8亩，推进低效工业用地再开发266.8亩。着力塑造IP，做优三产。着力壮大总部IP，坚持楼宇集聚和总部培育相贯通，构建环碧湖楼宇经济圈，持续吸引银行金融、互联网、商贸文旅等企业入驻，新增资质等级建筑业企业 15 家，有效提升城市经济密度。着力打响商圈 IP，新增吾悦广场、特房 T·one 等城市综合体、商业街区，培育九十九湾区域商圈，壮大跨境电商孵化园等数字商圈，推进城市见“市”、人气兴城。新增新上限上贸易业企业 149 家、规上服务业企业 24 家，晟育投资入选“2023 中国服务业企业 500 强”，为全市唯一入选民企。

着力培育文旅 IP，深挖非遗文化和优秀传统文化内涵，做足特色“潮”玩文章，策划开展首届“花朝节”、武侠“落花秀”、“打铁花”非遗表演、农民丰收节、郭坑乡村马拉松等特色活动，举办“全闽乐购·欢乐龙文”等系列促消费活动，吸引客流量近 600 万人次，拉动消费近 6.5 亿元。着力深挖特色，做精农业。依托海峡物流城、“供销 e 家”等平台，提升汐浦猴照山甜茶、郭坑树葡萄等特色农产品品牌，做大做强恒坑果苗直播基地。坚持农旅融合，发挥城市近郊优势，加快 4 个现代农业项目、25 个乡村振兴“十镇百村”试点示范项目建设，推动现代农业稳步发展。大闽食品等 5 家企业入选“首届福建省农业产业化龙头企业 100 强”，郭坑镇 2 个家庭农场获评 2023 年“福建省休闲农业示范点”。严格落实耕地保护和粮食安全责任制，牢牢守住耕地保护红线，耕地保护工作位居全市第一。

精心做好规划、建设、治理“三篇文章”，精雕细琢生产、生活、生态“三大空间”，实施 138 个城乡品质提升项目，已完成投资 53.5 亿元、占年度计划投资 102%，让城乡更加宜居、更有人气。开发“五区”拓空间。统筹考虑片区功能定位、业态植入、投入产出，策划推进建元、东屿、上美湖新社（蓝田开发区）、虎山、九十九湾四季花海等成熟度较高的“五大片区”开发。通过修缮、改造、重建等方式，多点布局、拓展优化城市发展空间，完善市政基础、公建配套设施，推动产业可持续发展和历史文化保护传承，不断增强产业发展人口集聚能力。建好“三网”强配套。

注重城市竖向设计，系统推进路网、水网、管网等基础设施建设，完成 17 条道路、10 个路口、26 个渠化岛改造和 7 条背街小巷整治，新增改造道路约 12.3 公里、停车泊位 140 多个，让群众出行更便捷；实施九十九湾“幸福河湖”、海绵城市等 8 个重大项目建设，巩固提升辖区黑臭水体整治成果；加快实施管线入廊、雨污分流，进一步完善地下供水、排水、燃气、电力、通信等管线及其附属设施，减少停水断电、“马路拉链”等“城市病”。拓展“四化”促宜居。

聚焦城市绿化，加快景山公园等项目建设，见缝插绿新配套 8 处“口袋公园”，完成总投资 2.92 亿元的九龙江流域山水林田湖草沙一体化保护和修复工程，推动辖区流域水质稳定达标、空气质量持续提升。聚焦市容净化，巩固拓展全国文明城市、省级生活垃圾分类示范区等创建成果，持续开展停车秩序整治、市容环境提升、生活垃圾分类等专项行动，创评一批“美丽街区”“美丽社区”“美丽乡村”，郭坑镇洛滨村获评 2023 年“福建省美丽休闲乡村”。

聚焦功能强化，启动老旧小区及城市更新项目，分批推进完整社区建设，福隆社区成为全市唯一入选全国完整社区建设试点的社区。聚焦治理优化，严厉打击违法犯罪，坚持和发展新时代“枫桥经验”，在全市首创“积分制”“跨村联建”“社区工作者职业等级管理”等制度机制，持续提升基层治理效能。郭坑镇“全民‘村 TV’让文明乡风遍地开花”经验做法成为全省唯一入选第四批全国“文明乡风建设”典型案例，口社村获评“第三批全国乡村治理示范村”。

注重流程再造、高效服务。完善“马上办、网上办、一次办”常态化机制，进驻区政务中心办理的行政审批事项全流程网办占比 84.7%，“一趟不用跑”事项占比 94.7%，“最多跑一趟”事项占比 100%。在全省首创街道便民中心“一件事”综合窗口，实现跨层级套餐申报；首推“商事登记帮办代办服务平台”。编制《项目实施手册》，加快前期工作，在全市率先推行“交地即交证、拿地即开工”，让企业少跑腿、多发展。注重助企纾困、精准服务。

（摘编：吴建翰）

龙海区产业经济发展概述

2023年是实施“十四五”规划承前启后的重要一年，龙海区深入贯彻党的二十大精神，扎实开展学习贯彻习近平新时代中国特色社会主义思想主题教育，坚持“稳字当头、稳中求进”工作总基调，围绕省委“深学争优、敢为争先、实干争效”行动，深入开展“产业发展项目建设提升年”活动和“七比一看”竞赛，较好完成区年初确定的各项目标任务，全区经济社会运行保持平稳态势。全年完成地区生产总值748亿元，增长4.8%；规模工业总产值577亿元、增长4.9%，规模工业增加值增长4.6%；农林牧渔业总产值118亿元，增长3.3%；固定资产投资160.4亿元，增长8.5%；一般公共预算总收入31.7亿元，增长34%；地方一般公共预算收入22亿元，增长11%；进出口总额39亿元，下降7.7%；社会消费品零售总额200亿元，增长8.5%；城镇和农村居民人均可支配收入分别达到50990元和29207元，分别增长6%和8.1%。一年来，龙海区产业经济发展的主要工作和成效是：

经济运行稳中有进、持续向好。主导产业不断壮大。成立“4+4”产业培育专班，制定出台《“4+4”产业行动计划》，集中力量抓龙头、铸链条、建集群，推动三次产业协调发展，全年新增“四上”企业117家。落实健康食品产业“倍增计划”，海新、绿新分别入围“福建制造业企业100强”和“福建战略性新兴产业企业100强”，然利、新星等“食品五小龙”企业快速成长，保罗（龙海）大健康产业园、爱逸食品智慧产业园、卡尔顿创意食品产业园顺利推进；成功举办龙海国际休闲食品博览会，现场签约订单38.5亿元。纬龙机械、凯思达电子获得全省创新创业大赛三等奖，海山重工获评“省级企业技术中心”和“2023年科技小巨人企业”称号，毅宏游艇成为省重点上市后备企业，装备制造行业向数字化智能化方向转型。依托“冷、热、风、电”能源优势，高起点规划“零碳”产业园，成为中菲经贸创新发展示范区辐射范围；漳州LNG连接线、LNG接收站三号罐等工程加快建设，下游企业广大新能源零碳冷能产业园落户龙海区，新能源产业链不断延伸。建筑业总产值突破200亿元，占全市四分之一，新增资质建筑业企业13家；装配式钢结构绿色建筑产业基地竣工投产，泷澄、禹澄入选“福建企业100强”。

文旅商贸回暖复苏。加强文旅康养品牌项目培育，优化布局国道G228线滨海旅游风景道配套设施，加快月港、锦江、镇海卫三个服务区建设；后港历史文化街区项目扎实推进，“后港年华”IP正式发布；成功举办文旅招商推介会、首届非物质文化遗产节、第六届杨梅文化节、隆教畲乡文化节等系列活动，签订文旅康养项目18个、总投资25亿元；鹭凯生态庄园等景区游客数量再创新高，全区前三季度旅游接待总人数突破462万人次，旅游收入达44亿元。商贸市场保持良好态势，促成5家重点外贸企业回归龙海，贡献出口产值超2亿元；商贸物流和电商协同快速发展，普洛斯物流园一期、联动物流园二期基本建成。

农业经济稳步发展。实施特色农业发展三年行动，深耕“一村一品”，培育省级农业产业化龙头企业8家，推动晖博数字农业示范园、宏升杏鲍菇种植基地等20个特色现代农业项目加快建设，东园镇入选首批“国家农业产业强镇”。发挥龙海区独特海洋优势，培育规模临海企业34家，举办海洋经济专场招商推介会，现场签约27个项目、总投资122.7亿元，海洋经济综合实力居全市前列。

项目运作支撑有力、后劲增强。项目建设步伐加快。落实项目挂钩帮扶机制，挂图作战、专班推进，94 个区级以上重点项目完成投资 196 亿元，超计划 5%；144 个产业发展项目完成投资 135 亿元，嘉生食品、圣锐钢结构等 57 个项目开工，万洋众创城一期、福能机制砂等 52 个项目竣工。坚持“产城融合”发展，实施产城融合、园区配套项目 70 个，“一区三园多基地”产业空间布局逐步优化。

招商引资成效凸显。强化“一把手”招商，依托“4+4”园区开展园区招商、联动招商，赴长三角、珠三角等地召开专场招商推介会，签约项目 116 个、总投资 365 亿元，国药弘域智谷产业园、糖巢零食总部等一批好项目成功落地。聘请首批“招商大使”，在北京等 7 个外地商会设立招商联络处，“乡情招商”效应不断显现。要素保障力度加大。坚持“要素跟着项目走”，加快项目谋划、生成、落地节奏，落实项目前期资金超 3 亿元，向上争取专项债 12.29 亿元、增发国债 1211 万元、专项补助资金超 10 亿元，有效化解项目建设资金困难。持续深化“清三低、破五未”，处置批而未供和闲置土地 2181 亩，实施低效用地提升项目 22 个、盘活低效厂房面积 74 万平方米；编制完成冠山工业园、海澄西小区等工业集中区规划，完成土地报批 1286 亩、土地供应 2975 亩，项目用地困难得到有效缓解。

城乡发展品貌兼修、宜居宜业。城市品质持续提升。城镇化进程稳步加快，常住人口城镇化率提升 0.4 个百分点，跻身“中国高质量发展百强区”。城市更新行动有序开展，实施城市建设品质提升项目 80 个、完成投资 56 亿元，友谊路片区启动规划编制，石码历史文化街区改造提升工程加快推进，完成 64 个老旧小区改造，惠及群众超 5100 户。

城市污水处理设施逐步完善，新建改造各类管网约 48 公里，城区黑臭水体基本消除。龙海区打通一批“大动脉、微循环、断头路”，锦江大道三期、南溪大道基本完工，省道 219 雩林至翠林段提升改造工程主线贯通，省道 208 紫云新区连接线、沈海高速扩容等交通项目加快推进，城市交通互联水平进一步提升。强化创城创卫智慧赋能，“数字城管”平台全面覆盖，智慧停车项目、智慧路灯管理系统相继投用，城市精细化、智能化管理水平不断提高。

乡村振兴纵深推进。龙海区持续开展“十镇百村”行动，全区一镇五村分别被评为省级乡村振兴示范镇、示范村。持续完善农田水利设施建设，新建高标准农田 4400 亩；省级重点水利项目西溪水闸除险加固工程一期投用、二期合拢，共完成投资 3 亿元。累计新建改造农村生活污水配套管网 416 公里、污水处理站 101 座，农村污水处理能力进一步提升；完成裸房整治 3992 栋、“两违”处置 77 万平方米，新建改建农村公路 44 公里，农村人居环境不断改善。巩固深化乡风文明，引导群众集思广益、参与共治，成立区镇村三级乡贤促进会，筹集乡村发展基金超过 9000 万元。严格落实河（湖）长制、林长制，山水林田湖草沙一体化保护和修复工程基本竣工。

2024 年是新中国成立 75 周年。龙海区要坚持以习近平新时代中国特色社会主义思想为指导，全面贯彻落实党的二十大精神，坚持“稳中求进、以进促稳、先立后破”工作总基调，深入实施“深学争优、敢为争先、实干争效”行动，扎实开展“产业发展项目建设增效年”活动，聚焦产业发展、生态治理、民生保障抓落实，突出重点区域、重点项目、重点工作抓突破，努力在加快“六个龙海”建设、推动高质量发展上展现更大作为，奋力谱写漳州现代化滨海城市的龙海篇章。2024 年龙海区经济社会发展的主要预期目标是：地区生产总值增长 6%，规模工业总产值增长 6.5%，规模工业增加值增长 6.2%，农林牧渔业总产值增长 4%，固定资产投资增长 10%，一般公共预算总收入增长 7%，地方一般公共预算收入增长 7%，进出口总额增长 5%，社会消费品零售总额增长 6.5%，城镇和农村居民人均可支配收入分别增长 7%和 7.5%。

（摘编：邓新民）

长泰区产业经济发展概述

2023年是全面贯彻党的二十大精神的开局之年，是三年新冠疫情防控转段后经济恢复发展的一年。长泰区坚持以习近平新时代中国特色社会主义思想为指导，紧扣“学思想、强党性、重实践、建新功”总要求，深入开展主题教育活动。坚持稳中求进工作总基调，聚焦聚力“深学争优、敢为争先、实干争效”行动，抓紧抓实“产业发展项目建设提升年”活动，全面实施“1658”强区工程，有效应对超预期因素冲击，经济总体回升向好，高质量发展扎实推进。地区生产总值增长4.5%；固定资产投资增长4%；一般公共预算总收入27.7亿元，增长17.4%，地方一般公共预算收入18.6亿元，增长12.9%；农林牧渔业总产值增长4.5%；社会消费品零售总额增长7%；城镇居民人均可支配收入50593元，增长4.8%；农村居民人均可支配收入28882元，增长7%，较好完成各项目标任务。一年来，长泰区产业经济发展的主要工作和成效是：

凝心聚力稳增长，产业发展进一步提质。工业经济培优扶强。三大主导产业“链长制”纵深推进，实现产值440亿元、创税10.8亿元，对规模工业贡献率分别达88%、89%。新增新上规模工业企业51家，再创历史新高，工业投资52.2亿元，增长7%。以宏发电声为龙头的新型电子元器件产业集群，成为今年首批、全市唯一的省级特色产业集群，产业链韧性持续增强，今年10月赵龙省长莅临长泰调研县域重点产业链。科技创新步伐加快，新增国家高新技术企业20家、国家级科技型中小企业60家、省级科技小巨人企业6家。获评国家知识产权示范企业1家、优势企业6家、国家级绿色工厂4家，数量均居全市首位。省级高新区创建通过省政府组织的专家评审，全省产业数字化转型工作会、全市县域经济高质量发展大会均把长泰作为现场观摩点。“亩均论英雄”理念树得更牢，“厂中厂”专项整治强力推进，工业亩均税收增长11.8%，开发区全省综合排名前移五位。

全域旅游培育壮大。第三届全域旅游发展大会在坂里成功举办，29个文旅项目完成投资37.43亿元。酒店协会顺利成立，28家酒店民宿投入运营，新增旅游床位1184张。枋洋镇通过省级水利风景区认定，天柱山欢乐大世界获评国家4A级旅游景区，长泰漂流龙凤谷小黄山获评国家体育产业示范项目。全国山径赛、枋洋状元蜜桔文化季等活动接续开展。全区接待游客人数、旅游收入分别突破五百万人次、五十亿元大关。

现代农业培元固本。推广优新品种32个，新建水稻、水果全程机械化示范基地2个，新增省级农业产业化重点龙头企业2家，获评省级农产品质量安全县。新建高标准农田1.16万亩，落实种粮补助资金1063万元，粮食播种面积9.07万亩、产量3.93万吨，全面完成市下达的粮食生产任务。

凝心聚力扩投资，项目工作进一步提速。招商引资更有成效。珠三角、厦门驻点招商启动实施，“一把手”招商、以商引商富有成效，新签约项目66个，总投资188.3亿元，7个投资超10亿元项目相继落户，总投资51.8亿元的聚牛山电子信息产业园顺利落地，连续第三年引进一级资质建筑业企业。项目攻坚更为有力。“七比一看”“六大领域会战”“百日攻坚”深入实施，“七比”竞赛得分全市第三，乡镇、区领导两个项目拉练扎实开展。联十一线A段全线开工、B段启动建设、后坊隧道顺利贯通。第二水源地湖珠水库成功列入国家“十四五”中型水库规划，百日完成

1133亩征迁任务，前期工作取得突破性进展。在160个区级重点项目中，金嘉华、海豚湾大酒店等81个项目顺利开工，鸿星尔克智慧物流产业园等80个项目建成投用，锐腾继电器配件等42个项目实现当年开工、当年建成。

要素保障更加充分。开发并启用长泰智慧项目管理平台，实行项目全生命周期服务。争取上级资金10亿元，保障了岩溪工业集中区、林墩乐动谷等基础设施资金需求。政银企对接会达成融资意向30.78亿元、落实率81.2%。50个重点项目全面完成征迁，全区土地征收2584亩、报批1600亩，林地报批1068亩、供地1871亩，保障了61个项目用地需求。处置批而未供土地1438亩，增长137.7%，创五年来新高。

凝心聚力优服务，营商环境进一步提效。民营经济得到强化。第三届民营企业发展大会隆重举办，建立了营商环境“118机制”，围绕“不找人、好办事”目标，创新设立了营商服务专栏，出台实施了营商环境八条配套服务措施，营商办、“跑腿办”“亲清护航中心”协同发力。“企业家导师制”创新开展，“千名干部挂千企”“驻企特派员”“项目观察员”高效服务，解决企业问题305个，兑现惠企政策资金1.5亿元，“妈妈式”服务深受市场主体赞誉。

改革创新得到深化。开发区体制机制改革深入实施，“管委会+公司”模式正式推行，港园工业园划归开发区管理，首宗工业项目“标准地”成功出让，国营古农农场办社会职能改革经验做法成为全国典型案例。国企改革持续深化，盘活资金12.1亿元，国企资产突破百亿元大关，文旅康养集团组建成立，城市更新建设公司挂牌运营。“拿地即开工”行政审批模式等改革实现新进展。引才措施得到优化。在全市率先实现镇村两级乡贤促进会全备案、全登记，“298青年城”人才公寓建成投用，立达信深圳研发总部50名科研人才进驻长泰。邀请北京、上海28名高层次医疗专家来泰开展“师带徒”活动、开设名医工作室，柔性引才渠道持续拓宽。

乡村振兴得到新提升。乡村振兴大走访三年行动深入实施，“七赛”活动深化开展，“村书记大讲堂”成功举办，跨村联建全面铺开，设立联村党委16个。“十镇百村”项目建设完成投资7916万元，青阳共享茶厂等村企共建项目取得新成效。村、社区“两委”干部实绩考核机制全面推行，薪资待遇得到进一步提升。

乡村治理“积分制”成效明显，村规民约全部修订完善，林溪村入选全国乡村治理示范村。全市乡村振兴“一季一主题”现场推进会在长泰区召开，乡村振兴热度指数反响度全省第二。生态治理取得新成效。河湖长制全面落实，开发区智慧管网等24个水环境治理项目扎实推进，完成投资3.77亿元，流域断面全部达标，水质五年来最好，今年6月省委周祖翼书记专程调研林墩溪水质。空气质量微站“点位制”创新开展，大气污染治理预报预警机制启动实施。

2024年长泰区工作的总体要求是：始终坚持以习近平新时代中国特色社会主义思想为指导，全面贯彻落实党的二十大和二十届二中全会精神，坚持稳中求进总基调，完整、准确、全面贯彻新发展理念，服务和融入新发展格局。统筹扩大内需和深化供给侧结构性改革，统筹新型城镇化和乡村全面振兴，统筹高质量发展和高水平安全。紧扣“四个更大”重要要求，突出“爱长泰、美长泰、兴长泰”主题，深入实施“1658”强区工程，扎实开展“产业发展项目建设增效年”活动，深化“七比一看”竞赛，着力优化产业结构、着力扩大有效投资、着力推进城乡协调、着力增进民生福祉、着力防范化解风险，巩固经济回升向好态势，持续推动经济实现质的有效提升和量的合理增长，为漳州现代化滨海城市建设贡献长泰力量。经济社会发展的主要预期目标是：地区生产总值增长6.5%左右；规模工业总产值增长7.3%左右；固定资产投资增长7%左右；一般公共预算总收入增长8%左右；外贸出口增长6%左右；社会消费品零售总额增长7%左右；城乡居民人均可支配收入分别增长6%和7.5%左右。

（摘编：陈闽声）

漳浦县产业经济发展概述

2023年，漳浦县高举习近平新时代中国特色社会主义思想伟大旗帜，深入贯彻党的二十大精神，全面落实党中央、国务院和省市决策部署，聚焦“深学争优、敢为争先、实干争效”，深入开展“产业发展项目建设提升年”活动和“七比一看”竞赛，统筹发展与安全，经济稳中向好，社会安定稳定。全年实现地区生产总值533亿元、增长6.8%；规模以上工业总产值345亿元、增长11.8%，规模以上工业增加值增幅11.5%；固定资产投资155.3亿元、增长15.0%；社会消费品零售总额230亿元、增长10.0%；实际使用外资3368万美元、完成年度目标的129.5%；外贸进出口总值72.6亿元、增长6.0%；一般公共预算总收入33.8亿元、地方一般公共预算收入23.5亿元，同口径分别增长12.9%、8.2%；城镇居民人均可支配收入50997元、农村居民人均可支配收入30636元，分别增长7.0%、7.5%。一年来产业经济发展的工作和成效主要体现在：

现代工业步伐加快。坚持突出工业、突破工业，219个总投资458.73亿元的在建工业项目完成投资102亿元、增长25%，总投资近200亿元的联盛林浆纸一体化项目历时仅16个月建成并部分投产，全国首个批量化采用16兆瓦及以上大容量海上风电机组、总投资55亿元的六鳌海上风电二期部分并网发电。全年实现规上企业研发投入4.57亿元，成功申报市级以上重点技改项目库27个，完成技改投资76亿元、增长20%，新增规上企业42家、总数达313家，同溢堂药业获评国家知识产权示范企业，福船一帆获评国家知识产权优势企业，漳浦农副产品精深加工产业集群成功入选省级中小企业特色产业集群。累计投入9.04亿元，实施产业园区基础设施项目9个，五金园污水管网提升改造、万丰路二期工程配套等一批重大基础设施竣工投用，园区承载能力持续提升。

特色农业快速发展。全年实现农林牧渔业总产值156.41亿元、增长5.2%。成功入选2023年国家现代农业产业园创建名单，获奖补资金1亿元。严守耕地保护红线和粮食安全底线，全面开展第三次全国土壤普查，开工建设省储备粮管理直属库、县粮食储备库，落实4.3万吨粮食储备规模；攻坚整改耕地图斑900宗、面积895.69亩，完成补充耕地1246亩、恢复整治2900亩，引导退林退果退草还粮2498亩，建成高标准农田2.8万亩。强化龙头培育，新增省级农业产业化龙头企业5家，天福茶业、万辰生物入选首届福建省农业产业化龙头企业百强，徐聘号茶业、仁常种植、美一食品、澳羚养殖获评省级农业产业化联合体，石榴填鸭、旧镇白沙鳗鱼、赤岭山坪晚熟荔枝入选省级“一村一品”专业村，石榴铁皮石斛、旧镇乌石荔枝、前亭花蛤、六鳌地瓜入选全国名特优新农产品名录。成功举办2023年海峡两岸农博会·花博会，对台农业交流成效显著，漳浦台创园考核名次重回全国榜首。

第三产业活力彰显。把恢复和扩大消费摆在优先位置，深入开展“全闽乐购·乐购漳州”等促消费活动，积极发动企业参与海南消博会、闽货华夏行等展会，落实购房补贴1975.4万元，消费市场持续升温。全年新增限上贸易企业122家、规上服务企业12家，完成市下达任务目标数的312%、240%。成功举办“党建引领乡村振兴暨首届食用菌文化节”“第八届中国漳浦·乌石荔枝文化节”，谋划实施G228线滨海风景道漳浦段项目30个，深六线“白改黑”、火山岛旅游连接线改造等一批项目竣工投用，全年接待国内游客900万人次，实现旅游收入 110 亿元，同比增长 50%、48.7%，文旅市场回暖复苏。出台实施《关于促进漳浦县电商产业发展若干措施》，实现网络零售额 12.9 亿元，增长 11.8%。

聚焦项目增效，发展后劲进一步夯实。招商引资成效显著。立足“2+3”产业体系，编制完善《漳浦县产业链招商地图》，制定出台《漳浦县招商项目服务管理办法》，设立杭州驻外招商联络处，坚持一把手招商、产业链招商，县乡两级累计赴香港、上海、杭州等地开展招商 249 场，成功举办新春招商推介会和杭州新材料产业专场招商推介会。健全项目联审机制，推动招商选资跨越发展，总投资 50 亿元的中财新型管道材料智造等一批优质项目落户漳浦。全年签约项目 146 个，总投资 395 亿元，其中重大项目 21 个，总投资 357.58 亿元。

项目建设强势推进。坚持项目为大、项目为王，深化县处级领导挂钩项目机制，155 个在建重点项目完成投资 230.86 亿元，超年度计划 10 个百分点，其中 73 个市级以上在建重点项目完成投资 207.26 亿元，超年度计划 10 个百分点。固化重点项目联席会议制度，高效推进项目落地建设，万洋众创城一期、金顺鑫新材料、集中式光伏等 90 个总投资 194.69 亿元的重点项目顺利开工建设，巨信智能器材、源文兴车配、第二医院整体搬迁功能完善等 53 个总投资 78.32 亿元的重点项目竣工投用。项目滚动接续有力，全年策划生成项目 410 个、总投资 413 亿元，新增入库项目 248 个、总投资 206.37 亿元，发展后劲不断增强。

要素保障充分有力。坚持要素跟着项目走，举全县之力服务保障联盛项目建设，九龙江南引第五标段、朝阳渠引水入眉力水库等应急供水项目正式通水。全年累计处置批而未供土地 2352 亩、闲置土地 703 亩，完成土地征收 3535.97 亩，报批土地 2067.02 亩、林地 2322 亩，将军澳作业区码头防波堤工程和 1#—4#泊位工程用海成功获批。强化“亩均论英雄”理念，启动实施五金园低效用地重新收储盘活、皮革园低产能企业产能指标再调配，盘活闲置低效用地 800 亩、厂房 14 万平方米。着力破解资金瓶颈，加大项目谋划力度，累计争取中央及省级预算各类资金 8.08 亿元，策划生成专项债项目 17 个，获批债券资金 28.75 亿元。

营商环境持续优化。健全完善“百名干部挂百企”挂钩帮扶机制，规模以上民营工业企业实现挂钩全覆盖。召开台企和民营企业家座谈会 3 场，制定出台《漳浦县进一步促进民营经济高质量发展实施意见》《关于支持民营经济发展壮大的 36 条措施》。持续深化民营和小微企业金融服务，兑现各类政策奖励资金 5613.27 万元、为小微企业贷款 120.71 亿元，贷款余额增速增量均居全市前列，市场主体总数达 95433 户，同比增长 15.18%。全国首推渔业船舶市内转移“一件事”改革，全省率先上线农村宅基地申请预警平台，试行食品许可“一人办结”制度，全面推行“一城一照、一照多址”“企业登记+云公证”登记新模式，推出“一件事”集成套餐服务改革 6 项，3 件高频事项实现跨域通办，政务服务全程网办占比 86.42%。全面实施“不见面招投标”，推广远程异地评标模式，组织公共资源交易 209 宗，增收节支 2.29 亿元。

改革效应持续释放。全面优化工程项目审批流程，对工业项目提供联合审批的“妈妈式”服务，中财新型管道材料智造项目仅用时 2 个月进入土地招拍挂程序，创下签约到拿地最短纪录，万洋众创城项目实现“拿地即开工”。国资国企改革深化提升，积极盘活闲置国有资产，形成财政收入 12.17 亿元，县财政局荣获“全省国资委系统先进集体”。县属国企龙睿公司、金瑞公司主体信用评级均达 AA 级，合计总资产达 277 亿元，成功发行全市首单县城新型城镇化建设专项企业债券 5 亿元，为民营企业、“三农”主体提供融资担保金额超 6.9 亿元，典型经验被省地方金融监管局全省推广。

（摘编：周少雄）

云霄县产业经济发展概述

2023年，是全面贯彻党的二十大精神的开局之年，是三年新冠疫情防控转段后云霄经济恢复发展、回升向好的一年，极具考验、极不平凡。面对复杂严峻形势和多重超预期挑战，云霄县坚持以习近平新时代中国特色社会主义思想为指导，深入实施“深学争优、敢为争先、实干争效”行动，牢牢把握省纪委挂钩帮扶契机，以“产业发展项目建设提升年”活动为载体，创新实施“1320”发展战略，稳中求进、向难求成，加快强产兴城、推动能级跨越，高质量发展迈出坚实步伐。全县实现地区生产总值245.75亿元、增长6.5%，农林牧渔业总产值105.15亿元、增长4.7%，规模以上工业总产值96亿元、增长6.5%，固定资产投资158亿元、增长10%，进出口总额15.18亿元、增长5%，社会消费品零售总额122.7亿元、增长7%，一般公共预算总收入13.98亿元、增长15.62%，地方一般公共预算收入10.4亿元、增长13.88%，首次突破10亿元大关。城镇居民人均可支配收入42777元、增长4.5%，农村居民人均可支配收入25460元、增长7.5%。一年来，云霄县产业经济发展的主要工作和成效是：

面对超出预期的多重冲击，抢抓风口、转换赛道，全面加速了产业集聚。云霄县扎实开展“七比一看”竞赛活动，落实竞赛比拼“正向激励、反向约束”机制，持续推动新型工业化、农业产业化、服务业现代化。工业发展破题起势。制定《南部片区产业发展和空间提升规划》，完成龙烟等企业“退城入园”，收储盘活十八重工、太尔、高贤电子等工业用地980亩，临港工业集中区纳入国家中沙（福建）产业合作区规划范围，全县工业发展布局进一步优化。实施清洁能源、电子信息、食品制造三大产业“链长制”，着力建链补链强链，全年完成工业投资140亿元、技改投资48亿元，新增新上规模工业企业13家，一批企业入选“专精特新”“科技小巨人”，奥克兰光电进入省级重点上市后备企业库，华威电源、鸿益饲料等6家企业获评市级工业龙头企业，食品小作坊集中加工区通过省级验收，云霄整县纳入中菲“两国双园”拓展区，农村能源革命试点县通过国家能源局专家评审，发展动能持续增强。园区建设提质升级，云翔产业园“五路”基本建成，总投资2.4亿元的科创园园区道路工程（一期）启动建设，开发区在全省园区综合发展水平考核中提升13名，进入中游行列。开展建筑业产值回归行动，新增3家一级资质建筑业企业，资质建筑业产值增长20.3%。

大力支持民营经济发展，持续深化“百名干部挂百企”活动，每月举办“企业家沙龙”畅通政企沟通桥梁，落实退税减税降费1.8亿元，兑现各类惠企奖补资金2246万元，发放助企纾困贷款7.56亿元。

现代农业提质提效。启动国家地理标志产品保护示范区创建工程，省级现代农业（蔬菜枇杷）产业园、山前中心渔港等重点产业项目加快推进，24个省级现代农业产业项目完成投资1.65亿元，新增省级农业产业强镇1个、农业产业化龙头企业3家，省、市级“一村一品”专业村6个，下河村连续三年荣获全国特色产业超亿元村，云霄杨桃获评大国好货“一县一品”特色产品，实现水果、蔬菜、茶叶、水产等12个特色产业全产业链产值310亿元。

文旅商贸活力迸发。加速线上线下融合发展，举办2023年电商主播大赛暨直播电商资源对接会，全年完成电商交易41.7亿元，增长4.3%。推进市场主体梯次培育，新增限上贸易企业 56 家。以全域旅游为引领，成功举办第九届开漳圣王文化节，G228 线滨海旅游风景道、红色乌山景区等项目加快推进，和平乡获评福建省“全域生态旅游小镇”，白石村获评福建省“金牌旅游村”，高田格木古树群入选“全国最美古树群”，县委党校、向东渠事迹展示馆被确定为省委党校现场教学点，下河杨桃岛通过 AA 级景区认定，“红色经济”“夜间经济”持续升温，全年接待游客 421.9 万人次、旅游总收入 42.91 亿元。

面对产业发展的堵点痛点，革故鼎新、靶向用力，有效增强了内生动力。坚持项目破局，围绕项目全周期，全民谋项目、争项目、做项目，不断提升项目对县域高质量发展支撑。以竞进姿态拼项目。173 个县级以上重点项目累计完成投资 202 亿元，完成年度计划投资的 102%；华龙科技园（二期）、北江水闸、宏奥新材料、艾丽鑫、贝森蜂窝等 83 个项目开工建设，华龙科技园（一期）、农商城（一期）、坤翔蛟、茂泰食品等 64 个项目竣工投产。

重大项目捷报频传，核电用海、抽蓄用地获国务院批准；核电 1 号机组完成冷试，全面转入调试阶段；3 号机组启动负挖，核应急指挥中心、核五生活配套等项目建成投用；抽水蓄能电站完成征迁 5580 亩，下水库导流洞顺利贯通；光伏赛道表现亮眼，陈岱 5 万千瓦渔光互补项目实现并网发电，中核汇能列屿光伏项目、浙能东厦光伏项目获 115 万千瓦光伏指标，占全省 21.6%。

以拼抢姿态强招引。实行“链长+链主”“一把手+小分队”工作机制，全力开展产业链精准招商，全年举办招商推介会 6 场，签约项目 42 个，总投资额 180.55 亿元。政策研究专班、重点办、前期办协作更加高效，兑现重点项目前期经费 323.9 万元，申报增发国债项目 130 个，南北江水闸提升改造等 3 个项目拟获国债资金 1.29 亿元。2 个重大项目通过省、部竞争性评选，其中海洋生态保护修复工程位列全国第一，获得中央奖补资金 3 亿元。

以攻坚姿态抓改革。全面推行“项目审批全程帮办”“不见面招投标”等政务服务新模式，项目开标时间缩减到半小时内、提速 75%，企业开办时限压缩到半天内，“审管互动”模式获评全省“放管服”改革持续优化政务服务典型，多项经验做法获全市推广。国企改革蹄疾步稳，新组建城投集团，圣城集团新增文旅康养、国资运营等业务版块，总资产突破百亿元，获 AA 信用评级，现代企业管理制度逐步完善。要素保障持续增强，全年新增建设用地指标 577 亩，完成供地 1036 亩；累计盘活低效用地 1342 亩、闲置厂房 13.68 万平方米。多渠道筹集资金，成功争取政府债券资金 6.34 亿元，各类财政补助资金 10.5 亿元、增长 18%。

面对能级跨越的艰巨任务，主城引领、全域竞进，有力推进了城乡融合。坚持规划先行，编制完成《云霄县国土空间总体规划（2021—2035 年）》，24 个重点区块控规、专项规划、城市设计有序推进，全力优功能、壮筋骨、增能级。城市建设快马加鞭。全面推进城市有机更新，投入 36 亿元，实施 91 个城市建设品质提升项目，莆下（一期）实现交房，下港闽南水乡、01 地块安置房完成选房，中柱、岱北、享堂（二期）安置房建设加速推进，南湖印、云锦里等高品质住宅相继落成，将军大道以西、滨北、南湖三大片区业态渐次落地。

和美乡村刷新颜值。实施乡村振兴“十镇百村”试点示范三年行动，投入 7134 万元启动 57 个乡村振兴项目建设，新建改造农村公路 20.8 公里，成功承办全国红火蚁防控现场会，杨桃科技小院典型做法在全国科技小院交流观摩会上推广，坡兜村入选第三批全国乡村治理示范村。

粮食安全根基不断夯实，全面完成粮食生产任务，新建高标准农田 9000 亩，防台风“夏粮抢收”登上央视《新闻联播》。乡村治理更加有效，深入开展农村乱占耕地建房试点工作，创新设施农业、民间信仰活动场所等四种类型用地处置方式，完成试点整治 748 宗 466 亩，清理违法图斑 136 宗 470 亩，整治“两违”78.9 万平方米。

（摘编：王利兴）

诏安县产业经济发展概述

2023年，诏安县始终坚持以习近平新时代中国特色社会主义思想为指导，深入贯彻落实党的二十大精神，积极服务和融入新发展格局，全面落实省委“深学争优、敢为争先、实干争效”行动部署，深入开展“产业发展项目建设提升年”活动和“生态建设年”活动，主动作为谋发展、攻坚克难求突破，各项工作取得了新成效。2023年，全县实现地区生产总值370.12亿元，增长6.3%，其中第三产业增加值122.16亿元，增长8%；规模以上工业总产值增长6.2%，其中规模以上工业增加值增长5.9%；农林牧渔业总产值126.6亿元，增长5%；固定资产投资67.89亿元，增长8%；一般公共预算总收入12.15亿元，增长45.72%，其中地方一般公共预算收入8.07亿元，增长37.96%；出口总值58.9亿元，增长16.6%；实际利用外资（验资）2429万美元，增长80.46%；社会消费品零售总额127.83亿元，增长8.5%；城镇居民人均可支配收入40898元，增长6%；农村居民人均可支配收入25201元，增长7.5%。一年来，诏安县产业经济发展的主要工作和成效体现在：

这一年，诏安县坚持固优补短、强产兴业，发展动能加速集聚。出台促进民营经济高质量发展实施意见，完成工业投资25.54亿元、增长36.3%，新增规模以上工业企业15家、省级龙头企业2家、市场主体4824户。

工业发展提质增效，新增“专精特新”中小企业4家、创新型中小企业13家，安邦水产入围“2023年福建省制造业民营企业100强”，润科生物、新胜达新材料科技荣获“省级绿色工厂”称号，诏安县位列工信部赛迪顾问消费经济研究中心发布的“2023预制菜产业基地百强”第24强。实施贸易业、物流业和建筑业等“补短板工程”，新增限额以上贸易业企业47家，首家国家5A级物流企业彩丰国际物流落地开业，南睦建筑晋升一级资质建筑业企业、实现“零”的突破。首创“大师贷”等信贷产品，本外币存款时点余额首次突破200亿元大关，存贷比89.41%创历史新高。

开展“海上看诏安”暨海洋经济调研周活动，在全省率先开展海域二级市场化配置招租，完成深水抗风浪养殖网箱设施改造项目，实现全市首批“半潜式深水网箱”建成下海。文旅经济加快发展，成功举办“中国乡宴”、寻找诏安最美“古早味”传统十大碗品鉴会、名菜名店评选等系列活动，闽粤第一城、霞葛司下村等文旅品牌效应更加凸显，全年国内旅游人数467万人次、国内旅游收入45亿元。

这一年，诏安县坚持大抓项目、抓大项目，赶超后劲显著增强。健全重点项目分级管理和领导挂钩责任机制，清单化精细化攻坚推进，229个县级以上重点项目完成投资190.86亿元，占年度计划投资110%。中菲经贸创新发展示范园区获国务院批复设立，编制完成诏安片区产业发展总体规划、空间概念规划，谋划9大类39个总投资1019.13亿元支撑项目并一体推进，诏安片区发展逐步成型、蓄势待发。重大项目接连取得突破，诏安港区1#、2#泊位工程和诏安码头配套设施一期工程项目正式签约，诏安港区7万吨航道增补纳入交通运输部水运“十四五”规划，漳汕高铁诏安南站纳入主线布局一体推进，杭深铁路诏安站开通货运业务及扩建提升获得国铁集团支持，哈溪水库纳入国家“十四五”中型水库建设方案，霞宫高速纳入省中长期高速公路网规划，土地置换项目有序推进。

深入实施“诏商回归”工程，绘制招商引资“两图一谱一沙盘”，促成正式签约项目74个、总投资139.41亿元。调整充实项目前期办，健全涵盖项目全过程闭环管理机制，项目要素保障更加到位，完成6个成片开发方案报批、总面积1466.09亩，完成17宗林地审批、总面积96.15亩，处置批而未供土地985.43亩，获批新增专项债券项目3个、额度1.45亿元，获得首批增发国债资金1.33亿元、位居全市首位。

这一年，诏安县坚持生态宜居、拴心留人，城市品质不断提升。完成县级国土空间总体规划编制。实施城市建设品质提升项目61个，诏安文化艺术中心、诏安大酒店建成投用，霞洋佳苑安置小区、棚改安置小区加快推进。新旧城区主干道东墘路、南侨东路完工，建成南峰、城内、中山公园等3个公共停车场和2个城市“口袋公园”，改造城市绿道10公里，新建城区污水管网8公里，城区基础设施不断完善。深入开展创城验收攻坚行动，开展“城管进社区”活动，严格落实“门前三包”制度，持续引导流动摊贩进入夜市规范经营，城市管理水平持续提升。

全力支持配合第三轮中央生态环境保护督察，坚决推进城洲岛违规用岛用海问题和交办信访件整改。建立生态环保“一月两现场”2.0版推进机制，强化农村污水、生活垃圾、海漂垃圾治理，完成14条农村黑臭水体治理试点项目建设，主要流域国省控断面Ⅰ—Ⅲ类水比例达100%、空气优良率99.7%，诏安湾海水水质均值提升至二类。建立生态产品价值实现机制，大力推进整县屋顶分布式光伏建设，创新开展牡蛎（含藻类）养殖蓝碳开发。

诏安县坚持因地制宜、突出特色，乡村振兴深入推进。全力抓好耕地保护和粮食安全工作，在全市率先开展盐碱地改造种植水稻栽培试验，粮食播种面积16.07万亩、增长2.23%。乡村振兴取得成效，梅岭镇入选省级乡村振兴示范乡镇，四都镇大梧村等6个村入选省级乡村振兴示范村，梅岭镇腊洲村入选省级“金牌旅游村”、东门村入选“省级森林村庄”。

特色产业加快发展，举办八仙茶、单丛茶茶王赛及品鉴会，持续巩固拓展青梅稳产保价成果，太平镇（青梅）获评全国乡村特色产业产值超十亿元镇，四都镇东葛头村（南美虾）、盐仓村（青枣）获评省级“一村一品”专业村；成立牡蛎协会，成功举办漳州市2023年中国农民丰收节暨诏安县第二届生态牡蛎文化节，牡蛎产量29.26万吨、增长4.5%。深化林权制度改革，发行林业地票14.4万股、林票75.6万股，茂盛家庭林场等2家经营主体获评漳州市星级新型林业经营主体。深入推进农村集体“三资”清理，累计清理经济合同419份、增加村集体收入922.67万元。凤寮水厂扩建工程竣工投用，新改建镇村污水管网190.2公里，整治裸房2315栋，新改建农村公路50.19公里。

2024年诏安县要以习近平新时代中国特色社会主义思想为指导，全面贯彻落实党的二十大和二十届二中全会精神，坚持稳中求进工作总基调，完整、准确、全面贯彻新发展理念，统筹新型城镇化和乡村全面振兴，统筹高质量发展和高水平安全，开展“产业发展项目建设增效年”活动，实施“工业强县、山海兴县、文旅名县、富美新城”，营造良好的政治生态、人文生态、产业生态、自然生态，全力打造名副其实的福建南大门、漳州新增长极、海峡两岸融合发展先行区、对接粤港澳大湾区桥头堡，加快建设新兴工贸港口城市，奋力谱写富美新诏安现代化建设新篇章。经济社会发展的主要预期目标是：全县地区生产总值增长6.3%，其中第三产业增加值增长7.2%；规模以上工业总产值增长7.3%，其中规模以上工业增加值增长7%；农林牧渔业总产值增长5%；固定资产投资增长10%；一般公共预算总收入增长5.5%，其中地方一般公共预算收入增长5.5%；出口总值增长12%；实际利用外资（验资）增长10%；社会消费品零售总额增长8%；城镇居民人均可支配收入增长7%；农村居民人均可支配收入增长9%；节能减排指标控制在省、市下达范围之内。

（摘编：郑平名）

东山县产业经济发展概述

2023年，东山县坚持以习近平新时代中国特色社会主义思想为指导，深入贯彻落实党的二十大精神，聚焦“深学争优、敢为争先、实干争效”，扎实开展“产业发展项目建设提升年”活动，奋力拼搏，开拓创新，全方位推进高质量发展，获评全省县域经济发展“十佳”县。全县完成地区生产总值271.12亿元、增长8%；农林牧渔业总产值109.01亿元、增长4.4%；规模工业总产值250亿元、增长15%；固定资产投资84.85亿元、增长8.5%；社会消费品零售总额98.9亿元、增长9%；外贸进出口总额138.6亿元、增长17.6%；实际使用外资1608万美元、增长38.7%；一般公共预算总收入23.39亿元、增长15.4%；地方一般公共预算收入17.29亿元、增长6.2%；城镇居民人均可支配收入48576元、增长5.5%；农村居民人均可支配收入32042元、增长7.3%。一年来，产业经济发展的主要工作和成效是：

一年来，东山县聚力抓项目促投资，发展后劲不断增强。深入开展“七比一看”竞赛，实行“每月会商调度、通报点评、表态发言”工作机制，扩大有效投资，厚植发展动能。坚持项目为王，组建“项目前期办”，开发全市首个项目代办管理系统，累计为总投资290.4亿元的47个重点项目开展全流程代办服务。实施123个县级以上重点项目，完成投资超110亿元，新开工重点项目62个，建成或部分建成48个。总投资64亿元的一道新能源电池片生产项目开工建设，旗滨光伏基板材料两条生产线点火，一道新能源二期、太阳海缆顺利投产。参与中国—菲律宾经贸创新发展示范园区招商大会、长三角地区招商推介会等9场重大招商活动，新签约项目80个、总投资125亿元。强化要素保障，完成征地1686亩、供地1818亩，处置批而未供土地871亩、闲置土地202亩。

一年来，东山县全力抓产业促转型，效益动能持续释放。主导产业集聚发展，规模工业增加值增速连续24个月居全市第一，新增“四上”企业超100家，12家企业获评全市“亩均论英雄·标杆企业”，数量全市最多；新材料新能源产值近百亿，一道新能源荣获福建省工业龙头培育企业；预制菜产业总产值超50亿元，位列全国预制菜产业基地百强榜单第38位。现代农业稳步发展，建成高标准农田1200亩，补充耕地94亩、恢复耕地596亩，新增粮食播种面积超千亩，粮食生产面积达2.19万亩；推广紫红莲雾、蓝圆鲹等优新品种40个，新增产值超4亿元；全县水产品总产量超47万吨，增幅全市第一，荣获“中国鲍鱼种苗之乡”称号，纳入国家级沿海渔港经济区建设试点。

文旅市场加快复苏，举办2023年“中国旅游日”福建分会场主题活动、第二十一届中国MBA发展论坛和第三十二届关帝文化旅游节等重大活动，全县首家五星级标准酒店福莱喜正式运营，南门湾夜间经济一条街入围国家级夜间文化和旅游消费集聚区名单，双面海、苏峰山等网红打卡点火爆出圈，接待游客超787万人次、旅游收入超100亿元。

一年来，东山县大力抓改革促开放，营商环境日益优化。对外合作持续扩大，中菲经贸创新发展示范园区东山片区建设稳步推进，与菲律宾达古潘市缔结友好交流城市。东山关帝庙获评国家级“海峡两岸交流基地”。厦门港东山5000吨级对台客货码头正式投用，城垵作业区2#泊位实现临时开放，全县港口集装箱吞吐量达3.2万标箱，再创历史新高。重点领域改革持续深化，优化整合国企资源资产，成立东山海发集团；全省首创设立“蓝碳司法服务协同中心”“服务保障企业发展联络点”，推动法治服务进驻政务服务窗口。落实促进民营经济高质量发展相关政策，留抵退税1.26亿元、争取各类惠企奖补资金超1800万元。举办“金融—国企”对接洽谈会，达成贷款意向金额超7.7亿元，荣获全省首批“金融信用县”。

一年来，东山县合力抓生态促宜居，城乡品质稳步提升。深入实施生态保护修复，八尺门海域综合治理生态修复工程竣工验收，诏安湾水质消除劣四类。累计改造塑胶渔排5.64万口、筏式浮球3.56万亩，南门湾—马銮湾段获评全国第二批美丽海湾优秀案例。开工建设陈城、杏陈2个安全生态水系项目，完成水土流失综合治理501公顷，整治黑臭水体6处，种植红树林206.4公顷。漳汕高铁东山段及配套项目开工建设，坑北至后林段、西前路等7条道路投用，新建城市公共停车泊位300个、污水管网74.32公里，荣获“四好农村路”全国示范县、国家第三批“城乡交通运输一体化示范创建县”。实施乡村振兴“十镇百村”试点示范项目43个，全县所有村级集体经济收入超10万元、16个村超百万元，陈城镇获评省级乡村振兴示范乡镇，樟塘镇获评省级全域生态旅游小镇，澳角村获评第三批全国乡村治理示范村，港西村入选中国美丽休闲乡村、农家乐特色村。

2024年经济社会发展的主要预期目标是：全县地区生产总值增长7%以上，农林牧渔业总产值增长4.5%，规模工业总产值增长13%，固定资产投资增长8%，外贸进出口总额增长4.7%，实际使用外资增长5%，社会消费品零售总额增长7%，一般公共预算总收入增长7.5%，地方一般公共预算收入增长6%，城镇居民和农村居民人均可支配收入分别增长6%和7.5%。产业经济发展重点抓好以下几项工作：

做大做强主导产业。聚焦补短板、拉长板、锻新板，编制重点产业链和产业布局图谱。推进新材料新能源产业延链补链，实施旗滨第八条生产线冷修技改，推动旗滨药用玻璃项目加快落地，建成投用一道新能源电池片生产项目，力促太阳海缆达产满产。积极对接一道新能源海上光伏研究院等产业延伸项目，引进上下游企业落户发展。高标准做好新能源产业规划，因地制宜、规范有序推进海上光伏、屋顶分布式光伏等产业发展。

盘活利用低效用地。开展低效用地再开发利用试点工作，探索创新土地集约节约措施机制，促进零星低效用地归整，推动资源资产组合供应。坚持“亩均论英雄”导向，推动“工业上楼”，推行工业用地“标准地”出让，持续促进工业用地提质增效。

完善园区公共配套。聚焦产业集聚、要素集约，深化园区标准化建设，完善基础设施配套，提升园区承载能力。加快建设海科园、临港园招商展厅和指挥管理平台，推动云企、创投园、众创孵化园等通用厂房建成投用。推进产业社区建设，完善园区生活服务设施配套，加快实现产城人融合发展。

推动工业退城入园。深化实施《鼓励企业入园进区增产增效若干措施》，引导一批零星小微工业企业入驻标准化园区，提高要素资源配置效率。完善主导产业链招商图谱，创新开展驻外、行业协会招商和“定制化厂房+预招商”，积极引进“链主型”企业，推动工业集约化、规模化发展。

打造精品业态，让打卡点变目的地。发展海上运动游、帆船帆板游等“八大业态”，探索布局低空飞行营地、海下潜艇观光，加快推进东山水上运动培训服务中心、海上动车站等项目，引进渔旅融合海钓项目，打造一批海上影棚、摄影小岛，串珠成链推出“海上游东山”精品航线，丰富全岛旅游业态。

做足“文旅+”，让客流量变消费量。促进文旅+“研学”“医疗”“体育”等深度融合，带动红色旅游、康养产业、赛事经济等发展。抢抓高铁“文旅新红利”，探索“线上引流、线下消费”新媒体营销模式，全面拓展旅游客源市场。深入开展旅游景区环境和旅游市场秩序综合整治，完善智慧旅游、高端酒店等“八大配套”，推动苏峰山、鱼骨沙洲、屿南湾等景区景点提质升级。

（摘编：郭向东）

平和县产业经济发展概述

2023年，平和县坚持以习近平新时代中国特色社会主义思想为指导，认真学习贯彻党的二十大精神，深入实施“深学争优、敢为争先、实干争效”行动，完成地区生产总值321.41亿元，增长6.1%，顺利完成了年初确定的目标任务，经济社会发展后劲十足，赶超跨越态势彰显。一年来，平和县产业经济发展的主要工作和成效是：

竞赛评比成绩突出。扎实开展“产业发展项目建设提升年”活动和“七比一看”竞赛，1—11月总分排名全市第4。坚持“全域旅游、全面发展”，平和县被认定为第四批福建省全域生态旅游示范县，“五优”创建取得新突破。抓住全省“土地整治补充耕地”试点机遇，实施“园改耕”6403.38亩，新增耕地1797.2亩；耕地恢复整治2131.3亩，新增粮食产能396.6万公斤，补充耕地完成率、粮食考评等指标居全省前列，耕地保护和粮食安全工作成为全省典型。一般公共预算收入、地方一般公共预算收入分别完成13.09亿元、9.22亿元，增长25.4%、15%；城镇、农村居民人均可支配收入分别完成42703元、27270元，增长8%、8.5%。成功入选福建省闽台乡建乡创合作样板县。

流域治理成效显著。平和县全面落实花山溪整改倒排工期实施方案，流域水质稳定达标，县城饮用水源达标率100%。深入总结推广科技小院绿色种植技术，及“轻剪轻肥”“生态沤肥”综合技术，实施有机改土肥7.43万亩。落实常态化管护措施，280个小流域治理设施平稳运行。果园土壤酸化治理9.43万亩，水土流失治理2万亩，沿花山溪流域建成“双一百”工程，构筑生态缓冲带。

项目攻坚成果丰硕。建强项目前期办，举行集中签约、开竣工活动，西三线闽粤支干线、东坑储备粮库扩建等重点项目持续推进，固定资产投资完成91.85亿元，增长8%。大项目建设取得突破，总投资11.42亿元的官峰水库列入国家“十四五”中型水库规划，主体工程开工建设；总投资4.03亿元的梨仔坑应急水源工程成功试通水；持续推进城乡供水一体化工程，供水保障有效落实。全年固投入库项目147个，投资额135亿元。

特色农业提质增效。农业总产值完成120.18亿元，增长5%。实施蜜柚产业高质量发展规划，打造蜜柚核心产区，构建“种好柚，卖好价”产销机制，开展首届“柚品王”评选活动，蜜柚出口超18万吨，“平和琯溪蜜柚”品牌价值达189亿元。改进制茶工艺，加大推介力度，举办“三平杯”白芽奇兰暨首届柚香奇兰茶王赛等赛事，参加北京“三茶统筹”高峰论坛等活动，全县涉茶产值5.6亿元，茶叶价格创历史新高。柚香奇兰茶产量突破40万斤，柚花用量超100万斤，新增产值1.2亿元，增势明显。探索种养加一体化生态循环农业，总结“菜—稻—菜”等模式，建成“四大示范片”，新陂村建成全省首个生态环保型高标准农田。

生态工业日益壮大。规模工业总产值完成186亿元，增长7%，规工增加值增长6.7%；工业用电量累计9.47亿千瓦时，比增17%。好又多木业、福熠食品等项目持续推进，新增新上规模工业企业45家，位居全市第2；工业投资完成38.1亿元、增长8.7%。扎实推进工业园区标准化建设，纵三路、西南地块九道路建成通车，污水厂提标扩建、污水管网二期顺利推进；全力完善安厚机械产业园、五寨生态木业产业园基础设施，工业经济承载空间有效拓展。

商贸文旅融合发展。成功举办“柚香飘北京·产业促振兴”等展销活动，新增限上贸易企业70家，社会消费品零售总额完成117.61亿元，增长7.8%。进出口总额完成4.27亿元，增长9.2%。建立全国首个“绿色通道”抽免检工作机制，开启蜜柚高速运输快速通道。成立电商行业协会，电商交易额34亿元，增长6.25%。利用厦门国际投资贸易洽谈会平台，大力推介平和文旅；三平康养小镇顺利推进，全域旅游集散服务中心建成投用；灵通山成功创建国家AAA级旅游景区，大芹威士忌观光园入选省观光工厂；坂仔宾阳楼、五寨乡寨河旧楼活化利用在法国国家建筑博物馆展出，获“意大利豪瑞可持续建筑大奖赛”亚太地区唯一金奖；庄上大楼修缮工程基本完成；出台支持文旅人才培养、民宿发展等政策，上线“云上平和”小程序，旅游人数、收入均增长35%以上。落实稳健的货币政策，1—11月全县各项贷款170.3亿元，比增16%；各项存款233.72亿元，比增8.71%，位居全市第二。

招商引资有质有效。坚持领导挂帅、团队出征、全员参与，“一把手”带队外出招商17次，举办机械制造、生态木业等推介会，新签约项目69个，总投资124.97亿元。坚持“亩均论英雄”，通过“腾笼换鸟”盘活闽能光电产业园等地块，引进茶王谷、汇润丰木业等项目，推动西蝉、鑫源祥等闲置厂房招商入驻新企业。用地保障高效推进，获省批准农转征收土地2157亩，处置批而未供土地1152亩、闲置土地999亩。

创新驱动持续发力。支持技改升级，4家企业申报高企。加强基础设施共建共享，建成5G基站628个。深入实施“智汇柚都·才聚平和”计划，深化与张福锁院士、廖红教授团队合作，进一步发挥蜜柚科技小院、蜜柚研究院的示范引领作用；与中国农技协、省农技协分别建立东湖国家级和茶王谷省级创新驱动服务站；联合中国茶叶研究所成立“陈宗懋院士团队平和工作站”，成为全省第一个县级茶院士工作站；与福建农林大学、闽南师范大学、福建中医药大学等高校建立合作关系。“扬帆计划”引进508人。

精准服务惠企便民。出台促进民营经济高质量发展的系列措施，优化民营经济发展环境。推进政务服务标准化、规范化、便利化，5255项审批服务事项绑定标准化事项目录清单，梳理6个“一件事”主题套餐，政务服务高频事项实现“跨区通办”。推行“开办企业注册一人通办”制度，新增企业数增长10%。组建重点项目服务专班，设立“四个中心”，推行“拿地即开工”。坚持依法行政，全县39个行政执法单位全部接入一体化执法平台。

城区品质不断提升。编制完善国土空间总体规划和道路、排水防涝等专项规划。推动新北环路等城区道路建设，打通一批“断头路”。建成智慧体育公园，新建绿道11.5公里、公园绿地80亩，县城绿化覆盖率达44.66%，获评省级园林县城。提升城区供水基础设施，改造供水管网48公里，完成7个商住小区、8个公建单位供水替换。实施第二污水处理厂一级A提标改造工程，新建改造雨污分流管网10.8公里。推广“安商一体化”新模式，新增一级总承包资质企业1家，建筑业产值完成9亿元，增长30%。强化“卫片图斑”整治，处置“两违”52.86万平方米。

乡村振兴扎实推进。实施文峰高速至三平、九峰互通至镇区路面等改造，安厚农场至安厚互通连接线工程建成通车，3个安全生态水系建成投用。实施“十镇百村”试点示范工程项目77个，建设省级“一村一品”示范村6个，改造危桥6座，新建改造农村公路55公里、乡镇污水配套管网12.2公里。驻村第一书记、乡贤促进会实现全县各村全覆盖。

2024年平和县经济社会发展的主要预期目标是：地区生产总值增长6%，农业总产值增长5%，规模以上工业总产值增长7.3%，固定资产投资增长8.5%，社会消费品零售总额增长6.5%，一般公共预算总收入增长6.5%，地方一般公共预算收入增长5.5%，城镇、农村居民人均可支配收入分别增长8%、8.5%；完成省市下达节能减排降碳约束性指标任务。

（摘编：游永贵）

南靖县产业经济发展概述

2023年是全面贯彻落实党的二十大精神的开局之年。一年来，南靖县坚持以习近平新时代中国特色社会主义思想为指导，深入学习贯彻党的二十大和习近平总书记系列重要讲话精神，持续深化“产业发展项目建设提升年”活动和“七比一看”竞赛，奋力拼搏、砥砺前行，推动全县经济社会各项事业发展取得新成效。全年完成地区生产总值398亿元，增长0.6%；固定资产投资93.7亿元，增长5%；一般公共预算总收入17亿元，增长20.6%；地方一般公共预算收入12.3亿元，增长22.7%；外贸进出口36.3亿元，增长30.6%；实际利用外资8265万元；社会消费品零售总额128.7亿元，增长10%；城镇和农村居民人均可支配收入分别为44799元、27195元，分别增长6%、9%。一年来，产业经济发展的主要工作和成效是：

工业经济稳中向好。出台《南靖闽台精密机械产业园发展十条措施》《巩固拓展经济向好势头的一揽子政策》等稳增长政策措施，累计兑现各类惠企资金5824万元。持续深化“百名干部挂百企”活动，累计深入企业帮扶1483人次，协调解决问题680个。全年完成规模工业总产值186亿元、规模工业增加值49.7亿元、工业投资43.5亿元，实现工业税收4.8亿元。新增新上规模工业企业32家，新增国家级高新技术企业27家，东刚精密机械入选国家级专精特新“小巨人”企业名单，三炬生物、安越新材料等5家通过省级专精特新企业认定。品翔电子入选国家知识产权优势企业。万利达智能车间获评国家智能制造优秀场景。豪士食品入选省级企业技术中心名单。

现代农业巩固提升。严格落实粮食安全生产责任制，完成粮食生产任务8.9万亩、粮食产量3.8万吨目标，新建和改造提升高标准农田2.6万亩。大力发展兰花、茶叶、金线莲等九大特色产业，入选全国优势特色产业集群建设名单。成功举办第三十届中国（南靖）兰花博览会，成立福建农林大学南靖兰花产业研究院，国家级农村产业（兰花）融合发展示范园开园。新认证“三品一标”绿色食品4个、有机产品10个，新增省级“一村一品”示范村3个、市级“一村一品”示范村9个、省级农业龙头企业10家。书洋镇获评全国首批农业产业（茶叶）强镇。龙山镇设施蔬菜基地获评全国种植业“三品一标”基地。船场镇高联村地块被中国地质学会认定为天然富硒土地。南坑镇国家级高山茶种植标准化示范区项目通过验收。明成食品被认定为国家林业重点龙头企业。葛园金线莲科技小院入选第五批“福建省科协科技小院”名单。百汇绿海入选省农业产业化龙头企业百强名单。全年完成农林牧渔业总产值146.8亿元，增长5.3%。

第三产业活力更足。大力实施S318拓宽改造、景区道路“白改黑”等项目，引进宿三秋酒店综合体、云水谣南华岩等16个文旅项目，成功举办文旅经济发展大会、省自行车联赛、土楼马拉松、重机车游土楼等特色文化体育活动，打响“福建土楼　五福南靖”品牌。土楼景区17次亮相《新闻联播》等中央媒体，获评品牌传播力百强5A级景区、四钻级智慧景区，文旅经济全面复苏，全年接待游客377万人次、增长43.4%，实现旅游收入26.7亿元，增长26.9%。田螺坑土楼群、田中赋、泓净生态茶园入选全国乡村精品旅游线路，土楼星空入选全国第二批“天气气候景观观赏地”，云水谣登上五大取景古镇榜首并入选第二批省级旅游休闲街区名单，梅林镇获省级“全域生态旅游小镇”称号。南靖土楼在法国举办专题展览，“福建土楼　活化利用”设计荣获可持续建筑大奖赛亚太地区唯一金奖。培育打造县域商贸经济发展新业态，积极做强电商、物流等产业，成功举办“全闽乐购　五福南靖”美食嘉年华，有力拉动消费增长。全年完成第三产业增加值140亿元，增长6%；新增新上限上贸易企业77家、规模服务业企业3家。

项目攻坚有新进展。103个县级以上在建重点项目完成投资138亿元，占年计划110%。45个项目列入全市重点项目开竣工活动，豪士食品三期、金美德机械等50个项目开工建设，中电建机制砂、雅思达食品等29个项目竣工投产，源财木业、台兴电机等42个项目“当年签约、当年投产”，森泉食品二期、明成食品二期等项目实现“拿地即开工”。

招商引资有新成效。推行“一张招商图、一产业一招商专班”机制，持续深化“一把手”招商、产业链招商、驻点招商，全年引进项目57个，总投资48.8亿元，其中亿元以上项目22个。注重招优引强、挑商选资，用好“双招双引”、购买或租赁标准厂房优惠等政策，积极引导项目入驻园区标准化厂房，提高亩均效益。

要素保障有新突破。获批项目用地1047.2亩，处置批而未供土地804亩、闲置土地169.7亩，落实耕地进出平衡1594亩，补充耕地945亩，有效保障项目用地需求。抢抓政策窗口，向上争取资金7.1亿元，8个项目获批专项债资金5.7亿元；实现土地运作收入3.9亿元，县属国有投融资平台完成融资12.6亿元。荆江国投获评AA主体信用等级。

城市品质日益提升。实施55个城市建设品质提升项目，完成教育路、解放路等5条市政道路“白改黑”。县道马山线竣工通车，城市中轴中山北街全线贯通，极大改善城区交通和城市格局。新改建城区供水管网、污水管网21.9公里，新增公共停车场2个、停车位270个、垃圾分类屋亭78座，改造提升人行步道6.3公里。实施江滨公园二期、荆江右岸兰香福道等提升改造，完成“一街一景”、一河两岸夜景等美化亮化工程。持续推进国家园林县城、国家食品安全示范城市、省级文明城市、省级垃圾分类试点县创建工作。

美丽乡村绽放新颜。南靖县扎实开展农村人居环境整治，拆除“两违”面积42万平方米，整治裸房650栋，新改建农村生活污水管网200公里，农村污水PPP项目建成投用。出台《公路路域环境整治工作方案》，开展农村公路路域环境整治机制及模式试点，新改建农村公路43.2公里，实施养护工程67.5公里，获评“四好农村路”全国示范县。新改建输电线路64.9公里、配电网台区47个，农村供电可靠率提升至99.97%。实施南坑镇、丰田镇全镇域农村生活垃圾“干湿”分类试点。

2024年是新中国成立75周年，也是实现“十四五”规划目标任务的关键一年。南靖县要以习近平新时代中国特色社会主义思想为指导，全面贯彻党的二十大和二十届二中全会精神，坚决落实中央、省、市和县委部署要求，坚持以人民为中心的发展思想，坚持稳中求进工作总基调，完整、准确、全面贯彻新发展理念，统筹扩大内需和深化供给侧结构性改革，统筹新型城镇化和乡村全面振兴，统筹高质量发展和高水平安全，紧扣“四个更大”重要要求，深入实施“深学争优、敢为争先、实干争效”行动，扎实开展“产业发展项目建设增效年”活动和“七比一看”竞赛，全面推进“135”工程，着力打造“四大百亿片区”，持续推动经济实现质的有效提升和量的合理增长，奋力开创富美新南靖现代化建设新局面。经济社会发展的主要预期目标初步安排为：地区生产总值增长6%；固定资产投资增长10%；规模工业总产值增长10%；一般公共预算总收入增长3%；地方一般公共预算收入增长1%；社会消费品零售总额增长10%；实际利用外资增长10%；外贸进出口增长30%；城镇和农村居民人均可支配收入分别增长7%、8%以上。

（摘编：郑欣然）

华安县产业经济发展概述

2023年，是全面贯彻党的二十大精神的开局之年，是三年新冠疫情防控转段后经济恢复发展的一年。面对错综复杂的国内外形势和多重超预期因素冲击，华安县始终坚持以习近平新时代中国特色社会主义思想为指导，全面贯彻落实党的二十大精神，完整、准确、全面贯彻新发展理念，服务和融入新发展格局，坚持稳中求进的总基调，紧扣“四个更大”重要要求，以开展“产业发展项目建设提升年”活动为抓手，落实县委“1233”发展思路，全力以赴稳经济、保增长、守底线。受多重因素影响，今年经济运行承压前行，部分经济指标不及预期，但全县上下同心协力、迎难而上，多项结构性指标明显好转、实现“下半年好于上半年”的总体目标，经济社会事业各项工作全面发展。2023年，再次成功入选“福建省县域经济发展十佳县”。全县地区生产总值完成220.83亿元，增长4.6%；规模工业总产值210.57亿元，增长0.4%；固定资产投资76.06亿元，增长9.1%；一般公共预算总收入11.13亿元，增长31.4%；地方一般公共预算收入7.76亿元，增长29.3%；社会消费品零售总额47.95亿元，增长10.3%；实际利用外资976万美元，增长7%左右；城镇居民人均可支配收入44966元，增长4.8%；农村居民人均可支配收入26560元，增长7.3%；农林牧渔业产值67.14亿元，增长5.9%。一年来，产业经济发展的主要工作和成效体现在：

聚力加快转型升级，工业经济稳步回升。坚持突出工业、突破工业，继续实施“十四五”工业倍增计划，出台推动工业经济高质量发展实施方案。产业集聚实现新突破，建立铝车轮等5条“链长制”，加速主导产业集聚，先进装备制造、智能家具家居“两大产业”完成产值83.4亿元，占规模工业产值比重从2022年的34.6%提高到43.4%；产值亿元企业达51家，新增新上“四上”企业61家，实现工业税收超5亿元。企业创新研发实现新突破，新增国家高新技术企业、专精特新中小企业、科技小巨人企业等16家，合琦靶材在省市创新创业大赛决赛均获一等奖，立兴食品、永良针织机械被评为“国家知识产权优势企业”。专业园区实现新突破，全国首个冻干食品产业园区落户开发区；针织机械产业抱团集群发展经验做法在全省推广，专业园区建设基本成型。

要素保障实现新突破，开展低效用地专项整治攻坚年行动，盘活闲置土地，有效破解土地要素瓶颈，被自然资源部认定为“全国首批自然资源节约集约示范县”。开拓开发区北部、银塘片区等“新战场”2600多亩。园区建设实现新突破，申请专项债推动园区标准化建设全面铺开，下寮东路、高速路口绿化提升等10个基础配套顺利完成；银泰路、九龙大道二期、双创中心等8个项目稳步推进，创新服务综合体、学校、医院等综合性项目有序推进，开发区在全省考核评价排名的85家开发区中综合排名第32位，较2021年度上升9个位次，在全市省级以上开发区中排名第五位。

聚力扩大有效投资，发展动能更加强劲。深入开展“产业发展项目建设提升年”活动，项目攻坚有力，聚焦项目开工、建设、竣工、投产、上规等关键环节，落实重点项目分级管理和领导挂钩责任制，39个市级在建重点项目完成投资53.4亿元，完成率全市第一。推动法莱尔等56个项目开工建设，佰兴机械等55个项目竣工投产；宜和兴等3个总投资上10亿元重点项目开工建设。鹰厦铁路华安城区段外移工程即将竣工通车；投资超百亿元的抽水蓄能电站项目获省发改委核准；全县首个总投资20亿元的工业地产项目中首科创谷顺利开工。

招商引资有方，打通长三角、珠三角招商“动脉”。成立招商小分队，围绕“2+3”主导产业，开展产业链招商、驻外招商。积极拓宽招商面，先后到上海、深圳等地招商，洽谈项目44个；举办北京、广西招商推介会等活动10余场，引进项目55个、总投资125.5亿元。项目服务有效，深化“放管服”改革，完善重点项目审批帮办代办服务，持续推行“一线”服务，提供帮代办138件、延时服务136件，企业满意度100%。积极探索“拿地即开工”“验收即投产”“产权分割”等模式。

聚力打造山区样板，乡村振兴全域提质。农业农村优先发展，按照“一核、三带、五个一批”的思路，加快打造现代农业、森林康养、特色文旅“三大发展带”，实施“五个一批”工程，有力地推动乡村振兴全域提质，入选“全国休闲农业重点县”。全面启动农村综合性改革试点实验项目，累计投入1.58亿元，官畲村茶旅融合、农特电商直播孵化中心等9个项目完工。开展乡村振兴“十镇百村”示范工程，50个省级乡村振兴试点示范项目完成投资8872万元，超额完成年度投资任务。落实“一镇一品牌、一村一特色”行动，仙都镇大地村（茶叶）、新圩镇黄枣村（坪山柚）被认定为省级“一村一品”专业村，日进茶产业联合体被认定为“省级农业产业化联合体”。

发挥产业带集群效应，加快“六大产业”发展，改造茶叶初加工中心50家，打造北溪乌龙茶品牌，推进新式茶饮、工业用茶开发，茶叶产品附加值提高3000万元以上；荣获第九届海峡漳州茶会·海峡两岸茶王赛茶王3个、金奖11个；高标准打造现代柑橘产业园，优新品种种植面积达2万亩；以沙建镇为核心，辐射西部乡镇，打造不同海拔、反季节类蔬菜基地4745亩；大力发展林下经济，新增灵芝、砂仁等示范种植基地，花卉苗木全产业链产值达5.43亿元，林下经济总产值达7.42亿元；严格落实粮食安全责任制，粮食播种面积与产量均超额完成市下达任务，被市政府评为耕地保护工作先进单位。

全域旅游持续推进，乡村生态游、土楼文化游等特色旅游产品备受青睐，1—11月全县接待游客和旅游收入分别比去年增长38%、41%。旅游基础设施加快推进，新改造一批游客中心、新建旅游厕所、生态停车场，新增住宿床位1645个。举办“四季全时”主题活动、北京推介会、土楼彩跑等文旅活动20场次，“两岸民族一家亲·交融发展促振兴—闽台两岸共同举行农民丰收节活动”被列入国家民委各族青少年交流计划2023年全国试点示范项目。启丰楼、昇平楼两座活化利用土楼赴法国巴黎参展，项目设计荣获豪瑞可持续建筑大奖赛金奖，是亚太地区唯一获得金奖作品。

城乡品质显著提升。开展“城市微改造”三年行动，实施城乡环境八大整治工程、六大提升计划，78个项目完成投资6.61亿元。实施平湖路二期夜景提升工程，改造城区老旧小区100幢，提升燃气户内设施1892户，新增微型口袋公园9个，城市绿地率达41.98%，城市人均公园绿地面积27.94平方米，远超国家生态文明建设示范区人均标准。

投放首期城市客运巡游出租汽车10辆，新改建3个农村综合运输服务站，启用3处科技治超点，新改建农村公路45公里，全县行政村100%通客车。实施九龙江（华安片）重点流域水环境治理提升与生态廊道建设、万里安全生态水系等项目，治理河道68.3公里，新建堤防和护岸4.5公里，新改建生态护岸近10公里，亲水步道5公里。

设立夜市经营集中区，打造“北溪岁月”网红夜经济打卡点。加快“千兆城市”创评，5G基站总量达330座。推动农村生活污水处理设施PPP项目全面进入运营期，镇村生活污水治理基本完成县域全覆盖；深化农村人居环境整治“百村竞赛”专项行动，打造美丽乡村庭院200户。

（摘编：余松山）

泉州市产业经济发展综述

2023年，泉州市以开展学习贯彻习近平新时代中国特色社会主义思想主题教育为契机，落实“深学争优、敢为争先、实干争效”行动部署要求，大拼经济、大抓发展，持续实施“抓项目、促发展”系列专项行动，召开全市创新、金融、文旅、教育、营商环境大会，加快推进新型工业化和新型城镇化步伐，“不断创新和发展‘晋江经验’”写入中央文件。泉州市坚持人民至上、生命至上，精准研判、顶格部署，迎战有完整观测记录以来登陆泉州最强台风“杜苏芮”，全市上下一心、众志成城，经过2天日夜奋战，基本恢复正常生产生活秩序，最大限度降低台风造成的危害和损失，入选应急部“良好实践案例”。泉州市在确保疫情防控转段平稳有序的基础上，全力抓好经济建设这一中心工作和高质量发展这一首要任务，全市生产总值增长4.8%，一般公共预算总收入增长10.6%、突破千亿大关，居民人均可支配收入增长6.0%，固定资产投资增长11.5%、继续保持全省领先，经济回升向好，发展效益提高、后劲增强。一年来泉州市产业经济发展的主要工作和成效是：

全力以赴拼经济，经济运行稳中向好。坚持“一企一策”“一业一策”，实行线下全覆盖服务，组建审批部门“轻骑兵”“大篷车”，深化万名干部进万企、局长走流程走基层等活动，走访企业5.4万家次、解决问题2723个；实行线上全闭环纾困，开通综合性企业服务专线，上线“政策找企”平台，推动稳经济政策措施应出尽出、应落尽落、应享尽享。全市新增减税降费及退税缓费近百亿元，线上直达兑现惠企资金超53亿元。把扩大有效投资作为主要抓手，开展“项目奋战年”活动，开工重点项目240个，建成重点项目150个；制定争取上级资金绩效考评办法，获批中央和省级竞争性评审项目12个，全年获得上级转移支付210亿元，获批增发国债31.7亿元、居全省前列。深化“抓开放招商促项目落地”专项行动，开展500强企业、龙头企业等专场签约，新签约项目超2200个。把恢复和扩大消费摆在优先位置，举办“爱泉州·大乐购”等系列促销活动，组织订货会、微展会、产业展等各类活动350多场，设立城市产业会客厅暨优品展示中心，打响“国潮泉州”品牌。新增全国电子商务示范企业3家、国家电子商务示范基地2个，网络零售额达2579亿元，社会消费品零售总额增长4.8%。获批国家一刻钟便民生活圈建设试点城市。把稳住外贸基本盘作为重要支撑，实施泉州优品出海行动，推动市场采购全国通关一体化，建成全省首个跨境电商公共服务中心，落地海外展销中心、海外仓32个。全面恢复晋江机场国际航班，常态化运行中欧班列，新开通泉州至中东海上航线，石湖作业区5#—6#泊位正式投用。

心无旁骛做实业，产业升级提质增效。深化“抓创新促应用”专项行动，净增高新技术企业698家、累计达3060家；新引建香港理工大学晋江研究院等高水平科创平台8家，成立集成电路创新实验室、海洋生物产业研究院，获批国家国防科技工业军民融合创新示范基地创建试点；全社会研发投入增长20%以上，技术合同成交金额增长46.7%；深化人才“港湾计划”，落细落实“涌泉”行动，举办首届泉州人才节，创新人才自主认定“配额制”办法，新引聚高层次人才团队15个、各类人才10.8万名，入选中宣部《中国式现代化面对面》典型案例。启动“抓工业设计促产业提升”专项行动，举办“海峡杯”“刺桐杯”

"何朝宗杯"等工业设计赛事，累计建成国家级工业设计中心10家、省级工业设计中心28家。深化"工业园区标准化建设"专项行动，加快园区建设"筑巢"，实施市级园区项目94个，累计建成标准化厂房及配套用房1300万平方米、形成千亩以上园区43个，拉动各类企业投资1000亿元以上，园区建设8种典型在全省推广；同步开展招商"引凤"，入园企业超1400家。深化"重龙头、强品牌、铸链条"专项行动，成立南翼国家高新区建设指挥部、石化产业指挥部，优化设立15个产业发展小组，抓好中化二套乙烯等龙头项目，加快重点产业建链延链补链；累计培育省级龙头企业209家、国家专精特新"小巨人"企业47家；狠抓中小微企业"小升规"，新增"四上"单位2285家。联动实施质量、标准、品牌战略，强化知识产权发展与保护，国家知识产权示范企业和优势企业总量达124家，入选民企发明专利榜单500强4家，德化陶瓷版权保护经验列入知识产权强国建设典型案例，商标有效注册量达76万件、保持全国地级市首位，相关做法获国家发改委肯定推广。深化"绿色数字技改"专项行动，加快智能制造数字化赋能，获批省级人工智能产业园，入选国家智能制造示范项目9个，推广数字化生产线123条，新增"上云上平台"企业1000家，培育5G示范场景应用新案例30个，累计建成5G基站2.2万个、规模全省第一；实施重点技改项目432个；新增国家级绿色工厂、绿色供应链管理示范企业15家、数量全省第一。推动建筑业高质量发展，全市建筑业完成产值超2400亿元，装配式建筑新开工面积位居全省第一；落地优质大型建筑业施工企业10家，获中国建设工程鲁班奖项目2个。实施"文旅+"专项行动，新增国家级旅游休闲街区和工业旅游示范基地2个、国家4A级景区4个，举办闽南美好生活嘉年华、十"泉"十美文旅消费季等主题活动1000多场，设立海丝泉州推荐官工作室，打造"一县一桌菜"特色"新闽菜"，全方位打响"宋元中国·海丝泉州"品牌，入选海上丝绸之路中国影响力城市、全国十大旅游向往之城、中国美食旅游"十城"，旅游接待人数、旅游收入增速均居全省第一。提高现代农业发展质效，建成提升高标准农田14.5万亩，在全省首创"粮—菜"轮作旱稻，粮食产量达51.1万吨，认定国家级现代农业产业强镇4个、"三品一标"农产品20个，安溪、德化入选全国休闲农业重点县。开工山美、惠女等大中型灌区节水改造工程，白濑水利枢纽项目加速建设，马跳水库大坝顺利封顶。培育壮大海洋经济，率先编制《深远海养殖发展规划》，实施渔业结构调整项目60个，实现深远海养殖零的突破，获批晋江国家级渔港经济区。

蹄疾步稳推改革，发展空间不断拓展。深入学习贯彻习近平总书记关于民营经济发展的重要论述，连续召开"新春第一会"，成立民营经济研究院，设立"泉州企业家日"，评选泉州民企百强，完善支持民营经济发展"1+N"政策体系。促进民间投资做法成为全国典型，国家发改委在泉州市召开"创新发展'晋江经验'促进民营经济高质量发展"大会。深化"营商环境持续提升"专项行动，12个指标进入全省标杆、数量全省最多，建立营商环境监督员制度，获评全国营商环境创新城市；实现县级诚信促进会全覆盖，获评全国社会信用体系建设示范区；建成统一政务云管平台，投用移动端掌上政务与便民服务APP，审批服务事项网上可办率达97%以上；优化整合"一件事"集成套餐311项，推行"拿地即开工""桩基先行"等审批提速改革。

推动金融产业高质量发展，构建"财政+金融"政策体系，深化投融资机制改革，创新基础设施领域投资模式，实施"百名行长进万企"活动，上线"信易贷"平台，全市存贷款余额分别达1.2万亿元、1.17万亿元；实施企业上市"刺桐红"三年行动，举办中国上市公司高峰论坛；完善产业股权投资基金募、投、管、退全流程机制，设立政府引导型母基金15只、总规模480亿元，基本实现市、县级政府和市属国企母基金全面设立运作。在全国率先建立金融纠纷一体化调处模式，不良贷款率持续下降。

做强做大国有企业，深化国资国企改革创新，完善国企综合考核体系，市属国有资产规模、效益快速提升，资产总额超4000亿元、利润总额超30亿元，均3年实现翻番；新增3A主体长期信用等级国企3家。推进国家盘活利用低效用地试点，全面摸清全市低效用地家底25.6万亩，盘活城镇低效用地1.24万亩，启动实施13个全域土地综合整治试点单元、新增耕地2547亩，获批全国首个加快推进围填海历史遗留问题处理试点市，完成农村集体经营性建设用地入市5宗。实施“聚侨引侨和泉商回归”专项行动，召开首届“海丝”侨商投资贸易大会，承办第三届中德科技论坛，搭建同心会客厅，获批全国侨汇结汇便利化试点。泉州市深化两岸融合发展，启用全国首个“台胞医保/健保线上服务平台”，恢复泉金客运航线，加快金门供水水源保障工程建设，累计向金门安全供水超3000万吨。

统筹统管促合力，城乡品质一体提升。编制《泉州市国土空间总体规划》，成立中心市区城建总指挥部，实行重点区域、重大项目规划设计和工程施工“双监理”，完善中心城区规划建设一体化管理机制。深化“抓城建提品质”专项行动，实施重点城建项目1729个、年度完成投资超千亿元。中央商务区加速繁荣，已投用总部大楼14幢，入驻企业1135家、增长45%，税收增长45.3%；新开工海丝金融中心等楼宇；海丝中央法务区泉州片区新增涉外交流项目5个。中央活力区加速建设，启动海丝大街、丰海路景观提升、后埔片区安商房和教育配套等项目。古城保护提质提效，基本完成中山南路周边20条街巷改造提升，开展“第五立面”整治修缮，重点改善提升9个历史文化名镇名村传统村落。24个重点片区更新加快推进，江南片区繁荣大道完工通车，鲤城、石狮、晋江、德化等4个项目列入城乡品质提升省级样板工程；实施老旧小区改造项目247个、3万户，基本建成棚户区改造项目4000套；提升低收入家庭居住环境消防安全水平4.3万户；新增保障性租赁住房1.1万套，获全省正向激励第一名。

深化“抓征迁交净地”专项行动，完成征地2.4万亩，新增建设用地指标和获批面积均居全省前列；妥善处置市级投资项目历年已征迁未安置问题，选房安置48.9万平方米。深化“绿满泉城”“夜景照明提升”“水系联排联调”“电力设施补短板”等专项行动，创新开展国有林场园林绿化花卉苗木定向培育工作，新改建公园绿地121.7公顷；完工东海城东片区、晋江洛阳江两岸及古城照明提升工程；开工北高干渠功能调整输水工程和南高干渠供水替代工程，着力连通晋江、洛阳江，实现优水优用；完成电力设施投资45.6亿元、增长39%，均居全省第一，配网入地缆化126公里。

深化“聚城畅通”专项行动，制约城市发展的跨江通道问题取得重大突破，开工建设金屿大桥、百崎大桥，完成晋江隧道规划设计；武荣大桥主桥贯通、国道324改线顺利推进，建成通港东街和洛江西环路快捷化改造工程、泉南沙厦高速改扩建主线工程；福厦高铁泉州段正式通车运营，城际铁路R1线建设规划调整方案获国家发改委批复。“公交+慢行”入选交通运输部首批典型案例。深化“乡村振兴”专项行动，成立泉州市乡村振兴集团，创建省级乡村振兴示范村镇79个、新增整镇推进“五好”乡镇15个，评选乡村“五个美丽”建设优秀案例300个，获评全国乡村旅游精品线路3条，永春入选全国“五好两宜”和美乡村试点县。抓好农村建设品质提升行动，整治裸房4万栋，完成400个村庄生活污水提升治理，新改建供水管网1233公里、农村公路路网建设351公里、安防工程245公里，惠安、安溪获批“四好农村路”全国示范县。2024年泉州市经济社会发展主要预期目标是：全市生产总值增长5.8%，农林牧渔业总产值增长4%，工业增加值增长5.8%，第三产业增加值增长6%；一般公共预算总收入增长5.2%，地方一般公共预算收入增长5.5%；固定资产投资增长6.5%；实际使用外资正增长，出口总额持平；社会消费品零售总额增长6%，居民消费价格涨幅控制在3%左右；居民人均可支配收入和经济增长同步；完成节能减排降碳任务。

（摘编：苏小雨）

鲤城区产业经济发展概述

2023年是全面贯彻落实党的二十大精神开局之年，是三年新冠疫情防控转段后经济恢复发展的关键之年。这一年，鲤城区扎实开展学习贯彻习近平新时代中国特色社会主义思想主题教育，落实“深学争优、敢为争先、实干争效”行动部署，广大党员学思想、强党性、重实践、建新功，切实推动干部敢为、企业敢干、群众敢首创，凝心聚力推进高质量发展。这一年，鲤城区坚决贯彻落实上级党委政府决策部署，在区委领导下，锚定建设“世遗典范城”“中央创新区”目标，持续实施“1+3+2”专项行动，全方位推进“活古城”“战江南”，各项工作取得新进展新成效。全区生产总值580亿元、增长7.5%，一般公共预算总收入25.32亿元、增长15%，一般公共预算收入15.32亿元、增长10%，工业增加值增长4.2%，建筑业增加值增长21.7%，社会消费品零售总额增长3.5%，固定资产投资增长20%，GDP等5项主要经济指标增速位列全市第一方阵。

鲤城区接续奋战，主动应对经济新形势。积极加强政企互动。深化“进企促发展”行动，扎实开展“五经普”，优化领导干部挂钩联系企业机制，走访企业近2000场次，及时掌握企业订单、用工等动态信息，针对性加密经济运行调度频次。积极落实惠企政策。出台实施各类惠企政策10份，推动超5400家企业入驻线上惠企平台，减免缓退各项税费超4.8亿元，兑现惠企资金1.1亿元。积极加强投资拉动。开展“项目奋战年”活动，创新“双业主”管理机制，试行工程项目“分期竣工验收”，65个在建重点项目完成投资138.4亿元，27个项目建成或部分建成，首次获得全省项目工作正向激励。积极刺激消费复苏。开展“最闽南”本地生活嘉年华等“一月一主题”消费活动12场，拉动消费5亿元；投用晋悦·春江里商业综合体，培育大尾夜市等7个夜间经济示范点；新增商贸市场主体超万家，限上商业销售额全年保持两位数以上增长。积极稳定外贸发展。推动企业自营出口，鼓励二手车出口试点业务资格企业先行先试，组织超130家次企业参加各类展会、出海抢单，稳住外贸基本盘。

鲤城区接续奋战，城市品质实现新跃升。鲤城区强化城建格局塑造。配合完成江南新区控规修编，启动世遗典范城、中央创新区建设方案编制，深化江南新区核心区、乌石展城片区城市设计，基本完成四大产业片区修建性详规编制，开展中央公园等8个项目方案设计，从控规、详规、设计三个层面体系性谋划新区建设。强化城建项目攻坚。城建项目投资超年度计划27%，新开工项目22个、完工项目21个，征收房屋超60万平方米、土地230亩。古城保护提质提效，爱国路片区系列项目基本完成，古城街巷提升项目一期及状元街完成立面整治，中山南路及周边46条街巷综合保护提升工程有序推进，打通2条断头街巷，八卦沟等内沟河整治工作稳步实施，中山中路保护利用获评中国人居环境奖。

新区更新如火如荼，提速推进省级样板工程繁荣站前西片区，城市会客厅等13个子项目基本完工；加快建设“六个先行”配套项目，繁荣大道等3个聚城畅通项目建成通车，金鲤大桥、金鲤大道启动实施，建发、龙湖商住项目竣工交付，鲤城万达广场动工建设。强化城建功能提升。73个老旧小区完成改造，住宅小区逐步实现长效化管理。深化“照明提升”“绿满泉城”，点亮府文庙、晋江南岸等7个夜景工程，新增公园绿地5公顷、立体绿化10处、口袋公园10个，改造公厕

20座。完成东街菜市场标准化提升，建成温陵公交首末站等6个停车场，新增停车位超500个。投用坂头变电站，加快建设江南片区大型垃圾转运站，启动南高干渠供水替代工程。巩固“两违”整治成效，拆违73宗7300平方米。

鲤城区接续奋战，文旅招牌增添新亮色。鲤城区多维度赓续文脉传承。泉州古城成为全省首个入选国家级文物保护利用示范区创建单位；创新私人产权文物保护修缮新模式，顺利竣工运营省级文物保险服务试点项目，修缮花桥慈济宫等7处文保单位，启动5个文物安消防项目，构建“人防+物防+技防”防护体系，文保工作机制得到中国文物报宣传推广；2个案例获第45届世界遗产大会“全球世界遗产教育创新案例奖”；常态化举办“走进世遗·遇见非遗”等展演活动，新增国家级传承人1名。多层次促进文旅融合。召开文旅经济发展大会，实施文旅经济发展三年行动，出台“1+1+N”政策，设立世遗古城文化保护与发展公益基金；成功举办首届海丝泉州数字文创博览会、百年中山路庆典等重磅活动，配合举办中国电影编剧周、海丝泉州文学周、海艺节等活动，落地实施泉州演艺剧场、人民文学出版社创作基地、荣宝斋等30个文旅项目、总投资近85亿元，新增2家省级文化产业示范基地。

创新打造丝路友城、“五庙、五团”文商旅融合发展链条，建设中斯文化艺术馆等4处特色主题馆；发布泉州首个城市NFT数字藏品，上线“AI游古城”“刺桐博物之城”平台，营造文旅新体验新场景。抢抓全市盘活利用低效用地试点机遇，实施旅游住宿载体扩量提质工程，投用运营钟楼七榈等11家住宿载体、新增床位超1100张。西街东段、中山中路实现分时段步行化，打造城南庙会、锦鲤瓦市等“宋元海丝荟”系列品牌，开展街头艺术“遇见鲤”文旅活动超百场，中山路上榜国家级旅游休闲街区，龙岭社区入选全省金牌旅游度假村。全区旅游收入超百亿元、旅游人数突破千万人次。

安全韧性提标提质。鲤城区巩固安全生产标准化成果，建成安全文化示范馆，超300家企业完成安全生产标准化提升，新引进工贸企业标准化创建实现100%。完善“1+N”防汛防台应急预案机制，成功抵御“杜苏芮”等超强台风。启动重大事故隐患专项排查整治行动，攻坚化解燃气安全风险1192处，自建房录入系统完成率等实现3个100%。建成338个“标准型”智能安防小区、82个“提高型”智慧安防小区，打造智慧安防“新格局”。积极融入国家食品安全示范城市创建，深入治理“餐桌污染”，推进药品安全建设；超额完成年度粮油播种面积和产量指标，建成4个智慧粮库，落实粮食安全责任。启动总投资50亿元的江南新区环境整治提升工程，滚动推进63个水环境提质增效项目，深度排查管网492公里，解决内沟河问题排口183个。

2024年是新中国成立75周年，是实施“十四五”规划攻坚之年，是市区两级实施“三年专项行动”的收官之年，也是保持定力、持续发力、乘势而上，实现跨越赶超目标的重要一年，做好各项工作意义重大。鲤城区要以习近平新时代中国特色社会主义思想为指导，全面贯彻落实党的二十大和二十届二中全会精神，按照省委省政府、市委市政府和区委部署要求，坚持稳中求进、以进促稳、先立后破，坚持“高质量发展、高品质生活、高效能治理”工作导向，围绕“产城人文安”发展思路，深入实施“活古城”“战江南”，深耕“1+3+2”专项行动，勇当全省全市全方位推进高质量发展先锋，加快建设“世遗典范城”“中央创新区”，奋力实现“品质名城·现代都市”美好蓝图。2024年鲤城区经济社会发展主要预期目标是：全区生产总值增长6%左右，工业增加值增长6%，建筑业增加值增长4%，第三产业增加值增长6.5%；一般公共预算总收入增长6%，一般公共预算收入增长6%；固定资产投资增长10%；出口商品总值（海关口径）增长3%，实际利用外资（验资口径）完成700万美元；社会消费品零售总额增长6%；居民人均可支配收入与经济增长基本同步。

（摘编：郑平名）

丰泽区产业经济发展概述

2023年，丰泽区坚持以习近平新时代中国特色社会主义思想为指导，全面贯彻党的二十大精神，深入实施省委“深学争优、敢为争先、实干争效”行动、市委“强产业、兴城市”双轮驱动，扎实推进“1+3+2”“5610”专项行动，迎难而上、砥砺前行，交出了一份沉甸甸的答卷。

这一年，丰泽区大拼经济，围绕“三个一万亩”，启动高端服务业、龙头企业等八个倍增计划，地区生产总值突破900亿元、增长6%，社会消费品零售总额增长7%，一般公共预算总收入增长9.2%，金融存贷款余额增长10.9%，各项主要经济指标逐月、逐季向好。

这一年，丰泽区大拼项目，签约落地中建科工、中建三局、中水十六局、河钢集团等世界500强和央企9家，在建工地塔吊425台、增长2.8倍，首次获得全省项目工作正向激励。

这一年，丰泽区大拼园区，泉州数字经济产业园列入全省人工智能产业园三大园区，规划工业用地拓展4倍、达4230亩；海丝中央法务区泉州片区列入全省三大园区，首创金融纠纷一体化调处模式入选全国改革典型案例。

这一年，丰泽区大拼城建，对标“国内一流、省内领先”建设中央商务区和中央活力区，新注册企业是过去十年的2倍，未来将集聚白领10万人，群众翘首以盼的金屿大桥、百崎大桥开工建设，环湾新城加速崛起。

这一年，丰泽区大拼民生，把80%支出用于民生领域，新增优质学位4320个，正骨医院北峰院区即将投用，平稳解决12个超十年的征迁遗留问题、近万名群众圆了安居梦。一年来，产业经济发展的主要工作和成效是：

扩投资、强实体，“稳”的基础更加巩固。项目攻坚有力。开展“项目奋战年”活动，获批专项债20.3亿元，动建38个项目，竣工27个项目，99个在建重点项目完成投资229.7亿元，制造业投资增长109.7%、全市第一。实施“抓开放招商促项目落地”“聚侨引侨和泉商回归”专项行动，成立异地招商联络处6个，聘任招商大使41名，签约正式合同项目152个、总投资超1300亿元，推动龙头企业增资扩产12亿元，充分证明广大投资者对丰泽的发展前景长期看好。刺激消费有方。携手各大商圈举办促消费活动近百场，发放消费券5000万元、撬动消费超18亿元，网络零售额增长10.5%。精心打造“这YOUNG的丰泽，这YOUNG的夜”系列品牌，培育东海有风、鹿屿集市等10个夜经济示范区，“蟳埔·簪花围”话题点击量超20亿次，全区接待游客超1千万人次，旅游收入增速超50%。着力稳外资稳外贸，组织企业海外抢单，对RCEP市场出口额增长24.6%，合同外资增长26.6%，东海跨境电商生态圈获评国家电子商务示范基地。

助企纾困有为。全面落实稳经济一揽子政策，推动2.7万家企业注册“政策找企”平台，为市场主体减负11.3亿元，新增经营主体2.4万户、总量达19.3万户。开展“千名干部走千企”“百名警长、法官、检察官进百企”活动，举行政企晚餐会26场，帮助企业解决问题568个。加大市场主体培育力度，7家企业入围泉州民企100强，蓝深环保在新三板挂牌上市，新增纳统企业366家。区属两大国企资产总额、营业收入实现稳步增长。丰泽的经济在多重压力下稳住了基本盘，展现出强大韧性和巨大潜能。

抓创新、促转型，“进”的动能更加强劲。创新要素集群集聚。全力抓创新促应用，泉州工程机械产业技术创新研究院等4个科创平台落地建设，申报国家级高新技术企业145家，新增省级科技小巨人企业10家、创新型中小企业62家，匹克入选全国民营企业发明专利500强，全区技术合同交易金额增长155%、全市第一。

加快绿色数字技改，实施重点技改项目21个、完成投资13.9亿元，推动60家企业“上云上平台”，规上高技术产业增加值增长63.3%。实施“涌泉润泽”行动，新增省级博士后创新实践基地2家，引进培养高技能人才263人、高层次人才441人，吸引来丰留丰大学生1.9万人。

专业园区成型成势。泉州数字经济产业园完成投资19.2亿元、超序时26.8%，新建标准厂房50万平方米，机器人产业园全面投产，签约项目36个、总投资230亿元。泉州建筑服务产业园成功举办首届泉州建筑产业节，改造提升楼宇7.4万平方米，新增施工总承包一级资质企业3家，实现税收5500万元。海丝中央法务区入驻法务机构262家，金融纠纷一体化调处中心成功调处案件4.01万件、总标的金额28.7亿元。知创产业园新入驻高端知识产权机构12家，专利审查授权时间最快缩短到3天，知创大厦主体封顶。

现代产业领先领跑。数字经济加速集聚，入选全省数字经济领域创新企业12家、全市最多，获评省级“未来独角兽”企业1家、实现零的突破，数字经济规模占GDP比重达66.5%、全市第一。高端服务业表现亮眼，引进品牌首店12家，新增泉州现代服务业重点企业28家、全市最多。影视产业迅速兴起，全市率先成立影视服务中心，北京影视文化专场推介会签约项目51个、总投资186亿元。金融“活水”持续赋能，设立泉州中小微企业融资促进中心，组建股权投资基金20亿元，新增基金类、类金融机构59家，海丝基金小镇管理规模突破300亿元。与顺昌县共建的顺丰高新技术产业园产值、税收增速均超20%。丰泽的产业冲刺新赛道、积蓄新动能，沿着量质齐升的发展轨道阔步前行。

提品质、优环境，“美”的形态更加彰显。城市建设打造精品。获批成片开发2400亩，302个城市提品质项目完成投资168.3亿元。深化“抓征迁交净地”专项行动，全面推行模拟征收、房票安置模式，房屋征收110万平方米、占全市近一半，土地征收2412亩。完成18个老旧小区改造、惠及群众7440户，“拆墙并院”案例获省市推广。中央商务区开业运营海星商业生活街区，新租售写字楼9万平方米，新入驻白领1万人，税收增长30.9%。中央活力区开展城市设计国际招标，蝴蝶湾全面启动建设。

城市管理谋求精细。丰泽区建成“党建+”邻里中心36个，打造城市基层治理示范片区8个，入选全国先进典型社区案例2个。加快布局数字基础设施，新增“24小时微车管所”4个，建成5G基站1400个。城区交通持续改善，新增停车泊位900个、汽车充电桩256个，打通“断头路”3条。创成省级生活垃圾分类示范区，改造垃圾分类亭366座。新建农贸市场3个。实施“绿满泉城”“照明提升”行动，新建口袋公园10个，新增绿地5.1公顷，点亮沿江楼宇26栋。

2024年是新中国成立75周年，也是推进“十四五”规划的重要一年。丰泽区各项工作的总体要求是：坚持以习近平新时代中国特色社会主义思想为指导，全面贯彻党的二十大和二十届二中全会精神，坚持稳中求进、以进促稳、先立后破，完整、准确、全面贯彻新发展理念，统筹高质量发展和高水平安全，创新和发展“晋江经验”，坚持以产兴城、以城促产，接续实施“抓项目、促发展”“5610”等系列专项行动，全力推进产业升级、城市建设、改革开放、民生补短，奋力建设“五城五区”、21世纪“海丝名城”核心区。2024年丰泽区经济社会发展的主要预期目标是：地区生产总值增长6%以上；工业增加值增长2.5%，第三产业增加值增长6.5%；一般公共预算总收入增长9%，地方一般公共预算收入增长9%；固定资产投资增长8%；社会消费品零售总额增长6.5%，居民人均可支配收入与全区生产总值基本同步增长。

（摘编：王利兴）

洛江区产业经济发展概述

2023年，洛江区以习近平新时代中国特色社会主义思想为指导，全面学习贯彻党的二十大精神，深入落实习近平总书记重要讲话重要指示批示精神，扎实开展第二批主题教育和“深学争优、敢为争先、实干争效”行动，坚决落实中央、省市和区委的决策部署，大拼经济、大抓发展。全年完成地区生产总值365亿元、增长5.2%；一般公共预算总收入30.8亿元，增长12.9%，一般公共预算收入20.1亿元，增长22%，全方位推进高质量发展取得新成效。

产业转型升级步伐加快。第二产业提质增效。深入推进“重龙头、强品牌、铸链条”专项行动，19个增资扩产项目完成投资19.1亿元，新增规上工业企业24家，17家企业上榜2023年市级产业龙头企业名单，10家企业上榜“2023泉州民营企业100强”，12家企业列入市级上市（挂牌）后备企业名单，2家企业荣获第六届泉州市政府质量奖，获评省级军民融合创新示范区。鼓励企业科技创新，新增国家级专精特新“小巨人”企业1家、省级专精特新中小企业9家，省级以上专精特新企业总数达30家，位居全市前3；组织申报国家高新技术企业50家，新增国家级科技型中小企业59家、省科技“小巨人”企业7家；建设高能级平台，信和新材料获评国家级企业技术中心，中国机械总院海西分院泉州创新中心挂牌成立。加快工业（产业）园区标准化建设，26个“四个一批”项目完成投资28.7亿元，数字经济产业园（一期）、三一筑工建筑科技产业园、智谷万洋高新技术产业园、洛江区智能装备产业园（二期）部分投用，新增标准化园区超100万平方米。

拓展产业发展空间，有序开展盘活利用低效用地试点工作，完成用地调查超1.6万亩，编制虹山乡全域土地综合整治专项规划和4个试点片区（单元）实施方案，盘活低效用地2600多亩、闲置厂房20万平方米。开展建筑业高质量发展三年行动，新增建筑业企业31家，总数达到304家，10家企业获评泉州市建筑业龙头企业，数量排名全市第2。第三产业焕发活力。开展现代服务业提升专项行动，推动现代服务业扩容提质，全年社会消费品零售总额达105.7亿元，增长9.8%，增速位居全市第一。滚动谋划实施服务业重点项目，17个在建重点项目完成投资13.5亿元，签约洛江工业产业集群物流配送中心等服务业项目超20个，总投资110亿元。出台促进现代服务业业态集聚和电子商务发展22条措施，汽车服务业、电子商务、高端酒店等业态加快集聚，宝马、比亚迪等5家4S店建成运营，中聚电商园、马甲洋坑电商园进驻电商、新媒体运营、培训孵化等企业60多家，全区网络零售额超90亿元，美标美豪酒店建成投用。

策划举办系列促消费活动，联合商家发放购车补贴、消费券等，拉动消费5亿元以上。培育壮大商业主体，新增纳统商贸企业31家。数字经济快速发展。编制《数字洛江三年规划（2023—2025年）》，策划生成14个2023年度数字洛江重点项目，全部开工建设，完成投资3.7亿元。签约云箭测控导航产业化、中移物联网等35个项目，总投资36.8亿元。支持企业加快“智改数转网联”，出台支持产业数字化转型13条措施，打造铁拓机械、天娇妇幼、加来盟体育科技等一批标杆项目。

完善5G网络基础设施，新增5G站点225个，主城区、乡镇镇区、智能装备产业园等重要区域5G信号覆盖。加快“双千兆”城市建设，新增千兆网络端口约3.8万个。提升数字治理水平，洛江城市数据管理大脑启动建设，建成虹山乡数字治理中心，打造“盾边守望”平安惠民工程等一批应用场景，洛阳江数字孪生流域平台获中央电视台综合频道报道推广，荣获工信部第六届“绽放杯”“5G+水利海洋”专题赛一等奖，洛江侨胞数字会客厅项目荣获2023数字中国创新大赛·数字城市设计赛道年度十大“虚拟现实”产业案例奖。

全方位亲商安商护商，推出审批“圩日”服务新模式，做法获省效能简报登载推广，率先批量推行工业项目竣工验收即投产模式和用“全”司法大数据服务打造一流法治化营商环境，列入2023年市营商环境工作典型经验。开展“项目奋战年”活动，117个区级在建重点项目完成投资138.2亿元。

城市功能品质持续提升。城市建设更加高效。坚持规划先行，完成《洛江区单元控制性详细规划》修编并获批实施，形成“三轴四区、两核三心”空间结构。聘请高水平规划设计团队开展中部功能区、阳江新城、河市西片区、泉州智创科技城等片区规划设计。成立洛江片区建设指挥部，统筹谋划、成片开发，推动四大片区提速开发建设。

深入开展“抓城建提品质”专项行动，列入市级盘子补短板、提品质项目117个，完成投资91.7亿元，完成年度计划的135%。强力推进“抓征迁交净地”专项行动，完成房屋征收14.9万平方米、土地征收1770.1亩。城市基础更加完善。实施“聚城畅通”项目18个，洛江至丰泽高速（甬莞高速联络线）、324国道改线（泉梅高速洛江段）加快推进，西环路、经九路建成通车，万虹路提升改造一二期完工。实施“绿满泉城”、照明提升、水系联排联调、电力设施补短板三年行动，推进北高干渠洛江段、阳江水质净化中心及配套管网工程、城乡供水一体化、洛江高压变电站、医疗废物处置中心等项目建设。

城市治理更加精细。依托数字城管平台，落实“监测吹哨、管养报到”机制，实现对城市动态的实时管理，有效派遣、处置2.2万件。与市国有企业合作组建万弘城市运营公司，推进全区环卫保洁一体化，中心城区实行“机械清扫、人工清扫、洒水降尘”三位一体作业法，实现每天19小时卫生保洁。

乡村振兴全面深入推进。发展基础更加扎实。落实粮食安全党政同责，健全完善粮食生产激励政策，发放种粮补贴、耕地地力补贴352万元，全年完成粮食播种面积2.96万亩、总产量1.21万吨，超额完成年度目标任务。整治撂荒地3766亩，新建、改造高标准农田3200亩，复耕复种3766亩。

严格落实“四个不摘”政策，完善防返贫帮扶机制，全区285户原市定标准对象未出现返贫致贫，“两不愁三保障”和饮水安全得到巩固提升。

2024年洛江区各项工作总体要求是：高举中国特色社会主义伟大旗帜，坚持以习近平新时代中国特色社会主义思想为指导，深入学习贯彻党的二十大、二十届二中全会精神和习近平总书记重要指示批示精神，坚持稳中求进工作总基调，完整、准确、全面贯彻新发展理念，加快构建新发展格局，着力推动高质量发展，传承弘扬、创新发展“晋江经验”，统筹扩大内需和深化供给侧结构性改革，统筹新型城镇化和乡村全面振兴，统筹高质量发展和高水平安全，全面落实中央、省市和区委的决策部署，团结拼搏、担当奉献、争创一流，切实增强经济活力、防范化解风险、改善社会预期，巩固和增强经济回升向好态势，持续推动经济实现质的有效提升和量的合理增长，建设更高水平的智造洛江、生态新城，在泉州加快建设21世纪“海丝名城”大局中谱写更加精彩的洛江篇章。2024年洛江区经济社会发展主要预期目标是：地区生产总值增长6.5%；农林牧渔业总产值增长5%；工业增加值增长6.6%；第三产业增加值增长6.6%；一般公共预算总收入增长8%，一般公共预算收入增长8%；实际利用外资（验资口径）2000万美元；出口商品总值增长5%；全社会固定资产投资增长8%；社会消费品零售总额增长8%；居民人均可支配收入增长和经济增长基本同步；完成节能减排任务。

（摘编：周少雄）

泉港区产业经济发展概述

2023年，泉港区坚持以习近平新时代中国特色社会主义思想和党的二十大精神为指导，深入实施“深学争优、敢为争先、实干争效”行动，紧盯“三城建设”战略目标，以开展“突破提升年”活动为抓手，直面国际原油价格剧烈波动、石化下游市场持续疲软、财政极度紧张等多重压力，迎接省委巡视、中央生态环保督察、国务院安委会考核巡查、“杜苏芮”超强台风等多重考验，承压奋进、负重前行，全力拼经济、抓项目、促发展、惠民生，推动各项经济指标呈现逐步回稳、逐月向好态势，奋力扭住经济下滑趋势，较好地完成了区年初确定的各项目标任务。全年实现地区生产总值623.68亿元；工业增加值366.85亿元；固定资产投资98亿元；一般公共预算总收入101.39亿元，增长11.1%；一般公共预算收入24.37亿元，增长10.01%。泉港区连续5年入选中国工业百强区，荣获2023年度全国科技创新百强区、全国“平安农机”示范县等荣誉，泉港石化工业园区连续11年进入中国化工园区20强，区司法局获评“全国组织宣传人民调解工作先进集体”。一年来产业经济发展的主要工作和成效是：

拼经济稳增长，产业韧劲愈发凸显。项目攻坚持续发力，全力实施“项目奋战年”活动，组织开展“百日攻坚”、“六比一看”，举办集中开竣工活动3场，新开工凯美特过氧化氢、清能锂电池等项目80个，新建成宇极新材料、华星石化（二期）等项目50个，其中，鲤鱼尾4#泊位投入使用，全区项目投资提前一个月完成投资量。实施开放招商“突破争先·提升争效”专项行动，成立文旅产业、凤安片区、高新园区、北翼新城、高铁片区五个指挥部，以“产业招商小组+指挥部”条块推动，盛屯碳酸锂、百宏化学电解液、益海嘉里粮油食品精深加工产业园等项目相继落地，全力推动产业全域联动、多点开花，“1+N”现代化产业体系成型成势。全年共签约招商项目200个、总投资1350亿元，其中20亿元以上项目20个，在去年全市招商综合考评成绩第一的基础上，今年有望再次列入“优秀”行列。“三驾马车”齐头并进，积极扩大有效投资，策划生成25个、总投资100亿元重大产业和基础设施项目，实施增资扩产项目10个、总投资70.96亿元，工业投资同比增长9.9%；科学分类培育“准四上”企业，完成工业企业“小升规”20家、商贸企业入库18家，圆满完成上级目标任务。

持续提振消费活力，开展“元宵文化节”“云购节”“猪脚节”“文旅嘉年华”等促消费系列活动14场次，拉动消费超20亿元。稳步提升外资外贸，积极拓展外资来源，累计到资5452万美元；做强跨境电商、市场采购、海外仓等新业态，完成外贸进出口额475.5亿元；肖厝港区完成货物吞吐量2375万吨，海铁联运230万吨、增长24.5%。要素保障坚实有力，全面推进工业（产业）园区标准化建设，新增标准化厂房60万平方米，完成年度投资56.3亿元。全力向上争资争项，盘活土地和国有资产8亿元以上，积极开展再融资债券额度申报，争取政府债券23.33亿元，置换到期本金14.9亿元，置换比例全省最高。扎实推进盘活利用低效用地试点工作，实施全域土地综合整治，清理盘活批而未供及低效闲置土地2570亩，指标完成率位居全市第1名；推动13个项目征地问题完成扫尾或取得突破。

重科创聚才智，创新动能充分释放。平台建设显著增强，建成省环境友好高分子材料创新中心，共建“电子特气及新材料工程技术中心”，打造国内首个电子化学品专项测试平台。发展壮大高成长企业，路通管业获批省级企业技术中心，钟山化工评为国家级绿色工厂，全区新增入库国家科技型中小企业32家，省级科技小巨人5家，规上企业高企申报率、规上高技术产业增加值增速均位居全市第1名。

创新活力持续迸发，深入实施“抓创新促应用”专项行动，高规格举办创新大会泉港专场，集中签约产学研合作项目11个，总投资达16.77亿元。推行“科技特派员+中介机构”联合辅导服务模式，推动“异地研发、本地转化”，技术合同交易额突破5600万元、比增175.66%，位居全市第1名；全区研发经费投入10.18亿元、比增44.7%，位居全市第2名。集聚效应日益显现，擦亮“人才涌泉·智潮进港”人才工作品牌，开展“在泉高校师生寿乡行”“人才购房节”“青年人才夜市招聘”等活动，发放各类人才补助292万元，提供各类就业岗位1.2万余个，服务各类人才1360人次，吸引青年人才集聚泉港创新创业，峰尾滨海“人才之家”获评第四批市级“人才之家”。截至目前，全区已入驻含7个院士团队在内的25个高水平科研团队，先后转化技术成果并授权专利500多项，高层次人才达748人，各类人才总量超6.5万人。

强功能优生态，城市品位提档升级。精建细管加快城乡融合，实施抓城建提品质项目135个，完成投资70亿元。打造永嘉国潮特色商业街区，繁荣环锦绣湖商圈，成为群众更亲可近的游玩地。山腰街道获评无障碍省级样板街道，后龙福炼社区入围省级完整社区样板。加快“聚城畅通”，福厦高铁泉港站9月顺利通车运营，打通富民路、公园东路北延伸段等“梗阻路”；结合沿线片区开发，全面启动泉港区界山东张至山腰普安道路（国道G228线泉港段）项目前期工作，先行动建的预留福厦客专东张主线桥和前黄通道桥顺利完工；实施沈海高速驿坂服务区提升改造，于元旦对外开放，成为全省首个国道与高速双边开放服务区、泉港又一地标性综合体。实施农村人居环境整治，完成福厦高铁沿线及32个重点村庄裸房整治3997栋；开展城乡生活污水提质增效专项行动，完成泉港污水处理厂扩建工程项目，新增污水处理能力2.5万吨/日。

精耕细作推动乡村振兴，全面推行“四型五式”工作机制，开展“百企兴百村”行动，集体经营性收入超百万村14个。出台发展特色现代农业23项奖励措施，新增建设高标准农田1900亩、农田连片整治1000亩，连续3年超额完成粮食生产任务。扎实推进永久基本农田核实整改、耕地恢复、耕地进出平衡，实现全区永久基本农田保护稳定在5.29万亩，耕地保有量稳定在5.88万亩。策划生成省级乡村振兴试点示范项目47个，梯次推进7个省级试点村示范村创建，新增省市级实绩突出村2个、市级“一村一品”示范村4个、市级“绿盈乡村”4个，涂岭镇入选全市乡村振兴整镇推进“五好”乡镇，南埔镇入选“2023年中国镇域高质量发展500强”，涂坑村入选第三批全国乡村治理示范村，惠屿村获评全国“和美海岛”。生成“碧水清源”精准治理项目8个，年度投入资金超6700万元。

2024年泉港区各项工作的总体要求是：高举习近平新时代中国特色社会主义思想伟大旗帜，全面落实党的二十大精神，完整、准确、全面贯彻新发展理念，积极服务和融入新发展格局，按照省市区委部署要求，坚持稳中求进工作总基调，深入实施新时代民营经济强区战略，深耕“1+3”专项行动，提振信心、迎难而上，攀高比强、争先进位，在全方位推动高质量发展中展现泉港作为、体现泉港担当、谱写泉港篇章。经济社会发展主要预期目标是：地区生产总值增长6.5%，农林牧渔总产值增长3.5%，工业增加值增长6.3%，第三产业增加值增长6%；一般公共预算总收入下降9%，一般公共预算收入增长6%；固定资产投资增长15%；实际使用外资增长持平，进出口增长率3%；社会消费品零售总额增长6.5%，居民人均可支配收入增长6%。

（摘编：邓新民）

石狮市产业经济发展概述

2023年，石狮市深入开展学习贯彻习近平新时代中国特色社会主义思想主题教育，落实省委“深学争优、敢为争先、实干争效”行动部署，锐意进取、攻坚克难，推动经济综合实力保持全国百强县市第15位；石狮市共同迎来建市35周年，成功举办世界石狮同乡恳亲大会，吹响了海内外石狮人赓续荣光、再创辉煌的号角；石狮市坚持人民至上、生命至上，稳妥实现疫情防控平稳转段，有效应对最强台风“杜苏芮”；石狮市牢牢把握高质量发展要求，贸工联动、创新赋能，扎实做好“五在石狮”文章，深入开展“5510”项目奋战年活动，较好完成了年初确定的目标任务。全年实现地区生产总值1215亿元、增长5%，一般公共预算总收入70.2亿元、增长20.9%，一般公共预算收入50.1亿元、增长14.8%，居民人均可支配收入68209元、增长5%。一年来，石狮市产业经济发展的主要工作和成效是：

抓实体、促转型，经济运行企稳向好。石狮市全面落实稳住经济大盘一揽子政策，出台进一步推动民营企业高质量发展若干措施，减税降费、退税缓费8.5亿元，兑现惠企资金4.5亿元，全力激发市场主体活力，纺织鞋服、食品药品等行业产值分别增长8.3%、11.8%，纺织服装产业数字化转型成效获得中央电视台《新闻联播》专题报道。

项目支撑更加坚实。石狮市完成重点项目投资290亿元，石狮服装智造园等145个项目开工，光子产业园一期等100个项目建成投产，第三季度位居全省项目工作正向激励考评第7位。坚持招商引资“一号工程”，充分挖掘在外侨商、异地狮商、产业基金等资源渠道，签约引进10亿元以上重大项目24个。

不断强化要素保障，新增出让产业用地752亩，落地专项债资金35.1亿元、位居泉州市第2位。园区载体提档升级。承办全省工业（产业）园区标准化建设现场会，出台工业不动产权分割转让、“零增地”技改等政策，新建标准厂房超200万平方米，盘活低效用地500多亩，完成技改投资82亿元，规上企业入园率、在园规上企业增加值占比分别提升至61.6%、73.8%，石狮高新区综合发展水平首次跻身全省前十。

创新要素加速聚集。落地泉州海洋生物产业研究院、华大数字经济研究院，建成泉州市级以上企业技术中心4家，落地产学研项目10个，带动90家企业上云上平台。获评全国科普示范市、中国服装产业数字化转型示范城市，新增国家高新技术企业100家、省级专精特新中小企业14家，中科光芯、飞通科技入选省级“未来独角兽”创新企业。引育泉州市级以上高层次人才285名，设立全省首个服装行业知识产权发展工作站，新增专利授权2100多件。

营商环境持续改善。石狮市建立健全“千名干部进千企”、政企“早午晚餐会”等机制，率先开通“12345企业服务专线”，开展“轻骑兵”下基层、“局长走流程”等活动，行政许可承诺时限压缩87.1%，即办件比例达60.5%，新增市场主体2.8万户，位列县域投资竞争力百强第35位。

抓商贸、增活力，市场能级加快提升。石狮市外经外贸承压奋进。培育优质市场采购企业419家、自营出口生产企业40家，创新拓展国际中转、保税集拼等业务，市场采购出口规模跃居全国第2位，B型保税物流规模位居全国第6位。启动跨境电商出口合规化改革试点，上线海丝跨境电商综合服务平台，“小石狮大世界”跨境电商培育典型经验入选全国外贸新业态优秀案例。实施助力企业海外拓市场六大行动，组织312家企业参加20场国内外大型展会，承办2023中国轻工外贸发展年会，助推外贸企稳回升，实现出口445亿元。

消费活力加速释放。石狮市延续“一季一展会”“一月一活动”，成功举办第25届海博会、第9届海丝品博会、第4届校服展和“五在石狮·全城热购”系列活动，成立电商合规经营服务中心，位居全国县市电商发展潜力示范样本第2位，国际轻纺城跨境和直播电商产业园获评国家电子商务示范基地。改扩建后宅、港塘等6个农贸市场，加快中餐食材配送基地、预制菜专业市场等新型市场建设，完成社会消费品零售额近600亿元。

文旅融合成效显现。石狮市成功举办全省首届开渔文化季、第17届闽台对渡文化节、第10届城隍文化节等节庆活动，金相路、新华路、步行街、古浮大排档等夜市经济百花齐放，获评“闽菜地标美食城市”，“宋元海丝宴”亮相国家博物馆、入选中国旅游创业创新示范案例。黄金海岸、红塔湾等滨海旅游业态不断丰富，永宁镇入选省全域生态旅游小镇，世茂海丝馆获评省级文化产业示范基地，旅游接待总人数超800万人次，旅游总收入超90亿元，蝉联全国县域旅游综合实力百强。

港口物流不断完善。石狮市落地中国邮政、韵达等物流区域总部项目，快递业务量达4.2亿件、增长30%。完成华锦码头4#泊位扩建，建成航运中心、石湖港区停车场、配套加油站等项目，新开通新加坡、中东、俄罗斯远东航线，外贸集装箱吞吐量增长14.1%。

抓建管、提品质，城乡面貌持续改善。石狮市城市更新加快步伐。实施126个“抓城建提品质”项目，完成前坑前园、金曾、大仑东片区征迁，启动编制科创新区规划，八卦街保护提升工程入选省级县城更新建设样板，祥芝镇、蚶江厝仔村入选省级闽台乡建乡创合作样板。持续优化城市路网，二重环湾快速路匝道、外西环路高铁连接线建成，福厦高速晋石支线、国道G228线石狮段提级改造等项目加快推进。新增口袋公园20个、公共停车泊位645个、5G基站1000个，优化提升龟湖公园地震应急避难场所和14个自然灾害避灾点。改造升级6座垃圾中转站，建设垃圾分类亭250座，实现城区垃圾分类全覆盖。

乡村振兴有序推进。石狮市启动“一县一溪一特色”田园风光项目，新打造3条乡村振兴精品示范线，永宁镇入选全省乡村振兴示范镇。扎实推进乡村产业振兴三年行动，祥芝中心渔港获评全国文明渔港，海洋世界获评省级水乡渔村示范基地。深入开展“五个美丽”行动，获评全国村庄清洁行动先进市。全面加强土地管理和耕地保护，扛稳粮食安全责任，建成应急粮食及物资储备库，整治违法用地882亩，恢复耕地630亩，新增高标准农田1572亩。深入推进河（湖）长制，大力推动污水治理提质增效，新建改造污水管网33.2公里，获评全国节水型社会建设达标市。

2024年是新中国成立75周年，是全面贯彻落实党的二十大精神的关键之年，是实施“十四五”规划的攻坚之年。根据中共石狮市第八次代表大会第三次会议精神，做好新一年工作，必须高举习近平新时代中国特色社会主义思想伟大旗帜，全面贯彻落实党的二十大和二十届二中全会精神，立足新发展阶段，完整、准确、全面贯彻新发展理念，服务和融入新发展格局，坚持稳中求进、以进促稳、先立后破，以实业强根基、以商贸增活力，致力打造科创智造之城、开放枢纽之城、活力海洋之城、精美善治之城、全域共富之城，加快实现“五个跃升”，高质量建设贸工联动、全域共富的现代化滨海城市。经济社会发展的主要预期目标是：地区生产总值增长5.8%左右；农业总产值增长4.0%左右，工业增加值增长6.0%左右；第三产业增加值增长5.5%左右；一般公共预算总收入增长6.8%；一般公共预算收入增长6.0%；固定资产投资增长7.8%；实际利用外资增长7.0%；出口增长7.0%；社会消费品零售总额增长5.0%左右；居民消费价格涨幅控制在3.0%左右；居民人均可支配收入与经济同步增长；完成节能减排任务。

（摘编：陈闽声）

晋江市产业经济发展概述

2023年是全面贯彻党的二十大精神的开局之年，是三年新冠疫情防控转段后经济恢复发展的关键之年。晋江市坚持以习近平新时代中国特色社会主义思想为指导，深入贯彻党的二十大、二十届二中全会精神，在“晋江经验”的指引下，在上级党委、政府和市委的坚强领导下，全力推进“1+6”专项攻坚行动，取得新的成效，县域经济基本竞争力保持全国第4，县域经济和社会综合发展指数跃居全国第3。令人振奋的是，创新和发展“晋江经验”写入中央文件，上升为引领全国民营经济发展的示范样板。政企共同发布宣言，吹响新时代建设中国民营经济强市的号角。

令人欣慰的是，面对经济恢复过程的“波浪”和“曲折”，政企同心同向，大拼经济，大抓发展，企业预期更稳、信心更强，地区生产总值增长6.5%，一般公共预算总收入增长7.4%，城乡居民人均可支配收入增长5.6%。高铁泉州南站正式通车，南翼高新区拉开建设架势，省集成电路创新实验室、香港理工大学晋江技术创新研究院成功落地，三创园获评国家科技企业孵化器，集成电路产业链加快集聚，医疗健康龙头项目加速破题，核技术应用产业超前布局。

令人鼓舞的是，扛旗领跑地位更加凸显，55项“123”争先进位工作顺利完成，首次跻身全国工业百强县第3，获评全国首批自然资源节约集约示范市、传统村落集中连片保护利用示范县，盘活利用低效用地、园区标准化建设、质量强国建设等多项工作成为全国全省典型。一场场重大赛事、重要活动点燃城市活力，中国上市公司高峰论坛让资本赋能拥有更广阔的空间，晋马重启让市民对这座城市的热爱尽情挥洒，国际大体联足球世界杯、国际篮球博览会让体育城市从容走向世界，“一带一路”国际美术大展、全国优秀剧目展演彰显了以文塑魂的城市文化追求。晋江市一年来产业经济发展的主要工作和成效是：

全力稳增长，经济运行承压向好。晋江市开展“千名干部进千企”“政企才早午晚餐会”“重返北大问道之旅”等活动，实施民营经济24条、工业企业增资扩产6条、中小企业纾困解难38条等组合措施，兑现政策资金25.8亿元，为企业减负超70亿元，经营主体超31万户，“四上”企业突破4800家，13家企业入围全省制造业百强。重点投资增量提质。完成重点项目投资1400亿元，167个项目开工建设，132个项目建成投产，超200个项目签约落地，342家企业加快增资扩产，深圳招商飞地设立运行，招商项目履约率达70%、开工率超50%，全社会固投增长10%，重点项目工作居全省前列。市场消费持续回暖。组织超千家企业赴境内外参展，鞋（体）博会、家博会、食交会交易总额超580亿元，比疫情前增长30%。

开展消费提质升级十大行动、文体旅融合发展专项行动，商圈街区、文旅消费强劲复苏，获评全国首批快递业与制造业融合发展试点先行区，限上住餐营业额增长18%，社消零售总额增长5%，旅游人数、旅游收入分别增长39.5%、44.1%。晋江市外贸出口逐步好转。积极应对外需疲软困境，开展“以侨为桥、贸促优配”系列活动，设立3个海外展销中心，组建国资外贸公司，实现市场采购贸易全国通关一体化，落地二手车出口业务、预包装食品出口试点，建立汇率避险担保增信机制，出口总额持续回升。

坚定促转型，产业优势集聚增强。晋江市新兴业态加速壮大。集成电路龙头企业加快增资扩产和技术研发，牵引16个产业链项目落地，睿斯科、医用同位素等医疗健康重大项目落子布局。新增2家国家级工业设计中心，落地设界运动时尚创新轴，获评首批省级服务型制造示范城市。

数智转型扎实推进。晋江市组建产业数字化服务协作联盟、数智转型专家库，引进6家数字服务商，推广10个定制套餐，新增企业上云超500家，14家企业入选省级及以上智能制造试点示范，食品、建材行业转型样板成功破题。创新生态持续完善。开展高精巨新“四个倍增”计划，科技型中小企业数量实现翻番，高新企业超800家、科技小巨人企业超180家，新增专精特新企业40家、战新企业55家，规上企业研发费用增长20.9%。晋江市承办中国机器人大赛，举办“海峡杯”创新创业大赛，重启高层次人才引进遴选，落地咸阳陶研院海西研发中心、中科华清精细陶瓷研究院，实现主导产业科研平台全覆盖。晋江市设立深圳科创飞地，出台产业领域柔性引才支持措施，企业人才自主认定扩面提质，引育各类人才7385人。晋江市金融资本加快汇聚。保障中小微企业融资1341亿元，制造业贷款新增190亿元。

加速基金产业发展，启动资本市场新突破三年行动，运作南翼基金小镇，新设3支产业基金，全市基金规模突破300亿元，启用北交所晋江服务基地，首家服务业上市公司登陆纳斯达克，上市挂牌企业突破百家。

乡村振兴扎实推进。设立乡村振兴日，成立13个乡村振兴组织，评选100名村（社区）治理人才，实施73个乡贤反哺项目、43个集体增收项目，村均集体经营性收入超70万元。晋江市获批国家沿海渔港经济区试点、全国产权流转交易规范化试点，农村不动产确权登记做法获全省推广，19个镇村成为省级乡村治理试点示范，磁灶镇获评全国乡村治理示范镇，英林镇获评省级乡村振兴示范镇，围头村入选全国红色美丽村庄建设试点村，福大鲍鱼成为全省首家国家级水产良种场。

纵深促改革，发展环境持续优化。晋江市营商服务打响品牌。设立“企业家日”“人才日”，成立民企合规建设服务联盟，推出46条“晋心晋力”服务措施，35名营商环境体验官受聘履职。晋江市建成知识产权运营服务集聚区，试行社会投资项目“用地清单制”改革，开设“跨省通办”“省内通办”“企业服务”专窗，推出企业线上专属服务空间。

重点改革不断深化。晋江市稳步推进16项国家级改革试点。市属国企资产总额超2200亿元，新增AA+及以上信用评级国企3家，建投控股集团取得商业保理牌照。推进农村宅基地改革试点，实施20个村镇集合式住宅示范项目。晋江市成立供销社合作发展基金，建成11个镇街惠农综合服务中心。推进基层治理现代化，迭代升级“智慧网格”信息平台，永和镇“老叔公”调解入选全省新时代“枫桥式工作法”先进典型。组团赴境外开展经贸合作、供采对接，晋江机场国际航班加快恢复，承接第三届中德科技论坛、国际投资合作推介会等多项国际交流任务，与菲律宾达沃市结好5周年。开工建设金门供水水源保障工程，累计向金门供水超3100万吨。

2024年是中华人民共和国成立75周年，是实施“十四五”规划的关键一年。根据市十四届党代会第三次会议精神，2024年晋江市经济社会发展的总体要求是：以习近平新时代中国特色社会主义思想为指导，全面贯彻落实党的二十大和二十届二中全会精神，深入落实习近平总书记重要讲话重要指示批示精神，加强党的全面领导，弘扬伟大建党精神，围绕统筹推进“五位一体”总体布局、协调推进“四个全面”战略布局，坚持稳中求进工作总基调，完整、准确、全面贯彻新发展理念，积极融入和服务构建新发展格局，紧扣“四个更大”重要要求，扛牢主力领军担当，实施“1+6”专项三年行动，加快构建“一三一三七”发展格局，不断创新发展“晋江经验”，奋力打造中国式现代化县域示范。2024年晋江市经济社会发展主要预期目标是：地区生产总值增长6%左右，一般公共预算总收入增长6%、本级收入增长5%，规上工业增加值增长7.2%，全社会固定资产投资增长10%，城乡居民人均可支配收入增长6%。

（摘编：游永贵）

南安市产业经济发展概述

2023年殊为不易、极不平凡、值得礼赞。南安市始终沿着习近平新时代中国特色社会主义思想引领的方向砥砺前行，用拼争实干顶住了比“疫情三年”更加困难严峻的压力挑战，用超强应对经受了有记录以来最强台风“杜苏芮”的风雨考验，用接续奋斗书写了撤县建市30年的芳华蝶变，用自信荣光踏响了全方位推进高质量发展的铿锵足音，全市地区生产总值增长6%，一般公共预算总收入增长12.8%。

经济大盘稳固蓄能。企业稳产增效。召开工业、建筑业高质量发展大会，出台“四好四更优”系列政策，推广“政策找企”平台，兑现惠企资金超5亿元，新增“四上企业”397家，九牧、三叶上榜省民企百强，位居全国工业百强第12位。投资量质齐升。完成重点项目投资750亿元，争取中央预算内投资和债券资金28.6亿元；推出鼓励企业入园、飞地招商、项目引荐奖励等政策，组建产业基金联动招商，签约项目总投资1300亿元，第二季度“五个一批”、利用外资考评进入全省前十，位列全国投资潜力百强第25位。

消费新潮涌动。举办“福见南安·享成功”消费季等活动，西溪两岸夜景闪亮出圈，桨板、篮球、滑翔伞、汽车场地越野、皮划艇激流回旋等全国性品牌赛事轮番上演，全国绿色建材下乡、石博会、水暖泵阀消防交易会、农订会、国际厨卫展、智博会等展会接续举办，旅游收入和展会销售额分别增长34.6%和23.5%，泛家居建材专区集采规模突破5亿元，中国水暖城上榜全国商品市场百强，英良石材自然历史博物馆获评国家4A级旅游景区。外贸逆势突围。上线跨境电商服务平台，组团出海抢订单超300亿元，外贸出口增长10%。

产业脊梁坚韧挺立。产业集群茁壮成长。全球首个“绿色黑灯工厂”、全球首座万吨级铸造3D打印智能工厂、温德姆高端品牌酒店等150个强链补链项目建成或落地，出台链接新能源系列政策，水暖厨卫入选全国中小企业特色产业集群。三安半导体稳步释能，“芯谷”电子信息产业蔚然成势。“三赋”行动成效显现。

力抓数字化赋能，智能化生产线突破2100条、上云上平台企业超450家，新增省级以上智能制造示范项目7个，家居建材数字化展销中心投用，位列全国数字百强第17位；力抓科技成果赋智，引入华南师大绿色低碳创新中心等4家科创平台，规上工业企业R&D投入增长21.8%，九牧登榜全国民企研发投入和发明专利双500强；力抓质量标准品牌赋值，承办全省供应链质量赋能现场观摩活动，加快石材建陶双创孵化基地建设，主导和参与制修订标准16项，“南安造”运动装备亮相杭州亚运会。

园区质态快速提升。投用产业协同创新中心，建成标准厂房200万平方米，招引企业527家、投产70家，新增产值40亿元，经济开发区上榜全国省级开发区高质量发展百强。

改革开放迸发活力。打通营商环境堵点。推出37条便企举措，推行模拟审批、“拿地即开工”等措施，“数字政务门牌”被国办行文全国推广，新增市场主体3.3万多家。突破体制机制瓶颈。建设一体化大融合行政执法平台，赋权乡镇（街道）综合执法。推进盘活利用低效用地试点，探索全域土地综合整治“增地、增容、增效”模式，盘活“批而未供”和低效闲置土地6500多亩。加强市属国企投资规范管理，资产规模增至850亿元。

拓展对外交流空间。泉金客运航线时隔三年

复航。组团赴平户开展友城交流。成功举办世界南安同乡联谊恳亲大会、凤山文化旅游节、中国首届侨僧论坛，隆重举行李光前先生诞辰130周年纪念活动，侨捐连续30年超亿元，凤山寺获评国家级海峡两岸交流基地。

城市品质提级焕新。综合能级稳步提升。编制国土空间总体规划，聘请10名规划专家组建顾问团，优化7个重点片区规划设计，以指挥部机制高位推进泉州南翼国家高新区建设，“一市三城”格局落地成景，水头、石井、霞美、省新、官桥入围全国镇域高质量发展500强。投入城市更新改造52.8亿元，北山、五小、北部新城道口及大学城等片区建成90.5万平方米，洪梅、仑苍、石井高速出口、体育中心等片区完成征迁1665亩。国道324改线水头段启动建设，武荣大桥主桥贯通，福厦高铁南安段、洪濑大桥通车，“四好农村路”省级示范县通过验收。实施175个“抓城建提品质”项目，“文昌里”人才社区封顶，万人体育场投用在即，11.7公里西溪漫行步道闭环提升，新增公交线路5条、公共停车位2064个、公共充电桩200个。

乡村振兴竞相出彩。守好良田粮仓。制定耕地保护和粮食安全职责清单，建设高标准农田9000亩，撂荒复耕6800亩，省储备粮南安直属库开仓纳粮，粮食播种面积和产量均居泉州市首位，蓬华跻身全国首批农业产业强镇，蓬华脐橙、石亭绿茶入选全省首批“福农优品”百品榜。

扮靓和美乡村。试点镇、村、线亮点纷呈，提级改造农村公路30公里、危桥7座，新改建自来水供水管网250公里，建成省级“五个美丽”项目316个，镇域中心裸房有序“清零”，农村集体“三资”基本实现数字化监管，乐峰湖内村获评中国美丽休闲乡村，金淘占石村被授为中央红军村，眉山观山村、天柱山香草世界入选全国乡村旅游精品线路，蓬华上榜省级乡村振兴示范乡镇创建名单，九都、向阳分别被评为省级高级版“绿盈乡镇”和森林乡镇，南安好物美景亮相央媒，首届“两岸传统聚落保护与活化利用”论坛成功举办。

2024年南安市主要预期目标是：地区生产总值增长6%，一般公共预算总收入增长6%，一般公共预算收入增长6%，固定资产投资（不含农户）增长8%，工业增加值增长6.6%，社会消费品零售总额增长6%，全体居民人均可支配收入与经济发展同步增长。重点做好以下几项工作：

提升重点项目质量。开展“项目创优年”活动，用好全生命周期管理平台，滚动实施420个重点项目，完成投资750亿元以上。发布城市机会清单，强化产业链招商，发挥产业基金以投资促招商作用，招引一批有科技含量、人才厚度、成长潜力、资本关注的优质项目、500强企业，签约招商项目总投资1100亿元以上、当年开工率达40%以上。树牢“本地企业增资扩产就是最好的招商引资”理念，实施投资超10亿元牵引性项目15个以上。

增强内外循环动力。释放消费潜力。开展“一月一主题”促消费活动，推进西溪里文旅街区、五里桥国际街区、市民中心品牌酒店集聚区、金座唐道、北山三牛文创园等特色街区建设，打造西溪夜游等城市消费地标，培植夜间文旅、舌尖经济、潮玩市集、运动赛事等氛围感消费，活跃房地产、新能源汽车、智能家居等大宗消费，壮大农村电商、直播带货等数字消费。深化南安优品出海计划，开展东南亚、中东、南美、俄罗斯市场研究，布局公共海外仓、境外仓储物流中心、售后服务中心，开辟跨境电商展示选品中心，外贸进出口总额超210亿元。

优化资源要素配置。扎实推进全域土地综合整治，梳理重构“山、水、林、田、矿、房、景”等资源要素布局，实施8个、46万亩以上试点项目，推行“乡镇+国企”市场化整治模式，打造“三生”融合生命共同体；坚持“亩产论英雄”，全面实行政府平整后再净地出让的做法，推广先租后让、弹性年期供地方式，盘活低效用地3000亩以上，工业亩均产值和税收均提升10%以上。推动制造业贷款增量扩面降价，建立融资担保“白名单”，扩大随借随还、无还本续贷和中长期贷款规模，支持企业多层次资本市场融资，争取专项债20亿元以上，制造业中长期贷款增长10%以上。

（摘编：邓新民）

惠安县产业经济发展概述

2023年，惠安县坚持以习近平新时代中国特色社会主义思想为指导，深入学习贯彻党的二十大精神，以“四个主题年”活动为主抓手，扎实推进“1+3+2”专项行动，推动经济实现质的有效提升和量的合理增长。全年地区生产总值1260亿元、增长5.5%左右，工业增加值增长3.5%，固定资产投资增长8.0%，社会消费品零售总额增长5.5%，一般公共预算总收入125.1亿元、增长0.5%，一般公共预算收入50.5亿元、增长14.9%，全体居民人均可支配收入45190元、增长5.0%。位居全国百强县第27位、工业百强县第13位，连续29年蝉联全省县域经济实力“十强”，新获“四好农村路”全国示范县、“中国诗歌之乡”等省部级表彰荣誉6项，2022年度绩效考评位居全市第4。一年来，惠安县产业经济发展的主要工作和成效是：

抓服务增动力，经济运行稳中向好。深入开展“民企服务年”，出台支持制造业高质量发展等惠企政策13份，新增减税退税降费4.02亿元，兑现惠企资金5.6亿元；建立餐会、茶叙等常态化政企沟通渠道，倾听企业需求，及时解决企业困难问题，小微企业信贷资金增长12.2%，新登记经营主体1.3万户、增长10.6%。

深入开展“项目奋战年”，新开工重点项目115个，建成重点项目70个；攻坚征收土地3015亩、签约房屋1682宗、迁移坟墓3344座，获批土地成片开发方案16个、面积6815亩，获批面积全市第一；争取上级转移支付资金16亿元、地方政府债券11.4亿元、政策性金融机构授信44.5亿元。

深入开展“招商落地年”，设立粤港澳大湾区招商工作组及深圳、香港、澳门招商联络站，举办各类招商活动超10场，引进项目161个，总投资超1300亿元，履约落地率88.8%，其中超20亿元重大项目19个、总投资949亿元，招商综合评价位居全市前列。外资外贸稳中提质，新备案外资项目17个，合同利用外资增长62.7%；外走马埭、港丰物流2个码头共9个泊位对外开放，落地全省首个公用型原油保税仓；黄塘货运站开行中欧班列6班、发货标箱660个；对RCEP新市场出口突破24亿元，全年进出口增长30%。聘任张楠、李妮娜2位世界冠军作为“惠安优品”推广大使，举办消费节、美食节等系列促消费活动，发放消费券2000万元、直接撬动消费超5亿元。

抓龙头兴实业，产业支撑更加有力。新增规上工业企业50家、限上商业企业50家、资质建筑业企业35家、规上服务业企业15家，“四上”企业总量突破1000家。成立泉州市石化产业指挥部惠安分指挥部，高水平承办2023中国化工园区论坛，中化二套乙烯项目正式行文上报国家发改委、工信部，有望获批，丙烯腈等4个项目全面动工，博纯电子材料等7个项目竣工投产，石化产业规上增加值增长10%，泉惠石化工业园区成功创建D级（较低风险）化工园区、首次进入全国高质量发展化工园区前20名。

举办食品饮料产业推介会暨惠泉啤酒40周年庆典，达利供应链项目正式落地，南王科技成功上市，泉州船厂实现复工复产，达利集团、闽南建工、惠东建工上榜2023福建省民营企业100强。编制石雕产业高质量发展规划，举办全国工艺品制作（石雕工）职业技能竞赛，新获评省级工艺美术名人38人，石雕作品总揽第四届福建省工艺美术创意设计大赛单项类别金奖。推动建筑业高质量发展，建筑业总产值增长5%，福建省建筑业协会传统建筑分会落地惠安。出台加快校服产业发展若干措施，中国校园服饰产业智能化生产基地（一期）全面封顶，入驻产业链上下游企业50家。引进“数字海丝”基建新赛道等数字经济项目8个，实施重点技改项目95个，新建5G基站565个，新增“上云上平台”企业50家，落地“大宝赢”化工贸易电商平台，慧芯激光正式投产并获评国家高新技术企业，全县数字经济规模达460亿元。

举办文旅经济发展大会暨惠女文化节系列活动，签约重点文旅项目48个，建成文旅项目5个，“‘惠女秀风采　匠心承非遗’体验游”被评为福建省唯一的“全国非遗特色旅游线路”，实现旅游收入52.7亿元、增长28.2%，获得省级文旅品牌强县正向激励。

抓创新促改革，发展动能加速转换。深化“抓创新促应用”专项行动，新增科技型中小企业136家、省级“专精特新”中小企业12家，高新技术企业保有量突破200家，新培育省级企业技术中心1个、企业异地研发中心3个，全社会有效研发投入增长12%；出台鼓励知识产权发展保护规定，每万人发明专利拥有量20.7件，技术合同成交金额增长6.3%，回头客等3家企业荣获“国家知识产权优势企业”。

培育智能制造典型示范，达利揭榜植物蛋白（豆奶）智能制造示范工厂，匹克资源动态配置场景获评国家智能制造优秀场景。深化工业园区标准化建设，按“六统一”模式基本完成“一区七园”整合优化，新增标准厂房83.5万平方米，72%新招商项目入驻标准化园区，规上工业企业入园率提升至53.9%。深入推进盘活利用低效用地试点，完成低效用地调查评价并实现上图入库，崇武—山霞、黄塘—紫山2个全域土地综合整治试点单元加快推进，盘活存量低效用地2031亩、清理批而未供和闲置土地3652亩。

实施“涌泉”行动，新增国家级技能大师工作室1家、市级以上高层次人才619名，新引聚高校毕业生、技能人才、专技人才等1.1万名，人才创享中心获评市级人才之家。惠安县深化国企投融资改革，签约泉州海丝产业升级基金等3个产业基金、规模超100亿元。

抓统筹补短板，城乡品质一体提升。惠安县完成国土空间总体规划编制，控规覆盖面积达124平方公里，村庄规划覆盖率99.3%。深入开展“城建提升年”，实施“抓城建提品质”项目202个，完成年度投资98亿元；惠泉片区安商房主体封顶，西苑片区正式动迁，中总片区开工建设，改造提升老旧小区50个、惠及群众6699户，获评省级城镇棚户区改造工作绩效优异县。

“聚城畅通”工程加快推进，建成涂斗路拓改等项目5个，开工沈海高速紫山互通及连接线工程等项目3个，打通断头路4条，新增停车位806个，建成城北公交枢纽站，优化公交线路9条，入围全国第三批城乡交通运输一体化示范创建县。实施绿化、照明、电力补短板行动，新建改造口袋公园15个、立体绿化20处；县域主干道亮灯率提升至96%以上。

坚决扛稳粮食安全政治责任，新建高标准农田9400亩，紫山连片综合整治项目入选省级耕地保护建设典型案例，在全国首创旱地无水机插秧技术，粮食生产实现“八连丰”。新增省级农业产业化重点龙头企业7家、省级科技小院1家、市级以上“一村一品”示范村8个，农业总产值增长4%。

实施农村人居环境提升工程，2个农村自住小区基本完工，拆除“两违”1.3万平方米，整治农村裸房6566栋，“绿盈乡村”创建比例达88.9%，建成“五个美丽”项目873个，黄塘溪沿线田园风光+乡村振兴示范项目成为全市典范。

2024年经济社会发展的主要预期目标是：全县地区生产总值增长6.0%左右，农林牧渔业总产值增长4.0%，工业增加值增长6.0%左右，第三产业增加值增长7.0%左右；一般公共预算总收入增长2.0%，一般公共预算收入增长3.0%；固定资产投资增长10.0%；实际利用外资持平，出口增长3.0%；社会消费品零售总额增长5.0%；全体居民人均可支配收入增长与经济增长基本同步；完成节能减排降碳任务。

（摘编：陈闽声）

安溪县产业经济发展概述

2023年，是全面贯彻党的二十大精神的开局之年，是三年新冠疫情防控转段后经济恢复发展的一年，也是“十四五”发展承上启下的重要之年。安溪县坚持以习近平新时代中国特色社会主义思想为指导，牢牢把握高质量发展这个首要任务，不断创新和发展“晋江经验”，深入实施省“深学争优、敢为争先、实干争效”行动和市“抓项目、促发展”系列专项行动，推动经济实现质的有效提升和量的合理增长。全年完成GDP 909亿元，增长1%左右；规上工业增加值增长2%；一般公共预算总收入50亿元，增长9%；一般公共预算收入37.31亿元，增长18.3%；社会消费品零售总额增长4.5%；全体居民人均可支配收入增长5.5%。综合实力位列全国百强县（市）第51位、最具投资潜力位列第9位、绿色发展位列第49位、科技创新位列第71位，较2022年度均提升2位，新型城镇化质量位列第45位，提升1位。一年来产业经济发展的主要工作和成效是：

全力稳预期、稳增长，综合实力不断提升。这一年，安溪县坚持以政府有为促进市场有效、企业有利、发展有益，持续筑牢高质量发展基础。惠企力度持续加大。深化“万名干部进万企　一企一策促发展”专项行动，扎实开展“暖企行动”，灵活用好“早午晚餐会”等政企互动制度，健全完善领导干部全覆盖挂钩联系重点企业机制，叠加出台“1+1+10+3”等一揽子惠企政策措施，为93家企业解决困难问题95个，企业享受奖补资金超7800万元。

市场活力持续迸发。加大成长型企业培育力度，新增市级龙头企业3家；分领域推进“四上”企业培育工作，新增“四上”企业150家；新增市场主体1.5万家、增长12%。加强科技创新主体培育，新增国家级高新技术企业20家、国家级“专精特新”小巨人1家，省级“专精特新”中小企业7家、省级科技小巨人9家。位列中国工业百强县（市）第79位。

消费潜力持续释放。举办“溪时有味”“溪有好物”等系列促消费活动，组织开展新能源汽车、智能家电等主题促销，推动宝龙、万达等大型商业综合体打造“星夜集市”夜间经济等特色消费品牌，加快消费回补和潜力释放；举办首届直播电商峰会，开展“2023网上年货节”等线上促销活动10场，全年网络零售额278亿元。

全力建机制、破瓶颈，项目建设不断提速。这一年，安溪县坚持项目引领，健全完善全生命周期服务管理机制，推动项目建设提质增效。项目奋战全面起势。深入实施“项目大奋战”行动，组建项目攻坚指挥部、前期办，落实定期调度、集中开竣工等推进机制，“一项目一策”推动项目建设，500个县级以上重点项目完成投资535亿元，第三季度项目工作正向激励综合考评排名全省第八。泉州白濑水利枢纽工程等级公路迁移复建工程（省道以下部分）加快推进，官桥安置区全面完工，参内安置区主体工程全部封顶，库周统规自建安置区建设全速推进。

招商引资全面升级。深入实施“聚侨引侨和安商回归”“招商大拼抢”行动，制定“招商项目对接流程图”，组建粤港澳大湾区、成都（川渝）两个驻外招商分中心，构建“一办一中心一公司+2个驻外招商分中心”招商体系，全面开展大员招商、基金招商、产业链招商，引进苏闽高科数字智能产业园等项目210个、总投资1300亿元，其中超20亿元项目15个、超亿元项目190个。

要素保障全面加强。成立自然资源管理委员

会，全面统筹推进用地“选、征、报、供、用”各环节。扎实开展“拔钉清障”征迁攻坚专项行动，完成房屋征迁3.14万平方米、土（林）地征收1728亩。用好用足盘活利用低效用地试点政策，全力推进“安溪芯园”等试点项目建设，盘活城镇低效用地320亩；全年处置批而未供土地2700.29亩、闲置土地906.59亩。启动“溪金会”安溪创投圈，发布“1+N”基金体系，完成产业股权投资基金（母基金）、厦门橡树新兴产业基金注册；在全省县级首创金融人才挂职锻炼机制，进一步畅通企业融资渠道；辖内银行业金融机构各项贷款余额758亿元，制造业贷款增长17%以上；争取各类债券资金16.19亿元。

优势产业加快集群补链。坚持重龙头、强品牌、铸链条，“一产一策”“一链一策”推进优势产业延链、补链、强链，LED、藤铁工艺2个产业集群获评省级中小企业特色产业集群。信息技术产业全国首个全球商业遥感卫星接收网海西站首期两部接收天线启动数据接收及分发应用，成立刘嘉麒院士工作站，引进国电高科、北斗伏羲等一批空天产业链项目，加速“通导遥”融合应用；中国电影资料馆安溪数字资源中心揭牌运营，集成招引优酷、喜马拉雅等一批影视产业链项目。光电产业引进友腾光耦元器件等8个优质项目，产业链往光通信、第三代半导体等高附加值环节延伸拓展。藤铁家居工艺产业加快藤铁工艺产业园、藤云工艺园、云鹤电商园等园区规划建设，安溪藤铁工艺创新发展研究院入选省级工业设计研究院培育名单；新增省级工艺美术大师5名、工艺美术名人14名，“大师+”示范带动作用进一步凸显。

创新驱动加快赋能增效。深入实施“抓创新促应用”“抓工业设计促产业提升”等专项行动，全社会研发经费投入总额达7.67亿元，增长32%。中关村领创信息产业园开工建设，纬璇织造、鼎泰光电等50个县级以上技改项目完成投资62.09亿元，培育上云上平台企业50家。认定各级科技特派员209人次、团队10个、工作站9个；新增市级以上高层次人才619人。深化国企改革，城建集团通过2A信用评级，茶都集团、文旅集团加快业务整合。第三产业加快能级提升。深入实施“文旅大突破”行动，组建安溪文旅智库专家团，举办泉州山地生态（安溪茶庄园）旅游节暨全县文旅经济发展大会等文旅活动50余场次，“‘三铁三世遗’、乐享茶香生活”之旅获评全国茶乡旅游精品线路，“海丝茶源　茶旅胜地”之旅入选全国乡村旅游精品线路。

全力拓内涵、塑品牌，“三茶”统筹不断提效。这一年，安溪县坚持把茶业发展作为“一号工程”，坚定不移践行“三茶”统筹，获评“2023年度‘三茶’统筹融合发展县域”。举办“观音铁韵·世界双遗”系列活动近百场次，茶文化·大型主题系列情景剧《铁观音》正式首演，茶界“双世遗”金字招牌更加靓丽。启动品牌兴茶行动计划，依托商会、茶促会组织开展安溪铁观音北京、上海、香港等专场推介活动，前往联合国纽约总部、联合国粮农组织罗马总部等开展公共品牌宣传，品牌美誉度、影响力进一步提升。安溪铁观音品牌价值达1432.44亿元，连续八年位列中国茶叶类区域品牌（地理标志产品）价值第一，位列“中国名茶品牌传播力指数”第一名，获评国家商标品牌建设优秀案例；安溪铁观音茶文化系统获第六届中华设计奖设计大赛“杰出贡献奖”。

茶产业竞争力持续增强。建成高标准生态茶园5.1万亩，新增茶叶气候品质认证企业15家，建设茶叶初制标准化加工中心5个，获评全国绿色食品原料（茶叶）标准化生产基地。举办“抖音618好物节·中国百茶在安溪”等直播活动14场次，推动中国百茶供应链直播服务中心等项目落地，加快打造“线上茶都”，被授予“百茶贸易之都”称号。

茶科技支撑力持续夯实。举办首届中国（安溪）茶产业高质量发展大会，发布《安溪铁观音质量安全白皮书（2022）》。成立中茶所安溪乌龙茶产业研究院，启动建设茶叶碳汇遥感监测与核算研究基地。完成《地理标志产品质量要求　安溪铁观音》修订送审稿编制，茶叶标准化建设迈出新步伐。

（摘编：李元）

永春县产业经济发展概述

2023年，是全面贯彻落实党的二十大精神的开局之年，是三年新冠疫情防控转段后经济恢复发展的一年。永春县坚持以习近平新时代中国特色社会主义思想为指导，贯彻落实习近平总书记在福建工作期间历次来永春调研的指示精神，牢记嘱托、奋勇前行，传承弘扬“晋江经验”，继续扛牢“美岭精神”旗帜，以实施“三争”行动为载体推动主题教育，全面提振精气神，奋勇争先展新貌，深入实施“八大工程”，各项事业纵向有进步、横向有进位，求进奋进形成共识，全方位推进高质量发展。一年来，永春县产业经济发展的主要工作和成效是：

经济运行承压向上。全力助企强企。永春县出台稳增长47条、民营经济发展23条政策，创新企业“开工即奖”举措，促进民营经济发展壮大。新增市场主体8500户、“四上”企业95家。发挥“政策找企”平台作用，兑现资金1.1亿元。坚持“一企一策”，县领导“一对一”帮扶，开展政企“早午晚餐会”，协调解决问题268项。成立工业园区政务服务中心，组建审批“轻骑兵”“大篷车”，化解堵点难点222个。永春县推行工程建设审批“3+”集成套餐、政务服务“赶集日”，缩减项目审批时限25个工作日，办理工规、施工许可证245本，获评全市“优化营商环境标杆县”。民生银行落户永春，金融服务体系再添新兵，各项贷款增长13.4%，政府性融资担保放大倍数居全市第一。

促进科技创新。全市首创“校地共建科研平台”汇才引智模式，成立校地协同创新中心，引入大院大所设立科研工作站3个。培育国家专精特新“小巨人”企业、省级企业技术中心3家；新增国家高新技术企业25家、科技创新平台9个，规上工业企业研发投入增长43.3%，企业科技创新活力不断焕发。强力推进项目。209个县级重点项目完成投资145亿元，完成年度计划的103.1%，新开工项目122个、竣工项目105个。永春县建立专项债“多层次项目库”，国家发改委、财政部过审项目23个，通过率居全省前列，发行12个、金额9.7亿元。

精准招商引资。永春县成立驻粤港澳大湾区招商工作联络处，聘任招商大使42名，组织各类考察活动283场。既突出一把手招商、政企联合招商，更侧重于专业招商，签约落地项目249个、总投资81.2亿元，亿元以上项目23个，招商工作进档全市第二梯队。激发消费潜力。举办永春优品展销会、“海丝中国年　欢乐嘉年华”等活动，撬动消费近2亿元。出台互联网经济平台扶持措施，新增电商企业962家，网上交易总额突破100亿元，网络零售额55亿元、增长23.3%，位居全市第二。稳定外贸外资。发展市场采购贸易、跨境电商等新业态，帮助企业赴海外抢订单拓市场，外贸出口41亿元、增长8%，出口退税超3亿元。赴美国、东南亚等地考察交流，设立海丝泰国站永春特色产品主题馆。扩大利用外资，新设立外资企业17家、外企增资扩产5家。

这一年，永春县在爬坡过坎中坚定前行，主要经济指标逐季企稳回升，“稳”的基础逐步巩固，“进”的态势加快显现。

产业发展聚能起势。特色农业富民强县。永春县严格落实粮食安全责任制，完成粮食播种面积21.9万亩、产量9.1万吨。牢牢守住耕地保护红线，实现耕地占补、进出双平衡，增加耕地771亩，建设高标准农田8100亩。

加快建设国家现代农业产业园，完成投资

19.6亿元。永春县创建“一村一品”国家级示范村镇5个、省级20个，五里街镇、岵山镇获评首批国家农业产业强镇。完善可追溯体系建设，获评国家农产品质量安全县。举办全国金线莲产业发展大会，提升永春中药材知名度。柑橘出口3.7万吨，热销“一带一路”共建国家。永春县积极参加国际茶日文化交流活动，永春佛手、永春香亮相联合国总部，永春货走向世界。工业经济强基立柱。

推广绿色数字技改，美岭水泥、怡辰科技等176个项目增资19.9亿元、扩产25亿元。永春县深化两岸燃香产业互联互通，制定《沉香》团体标准，成立中国香都电商直播孵化运营基地，香都产业园入选省级版权示范园区。发挥良瓷科技5G赋能实体示范引领作用，培育省级智能制造典型场景7个，推进数字化应用项目8个，良瓷科技获评国家级智能制造示范工厂；推动勤利陶瓷、龙腾瓷土等本土企业增资扩容，新增产值8亿元。编制永春老醋发展规划，研发酿造新技术，开发荔枝醋、柠檬醋等果味饮品。香、瓷、醋三大特色产业加快转型升级，产值分别增长5.7%、6.4%、8.2%。第三产业活力迸发。永春县举办华侨美食风情文化节、永春芦柑品牌文化节、山地文化旅游节、香都文化旅游节等大型节庆活动，做强文旅品牌。

推动农文旅融合，与国企、央企合作重大文旅项目，牛姆林景区焕新开业，旅游集散中心研学大楼建成投用，魁星书院主体封顶。五里古街开街营业，与马来西亚鸡场街缔结友好街区，获央视专题节目《美美与共》推广。永春县出台民宿发展实施意见，发展特色民宿，打造仙夹民宿集群。发展全域乡村游，推出55条研学路线，“品乡愁古韵”线入选全国乡村旅游精品线路。全年旅游接待人数、旅游收入增长率均超过45%。出台扶持楼宇经济发展措施，引入米叮智慧产业园、浏普医药健康孵化产业园等项目，新增营业收入超亿元。园区标准平台成形。加快“园区筑巢”，建成标准化产业园2个，招商入驻率80%。建成国有标准化厂房15万平方米，智能电子科创产业园全面竣工投用，轻工科创产业园启动建设。建成民营标准化厂房13万平方米，美岭智慧产业园二期标准厂房封顶，新型打印材料产业园等项目稳步推进。开展盘活利用低效用地试点工作，完成试点项目25个，新建厂房、办公楼等97幢，新增建筑面积83.6万平方米。

这一年，永春县在破立并举中行稳致远，产业以转型增动力，以优化蓄活力，“稳一优二扩三”结构调整日趋合理。

城乡品质提档升级。城市颜值更高。完成国土空间总体规划编制，“三区三线”成果全面启用。加强规划与用地政策有机融合，开展国土空间规划“一张图”建设。

高规格举办城东产城国际设计竞赛，以高品质规划推动城东片区优化提升。永春县实施“抓城建提品质”专项行动，108个项目完成投资75.3亿元，完成年度计划的121.7%。横七线加快推进，锦斗互通开工建设，泉南及沙厦高速改扩建主线试通车，永春东农产品冷链物流园主体完工。

2024年，是中华人民共和国成立75周年，是实施“十四五”规划的关键之年。永春县经济社会发展的总体思路是：以习近平新时代中国特色社会主义思想为指导，全面贯彻落实党的二十大和二十届二中全会精神，坚持稳中求进工作总基调，完整、准确、全面贯彻新发展理念，加快构建新发展格局，稳中求进、以进促稳、先立后破，着力稳住回升向好态势，传承弘扬、创新发展“晋江经验”“美岭精神”，围绕县委“生态之都、文化之旅、康养之地、智造之谷”发展目标，推进中国式现代化永春实践，深耕“八大工程”，敢想能为、稳步发展、实干高效，奋力把永春建设成美丽中国先行示范区。2024年永春县经济社会发展的主要预期目标是：地区生产总值增长6%，农业总产值增长5%，工业增加值增长5.8%，建筑业增加值增长11.5%，第三产业增加值增长6%，一般公共预算总收入增长6%，一般公共预算收入增长6%，固定资产投资增长8%，实际利用外资700万美元，出口商品总值增长5%，社会消费品零售总额增长6%，居民人均可支配收入与经济增长基本同步；完成节能减排降碳任务。

（摘编：曾文升）

德化县产业经济发展概述

2023年，德化县以习近平新时代中国特色社会主义思想为指导，落实“深学争优、敢为争先、实干争效”行动部署要求，坚定实施“三大战略”、紧抓“三项提升”，大拼经济、大抓发展，对标找差、强优补短，全方位推动高质量发展。

这一年，德化县承压前行稳大盘，经济态势持续向好。重点调度有效落实。建立重点工作定期调度制度，举办政企“早午晚餐会”25场次，开展调度798次，解决事项1958项，推动经济实现质的有效提升和量的合理增长。全县生产总值377亿元、增长7%；固定资产投资增长18%；社会消费品零售总额163.6亿元、增长8.5%；建筑业增加值56.5亿元、增长17%；一般公共预算总收入26.53亿元、增长17.2%，一般公共预算收入17.91亿元、增长12.1%；全体居民人均可支配收入39300元、增长5.5%。

扶持政策精准有力。出台支持民营企业高质量发展68条、促进工贸企业提升发展升规纳统9条、巩固拓展经济向好势头一揽子政策44条等措施，入选第一批全国县域商业“领跑县”典型案例。全面推广运用惠企政策线上直达兑现平台，持续推行免申即享等措施，精准送政策上门，兑现惠企资金2.7亿元、退税减税降费2.6亿元，帮助企业获批提质增产争效贷12.6亿元、转续贷39.4亿元，为企业节省贷款利息9000万元。

市场主体培育壮大。全面推进商事制度改革，推行开放高效行政审批，新增市场主体2万多户、增长68%。鼓励支持企业增资扩产、发展壮大，申报高新技术企业92家，新增国家知识产权优势企业1家，省级“专精特新”中小企业17家、科技型中小企业111家、科技小巨人企业12家，纳入市级挂牌后备企业3家。

这一年，德化县坚定不移调结构，产业发展生机勃发。陶瓷创新蹄疾步稳。成立打造陶瓷千亿产业集群指挥部，启动“中国白·德化瓷”产业高质量发展五年行动计划，白瓷产业集群列入国家级中小企业特色产业集群，作为全省唯一县城列入全国区域（城市）产业名片打造首批试点，全年陶瓷产业集群规模577亿元、增长14.9%。实施“抓工业设计促产业提升”专项行动，举办首届德化工业设计节、德化世界陶瓷设计大会、“何朝宗杯”陶瓷工业设计大赛、海峡两岸大学生设计工作坊等系列活动，落户中国（德化）动漫与工业设计人才基地，新增市级工业设计中心2家。新秀园艺术馆获评市级民间艺术馆，新增国家级工艺美术大师传承创新基地2家、技能大师工作室1家、市级工艺美术大师工作室12家。深入实施“抓创新促应用”“绿色数字技改”专项行动，推广成型生产线设备或应用场景100台（个），推动上云上平台企业100家，新增国家级绿色工厂、省级智能制造示范工厂和优秀场景各2家、市级研发机构3家，瓷艺城获评省级众创空间。会展中心正式启用，举办国际陶瓷文化周、双年展、大奖赛、国博展、国际巡展、高端餐具展洽会等系列活动，承办全国陶瓷行业职业技能竞赛总决赛、硅酸盐学会陶瓷分会年会，在广交会、进博会等设置集中展示区，组织到马来西亚、德国、泰国、迪拜举办陶瓷推广展销活动，在新加坡、吉隆坡等地新设推广展示中心7家，代表福建参加澳门国际贸易投资展览会，推动“中国白·德化瓷”走出去。成立全省首个陶瓷类标准技术委员会。电商物流园二期建设快速推进，全县网络零售额190亿元、增长4.4%。

文旅融合蓄势赋能。实施“文旅提升”专项，

30个旅游重点项目完成投资36.2亿元，全年旅游收入突破100亿元，获评市文化产业和旅游产业融合发展示范区，入选全国县域旅游发展潜力百佳县。石牛山创建省级旅游度假区有序推进，云龙谷荣获国家4A级旅游景区，瓷艺城入选省级旅游休闲街区，顺美陶瓷文化世界成为省级金牌观光工厂，石牛山、九仙山纳入省职工疗休养示范基地，湖坂村获评省美丽宜居村庄、金牌旅游村、美丽休闲乡村。德化窑考古遗址公园完成详细规划设计，新增省级文化产业示范基地2家，“一城瓷器百馆游”持续提升。推出“陶瓷+美食”“陶瓷+演艺”等文旅消费新场景，成功举办环云龙湖山地赛、省大学生轮滑锦标赛、全国少年轮滑锦标赛、环球小姐中国区总决赛等活动赛事。提升德化好礼、瓷都盛宴、一码游德化等配套服务，推荐的伴手礼荣获中国特色旅游商品大赛金奖。

农林产业争先创优。深化国企流转耕地助力粮食生产机制，完成撂荒地复垦复耕5880亩，实施高标准农田建设1.94万亩、农田连片整治5000亩，建立省市粮食“五新”百亩高效示范片6个、百亩优质稻新品种展示示范推广基地2个，耕地保护和粮食安全责任制严格落实。获批创建全国名特优新农产品整体推进试点县，新培育全国名特优新农产品3个、总数达11个，为全省县域最多；新建省级优质农产品生产基地2个，新增绿色食品企业3家，“德化黑鸡”列入全国“土特产”推介名录，春秋刺葡萄荣获省名牌农产品，春秋葡萄酒获评中国（西部）绿色优质农产品产销对接博览会金奖。上涌镇、龙浔镇、春美乡分别通过国家级、省级、市级农业产业强镇认定，培育省级农业产业化龙头企业、联合体各2家，入选省级“一村一品”专业村3个，新增市级以上合作社14家、家庭农场33家。全县农林牧渔业总产值28.9亿元、增长4.5%。

全力以赴破难题，发展动能有效释放。扩投引资成效显著。实施“项目奋战年”活动，全县260个重点项目完成投资262.8亿元、增长19.5%，其中，37个省市重点项目完成投资77.7亿元、完成年度计划的120%。持续深化“抓开放招商促项目落地”专项行动，全县新引进正式合同项目150个、协议总投资900亿元，其中20亿元以上项目11个、协议总投资341亿元。

要素保障持续加强。抓好“工业园区标准化建设”专项，全面推行工业厂房统一建设，建成标准化厂房171万平方米。全力推进盘活利用低效用地试点，纳入国家深化集体经营性建设用地入市改革试点，三班镇全省首宗试点地块成功入市，土地报批6169亩、林地报批2809亩，供地2472亩。开展向上争取资金比拼活动，到位资金17.8亿元、增长6%，获批地方政府债券23.9亿元，引进7支基金、签订框架协议85亿元。

营商环境不断优化。持续开展“营商环境提升”专项行动，聘任营商环境监督员20名，设立宜商环境观察点15个。率先在全市推行包容审慎监管执法“四张清单”，开展“审批不见面、企业零跑腿”专项行动，行政审批服务帮办代办入选省深化行政审批制度改革典型经验做法，被国家市场监管总局授予外商企业登记管理权限。积极筹建国家级（陶瓷）知识产权快速维权中心，“五位一体、多元共治”县域知识产权保护德化模式入选全市基层社会治理“十佳”创新案例。

2024年是中华人民共和国成立75周年，也是奋进中国式现代化新征程的攻坚之年。德化县各项工作的总体要求是：坚持以习近平新时代中国特色社会主义思想为指导，全面贯彻落实党的二十大和二十届二中全会精神，坚持稳中求进工作总基调，完整、准确、全面贯彻新发展理念，持续推进陶瓷创新、文旅融合、城乡共建，全方位推动高质量发展，奋力打造幸福宜居的世界瓷都。2024年德化县经济社会发展的主要预期目标是：全县生产总值、一般公共预算总收入、一般公共预算收入均增长6%，固定资产投资增长15%，居民人均可支配收入增长和经济增长基本同步，完成节能减排降碳任务，其他各项指标也作了相应安排。

（摘编：林汇智）

三明市产业经济发展综述

2023年是全面贯彻党的二十大精神的开局之年，是三年新冠疫情防控转段后经济恢复发展的一年。一年来，三明市各级政府各部门深入学习贯彻党的二十大和二十届二中全会精神，全面贯彻落实党中央国务院决策部署和省委、省政府工作要求，扎实开展学习贯彻习近平新时代中国特色社会主义思想主题教育，认真实施“深学争优、敢为争先、实干争效”行动，大力推进“抓重大项目，促高质量发展”工作，以最大努力争取最好结果，全市经济社会总体保持稳中向好，三明革命老区高质量发展示范区建设取得新成效。初步统计（下同），全市地区生产总值增长2%；地方一般公共预算收入117.97亿元，增长5.95%；固定资产投资增长2.5%；社会消费品零售总额912.4亿元，增长3.3%；外贸出口146.6亿元，增长7.4%；城镇居民、农村居民人均可支配收入分别增长3.8%、6.4%；节能减排降碳年度目标可以实现。产业经济发展的主要工作和成效是：

千方百计稳增长，发展动能持续提升。面对经济下行压力，深入开展“我为企业解难题”活动，精准出台金融支持地方经济9条、合力抓工业稳增长20条、促进民营经济发展32条等系列政策措施，推动全市经济自下半年来逐月回升向好。全力稳投资。推行全生命周期服务管理，组建专班攻坚18个重点突破项目，永安抽水蓄能电站、沙南高速等114个重点项目开工，三立福超纯微电子新材料、闽赣省际（建宁）公铁联运物流园铁路专用线等80个重点项目竣工，全市新签约亿元以上项目399个、总投资1116.3亿元，争取增发国债项目114个、资金32.7亿元，专项债项目86个、资金51亿元，23个、总投资685亿元的“两通”项目列入省级规划，永安、宁化、建宁、大田获全省项目考评正向激励。全力稳消费。持续开展“乐购三明”系列促消费活动，住宿、餐饮、新能源汽车等消费增长明显，我市列入国家流通战略支点城市，尤溪获评全国首批县域商业“领跑县”；实施文旅消费提升年行动，“智慧游三明2.0”平台上线运营，泰宁古城入选国家级夜间文旅消费集聚区，全市接待游客突破5000万人次，实现旅游总收入超过450亿元，分别恢复至2019年同期水平的120%、110%。全力稳市场主体。建立促进民营经济发展“1+N”政策体系，新登记民营经营主体4.5万户、增长5.5%，评选优秀民营企业家50名、优秀民营企业50家，8家企业入围全省民营企业百强相关榜单，同晟新材、奥翔体育在新三板挂牌上市，海斯福增加出口4000万美元。全市减税降费超17.5亿元，贷款余额增加252.8亿元、增长12.8%，新增“四上”企业596家，建筑企业新增特级资质1家、一级资质8家。

保持定力调结构，转型升级步伐加快。坚持“稳一优二进三”思路，大力构建现代化产业体系，不断提高产业发展质量。全面实施“链长制”。编制11条特色产业链“延链补链强链”专项规划，加快向高端产业和产业链高端发展，生物医药和新材料产业产值分别增长12.5%、10.6%，新增国家高新技术企业43家、“专精特新”企业30家。出台推进县域重点产业链高质量发展方案，明溪生物医药产业集群入选全省中小企业特色产业集群，永安入选中国县域投资竞争力百强、保持全省县域经济实力“十强”县(市)，将乐入选全省县域经济发展“十佳”县。推动园区平台提升。基本完成市区工业园区整合，深化“亩均论英雄”改革，三明经开区、高新区新签约亿元以上项目39个，实现税收突破9亿元、增长18%。三明中关村科技园新落地科技型企业89家，成功举办首届京闽科技合作论坛暨京闽（三明）科技项目对接活动。推进矿产资源优势转化。编制市、县两级矿产资源总体规划，规范矿业权管理，制定资源产业化重点任务清单，推动萤石、高岭土、石英等重要矿产资源得到有效保护和开发利用。数字经济加快发展。组建三明市数据集团，工业互联网人才培养与应用创新基地（三明中心）揭牌运营，海丝卫星数据运营中心开工建设，8家企业入选全省数字经济“独角兽”或“瞪羚”企业。

抢抓机遇促合作，发展活力有效释放。用足用活上级支持革命老区高质量发展示范区建设机遇，一批重要政策、试点示范落地见效，全市争取各类转移支付资金206.9亿元、同口径增长8%。沪明对口合作全面推进。互访交流常态化，顺利召开上海市与三明市对口合作第一次联席会议，上海市政府、市政协主要领导先后率团来明调研推动对口合作工作，全面签订双方区县结对和十个重点领域合作协议，选派104名干部到上海挂职锻炼。产业合作有序推进，上海市设立沪明对口合作专项资金，福建省级财政1∶1配套，三明市制定出台支持沪明对口合作专项优惠措施53条，沪明临港产业园、上海三明大厦揭牌运营，锦江国际度假酒店、墨砾新材料、纬景储能等项目加快推进，圆周产业招商基金设立运作，500多款三明农特产品登陆上海销售平台。民生共建取得实效，83所学校、29家医疗卫生单位与上海结对共建，华东师大附属三明中学开班办学。对口支援稳步实施。中央国家机关及央属企业对口支援三明工作座谈会在北京召开，宁化红色教育基地、清流米兰花酒店、明溪原料药绿色生产基地、建宁粮食产业融合发展示范园、百越专列进泰宁等项目及事项进展顺利。明台合作交流持续深化。成功举办第十八届林博会、第二届海峡两岸（三明）乡村融合发展论坛、沙县小吃旅游文化节暨海峡两岸美食节、海峡两岸各民族欢度“三月三”活动、海峡两岸暨港澳台地区基础教育交流活动，沙县小吃文化城被确定为海峡两岸交流基地，三元区获评全省闽台乡建乡创合作样板县，清流台湾农民创业园连续六年保持国家考评前五名。

敢闯敢试探新路，特色改革纵深推进。坚持惠民导向，重点领域改革红利持续释放，药械质量安全管理、林权不动产确权登记、“福路贷”融资模式等一批改革新举措在全国推广，林长制、沙县乡村振兴等工作获国务院督查激励。林改向生态产品价值实现拓展。“林票2.0”全国首发，林业碳票实现全国跨区域交易，林改6项创新成果列入中办、国办印发的《深化集体林权制度改革方案》，并在国务院新闻发布会上发布。三明市获批全国农村产权交易规范化整市试点。金融改革向普惠绿色升级。入选第二批中央财政支持普惠金融发展示范区，普惠小微贷款增长27.6%；全国首创“低碳贷”“绿消贷”等金融产品，全市绿色信贷余额298.9亿元、增长40.5%。

持之以恒美环境，城乡建设提质增效。编制完成市县国土空间总体规划，统筹划定“三区三线”，城乡融合发展取得新成效。城市功能不断完善。实施城市品质提升项目962个、完成投资259亿元，加快推进124个老旧小区改造，新建和改造燃气管道311公里、市政污水管网108公里，麒麟山公园、东江滨公园、沙县东门古街完成整体改造提升，三明市获批省级历史文化名城。全面提升防洪排涝能力，建成防汛应急综合指挥平台一期，创新沙溪流域防洪动态调度保险机制，成功入选全国海绵城市建设示范城市。乡村振兴有力推进。耕地保护和粮食安全责任制考核工作走在全省前列，完成抛荒地复耕2.63万亩，全市杂交水稻制种面积、产量均保持全国第一，先正达集团水稻种子供应链创新中心建成投用，全国小吃产业发展现场会在三明召开，入选全省首个国家农产品质量安全市，新增省级农业龙头企业44家、“三品一标”认证农产品79个。实施省级“百镇千村”试点示范工程，扎实推进乡村“五个美丽”建设，5个乡镇、61个村入选第二批省级乡村振兴示范镇、村创建名单，永安、泰宁入选“四好农村路”全国典型案例，建宁列入全国村庄清洁行动先进县。生态优势巩固提升。入选国家低碳城市试点优良城市，省对市河湖长制考核、水土保持工作评估均获全省第一，明溪入选全国首批自然资源节约集约示范县，金溪（将乐段）入选全国美丽河湖。开展生态环境突出问题综合整治攻坚，坚决推进第三轮中央生态环保督察交办信访件和通报典型案例立行立改、全面整改，市、县空气质量达标率均为100%、全省唯一，7个县进入全省空气质量前十名、数量全省第一，55个国省控和76个小流域断面水质达标率100%。

依法行政提效能，自身建设有力加强。坚持把党的全面领导贯穿政府工作各领域全过程，政府治理体系和治理能力现代化水平不断提升。政治建设走深走实。坚持“第一议题制度”，深入学习贯彻习近平总书记重要讲话重要指示批示精神，推动落实省委巡视和主体责任检查反馈问题整改，全面落实政府系统意识形态工作责任制，纵深推进政府系统党风廉政建设和反腐败斗争，有效发挥审计“经济体检”作用，严格落实中央八项规定及其实施细则精神和省、市实施办法，大力纠治“四风”，持续为基层减负，以实际行动坚定拥护“两个确立”、坚决做到“两个维护”。“完善生态法治体系、推进生态文明建设”做法获中央依法治国办通报表扬。修订《三明市人民政府工作规则》，制定《三明市生活垃圾分类管理办法》，全面系统清理行政规范性文件。人大代表建议、政协提案办结率和满意率保持100%。政务效能提速提质。借鉴上海浦东新区等地先进经验，深化营商环境集成创新，深入推进“一网通办”“一窗受理、集成服务”，“e三明”APP入驻事项3.3万余个，全程网办事项比例88.8%，“一趟不用跑”和“最多跑一趟”事项占比99.8%，成为全省“一窗综合受理”平台建设试点市。机关效能建设持续深化，市政府门户网站绩效评估提升至全国地级市第23名，12345政务服务便民热线受理群众诉求38万件、群众满意率99.4%。

2024年是新中国成立75周年，是实施“十四五”规划的关键一年。三明市要坚持以习近平新时代中国特色社会主义思想为指导，全面贯彻落实党的二十大、二十届二中全会和中央经济工作会议精神，按照省委、市委经济工作会议部署要求，坚持稳中求进工作总基调，完整、准确、全面贯彻新发展理念，围绕推动高质量发展首要任务和构建新发展格局战略任务，加快建设现代化产业体系，深入实施新时代民营经济强省战略，切实增强经济活力、防范化解风险、改善社会预期，巩固和增强经济回升向好态势，持续推动经济实现质的有效提升和量的合理增长，全面推进三明革命老区高质量发展示范区建设提质增效。经济社会发展的主要预期目标是：地区生产总值力争增长5.5%左右，地方一般公共预算收入增长5%，固定资产投资增长5%，外贸出口增长3%，实际利用外商直接投资增长3%，社会消费品零售总额增长5.5%，居民消费价格涨幅控制在3%左右，居民人均可支配收入与经济增长同步，完成节能减排降碳目标。

围绕上述目标任务，重点做好以下方面工作。大力推进新型工业化，加快产业转型升级，坚持把发展经济的着力点放在实体经济上，把高质量发展的要求贯穿新型工业化全过程，提升工业现代化水平。着力扩大内需，稳住经济发展大盘，充分激发有潜能的消费，扩大有效益的投资，促进消费和投资良性循环，推动全市经济加快全面回升向好。深化重点领域改革，赋能高质量发展，坚持以改革为动力，以惠民为导向，深化重点领域和关键环节改革，为高质量发展注入新动能。深化开展沪明对口合作，提高对外开放水平，坚持开放不止步，在促进区域协调发展上加力加效，构建具有山区特色的开放发展新格局。加快补齐短板弱项，持续提升城市能级，践行“人民城市人民建、人民城市为人民”理念，积极转变城市发展方式，完善城市治理体系，让城市生活更加美好。全面推进乡村振兴，建设宜居宜业和美乡村，坚持农业农村优先发展，学习运用“千万工程”经验，深入实施“千村示范引领、万村共富共美”工程，奋力走出一条具有三明特色的乡村振兴之路。狠抓生态环境保护，厚植绿色发展优势，牢记“青山绿水是无价之宝”重要嘱托，坚定不移走生态优先、绿色低碳发展道路，确保生态环境质量“只能更好、不能变坏”。

（摘编：王利兴）

三元区产业经济发展概述

2023年，三元区坚持以习近平新时代中国特色社会主义思想为指引，全面贯彻落实党的二十大精神，深入实施“深学争优、敢为争先、实干争效”行动，围绕“抓重大项目，促高质量发展”工作，奋力抓项目、拼经济、促发展，全区经济平稳健康发展，社会保持和谐稳定，三元革命老区高质量发展示范区建设取得新进展。产业经济发展的主要工作和成效是：

经济运行稳中向好。全区以月保季、以季保年，在全市“抓重大项目，促高质量发展”工作考评中连续4个季度蝉联第一，为全市经济社会高质量发展贡献更多三元力量。2023年，地区生产总值、第三产业增加值、农林牧渔业总产值、规上工业增加值、社会消费品零售总额增幅排名全市第一，超七成主要经济指标增速高于全市平均水平，经济保持稳中有进、进中提质的良好态势。全年地区生产总值增长3.7%；农林牧渔业总产值45.4亿元，增长5.6%；规模以上工业增加值增长7.5%；第三产业增加值增长4.4%；固定资产投资增长11.1%；社会消费品零售总额222.1亿元，增长6%；地方公共财政收入10.6亿元，增长1.4%；城镇、农村居民人均可支配收入分别增长3.5%、7.1%。

产业发展持续优化。第三产业提档升级。全面实施“做大三产、做强三产”三年行动，坚持规划引领、政策保障、重点扶持和专班推动，11个三产主要支撑指标中，零售业销售额、交通客货运周转量等5个指标增长率居全市前五。第三产业占三次产业比重首次超过50%，较上年同期提高5.8个百分点。实施三产重点项目101个，当年完成投资近18亿元，其中三明爱琴海购物中心、希尔顿欢朋酒店、万达“璀璨·元城明悦”等53个项目建成运营。闽光云商、福建海丝数字科技等4家企业入选省数字经济领域“独角兽”“瞪羚”企业名单。成功举办专业大型营业性演出，集聚六路商圈“人气”，拉动周末消费近亿元，成为全省第四个承办大型营业性演出的城市。今年培育新增限上商贸业企业85家、规上服务业企业21家，培育数量为全市最多，在库规上、限上企业家数约占全市四分之一。第二产业稳步提质。出台区工业稳定运行系列政策措施，完成工业投资100亿元，30个千万元重点投资项目建成投产，规上工业增加值增速保持全市领先。新入库战略性新兴产业企业13家，汇天生物等4家企业新认定为“专精特新”企业。今年新增规上工业企业19家，占全市15.6%。出台推动建筑业高质量发展17条措施，获得省住建厅同意参照“建筑之乡”管理，闽晟、宇煌等7家建筑业企业资质实现升级。农业基础不断夯实。坚决落实耕地“进出平衡”，流入耕地1629亩任务。完成建设高标准农田7000亩，撂荒地复垦复种3927亩，粮食播种面积达4.6万亩，牢牢守住粮食安全底线。投入资金近2亿元，建成投产一批现代农业重点项目。忠山村、沙阳村、米洋村等6个村获批省级“一村一品”专业村。

项目建设提速增效。精准谋划项目。制定《项目策划生成工作方案》，谋划储备亿元以上重大项目92个、总投资近350亿元，获批预算内投资项目10个补助资金7321万元，争取地方政府专项债项目5个2.7亿元、一般债项目10个0.8亿元，获得第一批特别国债项目4个1.1亿元。大力推进项目。强化项目全生命周期管理，落实重点项目协调工作机制，113个区重点项目完成投资超121亿元，三明盈科产业园等32个项目开工，总投资103亿元，润祥氟新材料等44个项目投产，完成投资近160亿元，为经济高质量发展打下坚实基础。服务园区发展。成立园区服务领导小组，实行园区分片挂包责任制，定期召开园区共建合作联席会，推进园区基础设施建设项目38个，完成投资3.6亿元。黄砂新材料循环经济产业园安全整治提升顺利通过应急管理部复核评估（达到C级）。

改革开放走深走实。国企改革纵深推进。整合农林水、交通、矿产、文旅等资源，新组建农林投资发展集团，国企规模持续壮大。进一步优化国有资产结构，国有总资产达102.6亿元。开展“企业效益提升年”活动，强化运营考核，完善薪酬激励、工程管理等制度，国企总营收达7.3亿元，实现税利6000多万元。加强银行业机构服务区属国企发展考评，国企投融资能力有效提高。区属国企在经济社会发展中的重要支撑和保障作用不断增强。营商环境不断优化。深入开展“我为企业解难题”工作，定期召开企业家座谈会，动态收集解决问题340个，赢得企业主广泛好评。出台《三元区进一步深化“放管服”改革优化营商环境的指导意见》，“办不成事”专窗反映的12项事项全部解决。全面落实营商环境数字化监测督导机制。深化“政银企”合作机制，民营企业融资渠道进一步拓展，辖区金融机构本外币存款和贷款余额均居全市第一，新增贷款110.7亿元，存贷比达109%、全市第一，更好发挥了金融赋能实体经济作用。开放合作更具实效。实施《杨浦区与三元区对口合作行动计划（2023—2025）》，双方在教育、卫健、文旅、科技和人才交流等15个领域加强互访交流，沪元开启了全方位、多领域对口合作。坚持以商招商、产业链招商，区“一把手”走出去、请进来招商26场次，全区签约项目31个、总投资近124亿元，其中，当年开工项目15个、总投资60多亿元，签约项目当年转化率接近50%。全年完成出口总额17.6亿元。

城乡品质日益提升。城市更新不断深入。稳步推进“依法和谐”征迁项目，完成三钢万寿岩学院二期地块、翁墩武警安置地块、学区路及徐锦家园周边道路、台江A地块周边道路等13个项目征迁工作。实施老旧小区改造项目63个，完成投资达1.2亿元，项目完成率居全市前列。集中力量解决了白沙省一建C地块、明恒基布公司地块、纤维板厂地块等8个历史遗留问题。乡村振兴扎实推进。成功入选省闽台乡建乡创合作样板县。乡村振兴试点示范连线扩面，岩前镇获批全省乡村振兴特色重点镇。投入6000多万元实施“五个美丽”项目，中村乡顶太村成功入选“中国美丽休闲乡村”，洋溪镇获评“省全域生态旅游小镇”，乡村更美丽更宜居。生态环境持续向好。落实生态环保目标责任制，抓好中央督察信访问题整改工作，信访件办结率100%。打好“蓝天、碧水、净土”保卫战，空气质量优良达标天数比例达100%，国（省）控断面Ⅲ类水质、饮用水水源地水质达标率达100%，工业固废、医疗废物安全处置率达100%。重点培育丰产竹林、国家储备林等高价值森林资源1.1万亩。入选省级森林养生城市。

政府效能明显增强。绝对忠诚讲政治。坚持把党的全面领导贯穿政府工作始终，深入开展学习贯彻习近平新时代中国特色社会主义思想主题教育，主题教育集中攻坚的36个项目任务全面完成。严格落实意识形态工作责任制，认真履行政府系统全面从严治党主体责任，持续抓好巡视巡察反馈意见整改落实，高质量推进上级党委、政府决策部署落地见效。自觉接受人大法律监督、政协民主监督，办理人大代表建议、政协委员提案167件，办复率100%。依法做好第三次全国土壤普查和第五次全国经济普查工作。全面主动落实政务公开，让权力在阳光下运行。优化财政支出结构，压减定额公用经费123万元、部门业务经费829万元；建立项目评审机制，节约投资资金853万元，有效保障基层运转和重点事业发展。发挥审计、巡察监督作用，不断延伸监督“触角”，强化执纪问责问效，以零容忍的态度惩治群众身边腐败和不正之风。

（摘编：周少雄）

沙县区产业经济发展概述

2023年，沙县区坚持以习近平新时代中国特色社会主义思想为指导，深入学习贯彻党的二十大精神，坚定信心、奋发作为，交出一份“难中求成、干中有为、稳中有进”的厚重答卷。全区地区生产总值增长1%；农林牧渔业总产值增长4.6%；规模以上工业增加值增长0.5%；地方一般公共预算收入增长5%；全社会固定资产投资增长15.6%；社会消费品零售总额增长4.9%；城镇居民人均可支配收入增长5.5%；农村居民人均可支配收入增长6.9%。

经济发展稳中向好。牢牢把握发展第一要务，全力争取上级支持，累计争取各类资金21.387亿元，其中上级补助资金13.15亿元，新增债券资金4.55亿元，获增发国债资金3.687亿元。项目建设见行见效。281个区级以上重点项目完成投资136.86亿元。福灿净水剂生产等187个重点项目顺利开工，立宜信节能环保换热设备生产、顶创钒合金新型材料生产等189个重点项目基本建成。招商引资有声有色。开展各类招商洽谈活动120场次，签约沙县区荷山数智预制菜生产、国建（沙县）冷链物流园等92个亿元以上项目，投资额269.24亿元，推动锂电集流体复合铜箔研发等43个亿元以上项目开工，投资额110.32亿元。沪明合作走深走实。成立上海沙县商会，梅子根咸鸭蛋、醉有才面干等产品进驻杨浦区商贸集团供应链。在三明国家农业科技园区建立沪明合作科技成果展示基地。与上海市杨浦区在文旅、教育、医疗、小吃产业等领域签订31个专项合作协议，建设上海沙县小吃运营中心，总投资15.2亿元的纬景储能液流储能设备生产等4个项目动工建设。国企改革持续深化，完成固定资产存量盘活超3亿元。

工业质效稳步提升。新增规上企业5家、创新型中小企业19家、省级“专精特新”中小企业4家。储备民企项目63个，签约顶创锂电复合集流体研发等项目。同晟股份在全国中小企业股份转让系统（新三板）成功挂牌。绿色纤维产业园等园区基础设施及要素配套不断完善，硅及化工新材料产业链、小吃食品产业链补齐补强，青山纸业入选新一代信息技术与制造业融合发展标杆企业，盛春纸业、机科总院海西分院获评省级绿色工厂。

现代农业快速发展。抓实耕地“进出平衡”，耕地保有量17.11万亩，发放耕地地力保护补贴1380.11万元。完成高标准农田建设1.58万亩，粮食播种面积17.59万亩，建设明1优臻占等高档优质稻示范片3000亩，闽西禽蛋优势特色产业集群项目竣工验收。智能化水产育苗生产等19个现代农业重点项目有序推进，完成投资8.2亿元。新增“三品一标”认证农业企业1家、产品3个，省级农业产业化龙头企业3家，市级示范专业合作社2家、示范家庭农场4家。开展畜禽稳产保供工作，全年生猪存栏17万头，出栏29万头，家禽出栏340.1万羽。

消费活力加速释放。小吃产业再创新高，获批海峡两岸交流基地，商务部主办的小吃产业发展现场会在沙召开，沙县小吃华夏行系列活动先后在北京、上海举办，全国沙县小吃加盟店达4456家。全年举办2023年中国名小吃文旅嘉年华等主题节庆活动45场，其中“2023年中国（沙县）小吃旅游文化节暨海峡两岸美食节”期间吸引游客人数突破75万，带动消费近7亿元。推出闽学溯源之旅等精品旅游线路，黄溪坑曲洋森林公园等8家露营基地投入运营。沙县小吃文化城景区入选2023年全省第二批智慧景区并上榜四钻级智慧景区，罗岩福道景区获评国家3A级旅游景区，南阳乡“福”文化文旅产品开发及示范村镇建设项目获全省唯一乡镇项目专项资金奖补150万元。持续开展“乐购三明·福购虬城”促消费等活动，发放各类补贴、消费券600万元，拉动绿色家电、新能源汽车、住房等重点领域消费6000万元。全年接待旅游人数超800万人次、实现旅游收入约53亿元，分别达到2019年同期水平115%和121%。

营商环境持续优化。出台《关于落实新时代民营经济强省战略，推进沙县区高质量发展的实施意见》《促进沙县小吃餐饮连锁企业总部回归七条措施》等一系列惠企政策，深入开展区处级领导挂钩帮扶企业和“百名干部服务百家企业”活动，帮助企业争取各类补助资金3290万元、解决法律问题超80个。持续深化“放管服”改革，233项便民服务事项实行“周六便民服务”办理，行政许可事项“两跑”占比超99%。设立“企业开办一件事”专窗，企业开办时间压缩至4个工作时以内，好评率达100%。全年新增各类市场主体4697户，同比增长23%。

城市品质显著提升。实施铁路公园三期、海绵城市建设、智慧生活垃圾分类建设等城市建设品质提升项目112个。东门历史文化街区获省级重点改善提升历史文化街区补助资金500万元，罗从彦健身休闲公园提升改造项目获中央专项彩票公益金补助3000万元。新建宜和、城南、城西等片区农贸市场3个。水南东片区污水处理厂、智慧治理服务中心、205国道沿线老旧小区改造等109个项目相继竣工，完成投资额29.11亿元。常态长效开展全国文明城市创建活动，顺利通过国家卫生城市复审。

乡村振兴深入推进。全省首个区域型农村综合产业交易平台“福建沙县农村产权交易中心有限公司”运营一周年，交易额累计超12亿元；农村宅基地制度改革试点工作通过农业农村部成效评估专家组初步验收；基层林业站建设创新做法在全国推广。乡村振兴再启新航。获评全国乡村产业振兴和改善农村人居环境激励县、第三批省级农产品质量安全县，乡村振兴工作经验在全省“千万工程”现场推进会上作典型交流；夏茂镇被农业农村部评为全国乡村特色产业产值超十亿元镇。巩固拓展脱贫攻坚成果同乡村振兴有效衔接，投入乡村振兴专项资金8485.3万元，支持92个乡村振兴项目建设，夏茂镇获评全省乡村振兴示范乡镇，高砂村等6个村获评全省乡村振兴示范村，富口镇获省级重点改善提升历史文化名镇资金550万元，水美村获省级传统村落补助资金350万元。大洛镇入选全国2023年第二轮土地承包到期后再延长30年全省唯一整镇推进试点；杉口村入选第三批全国乡村治理示范村，俞邦村入选全省美丽乡村休闲旅游点典型案例、省级美丽宜居村庄培育对象名单，夏茂镇、高砂镇顺利通过国家卫生乡镇初审。

基础设施日益完善。推进“三沙”融合发展，三明市第一医院生态新城分院正式启用，市区间部分高速公路小型客车免费通行。扎实开展全国城乡交通运输一体化示范创建县工作，垄东互通成为全市首个开通高速公路出入口的服务区；充分发挥闽江航运资源优势，全市首个货运码头三明港沙县港区青州作业区1#—3#泊位工程顺利完工，补齐沙县“铁公空水”现代综合交通运输体系最后一环。双溪水库年内完成竣工验收，城乡供水一体化建设基本完成。新改建农村公路24.86公里，乡镇污水配套管网20公里。

林改迈出坚实步伐。入选省级林业改革综合试点县，持续推进集体林权制度改革，创新林木采伐制度，在全国率先开展人工商品林皆伐与抚育间伐按面积批准；全国林业站和生态护林员工作会议在沙召开，建成全省首个林业巡护无人机自动机场，完成林业站无人机配备全覆盖。配合创设生成全国首单“林票2.0”，在全省率先推出“低碳存单”。探索生态产品价值实现机制，实施林业碳汇“四大工程”，新增林业碳票1.69万吨。创新推出“福林贷2.0”“福农·碳票（汇）贷”，累计发放各类贷款15.98亿元。

（摘编：邓新民）

永安市产业经济发展概述

2023年，是全面贯彻落实党的二十大精神的开局之年。永安市坚持以习近平新时代中国特色社会主义思想为指导，认真学习贯彻党的二十大精神，坚持稳中求进工作总基调，有效应对经济下行压力和各类风险挑战，经济运行积极因素在积累，亮点在增多，预期在好转，整体保持平稳态势。全年实现地区生产总值536.29亿元、增长4.8%；规模以上工业增加值增长7.1%；地方一般公共预算收入21.08亿元、增长5%；固定资产投资增长15%，出口总值16.43亿元，社会消费品零售总额增长4.9%；城镇居民人均可支配收入47157元、增长3.5%；农村居民人均可支配收入25980元、增长7%。产业经济发展的主要工作和成效是：

产业结构向优升级。坚持在发展中推进产业结构调整，持续优化升级产业体系。主导产业加速建链。汽车及机械加工、林竹、石墨和石墨烯三大主导产业实现产值383.94亿元。汽车及机械加工产业聚企成链，海西汽车销量保持稳定，建新轮胎年产150万条全钢子午线项目投入试生产，累计引进汽车零部件配套企业30余家，整车零部件就地就近配套能力实现新提升；明确林竹产业主导地位，永林股份、森美达等2家企业申报第五批国家林业重点龙头企业，成功在上海举办2023国际（永安）竹博会，竹产业一二三产加速融合，加工企业达166家，荣获“中国竹都”称号；石墨和石墨烯产业不断壮大，本地微晶石墨资源开发利用攻关投入中试，举办第五届中国福建（永安）石墨烯创新创业大赛，康碳、格瑞诗获评省级“专精特新”企业，初步形成国内首条较为完整的石墨烯热管理产业链条。传统产业加速升级。建材、化工、纺织新材料三大传统产业预计实现产值309.78亿元。安砂建福熟料产能扩增技改项目部分建成投产；北部工业新城化工集中区安全风险等级提升至C级，科宏生物三期项目、中盛宏业一期项目正式投产；福骐荣等永安企业与上海东方国际等龙头企业签订产销协议，成功进入上海市场。现代服务业加速补短。现代物流业企稳回升，全市货运周转量增长5.6%，“源配货”网络货运平台入选国家“服务型制造示范项目”，闽中公铁联运物流园供应链仓储中心开工建设；文旅康养业持续提升，新增全国自然教育基地1个，省级森林康养小镇1个，省级森林康养基地2个，创建国家3A级旅游景区1个。特色农业加速增效。完成粮食播种面积16.45万亩、产量6.69万吨，超额完成年度考核任务；第三次全国土壤普查有序推进；永安冬笋、永安贡鸡被认定为国家地理标志商标，永安黄椒、京粉鸡蛋入选第二批“全国名特优新农产品”名录，获评省级农产品质量安全县，实现农林牧渔业总产值64.56亿元、增长4.6%。数字经济加速赋能。电商行业快速崛起，完成直播电商创业孵化基地二期建设，获得“省级众创空间”认定，直播带货销售额预计达到3.23亿元、增长36.7%；开展“乐购三明·LUCKY永安”促消费活动，拉动限上销售额3.46亿元；新入统贸易类企业37家，为历年数量最多；工业数字化转型深入推进，培育1家省级工业互联网企业，省级两化融合标杆企业达到3家。

发展后劲向强集聚。坚持项目为王，着力扩投资、优服务，厚植永安高质量发展后劲。科学谋项目。抢抓革命老区高质量发展示范区建设机遇，谋划重大项目27个、总投资660.46亿元，成功争取第一批、第二批专项债项目5个，获得债券额度10.6亿元、居三明第1位。精准引项目。用好石墨和石墨烯、汽车及机械加工等14张产业链招商地图，全年新签约石墨前驱体、锂离子电池负极材料生产等项目57个，总投资169.55亿元，其中亿元以上项目个数占比达73.68%。全力建项目。落实重大项目全生命周期管理，37个省市重点项目完成投资52.43亿元，超序时5.14个百分点；20个省重点项目完成投资37.02亿元，超序时12.12个百分点；总投资75亿元的抽水蓄能电站项目开工建设，实现从全省“跟跑”到“领跑”的永安速度。

对口合作向实增进。抢抓浦永对口合作机遇，不断深化合作内容、拓展合作领域、扩大合作成果，多领域取得实质性成效。两地主要领导带队互访10余次，各级企事业单位开展互访交流活动150余次，互动交流日益密切频繁。产业合作走深走实。达成合作项目34个、总投资30.2亿元，金桥·永安新型碳材料产业协同发展中心挂牌成立，石墨烯新材料进入上汽整车散热试验阶段；引进首支浦东新区私募股权投资基金，完成5000万元股权投资。文旅康养双向奔赴。与上海音乐学院共建红色音乐教育实践基地；中央红军标语博物馆成为中共一大会址合作纪念馆；1家酒店入选上海市职工疗休养基地。

改革攻坚向深推动。将改革重点放在解决实际问题上，积极探索更多永安经验做法。国企改革持续深化。完善市属国企管理制度，优化选人用人机制，全面推行聘用制改革，推动市属国企参与乡镇集体矿权改革。园区改革实现突破。出台《推动园区高质量发展实施方案》，完成“一区多园”整合，组建汽车园管委会、永翔集团，进一步理顺权责关系，开展“亩均论英雄”竞赛活动。林业改革更有成色。制发林票2400余万元；天然林收储改革获国家林草局专刊推广，累计收储6000余亩；“竹师傅”平台开始运行。

风险化解向稳可控。坚持发展和安全并重，有效防范各类风险挑战，全力推动永安高质量发展行稳致远。房地产风险有序化解。中央佳园、蓝湾园楼盘完成风险化解，诚上广场楼盘风险化解攻坚行动取得突破，全市商品房销售面积18万平方米，去化周期缩短为16.6个月。债务风险有力管控。出台《促进增收节支25项措施》，再融资债券置换比例从85%提高至90%，争取土储债再融资债券资金1.35亿元，债务风险总体可控，财政运行总体平稳；工贸企业风险持续稳控，不良率压降至0.57%。环保风险有效防范。尼葛园异味整治、金银湖水泥矿山治理复绿等中央生态环境保护督察反馈问题启动销号，新一轮反馈问题全部按整改要求推进；沙溪流域生态治理EOD项目获得18.66亿元授信额度；全市燃煤锅炉、机砖厂、机制炭和铸造企业全部完成整治提升，环境空气质量优良率达100%；建立健全流域水环境常态化预报预警机制，国省控考核断面水质优良率达100%。

城乡环境更优美。城市品质持续提升，策划和实施127个城市建设品质提升项目、5917户老旧小区改造工程，巴溪湾完整社区等3个项目获评省级样板工程，市委党校新校区建成投用；农村环境持续改善，打造“五个美丽”建设点867个，青水畲族乡被命名为福建省森林乡镇，贡川镇集凤村列入第六批中国传统村落；基础设施持续优化，国道356线曹远樟林至泥坪公路、永安步虹桥竣工通行，“福路贷”经验做法获评交通运输部典型案例，并向全国推广交流。

2024年是永安撤县设市40周年。永安市工作总体要求是：坚持以习近平新时代中国特色社会主义思想为指导，完整、准确、全面贯彻新发展理念，加快构建新发展格局，切实增强经济活力、防范化解风险、改善社会预期，巩固和增强经济回升向好态势，持续推动经济实现质的有效提升和量的合理增长，奋力打造中国式现代化革命老区新样板。全市经济社会发展主要预期目标是：地区生产总值增长5.5%；规模以上工业增加值增长6%；地方一般公共预算收入增长5%；固定资产投资增长10%；出口总值16.5亿元；社会消费品零售总额增长6.4%；城镇居民人均可支配收入增长5.6%，农村居民人均可支配收入增长7.1%；完成单位生产总值能耗降低和主要污染物减排年度任务。

（摘编：林汇智）

明溪县产业经济发展概述

2023年，明溪县深入学习贯彻习近平新时代中国特色社会主义思想和党的二十大、二十届二中全会精神，实施省委“深学争优、敢为争先、实干争效”行动和市委“抓重大项目、促高质量发展”工作，全县经济社会总体保持稳中向好，全县地区生产总值增长1.5%，地方一般公共预算收入增长6%，城镇居民人均可支配收入增长7%，农村居民人均可支配收入增长9%，各项工作取得积极进展。

高质量发展凸显新气象。政策激励有效。坚持稳中求进，兑现落实省级技改设备投资、科技小巨人企业研发投入奖励等上级稳增长政策措施，做到直达快享、应享尽享；加强各类政策协调配合，出台促进生物医药产业集聚发展19条、现代服务业高质量发展8条以及海斯福、南方制药“一企一策”等系列政策措施，累计兑现惠企资金2904万元，退税减税降费7620万元，有效提振企业发展信心。项目投资有力。加强项目全生命周期管理，全年谋划储备项目169个，总投资456亿元，入库项目46个，总投资184亿元；签约项目58个，总投资112亿元。鑫福榕新型建筑材料、博悦高技术壁垒药物生产等12个延链补链强链项目签约落地，元溪高速公路、翰大线至开发区B区道路等20个基础设施项目开工建设。3次集中开竣工项目36个，总投资43亿元，推动10个省级重点项目、69个县级攻坚重点项目分别完成年度投资计划的123%、105%。抓好要素保障，完成20个征迁攻坚项目，征租土地3272亩，保障建设用地530亩。帮扶企业有方。实行“领导挂包+专班服务+驻企帮扶”机制，开展“四下基层”暨“千人进千企”活动，解决企业各类问题59个；组织“政银企”对接活动2场，推动产融对接3.9亿元，新增企业贷款1.1亿元，同比增长6.61%。开展建设项目设计方案“模拟审批”改革，深化工程项目审批“帮代办”服务，累计为115家企业提供服务358项，政务服务满意率达100%；全年新增市场主体1071家，其中企业207家，同比增长6.76%。

特色发展塑造新优势。加快打造百亿产业集群。海斯福高端氟精细化学品二期、SPC石塑地板环保深加工一期建成投产，博悦上市许可持有人及药品经营平台投入运营，熙华医药产业园、南方制药绿色原料药及CMO生产、博杰金属硅粉等项目完成主体建设，1—11月“三新”产业产值、税收分别为76.56亿元、2.53亿元，分别增长4.49%、11.86%。海斯福入选国家级绿色工厂、全省制造业民营企业百强、全省战略性新兴产业企业百强。生物医药产业新获批原料药8个、制剂2个，其中南方制药甲磺酸伊马替尼片是全市首个抗肿瘤药制剂；海西联合药业吸入用七氟烷填补了我省吸入式麻醉剂空白，成为全国第五家吸入用七氟烷过评企业，生物医药产业集群列入福建省中小企业特色产业集群。加快培育中医药大健康产业链。发展种植链，建成灵芝、茯苓等中药材种植基地2.83万亩，中药材农业产业化联合体获评省级农业产业化联合体；明溪县入选福建省“福九味”中药材产业集群建设项目。延伸产业链，开发灵芝枸杞红枣茶、仙草灵芝、草珊瑚茶等大健康产品，注册“寿山聚龙”“芝晓天下”品牌，金线莲牙膏、淮山蛋卷列为“明八味”优秀创新产品。拓展服务链，启动中医院迁建项目前期，建成县域中医适宜技术推广中心，康复科列入市级重点专科建设项目；完成14所“中医阁”建设，实现基层医疗卫生机构中医药服务全覆盖。

加快建设欧洲进口商品交易中心。完成南山商贸综合体主体建设，公用型保税仓顺利通过福州海关验收，欧起航电商直播基地及商品物流项目投入运营，促成欧起航与三明夏商百货开展战略合作。举办三明市跨境商品贸易对接会暨明溪县欧洲进口商品交易中心招商推介活动，“明溪欧品购”品牌持续打响。加快发展生态观鸟产业。大力发展“观鸟+”业态，王桥生态观鸟景区旅游基础设施建设项目有序推进，完成28个精品观鸟点提升改造，建成13家特色观鸟民宿，新增省级森林康养小镇、省级森林康养基地3个，打造全国自然教育基地（学校）2个，翠竹洋火山口景区晋升为国家3A级旅游景区，与阿拉善SEE八闽项目中心签订战略合作协议，举办首届福建明溪全国观鸟挑战赛，抓好观鸟宣传推介和文创产品开发，“观鸟观自在”品牌知名度不断提升。

城乡发展呈现新风貌。城市品质全面提升。推动城市开发，完成康乐路南侧地块开发，开工建设嘉豪花园西侧、原妇幼保健院地块项目。推动城市更新，完成中山全民健身中心、南山田园综合体二期、渔塘溪城市品质提升等项目65个。推动路网管网建设，新建福道12公里，新改建雨（污）管网、燃气管网14.7公里，河滨南路向西延伸、北部新区基础设施及路网建设有序推进，启动交通运输服务综合体、城区生活污水处理厂提升项目。抓好城市精细化管理，上线“微公交”20辆，建成城乡建设智慧管理平台（一期），加强“两违”整治，实现环卫作业及园林绿化管养一体化运营，省级生活垃圾分类试点县顺利通过验收，获评国家节水型社会建设达标县。乡村振兴全面推进。学习运用“千万工程”经验，推动农业农村高质量发展。强化耕地保护，整治和处置一批违法用地和批而未供土地，补充耕地976亩，获评国家首批自然资源集约节约示范县。强化粮食生产，建设高标准农田1.8万亩，完成粮播面积21.43万亩、总产量8.08万吨，超额完成年度目标任务。强化产业兴农，烟叶丰产丰收，百香果产研一体化、丰沃现代农业科技产业园等12个项目有序推进，新增农业产业化省级龙头企业3家、省级“一村一品”专业村2个、绿色食品认证9个，明溪鸡蛋入选全国第二批“名特优新”农产品名录，明溪淮山入选全国“土特产”推介目录和全省首批“福农优品”百品榜，明溪获评省级农产品质量安全县。强化美丽乡村建设，投入2011万元推进省级乡村振兴试点村及实绩突出村建设，打造美丽乡村庭院等“五个美丽”607个，新改建盖洋至雷西等农村公路21公里、乡村污水管网36.3公里，农村客货邮实现行政村全覆盖，罗翠村获评第三批全国乡村治理示范村、龙湖村入选2024年闽台乡建乡创合作样板村。园区建设全面提质。坚持规划先行，抓好化工园区四至范围调整，规划建设高端制剂产业园、中医药健康产业园、矿产品综合利用循环经济产业园。推进园区标准化建设，完成特勤消防站、职工公寓等9个基础设施项目建设，工业污水处理厂二期扩建、危化停车场、公共管廊、应急池等11个项目有序推进。加强土地供给，完成园区土地征收193亩，盘活闲置厂房1.5万平方米，开工建设工业集中区集中供热项目，建成10千伏用电专线。守住安全环保底线，完成整改安全等级复核和环保整治提升反馈问题39个，企业问题整改完成率100%，经济开发区管理服务位居全省第4位。生态环境全面改善。深入打好污染防治攻坚战，推进中央、省级生态环保督察等通报问题整改销号，顺利完成配合第三轮中央生态环保督察工作，生态环境突出问题综合整治攻坚行动考核居全市第4位，空气质量位居全省第3位，水环境质量居全省第10位，2022年度国家重点生态功能区县域生态环境质量综合考核居全省首位。加强生态修复治理，认真落实河湖长制、林长制，整治河湖“四乱”问题40个，完成国土绿化1.28万亩，坚决打好松材线虫病防控攻坚战，胡坊镇生态环境治理与农林产业融合发展EOD项目为全市乡镇首创。

（摘编：李元）

清流县产业经济发展概述

2023年，清流县认真学习贯彻习近平新时代中国特色社会主义思想和党的二十大精神，有力有效应对经济下行、外需减弱等多重不利影响，全县经济社会发展承压而上、稳中见韧。全县多项主要经济指标增幅位居全市前列，较好完成年初确定的预期目标。全县完成地区生产总值153.6亿元，县级一般公共预算收入增长11.54%，农林牧渔业总产值增长3.5%，规模以上工业增加值增长0.5%，第三产业增加值增长1.2%，城镇居民、农村居民人均可支配收入分别增长6.0%、7.0%，本外币各项存贷款余额分别增长11.8%、22.05%。

产业经济主要工作和成效体现在以下方面：

致力稳增长，经济大盘持稳向好。常态化开展“我为企业办实事”活动，深化领导干部挂钩帮扶企业机制，全面落实各级惠企政策，帮助企业解决具体困难问题500余个，累计为企业减轻税费负担和增加现金流近9亿元。全力实施“一张表抓全年，全年抓一张表”重点项目142个，组建36个重点攻坚专班，强化全生命周期服务管理，预计全年完成投资65亿元以上，雅鑫电子新型超纯系列清洗材料、嵩溪污水处理厂等45个项目竣工投产，中欣高宝新型电解液、全域旅游基础设施（一期）等55个项目开工建设。深化产业链招商、以商招商，严把项目准入，狠抓亩均效益，新签约亿元以上项目33个，总投资149.2亿元，超5亿元项目6个。大力开展“全闽乐购·乐购清流”促消费活动，后疫情时代批、零、住、餐等行业全面转正，并呈现明显向好态势。积极推进外资外贸稳存量、扩增量，新增外资企业5家，全年实际利用外资和外贸出口分别增长70.0%、10.0%以上。

致力强动能，产业转型提质增效。深入实施“龙头企业壮大工程”，坚持延链补链强链，东莹化工二期、中欣高宝二期等一批重大产业项目相继投产或部分投产，前十家龙头企业产值占全县工业总产值超80.0%，新培育规上工业企业5家。大力支持企业创新发展，新增省级科技小巨人企业3家，展化化工、雅鑫电子入选国家级绿色工厂。持续推进工业园区标准化建设，氟新材料产业园入选全市“重点发展类化工园区”，经济开发区入选国家级绿色园区。加快特色农业规模化、品牌化、差异化发展，豆腐皮文化创意产业园即将投产运营，生态蛋鸡存栏突破180万羽；坚决整治耕地“非农化、非粮化”，新建改造高标准农田2.7万亩，超额完成粮食播种任务，县中心粮食储备库被确定为全市标杆库。持续深化沪明文旅合作，大力发展“红色+研学”“红色+教育”等新业态，全年共接待游客162万人次，实现旅游收入14.5亿元，分别增长36.0%、39.0%。

致力提品质，城乡面貌持续改善。深化“小县大城关”战略，总投资59亿元的33个城市品质提升项目深入推进，龙城街街区综合整治、城区福道等12个重点项目竣工投入使用，建成全市首个污水管网诊断溯源系统。持续开展“微改造、大提升”活动，投入1300余万元，发动干群2.1万人次，累计整治老旧小区、背街小巷“灯不明、路不畅、管不通”等问题315个，拆除“两违”面积达2.3万平方米，做法被人民日报、中国文明网等19家省级以上媒体报道。加快建设宜居宜业和美乡村，深入实施农村人居环境整治攻坚三年行动，推进43个重点村集中整治，以点带面实现人居环境明显改善，赖坊镇赖武村、余朋乡东坑村被列入中国传统村落名录。持续巩固生态优势，生态环境综合整治“六大攻坚”任务有力推进，空气质量综合排名居全省县级城市第四位，城乡饮用水源水质达标率均为 100.0%；高质高效完成第三轮中央生态环保督察信访件整改。

致力探新路，改革开放多点突破。林改持续发力，大力推广“龙头企业+基地+林农”林下经济发展模式，岗梅种植面积超 1.3 万亩，成为全省林下经济发展十大典型案例之一，被授予“中国岗梅之乡”称号。开放协作持续见效，米兰花酒店即将落成运营，第二批华润希望乡村加快建设；嘉定区 17 项合作重点任务加快推进，产业项目、职工疗休养、农产品产销等领域取得明显成效；集美（清流共建产业园（二期）全面竣工投用。

致力优作风，自身建设不断加强。深入开展学习贯彻习近平新时代中国特色社会主义思想主题教育，以实际行动坚定拥护“两个确立”、坚决做到“两个维护”。大力弘扬“马上就办、真抓实干”优良作风，落实“争优、争先、争效”工作要求，干事创业精气神持续提振。严格落实意识形态工作责任制，纵深推进政府系统党风廉政建设，完善项目招投标、资金拨付等重点领域制度，全面落实中央八项规定及其实施细则精神和省、市、县实施办法，大力纠治“四风”，政府效能进一步提升。持续优化营商环境，推行“清易办”“帮您办”模式，设置“跨省通办”“异地代收代办”窗口，“两跑事项”占比达 100.0%。深入推进法治政府建设，坚决执行人大及其常委会决议决定，自觉接受人大、政协、监察、司法、审计和社会监督，人大代表建议和政协委员提案办复率、满意或基本满意率均达 100.0%。坚持政府过“紧日子”思想，强化预算执行约束，“三公”经费支出逐年缩减，县级财政管理绩效综合评价连续三年进入全国前 200 名。

2024 年是推动“十四五”规划目标任务落实的关键期。清流县要坚持以习近平新时代中国特色社会主义思想为指导，全面贯彻落实党的二十大和二十届二中全会精神，按照中央和省、市部署要求，坚持稳中求进工作总基调，完整、准确、全面贯彻新发展理念，巩固和增强经济回升向好态势，持续推动经济实现质的有效提升和量的合理增长，加快推进清流革命老区高质量发展。综合考虑各方面因素，今年经济社会发展的主要预期目标是：地区生产总值增长 5.0%，县级一般公共预算收入增长 3.0%，固定资产投资增长 8.0%，农林牧渔业总产值增长 4.6%，规模以上工业增加值增长 4.0%，第三产业增加值增长 5.6%，外贸出口增长 3.0%，验资口径实际利用外资增长 3.0%，社会消费品零售总额增长 2.2%，城镇居民人均可支配收入增长 6.0%，农村居民人均可支配收入增长 7.0%，城镇登记失业率控制在 5.0%以内，完成节能减排降碳目标。

（摘编：郭向东）

宁化县产业经济发展概述

2023年，宁化县深入学习贯彻习近平新时代中国特色社会主义思想，全面贯彻落实党的二十大和二十届二中全会精神，扎实做好“抓重大项目，促高质量发展”工作，推动经济社会发展取得新成效。全年完成地区生产总值241.5亿元，增长1%；全社会固定资产投资增长12%；地方一般公共预算收入7.4亿元，增长15.66%；农林牧渔业总产值55.74亿元，增长6%；城镇居民人均可支配收入39228元，增长7%；农村居民人均可支配收入23425元，增长8.5%；宁化县获评全国科普示范县、全国自然灾害综合风险普查成果应用试点县、省级农产品质量安全县、全省农村客货邮融合发展试点县。

产业动能更加强劲。农业基础持续夯实。开展耕地保护责任落实年攻坚行动，推进第三次全国土壤普查，做好流出耕地整改工作，全年新增耕地1985亩，石淮灌区竣工投用，修建水渠186公里，新建高标准农田5.5万亩，新整治撂荒地1.39万亩，粮食总产量超18万吨。坚持规模化、品牌化方向发展“两米两茶一叶一稻种”等特色农业，挂牌成立宁化六三种业公司、河龙贡米协会，种植河龙贡米5.2万亩、薏米3.51万亩、辣椒2.3万亩，新增林下经济6000亩、丰产竹林基地1万亩，改造低产油茶林1.19万亩，茶叶产量增长5.6%，杂交水稻制种首次突破5万亩，烟叶种植12.8万亩、收购量连续34年居全省首位。推进农业产业化经营，现代种业科技园、现代农业（薏米、河龙贡米）产业园加快建设，闽西蛋禽产业集群项目通过验收，新增市级以上示范农民专业合作社3家、家庭农（林）场5家，三叶青获省级食品安全地方标准立项，4个农产品获国家绿色食品认证，乐野小镇入选省级休闲农业示范点。工业质量持续提升。出台稳定工业运行十二条措施，建立培育工业企业上规挂钩帮扶机制，组织开展产销对接、政银企对接活动，“一企一策”支持工业企业发展壮大，全年新增规模以上工业企业17家，规模以上工业增加值增长0.7%。矿产深加工、有机硅新材料、光学元器件、应急装备等工业主导产业稳步增长，应急产业园建设加快推进，有机硅新材料主产业链初步形成，纳新、固泰有机硅成为省内混炼胶生产龙头企业。支持企业技改扩规，推进重点企业增资扩产，全年实施技改项目19个，长宁纺织多功能混纺纱技改等4个项目纳入省级重点技改项目库，行洛坑钨矿“5G+互联网”项目入选全省新一代信息技术与制造业融合发展典型应用案例。提升园区平台承载力，智能制造产业园（一期）建成投用，城南化工工业集中区通过省级安全风险等级C级认定公示，华侨经济开发区获评省级绿色工业园区，“一区多园、多点支撑、特色互补”工业产业空间布局基本形成。三产活力持续增强。开展服务业高质量发展三年行动，大力发展商贸流通、文旅康养、体育赛事、红色培训、客家小吃等产业，数字经济发展五年专项规划完成编制，宁阳古街商业综合体投入运营，新增规模以上服务业企业16家、限额以上商贸企业40家；兴泉、浦梅铁路宁化站货运开通，境内火车站上下车旅客超57万人次、增长156%；成功举办红色运动会、半程马拉松赛等省级大型体育赛事活动7场次，凤凰山中央红军长征出发地核心展示园等项目竣工投用，长征精神现场教学点举办培训班338期、培训3.6万余人次，蛟湖文旅小镇获评省级森林康养基地，曹坊镇八十里铺入选全国夏季“村晚”示范展示点，以“一地一带两院两园”为主导的全域红色版图布局基本形成；加强宁化客家小吃培训，支持参训人员开办小吃店，持续开展展销、推介、宣传等活动，小吃品牌影响力、市场竞争力进一步增强。

经济大盘更加稳固。全年兑现各类奖补资金3276万元，发放助企纾困贷款1.58亿元，减税降费及退税缓税缓费1.4亿元，全年新增各类市场主体2800户、增长7.5%。抢抓各类政策机遇，积极跑省跑部争取支持，22个项目获“三类”资金补助2.69亿元。发挥投资关键作用稳增长。深入开展项目攻坚行动，扎实做好招商引资工作，新签约项目64个、总投资106.59亿元，亿元以上签约项目占比超50%，总投资1亿美元的凯尔迈文化创意产业园项目开工建设；健全项目推进机制，建立重点项目管理系统，实行项目全生命周期管理，全年实施县级以上重点项目162个，完成投资79.43亿元。发挥消费基础作用稳增长。开展“全闽乐购·福见宁化”促消费系列活动，发放惠民消费券100万元，实现社会消费品零售总额72.06亿元、增长4%。开展旅游服务质量提升攻坚行动，游客接待量、旅游总收入分别增长30.5%、35.5%。坚持“房住不炒”定位，保障合理住房消费需求，商品房销售稳步回升。开展线上直播营销活动，新引进电商企业10家，电子商务交易额达15.91亿元。

城乡面貌更加靓丽。城市焕发新颜值。实施“大城关”战略，投入资金18.46亿元，实施城市建设品质提升项目75个，改造松树园、东方花园等片区老旧小区4个，新改建雨污、供水、燃气等管网124公里，生活垃圾焚烧发电厂基本建成，宁阳古街客家风貌提升项目完工，瑶上农贸市场竣工投用，县城更新建设样板工程入围2024年省级样板工程。乡村树立新风貌。学习借鉴“千万工程”经验，实施乡村振兴“6+2”工程，推进30个省级乡村振兴试点村、实绩突出村项目，“党建引领·古韵客家”乡村振兴重点示范线加快建设，建成市级以上“一村一品”专业村60个，石壁镇和石牛村等7个村分别入选全省乡村振兴示范乡镇、示范村创建名单，安乐镇谢坊村获评全国乡村治理示范村。实施农村建设品质提升五大工程，加快推进城乡供水一体化（一期）项目建设，自来水普及率提高到89.4%，乡镇污水处理场站实现市场化运维全覆盖，新建农村5G基站223个，改造提升农村公路47.5公里。生态展现新形象。完成烤烟房“煤改电”240座，环境空气质量优良率100%、居全省前五位；实施森林质量精准提升工程，完成植树造林0.81万亩、封山育林1.7万亩、森林抚育5.2万亩，新增省级森林村庄3个、高级版绿盈乡村7个，济村乡获评省级森林乡镇；实施全国重点推进小流域综合治理质量增效项目，综合治理水土流失面积1.9万亩，新建安全生态水系25.5公里，生猪、鳗鱼养殖污染得到有效治理，水源地和水功能区水质达标率100%。

创新活力更加充沛。林改取得新突破，新制发林票2356万元、碳票1万吨，重点生态区位商品林赎买5040亩；实施国有企业改革深化提升行动，县属国有企业整合重组工作稳步推进。对外开放成果丰硕。扎实做好对口支援、挂钩帮扶、山海协作、对口合作、宁台交流等工作，国家消防救援局在宁化县建成消防科普教育基地，与泉港区在产业、技术、干部交流等领域协作走向纵深；建立嘉宁常态化沟通对接“116”机制，嘉宁共建产业园建成投用，上海团队来宁开展疗休养57批次，茶油、薏米、河龙贡米等农特产品入驻上海线上平台销售；成功举办首届客商大会，闽台青年创新创业交流中心开工建设，第29届世界客属石壁祖地祭祖大典暨第11届石壁客家论坛系列活动圆满落幕。创新活力竞相迸发。兑现科技创新奖补政策，规上工业研发经费投入达8500余万元，新增省级科技计划项目立项5个，宁兴建材获评国家高新技术企业，福特科光电获评市级企业技术中心并通过国家高新技术企业复审。实施知识产权战略，新增发明专利63件、省级以上知识产权优势企业2家。

（摘编：苏小雨）

建宁县产业经济发展概述

2023年，建宁县深入学习贯彻习近平新时代中国特色社会主义思想和党的二十大精神，扎实开展主题教育，全面贯彻落实党中央国务院决策部署和省委省政府、市委市政府的工作要求，认真实施“深学争优、敢为争先、实干争效”行动，大力开展“抓重大项目，促高质量发展”工作，全县经济社会保持良好发展势头。全年完成地区生产总值163亿元，增长1.5%；农林牧渔业总产值42亿元，增长5%；规模以上工业增加值增长0.2%；第三产业增加值47亿元，增长0.1%；地方一般公共预算收入3.44亿元，增长3.5%；固定资产投资增长15%；社会消费品零售总额42.93亿元，增长3%；城镇居民人均可支配收入38558元，增长3%；农村居民人均可支配收入23552元，增长7.5%。产业经济发展的主要工作和成效是：

特色农业稳中向优。进一步擦亮国家级杂交水稻制种第一县品牌，现代农业产业园被认定为国家级现代农业产业园，先正达集团（中国）水稻种子供应链创新中心建成投用，拥有全球最先进的水稻种子加工生产线。建设高标准农田2.85万亩，落实杂交水稻制种面积15.7万亩、产量3650万公斤，新增自主知识产权品种15个。“建宁五子”区域公用品牌更加响亮，全产业链实现产值105亿元，2个产品获中国绿色食品博览会金奖，“建宁通心白莲”入选全国地理标志助力乡村振兴典型案例，溪口镇（黄花梨）获评首批国家农业产业强镇，新增6家省级农业产业化龙头企业、3个省著名农业品牌。被列入全省林业站综合改革试点县，制发林票5130万元，核发碳票1.08万吨。跻身全省烟叶种植核心县，全年烟农售烟收入2亿元，户均达13.4万元，税收4990万元，均创历史新高。实施现代竹业重点县、笋竹精深加工项目，生产笋制品10.4万吨，达全市份额61%，笋竹总产值实现12.5亿元。

工业经济稳中提质。以“三有”为目标，加快推进经济开发区标准化建设，实施重点支撑项目36个，完成投资10.5亿元，成功创建省级绿色工业园区；全力打造粮食加工、绿色食品和机械制造三大产业园，饶山纸业并购重组稳步推进，企业生产正常稳定，今年税收达1440万元，是去年的5.6倍；明一国际3款高端配方奶粉通过新国标注册审批，获评“2022年度婴幼儿配方乳粉质量大赛金奖”“2022年度液体乳质量大赛金奖”；闽江源绿田、亿海食品等迁建新建项目有序推进，铖盛通用、奥晟科技等10个重点工业企业竣工投产，今年经济开发区企业税收比去年增长42.8%。全年实施省重点工业技改项目13个、总投资21.21亿元，云杉纺织获得省重点技改资金激励255万元，同越管件、源容生物等2家企业新认定为省级“专精特新”企业。全年新培育规上工业企业7家，工业用电量完成2.5亿千瓦时，增幅12%，规上工业总产值突破170亿元，增幅2.9%。支持建筑业企业资质升级，盛德明建筑公司晋升为一级建筑施工总承包资质企业，建筑业年产值达110亿元，实现税收8100万元。

第三产业稳中趋旺。获评全国“深呼吸生态旅游魅力名县”“省级全域生态旅游示范区”，闽江源生态旅游区连续三年入选“中国体育旅游精品项目”。实施“三之·五子”生态文化园、谢马苏（二期）等文旅精品项目14个，先后举办了“花海跑”暨越野马拉松赛、第八届为“荷”而来等文旅助消费活动。实施“百宿计划”三年行动，统筹1500万元专项扶持资金，今年提升民宿7家，改造民宿9家，新建民宿8家。建成全省垂钓中心，打造垂钓节点27个，举办全省郊野垂钓大赛。加快打造建宁（闽赣）国际陆港，完成铁路专用线、集装箱装卸区、海关监管作业场所等建设，是全市唯一集综合货运枢纽和多式联运转运基地功能的国际陆港。举办“全闽乐购·乐购建宁”等促消费活动，带动消费1000余万元，全年培育限上商贸企业18家，新增电商企业62家，电商交易额达38.7亿元，比增9.2%。举办全省农村客货邮融合发展工作现场推进会，“农村客运+农村物流”模式作为全省唯一入选第四批全国农村物流服务品牌。

项目建设高效推进。落实重大项目全生命周期管理服务机制，实行项目建设全过程介入、全流程跟踪管理，获得第三季度全省项目工作正向激励。18个省市重点项目完成投资30亿元，105个县级以上重点项目完成投资55亿元，“抓大促高”重大项目完成投资8亿元，中粮·建宁粮食产业融合发展示范园实现竣工投产。黄家水库、移动公司生产调度用房等52个项目开工建设，双创孵化基地、友力特叉车属具（一期）等57个项目竣工投用。水系连通及水美乡村试点县建设通过验收，项目案例在《人民日报》生态板块头条刊发。

项目招引成果丰硕。举办“建宁云招商·投资向未来”网络短视频大赛系列活动，开展沪明合作·共享共赢、大展鸿兔开门红等招商活动18场，累计签约项目36个，总投资达70亿元，先正达、中储粮等央企落户建宁，沪明合作·研学旅游大本营等21个重大项目开工建设。在全市率先设立建宁驻上海招商联络处，并与上海市企业经营师协会开展委托招商，建成“建宁之窗”农特产品展示馆。

项目接续后劲充足。紧盯国家政策导向和资金投向，建立5大专题项目库，健全领导挂包、联动联审、量化考核三项机制，全年储备重点项目178个，总投资609亿元，其中亿元以上项目102个、专项债券项目41个、预算内投资项目35个。发挥“5+1”单位挂钩帮扶优势，争取政策和项目30个。争取里沙溪水环境综合治理等中央、省级预算内项目19个，资金1.32亿元；争取高沙洲旅游基础设施等地方政府专项债券项目7个，资金1.65亿元；争取转移支付资金13.84亿元。成功入库特别国债项目86个，总投资82.81亿元，第一批国债争取1.19亿元，全市排名第5。

城市功能日趋完善。连续两年获评全省棚户区改造工作绩效评价优异县，河东安置房（一期）成为全县首个获评福建省建设工程省级优质工程（闽江杯）项目。实施体育休闲运动设施建设提升等41个为民办实事项目，完成投资6.18亿元；百姓畅音广场、河塔路改造提升等项目投入使用；新建改造雨水、污水、燃气管网15公里，治理河道31.8公里。投资5000万元，改造提升将军坊片区、新生片区等35个老旧小区，受益群众达3307户。打造东山大捷塔、永宁门、山海廊桥等地标性建筑，提升城市品位。实施环金铙山旅游带福道建设项目，拓展城市休闲空间。优化设置夜市经营区域，聚集百家摊位，增加城市“烟火气”。

乡村品质显著提升。连续三年获评全国乡村建设评价样本县，获评全国村庄清洁行动先进县，获评2023年度全省乡村振兴重点工作激励县。革命老区乡村振兴示范区项目列入全国乡村振兴范例库，闽江源国家湿地公园通过验收认定。按照“三节点六要素”要求，加快建设乡村振兴六条示范带，打造风貌管控3.0版示范村庄18个，全年新整治乡村建筑1500余栋，累计完成7000余栋；实施道路“白改黑”31.1公里，累计完成71.5公里；新改建农村公路29.9公里，累计完成55.7公里。濉溪镇获评“中国践行绿色发展典范镇”，笔架村入选中国传统村落名录，楚尾村、武调村、上坪村获评省级乡村振兴示范村。上榜全省乡镇生活污水治理提升县，开展生态环境突出问题综合整治百日攻坚行动，通过检察机关监督履职，实现部门协同治理。加快推进城乡供水一体化项目，完成3个集镇新建管网及水厂改造工程。

（摘编：陈闽声）

泰宁县产业经济发展概述

2023年是全面贯彻党的二十大精神的开局之年。泰宁县坚持以习近平新时代中国特色社会主义思想为指导，全力实施“深学争优、敢为争先、实干争效”行动，大力推进“抓重大项目，促高质量发展”工作，持续深化“勇担当、促攻坚、建新功”专项行动和“重点工作突破年”活动，全县经济社会发展取得新进展、新成效。全县完成地区生产总值96.5亿元，下降3%，地方一般公共预算收入3.7亿元，增长14.3%；社会消费品零售总额增长2.8%；农林牧渔业总产值增长5%；规上工业总产值下降14.4%；城镇、农村居民人均可支配收入分别增长2.5%、6.8%。

令人振奋的是，办成了一批具有带动性、标志性意义的大事要事：大金湖景区水位调度、金湖游船经营权整合等一批多年想干而未干成的事项落地落实。“福建泰宁大金湖”号直达上海动车组以及昆明、成都等重点城市直达列车顺利开通。申报国家历史文化名城和古城保护与活化利用取得新成效。生态文明建设再上新台阶，空气和水环境质量继续保持全省前列，入选国家新一轮生态综合补偿工作典型地区、全国农村集体经营性建设用地入市试点县、“四好农村路”全国示范县和全省闽台乡建乡创合作样板县，进一步拓宽了绿水青山向金山银山的转化路径。

2023年产业经济发展的主要工作和成效是：

文旅经济展现新风。扎实推进环大金湖旅游度假区建设，耕读李家青普文化行馆等项目落地开工，锦江国际度假酒店主楼封顶，旅游商务综合楼、梅花岛康养基地等项目建成投用，打造了大金湖观鹰等休闲旅游新业态。顺利通过联合国教科文组织世界地质公园再评估，与西班牙索夫拉韦-比利牛斯世界地质公园、龙岩地质公园缔结姐妹公园。举办第十二届海峡两岸电视艺术节暨中国丹霞（泰宁）文化旅游节，成功亮相上海电视节、入驻长三角影视发展联盟，首部闽剧电影《双蝶扇》在泰宁取景拍摄。“状元茗舍”入选国家丙级民宿，文创基地酒店入选全省首批军休干部疗休养基地，慈航文化园入选省级对台交流基地。古城街头文化全年常态化开展，泰宁晚茶夜经济迅速发展。举办中国铁路旅游“丹山碧水·福建泰宁”主题推介会、“沪动泰宁”文旅宣传月、状元文化节、“爱载大金湖”户外集体婚礼等活动和马拉松、汽车场地越野等环大金湖系列赛事60余场次，获得国铁集团全路宣传、列车冠名等支持，“发现不一样的泰宁”短视频创作大赛话题曝光量超1亿次，“大金湖”品牌知名度和影响力不断提升。开展以对接省内外百所高校和市内十个县（市、区）为主要内容的“百校十县”合作，累计招徕会议、疗休养、研学培训等活动接待人数14.5万人次。深入开展“一十百千万”文旅消费行动，全年开进泰宁旅游专列54趟次，国内旅游接待人数895.2万人次、旅游收入76.6亿元，分别恢复至2019年同期的124.6%、102%。

产业发展提质增效。耕地保护和粮食安全责任制有效落实，完成粮食播种面积14.51万亩。烟叶和水稻制种喜获丰收，现代农业（水稻）产业园开工建设，完成烟叶收购9.86万担、烟叶总收入2.03亿元、税收收入4253.51万元、烟农户均售烟收入19.93万元，分别同比增长21.73%、28.89%、32.06%、15.99%，成为全省10大烟叶主产区之一；完成水稻制种产量850万公斤、总收入1.3亿元，分别同比增长5.85%、6.8%，成为全省10大制种大县之一。“三个百家”特色农业培育行动成效明显，累计培育笋竹经营主体128

家，新建竹笋电烤房 91 座容积 1600 余立方米、山地运输轨道 330 余条共计 120 余公里；古城茶街等项目开工建设，累计培育茶产业经营主体 109 家；成功打造大金湖鱼城、水际渔村，累计培育鱼味馆 112 家，开善乡池潭村入选省“水乡渔村”休闲渔业基地。全省休闲农业精品线路推介会、“中国农民丰收节”三明分会场设在泰宁，泰宁大米、岩茶、红茶、黄花菜入选全国名特优新农产品名录。工业园区标准化建设、并园扩园工作稳步推进，累计投入近亿元实施补短板项目 20 余个，建成投用综合服务中心、物流仓储中心等项目，完成园区总规、控规和规划环评修编，成功盘活闲置厂房 3.2 万平方米；新引进落地新创艺竹木、晋泰新材料、中琉环保等工业项目 12 个，新增培育规上工业企业 4 家，制造业税收收入 5600 万元、同比增长 26.52%。商贸服务业活力增强，成功举办“百姓大舞台”“全闽乐购”“泰宁晚茶”啤酒节、美食节等系列活动，评选“泰好味”特色餐饮企业 13 家，新增培育限上商贸企业 11 家、规上服务业企业 5 家；大金湖电商直播中心和供销名特优产品展销中心揭牌运营，农村电商直播间实现乡村全覆盖，招引电商企业 31 家，全年开展直播 1.1 万场次，电子商务销售额近 10 亿元、同比增长 57%。

城乡建设绽放新颜。深化全国文明城市创建工作，实施金湖大道综合提升一期、东洲片区改造等城市品质提升项目 77 个，新增垃圾分类亭（屋）33 座，新改建雨（污）水管网 7.1 公里、市政道路 4.3 公里。积极学习运用浙江“千万工程”经验，扎实开展乡村建设行动，落地实施城乡供水一体化、水系连通及水美乡村建设、闽江防洪工程三明段（二期）泰宁段等项目，库区移民后期扶持示范项目在省级评估中获得优秀等次，际溪村入选全省闽台乡建乡创合作样板村，水际村入选全省乡村“五个美丽”建设典型案例，新桥乡获评全省全域生态旅游小镇，红色岭下获评国家 3A 级旅游景区。严格落实河湖长制、林长制、路长制，深化“政协委员河湖路长”工作，持续开展“百里河湖百里路，委员联巡为民督”活动，河湖长制工作位居全市前列，松材线虫病防控工作经验在全省推广，“交通+乡村振兴”入选全国农村公路助力共同富裕典型案例。开展生态环境突出问题综合整治攻坚行动，完成造林绿化 6.7 万亩、水土流失治理 1.5 万亩、生态水系建设 18.6 公里，城区空气优良天数比例、县域水环境质量达标率均为 100%。

发展活力竞相迸发。实施重大项目全生命周期服务管理，建立重点项目“红黄绿”三色三级管理机制，金湖航道、通用机场等重大项目前期工作进展顺利，环大金湖旅游业态提升等 94 个重点分级管理项目完成年度计划投资的 108%，宇鑫竹家居生产等 21 个省市重点项目完成年度计划投资的 117%。组织开展“沪动泰宁·合作共赢”福建泰宁文旅产业招商上海推介会等活动 204 场次，全年招引落地亿元以上项目 31 个、合同总投资 72.12 亿元。扎实开展争政策、争项目、争资金“三争”活动，推动国家农村产业融合发展示范园等 158 个事项项目纳入上级支持范畴，全年争取各类补助资金 16.08 亿元，其中，基础设施防灾减灾能力提升、防洪治理工程等 16 个项目获得 3.28 亿元增发国家债券资金支持，资金量居全市第 3 名，并仍在积极争取获得更多资金份额。深化国铁集团对口支援、沪明对口合作工作，与国铁集团、上海市建立双向挂职机制，累计落地建设动车站站前广场提升工程、国铁（泰宁）党建活动中心等 11 个国铁集团重点帮扶项目，推动 16 家企业、122 款特色产品入驻铁路“三网一柜”，累计销售额近千万元；古城业态与旅游基础设施提升工程项目获得 1200 万元沪明合作专项资金支持，促成与上海方面 12 个招商项目和 4 个合作事项成功签约。大力推进科技创新，成功举办东南科技论坛，全县设立产学研合作平台 5 个，成为全省首批文旅特派员试点县。

（摘编：曾文升）

将乐县产业经济发展概述

2023年，将乐县以开展学习贯彻习近平新时代中国特色社会主义思想主题教育为契机，深入学习贯彻党的二十大精神，贯彻落实省委“深学争优、敢为争先、实干争效”行动、市委“抓重大项目，促高质量发展”工作部署和县委打造“一核两翼三组团”发展布局、建设“六个将乐”、开展“3+3”专项行动工作要求，经济社会保持良好发展态势。初步统计，2023年全县地区生产总值增长3.5%；农林牧渔业总产值增长5.1%；规模以上工业增加值增长7.2%；固定资产投资增长4.5%；社会消费品零售总额增长0.5%；地方一般公共预算收入增长2%；城镇居民人均可支配收入增长5%；农村居民人均可支配收入增长7%；全社会用电量、工业用电量分别增长17%、18%。财政开源节流成效明显，争取到上级各类补助资金14.37亿元，为“三保”支出和重大项目建设提供了有力支撑。

内生动力不断增强。一批大项目好项目加速推进，池湖溪幸福河湖列入2023年水利部15条幸福河湖建设项目之一，福银高速积善出入口、将乐至明溪段和顺昌至将乐段高速公路等重大交通项目列入省上规划，28个省市重点项目完成投资32.9亿元，超年度计划6个百分点。改革深度不断拓展，盘活天然林资源1.69万亩，实现林业碳票全国首次跨区域销售，《常口村“两山”路径的生动实践》被生态环境部列入全国46个绿色低碳典型案例之一。市场主体保持活力，民营企业产销两旺，全县12家县属国企净资产累计增长17.7%。

一年来，产业经济发展主要抓好以下方面点工作：

主导产业提级扩能。农业更优，粮食播种面积18.28万亩，完成撂荒地复垦5521.45亩，水稻制种面积3.74万亩，7个水稻新品种通过国家审定，“农耕保姆点”服务模式列入全国农业社会化服务典型案例之一；新屠宰场、高标准蛋种鸡核心育种场一期等建成投用，新增5家省级重点农业龙头企业，竹荪和大球盖菇登上中国食用菌区域品牌价值榜单。工业更强，富远再生铝、久策气体等一批重大项目竣工投产，华威钜全、方岩方解石等项目落地建设，推动泰达高新材料成功重组并投产；金瑞高科生产的汽车零配件首次进入欧美市场，年出口订单约400万美元。文旅更活，出台促进文旅经济高质量发展十条措施、民宿管理办法，华体体育公司成功落户，“两山学堂”投入运营，龙栖山入选全国乡村旅游精品线路；顺利承办蹼泳世界杯黄金总决赛、皮划艇桨板马拉松公开赛等。全年接待游客、旅游收入分别增长31%、36%。

工业园区提标扩面。陈坊园扩园征迁工作基本完成，建成园区事故应急池、污水厂事故应急池和“六位一体”的综合管理平台。打通供需“内循环”，举办政银企融资对接会暨产业链“手拉手”等活动，帮助园区铝熔炼企业销售9000余吨铝棒、铝锭，金牛公司销售10余万吨水泥。

科技创新提速扩量。规上高新技术产业增加值增长8.1%，规上企业R&D经费支出居全市第四。新增1家国家知识产权优势企业，2家企业获评省科技小巨人企业，5家企业被认定为省级“专精特新”中小企业，数量居全市第一；科源5G通讯高导热产品获中国技术市场协会“金桥奖”，缘福生物质研发项目获评省科技成果转化奖一等奖。金瑞高科获批省级企业技术中心，缘福生物质获批省级博士后创新实践基地，东南新材料获批市级院士专家工作站。

招商引资活力增强。优化招商运转机制，规范招商工作流程，组建一二三产业招商专班，与上海中产集团达成数智化招商合作，赴泉州、广东等地开展招商推介活动50余场，引进一批质态好、体量大、带动强的项目，总投资100.2亿元，其中5亿元以上项目7个、亿元以上项目36个。建成“将商之家”，成为集宣传推介、合作洽谈为一体的重要窗口。

项目建设后劲增强。组建项目策划、推进、督导等5个专班，建立攻坚周报、现场推进、“三色单”督促、考核奖惩等攻坚机制，设立1000万元项目前期经费，96个县重点项目完成投资超年度计划17.5个百分点。列入省级重点技改库项目21个，总投资达24.3亿元，居全市前列。加强项目谋划储备，争取到中央和省级预算内投资1.39亿元，增长59%，地方政府债券资金2.4亿元，国债资金2亿元。

对外合作力度增强。把握沪明合作契机，与虹口区达成战略合作，率先在上海举办招商推介会，签约项目6个、总投资近10亿元；推动金森集团与上海环交所合作，联合制定林业碳票团体标准，加入全国碳中和行动联盟；与上海市农科院合作组建专家工作站，向上海销售果蔬5000多吨。山海协作有力推进，建立驻思明区人才工作站，与思明区联合举办音乐节、招聘会，共同组建文旅推介团开展招商活动。加强对台经贸交流，举办海峡两岸客家擂茶文化交流会等活动，助力两岸融合发展。

城市面貌有序更新。梳理千年古城脉络，编制古城整体保护与城市更新方案，古城更新建设样板项目入选2024年省级县城更新建设样板工程，获省财政奖补资金2000万元。提升城市品质，完成雪洞路等10个老旧片区基础设施、金溪农贸市场、华山公园等提升改造，南门街二期、纤维板厂等改造项目有序推进。完善交通路网体系，总投资2.38亿元的文博小镇旅游通道项目建成通车，完成龟山廊桥重建，打通龙井路等4条断头路，新建水南中学人行天桥。

乡村建设有力推进。投入2413万元完成25个乡村振兴试点示范项目。完成6个村生活污水治理提升，“数字赋能农村生活污水监管”经验做法在第六届数字中国建设峰会上作为典型案例播放，获评全省农村“厕所革命”样板县。提档升级农村公路10公里，生态示范路金泰线完成建设5.5公里。“信息消费助力乡村振兴”区县行活动在我县举办，余坊乡瓜溪村列入第六批中国传统村落。

生态环境有效改善。开展“清水蓝天”专项行动，获得重点流域生态补偿金1659万元，常上湖生态保护修复项目入选全国首批优秀典型案例，获评全省河长制湖长制正向激励奖励县。完成4个矿山地质环境治理修复项目，推动9家矿山企业列入市级绿色矿山创建库。加强森林资源保护，完成森林抚育9.7万亩、林分修复2.2万亩。常口村作为全国政协“推动建立生态产品价值实现机制”远程协商会的四个视频连线点之一，向全国展示了生态产品价值实现福建经验；承办习近平生态文明思想与中国式现代化研讨会、首个全国生态日福建活动。

忠诚为魂服务为本。牢牢把握“学思想、强党性、重实践、建新功”的总要求，结合深化运用“四下基层”工作制度，大兴调查研究之风，全面开展“四提四新”行动，带动全县各单位为群众办实事2000余次，化解信访积案24件，帮助企业协调解决难题400余个，做到以学铸魂、以学增智、以学促干、以学正风。建立企业联席会议制度，创新实施全生命周期项目管理服务，将审批手续从15项精简至8项，审批时限从75天压缩至25.5天，企业开办时间缩短至4小时内，相关经验做法被省里推广。强化惠企纾困，帮助企业申报各类贷款近20亿元，降息让利1051万元。助企引才留才，以“人才飞地”模式为企业引进高校毕业生35人，发放稳就业惠企奖补资金24.9万元。办理人大代表议案建议66件、政协提案69件。严把政府工程廉洁关，完成政府投资项目审计44项，节约资金3188万元。扎实推进省委巡视反馈问题整改工作，以整改成效推动改革、促进发展。树牢“过紧日子”思想，压减全县部门公务经费10%。

（摘编：李元）

尤溪县产业经济发展概述

2023年，尤溪县全面贯彻党中央、国务院决策部署和省委省政府、市委市政府工作要求，认真实施“深学争优、敢为争先、实干争效”行动，大力推进“抓重大项目，促高质量发展”工作，扎实开展“三个攻坚冲刺年”活动，全力促进经济平稳增长、社会和谐稳定。全县实现地区生产总值262.46亿元、增长2.4%，地方一般公共预算收入9.44亿元、增长7.3%，社会消费品零售总额78亿元、增长3.8%，全体居民人均可支配收入32846.49元、增长5.5%。

一年来，全力抓项目、帮企业、拼经济、促发展。在全市“抓重大项目，促高质量发展”考评中，连续三个季度位居全市前列。县处级领导挂包的46个重点招商项目，有36个实现转段，其中8个建成。“一季一主题·我为企业解难题”活动帮助企业协调解决问题172个，全年为企业减税降费1.77亿元，兑现各类惠企资金6159.71万元。加大市场主体培育，新增规上工业企业17家、限上商贸企业36家、规上服务业企业14家，均居全市前列。

一年来，积极争试点、抢试验、当示范、创特色。通过竞争性立项，尤溪县获得全国酸化耕地治理重点县、国家生态文明试验区、中央彩票公益金、省级移民后扶示范区、省级历史文化名镇名村传统村落集中连片保护利用示范县等差别化政策资金支持，共争取到各类试点试验示范特色项目奖补资金2.4亿元。落实资金争取“四挂钩”机制，各级各部门累计争取各类转移支付资金21.5亿元，位居全市首位。

一年来，致力强攻坚、解难题、化积案、惠民生。汇聚力量推进“百日攻坚”，初步完成“五大一重”三年行动计划任务，G235线、S215线、福银高速洋中互通接线工程建成通车，瑞云园南片区、富润塑胶、703台新旧址用地等征迁问题有效突破，完成18批次2275.64亩土地农转用报批。

2023年产业经济方面重点做好以下工作：

产业加快转型升级。全年一产实现增加值57.1亿元、增长4.1%，二产实现增加值96亿元、增长0.1%，三产实现增加值116.6亿元、增长5.1%。农业特色更加鲜明。国家级制种大县项目有序推进，杂交水稻制种面积比增17%；健全完善“田长制”，新改建高标准农田1.6万亩，复耕撂荒地875.1亩，稳定粮食播种面积33.81万亩、产量13.74万吨。深化自然资源审查制度，扎实开展违法违规用地专项清理整治攻坚行动，国家自然资源督察上海局反馈的6个外业问题已全部完成整改，87个问题清单已完成整改79个。茶园面积突破10万亩，连续4年荣获春季茶王赛红绿“茶王”，油茶产油量突破3800吨，“两茶”产值达13.27亿元；8个国家珍稀食用菌特色产业集群项目稳步实施，食用菌产量比增6%。获评全国“平安农机”示范县，入选国家农业绿色发展先行区创建名单。工业加快延链补链强链。六融工业、闽德纺织、百棱竹业等产业链终端项目落地建设。康运实业、鑫森合纤差别化锦纶纤维等50个攻坚冲刺年项目完成投资45.6亿元，30个项目建成投产。格利尔印染等26个项目列入省重点技改项目库，其中华扬纤纺等15个项目实现投产或部分投产。新培育科技小巨人企业5家、省级专精特新中小企业3家，旭源纺织“5G+智能云”生产线项目列入省级智能制造项目。现代服务业加快发展。获文旅品牌强县正向激励，全年接待旅游人数、旅游总收入分别比增35.2%、41.5%。承办中国耐克高中篮球联赛（福建赛区）等大型体育赛事，林雨薇荣获亚运会女子100米栏冠军。厦门银行尤溪支行入驻。壬乙丁网络货运企业投入运营，全县客货运周转量比增6.1%。申宇科技、石康科技等26家轻资产企业注册落地，完成税收2870.76万元、比增107%。

项目建设接续推进。全年完成固定资产投资62亿元、增长13%。提升园区平台项目承载能力。5个县管园区实现统一规划、统一建设、统一管理、统一招商，新入园项目15个、总投资19.02亿元。城西园工业大道改造、城南园污水处理厂提标等项目建成使用，竹木加工园入园道路、溪尾园通坑大坝等项目有序推进。省级经济开发区综合发展水平考核评价全省排名提升16位。深化全生命周期项目管理。28个省市重点项目预计完成投资超年度计划10个百分点。产业投资保持景气，鑫友鹏纺织、通耐钨钢等96个产业性项目加快建设，完成投资22.7亿元、比增9%。政府性投资支撑有力，完成投资13.2亿元、比增24%。深化推进项目前期工作。县财政安排1000万元项目前期经费，专班推进项目策划，闽江上游尤溪流域防洪提升工程三期（尤溪段）等51个项目达到可研深度，新增发行专债项目13个，获批资金8.03亿元，居全市第二；争取到特别国债项目9个，获补助资金2.2亿元；EOD项目进入省级项目库，流域河道生态保护修复项目完成国开行授信。

改革开放持续深化。做实特色改革。国企整合重组效应逐步显现，县属企业主营业务收入3.65亿元、比增45.7%。林改创新做法在《焦点访谈》播出，林权管理创新启动试点，入选省第一批林业改革发展典型案例。支持红树林木业、兴华竹木等外贸企业参加广交会等境内外展会，帮助47家外贸企业申报出口信保，参保企业数居全市第一，银丰贸易获海关高级认证，全年实现外贸出口额15.7亿元。开展海峡两岸“重走朱子之路”、纪念朱子诞辰893周年等特色交流活动，两岸融合发展持续深化。《杨浦区与尤溪县对口合作行动计划（2023—2025年）》印发实施，“两茶”等一批尤品进入上海市场，桂峰5A级景区提升等项目启动实施。优化营商环境。“放管服”改革持续深化，净增市场主体5079户，总量超4.4万户。全力提升政务服务“三化”水平，尤溪县小规模工程项目电子招投标系统上线运营，“一趟不用跑”和“最多跑一趟”事项占比达到99.9%，高于全市水平。

城乡协同发展顺利。“中心修古城，两头建新城”扎实推进。完成《尤溪县国土空间总体规划》编制。东城新区，完成开元五期、美玲·新澜湾等5个地块开发建设，工人文化宫投入使用，公交综合场站暨汽车东站具备使用条件，城东水厂进厂道路、康泰路、边竹路、闽中大道延伸线等基础设施项目加快推进。中心城区，朱子文化园二期集成殿完成主体建设，朱子古街开街试运营，“一河两岸”河滨步道全线贯通，临时果蔬批发市场及活禽售卖点投入使用。西城新区，检察院技侦大楼、703台监测楼完成封顶，城西快速通道提升工程建成投入使用，万达商业综合体、公安业务技术用房、郑洋220千伏输变电工程等项目加快建设。乡村品质加快提升。持续推进4条乡村振兴主题示范线和10个省级乡村振兴试点村创建，新改建农村卫生厕所904个、农村公路43公里，整治裸房342栋，铺设供水管网81公里。洋中镇和双洋村等9个村入选全省乡村振兴示范镇、村创建名单，桂峰村上榜第三批全国乡村治理示范村，梅仙村等3个村获评第六批国家级传统村落。

生态环境保持优良。在全市率先建立畜禽养殖污染、扬尘防治联动管控工作机制，拆除或关停非法生猪养殖场246家、牛蛙养殖场58家，完成14家鳗鱼养殖企业尾水整治，改造乡镇及农村污水管网63.55公里，地表水水质排名全省第8，获评全国第六批节水型社会建设达标县。稳妥做好松材线虫病疫情处置防控工作，顺利通过国家林草局疫点核查。城区空气质量优良天数比率达100%，获评“深呼吸生态旅游魅力名县”“康养旅游百强县”等称号。

（摘编：李元）

大田县产业经济发展概述

2023年，大田县认真学习宣传贯彻习近平新时代中国特色社会主义思想和党的二十大精神，全力抓好省委“深学争优、敢为争先、实干争效”行动和市委、市政府“抓重大项目，促高质量发展”工作，推动经济回升向好。全年完成地区生产总值256.58亿元，增长2.5%；农林牧渔业总产值增长4.6%；规上工业增加值增长2%；第三产业增加值增长1%；地方公共财政收入9.7亿元，增长10.91%；社会消费品零售总额67.4亿元，增长4.2%；城镇居民人均可支配收入47691元，增长5.6%；农村居民人均可支配收入25058元，增长5.8%。

一年来的产业经济主要工作措施和成效是：

现代农业特色凸显。落实耕地保护和粮食安全党政同责，复垦撂荒地6026.6亩，补充耕地1403亩，建设高标准农田3.4万亩，完成粮食播种面积24.84万亩，产量达8.96万吨，谢华安院士大田县特种水稻试验站成功落地；改造提升茶园5210亩，茶叶全产业链产值达40亿元，《大田美人茶产业高质量发展十年规划》印发实施，“大田美人茶”列入省首批“福农优品”百品榜产品名单；新培育示范家庭农（林）场3家、示范专业合作社4家，完成林下经济经营面积30.8万亩，产值7.4亿元，顺阳养猪、仙叶茶业获评国家农民合作社示范社。

工业经济转型升级。全面落实合力抓工业全力稳增长若干措施，科瑞机械、科坤金属等省、市重点工业项目完成投资52.62亿元，新增规上工业企业12家；实施新一轮技改提升行动，红狮环保科技、岩兴气体（二期）等31个省、市重点技改项目完成投资22.24亿元；培育壮大新兴产业，科达新能源入选省工业龙头培育企业名单，清航无人机“星曜一号”上市发布；加大闲置资产盘活力度，华伦特、华盈塑胶等247亩闲置工业土地厂房成功盘活；海颐、启晟等4家建筑业企业资质晋升一级，实现建筑业产值39.22亿元，建筑业入库税收1.1亿元。

第三产业势头向好。发放“全闽乐购　乐购大田”消费券6.3万张，电商直播孵化基地建成运营，引进杰普电商等企业入驻，开展网络直播带货1100余场次，销售额达2200万元，新增规上服务业企业18家、限上商贸企业28家；夜游三漈潭、问佛云宿等5个文旅项目建成投入使用，举办第三届樱花文化旅游节、土堡音乐会等活动30余场次，全县接待游客人数和旅游总收入分别增长34.5%、40.2%；组织2个总投资6.52亿元项目参加第六届“数字中国”建设峰会，数字阳春建设项目入选2023年度省数字经济重点项目；新增普通货物运输企业3家，车辆338辆，完成客货运周转量13.7亿吨公里；省级森林养生城市和吴山镇森林康养小镇成功创建，森林康养营业额达2.27亿元；持续激发房地产消费市场，完成商品房销售面积17万平方米。

引资项目更加扎实。持续完善铸造装备、石墨（烯）等18条产业链招商图谱，发挥八大招商专班作用，开展产业链招商、精准招商、以商招商，大田网络信息安全产业园、罗丰新材料产业园等3个项目入选2023年省重点招商项目；用好“6·18”“9·8”“进博会”“林博会”等平台，鑫跃设备（二期）、乐鑫五金等18个总投资69.29亿元的项目签约落地，闽鹭产业园等11个亿元以上项目开工，开工率达61.11%。

项目攻坚更加快速。毓秀中学、恒通重工等8个项目列入市“全生命周期”项目库，位居全市第3；大星连发、中光铸件等81个在建重点项目完成投资126.76亿元，恒之鑫仓储、金门复合板等48个项目开工建设，兴家园保温砂浆、正晟铸件等56个项目建成或部分建成；获第二季度全省项目工作正向激励奖励，“抓重大项目，促高质量发展”前三季度考评位居全市第三。

服务保障更加优质。持续深化“我为企业解难题”活动，解决工业企业办证等民营经济发展难题23个；5个批次457亩土地征收成片开发方案获省政府批复，新批农转用土地575亩，完成园区土地平整300亩；获批专项债券项目资金6.6亿元，财力补助标准和再融资债券额度均提高至90%，被列入独立工矿区转移支付补助县；制造业贷款余额14.15亿元、增长64.5%；举办招聘会28场，帮助企业招工1099人。

重点改革统筹推进。拓宽林票市场化交易路径，制发林票2109万元，累计完成“碳中和林”示范片建设1730亩，开发林业碳票项目4个、碳减排量11万吨；推广落实“拿地即开工”“竣工即验收”“交房即交证”等特色做法，《准确适用“首违不罚”让执法兼具力度和温度》入选省优化营商环境案例；国投、城投等国企改革稳步推进，现代国企经营管理制度初步建立；坚持矿产资源“两集中一拓展”，成立矿产资源保护开发利用顾问团队，完成5座非煤矿山经营主体整合，矿产品流通智慧管理平台投入运行。交流协作步伐加大。持续加强与浦东新区对口合作交流，成立大田上海商会，“第二集美学村”保护与利用等沪明合作项目启动实施，第四届大田美人茶开茶节在浦东新区举办，大田特色农产品馆在上海开业；积极对接省教育厅等5家省直牵头挂钩单位，并与元沙、建国等5个村建立一对一挂钩帮扶机制，争取项目资金1.8亿元，与福建中医药大学达成合作共建协议，设立国医堂大田工作站，与省国资公司合作成立国岩供应链公司。科技创新成果显著。强化创新主体地位，支持企业加大研发投入，新增授权专利182件；培育国家高新技术企业3家、省科技小巨人企业2家、科技型中小企业21家，宝山机械等4个项目获2023年省级科技项目立项，科达新能源公司锂电池智能制造项目获省中小企业创新创业大赛第一名；推动广建环保、硅光通讯、创辉农业等10家企业与上海交通大学、东华大学等高校专家签订技术合作协议，选认省、市级个人和团队科技特派员46名。

城乡面貌焕发新颜。中心城区功能逐步完善。县国土空间总体规划通过专家评审，麻纺厂四期地块成功出让，玉凤、城东等5个片区41个老旧小区完成改造；城区无障碍设施样板街道成功创建，兴业路人行天桥、下穿通道和宝田路等项目投入使用，第三实验小学等3个风雨亭和红军北上抗战纪念广场、城东广场建成对外开放，城南农副产品批发市场建成投入使用，新改建智慧停车位280个、雨污水管网14.1公里、燃气管网10.6公里。乡村振兴成效日益彰显。认真学习借鉴浙江“千万工程”经验，扎实推进省级“百千万”试点和“一乡镇一示范”，实施乡村振兴建设项目47个和试点项目33个，9个村入选全省乡村振兴示范村创建名单；规划实施环闽湖乡村振兴示范带，打造“三美融合”乡村振兴示范样板，“游古村落·品美人茶”“赏花海乐园·游畲寨古堡”2条省级乡村振兴精品示范线持续提升；华兴镇获评全国第三批地质文化镇。

生态环境持续提升。牢记“青山绿水是无价之宝”重要嘱托，实施文江溪河道治理、铭栋生活污水收集处理等工程7个；空气质量优良天数比例达100%，城区空气质量位居全省第8；开展流域断面污染源排查，治理入河排污口59个，高才国控断面和中洋断面水质均达Ⅱ类标准，集中式生活饮用水水源地水质优良比例达100%；有序推进龙山崎铅锌铜矿山污染治理等项目，县废弃矿山生态修复项目入选全国《国土空间生态修复典型案例集》，全县治理水土流失面积4.02万亩；持续加大森林资源管护力度，完成造林绿化1.69万亩、森林抚育3.4万亩、松材线虫病综合防治1.72万亩，整改森林督查问题图斑74个。

（摘编：邓新民）

莆田市产业经济发展综述

2023年是全面贯彻党的二十大精神的开局之年，是三年新冠疫情防控转段后经济恢复发展的一年，也是莆田建市40周年。一年来，莆田市深入学习贯彻党的二十大和二十届二中全会精神，坚决贯彻落实习近平总书记重要讲话重要指示批示精神，深入开展主题教育，深学争优、敢为争先、实干争效，做实“一个总抓手、五篇文章、两大支撑、三大战略、四城辉映”，建设绿色高质量发展先行市迈出坚实步伐。初步统计，地区生产总值3200亿元、增长4%左右，一般公共预算总收入252.4亿元、增长15.3%，地方一般公共预算收入162.8亿元、增长7.8%，固定资产投资增长3%，社会消费品零售总额增长3%，出口下降10.9%，城镇居民、农村居民人均可支配收入分别增长5.4%、6.5%，城镇登记失业率2.3%，居民消费价格基本持平。

这一年，倍加感恩和感念的是，习近平总书记治理木兰溪的重要理念熠熠生辉、实践伟力历久弥新，木兰溪治理实践走进中央党校、浦东干部学院课堂，入选国家生态文明试验区改革成果案例，木兰溪防洪工程华林段获水利工程最高奖“大禹奖”，木兰溪经受住强台风“杜苏芮”“海葵”带来的史上最大降雨考验，经历过“9914”台风的沿岸群众深情说道“我们再也不用过提心吊胆的日子了”。

这一年，倍受振奋和鼓舞的是，妈祖文化、海峡两岸生技和医疗健康产业合作区写入《中共中央　国务院关于支持福建探索海峡两岸融合发展新路　建设两岸融合发展示范区的意见》，上升为重大国家战略，在服务祖国统一大业中的作用更加凸显。

这一年，倍增自信和自豪的是，荣膺国家历史文化名城、为我省时隔30年再添此殊荣，荣获中国鞋都、国家食品安全示范城市、中国食品产业名城，上榜新时代中国城市社会发展指数百强、全国先进制造业百强、全国夜间经济繁荣度百强、人才吸引力百强、全国生态文明与环境治理百强、中国投资热点城市，一张张“国字号”城市新名片，有力彰显莆田实力、莆田活力、莆田魅力。

这一年，倍感喜悦和幸福的是，“全市一张图、全域数字化”的莆田模式得到国办推广。

一年来，莆田市坚持稳中求进工作总基调，顶住外部压力、克服内部困难，全力拼经济、稳增长、惠民生、防风险，推动经济社会稳步向好。产业经济发展的主要工作和成效是：

经济大盘总体稳定。坚持政策帮扶跑在前，叠加出台巩固拓展经济向好势头31条、民营经济强市36条、工业生产稳定运行20条、稳外贸17条等措施，设立“莆田企业家日”，上线亲清惠企平台，开展“企业家接待日”活动，“白名单”企业政策性融资担保24.6亿元，市场主体净增数全省第二、规模突破80万户。坚持项目投资不松劲，加大要素保障，新增用地指标3600亩，服务省重点项目用地增幅全省第一，推动212个项目开工、153个项目竣工，省市重点项目超额完成年度投资任务，项目投资增长3%；举办东南亚经贸恳谈会、京津冀招商推介会、上海专场推介会，新增签约项目195个、总投资1131亿元。坚持扩大消费促回暖，开展“全闽乐购·惠聚莆阳”系列活动超百场，发放消费补贴超3000万元，直接带动消费超8亿元，新增知名首店60家，限上批发业商品销售额增长11%。

科技创新持续增强。全社会研发投入强度1.51%，新设立产业技术研究院5家、省级博士后创新实践基地5家，新增国家高新技术企业70家、科技型中小企业201家、知识产权示范和优势企业14家。人才工作力度持续加大，实施人才支撑行动，出台服务人才暖心十大举措，建立企业人才档案，创新选派省内首批企业“科技副总”18名，引进各类人才2000多人，新增高技能人才2200人。

产业质效持续提升。俯下身子抓产业，全面实施链长制，成立全省首家市级品牌建设促进会，推动产业强核提质、上拓下展、合纵连横。传统产业加速转型，莆田鞋进高校、进机关、进企业，亮相世界级品牌大会，上线省级鞋服产业供应链平台，设立品牌体验中心，举办“妈祖杯”全国鞋类设计大赛，莆田鞋“跑”上新赛道；城厢区、涵江区入围全国预制菜产业基地百强，国圣建成全国最大即食海带生产加工基地，百威雪津上榜国家级水效领跑者企业，“莆田”餐厅香飘海内外；莆田木雕亮相“一带一路”国际合作高峰论坛，仙作红木家具产业集群列入省首批中小企业特色产业集群。新兴产业加速集聚，华峰赛纤绿色再生纤维一期、中电科创城核心区、国城锂电科技新材料、联东U谷·数智健康产业港开工建设，永荣CPL二期、中锦PA6扩建、三利谱偏光片等建成投产，云度新能源汽车首次出口欧洲，三棵树连续四年蝉联中国民族涂料品牌第一。“四大经济”加速培育，14家数字经济企业入选省“独角兽”“未来独角兽”“瞪羚”企业，物泊科技位居全国网络货运平台榜单第2名；全球首个漂浮式风渔融合示范项目落地莆田，渔业碳汇交易走在全国前列；莆阳开春、爽夏、赏秋等文旅IP火爆出圈，“福往福来”湄洲岛至南日岛海上游实现首航，全市接待旅游总人数增长48%、旅游总收入增长56%；莆田高新区和湄洲湾国投经开区获评国家级绿色园区，新增国家级绿色工厂5家、国家级水产健康生态养殖示范区1个，产业绿色更浓、成色更足。

城乡品质提档升级。全面划定国土空间规划“三区三线”，编制完成生态绿心保护利用等重点专项规划12项，启动国道G228线滨海风景道建设，市域布局更加优化。全面推进城市有机更新，新开工棚改1.9万套、全省第一，完成老旧小区改造24个，新建改造城乡道路101公里，八二一街南伸提速建设，玉田大道等4条“断头路”顺利打通，学园南街等城区道路得到提升，新增公共停车泊位3000个、生活垃圾分类屋150座，新改建公园绿地51公顷、口袋公园30个、福道50公里、雨污管网131公里，完成路灯节能改造5073盏，城市配套更加完善。全面推进乡村振兴，获国家农作物新品种登记5个，新增全国名特优新农产品8个、绿色食品21个，打造“五个美丽”建设点3372个，钟山镇获评首批国家农业产业强镇，西天尾镇获评中国乡村振兴典范镇，乡村建设更加和美。

发展活力加速释放。河湖长制改革持续深化，经验做法获国务院督查激励。“放管服”改革纵深推进，完成项目审批全流程无纸化改革试点、经验全省推广，创新工程建设项目“五证同发”服务模式，全省首推企业注册登记“数字化全域通办”改革、住宅专项维修资金业务全流程网办。新一轮国有经济布局优化和结构调整基本完成，形成“4+2”市属国企架构，国企主责主业更加清晰，资产总额增长7.7%。工业用地“标准地”出让改革创新实施，盘活闲置土地1500亩、闲置厂房16.8万平方米，新建标准化厂房13万平方米。大港效应持续放大，打造罗屿产业联盟，港口吞吐量增长35%、集装箱吞吐量增长38.4%，增幅全省第一，罗屿港口铁矿石首次转口东南亚，对台铁矿石中转量连续五年全国第一，莆台集装箱班轮跨境电商出口顺利首航。会展效应持续显现，世界妈祖文化论坛、海峡工艺品博览会暨香文化产业大会等活动出新出彩。

环境质量明显改善。坚决推进中央、省生态环保督察整改。深入打好污染防治攻坚战，推进重点行业VOCs治理，开展城市扬尘“点题整治”，空气质量达标率96.4%；实施木兰溪流域治理、城乡污水基础设施提升三年行动，木兰溪流域国省控断面水质优良比例首次达100%，涵江区、湄洲岛获评国家级节水型社会建设达标县区；深化入海排污口排查整治、海漂垃圾综合治理，国省控点位水质优良面积比例达96.2%、全省第一，湄洲岛、南日岛获评全国“和美海岛”；加快“无废城市”建设，推动固体废物源头减量化、分类资源化。深入推进生态保护修复，完成植树造林3万亩、森林抚育7.5万亩、封山育林3.4万亩，木兰溪防洪工程获评国家水土保持示范工程，木兰溪全流域国土绿化项目入选全国试点。

扎实开展主题教育。从习近平总书记当年从政的轨迹、工作的事迹、走过的足迹中，深刻领悟“两个确立”的决定性意义，增强“四个意识”、坚定“四个自信”、做到“两个维护”。坚持真抓实干，建立绿色高质量发展考评激励机制，办好54项为民办实事项目，12345政务服务便民热线中心获全国“服务优化典范”“品质争先典范”奖。坚持厉行法治，提请审议地方性法规3件，制定市政府规章1件，办理市人大代表建议155件、市政协提案226件，办复率均为100%。我们坚持廉洁自律，严格落实中央八项规定及其实施细则精神，持续整治形式主义、官僚主义，政治生态风清气正。

2024年是新中国成立75周年，是实现“十四五”规划目标任务的关键一年，也是习近平总书记亲自擘画木兰溪治理25周年。莆田市要以习近平新时代中国特色社会主义思想为指导，全面贯彻落实党的二十大和二十届二中全会精神，落实中央、省委经济工作会议部署，紧扣新福建建设宏伟蓝图和“四个更大”重要要求，坚持稳中求进工作总基调，完整、准确、全面贯彻新发展理念，围绕推动高质量发展首要任务和构建新发展格局战略任务，做深做实“一五二三四”工作，统筹扩大内需和深化供给侧结构性改革，统筹新型城镇化和乡村全面振兴，统筹高质量发展和高水平安全，巩固和增强经济回升向好态势，持续推动经济实现质的有效提升和量的合理增长，厚植绿色底色，奋力答好谱写中国式现代化福建篇章的莆田答卷。经济社会发展的主要预期目标是：地区生产总值增长5.5%左右，一般公共预算总收入增长5.5%，地方一般公共预算收入增长5%，固定资产投资增长5%，社会消费品零售总额增长7%，出口份额保持基本稳定，居民人均可支配收入与经济增长同步，城镇登记失业率控制在3%以内，居民消费价格涨幅2%左右，粮食总产量稳定在18.75万吨，按序时进度完成省下达的单位地区生产总值能耗下降目标。

做好2024年工作，必须牢记嘱托、奋起再进，坚持稳中求进、以进促稳、先立后破，坚决完成各项目标任务。

坚守实体经济，在推进新型工业化上勇闯新路，加快构建现代化产业体系。增强民营经济支撑力，民营经济是莆田发展的支柱，必须旗帜鲜明坚持“两个毫不动摇”，深入实施新时代民营经济强市战略，扎实开展营商环境支撑行动，支持民营企业更好“挑大梁”“扛大旗”，让民营经济成为莆田最大的优势和骄傲。增强传统产业竞争力，传统产业是现代化产业体系的基底，必须秉承匠心制造、加快转型升级。增强“四大经济”驱动力，“四大经济”是绿色高质量发展的新增长极，必须做优做强。增强新兴产业集聚力，新兴产业是赢得未来竞争优势的关键领域，必须抢抓新机遇、抢占新赛道，前瞻布局未来产业，加快形成新质生产力。增强现代服务业带动力，大力发展金融业，做好“金融五篇大文章”；大力发展现代物流业，推进仙游县域商业流通服务网络强县试点工作，开工赤港冷链物流园，筹建物流分拨中心。大力发展工业设计、软件服务业，推广定制化服务、共享制造等新模式，壮大电商产业，促进先进制造业与现代服务业深度融合。推进高水平科技创新，加大创新主体培育力度，实施高新技术企业倍增计划。加大创新平台建设力度，提升产业技术研究院赋能“莆田智造”水平。

把握大局大势，在探索莆台融合发展新路上迈出更大步伐，打造两岸融合示范样板。在优化城市功能品质上持续发力，推动城市更安全、更智慧、更美丽、更清洁、更便捷、更人性。扩内需稳外需，在推进高水平改革开放上勇当先锋，积极服务和融入新发展格局。突出生态优先，在推进木兰溪综合治理和湄洲岛保护上久久为功，持续厚植绿色高质量发展底色。紧抓乡村振兴，在“千万工程”经验中汲取智慧力量，建设宜居宜业和美乡村。

（摘编：陈闽声）

仙游县产业经济发展概述

2023年，仙游县坚持以习近平新时代中国特色社会主义思想为指导，落实县委“1299”工作抓手和“1021”工作机制，全方位推进绿色高质量发展。初步统计，全年实现地区生产总值增长6%；一般公共预算总收入增长11.3%，其中地方一般公共预算收入增长4.3%；规模以上工业增加值增长9.1%；全社会固定资产投资增长0.5%；外贸出口总额增长2%；社会消费品零售总额增长9%；农林牧渔业总产值增长4.6%；居民人均可支配收入增长7%。产业经济发展主要工作成效是：

发力“新赛道”，产业发展提质增效。深入实施“三转一市”“四换四名”“四个一批”的实体企业梯次培育工程，新增市场主体5万户，总数达23万户，总量稳居全市第一；新增“下转上”82家、“小升规”25家；新增“三品一标”农产品6个，全市首个面点类集体商标“味在园庄”成功注册。处置批而未供土地2252亩，盘活闲置厂房11.5万平方米、低效用地128亩。仙游面粉厂引进省粮食集团盘活运营。出台36条巩固拓展经济向好势头的一揽子政策措施，兑现相关惠企资金8128.09万元。新增市级“白名单”企业84家，举办产融对接会，帮助11家企业融资8.38亿元。工业经济企稳向好。合力抓工业全力稳增长行动深入开展，实施工业投资项目46个、完成投资113.3亿元，投资量占全市33.5%。税收超千万元规上工业企业51家、增加7家。新增“专精特新”中小企业、企业技术中心、众创空间企业各3家，省级科技小巨人企业7家、科技型中小企业入库28家，申报国家级高新技术企业23家，全社会研发经费投入增幅居全市第二。新万鑫获评省级博士后创新实践基地。仙游经济开发区获评市级“专精特新”示范园区。新兴产业抢占新赛道，树立“引进一批链主企业，形成一场产业蝶变”思维，围绕打造千亿级新材料产业园，主动融入“电动福建”战略，推动上下游产业链招商，国城三元正极项目加快推进，紫京科技项目主体竣工，和拓新材料试投产，全国首家“电池银行”在仙注册并正式运营，带动上下游产业链延伸发展。传统产业取得新突破，红木产业探索跨界联盟新模式，创新实施红木制品数字化登记及质量溯源工程，与北交所（产权）合作开辟红木家具二级交易市场，国际家具品牌中心签约落地。第一届全国红木年会、第十届福建文创奖·仙游文化创意设计大赛、第十一届红博会等顺利举办。仙作红木家具产业集群列入全省首批中小企业特色产业集群。2个案例入选“品牌信用建设典型案例”，三福古典家具公司荣获第二届市政府质量奖。《木雕工艺品编码信息规则》省地方标准、《天然香品感官鉴定规程》等三个团体标准发布实施。鞋服纺织产业新培育自主品牌2个，威孚公司成功并购英国walsh品牌。小微企业园前期工作有序推进。第三产业活力迸发。持续深化“全闽乐购”促消费活动，逐步释放消费潜力。国家级电子商务进农村综合示范县通过中期验收，绩效评价获得优秀等次。仙游抖音电商跨界融合新品类“木带宝”全年营业额突破20亿元。文旅经济加速发展，成立县文旅智库，“仙游开春”等系列文旅活动火热出圈，推出4条二日游精品线路，全年接待游客量达550万人次、增长57.2%，打响“有一种旅游叫仙游”的福建旅游新名片。九鲤湖风景区获评省级森林康养基地。现代农业稳步发展。落实粮食安全责任制，全面推行“田长制”，粮食播种面积、产量实现“双增长”，超额完成年度任务。新建高标准农田2万亩，完成补充耕地683亩。游洋无疆蔬菜基地作为全市唯一一家入选亚运会、亚残运农产品供应基地名单。2家企业获评国家级生态农场。意达科技南方番茄新品种选育项目荣获省科技进步奖一等奖。金沙薏米入选福建名牌农产品。省储粮公司仙游储备库迁建项目、县粮食配送中心项目等实现封顶，县中心粮库二期项目完成主体建设。台湾农民创业园连续七年在全国台创园建设综合考评中获得优秀等次。

勇于“破难题”，项目攻坚加快推进。招商引资有方。成立县招商服务中心，探索推行“1+3”服务模式，首次上榜全国县域投资竞争力百强县；全年对接产业类项目75个、总投资1233.93亿元，其中投资30亿—50亿元项目7个、50亿—100亿元项目5个、100亿元以上项目3个；绿色高质量发展招商专项考评连续三个季度居全市第一。项目推进有力。绿色高质量发展两个季度考评居全市第一。340个省市县重点项目超序时完成年度投资任务，开竣工项目87个。中国李宁鞋类研发生产中心、复合泡棉内暖烯新材料、协晟智造、特步环球鞋类研发生产项目等一批项目实现当年度对接、当年度开工。鑫瑞新材料、海安三期厂房扩建、嘉源鞋业扩建、赛隆二期3万吨化学法、智胜半导体陶瓷新材料等一批项目实现投产，纵三线游洋沽山至梧椿段、木兰大道盖尾仙潭至石马段、慈岳中路等一批项目实现竣工，木兰抽水蓄能电站、高铁片区后肖地块安置区等一批项目动工建设，秀永高速大济服务区出入口开通，仙游至泉港高速列入全省“邻县高速通”工程规划。要素保障有效。完成重点项目征地3593.6亩、拆迁3.2万平方米，获批土地3238.6亩、林地4391亩。争取上级资金30.52亿元。在全市首创并推广项目建设“五证同发”服务模式，实现审批到开工时间压缩在2个月以内。

突出“提品质”，城乡面貌显著改善。城市建设更增实效。县城更新建设样板、龙华镇集镇环境整治样板入选全省样板工程建设名单，评审结果全省第一。城镇老旧小区改造获评省级单项工作评价绩效优异县。实施城乡品质提升项目146个、完成投资66.36亿元。9个老旧小区项目完成改造。北三环东段、党校北街、玉田大道、育英路育英花园段竣工通车，新改建市政道路10公里。新增便民服务摊点169个；新建垃圾分类屋（亭）146座；新改造公园绿地12公顷、福道4公里，城市亮化美化等项目有序推进。乡村振兴更见成效。全面推行“乡村有需求、高校来答题”的“1+2+N”校镇共建仙游样板，改造盘活11个乡镇闲置资产建设乡镇人才公寓，与9所省内高校签订校镇共建合作协议，共有33批531人次高校师生团队赴仙开展实践调研，推动镇村规划提档、产业发展提质、干部能力提升。探索打造共同富裕先行先试片区，推行“跨村联建、片区党委”的模式，度尾“柚相邻”乡村振兴示范片区和大济“善化里·农文旅”示范片区引路先行。新增“五个美丽”建设点1233个，省级“一村一品”特色产业专业村4个、市级8个。钟山镇入选首批国家农业产业强镇、全省乡村振兴示范乡镇，8个村列入省级乡村振兴示范村创建名单。游洋镇、赖店镇乡村振兴项目获得中央专项彩票公益金支持。

注重“严治理”，生态底色更加厚实。环境空气质量总体保持优良水平。河湖长制工作持续深化，主要流域国省控断面、县级以上水源地水质达标率均为100%。入选2024年城镇生活污水处理提质增效重点推进县城名单，木兰溪流域110个村居、城区35个村居污水管网全面动工建设，新建管网1447.3公里。40家小型污水处理设施委托第三方运维，36家养鳗场完成尾水治理设备安装并联网运行，实现水质在线监测、实时监管，尾水排放优于地表水Ⅲ类标准。新建木兰溪防洪工程4.8公里。林长制工作全面落实，完成植树造林1.2万亩、森林抚育3.3万亩、封山育林3.1万亩，水土流失综合治理1.99万亩。莱溪乡象星村、西苑乡前溪村获评省级森林村庄。

（摘编：林汇智）

荔城区产业经济发展概述

2023年是全面贯彻党的二十大精神的开局之年，也是莆田建市40周年。一年来，荔城区坚持以习近平新时代中国特色社会主义思想为指导，全面贯彻落实党的二十大精神，深入实施“深学争优、敢为争先、实干争效”行动，认真落实市委“一五二三四”工作部署，全力推动区委“六大提升工程”，以强烈的责任担当意识，顾全大局、团结进取，负重前行、迎难而上，持续推动经济社会高质量发展。实现地区生产总值645亿元，增长0.5%；固定资产投资增长7%；财政总收入48.7亿元、与上年度持平，其中地方级财政收入30亿元；规上工业增加值70.2亿元；社会消费品零售总额517亿元，增长0.1%；外贸出口总额100亿元；实际利用外资2000万美元，增长50.4%；农林牧渔业总产值34亿元，增长2.5%；居民人均可支配收入48544元，增长5%。三产结构优化为2.9∶47.1∶50。一年来产业经济发展的主要工作和成效是：

承压奋进，发展韧性持续彰显。充分发挥政策叠加效益，出台合力抓工业全力稳增长18条、民营经济强区28条等措施，推动经济平稳增长、稳中提质。支持企业稳产增效。深入落实领导干部挂钩企业制度，强化政策精准滴灌、直达快享，累计为企业减轻税费负担4.88亿元，兑现各级惠企补助6.31亿元，实现“白名单”企业政策性融资担保5.1亿元，援企稳岗政策惠及企业620家次、员工1.6万人次；全年新增纳税人2.05万户，同比增长128.2%；全区税收收入39.45亿元、同比增长10.42%，总收入税性比重达83.02%；其中工业企业税收13.81亿元，同比增长24.62%。有效投资带动强劲。建立项目前期办、重点办、督查办联合贯通机制，全年新增获批专项债券项目5个、10.11亿元，获得中央、省级预算内资金补助3056万元；获批用地50宗2269.6亩，其中新增建设用地1585.7亩，居全市前列。400个重点项目预计完成投资412亿元，其中省市重点项目均超额完成全年任务，实现68个项目开工、71个项目竣工，获评全省县区二季度项目工作正向激励综合考评第3名。建立健全招商引资项目评审机制，新增签约项目51个、总投资85.19亿元。消费市场回暖向好。深入实施扩大内需提振消费行动，开展“全闽乐购·约惠荔城”促消费及城市商圈主题活动13场，发放消费补贴820万元，直接带动消费3.1亿元。开展新能源车、餐饮专项促消费活动，带动销售额4200多万元，消费带动作用明显增强。

多维赋能，产业发展提质增效。坚持把发展经济着力点放在实体经济上，不断推动产业高端化、智能化、绿色化发展。集群优势更加明显。扎实推进龙头企业标杆引领行动，荔城区运动休闲鞋产业获评“福建省中小企业特色产业集群”。新增省市级“专精特新”企业15家，恒而达新材料、双源鞋业获评“福建省新一代信息技术与制造业融合发展新模式新业态标杆企业”，祥恒包装获批省级“绿色工厂”。创新能级不断提升。全社会研究与试验发展经费（R&D）投入9.34亿元，总量与增速均居全市第二。新增科技型中小企业45家、省级科技“小巨人”领军企业1家、战略性新兴企业2家、推荐高新技术企业25家；三棵树连续四年蝉联中国民族涂料品牌第一。启动5G全连接工厂培育工程，双驰与联通签订5G工业互联网发展合作协议，实现集成应用创新。“3D智造”项目获评“创响福建”大赛创客组第一名。现代服务业支撑有力。第三产业增加值占比首次突破50%，跨境电商云产业园入驻商户53家，硕合才储、豆讯等2家平台企业入选“福建省数字经济核心产业领域创新企业名单”。豆讯科技成功完成A轮融资，青春之家入选省重点上市后备企业库。22个平台经济项目预计实现交易额75亿元、开票额67亿元、税收0.86亿元。产业潜能有效释放。全年新增规上工业企业13家、限上商贸企业117家、规上服务业企业20家，“升规纳统”入库量全市第二。扎实推进“一区五园”建设，深化土地报批专项攻坚行动，出让工业用地10宗358亩，出让经营性土地6宗244.21亩，出让金39.24亿元。加快构建园区标准化建设体系，处置批而未供土地2303亩、闲置土地165.4亩，规上企业入园率提高到68.9%，荔城经济开发区综合发展水平跃升至全省第26名。

一体推进，城乡面貌加速更新。全面划定国土空间总体规划“三区三线”，控规覆盖面积达47.68平方公里，省级文明城区年度测评成绩全省第四、全市第一。城市建设步伐加快。紫霄片区入选2024年全省城市片区综合开发建设样板工程，联十一线天马安置区实现回迁，潭头桥片区、林峰二期、沙坂片区棚改二期等15个安置区开工建设。加快老城更新及风貌提升，完成老旧小区改造9个，建成棚改项目2个2001套，新开工棚改项目9个4194套、居全市第一。城市配套日趋完善。八二一街南伸（荔二路至壶公路）主车道实现全线贯通，打通莆田一中新校区周边路网、秀水路等市政道路，新改建农村公路12公里，超序时完成年度计划；改造危桥2座，建成“福道”4公里，新增公园绿地10公顷、口袋公园5处、垃圾分类屋（亭）30座。生态环境持续改善。主要流域木兰溪国控三江口断面和省控延寿溪口断面优良水质比例均达100%，达到考核目标要求，空气质量达标率96.6%；木兰溪绶溪片区项目（绶溪公园）入选国家级生态环境导向开发模式试点名单。扎实推进农村生活污水提升治理，建成幸福河湖建设示范点6个、河长制文化公园6个，完成河道治理11.47公里。乡村振兴全面推进。完成乡村振兴试点示范项目53个、示范线路4条，西天尾镇获评中国乡村振兴典范镇、全省乡村振兴示范乡镇，黄石镇惠下村等4个村入选全省乡村振兴示范村，东甲村获评省级乡村振兴实绩突出村；严格落实粮食安全责任制，完成高标准农田建设4000亩，申报全国“名特优新”农产品2个，圆满完成年度粮食种植面积和产量。

创新驱动，改革发展纵深推进。“放管服”改革持续深化，全区行政许可事项“即办件”占比62.29%，“一趟不用跑”占比84.90%，“全程网办”占比75.72%，平均缩短时限比例达85.56%，“政企直通车”“亲清惠企平台”诉求件办结率达100%。大力推广“跨省通办”“区域通办”等便民服务举措，与广东四会、厦门同安等地实现65项审批事项网上异地办理。深入实施“领航计划”，华隆机械获评2023年国家知识产权示范企业，为全市唯一；永生鞋业、庆川数控等企业获评国家知识产权优势企业。全年新增各类市场主体3.64万户，增长19.54%，其中新增企业9609户、增长19.11%，总量达3.99万户、全市第二。出台区属国有企业管理办法，企业功能定位更为清晰，结构布局更加优化。持续推动海峡两岸妈祖文化交流，征集“迁台记忆”档案资料1200多件。

持之以恒，自身建设不断加强。扎实开展主题教育，加强政府自身建设，以实际行动坚定拥护“两个确立”、坚决做到“两个维护”。自觉接受人大依法监督和政协民主监督，办理各级人大代表建议73件、政协提案110件。严格落实中央八项规定及其实施细则精神，毫不松懈纠治“四风”，全市率先推行农村集体“三资”全流程网上监管系统，让基层小微权力在阳光下运行。坚持政府过紧日子，压减非急需、非刚性支出1.3亿元。

（摘编：余松山）

城厢区产业经济发展概述

2023年，城厢区坚持以习近平新时代中国特色社会主义思想为指导，全面贯彻党的二十大和二十届二中全会精神，按照市委、市政府“一五二三四”工作部署，全力推动八项重点工作实现新突破，城厢绿色高质量发展迈出坚实步伐。初步统计，全区生产总值完成628亿元，增长6%；财政总收入33.3亿元，其中地方级收入23.3亿元；固定资产投资增长7%；规模以上工业产值增长7.5%；农林牧渔业总产值增长3%；全体居民人均可支配收入49800元，增长6%。

一年来，城厢区聚力“比项目”，推动争优争先争效。36个省市重点项目投资完成率超序时18.5个百分点，全市领先；创新实施重点项目“模拟审批”“五证同发”新模式，实现拿地即交证、交证即开工，刷新重点项目审批“城厢速度”，入选省行政审批制度改革助力推动项目落地典型案例。

一年来，城厢区聚力“创品牌”，持续当表率作示范。全方位推进绿色高质量发展，绩效考评连续三年位居全市第一方阵，绿色高质量发展考评位居全市优秀等次；荣获“福建省全域生态旅游示范区”“全省河长制湖长制正向激励奖励县”“2023预制菜产业基地百强”等荣誉。

一年来，产业经济发展主要做了以下工作：

加快产业升级，动能转换成势见效。深入实施创新、数字、品牌三大战略，强化营商环境、人才两大支撑，深化产业链“链长制”，新增规上、限上企业超百家，产业绿色高质量发展实现新突破。实体经济稳步增长。坚持创新引领，加快创新主体培育，新增国家级高新技术企业24家、省级“专精特新”中小企业9家、科技小巨人企业7家；加强创新资源对接，联合7家高校院所开展战略合作，推动11个产学研合作项目落地；加大创新载体建设，新增省级科技企业孵化器1家、众创空间3家、技术转移机构1家，中电科创城落地福州大学国家大学科技园科创中心；全社会研发投入强度持续位居全市第一。推进“智改数转”，创新开展企业咨询诊断，打造力奴、坤英奇等标杆示范案例4个，新增企业“上云上平台”21家，中电望辰、锐马电气入选工信部典型案例。培育品牌标杆，新增注册商标2353个，新增国家知识产权优势企业5家；全区有效发明专利530件，居全市第一；亚明食品荣获“中国食品工业协会科学技术奖”特等奖、入选胡润中国预制菜生产企业百强榜，腾晖工艺木雕、“天桂”桂圆干入选中国外交部礼品清单。推动绿色转型，新增省级绿色工厂2家，华林经济开发区获评省级绿色工业园区。商贸消费提质扩容。出台服务业增产增效扶持政策，创新组建“商务服务队”，新引进落地平台总部企业16家，新增联创等3个10亿级特色商圈楼宇，百家亿元龙头企业年营业额突破150亿元。提速发展电商产业，鼓励电商产业与本土供应链融合发展，搭建常态化对接平台，限上电商企业销售额增长超20%；莆田国际陆港试点全省口岸转关货物直通模式，开通莆台集装箱班轮，通关跨境包裹超80万件，全区跨境电商出口额增长37%。持续释放消费活力，引进知名首店22家，完成筱塘市场、下磨市场改造，常态化开展“全闽乐购·富美城厢”等促消费活动20余场次。加快文旅产业融合，大型木雕《京杭大运河》《百里兰溪图》开工并亮相央视《非遗里的中国》，木兰溪十里风光带一期建成，莆阳福道、泗华郊野公园加快建设，全域文旅格局逐见成效，全年游客接待量、旅游收入分别增长40.2%、48.6%。

产业环境不断优化。落实新时代民营经济强区战略，开展“商会组织建设年”活动，全市率先实现镇（街道）商会全覆盖。大力开展“企业大走访”，建设营商环境综合服务平台，建成全省规模最大智慧税务办税云厅，累计减税降费超5亿元，市场主体活力不断增强，全区企业总数突破4万户，首次位居全市第一。建成全市首个金融服务中心，举办政银企对接活动10场次，支持中小微企业融资近10亿元，新增省级重点上市后备企业3家，引导更多社会资本参与产业发展。市人力资源服务产业园投入运营，开展“城厢人才月”系列活动，新增省级博士后创新实践基地1个，引进和培育省市高层次人才306名。

提速项目攻坚，发展后劲持续夯实。坚持抓项目就是抓发展，聚焦抓前期促开工、抓进度促竣工，创新“每周夜议”，强化前期推进，攻坚“临门一脚”，重点项目建设实现新突破。全面加强空间保障，霞林分区单元控规及东海浮山等3个地块控规获批实施，编制老城更新与风貌提升核心示范区修规，完成4个村庄规划修编；完成用地用林报批1318亩，成功处置批而未供及供而未用土地1542亩，实现土地供应1617亩；盘活闲置厂房近12万平方米。组建融资工作专班，争取地方专项债11亿元，城投集团成功发行全省首支证监会批复企业债5亿元，一批重点项目获政策性银行授信超50亿元，有力保障项目建设。落实序时、问题清单管理，有力推动力奴鞋业智能仓库等35个项目开工建设，信唐智创等33个项目竣工投用。紧跟国家政策投向，坚持适度超前，高质量谋划113个补短板、强后劲、惠民生等重点项目，积极争取专项债、国债等政策支持。大力开展招商引资，坚持“一把手”招商，举办服务业发展暨电商供应链融合大会等各类招商活动10余场次，新签约项目50个，总投资205亿元，累计签约超亿元产业项目24个，实现预制菜肴产业园等48个项目转化落地，锦甜食品等30个项目竣工投产，“六园千亿”产业园签约对接意向入驻企业36家，招商厂房面积近80万平方米。

聚焦品质提升，城乡环境更加宜居。系统推进老城更新和新区开发，加快乡村振兴“三大示范带”建设，城乡品质能级实现新突破。城市功能不断完善。加快推进万达南、坂头西、樟林等片区综合开发，持续完善坂头东、顶墩下黄等片区功能配套，“一溪两岸”组团建设逐步成势。加快安置房建设，文献北、木兰铁岭安置房动工建设，洋西地块A安置房即将竣工，龙德井、沟头安置房启动选房签约，泗华孔里、灵川下尾、青山安置房实现回迁；全面开展存量安置房处置，盘活闲置套房、商场楼宇2.9万平方米。擦亮城市颜值，7个老城风貌核心示范区项目基本完工，6个老旧小区完成改造提升，新建2个精品公园、5个口袋公园，新增绿地面积160亩，建成区绿化覆盖率达47.3%。完善市政配套，新改扩建市政道路9公里，完成13条市政道路“白改黑”，打通3条“断头路”，建成投用公共停车泊位510个。优化交通路网，沈海高速东进出入口工程工可获批，国道G228城厢段动工建设，笏枫路“白改黑”工程加快推进，灵华线即将竣工投用；完成农村公路改造养护工程15公里、安保工程10公里。城市管理常态长效。常态化推进文明城市创建，持续开展市容环境整治专项行动，及时处置数字城管案件近7万件。开展生活垃圾分类攻坚行动，新改建分类屋（亭）74座，建成区生活垃圾分类覆盖率90%以上，灵川镇省级农村生活垃圾分类试点任务全面完成；建成洋西、铁岭2个建筑垃圾临时消纳场，建筑垃圾资源化处置中心有序推进。乡村振兴步伐加快。全力推进“1+8+6”乡村振兴试点示范建设，培育壮大特色农业，新增2个全国名优特新农产品、2个绿色农产品、7个家庭农场示范场；华亭桂圆产业示范片区加快建设，跨村联建抱团发展初见成效。持续创建“绿盈乡村”，全市率先实现全覆盖。着力建设和美乡村，建成“五个美丽”示范点304个，深入开展铁路沿线环境整治，整治裸房230栋。新铺设供水管网156公里，4个镇城乡供水一体化项目加快推进。

（摘编：郭向东）

涵江区产业经济发展概述

2023年，涵江区深入学习贯彻党的二十大和二十届二中全会精神，深入实施“深学争优、敢为争先、实干争效”行动，主动融入全市“一五二三四”工作大局，全力克服超预期因素冲击，统筹做好扩内需、优结构、强预期、保民生、防风险等各项工作，全区经济社会保持健康平稳发展。初步统计，全年地区生产总值增长3.5%；规模以上工业增加值增长2.5%；固定资产投资增长7%；农林牧渔业总产值增长4.1%；社会消费品零售总额增长2%；一般公共预算总收入46.6亿元，其中地方一般公共预算收入28亿元；外贸出口总额55.6亿元；实际利用外资730万美元；居民人均可支配收入增长4.6%。

一年来，产业经济发展主要做了以下工作：

坚持应势而为，经济发展稳中趋好。坚持精准施策，叠加各级纾困惠企政策措施，推出新时代民营经济强区战略“N”的政策体系；办好用实企业家接待日和亲清惠企平台，兑现税费优惠3.7亿元，“白名单”企业政策性融资在保金额增长52%；扎实完成“五经普”单位清查工作，市场主体总量突破十万户。坚持招大引强，先后组织赴北上广深浙等地招商30余次，签约10亿元以上项目10个、总投资达268亿元；旗帜鲜明讲“亩均效益”，设立工业项目“亩产准入门槛”，出让工业用地823亩；创新“区政府+市属国企”“产业地产+民营企业”等招商合作模式，引进联东U谷、市国投集团等企业开展“腾笼换鸟”，累计盘活低效用地900亩。坚持项目为先，建立重点项目大前期大协调大督查机制，策划实施百个重大项目攻坚行动，完成重点项目投资407亿元，新能源汽车配套产业园实现当年签约、交地、建设、竣工的“涵江速度”，吸引5家配套企业入驻。坚持消费引领，加大新能源汽车推广力度，获批全省首家国产小客车注册登记预查验试点，精准投放促消费资金940万元，撬动消费超2亿元。坚持创新驱动，加快塑造发展新动能，威诺数控全市唯一获评国家级专精特新“小巨人”企业，新增国家知识产权优势企业5家、科技型中小企业76家，省级科技“小巨人”企业6家、“专精特新”企业14家，有效发明专利、高价值发明专利总量及每万人拥有量均居全市第一。

坚持培优育新，产业集群持续壮大。深入推进“一区多园”联动发展，高新区获评国家级绿色工业园区、综合发展水平全国排名再提升5位，城北工业园（二期）等园区建设持续加速，助力12条产业链集群强链。“舌尖”产业更有“滋味”，百威雪津再度获评国家级水效领跑者企业，入选全省四个百强榜单，啤酒出口量首次突破15万吨，麦芽、热电联产等配套产业加速落地，申报“中国啤酒制造之城”顺利通过专家评审；方家铺子入围全国商标品牌建设优秀案例，预制菜产业上榜全国基地百强名单。传统产业转型提质，全冠机械等2家企业智造方案分别列入工信部工业互联网APP优秀解决方案、智能制造优秀场景，四君子古典家具作品《合璧》亮相“一带一路”国际合作高峰论坛。新兴产业“链”出活力，云度汽车成功开辟西班牙、法国等欧洲市场，全新C5车型样车下线，依吨电路荣获全国创新创业大赛优秀企业奖，华佳彩斩获国际显示技术创新大奖“一金三银”奖项、获评省级制造业单项冠军企业。“四大经济”赛道拓宽，深入推进数字经济产业集聚区建设，2家企业分别入选省数字经济领域“未来独角兽”“瞪羚”企业；加快创建绿色制造体系，新增国家级绿色工厂1家、省级绿色工厂

2家，规上工业增加值能耗下降3%；盘活1.1万亩海域，布局启动全省最大的700兆瓦渔光互补产业基地建设；接续开展莆阳开春、爽夏、赏秋等文旅活动，接待游客总人数、旅游总收入分别增长35%、36%。现代服务业加速发展，四大电商园区新聚集企业超200家，平台经济年交易额增长10%。

坚持协同发力，城市短板不断补齐。积极融入福州都市圈和全市“四城辉映”建设布局，用心答好城市的“东拓南进西联北优中修”文章。全面提速城区东拓步伐，萩芦溪大桥等交通节点项目有序推进，福厦高铁涵江段顺利通车，引进投资超百亿元的赤港服务区双开放项目招标开工，全力打造特色鲜明、功能齐备的交文旅融合康养服务区。深入实施“南进临港”战略，提速G228人民街南伸段建设，进港航道（一期）获省政府用海批复，1—3号泊位码头主体工程基本完工，木兰溪滨海产业新城“三规”通过审批，围填海历史遗留问题顺利上报自然资源部备案。坚持向西联动“城涵一体”，全力推进九华路、滨溪北路等项目前期工作，紫霄大道（梧萩段）全线贯通，沁后、白塘湖等片区安置房建设加快推进。做优北部山区振兴基础，开通莆炎高速白沙服务区出入口，新改建农村路网56公里，铺设城乡供水一体化管网120公里，萩芦镇获评全省“自驾游助力乡村振兴示范镇”。强化中心城区精修细补，投入5400万元完成9个老旧小区改造，新开工棚改房2471套，回迁安置房超20万平方米、全市最多，苍林完整社区等3个项目入选省级样板工程；打通高林街北伸、涵港大道南伸等“断头路”，改造提升国省干线、市政道路24公里，整治塔桥等易涝点6处，新增公共停车泊位510个、充电桩155个、口袋公园5处，创成省级生活垃圾分类示范区，获评国家级节水型社会建设达标县（区）。

坚持内外兼修，乡村振兴精彩纷呈。聚焦生态引领，投入5亿元实施农村生活污水改造（一期）工程，新建城乡污水管网12.9公里，主要流域水质优良率达100%，木兰溪（涵江段）流域水质达到Ⅲ类，河湖长制工作获省级正向激励；探索水产养殖和补充耕地有机融合，可望新增耕地1100亩；创新设立木兰溪入海口、“古荔古厝”等生态司法保护基地，新增全国红色美丽村庄试点村2个，“绿盈乡村”覆盖率达97.7%；聚力打造城市会客厅，启动白塘湖环湖栈道建设，完成“水上巴士”沿线整治提升，双福村入选中国传统村落名录、亮相央视《山水间的家》。聚焦产业赋能，新建高标准农田4847亩，携手福建农大打造大洋优质稻生产示范等农业基地，探索推广“水稻+N”“林下+N”等生产模式，新增全国名特优新农产品2个、省级“一村一品”专业村2个、农业产业化联合体1个；成功举办“莆阳开春”、莆田市2023年中国农民丰收节等主会场活动，江口镇上榜省级乡村振兴示范乡镇，白塘镇入选全省首批政策性金融支持乡村振兴整镇推进试点。聚焦文化铸魂，举办首届中国侨智发展大会“华侨华人与中国式现代化”学术研讨会，萝苜田历史文化街区、洋尾进士村顺利通过全市申报国家历史文化名城现场考评；加快推进侨房、古建筑保护利用，3个项目列入省级文化专项发展资金支持范围；圆满完成湄洲妈祖金身巡安涵江活动，本地元宵民俗闪耀央视直播荧屏，借力央视《非遗里的中国》《消费主张》《三餐四季》《文脉春秋》《华人故事》等栏目，让全国观众近距离感受涵江历史文化、美食文化的积淀之美。乡村振兴经验做法先后获新华社《政务智库报告》《八闽快讯》等刊发推广，市对区乡村振兴战略实绩考核实现“四连优”。

坚持务实笃行，政务效能全面提升。创新优化进规纳统、向上争取资金、安置房建设等重点工作绩效考评机制，主动争取国债、专项债等资金近9亿元，清缴安置房差价款近5000万元。创新推行“税保一窗”品牌服务，率先建成县区级公安“一站式”综合服务窗口；全市首家开发运用农村建房审批监管服务平台，启动“房地一体”农村宅基地不动产权证办证工作，完成安置房等首登办证8007套。

（摘编：郑欣然）

秀屿区产业经济发展概述

2023年秀屿区深入学习贯彻党的二十大和二十届二中全会精神，认真贯彻落实习近平总书记对福建工作的重要指示批示精神，深入开展学习贯彻习近平新时代中国特色社会主义思想主题教育，围绕省委“深学争优、敢为争先、实干争效”行动，聚焦市委“一五二三四”部署，俯下身子抓产业、一心一意谋发展，全力抓好稳增长、促改革、惠民生、防风险、保稳定各项工作，“港产城”融合高质量发展迈出坚实步伐。

这一年，顺利通过“中国银饰之都”“全国平安渔业示范县”复评，荣获“全国品牌产业园示范基地”“省级农产品质量安全县”称号，成功创建南日岛国家级“和美海岛”，湄洲湾国投经济开发区获评国家级绿色园区、全省先进开发区，平海渔港通过“全国文明渔港”复核，产业发展单项考评稳居全市前二，特别是上半年以满分成绩居全市第一，各项事业蒸蒸日上、蓬勃发展。

初步统计，全年实现地区生产总值455亿元、增长6%；规模以上工业总产值607.8亿元、增长7%；全社会固定资产投资224亿元、增长3.7%；财政总收入30.2亿元、增长81.6%；社会消费品零售总额97.4亿元、增长7%；农业总产值102.8亿元、增长4.2%；外贸出口总额28.17亿元、增长1%；居民人均可支配收入30570元、增长5.5%。

一年来，产业经济发展主要做了以下工作：

推项目、强保障，经济发展韧劲更足。项目建设持续发力，全年安排重点项目257个，实现开工35个、竣工33个、新增入库100个，65个省市重点项目总投资1400亿元，项目数、投资规模均居全市第一，28个省重点项目超序时18.1个百分点。特别是永荣CPL二期顺利投产，建成全球最具规模的己内酰胺生产基地；中锦PA6扩建项目竣工投用，晋升全球最大的锦纶聚合工厂；全球首个漂浮式风电与网箱养殖融合项目落地投用，荣获国家新能源电力发展优秀奖。招商引资成果丰硕，建立“三会四评”机制，强化“以商招商”模式，区四套班子领导全员出动、10条重点产业链主动出击，分赴全国各地开展招商80余次，对接洽谈佳通轮胎智能化工厂、天石源（二期）等项目37个，总投资479亿元；参加第二届民营经济大会、“9·8”投洽会等重大活动11场次，签约落地普莱生物、李时珍（二期）等项目42个，总投资277.4亿元。要素保障有力突破，在全市率先设立首个规模超亿元的县区产业基金，争取上级各类补助资金21.52亿元，资金总量、增长率均居全市第二；获批用地14批次、758.8亩，用海4宗、1429.8亩，完成供地22宗、1053.5亩。

挖潜力、增动力，产业升级势头更猛。坚持链式布局、集群发展，带动10条重点产业链齐头并进。新型功能材料、新能源、生命健康三大新兴产业活力迸发，永荣科技、华峰新材料获评国家级绿色工厂，热电联产二期并网投用，石门澳港口建成全省跨度最大的封闭式储煤仓，全省首个LNG罐装运输项目海液通落地秀屿港；风电总装机容量突破200万千瓦时，居全市第一；基诺厚普无菌注射针剂在全省率先通过美国FDA认证，全市首个小微产业园联东U谷开工建设，总投资40亿元的普莱生物系列项目正式落地。海洋、数字、绿色、文旅四大经济动能澎湃，港口吞吐量突破1250万吨、增长18%，全省首个鲍鱼科技产业园动工建设，成立全市首个海洋经济科创联盟，6万方高端智能深海渔旅综合体“闽投秀屿1号”顺利下水，海发水产获评全省唯一“国家现代农业全产业链标准化示范基地”，东禹海洋等3家企业获评省级水产良种场称号。采木网、平行威客获评省数字经济创新“瞪羚”企业，中交数科平台实现当年度招引落地、当年度升规纳统；开通“福来福往”湄洲岛至南日岛海上游航线，举办全国海钓邀请赛暨鲍鱼文化节、福建首届开海文化季、沙滩露营节、潮汐音乐季等莆阳系列活动30多场，埭头镇获评省级“全域生态旅游小镇”。工艺美术、食品、鞋服三大传统产业提质增效，“印象上塘”商标完成注册，国检集团质检实验室落户上塘，举办首届中国（莆田）佛教造像艺术展览会、第四届“七夕”上塘银饰小镇缤纷季活动，实施CFPC数字化木托盘项目，建成莆头国林木业城四期；承办第十一届全国鲍鱼产业发展研讨会，启动建设中国鲍鱼预制菜基地、南日岛东部海产品加工园，央视一套大型美食节目《三餐四季》走进南日岛取景录制；建成华峰系列鞋服智慧工厂，协办“中国鞋都”鞋业供应链集采节。

提质感、增美感，城乡融合风貌更优。坚持全域统筹、城乡融合、绿色发展，以更宽视野、更大格局推动高铁、城东、土海片区集中连片开发。实施城建项目85个，完成投资123.6亿元，国道G228、笏石大道开工建设，福厦高铁开通运营，吴厝路、华安路等4条道路建成通车，新改扩建市政道路9公里，综合立体交通网络持续完善。扎实开展城市功能品质三年提升行动，区图书馆竣工建成，新增口袋公园5个、公园绿地10公顷、福道3.5公里，完成主干道景观提升11公里，整治城区易涝点10个，福建省中央财政监管工作会议、海峡循环经济学术论坛、全国橡标委胶鞋分委年会等一系列高端重磅会议在秀举办，秀屿新形象广获认同，城市能级再上新台阶。持续深化“1镇12村3片区”乡村振兴示范创建，投入3700万元实施重点项目41个，完成127个实用性村庄规划编制，埭头石城获评“全国乡村治理示范村”、月塘东潘获评省级“森林村庄”，笏石苏塘中天农业股份合作社在全市率先实现普惠分红，埭头安民铺乡村记忆馆建成开馆，新增省级“一村一品”专业村3个、高级版“绿盈乡村”9个、“五个美丽”建设点529个，乡村振兴多点开花。坚决守牢耕地保护红线和粮食安全底线，拆除“两违”建筑85宗1.1万平方米，清理整治撂荒地1277.74亩，建成高标准农田1.7万亩，完成粮食播种面积10.1万亩、产量4.08万吨，增量、增幅均居全市第一。深入打好污染防治攻坚战，全力配合做好第三轮中央生态环保督察工作，加快推进农村污水治理、城区黑臭水体整治，建成农村污水主干管680公里，修复缺陷污水管道11条，整治河湖“四乱”问题233个、入海入河排污口99个，近岸海域国省控点位优良比例达100%、全省第一。

强担当、重实干，政府服务效能更高。坚持将党的政治建设作为最首要的任务，扎实开展主题教育，从习近平新时代中国特色社会主义思想中悟规律、明方向、学方法、增智慧，坚定拥护“两个确立”，坚决做到“两个维护”，锤炼对党绝对忠诚的政治品格，共组织开展主题教育专题学习班3次、专题调研81场次，形成调研报告10篇，研究解决问题78个。坚持将实干担当作为最鲜明的导向，用好效能考评指挥棒，强化考核结果运用，匡正干的导向、增强干的动力、形成干的合力，三季度产业链“两图两库”工作、“双比双晒”产业云平台考评均居全市第一，地区生产总值增长率、市重点项目计划开工数均居全市第二。坚持将依法行政作为最基本的准则，把法治思维贯穿于政府工作的全过程，严格落实重大行政决策程序，强化行政规范性文件合法性审查和清理，依法执行人大及其常委会决议、决定，认真办理人大代表建议53件、政协委员提案135件，办结率、满意率均为100%。坚持将廉洁从政作为最牢固的底线，严格落实中央八项规定及其实施细则精神，驰而不息纠治“四风”，织密扎牢制度笼子，大力整治群众身边的不正之风和“微腐败”问题，持续巩固风清气正的政治生态。

（摘编：曾文升）

南平市产业经济发展综述

2023年是全面贯彻落实党的二十大精神的开局之年。一年来，南平市坚持以习近平新时代中国特色社会主义思想为指导，深入学习贯彻党的二十大和习近平总书记对福建、对南平工作的重要指示精神，深入实施“三争”行动，落实“五增”目标，全方位推进绿色高质量发展。2023年全市地区生产总值增长5%；一般公共预算总收入164.1亿元、增长11.4%，地方一般公共预算收入113.4亿元、增长8.9%；固定资产投资增长2.7%；社会消费品零售总额842.6亿元、增长6.5%；居民消费价格总水平涨幅控制在3%以内；城镇居民人均可支配收入42867元、增长4.3%，农村居民人均可支配收入23327元、增长7.1%。产业经济重要领域、重点工作取得突破：

国家碳计量中心（福建）、国家茶产业计量测试中心落地南平市；延平、建阳获批国家生态文明建设示范区，累计获批总数居全国第3、全省第1；松溪获评全国“绿水青山就是金山银山”实践创新基地，累计获批总数居全省第1；国家农业绿色发展整市域创建先行区进展评估全国第1；全国海绵城市建设绩效评价结果获评A档。

“五大体检”经验做法在中央《党建要报》刊发；首创的科特派服务规范上升为国家标准；“村工程乡代建”工作模式被国家发改委向全国推广。

省委、省政府在南平市召开全省深入学习“千万工程”经验建设福建美丽乡村现场推进会，成功举办资管峰会、考亭论坛、茶博会、生态资产管理战略咨询会、碳计量人才峰会、竹博会等系列重大活动。

获批地方政府专项债项目227个、资金166.2亿元，居全省前3；获批两批次国债项目94个、资金39.4亿元，居全省第2；6个县（市）进入财政部县级财政管理绩效综合评价全国前500名，数量居全省第1。武夷新区体育中心项目荣获中国建设工程鲁班奖。

一年来产业经济主要做了以下工作：

牢记嘱托抓深化，增绿提质迈出新步伐。在生态文明建设上，环带总体规划和3个专项研究正式出台，开发建设推行市场化运作，策划“两园”项目15个、总投资296亿元，累计争取各类资金131.2亿元、增长34.4%。成功举办国家公园1号风景道国际设计创意大赛，游览打卡点、服务驿站等配套设施加快建设。首创林长“巡山交树”制和河湖长“巡河交水”制，空气、水等生态环境质量保持全省第1。在“三茶”统筹发展上，中华茶博苑启动筹建，武夷国际茶叶交易中心开业运营，武夷山水·茶空间建设团体标准制定发布，出台茶庄园建设实施意见及扶持政策，发布红茶、白茶器皿标准。武夷岩茶文化列入中国重要农业文化遗产名录，“北苑贡茶·龙团凤饼”被国家版本馆收藏。在科特派制度完善提升上，以“四链”融合为抓手，建成绿色产业创新平台。科特派利益共同体备案机制全省推广，新选派1985人、团队134个，成立8家科特派院士专家工作站，组织国家乡村振兴重点帮扶县科特派团团长等省级以上培训班5期370人，发放“科特贷”7亿元。在优秀传统文化传承弘扬上，国际儒学联合会朱子研修基地落地南平市，成功创建省级朱子文化生态保护区，《大儒朱熹》进京展演，举办“江山如画”大型融媒体传播等活动。新增国家级传统村落6个、省新时代特色文艺示范基地8个，修缮提升寒泉精舍、五经博士府、张山头红军墓群等遗存。

扩大内需稳实体，增强支撑展现新成效。“三大攻坚”持续深化。486个省市重点项目完成投资占年度计划116%，美和家居、涤纶短纤循环经济产业园等150个项目开工建设，浦圣预制菜产业园、元力环保高端活性炭等225个项目加快推进，三爱富新材料一期、浙商出口家具产业园一期等111个项目建成投产。“一把手”正式签约总投资2亿元以上项目54个、总投资270.3亿元，“一把手”抓技改项目46个、完成投资49.6亿元。民营经济加快发展。出台贯彻落实新时代民营经济强省战略推进绿色高质量发展的实施意见、巩固拓展经济向好50条、工业稳增长12条等政策，累计减免税费69.3亿元。新建成工业标准厂房112万平方米。新认定国家级高新技术企业、知识产权优势企业101家，省级以上专精特新企业、单项冠军企业24家，新培育“四上”企业510家，新建投产规上工业企业39家、全省第3。绿色产业加速集聚。实施重点工业企业共成长培育计划，新落地开工或投产云上茶谷产业园等茶产业链项目35个，中国竹具工艺城等竹产业链项目50个，农夫山泉茶饮料等水产业链项目21个，圣农展示馆等食品加工产业链项目142个。茶、竹、水、食品加工等产业链产值分别增长8.4%、8%、44.9%、11.6%。推进“以竹代塑”示范城市建设，出台竹产业千亿行动计划，高标准规划建设“两徐”国家级竹经济产业园，国际竹藤中心武夷研究基地落地我市。消费市场稳步回升。出台进一步扩大消费、加快会展业发展、促进航空市场高质量发展、支持武夷新区房地产市场平稳健康发展等政策，武夷山主景区免门票政策继续实行，推出武夷梦华录、铁井栏—紫芝街等8个文旅新产品和国家公园风景道自驾游等10条旅游新线路，全市旅游人数、收入恢复良好。

城乡融合补短板，增进福祉再上新水平。城市品质有效提升。以创建全国文明城市为抓手，推进以县城为重要载体的新型城镇化建设，实施城市更新项目716个，改造老旧小区3.5万户，新改建城市道路71.6公里、农村公路334公里、福道137.7公里及燃气、供水、雨污等管网400.6公里，新增公园绿地121.9公顷、郊野公园5平方公里、公共停车泊位3400个。武夷新区生态食品等产业园加快建设，怡宝水业等项目建成投产，云谷水系获评中国“全域海绵”典范项目。建阳医卫材料产业园二期基本建成，ES纤维产业链产值增长2.2倍。延平改造老旧小区3800户，青少年校外体育活动中心等项目建成，南平工业园区闽江航运物流中心、“双碳”产业园等22个项目签约入园。乡村振兴扎实推进。出台学习“千万工程”经验建设南平和美乡村的行动方案，开展“到南平去、助乡村兴”活动。出台稳定粮食生产9条措施，建设高标准农田24.5万亩，完成粮食播种面积281.9万亩、总产量118.8万吨。做好“土特产”文章，10个国家级、省级优势特色产业集群加快建设，新增建瓯、政和、邵武全国绿色食品原料标准化生产基地。实施种业创新行动，新育成10个杂交水稻、3个玉米新品种，制种面积超18万亩。深化农村人居环境整治，完成危旧房、违建房、裸房“三房同治”1330栋。

深化改革促开放，增创特色激发新活力。重点领域改革持续深化。绿色发展机制创新集成改革试点稳步推进，“森林生态银行·四个一”股份合作经营模式实现县域全覆盖，省级绿色产业基金落地我市，绿色信贷余额增长36%。国企改革扎实推进，组建水务集团，市属国企服务产业发展能力不断增强。优化荣华山产业组团工作机制，市县共建合力有效增强。创建“企呼我应”服务平台，推出“便利南平”新十条措施。创新开展“远程云帮办”，惠企政策“免申即享”提质扩面，便民利企“一件事”套餐改革上升为省级地方标准，新登记法人企业增长15.1%。对外开放持续扩大。闽江航运集装箱货船满负荷运行，货物吞吐量突破4.5万吨，新增5艘千吨级货船运力。跨境电商综合试验区和武夷山陆地港加快建设。闽东北区域协作深入拓展，衢黄南饶联盟花园共建持续深化。举办武夷山·阿里山文旅融合发展对台交流和国际茶日茶产业对外经贸交流等活动70余场次。考亭书院被确认为全国华侨文化交流基地。

防范风险保安定，增固底板取得新进展。创新“一库三单”信息化管理机制，开展重大事故隐患专项排查整治行动，安全生产事故起数全省设区市最少，未发生较大及以上事故。有效应对15轮强降雨、“杜苏芮”台风等灾害性天气，森林防灭火形势持续稳定向好。建设平安南平，常态化开展扫黑除恶，从严打击电信网络诈骗等违法犯罪行为，群众安全感率居全省第1。践行总体国家安全观，有效防范政治安全和意识形态、耕地保护、粮食安全、生态环境、食品药品、房地产、金融等重点领域风险。

坚持政治引领，实现主题教育和中心工作两手抓。把“实”的要求贯穿主题教育全过程，深化运用“四下基层”制度，实现主题教育和中心工作两手抓、两促进。坚持依法行政，提请审议地方性法规草案1件，修改废止行政规范性文件74件，办理市人大代表议案建议113件、政协提案254件，办复率100%。开展“深学廖俊波，‘三争’作表率”实践活动，建立“三化五定”闭环管理数字化平台，推动“审巡纪”联动监督试点建设，持续整治“吃喝风”顽疾、“躺平式”干部、“宽松软虚”执法、“老好人”思想等问题，干事创业精气神不断提振。

2024年是新中国成立75周年，是落实“十四五”规划攻坚之年。南平市工作的总体要求是：坚持以习近平新时代中国特色社会主义思想为指导，全面贯彻落实党的二十大、二十届二中全会精神和习近平总书记来闽考察重要讲话精神，按照中央、省委、市委经济工作会议部署要求，始终牢记嘱托、感恩奋进，坚持稳中求进、以进促稳、先立后破，完整、准确、全面贯彻新发展理念，积极服务和融入新发展格局，稳预期、稳增长、稳就业，聚焦“五增”目标，统筹扩大内需和深化供给侧结构性改革，统筹新型城镇化和乡村全面振兴，统筹高质量发展和高水平安全，增强经济活力，持续推动经济实现质的有效提升和量的合理增长，加快建设全国绿色发展示范区，争当生态文明建设“优等生”，为谱写中国式现代化福建篇章贡献南平力量。2024年经济社会发展主要预期目标是：全市地区生产总值增长5.5%左右，固定资产投资增长5.5%，一般公共预算总收入增长5%，地方一般公共预算收入增长5%，出口增长3%，实际利用外资增长10%，社会消费品零售总额增长6%，城镇居民、农村居民人均可支配收入分别增长5.5%、7%，单位GDP能耗控制在省下达目标内，粮食总产量稳定在118.4万吨以上。

围绕上述目标，产业经济发展方面着力抓好以下工作：

以更大力度壮大实体经济。提升绿色产业集聚力，加快推进新型工业化，着力抓龙头铸链条建集群，持续提升产业创新能力，大力发展“五个一”生态优势产业的精深加工及配套产业，推动机电制造、新型建材等传统产业“智改数转”，积极发展“双碳”、新材料、生物医药、新能源等战略性新兴产业和未来产业，培育新质生产力。提升园区平台承载力。围绕标准化、专业化、绿色化，加快完善园区安全环保、工业互联网、5G基站、物流、燃气管网等基础设施和公共服务配套，破解企业交通物流、用气等堵点问题。提升科技人才支撑力。建立“平台+人才+项目”协同创新机制，加快推进8条重点产业创新链市场化运用。提升民营经济竞争力。

以更高效率释放内需潜力。全面扩大有效投资；全面提振消费需求；全面提升服务业水平。

以更深层次推进改革开放。重点改革再强化；营商环境再优化；南台融合再深化；开放合作再实化。

以更实举措促进城乡融合发展。大力推进中心城市建设，打造“建阳—武夷”新南平核心，提升整体发展能级和辐射带动能力。大力推进县域城市更新，深化全国文明城市创建，大力推进乡村全面振兴。

以更高标准筑牢绿色生态屏障。推动环带建设扩面提质。推动国家公园1号风景道正式运营，继续实施五大行动，深化落实“四防一提升”联动保护机制，持续谋划实施一批“两园”项目，加快环带重点村镇建设。推动生态环境持续优化；推动绿色低碳转型发展。持续护绿、扩绿、转绿，争创国家“以竹代塑”应用推广基地，加快实施“碳排放监测”国家重点研发计划，积极培育碳计量碳监测高端装备、标准物质制造、工业产品碳足迹监测和评价服务等产业，抢占“双碳”产业发展新赛道。

（摘编：郭向东）

延平区产业经济发展概述

2023年，是全面贯彻落实党的二十大精神的开局之年，是三年新冠疫情防控转段后经济恢复发展的一年。延平区深入贯彻省委“三争”行动，落实市委“五增”目标，紧扣“12335”行动和“10+6”重点工作，奋勇拼搏、以干得助，各项事业取得新进展、新成效。全区地区生产总值完成457.27亿元、增长3.8%，财政两项收入分别增长12.3%、10.3%，城乡居民人均可支配收入分别增长2.6%、5.6%。工作亮点纷呈，成绩可圈可点：

市区一体化发展迈出更大步伐，人民路、八一路行政大楼顺利入驻，各类资产资源有效盘活，市区一体合力推动青少年校外体育活动中心、开元实验学校建成投用，新大桥北向引桥等30个总投资超66亿元的城市品质提升项目加快建设，延平发展承载力进一步增强。

林产化工产业入选《福建省县域重点产业链发展白皮书（2023）》，全竹产业链产值突破43亿；锂锰电池生产项目一期建成投产，南平中晟新能源锂电池生产和延平区小微电池智能制造项目落地建设，电池产业集群见势成效，产值达33.4亿元、比增超30%；机电制造业产值突破110亿元，建筑业总产值突破100亿元，奶业产值突破20亿元，“四上”企业新增73家，总量达489家，连续3年位居全市前列，延平可持续发展动能更加强劲。

福建南平绿色高质量发展暨碳计量人才峰会在延召开、国家碳计量中心落户延平；中国龙舟公开赛年度总决赛成功举办，全网流量超890万；乡村振兴参与度、反响度、获得感位列全省前10；延平区主导制定的全国首个科技特派员国家标准正式发布实施；“延平百合”获评“2023中国区域农业品牌·年度案例”，跃居同类品牌价值福建第1、全国前3，城市软实力不断提高。

国家生态文明建设示范区、中国天然氧吧、全国渔业平安示范县3张“国字号”金字招牌首创首成；答好“炉下之问”延平新答卷，相关做法获省政府主要领导批示肯定，创新闽江上下游“巡河交水”机制并在全市推广，延平生态底色愈发靓丽。

一年来，产业经济发展主要做了以下工作：

发展质效全面提升。现代农业做优做强。出台稳粮生产八条措施，创新土地综合整治工作试点，建成省级优质稻示范片11个，粮食产量达5.9万吨，“中国饭碗”端得更稳更牢。新建生态茶园3430亩，制定茶产业标准2项，“三茶”产业链从无到有。实体经济承压向前。新培育“新建投”企业9家、“小升规”企业8家、省级创新型企业7家、专精特新中小企业2家、“科技小巨人”企业4家、国家高新技术企业9家。新增技改项目40个，区本级投资比增75.3%，全市第2。新建标准化厂房2万平方米。出台促进建筑业高质量发展十条措施，新增一级施工总承包企业3家，保温业产值近50亿元；成功举办中国·游乐产业发展研讨会，引进游乐设备制造企业2家，游乐业“两头在外”困境逐步破解。消费活力加速释放。举办汽车、家居等促消费活动9场，建成延平电商产业园，新增规上服务业企业8家、限上商贸企业38家。《看不见影子的少年》《幸福草》等影视作品在延开拍，石佛山森林公园时隔13年重新开放，创新打造“闽江游”新业态，延福门码头夜市、新城大学城、十里烟火活力街火爆出圈，文旅推介会、乡村振兴成果展等系列大型城市宣传活动在福州举办，全区游客接待人数、旅游收入增速均超35%。

发展后劲不断增强。项目建设有力推进。争取中央、省级预算内资金、债券资金超 11 亿元。53 个省市重点项目完成投资 48.02 亿元，完成率 107.9%。延平新城产业园区基础设施、元力环保用活性炭等 3 个区域重点协作项目完成投资 8.73 亿元，区域协同实现更高层次发展。延平新城医院、城乡供水一体化等一批打基础、强功能的大项目、好项目建设马力全开。项目招引有声有色。巴拉圭中国国际经贸促进会福建分会在延成立，两岸大湾区产业联盟战略合作框架协议正式签订。积极参加“9·8”投洽会等招商活动，举办广东区域招商推介会，引进 5000 万元以上项目 42 个、总投资 62.33 亿元；引进 2 亿元以上“一把手”招商项目 7 个、总投资 37.77 亿元，其中华农恒青、中晟电池实现当年签约、落地投产；2 个总投资超 10 亿元的招商项目正式签约。项目服务有求必应。成立项目前期服务中心，破解要素保障难题 64 个，盘活低效工业用地 3.65 万平方米，批而未供土地完成率全市第 1。建立完善“企呼我应”平台，大力开展“企业家下午茶、晚餐会”“吃茶话事”活动，面对面协调解决企业困难 78 个。制定“便利延平”新十条措施，发放“免申即享”惠企资金 816.8 万元。

城乡品质大幅提升。城市建管持续增质。深入推进城市体检，实施城市品质提升项目 67 个，完成投资 24.69 亿元。杨真停车场建成使用，改造、新设停车位 1026 个、城市绿地面积 2.39 万平方米、绿色建筑面积 57.65 万平方米。完成老旧小区改造项目 4 个，新增管道燃气入户 3800 户，饮用水一户一表改造超 1 万户，南铝绿色社区创建案例获住建部肯定、推广。在全市率先使用“天眼拍”技术，系统化、精细化城市管理问题处置率达 99.88%。乡村振兴持续推进。深学“千万工程”经验，扎实开展“三到三助”实践活动，全面完成 245 个行政村需求清单梳理，引导社会各界力量到农村去、助乡村兴。完成“党建跨镇连片”“自驾旅游”乡村振兴示范带项目 13 个；完成“百镇千村”试点示范项目 88 个。完成农村公路新改建 55 公里、道路安防 300 公里，建成美丽庭院 274 个、乡村微景观 138 个。深化与省财政厅、省委改革办、省委国安办、省供销社、省消防救援总队 5 个省直单位，以及莆田市秀屿区挂钩联系机制，完成共建项目 16 个投资 3000 万元。

风险防范有力有效。涉诈劝返工作经验被国务院联席办 2 次通报表扬。深入开展重大事故隐患专项排查整治 2023 行动，安全生产事故起数、死亡人数连续三年“双下降”。成功防抗超强台风“杜苏芮”，实现少损失、零伤亡。创新基层应急指挥平台试点，军警民综合训练基地加快建设。生态底色增绿增益。完成水土流失治理 4.95 万亩、造林绿化 2.9 万亩、花化彩化规模化改造 1043 亩、环带国土绿化试点 1.5 万亩。高标准打好蓝天、碧水、净土保卫战，空气环境质量优良天数占比 99.7%，8 个主要流域断面Ⅰ—Ⅱ类优质水比例、10 个重点小流域断面Ⅰ—Ⅲ类优良水质比例、危险废物利用处置率均达 100%。

发展活力深度释放。重点改革取得突破。国企改革成效逐步显现，国投集团创下全省县级同类别私募债票面利率新低，节约利息超 3300 万元。深化“森林生态银行·四个一”模式，打造林业资源专业化运营示范点 4 个。创新探索“1+N”溯源治理体系，全市首创知识产权保护“一站式”调解中心，相关经验做法被《中国市场监管报》报道宣传。行政审批提速增效。推出“秒批秒办”“半小时办结”事项 231 项、“一件事”套餐 42 个，“跨域通办”事项 823 个。“一趟不用跑”占比 97.4%，全流程网办占比 85.71%。设立“e 政务”便民服务自助网点 20 个，入驻 18 个部门 186 个事项，为企业和群众办理事项 1.45 万件。

自身建设切实增强。深入扎实开展第二批主题教育，严格落实中央八项规定及其实施细则精神，一体推进“三不腐”。制定出台政府工作规则、“三重一大”事项决策实施办法，行政机关负责人出庭应诉率达 100%。办理市、区人大代表建议 81 件、政协委员提案 152 件，办结率、满意率均为 100%。

（摘编：邓新民）

建阳区产业经济发展概述

2023年，建阳区坚持以习近平新时代中国特色社会主义思想为指导，认真贯彻省委“三争”行动部署，落实市委“五增”目标任务，全区实现生产总值295.5亿元、增长5.5%，农林牧渔业增加值48.5亿元、增长5.1%，规模工业增加值增长12%，固定资产投资增长3%，建筑业总产值增长20%，公共财政总收入19.3亿元、增长6.8%，地方公共财政收入14.7亿元、增长5%，社会消费品零售总额112亿元、增长12%，外贸出口总值13.3亿元、下降10%，城镇居民人均可支配收入44485元、增长4.5%，农村居民人均可支配收入23775元、增长7.5%。产业经济发展的主要成效有。

生态文明建设成果丰硕。建阳区获评第七批国家生态文明建设示范区。开展“大干150天，高质量推进环带建设”行动，实施环带项目143项、总投资约100亿元，贯通环带干线、支线、小环线超180公里，国道322麻沙永兴至长坪、省道302建阳城区至麻沙江坊、黄坑集镇至际下（邵武界）等公路改造工程竣工通车，县道860麻桐线获评全国美丽乡村路。组织黄坑镇国家公园南门户、长见村等5个精品节点参加“武夷山国家公园1号风景道”国际设计创意大赛，杜潭驿站休闲烧烤露营基地、响鼓水世界、黄坑蛇园等投入运营，完成26个游览打卡点及周边配套设施提升改造，举办首届“环带”建设职工摄影大赛、小源村旅游文化节等各类活动24场，持续炒热风景道开园氛围。生态底色不断厚植。小流域“生态体检”做法被全市推广。严格落实“四防一提升”，完成闽西北山地丘陵生物多样性保护项目7.4万亩、国土绿化试点示范项目2.5万亩，改造提升及防治性采伐松林1.8万亩，麻沙水南村闽楠古树群入选全国“双百”古树名单。建阳区现代化水美新城开发项目进入省级EOD项目储备库。生态文明制度体系日臻完善。大力推广“森林生态银行·四个一”林业股份合作模式，建成福星林场七公里“森林生态银行”综合示范区，完成林权流转6.5万亩，新增林下可利用空间5200余亩。推广林长“巡山护林交树制”，成立腾峰森林资源管理公司开展全林巡护，组建全国首家武夷山国家公园生态仲裁庭，打造全省首个“生态复绿”基地。扎实推进省级碳中和试点，打造“一元碳汇”试点3.8万亩，实施“生态价值碳汇+”项目，预计全生命周期碳汇价值超7000万元。

城市“颜值”“气质”实现双提升。服务新南平中心城市建设成果空前。全年完成征地4500余亩、拆迁6.8万余平方米，有力保障了重点项目用地。制定出台留置地置换房产操作办法，基本完成南林村、新村村等留置地“货币回购”或“房产安置”兑现。坚持集中连片规模化实施城市更新，累计腾空净地1300余亩，瀛洲桥畔、建本流香等12个棚户区改造项目有序推进。深入开展城市体检，实施崇阳溪东侧沿河防护工程、童游片区防洪排涝工程等城市补短板和品质提升项目67个、完成投资超35亿元。近三年累计投入城乡污水治理资金超16亿元，新改建各类管网200余公里。

综合实力持续增强。民营经济活力迸发。建立首席法律咨询专家、驻企经侦服务站等机制，获评全国工商联“民营企业产权司法保护协同创新百家实践案例”，“企业家下午茶”荣获省工商联实践创新奖。服务指导企业入驻“金服云”平台，协调金融机构对重点企业授信超23亿元，打造“邮商贷”信贷产品，累计发放贷款超3亿元、居全市第一。出台“便利建阳”新八条措施，推动政务服务“三减三提升”，“一趟不用跑”事项占比95%，深化省级“一业一证”、市级“远程云帮办”试点，持续推进综合窗口改革建设，设立“办不成事”受理窗口，更好地满足企业和群众办事需求。推进高素质产业工人队伍建设，全国首创成立特色产业工匠学院3所（竹、建盏、医卫产业），引进各类高层次人才、紧缺急需人才300余人。园区平台提档升级。医卫材料产业园二期、创业园二期等项目竣工，累计建成标准厂房58万余平方米、生活配套10万余平方米。江坑110千伏变电站、工业水厂、废水收集处理厂等投入使用，精细化工园通过一般安全风险等级（C级）评估。主导产业强链聚群。打造“以竹代塑”示范城市，聘任竹产业发展顾问和推广大使，龙竹科技获评中国竹产业品牌十强企业，获批全国唯一省级竹产业工业设计研究院，《生活场景下的竹设计应用研究》《竹福茶馆》入选联合国教科文组织“竹乡碳计”优秀创新类案例；医卫产业新增华绿、信立等12个开工和乐芬、新润等14个投产项目，闽瑞0.6旦ES纤维实现量产、0.4旦ES纤维完成研发，持续保持技术国际领先优势；青松股份、庄禾竹业入选省级工业龙头培育企业，金石氟业实现六氟丁二烯、G5级电子级氢氟酸工业化量产，解决关键领域“卡脖子”问题。消费市场稳步回暖。有序推进第五次全国经济普查。潭阳商务中心、嘉乐华商贸城等商业综合体开工建设。依托建发、万达等重点商圈，引进各类知名品牌首店，培育限下转限上商贸企业23家。持续开展“全闽乐购·畅游建阳”“潭阳好味·河鲜宴”等促消费活动，拉动消费5000万元以上。项目建设量质齐升。深化项目谋划“大比拼”活动，谋划重大项目34个、总投资约173亿元；争取专项债项目27个、获批资金超20亿元，首批增发国债项目11个、获批资金5.7亿元。深入实施“一把手”招商，梳理闲置工业用地650余亩、闲置厂房和写字楼80余万平方米，新签约落地高纯电子特种气体、康明克斯等亿元以上产业项目22个、总投资超62亿元，其中5亿元以上项目4个。抓实项目建设，45个省市重点项目完成投资超57亿元；全年开工项目88个、总投资超210亿元，竣工项目32个、总投资超56亿元。

文旅发展全域融合。主动融入“大武夷”旅游品牌建设，打造武夷·梦华录、三色书坊景区等特色文旅产品，举办各类公益性群众文化活动及服务性社会活动40余场。出台“武潭夜游直通车”“建阳武夷高速点对点免费通行”等政策，全年旅游接待总人数超1000万人次、比增43%，旅游总收入超80亿元、比增42%。南平考亭水利风景区荣膺国家水利风景区高质量发展典型案例，黄坑镇荣获省级全域生态旅游小镇，坳头村获评省级美丽休闲乡村，仁山村、竹洲村获评省级森林村庄，红旗林场入选省级森林康养基地。

农业农村现代化稳步实现。建阳区入选“2023福建省乡村振兴热度指数”参与度前十名单，获评全国首批文化产业赋能乡村振兴试点，全省仅两地入选。耕地保护和粮食安全责任制有效落实。全面完成47.4万亩、20.9万吨粮食生产目标任务。积极创建国家级稻种基地，杂交水稻制种面积突破2万亩。依托区属国企开展土地规模化管护经营，“高标准农田+复垦+产业导入”模式获全省推广。现代绿色农业蓬勃发展。青松股份、龙竹科技入选首届福建省农业产业化龙头企业百强榜单、小湖建设茶厂等4家企业入选市级榜单。举办2023年“国际茶日”暨建阳小白茶“一节一展一赛一论坛”系列活动，建成小湖水仙祖庭馆，高标准启动绿色生态茶庄园3个、武夷山水茶空间15个。和美乡村建设卓有成效。开展“到建阳去、助乡村兴”活动，持续推进漳墩省级示范乡镇、12个省级试点村建设，建成水吉后井省级闽台乡建乡创合作样板村，书坊荣获全国第三批地质文化乡，麻沙水南获评第三批全国乡村治理示范村，水南“圆梦村”、景龙社区“一网三圈”等模式入选全国千村（社区）先进典型案例。新建和改造农村公路21公里、危桥3座。

（摘编：邓新民）

邵武市产业经济发展概述

2023年，邵武市坚持以习近平新时代中国特色社会主义思想为指导，深入实施“三争”行动，聚焦“五增”目标，全面开展“六比六争先”主题实践活动，全方位推进绿色高质量发展。初步统计，2023年全市地区生产总值增长5%；农林牧渔业增加值增长4.5%，规模以上工业增加值增长1.5%，固定资产投资增长4%，社会消费品零售总额增长6%，一般公共预算总收入增长22.2%，地方一般公共预算收入增长10%；城镇居民、农村居民人均可支配收入分别增长3.5%、7%。产业经济重点领域、重点工作取得新突破。

“三争”行动综合考评连续三个季度位列南平第一。县级财政管理绩效综合评价位列全国第五，全省第一；林下空间流转做法入选全国林业改革发展典型案例，获得全省唯一林长制工作正向激励。

氟材料产业集群入选国家中小企业特色产业集群，推动氟新材料产业链高质量发展的经验做法入选全国首份《县域重点产业链发展白皮书》典型案例；建成国内规模最大、应用场景最全、科技含量最高的竹立方生态科创馆，获评中国特色竹乡，被列入福建省2024年竹产业一二三产业融合发展重点县。

成功承办全省深入学习“千万工程”经验建设福建美丽乡村现场会，被评为全国大豆重点县、省级农产品质量安全县，获评福建省2023年度促进乡村产业振兴、改善农村人居环境等乡村振兴重点工作激励县；“邵武黄精”荣获国家地理标志证明商标，列入“福九味”中药材产业集群。

一年来产业经济发展做了以下主要工作：

抓项目拼经济，发展支撑更加有力。项目建设全面提速。73个省市重点项目完成投资113亿元，永庚、邦孚等20个项目开工建设，永和、格林生物等31个项目加快推进，三爱富（一期）、科润科技等22个项目建成投产；全年供应土地1554亩，争取上级各类资金40亿元、同比增长6%。谋划亿元以上项目32个、总投资169.9亿元，温武吉铁路前期工作取得突破性进展。招商引资卓有成效。选聘23名绿色发展“招商大使”，深化政企联合招商、以商招商、乡贤招商，引进鑫丰新材等5000万元以上项目45个、总投资104.65亿元，其中10亿元以上项目4个；新签约“一把手”抓技改项目4个、总投资19.4亿元。平台建设提速增效。园区基础设施加快建设，建成标准厂房3万平方米；公共实训基地、应急救援中心、一体化智慧平台、污水处理厂提质扩容等项目建成投用。金塘产业园获评全国第六批智慧化工园区试点、第二批清洁生产审核创新试点。深化政产学研合作，成立福大邵武氟新材料创新研究院，省级氟新材料制造业创新中心实体化运作，推动中科院上海有机所、清源创新实验室等一批校企共建科研成果落地转化。

抓实体促转型，产业质效稳步提升。民营经济加快发展。出台促进民营经济高质量发展二十三条、巩固拓展经济向好若干措施等一揽子惠企政策，累计减免缓退税费2.8亿元，“免申即享”提质扩面。建立“铁城店小二企呼我应”服务机制，深化政银企对接，企业贷款余额增长8.9%，新培育“四上”企业29家、市场主体5135户，永晶科技入选全省战略性新兴产业企业100强，杜氏木业入选首批“福建省工匠学院”。绿色产业加速集聚。福豆新材、康峰有机氟、杜氏木业全自动化生产（一期）等产业类项目竣工投产，全市规模以上战略新兴企业增至32家，新材料等主导产业占全市规模工业比重达 52.3%，新增省级“专精特新”中小企业 5 家、科技小巨人企业 7 家、创新型中小企业 4 家，推动产业规模化、集群化、高端化发展。抢抓“以竹代塑”契机，设立竹产业发展专项基金，出台促进竹产业百亿行动计划等政策，成功举办第四届“张三丰杯”竹产业国际工业设计大赛，制定 2 项竹产业领域团体标准，统筹推进竹一二三产业融合发展。消费市场稳步回升。出台促进消费若干措施、进一步支持第三产业高质量发展等政策，打造更多个性化服务、多元化业态、沉浸式消费；举办竹生活消费季、“爱出行”购车节等促消费活动 12 场，带动消费 4939 万元。建成“元和平”数字体验馆，引进县域首店 82 家，建设西门福街等 4 个活力街区，开发“云游邵武”小程序，推出“五朵金花”文旅品牌，举办金坑红色旅游节、大埠岗樱花节等特色文旅活动 40 余场，旅游总人数和总收入分别增长 33.7%、40.2%。

抓统筹提品质，城乡发展更加均衡。深入推进城市更新。以创建全国文明城市为抓手，全面开展城市体检，实施 72 项、总投资 227.1 亿元的城市建设品质提升项目，福山“红飘带”漫道、含笑公园停车场等 40 个项目建成投用，东桥路、华光南路基本完成“白改黑”，升级改造南关农贸市场，启动林业开发区、林保厂等旧城片区开发，完成拆迁 8.6 万平方米，改造提升老旧小区 65 个，惠及居民 1.2 万户，新（改）建市政管网 10 公里，新增公共停车位 1000 个，公园绿地 13.7 公顷，口袋公园 3 个，完成 7 处重要节点绿化景观提升，打造 7 条无障碍样板街道，古山溪片区综合开发项目入选省级样板工程。大力发展特色农业。创新“田长制”工作机制，建成高标准农田 3.7 万亩，全面推广“1+N”种业发展模式，水稻制种备案面积达 5.4 万亩；建成绿色生态茶园 4.3 万亩，举办首届“碎铜茶”开采节、国际茶日品鉴等茶事活动；新增省级农业产业化龙头企业 5 家、省级中药材星创天地 2 个，“顺兴泰牌武夷溪鲫”被评为 2023 年度福建名牌农产品；大力发展订单农业，与浙江明康汇开展战略合作，推动黄金百香果等农产品进入江浙市场。全面推进乡村建设。加快推动乡村振兴“一带 N 点”示范带建设，世遗 1 号风景道北段基本贯通，红色重下、墨色大埠岗等 4 个闽台乡建乡创合作项目加快推进；完成“三房整治”188 栋，新（改）建农村公厕 83 个、四好农村路 32 公里，清理河道沟渠 110 公里，造林 2.4 万亩，森林覆盖率达 79.84%，被评为省级森林养生城市。水北镇获评省全域生态旅游小镇，肖家坊村、古山村列入第六批中国传统村落名录，和平村获评全国乡村治理示范村，新增省级森林康养小镇、森林康养基地、水乡渔村各 2 个，卫闽外石樟树群入选全省最美古树群。

抓改革勇创新，发展活力充分释放。持续深化重点领域改革。国有企业改革扎实推进，组建金塘投资公司、金鑫林业公司，成立产业基金，市属国企服务重点产业能力进一步增强。持续优化营商环境。扎实推进“放管服”改革，建成投用公共资源招标一体化平台，推行“秒批秒办”“半小时办结”服务模式，发挥“综合窗口”作用，整合“一件事”集成套餐 50 项，“跨域通办”比例达 95%，行政许可事项“一趟不用跑”占比达 90.3%。授予 11 名企业家首批“荣誉市民”称号，企业家归属感不断提升。持续推进生态文明建设。创新实施林长“巡山护林交树”制和河湖长“巡河交水”制，编制全省首个县级“一河一策一图”环境应急响应方案，河湖长制工作获省级正向激励，全年空气质量优良天数比例和主要流域、小流域优良水质比例均达 100%。签约全国首单茶树碳汇储量指数保险，策划实施南平首个 EOD 模式入库项目，总投资达 27.9 亿元。

抓作风提效能，政府建设全面加强。推动主题教育与中心工作互融互促。认真办理人大代表建议 110 件、政协委员提案 122 件，办结率均达 100%。着力提升政府效能，建立“三化五定”闭环管理数字化平台，推动各项工作落实落细；持续整治“吃喝风”顽疾、“躺平式”干部、“宽松软虚”执法、“老好人”思想等问题，不断提振干事创业精气神。

（摘编：吴建翰）

武夷山市产业经济发展概述

2023年，武夷山深入贯彻落实党的二十大精神和习近平总书记来闽来武夷山考察重要讲话精神，创新开展“三争三比”行动，全市经济社会保持平稳健康发展。初步统计，2023年全市生产总值245.46亿元，增长5%；一般公共预算总收入15.46亿元，增长18%，地方一般公共预算收入10.96亿元，增长13.1%；固定资产投资增长7%；城镇居民人均可支配收入44793元，增长5.2%；农村居民人均可支配收入25422元，增长7%。产业经济重要领域、重点工作取得新的突破：

创新探索法治护航生态文明建设“武夷实践”获评中国改革2023年度地方全面深化改革典型案例。获评国家水土保持示范县。《探索武夷山国家公园生态保护补偿机制建设》和《武夷山市积极推动“三茶”统筹创新发展》入选全国生态综合补偿试点典型案例。武夷山国家公园发现新物种12个。顺利完成武夷山世界生物圈保护区第三个十年现场评估。

城村汉城国家考古遗址公园正式授牌。入选国家文化产业和旅游产业融合发展示范区建设名单。2023年中国县域旅游综合竞争力百强县排名第11位、综合实力百强县排名第33位。

入选第二批全国创新型县（市）建设名单。国家数字乡村试点建设，终期评估居全国前20、全省第1。财政管理绩效综合评价进入全国前20。

成功举办海峡两岸茶业博览会、海丝国际茶文化论坛、“三茶”统筹武夷论坛、首届中国（武夷山）竹产业博览会、国际骑游大会、大武夷超级山径赛、首届全国围炉煮茶节、全国生态日主题宣传等系列重大活动。

一年来，产业经济主要做了以下工作：

经济运行稳中向好。民营经济加快发展。出台贯彻落实新时代民营经济强省战略推进绿色高质量发展的实施意见、促进经济平稳运行十条、24条“免申即享”等一揽子政策措施，为企业减税降费4.53亿元。规上工业增加值增长8%，用电量增长28.7%，税收增长76.7%。新增市场主体8369户、增长12.3%。规上企业研发经费投入增长50%，新增国家高新技术企业6家，新培育“四上”企业32家。“三大攻坚”深入实施。40项省、南平市重点项目完成投资53.73亿元，生态创业园区标准厂房、凯溢时代包装智造中心、九曲旅游设施提升改造等项目开工；华瑞洲际酒店、深业生命健康中心、岚境溪谷、国道G237桐源至七马槽段等项目加快推进；综合农场棚户区改造、景区旅游设施提升、华鑫绿色环保等项目建成投产。首创“武宜商”重大招商项目数字化管理平台，“一把手”招商签约总投资2亿元以上项目7个、总投资41.23亿元。新引进古茶道茶文化健康管理中心、岁金云上茶谷等5000万元以上产业项目58个，总投资78.1亿元。新增入库项目120个、总投资146.7亿元。争取上级补助资金10.5亿元，居南平第2；专项债项目33个，债券资金25.25亿元，分别居南平第1、第3。绿色产业加速集聚。“一片叶”全产业链产值增长8%，税收2.13亿元，税收超千万的茶企突破6家，八马生态产业园建成投产；香江云茶兴、溪谷留香创新研发基地等项目开工建设；瑞泉文化研究博览园、华祥苑茶博城、骏德茶旅中心等项目序时推进。“一根竹”全产业链产值增长7%，税收2.08亿元，推进“以竹代塑”示范城市建设，意欣竹产品跨境电商产业园开工。“一瓶水”水产业产值增长34%，税收超4400万元，农夫山泉增资扩产项目签约落地，推动新上2条饮料生产线，满产后税收有望突破1亿元。创新实施“链长制”，统筹做好鹅、鱼、莲、笋、花等“土特产”文章。文旅复苏强劲有力。出台促进文旅经济高质量发展等政策，推出“茶乡疗愈”“围炉煮茶”等新产品新业态新项目，获省文旅品牌强县正向激励。升级全域旅游大数据平台，开通旅游直播间，成功创建省五钻级智慧景区。健全旅游投诉“一口受理”“快速办结”等机制，开展旅游市场秩序整治，营造良好旅游环境。全市旅游接待人数和收入分别达1550万人次、216亿元，比2019年分别增长9%、8%，带动住宿业、零售业、餐饮业分别增长42%、11.2%、18%。其中，主景区、印象大红袍接待人数分别达448万人次、92万人次，比2019年分别增长29%、34%。武夷山国家公园登上央视《开学第一课》，“网络名人看武夷”品牌入选福建省网络文明建设“十佳优秀案例”。

增绿提质迸发活力。生态文明建设加快推进。新策划环带项目98个、总投资317亿元，居南平第1。高标准建设国家公园1号风景道，完成南星公路、星桐公路、桐源至杜坝段、国道G322星村镇井水村至黎前村等道路建设。聚焦“环带”“两高”等重点区域，实施闽西北山地丘陵生物多样性保护、崇阳溪生态巡护绿道一期工程、规模化绿化花化彩化等生态保护修复项目，完成造林更新1.26万亩。出台加强生态环境保护十条措施，整治违规开垦茶山3253亩，打赢国家公园松材线虫病防治攻坚战。空气质量综合指数居南平第1，主要流域Ⅱ类水质以上比例100%。“三茶”统筹发展扎实推进。武夷岩茶连续7年蝉联中国茶叶类区域品牌价值第2位，武夷山肉桂列入第二批全国名特优新农产品。中华茶博苑启动筹建，武夷国际茶叶交易中心开业运营，国家加工食品质量检验检测中心、国家茶产业计量测试中心落地，茶空间高标准建设。邀请刘仲华院士制定并发布“武夷红茶健康养生功能”研究成果。发布红茶器皿和武夷岩茶传统制作技艺地方标准。加快推进“三茶”统筹展示馆、“1+N”茶树种质资源圃建设。累计建成绿色生态茶园13.26万亩。科特派助力乡村振兴稳步推进。新选认科特派174人、团队17个。启用袁隆平杂交水稻专家工作站，揭牌中国—联合国开发计划署合作项目科特派示范区。4个科特派示范点获评全国骨干科技特派员（南平）培训基地现场教学点。举办武夷山首届科特派创新创业大赛，启动“四链”融合茶产业创新平台建设，累计发放“科特贷”近9000万元。

改革创新深入推进。创新“一委统筹、两长协同、三员合一”机制，积极探索茶园碳汇、零碳旅游。全力打造“五个一”营商环境，创新“五到”企业服务机制，设立“办不成事”投诉平台，开设“全程不见面”帮代办专窗，组织开展“企业家下午茶、晚餐会”活动，“四专互联”沟通联系机制入选福建省营商环境工作典型经验做法。市属国有企业改革稳步推进。主动融入海峡两岸融合发展示范区和“一带一路”建设，跨境电商综合实验区和陆地港加快建设。

城市品质持续提升。开展城市体检，实施城市品质提升项目74个，完成投资48.22亿元。西快线全线通车，柳永路、石雄街、温岭街等12条道路完成改造提升。新开工改造老旧小区42个。加快城乡供水一体化、城市管网工程、城市管道燃气等项目建设。推进度假区品质提升工程，对幔亭峰路、大王峰路、玉女峰路沿线亮化彩化美化，完成兰汤桥及周边夜景提升，实施卷帘门更新行动。乡村振兴扎实推进。严格落实粮食安全和耕地保护责任制考核，粮食播种面积22.7万亩、产量9.97万吨，建设高标准农田3.5万亩，整治撂荒耕地6318亩，完成78个村庄规划。实施乡村品质提升项目27个，完成投资6.64亿元，建设现代农业示范基地5个；推进农村生活污水治理提升，新建改造污水管网50.2公里；加快“四好农村路”建设，新建农村公路30.5公里。深入推进农村人居环境整治。扎实开展第三次全国土壤普查。五夫镇获评全省高级版“绿盈乡镇”，星村镇入选全省乡村振兴示范乡镇。

（摘编：苏小雨）

建瓯市产业经济发展概述

2023年是全面贯彻落实党的二十大精神的开局之年，面对严峻复杂的发展形势，建瓯市坚持以习近平新时代中国特色社会主义思想为指导，围绕省委“三争”行动，聚焦南平市委“五增”目标，深入实施“五个一”战略，全力打造文化生态融合发展示范区，经济社会发展总体平稳。全年完成地区生产总值增长4.8%；固定资产投资增长6%；一般公共预算总收入17.5亿元，增长17.9%；地方一般公共预算收入12.3亿元，增长9.8%；规模工业增加值增长6.5%；社会消费品零售总额增长7.6%；城镇居民人均可支配收入43895元，增长5%；农村居民人均可支配收入24662元，增长7%。

补短板、提品质，推动城市建设取得阶段成效。开展“建州文化宣传年”活动，征集朱子文化遗存35项，朱子系列故事等15个项目列入南平非物质文化遗产名录；有序推进历史文化名城保护提升，完成五经博士府、朱文公祠主体修复，举办“千年建州·中秋国庆嘉年华”活动，铁井栏—紫芝街历史文化街区假期客流量达74万人次；城市品质全面提升，谋划城市发展支撑项目227个、总投资389.8亿元，完成江滨中路等6个项目征迁任务，涉及815户、26.4万平方米，开出房票5.6亿元；实施品质提升攻坚项目69个，完成道路“白改黑”、强弱电下地、污水管网建设28公里，建州大桥（三江口大桥）钢拱合龙，政和门大桥（水南二桥）竣工通车，建州博物馆全面开放；启动保障性安居工程959套，改造完成鑫侨花园等9个老旧小区；有效化解问题楼盘，“新叶外滩”重启动工，“兰庭荟”“恒大·溪山公馆”顺利交房，放生池棚改项目回迁安置选房966套；被列为省理学名城城市更新建设样板，通过“中国根雕之都”复评。

育集群、强链条，推动产业转型实现整体提升。笋竹产业量质同升，出台《加快推动竹产业高质量发展行动方案》等系列政策，开工建设3个竹材初级加工园区，打造16个竹材物理分解点；成立省笋竹集团，美新科技、美和家居、七贡食品等重点项目加快推进，君韵竹木等13个笋竹产业项目竣工投产，获全省首张竹木地板产品碳足迹认证；承办首届武夷竹产业高质量发展峰会，入选省2024年度竹产业一二三产业融合发展重点县，获评“中国笋竹之都”。酒产业势头强劲，建立高粱增产增效示范片1500亩，福酒产业园开工建设，中华福酱文博园、双龙戏珠白酒扩建项目有序推进；举办第二届福酒高质量发展大会，发布《建瓯产区酿酒微生态特征报告》，“福酱”入选“9·8”厦洽会指定礼宾用酒，酒业实现税收再翻番，获评“中国山海酱酒之城”。茶产业深度融合，设立北苑贡茶文化研究院，举办首届北苑贡茶文化节，《北苑御焙遗址文物保护规划》通过国家文物局批复，制定北苑贡茶（乌龙茶）等系列团体标准7项；谋划14个、总投资15亿元北苑复兴项目，打造9个全竹茶空间，完成全球首款点茶机研发，全国首个茶文化民宿集群“大地指纹”项目开工建设；新增SC认证茶企20家、“宋代研膏茶工艺复原”等专利2项，“东峰矮脚乌龙”获农业农村部品种登记，上榜省首届品牌价值百强。物流产业稳步增长，编制《物流产业发展规划（2023—2035年）》，好运联联东南区域总部项目开工建设，中通冷链、韵达快运南平分拨中心落户建瓯，徐墩、南雅等7个乡镇开展客货邮融合发展试点，新增国家3A级物流企业3家。食旅产业加快布局，举办第三届中国（建瓯）美食文化旅游节，“建州笋宴”“建州朱府家宴”入选地标美食名宴。

增投入、抓进度，推动重大项目取得关键突破。招商引资全面提效，落实民营经济强省战略，强化“一把手”招商、“圣象系”招商，签约亿元以上项目28个、总投资77亿元。项目建设全面提速，44个省、南平市重点项目完成投资58.1亿元，超年度计划，建溪防洪工程东游段等15个项目开工建设，建嘉饲料等9个项目竣工，城乡供水一体化等项目加快推进；新增“一把手”项目39个，入库专项债项目70个，争取专项债资金27.1亿元，上级补助资金23.5亿元，均居南平首位。园区基础设施全面提档，桐源村完成整村搬迁，“腾笼换鸟”盘活土地332亩，食品精深加工园区、丰乐园区新增招商台地632亩，丰乐园区被纳入南平“两徐”国家级竹经济产业园打造范畴，在省级开发区综合水平“管理服务”考核中居全省第5位。

固根本、促振兴，推动三农工作获得实质进展。深入学习“千万工程”经验，推广现代农业“五新”技术55项，打造省级“一村一品”专业村3个，建瓯锥栗入选省首批“福农优品”百品榜，稻渔科技小院获评第五批省科技小院。严格落实耕地保护和粮食安全责任制，完成粮食产能增产示范项目23个、9050亩；鲜食玉米种植面积12万亩，居全省首位，全国（建瓯）鲜食玉米产业大会暨福建省鲜食玉米发展大会在建瓯举办，获评“中国东部鲜食玉米之乡”。村集体经济“大比武”谋划项目218个，完成省级乡村振兴试点村建设项目34个，完善道路安防设施工程406公里，应急广播系统投入使用，入选全国农村集体经营性建设用地入市试点县，小松、东游分别获评全国、省级农业产业强镇，迪口可建村等6个村庄入选省级乡村振兴示范村。和美乡村建设全面推进，创建南平市级以上美丽庭院116个、“绿盈乡村”184个，迪口霞溪村、吉阳巧溪村入选中国传统村落。生态环境持续向好，落实“河长制”“林长制”，14个乡镇污水处理厂实行建管运一体化，14个小流域水质实行在线监测，拆除牛蛙生猪等违规养殖点320处，打击毁林种茶389亩，空气优良天数比例、主要流域断面优质水比例均为100%；植树造林和森林培育15.6万亩，完成碳中和林建设5万亩，开发可交易“一元碳汇”18万吨。入选健康中国·康养旅游百强县，万木林自然保护区获评省林业生态文明实践基地，小桥、房道分别获评省级森林康养小镇、森林城镇。

敢担当、善作为，推动政府效能发生务实变化。始终把政治建设摆在首位，深入开展学习贯彻习近平新时代中国特色社会主义思想主题教育，坚决落实市委决策部署，自觉接受人大、政协监督，办理议案3件、建议95件、提案75件。推进全面从严治党，持续纠治“四风”，推行“审巡纪”联动监督，率先在南平建立政府投资项目全过程审计监督机制，运用“三化五定”平台督办问题228个。持续优化营商环境，成立“助企纾困”领导小组，运用现代企业制度模式解决不良资产和历史遗留问题，实现南平首例企业成功破产预重整；实行“免申即享”惠企政策42项，推行“拿地即开工”“验收即交证”“交地即交证”，在南平率先推广投标保证金减免政策。行政执法改革扎实推进，第二批行政执法事项赋权乡镇142项、街道176项，被确定为全省乡镇（街道）片区联合执法试点，小松入选南平唯一省一体化大融合行政执法平台建设试点。创新投融建模式，建设乡镇干部周转房项目5个。平安建设不断增强，推行网格化+“四理”工作法，常态化推进扫黑除恶，破获全省首例涉依托咪酯犯罪案件；开展重大事故隐患专项排查整治行动，清退城区非法营运三轮车535辆，打赢三轮车整治“攻坚战”。

2024年建瓯市经济社会发展的主要预期目标是：地区生产总值增长5.5%，固定资产投资增长6%，一般公共预算总收入增长6.5%，地方一般公共预算收入增长5%，规模工业增加值增长6.5%，社会消费品零售总额增长7%，城镇居民人均可支配收入增长4.8%，农村居民人均可支配收入增长7%。

（摘编：周少雄）

顺昌县产业经济发展概述

2023年是全面贯彻落实党的二十大精神的开局之年。一年来，顺昌县坚持以习近平新时代中国特色社会主义思想为指导，深入学习贯彻党的二十大精神，扎实开展第二批主题教育，深入实施“三争”行动，落实“五增”目标，围绕“大圣祖地，零碳顺昌”目标定位，团结奋进，务实作为，经济社会稳步发展。全县实现地区生产总值154.42亿元，增长5%；一般公共预算总收入8.89亿元，地方一般公共预算收入6.49亿元，同口径分别增长12.73%和8.16%；固定资产投资增长5%；社会消费品零售总额38.19亿元，增长9%；城镇居民人均可支配收入39537元，农村居民人均可支配收入22409元，分别增长4.6%和7%。一年来产业经济发展主要工作和成效是：

产业发展后劲增强。全力支持民营经济发展，贯彻落实新时代民营经济强省战略，针对工业、贸易业、服务业、建筑业等领域出台一系列扶持政策，新增市场主体2475户，新增“四上”企业29家，累计减税降费及退缓税费9500万元。工业经济动能蓄积，金山新材料产业园危化品运输车辆专用停车场、智能化建设等项目完工，浙商（中国）出口家具产业园建成保障性住房2.96万平方米，园区基础设施基本完善；济盛玺、盛创、中砼创、嘉贝斯、森辰鑫等一批企业建成投产；傲世智能科技、奥星德新材料等项目落地开工，和兴实业、云宇机电等19项重点工业技改项目完成投资16.83亿元。现代农业加快发展，承办第六届全国杉木学术研讨会暨杉木产品展销会，携手贵州黎平、湖南会同组建“中国杉木产业联盟”，成立现代木竹建造研究院，倡导“以竹代塑”，推进木竹产业提质发展。提升“顺昌柑橘”品牌影响力，举办顺昌赶集·柑橘“圣”会，埔上镇入选国家级农业产业（柑橘）强镇创建名单。加快建设国家珍稀食用菌产业集群，推动食用菌产业多元化发展。坚持“三茶”统筹发展，新建生态茶园627亩，建成“武夷山水·茶空间”13个。加快农业机械化进程，发放农机补贴1522万元。文旅市场持续升温，加快培育“大圣经济”，大圣商城品牌旗舰店落成，“大圣文化”入选第一批全国“一县一品”特色文化艺术（文旅融合类）典型案例；顺昌非遗（灌蛋）技艺展示暨文旅推介走进福州三坊七巷取得良好反响；合掌岩石窟文化园控制性详细规划编制完成；海峡研学教育营地、明晶云露观光酒店投入运营。埔上镇“红菇山庄”入选省级森林康养基地，大干镇来布村入选福建省“金牌旅游村”。预计全年旅游人数、旅游收入同比分别增长65%和69%。

改革活力持续释放。深化“放管服”改革，创新重点项目前期审批服务机制，实行施工图审查“多图联审”“多审合一”模式，推行“交地即交证”“验收即发证”“半小时办结”等政务服务，655项高频政务服务事项实现“跨省通办”“省内通办”“市内通办”。深化国有企业改革，成立福建昌顺集团有限公司，组建国有资产监督管理组，县属国有企业组织架构、管理机制进一步完善，市场化运营水平持续提升。深化林业改革，“森林生态银行·四个一”林业股份合作经营模式在全市推广，创新“一元碳汇”项目入选首批《福建省林业改革发展典型案例》，《点竹成金，零碳顺昌——顺昌竹产业与金融碳汇创新实践方案》入选联合国教科文组织和国际竹藤组织《世界遗产地减碳和低碳发展创意与实践案例集（优秀实践类）》并荣获一等奖。

“三大攻坚”实干实效。“一把手”新谋划重大项目 26 项，总投资 82.7 亿元。招商签约并落地开工总投资 5000 万元以上项目 34 项。实施省市重点项目 33 项，预计全年完成投资 41.1 亿元，占年计划 120%。昌福（厦）高铁通过运量专题研究结题评审，沙南高速（顺昌段）进展顺利，沙南高速洋墩互通及接线工程、沙南高速埔上互通至金山工业园区连接线工程全面开工，张源水库主体工程基本完工。全年累计向上争取各类资金 13.6 亿元；完成用地报批 1097.9 亩，处置批而未供土地 1014.9 亩，有力保障重点项目建设。同时，加速“腾笼换鸟”，累计盘活闲置低效用地 737.6 亩、厂房 11.6 万平方米，土地资源配置效率有效提高。

城市品质稳步提升。科学编制县级国土空间总体规划，统筹划定“三区三线”空间格局；完成龙湖湾片区控制性详细规划修编、余坊新城“零碳城市”公共空间规划设计。出台《进一步促进城乡融合推进城镇化高质量发展若干措施》，落实住房保障、就业创业、社会服务等一揽子政策。开展城市体检，推进城市更新，策划生成城西片区基础设施改造提升等项目 49 项，城南造纸厂片区棚户区（危房）改造、“东安驿”社区便民服务空间等一批项目竣工。建成智慧城管平台，深度检测清理城区雨污管网 43 公里，新建口袋公园 3 处，城区环境持续改善，城市治理水平明显提升。

乡村振兴扎实推进。严格落实耕地保护和粮食安全党政同责，新建及改造提升高标准农田 7000 亩，第二批县级土地开发项目预计新增耕地 1635 亩，完成粮食播种面积 12.09 万亩、总产量 4.74 万吨。启动县域乡村振兴规划编制工作，完成 77 个村庄规划成果备案入库。深化绿色高质量发展科技创新，成功链接重点高校和科研院所 11 所、博士 16 人，累计选认科技特派员 155 名、科特派团队 12 个，发放“科特贷”2790 万元。成功举办第十八届国际菌草产业发展研讨会现场考察活动，顺昌菌草科技小院入选福建省科协科技小院、中国农村专业技术协会科技小院。乡镇污水处理厂提升改造全面完成。落实农村公路“路长制”，持续建设“四好农村路”。加大农村电网改造力度，新建改造 10 千伏线路 24 条、107 公里。开展“到顺昌去、助乡村兴”活动，促进人才、资金、技术下乡。顺昌县 2023 乡村振兴热度指数“参与度”指标排名全省第 6。

美丽顺昌加快建设。全面落实林长制，完成植树造林 1.2 万亩、森林抚育 6 万亩；推进森林防火、林业有害生物防控全覆盖，完成松材线虫病防治性采伐任务 1.4 万亩；落实林长“巡山护林交树”制，开展天然林、生态林网格化巡查，有力加强森林资源保护。严格落实河湖长制，实行“巡河交水”制，完善河道专管员制度和智慧河长平台，整治河湖“四乱”问题 1521 件；完成金溪支流、仁寿溪、鹭鹚溪中小河流治理和蛟溪小流域水土流失综合治理项目；积极创建节水型社会，全市唯一获评“国家第六批节水型社会建设达标县”。创新生态联合执法机制，成立生态领域联合执法服务中心，设立生态警务驿站，重拳整治违法用林用地、畜禽养殖污染等问题，有效提升生态管护能力。推进“零碳顺昌”建设，编制完成《零碳顺昌文明城市建设系列方案》和《顺昌县“无废城市”建设实施方案》，实施分布式光伏发电、工业节能改造等项目，推进垃圾分类、新能源车推广等工作，单位地区生产总值能源消耗下降 2.17%。

自身建设得到加强。深入开展学习贯彻习近平新时代中国特色社会主义思想主题教育，弘扬“四下基层”优良传统，专题调研盘活闲置资产、农村消防安全管理等难点堵点问题，推进调研成果转化运用；与县人大常委会联合开展下基层联系人民群众活动，畅通群众诉求表达、权益保障渠道；深化“三化五定”闭环落实机制，高质高效推动工作落实。严格落实中央八项规定及其实施细则精神，全面整改落实省委巡视反馈问题，开展乡村振兴领域“审巡纪”联动监督试点。自觉接受人大法律监督和政协民主监督，办理人大代表建议 83 件、政协委员提案 91 件，满意和基本满意率达 100%。

（摘编：李元）

浦城县产业经济发展概述

2023年是全面贯彻党的二十大精神的开局之年，是三年新冠疫情防控转段后经济恢复发展的一年。一年来，浦城县坚持以习近平新时代中国特色社会主义思想为指导，全面贯彻落实党的二十大精神和习近平总书记对福建、对南平工作的重要讲话重要指示精神，深入实施“三争”行动、全面落实“五增”目标、大力开展“五抓五比”活动，锐意进取、承压而上，奋楫笃行、苦干实干，“产城景文”融合发展现代化示范区建设迈出更加坚实的步伐。初步统计，全年实现地区生产总值198.14亿元、增长3.0%；固定资产投资73.25亿元、增长8.0%；规模以上工业增加值增长1.2%；一般公共预算总收入12.04亿元、增长17.53%；地方一般公共预算收入8.18亿元、增长8%；社会消费品零售总额50.15亿元、增长6.8%；城镇居民人均可支配收入39895元、增长4.5%；农村居民人均可支配收入21124元、增长6.2%。产业经济重要领域、重大项目取得新突破：

入列全国8个整区域推进高标准农田建设试点县之一，成功承办全省再生稻产业发展现场会，发布全国首份再生稻绿色高质量发展白皮书，“福建粮仓”实至名归。

规划4.53平方公里的梦笔新城基本建成，一座有山有水、如诗如画、宜居宜业的现代化新城正在拔节生长。

城乡供水一体化项目王家洲水库引水工程全线贯通并正式通水，受益群众将达20万人。

荣华山产业组团完成工作机制调整，整体委托我县管理，阔步迈进“产业互补、产城融合”一体化发展新阶段。

一年来，产业经济发展主要做了以下工作：

聚力乡村振兴，农业强县建设步伐加快。坚持农业农村优先发展，扎实推进国家农业现代化示范区建设，全面推动乡村振兴取得新成效。粮食安全重任扛稳扛实。出台加强粮食生产十三条等措施，统筹资金4000万元推进粮食生产，争取资金3000万元推进酸化耕地治理，新增高标准农田5.6万亩，整治耕地“非农化”“非粮化”及撂荒地1.1万亩，完成粮食播种面积48.06万亩、产量21.28万吨，推广种植再生稻7万亩、居全省首位。特色现代农业高质高效。做好“土特产”文章，“浦城大米”品牌价值达407.92亿元，荣登福建省首届品牌价值百强榜单。水稻制种面积达6.84万亩、居全省第二。圣农肉鸡出栏1.71亿羽、生猪出栏13.6万头，完成烟叶种植2.89万亩、收购7.85万担，完成冬种油菜6.5万亩，1.14万亩薏米喜获丰收、亩均产量达420斤，建成绿色生态茶园2.56万亩，推广灵芝种植2000亩。和美乡村建设有声有色。大力实施“三治六清五美丽”专项行动，打造乡村振兴示范带20条、精品示范村18个，绿盈村庄占比达84.96%。深入开展“到南平去·助乡村兴”活动，推行富民强村“双领办”助力乡村振兴新模式，浦城世遗风景道、农文旅融合示范区等一批乡村建设好项目加快推进，美丽乡村成为市民休闲、出游、消费的“好去处”。

聚力实体经济，产业发展势头愈发强劲。坚持把发展经济的着力点放在实体经济上，不断开创绿色高质量发展新局面。工业经济企稳向好。新增规上工业企业5家，95家规模工业企业总产值预计达155亿元，完成工业投资22.82亿元，推进圣农发展、蒙正生物等一批企业技改升级，完成技改投资14.05亿元、比增65.8%。正大生化、绿康生化、绿安农药等企业入选省级“专精特新”

企业，仁宏医药入选国家知识产权优势企业。消费潜力持续释放。出台进一步扩大消费、支持房地产市场平稳健康发展等若干措施政策，开展促消费、直播助农活动26场，电商网零额达29.71亿元、居全市第二，新培育规上服务业企业3家，新增限上商贸企业39家。举办首届“购房节”，实现商品房销售面积达11.37万平方米。大力发展绿色金融，本外币存、贷款余额分别增长10.86%、14.54%。民营企业信心回升。出台贯彻落实新时代民营经济强省战略推进绿色高质量发展实施意见等政策，全面落实减税降费及退税费2.98亿元，建立常态化政企互动机制，持续开展“企业家下午茶、晚餐会”等活动，帮助企业协调解决问题89个，为22家企业办理无抵押“振兴贷”6740万元，企业发展底气更硬、步伐更稳。

聚力项目攻坚，绿色发展后劲明显增强。坚持大抓项目、抓大项目，深入开展“三大攻坚行动”，绿色高质量发展支撑得到不断夯实。着力招项目促落地。出台进一步促进招商引资工作若干措施，设立5个驻外招商办事处，开展“一把手”招商、产业链招商，南同堂大健康产业生产经销基地、樽裕果酒生产基地建设等一批优质项目相继落地。引进总投资5000万元以上项目32个、总投资53.8亿元，其中总投资2亿元以上“一把手”招商项目8个、总投资28.27亿元；实际利用外资2975万美元、居全市首位。着力谋项目促开工。抢抓政策“窗口期”，谋划亿元以上重大项目85个、总投资286.75亿元，获批中央和省级预算内投资补助资金1.35亿元、地方政府专项债券资金17.15亿元、国债项目补助资金约2.27亿元，县医院梦笔院区、城区污水系统化治理等6个省市重点项目和16个专项债项目如期开工。着力抓项目促进度。31个省市重点项目完成投资52.84亿元，城市道路改造提升、老旧小区改造、公共停车场等项目顺利竣工，蒙正生物素食氨糖保健品、绿康生化兽药原料药等项目正式投产，正大生化盐酸金霉素（无菌原料药）项目获批生产许可。完善园区基础设施和生活配套设施，建成工业标准厂房5.8万平方米，加快推进浦圣预制菜、京圣食品、绿康微生物添加剂等项目建设。

聚力焕新赋能，城市功能品质持续改善。坚持让绿色成为城市发展的最亮底色，全力实施城市更新行动，不断提升城市能级活力。城市建设更具“品质”。实施城市品质提升项目71个、城市更新项目80个，完成投资88.58亿元。马莲河东西路、丹桂河北路等市政道路建成通车。新开工梦笔一区、新源花园等5个老旧小区改造项目、惠及居民2365户。南浦片区和方井片区一期安置房976套基本建成，二期安置房1630套开工建设。人居环境更显“气质”。持续加大城市环境综合整治力度，整治拆除“两违”建筑面积1万余平方米，有序推进唐兴大道城区段整治提升工程。大力推进国家园林县城、国家森林城市和省级文明城市创建，新建和改造提升公园绿地135亩，补植改植苗木3.1万棵，城市“颜值气质”实现全面提升。生态环境更加“优质”。大力开展城市扬尘污染治理“点题整治”，空气质量优良天数比率达100%。推进“一河一策”流域水环境综合治理，新建改造污水等各类管网29.3公里，实现主要流域全域II类水质目标。有序推进闽西北山地丘陵生物多样性保护项目，植树造林1.83万亩，森林抚育7.13万亩，森林覆盖率达76.93%。

聚力自身提升，坚持以政治建设为统领。扎实开展学习贯彻习近平新时代中国特色社会主义思想主题教育，出台法治浦城建设规划，严格落实“三重一大”重大行政决策程序和机制。落实办理县人大常委会对政府专项工作审议意见11件，100件人大代表建议全部按期高质量办结，办结率位居全市前列；85件政协委员提案全部如期完成，办复率100%。带头“过紧日子”，传承弘扬“四下基层”优良传统，落实“三化五定”闭环管理机制，“说了算、定了干、马上办”的良好风尚在南浦大地蔚然成风。

（摘编：陈闽声）

光泽县产业经济发展概述

2023年，光泽县全面贯彻党的二十大精神，认真落实省委“三争”行动部署和市委“五增”目标要求，全力以赴稳经济、促发展，经济社会发展质效稳步提高。初步统计，2023年全县生产总值133.5亿元，增长5.5%；固定资产投资38.86亿元，增长6%；社会消费品零售总额27亿元，增长6.5%；公共财政预算总收入7.8亿元，增长14.5%；地方级公共财政预算收入5.67亿元，增长11.9%；城镇居民人均可支配收入39860元，增长5.5%；农村居民人均可支配收入19960元，增长7.5%。产业经济发展主要做了以下工作：

生态产业聚优培强。圣农循环经济链条优化延伸，圣农集团跃居中国企业品牌农业榜单第一、获评国家首批现代农业全产业链标准化示范基地，圣泽生物成为全省唯一的国家肉鸡核心育种场企业，旗下“圣泽901”牢牢占据自主国产种源市场第一，洋头等3个种肉鸡场建成投产，我县肉鸡产能扩大至3.54亿羽，预制菜产品销售额突破90亿元。水产业蓄势扩张，武夷山水公司年产值增长20%，“玉女峰”矿泉水（一期）正式投产。蜂产业加速培育，率先打造“探蜜空间”，年产量占全市比重约30%。茶产业加快成长，“干坑1662”红茶区域公用品牌影响力不断增强，全产业链产值增长9%。

环带建设成效明显。积极打造环武夷山国家公园保护发展带光泽风景道，武夷山国家公园西大门、玲珑水文化平台等示范项目建成投用，环闽江源最美骑行车环道示范段基本形成，有效推进3条特色风景道和1个文旅综合服务片“串珠成链”。“一环四通道”加快构建，山头村至江西冷水镇、国道G322线“白改黑”等出省通道项目有序推进，花山界省界服务区、“闽赣司机之家”建成投用。文旅业态不断拓展，推出环带沿线游览打卡点31个，圣农“信赖之旅”旅游路线全面推向市场，干坑林场获评省级森林康养基地，旅游总人数和总收入分别增长39%、45%。

绿色本底愈发厚实。深化污染防治攻坚，和顺园区污水处理厂投入运行，工业园区大气环境综合整治提升项目开工建设，空气优良天数比例保持稳定，地表水水环境质量状况排名全省前列，绿水维护补偿机制、农村生活污水提升治理模式在全市推广。加大生态保护修复，完成松材线虫病防治采伐任务，实施“森林生态银行·四个一”合作示范、国土绿化等4.1万亩，华桥乡获评省级森林乡镇。

有效投资稳步增长。项目建设扩面提质，新增开工入统项目87个，总投资31亿元；33个在建省市重点项目完成投资32.78亿元，占年度计划105.16%。资金争取成绩喜人，获批增发国债项目8个、5.28亿元，项目个数和资金总量均排名全市第一，占全市的22%；争取其他政策资金12.25亿元、增长6.97%，增速居全市第一。用地保障全面发力，完成土地征收314亩、供地684亩，批而未供和闲置土地处置649亩，自然资源管理监测系统评价全省第三。

企业培育蓄能增势。全力以赴育主体，入围国家重点实验室、国家级学会创新驱动服务站、省级重点龙头企业、科技小巨人企业各1家、绿色工厂和“专精特新”企业各2家。培育规上工业企业8家，全县实有市场主体增长14.6%。千方百计提信心，出台巩固拓展经济向好44条、促进工业增长12条、“免申即享”35条等政策，减税、退缓税占总税收比重近20%。多措并举促消费，制定扩大消费7条措施，新入库规上服务业、限上商贸业企业21家，拉动消费比增7%。

招商引资质效双升。签约超5000万元招商项目28个、总投资39亿元，其中2亿元以上项目4个。连续三个季度招商工作考评位居全市前三。突出产业招商，落地智慧冷链物流园、海圣饲料二期等“延链补链”项目14个。深耕乡贤资源，成功牵线竹炭产业园等项目19个。升级联动服务，双圆医疗器械配件、新型建筑材料等项目实现“拿地即交证”。

重点改革多点突破。联动改革不断深化，推广“秒批秒办”“一件事”集成套餐服务等事项302项，“远程帮办”服务点实现乡镇全覆盖。国企改革三年行动顺利完成，资产总额较改革前增长13.78%，营业收入比增30%。科特派制度持续巩固，选任科技特派员131名、组建服务团队和示范基地22个。

创新潜能加速释放。探索撂荒地整治新模式，全力解决撂荒地复耕复种难题，累计完成撂荒地复垦8558亩，机制做法获《半月谈》《福建改革情况》推介。深入践行以工代赈政策理念，创新农村小型建设项目“村工程乡代建”模式，获得国家发改委发文向全国推广。联合省农科院首创“科技村落”，破解白羽肉鸡、优质稻、中药材等7个产业链关键技术难题，获评全国首批、全省唯一“农业科技现代化先行县”。

合作共建不断加强。挂钩帮扶精准有力，争取中央、省级资金6539万元，实施水利设施、乡村建设等项目21个。山海协作走深走实，惠安县帮扶资金1400万元，支持我县基础设施、养老服务等领域建设。对外宣传与合作逐步扩大，第五届武夷生态食品博览会胜利举行，在福州成功举办光泽文旅推介会暨首届美食烹饪大赛，省考古研究院光泽基地完成挂牌。

城市魅力逐步彰显。打造二一七路活力街区，接续改造老旧小区、历史文化街区28个、背街小巷11条，入选省级县城更新样板工程，获评省级老旧小区改造工作绩效优异县。开展全域城市体检，乌君洲公园、凤凰山山地公园、市民文化活动中心等一批城市品质提升项目加快建设。高标准建设圣农工旅小镇，圣农展示馆主体落成，圣农总部、五德主题广场等景观效果逐步呈现。

和美乡村纵深推进。深入学习“千万工程”经验，乡村振兴获得感指数全省排名第一，创建“一点一线”精品路线和示范村、实绩突出村14个。稳定粮食播种面积15.16万亩、总产量6.34万吨，粮油和应急物资储备中心投入使用，仓储条件达到全省先进水平。汇聚厦大、哈工大等26家知名高校和团队力量，打造出一批美丽庭院。拓展联村经济，创新“村企共建、跨村联建”发展模式，全县所有村集体自主经营性经济收入达20万元。

基础设施优化升级。贯通洪济路、东方路、杭西路等道路5条，扩建农村公路49公里，改造污水、燃气等各类管网37公里，新增公共停车泊位663个。实施电网改造项目16个，城市家庭千兆光纤网络覆盖率100%。全面推进城乡供水一体化，城区实现双水厂供水，城乡规模化集中供水普及率稳定在90%以上。新建高标准农田4000亩，新增耕地1728亩。整治危旧房、违建房、裸房145栋，86个行政村湿垃圾基本实现无害化处理。

安全底线持续筑牢。深入开展重大事故隐患专项排查整治2023行动，建立“一库三单”信息化管理机制，市安委会巡检反馈问题整改率98.4%，3689户低收入群体居住场所消防安全改造全面完成。守好燃气、食品药品“安全关”，餐饮行业燃气报警器安装率100%，食品生产经营企业实现干部包保全覆盖。成功应对多轮区域性强降雨天气，森林防灭火实现“零火灾”，生产安全事故起数维持低位、死亡人数下降50%。

2024年光泽县经济社会发展的主要预期目标是：全县地区生产总值增长5.5%，固定资产投资增长8%，一般公共预算总收入增长5%，地方一般公共预算收入增长5%，出口增长3%，实际利用外资增长6%，社会消费品零售总额增长7.5%，城镇居民人均可支配收入增长6%，农村居民人均可支配收入增长7.5%；单位GDP能耗控制在省、市下达目标内。粮食总产量稳定在6.34万吨以上。

（摘编：王利兴）

松溪县产业经济发展概述

2023年，松溪县坚持以习近平新时代中国特色社会主义思想为指导，将深入开展主题教育与推动中心工作紧密结合，落实省委“三争”和市委“五增”部署，扎实推进绿色高质量发展。初步统计，全县地区生产总值92.90亿元、增长6.5%。一般公共预算总收入4.95亿元、增长21.9%，地方一般公共预算收入3.43亿元、增长14.3%；固定资产投资增长6.5%；社会消费品零售总额39.50亿元、增长7.1%；城镇居民人均可支配收入37907元、增长5.1%，农村居民人均可支配收入18189元、增长8.0%。

支持实体经济高质量发展，稳住县域发展基本盘。加大纾困支持力度，制定“贯彻落实新时代民营经济强省战略”实施意见，出台推动县域经济持续向好45条、促进工业经济稳增长34条等措施，累计为市场主体减负6528万元，兑现惠企资金4187万元。推动金融要素“六下乡”，企业贷款利率下降10个基点，各项贷款余额增长16%。落实“企呼我应”服务机制，开展“企业家下午茶、晚餐会”“同心·围炉”等活动，解决企业增资扩产等问题71个。培优做大特色产业，闽瑞新合纤获评省级企业技术中心，成为县域首家年税收突破3000万元的工业企业；新型纺织专业园标准化厂房交付使用，成功招引常松新材料、万辉纺织等上下游企业。湛卢茶业入选省级龙头企业，龙坛茶业出口份额蝉联全省民营茶企首位。深入推进“以竹代塑”，完成21.9万亩竹林“FSC”认证。永顺机械、普仑斯泵业获评省级专精特新企业，湛卢精铸获评科技小巨人企业，开泰机械、闽翔机械建成投产。全年规上工业产值增长12.5%、税收累计入库增长50%；新增国家级高新技术企业3家，科技型中小企业17家。深化改革优化环境，实现乡建公司乡镇（街道）全覆盖，推进城投实业、湛卢建设国企整合，制定国企议事、国资交易等11项管理制度，改革后运行平稳。深化集体林权制度改革，完成“森林生态银行·四个一”示范推广任务。推进省级农村产权流转交易市场试点建设，上线宗数和成交宗数居全省前列。深化“放管服”改革，成立综合受理、“办不成事”反映窗口，便民服务向乡镇（街道）延伸。

聚力“三大攻坚”，扩大有效投资，增强内需驱动力。谋深谋实项目，健全县领导牵头、部门联动、第三方把关的项目谋划机制，推动“项目库”和“资金池”双向匹配。谋划“一把手”项目27个、总投资85.24亿元；新增入库项目121个、总投资50亿元；储备2024年专项债项目42个、总投资125.52亿元。全年争取地方政府债券14.28亿元、增长220.89%。持续攻坚项目，做好项目全周期服务，重点项目列入“三化五定”闭环管理，推动领导干部在现场破解难题，顺利纺织、六墩引水灌区提升等33个项目开工，县城排水防涝等12个项目竣工，24个在建省市重点项目完成投资19.72亿元，投资完成率105.13%。精准招引项目，结合开展“产业体检”精准招商，逐步补齐产业链短板和关键环节，签约5000万以上项目49个、总投资60.17亿元，其中2亿元以上“一把手”招商签约项目5个、总投资16.9亿元，全部落地。成功招引德胜贸易等4个外资项目，实际利用外资202万美元。强化要素保障，三和循环经济产业园标准化厂房开工，九龙北路、熹茗路二期等加快建设，完成中兴二路排洪渠等8个园区基础设施改造提升项目。在全市率先推动工业用地“标准地”出让73.4亩，处置“批而未供”“供而未用”土地 464.4 亩，新增建设用地 1219 亩。

推动生态文明建设再上新台阶。牢固树立和践行“两山”理念，成功获评全国“两山”实践创新基地。在守护绿水青山上，落实河湖长“巡河交水制”、林长“巡山护林交树制”，主要流域省控断面 I—Ⅱ类水质比例 100%，空气质量优良天数比例连续 5 年保持 100%、位居全省前列。渭田镇获评“美丽中国·深呼吸乡镇”。在厚植生态本底上，实施环白马山省级自然保护区修复、林业碳汇等重大项目，完成植树造林 8547 亩、森林抚育 3.18 万亩、封山育林 1.4 万亩、林相规模化花化彩化 917 亩，均超额完成任务。获省生态补偿资金 2644 万元。吴山头村、钱园桥村获批省森林村庄。在推动绿色转型上，落实“双碳”战略，实施节能技改项目 6 个，全年单位 GDP 能耗下降 2.2%。加快发展文化旅游等绿色产业，引进厦门港务集团、建发国旅、武夷旅游集团合作运营梅口埠景区，完成新梅线旅游公路改造提升，打造民宿、特色餐饮、剧本杀等新业态。成功举办第七届“千年松溪·百年蔗”科技文化旅游节，入选全省首批文旅特派员试点县，获评“中国最佳绿色生态旅游名县”。全年旅游总人数和总收入增幅预计均可超 45%。

以“千万工程”经验为指引，推动乡村全面振兴。推进巨口村森林公园等探源点项目建设，打造河东乡“一片好田示范区”，建成长巷“十里探源路”、吴山头“探源展示馆”，成为全市唯一入选省级庭院经济的试点县。打造全市首个县级科技特派员服务中心，选认各级科技特派员 196 名。擦亮“土特产”名片，完成《松溪茶志》编纂刊发，发布《九龙大白茶白皮书》，成功举办第四届茶商大会，九龙大白茶入选“福建省农业主导品种目录”，品牌建设荣获“全国茶品牌成长优秀案例”，获评“九龙大白茶原产地”“茶叶出口基地县”。合资成立福建蔗道生物科技公司推进百年蔗市场化运营，发布《松溪百年蔗活性成分与保健功能白皮书》，百年蔗标准化糖厂、雍百年酒业建成投产，新研发的功能性食品规模化量产。获评“省级优质农产品生产基地”。马坪村、溪畔村被认定为省级“一村一品”专业村。建设和美乡村，聚焦“三沿三色”重点区域，高标准推进 2 个“一点一带”示范建设，58 个重点村庄规划应编尽编。启动周墩水库建设，铺设城乡供水一体化管网 80 公里；新改建污水配套管网 15 公里，实现乡镇污水处理设施全覆盖；整治裸房 90 栋；夙屯大桥等“6·18”灾毁路桥基本修复，渭源线、祖山线通车，新改建“四好农村路”29 公里；新增中高级绿盈乡村 6 个。梅口村获评“中国美丽休闲乡村”。

串联一溪两岸风景，构建宜居宜业新城。突出提品质，启动《松溪县乡村振兴和以县城为重要载体的新型城镇化建设规划》编制，强化“城市体检”成果运用，实施 105 个城市品质提升项目。完成东关桥至红旗桥段古城墙修复，总长 3.64 公里的松溪干流休闲步道和樟树林公园、河东公园改造春节前可完工，届时可实现松溪大桥到长巷大桥沿河步道全线闭合。完成人民公园、来龙山公园、来龙山至一品龙宸休闲步道提升。创建省级文明县城，强化“两违”管控，持续纠治店面外溢、车辆乱停、垃圾乱堆放，基本实现路面“五无二净”。突出补短板，完成下畲路、水南路提升，河东路、林屯大桥改造春节前可完工。闽江防洪南平段四期（松溪）、餐厨垃圾处理等重大项目完成，茶洲水库至文秀湖、花岩溪水系连通工程全线贯通，为城区百姓提供更优质的水源。新改建供水管网 10 公里、雨污管网 27 公里。实施工农路立面改造等 7 个老旧小区改造项目，启动湛卢书苑建设，武装部至财富天下棚改一期封顶、二期开工。突出聚人气，出台支持房地产平稳健康发展 14 条，完成“国家级电子商务进农村综合示范县”终期验收，思凯传媒电商直播基地投入运营，举办“全闽乐购·福在松溪”“家乡主播家乡货”等活动，电商销售额增长 17%。率先在全市规范化运行零工市场，城镇新增就业 608 人。

（摘编：郑平名）

政和县产业经济发展概述

2023年，政和县坚持以习近平新时代中国特色社会主义思想为指导，聚焦省委“三争”行动、围绕市委“五增”目标，传承弘扬廖俊波同志先进事迹，全方位推进绿色高质量发展。初步统计，2023年全县地区生产总值119.8亿元，增长6.3%；一般公共预算总收入7亿元，增长11.1%；地方一般公共预算收入4.7亿元，增长8%；社会消费品零售总额增长9.5%；城镇、农村居民人均可支配收入分别增长6%、8%。产业经济发展重要领域、重点工作取得突破：

“政和白茶”、“政和工夫”区域公共品牌价值分别达60.58亿元、41.88亿元，连续三年进入全国百强榜单；省竹标委落户政和，成为全省首个竹产业标准化组织。

县级财政管理绩效综合评价排名全国第88名、全省第三名，连续四年获国家财政部正向奖励，是全省唯一连续四年进入全国排名前200名的县。

一年来，产业经济发展主要做了以下工作：

绿色产业在转型升级中巩固提升。现代农业稳产增效。新建高标准农田7000亩，完成粮食播种12.23万亩、总产量5.01万吨。全国绿色食品原料（茶叶）标准化生产基地通过农业农村部初核，建成绿色生态茶园9.1万亩。“五个万亩”现代农业工程、省级现代农业（蔬菜）产业园建设扎实推进，培育省级农业产业化龙头企业12家，全年完成农林牧渔业总产值41.2亿元、增长6.1%。获评“三茶统筹”先行县域、“高山白茶核心产区”、“中国高山蔬菜之乡”，被命名为第三批省级农产品质量安全县，澄源乡入选首批国家农业产业强镇。工业经济稳中有进。全年新增规上工业企业12家，规上工业增加值增长7.8%，工业用电量增长7%。实施技改项目86个，完成投资25亿元。成立全省首家县级数字经济产业工会联合会，新培育省级“专精特新”和科技小巨人企业8家、绿色工厂3家，成功打造全省首个竹企5G全连接工厂，制造业智能化、绿色化加快转型。星合柒号茶厂实现投产，三茶融创园入驻14家企业，瑞和白茶庄园、罗金山茶旅康养等项目加快推进，完成政和白茶国家标准修订、政和白茶泡茶器具等3项团体标准制定。实施竹产业高质量发展行动，推出九大类型竹空间应用场景，“以竹代塑”示范县加快建设，完成竹产业链产值67亿元。全域旅游稳步提质。全年接待游客人数增长25.5%，实现旅游收入增长29%。佛子山风景名胜区总体规划通过国家林草局审核，“秋色山景、生态康养”之旅成为全市唯一入选全国乡村旅游精品线路。成功举办第三届白茶大会、朱子孝道文化弘扬大会，培塑新康小红军、锦小仙等文化IP，助推乡村游“出圈”。获评“健康中国·康养旅游百强县”、“中国最美乡村旅游目的地”，廖俊波先进事迹传习地入选省级职工疗休养示范基地。

发展后劲在攻坚克难中不断增强。项目加速建设。全年完成固定资产投资61.4亿元，增长5.5%。新谋划亿元以上项目91个、总投资182亿元；36个省市重点项目完成投资35.7亿元，占年度计划的115%。鑫三伟漆包线加工等87个项目开工建设，南庄洋片区市政道路等71个项目加快推进，城区高水高排等60个项目竣工。要素精准保障。强化用林、用地、资金等要素保障同步推进，新建工业标准厂房3万平方米，出让工业用地“标准地”160亩。完成区域性养老服务中心等15个重点项目征地拆迁1613亩，南庄新区商住用地成功出让，全年出让经营性用地5宗。争取增发国债项目15个、4亿元，地方政府专债项目12个、

3.1亿元，中央和省级各类补助资金6.2亿元。获得国开行、农发行、兴业银行授信5.7亿元。平台有力支撑。经济开发区新签约良固阀门等7家企业，电工电器产业园、智慧园区、职工文化活动中心等项目投入使用，综合发展水平居全省山区开发区第七、全市第一。成立政和县海峡茶业交流协会，5个标准化白茶产业园序时推进。中国白茶城二期项目完成建设，新设立福州、广州芳村等4个城市服务中心，成为国内最大的白茶供应链基地。投资5.1亿元的“中国竹具工艺城”开工建设，闽北绿色家居产业园加快推进。电商创业产业园集聚效应显现，电商服务覆盖80%以上的行政村，全年完成网络零售23.1亿元，增长12.5%。

城乡面貌在补短强优中显著改善。城市品质更精。实施城市建设品质提升项目81个，总投资72.7亿元。老城更新提质，智慧城市运营中心、党群连心家园、塔山福道投入使用，人武部新营区基本建成，凤嘴、北门、南门下巷老旧小区完成改造，城东冷链仓储交易中心完成主体工程，奥体佳苑开工建设。城镇河道综合治理14.7公里，新建“口袋公园”、“小微绿地”21个，铺设市政管网54.6公里，城市立面改造23万平方米，规模化花化彩化4.9万平方米。新城建设提速，成立政和新城建设指挥部，实施新城综合交通枢纽等项目26个、总投资56.5亿元，同心创业小区、保障性安居工程4号楼等项目投入使用，竹博馆、新城大桥等项目加快推进。和美乡村更靓。顺利承办全市第三季度乡村振兴暨和美乡村建设现场推进会，完成村庄规划编制50个，新建改造农村公路35公里、乡镇污水管网37.7公里、供水管网89.9公里。“五个美丽”建设持续推进，表彰“最美乡村”等6个系列50个典型。乡村振兴热度指数评价综合排名居全省前十，获全国首批“乡村振兴传播基地”称号。生态环境更优。启动宝岭水库饮用水水源地保护，念山国家湿地公园通过国家林草局验收，植树造林8700亩，森林覆盖率达79.6%。全力打好蓝天、碧水、净土三大保卫战，县污水处理厂三期、第二污水处理厂完成提升改造，空气优良天数达标率100%，连续七届蝉联“全国百佳深呼吸小城”，3个乡镇入选“美丽中国深呼吸乡镇”。

创新活力在深化改革中加快释放。招商引资成效凸显。深入实施“一把手”招商攻坚行动，绘制茶、竹、机电、食品加工四大产业链招商地图，实行重点产业“链长制”，新签约5000万元以上招商项目35个、总投资44.7亿元，其中立博奥、浙立合金等2亿元以上“一把手”招商项目4个。桐珍白茶等在谈项目22个，总投资41.7亿元。上海美科、必拓必和等招商项目完成主体工程。深化与香港凯捷、新亚行集团合作，外资到资206万美元。鼓励企业境外参展、布局跨境电商，完成外贸出口4.7亿元，增长7%。营商环境持续优化。“放管服”改革不断深化，创新远程帮办服务，“一件事”套餐落实率达95%，“一趟不用跑”、“最多跑一趟”事项达99.9%。全年新登记市场主体3800户，增长5.8%。建立“企呼我应”企业服务机制，深化“企业服务日”，创新开展百名法特派服务百家企业活动，兑现惠企资金3679万元，帮助企业争取增产增效贷款1.12亿元，落实减税降费1.06亿元。深入实施“并联审批”机制，实现“交地即交证”、“拿地即开工”项目11个。推出“免申即享”政策清单37项，线上兑付1154万元，推动惠企资金“免申报、零跑腿、快兑现”。创新引领步伐加快。开展“一县一试点”专项改革，实施“一乡一试点”、“一部门一特色”改革项目62个，入选首批省级农村改革试验区。探索国企改革新路径，全省首家县属国企和央企中石化合作经营的加油站正式运营。建成“森林生态银行·四个一”示范点9个，完成竹林“一元碳汇”开发试点建设，签发碳汇量5.1万吨，创新推出“绿色转型贷”、“竹塑贷”等金融产品，发放贷款2.9亿元。建立市级以上科特派服务团队38个。

（摘编：陈闽声）

龙岩市产业经济发展综述

2023年，龙岩市深入学习贯彻习近平新时代中国特色社会主义思想和党的二十大精神，紧紧抓住中央支持革命老区振兴发展的重大机遇，深学争优、敢为争先、实干争效，大抓招商、大抓产业、大抓项目，全力以赴拼经济、促发展。全年实现地区生产总值3330亿元，增长3.5%左右；一般公共预算总收入362.5亿元、增长1.7%，地方一般公共预算收入172.7亿元、增长4.4%；城镇、农村居民人均可支配收入分别增长4%、7%。

过去一年，挑战前所未有，始终坚定信心、保持定力，顶着目标干、迎着困难上，尽最大努力争取最好结果。闽西革命老区高质量发展示范区建设迈出坚实步伐，全年向上争取政策资金224.8亿元，龙岩新机场获国务院、中央军委批复同意，龙龙高铁龙岩至武平段建成通车、武平至梅州段启动建设，龙岩市在全国革命老区振兴发展现场会上作典型发言。广龙对口合作取得丰硕成果，构建起“四梁八柱”合作体系，广州4家世界500强企业项目落地龙岩，对口合作经验做法在全国推广。生态环境综合整治成效明显，主要流域优质水比例65.8%、多年来首次超过全省平均水平。中心城市拓展新的发展空间，“两监”片区土地盘活利用得到省里支持，南部新城、北部新城开发建设有序推进。

坚持实体为基，产业支撑不断夯实。出台促进民营经济发展“1+N”政策，实施“供需赋能助企强链”行动，推动有色金属、机械装备、新材料等重点产业提质发展，应急抢险救援装备产业集群入选全国特色产业集群。全市新登记市场主体8万家，新增规上工业企业119家，紫金铜业获中国工业大奖。实施科技创新行动计划，组建有色金属等四大产业研究院，新增国家高新技术企业90家、省级“专精特新”企业57家，晶旭半导体获全国颠覆性技术创新大赛最高奖，金龙稀土入选国家智能制造示范工厂。3家建筑施工企业晋升特级资质，实现“零的突破”。实施文旅经济高质量发展行动，开展“百万老广”“百万阿拉”游龙岩等活动，打响“五大游”文旅品牌，全市接待游客、旅游总收入分别增长40%、45%。组织“全闽乐购·万商云聚惠龙岩”等促消费活动，支持汽车等大宗消费，新增限上商贸企业290家。深化“每月开竣工”互比互看等活动，“十百千”项目超额完成年度投资任务，紫金锂元、常青新能源二期等1059个项目新开竣工。举办“11·8”机博投洽会、粤港澳招商推介会等重大招商活动，全市新签约项目660个，其中10亿元以上项目49个。上杭、武平入选国家创新型县建设名单。

坚持协调发展，城乡品质不断提升。实施交通通达工程，全市新改建城市道路56公里、农村公路395公里，新增城市公共停车位1340个。中心城区绕城高速实行差异化收费政策，有效解决大货车“穿城而过”带来的交通安全隐患问题。实施安全韧性工程，全市新改建雨污水管网187公里、供水管网68公里，获评海绵城市中央财政资金绩效评价A档。中心城区南翼污水处理厂扩建工程顺利通水，铁山污水处理厂扩建及提标改造工程春节前后可建成投用。龙岩植物园、龙州湿地成为市民打卡休闲新去处。创新推行“156”乡村建设工作机制，乡村振兴“一县一片区”建设经验在全国推广。严格落实耕地保护和粮食安全责任，出台稳定粮油生产九条措施，新建成高标准农田22.6万亩，超额完成省下达粮食生产任务。“供销农场”经验做法在全省推广。七大特色农业全产业链产值1070亿元，新增1家国家级农业产业化龙头企业。永定入选全国文化产业赋能乡村振兴试点。武平获评国家农产品质量安全县、“四好农村路”全国示范县。长汀获评全国农作物病虫害专业化“统防统治百强县”。漳平入选国家农村产业融合发展示范园、农业现代化示范区创建名单。

坚持生态优先，绿色优势不断彰显。以坚决态度、务实举措配合做好中央生态环保督察工作，着力解决群众身边的突出环境问题。打造“山水龙岩”品牌，深入推进河湖长制、林长制工作，系统实施中心城区幸福河湖建设等山水林田湖草沙一体化保护和修复工程。全国首单水土保持项目碳汇成功交易，水土保持工作机制在全国推广。取消人工商品林主伐年龄限制等创新举措写入国家深化林改方案，林业碳汇损失计量及赔偿机制写入全国“两会”最高法院工作报告。林业金融区块链融资服务平台入选全国典型。林业碳汇指数保险获中国碳达峰碳中和典型案例一等奖。5家企业入选国家级绿色工厂。上杭获评全国水土保持示范县。长汀、武平获评全国自然资源节约集约示范县。武平入选全国县级水网先导区。

坚持改革开放，发展活力不断释放。推动建立中央国家机关、央企对口支援龙岩联席会议机制，新罗能源互联网产业园、长汀中建绿色建材产业园等项目加快实施，对口支援工作走深走实。闽粤两省联合印发广龙合作方案，省里出台17条支持措施，广州与龙岩市签订对口合作协议、建立党政联席会议机制，设立对口合作专项资金。广龙合作产业园正式揭牌。深化新时代厦龙山海协作，新签约闽西南协同发展区项目267个、总投资478亿元。积极探索海峡两岸融合发展新路，全国首创向台农发放林下经济不动产权证，成功举办第一届海峡两岸农业交流大会，漳平台湾农民创业园连续七年在国家考评中排名第一。深化“一窗受理、集成服务”改革，“无差别综合窗口”实现市县全覆盖。推行工业用地“标准地+承诺制”改革。入选全国公共就业创业服务示范城市创建名单。人社惠老服务超市、劳动保障维权服务超市入选全国典型。中小企业发展环境评估排名全省第二。龙岩市在全国优化营商环境现场会上作典型发言。上杭入选中央财政支持普惠金融发展示范区。武平入选国家农村综合性改革试点。

坚持法治建设，制度优化深入推进。坚持重大事项向市委请示报告，自觉接受人大及其常委会法律监督、工作监督和政协民主监督，办理人大代表建议228件、政协委员提案339件，满意和基本满意率100%。深入推进党风廉政建设和反腐败斗争，严格落实中央八项规定及其实施细则精神，加强重点领域、关键环节廉政风险防控，持续巩固风清气正的政治生态。

2024年，是中华人民共和国成立75周年，是实施“十四五”规划的关键一年，是习近平总书记亲自擘画“机制活、产业优、百姓富、生态美”新福建宏伟蓝图10周年，也是古田会议召开95周年、古田全军政治工作会议召开10周年。龙岩市工作的总体要求是：坚持以习近平新时代中国特色社会主义思想为指导，全面贯彻落实党的二十大、二十届二中全会和中央经济工作会议精神，按照党中央决策部署和省委省政府、市委工作要求，坚持稳中求进工作总基调，完整、准确、全面贯彻新发展理念，围绕推动高质量发展首要任务和构建新发展格局战略任务，主动融入两岸融合发展示范区建设，按照“打好五张牌，建设新龙岩”的工作思路，统筹扩大内需和深化供给侧结构性改革，统筹新型城镇化和乡村全面振兴，统筹高质量发展和高水平安全，切实增强经济活力、防范化解风险、改善社会预期，持续推动经济实现质的有效提升和量的合理增长，增进民生福祉，保持社会稳定，加快推进闽西革命老区高质量发展示范区建设，奋力谱写中国式现代化龙岩篇章。经济社会发展主要预期目标是：全市地区生产总值增长5.5%左右；固定资产投资增长5%；社会消费品零售总额增长5%；出口增长3%，实际利用外资增长5%；地方一般公共预算收入增长5%；城镇、农村居民人均可支配收入均增长6%；城镇新增就业1.4万人以上。力争在实际工作中取得更好成绩。

2024年产业经济发展重点做好以下方面工作：

奋力在推动经济高质量发展上作示范，增强老区振兴新动能。始终牢记“实体经济是经济发展的根基”，既积极抢位发展、又善于错位发展，提升产业链供应链韧性和安全水平，加快构建以先进制造业为骨干的现代化产业体系。提升科技创新能力。深入实施创新驱动发展战略，围绕产业链部署创新链，围绕创新链布局产业链，加快形成新质生产力。深化国家知识产权强市建设试点，争创“科创中国”试点城市。突出企业科技创新主体地位，探索科技专项资金“拨投结合”等模式，大力支持企业开展关键核心技术攻关，力争新获批国家高新技术企业150家以上。支持紫金矿业重组全国重点实验室，实体化运作好有色金属等四大产业研究院，新增5个省级以上高水平创新平台。加强产学研用协同创新，实施重大科技成果转化项目10个以上，争创国家级科技成果转移转化示范区。深化“才聚龙岩”行动，落实“1+4+N”人才政策，柔性引进更多高端产业人才。深化科技特派员制度，实施科特派示范项目20个以上。推进新型工业化。深化“链长+链主”双链驱动机制，以高端化、智能化、绿色化为方向，一锤接着一锤敲，接续打造闽粤赣边区域先进制造业中心。推动主导产业补链强链扩链，突出抓好紫金铜箔、旭众机械等项目，力争有色金属、机械装备产业产值均增长5%以上。推动战略性新兴产业融合集群发展，重点实施龙净量道储能、德尔含氟新材料等项目，大力发展分布式光伏等绿色能源，力争新材料、新能源产业产值均增长10%以上。前瞻谋划未来产业，积极培育人工智能、新型储能等新增长点。提质发展烟草、纺织、建材等传统产业，推动设备更新、工艺升级、管理创新，实施投资亿元以上技改项目60个。深化数字经济高质量发展提升行动，加快数字产业化、产业数字化，推动80家以上工业企业生产制造环节“上云用云”。推进工业绿色低碳发展，探索建立绿色供应链体系，新培育5家省级以上绿色低碳循环发展示范单位。实施企业扶强培育行动，新增规上工业企业100家以上、省级“专精特新”企业15家以上。支持“制造+服务”模式创新，新培育一批省级服务型制造示范企业。实施新一轮园区标准化提升行动，支持龙岩高新区争创国家创新型特色园区。持续扩大有效需求。充分激发有潜能的消费，推动实物消费结构升级和服务消费提速发展，高标准打造区域文旅康养消费中心。持续打响“五大游”文旅品牌，策划开展“龙年游龙岩”系列活动，扩大特色民宿、非遗展演等旅游产品供给，力争冠豸山获评国家5A级景区、长汀获批国家级旅游度假区，做大做强做优文旅经济。加强城市商业体系建设，争创全国一刻钟便民生活圈试点城市。稳定和扩大汽车、家电等传统消费，促进新零售、共享经济等消费新场景新业态加快发展，新增限上商贸企业120家。推动“老字号”传承创新，打响“客家菜”品牌。着力扩大有效益的投资，持续打好重点项目攻坚战役，强化重大项目策划储备，推进“十百千”项目滚动接续，力争新开竣工超10亿元项目25个以上。持续深化大招商招好商行动，大力推行产业链招商、靶向招商等模式，建立招商项目落地评价机制，新签约超5亿元产业项目80个以上、新签约项目开工率50%以上。打造一流营商环境。深入实施优化营商环境三年行动，以更优服务打造区域高标准市场体系示范中心。

奋力在提升红绿品牌价值上作示范，培塑区域发展新优势。始终牢记“红色是最鲜亮的底色”“绿水青山就是金山银山”，围绕打造红绿品牌及价值转化全国标杆，深挖红色文化内涵，擦亮绿色生态名片，推动红绿交相辉映、融合发展。奋力在促进城乡融合发展上作示范，绘就宜居和美新图景。始终牢记“走新型城镇化道路，核心是以人为本”，推进以城带乡、城乡互动，扎实开展城市和乡村振兴标准化行动，加快打造宜居韧性智慧城市、宜居宜业和美乡村。奋力在扩大双向开放合作上作示范，构建内外联动新格局。始终牢记“开放是繁荣发展的必由之路”，积极发挥近海临湾、客家祖地、重点侨乡等优势，在服务和融入新发展格局中探索创新、示范先行，加快建设近海开放型城市。

（摘编：赵远）

新罗区产业经济发展概述

2023年，新罗区坚持以习近平新时代中国特色社会主义思想为指导，深入学习贯彻党的二十大精神，锚定争当闽西革命老区高质量发展示范区建设“排头兵”目标，聚焦“深学争优、敢为争先、实干争效”，深入开展争当排头兵“6+1”专项行动、领导干部“四个带头”活动，迎难而上、勇毅前行，较好完成了年初确定的各项目标任务。再次上榜全国综合实力、绿色发展、投资潜力、科技创新、新型城镇化质量等“五个百强区”。经济企稳向好，全年GDP增长3.5%。一般公共预算总收入35亿元，地方一般公共预算收入22.5亿元；城镇、农村居民人均可支配收入分别增长4.5%、8%。

全区产业经济发展呈现新特点：

动能加速转换。抢抓新材料新能源产业新赛道，签约德尔高纯碳基材料、龙净光伏等项目44个，总投资131亿元，龙蜂储能等一批项目实现当年签约、当年开工、当年投产，为高质量发展注入强劲动力。

发展打开空间。“两区融合”纵深推进，实现机构、人员、工作任务深度融合，“1+1>2”聚合效应充分释放。北部新城八大专业园区成形成势，进驻企业超百家，市中医院北部新城分院、公交北翼综合场站等一批公共配套项目建成投用，“一区多园、产城融合”发展格局加速显现。

一年来，产业经济发展主要做了以下方面工作：

调结构、促转型，产业发展更具质效。特色农业稳中加固。农林牧渔业增加值增长5%。耕地“占补平衡”“进出平衡”全面落实，新建高标准农田8000亩。闽西蛋禽优势特色产业集群发展壮大，龙岩山麻鸭入选全国十大优异畜禽遗传资源。新认证“一村一品”专业村29个、现代农业产业化联合体3家。供销社粮食生产托管“三三制”创新模式获省委主要领导批示肯定。工业经济稳中提级。新培育规上工业企业24家，规模以上工业增加值增长2.4%。实施智能制造技改项目34个，完成投资23.5亿元、增长15.3%，新增“上云上平台”企业22家，省级以上高新技术企业、“专精特新”企业分别增至172家、32家，数量居全市第一。应急抢险救援装备产业集群入选全国百强。第三产业稳中调优。新增限上商贸企业80家、规上服务业企业22家，4家工业企业实现主辅分离。投入1000万元，举办千余场“万商云聚惠龙岩”促消费活动，拉动消费超43亿元。“福满龙川”全鱼宴拔得头筹。新增2家国家级3A景区，中央苏区金融街成功创建国家级夜间文化和旅游消费集聚区，江山山塘获评省“金牌旅游村”。全年接待游客1530万人次，旅游总收入增长44%。助企扶企见行见效。出台促进民营经济发展壮大26条措施，修订重点骨干企业认定及扶持办法，兑现落实“工业发展倍增行动”“建筑业二十条”等惠企资金2.1亿元，与企业共克时艰、携手并进。开展“千名干部挂千企”活动，解决用工、用林、“两证”办理等问题158个。

扩投资、增后劲，项目建设更为强劲。项目攻坚有为有力。率先在全市开展项目拼抢百日攻坚行动，145个省市区重点项目完成投资300亿元，卓越美山、础润新能源等115个项目开工建设，建壹真空、侨龙技改等105个项目竣工投产。新策划项目618个，总投资668亿元。招商引资再上台阶。建立“三个十大”招商机制，开展产业链招商、以商招商、产业基金招商，新签约项目240个，总投资386亿元，其中亿元以上121个、

10亿元以上8个。项目转化落地率达56%。服务保障更具实效。完成房屋征迁36.6万平方米、土地征收4034亩，处置批而未供土地4778亩，用地报批2414亩。“上省赴京”争取竞争性资金15.3亿元，争取专项债券11.4亿元，有效保障重点项目建设。

筑平台、创机遇，开放格局更加宽广。南北新城生机勃发。北部新城八大专业园区各具特色、竞相发展，新签约、新开工、新投产项目分别达74个、81个、63个，产业集聚能力初步显现。17个区直单位集中入驻、靠前服务。三创园竣工开园，继续教育基地、龙岩技师学院产业学院投入使用。南部新城全面完成龙岩新机场环线二期、红田路三期等4个项目征收，龙岩森林公园（植物园）对外开放。对口协作走深走实。对口支援渐入佳境，与国家电网7家产业单位开展战略合作，网能科技、仪芯电子等17个产业项目落户能源互联网产业园，总投资超68亿元。对口合作蹄疾步稳，与黄埔区签订合作协议，与广州建筑、越秀、交投建立结对关系，教育、医疗、干部人才交流、文旅康养等对口合作实现“多点开花”。山海协作快步跟进，与集美区常态开展互访活动，与厦门大学建立校地全面战略合作关系。改革活力持续激发。深化“一窗受理、集成服务”改革，实现653个政务服务事项“一窗通办”。国企改革有序推进，四大区属国企资产总额、营业收入分别增长9.1%和84.8%。调整区对镇（街）财政预算管理体制。完成新一批乡镇综合行政执法赋权事项承接。

精管理、提颜值，城乡面貌更富魅力。城市发展持续提升。接续推进全国文明城市创建，实施12个海绵城市项目，龙州湿地成为中心城市新名片。改造老旧小区28个，加装电梯超50部。横十线、大中线项目有序推进。东城松涛社区“完整社区”入选省级样板工程。乡村振兴全面增强。投资1.6亿元，江山片区乡村振兴“一县一片区”有序推进。新改建农村公路31公里，畅通群众“幸福路”。“五个美丽”建设扎实推进，18个村“两治一拆”高分通过市级验收。小池培斜入选“省级闽台乡建乡创样板村”。白沙电气化小镇入选全国“百县千项”清洁能源示范项目。乡村振兴反响度、获得感两项指数排名进入全省前十。生态治理力度加大。全面落实河湖长制，成建制下沉开展生态环境综合整治专项行动，适中污水处理厂建成投用，国省控断面优良水质比例达100%。深入探索“两山”转化路径，投资11亿元如期完成山水林田湖草沙一体化保护和修复工程，矿山生态修复380亩。林业碳汇指数保险获中国碳达峰碳中和典型案例一等奖。东肖东堀、龙门连坑获评“福建省森林村庄”。

防风险、强治理，平安新罗更显成色。安全防线织牢织密。规范“安全生产四联单”管理使用，开展“19+1”重点行业领域、安全生产集中整治“开小灶”等专项整治。中心城区推广应用安全智慧监管平台。积极应对强降雨、台风、森林火灾等灾害风险。加强食品药品安全监管。风险防控有力有效。全力防范化解债务和金融风险。压实“保交楼”责任，化解问题楼盘2个。“五经普”阶段任务圆满完成。社会治理善作善成。禁毒重点整治成功“摘帽”。打击治理电信诈骗“正本清源”“净土清零”行动成效明显，全国县域排名退出前100名。“治重化积”动态清零。

转作风、抓落实，政府建设更见成效。把坚持党的全面领导贯穿政府工作全过程各领域，深入开展学习贯彻习近平新时代中国特色社会主义思想主题教育，坚持以上率下，强化闭环落实，弘扬“四下基层”优良作风，马上就办、真抓实干在政府系统蔚然成风。大力推进法治政府建设，坚持“三重一大”集体决策，自觉接受人大依法监督和政协民主监督，122件人大代表建议、229件政协委员提案高质量办结，满意率及基本满意率分别达97%、98%。严格行政规范性文件合法性审查。严格落实中央八项规定及其实施细则精神，统筹督查增效和基层减负。严格落实过紧日子要求，压减非急需、非刚性支出13%，确保有限财力用在惠企利民上。扎实做好省委巡视反馈问题整改，审计监督、统计监督进一步加强。

（摘编：苏小雨）

永定区产业经济发展概述

2023年，永定区坚持以习近平新时代中国特色社会主义思想为指导，全面贯彻党的二十大和二十届二中全会精神，深学争优、敢为争先、实干争效，大抓招商、大抓产业、大抓项目，深化“1339”兵团式作战行动，全区经济态势稳的格局在巩固、进的动力在增强、好的势头在显现。全年实现地区生产总值增长3.7%；一般公共预算总收入15.76亿元、增长4.2%，地方一般公共预算收入11.25亿元、增长6.5%；社会消费品零售总额增长3%；城镇、农村居民人均可支配收入分别增长3.5%、8%。产业经济发展主要工作和成效是：

坚持重点突破、迭代升级，产业发展步伐加快。坚定不移抓实体稳基础，推动主导产业提质增效。数字智造产业集聚壮大。立孚光电、安通线束等链主企业拉动强劲，凯尔威电子等项目竣工投产；富鑫达入选省数字经济核心产业创新企业“瞪羚”名单；9家企业获得国军标认证。数字智造产业预计全年实现产值66亿元。新型建材产业加速崛起。成功签约总投资11亿元的智欣石英石深加工项目；华润二期项目前期工作持续推进；永定红石材综合开发项目（二期）成片开发方案获省政府批复，洪山饰面石材地质勘查全面开展，组团参加第二十三届南安水头石博会，“相约永定红·共创新未来”品牌正式发布，“永定红”矿山荣获第六届“金钥石”年度价值矿山金奖；大溪高岭土、虎岗石英石等矿产资源勘查有序推进。新型建材产业全年实现产值70亿元。文旅康养产业势头强劲。土楼5A景区提升项目稳步推进，永定土楼、客家非遗等频繁亮相央视，新策划土楼狂欢夜等演艺活动，完成省道318高头承启楼至湖坑振成楼段改造提升；中央红色交通线教育基地暨福建省红色保密教育示范基地建成开馆，国家安全教育暨中央苏区隐蔽斗争历史展陈馆顺利建成。“土楼非遗”二日游入选全国乡村旅游精品线路；趣驾游自驾旅居车营地（永定土楼）获评国家3C质量等级；采善堂品牌入选新一批中华老字号拟认定名单；土楼营造技艺、中医养生（永定万应茶）通过国家级非遗代表性项目保护单位评估。永定土楼·天涯明月刀沉浸式数字文旅体验项目获2023年文化和旅游数字化创新示范优秀案例。永定区获评福建省全域生态旅游示范区，被授予“福建省首批重点影视外景拍摄基地”。全年接待国内外游客950.5万人次，文旅康养产业预计实现产值154亿元。现代农业产业亮点纷呈。新造万亩丰产油茶林，新增烤烟种植面积7300亩，蝴蝶兰、永定福柚、“六月红”芋、永定红柿等特色农产品形成品牌；全年新增省市级龙头企业16家、市级“一村一品”专业村10个；现代特色农产品科技产业基地进展顺利，第一个入园企业开工建设；龙湖生态渔业等3家企业入选粤港澳大湾区“菜篮子”生产基地。“永定芋科技小院”入选国家级科技小院，初溪高山梯田大米获评中国（西部）绿色优质农产品产销对接博览会金奖，下洋镇（肉牛）入选全国农业产业强镇创建名单。产业平台基础日臻完善。工业园区标准化建设持续推进，新材料产业园经一路、经二路竣工通车；纺织循环经济产业园市政配套工程等项目竣工；军民融合智能制造产业基地（一期）标准厂房、企业服务中心及职工宿舍项目主体竣工；福州大学永定飞地科技园顺利开园；西溪110千伏变电站、永定区分布式光伏发电等项目竣工投产，园区承载力稳步提升。

坚持科学谋划、强势攻坚，发展动能持续释

放。常态化打好重点项目攻坚战役，为高质量发展赋能蓄力。资金争取成效显著。全年累计争取中央和省级预算内投资项目21个，争取上级资金约37亿元，其中，永定区职业教育产教融合基地、区医院门诊综合大楼等12个项目获得地方政府专项债券；生态保护修复暨乡村生态振兴示范工程、历史文化名镇名村传统村落集中连片保护、坎抚龙独立工矿区改造提升、环世遗土楼体育健身休闲绿道等4个项目通过省级以上竞争性评审；普通公路路面改造工程、县乡村道灾毁修复工程等14个项目入选2023年增发国债第一批、第二批项目清单，资金额度居全市第一；首获地方资源枯竭城市转移支付补助3556万元。统筹安排项目前期工作经费，保障重点项目策划工作顺利开展。项目攻坚更具实效。140个重点项目预计完成投资116.6亿元，占年度计划的105.6%，其中30个省市重点项目完成投资77.5亿元；龙岩坎市仓储物流中心等48个项目开工，青橄榄二期等42个项目竣工投产。棉花滩生态机组、渔光互补光伏电站等项目获省发改委批准通过。招商引资成果丰硕。全年完成招商引资签约项目100个，总投资额110亿元，其中5亿元以上项目7个、10亿元以上项目3个，固本高端数控装备制造、石墨烯动力（储能）锂离子电池、福莱得新材料生产、TFT-LCD显示模组生产、见福智能仓储物流等一批重大项目落户永定。对口工作务实有力。中央文化和旅游管理干部学院永定培训基地挂牌成立；广东省人民医院·永定区医院、天河区中医医院·永定区中医院协作共建医院揭牌成立，文秀汽车零部件再制造产业园、广药王老吉（龙岩）产业园（永定）生产基地等对口合作项目签约落地；完成省直部门挂钩帮扶事项18个，到位帮扶资金1670万元。营商环境持续优化。“2023营商环境优化提升年”八大专项行动深入开展，提供“帮代办”服务200次、服务项目171个；梳理公布“免申即享”惠企事项30项，《永定区推行“验收即发证”房建项目产权登记提速再增效》典型经验做法获全省推广。完成土地报批631亩、土地供应1950亩，盘活闲置厂房5万平方米，4个项目实现“拿地即开工”；召开4场政银企保担对接合作会，为204家企业提供8.54亿元融资支持；落实惠企政策措施，全年争取省、市惠企奖补资金1802万元，兑现推动工业、商务发展区级奖补资金580万元，兑现招商引资奖补资金6316万元。企业培育力度更大，宏祥科技、闽福建材等2家企业通过省科技小巨人企业认定，新增“四上”企业共46家，资质以上建筑业企业资质晋升共14家。

坚持协调发展、提升品质，城乡面貌日益改善。坚持城乡统筹发展，打造高品质宜居永定。乡村振兴步伐加快。“两治一拆”农村人居环境整治专项行动深入开展，17个市级任务村全部完成验收；实施农村生活污水治理项目24个，全区污水处理设施实现全覆盖。城乡供水一体化项目完成投资2.3亿元。完成农村公路改造33公里、危桥改造2座、村道安全生命防护工程26.8公里、美丽农村公路20公里，城乡公交一体化实现全覆盖，乡村基础设施更加完善。永定区入选文化和旅游部首批文化产业赋能乡村振兴试点名单，14个行政村获得省级相关荣誉，湖坑镇南中村入选第六批中国传统村落。南部新城建设重点发力。《龙岩市南部新城高坎培片区建设品质提升规划》编制完成；高陂镇经济发达镇财政管理体制健全完善；城际快速通道四期、龙岩新机场先行开工点、高坎培三镇集镇品质提升等项目稳步推进。城区建设富有成效。高品质完成12个老旧小区改造提升；东部新城片区综合开发建设等城建重点项目序时推进，凤城夜市正式运营，东城综合市场投入使用；新建城区污水管网19公里，永定区入选全省2024年城镇生活污水处理提质增效重点推进城市名单。环卫市场化、垃圾分类精细化深入推进，第七届全国文明城市创建工作扎实开展；基本完成2个综合性公园、3个口袋公园改造提升以及10条道路行道树补植工作，国家园林城市创建工作有序推进。

（摘编：周少雄）

上杭县产业经济发展概述

2023年，上杭县深入学习贯彻习近平新时代中国特色社会主义思想和党的二十大精神，锚定“三个先行示范”，深入实施“六大战略”，高质量发展迈出坚实步伐。全年实现地区生产总值526亿元、增长4.6%；规模以上工业增加值增长4.7%；财政总收入53.6亿元、增长1.1%，其中地方级收入37.9亿元、增长11.2%；固定资产投资增长9.5%；社会消费品零售总额增长7.6%；城镇、农村居民人均可支配收入分别增长4.4%、7%。连续8年入选福建省“县域经济实力十强县”，全国县域综合竞争力百强县进位至第87位，较上年提升9位。

一年来产业经济的工作主要体现在以下几方面：

产业质效提档升级。金铜产业实现产值1153亿元、增长11.5%、占全市有色金属的77.8%。高性能电子铜箔、铜合金精深加工等项目竣工投产，紫金矿业成为全国首家百万吨矿产铜企业，紫金铜业获中国工业大奖。新材料产业实现产值263亿元、增长8.3%、占全市62.8%，德尔科技主板IPO申请获上交所受理，常青新能源二期、龙净环保储能电芯等项目实现当年开工当年投产。建筑业实现总产值709亿元、占全市41.8%。获评2023年度福建省“建筑之乡”称号，新增一级总承包资质企业9家、二级资质企业27家。文旅康养产业实现产值209亿元、增长27.4%。古田镇入选全国乡村旅游重点镇，汀江绿道景区入选“2023中国体育旅游精品项目”。现代农业实现农林牧渔业总产值102亿元、增长4.2%。严格落实耕地保护和粮食安全责任制，完成粮食播种面积36.7万亩、产量16万吨，超额完成市级下达任务。完成烟叶种植4.5万亩，实现税收4547万元、增长30%。商贸服务业实现第三产业增加值261亿元、增长6.2%。新增限上商贸企业53家。福建省首家前海联合交易中心认证的大宗商品指定交收仓——国港汇平台实现交易额221亿元，拉动全县批发业增长33个百分点、龙岩市批发业增长6.3个百分点。产业始终是上杭发展的根基，只有靠“自身骨头长肉”，才能在历经风浪中强健体魄、壮实筋骨、续写华章。

产业平台提标扩面。按照“一区三园”发展思路整合上杭工业园区，已入驻企业310家，实现规上工业总产值1422亿元增长11%，实现税收8.9亿元。投入8.2亿元实施34个园区标准化建设项目，完成南岗金铜产业园20.4万平方米标准厂房、白砂新材料科创谷北部综合体等项目建设。

招商引资提质增量。持续开展大招商招好商行动，完成新签约项目80个、总投资241亿元，新开工项目58个，落地转化率达72.5%，先后引进磷酸铁锂综合利用、年产3.5万吨冷轧高精铜板带等7个单体投资超10亿元生产性项目。产业链招商图谱亮相福建省招商成果展。

项目建设提速增效。全力打好重点项目攻坚战役，160个重点攻坚项目完成投资186亿元、占任务数的118%。深化项目审批制度改革，工程建设审批事项压缩至3个环节以内。强化项目要素保障，完成新增项目用地报批1673亩、林地1680亩。

营商环境持续优化。市对县营商环境综合考评连续四年全市第一。修订完善工业经济20条、新材料产业10条等6项政策，兑现各类惠企政策资金5亿元，用真金白银帮助企业渡过难关、留住青山。深入实施新时代民营经济强省战略，政务服务事项“就近办、自助办、网上办、掌上办”事项达95%。分类推进“证照分离”改革，企业开办时间压缩至0.5个工作日内，新增企业1149家。全力推进“一窗受理、集成服务”“一件事一次办”等改革，行政审批服务事项当日办结率达99.73%，让企业和群众办事像网购一样便捷。

创新创造持续增强。入选第二批国家创新型县建设名单和国家知识产权强县建设试点县。科学研究与试验发展经费投入全市第一、全省前列，新增国家高新技术企业19家、省科技小巨人企业5家、省级“专精特新”中小企业9家。举办首届创业创新大赛，出台实施“智汇上杭”聚才计划等政策，现有国家重大计划人才11人，占全市61%；新引进省高层次ABC类人才38人，总数达212人，占全市46%。晶旭半导体荣获第二届全国颠覆性技术大赛总决赛最高奖。紫金矿业蒋开喜获评国家卓越工程师，徐政和院士工作站落地上杭。

改革赋能持续发力。完成杭川实业集团改革重组。紫金矿业30周年庆祝大会胜利召开，公司首次进入福布斯全球前300位、位居第284位，提升41位。“1334才溪工作法”、全链服务稳种粮保增收等13项改革经验被国家和省市推广。入选2023年中央财政支持普惠金融发展示范区。

畅通对外联系通道。龙龙高铁上杭段通车运营，填补县城无铁路历史空白。积极推进机场快速通道、厦蓉高速古田服务区出入口、长深高速新增上杭紫金山互通等项目前期工作。外贸进出口逐步回稳，完成进出口总额259亿元。中欧班列（红古田号）开行7趟，总货值超2200万美元。

拓展交流合作平台。常态化开展“上省赴京”沟通交流，争取中央及省预算内补助资金7746万元、新增国债资金2.2亿元；争取地方政府一般债券资金2.7亿元、专项债券资金12.5亿元，总量均居全市第一。主动融入龙岩—粤港澳大湾区产业合作试验区建设，成功签约14个重大项目、总投资153亿元，引进落地广汽集团、广州工控、广建集团等3家世界500强企业，“湾区”春风扑面而来、“老区”发展未来可期、“双向”奔赴大有可为。

城市品质不断提升。入选2023中国最美县域。启动东门大桥改建及道路连接线工程，完成上杭站综合交通枢纽、杭川大道（二环路至四环路）建设和13个老旧小区改造。加快“十五分钟生活圈”建设，建成口袋公园4处、福道17公里、公园绿地12公顷。

乡村振兴不断推进。全力创建全国乡村振兴示范县，实施115个项目、完成投资38.3亿元，数字乡村建设经验入选全国数字政府创新案例。新培育市级以上农业龙头企业18家、农民专业合作社7家，稔田镇被认定为首批国家农业产业强镇。高质量完成21个村“两治一拆”人居环境整治，古田“袁梦村”入选2023年福建省乡村振兴典型示范案例，庐丰丰济村美丽田园入选全省“五个美丽”建设典型案例。

基础设施不断完善。完成农村公路建设25.3公里、危桥改造8座。国道G205线背头岭至湖洋段、城乡供水一体化等项目有序推进。启动农村生活污水整县提升治理工程，新建改造污水管网32.8公里。投入1.8亿元完成6个电网重点项目建设。

生态治理成效显现。深入开展生态环境综合整治专项行动，国省控断面水质达标率100%，城区环境空气质量优良天数比例99.7%。持续推进生猪养殖业污染整治专项行动，拆除违规养殖场5.2万平方米。生态转型步伐加快。常青新能源、德尔科技、锐美家装饰等企业入选国家级绿色工厂。新增林权流转面积5.8万亩，培育新型林业经营主体14家。整县屋顶分布式光伏开发试点县建设持续推进，累计完成装机容量14.8万千瓦。落地全省首单水权交易项目。生态优势巩固提升。获评“全国水土保持示范县”、2023年福建省级森林养生城市。完成水土流失综合治理3.2万亩、造林绿化10.3万亩。紫金矿业ESG评级位列全球金属与采矿行业第一名，紫金山绿色矿山建设案例入选联合国科教文卫组织出版物。

（摘编：苏小雨）

武平县产业经济发展概述

2023年，武平县深入学习贯彻习近平新时代中国特色社会主义思想和党的二十大精神，坚决落实中央、省、市各项决策部署，深入实施“1355”项目质量提升年行动，坚持大抓招商、大抓产业、大抓项目，坚决打好“五张牌”，以“稳”的定力保持发展势头，以“进”的态势推动高质量发展。初步统计，2023年实现地区生产总值增长4%；固定资产投资增长3%；一般公共预算总收入13.3亿元，其中地方一般公共预算收入9.27亿元；城乡居民人均可支配收入分别达到44950元、24942元，增长3.9%、7%。武平人民百年“高铁梦”，历经10多年不懈努力，终于梦想成真，“四面八方武平人，高铁回家过大年”成为幸福的现实。武平灵芝正式纳入国家食药物质目录，列入福建“福九味”中药材产业集群建设项目。武平入选国家创新型县建设名单，成功创建国家农产品质量安全县。武平成为全省唯一一个全国县级水网先导区，荣获国家级节水型社会建设达标县称号。武平县还荣获了国家级自然资源节约集约示范县、“四好农村路”全国示范县等一批国字号荣誉。

主导产业集聚壮大。加快构建“3+N”现代产业体系，三大主导产业对经济增长贡献率超五成。新显首位产业加速成势。与国家开发投资集团共同举办新显产业发展推进会，欧阳钟灿院士等17位业界权威成为武平新显智库专家。实施全国首个县域新显产业大脑项目，建成新显检测中心。天塑光电、晶易液晶显示等项目竣工投产。全县新显企业数达112家，其中规上企业产值达54亿元，税收超7000万元、增长60%以上。机械装备产业创新发展。唯正智能科技打破国外印制电路板钻孔垄断，钢泓科技研发出国内首个不锈钢定制家居软件，伊普思压缩空气干燥机和过滤器市场占有率全省第二。田边智能装备、闽鸿顺专用车等项目实现投产。机械装备产业产值突破15亿元，税收超2500万元、增长40%以上。新材料产业加快发展。三鑫悦洋银多金属矿完成“探转采”，中堡大坪里稀土矿探矿权证加快办理，华山萤石矿、高岭土精深加工等项目有序实施，新材料产业产值突破30亿元，税收超9500万元、增长50%以上。

文旅康养出新出彩。百家大院（一期）项目惊艳亮相，国庆试开园期间吸引游客近10万人。兴贤坊入选省级旅游休闲街区。建成武夷山国家森林步道（武东段）。千鹭湖入选省级森林康养基地，环梁野山康养福道入选全省最美乡村福道。“尽享田园乐趣·开启夏日农耕”亲子之旅获评全国乡村旅游精品线路。红四军入闽第一村景区获评国家3A级旅游景区。花果东留研学基地入选省级中小学生劳动教育实践基地。开发菌菇宴、非遗一桌菜等特色菜品，推出“周居、半月居、月居”等旅居产品。全年接待游客689.6万人次、增长28.5%。

现代服务业和建筑业稳健发展。全县存贷款余额首次双双突破200亿元，在全市率先开展农业信贷融资“批量担保”业务。快递物流全自动化分拣中心投产运营，日处理快件量达15万件。2家建筑业企业晋升为一级资质企业，9家晋升为二级资质企业，新增资质建筑业企业6家，建筑业产值达145亿元、增长16%。全年销售商品房19.3万平方米。

市场主体量质齐升。“五经普”工作扎实开展，制定出台促进民营经济发展壮大28条措施，全县登记市场主体4.24万户，增长23.2%，新增

“四上”企业56家、纳税户2226户。实施20个省重点技改项目，伊普思实业、希恩凯电子入选省数字经济领域“瞪羚”创新企业，新增12家工业企业上云上平台，全县累计培育国家高新技术企业43家、国家“专精特新”小巨人企业2家、国家科技型中小企业63家、省级科技小巨人企业31家。

招商引资接续发力。精准绘制运用三大主导产业地图和招商图谱，持续开展“533”招商引资竞赛活动。修订完善工业项目招商政策，制定出台招商项目引荐人奖励办法，创新举办招商推介官选拔赛，创设每月20日为“重大招商项目推进日”。全年实现新签约项目52个，总投资51亿元，其中5亿元以上项目5个，实现新开工项目32个、新竣工项目31个。

“学研策跑”成效十足。坚持“到市上省赴京”跑项目、跑资金，全年共争取专项资金11.5亿元，增长15%。成功争取全国农村综合性改革试点试验、闽粤赣省际老区苏区山水工程示范、第四批省级移民后扶示范区等竞争性重大项目，共获上级补助超2亿元。持续举办“头雁先行·星耀武平”星级项目评定活动，累计策划项目355个，入市库谋划数和开工率均居全市第一。

项目建设掀起热潮。坚持“精打细算、精雕细琢、精益求精”的理念，100个县重点项目投资超额完成年度计划。武平站交通枢纽一体化工程全面完工，国道205线来福至动车场站段建成通车，高林公路炉坑至中堡集镇段预计春节前通车，国道358线下东至阳民段、205线集贤至伏虎段实现“白改黑”。水系连通及水美乡村项目基本完工，美子坑水库下闸蓄水，百把寨水库主体工程、中堡大绩和桃溪亭头水厂开工建设。完成110千伏悦洋输变电（二期）扩建工程。开展闲置国有资产和低效工业用地盘活百日攻坚行动，盘活土地430亩，实现盘活处置收入1277万元。

精品城市加快建设。坚持“主客共享·舒适温暖”城市建设理念，相关工作成效获省住建厅主要领导批示肯定，并在央视作宣传推介。南门坝完整社区入选省级样板工程，林化新村、龙腾花园等17个老旧小区完成改造。新建改建平南路、丰平路等一批城市道路。育才路、西苑路及周边地区等雨污分流改造项目基本完成。整治城区入河排污口36个、改造污水管网10.5公里。崇文公园建成投入使用，龙河文化长廊中心实现开工建设。智慧城市建设加快推进，新增城区智慧停车位157个、新能源充电桩60根、智慧路灯2275盏，逐步实现“城市让生活更美好”。

乡村振兴全面推进。严格落实耕地保护和粮食安全党政同责，完成粮播面积36.05万亩、高标准农田建设2.5万亩、补充耕地771亩。五大地标性特色农产品实现初级农产品产值达20亿元，象洞镇获黄金百香果气候品质省级特优认证。拓宽农产品销售渠道，举办闽粤赣边土特产销售联盟启动仪式和脐橙订货会，成功推动脐橙等农产品进驻“军队副食品区域集中采购平台”。东留镇被认定为国家级农业产业强镇，万安、永平分别入选省级、市级农业产业强镇建设。喜浪米业入选国家农业产业化重点龙头企业，新增国家农民合作社示范社2家、省级产业化龙头企业5家。启动环千鹭湖城乡一体协调发展试验区“五朵金花”美丽乡村建设。岩前、中山、永平集镇示范街区提升改造加快推进。“清洁家园”行动持续开展，建立“村庄清洁日”“清洁指挥长”制度，推行农村保洁市场化运作，村容村貌得到持续提升。

生态环境不断向好。扎实开展生态环境综合整治专项行动，“蓝天、碧水、净土”三大保卫战成效显著。创新推出全省首单空气清新绿色保险，空气环境质量保持全省前列。投入11.3亿元实施20个生态环保攻坚战役项目。水土流失治理达3.6万亩。自然保护地综合治理和发展项目完成建设。千鹭湖美丽河湖建设经验做法入选全省典型案例。垃圾焚烧发电厂并网发电，实现生活垃圾零填埋。十方、岩前污水处理厂排放标准提升至一级A，农村生活污水治理整县推进有序开展，基本完成9条安全生态水系建设和4条中小河流域治理，9个国省控主要流域断面水质均达Ⅲ类以上，其中Ⅱ类水质以上比例高于去年25.6个百分点。

（摘编：王利兴）

长汀县产业经济发展概述

2023年，长汀县团结带领全县人民，用超常规举措应对超预期挑战，以主题教育为引领，深入开展“三争”行动和“工业发展年”活动，大抓招商、大抓产业、大抓项目，形成了一批具有长汀辨识度的标志性成果。全年实现地区生产总值增长4.3%；一般公共预算总收入18.7亿元、增长35%，地方一般公共预算收入12.19亿元、增长20.6%；固定资产投资增长11%；社会消费品零售总额增长4.1%；城镇、农村居民人均可支配收入分别增长5%、8%。

主导工业回升向好。掀起“大抓工业、抓大工业”热潮，新签约工业生产性项目71个，实现规上工业产值228.7亿元。稀土及其应用产业，实现产值69.5亿元。磁材机加工产业园等5个项目开工建设，卓尔1000吨钐钴合金扩建等3个项目竣工投产，卓尔科技获评国家级专精特新“小巨人”企业。金龙稀土获评全国创建世界一流专精特新示范企业，成为全市首家国家智能制造示范工厂，省稀土功能材料重点实验室通过验收。纺织服装产业，实现产值107.2亿元。亿来20万锭混纺纱线等4个技改项目开工建设，安踏智能吊挂车间等4个技改项目竣工投产，成功在广州举办“手拉手”市场拓展活动。医疗器械产业，实现产值及贸易额26.2亿元。落地全省首张医美敷料产品注册证，成功举办全市产销对接活动，新签约引进生产性企业22家、贸易企业11家，新投产企业8家。铜铝产业，实现产值15亿元。顺祥铜业、瑞启铝业成为拉动县域经济增长的新引擎，开辟新赛道成效初显。建筑业，实现产值106.2亿元。出台推进建筑业发展补充措施，新增一级资质企业1家、二级资质企业9家、统计直报企业7家。

特色农业稳步发展。农林牧渔业实现总产值77.2亿元。严守耕地红线，建设高标准农田3.2万亩，完成粮播面积38.37万亩、粮食产量17.45万吨，收购烟叶20.6万担。加快建设河田鸡预制菜产业园，河田鸡出笼突破1600万羽。林下经济经营面积达192万亩，实现产值35.2亿元。新培育“三品一标”1个、省级优质农产品标准化示范基地1个、市级以上龙头企业14家、示范家庭农场41家、合作社39个。河田、南山分别入选国家和省级农业产业强镇。成功承办全省新型农业经营主体高质量发展现场推进会，并作典型交流发言。

现代服务业加速回暖。出台服务业高质量发展24条措施，实现增加值169.9亿元。文旅康养产业，接待游客784.2万人次，实现旅游收入68.6亿元。成立假日文旅领导小组，推动文旅经济持续向好，“文明、诚信、热情、好客”文旅品牌深入人心。开展提升打造旅游目的地“十个一”活动，“夜游汀江”、卧龙书院等一批景区景点稳居“网红打卡点”前列，“红色小上海”等一批文旅融合项目投入运营，店头街获评国家级旅游休闲街区，成功创建省级全域生态旅游示范县，全域旅游积厚成势、蓬勃发展。电子商务产业，实现交易额104亿元，其中县域产品上行37亿元。

惠企纾困效应凸显。顶格落实国家、省、市稳经济一揽子政策，出台壮大民营经济34条措施，叠加医疗器械、民宿业等专项政策，真金白银帮助市场主体纾困解难，累计减税降费6.58亿元，兑现惠企资金2.16亿元，支持小微企业新增贷款23亿元。实施“一清单三保障”机制，完成征地7736.9亩、拆迁23万平方米，清理处置批而未供土地1221亩，盘活低效闲置用地759.5亩、厂房2.77万平方米。新增“四上企业”96家、市场主体6530户。深化“企业接待日”“千名干部挂千企”精准服务活动，帮助企业办实事、解难题183个，营商环境便利度居全市前列。

项目攻坚质效并进。以重点项目攻坚为抓手，深化“四个五”攻坚模式，建立健全签约促开工、在建促竣工十二条措施，33个省市重点、10个市重点攻坚、165个县重点攻坚项目均超序时进度，“六比一看”亮晒综合成绩全年保持全市前列。稀土材料城市矿山资源回用等60个项目开工，新能源动力锂电池专用设备等87个项目竣工。新增入库项目133个，其中5000万元以上项目28个。37个项目列入国家发改委专债项目库，全市第一。

招商引资量质齐升。精心绘制产业链招商图谱、重点招商项目手册、招商项目落地手册，聘请专业招商顾问，“一把手招商”“以商招商”“全员招商”“诚信招商”齐头并进，新签约生产性项目91个，总投资214亿元，其中亿元以上项目65个，10亿元以上项目8个。建立乡贤人才动态数据库，打造乡贤回归“磁力场”，招引“汀商回归”项目29个，总投资39.9亿元。

支援合作有为有效。坚持“输血为辅、造血为主”，下好对接“先手棋”，争取上级补助资金27亿元、债券资金21.17亿元。落实中建集团支持项目10个，入驻绿色建材产业园企业5家。与广州白云、从化分别建立“4+N”“2+N”对口合作长效机制，赴穗举办推介会8场，签订合作协议45份，引进广州大健康产业等粤港澳大湾区项目10个，共建长汀·白云·从化“绿水青山就是金山银山”实践生态示范林。与凤凰、丽江、平遥缔结友好城市，达成多边文旅战略友好合作协议。

古城焕发文明新风。常态化推进全国文明城市创建，投入19亿元实施103个城市建设品质提升、31个城市重点建设、33个老旧小区改造项目，小区综合治理、农贸市场环境、交通拥堵等专项整治有力有序，立面改造、美化亮化、口袋公园等一批“微改造、精提升”景观工程顺利实施。巩固垃圾分类长效机制，建成垃圾分类屋（亭）147座和简易投放点15个，试点县考核排名全省前列。深入实施城市运行管理服务平台（二期）项目，推进县域治理“一网统管”，实现一屏全观、协同治理，相关经验做法在全省推广。

乡村绘就和美画卷。“红旗跃过汀江·两山实践走廊”示范片区实施项目26个，完成投资2.51亿元。实施乡村振兴项目125个，完成投资1.81亿元。成功承办第二届省老区苏区乡村振兴研讨会，并作典型交流发言。以集镇环境综合整治为重点，深化“两治一拆”专项整治行动，20个村高分通过市级验收，整治率和整治质量均居全市第一。投资9.38亿元实施农村建设品质提升工程，超额完成“五个美丽”乡村建设任务，“五力”联动经验做法入选全省建设美丽乡村现场推进会典型案例。

生态理念深入人心。以河（湖）长、林长制为抓手，深入开展生态环境综合整治专项行动，巩固生态共治监管成效，国、省控断面水质达标率100%，空气质量优良天数比例99.7%。配合做好第三轮中央生态环境保护督察工作。扎实推进全国水土保持高质量发展先行区建设，在全国县级层面率先出台加强新时代水土保持工作实施方案，实施先行区六大工程建设项目22个，完成水土流失综合治理和生态修复面积15.71万亩，经验做法获新华社报道。成功签约全国首单水土保持项目碳汇交易。成功举办联合国开发计划署——全球环境基金天保GEF项目启动会，水土流失治理“长汀经验”再次迈出国门，走向世界。

基础设施日趋完善。改扩建汀州大道、松涛路等“卡脖子”路段，完成农村公路建设210公里、生命防护工程40公里、危桥改造20座，综合客运枢纽主体工程完工。加大城乡供水一体化管网建设力度，新铺设供水管网825公里。完成雨污分流项目19个，新建、改造城乡污水管网207.7公里、雨水管网21公里。新建5G基站108个、智能立体停车场2个、电动汽车充电站7个。垃圾焚烧发电厂投入运营。

（摘编：陈闽声）

连城县产业经济发展概述

2023年，连城县深入贯彻落实党的二十大精神，扎实开展学习贯彻习近平新时代中国特色社会主义思想主题教育，全力打好“五张牌”，连城革命老区高质量发展、振兴发展取得新的成效。全年实现地区生产总值比增4.3%；规上工业增加值比增3%；城乡500万元以上固定资产投资比增6%；社会消费品零售比增3.6%；财政总收入13.05亿元，比增12.1%；地方级财政收入9.58亿元，比增6.5%；城镇居民人均可支配收入41394元，比增4.6%；农村居民人均可支配收入24164元，比增8%。争创“福建省县域经济发展十佳县”六蝉联，列入全国信访工作法治化试点县（全国14个）。一年来，产业经济发展主要工作和成效是：

在稳产强产中驱动集群发展。工业经济加快转型。“一园两区”产值、税收累计分别比增2.2%和20%。新型建材产业产值、税收同比分别比增10%和40%。新增规上工业企业12家，培育省级上市后备企业3家，渡远户外公司创业板上市材料已通过深交所审核。研究与试验发展（R&D）经费累计投入3.54亿元，规上工业高技术产业增加值占比居全市前列，新培育省级科技小巨人企业3家、省级“专精特新”中小企业4家，康莱宝入选2023年福建省创新型民营企业100强。连城工业园区成功创建省级军民融合高技术产业基地，完成民品参军销售任务5亿元。建筑业产业持续壮大。制定出台全市最优惠的建筑业企业培育政策，新华夏成功晋升为全市首个建筑业特级资质企业，新培育一级资质企业2家、新引进培育二级资质企业5家，甲级建筑工程设计企业1家。全县建筑业产值实现162.13亿元、比增10%。现代农业提质增效。建设高标准农田1.78万亩，粮食年产量稳定在13.01万吨以上。地瓜、白鸭、兰花等“十个一”特色农业实现产值104亿元，比增12%，新增省级示范农民专业合作社2家，新培育省市农业产业化龙头企业17家。成为全市首个百亿元产值林业重点县。建设泰山连城雪茄产业园，成为全省雪茄烟叶种植面积最大县份。制定“世界地瓜之都”产业发展规划，“连城红心地瓜干”纳入农业农村部农业品牌精品培育计划，“冠豸山铁皮石斛”纳入全国名特优新农产品名录。入选农业农村部“福九味”中药材产业集群项目。连城兰花、白鸭荣获福建十大农产品区域公用品牌，创亿元牌鲜鸡蛋获评2023年度福建名牌农产品。四堡芙蓉李农业标准化示范区项目通过省级验收。林坊、北团入选首批国家农业产业强镇名单。第三产业焕发活力。第三产业增加值比增4.5%。冠豸山列入国家5A级旅游景区创建名单（全省唯一），联合申报世界地质公园获联合国教科文组织理事会审议通过。新增国家3A级旅游景区5个。冠豸山鲤鱼背快捷通道建成投入使用，冠豸山、培田古村落旅游接待人次和旅游收入分别增长35.9%、52.3%。塘前乡获评福建省全域旅游示范小镇。“新泉美食”被国家知识产权局确定为首批“千企百城”商标品牌价值提升行动区域商标品牌。四角井历史文化街区基本完成核心区建设并实现对外开放。成功举办2023年侨家乐·福建省华侨美食风情文化节连城专场活动。新培育规上服务业企业7家、限上商贸企业15家。顺利举办全省电商发展大会，建成全市首个跨境电商孵化仓，网络零售额突破40亿元，总量居全市第2。入选全省农村客货邮融合发展试点县。

在项目攻坚中积蓄发展动能。项目建设有为有成。策划生成项目282个，其中129个项目列入国家重大项目库，总投资232.7亿元。创新实施“五办联动”及“五个一”推进重点项目攻坚工作机制，111个省市县重点项目完成投资124.6亿元，9个市级攻坚重点项目完成投资31.8亿元，县“十大”重点工程完成投资27.2亿元。投资50亿元的新型建材产业园和投资30亿元的稀有稀土产业园实现开工建设。项目招引有质有量。坚持“一把手”招商，深入实施“莲商回归”工程，新签约引进高纯石英砂三期、佳辉科技三期等投资10亿元以上项目3个、亿元以上项目54个，实现“莲商回归”项目30个；新开工亿元以上项目39个。引进厦门企业盘活天一温泉度假村，成为全市唯一重整成功的文旅项目。项目保障有效有力。累计到位专项债券资金4.2亿元，争取上级各类补助资金20.3亿元。已有6个项目列入国家万亿国债策划项目补助。完成房屋征收19.4万平方米、土地征收5815.3亩。年度补充耕地任务完成率全市第2。新建标准化厂房5.9万平方米，保障企业用工3000人次。

在建管结合中提升城乡面貌。城市更新步伐加快。国家园林城市创建通过省级初审，累计完成17个城区片区集中整治和20个老旧小区改造。四角井片区更新项目成功入选2023年省级县城更新样板工程，学府路等4条新改建道路实现通车。完成城区供排水管网建设25.5公里、福道15公里。城乡供水一体化项目完成投资7.24亿元，占总投资86.2%。乡村建设有力有效。超额完成实用性村庄规划年度编制任务。提升改造农村公路21公里、危桥4座。环冠豸山乡村振兴“一县一片区”完成投资2亿元，占市下达任务112.1%。塘前乡获评全省乡村振兴示范乡镇。持续推进农村人居环境整治专项行动，清理存量垃圾3.14万吨；建设集镇污水管网支管79公里、接户管83公里。15个村通过“两治一拆”市级验收。生态环境有效治理。获评国家生态功能重点县。前两轮中央、省生态环保督察反馈问题全面完成整改。开展生态环境综合整治暨水环境提升专项行动，国省控和省定小流域考核断面阶段综合水质全部达标并明显提升。中心城区空气环境质量排名全省第14。建成“一沿两环”生态文明森林景观带8万亩。罗胜古杉木王、连城福建柏古树群入选全国“双百”古树。

在深化改革中拓展活力源泉。重点改革多点突破。深化“冠豸英才行动”，引进招聘各类紧缺急需人才133名。参与富硒产品认证国家行业标准制定，连城农创园管委会专家服务基地入选第九批国家级专家服务基地（全市首个）。完成县中小企业信用担保中心企业化改制。营商环境持续优化。创新启动营商政务社会环境“三位一体”线上收集办理、督办系统，举办联席会议11期，累计收集问题建议1409条，已办理1283条，办理率91.1%。深化开展领导干部“换位体验走流程”活动，发现并整改问题87个。创新设立“营商优贷”和“助农购薯贷”等金融助企措施，兑现惠企资金4837万元。县中小企业信用担保中心提供融资担保4.9亿元、应急还款资金9500万元。全类型服务事项“即办程度”占比89.6%，居全市第1；压缩招投标条件备案时长至1个工作日。开放合作走深走实。促成中建集团对口帮扶连城；连城天然气管网供气支线项目成功增列《国家管网“十四五”战略发展规划》和国家管网集团2024年投资计划；促成广州市建筑业领域与连城县建立“1+1+N”合作机制，并与广州建筑集团、广州市政集团签订合作协议。成功举办“传统村落万里行”网评引导暨NBA乡村嘉年华活动，完成5个NBA“美丽宜居乡村篮球场”建设。高位协调推动恒大悦澜湾实现“保交楼”。新泉镇入选2024年闽台乡建乡创合作样板集镇。冠豸山机场新开通连城—广州航线。首创“湾区+老区”医疗互助基金—增城连城“双城医疗协作专项基金”1200万元。挂牌成立湖里区—连城县山海协作协调办公室。争取到位福清市山海协作帮扶资金2400万元。

（摘编：王利兴）

漳平市产业经济发展概述

2023年，漳平市深入学习贯彻习近平新时代中国特色社会主义思想和党的二十大精神，大抓招商、大抓产业、大抓项目，经济社会保持坚实稳定发展态势。全市地区生产总值增长4%；一般公共预算总收入15.9亿元、增长16.9%，地方一般公共预算收入11.2亿元、增长5.4%；固定资产投资增长6%；城镇、农村居民人均可支配收入分别增长4.5%、7%。

这一年，漳平市入选国家农村产业融合发展示范园、国家农业现代化示范区创建名单和全国重点产茶县域、中国最美乡村旅游目的地、中国最佳绿色生态旅游名城、省级乡村振兴重点工作激励县。漳平工业园区连续四年在省级开发区综合发展水平考评中进入前十名。

这一年，中央台办、农业农村部支持指导的第一届海峡两岸农业交流大会在漳平市成功举办。漳平台湾农民创业园连续七年在国家级台湾农民创业园发展建设考评中位居第一，台农谢东庆当选全国“三农人物”。

一年来，产业经济发展主要工作和成效是：

产业发展质态提升。全力培育龙头企业，新增规上工业企业12家，153家规上工业企业完成产值187.5亿元，红狮水泥入选省民营企业制造业100强，乔光、正盛等12家企业入选龙岩市工业名优地产品目录，建筑业引进一级资质企业1家、新增资质等级企业2家。实施商贸服务业“小升规”等专项行动，新增限上商贸业企业31家、规上服务业企业10家。旅游产业加速复苏，接待游客445万人次、增长43.5%，旅游收入36亿元、增长60.4%，入选全国乡村旅游精品线路、中国最美乡村休闲旅游行线路各1条，古韵东湖景区被评为国家3A级景区。巩固提升“一乡一特色、一村一品”，七大特色农业全产业链产值突破185亿元，漳平水仙茶、永福高山茶入选全省首批“福农优品”百品榜产品名单，“台品”永福高山茶、“大用山”水仙茶入选中国农业品牌目录，漳平毛木耳入选全国“名特优新”农产品，新增龙岩市级以上“一村一品”专业村6个、示范家庭农场19个、示范合作社5家、农业产业化龙头企业9家、绿色食品7个。粮食作物播种面积14.2万亩、产量6.2万吨，新建高标准农田2万亩，复垦撂荒地3096亩。

平台建设加快推进。实施工业园区基础设施项目28个、完成投资2.2亿元，重型钢结构标准化厂房基本建成2万平方米。氟新材料产业园、新材料产业园二期规划建设稳步推进，公铁联运智慧仓储物流园区铁路连接线、龙钢配套路网等项目全力推进。富山产业园、登榜产业园基础设施不断完善。国家现代农业产业园、生态樱花茶园产业融合标准示范区创建分别通过中期评估、验收。

创新动能有效激发。实施龙岩市级以上科技计划项目11个、申报“揭榜挂帅”项目1个，重点技改项目完成投资54.4亿元、增长6%。新增高新技术企业10家、“上云上平台”企业14家，新增省级“专精特新”中小企业4家、科技“小巨人”企业9家和龙岩市级以上知识产权优势企业3家。天守超纤、德诺林业入选省创新型企业100强，菲恩新材料、惠丰建筑入选省第八批创新型中小企业，乔光电子入选省数字经济核心产业领域“瞪羚”创新企业，中宏新材料入选工信部废旧轮胎综合利用行业规范企业，德诺林业入选工信部的工业和信息化质量提升典型案例、获评省级绿色工厂。

市场主体全力稳住。市场主体净新增7360户、增长24.9%，兑现奖补资金4亿元，发放提质增产争效专项资金贷款4.7亿元，办理留抵退税1.4亿元。金融支持力度加大，存贷款余额突破387.8亿元、增长9.9%。促进外贸平稳发展，外贸出口总额15亿元。

有效投资稳步扩大。中租贝雷片、菁龙铁路桥建筑智能装备等82个总投资97.3亿元项目开工，卓越水性聚氨酯、立龙装配式钢结构等69个总投资68.7亿元项目竣工，签约工业固体废弃物综合利用等74个总投资252亿元项目，策划石墨烯动力锂电池等80个总投资216.5亿元项目。

消费潜力加速释放。和平镇集贸市场、水仙茶区域品牌展销中心等5个项目运营。台缘山庄沉浸式文旅夜游项目运营良好，八一路夜市特色街区成为夜经济新名片，"漳显品味"商旅产品区域公用品牌展销中心投用，永福樱花茶旅景区、东湖古村落等网红打卡点美誉度提升。开展"抢年货满额加价购""万商云聚惠漳平"等线上线下促消费活动，拉动消费1.6亿元。

发展瓶颈有力破解。全流程网上办理事项4657项，实现"一趟不用跑"事项5012项、占比93.8%，无差别综合受理窗口办理事项362项、群众满意率100%，线上受理"一件事"套餐2381件，实行"一业一证"行业7个、涉及企业348家，推出"跨域通办"事项459项，取消政务服务证明事项主项91项、子项230项。向台商发放全国首本林下经济不动产权证书，率先选聘"台胞林长"，"小田"变"大田"改革试点在龙车村、珍坂村开展。国企改革实施方案出台，获得各类转移支付资金19.55亿元；创新专项债工作机制，获批项目6个、总额5.8亿元。

两岸融合走深走实。各级惠台政策全面落实，新增入驻台资企业10家，漳平"台湾特色小镇"重点项目完成投资11.5亿元，集镇污水收集和处理、永福溪龙车段治理等14个项目投用，精品花卉展示园等14个项目加快建设，海峡两岸融合发展交流中心入选国家重大区域战略项目，海峡两岸林业技术合作交流中心、闽台花木研究院成立，鸿鼎农场入选国家级生态农场，前来参访考察的台湾各类团体37批次。

城区能级显著提升。城市建设品质提升项目完成投资17.2亿元，闽西南排水防涝、背街小巷提升改造等项目加快推进，东坑及5个乡镇垃圾填埋场整治与场地修复、福满智慧农贸市场建设基本完成，新建改造污水管道9.3公里、福道15.2公里、公园绿地10公顷。实施绿色建筑创建行动，竣工绿色建筑占新建建筑比例93.7%，新建建筑绿色建材应用比例55%。

乡村振兴扎实推进。农村建设品质提升项目完成投资4.3亿元，乡村振兴试点村（含实绩突出村）项目完成投资7814万元。认定星级村112个，建成"五星村"6个、"三星村"7个、美丽乡村庭院171户、美丽乡村微景观88处、美丽小公园29个、美丽田园12片、美丽乡村休闲旅游点3个，永福镇入选省级乡村振兴示范镇创建名单，北寮村、后盂村等9个村入选省级乡村振兴示范村创建名单，东湖村入选中国美丽休闲乡村名单，圆潭村入选省级乡村"五个美丽"建设典型案例、"水乡渔村"休闲渔业基地称号，梧溪村、圆潭村入选省级美丽宜居村庄培育对象。城乡供水一体化完成投资1.5亿元、主管网铺设436公里，农村公路新改建20.5公里、输配电网升级改造投资1亿元。

生态环境有效整治。生态环保攻坚项目完成投资9.9亿元，农村生活污水治理整体推进一期项目基本建成、完成投资2.5亿元，九龙江流域山水林田湖草沙一体化保护和修复项目连续三年获得正向激励资金累计1.56亿元，修复河道52公里、岸堤48公里，建成安全生态水系12公里，治理水土流失面积2.5万亩，城区空气优良比例达99.7%，国、省控断面综合水质达到或优于Ⅲ类水标准，境内六大支流综合水质保持Ⅱ类水标准，城区两个集中式饮用水源地水质达标率100%。造林绿化2万亩，发展林下经济1000亩，入选省级养生城市及省级森林城镇2个、森林康养基地2个、最美古树群1处、茶花种质基因库企业2家，获国家认定花卉新品种22个。

（摘编：邓新民）

宁德市产业经济发展综述

2023年，习近平总书记对宁德始终念兹在兹。在第二批主题教育全面展开之际，闽东大地再传喜讯，习近平总书记对宁德35年践行“四下基层”作出重要批示，进一步激发了宁德感恩奋进、谱写篇章的澎湃激情。回望过去的一年，宁德市把传承弘扬习近平总书记在宁德工作时开创的重要理念和重大实践、贯彻落实习近平总书记对宁德工作的重要指示精神作为鲜明的主线，在推动习近平总书记为宁德擘画的宏伟蓝图变成美好现实上又迈出了扎实的一步。

这一年，牢记并践行“全省的新增长极”的深情勉励，坚持着眼全省大局、跳起摸高，直面难题、干在实处，延续了“两个稳定”的好势头。全市12项主要经济指标6项增幅全省第1，地区生产总值增长8.6%，连续5年全省第1。中国百强城市排名再晋10位、位列第82位；蕉城蝉联全国“百强区”、全省“十优区”，福安蝉联全国“百强县”、全省“十强县”，霞浦、屏南、周宁囊括全省“十佳县”前三甲，东侨跻身国家级经济技术开发区第22位。

这一年，牢记并践行“多抱几个‘金娃娃’”的殷切期盼，坚持龙头壮大、链条延伸、场景拓展、融合循环，大力推动战略性新兴产业集聚发展。宁德时代营收预计突破4000亿元、入围世界500强位列第292位，青拓集团营收突破2000亿元，携手包揽福建民企百强前两席。全市新增百亿企业3家、共16家、占全省25.8%，规上工业增加值增幅连续6年全省第1，上榜全国先进制造业百强市第79位，工业稳增长和转型升级成效获国务院督查激励。成功举办世界储能大会，获评中国新能源电池之都，新能源新材料产业核心区建设上升为省级战略。蕉城、福安分别上榜中国工业“百强区”“百强县”。

这一年，牢记并践行“努力走出一条具有闽东特色的乡村振兴之路”的回信精神，坚持党建引领、产业先行、以城带乡、文化赋能、生态宜居，加快打造全国乡村振兴样板区。全市累计培育形成农业特色产业百亿强县5个、十亿强镇24个、亿元强村50个，寿宁入选国家乡村振兴示范县，屏南入选全国传统村落集中连片保护利用示范县，福鼎嵛山岛入选全国“和美海岛”。

这一年，牢记并践行“森林是水库、钱库、粮库”的科学论断，坚持源头防治、系统治理，低碳发展、绿色转型，努力建设更高水平的美丽宁德。海上养殖综合整治、海漂垃圾治理、互花米草除治等工作经验入选全国典型案例，成为获生态环境部通报表扬的22个地级以上城市之一，连续3年上榜中国“绿都”城市20强。屏南获评国家生态文明建设示范区，周宁获批创建全国“绿水青山就是金山银山”实践创新基地。

一年来产业经济发展的主要工作和成效是：

经济大盘进一步做大。稳预期保主体，出台支持民营经济高质量发展“13条”等政策措施，落实减税降费及退税缓费52.6亿元，发放纾困贷款和提质增产增效专项资金15亿元。全市新登记市场主体8.5万户、总量突破50万户，新增“四上”企业416家。上项目扩投资，深化“三比三赛”活动，233个在建重点项目完成投资694亿元；完善项目前期“3+N”机制，策划储备重大项目493个，总投资1719亿元；开展产业链招商等活动，签约项目280个，总投资1184亿元。挖潜力促消费，开展“全闽乐购·约惠宁德”等促消费活动，社会消费品零售总额增长2.5%。出台文旅促消费“8条措施”，组织后备箱生活季等活动，全年接待游客突破6000万人次、旅游收入超550亿元，均创历史新高。宁德上榜全国十大热门旅游目的地，福安获评最美中国文化旅游名县，霞浦入选中国最美乡村旅游目的地；华东菌群生命疗养基地等项目投入运营，3件作品入选“中国礼物”名单。稳外贸扩出口，新增省级内外贸一体化经营“领跑者”企业18家，全市进出口总额达1500亿元，出口总额首次突破千亿大关，上榜中国外贸百强城市第40位。

产业支撑进一步强化。持续做大做强主导产业，四大主导产业实现产值5806亿元：其中，锂电新能源产业2948亿元，福鼎时代4#工厂、屏南时代三期等17个项目建成投产；不锈钢产业2095亿元，青拓90万吨高性能不锈钢、1780mm热连轧等项目建成投产；新能源汽车产业452亿元，年产量创新高、达34万台，名爵4EV蝉联中国纯电车出口量第1；铜材料产业311亿元，阴极铜年产量42.6万吨。加快培育“三大产品”，船舶电动化示范推广，累计交付使用110艘，全省首批海上电动船舶充电站建成投用；青拓电动矿卡成功下线，全国首条高速重卡换电绿色物流专线“宁德—厦门干线”开通；成功举办大健康（按摩器具）产业创新暨电商发展大会，按摩器网络零售额突破百亿大关。实施“现代服务业突破年”活动，霞浦京东智慧物流产业园等项目建成投用，新增A级物流企业6家。漳湾作业区21#等6个泊位投产运营，迈进了15万吨级“大船时代”，港口货物吞吐量达7839万吨。实施传统产业数字化转型专项行动，完成智能制造诊断企业45家，实施省、市重点技改项目111个；新增数字技术创新应用场景214个，建成投用市大数据产业园一期，时代润智获评国家级重点软件企业，入选中国新型智慧城市百强第80位。实施“产业载体标准化建设年”活动，建设一二三产业载体项目142个，新增标准厂房93.7万平方米；新增国家级绿色园区、绿色工厂4家。周宁获评全国自然资源节约集约示范县，东侨发布全国首个经开区标准化蓝皮书，三都澳经开区位列全国省级开发区百强第58位。

创新活力进一步迸发。实施科技创新扩面升级专项行动，全社会研发投入增长55.6%、强度3.37%，均居全省第1，规上工业企业研发活动覆盖面提高至50.2%。新增国家级高新技术企业60家、省级以上“专精特新”和“小巨人”企业45家；新增专利授权5616件、国家知识产权优势企业4家，PCT国际专利申请数连续4年全省第1；新发布储能、按摩器具、食用菌、太子参等各类标准22项。宁德时代发布全球首款4C超充电池、凝聚态电池，青拓集团成功轧出0.015毫米世界最薄手撕钢；广生堂抗新冠口服创新药获批上市；大黄鱼和鲍鱼基因组育种芯片、海参秋季规模化繁育技术实现新突破。蕉城上榜全国创新“百强区”，柘荣获批省级高新区。实施新时代“三都澳人才”强市战略，新引进认定省级高层次人才、省工科类青年专业人才、市“天湖人才”2113人，新认定技能人才2.35万人，入围中国最具人才吸引力百强城市。宁德时代曾毓群荣获诺贝尔可持续发展特别贡献奖，吴凯荣获国家卓越工程师称号。

改革开放进一步深化。纵深推进重点领域和关键环节改革，“四下基层”制度化宁德实践入选中国改革年度地方典型案例，乡村振兴特聘指导员、根治欠薪“三三”机制等60多项改革经验在全国全省推广。加快国家级普惠金融改革试验区建设，普惠型小微贷款余额增速超30%、涉农贷款增速达17.4%，金融机构本外币存贷款余额双双突破4000亿元大关。深化国资国企优结构促发展综合改革，市属国企资产总额达800亿元。实施营商环境创优专项行动，开展创新试点24项，入选国家级营商环境典型案例7项。启动实施数字赋能“131”工程，一体化政务服务平台、工程审批管理系统、数字化监测督导平台建成投用，政务数据总量提升至50亿条。推行政务服务大厅综合窗口改革，“跨域通办”高频事项达354项，“一件事一次办”事项达240项，“一趟不用跑”事项占比85%。扩大开放交流合作，“宁德—福州江阴—台湾”集装箱航线、中欧班列开通，跨境多式联运“一单制”线路成功落地。新增省级对台交流基地1个、闽台农业融合发展推广基地4家、闽台乡建乡创合作项目8个，举办各类涉台交流活动75场。

城市功能进一步提升。实施“城市品质提升年”活动，推进项目725个，完成老旧小区改造

62个，加装电梯77台；新改建公园绿地108.6公顷、福道136.1公里。完成主城区总体城市设计和东湖、赤鉴湖片区城市设计。常态化推进全国文明城市创建，实施“十个十”民生工程，口袋公园、涝点整治、遮阳避雨设施等一批项目建成投用；新装背街小巷路灯1941盏。实施中心城区交通拥堵治理专项行动，连城路一、三期建成通车，北湖滨路、惠风路、学院路、天山路三期等断头路相继打通；新开通定制公交线路9条，新增停车位806个、充电桩738个。海西天然气管道长乐至福鼎段缺陷整改正式启动。实施“重大基础设施攻坚年”活动，温福高铁通过预可研评审，漳湾铁路专线可研获批，车里湾互通、沙埕互通开工建设，宁古高速、宁上高速霞浦至福安段、国道228加快推进，新改建国省干道61.9公里。实施闽东大水网建设专项行动，上白石水利枢纽工程前期取得突破，完成环评批复和移民大纲审查；城乡供水一体化、中心城区湖库连通工程有序推进，市第三供水厂10扩20项目建成投用；新改建供水管网72.5公里、雨污管网200.2公里。建成投产110千伏以上输变电工程16个，新建5G基站3840个。霞浦核电1#机组建成投产，宁德核电5#6#机组、古田溪混合式抽蓄项目通过核准。

乡村振兴进一步展开。实施优势农业提效专项行动，开展“我在宁德有亩田”活动，粮食总产量达48.1万吨。屏南全国首创建成“大食物馆”。推进优势农业提效项目188个，“8+1”特色产业全产业链规模突破2300亿元。获评全国重点产茶县域6个、国家农业产业强镇5个，福安获批创建国家农业现代化示范区，蕉城、福鼎获评国家级水产健康养殖和生态养殖示范区，柘荣列入“福九味”中药材国家优势特色产业集群建设县。发布特色农业产业发展蓝皮书5部，新增全国名特优新农产品3个、地理标志证明商标3个、“两品一标”82个，上榜“福农优品”百品榜16个、省级百强龙头企业9家，古田银耳入选大国好货“一县一品”特色产品，福安葡萄、桐江鲈鱼入选全国农业品牌精品培育名单，寿宁乌茶首发亮相央视，福鼎白茶连续14年位列中国茶叶区域公用品牌十强。举办全国大黄鱼文化节、白茶交易大会、红茶大会等活动，获评大黄鱼美食地标城市。实施农村人居环境分类晋级专项行动，标准版、提升版村庄覆盖率分别提高到62%、32%；创建金牌旅游村112个、“五个美丽”示范点2140个；整治裸房1.2万栋，保护和整治提升传统村落11个，全域实行生活垃圾干湿分类的乡镇35个、行政村1010个。持续落实支持少数民族村、老区基点行政村和海岛振兴系列政策，实施强村富民惠民“三个一批”项目1682个。新改建农村道路405公里，周宁、古田获评全国“四好农村路”示范县，寿宁农村公路建养机制入选全国典型案例。实施生态环境综合治理，推进污染防治项目56个，整治入河入海排污口351个，建设生态清洁小流域13.2公里，重点流域、主要湖库、县级饮用水水源地水质达标率100%。完成植树造林14.6万亩，治理水土流失19.4万亩。“三库+碳库”与习近平生态文明思想理论研讨会成功举办。寿宁获评“世界长寿乡”，周宁获评“中国天然氧吧”，东侨入选全国首批减污降碳协同创新试点。

自身建设进一步加强。严格落实“第一议题”学习制度，深入学习贯彻习近平总书记重要讲话重要指示批示精神，坚定拥护“两个确立”、坚决做到“两个维护”。深化运用“四下基层”工作制度，践行“深学争优、敢为争先、实干争效”行动，深化机关效能建设，优化12345政务便民服务，政府网站绩效评估位居全国地市级第2。自觉接受人大和政协监督，办理代表建议782件、委员提案620件，办结率、满意率均为100%。严格落实中央八项规定及其实施细则精神，审计监督、统计服务等工作进一步加强。

（摘编：赵远）

蕉城区产业经济发展概述

2023年，蕉城区坚持以习近平新时代中国特色社会主义思想为指导，以“四个年”活动和“15个专项行动”为抓手，全力以赴抓重点、补短板、惠民生，经济社会发展保持回升向好的良好态势，经济总量占全市比重35%，增量占全市25%，上榜全国地级城市市辖区高质量发展百强第78位、位列全省第7位，上榜2023年中国工业百强区第32位、位列全省首位。全年兑现各类奖补资金2.22亿元，落实区级惠企政策资金1.66亿元。全年完成地区生产总值1340.1亿元，增长10.4%；一般公共预算总收入74.76亿元，同比增长26%；地方一般公共预算收入38.49亿元，同比增长26.2%；农林牧渔业总产值增长3.9%；规上工业增加值增长20.7%；社会消费品零售总额增长3%；城镇、农村居民人均可支配收入分别增长5.4%、7.5%。

一年来产业经济发展的主要工作措施和成效是：

农业振兴提档升级。立足本地资源禀赋，加快构建“2+N”现代农业产业体系。持续做大做强“一茶一鱼”特色产业，初步构建以宁德天山白茶为主导，宁德天山绿茶、宁德天山红茶齐头并进的发展格局，举办宁德天山白茶公共品牌发布会，组织茶企参加三茶统筹北京高峰论坛、国际茶叶博览等推介会，天山绿茶入选第二批全国名特优新农产品名录，茶叶区域公用品牌价值不断提升；成立省餐饮烹饪大黄鱼委员会，举办首届全国大黄鱼美食烹饪大赛暨大黄鱼品鉴会，香煎黄鱼鲞入选全国“地标美食名录”，获“地标美食”称号；建成宁德大黄鱼主题体验馆，举办宁德大黄鱼北京推介会、直播节、第七届大黄鱼文化节等系列活动，持续做靓“国鱼”品牌。持续扶持水果产业发展，实现水果产值4.03亿元、增长3.3%。“三品一标”认证有效增量连续6年位居全省前列。粮食安全守牢底线，完成高标准农田建设11636亩、抛荒地复垦4849亩、粮播面积7.98万亩，粮食产量2.73万吨；完成永久基本农田核实处置2600亩、补充耕地保有量2132亩、新增补充耕地728亩。

工业支撑持续夯实。以锂电新能源、新能源汽车、铜材料为主导的先进制造业发展势头强劲，三大主导产业实现产值3003.6亿元，增长10%。蕉城动力电池集群成为全省唯一入选的国家先进制造业集群，宁德时代荣获第七届中国工业大奖，首次跻身世界500强，动力电池使用量连续7年全球第一、储能电池市场占有率连续3年全球第一，新能源科技消费类电池市场占有率连续11年全球第一，持续领跑世界新能源产业；高安全全气候动力电池高速生产线、科达利等项目完成建设，星云储能、邦源科技等项目加快前期，思客琦二期动工建设。上汽宁德基地入选国家级绿色工厂，整车突破33万台，产值实现449.3亿元。东南铜业实现产值307.9亿元，福浦电子铜箔一期、特种铝产线部分建成投产。产业内循环有效贯通，引进主导产业配套项目11个、总投101亿元；打造三大主导产业深度融合协作链和产业生态圈，促进链上企业降本增效，产业链安全韧性不断增强。实施产业载体攻坚年活动，大黄鱼产业园成功吸纳首批16家本土黄鱼企业入驻生产；石后锂电一期、三期及门下锂电配套产业园等小微园区加快建设，产业承载力稳步提升。三都澳经济开发区位列中国省级开发区高质量发展百强榜第58名。

扩大内外需求稳增长。开展“山海交响·福聚宁德”八闽美食节、汽车嘉年华等系列促消费活动，万达商圈被评为首批省级智慧商圈；文旅经济融合发展，民宿行业管理不断完善，16个金牌旅游村加快建设，金蛇头美丽新渔村、洋头那山那海、九都云气诗滩等一批新晋网红打卡点火爆出圈，全年接待游客人数805.36万人次，实现旅游收入73.54亿元，比2022年分别增长49.7%、61.1%，两项增幅均居全市前列。着力拓展海外市场，上汽宁德基地汽车海运出口量突破12万辆，大黄鱼产品出口60多个国家和地区，全年外贸进出口总值797亿元、同比增长22.35%，总量占全市53%。

创新项目机制稳增长。成立重点项目等专班，健全完善重点项目领导挂钩、“一月一通报、一季一考评”等工作机制，71个重点在建项目完成投资71.8亿元，蕉城时代二期、铭光锂电等26个重点项目竣工投产，博发电池检测、六都保障性租赁住房等37个重点项目开工建设；发挥投资关键作用，开展重大基础设施攻坚年活动，实现基础设施投资28.7亿元；开展中心城区六大片区安征迁揭榜挂帅活动，完成征地任务2493亩；谋划生成2024年专项债项目42个，总投235.56亿元；全年招商引资津沛冷链物流、吉理储能等23个项目，总投182.42亿元。

科技创新再创新高。再度上榜全国创新百强区、位列第79名，全社会研发投入经费109.47亿元，同比增长53.9%。2023世界储能大会主论坛成功举办，10家国内外组织代表共同发布《全球储能产业未来发展（宁德）倡议》。宁德时代荣获德国2023年汽车创新奖，发布全球首款超充电池、凝聚态电池，董事长曾毓群荣获2023年诺贝尔可持续发展特别贡献奖，首席科学家吴凯荣获“国家卓越工程师”称号。上汽宁德基地发布中国首款敞篷电跑。培育专精特新企业8家、省市企业技术中心10家，新认定国家高新技术企业8家、省科技小巨人领军企业1家，全年专利授权总量和有效发明专利拥有量居全市前列。落实“三都澳人才”战略，引进各类人才1442人。科技特派员服务实现行政村全覆盖，发放全省首批科技工作者证书1196本。

产城融合稳步推进。再次上榜全省城市发展“十优”区，晋升至第3位。城市经济品质不断提升，商贸、智慧物流、全域旅游等现代服务业持续发展，总部经济、平台经济等新兴业态有效培育，新增省级示范物流园1家，喜百年物流等项目建成投产，盛丰、康海等项目加快建设，象溪、秋竹、鳌江、碗窑等4个渔港建成投用，城澳6号、7号泊位加快推进。宁德至长乐机场城际铁路完成建设规划调整批复，车里湾互通开工建设，宁古高速蕉城段序时推进。城市生活品质持续提档，57个城建项目完成投资3.57亿元，环金溪、福洋片区城市更新项目持续推进，5个老旧小区完成改造提升，6个小区完成微改造，新建贵岐村、东岐村等5个口袋公园，5个城区污水提质增效工程全面推进；连城路一期、三期及长溪路建成通车，宁川路完成绿化改造提升，洋中路、东湖新村路等4条道路完成“白改黑”，八一五路、环城路等7条道路完成林荫道建设；安装小街巷路灯1807盏，实现小街巷路灯全覆盖，新增公共停车泊位318个、充电桩188个，虎贝建成全省首个乡镇级光储充检一体化智能充电站；完成金溪公园系统提升项目一期。城市人文品质有效提升，鹏程历史文化街区一期完成建设；兰田三期、蚶岐等安居工程加快建设。组建专班推进连城路区域成立街道，筹备工作基本完成。

和美乡村加快建设。开展国道G228飞鸾互通至城澳隧道段、疏港路沿线环境综合整治提升。投入3.3亿元，实施农村人居环境整治暨农村建设品质提升项目45个。深入开展农村人居环境分类晋级专项行动，新建乡镇污水管网5.2公里，新改建农村供水管网72公里，完成裸房整治1357栋，创建“美丽庭院”172户；完成5个农村生活污水提升治理项目。15个省级乡村振兴试点村累计完成项目38个、总投3432万元。高品质推进“四好农村路”建设，实施12个乡镇19个农村公路配套路网项目59.3公里。

（摘编：李元）

古田县产业经济发展概述

2023年，古田县坚持以习近平新时代中国特色社会主义思想为指导，深入学习贯彻党的二十大精神，全力推进“数字古田、绿色古田、开放古田、健康古田、魅力古田”建设，全县经济社会发展呈现稳中有进、进中提质的良好态势。初步统计，全县全年地区生产总值251.1亿元、增长6%。一产增加值57.37亿元、增长6%，二产增加值77.01亿元、增长2.9%，三产增加值116.7亿元、增长7.8%。其中，固定资产投资增长3%，为全市唯一实现正增长的县（市、区）；一般公共预算总收入12.87亿元、增长17.6%；地方一般公共预算收入9.4亿元、增长8.7%；城镇居民人均可支配收入42726元、增长5%；农村居民人均可支配收入26330元、增长8.1%。

产业优势更加凸显。在北京成功举办中国银耳产业发展蓝皮书发布会，成功创建国家农产品质量安全县、国家级“互联网+”农产品出村进城试点县。总投资20.6亿元的古田溪抽蓄电站获准建设，古田文旅宣传片在中国国际广告节上荣获“2023年度内容营销金案奖”。一产提质增效。出台促进食用菌、水果、红曲产业发展扶持政策，新增9家省级农业产业龙头企业。26个食用菌产业提效专项行动项目完成投资11.98亿元，菌种科技园启动招商入园工作，杉洋、鹤塘、吉巷等8个光伏菇棚基地建成投用。古田食用菌品牌多次在《新闻联播》《焦点访谈》等央视栏目亮相，“古田银耳”以89.91亿元品牌价值位列中国食用菌区域品牌价值榜全国第2位，荣获“2023年度大国好货‘一县一品’特色产品”称号，雪燕耳牌银耳获评“2023年度福建名牌农产品”称号。凤都桃源村、凤埔村被确定为省级“一村一品”专业村。“古田脐橙”荣获2023年福建省优质柑橘特等奖2名、金奖4名。加快推进红曲产业转型升级，改造提升37家红曲小作坊，平湖玉源村成功创建“红曲第一村”。坚守耕地保护和粮食安全底线，完成智慧粮库建设，新建高标准农田1万亩，“非粮化”整改5212亩，全年粮播面积28.86万亩，粮食总产量达到11.23万吨。全市耕地保护和粮食安全现场会在我县胜利召开。二产提速扩量。全县工业投资完成10亿元，技改投资完成7.5亿元，制造业投资完成6.5亿元，工业用电同比增长14.3%。规上工业完成产值81.8亿元，新增规上工业企业14家。“一环两翼”产业布局日渐成型，大甲工业园区南部拓展区、杉洋工业集中区成片开发方案获省政府批复。杉杉科技二期、希望饲料等42个产业项目竣工投产。园区配套设施更加完善，松安路改建工程、大甲LNG气化站建成投用，黄田、凤都工业园区污水处理厂等项目建成拟投用，黄田抽水蓄能电站完成扩容方案调整。创立建筑业企业“白名单”制度，新增1家二级总承包资质企业。三产提档升级。全年新增限上商贸企业15家。电子商务快速发展，全年网络销售额达22.29亿元、增长13.7%。房地产行业健康平稳，大甲新华元酒店完成主体建设，成功引进世林城市综合体项目，全县商品房销售面积14.28万平方米、增长48.13%。金融机构存贷款余额分别增长10%、8%，不良贷款率降至0.63%。“又美又甜，快来古田”全域旅游品牌不断打响，成功举办翠屏湖草场露营节、银耳直播节、丰收节等主题活动，水口建成“咸鱼营地”农渔旅融合休闲项目，古田首次亮相“世界第一屏”纽约时代广场纳斯达克大屏。全年接待游客560万人次，实现旅游综合收入44亿元。

发展基础更加扎实。宁古高速进入全面建设

高峰期，古田段累计完成投资38.23亿元、占总投资的56.77%，预计2024年底实现宁德至大甲通车，2025年底实现全线通车。京台高速复线及古田联络线已完成前期，力争2024年动工建设。政永高速大桥互通及接线工程（乔洋至溪州段）已建成通车。110千伏永安变及配套项目建设进度超85%。翠屏湖景区成功创建国家4A级旅游景区，获评全市唯一的省级五钻级智慧景区。

发展支撑更加有力。项目建设扎实推进。全县173个在建重点项目完成投资63亿元，26个省市重点项目完成投资48亿元，食用菌博览中心、县医院双回路供电工程等59个项目开工建设。盛科PE管、台屹铸铁件等70个项目竣工投产。项目储备滚动发展。创新运用项目前期"3+N"工作机制，策划生成古田县医疗卫生品质提升、古田县城区供水调水工程等154个重大储备项目、总投资367亿元。其中，37个项目进入省级项目盘子、总投资151亿元。储备专项债项目50个、总投资195亿元，筛选智慧城市、食用菌冷链物流仓储等31个项目为2024年拟申报专项债项目、总投资114亿元。招商引资成效明显。全年共签约项目40个、总投资108亿元，超额完成年度招商任务。成功引进锌必得、红果宝生物科技等项目。要素保障不断加强。全年共向上争取资金21亿元，引进市级紧缺急需人才17人，新增天湖人才21人。完成安征迁2815亩、土地报批1314亩、林地报批1531亩，新增耕地640亩。向上争取专项债项目20个、总投资57亿元。

城乡发展更加协调。全年投入25.6亿元用于基础设施建设和环境整治提升，成功创建"四好农村路"全国示范县，获得全省老旧小区改造绩效激励考评第3名，获评"中国天然氧吧"。乡村振兴全面推进。累计完成213个村庄规划编制，超额完成三年行动计划任务。40个"国家乡村振兴示范县创建期内重点工程项目"完成投资28.14亿元，10个省级乡村振兴试点村、2个实绩突出村试点示范工程完成投资2173万元，成功创建12个中级版、6个高级版"绿盈乡村"。扎实推进10个金牌旅游村创建，凤埔峦龙村入选中国传统村落，泮洋新华村获评省级金牌旅游村，卓洋半山村获评省级乡村振兴示范村，凤都新建村被列入"福建省畲药种植基地"备案名录。12个乡镇排水工程全部进场施工，建成污水管网34.7公里，提升改造污水处理设施8座。整治农村裸房3893栋，新改建农村公路25公里，新建村道安保工程26.44公里，改造危桥2座，改造农村电网155.8公里，整治农村通信、电力、广电线路286公里。城市品质不断提升。71个城市品质提升项目完成投资22.37亿元，第二批老旧小区改造项目竣工验收，第三批城西片区进入扫尾阶段，中心城区城市更新样板工程入选"2024年福建省城乡建设品质提升省级样板工程"。城市配套日益完善，新改建市政道路4.5公里、燃气管道3.5公里、雨水管网8.26公里、污水管网13.14公里，新建城区停车位217个、休闲小公园2个。生态环境持续向好。全县4个国控断面、7个省考断面、10个省考小流域断面水质Ⅲ类以上优良比例均达100%。完成全县206个农村千人以下水源保护区"划、立、治"工作，取缔违建畜禽养殖场157家，全县120家水电站最小生态下泄流量达标率100%，城区饮用水源水质达标率100%。淘汰2蒸吨以下燃煤锅炉88台，城区空气环境监测优良率99.7%，空气质量综合指数全省排名较去年提升7个位次。完成2个历史遗留废弃矿山生态修复，环城、环湖重点区位林相改善1215亩，造林绿化99135亩，义务植树55.1万株，治理水土流失22347亩。黄田获评省级森林乡镇，城东利洋村、杉洋洪湾村获评省级森林村庄。

（摘编：游学荣）

屏南县产业经济发展概述

2023年，屏南县坚持以习近平新时代中国特色社会主义思想为指导，深入学习贯彻党的二十大精神，全面落实“深学争优、敢为争先、实干争效”行动，千方百计稳大盘，全力以赴攻难点，经济社会发展呈现出更大韧性。

经济大盘稳健运行。坚持“市场主体稳，经济大盘才能稳”的理念，主动、积极作为，用好用活一揽子稳经济政策，全力保住市场主体、全力稳住经济大盘，主要经济指标承压见韧、稳中提质。出台扶持民营经济发展24条措施，民营经济企业数量、税收贡献占比均达90%以上，规上民营企业增加值占规上工业比重达70%。全面兑现助企纾困政策，办理减税降费及退税缓税缓费3.07亿元，发放中小微企业贷款26.8亿元，知识产权质押融资实现零的突破。大力支持企业创新创造，全社会研发投入是2022年的13.86倍，新增科技型中小企业8家，时代新材料入选省级创新型中小企业，瑞幸咖啡入选省级绿色制造企业。全年完成地区生产总值128亿元、增长2%，农林牧渔业总产值32.09亿元、增长5.5%，社会消费品零售总额45.8亿元、增长2.3%，一般公共预算总收入6.09亿元、完成预算数102.65%，地方一般公共预算收入4.36亿元、完成预算数100%。

主导产业集聚加快。工业支撑不断壮大，园区平台更加优化。新增规上工业企业5家，培育超10亿元企业2家、超亿元企业6家。邦普新材料7.3万吨磷酸铁锂正极材料、润能锂离子电池材料一期、新能源电池托盘配件、旅贸家居等一批项目建成投产，完成工业投资5.5亿元。高新技术产业园7条区间路建成通车，10万平方米标准化厂房、3.2万平方米小微园建成投用，入驻企业13家。家居制造产业园生产生活配套持续优化，VOCs源头减排项目完成建设。签约落地招商项目14个、总投资31.75亿元。高山农业提质增效，品牌效应更加凸显。严格落实耕地保护和粮食安全党政同责，深化“粮食安全屏南行动”，完成粮食播种面积12万亩，建设高标准农田0.4万亩，补充耕地530亩，粮食产量4.73万吨，认领水田3318亩、复垦撂荒地1088亩，兑现各类种粮补助2200多万元，成功举办大食物观和粮食安全研讨会，四坪建成全国首个“大食物馆”，柏源获评省级粮食安全教育基地。修订高山冷凉花卉产业发展11条措施，文心兰鲜切花、多肉种苗在国内市场占有率分别达50%、70%，花卉苗木全产业链产值4.89亿元，在海峡两岸花博会上获7金16银18铜，被省林业局认定为2022—2024年林下经济重点县。省级现代农业（蔬菜）产业园一期项目建成投用，高山蔬菜产值达4亿元。国家（福建）珍稀食用菌优势特色产业集群项目建成投用，新增设施大棚2.57万平方米，食用菌产值突破10亿元。“屏南800”生态公共品牌正式发布，获评省级农产品质量安全县，岭下入选国家农业产业强镇创建名单，上楼、前溪、山墩入选省级“一村一品”专业村。第三产业加快复苏，文旅融合更加深入。成功举办第十二届宁德世界地质公园文化旅游节暨宁德市文旅经济发展大会，系列活动网络播放量超2.7亿人次。策划“浪漫屏南、缘梦之旅”“我在屏南等你来”等主题宣传，四坪柿子、柏源稻田等特色IP热度高涨，实现“一季游”向“游四季”升华。文旅基础设施投入资金1.64亿元，康养、研学、文创等3条精品主题旅游路线基本形成，寿山获评省级金牌旅游村。全年接待游客552.14万人次、增长29.6%，旅游综合收入45.87亿元、增长27.2%。入选全省首批重点影视外景拍摄基地，屏南乡村影视基地、代溪影视培训孵化基地投用。网络零售额9.2亿元、增长6%，电商产业创新做法被省调研咨询工作联席会议在《调研文稿》上刊登并得到省领导批示肯定。

基础设施持续完善。重大项目扎实推进。实施省市重点项目18个、完成投资24亿元。城区排水防涝设施、城市公益性公墓等项目建成投用，应急成品粮油储备库、智慧屏南一期等项目动工建设。争取上级各类补助资金11.7亿元，获批专项债券8.77亿元、增长22%，获批用地600亩、用林2000亩。策划储备项目106个、总投资348亿元。城市建设深入推进。中心农贸市场完成提升改造，“内涵”“颜值”实现双提升。长坋中路安置小区基本建成，长坋中路、国宝支路正式通车，城市基础设施品质提升项目加快推进，城区“内循环”进一步得到畅通。金造溪城区河段防洪工程建成投用，第三水厂动工建设。新改建口袋公园2个、福道10公里、燃气管道7公里、供水管网80公里。乡村振兴有力推进。乡村振兴热度指数综合排名全省第8、全市第1。实施乡村建设项目266个、完成投资3.17亿元，熙岭获评省级乡村振兴重点特色乡镇，寿山、北墘、南湾、漈头、塘后入选省级乡村振兴示范村，小梨洋、前汾溪入选省级乡村振兴实绩突出村。提升改造农村公路30公里、安全生命防护工程8.2公里、农村电网22.7公里，路下获评市级“四好农村路”示范乡镇。双溪片区供水工程基本完成，寿山—村社共建综合体建成投用。成功入选全国传统村落集中连片保护利用示范县，传统村落保护利用相关做法被住建部列为第一批可复制经验向全国推广，在国家级会议上作经验交流3次。成功举办乡村振兴机制创新、“美丽庭院”创建等省级现场会，乡村振兴和传统村落保护利用典型做法入选中宣部创新案例选编，新华社《访传统村落，寻文明之根》直播栏目走进龙潭，中央、省级媒体报道我县乡村振兴工作180多条次，乡村振兴“屏南故事”越传越远、越讲越深。

生态环境明显改善。保护力度不断强化。成功入选全国生态文明建设示范区，空气质量优良天数比例达99.7%，重点流域考核断面、集中式饮用水水源地水质优良比例达100%，受污染耕地安全利用率达93%。生态治理不断深化。全面推进河湖长制、林长制落实，新建安全生态水系15公里，综合治理水土流失1.98万亩，植树造林1.3万亩，森林抚育4.3万亩，封山育林1.7万亩。流域水污染综合治理，累计投入资金1.98亿元。仙山牧场入选第三批福建林业生态文明实践基地，上楼水松林入选全国“100个最美古树群”，“屏南水松”获评国家地理标志证明商标。全面推进松材线虫病防控，是全市唯一“无疫区”县份。人居环境不断优化。创建人居环境“提升版”村庄14个、“特色样板”村庄4个、中级版以上“绿盈乡村”7个，路下获评省级“绿盈乡镇”，南湾获评省级森林村庄，北墘微景观入选全省乡村“五个美丽”建设典型案例。129个村完成村庄规划编制，71个村实现垃圾分类。8个乡镇污水提标改造及配套管网一期基本完成，新改建乡村污水管道29公里。

治理效能不断提升。营商环境持续优化，“一趟不用跑”事项占比91.53%，“一件事一次办”“跨省通办”事项分别达20项、118项，新增各类经营主体2500多户。深化机关效能建设，优化整合各类政务服务热线、服务窗口，累计办理诉求件4400多件。创新“三联动”基层网格化服务模式，相关做法被《中国改革报》《长安》等国家级媒体刊载。推进“两项清单”管理，食品药品安全态势良好。金融风险防范化解有力，不良贷款率控制在1%以内。应急管理能力稳步提升，安全生产形势稳定向好。自觉接受人大、政协、监察、社会等监督，强化审计、统计监督，办结县人大代表建议77件、政协委员提案92件。

（摘编：李元）

周宁县产业经济发展概述

2023年，周宁县坚持以习近平新时代中国特色社会主义思想为指导，以“五个年”活动为总抓手，连续两年上榜福建省县域经济发展“十佳”县，实现地区生产总值增长5%左右；一般公共预算总收入7.06亿元，增长72%；地方一般公共预算收入5.3亿元，增长46%；城镇居民人均可支配收入达38584元，增长4.3%；农村居民人均可支配收入达23008元，增长6.8%。

产业发展奏响新乐章。现代农业提质增效。全面落实粮食安全党政同责，撂荒地复耕复种及成果巩固3185亩，新增高标准农田5500亩，完成补充耕地585亩、水田及旱改水443亩，粮播面积和粮食产量实现“双增长”。聚力“3+N”特色农业产业，实施优势农业提效专项行动，农林牧渔业总产值预计增长6%，“周宁有鲤”标识获得第十六届“中国之星”设计奖标志类优秀奖。成功举办南方（周宁）高山马铃薯种业与产业创新发展大会，发布《高山马铃薯高质量发展蓝皮书》，建成省内首家马铃薯原原种“雾培”繁育基地，“周宁土豆”获批国家地理标志证明商标，“周宁高山马铃薯”入选全省首批“福农优品”百品榜。大力培育高山冷凉花卉“一县一业”，实施省级财政花卉产业发展项目4个，初步构建起“一心一园两廊三带”的花卉产业发展格局；深化省级“高质量发展庭院经济试点县”建设，创新推广“美丽庭院+花卉”模式，建成美丽庭院1420户，相关做法在全省作典型经验交流。周宁高山云雾茶推介走进北京“鸟巢”，“周宁有好茶，喝好茶到周宁”更加深入人心，荣获“全国红茶重点产区”“重点产茶县域”“多彩茶乡—特色魅力茶乡”称号，“云端周宁·茶乡福境”路线被列入全国茶乡精品旅游路线。新型工业提速扩能。不锈钢深加工产业园（一期）32家投产企业预计实现年产值28.5亿元，增长58%；二期青山钢管总部经济、针管小微园等项目有序推进，“大管+小管”双管驱动的产业布局基本形成。站前工贸科技园累计建成标准化厂房（含办公楼）13.4万平方米，磁悬浮微风发电设备、三维锂电池项目进入设备安装阶段，双创研发及配套设施建设项目落地开工。山海协作产业园立源棉纺（一期）实现达产、二期项目开工建设，茶产业小微园完成5家茶企厂房建设。梨坪铸造产业科技园（一期）入驻企业实现增产增效，年产值达1.5亿元，二期十恒黑色金属装备铸造项目顺利开工。宁德市大数据产业园及基础配套设施项目（一期）建成投用。文旅康养提档升级。以创建省级全域生态旅游示范县为抓手，实施“三库”红色文旅融合发展基地、全域旅游基础设施提升等重点项目，推进楼坪、仕本等16个市级“金牌旅游村”建设，开展福建旅游后备箱生活季、福建省自行车联赛（周宁站）等活动，新打造“八蒲亲凉谷”“水韵溪口”“周宁冬晒”等文旅IP，全年游客接待量达480万人次。成功举办第五届生态康养与健康养老大会暨周宁首届康养旅游季活动，华东菌群生命疗养基地实现当年签约、当年运营。七步镇获评省级全域生态旅游小镇，仙风小居入选省级职工疗休养示范基地，“鲤鱼溪：护鱼文化与旅游融合尽显景区魅力”入选福建省非遗与旅游融合发展优秀案例。

绿色发展跃上新台阶。生态名片越擦越亮。全国“绿水青山就是金山银山”实践创新基地首创首成，成为全市唯一获此殊荣的县份。“中国天然氧吧”正式授牌，全国“避暑旅游目的地”创建工作通过国家气候中心资格审查。获评全国第六批节水型社会建设达标县，县水利局被水利部评为“公民节约用水行动规范”主题宣传活动优秀组织单位。高标准举办“三库+碳库”与习近平生态文明思想理论研讨会，推动“三库+碳库”重要理念在更大范围、更宽领域、更深层次传播推广。“三库”生态文明学习实践基地被列为省级社会科学普及基地和中小学生研学实践教育基地营地。生态修复科学有效。持续深化河湖长制，综合治理禾溪、樟源溪等河道3.5公里，实施玛坑溪、泗桥溪水土流失治理504.2公顷。全面推行林长制，健全“林长+”协作机制，新增植树造林12681亩、森林抚育19020亩、封山育林6403亩，完成松材线虫病除治9230亩，“绿盈乡村”覆盖率达90.7%，常源村被评为“省级森林村庄”。稳步推进省级“林业改革发展特色试点县”建设，“三库”实践基地森林资源智慧监测获批中央财政林业科技推广示范项目，森林质量精准提升试点示范项目通过省级评审。生态质量稳中向好。高标准打好蓝天、碧水、净土保卫战，空气质量优良天数比例达99.7%，重点流域考核断面、集中式饮用水水源地水质优良比例达100%，受污染耕地安全利用率达100%。

动能转换增添新引擎。营商环境再优化。出台支持民营经济高质量发展“11条”措施，落实减税降费及退税缓费超1亿元，新登记市场主体1760户，新培育入库“四上企业”21家。“放管服”改革纵深推进，电子证照应用率达94.2%，98项高频事项实现“跨省通办”“省内通办”，“一件事一次办”服务事项达24项，“一趟不用跑”事项占比达81.5%。发展动能快集聚。自然资源辅助决策总体评价全省第六，服务能力、要素保障和节约集约3项主要指标均居全市第一，获评全国首批自然资源节约集约示范县。15个省市在建重点项目完成投资17.08亿元。科技创新生态持续优化，新申报高新技术企业3家，新入库科技型中小企业5家，鑫常泓、裕翔铸业分别被认定为省级科技小巨人企业、省级“专精特新”中小企业。全年累计向上争取财政专项资金12.8亿元、地方政府专项债券项目14个8.59亿元。新建5G基站61个，升级改造农村电网42公里。招商引资成效明显，新签约项目11个，总投资38.24亿元，其中亿元以上项目5个。常态化开展政银企对接，金融机构本外币贷款余额121亿元、增长20%，县政府获评全市“普惠金融先进单位”。

城乡面貌呈现新变化。城市更新有序推进。实施城市品质提升项目60个，年度完成投资18.27亿元，赛江防洪（三期）、城区高水高排全面投用。致力守护东洋溪“母亲河”，建成雨污水管网14.3公里，完成兴业街以东片区和商贸城片区污水管网改造等工程，城区15个沿河污水直排口实现截污纳管，县污水处理厂日处理能力提升至1.3万吨。完成老旧小区改造2个，新（改）建公园绿地8万平方米、口袋公园2个、福道10公里。乡村振兴富有成效。县综合交通枢纽正式投用，纵三线（北段）即将完工，完成农村公路建设15公里、生命防护工程20公里、危桥改造1座，获评“四好农村路”全国示范县。城乡供水一体化（一期）项目完成投资1.1亿元，新区水厂投入运营，23个单村供水改造工程全面完工，城乡集中供水率达98.9%。大力推进乡村“五个美丽”建设，15个美丽乡村庭院之星、2个美丽乡村微景观、2个美丽乡村小公园（小广场）、1个美丽田园被列为全省乡村“五个美丽”建设典型。实施农村人居环境分类晋级专项行动，新晋“标准版”村庄84个、“提升版”村庄42个，整治裸房280栋，新建乡镇污水管网14.6公里，完成阮洋中等9个村庄生活污水提升治理，农村生活垃圾干湿分类实现全覆盖。“花鲤小镇”成为全省唯一入选中央专项彩票公益金支持欠发达革命老区乡村振兴示范区建设项目。浦源村获评“全国乡村治理示范村”，浦源镇上榜省级乡村振兴示范乡镇创建名单，桃坑村、首章村等5个村上榜省级乡村振兴示范村创建名单，后洋村、芹溪村被列入省级美丽宜居村庄培育对象。

（摘编：邓新民）

寿宁县产业经济发展概述

2023年，寿宁县坚持以习近平新时代中国特色社会主义思想为指导，全面学习贯彻党的二十大精神，以实施“三争”行动为抓手，保持了经济运行总体平稳。全县地区生产总值116亿元，增长4.1%；一般公共预算总收入6.2亿元，增长5.5%；地方一般公共预算收入4.1亿元，增长0.3%；城镇居民人均可支配收入35077元，增长5%；农村居民人均可支配收入22143元，增长9%。“红色+碳汇”生态产品价值实现平台成功上线，与宁德时代携手共建下党零碳示范基地，寿宁“生态+”发展模式作为典型案例在全省生态环境保护大会推广，上榜2023年国家乡村振兴示范县创建名单，“难忘下党·福满寿宁”夏季村晚列入文旅部全国示范展示点，寿宁知名度和影响力节节攀升。

一年来产业经济的主要工作措施和成效是：

三次产业全线发力。品质农业稳步增效。农林牧渔业总产值34.4亿元，增长5%。扛牢粮食安全政治责任，严守17.89万亩基本农田底线，完成补充耕地703亩，新改建高标准农田1.93万亩，“我在寿宁有亩田”认种护耕3718亩。粮食生产稳步增长，粮食播种面积15.75万亩，粮食总产量5.39万吨。“1+4”特色产业融合发展，18个关联性项目全面铺开，完成投资3.5亿元。硒锌康养中心揭牌运营，新建富硒锌农产品生产基地2个，新增硒锌农产品种植2200亩，硒锌产业产值19.8亿元，“接二连三”全产业链体系更加完善。推出县域特色产品“寿宁乌茶”，引进甑华茶业、万氏留香、寿之韵等重点茶企，高标准规划建设“三茶”融合发展示范园，新增茶文旅示范点4个、SC认证茶企15家，茶叶产量2.27万吨、全产业产值49.5亿元，分别增长5%和10%。获评全国茶业百强县，“寿宁高山茶”列入首批福建省“福农优品”百品榜。总投资19.38亿元的有机珍稀食用菌全产业链发展项目初见成效，中国（下党）现代农业产业园全面动工，先行建设的坝头、下党、水洋“一户一车间”食用菌生产基地建成投产，溪源基地加快推进，食用菌全产业产值3.5亿元。新建标准化花果蔬基地3个，新增高山花果蔬种植2300亩，产值9.5亿元。“燕窠牌锥栗”荣获2023年度福建名牌农产品。推广黄精、岗梅、灵芝等种植，建成林下经济品种示范园，新建示范基地5个，新增林下种植1460亩。深化党支部领办合作社模式，新增县级以上农民专业合作社示范社12家、家庭农场示范场14家，润昌旺茶叶专业合作社被认定为国家农民合作社示范社，祥瑞葡萄庄园获评2023年福建省休闲农业示范点，3家经营主体入选省级新型林业标准化建设单位。工业经济破势前行。深入实施工业载体标准化建设年活动，新增可用工业用地323亩、标准厂房3万平方米。际武工业集中区二期建设稳步推进，初泉矿泉水开发项目一期、南阳建材小微园建成投用。推行工业（产业）园区建设项目极简审批“四即”改革，创联新材料等11个工业重点项目全面投产，新增规上工业企业7家。专班服务锆镁新材料产业补链延链，金属模板成功上市并获意向订单100万平方米，与集美大学加强研发合作，参与福安电动船舶先行先试，打造电动船舶船体生产基地。传统产业加快数字化转型，为19家企业提供智能制造诊断服务。成功复办梦龙春酒业，梦龙春白酒、今升食用菌、“下党红”茶叶和黄酒等“寿宁硒货”“寿宁好礼”发布上市。现代服务业持续升温。成功举办“难忘下党·福满寿宁”福州上下杭文旅美食推介、寿宁美食文化旅游季等活动，顺利承办福建省2023年中国农民丰收节寿宁分会场活动，“魂牵梦萦，来寿宁”成为寿宁旅游最响亮的号角。创成下党、水洋、竹管垅等3个市级金牌旅游村，含溪村综合实践教育基地揭牌运营，激活“文旅+”新业态。积极培育电商经济，招引落地优质电商企业6家。金融服务实体有力，金融机构本外币贷款余额110.48亿元，增长18.3%。

重大项目大干快上。重点项目压茬推进。建立项目前期“3+N”工作机制，谋划储备项目56个、总投资284亿元。扎实推进筹融资专项行动，争取债券资金14.69亿元，较上年增加5.4亿元。深化要素保障专项攻坚行动，征收土地728亩，清理批而未供土地463亩。新增建设用地1545亩，较2022年翻两番。187个县级在建重点项目完成投资59.8亿元，其中17个省市在建重点项目完成投资22.8亿元。基建短板加速补齐。提升交通网，打造“两高一路”新干道，接续实施农村公路建设三年行动，竣工通车建制村通双车道项目21个、自然村通硬化路项目12个，改造公路里程96公里，完成投资2.84亿元。农村公路建养机制经验入选国家典型案例，寿宁入选第七批“四好农村路”省级示范县。建设“大水网”，总投资5.5亿元的城乡供水一体化一期项目新增投资1.22亿元，鳌阳镇六六溪水厂启动建设，武曲、平溪、大安和际武工业集中区水厂顺利建成，南阳、斜滩、武曲管网延伸工程投入使用。大安、芹洋防洪工程和南阳、芹洋段安全生态水系项目主体完工。畅通通信网，新建5G基站46个，全县行政村5G信号覆盖率达95%，千兆宽带通达138个建制村（社区）。招商引资蓄势赋能。深化产业链招商、以商招商，制定招商图谱，落实招商路线图。举办福州、深圳、上海、广州、厦门等专场招商推介会，全年签约项目128个，落地项目97个、总投资53.9亿元。扎实开展“一把手”招商，总投资57亿元的珩创磷酸锰铁锂正极材料项目和总投资6.4亿元的中光熔盐储能示范项目成功签约。

发展环境提质升级。真抓实干惠企便民。旗帜鲜明支持民营企业发展，出台支持中小型企业壮大规模增强实力的若干措施等一揽子政策，落实干部挂钩联系企业制度，推动政策直达快享。兑现惠企资金4225万元，办理减税降费退税1.07亿元。新增市场主体961家，增长78.9%。政务服务综合楼建成投用，综合窗口改革持续深化，实现“一站式”“一窗式”“一次办”。行政许可“一趟不用跑”事项占比95.6%，“减时间”占比84.5%。全面推行“网格+帮代办”“环保管家”模式，贴心服务赢得企业和群众点赞。改革开放纵深推进。实施新一轮国企改革三年行动，紧扣“县属企业资产首年30亿、次年50亿、三年破百亿”计划，系统盘活国企国资，新组建农垦公司、梦龙交通投资公司，县属企业资产总额近60亿元，超前完成第二年目标。

城乡发展焕发新颜。“两山”理论实践走深走实。坚决守护绿色本底，实施污染防治项目16个，县级以上集中式饮用水水源地、主要流域、小流域考核断面水质达标率和建设用地安全利用率均为100%，空气质量优良天数比例99.7%。深化落实河湖长制、林长制，综合治理水土流失1.37万亩，植树造林1.2万亩，森林抚育3.2万亩，松林改造提升9000亩，完成闽西北山地丘陵生物多样性保护工程1.6万亩。新创建初级版绿盈乡村14个、中级版绿盈乡村12个。城市功能日臻完善。实施补短板项目20个，完成投资5744万元，城市面貌明显改观。完成6个老旧小区改造和气象新村等片区路灯智能化更新，茗溪供销农贸市场、文昌阁市民文化广场主体完工，新改建三峰公园登山步道5公里、慢行绿道6公里，新建口袋公园4个，新增停车位238个，新铺设污水管网6.2公里、燃气管道3公里。下党乡下党村获评全国生态文化村、省级美丽休闲乡村。

（摘编：郑平名）

福安市产业经济发展概述

2023年，福安市坚持以习近平新时代中国特色社会主义思想为指导，聚焦“五福新城、全家福安”发展目标，持续深化19个专项行动，经济社会发展取得新成效，荣获全国县域高质量发展百强县、全国工业百强县，连续三年获评全省县域经济发展“十强”县（市）。全市实现地区生产总值850亿元，增长10%以上；农林牧渔业总产值114亿元，增长4.5%；规上工业增加值增长19.5%；固定资产投资有望收窄至-15%；社会消费品零售总额179.4亿元，增长5%；一般公共预算总收入74.27亿元，增长12.5%；一般公共预算地方级收入43.67亿元，增长10.4%；城镇居民人均可支配收入48566元，增长5.5%；农村居民人均可支配收入26081元，增长9%。

一年来产业经济发展的主要工作和成效是：

工业支撑更加强劲。规上工业总产值2325亿元，增长7.3%。工业用电量80亿千瓦时，增长21.6%。兑现工业奖补资金3亿元。不锈钢新材料产业产值2035亿元，增长11.5%。3家企业入选福建民企100强、制造业企业100强。沙湾高性能不锈钢新材料、宏旺扩建等重大项目竣工投产，奥展三期全面建成。新能源新材料产业集聚发展，完成产值50亿元。长盈三期、嘉元铜箔建成投产，震裕锂电池、源创锂电池一期主体封顶。青拓重工首批新能源矿卡出口印尼。出台推进电动船舶发展4条措施，全省首艘现代双层纯电动游船“茉莉号”、宁德首艘纯电动观光游船“东湖之星”建成下水。电机电器（按摩器具）、船舶修造、食品加工、冶金铸造等传统产业完成规上产值200亿元。实施省、宁德市技改项目21个。海峡两岸电机电器博览会、全省电机产业供需对接会、首届中国·福安大健康（按摩器具）产业创新暨电商发展大会成功举办。电机电器产业集群获评省中小企业特色产业集群。亚南科技成功挂牌“新三板”。大西新能源等2家企业入选省重点上市后备企业。

现代农业增产增效。获评国家农业现代化示范区、全国茶业高质量发展县域、全国重点产茶县域。首届中国红茶大会、中国茶苗交易大会、全国农垦示范交流活动、全国早熟优质鲜食葡萄评比、全省农机促春耕活动成功举办。“2+N”特色农业全产业链产值超185亿元。赛岐、社口、穆云创成首批国家农业产业强镇。棠溪村入选省“水乡渔村”休闲渔业基地。占西坑青创生态产业园获评省休闲农业示范点。新增“二品一标”9个、省重点龙头企业6家。新建林下经济示范基地6735亩。新造油茶林3037亩、油茶低改林6500亩。打造葡萄、水蜜桃等示范性标准化生产基地6个，建成智慧果蔬园3个。农业农村大数据中心、省茶苗繁育中心、坦洋工夫坂中园区、松罗葡萄果醋精深加工二期、湾坞果蔬加工中心建成投用。新改建高标准农田1.12万亩，恢复耕地8015亩，补充耕地验收入库700亩。发放农民种粮补贴、耕地地力保护补贴2290万元。完成粮播面积24.13万亩、粮食产量7.8万吨。

第三产业稳步提质。第三产业增加值233亿元，增长9.6%。兑现扶持商贸流通发展资金6.6亿元。新增限上贸易业和规上服务业企业42家。电商产业园建成投用，电商网络零售额150亿元，居宁德市第一。“五福新城、全家福安”专展品牌推介活动在北京成功举办，“全家福安”美食店在北京、上海、厦门等城市多点开花。城乡物流网络进一步完善，湾坞作业区8#泊位建成投用，坪岗作业区4#、5#泊位加速建设。商品房销售面积

26万平方米。宏地君悦、宏地滨江印、水岸嘉园等房地产项目竣工。金融扶持实体能力提级，存贷款余额继首次突破千亿大关后，快速增至1270亿元，增幅达32.3%。获评最美中国文化旅游名县。成功举办全国“四季村晚”春季示范展示活动、连家船民上岸节、特色水果采摘节等系列文旅活动。全年接待游客810万人次、实现旅游总收入68.5亿元，分别增长28.8%、29.5%。

重点项目攻坚有力。深化“三比三赛”专项行动，季度考评多次居宁德市第一。落实项目前期“1+3+N”机制，新策划储备项目98个，总投资625亿元。34个省、宁德市重点项目完成投资100.2亿元，超序时进度16个百分点。3000万元以上重大项目开工43个、竣工28个。中印尼宁德新材料深加工项目列入商务部重点外资项目库。开展“招商季”专项行动，签约落地项目30个，总投资198亿元，其中亿元以上项目23个。成功引进青拓中厚板、青拓波纹钢、未来船舶、友臣食品产业园等重大支撑性项目。

科技创新成果丰硕。与北京工业大学、福州大学、福建中医药大学、国家创新与发展战略研究会、中国茶叶流通协会、中国医药保健品出口商会、中国体育用品业联合会、中国跨境电商交易会等高校院所、高端智库、社团协会开展战略合作。科技研发投入3.2亿元、增长50.5%，研发活动覆盖率达50.8%。新授权专利959件。新申报国家高新技术企业24家。新增国家知识产权优势企业2家、省科技小巨人领军企业9家、“专精特新”中小企业3家。通过国家科技型中小企业备案46家。创新“科创e贷+专利”质押融资模式，为企业融资5535.4万元、增长102.8%。发放科技型企业贷款3.7亿元。兑现企业研发补助、省高新技术企业奖励512.6万元。青拓集团成功轧出世界最薄“手撕钢”。

城市建管更有温度。新编制村庄规划45个。实施城乡品质提升项目113个，完成投资31.8亿元。富春公园、环阳头岛慢道系统完成改造提升。富春溪湿地公园一、二期全面建成。富春溪西岸栖云桥栈道连接段有望年前完工。富阳大桥等城区9处重要节点实现美化增亮。一批口袋公园建成投用。新改造公共绿地600亩、福道20公里。省级文明城市创建、城乡卫生整治攻坚全面推进，施划二轮、四轮停车泊位3.65万个，改造提升城区农贸市场10个、公厕59座，清运垃圾近10万吨。新改建雨水及供水管网16公里、燃气管道15公里。年前可建成智慧公共停车泊位1000个、5G基站409个、充电桩161个。完成电力高压缆化下地40公里、低压缆化下地13公里。

乡村振兴更富成效。累计投入乡村振兴各级财政衔接补助资金3432.4万元。批复省级乡村振兴试点村建设项目53个，投入资金2778万元。实施“一事一议”奖补项目178个，兑现奖补资金2730万元。实现70%建制村经营性收入达20万元以上。新增省级“一村一品”专业村5个。溪邳村获评中国连家船民上岸富起来示范村。廉岭村入选清华大学乡村振兴实践基地。“文化名村·农旅联姻”“闽东延安·风情赛江”入选省级乡村振兴精品线路。穆云畲族乡、赛岐象环村、康厝金斗洋村等13个村入选全省乡村振兴示范镇村。白马组团湾坞片区、南岩村入选城乡建设品质省级样本工程。廉村获评省级美丽休闲乡村。

生态底色更加鲜明。县级集中式饮用水水源水质达标率100%，空气质量优良天数比例达99.7%，主要流域国省控断面水质保持Ⅲ类及以上。青拓实业、青拓镍业完成超低排放改造年度任务，青拓环保建材获评国家级绿色工厂。新改建城乡污水管网33.2公里。湾坞西片区污水处理二厂主体完工。赛岐污水处理厂完成提标改造。柳堤污水处理厂二期动工扩建。罗江全域和44个建制村垃圾分类全面完成。17个水利重点项目完成投资6亿元。完成造林绿化8.4万亩，森林覆盖率达55.4%，治理水土流失2.1万亩。新增省级森林镇村4个。新创建中级版“绿盈乡村”16个。

（摘编：周少雄）

柘荣县产业经济发展概述

2023年，柘荣县认真践行习近平新时代中国特色社会主义思想，全面学习贯彻党的二十大精神，纵深推进“15+7”专项行动，全年实现地区生产总值增长3.3%，农林牧渔业总产值增长6.5%，规上工业增加值下降24%，固定资产投资下降20.3%，社会消费品零售总额增长4.2%，一般公共预算总收入增长2.4%，地方一般公共预算收入增长0.1%，城镇居民人均可支配收入3.58万元、增长4.3%，农村居民人均可支配收入2.29万元、增长12%。

一年来产业经济发展的主要工作和成效是：

特色农业不断壮大。压紧压实粮食安全责任制，落实粮食安全生产16条措施，深化“我在宁德有亩田”活动，新建高标准农田1000亩，完成粮播面积7.02万亩、粮食产量2.57万吨。积极推广“稻参轮作”约3万亩，实现粮食增产农民增收两不误。全力做大“一根参”，开展太子参扩面提质增效行动，新增太子参种植示范片15个。太子参交易中心、大数据溯源平台建成投用，“福九味”中药材产业集群项目全面启动。城郊乡创成首批国家农业产业强镇（太子参），“柘荣太子参”入选全省首批“福农优品”百品榜名单，产业发展蓝皮书、生产技术规范公开发布，市场地位进一步提升。持续做强“一株茶”，委托中茶所开展“柘荣高山白茶”品质评估工作，成功举办北京八大处柘荣高山白茶文化周、第二届茶人榜样大会等活动，“柘荣高山白茶”加工技术规范发布实施、行业标准获批立项，入选福建十大农产品区域公用品牌，获评全国重点产茶县域、茶叶投资价值新锐县域，品牌影响力不断提升。累计投入4.32亿元，实施优势农业提效专项行动项目20个。

工业经济蓄力前行。深入实施“工业提质攻坚年”活动，出台闽东药城“11条”、不锈钢“9条”、刀剪“5条”等“小切口、高精度”政策，完成第二届政府质量奖评选，服务县域产业高质量发展。全县新登记市场主体2300户、总量接近2万户，新增“四上”企业27家。以创成全市首家省级高新区为契机，深化产业载体标准化建设，生物医药、不锈钢、刀剪园区分别完成基础设施投资2.9亿元、1.27亿元、1亿元，园区综合承载、服务保障能力稳步提升。全省首个口服小分子全球创新药广生堂抗新冠病毒药泰中定获批上市，力捷迅现代化制剂生产基地项目一期投入使用，仿制药索磷布韦片正式获批，利伐沙班片、盐酸达泊西丁片等4个仿制药引进生产，8家药业生产企业产值9.2亿元，13家药业关联企业产值1.8亿元，6家药业流通企业销售额3.5亿元。不锈钢产业蓄势待发，乍洋不锈钢园区水电气基础配套设施全面贯通，酸洗厂、污水厂等重点工程序时推进，新增建华管桩、宏盛中环等6家企业投产，累计入驻企业28家、投产11家，年产值1.8亿元、新增就业岗位450个。传统产业加快升级，完成砚山洋刀剪园区光缆迁移及金剪路、林前路等道路工程，柘荣剪刀技艺争创国家级非遗、“柘荣僧服”集体商标申请序时推进，张小泉智能制造中心项目开工建设，刀剪、僧服规上企业达到6家、产值1.7亿元。

第三产业凸显活力。省级全域生态旅游示范县创建工作扎实推进，东狮山马仙文化广场一期项目竣工开放，嘉馨民俗文化特色街区正式开市。鸳鸯草场入选省级职工疗休养基地，英山乡半岭村获评省级森林康养基地，“红色土楼”等4个景区、村成功创建国家2A级旅游景区，溪口等3个村通过市级金牌旅游村验收，双城镇获评中国慢生活休闲体验区、为全省唯一入选乡镇。成功举办第五届马仙信俗文化暨非遗艺术节、全市“三月三”畲族文化节、鸳鸯草场浪漫520文化旅游节和星空露营音乐季等活动，入选全省首批重点影视外景拍摄基地，借力“让世界看见福文化”“我的海丝故事”等媒体“大咖”采风活动让柘荣旅游“出圈”，持续擦亮“中国慢城”旅游名片。全年接待游客270万人次、增长36.4%，旅游收入19.2亿元、增长50.6%。出台电子商务“6条”等措施，新建大学生电商孵化基地，新入驻企业12家，计全年电商零售额4.6亿元、增长26.3%。

项目建设提速增效。深化“六个一”项目推进机制，实施“三比三赛”和“百日攻坚”专项行动，全年132个重点项目完成投资58.71亿元、增长21.35%。要素保障全面夯实。持续深化“3+N”工作机制，新增纳入省级全生命周期平台管理的重大项目27个、总投资70.71亿元。全年完成用地报批600亩，13个“三比三赛”用地报批任务全面完成。完成补充耕地1796.72亩、完成率位居全省第一，自然资源管理评价连续3年位居全市第一。

招商引资精准发力。举办太子参招商节等大型招商活动2场，组织“走出去、请进来”考察活动56场、集中签约活动3场，引进长效缓控释注射剂研发、豪邦阀门等项目33个，总投资31.82亿元。

城市功能日臻完善。谋划生成55个城建项目，在建22个、竣工33个、完成投资3.88亿元，再次跻身全省城市更新建设样板县。加快“1688”工程建设，完成华夏剪纸城、6条慢行步道规划设计，4个城市书坊和5个城市（口袋）公园建成落地。完善城区功能，荣华路、太宁北巷等10条道路完成提升改造，城区主次干道白改黑覆盖率达93.7%。加强城区污水治理，全年投入2.1亿元开展老城区排水管网改造、老旧小区雨污管网改造项目13个，完成雨污管网新改建69.2公里，综合污水处理厂扩建项目竣工投用，城区污水收集率由22.9%提升至32.7%，龙溪水质不断改善，入选省级城镇生活污水处理提质增效重点推进县。着力打造“312出行交通圈”，加快推进邻县通高速公路（柘荣至泰顺、霞浦）、省道S201鸳鸯头至霞浦界、福泰公路（柘荣段）等高等级公路项目前期工作；投入9100万元启动建设县道X963山场至宅店、X964乍洋至福鼎界公路，让城乡往来更加便捷。

乡村建设步伐加快。巩固上年度农村人居环境分类晋级专项行动考核全市第一的良好态势，完成农村人居环境分类晋级行动项目35个，实现“标准版”“提升版”村庄覆盖率分别提高至60%、30%以上。深度挖掘乡村特色，精心规划乡村振兴示范线2条，全力打造“五个美丽”典型样板，创建美丽乡村庭院86个、美丽乡村小公园13个、美丽田园3个、美丽乡村休闲旅游点2个，打造美丽乡村微景观50处，城郊乡靴岭尾村获评省级美丽休闲乡村、入选第二届全国乡村振兴品牌节典型案例。科学精准加大资金投入，将乡村道路建设补助标准提升到150万至270万元之间、达全市最高，全面启动总投资4.53亿元的“农村公路建设三年攻坚行动”。

生态环境保持稳定。整治入河排污口12个，建设生态清洁小流域1.25公里，治理水土流失1.62万亩，完成废弃矿山生态修复62.2亩，六项空气指标均达国家空气质量二级标准，主要流域、县级集中式饮用水源水质达标率100%；扎实推进国家森林城市建设，建成省级森林村庄1个，完成植树造林和森林经营面积5.1万亩，超额完成上级下达任务。实施乡镇、农村生活污水处理提升项目，完成黄柏村污水处理站改造和富溪等3个村雨污管网建设6公里。完成省级农业绿色发展先行区建设，建成畜禽粪污资源化利用示范提升基地3个，农药包装废弃物回收处置率达56.48%，实现农药、化肥使用量递减2%以上，推进农业绿色健康发展。

（摘编：周少雄）

福鼎市产业经济发展概述

2023年，福鼎市坚持以习近平新时代中国特色社会主义思想为指导，深入学习贯彻党的二十大精神，坚持“工业立市、旅游兴市、海洋强市”发展战略，以“三抓两创一目标”落实机制为抓手，经济运行保持良好态势。全年实现地区生产总值557亿元、增长12.5%，创2014年以来最高增幅，居宁德首位；一般公共预算总收入增长11%，地方一般公共预算收入与上年持平，城乡居民人均可支配收入分别增长5%和7%。

综合实力不断增强。特色农业提质增效。农林牧渔业总产值136亿元、增长3.7%。福鼎获评全国水产健康养殖和生态养殖示范区、“平安农机”示范县、中国栀子花之乡。严格落实耕地保护和粮食安全，新建高标准农田1万亩，完成粮播面积19.77万亩、总产量6.51万吨。福鼎白茶实力“出圈”，惊艳亮相迪拜中国文化周、香港国际茶展，入选新华社“中国十大名茶”，连续14年跻身中国茶叶区域公用品牌十强。成功举办首届中国白茶交易大会、国际白茶大会，福鼎成为国际白茶大会唯一举办地。新增省级茶叶气候品质认证企业13家，生态茶园覆盖面88%，天湖茶业获评全国农作物病虫害绿色防控技术示范推广基地，国家现代农业（白茶）产业园通过农业农村部认定。成功举办中国（福鼎）栀子健康产业发展大会，《福鼎栀子花精油》团体标准公布实施，鲜果价格创历史新高。山海牧歌持续奏响，推广“玉米种植—山羊养殖—羊粪肥茶”绿色循环生态农业，新增规模化生猪、山羊养殖场5家，生猪出栏9万头；点头龙田、店下筼筜、沙埕后港等渔港主体竣工，新增深远海养殖网箱90口、环保型玻璃钢撑杆养殖1000亩，培育大黄鱼苗种13亿尾。新增“两品一标”农产品51个，桐江鲈鱼入选全国农业品牌精品培育名单、名特优新农产品。上榜首届省级农业产业化龙头企业百强5家，新增省级农业产业化龙头企业6家。工业支撑强劲有力。规上工业增加值增长37.9%，增幅居全省第一。新增省级工业现有龙头企业3家、工业龙头培育企业2家。主导产业集聚成势，锂电新能源产业总产值接连突破300亿元、400亿元大关，福鼎时代4号超级工厂、邦普产业园一期建成投产，邦普产业园二期、云山慧谷等一批产业链项目动工建设，锂电配套供应商增至27家。宁德核电海上光伏一期动工建设，实现海上清洁能源“零”的突破。传统产业破题发力，汽摩配、食品加工等产业转型步伐加快，推动企业“腾笼换鸟”4家、智能化数字化升级30家，福能热电二期、泰美一期、福生源纸业等15个项目建成投产，贯岭通用设备、双岳汽摩配小微园主体竣工，新增规上工业企业20家。立新船舶成功下水3万吨集装箱船，刷新全省民企制造最大吨位纪录。“一区多园”模式成效显著，锂电新能源产业园获评省级片区综合开发建设样板，龙安化工园区安全整治提升通过应急管理部复核，福鼎工业园区全省开发区综合排名上升12位。建筑业健康发展，一级施工总承包企业增至6家，建筑业总产值增长3%。现代服务业更具活力。商贸流通不断优化，沙埕港冷链物流中心主体竣工，白琳农贸市场启动重建，羽润环湾酒店、天湖时代酒店、海港广场加快建设，新建物流园、配送中心3个，新增限上商贸企业19家。福鼎时代通过海关AEO高级认证，闽威食品、盈浩文创入选省级内外贸一体化经营“领跑者”企业。成功举办八闽美食嘉年华等活动，福鼎小吃制作列入省级专项职业能力考核项目，老福鼎等3家餐饮企业上榜“闽菜馆”品牌授权名单，福鼎美食亮相央视《中国夜市全攻略》。新增电商产业园3个、电商企业54家，全年网络销售额41亿元、增长10%。璞悦公馆、瑞盛金海岸二期等项目动工建设，新建商品房销售面积30万平方米。文旅消费强劲复苏，承办省文旅经济发展大会分会场活动，打造精品旅游线路4条，太姥山景区洋里至玉湖宾馆道路完成“白改黑”，云上星空露营地、九鲤湖休闲平台建成投用。嵛山景区环岛路芦竹至鱼鸟段完成改造，推出海天湖等精品民宿。新增国家AA级景区5个，太姥山景区上榜省级五钻级智慧景区、品牌价值百强，硖门入选省级全域生态旅游小镇。全年接待游客近千万人次、增长38%，旅游总收入突破百亿大关、增长39.6%。

动能聚合加速推进。项目建设全面提速。38个省、宁德市重点项目完成投资152亿元，超额完成年度投资计划。谋划储备项目545个、总投资近4000亿元。重大项目开工38个、竣工29个。总投资超400亿元的宁德核电5、6号机组获得国家核准。沙埕片区围填海工程全面完成，潘（番）岐头围垦项目前期工作有序推进。要素保障支撑有力，获批专项债项目23个、资金18.4亿元，争取中央、省级预算内等各类专项资金13.9亿元，资金总额居宁德首位。获批成片开发用地2928亩，完成安征迁1672亩，实现供地1351亩。220千伏双岳变建成投用，110千伏佳阳变动工建设。成功引进奥丰环保、白大师等项目41个，总投资190亿元，其中超亿元项目22个。营商环境更加优质。持续巩固营商环境宁德第一梯队优势，18项一级指标位居宁德前列，福鼎小微企业认证做法入选全国营商环境典型案例。推出“一件事”集成套餐19个，实现151个事项“跨省通办”、83个县级事项“省内通办”。出台巩固拓展经济向好“34条”、推动民营经济创新发展“22条”，新增市场经营主体1.3万户，全年兑现奖补资金4911万元，办理增值税留抵退税15亿元。深化政银企常态化对接，新增制造业贷款7.9亿元、普惠小微企业贷款24.2亿元、涉农贷款66.3亿元，太姥融资担保公司在保余额8.8亿元，金融本外币贷款余额增长13%。盈浩文创成功挂牌新三板创新层。改革创新不断深化。

城乡发展深度融合。交通路网日趋完善。对外通道加快构建，228国道福鼎段、104国道岙里涉铁路段、甬莞高速沙埕互通连接线动工建设，滨海大道二期建成通车，104国道分水关至贯岭段完成改造。区域通道建设提速，中央大道、江边路、海城路等实现通车，古城北路“卡脖子”路段完成拓宽改造，城东北路、朝晖路等4条城区主干道完成“白改黑”。锂电产业园交通枢纽中心、沙埕水岙陆岛交通码头建成投用。晋级改造农村公路72公里，全市通双车道行政村64%，获评省级“四好农村路”示范县。城市颜值不断刷新，改造老旧小区10个、背街小巷9条。园林城市加快建设，“十里桐溪”福文化公园对外开放，双桂（智慧体育）公园完成改造，新增口袋公园5个、福道20公里。城市管理更加精细，新增城区公共停车泊位200个、充电桩82个。建成5G基站422个。完成第三污水处理厂提标扩容、三联污水处理厂技改提升，新改建雨污管网23公里、天然气管道20公里。乡村振兴富有成效。嵛山岛获评全国“和美海岛”。生态环境持续改善。与法国开发署合作的山水林海一体化保护管理示范项目正式签约启动，八尺门内湾海洋生态修复项目动工建设。强化空气污染综合治理，空气质量优良天数比例100%。深化河湖长制，整治入河入海排污口81个，新建生态水系18公里，主要流域、小流域、饮用水源水质达标率100%。全国首单海洋生态植被救治（互花米草防治）保险落地，新增红树林700亩。危险废物安全处置率100%。造林绿化5.2万亩，治理水土流失1.2万亩，查处破坏森林资源案件1034件。硖门乡、溪美村获评省级森林乡村。

（摘编：郑欣然）

霞浦县产业经济发展概述

一、2023年，霞浦县坚持以习近平新时代中国特色社会主义思想为指导，实施“深学争优、敢为争先、实干争效”行动，较好地完成了年初确定的主要目标任务。全年实现地区生产总值369.73亿元、增长6%；固定资产投资下降33%；一般公共预算总收入31.3亿元、同口径增长10%；地方一般公共预算收入23.5亿元、同口径增长4.3%；城镇居民人均可支配收入44484元、增长4%；农村居民人均可支配收入25451元、增长7%。

一年来产业经济发展的主要工作和成效是：

现代农业提质增效。涉农资金支出7.1亿元，实现农林牧渔业总产值172.27亿元、增长4%。全力保障粮食安全，扎实开展“我在霞浦有亩田”活动，新增高标准农田1.14万亩，完成粮播面积13万亩、粮食产量4.36万吨。深入实施“3212”工程，完善“8+1”农业产业发展规划，出台台湾农民创业园扶持措施35条，派驻乡村振兴特聘指导员（特聘服务团）20名，新增“一村一品”专业村6个，培育省级农业产业化龙头企业4家。“霞浦沙江晚熟蜜柚”地标通过国家初审，向光家庭农场入选全国第二批绿色防控示范基地。实施霞茶品牌战略，编制“三茶”统筹发展规划，“霞浦白茶”冠名高铁上线运行。大力发展现代渔业，推广养殖绿鳍马面鲀、坛紫菜等新品种，建成渔业科技试验示范基地3个。首次突破仿刺参秋季规模化苗种繁育。渔业产值、产量分别增长1%、1.2%。

工业经济提档升级。建立常态化政企沟通机制，实施重点工业企业服务专员和服务专班工作制度，工业投资完成42亿元、工业用电量增长16.7%。新能源产业初具规模，中核霞浦核电1#机组、星光中科生产线等顺利投产，国网时代储能（二期）、中核霞浦核电2#机组等加快建设，全产业链实现产值120亿元。传统产业提质发展，5个省级技改项目动工建设，23家企业完成智能制造诊断。科技创新强力实施，创建国家级高新技术企业4家，新增省级科技小巨人企业2家、专精特新企业1家、专利授权224件，时代一汽入库国家级智能制造试点示范项目，正阳工业进入华为供应商系统。工业社区项目有序推进，三沙紫菜加工产业园完成建设，牙城、盐田园区基础设施提升工程动工建设，经济开发区可发展空间由3.21平方公里扩大至8.42平方公里，在省级开发区综合发展水平评价中由44名升至33名。

第三产业挖潜扩量。全域旅游稳步推进，半月里、罗汉溪2个3A景区完成实地评定，牙城渡头村入选省级金牌旅游村，长春大京村、松山古县村等4个市级金牌旅游村通过验收，“福建·宁德行摄寻光休闲游”“福建·最美春光赏花休闲之旅”入选全国乡村旅游精品线路，成功举办全省首个县级文旅经济高质量发展大会，荣获“2023国民休闲度假旅游目的地”“中国最美乡村旅游目的地”等称号。接待游客1021.2万人次、旅游收入104.6亿元，分别增长58.9%、73.7%。玉潭樱花谷景区入选省级文化产业示范基地，左邻右舍等46家备案民宿成为全省第一批明码标价规范试点。商贸流通日渐繁荣，打造太康路美食一条街，举办“画本霞浦·千鲜之城——2023年霞浦滩涂海鲜美食节”，完成社会消费品零售总额121.8亿元。电商物流加快发展，引进桐庐中通快递项目，京东智慧物流产业园及京东云仓建成投用，快递成本降幅超20%，实现与福州地区同价同效，网络销售额达22亿元、增长23%。金融市场持续活跃，金融机构本外币贷款余额462.05亿元、增长 15%。

项目建设稳步推进。扎实开展“三比三赛”专项行动，27 个省市重点项目完成投资 160 亿元。海洋产业园基础设施、老鸭头堤防工程等 36 个项目开工建设，闽宏纤维年产 5 万吨 PET 再生纤维生产线扩建、国网时代储能（一期）等 31 个项目竣工投产。全面落实要素保障，建立安征迁及土地报批资金池，完成征地 1530 亩、用地报批 2952 亩，争取各类补助资金 25.37 亿元、银行授信 25.3 亿元，获批专项债额度 13.69 亿元。项目建设滚动接续，策划储备霞浦县名特优农业基础设施等省级项目 21 个、计划投资 519.4 亿元。

“双招双引”成果显著。完善招商项目库和重点目标企业库，成功引进宁德深水 A 区海上风电场、天福观光工厂等项目 28 个、总投资 164 亿元。持续安排项目前期工作经费 5000 万元，完成华能霞浦核电项目压水堆（一期）、福建优健生物科技年产 10000 吨胶原蛋白肽等项目前期，履约率、开工率分别达 90%、80%。人才引培持续发力，引进省高层次人才、市“天湖人才”、紧缺急需青年专业人才等 165 人，发放人才经费 1445 万元。

营商环境更加优质。不断推进“互联网+政务服务”改革，审批服务事项办理时限压缩至法定时限的 12.24%，133 个事项实现“跨省通办”，办理“一件事”套餐服务事项 4462 件。市场准入负面清单有效落实，审批服务大厅窗口由 45 个缩减至 24 个，企业开办 4 小时办结。创新重点项目帮代办、涉海政务一体化等工作机制，扩大智慧应用领域，“智慧海洋”平台、税务自助智慧云厅顺利建成，不动产信息登记等 5 个信息系统成功接入市级平台。持续开展“局长服务日”等活动，解决问题 132 个、处置事项 26 个。贯彻落实新时代民营经济强省战略，制定措施 25 条，新增市场主体 9684 个。

城市颜值更加靓丽。完成国土空间总体规划编制，落实城市建设品质提升项目 39 个，工人文化宫、行政服务中心等项目建成投用。城区路网加快建设，新改扩建市政道路 7.2 公里，洲洋路、湖滨北路等 8 条路网建成通车。完成道路“白改黑”3.5 公里，实现城区主干道全覆盖。综合配套逐步完善，新增公园绿地面积 165 亩、雨污管网 15.63 公里、燃气管道 20 公里，建成公共停车泊位 341 个，市政路灯亮灯率 98%以上。时代广场、玖珑国际等一批房地产项目竣工交房，完成城区 6 个农贸市场升级改造。

农村基础更加完备。实施农村建设品质提升项目 28 个，编制村庄规划 217 个、传统村落保护规划 22 个，改造乡镇老旧小区 6 个，完成裸房整治 1665 栋，铺设污水管网 26.1 公里。新改建农村公路 35 公里、港湾式客运站 7 座，开通牙城—虎屿岛的全省首条高速免费接驳“赶海”专线。改造升级崇儒—岚后 220 千伏线路 8.2 公里，扩建小沙、西关等 5 个 110 千伏变电站，全县户均配变容量提升至 3.88 千伏安。新增 5G 基站 377 个，基本实现百兆网络行政村全覆盖。建成西洋一级渔港等 5 处渔港。改造提升崇儒上水村、沙江竹江村等 3 个国家级传统村落，水门茶岗村、盐田上村村入选第六批中国传统村落名录。溪南半月里村获评全国美丽宜居村庄，三沙镇获评省级乡村振兴重点特色乡镇，盐田西胜村、柏洋董墩村入选省级乡村振兴实绩突出村。

生态治理更加有力。扎实推进燃煤锅炉淘汰和升级改造，空气质量优良天数比例达 100%。严格落实“河湖长制”，推进杯溪流域治理，整治入河、入海排污口 56 个，建设安全生态水系 3.24 公里，县城集中式饮用水水源地和主要流域水质达标率均为 100%。除治互花米草 3.7 万亩。巩固海上养殖综合整治成果，半塑胶渔排改造 53.8 万口，长表岛禁养区清退 1364 公顷，清理海漂垃圾 2.3 万吨。全面推行“林长制”，植树造林 1.76 万亩、森林抚育 4.66 万亩，治理水土流失 4 万亩，新增省级森林村庄 2 个、绿盈乡村 10 个。霞浦获评第六批节水型社会建设达标县。

（摘编：王利兴）

平潭综合实验区产业经济发展综述

2023年是全面贯彻党的二十大精神的开局之年，是三年新冠疫情防控转段后经济恢复发展的一年，是实施《平潭综合实验区总体发展规划（2023—2035）》的第一年。一年来，平潭综合实验区深入学习贯彻党的二十大和二十届二中全会精神，坚决贯彻落实习近平总书记重要讲话重要指示批示精神，坚定沿着习近平总书记亲自为平潭擘画的“一岛两窗三区”宏伟蓝图，在省委、省政府和实验区党工委的正确领导下，扎实开展主题教育，深学争优、敢为争先、实干争效，迎难而上、开拓进取、创新有为，取得了沉甸甸的收获。

这一年，中共中央、国务院出台《关于支持福建探索海峡两岸融合发展新路建设两岸融合发展示范区的意见》，国务院批复《平潭综合实验区总体发展规划（2023—2035）》，省委发布加快建设两岸融合发展示范区的22条实施意见，平潭的战略地位、重大使命和重要机遇更加凸显。

这一年，平潭游客接待量突破1000万人次、旅游收入突破100亿元，平潭国际邮轮中心正式开港并实现首航，风筝冲浪运动员陈静乐夺得平潭历史上首枚亚运金牌，壳丘头遗址群最新考古成果在京发布，文旅经济迈出全新步伐。

这一年，新中国成立以来福建最大的引调水工程“一闸三线”全线贯通，城乡供水一体化取得历史性成效，平潭人民从此告别“靠天吃水”的日子，喝上了幸福水放心水。

这一年，全球首台16兆瓦超大容量海上风电机组在平潭安装并网、创单机单日发电量世界纪录，全省首个大型集中式共享储能电站开工并获批国家新型储能试点示范项目，全国首个全链条、全流程、一站式的数据跨境服务平台投入试运行，实验区的发展潜力在一个个大项目中充分彰显。

初步统计，2023年实验区地区生产总值增长3%，固定资产投资增长3.8%，一般公共预算总收入增长6.9%，地方一般公共预算收入增长7.9%，城镇居民人均可支配收入与农村居民人均可支配收入增速均超GDP增速。一年来产业经济发展的主要工作和成效是：

以落实国家战略为契机，抢抓发展新机遇，创新成果不断涌现，政策红利不断释放。政策创制加速提质。制定了游艇旅游业发展若干措施、推动跨境电子商务优化提升若干措施、海峡两岸仲裁中心建设若干意见等十多个方面的政策措施，台资企业注册业务“全程网办”、台湾居民个税补贴“免申即享”、台湾人才职业晋升机制、全流程台胞医疗服务等措施率先实施，全省首个由台胞担任法人的社会组织“岚台同心社工服务中心”在平潭成立。

自贸试验再谱新篇。推出海上风电“净零碳”模式、知识产权行政司法“三同步”工作机制等17项创新举措，其中全国首创8项。民宿“承诺备案+全程网办”新模式案例入选“中国改革2023年度地方全面深化改革典型案例”。创新远程智能施封系统、进境拼箱货物“拆单”放行等措施，口岸通关便利化水平进一步提高。

投融资模式有力创新。争取到中央预算内投资补助资金3.01亿元，专项债项目资金60.2亿元。区属国企综合运用公司债、点心债、PPN等融资工具，实现自主融资约70亿元。创新央地合作模式，以资产换产业、以政策引投资，中能建、省能化集团等央企及省属国企项目成功落地。

以深化结构调整为主线，狠抓培育新动能，经济运行回升向好，迈入健康发展轨道。特色产业稳步提升。风电行业产值增长24.2%；建筑业总产值增长 14.5%，平潭海峡公铁大桥、福州至平潭铁路站房及相关工程平潭站 2 个项目获中国建设工程鲁班奖；水运总周转量增长 12.2%，船舶总运力突破 600 万载重吨、占全省运力超 1/4，“海通发展”成为首个登陆沪市主板的本土船运公司。

发展势头更加强劲。投资促进和重点项目建设推进两大机制务实高效，签约起帆平潭海缆基地、岚悦酒店等社会投资项目 79 个、计划总投资 339 亿元，15 个省重点项目超额完成年度计划，政府性投资完成 115 亿元、增长 70%；扎实落实一系列延续、优化、完善的税费政策，出台促进民营经济发展壮大“28 条”，全省首推“个转企”改革，全年新登记市场主体 2.5 万户、同比增长 1.7 倍。

科创支撑不断增强。新认定国家高新技术企业 12 家、省级科技小巨人企业 3 家、省“瞪羚”企业 1 家。新立项国家重点研发计划项目 1 个，列入省级科技计划项目 14 个。新增发明专利 45 件、注册商标 1073 件，分别同比增长 31.8%、8.3%，新评定国家、省知识产权优势企业各 2 家。

以举办重大活动为牵引，着力开发新业态，文旅市场持续升温，对外交流开创新局。旅游人气持续集聚。深入打造浪漫岛、欢乐岛、活力岛、舒心岛，不断推出“星球唤想·蓝眼泪”“岚起山海图”、龙山俚欢乐街、龙王头·蓝眼泪海街、渔人码头等消费新场景，新增酒店住宿床位 4500 余个，限上住宿业、餐饮业营业额分别增长 60%、20%。棒球公园、水上卡丁车基地等建成投用，U18 女子垒球亚洲杯、亚洲沙滩排球锦标赛、国际汽联 F4 方程式中国锦标赛、第十届平潭国际风筝冲浪节等 62 场体育赛事成功举办；《李白》《天鹅湖》等优秀剧目和跨年烟花秀、IM 两岸青年影展、蓝眼泪音乐节等 152 场演艺活动精彩纷呈。

两岸往来日益密切。停航 3 年多的“海峡号”货运复航，澳前台湾小镇 1 号免税商城开业。台胞职业资格一体化服务中心跻身国家职业技能等级评价机构，采信服务从平潭走向全国，受益台胞累计超 2000 人。台东县议会、台湾中华全球孙中山同盟总会、台湾旅行商业同业公会等重要团组陆续到访，举办第十二届共同家园论坛、第七届海峡两岸村里长交流会、第十四届闽台中医药学术论坛等涉台交流活动共 120 余场，参与台胞超 3000 人次。

对外交流渠道拓宽。蒙古人民党总书记、太平洋岛国政治家联合考察团、中国—太平洋民间友好论坛嘉宾团等 10 余批 200 多名高级别外宾来访，“中国—太平洋岛国海洋防灾减灾合作研讨会”“环太平洋史前文化学术研讨会”等高规格涉外活动接连举办，与太平洋中国友好协会签订建立友好合作关系备忘录，与巴布亚新几内亚马当省马当市、汤加塔布岛签订友好城市关系意向书，国际“朋友圈”不断扩容。

以城乡融合为目标，打造“田园风光、城市生活”，城乡环境明显改善，功能品质加快提升。城乡建设再上新台阶。实施海洋科技文化中心、大练旅游环岛路等城乡建设品质提升项目 136 个，完成投资 42.1 亿元，项目数、投资额分别比上年增长 27%、33%。北部生态廊道入选全国第一批交通与旅游融合发展典型案例。新建及改建城乡供水管网近 100 公里、污水管网 44 公里，改造老旧小区 19 个。金井新城、高铁中心站商圈的业态明显丰富，商业氛围更加浓厚。

乡村振兴实现新进展。学习运用“千万工程”经验，分批推进 60 个村庄 13 个连片规划编制，选定 10 个村开展整村示范整治，“骑”妙追“泪”之旅入选文旅部全国乡村旅游精品线路，多个村庄荣获全国“一村一品”示范村、省级“水乡渔村”休闲渔业示范基地、省级美丽渔村等称号。压实耕地保护和粮食安全责任制，完成复垦复耕 4500 余亩，超额完成粮食播种 5.5 万亩、总产量 1.9 万吨的省定任务。平潭县获评省级农产品质量安全县。

生态保护取得新成效。从严推进中央第三轮生态环保督察问题整改工作，加大无居民海岛保护力度。成立实验区幸福河湖促进会，整治修复君山环岛沿线、大澳湾等海岸线生态功能，清退超规划养殖面积 450 亩，改造传统养殖渔排 6.8 万口、筏式养殖泡沫浮球 1.8 万亩，近岸海域国控点位水质优良面积比例达到 94.6%，全年空气质量综合指数为 1.95，位列全省第一，海坛岛获评全国“和美海岛”。

2024 年平潭综合实验区经济社会发展的主要预期目标是：地区生产总值增长 3.5%；固定资产投资增长 5%；一般公共预算总收入、地方一般公共预算收入增幅保持在合理区间；社会消费品零售总额增长5%；居民人均可支配收入与经济增长协调同步。实现上述目标，产业经济发展必须扎实抓好以下几个方面工作。

丰富优质旅游供给，持续提升平潭国际旅游岛的辨识度、美誉度。顺应旅游形态从观光型向体验型转变的趋势，推动更具辨识度的新业态新场景不断涌现，市场秩序更加规范，游客总量合理把控，以规模化经营促消费升级，力争实现旅游人均消费1100元以上，旅游业增加值占GDP比重达10%。

做优休闲度假主题游。做足“海”的文章，发展游艇、帆船、帆板、海钓等水上运动和休闲业态，建设潜水体验项目，打造五星村风筝冲浪、大福湾帆船游艇等特色海滩。加快澳前渔港游艇基地、竹屿湾游艇基地和游船码头建设，开通东南沿海境内邮轮航线，培育东北亚、东南亚国际邮轮航线。争取开通对台邮轮航线，探索闽台游艇自由行。

推进高水平制度型开放，持续为高质量发展拓空间、添动力。加强顶层设计，推动与国际通行规则、规制、管理、标准等相衔接的制度体系和监管模式加快构建，高水平的贸易与投资便利化政策体系逐渐成形，外资外贸企稳向好。

推进贸易投资自由便利。加快推进“一线”放开、“二线”管住海关监管办法落地，开展适用综保区政策、出入境检验检疫、货物通关便利化等领域政策创新。完善“一线”不予免（保）税清单、“二线”不予退税货物清单优化调整方案，推动新一轮配套税收优惠政策尽快获批。发展“互联网+服务业”，在网络游戏、影视动漫、集成电路设计外包、互联网医疗等领域支持企业创新数字服务内容及模式，创建海峡两岸服务贸易合作区。

深化重点领域改革。落实金融体制改革，创新“文旅闪贷”“诚信闪贷”等金融产品，推广“见贷即保”“批量担保”等融资担保模式，引导金融机构加大对科技创新、绿色转型、普惠小微、数字经济等方面的支持力度。实施新一轮国企改革深化提升行动，围绕提高企业核心竞争力和增强核心功能，加快战略性重组和专业化整合，优化国有资本布局，提升投融能力，增强造血功能。

提升国际合作平台。联合自然资源部海岛研究中心筹办中国—岛屿国家海洋合作论坛等高规格国际会议，吸引太平洋国家专家学者、青年学生来岚开展南岛语族文化论坛、研学等活动，争取缔结更多的国际友城。推进与太平洋国家、友城意向城市在基础设施、海洋渔业、海岛旅游、南岛语族文化、防灾减灾等领域开展交流合作，推动区内企业“走出去”投资。深入实施引侨资汇侨智聚侨力工程，增强岚籍侨商侨胞凝聚力。

深入推动数实融合。聚焦数字技术应用、数字文旅、数字贸易、数字民生、数字政府等5个核心方向，推进37个、总投资64.93亿元的数字经济项目，重点建设1000P算力以上的智算中心并投入运营，推动旅游商贸、航运物流等传统产业数字化转型。开展“信号升格”专项行动，加强重点场景网络覆盖。推动平潭数据跨境流动服务枢纽平台取得实效，开通国际互联网数据专用通道。加快智能网联汽车试点城市与先导区创建。培育壮大集成电路产业，谋划新兴产业园集成电路封装测试厂及配套集成电路保税专用仓建设。

大力发展绿色经济。编制平潭“零碳岛”顶层规划及相关实施细则，加快海洋碳汇市场化交易探索与实践，率先推动旅游产业零碳化发展，先行推出一批零碳旅游路线、旅游景点、旅游示范村。

培育壮大海洋经济。持续打造水乡渔村示范基地，大力发展休闲垂钓、旅游观光、渔市体验等渔旅结合新业态。着力推动海洋渔业走向深远海，加快“岚岛一号”智能化深海装备、深海养殖等一批海洋牧场项目建设。做大做强海洋工程装备业态，加强与船舶制造维修、海上风电装备、深远海养殖等深度融合，推动海洋工程装备产业向高端化、智能化、绿色化发展。

开辟生物医药赛道。促进平潭海峡医药健康产业园与海西隔检中心园区联动发展，打造动植物良种引育重要口岸。探索低风险植物源性中药材经平潭口岸进口试点，在区内加工成产品后销往内地，打造两岸中药材交易平台。

（摘编：赵远）

第五篇

开发园区

福建省开发区发展情况综述

2022年，全省开发区坚持以习近平新时代中国特色社会主义思想为指导，认真贯彻落实国务院和省政府关于促进开发区创新提升和高质量发展指导意见，促进开发区在积极服务和深度融入新发展格局中发挥更大作用，建设发展取得新成效，为推动全省经济高质量发展作出重要贡献。一是经济增速高于全省。全省开发区实现规模以上工业企业营业收入43076.16亿元，比上年增长13.0%，占全省的比重为61.2%；实现税收收入（不含海关代征）1624.78亿元，比上年增长3.5%，占全省的比重为39.3%。二是投资规模增长较快。全省开发区固定资产投资总额10142.86亿元，比上年增长15.7%，占全省的比重为49.4%；全省开发区营业收入30亿元及以上的制造业企业共189家，比上年增加30家；上市企业数109家，比上年增加8家。三是开放带动作用明显。全省开发区实际使用外资189.56亿元，比上年增长6.7%，占全省的比重为54.5%；全省开发区（不含综保区）实现进出口总额11169.85亿元，比上年增长15.4%，占全省的比重为56.3%。四是科技创新能力提升。截至2022年底，全省开发区现有国家级高新技术企业累计6713家，比上年增加1744家；拥有省级以上研发机构1085家，建设国家级孵化器14家、众创空间45家；全省开发区的高新技术企业完成主营业务收入15843.91亿元，比上年增长27.4%。五是土地集约有效利用。截至2022年底，全省开发区工业用地固定资产投入强度597.88万元/亩，比上年增长9.4%；工业用地产出强度719.08万元/亩，增长6.7%；全省开发区实现工业用地地均税收27.12万元/亩，其中24个国家级开发区实现工业用地地均税收41.49万元/亩，增长2.0%。重点推动以下几方面工作：

一、制定印发全省开发区工作要点，加强工作指导

从推进园区标准化建设、做大做强开发区主导产业、强化开发区招商引资、推动开发区整合提升、促进开发区转型升级、推进开发区与自贸试验区联动发展、推进绿色园区建设、完善开发区廉政风险防控体系等方面提出年度重点工作任务，印发各地商务部门和开发区管委会结合实际组织实施，指导全省开发区建设发展。

二、促进开发区整合提升

推动东山经济技术开发区与古雷港经济开发区整合，并报国务院更名为东山湾古雷经济技术开发区。推动福州连江经济开发区与可门经济开发区，福清融侨经开区与闽台（福州）蓝色经济产业园整合。推动三明市开发区整合，三明市委市政府印发《三明市区工业园区整合提升工作方案》，以三明经济开发区、三明高新技术产业开发区为主体对周边开发区实施整合，统一管理，做大做强。

三、牵头起草制定全省开发区管理办法

为了规范开发区管理，明确开发区功能定位、管理体制、运行机制、服务保障以及开发区设立、调区、扩区、升级条件等，省商务厅牵头起草了《福建省开发区管理办法（试行）》（送审稿），并按立法程序报审。

四、推动建立开发区统计调查制度

为了及时了解掌握省级以上各类开发区综合经济运行情况，为政府部门宏观经济管理提供信息服务和决策参考，起草制定了《福建省开发区统计调查制度》，经省统计主管部门批准后印发实施。

五、组织开展开发区综合发展水平考核评价

组织对全省国家级和省级开发区开展年度综合发展水平考核评价，对排名居前的开发区予以鼓励，排名居后的开发区督促改进提升，促进发展。组织指导10家国家级经济技术开发区参加商务部2022年度考核评价，我省10家国家级经开区有7家综合排名位次提升，其中东侨经开区综合排名位列第22位，比上年提升4位。科技部火炬中心3月份公布的2022年度国家高新区综合评价结果显示，厦门火炬高新区在全国169个国家高新区中综合评价排名第11位，较上一年上升3位，连续三年实现争先进位。根据商务部印发的《国家级经济技术开发区综合发展水平考核评价办法（2021年版）》，结合我省实际，修订印发《福建省开发区综合发展水平考核评价办法（2022年版）》。

六、推动开发区招商引资

积极组织开发区参加第二十二届投洽会，福建开发区展区共有3家国家级经开区和2家省级开发区单独设展，面积共738平方米。同时，利用投洽会的双向投资促进功能，组织有关开发区参加国家级经开区产业转移对接会、绿色化工产业跨境合作高峰论坛、绿色化工产业跨境合作项目对接会、“金融与投资—地方经济发展的助推器”对接会、“丝路投资”园区开发对接会，挖掘合作新机遇。各开发区坚持展洽结合，精准开展项目招商对接。

七、推动海关特殊监管区域整合优化

一是推动厦门象屿保税区与象屿综合保税区整合优化和福州保税区整合优化为福州长乐国际机场综合保税区，分别于2023年1月和7月获国务院批复同意。二是推动福州江阴港综合保税区和厦门海沧港综合保税区（一期）验收结果审理工作，2022年均已通过海关总署批复并封关运作。

八、复制推广自贸创新举措

在全省开发区积极宣传推广自贸试验区创新举措，推动开发区全面复制推广自贸试验区创新成果，重点复制推广政府职能转变、投资管理、贸易便利化、金融创新与开放、综合监管等领域的制度创新成果，结合自身优势特点，形成一批改革创新经验。推进开发区与自贸区联动发展，推动10家开发区创建全面复制推广自贸试验区创新成果先行区。

九、做好开发区生态环保和安全工作

做好第二轮中央环保督察问题整改的有关工作。有序推进开发区“污水零直排区”建设，联合省生态环境厅制定印发了《福建省省级及以上工业园区“污水零直排区”建设及评估指南（试行）》。督促推进开发区落实党政领导生态环境目标责任书，重点督促开发区环境保护突出问题的整改。认真落实开发区安全工作要求，及时转发和督促推动国家级经济技术开发区落实商务部对国家级经开区落实安全工作的通知要求。

（撰稿：福建省商务厅　原载《2023福建开发区年鉴》）

“2023 中国省级开发区高质量发展百强榜单”福建入选省级开发区名单

2023 年 11 月 6 日福建省商务厅消息，“中国县域/市辖区高质量发展研讨会 2023”日前在中国社会科学院举行，会上发布了“2023 中国省级开发区高质量发展百强榜单”福建 13 个省级开发区入选，名单如下。

排名	省级开发区名称	所属省市
11	福建晋江经济开发区	福建省泉州市
34	福州高新技术产业园区（福州鞍件园）	福建省福州市
36	福建泉港石化工业园区	福建省泉州市
42	福建长乐经济开发区	福建省福州市
43	泉惠石化工业园区	福建省泉州市
46	泉州半导体高新技术产业园区（泉州芯谷）	福建省泉州市
51	福建漳州金峰经济开发区	福建省漳州市
53	福建福州金山工业园区	福建省福州市
56	福建南安经济开发区	福建省南安市
58	福建宁德三都澳经济开发区	福建省宁德市

省级开发区高质量发展评价指标体系包含综合实力、区域活力、创新创业等五个维度，以及地区生产总值、税收总收入等 23 项具体指标。

“2023 中国省级开发区高质量发展百强”分布在 25 个省市自治区。福建入选数量居全国第二，入选的园区达到了 13 个。这在一定程度上表明了福建省经济增长活力足、质量高。

分东部、中部、西部和东北四大板块来看，东部 62 席，中部 13 席，西部 22 席，东北 3 席。分传统的南北方来看，南方 74 席，北方 26 席，南方的优势呈现出进一步扩大的趋势。由于区位优势和雄厚的发展基础，东部地区的省级开发区在高质量发展上仍然具有明显优势。

省级开发区是县域和市辖区的产业集聚平台，新型城镇化的核心抓手，创新发展和生态文明建设的主战场。部分省级经济开发区，充分发挥超大经济规模和现代化产业体系优势，在推动传统产业加快升级的同时，加快布局技术含量高、发展前景好、市场需求大的新兴产业和未来产业，持续提升资源配置能力和综合承载力。

（摘编：邓新民）

福州开发区概况

福州经济技术开发区

福州经济技术开发区于1985年1月经国务院批准设立（1992年与马尾区实行“两区合一”的行政管理体制），是首批14个国家级经济技术开发区之一。主要产业园区包括：高新园区马尾园、马江园区、长安园区（出口加工区）、综合保税区。行政管辖范围包括罗星街道、马尾镇、亭江镇、琅岐镇等“三镇一街”。总面积275.66平方公里（其中开发区面积23平方公里），第七次人口普查：290554人。2022年，马尾区完成地区生产总值675.34亿元，比上年增长3.9%；一般公共预算总收入34.14亿元、增长4.1%，地方一般公共预算收入22.75亿元、增长5.4%；固定资产投资167.58亿元，增长16.2%；社会消费品零售总额206.97元，增长1.4%；进出口总额429.27亿元、增长1.4%；实际使用外资0.98亿美元，增长10%；城镇居民人均可支配收入6.15万元，增长4.3%；农村居民人均可支配收入3.46万元，增长6.9%。

产业发展蓬勃兴旺。2022年，数字经济蓬勃发展，获评省级数字经济核心产业集聚区，数字经济总规模突破700亿元；82家区内企业依托华为云创中心成功开展数字化转型，经开区成为全国首个产品批量完成鸿蒙适配的生态标杆区。海洋经济再创佳绩，发挥全国领先的水产品集散地优势，推动预制菜产业发展，佛跳墙、秋刀鱼等多种预制菜细分品类市场份额排名全国第一；加快华闽深冷、中交汉吉斯等冷链项目建设，建成全国第二大、全省最大超低温冷库——正福超低温冷库，海洋经济规模突破720亿元。绿色经济初具规模，全力支持星云电子、时代星云快速发展；大通（福建）新材料公司、飞毛腿电子公司入选国家级绿色供应链白名单。文旅经济加快复苏，推进7个国家级旅游品牌、3个省级特色旅游村、1个市级精品旅游示范村建设，提升完善闽白沿线乡村振兴精品旅游线路；全年接待游客335万人次，实现旅游收入21.78亿元。

项目建设赶超进度。全年列入省级重点项目9个，年计划投资14.7亿元，完成投资17.72亿元，超年计划20.6个百分点。列入市级（新区）重点项目116个，年计划投资157.8亿元，完成投资194.55亿元，超年计划23.3个百分点。列入区级重点项目341个，年计划投资289.58亿元，完成投资245.39亿元，完成年计划84.7%。实施“项目攻坚落实年”专项行动，有提速攻坚项目120个，年计划投资214.96亿元，完成投资262.45亿元，超年计划22.1个百分点；开工46项，开工率100%；竣工32项，竣工率100%。

招商引资卓有成效。全年完成招商项目155项，总投资额396.8亿元，其中完成高质量产业项目31项，包括：重大产业链项目1项，总投资额52.25亿元；产业链项目12项，总投资额25.3亿元；重点项目9项，总投资额131.14亿元；外资项目4项，到位资金额7.9亿元；外贸项目5项，总投资额1.06亿元。从规模上看，投资额10亿元以上重点项目11项，50亿元以上重大项目1项。

生态环保持续治理。2022年，空气优良天数358天，优良率98.1%，其中优221天，占比60.5%，比上年下降13.3%；6项污染物平均浓度均达到国家环境空气质量二级标准，$PM_{2.5}$年均浓度16微克/立方米，小于19微克/立方米的考核指标要求，空气质量综合指数比上年有所下降，表明空气质量比上年有所改善。白眉水库等集中式饮用水源水质达标率100%，闽江国控琯头断面、白眉溪省控小流域水质达标率100%。昼间区域环境噪声平均值55.3分贝，昼间道路交通噪声平均值64.7分贝，符合声学环境质量功能区标准。固废和危废处置综合利用率达100%。强化生态环境执法监管，加大执法力度，立案处罚4家企业，罚款13万元。

（摘编：吴建翰）

福清融侨经济技术开发区

福清融侨经济技术开发区于1987年创办，1992年经国务院批准成为国家级经济技术开发区，规划面积14.26平方公里，已基本开发完毕。2022年，福清融侨经开区实现规上工业产值1272.7亿元，比增1%；社零额完成142.3亿元，比增21.1%；固定资产投资累计完成353.9亿元，比增13.7%；工业固投完成140.9亿元，比增42%；实际使用外资4.1亿元，比增31.8%。在2021年度全省试点园区标准化建设评价排名第3位；在2021年度省开发区综合发展水平考评中位列第6位。

项目建设加快进度。按照“程序不减、时间缩短、并联推进”的工作思路，紧紧盯住关键环节，督促项目业主加快项目建设进度，确保项目早日建成投产达效。全年新开工项目10个，总投资92.56亿元；竣工投产项目9个，总投资32.13亿元。26个省市重点项目共完成投资67.13亿元，完成年投资额的147%。

招商引资有序推动。全年投资项目备案206个，总投资322亿元。其中电子信息产业项目51个，总投资160.57亿元；汽车部件产业14个，总投资20.62亿元；光学产业2个，总投资0.51亿元；其他产业项目139个，总投资140.27亿元。

生态环保专项整治。一是抓好安全生产。聚焦安全隐患排查，全年共开展安全大检查377家次，专项检查和平时抽查12次，共查出安全隐患1876条，发出整改通知书377份。推进消防专项整治，联合相关部门开展消防安全大排查大整治专项行动，举办消防安全专题讲座，组织159家园区企业开展消防安全演练，不断提升园区消防安全管理水平。二是加强环境保护。制定突发环境事件应急演练脚本，联合南宝树脂完成年度突发环境事件应急演练；制定《融侨开发区散乱污企业场所综合整治工作方案》，督促企业完善环保手续，提升开发区营商环境。截至目前共录入散乱污企业20家，已完成整改20家。

管理服务纾困解难。持续开展“千名干部进千企”行动，认真抓好国家、省、市各级稳经济一揽子政策的贯彻落实，积极为企业纾困解难，助力企业提质增效。2022年园区享受增产增效奖励企业84家，奖补资金达975万元；享受增值税留抵退税企业88家，退税金额达6.84亿元；帮助企业兑现各类补助1.15亿元。开展“两节送温暖”系列活动，走访慰问困难职工和留融过年职工6000余名；开展“夏送清凉”活动，共慰问高温岗位职工3050名；开展包机包列来融就业、返岗职工、助力开门红等活动，让广大职工尽享贴心“家服务”；开展职工子女暑托班活动，积极协调市教育局推进秋季企业职工子女就学问题，解除职工的后顾之忧。2022年9月园区获评福州市营商环境改革创新示范园区。

（摘编：郭向东）

福州高新技术产业开发区

福州高新区位于福州的西南方，与福州主城区仅一江之隔，是1991年习近平总书记亲自擘画成立的首批国家级高新区。2022年同口径下，高新区财政总收入完成35.41亿元，比增8.6%；地方一般公共预算收入完成24.42亿元，比增13.7%；规上工业企业99家，规上工业产值231.6亿元，固定资产投资完成293.3亿元，工业固定资产投资135.1亿元；实际使用外资5033万美元，完成全年任务的179.3%，排名全市第二；完成出口34.23亿元，比增21.1%，排名全市第三。

基础设施提升改造。2022年全区城市品质提升项目共计49项，总投资额约377.1亿元，2022年度完成投资额83.5亿元。完工元峰河水系综合治理、高岐河运动公园、马排路、科技二路等38项；在建两园安置房二期（南港花园）、学府南路等9项。市政道路新建改建18条，总长度约20公里；完成污水、雨水、供水、燃气管网建设总计27.7公里；新建和改造提升公园绿地面积9.7公顷、福道5公里、立体绿化5处、主题公园1处；竣工安置房项目6个，总建筑面积90万平方米。

项目建设稳步推进。2022年省、市重点项目111个，计划投资1327亿元，完成年度投资241亿元。竣工福建巨泽生物医药产业园、数字经济产业园一期、福抗创投中心、德艺文创产业基地、实验中学二期等39个项目；动建保利通信高新科技产业园、点芯科技园、湾边大桥提升改造等34个重大项目。

产业发展持续向好。一是经济企稳回升，办理企业增值税留抵退税5.4亿元，减免小型微利企业所得税1.3亿元，减免小微企业和个体工商户租金1000万元。二是结构质量向好，海康威视、迈新生物、永福电力3家企业获认定福州市总部企业，规上工业企业、限上商贸企业分别新增15家、11家。三是发展活力提升，国家创新型（光电）产业集群试点、国家绿色产业示范基地等深化创建，主导产业、新兴产业培育壮大，新增市场主体6500多家。

生态环保严格治理。2022年全区环境质量总体良好，区环境空气质量优良率达98.1%，优良天数达358天。六项指标平均浓度PM_{10}为32.8微克/立方米、$PM_{2.5}$为18.2微克/立方米、NO_2为16.8微克/立方米、O_3为90.8微克/立方米、SO_2为3.9微克/立方米、CO为0.5毫克/立方米六项指标均达到国家《环境空气质量标准》中的二级标准。

（摘编：余松山）

福州保税区

福州保税区1992年经国务院批准设立，封关面积0.6平方公里。2007年12月，利用二期未开发的1.2平方公里用地指标，置换到福州港江阴港区设立福州保税物流园区。2009年1月，福州保税区海关按照总关统一部署，成建制搬迁至福清江阴，福州保税区保税业务也随之下移至福清江阴港区，直至2013年全面停止。2015年4月21日，中国（福建）自由贸易试验区福州片区挂牌成立，福州保税区成为福州片区马江区块的组成部分。2021年，根据海关总署要求，福建省政府提出将福州保税区整合优化为福州空港综合保税区。2022年，福州保税区新设内资企业131户，注册资本18.74亿元，新设外资企业3户，注册资本1.1亿人民币。截至2022年12月31日，福州保税区共有企业5412户，注册资本812.94亿元，其中内资企业5332户、注册资本632.98亿元，外资企业80户、注册资本179.96亿人民币。目前，全区近97%注册企业区内注册，区外经营，驻区企业124家（不含海丝商城企业），按产业类别分，商贸业企业29家、仓储物流业企业44家、生产制造业企业39家、服务业企业10家、房地产业企业2家，其中2022年纳入统计的规模以上工业企业5家，规模以上服务业企业10家，限额以上批发业企业9家。2022年，全区一般公共预算总收入5.35亿元。

园区建设优化提升。依托属地规划，进一步盘活园区存量土地，优化资源配置，提高土地利用效率，对园区各地块内入驻企业开展摸排，摸清各地块内企业经营租赁及税收情况，形成福州保税区驻区企业情况表，为土地盘整提供第一手资料，调取企业地块土地档案，为园区低效用地整治提升打好基础工作。积极对接走访各地块业主，收集业主对土地的处置意向以及后续的发展规划。主动对标福州市工业园区标准化建设要求，逐步带动老旧厂房、物流仓储、堆场等腾笼换鸟。

（摘编：游永贵）

福州综合保税区

福州综合保税区位于福建自贸试验区福州片区内，前身为2005年6月成立的福州出口加工区，规划面积1.14平方公里，其中陆域面积0.659平方公里，水域及滩涂部分面积0.481平方公里。2020年1月，国务院正式批复同意福州出口加工区整合优化为福州综合保税区，11月通过福州海关组织的联合验收。2021年2月海关总署批复开关运作，成为福州市首个、省内第二个综合保税区。2022年，综保区完成工业固定资产投资4.89

亿元；实际进出口总额48.3亿元，比上年增长37%。其中，出口总额18.59亿元，比上年增长-10.5%；进口总额29.33亿元，比上年增长102.5%。全年实现税收1.69亿元，比上年增长25.2%。其中，海关税收1.17亿元，比上年增长15.6%；地方税收0.526亿元，增长53.4%。

项目建设有序推进。综保区全年省市重点项目3项。在建项目优你康隐形眼镜生产项目，至年底有5条生产线安装投产，完成工业产值4049万元。新开工项目御金冷链水产加工物流产业园项目，2月动工建设，总投资3.6亿元，至年底完成投资1.1182亿元。市级重点在建项目中交产投福州冷链枢纽（汉吉斯）项目主体结构施工完成，累计完成投资5.4亿元。3月，正福超低温金枪鱼深加工冷链项目正式运营。

产业发展突出重点。综保区主导产业为“一平台一服贸两条产业链”。一平台，即跨境电商经济平台，包括跨境电商进口贸易和出口贸易，以福州意隆达商贸有限公司、福州鑫百利实业有限公司、福建融达通供应链管理有限公司、福建省联安电子商务有限公司、福建慧旭供应链管理有限公司等电商及关联企业为支撑。一服贸，即保税服务，包括保税展示、保税维修、保税研发、保税租赁等，以益童乐贸易（福州）有限公司、福州海盛龙船舶物资有限公司、福建宏顺融资租赁有限责任公司等企业为支撑。两条产业链为视光学产业链和冷链食品加工产业链，视光学产业链以福建优你康隐形眼镜生产项目为代表，冷链食品加工产业链以中交（汉吉斯）、正福、钓天等水产品冷链仓储、深加工企业的预制菜产业为代表。2022年，综保区有跨境电商相关企业13家，完成跨境电商进出口业务量约1017万票，比上年增长146.9%；货值约33.59亿元，增长230%。推进跨境电商“9810”（跨境电子商务企业对企业出口海外仓）模式，2022年1月，福建创贝电子商务有限公司完成福州综合保税区跨境电商“9810”首票业务，实现跨境电商监管中心“9610”（跨境贸易电子商务）、“9810”模式的出口业务与“1210”（保税跨境贸易电子商务）进口业务全覆盖。

（摘编：周少雄）

福州江阴港综合保税区

福州江阴港综合保税区于2020年6月19日经国务院批准同意，由原福州保税港区优化整合而成，规划面积为2.64平方公里（国际物流区0.99平方公里，港口集散区1#—5#泊位共1.65平方公里），2021年6月18日通过验收，是全国首个先行开展内外贸智能监管试点的综合保税区。2022年，全年完成进出口总值151.4亿元，比增91.4%。港区集装箱吞吐量211.16万标箱，比增2.1%；货物吞吐量3665.03万吨；海铁联运到发箱量累计完成4.7万标箱，比增30.9%；国产车分拨完成29558台；到港进口整车2825台，比增2124%。园区限上规上商贸服务业55家，完成限上规上商贸服务业销售额448.69亿元，比增31.9%；2022年开通内外贸航线66条，其中内贸航线37条，外贸航线29条。区内设立跨境电商进口监管仓4个，出口监管仓1个。与京东、拼多多等国内大型电商平台建立合作关系。2022年区内跨境电商进出口交易额66亿元，同比增长78%；累计运营1271万票（进口量占福州的100%，出口量占90%）。

基础建设整合优化。智慧仓储项目：正在建设6栋共77621平方米物流仓库，建成后将提升园区土地效益，进一步拓展产业发展空间。综合提升工程：完工验收后将进一步强化区内消防设施，监管设施，道路、管道、电气、通信设施等保障要素，优化营商环境。

体制机制创新改革。“通关全流程状态可视化服务”“八闽办税码”两项创新措施列入2022年福建自贸试验区第九批可复制创新成果；海关“智慧企管”平台、跨境电商企业零跑腿缴税模式、陆地港出口转关直通业务、八闽办税码等4项举措获评全国首创。

（摘编：曾文升）

福州福兴经济开发区

福州福兴经济开发区位于福州市晋安区鼓山镇，成立于1990年8月，总规划面积3.55平方公里。园区重点发展光电信息、智能制造、数字产业、企业总部等产业及相关配套。2022年，园区共有规模以上工业企业87家，完成规上工业总产值530.21亿元；“四上”企业357家，合计营业收入1017.05亿元；全年完成固定资产投资额（不含农户）265.55亿元。

产业发展重点突出。重点发展光电通信等主导产业，初步形成上游以华科光电为代表的光器件材料产业，中游以高意集团为代表的元器件产业，下游以麦克赛尔为代表的应用消费产业，涵盖光通信、激光、光学镜头等众多领域。

项目建设引领推动。以“管得住”“拆得下”“建得起”“招得来”四步工作法，推进“四个一批”（收储出让一批、工业用地增容一批、企业利用自有用地建设零星办公用房一批、老旧厂房转租一批）项目进程，加快建设晋安湖壹号、湖塘科创园等园区重点项目，推动园区产业逐步转型升级，促进项目滚动接续，引领产业发展。2022年，永正检测中心项目已竣工；晋安三创中心、金强房屋公园项目等重点项目主体结构已封顶；数字内容产业园、晋安数字虚拟产业园分别于6月22日、7月19日举办开园仪式。

招商引资优势互补。建立“政府+企业”招商信息共享机制，以达到资源的优势互补、增强市场开拓、协同推广目的。2022年重点跟踪昊盛集团总部项目、粤浦科技产业园、三耀科技项目等招商项目50项，其中，中海油光伏项目已落地。鼓山镇及开发区已通过考评招商项目共93个，总投资额422.75亿元，其中重大产业链1个，总投资52亿元；重点项目7个，总投资76.21亿元；产业链项目8个，总投资8.25亿元。用活优惠政策，2022年各乡镇（街道）已完成新注册及域外迁入晋安湖“三创园”的企业共231家，其中81家实现税收2.74亿元。

（摘编：郑欣然）

福州金山工业园区

福州金山工业园区包括橘园洲、金山、浦上、福湾和义序五个片区，现有企业4336家，规上企业428家，2022年实现总营收1060亿元，其中规上工业212家，规上工业产值659亿元。本年度成功申报福建省工业（产业）园区标准化建设试点园区，在全省省级开发区综合发展水平考核评价中排名第八，在省自贸创新成果复制推广先行区考评中名列前十，在市级“一区多园”产业核心园区综合考评中蝉联第一。

项目建设加速推进。一是开展政府收储提升。在橘园洲片区选取6个低效地块共246.7亩进行收储，共新建高标准工业厂房51万平方米。其中A、D地块28万平方米已建成投用，引入省亿力集团、锐捷网络、宝宝巴士、字节跳动等智能产业头部企业；C、E地块即将竣工；B地块即将动建；该片区全部建成后将打造成千亿级的智能产业园。二是推进企业自主提升。共谋划推动18个企业自主提升项目，可新增厂房约52万平方米。其中，中能电气、鑫扬动力2个项目已封顶；依强珠宝、圣信众创、海源华创、中交四航局、奥特帕斯、克里贝尔等6个项目正在建设；其他10个项目正在审批中。其中，中能电气、鑫扬动力、依强珠宝已封顶，其他项目正在加快建设。

产业发展集群效应。将智能产业和生物医药产业作为园区主导产业。一是推动智能产业集聚，全年累计落地工业、软件信息服务业招商项目60个，总投资逾170亿元，助力仓山区数字经济规模突破500亿元。二是构建超30万平方米的生物医药产业载体空间，打造以“两园两中心”为创新平台的发展新格局，助力仓山区生物医药产业规模超200亿元。

管理服务精准对接。园区找准定位，以服务为抓手，聚焦制约企业发展的困难和问题。一是主动靠前服务。重新布局片区服务站，干部下沉一线，打通服务“最后一公里”；二是精准对接服务。通过与银行签订合作框架协议、为企业聘用金融指导员等方式，对接银行为企业提供更专业、更有针对性的金融支持；通过园区企业上市服务工作站推动省、市上市后备企业20家，其中锐捷网络股份有限公司成功上市；支持企业报建保障性租赁住房1302套、梳理人才用房213套租赁给规上企业。

（摘编：陈闽声）

福州高新技术产业园区（福州软件园）

1999年2月，福州软件园获得国家科技部批准成为国家火炬计划软件产业基地，并于3月在五凤山麓破土动建。经过24年发展，园区在2平方公里的规划面积内，已建成A—G共7个片区，总建筑面积约150万平方米，2022年园区总收入达1700亿元，成功入选第三批国家双创示范基地，蝉联“中国最具活力软件园”，荣获2022年度高质量发展园区，中国软件和信息服务业领军产业园区，中国软件和服务外包杰出园区、国家新型工业化产业示范基地、国家软件与集成电路人才国际培训基地等多项荣誉，已成为“数字福建”建设的重要抓手和示范窗口。2022年，福州软件园汇聚1385家企业，其中主板上市挂牌企业10家、上市公司分支机构15家、上市后备企业29家、产值超亿元企业112家、国家级高新技术企业315家、国家级和省级“专新特新”中小企业22家、“未来独角兽”企业10家、瞪羚企业17家、科技小巨人企业69家、科技型中小企业212家。

产城融合建设完善。2022年园区完善生活服务配套，围绕3.5万多名企业职工关注的热点民生服务，健全完善“医食住行教娱健智”八类生活配套场景，逐步构建“宜居宜业、产城融合”的生态发展圈。如在餐饮方面，引入了星巴克、7-11、肯德基、麦当劳等品牌连锁；出行方面，新增空港快线、地铁五号线接驳通勤快线等；文娱方面，策划举办10期“缘梦软件园”鹊桥相亲和11期“暖暖数谷情”团建系列活动；智慧服务方面，“福园宝”园区线上小程序，已对接引入中石油、聚春园等89家园区内外品牌商户，职工体验服务已超25万人次。全力推进“1+7”园区“共享区”建设，在整体规划的基础上，打造福山数字人才港、双创共享空间、共享职工之家、黑科技产品共享展厅、软件产业开发共享空间、公共服务平台、临湖休闲广场7大空间，促进产城融合。

人才服务特色鲜明。聚焦人才“引、育、聚、留”，逐步形成特色鲜明的数字经济人才集聚区。接续举办数字中国创新大赛·鲲鹏（信创）赛道、海峡信息赛，承接“创新创业大赛”，形成三赛联动、全年覆盖的办赛引才体系；开展技术类、通识类、职业技能类培训，创新打造“全方位”人才培训“学术化”人才交流“课题式”项目培育“高端化”优才计划的人才培育体系；修订完善《钱塘小学软件园教学点招生条件》，协助申请东二环融侨悦城市级人才公寓50套，开通园区直达融侨悦城人才公寓专线，以“一厅两区一走廊”的整体规划，精心打造“福山数字人才港”，打造有温度的人才保障体系。

（摘编：林汇智）

闽侯青口汽车工业园区

闽侯青口汽车工业园区是经国家发改委核定的省级汽车工业园区，位于福州市的东南部，是省市重点打造的汽车生产基地，涵盖闽侯县青口、祥谦、尚干三个乡镇，规划面积76平方公里，主要发展汽车、机械、电子新材料等工业，汽车产业占主导地位。2022年，园区实现规模以上工业产值655.45亿元，比上年增长19.2%；固定资产投资115.126亿元，比上年增长18%；税收37亿元，与上年度持平。奔驰实现产值127.14亿元，产量3.33万辆，税收22.33亿元，比上年增长18.8%；东南汽车引进奇瑞战略合作，实现产值23.02亿元，比上年增长418.7%，产量2.69万辆，比上年增长266.4%，税收3649万元，比上年增长255.8%。新增国家高新技术企业24家、专精特新企业5家、科技小巨人企业8家，新增规模以上工业企业28家。

基础设施提升改造。2022年，园区升级路网、污水管网、河道水利、天然气、电力等基础设施，统筹青口、祥谦、尚干三镇连片开发，改造主干道路景观，优化营商环境。

“共享区”试点建设：入选福州市工业园区“共享区”试点，制定青口汽车城核心共享区提升规划方案，生成项目65个、总投资约8.95亿元，与福州市左海集团合作共建，一期合作项目28个，总投资3.2亿元，完成新城路沥青罩面、星城路白改黑等项目建设13个。建成投用七里学校、大义收水工程等民生项目11项，提速建设正祥广场、林森大道二期等项目40项。污水管网建设：推进汽车城淘江水系治理，生成市政雨污水管网修复及改扩建工程、农村污水收集工程等治理项目11项，总投资约40.8亿元。核心共享区7个村居农村污水治理项目动建，完成投资4000万元。市政设施建设：完成青口镇中心城区沪屿路二期、农光路延伸段和付竹路、公园路二期保洁过渡期以及青口汽车工业园区新移交市政道路绿化和公园过渡期绿地养护等2项采购服务招标项目，总面积共21.97万平方米。加大市政道路维护力度，投资1016.52万元，完成园区部分道路交通管制道路标牌项目，增设交通管制牌48块；完成七里产业园市政污水管网应急修复及积涝点整治，修复、改造污水管道病害及路面积涝点10处；修复林森大道及濑江大桥道路约1.40万平方米沥青；完成七里产业园基础设施配套（高速桥下停车场）等项目。

招商引资卓有成效。2022年，园区推进“链长+招商专员”工作机制，新增招商备案项目27项，总投资约200亿元。招商专员全程跟踪服务，推动六和金属副车架、海芳塑胶等5个产业项目落地动工，海通产业园、海越环境、兴澳诚一期等10个产业项目竣工投产。

（摘编：苏小雨）

罗源湾经济开发区

罗源湾经济开发区成立于1992年，1998年被省政府确定为省级开发区，核准面积4平方公里，1999年被国土资源部确定为全国首个土地综合开发整理示范区和“全国科技兴海”示范基地，2000年被省政府确定为福州港深水外港。2022年完成固定资产投资85.5亿元，比增9.1%；工业固定资产投资85.2亿元，比增13%；规上工业产值647.3亿元，比增14.3%；社会消费零售总额1.5亿元；其他营利性服务业8359.9万元；地方级财政收入4.2亿元。

项目建设赶超进度。全年列入省市县重点项目共21个，总投资367.67亿元，年计划投资106.08亿元，完成投资112亿元，完成率106.6%。福州市项目攻坚落实年专项行动开工项目任务数10个，已完成开工项目10个，完成率100%；竣工项目任务数5个，已完成竣工项目5个，完成率100%。福州市项目攻坚落实年专项行动总排名全县第一。

招商引资成果喜人。全年洽谈招商项目45个。引进落地福蓉源年产25万吨再生铝及圆铸锭项目、源申年产120万吨钢铁渣粉新建项目、北湾时代智造产业园项目、灿兴环保科技公司稀贵金属资源化利用项目等招商项目16个，总投资116.36亿元。其中，投资额超10亿元项目5个，超2亿元项目8个；三产项目4个，二产项目12个；引进欧特、叙佑、宝太等3家钢铁产业，延伸钢铁企业产业链。

生态环保严格执行。把环境保护工作和污染防治工作纳入全年工作的议事日程，投入6亿元资金，建设企业环保技改项目。完善环保基础设施建设，金港工业区污水厂、北片污水管网及提升泵站完成可研编制，加强园区道路洒水降尘，督促宝钢、闽光、亿鑫、德胜能源、德胜新建材等5家企业配套移动雾炮和喷淋系统等设施；开发区环境事件应急预案已完成编制，并通过审查，上报生态局备案。加强园区重点区域环保巡查工作，上报散乱污事件13件，均已关停取缔，按要求完成整改；深入推进“四减四增”，加快亿鑫钢铁超低排放、德盛镍业节能减排项目改造升级，三钢产能置换（罗源闽光部分）及配套项目二期和130万吨H型钢生产线、宝钢德盛精品不锈钢绿色产业基地项目—钢铁产能置换项目等建设。2021年，开发区被列入全国固废综合利用示范区。

（摘编：郑平名）

福州江阴经济开发区（福州江阴港城经济区）

福州江阴港城经济区前身福州市江阴工业集中区，成立于2001年，2017年8月整合纳入福建自贸试验区福州片区保税港区，是福建省石化发展规划“两基地一专区”的化工新材料专区，2021年1月29日，被认定为福建省首批9个化工园区（化工集中区）之一。2022年，完成规上工业产值615.9亿元，比增22.5%；固投151.94亿元，比增10.9%；工业固投127.89亿元，比增

6.5%。集装箱吞吐量211万标箱，比增2.1%；截至目前，园区落地工业企业127家（规上企业76家）。

基础建设持续推进。2022年，以安全为底线和红线，继续推进双电源、双气源、双热源、双扩容等项目建设，保障化工企业安全、稳定生产。“双电源”方面，预计2023年底建成，建成后园区将实现闭环式双电源可靠供电。“双气源”方面，正在对接中石油探讨选址方案，待规划修编后开展建设工作。“双热源”方面，园区已委托永福设计院负责江阴供热规划和热电联产规划修编工作，目前已完成初稿，下一步加快推进上述规划修编的评审工作。“双扩容”方面，原水供应扩容，正在开展加压泵站设计工作，同时江阴屿礁村至洋边调节库输水管道工程及园区东片区输水管道工程正在开展前期工作；污水处理扩容，目前工程已基本完成场平、桩基等工作，除政策处理遗留地块，其他各单体工作面全面实施。江阴港城经济区产业公寓一期、二期项目正在施工。新厝实验幼儿园已投入使用，城关小学校区正在进行教学楼基础施工及土方回填，福清一中校区教学楼已封顶，科学综合楼、宿舍楼等正在有序推进；江阴港城医院项目在开展前期工作。推动在江阴生活配套区建设体育馆及商业综合体，在新厝生活配套区建设文体、商贸设施。

项目建设稳步发展。2022年，已有上景新材料年产高性能聚丙烯150万吨、思嘉新材料科技产业园等11个总投资168.72亿元项目开工建设。有中景石化聚丙烯热塑性弹性体项目、正太新材年产20万吨二氧化钛等8个总投资77.55亿元项目投产。

招商引资以点带面。2022年，引入思嘉新材料产业园、万马万华上下游一体化项目等16个总投资达253.55亿元的上下游配套项目，向下延伸顺酐、BDO、PBAT等万景碳四产业链项目，总投资180.16亿元；同时利用正太已有的一期年产20万吨二氧化钛装置和相关公辅设施，引入二期年产60万吨二氧化钛项目及其项目配套，以天辰耀隆为核心原有产品为基础，向尼龙6、尼龙66、尼龙12等高附加值尼龙新材料方向延伸。

生态环保严格执行。2022年，推进集安全、环保、应急、公共服务等一体化的智慧化工园区平台建设，已上线试运行。园区封闭化管理项目建设目前已产生中标单位，开展建设。充分运用管廊管架，实施污水管道“明管化”改造，加强污水排放监管，防止污水泄漏现象发生，并解决污水管网巡检维护问题。大气监控体系提升项目建设，12月底完成安装调试。

（摘编：李元）

连江经济开发区

连江经济开发区是2006年3月经省政府批准，通过国家发改委审核的省级开发区。开发区区位优势明显，处省会福州“半小时经济圈”，园区实管用地总面积922公顷，实际用地面积860公顷，形成了“七园一城”工业发展格局，打造了食品精深加工、化工新能源新材料、现代物流、能源电力、海工装备等产业集聚，入驻有恒申集团、马尾造船、青岛啤酒、茶花家居、聚春园等112家在产规上工业企业。2022年，全区规模以上工业产值完成808.47亿元，完成规上工业增加值为201.39亿元，实现纳税26.02亿元，完成工业固定资产投资374.47亿元，较好完成了全年的各项任务。

基础设施不断完善。园区共有31个项目列入2022年园区标准化建设基础设施、生产生活配套项目清单，项目合计总投资455亿元，2022年计划投资123.56亿元。

项目建设有序推进。民天国际商贸物流中心（一期）项目、康怡通用设备研发及生产项目、水产品交易中心项目、溥泉新能源、申远三期、华电三期、恒捷染整产业园等20个项目总投超300亿元的项目开工建设；福建海峡汽车及冷链物流产业园项目、通用设备生产项目、福建正友电气设备生产项目、福建达道牛肉食品项目、鑫博食品设备生产项目、新点石、合成氨二期等10个项目已建成投产；有福州现代物流城核心区开发区项目（一期）、中国（连江）海峡国际农产品物流项目、天虹演艺电商产业园项目、福建创鸿冷链物流中心、福建长恒水产品精深加工项目、中通快递闽中（连江）智能快递电商产业、连江聚力实业有限公司水产品加工及冷链项目等10个项目正按顺时进度推进。

产业发展集群效应。重点从强化产业链项目招商、实施龙头项目招商、建立项目落地全流程服务等3个方面加快项目落地，突出横向配套和产业链上下游延伸，着重引进处于产业链条关键环节的龙头大项目，做到引进一个、带动一批、形成集群。已初步形成以申远系以内酰胺、宁德时代配套锂电新能源为主的产业链图谱，以华电可门火电和国能港电为支柱的能源电力产业集群，以华电储运、可门港物流为龙头的现代港口物流产业集群，以宏东产业园、宏东交易中心为龙头的水产品精深加工产业集群，以青岛啤酒、聚春园食品为龙头的食品软饮加工产业集群，以茶花家居塑料、新兴家居为龙头的家居家具产业集群。全年完成项目签约46项，计划总投资566.1亿元，其中完成项目落地25项，总投资192.3亿元。

生态环保持续向好。始终把“环境质量只能更好、不能变坏”作为环保责任的工作底线要求，强化党政同责、一岗双责和企业主体责任。为进一步提高园区空气质量，推进落实“双碳”“双控”“双限”相关工作。鼓励引领企业持续走研创强企、绿色发展之路，推动科技绿色创新。亿达食品公司依托厦门产权交易中心（厦门市碳和排污权交易中心——全国首个海洋碳汇交易平台），正式完成全国首宗海洋渔业碳汇交易（1.5万吨海水养殖渔业海洋碳汇交易项目）。

（摘编：王利兴）

福州新区长乐功能区
（长乐经济开发区）

福州新区长乐功能区位于福州新区核心区，地处福州长乐国际机场与松下港之间的沿海区域，是福州市工业集聚区与数字经济发展重点区域。2022年，共有规上工业企业129家，完成规上工业总产值1530.89亿元，比增26.9%。辖区数字经济占GDP比重超50%。园区标准化项目10项，总投资171.64亿元，累计完成投资30.92亿元，完成年度计划的159%。东南大数据产业园数字企业注册超900家，注册总资本650多亿元，累计营收约1600亿元，税收约40亿元。

基础建设日新月异。地铁6号线开通运营，国道G316将于2023年下半年建成通车，城际铁路F1快速推进，与中心城区半小时交通圈初步形成。国家区域医疗中心华山附一医院、三甲康复专科医院省康复医院滨海院区正式开诊。天津大学和新加坡国立大学合作举办的化学、物理、化工三个专业硕士研究生教育项目正式获批，新建福州滨海实验学校，福州三中滨海校区、赛德文双语学校等8所学校，构建从学前到大学的完整教育体系。商务印书馆福州分馆、第二工人文化宫等高品质公共配套相继落成。“一闸三线”水资源配置工程正式通水，35公里沿海防护林带基本闭合。滨海新城岸段入选全国美丽海湾案例，闽江河口湿地入选世界遗产预备项目，福州海滨旅游区建设加快推进。健全完善滨海行政服务中心，简化审批环节，依托省网上办事大厅、“e福州”APP，推动一网通办，提供“一站式”“新连办”服务。特别是资规、住建、发改等部门简化审批环节，压缩审批时限，提高审批效率，为企业提供高效便捷服务，努力创造宜商宜业宜居的良好营商环境。

产业发展全力推动。2022年，围绕“国家数字经济创新发展试验区”“福州新区国际医疗综合试验区”“智能汽车（东南）数字经济产业创新中心”等建设，全力推动数字经济、生物医药、大数据等新兴产业落地、集群发展。已建及规划建设机架超6.5万个，拥有移动、健康医疗、云计算等五大数据中心，占全市的80%。省超算中心运算算力达6000万亿次/秒，人工智能计算中心建成105P算力，为周边企业提供算力支撑。依托东南大数据产业园，引入中国工业互联网研究院福建省分院、福建人工智能计算中心、数字中国服务联盟总部落地，省大数据公司正式落户，福建大数据交易所挂牌运营，吸引915家企业入驻，建成国家级互联网骨干直联点、工业互联网二级解析节点、“海峡光缆一号”等大数据产业基础设施。

招商引资成果喜人。全年共完成招商项目落地154项，省大数据集团、兴业银行金融科技产业园、海西新药研发创新中心等重点产业链项目落地，均和云谷、新投商务中心、芯云产业园等纷纷投入招商运营。

生态环保监管到位。滨海新城海洋生态保护修复工程项目在财政部、自然资源部组织的竞争性评审中荣获全国第二名，推动制定《美丽海湾保护建设行动方案》。园区积极开展“普法进园区，送法进企业”活动，落实“碳达峰、碳中和”工作，推动东湖社区低碳社区试点示范工程建设，完成环保部门的检查和整治工作，如环保督察、省级工业区专项整治、生态环境安全隐患大排查大整治、“污水零直排区”建设、散乱污企业整治行动和提升环境空气质量工作等。

（摘编：邓新民）

闽台（福州）蓝色经济产业园

闽台（福州）蓝色经济产业园位于福清市东南部、兴化湾北岸、江阴半岛东面，划至国家级福州新区规划南翼片区，规划总面积 56 平方公里，包括江镜华侨农场及江镜镇、港头镇的部分陆域和海域，距福州市区 69 公里，距福州长乐国际机场 50 公里，在一小时交通圈内；距平潭综合实验区 25 公里，福清火车站约 27 公里，在半小时交通圈内；距福州港江阴港区 8 公里，待东港大桥建成后，蓝园与江阴港城经济区、福州保税港区行程时长将缩短至 15 分钟，渔平高速公路和沈海高速公路从蓝园北部穿过，园区蓝色大道、港头入园大道两条主干道在园区东西两侧分别连接高速江镜互通口和高速港头互通口，区位优势明显，交通条件优越，土地资源丰富。

基础建设逐步完善。路网方面：园内交通以“三横三纵”为主线，推进滨海大道蓝园段、闽台大道、湖滨大道、海洋大道等主干路网框架逐步成型。水网方面：蓝园迎面向海，水系资源丰富，规划水系河道总长度约 35 公里，横向河道长约 15 公里，纵向河道长约 20 公里。绿网方面：蓝园规划绿地与广场用地面积为 6136 亩，占总规划面积 19.46%，已建成绿化面积 800 余亩。正着力推进实现打造水清岸绿的良好生态环境。生产生活配套逐步完善。供水方面，日供水量 8000 吨的蓝园专线供水管道铺设工程已完成，远期日供水量可增容至 3.5 万吨，可满足远期项目需求；污水处理方面，日处理量 1.25 万吨的污水处理厂已建成并投入使用；供电方面，110 千伏高压电力走廊工程已交付使用，220 千伏变电站正进行项目前期设计，预计 2023 年底投入运行；供气方面，由华润燃气公司投资建设日供气量 2.0 万 Nm^3/h 的 LNG 燃气站已投入使用；通信方面，4G 网络已实现全覆盖，5G 网络试点覆盖。

项目建设持续推进。中铝东南沿海铝精深加工基地项目由中铝瑞闽公司投资建设，分期分阶段实施。一期一阶段智慧工厂项目，项目投资约 15 亿元，主导产品包括中高端印刷用铝、3C 电子用铝、交通用铝等高精产品，目前已竣工投产。一期二阶段为汽车轻量化用铝项目，项目投资约 10 亿元，年产汽车用铝合金板带材 10 万吨，目前已竣工投产。一期三阶段为交通运输及电子领域用连续性铝合金卷材生产线项目，项目投资约 15 亿元，由于集团内部决策机制变化，一期三阶段项目拆分多个子项目进行投资，现已完成 1 个投资 2.0051 亿元的子项目备案，该子项目目前正在进行厂房主体建设。蓝谷海工装备产业综合体项目由福建省蓝谷投资开发有限公司投资，项目总投资 10 亿元，用地 500 亩，建设标准厂房及产业配套设施合计 33 万平方米以上，现已建成厂房面积 31.8 万平方米，87 栋厂房已完成验收并交付客户使用。鸿生装配式建筑及建筑资源再生项目由福建鸿生高科环保科技有限公司投资，总投资 18 亿元，达产后产值约 50 亿元，年创税收 2 亿元。项目计划用地 882 亩，分三期建设。主要产品为装配式混凝土预制构件、建筑再生资源回收等，该项目已实现投产。高强度超轻量化锻造镁铝合金车轮一期项目由福建福鑫轮毂有限公司投资，计划投入 30 亿元，用地 150 亩，年产 90 万件高强度超轻量化锻造镁铝合金车轮。预计 2023 年 6 月底前投产，2023 年 12 月两条生产线达产，达产后年产值 10 亿元。目前正进行厂房建设。

招商引资全力推动。2022 年，蓝园以“三抓”为手段，全力推进招商工作，已完成招商项目 8 项，总投资金额达 75.31 亿元。一是抓产业链招商。依托中铝东南沿海铝精深加工产品项目的品牌优势，延伸产业链，力争打造新材料项目产业链条。深入研究铝精深产业链的细分方向、关键环节，充分利用中铝瑞闽市场关系，配合企业招引其合作伙伴，吸引上下游产业和深加工项目向产业园集聚。2022年引进了年产90万件高强度超轻量化锻造镁铝合金车轮一期项目，备案金额30亿元；福建福鑫轮毂有限公司年产210万件高强度超轻量化锻造镁铝合金车轮二期项目，备案金额15亿元；东方电气福建氢能产业链项目，备案金额15亿元；福州兴利亚有限公司新能源汽车零部件制造项目，备案金额3.1亿元。二是抓以商招商。依托蓝谷产业综合体，稳步推进小微集群招商，园区紧密配合蓝谷做好入驻企业跟踪服务，与发改、市场监管、生态等多个部门联动，靠前服务加快审批分批推进，实现入驻蓝谷产业综合体的企业项目快注册、快审批、快落地。现项目一期共吸引61家中小微企业入驻。三是抓重点招商。园区积极与东方电气、浙大氢能、国家能源集团氢能公司、中国氢能源产业联盟、氢能产业示范项目展开对接，推动在蓝园发展制氢产业，园区已初步选定氢能产业项目用地红线范围，为周边氢能公交系统及物流车提供氢能供给，福清市政府已与东方电气签订项目合同，加快福清市氢能产业布局。积极对接福清三山核电综合能源项目计划，已完成园区热供热专项规划和零碳产业园宣传册制作，详细收集梳理产业政策、布局信息，大力推进福清市氢能产业规划编制、氢能展馆规划工作，打造氢能产业福清蓝园名片。

（摘编：郭向东）

厦门开发区概况

厦门海沧台商投资区

厦门海沧台商投资区于 1989 年 5 月经国务院批准设立，规划开发面积 100 平方公里，目标是建成厦门市的新工业区、新港区、新市区。海沧三面环海，海岸线长 26 公里，深水岸线长 5.5 公里，具备建设第五、六代集装箱码头的条件，按规划可建设万吨级深水泊位 36 个，年吞吐量可达 7000 万吨。2022 年，厦门海沧台商投资区（以下简称“海沧投资区”）完成地区生产总值 1067.48 亿元，比上年增长 4.7%；497 家规模以上工业企业完成产值 2044.71 亿元，比上年增长 10.5%；规模以上工业企业完成增加值 693.25 亿元，比上年增长 6.2%；规模以上工业企业实现销售产值 1940.18 亿元，增长 6.6%；固定资产投资增长 11.8%；财政总收入 239.22 亿元，增长 7.7%；区级财政收入 39.64 亿元，增长 7.3%；实际使用外资 1.92 亿美元，下降 17.4%；出口交货值 506.53 亿元。全年完成征地 300.63 公顷；交地 398.82 公顷；房屋征收 51.72 万平方米、完成年度计划的 239.6%；拆除 58.64 万平方米、完成年度计划的 333%，封闭项目 37 个。入选“中国工业百强区”且位次从 64 位提升至 51 位。

项目建设提容增效。2022 年，新增烨映电子技术研发中心等 34 个提容增效项目落地；万泰养生堂等 23 个项目按计划开工；海沧半导体产业基地项目等 9 个项目按期投产。生物医药、集成电路和新材料三大战略性新兴产业聚势发力。全年全区有生物医药企业 439 家，完成产值 486.57 亿元；其中规模以上生物医药企业 75 家，完成产值 344.75 亿元，占全区规模以上工业总产值的 16.9%。获批第三、第二、第一类医疗器械产品 37 项、80 项、184 项，分别占全省 69.8%、49.4%、全市 60.3%。以万泰沧海、特宝生物、大博医疗等为代表的行业龙头企业继续保持高速增长，示范带动作用进一步凸显。生物医药港综合竞争力首次跻身全国十强，较上一年度提升 5 个位次。集成电路产业蓬勃发展。规模以上企业累计产值 36.5 亿元，比上年增长 106.3%。投资额超 70 亿元的安捷利美维等重大项目开工，云天半导体、四合微电子入驻半导体产业基地。国家集成电路产教融合创新平台（海沧分平台）正式揭牌；成功举办第六届集微半导体峰会。集成电路产业园获评“2022 中国集成电路高质量发展优秀园区”。全年完成集成电路产业总营收 34 亿元，比上年增长约 87.5%。规模以上新材料企业共 17 家，完成工业产值 353.6 亿元，比上年增长 54.6%。海沧投资区围绕厦钨新能源、厦顺铝箔、长塑等企业，深耕电池正极材料、铝箔加工、薄膜等优势产业，培育新材料企业，布局医用包装新材料领域，有效延伸产业链。厦钨新能源企业产值突破百亿，厦顺铝箔位居中国铝箔十强首位，长塑实业为全球最大的 BOPA（双向拉伸尼龙薄膜）生产商。三大产业共完成产值 734.8 亿元，比上年增长 17.2%，占规模以上工业产值的 35.9%。现代服务业特色发展，中谷物流基地等项目落地开工，见福、厦门钨业 2 家企业入选“全国供应链创新与应用示范企业”。智能家居、汽车及零配件等传统优势产业发展态势稳定，捷太格特转向系统（厦门）有限公司（JSSX）登上厦门市“先进制造业领军企业”榜单，金旅客车上榜 2022 年中国品牌价值 500 强。卫浴产品畅销国内外，法拉、通达等电子企业市场占有率保持全国领先。全年传统优势行业（电子信息、汽车及配件、水暖卫浴）产值共587.33亿元，增长4.4%。

营商环境优化升级。2022年，海沧投资区优化“八办”（招商办、前期办、重点办、征收办、督查办、产业办、规划土地办、服务办）全流程全要素全周期工作机制，全市首创企业“进不了窗口”事项综合服务中心，召开9场“服务企业接待日”活动，累计受理诉求378件、已办结近90%。增资扩产工作经验全市推广，建立“一企一案一专班”保障机制，优化合并办理环节，大幅压缩办理时限，推进项目快速高效。出台10条助企纾困政策，特别对承租区属国企资产的中小微企业和个体工商户，租金减免时间延长至6个月、规模达1.6亿元。落实组合式税费支持政策，新增减税降费及退税缓税超30亿元。完成产业用地出让17宗，面积超1平方千米；取得农转用批复15批次，面积71.3公顷、超前两年总和。坚持节约集约用地，支持企业利用自有用地实施增资扩产、容积率平均提升了0.7。试点推动金旸、通士达等低效工业用地盘活，取得实质性进展。全力以赴推进增资扩产。梳理增资扩产项目232个，总投资超700亿元，其中，技术改造项目113个、利用自有用地项目56个、新增用地项目63个，投资亿元以上项目数增长57%。全部达产后预计可新增年产值约1900亿元，2022年已释放产值超百亿元。生物医药产业再迎利好，福建省药品监督管理局“一窗口三中心”基本落地，58个授权行政许可事项实现就地办理、80%可以即来即办，窗口受理办件772个、超过2021年3倍。设立目标规模百亿的产业引导基金，撬动社会资本赋能产业发展。举办政金企对接活动，帮助企业优先配置信贷资源、降低融资成本。全省唯一入选全国首批“商业秘密保护创新试点地区”。

招商引资成果喜人。2022年，海沧投资区出台相关政策方案促进招商引资，梳理信息，盘活载体，组织赴日本、北京、武汉等境内外招商27次，邀请接待200多家客商来访考察。加快推动项目用地出让。全年推动力品药业、恒瑞医药、欧米克二期、安捷利美维等13个工业项目取得用地，涉及土地出让面积80.97公顷。同时，推动联东U谷、雅瑞实业、中仑新材料等36个在谈重点项目取得进展。组织多场招商活动，“9·8”投洽会签约项目30多个，签约成果项目投资额累计达469.88亿元，涵盖生物医药、绿色能源、基金投资、商贸服务等行业。其中，华夏电力智慧电厂系统等3个项目参加全省重大项目现场集中签约，投资额共计超百亿元，上台签约项目数和投资额居全市各区之首。创新投融资模式，首个PPP项目（政府和社会资本合作模式，鼓励私营企业、民营资本与政府进行合作，参与公共基础设施的建设）完成财政部入库，总投资超36亿元。实现京东数字产业园、中通快递产业园落户入驻，建设交通产业园开园。全区在市招商引资平台共入库签约项目189个，签约投资额共469.53亿元，项目落地率约66.8%；应落地项目累计完成投资额267.9亿元，投资完成率46.5%；省重大签约项目6个，开工率81.8%。全年实际使用外资1.92亿美元。

（摘编：郭向东）

厦门海沧港综合保税区

海沧港综合保税区前身为海沧保税港区，于2020年9月获批设立综合保税区，总规划面积6.27平方公里，综保区一期5.22平方公里于2022年8月31日正式通过海关总署验收。海沧港综合保税区以临港产业为主导，重点发展航运全产业链、5G综保区、高端制造业、平台经济，打造国际航运中心。2022年，海沧港综保区进出口额87.42亿美元，同比增长59.7%，其中进口29.28亿美元、同比增长65.2%，出口58.13亿美元、同比增长57.1%。2022年，海沧港区完成集装箱吞吐量907.21万标箱，同比下降0.3%，占厦门港业务量的73.0%；完成货物吞吐量12199.96万吨，同比下降5.3%，占厦门港业务量的55.6%。在2021年度全国综合保税区发展绩效评估中，海沧港综保区位列全国第48位、福建省第3位。

项目建设稳步推进。海沧港综保区一期5.22平方公里于2022年8月31日正式通过海关总署验收。加快推进二期验收工作，已基本完成围网、巡逻道、视频监控系统等基础和监管设施建设，基本达到海关监管要求，初步具备验收条件。区内海润集装箱码头完成全国首个传统集装箱码头全智能化改造项目。

营商环境提升改造。一是完善园区基础设施建设。组织园区道路、绿化、排水、围网和卡口等基础设施排查，2022 年生成 22 个小额零星维修和整改提升项目，提升园区基础设施建设。积极主动配合厦门港口高质量发展指挥部，推进沧江路快速通道、海沧南大道（马青路—沧江路）等市政交通提升改造工程。主动对接海沧区交警部门，推动交警入区执法，督促海投物业加强交通疏导，改善园区交通环境。二是精准服务提升企业获得感。深入开展“益企服务”活动，强化企业走访，建立企业走访台帐，积极为企业协调生产经营中遇到的困难。加强政策扶持力度，兑现落实各类惠企政策资金，助力企业发展。协调海关开通厦门首本保税研发账册，促进企业自主创新。深化货物分类监管，简化综保区货物、物品进出管理，支持区内企业拓展国内国际两个市场，畅通国内国际双循环物流体系，促进综保区高水平高质量发展。三是党建引领凝聚发展合力。推动园区党建引领精细化、园区党建力量凝聚化，进一步提升工作质效。发挥党群服务汇享联盟作用，持续开展“金牌支部”创建、“达标创星”活动，创新设立“邻里驿站”，开展“邻里服务团”宣讲。开展“园区枫桥”试点工作，海沧园区职工法律服务一体化基地为园区企业和职工提供法律援助 14 次、1 次劳动仲裁，努力将矛盾纠纷化解在萌芽状态。园区工会机制完善，被全国人力资源和社会保障部评为“全国和谐劳动关系园区”。

招商引资卓有成效。2022 年累计完成合同项目 7 个、合同项目投资 28.48 亿元，其中落地项目 5 个，内资到资 1.6 亿元。加强与海沧区联动招商，完成中远全球供应链基地项目、厦钨新能源增资扩产项目等 4 个联动招商项目，投资总额 22.08 亿元。积极配合市商务局，协调引入宁德时代在海沧港综保区设立厦门时代分公司。着力拓展综保区新兴业态，先后引入港德耀、维讯通科技和鼎威华升科技等电子产品保税维修项目。

（摘编：游永贵）

厦门火炬高技术产业开发区

厦门火炬高技术产业开发区，1990 年 12 月由国家科委和厦门市人民政府共同创办，1991 年 3 月被国务院批准为首批国家级高新技术产业开发区。高新区实施“一区多园”发展战略，在全市除海沧之外的 5 个行政区建设了 8 个园区。2019 年 7 月，被列为国家知识产权示范园区。2022 年，厦门火炬高技术产业开发区（以下简称“火炬高新区”）完成规模以上工业总产值 3626 亿元，同比增长 3.9%；规模以上互联网软件业实现营业收入 350 亿元，同比增长 11%；全社会固定资产投资 423.7 亿元，同比增长 27.4%；实际使用外资 6.26 亿美元，同比增长 27.6%。综合实力位居国家级高新区全国第 11 位，先进制造业百强园全国第 11 位，获评“国家级知识产权强国建设试点园区”。“国家双创示范基地”建设第四次获国务院办公厅督查激励。在全省开发区综合发展水平考核结果评价中，连续 7 年位列第一。

园区建设全面推动。高标准建设同翔高新城，全力推动 98 个基础设施配套项目、32 个城市功能配套项目加快建设，片区全社会固定资产投资完成 356.1 亿元。推动开元创新社区和湖边水库东科创园纳入软件园二期拓展区，创新创业大厦、电子城等载体纳入软件园三期。11 个省重点项目完成投资 189.56 亿元，完成年度计划 113.3%；27 个市重点项目完成投资 228.84 亿元，完成年度计划 114.6%，省市重点项目完成情况在全市通报各责任单位类别中综合排名第二。各季度开、竣工项目数、总投资额均位居全市前列。引入多主体参与新城开发建设，通过“财政预算+专项债+PPP 项目+REITs”等多种方式解决片区开发建设资金需求，启动高新区基础设施 REITs 试点工作。全年出让产业用地 23 宗、面积超 4150 亩，位居全市第一，盘活、回购低效用地 725 亩。

营商环境政策扶持。出台《厦门火炬高新区关于推动高质量发展的若干措施》，推出 26 条助企惠企举措；出台首个针对园区数字经济产业发展奖励政策——《厦门火炬高新区关于进一步推动数字经济发展的若干措施》。全年拨付各类财政扶持资金67亿元，落实退减缓免税费约34亿元。实施“益企服务”专项行动，建立处级以上领导一对一挂钩联系服务企业制度，举办“企业接待日”“企业对接会”等活动15场，累计帮助企业解决共9方面72个具体问题。协调解决600多名重点企业骨干员工子女就学需求，为企业减免房租近8000万元。成立企业服务中心，推动“一窗受理，集中服务”，提高服务效率。“火炬智能制造服务平台”促成212家企业实施智能化改造项目330个；“火炬金融服务平台”帮助1247家企业撮合融资放款215.5亿元。启动“种子上市后备企业”培育计划，新增2家上市公司，3家IPO成功过会。搭建“火炬供应链平台”，构建企业供应链协同机制和市场要素共享机制。进一步完善软件园管委会体制机制，加大软件园企业服务力度，3家企业入选中国互联网综合实力百强。

招商引资强链补链。围绕天马、联芯、厦门时代、中创新航、海辰等“链主”补链拓链延链。平板显示产业引进思坦Micro-LED、电气硝子五期等，推进天马新型显示技术研究院落地；集成电路产业引进粒芯半导体等；新能源产业引进中科华联、科达利等。新设惠友、德屹长盛、联和三期等子基金，规模超105亿元。数字产业引进腾讯优图AI创新中心、华为鸿蒙开发者创新应用中心等高能级创新平台项目，以及集兆嘉、和利时、艺点意创等新经济新业态项目。全年签约133个重点项目，三年计划总投资780.6亿元，制造业招商在全市保持领先。实施先进制造业倍增计划行动，新增百亿项目3个（厦门时代、中创新航三期、天马8.6代），新增百亿企业1家（中创新航）；精准滴灌“专精特新”、隐形冠军等高成长性企业，新增国家级专精特新“小巨人”企业35家、国家级制造业单项冠军3家。

科技创新强力推进。强化企业科技创新主体作用，新增中国专利优秀奖5个，新增国家企业技术中心、国家技术创新示范企业、国家知识产权示范企业各1家、国家知识产权优势企业8家。国家级高新技术企业突破1500家。支持各类创业孵化载体建设，促进载体提质升级。创设火炬元宇宙孵化器，新增国家级科技企业孵化器1家（总数达5家，占全市50%），国家备案众创空间3家。2家基地入选国家小型微型企业创业创新示范基地。厦门市人力资源服务产业园（火炬园）开园，举办第五届“鹭创未来”海外创业大赛、厦门首届产教融合论坛和第二届“炬火种·燃新薪”高校专业新星挑战大赛等活动，累计吸引项目超700个，全年新增高层次人才537人，同比增长167.2%。开发落实科研助理岗位781个，获科技部表扬肯定。

开放合作推动落地。推动金砖创新基地核心区建设，促成工信部部属机构厦门分支机构、中俄数字经济研究中心等优质项目落地，金砖未来创新园企业入驻率达95%。会同市金砖办举办“俄罗斯国家科技园项目厦门路演活动”，与巴西马托格罗索州科技园共同举办创新项目交流会。上线“火炬金砖服务驿站”，打造火炬金砖服务品牌。探索海外产业平台建设，推动与中德科技园（德国）的深度合作，促进园区企业与德国高科技制造企业合资、并购及股权投资，大力招引人才和优质项目。积极推动设立厦门（新加坡）国际合作中心。

（摘编：苏小雨）

厦门象屿保税区和厦门象屿综合保税区

厦门象屿保税区于1992年10月经国务院批准设立，是中国首批海关特殊监管区域；2023年1月1日，国务院已正式批复同意象屿保税区与象屿综保区整合转型为新的象屿综保区。区内保税仓储物流、出口加工、国际贸易等主要业态发展迅速，检测维修、融资租赁、文化服务等现代服务业蓬勃发展。2021年度全国综合保税区发展绩效评估中，象屿保税区位列全国第23位（质量效益排名全国第一）、福建省第1位。2022年，象屿保税区进出口941.32亿元，同比增长14.1%；其中出口387.67亿元，同比增长22.9%，进口553.66亿元，同比增长8.6%。象屿综保区进出口354.59亿元，同比增长12.6%；其中出口238.83亿元，同比下降6.7%，进口115.76亿元，同比增长96.9%。

平台建设持续推动。1、融资租赁平台：截止2022年底，已注册的融资租赁企业389家，其中SPV公司121家。融资租赁年贡献税收超10亿元，其中飞机租赁贡献 7.26 亿元，产业涉及飞机、船舶租赁、集成电路产业、影视设备、汽车、大型设备等。船舶融资租赁累计量达 36 艘，集成电路产业租赁累计投放 75.84 亿元，飞机租赁累计贡献财政收入 7.26 亿元，引进飞机 152 架。2、进口酒平台：2022 年进口酒平台企业销售额 105.4 亿元，同比增长 2.4%。厦门国际酒类交易平台共引入轩尼诗、麦卡伦、马爹利等近 40 个国际一流品牌，会员企业共 236 家，对接产业链企业 58 家（新增引入天津芦台春和广州西味酒业入驻平台）。进口酒平台创新推动进口酒贸易数字化发展。以进口酒数字贸易为核心，打造集展示交易、供应链服务和资讯交流于一体的数字酒类公共服务平台——“厦门自贸区数字国际酒平台”，提供数据公开、采购对接和资讯交流等产业服务，供应链金融、物流信息化管理和线上展会等企业服务，文化推广、人才培养和消费指南等公众服务。2022 年，数字酒平台已建成官方网站和 B2C 微信商城小程序，实现线上交易、酒商中心、厦门市酒协、产业资讯等功能模块；数字酒平台入驻上线企业 211 家，完成年度计划 105%；数字酒平台已达成线上实时交易额 7.7 亿元（以 B 端酒企为主），完成年度计划 770%。3、机电设备平台：2022 年平台及平台注册企业开展设备集采、贸易代理等多项业务规模营收近 100 亿元，同比增长 163%。

2022 年，平台坚持贯彻《落实机电“平台+基地”三年行动方案的意见》，利用“放水养鱼”地方经济贡献政策加大招商引资，取得新成效：2022 年 1—12 月，平台内注册企业 341 家财政税收 7466.6 万元，同比增长 48.1%；平台新增注册资本 26.3 亿元，同比增长 28.5%；平台继续深耕智能制造领域，对接日本发那科、西门子医疗、奥地利伏能士开展业务合作，持续招商拓展日本北村精密、锐传科技等高端装备在谈项目，机电平台已较好实现企业税收返还覆盖支出的良性循环。4、水产交易平台：厦门国际水产品交易平台总占地面积约 18.2 万平方米，总建筑面积 17.8 万平方米，总投资 10.5 亿元。平台主营活鲜、冰鲜、贝类、冻品、淡水鱼、干货等，日常经营水产品品种超过 200 个，入驻商户近千家。2022 年厦门国际水产品交易平台进口水产品交易量 19.39 万吨，比增 9.6%，交易额 90.6 亿元，比增 14.7%。其中，龙虾、帝王蟹、青蟹、面包蟹、珍宝蟹、虾等高端水产品年交易额突破 40 亿元，年度分拨中转量居全国前茅。

招商引资稳步推进。2022 年象屿园区（含象屿保税区、象屿综保区）新增企业 2382 家（迁入企业 630 家），注册资本 271.14 亿元；其中，外资 92 家。

体制机制创新深化。上线综保区数字监管综合服务平台，持续深化报关及非报关货物监管方式改革，通过对综保区实施“进出便捷” + “企业分级” + “货物分类”的综合管理模式，实现综保区内外各种生产要素的便捷流通，以驱动综保区的产业升级和监管创新，提升综保区服务于国内大循环为主，双循环相互促进的新发展格局的能力，从而进一步提升厦门综保区营商环境和服务能力，推动综保区高水平开放高质量发展。完善工作机制，成立由分管市领导为组长，海关、外管、商务、市场监管、税务、资规、发改等相关职能部门为成员的综合保税区高质量发展工作专班，实现高效工作协同，形成促进综保区发展的合力。

生态环保积极开展。象屿综保区在建设过程中注重环保，推广可持续发展理念，积极开展生态文明领域的政策创新和实践，通过利用闲置的仓库屋顶空间，引进分布式光伏发电，可为综保区提供清洁能源用电，有效降低生产能耗，构建起清洁低碳、安全高效的能源体系，目前综保区整体光伏装机容量达到 6.72 兆瓦，全年发电量达 868 万千瓦时，可节约标准煤 2734 吨，实现二氧化碳碳减排约 8663 吨。2022 年 9 月，经中国船级社质量认证，象屿综保区实现“碳中和”，建成全国首个“零碳综保区”，为厦门生态环境保护做出了贡献。

（摘编：王利兴）

厦门同安工业园区

厦门同安工业园区目前规划面积 13 平方公里，地处厦门市同安区，国道 324 线以南、同集路以西，距高崎国际机场 25 公里、东渡港码头 27 公里、福厦高速公路1公里。同安工业集中区由同安园、思明园、湖里园和火炬园等4个园区组成。园区已建通用厂房建成260栋，占地183公顷，总建筑面积269万平方米。截至2022年底，园区共有工业企业300家，其中规模以上企业64家。

项目建设提升改造。同安工业园区开发较早，园区配套设施项目相对完善，近几年来主要对原有设施的提升改造项目为主。2022年，园区建设项目主要完成了：美禾园美禾二路（美禾三路至海翔大道）道路工程，总投资约1200万元；轻工食品工业园区美禾园提升改造工程（一期），总投资约590万元；轻工食品工业区美禾九路道路工程，总投资约250万元；海翔大道与美禾二路交叉口西北侧地块配套道路工程，总投资约280万元；海翔大道北侧排洪沟提升整治工程，总投资约230万元。以上项目总投资约2550万元。

产业发展围绕重点。轻工食品工业区（美禾园）位于同安区西柯镇和新民镇交界地带，紧邻城市快速路和规划中的福厦高速铁路，距离福—厦高速公路后垵入口处1公里。工业区发展定位为以发展罐装食品、速冻果蔬、饮料及茶叶深加工、海洋药物、中药保健等轻工食品生产及配套的包装、配送为主，融工业、村庄整合及各类服务设施于一体，是环境优美、配套齐全的生态型工业区。城南工业区位于同安区城西南5公里处的新民镇东部，紧邻国道324线，往西60公里直抵漳州，往东70公里可达泉州，往南直通同集高速公路，距厦门机场、港口仅20公里，交通十分便捷。工业区主要发展以无污染、零排放的劳动密集型、技术密集型为主的综合性轻加工工业。

生态环保严格执行。园区不断加强生态环境保护，为入园企业和周边村庄村民和楼盘小区居民创造良好的生产和居住环境。特别是近年来，政府投入大量资金对存在的环保问题进行专项整治和提升改造，相关部门根据国家和省环保督查要求和反馈存在问题，采取有力措施和加强管理，不断促进园区的生态环保工作上新的台阶。园区污水排水采用分流制。污水（包括生活污水与工业污水）独立排放，目前排入同安污水处理厂处理，轻工食品工业区污水待西柯污水厂建成后，规划区内污水改为排入西柯污水厂处理，污水必须经预处理达到标准后才能进入污水厂处理。雨水独立排放，就近排入水体。区域大气环境质量趋于改善，目前园区大气环境质量可满足《环境空气质量标准》（GB3095-2012）二级标准要求。随着同集热电公司实施日常锅炉烟气超低排放运行，可进一步改善区域大气环境质量。根据工业区的工业发展方向，规划范围内产生的工业固废主要以轻工、食品、机械等方面的废弃物居多，固体废物的类型主要是食品生产过程中产生的有机类的食品下脚料、食品剩余物等，均由企业委托有资质单位统一处置。截至2022年末，园区用于防治水污染的集中治理设施和在线监控设备（含与生态环境部门平台联网）已建成并正常运行，涉水排污企业接管率和处理率达到100%；园区固废和危废处置综合利用率达到100%。

（摘编：郑平名）

漳州开发区概况

东山经济技术开发区

东山经济技术开发区于 1993 年 1 月经国务院正式批准设立。东山经济技术开发区位于福建省南端，厦门、汕头两个经济特区之间的东山岛，是漳州市目前唯一的国家东山经济技术开发区级经济技术开发区。2022 年，全区规模工业总产值完成 184.45 亿元，同比增长 17.6%；规模工业增加值完成 55.95 亿元，比增 17.9%；全社会固定资产投资完成 43.70 亿元，同比增长 54.1%；实际使用外资 1412.05 万美元，比增 147.1%；财政总收入完成 6.78 亿元，其中，本级财政收入完成 4.11 亿元。

项目建设有力推动。开发区紧抓大项目和重点项目，对重点项目贴身督办、主动服务。一道新能源光伏组件从签约到投产仅仅用了 283 天，实现光伏新能源制造“零”的突破。同时，旗滨一窑多线一期项目顺利点火，太阳海缆项目建设稳步推进，合力盛、东弘福、照瑞祥等一批水产加工项目在海洋生物科技园投产，产值再创新高。2022 年，开发区落地项目 8 个，投产项目 6 个，新入库项目 11 个，项目建设、投产如火如荼。

营商环境优化改革。围绕发展主责主业，全面优化营商环境，组建开发区“营商办”及审批服务工作专班，推动设立“项目代办中心”窗口，落户开发区的项目，可享受一个专班服务、一系列问题帮助协调、一站式审批办理等全程“班帮办”服务。通过项目代办中心全流程代办、靠前服务，今年已完成 15 个项目规划建设审批，一道新能源、太阳海缆、海祥食品等项目提前完成开工前审批手续，项目建设进度进一步提速。

招商引资围绕重点。开发区围绕打造全省重要的“海洋生物科技产业基地”、“光伏产业基地”，紧盯海洋生物、水产精深加工、光伏组件生产、玻璃精深制造等产业链条，注重强链补链、集聚发展，制定招商产业链图、重点产业招商目标企业目录，建立开发区工业产业招商项目库，签约一批光伏、水产加工等龙头企业，落地一批有体量、有带动力的大项目、好项目。全年招商签约任务数 10 个，签约投资额任务数 20 亿元，已签约建发城市综合体、漳州旗滨光伏新能源科技研发基地等 10 个项目，100%完成全年签约任务。

园区平台不断丰富。“三大工业项目”落户城垵临港经济产业园并开工建设，一道新能源一期项目竣工投产，旗滨一窑多线（一期）项目顺利点火，合力盛、东弘福、照瑞祥等一批水产加工项目在海洋生物科技园投产，两个园区呈现开工一批、竣工一批、投产一批的良好态势。众创孵化园一期、企业一站式服务中心即将投用，总投资 10.76 亿元的光伏新能源科技产业园基础配套建设项目（一期）开工建设，实施了园区绿化工程、主入口景观工程等配套项目，海科园 PPP 项目顺利验收，园区产业配套水平全面提升，“一区两园”展现新面貌新形象。

瓶颈突破对接推动。东山经济技术开发区和古雷港经济开发区整合托管工作，有序推进更名扩区。2022 年综评位列全国 187 名，较 2021 年前进了 24 名，排名创历年之最。园区土地征收成片开发方案编制完成，海科园三个地块共 79.51 亩的农转报批工作已获省政府批复，超白玻璃项目等围填海历史遗留问题实现新突破，开发区发展不断向好向优。

（摘编：周少雄）

漳州招商局经济技术开发区

漳州招商局经济技术开发区创立于1992年12月28日，是国家交通部、福建省政府和招商局集团为贯彻邓小平南巡讲话精神、扩大改革开放、践行国家“对台”战略、服务对台“三通”而共同发起创办，由招商局集团运营管理。2010年升级为国家级经济技术开发区，园区规划面积56.17平方公里，常住人口7.6万人，建区30年来，漳州开发区借鉴蛇口模式，以港航起步，招商引资、建设园区、发展产业，推进区域综合开发，“从无到有、由小变强”，将昔日荒滩野岭、乱石浅滩的小渔村，打造成为配套完善、生态优良、产业兴旺的现代滨海新城。2022年，开发区实现GDP 140.9亿元，同比增长8.2%；实现规模以上工业产值178.8亿元，同比增长11.6%；实现规模以上工业增加值40.94亿元，同比增长11.3%；完成一般公共预算收入11.8亿元，同口径下降1.4%；其中，地方一般公共预算收入8.4亿元，同口径增长10.4%；完成外贸进出口总值80.4亿元，同比增长41.7%；完成社会消费品零售总额18.2亿元，同比增长3.8%；完成全社会固定资产投资30.07亿元，同比增长14.7%。

项目建设有序推进。2022年新增中粮糖业等15个产业项目开工，其中6个项目实现“当年交地、当年开工”；新增白玉兰冰糖、多肽药物产业园二期、中玻节能玻璃等9个产业项目竣工，其中2个项目实现“当年开工、当年竣工”，达产后预计新增年产值25亿元；新增固定资产投资入库项目28个，入库投资额近50亿元，固定资产投资完成30亿元，同比增长14.7%，投资结构不断改善。

产业发展势头强劲。一是聚焦存量提升与增量培育，2022年，开发区工业投资增长61.1%，增速位居全市第四，2022年度新增规上工业企业6家；二是聚焦低效盘活与腾笼换鸟，引入闽京蒲高新产业园、永圆食品、璟沃产业园、马来硅业等4个项目，盘活低效用地275亩；三是聚焦技术创新与科技赋能，新增闽生源1家国家级高新企业，同时中集集装箱公司、中信重工漳州公司获评省级工业龙头企业，蓝旗亚、华东精炼糖、未名医药等3家企业获评创新型中小企业，首钢凯西被认定为漳州市企业技术中心，中关村e谷获评省级众创空间。商贸服务稳步回升。开发区积极落实促消费相关政策举措，举办“全闽乐购·惠聚漳州港”促消费活动，促进消费市场持续回暖；新增5家规模以上服务业企业，5家限额以上批发零售业企业，全年限上批发业销售额同比增长25.6%，限上零售业销售额同比增36.8%。港航物流发展良好。2022年，开发区完成交通运输服务业营业收入6.1亿元，同比增长18.2%；全港货物吞吐量完成1933万吨，其中，集装箱吞吐量完成33.1万TEU，同比增长24.5%。

招商引资主动出击。2022年，持续抓好“一把手”带队赴武汉、深圳等地招商17次，策划4场招商推介活动，对接企业100家以上，实现项目签约8个，总投资额46.94亿元；结合产业资源禀赋，谋划新能源汽车、海上风电装备、粮油食品三大重点产业研究报告，制定重点产业招商地图，实施产业链精准招商，引入中粮糖业、新能源汽车配套产业园等重点产业项目5个，10亿元以上重大项目3个，进一步提升全区产业聚集效应；大力攻坚低效闲置用地，出台《漳州招商局经济技术开发区盘活低效用地项目奖励办法（试行）》激励政策，通过腾笼换鸟、并购重组、加大投资等方式，推动恒阳兴食品厂转型发展为闽京蒲高新技术产业园，同时推进新港湾盘活、万桥索缆厂盘活等低效项目落地进程。

生态环保严格执行。2022年，开发区深入践行习近平生态文明思想，以改善生态环境质量为核心，持续深入打好污染防治攻坚战，深入实施蓝天、碧水、碧海、净土四大工程。大力开展生态环境问题大排查大整治工作，推动实施了大径溪生态补水等3个环境治理项目，指导督促企业完成污染治理设施提标改造、危险废物资源化利用、锅炉油改气等5个项目，持续改善环境质量，环境空气优良天数比例为99.45%，$PM_{2.5}$平均浓度为16微克/立方米，PM_{10}平均浓度为29微克/立方米，均符合市级下达的考核浓度限值要求；积极推进环保督察反馈问题整改，实现了省级环保督察反馈个性问题整改完成率100%，信访件整改销号率100%，市级环保督察反馈问题及信访件整改销号率100%，年度党政目标责任制考核获得全市五个开发区第2名，为历年来最好名次。

（摘编：邓新民）

漳州台商投资区

漳州台商投资区位于漳州、厦门城市节点，是规划中的漳州市中心城区组团之一，区域总面积163平方公里，是漳州中心城区重要组成部分，处于漳州、厦门城区中心区（古为漳州府和泉州府连接点），南临九龙江入海口，是漳州距离福建自贸区厦门片区最近的区。2022年，漳州台商投资区全区实现地区生产总值476.95亿元，增长6.1%；规模以上工业总产值完成1051.16亿元，增长9.9%；“四大”主导产业产值928.06亿元，增长8.2%；战略性新兴产业产值534.54亿元，增长5.9%；建筑业产值44.71亿元，比增16%；新增新上“四上”企业24家；固定资产投资155.05亿元；一般公共预算总收入23.85亿元，增长1.3%；地方一般公共预算收入18.98亿元，增长9.4%；社会消费品零售总额75.58亿元，增长2.4%；保税物流中心（B型）累计完成进出口额6.2亿美元，比增99.3%。

项目建设有力推动。2022年，台商区共有9个省级在建重点项目完成投资49.8亿元，占年任务101.2%；万福产业园、惠尔康生物科技等19个市级在建重点项目开工建设，福欣研磨机系统改扩建、宝湾国际物流园等17个项目建成投用。加快低效用地再开发，实施改扩建工业项目27个，总投资50.23亿元，新增建筑面积约165.8万平方米。新签约项目61个，总投资225.98亿元；阿斯福特二期扩建等3个投资10亿元以上项目落户；万福产业园、丰章实业、金之榕食品扩建等3个项目实现“签约即供地、拿地即开工”。向上争取资金1.81亿元，完成年任务154.7%；获批专项债资金9.8亿元，位居全市开发区序列第一，支出进度97%；获批一般债资金1.14亿元，政策性贷款资金17.75亿元；粮食储备库绿色储粮项目、高干渠生态补水工程等4个项目入选政策性开发性金融工具国家发改委备选清单。全年完成土地征收1681亩，报批土地2051亩、林地16.2亩，出让324.97亩，处置低效、闲置用地155.26亩，要素保障更加充分。

园区管理改革创新。2022年，台商区落实台胞台企“同城待遇”，优化项目“前期办”，“三百三下”“妈妈式”帮扶服务活动深入开展。落实稳经济政策，兑现增值税留抵退税15.08亿元、减税降费2.46亿元、缓缴税费1.7亿元、出口退税3.8亿元、惠企资金9500万元。优化政务办事流程，行政许可事项办理时限平均压缩90%，全流程网办事项占比91%，“一趟不用跑”占比94%，推出“一件事”套餐16个；创新“交地即交证”“拿地即开工”“一业一证”改革，办理全市首例二手房“带押过户”业务。实施教育卫技人才引进计划，新招引教育人才172名、卫技人才74名；人才申报项目取得突破，新增省级C类高层次人才1名，市级高层次人才6名。

生态环保扎实推进。2022年，台商区完善风貌专项研究成果，累计编制地块控规37个，其中48个城乡建设品质提升工程完成投资30.4亿元，占年任务109%；改造棚户区4643套，整治裸房698栋；新建改造公共停车泊位100个，新增公园绿地50亩、城市绿道5公里、雨污管网6.08公里；加快交通互联互通，国省干线纵二线台商区过境段公路进展顺利，新建农村公路5.9公里，占任务数177%。全国文明城市、全国文明乡镇创建工作巩固提升，创城常态长效机制建立健全；生态环保督察反馈问题整改扎实推进；蓝天、碧水、净土保卫战深入实施，空气质量优良率98.9%；完成39个入河排污口溯源排查整改、15条黑臭水体治理；土壤环境质量保持稳定。完成造林绿化、互花米草除治任务。

（摘编：苏小雨）

漳州高新技术产业开发区

漳州高新技术产业开发区地处九龙江西溪南岸平原，是全国有名花果之乡、漳州水仙花故里。2012年11月经省政府批准设立，2013年12月经国务院批准升级为国家级高新技术产业开发区。2014年9月，开发区党工委、管委会挂牌成立；2019年8月，实行“区地合一”、委托管理体制机制改革创新，总面积245平方公里，辖2个乡镇、1个靖圆镇村管理办公室，69个村（居、场）。高新区定位为两岸高新技术合作的重点区，闽南文化生态产业的示范区，产城融合宜居宜业的新城区；作为漳州中心城市“一核两翼”中“一核”的重要组成部分，高新区重点发展靖圆“一药一智”产业园、南湖“双创”产业园、站前总部经济产业园三大片区。2022年全区完成GDP 208.8亿元，增长6.9%，位列开发区第4；规模工业产值312.44亿元，增长10.1%，位列开发区第4；规模工业增加值98.42亿元，增长9.8%，位列开发区第4；固定资产投资138.88亿元，增长8.7%，位列开发区第2；社零总额65.61亿元，增长-1.8%，位列开发区第5；一般公共预算总收入（不含车购税）12.63亿元，同口径增长47.5%，位列开发区第1；地方一般公共预算收入10.3亿元，同口径增长62.3%，位列开发区第1。

项目建设赶超进度。项目建设方面，实现开竣工项目87个、总投资291.5亿元；35个省市重点项目完成投资107亿元，超年度计划22.2个百分点。三大片区方面，完成启动区7173.4亩土地、188.4万平方米建构筑物征迁；策划实施绿色发展及产业配套设施项目，获得国开行授信贷款122.3亿元和基础设施基金15.2亿元。

产业发展欣欣向荣。全区共有工业企业1095家，其中：食品制造企业233家，占比21.3%；一般设备、电子设备制造企业共188家，占比17.1%；金属加工企业182家，占比16.6%；家具制造企业117家，占比10.7%；造纸、印刷和记录媒介复印业102家，占比9.3%；橡胶制造企业55家，占比5%；化学纤维制造业企业45家，占比4.1%；工艺制造企业20家，占比1.8%；其他制造业153家。截至目前共有规模工业企业94家，省市龙头企业4家，主要集中在医药、食品产业。全区共有4家龙头企业，分别为省级龙头两家：片仔癀药业、紫山集团；市级龙头两家：御厨食品、焙之道。2022年全区产值亿元以上企业有61家。

招商引资围绕重点。按照全市产业大招商攻坚活动的工作部署，坚持以“亩均论英雄”为导向，围绕“一智一药”（智能制造、生物医药）、文旅康养、功能性食品、现代服务业等重点产业领域，开展高位招商、驻点招商、资本招商、联合招商，2022年共签约万洋智造产业园等项目41个，总投资约218亿元。“一把手”多次赴珠三角、长三角等区域开展精准招商，积极推介三大片区，促进重点项目签约落地；联合基金公司外出招商，创新“基金+商协会”招商，强化与外地商协会的深度合作，发挥基金公司、商（协）会会员人脉广、投资信息多的优势，拓宽招商渠道；成立驻深圳招商联络处，派出2名干部长驻深圳，积极承接粤港澳大湾区产业转移；推进“五比四拼”驻厦招商竞赛，积极跟进企业投资动向，大力推行逐户登门拜访、点对点敲门招商，驻厦招商工作成效突显。

生态环保严格治理。一是持续推进流域污染治理。巩固提升水环境质量。以“源头治理、分类处置、末端兜底”机制推进水质提升工作。国控西溪上坂断面、省控南凌大桥断面、省考小流域漳码公路、岱仙岩均值均达到Ⅲ类水质考核要求。二是持续改善大气环境质量。以五大专项行动为抓手推进大气污染防治工作。空气优良率达99.1%，同比上升2%；$PM_{2.5}$均值为19微克/立方米，同比下降24%；PM_{10}均值为36微克/立方米，同比下降29.4%，均达到考核要求。三是夯实土壤污染防治基础。以强化土壤污染风险管控推进效能治土工作。受污染耕地安全利用率达97.2%。畜禽粪污资源化利用率达99.1%，畜禽养殖场粪污处理设施配套率100%。医疗废物安全处置率100%。均达到考核要求。四是扎实推进突出问题整改。2022年，开发区通过认真组织实施“双随机”检查，信访件处置，“清水蓝天”专项执法等各类执法专项行动，严厉打击环境违法行为，累计立案处罚环境违法行为16起，处罚金额139.71万元；办理重大案件18起；按程序启动生态环境损害赔偿7起。同时，扎实推进群众反映强烈环境问题攻坚整治，着力解决群众身边的生态环境污染问题，全年共受理投诉件223件，办结率100%。

（摘编：曾文升）

漳州金峰经济开发区

漳州金峰经济开发区位于漳州市区西北部，介于厦门、汕头两大经济特区之间，距漳州港30公里，距厦门机场、厦门港50公里的金峰经济开发区，漳龙高速公路、319国道纵贯全区，立体交通网络健全，四通八达。1998年经福建省人民政府批准，确定为省级重点开发区。2022年，开发区地区生产总值突破400亿元，达到442.80亿元，增长9.1%，占漳州市7.8%；规模工业产值完成974.03亿元（不含电力），增长8.3%；固定资产投资205.30亿元，增长1.8%；税收收入完成18.05亿元，占漳州市7.1%。

项目建设扎实推进。2022年园区完成总固投205.30亿元，比增1.8%。其中，工业投资81.96亿元，比增8.8%；技改投资76.30亿元，比增5.2%。结合区委区政府“重中之重”项目部署，按照金峰开发区“重中之重”项目工作责任清单，坚持“日跟踪、周调度、月分析”，滚动接续推动闽西南漳州智能制造产业园、语堂数字经济产业园（一期）等67个产业项目开工建设，三宝新1号电炉、众环健康环境产品智能制造基地等30个产业项目竣工投产。

产业发展持续强化。园区逐步形成食品加工、冶金新材料、高端装备制造、电子信息“四大主导产业”，并形成龙头企业带动效应：食品加工产业，傲农集团入围“2022中国制造业民营企业500强”榜单，入围“2022福建企业100强”等榜单；康之味食品入选第三十三批省企业技术中心名单；华龙饲料入选福建省工业龙头培育企业名单（第四批）。冶金新材料产业，三宝集团入围“2022中国制造业企业500强”、“2022中国民营企业500强”等榜单。高端装备制造产业，众环科技入选“福建省第五批绿色供应链名单”，实现该项名单零的突破（入选“工信部2022年度绿色制造名单”，成为漳州市第一家国家级绿色供应链管理企业）。电子信息产业，科华电气“全智能化示范车间”入选全省新一代信息技术与制造业融合发展项目。

招商引资持续发力。按照全市“9+5”千百亿产业集群布局，围绕“四大主导产业”，持续抓招商促发展。编制新一代信息产业、高端装备制造产业2份产业链招商地图，开展招商推介活动3场。积极发展总部经济，盈趣科技漳州高端制造区域总部项目、视瑞特广电新媒体研发总部项目、鹭燕医药漳州总部项目、融诚检测科技总部4个总投资22.8亿元的总部经济项目先后签约落地。同时加快推进产销分离，冶金新材料循环经济产业、傲农供应链项目等6个项目成功签约。全年新签约福建漳州语堂数字经济产业园（一期）B区项目、闽西南漳州智能制造产业园、万福产业园（芗城）等27个项目，总投资212.28亿元，其中重大项目23个，总投资207.98亿元。

生态环保落实到位。2022年，园区坚持贯彻“绿色”发展理念，进一步打造“金山银山”。1月15日，万安集团、科华技术、信华食品、正兴集团入选“工信部2021年度绿色制造名单”，成为国家级绿色工厂；11月9日，众环科技、盈塑工业入选“福建省第五批绿色供应链名单”，实现该项名单零的突破（众环科技入选“工信部2022年度绿色制造名单”，成为漳州市第一家国家级绿色供应链管理企业）；11月29日，金宝污水厂一期取得施工许可证，建成后有利于提高生态环境承载量。

（摘编：郑欣然）

漳州蓝田经济开发区

漳州蓝田经济开发区于2006年经福建省人民政府批准将漳州蓝田工业区、漳州龙文工业区两个省级工业区整合为一个福建省级重点开发区，是漳州一环区域内唯一开发区，5公里半径范围内涵盖漳州、漳州北2个高速出口、漳州站1个高铁车站和漳州东站1个普铁车站，50公里直达厦门高崎国际机场，距厦门港漳州码头39公里，距厦门港东渡码头55公里。园区总规划面积22.5平方公里，已开发面积12.4平方公里，形成蓝田、龙文、朝阳、郭坑4个园区的发展格局。开发区充分发挥以点带面的示范作用，引领制造业绿色转型，有力促进开发区工业绿色发展。2022年，开发区全年完成规模以上工业产值410亿元；完成固定资产投资92亿元。累计招引新二产、三产项目43个，总投资约81.74亿元；区级项目78个，总投资303.73亿元，完成年度投资83.61亿元。新开工景田包装饮用水生产基地项目、弘盛达金属科技、正能机电等项目40个，竣工大闽食品四期工程、红梅家具、多特高速制针等项目35个。省级重点项目3个，总投资43.56亿元，完成年度投资12.69亿元。市级重点项目25个，总投资152.67亿元，完成年度投资61.71亿元。

招商引资围绕重点。加强龙头企业招引及配套项目建设。围绕高端食品饮料、精密机械装备、新型消费电子三大先进制造业为方向，建立龙头骨干企业培育库，支持企业开展兼并重组做大做强。加快培育壮大"专精特新"企业。深化"专精特新"中小企业认定工作，支持宏香记食品、润美纸业、恒丽钟表等省级"专精特新"企业发挥示范引领作用，引导企业专注于细分产品市场，开展技术创新、质量提升和品牌培育，提升企业盈利能力、品牌价值和行业地位。支持企业利用自身技术和市场优势，构建产业配套联盟，拓展延长产业链。扶持初创型中小微企业加快发展。支持互联网、物联网、文化创意、跨境电商等特色领域精耕细作，发展一批特色鲜明、创客云集、机制灵活的科技型中小企业载体，为初创型中小微企业提供低成本运营空间和优质服务。支持条件成熟的众创空间品牌化连锁发展，支持联东U谷、宝龙城市广场等开辟创意、创新主题空间，大力招商引资，引入专业运营机构，推进主题创客空间和科技孵化器在全区多点开花。优化招商推进体系，完善招商考核办法，评选重奖招商引资功臣，打造一支懂产业、通政策、善谈判、韧劲足的"狼性"招商劲旅。综合运用以商引商、产业招商、平台招商、资本招商、委托招商等多元模式，猛攻重大项目招引，着力引进一批"专精特新"科创型中小企业、行业细分领域"隐形冠军""独角兽"企业和功能型平台。坚持"亩均论英雄"，守好项目准入门槛，精心精准精细做服务。密切关注头部企业新一轮发展规划，强化重大经贸招商活动组织，针对性引进产业链核心项目、上下游配套企业，推动产业结构优化升级。

生态环保提升改善。在环境保护上，坚持节约资源和保护环境，提升环保容量，持续改善园区生态环境质量，坚持以改善生态环境质量为核心，推动生态环境治理，实现主要污染物排放总量持续减少，所有投产企业集污纳管，环境治理稳步推进。

（摘编：李元）

长泰经济开发区

长泰经济开发区地处于"千年古县，状元故里"长泰县的东南部，1997年设立管委会，是第一批国家发改委审核通过的省级重点开发区之一，规划面积22平方公里。2022年，开发区规模工业产值完成713亿元；全年税收达11亿元；固定资产投资80亿元；社会消费品零售总额15.4亿元，新增新上规模工业企业43家，省级开发区排名由2020年的67名提升到2021年的42名。

项目建设持续深化。2022年园区持续深化领导带头策划项目机制，做实做细项目前期准备工作，已在总部核心区谋划15个项目、总投资超30亿元，明年启动派出所、应急中心、幼儿园、中学二期、托育中心、体育综合体、高端人才公寓、数字技能实训基地（电商中心）、夜市文化经济区、文教商业综合体、高强商业综合体等12个项目总投资超20亿元，建成后将形成第二个万人密集区，构建高端的总部生活配套，带动产业服务圈、商贸购物圈、夜间经济圈集聚。推动立达信物联网二期土方工程、安泰新能源二期、宏发三期、好精彩儿童用品、新梦智能家居、锐腾电器二期、尊雅工贸等一批大项目相继开工建设，为后续发展打好基础、积蓄力量、赢得主动。抢抓政策"窗口期"，积极向上争取资金9064万元。2022年地方政府新增专项债发行额度2亿元，已申报明年专项债提前批项目4个，资金需求2.1亿元；入库明年专项债和政策性融资项目6个，资金需求5.2亿元；其中，进入明年中央、省市预算盘子项目5个，预计可争取资金超过1亿元，"污水零直排区"建设已入库省生态环境厅第三批生态环境治理储备库，并有2个商业综合体已完成报批准备挂牌，有效保障项目策划资金来源。

产业发展要素保障。始终坚持新发展理念，

承接一切有利于发展的要素，从深入实施“大抓工业、抓大工业”三年行动计划，培育壮大光电照明、电子信息、建材家居、文旅用品等四大优势产业和高端装备制造、新能源、生物科技三大新兴产业的“4+3”制造业发展体系到现在的“突出工业、突破工业”，全力打造闽西南先进制造业基地，紧扣电子信息、智能制造、新材料等三大主导产业，延伸拓展产业链，促产业集群化、产品高端化发展。2022 年共有 229 家规上工业企业，完成规模工业产值 713 亿元。工业投资上报数 80 亿元。技改投资上报数 47.21 亿元，技改投资占工业投资 61.6%。累计工业用电量 15.66 亿千瓦时。新增新上规模工业企业 43 家。

招商引资全力推动。坚持“一把手”招商，聚焦三大主导产业，全面推行产业链招商、驻点招商、以商招商、委托顾问招商、中介招商等，瞄准世界五百强、民营五百强、优质上市企业等龙头企业，实行小分队靶向招商。区党政主要领导带队赴厦门、福州等地招商 8 次。先后拜访厦门松竹科技、厦门金沐、泉州嘉华卫生用品、厦门祥云科创、龙晟模具科技产业园等企业，推动项目加快签约、落地。2022 年新签约产业项目 81 个，总投资 178 亿元。

（摘编：林汇智）

漳州古雷港经济开发区（古雷港）

漳州古雷港经济开发区地处厦门、汕头两个经济特区之间，与台湾隔海相望，对台地缘、人员及区域经济协作优势突出，是全省、全市全方位推动高质量发展超越的重要增长极。2006 年 4 月，经省政府批准设立福建漳州古雷港经济开发区，同年 9 月被国务院确认为省级开发区。2022 年，开发区完成地区生产总值 169.5 亿元，增长 11.1%；固定资产投资 184 亿元，增长 8.7%；规模工业总产值 701.4 亿元，增长 27.2%；农林牧渔业总产值 46.2 亿元，增长 2.6%；资质建筑业总产值 1.7 亿元，增长 224.9%；社会消费品零售总额 64.5 亿元，增长 6.6%；一般公共预算总收入-17.5 亿元，下降 19.7%；地方一般公共预算收入-2.6 亿元，下降 19.6%；实际利用外资 10.9 亿元，完成率 106%。

项目建设围绕重点。古雷石化基地以进口石脑油、凝析油等为主要原料，按照规模化、集约化、一体化的发展模式，采用国际先进工艺，生产高端石化产品，瞄准战略新兴产业，重点发展三大合成材料（合成树脂、合成纤维、合成橡胶）及其深加工产品，形成面向国内及东南亚市场上下游一体化的石化产业集群。目前，古雷石化基地已投产、在建、签约产业项目 38 个，总投资超 2788 亿元，达产后年产值超 3424 亿元，形成以福海创 PX、PTA 为龙头的芳烃-聚酯和以古雷炼化一体化一期项目为龙头的烯烃-塑料两条产业链协同发展格局。重中之重推进中沙古雷乙烯和古雷炼化一体化二期 2 个“油头”项目。中沙古雷乙烯项目，是国家重大外资第三批专班项目，总投资 420 亿元，将建设年产 150 万吨乙烯及下游深加工联合体装置，达产后年产值约 340 亿元、年税收约 30 亿元，可带动中下游产值超千亿元，是福建省迄今一次性投资最大的中外合资项目。古雷炼化一体化二期项目，总投资约 733 亿元，主要建设 1600 万吨/年炼油、150 万吨/年乙烯、320 万吨/年芳烃等 30 余套炼化装置及基础配套工程，达产后年产值约 810 亿元、年税收约 47 亿元，可带动中下游产值超 2000 亿元，是福建省全方位推进高质量发展的重要支撑项目。项目投资协议已于 2022 年 9 月 23 日正式签署。中国石化与沙特阿美还就该项目签署了合作框架协议，项目经济效益得到进一步保障。

产业发展强链补链。2022 年，古雷炼化一体化二期项目正式签约，有效补齐“油头”链条；中沙古雷乙烯项目完成“储转规”、核准，基础设计与工艺包设计工作，福海创原料适应性技改、福建惠成、恒海聚酯纤维、奇美 PC 等多个重点石化产业项目相继开工；新投产古蕾化学、奇美 PS。口岸方面南 15#—19#码头取得港口经营许可证并正式启用，全区开放港口码头增加至 7 个，已建成生产性泊位 18 个，年吞吐能力可达 3394 万吨；16.8 公里的公共管廊、15.4 公里的电力主管廊已全线贯通并投用，朝世界一流绿色石化基地目标不断奋进。

招商引资全面推进。2022 年，签订古雷炼化一体化二期项目、天辰高端聚酰胺材料项目、桐昆120万吨/年绿色多功能片材项目等投资协议共28个，累计签约总投资1636亿元，签约项目质量优、规模大、层次高、带动强，项目类型涉及石化产业、总部经济、民生、配套等二、三产项目；项目业主涉及世界500强企业、央国企、台湾百大企业和民营行业龙头等。开展驻点招商，实施对台招商，2022年全年外出招商20次；定期开展招商推介会，全年召开2次推介会，梳理区域已有产业情况，邀请有意向的石化企业来古雷实地调研。

生态环保有效治理。2022年，开发区成功入选全国“绿色化工园区名录”，被省生态环境厅和省发改委推荐作为清洁生产审核创新试点。辖区将军湾—浮头湾海湾纳入“十四五”福建省美丽海湾建设单元。2022年市对各县区党政领导生态环境保护目标责任考核古雷开发区排名位列开发区序列第一。全区空气质量优良率为99.2%，比2021年提高0.3个百分点；近岸海域国省控点位水质监测优良率，园区古城村排海口全年污水排放达标率，饮用水源水质达标率均为100%；“比乡村振兴与生态建设”单项竞赛排名开发区序列第一。在VOC治理方面，园区企业开展挥发性有机物泄漏检测与修复，园区北部污水处理厂稳定运营，园区南部罐区10万立方米公共事故应急池及联通管网完成建设；积极推进农村生活污水截污纳管和畜禽养殖及牛蛙养殖污染整治活动，扎实开展2022年7个村庄治理设施建设，开展辖区入海排污口分类整治，持续推进海漂垃圾综合治理。

（摘编：林汇智）

漳州古雷港经济开发区（绥安）

漳州古雷港经济开发区（绥安）即绥安工业开发区设立于1991年6月，总规划面积34.59平方公里，1998年3月列为省级开发区。2022年全年开发区完成规模产值214亿元，税收收入5.1亿元，固定资产投资额10.35亿元，外资实际到资1.58亿元，新签约产业项目17个，总投资28亿元，其中，签约重大项目3.5个，新开工项目27个，竣工项目21个，当年签约当年落地项目10个，盘活闲置厂房面积30.54万平方米，盘活闲置用地面积341亩。

基础设施配套完善。开发区总规划面积51.29平方公里，已建成面积12.24平方公里。目前园区给排水、区间路、电、供气、雨污管网等配套基本完善，园区绿化美化亮化提升持续推进。由漳浦发展水务有限公司统一供水，供水能力10万吨/天。已建成道路总里程70公里，铺设污水管道55公里，天然气供应管道3公里（安然）。为促进鹿溪流域水质提升，2022年开发区自建大南坂污水处理厂1座（日处理1.5万吨）；绥安园和黄仓园按照县城污水处理厂BOT协议，由县城污水处理厂集中统一处置。建成旧镇工业园污水处理厂1座，日处理能力3000吨。区内建成110千伏变电站3座，220千伏变电站1座。

项目建设持续推进。2022年列入市县重点项目17个（其中市级6个、县级11个），总投资16.21亿元，年度计划投资11.96亿元。美一食品、塑兴、顶利来、科盛、三商等5家企业已经投产，台玻、碳瀛、普实、高诚、和进等5家企业正在办理前期开工手续，达川、绿泉已完成主体厂房封顶，伟伊进行装修扫尾，舜洋、同溢堂进行主体厂房建设，源文兴进行地基基础建设，豪峻鞋业正在安装调试设备。

招商引资卓有成效。开发区主要领导带队外出招商12次。其中，县政府分管领导带队招商5次，组织参加第一季度漳州市“招商大会”项目集中签约仪式1次，参加第二季度漳浦县集中签约、集中开竣工仪式1次，参加第四季度漳浦县集中签约、集中开竣工仪式1次，参加厦门第22届国际投洽会集中签约仪式1次。年度签约项目17个，总投资28亿元，落地项目10个，总投资13亿元，落地率66.7%。

生态环保落实到位。根据园区雨污水管网排查情况，已完成黄仓园阳光皮革雨污混排改造、盈丰工业园污水管道与迎宾大道管网连接及辘门社区部分雨污管网改造等工作，完成西帝西、阳光皮革、盈丰、顶利来、立和、大茂、骏驰等31家企业内部雨污分流改造。采用BOT模式引进社会资本近1亿元，启动大南坂污水处理厂建设。

（摘编：余松山）

诏安工业园区

诏安工业园区创建于1988年，前身为“诏安县闽粤边界贸易加工区”，1992年被省政府正式批复为省级开发区，2005年12月，经国家发改委公告确认为省级开发区，正式更名为“福建诏安工业园区”。2015年3月，园区被确认为闽粤经济合作区先行启动区。2017年，深桥、白洋和西潭三个工业小区整合并入园区。2021年9月，经中共诏安县委机构编制委员会同意，诏安工业园区管委会与金都工业集中区正式合并，组建成立诏安工业园区管理委员会。2022年，规模工业总产值379.29亿元，增长11.8%；规模工业增加值110亿元，增长12%；财税收入3.17亿元，增长5%；固投21亿元，增长24%；实际使用外资6454万元。实行“一比一专班、一项一台账、一月两调度”机制，全年“七比一看”总排名中位列前茅。

基础设施不断完善。经过多年建设，园区道路、用电、供水、排水、排污、绿化、路灯等配套不断完善，生活、休闲、医疗、文化、教育场所逐步形成。在市政道路配套方面：县城西侧园区的“二横三纵”路网格局及县城东侧园区“五横六纵”的路网格局共同构成了四通八达的交通网络。推进婴童产业园配套道路专项债项目，包括站前四条路、经纬四条路、怡景路，共9条，可新增道路里程7公里。在功能设施配套方面：日处理1.2万吨污水的诏安城西污水厂及16公里配套管网已建成运营，另有日供水1.6万吨工业园区自来水厂已纳入县城乡供水一体化项目推进。同时拥有可承接大项目入驻的基础配套设施，通信和宽带网络基本覆盖全区；有日供水2万吨海利自来水厂1座；引进的金都气化站工程项目已基本完成。在公共配套方面：已建成企业服务中心、职工文体中心、党群活动中心、农民工服务中心，“四个中心”连一体，服务企业“加速度”。同时，建成4.8万平方米的兴业园标准通用厂房、农民工公寓，拟建成诏安婴童文化创意产业园、诏安金都小微企业创业园等通用厂房，进一步提升园区的项目承载力。同步完善辖区生活商业服务配套设施，打造金都海洋生物产业城、水产品加工产业城，实现产城融合发展。

项目建设多措并举。一是健全机制，组建项目服务专班。成立招商引资小组（5人）、企业服务小组（9人）、土地规划小组（5人）、土地报批报建小组（8人）、竣工验收服务小组（6人）等项目专班，健全片区领导、挂钩干部责任制，全程代办企业从签约到项目竣工所有事项。二是加强业务能力培训，提升服务能力。选送优秀业务人员到住建局、自然资源局跟班学习，邀请审批部门、企业代表、专班人员参加竣工验收专题座谈会，就企业竣工验收前存在的问题逐一提出解决方案。三是每周例会倒排工序，提前谋划推进项目建设。建立重点项目推进工作周例会制度，就项目推进情况逐一汇报，倒排工期推进项目进度。截至目前，已召开7场项目推进会，推进2个成片开发方案省厅顺利批复（洋江、食悦、贵长豪、盛鑫纸业、大新地块二期等），6个地块控规及动态维护顺利入库（洋江、食悦、贵长豪、华林北路、大新地块、移动基站）；基础设施一期项目嘉禾路、工业北六路、工业北四路、拉芳（一）地块顺利完成报批；梅满天下、拉芳二期2个地块已报省厅；另有18个项目进入安置公告已完成；完成斯美加二期、傲农、福钢、嘉思、横盛金属等项目办成工规许可面积58.3万平方米；完成金平实业、爱护洁、品鼎、华元电力等项目不动产权证补办手续。谋划金星邻里中心、工业北六路打通金洋大道至连站大道，梳理园区配套遗漏，谋划工业园区基础设施二期项目包，谋划中菲两国双园副食品产业园、新材料产业园项目。

招商引资成果喜人。坚持“一把手”领衔，瞄准五大主导产业，深化“诏商回归”工程，发挥乡镇商会桥梁纽带作用，外出广深泉等地招商6次、组织座谈5次，创新快递招商，新签约项目21个，总投资额48.6亿元，比增47%。其中“诏商回归”项目3个共3.27亿元，重大项目14个共31.1亿元，飞地项目6个共8亿元，外资项目3个共5.77亿元。

生态环保多管齐下。一是加大污染减排力度，确保完成年度减排目标任务。继续加强建设项目环境管理，严格把好项目准入关、环评关、验收关，严格执行项目审批各项规定，切实提高项目准入门槛。强化对企业污染治理设施的监督管理，确保所有治理设施高效稳定运行。二是强化工业污染防治，做好重点企业行业监管。加强对重点排污企业的监督管理，集中人力和车辆，组织巡查队伍，每周不定期开展2—3次巡查。督促企业进一步认清当前环保工作形势和要求，积极、主动、有效落实污水排放问题整改，集中整治环保领域违法违规行为。三是紧盯“一厂一湖一溪”（城西污水处理厂及配套管网建设、南湖片区企业黑臭水体治理和赤水溪流域水质提升），完善提升园区基础设施配套。扎实推进城西污水处理厂及污水管网建设、南湖片区企业黑臭水体治理和赤水溪流域水质提升工作，进一步提升园区招商引资及项目建设承载力。四是深入开展环境保护宣传，大力营造公众参与氛围。密切关注涉区涉企有关环保工作网络舆情动态，适时启动网络舆情应急预案，把社会矛盾消灭在萌芽状态。及时有效化解个别企业排污与周边社区、村庄农户矛盾问题，防止出现群体事件和诱发社会不稳定因素。不断加强生态环保宣传教育和舆论引导，运用好信息公开栏、微信公众号、标语等各种媒体宣传手段，倡导绿色文化。

（摘编：苏小雨）

云霄常山经济开发区（常山华侨）

云霄常山华侨经济开发区，隶属于福建省漳州市，地处漳州市南部，云霄、诏安、东山三县交界处，西南与诏安县接壤，东、北与云霄县毗邻，南与东山县、云霄县相连。行政区域总面积115平方千米。2022年开发区全年实现地区生产总值38.66亿元，增长8.5%；规模工业总产值100.15亿元，增长13.7%；规模工业增加值增长13.4%；固定资产投资14.97亿元，增长1.6%；一般公共预算总收入2.99亿元，增长29.8%；地方一般公共预算收入1.78亿元，增长15.1%；进出口总额46.09亿元，增长5.4%；实际利用外资301万美元；社会消费品零售总额4.21亿元；全社会用电量3.67亿千瓦时，增长15.2%；城镇居民人均可支配收入40935元；农村居民人均可支配收入23684元；完成年度节能减排任务。

基础设施配套齐全。辖区内市政道路和园区路网、水网、电网、防洪排涝、污水处理等基础配套设施建设较为完善，2022年以来，重点推进了北区天然气管道及常山首站工程项目、南工业园集中供热项目、污水处理厂提标扩建工程项目等，供气、供热、污水处理等设施逐步完善。同时，强化“亩均论英雄”理念，全年能完成批而未供处置15宗，面积11.15公顷；盘活存量土地5宗，面积13.65公顷，收取土地出让金3106万元，提升工业园区亩产效益。

项目建设全力提速。9个市级重点项目全部开工建设，完成投资8亿元，其中美肯科技、双雁新材料已投产纳统。全力提速中菲“两国双园”建设，已规划总面积174.24公顷，建设“跨境电商物流园区”、“新能源新材料产业园区”、“康养医养产业园区”，形成“一园三区”布局。全力推进抽水蓄能项目，在国投电力支持下，推动谋划总投资140亿元、总装机容量280万千瓦的常山抽水蓄能项目。

产业发展稳步推进。坚持稳字当头、稳中求进，深入开展“产业发展项目建设攻坚年”活动，实施“七比一看”竞赛，经济运行保持合理区间，GDP增速位居全市第3，一般公共预算总收入、农林牧渔业总产值、全社会用电量增速位居全市第1，房地产投资增速位居全市第2。持续强化工业支撑。突出工业、突破工业，深化“千名干部挂千企”帮扶机制，帮扶辖区纳税大户昌盛五金解决生产经营困难问题，增加税收4100万元；推动明旺食品、国威工贸等10家企业投入2.21亿元技改升级，新增规模企业3家，突破工业总产值100亿元大关，稳住工业基本盘。大力发展现代服务业。新增限上贸易业企业5家，乌山湾现代田园度假区投入运营，三产比重提升0.9个百分点。特色现代农业提质增效。制定出台一系列稳产增收方案措施，完成粮食播种面积66.67公顷以上，同比增长10%，推动开发区粮食生产稳产增产，完成农林牧渔业总产值1.62亿元，同比增长12%。

生态环保落实到位。抓紧抓牢中央环保督查反馈问题整改工作，重中之重推进总投资2.48亿元的污水处理厂扩建及提标工程，完成一期提标改造、园区事故应急池及处理设施建设，污水处理能力达到 10000 吨/日且出水水质达到 1 级 A 排放标准，基本满足目前全区污水处置需求。实施生态环境提升“五大行动”，统筹推进南片工业园区管道清淤整治，竹港溪、梅州溪河道清淤，畜禽及牛蛙养殖污染整治，管道改造及雨污分流，总体规划环评修编等工作，梅州溪松仔岭断面已达三类水水质标准，生态环境质量逐步提升。

（摘编：吴建翰）

云霄常山经济开发区（云霄云陵）

云陵工业开发区地处海峡西岸经济区闽南金三角，位于云霄县南部，介于厦门和汕头两个特区中间，面对台湾海峡，南临港澳。国道 324 线穿过全区，沈海高速公路和沪深高速公路在园区内设有互通口及客运、货运站埠，云霄疏港公路、将军大道和规划建设中的入闽通道均在开发区交会，是漳州南部主要的交通枢纽中心，区位优势明显，交通便利。2022 年，开发区重点项目共计投资 10.9 亿元，开工建设项目 14 个，新增入库项目 13 个，新增入库项目计划投资额 13.22 亿元，新增项目投资额 33 亿，新策划项目转化率达 78.9%。截至 2022 年 12 月底，落户开发区企业 187 家，其中开发区引资企业 72 家，其他乡镇引资共 115 家，现有规模企业 46 家。食品加工 40 家，其中规模企业 8 家，2022 年规模工业总产值 89014 万元，规模工业税收净入库 1555.28 万元；电子信息 45 家，其中规模企业 11 家，2022 年规模工业总产值 176033 万元，规模工业税收净入库 866.17 万元（企业退税 130.92 万元）；新能源 2 家，其中规模企业 2 家，2022 年规模工业总产值 15204 万元，规模工业税收净入库 378.9 万元。

产业发展多路并进。一是利用相关扶持政策，支持企业创业创新。鼓励海峡彩亮（漳州）光电有限公司申报省级新型研发机构、“双创之星”，华锐申报“首席科技官”。二是鼓励企业积极申报高新技术企业，截止 2022 年底，全区有云星、华锐等 8 家高新技术企业。三是大力支持鑫创鑫、利众诚食品、中福新材料、振牌海洋生物科技等现有企业技改升级，促进公爵食品、宝宝乐食品、门捷新材料、富兴通、格菱电器制造等企业新上规模，推动产业向智能化、高端化转型升级。

招商引资主动出击。2022 年，共外出招商 13 次，其中：参加市、县领导外出招商活动 6 次，全年接洽意向投资项目 15 个，签约项目 9 个。总投资额 21.91 亿元，在全县“比项目招商”中排名位列第一。具体为新签约二产三产项目数量 9 个，华隆汽配物流、新型包装材料项目、新型包装材料项目、冻干食品生产项目、SMT 贴片制造、电器生产制造项目、枇杷花茶生产项目、海洋特种工程材料产学研中心、人造板机械生产基地建设项目、电子信息产业项目。其中新签约重大项目 4 个，电子信息产业项目、人造板机械生产项目、冻干食品生产项目（二期）、华隆汽配物流项目。截止 2022 年底，签约项目开工 6 个，开工率为 67%。工业用地出让面积 47.4 亩，办理建设工程规划许可面积 3.02 万平方米，清理厂房 34.48 万平方米，新建工业厂房面积达 20.8 万平方米。新增入库制造业投资项目 5.55 亿元，规模以上工业 3 个，资质建筑企业 1 个，限额以上贸易业企业 3 个，规模以上服务企业 2 个。

（摘编：吴建翰）

平和工业园区

平和工业园区成立于 1999 年 3 月，前身为平和县文峰工业区，2006 年 3 月经国家发改委、福建省人民政府批准升格为省级工业园区，是一家以机械制造、汽配、建材、纸品、家具为主，其它轻加工业为辅的综合工业园，园区规划控制面积 5 平方公里。2022 年，平和工业园区完成规模工业产值 113.28 亿元，税收入库完成 7326.27 亿元；新增制造业固投入库 9 个，完成投资 13.8 亿元。新增规模工业企业 14 家，限上企业 3 家。

招商引资重点围绕。园区锚定产业集群的基本框架，延伸产业链，发展完善产业，实施精准招商。以绿色家居建材为产业核心，分门别类制定一链一策。生态木业产业方面，主要突出上下延伸，依托西蝉木业产业园龙头效应，一方面从自身功能往智能化升级，引进了福泰工贸超强刨花板项目，计划投建板材装饰、板式家具等生产线，向打造完善的生态板式家具产业链迈出重要一步。另一方面，引进阿龙、瑞辉等方木生产线，形成原料加工的宽度和上下延伸。建陶产业方面，突出产品体系转型升级，通过二次招商，全年引导了侨丰、美艺陶、澳利、超优等4家企业，投资约4亿元改造4条生产线，分别生产1.5*0.75大板、亚光板和泡沫建陶等产品。引进广东石塑地板项目、福州玄武岩生产项目以及2个陶瓷加工项目，4个项目项目总投资3.5元，进一步丰富建材产品体系。绿色纸业方面，突出做强产能，做优环保等重点，引进广东企业收购益达纸业进行改扩建，4月中旬2条先进的低克重高瓦高速造纸生产线试投产，每分钟出纸480米，实现节约耗材，减少污染排放等，为地区最先进最环保全自动化瓦楞纸生产线，年产值可达5亿元以上，税收1500万元。

环保安全认真实施。陶瓷企业“煤改气”。认真组织实施《平和工业园区陶瓷企业“煤改气”专项整治方案》，按照“试点先行，分步推进”原则，稳步推进园区建陶企业“煤改气”工作。园区建陶产业“煤改气”工作已基本完成，所有建陶企业均完成供气管道（厂区内外）铺设及窑炉生产线设施改造并部分使用天然气。同时，建设废气在线监控并已联网生态环境部门，建设脱硫浆池在线pH监测仪，更有效保障设施运行。一是根据环保问题清单，配合环保部门抓好企业环保设施整改落实，全面提升陶瓷企业脱硫、脱硝、除尘设施，减少大气排放污染。二是整治“冒黑烟”问题，配合环保部门加大对造纸业、木材加工业等企业锅炉燃烧物的监管。三是加强日常监管，委托第三方监测公司对企业大气排放进行不定期监测。整治黄井溪。常态化落实黄井溪小流域“沟长制”责任，辖区内4条排水沟分别由4名班子成员挂“沟长”，负责沿沟企业污水偷排的监管，发现问题及时上报生态环境局。做好小散乱污、高污染企业排查整治，加大巡查密度，关闭志宾工贸等4家不符合环评要求的洗土企业，防止采砂、洗砂、洗土等违法违规行为死灰复燃。深入推进花山溪流域综合整治工作，主要领导亲自作战，分管领导值班带队加强日常巡查，不分昼夜和晴雨天对部分企业进行随机性抽查；制定平和工业园区花山溪黄井支流整治作战图，设立13个水质监测点、多个拦截沟与拦截池，严格督促企业原材料堆放规范。严格按照国家环保法律法规标准排放，发现漏排、偷排现象，一律上报相关执法部门。污水管网建设。新增5公里污水管网工程已完成招投标，已完成上峰路、横五路污水管道铺设，公园二路正在施工中，预计明年2月份可完工。

（摘编：陈闽声）

华安经济开发区

华安经济开发区位于漳州市北郊、华安县南部，于2005年创办，2007年7月成立华安工业集中区管委会，2010年12月21日由省政府批准为省级经济开发区。经过十多年发展，已初步形成“一区六园”发展格局（新社、前宅、长富、龙翔、九龙、大洲六个工业园），新增北部片区、银塘片区和江滨片区。园区以“先进装备制造、智能家具家居”两大产业为主导，同时全力打造“铝车轮、针织机械、冻干食品”三大专业生产园区，“2+3”产业集群初具规模。2022年，开发区固定资产投资完成79.32亿元，同比增长14.1%；规模以上工业企业营业收入完成257.93亿元，同比增长30.7%；财政总收入完成5.86亿元，同比增24.3%；规模以上工业企业共100家，2022年新增规模以上工业企业22家；实际使用外资完成5558.52万元；进口总额完成4.16亿元；出口总额完成11.64亿元。

项目建设持续推进。2022年开发区新开工项目48个；新投产项目27个；新办理竣工验收的项目15个，总建筑面积19.57万平方米；新办理工程规划许可证的项目76个，总面积109.57万平方米；新办理施工许可证61个。截至2022年底，开发区共有投资10亿元以上企业13家；上市公司5家；国家级高新技术企业24家。

产业发展做大做强。开发区坚持做大做强产业链，围绕主导产业实施铸链、补链、强链工程，重点培育“先进装备制造、智能家具家居”两大百亿产业集群，聚力打造“铝车轮、针织机械、冻干食品”三大专业生产园区，培育具有核心竞争力的产业集群，打造产城人融合示范区。截至

2022 年底，开发区共有先进装备制造企业 79 家，总投资 164 亿元；智能家具家居企业 55 家，总投资 66.92 亿元；铝车轮企业 2 家，总投资 31 亿元；针织机械企业 16 家，总投资 19.5 亿元；冻干食品企业 3 家，总投资 9.8 亿元。

招商引资卓有成效。2022 年开发区新签约供地项目 11 个，总投资 50.6 亿元，其中 10 亿元以上项目 3 个；新签约租赁项目 20 个，总投资 10 亿元，通过招商引资和项目对接等方式，出租空置厂房 5.86 万平方米。签约项目主要涉及食品、钢结构建筑、家具家居、金属制品等行业。

（摘编：邓新民）

泉州开发区概况

泉州经济技术开发区

泉州经济技术开发区地处泉州南大门，是泉州南翼新城的重要组成部分，于1996年12月开始开发建设，2010年6月升格为国家级经济技术开发区。2022年，泉州开发区实现GDP 220.2亿元，比增1.1%；工业增加值160.8亿元，比增0.5%；第三产业增加值57亿元，比增2.3%；一般公共预算总收入12.91亿元，比增-2.3%；一般公共预算收入6.14亿元，比增-0.8%；全社会固定资产投资13.31亿元，比增12.44%；社会消费品零售总额127.9亿元，比增7.1%；出口商品总值51.84亿元，比增-2%；实际使用外资（验资口径）12556万美元，比增319.7%。其中，社会消费品零售总额、实际使用外资增速排在全市前3位。

项目建设全力推动。力促开工、投用、在建、谋划的“四个一批”项目滚动接续。区本级“四个一批”项目共10个，总投资25.2亿元，年度计划投资5.3亿元，亿恒、腾趣等部分项目建成投用。21个省市在建重点项目全年完成投资22.7亿元，完成年度计划125%，超时序进度25%。市下达的6个开工项目、5个竣工项目均按计划推进。

产业发展多措并举。一是抓科技创新。深入实施抓创新促应用专项行动，全力抓好高企培育攻坚，组织34家企业申报国家高新技术企业，高企保有量达75家；新增华利塑胶、大西洋电力、名品电子、隆恩建筑4家企业科技小巨人企业。二是抓数字技改。实施绿色数字技改专项行动，新增国家级绿色工厂1家、市工业互联网项目1家、数字化生产线8条，“上云上平台”企业12家；工业投资全年累计增长104.3%，位列全市第一。三是抓梯队培育。突出分类培育，推动小微企业升级、成长企业做精、龙头企业做大。区内现有省级龙头企业2家、市级龙头企业10家；新增国家级专精特新小巨人企业1家，省级专精特新企业2家，市级服务型制造企业2家。“四上企业”35家，其中规上工业企业15家，限上商业企业17家，规上服务业2家，房地产开发企业1家。

招商引资成效显著。坚持“请进来、走出去”，聚焦主导产业、龙头企业，采取专业招商、以商招商等多种方式，存量增量双线并进，取得良好工作成效。累计洽谈合作项目141个，总投资额548亿元，涉及机械装备、医药食品、纺织鞋服、电子信息及新材料、新能源、国际IP等产业，其中：正式合同项目118个，总投资额503.1亿元，完成全年目标任务的100.6%，正式合同转化率99.2%；20亿元以上重大项目7个，总投资额145亿元，完成全年目标任务的140%；1亿元以上项目99个，完成全年目标签约数的198%。目前，已开工项目112个，开工率94.9%，履约率100%。一是加强招商力量。将开发区创业服务中心与招商服务中心整合归并；鼓励年轻干部积极投身招商引资事业，从全区遴选事业干部、国企年轻干部充实到招商工作一线。二是完善招商机制。实行招商领导小组和8个产业发展专项小组“大小组”同向联动发力。以12个片区为单位，明确招商任务、责任领导、责任部门，及时收集掌握项目线索，营造招商工作人人有责、人人都是的招商氛围。三是优化招商服务。深入开展“干部进企业　一企一策促发展”“局长走流程”活动，主动靠前，当好项目“服务员”，及时解决招商项目在落地过程中遇到的困难和问题。同时，充分发挥商会等作用，盘活“资源圈”，实时更新低效厂房、楼宇、土地信息，为意向企业精准匹配空间需求。精挑细选，把好项目入园关。建立重点项目“绿色通道”，为项目提供全过程保姆式服务。四是提升招商实效。存量上，突出“小而精”项目，根据四大主导产业发展情况，分业分类梳理策划工业量更新、产业链合作、增资扩产、提容增效项目 116 个。有效推动太平洋制药、天地星电子等 65 家龙头企业、专精特新企业进行增资扩产，总投资 340.05 亿元，其中，特步增资扩产带动外企增资 12556 万美元，增长 319.7%（居全市第一），天地星等企业技术改造带动技改增资增长 99.8%（居全市第二）。增量上，出台完善《项目入驻、评估及退出管理规定》等招商政策，精准开展专场推介，引进濠创 IP 共享直播基地、利讯国际 IP 生态运营总部等特色产业项目，集聚闽汉新能源等一批总部、研发平台。

园区管理提速增效。一是坚持精准施策，经济运行稳中向好。3 月份疫情发生以来，积极出台落实抗疫助企保民生 23 条、稳住经济一揽子政策 52 条等各项惠企助企政策，深入开展企业走访帮扶活动，助力企业复工复产、满工达产、增资扩产、提质强产。2022 年，经济运行持续向好，除个别纺织企业因资金链问题而停产外，绝大部分规上工业企业良性增长。医药食品、机械装备、电子信息分别增长 12.2%、8.6%、0.55%；80% 左右的规上企业实现正增长，龙头企业增长势头较强，特步、三星实现两位数的增长，宝勋、德恒等一批潜力企业增长 40% 以上。园区标准化，坚持全域统筹，园区标准化建设提速提效。一是空间挖潜成效明显。在全面摸排园区 254 个工业地块的税收、产值、业态的基础上，分门别类，细化台账，绘制工业用地效益热力图，一地一策、一企一策，确定处置措施，做到有鼓励、有限制；实施物理空间和生产工艺“双改造、双提升”，加快推进空间盘活、产业更新，全年更新盘活 16 个地块，成功置换金刚石工具装备数字化产业园、亿丰（福建）高端汽车数字化装配中心等优质项目，总投资 115.3 亿元。二是试点园区标准化建设全面提速。组建区党政主要领导为组长的行动专班，抽调精干力量集中办公，实体运作，挂图作战，倒排时限，比拼晾晒。整合区内国企收购的 105 亩地块作为园区标准化提升首个试点，以“新建+改造”的方式进行规划建设，在全市首次创新开展远程异地开标，采用 EPC 承包模式，打造国际 IP 产业创新园，力争亩均税收超 60 万元。已成功落地利讯儿童鞋服智能制造基地、小黄鸭全球采购与零售营运中心等 9 个项目，总投资 18.5 亿元；并洽谈一批项目，项目全部入驻投产运营后，预计新增产值超 15 亿元，新增税收超亿元。筹集到位专项债资金 2.3 亿元；拟再申请 2023 年专项债 0.7 亿元、技改贷 1.29 亿元。

（摘编：李元）

泉州高新技术产业开发区（江南园）

泉州高新技术产业开发区（江南园）于 2001 年 11 月开园建设，2003 年 7 月升级为省级开发区，2010 年 11 月升级为国家高新区，是泉州高新区的主要创始分园、泉州国家自主创新示范区的核心区。2022 年泉州高新技术产业开发区（江南园）现有入驻企业 1200 多家，其中上市挂牌企业 4 家（其中，福建火炬电子科技股份有限公司、嘉亨家化股份有限公司 2 家为 A 股上市企业）、上市挂牌后备企业 17 家，高新技术企业 113 家、规上工业企业 162 家，2022 年实现工业总产值 429 亿元，301 宗工业用地纳税 10.5 亿元，亩均效益 22.68 万元，比增 17.3%。在泉州高新区“一区十园”年度考核评价中保持前 3 强、2021 年福建省开发区综合发展水平考核评价位居全省第 14 名、全省国家级和省级高新区位居第 4 名。

项目建设突出重点。围绕“产城人”融合可持续发展目标，从产业、空间等方面统筹考虑，委托专业规划研究机构对高新区产业布局、改造提升等开展规划设计，进一步提升园区整体形象。紧跟江南新区控规修编步伐，加快推进规划环评工作，补齐园区在环境保护工作方面的规范性短板。草拟鲤城区《标准化建设实施细则（征求意见稿）》作为工业园区标准化建设的政策指引，让企业有章可循。初拟《鲤城区江南新区低效工业用地再提升行动方案》，对低效用地进行全面整治和提升。重点推进鲤城高新区科创中心项目，按照创新理念和做法进行推动，满足光电信息产业用房需求的同时适当超前。项目采用投建营一体化模式，同步实施设计、建设和招商，实现高效率高质量，现项目已有五栋厂房封顶，预计2023年项目投用。在北部片区策划示范区，作为鲤城区先行先试重点突破的发展区域，实施连片开发、成片改造，提高土地节约集约利用水平，同时以产业社区模式统筹规划完善产业配套设施，推动产业空间向高集聚、高强度、高品质发展，片区内已开工或即将开工项目8个，总用地规模超240亩，建成后预计可新增工业面积约57万平方米。

产业发展政策先行。牵头区电子信息产业、纺织鞋服产业的相关工作，一年来，主动对接市级产业小组及区级相关成员单位，做好产业情况梳理、招商项目对接引进等工作，为产业小组工作提供参考。编制完成《鲤城区电子信息产业发展规划（2023—2025）》《鲤城区纺织鞋服产业发展规划（2023—2025）》《鲤城区纺织鞋服产业发展三年行动方案（2023—2025）》《鲤城区电子信息产业发展规划（2023—2025）》，对产业发展现状、存在问题及发展趋势等深入分析，对未来三年两个产业发展的主要任务及实施路径谋划部署，持续做大现有产业规模，提升产业层次。

招商引资有力推进。按照全区《抓开放招商促项目落地行动方案》，起草《高新区2022年度招商工作专项行动方案》，根据“大部制”协同办公工作特点，及时更新调整高新区招商工作领导小组，建立大招商工作格局。在高新区科创中心项目在建设阶段，同步组织招商引资工作，系统实施“定制标准厂房、加速增量招商、提升存量招商、补足储量招商、借助高校、大院大所招商、借助平台招商、依托商协会招商、面向基金投资项目招商、面向乡贤回归群体招商、产业小组招商、借力国企、央企招商、结合片区开发策划招商项目、设置重大项目专班”等13项招商举措，确保园区建设与招商入驻并行推进。全年招引对接项目近50个，科创中心重点招引光电和电子信息项目，在谈项目共22个、总投资31亿元；创投中心及科技金融中心重点招引科技、孵化、金融类企业，在谈项目25个。组织总投资47亿元的3个项目参加“晋江经验”20周年招商签约大会，组织总投资38.6亿元的3个项目参加“战江南”招商签约大会。

人才建设政策先行。与仰恩大学签订战略合作协议和人才工作服务站共建协议，推动仰恩大学与火炬电子、七星电气建立联系，就人才输送达成共识。将人才服务送进企业，在汉威机械公司召开人才政策座谈会，为企业职工解读各类人才可享受的政策补贴和申报流程。与鲤城区委人才办合作，开展“涌泉”行动专题政策宣讲，邀请鲤城区委组织部详细解读21条人才政策，并对鲤城的营商环境和人才发展环境进行推介。

银企服务对接到位。组建金融服务小分队，带领银行机构走访有融资需求的企业，根据企业情况提出有针对性的金融产品。海峡银行和朗旭电子申请外贸贷额度200万元，成功放款100万元。举办技改贷专项金融对接会，邀请市工信局和区工信局相关负责人解读技改政策和技改项目申报流程，金融机构现场答疑。

体制机制创新发展。根据鲤城区委工作部署，高新区（江南园）管委会、区工信局、区科技局联合成立“高新区工作组合”，2022年11月20日高新区、工信局、科技局共同入驻创投中心实现合址办公，三个部门协同协作更加便利，提升了工作组合协同工作效能，形成为企服务工作合力。由高新区（江南园）管委会党组会议统筹三个部门的协同事项。梳理组合业务工作共性职责事项5项，分别是高新技术产业发展、园区建设、军民融合、数字经济、人才工作。根据这些可协同事项，在实行大部制伊始组建三个项目工作专班（高新技术企培育、军民融合产业发展、园区标准化建设）的基础上深化提升，成立了“一组三专班”即招商工作小组、高新技术产业发展与人才工作专班、数字经济与军民融合产业发展工作专班、园区标准化建设工作专班，分别由一个部门牵头，其他两个部门协同推进相关工作，三个部门之间资源共享，相互借力，合力推动高新区产业结构转型升级、经济发展提质增效。整个园区实行“3+2+N”运营模式。“3”即实施大部制改革，以“高新区+工信局+科技局”组合集中办公，同步组建3个工作专班，将涉企服务向生产经营一线前移；“2”即引进投石和五交“两大平台”，为园区项目招引孵化、产业科技服务和资源导入提供智力支撑；同时建立知识产权、法律咨询、金融服务等N个全产业链全生命周期服务体系，目前已入驻服务项目10余个。

（摘编：吴建翰）

泉州高新技术产业开发区（石狮园）

泉州高新技术产业开发区（石狮园）位于泉州湾南岸，东临台湾海峡，西连晋江、泉州市区，北靠国家一类口岸——石湖港，南接石狮城区，距晋江机场10公里、石狮北高速入口2.5公里，交通区位优越。2022年，泉州高新技术产业开发区（石狮园）实现规上工业产值547.27亿元，同比增长4.7%。石狮光子技术产业基地在泉州市新基建新经济基地建设比拼活动中荣获所属方阵第1名，在福建省自贸创新成果复制推广先行区考评中荣获第5名，在全省2021年度开发区综合发展水平评价中排名第14位（其中科技创新指标排名第9，省级以上开发区中排名第4），获得2021年度省级劳动关系和谐工业园区称号。

项目建设双管齐下。一是攻克长期项目难题方面。尾水深海排放、污水处理厂提标等两大历史遗留问题取得突破，其中尾水深海排放管道项目因应急锚地冲突停滞的问题得到妥善解决，项目于7月19日开工；高新区污水处理厂综合提升项目启动可研编制及BOT谈判前期工作。二是产业载体建设方面。加快光子技术产业园、石狮网商园、锦尚智能智造园等工业园标准厂房建设进展，其中，总建筑面积41.2万平方米的光子技术微产业园一园项目正式开工建设；石狮网商园完成施工单位招标；锦尚智能智造园标准厂房已启动前期设计工作。配套设施建设方面。全年共实施基础设施类重点项目8个，计划投资7.6亿元，园区两大配套项目邻里中心已完工即将投入使用，其中后湖职工配套区项目基本完工，已开启公寓预售工作；邻里中心已完工，正进行运营公司招标工作。

招商引资持续推动。全年共落地项目10个，总投资48.3亿元，其中光子技术类项目4个，纺织及机械类项目3个，食品类项目2个，生物技术类项目1个。

科技创新成就喜人。强化创新创业中心、海峡两岸科技孵化基地两个省级科技企业孵化器的培育孵化功能，在孵培育企业30余家；推进福建省兰姆达物理技术研究院建设，为光电子技术领域专业化的项目孵化、产品设计和测试验证服务提供平台。2022年园区共有国家级高新技术企业67家，数量较2021年增加14家；园区企业拥有知识产权授权专利突破3000件，核心技术水平显著提升；园区企业科创工作再结新成果，飞通科技、中科光芯两家企业双双入选2022年度福建省数字经济领域“未来独角兽企业”和“瞪羚企业”，中科光芯荣登“安永复旦最具潜力企业”奖榜单，鸿日光学科技连续两年突围晋级中国创新创业大赛全国赛。

人才建设成效显著。高新区继续深化与泉州师范学院、闽南理工学院、仰恩大学、福建省电子信息应用技术研究院等高校、科研院所的合作互动，“院所+企业+服务结构”的人才生态得到进一步完善，中科院物构所苏辉博士、泉州师范学院张初阳博士、四川大学崔旭东教授、国家特聘专家廖廷俤博士、美国新墨西哥州大学曹红军博士等行业一流人才齐聚高新区，截至2022年12月底，园区共有泉州高层次人才73名。

园区改革理顺思路。一是统筹推进园区建设。对照市委工作部署，着力推进园区体制机制改革，加强与市职能部门、分园区所在镇的日常沟通协作，建立市园区发展领导小组办公室日常会议机制，协同推进全市现有七个分园区和新建十大产业园区的规划、建设、招商工作。其中，光子技术微产业园一园、石狮网商园2个园区已开工建设，锦尚智能智造园完成4宗地块出让，鸿锦产业园3宗地块正在进行挂牌出让公告，其他产业园区大部分完成征迁、报批及初步规划工作，招商工作同步进行。二是理顺分园区发展思路。通过实地走访、召开座谈会等方式，摸清分园区底数和发展情况，根据各园区实际需要和可提升拓展空间，研究产业定位和发展规划；同时对光子技术微产业园一园、锦尚智能智造园、石狮网商园制定专门招商政策、招商推介和招商方案，并通过石狮日报等媒介开设园区专栏进行招商推介。三是紧抓园区项目建设。完成园区公司人员、资产等摸底，全面接手园区公司建设项目，通过定期召开会议协同跟踪推进项目建设，协调工程具体问题，保障进度顺利推进，2022 年园区公司共负责 21 个配套项目，已完工 14 个。

管理服务多措并举。一是靠前服务方面。持续深化推行“三个一”服务代办制，组建党建指导员服务专班，党员干部真抓实干、服务为先，对富华纺织、锦溢纺织、裕庆生物科技等企业一对一建立微信服务交流群，提供前期手续办理咨询等服务，为企业早日落户园区提供“加速度”服务。二是配套服务方面。不断推进基础设施项目建设，推动邻里中心、后湖职工配套区建成投用，打造休闲综合配套区，分别形成高新区商贸、商住配套区块，深化园区产城融合，满足企业职工日益增长的物质文化需求；联合多部门举办“金融助力，全力以‘复’”政银企融资专题沙龙，汇聚 8 家金融服务机构和 30 家有迫切金融服务需求的中小型企业参加，帮助 10 多家企业融资上亿元资金，及时助力企业纾困解难；强化与园区内教育机构联动，推进祥芝第二中心幼儿园、石狮市第八中心小学等教育类项目，整合优质教育资源向园区倾斜。三是跟踪服务方面。落实领导干部挂钩联系企业制度，定期深入企业走访，找准服务方向，围绕企业经营中存在的问题，强化协调落实，全年共协调解决厂房租赁、员工住宿、联合招工、电力增容、污水处理、安全生产等问题 200 多件。

（摘编：吴建翰）

泉州台商投资区

泉州台商投资区成立于 2010 年，位于泉州市中心城区东部，与泉州市新行政中心隔海相望。2022 年，全区实现地区生产总值 401.92 亿元，增长 4.8%；农林牧渔总产值 10.54 亿元，增长 2.6%；规上工业增加值 219.17 亿元，增长 7.8%，其中规上工业产值 882 亿元，增长 6.5%；第三产业增加值 113.61 亿元，增长 2.5%；固定资产投资增长 19.1%，其中工业投资增长 37.6%；社会消费品零售额 103.23 亿元，增长 5.1%；一般公共预算总收入 28.89 亿元，增长 17.3%，其中一般公共预算收入 18.35 亿元，增长 12.2%；实际使用外资 0.4 亿美元，增长 71.6%。8 个主要经济指标增速全部高于全市平均水平，其中地区生产总值、规上工业增长值、固定资产投资、一般公共预算总收入等 4 个指标全市前三。

项目建设赶超进度。开展“项目攻坚 2022”活动，举办重点项目集中开竣工活动 4 场、集中开（竣）工项目 82 个、总投资 535.6 亿元，150 个区级在建项目、40 个市级在建项目、14 个省级在建设项目分别完成投资 238.5 亿元、162.7 亿元、96.5 亿元，完成年度计划的 105.1%、123.9%、121.1%，新开工建设科华中盈石墨烯新材料、玖龙智能包装等 62 个项目、完成年度计划的 101.6%，建成（部分建成）中南高科、唯科模塑等 41 个项目、完成年度计划的 105.1%。智能电网产业基地荣获全市新基建新经济考核第一方阵第二名，在 2022 年第三季度全省项目工作正向激励获得县（市、区）综合考评较好的成绩，连续六年获得省级正向激励嘉奖表扬。福建省公路一公司等 4 家省级重点项目参建单位在年度全省重点项目目标完成情况考评中获得较好成绩。188 个区级重点项目完成投资 243.0 亿元，完成年度计划的 100.5%。

招商引资抢抓机遇。2022 年，台商区把招商引资工作主动融入泉州“强产业、兴城市”双轮驱动中，持续做好“防疫情、稳经济”两篇文章，积极抢抓发展机遇，坚持规划跟着新发展理念走、产业跟着规划走、项目跟着产业走，形成清晰的主导产业和特色产业招商路线图，锚定战略性新兴产业和先进制造业两大主攻方向及高端装备制造业、新材料应用产业、数字包装产业等五大细分方向，实施靶向招商、精准招商、以商招商等，推动产业集聚发展，圆满完成招商引资年度目标任务。全年全区累计签约正式合同项目 215 个，数量排名全市第 2 位，总投资额 1355.48 亿元，金额排名全市第 4 位，年度考评为优秀。

生态环保严格治理。2022 年，开发区坚持以习近平生态文明思想为指导，牢固树立和践行“绿水青山就是金山银山”的新发展理念，认真贯彻中央、省、市关于深入打好污染防治攻坚战的战略部署，以环境质量改善为核心，以解决突出生态环境问题为重点，高标准抓好中央生态环境保护督察反馈问题整改，洛阳江—黄塘溪集中式饮用水水源地水质稳定保持Ⅲ类标准，辖区空气质量达标天数比例98.9%，土壤生态环境质量继续保持良好水平，未发生环境污染事件。具体措施为：一是开展大气污染防治。全年完成大气VOCs精准减排治理项目5个，开展扬尘治理专项督查，巩固提升扬尘治理成效，大力推进颗粒物和臭氧“双控双减”。开展机动车尾气排放路检及入户抽测4轮次，累计抽测柴油货车27辆次，未发现尾气超标排放。精准帮扶指导20家涉气企业规范运行废气治理设施。举办制鞋行业环保管理专题培训班，由环保专家、业务骨干开展技术、政策宣传培训，提升制鞋行业整体环保管理水平。二是开展水环境综合整治。开展河湖长制“安水、碧水、活水”三大行动，全年累计清淤15.9公里，清淤量6.6万立方米，清理高秆植物3100平方米，其中对惠东南干渠清淤疏浚，累计清淤3.8公里，清淤量2.88万立方米，有效改善水环境面貌。常态化推进河湖“清四乱”行动，清理河道高秆植物3100平方米，累计清理各类垃圾3.4吨。组织开展全区违规水产养殖清退专项行动，全面清退百崎湖主湖体规划外水产养殖，累计清退面积1600余亩，清理浮筏及木桩等4.3万个。强化洛阳江、百崎湖流域等重点流域巡查监管，严厉查处和打击电鱼、毒鱼、炸鱼等违法行为，累计开展联合执法巡查16次，出动检查船舶31艘，查获违规电鱼设备4个。加强洛阳江—黄塘溪水质预警及隐患排查，确保水源水质安全，全年洛阳江—黄塘溪饮用水源地稳定保持Ⅲ类水质。三是开展土壤污染防治。全年累计开展4个建设用地土壤调查，并组织专家技术审查，经调查土壤状况总体优良，未发现污染地块。制定《2022年度泉州台商投资区危险废物规范化环境管理评估工作方案》，开展重点企业考核评估，辖区1家危险废物经营单位、1家重点产废单位、18家其他产废单位全部评估达标，超一年贮存的HW08危险废物存量全部完成清零。全区10家医疗机构纳入省固体废物平台监管，严格落实医疗废物电子联单，医疗废物规范转移至泉州市医疗废物处置中心处置，其余医疗机构依托乡镇卫生院实行医疗废物“小箱进大箱”，医疗废物安全处置率达100%。

（摘编：曾文升）

泉州综合保税区

泉州综合保税区，前身为泉州出口加工区，于2005年经国务院批准设立，2016年年初获国务院正式批准升格为综合保税区，是目前泉州市唯一的国家级海关特殊监管区，也是落实国家“一带一路”及海丝先行区战略的重要平台、发展对外贸易的政策洼地及复制自贸区政策的主要载体，是晋江集成电路产业配套园区。截至2022年底，全区累计引进企业及项目164家，其中围网外101家、围网内63家，邓禄普太古飞机轮胎、太古航空复合材料、金鹰高端印刷、万科物流、中通速递、利郎物流园等优质工业和商贸物流企业及项目扎根发展，园区产业涉及航空修造、高端印刷、环保新材料、酒类食品、保税物流、跨境电商及进出口贸易等类型。2022年，泉州综合保税区以构建“三个中心”为重点，抢抓政策机遇，全力构建“保税”功能平台，塑造园区产业特色，坚持在克服困难中促发展、在务实进取中求突破，推进园区全面有序发展。园区全年工业产值29.37亿元；固定投资额1.15亿元；限上批发零售12.82亿元；进出口总额89.78元，同比增长176.1%。其中，出口额81.87亿元，比增196%；进口额7.91亿元，比增62.7%。

产业发展优化提升。泉州综合保税区聚焦打造产业发展服务链，优化产业结构，推动园区企业高质量发展。一是建设跨境电子商务运营中心。主动融入综试区大局，不断拓宽跨境电商产业链条，大力促进跨境电商产业集群发展。引进一批跨境电商企业入驻开展进出口新兴业态，产业进出口值占比高，推动第四季度进出口业务成倍增长。二是打造保税加工制造基地。持续推动保税物流、保税加工业务发展，支持企业创新业务模式，吸引熠超、铭通等企业开展电子产品生产技术研发与销售业务的企业入驻。三是建设保税物流中心。聚焦产业发展需求，突出发展特色优化布局，规划自建2万平方米的保税仓储物流中心，引导保税物流企业回流集聚，为本地区产业提供进出口保税仓储与中转配送服务，并逐渐形成辐射全国的物流中心。

招商引资健全机制。泉州综合保税区立足服务本地产业发展大局、积极融入晋江“全市一区”改革新格局，凝聚“新”招商合力，将综合保税区项目招引纳入地方外向型经济招商体系。通过健全完善招商机制，建立招商工作领导小组，定期召开招商工作会，引导本地区“两头在外”项目及适合入区项目向综保区集聚，形成“新”的招商合力。2022年对接洽谈丰泽船务、海南恒丰食品等招商项目27项，涉及保税加工与维修、保税物流、跨境电商等产业领域。

体制机制创新改革。泉州综合保税区加快新体制改革，落实高效管理服务。协同推进体制改革。积极融入“全市一区”机构改革，加强与晋江经济开发区的深度融合，聚焦园区发展主责主业，在经济管理、产业政策研究、项目规划布局、招商引资、投资服务等方面的工作共谋发展。

（摘编：林汇智）

洛江经济开发区

洛江经济开发区是2006年4月经国家发改委批准，由原万安开发区、双阳华侨经济开发区整合而成的省级经济开发区。2022年，开发区完成地区生产总值302亿元、增长3.6%；规模以上工业企业营业收入681.21亿元，增长2.7%；财政收入27.29亿元；增长4.9%；实际使用外资14333万元；外贸出口85.18亿元、增长17.8%。

基础建设提升改造。洛江西环路（朋虹街至经九路段）市政工程、经九路即将完工，万虹路国道324至河市中学改造提升工程开工建设，完成朝阳二路、安达路等改造提升。投资985万元建设城市公共停车场，新增停车泊位379个。公共服务扩容提质。投入2.5亿元建设21个教育项目，建成后可新增学位2700个。市实小洛江第二校区加快建设，泉州十一中塘西校区、洛江区实验幼儿园开工建设。区妇幼疾控综合业务大楼投入使用，区医院新院区开工建设，泉州宝璋肿瘤医院主体结构封顶。丰富群众文体生活，新建13条全民健身路径、20个口袋健身公园，改造提升7个篮球场，俞大猷纪念馆重装开馆，蔡襄书院正式挂牌，区档案馆主体建筑封顶。

项目建设全面提速。组建“抓前期、促开工、保纳统”专班，开展“攻前期、快审批、促落地”活动，落实“红黑榜”晾晒机制，跟踪协调统管区申报建设工程审批事项，全年新增谋划项目70个、开工项目45个、竣工项目35个，在建重点项目完成投资109亿元，完成年度投资计划的102%，全社会固定资产投资增长10%。建立“首问即服务”责任制，上报并获批省政府审查农转用和土地征收项目5个批次、面积1020亩，处置批而未供和闲置土地949.3亩。持续开展“抓征迁交净地”行动，完成房屋征迁3.8万平方米、土地征收1352.9亩。

产业发展持续推动。第二产业迈向中高端，推动铁拓机械5G智能装备产业园、加来盟体育5G智慧工厂等“5G+制造”项目加快建设，全年新增“上云上平台”企业46家。组织企业实施重点技改项目，35个技改项目完成投资19.5亿元、增长32.5%。支持龙头企业增资扩产、做大做强，新增国家级、省级专精特新“小巨人”企业10家，福建省工业龙头培育企业9家，48个增资扩产项目总投资118.6亿元，建成投产后每年新增产值超100亿元。扶持优质企业上市，14家企业入选市级上市挂牌后备企业，铁拓机械在全国股权系统创新层挂牌。发展壮大数字经济，华南动力配套及试验工业园等28个省级数字经济项目累计完成投资超50亿元。落实全市工业（产业）园区标准化建设专项行动，“四个一批”项目完成投资11.5亿元，在全市率先采用“国有+民企”土地连片合作开发模式，洛江区数字经济产业园（一期）开工建设，云箭智能科技等9个项目签约入驻。第三产业彰显活力。出台促进商贸服务业高质量发展措施，组织举办洛江乐购生活节、万虹路汽车走廊文化节、侨家乐·福建省华侨美食风情文化节等促消费活动，社会消费品零售总额增长10%，增速位居全市第一。加快发展电子商务，中聚电商园建成运营，中海联实业、阿里巴巴国际站服务商等40家企业进驻，全区网络销售额超120亿元、增长10%，3个镇、31个村上榜2022年“淘宝镇”“淘宝村”。

生态环保严格治理。蓝天、碧水、净土保卫战取得新成效，成功创建第六批国家生态文明建设示范区。投入 5000 多万元实施 6 个“碧水清源”项目，完成 6 个农村生活污水治理项目建设和 20 个村庄生活污水提升治理，主要流域和小流域水质优良比例达 100%。加强臭氧污染联防联控，完成 5 个大气精准治理减排项目。抓好土壤污染治理，完成泉州大华蓄电池有限公司污染地块治理修复，组织开展重金属行业企业排查，规范危险废物管理。投入 474.7 万元治理水土流失 9930 亩。

（摘编：李元）

晋江经济开发区

晋江经济开发区于 2000 年正式动工建设，2003 年被省政府批准为省级开发区，2005 年被列入省级开发区示范区。先后于 2009、2011 启动两轮拓展规划，逐步由综合型园区向特色化、专业化园区发展方向转变，形成“一区多园”发展格局。2022 年，开发区共入驻企业 1407 家，其中规模以上工业企业 413 家、限额以上企业 134 家、上市及上市后备企业 49 家。2022 年完成“全市一区”规上产值 2042.93 亿元，比增 11.9%（其中时尚鞋服行业 560.64 亿元、健康食品行业 238.99 亿元、高端纺织行业 373.53 亿元、智能制造行业 200.49 亿元、医疗健康行业 168.91 亿元）；限上销售额完成 797.68 亿元，比增 23.9%；限上零售额完成 28.98 亿元，比增 24.8%；固定资产投资完成 94.56 亿元，比增 18.3%，工业固投完成 77.63 亿元，比增 15.80%；新增四上企业 99 家。

项目建设快速推进。2022 年，开发区坚持“项目为王”理念不动摇，落实“星期六”要素会商机制，以规划为基础、以空间载体为支撑，从传统产业强链补链、新兴产业培育、企业提容增效、商贸服务配套等方面策划生成项目，一个项目一个专班，快速推进项目落地。2022 策划生成重点项目 110 个，总投资 640.03 亿元，完成年度计划的 122.6%。实现满誉机械高端产业园、胜科纳米集成电路专业分析测试平台、佳福染整微工业园等 13 个项目新开工。完成华兆、冠和项目涉及 5 个坟墓迁移问题；凌耀纺织生产项目、“新”智造产业园等 9 个项目报送省“五个一批”系统。

招商引资落实到位。2022 年，开发区实行“园区+基金+产业项目”、“房东+股东+标准厂房”等招投联动新模式，多形式开展招商工作，并做好生产要素保障服务，狠抓招引项目落地。全年共引进招商项目 39 个，总投资 251.69 亿元。其中，已开工项目 15 个、总投资 45.04 亿元；签约项目 24 个、总投资 206.65 亿元。传统产业补链强链方面：鞋服产业，引进润邦鞋材、雅格服饰等 5 个项目，总投资 9.8 亿元；纺织产业，引进向兴高端生态智能纺织新材料、绿色高端面料整理微工业园项目等 9 个项目，总投资 50.95 亿元。新兴产业培育方面：新一代信息技术产业，引进华清电子材料项目、集成电路（工业园）智造产业园项目，总投资 118.5 亿元；智能装备产业，引进满誉产业机械微工业园项目、盛达智能石材加工机械研发生产项目等 12 个项目，总投资 32.65 亿元。现代服务业拓展方面：引进 361 度物流仓储项目、汇美智慧物流产业园、豪新仓储物流等 6 个项目，总投资 20.45 亿元。园区标准化建设方面：策划经开发绿色高端面料整理微工业园，引进晋江新智造产业园项目，支持满誉产业机械微工业园改扩建项目，扩增园区热气配套工程，总投资 32.34 亿元。

管理服务纾困解难。2022 年，开发区争当为企服务“排头兵”，用心当好企业服务“店小二”，创新推出“双零”“双员”和“科级干部每周解一难”服务工作机制，推进项目设计方案“多评合一模拟审批”，实现“五证同发”，累计解决企业各类问题 115 个。依托咨询平台、增产增效资金申报工作群等政策服务平台帮助 8 家企业获得银行纾困贷款 4989 万元，协助 55 家申请增产增效资金 405.1 万元。建成全市首个“一体化”基地，累计接访劳动纠纷等 299 起，劳动纠纷案件同比下降约 36%。

（摘编：陈闽声）

永春工业园区

永春工业园区于1993年8月经福建省人民政府批准设立，于2006年7月通过国家发改委审核，列入省级工业园区序列管理，核准面积600亩（探花山工业区）。园区规划总面积约1.57万亩，规划工业用地面积8831亩，已出让地块166块6858亩。2022年，园区企业纳税3.91亿元，同比增长24.9%。

项目建设高效推进。园区实行“专班化推进、清单化管理、全程化保障”管理机制，按照“日会商、周盘点”推进制度，采取“5+2”“白加黑”“晴+雨”攻坚模式，盯紧关键节点、加强会商协调，高效推进园区省级、市级、县级4个重点项目（永春县工业园区标准化建设试点项目、永春轻工新城智慧产业园基础设施工程二期、工业园区基础设施改造项目和永春老醋科技产业园基础设施项目）建设，全年完成投资4.58亿元，完成率190.9%，居全县第一；工业贡献率占比8.4%，居全县前列。其中，永春县工业园区标准化建设试点项目完成投资3.68亿元，超时序进度145.3%，10栋新建厂房及1栋文体中心主体工程在2022年12月20日全部封顶。

招商引资主动出击。园区围绕县委县政府“五全”招商工作部署，抓好项目招商和招商专班工作。加强招商宣传推介，坚持“试点招商首谈”“龙头带动招商”，联合良瓷科技开展供应链招商现场会，开展园区企业“以商招商”座谈会、“走出去”“引进来”招商推介，完成落地项目3个、签订框架协议项目4个、在谈项目18个。作为高端制造专班和电子信息专班牵头单位，组织、指导各乡镇各单位做好产业招商，招引落地项目8个、签约项目20个、在谈项目77个，计划投资约482.3亿元。组织动态摸排、及时推送闲置厂房信息，为企业“牵线搭桥”，盘活闲置厂房3.2万平方米、引入企业14家。同时引导企业技改升级、增资扩容，如华膜环保租赁3160平方米增加超滤膜项目；科可智能电动车充分利用闲置厂房3480平方米。

（摘编：余松山）

德化陶瓷产业园区

德化陶瓷产业园区为省级开发区，下辖13个项目区（鹏祥、诗墩、宝美、城东一二期、城东三期、城东四期古洋片区、紫洋陶瓷科技文化产业园、城东四期中小企业创业园、紫云高科技材料产业园、美瓷科技智慧智造产业园、厦门大学国家大学科技园（德化园）、城东五期、国宝工业园）28平方公里，工业用地约1.8万亩。截止2022年底，已入园企业3000多家，创造就业岗位10万个以上，创造产值331亿元、纳税8.78亿元。园区形成了以陶瓷业为主导产业的发展模式，产业集聚水平高达83%。

基础建设提升完善。一是打造万亩“工业梯田”。根据园区范围内多山地丘陵的实情，依山就势、平丘填壑，大力开展低丘缓坡地综合开发利用，按台地地形分期开发形成“工业梯田”，建成工业用地1.2万亩，约80%原为荒地、山坡地。二是分批推进连片开发。以3000—4000亩为一个开发批次，做足规划选址、地形测量、方案论证等前期工作，统筹考虑道路、管网、土方平衡等具体问题，逐期推进项目区建设。目前，城东工业园区从城东一二期至三期、四期古洋片区、紫洋片区连片推进超3万亩，形成园区矩阵。三是完善产城融合。围绕产城融合规划布局，配套相应的居住、教育、商服、公园、农贸市场等建设用地，其中城东工业园区配套建成住宅面积180万平方米，包括限价房80.5万平方米、职工公寓11.7万平方米，规划学校14所，已建成中小学校（幼儿园）7所；规划新建医院2所，已建成1所，吸引常住就业人口约7万人。

项目建设围绕重点。2022年，园区重点推进后所棚户区改造项目、瓷圣·何朝宗文化公园、城东四期古洋片区基础设施及场平工程、城东四期中小企业创业园（Ⅱ期）、紫云高科技材料产业园、紫洋陶瓷科技文化产业园、德化大坂片区厦门大学国家大学科技园、美德瓷科技智慧智造产业园等项目。提供工业用地700多亩。

招商引资凸显优势。园区凭借产业集聚的独特优势，积极扩大对外招商新路，围绕填补园区产业空白，签约国际陶瓷数字产业园（30亿）快墙模块化生产（20亿）、环保塑胶标准化智能生产工厂（1.5亿）等项目92个、总投资572亿元，赋能园区传统陶瓷产业优化升级、转型发展。

生态环保落实到位。德化陶瓷产业园区内企业均采用自建地下污水管网的形式，建成后全部接入县污水处理厂集中处理。园区生活垃圾由当地镇政府环卫站负责统一清理；工业垃圾由企业出资定期运至县级垃圾填埋厂集中进行处理。园区规划建设瓷土集中加工区，建设瓷土集中加工区污水管网配套工程，将浐溪上游瓷土加工类企业集中规划进区，这样可减少浐溪源头污染，改善城乡居民生活环境。此外，园区开发建设过程中十分注重做好水土保持、绿化养护等各项工作，大力建设街边绿地、袖珍公园。园区内现有建成阳光公园、嘉裕公园、月亮湾公园，正在规划建设瓷圣·何朝宗文化公园等场所供辖区内群众休闲娱乐，整个园区发展环境良好。

（摘编：周少雄）

安溪经济开发区

安溪经济开发区于2006年4月经省政府批复为省级开发区，现核准面积826.22公顷，共分为六个区块，形成“一区带三园”的格局，下辖城区、龙桥、湖头三个园区，以现代工业为主、以发展高新技术为导向的现代产业体系逐步形成，注重发展茶叶加工、生物医药、绿色食品、机械电子、光电产业、新兴材料、金属加工等产业，同时配套发展商贸物流、房产物业、旅游休闲等第三产业。

基础建设日新月异。配合园区所在凤城镇、城厢镇、参内镇开展中寮片区F-5地块、一园国际、安溪·中关村领创中心、炭坑内片区C-02地块、古山片区B3、炭坑内综合体、路英片区12-P-02地块、建安片区27A地块、城南片区12-P-26地块、同德大桥同美片区商住地块等23个项目安征迁工作，并根据各相关乡镇征迁进度，配合完成项目范围内涉及电力、电信、广电、联通、移动、铁塔等线杆光缆迁改工作，满足项目净地出让和三通一平条件。

项目建设大力推动。城区工业园深入实施项目带动，实行“时间倒排、任务倒逼、责任倒追”前期推进机制，深入开展前期报批、招商签约、征地拆迁、要素保障等各项工作，确保项目攻坚取得实效。组织实施大白濑参内安置房项目建设，总建筑面积约160万平方米的大白濑参内安置区各地块已全部开工建设；古山花园安置小区完成综合验收并移交城厢镇政府统一安置；南华嘉园二期安置小区主体建筑已全部完成内外装修。总投资约5000万的大白濑参内安置区排洪沟（J、N、H段）工程完成招投标，已进场施工；完成总投资1.92亿的兴泉铁路安溪东站市政附属设施工程项目，按时按质完成工程建设并交付使用；人民武装部新营区暨民兵综合训练基地项目已完成主体部分；稳步推进卫浴新城市政道路建设，进一步完善园区基础配套。湖头工业园大力度推进基础设施建设。湖头污水处理厂提标及配套污水收集管网工程、园区道路改造提升（一期）工程等项目有序推进。目前泉州闽光钢铁扩建项目、安盈环保科技产业园项目、泉州闽光物流园库区扩建项目已开工。目前泉州闽光钢铁扩建项目、安盈环保科技产业园项目、泉州闽光物流园库区扩建项目已开工。湖头佳亿工程建设项目综合楼及3#厂房基本建成，设备进场调试；湖头锦龙金属制品加工项目综合楼封顶装修，钢构厂房设备进场；安溪恒佳新材料科技生产项目1号、2号、4号厂房建成。闽光钢铁有序推进40亿产能置换及配套项目，4#、5#烧结机部分已施工完成并投产，智能立体库项目建成并投入使用，企业智能化转型升级迈出坚实步伐。龙桥工业园斯达、富一锦塑胶、欣省控实业、君诺美、健为医疗、芸台科技、宝丽金、诚尔兴电子配件等18个项目已正式投产；思明园牡丹饲料、吉福厨具、佶亿食品、古山医药、申兴商贸、启邦食品、大腾云茶业、芸茗茶业、峻源生物科技、益号茶业等23家企业已投产；翔业厨卫、恒桥纸箱已竣工验收，智途户外用品已部分竣工验收，正在进行剩余厂房主体建设和室内装修。湖里园欧叶自动化、小罐茶、祺亮、布塔、尚贸家饰、豪帝卫浴、莲峰片区HL-5等7个已动工建设。南方食品园万寿谷食品、安恒物流、腾龙水产、渔百惠食品厂房已部分完工；港安、大发食品、唐小六、禅心缘正在进行主体建设。

招商引资深入推进。城区工业园全年实施县级重点项目12个，总投资约67亿元。签约中闽百汇零售集团、中关村等6个投资项目，项目总投资60亿元以上。湖头工业园坚持项目为要、招强引优，在奋力攻坚中提级换挡。高标准抓好招商选资。完成泉州闽光钢铁扩建、米粉产业示范区建设、安盈环保科技产业园项目等签约项目10个，投资额达67.7亿元。高质量打造产业集群。园区重点引进高端智能制造、再生资源等高新产业，现有5家企业入驻，泉州闽光钢铁公司2022年实现产值150亿元，纳税4.28亿元。龙桥工业园深入推进"项目攻坚""大招商招大商"活动，新开工项目41个，总投资92.486亿元；谋划招商项目25个，总投资141.2亿元，签约20个，总投资119.2亿元。湖里园入驻企业40家。思明园入驻企业30家。南方食品园入驻企业11家。弘桥智谷（泉州）电商园入驻企业近百家，主要涉及茶叶、铁艺、家居、仓储物流等，年度交易额迫近10亿元大关，园区入驻率常年保持在90%左右。

（摘编：王利兴）

惠安经济开发区

惠安经济开发区于2021年6月经省市编委批准设立，由原城南、惠东两个省级工业园区一体化融合而成。2022年，惠安经济开发区全年完成规模以上工业产值452.2亿元（城南园与惠东园合计数，下同）、比上年增长2.4%，固定资产投资17.13亿元、比上年增长27%，限额以上商品零售额3.96亿元、比上年增长43.5%，限额以上商品批发额0.21亿元。新增规模以上工业企业17家、限额以上商贸企业1家、规模以上服务业企业1家。

项目建设攻坚克难。2022年，开发区融入"项目攻坚2022""双百"等专项行动，建立"1+1+1"挂钩推进机制，制定《惠安经济开发区2022年"百日攻坚行动"活动方案》，对年度29个县级以上和10个市级在建重点项目实行挂图作战、定期调度、跟踪督办。参加全县集中开竣工仪式项目6个，开工福建惠芯人工智能智造产业园、灿辉环保面料织造、泰狮物流产业园等11个项目，竣工城南中心工业园区高端芯片、易动力新能源等6个项目，南王智能制造产业园、海丝新梦园、泽弘机械等17个项目按时序推进，完成年度投资额27.18亿元。

招商引资主动出击。2022年，开发区融入市、县"抓开放招商　促项目落地"工作大局，按照"第一梯队"定位，梳理产业链招商图谱，制定《惠安经济开发区2022年落实开放招商工作实施办法》，瞄准半导体、新能源、新材料3个重点招商方向，举办"同心致远、共赢未来"招商引资推介活动。前往深圳、东莞等地宣传推介招商，创新"对赌式"招商、蹲点招商等新模式。全年全区招商引资工作在谈项目85个；完成签约项目34个，其中正式签订合同32个、签订框架协议2个，投资额约96亿元，签约落地惠芯人工智能智造产业园、博源膨化芯材、脆硬新材料、高端数控等增量项目17个，整体完成度排名全县第二。

安全生产落实到位。2022年，开发区建立健全安全生产管理制度，落实明确分工、责任到人的安全管理体系，制定安全生产工作方案，编制惠安经济开发区突发事件应急预案，开展安全隐患大排查大整治工作，邀请安全生产领域专家对辖区内195家规模以上企业、小微企业进行全面排查。对辖区内实际生产经营的335家企业开展安全生产标准化提升专项行动，召开标准化创建工作部署会5场、安全中介机构座谈会3场、企业安全员培训会6场，强调企业安全生产标准化创建职责，压紧压实企业主体责任。按照"危险早发现、险情早处置""边排查、边整治"的原则，依托第三方专业技术力量，全面排查园区范围内241栋钢结构厂房、48栋2020—2022年新建厂房，做到"底子清、情况明"。同时，做好疫情防控、复工复产安全工作。

（摘编：邓新民）

南安经济开发区

南安经济开发区是2006年经国家发改委、省政府正式批准设立的省级开发区。2020年11月，南安市委、市政府创新园区体制机制，实行"一区多园”管理模式，设立 3 大产业分园区，即：智能泛家居产业园、机械光伏产业园、高端智造产业园。2022 年开发区已有企业 1000 多家，上市企业 2 家。2022 年，地区生产总值 641.96 亿元，增速 8.6%；规模以上工业企业营业收入 937.01 亿元；税收收入 27.24 亿元；产业集聚水平达 86%；公共基础设施建设投资 23.76 亿元；企业固定资产投资 91.85 亿元，增速 38%；外资企业 152 家，出口总额 94.06 亿元，增速 50.3%；进出口总额 146.87 亿元，占所在地级市进出口额比重的 69.8%，已崛起成为南安经济发展的重要支撑。

项目建设多路并进。2022 年，开发区承担了 24 个重点项目建设任务，计划总投资约 212 亿元，年度计划投资 55.57 亿元，实际完成投资 63.171 亿元，完成年度投资计划的 113.7%。重点项目建设快速推进。一是积极拓展小微产业园建设。园区集团携手石材协会和海尔卡奥斯投资公司联袂开发南安国际石材智慧产业园，引入海尔工业 4.0 和智能制造技术，建设“互联网+智能制造”石材专业化园区，首期 176 亩工业用地已摘牌并进场施工；英都阀门小微产业园成片开发方案正式获批，土地报批组件完成上报审批；联东 U 谷·南安智能制造项目已封顶 8 栋楼，建筑面积 3.77 万平方米，另 22 幢标准厂房同步建设中。二是大力推进重点在建项目建设。福昌北路三期、美宇路、福光路 A 段、福美路 A 段工程、茂盛中路交通信号灯工程竣工扫尾；兴泉铁路南安北站市政配套项目主体竣工；下穿铁路桥梁、福金北路上跨兴泉铁路桥梁、站前广场枢纽工程匝道及廊道主体结构全部完成；高端装备智造园起步区 9 幢厂房完成建设；南安市北外环路二期水稳层敷设完成；智能泛家居产业园“党建+”邻里中心建成使用；泉州智能电商物流及冷链产业园项目竣工。

生态环境持续治理。开发区致力“雨污分流”管网建设，依托市政道路管网收集园区内企业、居民区的生产和生活废水，减少地表及地下水污染。2022 年累计建设污水管道 9.786 公里，雨水管道 10.864 公里；完成扶茂工业园、仑苍水暖园两座大气自动监测站建设工作；用于防治水污染的集中治理设施和在线监控设备与生态部门平台已联网，完成污水零直排区建设，工业园区污水管道网全覆盖，雨污分流到位，污水排放全纳管，排河排海污水全达标。

（摘编：曾文升）

泉港石化工业园区

泉港石化工业园区位于中国东南沿海、福建省中部、湄洲湾南岸，是 2007 年 9 月福建省政府批准的《福建省湄洲湾石化基地发展规划》确定的湄洲湾石化基地先导区，是福建省发展石化产业的龙头地区。2022 年开发区全年实现石化产值 1038 亿元、税收 81.08 亿元，连续 5 年石化产值超千亿，连续 10 年蝉联中国化工园区 20 强，在福建省 73 家省级开发区综合评价中位列第三，取得历史最佳成绩。

项目建设全速推进。认真实施“项目攻坚 2022”，突出项目为先、项目为基、项目为要，不断加强重点项目建设指导、协调工作，推动项目按期开工、准点投产。2022 年，园区新投产中海油服新材料生产基地建设等 5 个项目，总投资 12.88 亿元；新开工中化学天辰 60 万吨/年环氧丙烷等 4 个项目，总投资 164.37 亿元。其中，国亨丙烷脱氢及聚丙烯项目累计到资 22.79 亿元，助力泉港区提前完成全年实际使用外资任务，成为泉州市首个完成利用外资年度目标任务的县（市、区）；中化学天辰环氧丙烷项目在园区的全力协调保障下，仅用时 6 个月就完成前期手续办理，并于 7 月 12 日开工建设，创造了“天辰速度”。

产业发展补链强链。园区遵循“大型、先进、系列、集约”的战略，坚持“大招商、招大商”，秉承“大项目—产业链—产业群—产业基地”的发展理念，围绕联合石化 1400 万吨/年炼油能力和 110 万吨/年乙烯产能，进行产业链深度延伸，并结合周边市场的需求，重点发展乙烯、丙烯、碳四、苯、对二甲苯、LPG、电子化学及高端原料药等产业链。园区全力推动中国燃气液化烃码头、国亨化学丙烷脱氢及聚丙烯、天辰环氧丙烷及双氧水、百宏化学新材料等项目建设进程，延伸发展下游聚醚等项目，加快“LPG—丙烯—双氧水/环氧丙烷（HPPO 法）—聚醚”的丙烯产业链条的形成。

招商引资创新改革。积极探索疫情期间招商引资工作应对措施，创新“云招商”“云评审”模式，以解决疫情下人员聚集及跨区域流动难题，确保招引力度不减、项目对接不断。2022 年，园区先后引进中化学天辰环氧丙烷、百宏化学新材料、稳同稳定同位素及稀有气体与电子新材料、杰鼎己内酰胺、松道化工新型肥料、圣元固态储氢系统活化及应用等 20 个项目，总投资额超 700 亿元，占了泉港区年度招商投资总额的 47.7%，涵盖电子化学、石化产业、生物制药等领域，项目单体投资总量大、产业链条长、关联覆盖广，支撑作用明显，将推动构建化工新材料现代产业。谋划储备了阿朗新科橡胶、久策气体、海化生命等一批重要项目，园区项目储备库持续做大做优。

生态环保严格执行。园区以实现减污降碳协同增效为总抓手，打好蓝天、碧水、净土保卫战，为园区高质量发展提供优良的环境。强化危险废物规范化管理，加强日常巡查检查，深化部门联合执法，全面梳理园区危险废物产生、贮存、运输、利用、处置等各个环节存在的环境问题，制定问题清单并跟踪督促整改。采用“一厂一策编制+技术评估+组织评审+生成实施治理项目+跟踪抽查”五段式渐进技术路线，推动园区内 9 家企业编制 VOCs“一企一策 2.0”综合整治方案，强化源头控制和全过程管理。对园区部分企业挥发性有机物治理情况进行核查抽测，完成 14 家企业 LDAR 核查，并对 13 家企业 VOCs 治理情况现场检查，推动企业涉气环境问题整改。以创建仙境片区低碳片区为契机，推动企业循环化和低碳化改造，提高园区能源、资源利用效率，降低企业单位工业增加值碳排放，实现园区绿色生态发展、循环低碳发展。突出大气环境问题为导向，将园区内 7 个大气治理项目列入区级年度重点项目并完成建设，降低大气污染源排放。采用政企联合协同作战，督促、指导园区企业开展应急演练，组织开展园区事故废水泄漏应急演练，提升园区环境应急能力。督促指导园区企业开展突发环境事件应急预案修编，与园区及区级预案相衔接，提高应急预案的可操作性和实效性。

（摘编：林汇智）

泉惠石化工业园区

泉惠石化工业园区位于福建省湄洲湾南岸泉州市惠安县，规划面积 33.2 平方公里，主要包括 6 个功能区，分别为炼化一体化项目区、合成材料加工区、石化深加工区、物流仓储区、管理服务区、公用工程设施等，是国家东南沿海重要石化产业基地。2022 年，园区实现规模以上工业产值约 1209 亿元、税收约 75 亿元，产业集聚效应彰显；预计至 2030 年可实现年工业产值超 2000 亿元、税收超 100 亿元规模，建成具有国际竞争力的国家级石化产业基地。

产业发展围绕重点。园区按照《福建省湄洲湾（泉港、泉惠）石化基地总体发展规划》，坚持以“立龙头、铸链条、建集群”为发展思路，重点构筑炼油、烯烃和芳烃等产业链，以中化炼化一体化项目为龙头和基础，全力开展载体建设和项目引进工作，打造石化产业和新材料、新能源板块。目前，已实现 1500 万吨炼油、100 万吨乙烯、80 万吨芳烃生产规模；除中化项目外，其他中下游配套项目已投产项目 16 个、在建项目 7 个、筹建项目 9 个，初步构筑乙烯、丙烯、苯、对二甲苯（PX）、环氧乙烷（EO）、环氧丙烷（PO）等 10 条产品链，有效推动化工原料产品就地化，形成央企、民企和外资企业耦合发展格局，实现产品项目一体化建设。产业规模规划到 2030 年实现 3800 万吨炼油、300 万吨乙烯和 500 万吨芳烃生产能力，建成我国东南沿海重要石化产业基地。

安全生产有力保障。强化应急预案管理，编制《泉惠石化工业区突发环境事件应急预案》《泉惠石化工业区生产安全事故应急预案》《泉惠石化工业区防洪防台风应急预案》等多个应急预案，强化园区应急处置管理体系建设。建设综合应急救援指挥平台建设，建成综合性应急救援指挥平台，掌握企业平面布置和生产信息，并在企业厂区周边安装各类气体探测器、高空瞭望塔，接入企业视频监控、企业各类风险点和重大危险源数据信息，依托平台信息化技术与各县直部门、周边乡镇、企业互联互通，实时采集企业安全、环保信息、舆情信息，为进行科学处理，防范和及时应对各种突发事件提供有力保障。

生态环保监管到位。严格环境准入，园区于成立之初就委托有资质的第三方和编制规划环评和安全控制区专项规划，并获政府职能部门批复实施，确定园区用地界线、外部安全防护距离界线、环境风险防范界线“三线”；同时把好源头关，对入园项目从产业政策、工艺技术先进、清洁生产、污染物排放总量控制等方面严格审核，有效推动企业建设绿色供应链，实现整区绿色发展。严格排污监管，园区企业产生的污水经预处理达到接管要求后进入污水处理厂集中处置，对处理达标后的废水作进一步深度处理、加工和净化，实现达标排放；严格大气监管，构建全覆盖的“预警监测网”，实时掌控园区环境情况，对园区企业排放的废气进行在线监测及重点整治；同时鼓励企业采用先进的环保技术装备，实施清洁生产技术改造，减少硫氢等物质对环境的污染，实现全流程达标监管。

（摘编：余松山）

泉州半导体高新技术产业园区

泉州半导体高新技术产业园区（以下简称“泉州半导体高新区”），规划范围约60平方公里，包含“一区三园”，即南安分园区（重点发展化合物半导体产业）、晋江分园区（重点发展集成电路产业）和安溪分园区（重点发展光电产业）。2022年园区实现半导体规上企业产值270亿元，同比增长29%；规上工业企业营收213.5亿元，同比增长38%；基础设施建设投资总额41.4亿元，企业固定资产投资总额105亿元；现有高新技术企业17家。园区在2021年度全省开发区综合发展水平考核中位列第16位，较2018年度初次参评提升67位。2021年度省自贸创新成果复制推广先行区创建工作位列全省前10，获100万元正向激励。

项目建设欣欣向荣。2022年，全市组织实施半导体产业重点项目22个，完成固定投资超百亿元。一是重点服务龙头项目生产扩产。三安项目逐月提速释放产能，年度产值51.7亿元，同比增长28.8%；渠梁项目一期已实现满产，二期正加速推进项目建设，年度产值同比增长76.5%；晶安光电项目积极拓展6英寸晶圆片市场，主动调整库存，改善产品结构，抵御市场砍单压力，年度产值50.2亿元；天电光电项目聚焦车用芯片封装，重点布局国内产品市场领域，年度产值34.2亿元；信达光电项目克服疫情不利影响，调整产能布局，新引进显屏封装生产线，年度产值38.3亿元。二是着力保障骨干项目投产达产。中石光芯一期实现25G探测器光芯片生产，二期、三期项目已试投产，年度产值2.34亿元，年内孵化落地兰姆达设备，总投资规模2亿元；博纯特气泉惠园区项目主体建设按时序推进，年度产值7.5亿元；慧芯激光产线设备陆续到位、逐步安装，正在进行通线调试；宏芯科技已完成产线通线，正在进行试投产。三是加速园区标准化项目建设步伐。全市在建的半导体产业标准化园区载体共4个，用地面积689.3亩，规划建筑面积91.3万平方米，计划总投资38.4亿元，年内完成投资约13亿元，实现快建成、快投用。其中，晋江集成电路小微工业园7栋标准厂房已全部封顶，已对接意向入驻企业21家，部分厂房交付入驻企业装修；安溪芯园一期4栋6.05万平方米厂房已全部封顶，计划2023年上半年投用；南安芯谷科创中心一期7栋厂房全部封顶，厦门科塔、森美飞特等3个项目已正式签约，其中，厦门科塔项目年内进场装修。探索市场主导型园区路径，加速推动联东U谷科技产业港、腾云硬科技半导体产业园、均和云谷高新科技港等项目载体建设，总建筑面积超70万平方米，意向入驻项目近80家，有力提升招商承接能力。

招商引资创新改革。创新拓展机构招商、资本招商、专家招商、平台招商等新模式，嫁接导入中电科、北理工、专家院士等外部资源，集聚一批优质项目落地泉州市，进一步夯实产业发展后劲。全年新增签约全色光显、灏谷光电、科塔等45个项目，总投资规模315.9亿元，其中，投资规模超10亿元项目7个；储备上海超导科技、苏州陈那、贝莱科技、硬米科技、南光高科等71个在谈优质项目，总投资规模178.7亿元。

（摘编：郑欣然）

三明开发区概况

三明高新技术产业开发区（金沙园）

三明高新技术产业开发区2015年2月，被国务院批准为国家级高新区。目前由沙县片区（金沙园）和永安尼葛园（尼葛园）组成，沙县片区总规划面积26.28平方公里，有金沙园一期、金沙园二期、金古北区、金古东区4个片区，共有工业企业358家，规上企业168家。2022年，金沙园实现工业产值705亿元，税收3.7亿元，财政总收入4.89亿元，工业增加值107.6亿元。

项目建设赶超进度。“五个一批”项目完成72个、全面完成年度目标任务；50个区重点项目完成投资37.50亿元、超年度计划2.43个百分点，其中新增入库5000万元以上项目24个，全社会固定资产投资完成16.35亿元，16个项目超序时进度、实现竣工投产。

产业发展提升改造。金沙园以结构调整为主线，以项目带动为支撑，改造提升传统产业，培育壮大新兴产业，优化空间布局，全面推进“十四五”各项工作。紧紧围绕三明市委、市政府有关工作部署，加强高端装备、生物医药、食品加工三大主导产业建设；推进钢铁压延加工、现代物流产业发展。2022年，三大主导产业产值高达597.74亿元，产值贡献率达84.8%。

①高端装备产业。现有机科院海西分院、天华智能、厦工三重、智辰农机等整机装备龙头企业，围绕工程机械、橡塑机械、数控机床、冶金机械、农林机械、环保设备、新能源工程机械、化工装备、输变电设备、注塑机械等高端成套装备细分领域，加快研发智能化、自动化、信息化的机制加工关键技术，已开发了石墨加工专用机床、石墨高速机、超硬材料激光切割装备等系列产品。截至2022年，园区高端装备企业36家，实现产值225.4亿，已获批国家大型机械装备高新技术产业化基地、福建省新型工业化产业示范基地、福建省新型工业化产业基地和省级循环经济示范园，成为福建省建设海峡西岸经济区的重要组成部分和三明市产业经济发展的排头兵。②生物医药产业。园区依托生物医药产业园，借助中国医药工业研究总院科研实力，以氨基酸、生物饲料、生物新材料为主要发展方向，支持企业开展生物科技核心技术研发，着力开发药用级别氨基酸系列产品、新型生物农药及饲料、低聚木糖醇系列产品，现已培育出澜海生物、威耳动科药业等生物技术企业。同时，围绕抗体药谷和医学造影两大产业链，重点培育出天泰制药、未来医药、臻欣美等医药生产企业。2022年，实现产值11.4亿元。③食品加工产业。园区创新发展以沙县小吃为核心的专用原辅料、配料新产品，研发沙县小吃特色美食专用配料，现已培育出艾来熏味、醉有才食品等小吃食品龙头企业，扩大小吃食品的竞争优势。同时，已发展出大昌食品、惊石农业、华农食品等利用大数据、开发定制特定人群需求的具有保健功能产品的食品加工企业。截至2022年，园区现有食品加工企业19家，实现产值58.04亿。④钢铁压延加工产业。园区充分发挥开诚机械年产2万吨铸钢件和最大单件50吨铸钢件的生产能力，借助机科院海西分院技术优势，抓紧实施开诚机械大型汽轮机铸钢件生产线技改、鑫建自动化铸件精加工、闽耀金属制品金属套件深加工等项目，已生产汽轮机类各种壳体铸钢件、渣罐铸钢件、船用铸钢件、火电及水电设备配件、轮胎模具等高附加值大型高端铸钢件，推进铸造

产业从传统铸造向精密铸造升级，推动形成了高端装备铸锻及精密铸锻、大型机械铸造产业集聚。同时，以明光新材为骨干企业，发展高等级钢材，拓展金属制品市场；鼓励汇华内配、中机精冲等汽车配件生产企业开发新产品，发展汽车零部件生产配套基地。截至2022年，园区现有钢铁压延加工企业12家，实现产值66.7亿。⑤现代物流产业。园区规划面积1200亩，以沙县公路港为中心，利用包括爱乐标准厂房、金煌能源标准厂房等附近企业闲置厂房建立现代物流产业园，引进货物运输、快递分拨、现代仓储配送中心、冷链物流仓储、保税仓库、电子商务、公共服务中心及配套商住等项目，打造闽中及闽西北地区最大的货物集散中心。目前已有10家快递企业、30家货运企业、60家电子商务企业入驻，申通、中通、百世、天天等快递企业在三明和南平地区的中转仓在金沙园设点，快递企业日均分拨快递16.5万件，占三明市分拨量55.3%。

招商引资成果丰硕。全年累计谋划项目47个，签约37个，总投资89.54亿元，其中5亿元以上签约项目9个；开工建设项目22个，外资到资3500万元，超额完成年度目标任务。

生态环保大力推动。秉持绿色发展原则，大力推动清洁能源应用，2022年，规模以上工业单位增加值水耗仅为1.67立方米/万元、规模以上工业单位增加值能耗为0.063吨标准煤/万元、单位工业增加值化学需氧量（COD）排放量为0.0079千克/万元，全年无发生环境污染事故。2022年和兴橡胶通过省级绿色工厂认定，永林集团人造板厂10个型号中密度纤维板被认定为省级绿色产品；科宏生物、永林人造板厂、川龙纺织、信明橡塑、锦宫节能等5家创建省级绿色工厂；宝华林、尼葛污水公司、恒金轮胎、中嘉塑等4家企业入选三明市绿色企业库。

（摘编：陈闽声）

三明高新技术产业开发区（尼葛园）

三明高新技术产业开发区（尼葛园）是1992年6月经福建省政府批准设立，2007年3月经国务院审核通过保留的省级开发区，2015年2月经国务院批复升级为国家高新技术产业开发区。2022年，尼葛园区完成规模以上工业产值246亿元，同比增长7%，税收2.6亿元。

项目建设围绕重点。作为永安市项目建设的主阵地、主战场，园区坚持“一切围着项目转、一切盯着项目干”，落实“脚底板工作法”，深入现场，下沉一线，蹲点工地，全年共有10个谋划项目、3个开工项目、2个投产项目列入省“五个一批”系统；有3个项目列入省重点项目，11个项目列入“百大项目”，12个项目列入“百日攻坚”项目（三明3个，永安9个），总投资37.89亿元，超额完成序时进度。新增固投入库10个，总投资18.8亿元；新增规模以上企业5家，其中新入库企业2家，规下转规上3家；新增工贸分离3家。

产业发展培育扶持。落实《尼葛开发区产业发展规划》，通过培育扶持建新轮胎、宝华林、科宏生物、中盛宏业等龙头企业做大做强，打造主导产业集群。一是做精橡胶产业，以建新轮胎为龙头聚集合成橡胶、橡胶助剂到自行车、摩托车、乘用车、工业车辆等轮胎生产、加工、制造和销售企业。已有建新轮胎建设年产150万条全钢子午线轮胎生产线、建新内胎及垫带项目、安兴叉车自行车轮胎、和兴橡胶、信明橡塑等5个橡胶加工产业项目签约，总签约金额达20亿元，5个项目全部达产投产后园区橡胶产业产值预计达到75亿元。二是做优纺织新材料产业，以宝华林为龙头加快宝华林聚乙烯醇（PVA）纤维市场推广应用，引进福骐荣新材料项目，加快中泰纺织喷水织机、超然水性树脂、盛佳纺织水溶性无纺布等技改、扩产项目步伐，推进纺织等传统产业转型升级，新增纺织产业产值30亿元。三是集聚化工医药产业。以化工园获认定为契机，重点发展医药健康产业和化工新材料，已落地的6个项目同时开建，呈现在建项目多、投资强度大、建设场面热，工程进度快等特点，目前科宏生物、中盛宏业等2个项目建成投入试生产，中盛宏业实现当年动工、当年竣工投产。化工园全部建成达产后预计年产值可达70亿元以上，税收4亿元以上。

生态环保整治提升。集中精力抓好化工集中区安全等级整改提升到C级工作。按照省安办

《关于请督促化工园区安全风险排查和评估分级现场抽查复核发现问题整改的函》（闽安委办函〔2022〕7号）所列出的16个风险排查整治问题清单，逐项提出解决措施，制定安全整治提升方案，全力推进并完成问题清单的整改攻坚。目前化工集中区道路、水、电、汽和污水处理、消防救援等基础设施已建成投入使用，应急管理中心、安环一体化、封闭式管理等智慧系统配套齐全。安全风险等级整改提升工作通过省上现场复核评定，安全等级达到一般安全风险等级（C级）。持续强化日常监管和昼夜巡查，引进环保管家，编制《废气集中收集治理方案》，通过夜谈会、净味行动、环保开放日等，有效化解环保信访投诉。异味整改交账销号材料已上报省生态环境厅和三明市生态环境局，待销号。

（摘编：吴建翰）

尤溪经济开发区

尤溪经济开发区是2006年4月经国家发改委审核公告的省级开发区。2022年，开发区48家规上企业累计产值208.45亿元，同比增幅2.4%。固定资产投资完成18.46亿元，同比增幅16.8%，税收完成1.84亿元，同比增幅27.8%，出口总额11.11亿元，同比增幅4.5%。

项目建设大力推进。抓住项目审批及供地等关键环节，大力推进项目建设，促进通耐切削工具、厦钢切削装备、红树林自动化家具配件定制等一批签约项目转为开工项目，创益织染、格利尔印染迁建、富瑞热电、佳宇纺织器材、华扬纤纺、华达茶叶、纳绮纺织等一批在建项目转为投产项目，德坤织染项目整合为六融工业项目重新开工建设，鑫森合纤、旭源纺织、华泰布业、格利尔西城分公司等一批投产项目转为增资项目，项目建设热火朝天，园区面貌焕然一新。

营商环境纾困解难。报批难是重点项目推进的“中梗阻”，开发区采取“三到位、三联动、三落实”工作法，有效破解项目报批这一影响项目落地建设的“卡脖子”问题。一是“三到位”攻坚有力。采取人员到位、精力到位、时间到位，项目报批团队秉承“以时间换空间、以进度抢指标”的送审报批原则，确保各项报批资料在第一时间送审送评。二是“三联动”攻坚有谋。项目报批，涉及面广。多点并进、联合作战是攻坚的关键。开发区采取“镇村联动、部门联动、县市联动”的工作机制，重点突破涉村村民代表大会、协议签订、协调新增建设用地指标、耕地占补平衡、环评审批等关键难点工作。三是“三落实”攻坚有效。项目攻坚，重在落实。担当负责、有效突破是攻坚的核心，开发区从提升能力、压实责任、突破重点等3个方面落实项目报批工作，完成宏茂纺织等7个项目林地材料组卷报批959.4亩、宏昌纺织等9个项目农用地材料组卷报批1290.3亩、宏茂纺织等6个项目土地出让资料组卷报批及鑫友鹏染整、纳绮染整等项目环评审批，加快项目落地。

招商引资持续推动。园区围绕招商选资，引进长远发展“新”动力。新签约入园项目7个，计划总投资约46.5亿元，分别为厦门通耐钨钢高端刀具及装备制造项目、六融工业、红树林自动化家具配件定制生产项目、宏茂纺织生产项目等，延伸产业链条，为培育经济新增长点、壮大园区经济总量打下坚实基础。

（摘编：郑欣然）

泰宁工业园区

泰宁工业园区于2006年3月经省政府批准为省级工业开发区，为“一区三园”布局，“一区”即泰宁工业园区，“三园”即丰元、大洋坪、朱口三个工业园。2022年，园区企业产值约7.5亿元，纳税总额达2810.5万元，同比增长65%，企业税收贡献再创新高；尤其是三晶光电、竹圣日用品等制造业企业纳税额达2504.5万元，同比增长68%，为县域经济社会发展做出更大贡献。

项目建设有序推进。2022年，园区新增规上企业1家，为福建省日木新型建材科技有限公司，该企业投资的日木新型建材二期项目被列为省级重点技改项目；5月，福建三凯建筑材料有限公司被省总工会授予“福建省工人（五一）先锋号”的荣誉。继续实施山海协作产业园提升建设项目，园区已争取地方政府专项债500万元，争取省级财政促进开发区发展资金 50 万元，着力完善基础设施建设，提升园区承载力和吸引力。目前，已完成总投资 1300 万元的园区物流仓储中心建设和总投资 800 万的丰元主干道改造和 12 期道路等工程建设；总投资 4600 万元的孵化中心 A 栋、设备用房消防水池、综合服务中心改造，以及大洋坪 9 期、10 期和 13 期道路等工程正在抓紧施工；同时，正在同步推进总投资 4400 万元完成工业园区孵化中心 B、C 栋、园区基础设施改造一期和园区挡土坝水土保持生态环境综合整治一期等工程的规划设计、预算、财审等工作。

营商环境持续优化。一是改进工作作风。加强园区机关干部管理，组织修订完善《泰宁工业园区管委会制度汇编》；优化完善人员分工安排，建立园区干部联系服务企业名单，并组建规划建设、项目招商、后勤保障、园区公司等 4 个工作组，强化责任落实，形成工作合力，更好地为园区企业服务。二是创新服务平台。借鉴和拓展“枫桥经验”工作模式，联合县总工会等部门建立“园区职工法律服务一体化基地”，入驻企业 24 家，职工 700 余人，把劳动关系纠纷和职工群众的烦心事、挂心事化解在基层一线。深化“知创福建”工作站、“院士专家工作站”等平台建设，努在中介服务、科研创新等方面为企业提供专业服务。2022 年以来，为 2 家企业办理专利质押贷款 1700 万元，指导企业申报发明专利 15 件、省知识产权优势企业 1 家、政府间国际科技创新合作项目 1 个；“方真院士专家工作站”与企业对接的科研成果还登上国际学术期刊。三是优化服务措施。发挥园区“项目代办服务站”作用，明确专人、专班、专责为项目提供全方位审批代办服务事项 27 件，协助 6 家企业完成入驻手续，并做好新入园项目用地的“四通一平”，强化供水、供电、交通、通信等要素保障。同时，着力构建主动服务企业的新模式，建立园区干部定期走访服务企业工作机制，协助企业抓牢安全生产、疫情防控等工作。

招商引资卓有成效。坚持“一把手”带头抓招商，发扬“四千”精神，用好脚底板工作法，依托异地商会、邹氏宗亲会等团体和园区企业的资源优势，及时掌握招商线索，主动对接、精准招商。目前，园区正在对接和推进的招商项目有 24 个，其中在建和投产项目 6 个，计划总投资 19. 1 亿元；落地项目 3 个，计划总投资 6. 2 亿元；签约项目 3 个，计划总投资 11. 2 亿元；在谈项目 11 个，计划总投资 39. 2 亿元。现已落地的项目完成园区土地出让约 392. 7 亩，缴纳土地出让金 2352 万元；目前还有德微科技（中琉科技）资源循环综合利用、福建建城家具供应链等项目约需供地 170 亩。

（摘编：余松山）

宁化华侨经济开发区

宁化华侨经济开发区是 1999 年经省政府批准设立的省级开发区。按照“一区多园”、科学规划、优化布局的原则，设城南工业园、莲塘食品加工园、城南化工园等三个专业园。2022 年，新增落地项目 13 个，新增规上企业 5 家，累计入驻项目 91 个，其中规模以上 40 家，累计完成工业产值 96. 7 亿元，同比增长 25. 9%，占全县工业产值 42%；工业用电 1. 49 亿度，同比增长 10. 1%；现有员工 6500 余人，同比增长 8. 3%。

项目建设扎实推进。2022 年园区，完善园区水、电、路等基础及配套设施建设，为企业落地提供发展空间。一是化工园建设取得新突破。按照“十有两禁”高标准、高要求、高质量推动城南化工园建设，完成双电源、双水源、污水处理厂、座应急池、公共管廊、取水码头、危化品停车场、特种气体监测站、水质监测站、大气监测站、地灾监测站、智慧化平台、封闭化设施等项目建设，特勤消防站（含医疗救护站和气防站）正在内部装修。2022 年 12 月 29 日—2023 年 1 月 6 日，福建省应急管理厅官网对宁化县城南化工园拟提升安全风险等级进行了公示。二是标准厂房建设取得新成果。河龙贡米产业园二期 1 幢生产车间和 3 幢仓库建成，智能制造产业园 2 幢标准厂房基本建成，剩余 3 幢标准厂房及 1 幢宿舍楼主体已建设完成，计划 2023 年 6 月底前投入使用。三是园区环境取得新进展。完成城南工业园园区一路路灯、物流园水保治理、化工园水保治理、陶瓷产业园水保治理等工程建设，实现绿化面积约 9. 6

万平方米、亮化道路约700米。开展卫生环境“脏、乱、差”及违章乱搭整治行动，打造优质、健康、卫生的工作生活环境，提升园区整体形象。

招商引资全力以赴。实行一把手招商制度，主要领导亲自安排、亲自部署、率先垂范，前往福州、厦门、深圳、东莞等地开展招商活动6次，13个项目实现落地。纳福有机硅、碳纤维头盔、星空户外用品、碳纤维高端户外极限运动产品、智能婴童家居用品、硅胶玻璃盖及硅胶制品、太阳能LED灯及光伏系列产品、薏米·河龙贡米产业园加工区、河龙贡米扩建、斯韦富特、铭航塑业、宁化时代储能、星星工艺等13个项目入驻园区，总投资达29.2亿元。其中星空户外、碳纤维头盔、宁化时代储能等3个项目已实现当年落地投产。

安全环保落实到位。一是强化责任意识。召开安全生产会议8次、环保推进会议12次，督促重点企业落实主体责任并签署安全环保责任书90份。二是强化隐患排查。全员下沉企业和项目建设现场，为企业和施工现场进行零距离“把脉”，实现“问题排查—整改提升—再回头、再落实”的闭环管理，要求企业特种作业人员持证上岗，实现新增35名人员获得特种作业证书。督促企业整改安全隐患50个、环保问题62个。三是强化宣传教育。组织学习环保和安全相关法律讲座6次，危险废物管理培训1次，公共机构能源节约与生态环境保护讲座2次，累计800余人次参加。

（摘编：周少雄）

将乐经济开发区

将乐经济开发区是经国家发改委审核确认，2006年8月省人民政府批准设立的省级经济开发区。2022年，开发区企业共119家，已经落户投产企业共100家，其中积善已投产企业82家、北郊已投产企业18家、在建企业19家。80家规上企业，企业完成工业总产值199.85亿元；完成企业固定资产投资44.72亿元；完成税收2.6亿元。新增规模以上工业企业7家。

基础建设完善配套。①完善园区道路路网结构：投资4000万元建设将乐县积善园区四期主干道及南宾支路工程，现已全面竣工投入使用，四期主干道B标正在进行路基整形。②提升污水处理能力：投资1000万元建设福建将乐积善工业园区污水处理厂，针对化工集中区污水技改提升工程，现已完成竣工验收。③总投资3700万元完成将乐县化工园区基础设施建设项目（综合管廊（一期）和应急池）建设：管廊总长约4780米。建设主管廊与支管廊基础形式为钢筋混凝土基础，上部为钢结构，设计柱距为8米，考虑主管廊断面柱距宽3.0米（局部2.0米），支管廊宽度1.7米，三层（两层用，一层预留），层间高差为1.5米。④生活商服配套：投资700万元建设商服东区公租房A-E栋及PPP项目附属工程，现已全面竣工完成竣工验收。

项目建设加速推进。2022年，落实重点项目代办和企业零距离服务，加快项目建设审批办证，帮助协调解决困难、问题，促进在建项目早投产、投产企业早达产。加快推进中科金属、久策气体、富远铝业、方岩改性重钙、桂垚方解石深加工、盈美新材料、南宾南德、永佳福、佳闽食品、酒石酸、乐钛、香满江、水木海清、二甲基硅油等15家在建项目建设进度。到年末建成投产或部分投产项目有泰达重组、泽信环保、南宾南德、永佳福等项目。

产业发展合理布局。在产业布局上，开发区以轻合金新材料、精细化工、大健康环保等为主导产业，重点培育轻合金、精细化工产业发展。

招商引资凸显优势。2022年，重点抓好半固态轻合金、精细化工、大健康等产业链招商，着重打造轻合金特色产业。开发区签约9个项目，签约额为人民币15.53亿元，分别是：三俊水性漆项目，总投资0.8亿元；乐钛钛白粉项目，总投资3亿元；闽硅二甲基硅油项目，总投资1.6亿元；泽信环保设备项目，总投资1.5亿元；盛达酒石酸项目，总投资1.05亿元；方岩二期年产5万吨可降解环保产品生产项目，总投资1.25亿元；镛洲粮食仓储项目，总投资1.1亿元；科源二期扩建项目，总投资0.23亿元；泰达重组项目，总投资5亿元。

（摘编：郭向东）

三明经济开发区

三明经济开发区为省级经济开发区，于2010年12月由福建省政府批复同意设立，于2022年12月底完成整合提升工作，现辖吉口新兴产业园、吉口循环经济产业园、小蕉工业园区、荆东工业园、黄砂新材料循环经济产业园、汇华（竹洲）工业集中区、台江工业集中区、高源工业集中区、翁墩物流园、大坂现代物流园、荆西智能装备产业园、洋溪信息产业园等12个园区，已形成一区多园、各具特色的产业园区和集中区。2022年，园区规模以上工业企业134家，规模以上工业实现产值572.30亿元、税收4.91亿元；已授权国家发明专利74项，认定国家高新技术企业31家、知识产权优势企业3家、"专精特新"企业12家。

项目建设有序推进。2022年，共梳理基础设施重点项目21个，年度计划投资9.89亿元，其中，进展明显项目12个，序时推进项目9个。配套基础设施方面：吉口新兴产业园标准厂房（7#）项目主体结构已完工，完成总进度40%；小蕉泉三高端装备产业园项目（一期）中800亩A5地块边坡支护项目完成总进度75%。安全环保设施方面：吉口循环经济产业园应急救援中心已完成预验收；吉口循环经济产业园公共管廊二期项目已启动地勘工作。供水供热设施方面：小蕉片区第二供水工程项目杉板坑引调水工程引水隧洞贯通，完成总进度70%；吉口循环经济产业园集中供热项目正在进行地勘工作。土地供应方面：完成土地供应1宗，用地面积44.73亩，土地出让金1339万元。

产业发展凸显优势。含氟新材料方面，依托三明市萤石矿的资源优势，形成以三化元福为上游原材料企业，三立福、台氟、悦淳、润祥等为下游精深加工企业的产业链，专业化强、附加值高、增长势头好。新能源材料方面，凭借厦钨新能源龙头带动作用，以及全市正极、负极、电解液、隔膜、外壳等产业基础，重点发展锂离子电池材料以及消费类、动力类、储能类电池集成，材料种类齐、市场前景好、发展空间大。稀土新材料方面，作为全省稀土战略布局"一龙头、两园区"之一，迎来建设革命老区高质量发展示范区政策红利，重点在稀土分离指标和精深加工方面寻找突破。

招商引资发挥优势。2022年，三明经济开发区紧紧围绕市委市政府的决策部署，充分发挥招商引资"主战场"作用，围绕三化元福、厦钨新能源等龙头企业延伸产业链，突出产业链招商，强化中试招商，注重以商招商，先后赴上海、深圳、惠州、福州、厦门等地拜访企业60余家，邀请各类企业家、行业协会代表等近百批次来明考察对接，明确上海墨砾新材料、惠州道一新能源等一批重点对接的意向企业。签约落地一批产业链上的好项目。产业项目方面，签约亿元以上生产性项目6个，总投资28亿元，分别是投资10亿元的中吉高科锂电池电解液添加剂项目、投资5.5亿元的极微纳纳米新材料材料项目、投资3.5亿元的博汇能源含氟新材料项目、投资3亿元的永庆吉兴集装箱底板项目、投资5亿元的闽投电力光储一体化项目、投资1亿元的八叶草科技D乳酸项目，签约总数比去年增加50%。中试项目方面，经开区走差异化发展的道路，积极探索建立全市首家综合性中试基地，全年累计对接各类科研院所和企业25家以上，签约中试项目5个，总投资1.2亿元，分别是投资1000万元的上九新材料石墨电极中试项目、投资1000万元的力明新材料新能源材料中试项目、投资5000万元的福宁新材料靶材中试项目、投资5000万元的厦钨新能源研究院锂电池材料中试项目和华侨大学新材料产业技术人才和技术成果转化基地项目，其中福宁新材料项目签约后实现百日投产。目前正在与上海墨砾新材料科技有限公司、莱科科技等多家企业在谈负极石墨前驱体、电子信息等项目，拟投资额超过20亿元。

生态环保严格执行。2022年，园区整合工作中，三明经济开发区启动园区安全环保核查工作。环保核查方面，完成12个园区240家企业内业、环保设施及环保隐患排查，主要存在合规性资料不完整、涉及的环保设施部分未完善和平时运行管理不规范问题，正在整改。安全核查方面，完成10个园区217家企业内业核查及生产安全隐患排查，主要存在无规范内业资料和车间安全告知标识缺失问题，正在整改。

（摘编：李元）

三明现代物流产业开发区

三明现代物流产业开发区是由三明市和沙县区两级政府共同投资创办，2006年被省政府列入福建省“十一五”现代物流业发展十大专项规划重点建设项目，是一个集加工配送中心区、多式联运中心区、物流中心区、综合服务区为一体的综合性功能区，是一个集物流基础设施建设、物流企业发展、依托物流进行产业开发的综合性开发区。2022年，开发区共实施三沙生态旅游大道等重点项目44个，完成投资33.57亿元，超年计划26.7%；面对经济下行压力加大，开发区迎难而上，贯彻落实中央和省市关于扎实稳住经济一揽子政策措施，全年实现税收2.33亿元，完成各类融资19.2亿元；三明陆地港全年完成进出口集装箱23061个标箱，累计货值约52500.92万美元。

项目建设扎实推进。以项目建设为抓手，倒排工期，挂图作战，制定“两单一表”，实行“半月一调度、一月一督查”，扎实推进各重点项目建设。其中市第一医院生态新城分院项目二次装修工程已完成95%，安装工程已完成；生态新城学校A1-A5外墙面砖铺贴工作完成90%；生态新城康养城项目一期工程基本完成，进入项目验收阶段，二期工程有序推进；市档案馆（档案数据中心）建设项目装修、安装工程完成，室外景观工程开始施工；长深高速垄东停车区改扩建项目与三沙生态旅游大道主线工程开工建设；揽月山人才房一、二期转入室内装修、室外景观绿化施工阶段，988套房源售出366套；市委党校、市疾控中心竣工投用，超300名干部职工搬迁入园。

招商引资依托优势。依托中关村品牌资源优势，持续深化京闽科技合作，举办“创新中国行”“京闽创新汇”等各类招商、产服活动近70场，其中与市发改委、市商务局、市科技局联合举办三期三明数字经济产业交流会，累计近200家企业参加，有多家企业意向搬迁入驻中关村科技园；举办稀土及氟材料企业、医药企业、呼叫中心项目、头部企业等专场对接活动14场，持续保障园区热度及曝光度不减。三明·中关村科技园全年对接企业400余家，新增注册企业125家。围绕搭建“就近就地孵化、成果异地转化”的“域外飞地”，今年先后完成了厦门、福州两地的离岸孵化器建设并揭牌，通过打造科技园“飞地模式”，构建对外合作窗口。

（摘编：林汇智）

建宁经济开发区

建宁经济开发区位于建宁县城北部，总规划面积为15.27平方公里，于2011年8月由省政府批准升格为省级经济开发区，批复面积为4平方公里，范围为东至斗埕、西至孔家岭、南至塔下、北至建泰高速公路。2022年，开发区已开发面积2.96平方公里，其中建成工业用地1.73平方公里，共有入驻企业47家（其中：投产企业38家，规模以上企业25家，在建企业9家）；完成工业总产值64.85亿元，税收0.24亿元。初步形成特种造纸、食品加工、机械装备制造、林产品深加工等四大产业。

项目建设持续推动。2022年，开发区实施基础设施建设项目25个，计划投资1.5亿元；全年完工23个项目施工，完成投资1.3亿元。2022年实施建设企业生产性项目8个，其中续建项目4个建设，总投资25亿元，当年度完成投资8亿元。分别是云杉纺织、奥晟科技、绿田食品、建浦机床项目。新建项目4个，总投资8.94亿元，当年度完成投资2亿元，分别为：金博旺环保科技、酒子罐酒业、友力特（福建）机械制造、山水润粮油加工项目。友力特（福建）机械制造项目：项目总投资2.2亿元，规划用地面积100亩，主要建筑面积4.1万平方米，包括建设综合办公楼、12米高标准厂房、仓储中心、员工宿舍、购置激光切割机、数控锯床、数控机床等生产线设备，建成后可年产1.2万台叉车属具，年产值可达4亿元，实现税收1000万元以上，带动300余人就业。山水润粮油加工项目：项目总投资2.28亿元，计划用地面积100亩，分两期实施，其中，一期程用地面积40首，主要建设内容包括：新建粮食生产车间8500平方米；原料仓库、成品仓库9800平方米；宿舍楼、食堂、综合办公楼等附属建筑1750平方米及厂区基础配套设施。二期工程用地面积

60 亩，主要建设内容包括：新建粮食及饲料生产车间 13500 平方米；原料仓库、成品仓库 15000 平方米；宿舍楼、食堂、综合办公楼等附属建筑 5000 平方米及厂区基础配套设施；购置吸粮机、风筛清理机、自动上料机、去石机、警谷机、碾米机、分离机、大米色选机、抛光机等生产设备若干。

产业发展以点带面。在保留原有项目基础上，重点发展：通用设备制造业、电气机械和器材制造业、食品制造业、金属制品业、种子产业等符合国家产业发展政策的产业。兼顾发展：专用设备制造（采矿、冶金、建筑等）、生物医药产业、肥皂及洗涤剂、化妆品制造、竹木制品、塑料制品、物流仓储等配套且符合国家产业发展政策的产业。

招商引资依托优势。开发区把招商引资作为工作的“重中之重”，牢固树立“招大商、招好商”意识，按照“大项目—产业链—产业集群—循环经济工业生产基地”的思路，依托大项目培育关联配套产业，促进企业集聚和产业链延伸，加速构建区域发展新格局。2022 年新引进签约落户 7 个项目，计划投资额 19.98 亿元，主要是：金博旺塑料制品及可降解塑料产品生产线建设项目，占地约 30 亩，总投资 2.3 亿元；澳博利生态环保板生产建设项目，占地约 30 亩，总投资 2 亿元；建宁锡昊智能家具有限公司，占地约 25 亩，总投资 3 亿元；福建酒子罐白酒生产项目，占地 25 亩，总投资 2 亿元；年产 1.2 万台叉车属具生产建设项目，占地面积约 100 亩，总投资 2.2 亿元；建宁县年产 20 万吨粮食及饲料深加工建设项目，占地面积约 100 亩，总投资 2.28 亿元；华谷高科，占地 24 亩，总投资 1.5 亿元。

（摘编：游永贵）

明溪经济开发区

明溪经济开发区 2011 年 8 月经省政府批准为省级经济开发区，位于明溪县城关东北侧约 3 公里处，以 306 省道为基准，分为南、北两个分区，规划总面积约 10.22 平方公里，其中工业用地 6100 多亩。2022 年开发区已有入驻企业 64 家（含工业集中区企业），其中，规模以上企业 35 家，上市企业含子公司 4 家、国家高新技术企业 12 家、国家工程技术研究中心及博士后科研工作站等 8 家。2022 年，开发区实现规上工业总产值 108 亿元和税收 2.42 亿元，同比增长 24.9%和 26.5%；“三新”产业实现税收 2.31 亿元，同比增长 42.6%，占开发区税收总额的 95%。首年产值突破百亿，税收破 2 亿元。在全省开发区综合发展水平考评中连续 3 年位列 23 个扶贫开发重点县中排名前列，工业经济持续保持良好增长态势。

项目建设双管齐下。一是基础设施方面。开发区实施标准化建设及化工园区认定“补短板”建设项目 33 个，完成污水处理厂一期提升改造主体工程、工业集中区 1#应急池、智慧园区平台建设、熙华产业园场地平整等 26 个项目建设，累计完成投资 1.2 亿元。完成智慧园区监管平台、医疗救护站、事故应急池等 12 个化工园区补短板基础设施建设项目建成投用，全力推进特勤消防站、危化停车场、工业污水处理厂二期等项目建设。二是项目建设方面。常态化开展“访、解、促”专项行动，围绕市委、市政府“大招商招好商”攻坚战役，持续抓好“五比五晒”“项目攻坚年”等重点项目跟踪服务，全力推进海斯福四期、导洁水处理、紫杉园抗肿瘤药物迁建项目、熙华药业产业园等 11 个重点建设项目。累计帮助企业协调解决水电、审批等问题 50 余项。

生态环保严格实行。一是应急保障方面。进一步全面夯实安全、环保工作，累计投入 3500 万元，完善智慧园区综合监管服务平台系统，实现对化工园区内重点场所、重点设施在线实时监测、动态评估和及时自动预警，并接入地灾监测、大气监测、污水监测管控、气象数据、道路监控、高空瞭望等系统，实现园区安全、环保监管应急管理。二是制度方面。健全完善园区消防安全工作机构和制度，不断引入专业性安全服务机构，逐步提高消防安全监管水平；指导强化辖区企业管理人员的消防安全意识和技术，有效提升企业从业人员的安全技能知识。综合运用人防、物防、技防手段，强化事故隐患排查整改，全年开展安全、环保隐患排查 118 家次，严格实行闭环管理，确保风险可控、隐患消除，实现园区安全稳定态势，并且入选第五批省级绿色园区。

（摘编：王利兴）

大田经济开发区

大田经济开发区成立于2008年9月，2012年6月升格为省级经济开发区。2022年3月，经三明市政府批复，上京工业园和罗丰工业园纳入大田经济开发区整合托管。2022年，全年园区规模以上工业18家，工业产值73.43亿元，比上年增长10.4%；实现税收7060万元，同比增长41.1%；规模以上企业用电6.82亿千瓦时，同比增长60.5%；企业新增固定资产投资23.33亿元，同比增长56.5%；实际使用外资250万美元，同比增长78.6%。

基础建设日趋完善。2022年，罗丰工业园（一期）土地成片开发方案得到省政府批复；上京、罗丰园完成农转用报批82.93公顷（其中上京园43.47公顷、罗丰园39.46公顷），其典型做法刊登在《三明市重点改革攻坚战役工作简报》第63期；完成用地征收33.47公顷，完成土地平整33.33公顷。上京工业园污水处理厂12月竣工，3.2万平方米生产生活配套设施于9月竣工验收、10月投入使用。罗丰工业园完成罗丰大道建设，实现全幅通车，污水处理项目工程12月动工建设。

产业发展高效推动。2022年，开发区与乡镇、县直部门谋划优质项目，全年完成项目签约13个。重点抓好太宇、中光、超越、恒普、鑫协等在建项目，通过问题数字化、进度图文化的形式开展"亮、晒"服务活动，每周通报项目服务成效，形成比学赶超的浓厚氛围，推动项目问题逐项、限时解决，推进项目早建设、早投产。重点抓好育灯纺织、科达新能源、建华纺织、中工塑胶等企业技术改造，鼓励企业采用新设备、新材料、新工艺提升企业产能，推进产品升级换代，促进企业转型升级，拉动技改投资。

（摘编：郑欣然）

清流经济开发区

清流经济开发区于2006年起步于清流国家级台湾农民创业园金星加工区，2012年升格为省级经济开发区。2022年，氟新材料产业园的氟化工产业总产值31.91亿元，增长10.1%，占企业规模以上工业产值比重比71.3%；实现税收入库超2.6亿元，占全县总税收比重45.7%。

项目建设持续推进。2022年，城南工业园完成投资2100万元，其中基础设施提升工程共完成9个。思莉纺织实现由租赁企业到用地项目的成功孵化，用地10亩的新项目已经在城南园开工建设，实现小微基地孵化功能的突破。金星工业园完善化工区全封闭围挡工程，西南片地块场地平整工程、方品城地块场地平整工程等基础设施项目，新入驻方品城家具、致远新材料、福建瑞威等企业，通过延链补链，形成以竹木加工、建材、机械加工、氟精细化工及上下游产业为主导的完整产业链。2022年通过"腾笼换鸟"共腾退企业7家，激活低效用地400多亩，通过法律拍卖竞得鑫龙森林房产及土地，完成捷鸿木业、鑫龙森林厂房拍卖拆除。氟新材料产业园完成投资6500万元。实施雅鑫二期扩建地块、抗氧化剂地块场地土方工程、塘源口护坡项目、福宝片污水环卫配套设施建设项目及清流县氟新材料产业园福宝片电力配套设施等项目，其中福宝园污水处理厂二期工程、福宝园下平台污水提升泵及配套管网工程等项目竣工验收，完成上平台消防道路工程一期设计、特勤消防站及附属配套设施建设项目的立项、用地选址、地勘等前期工作，福宝片下平台污水管网提升工程完成并投入使用。

招商引资卓有成效。2022年，全年引资项目11个，合同资金合计34.1亿元。1月29日，中欣高宝新签约年产2.1万吨新型电解液材料建设项目；7月29日，成功签约年产420万双休闲鞋项目的云足鞋业项目。会同招商中心共同修改推出新的投资合同版本，对入驻企业的亩均投资强度、亩均税收、完成时限及相关退出机制做出合理的规定。

（摘编：邓新民）

三明埔岭汽车工业园区

三明埔岭汽车工业园区由三明、永安市两级政府共同开发，2013年12月1日经福建省人民政府批准设立为省级经济开发区，是海西生态工贸区的重要组成部分，也是福建省现有两个专业汽车工业园区之一，列入工信部《海西先进制造业发展规划》汽车产业的重点园区，是福建省重要的汽车产业发展平台和汽车及零部件制造业基地。2022年，完成规模以上工业产值96.94亿元，完成固定资产投资5.89亿元，“五个一批”项目省级入库2个、市级入库2个；列入百日攻坚项目5个，完成投资3.82亿元；实现税收4156万元。

项目建设持续推进。项目开竣工方面，园区全年实施重点项目5个，总投资8.5亿元，其中亦城汽车车架总成生产项目、嘉誉新型钢结构件制造项目、海工机械专用汽车改造项目等一批产业配套项目已建成投产；海西汽车驾驶室冲压、永久锂离子电池负极材料等一批在建项目进展顺利。基础设施建设方面，继续推进汽车零部件标准化三期厂房建设；帮扶做好省重点项目重汽海西汽车车身冲压项目，现厂房已建设完成，正进行设备安装，完成园区局部规划调整工作，完善项目用地；继续做好入园企业的规划审批服务工作。策划包装了新能源汽车锂电材料微产业园孵化厂房提升项目，用地面积约207亩，估算投资2.3亿元，南部新城新能源汽车综合补能站项目，用地面积约36亩，估算投资2.6亿元。

招商引资加大力度。深化“五比五晒”项目竞赛活动，围绕“强龙头、聚产业、优服务”，加大招商引资力度，全力推进重点项目建设。招商落地方面，全年赴湖南、山东、陕西、安徽、广东、江西等地开展专场招商12场，新引进永久石墨前驱体、锂离子电池负极材料生产项目、嘉誉新型钢结构件项目、玖铧汽车空滤总成生产项目等产业项目6个，实现引资17亿元。

（摘编：曾文升）

莆田开发区概况

莆田高新技术产业开发区

莆田高新技术产业开发区于2002年6月经省人民政府批准成立，规划面积11.05平方公里，2012年8月19日，国务院正式批准莆田高新园区升格为国家级高新技术产业开发区。2022年，高新区实现规上工业产值867亿元，共聚集企业436家，其中规模以上工业企业204家。在2021年全省省级以上开发区综合发展水平考核评价中排名第七名，较上一年前进一名；在全国169家国家级高新区排名中位列112位（2021年度），较上一年相对进位5位。

基础建设改造提升。完成迎宾路改造提升项目，推进东港路南伸和赤港片区配套路网的前期工作。推进涵江区城北工业园地块一标准化厂房及配套建设、赤港服务区“双开放”等建设。开展低效用地再开发，推动鹏发投资等3个低效土地再开发项目。

项目建设转型升级。百威雪津完成扩建25万吨成为单体最大、可生产高端啤酒最多的生产基地，投产亚太最大、全省首个精酿啤酒观光工厂，获评国家级重点用水企业水效领跑者、第五批省级绿色工厂名单、省农产品加工观光园，入选福建企业100强；红太阳建成全国最大的即食海带生产基地。华佳彩高世代面板、福联射频芯片、安特微电子等加快产能释放，华佳彩研究成果获省科学技术进步二等奖。云度新能源汽车实现复工复产，技术成果获省专利奖三等奖。国家屋顶分布式光伏建设试点和国家级新能源产业示范园区提速建设。推进涵江区城北工业园地块一标准化厂房及配套建设，总建筑面积30万平方米的城北智造产业园投用，引入海丝北斗、大族元亨等项目。

开放合作融合发展。促成福州大学与依吨共建实践教学基地、华侨职业中专和荣兴机械共建校外实习实训基地，参与协办华侨职业中专技能节等。推动莆田学院对接13家企业、华侨职业中专对接10家企业、湄职院对接4家企业，开展产学研活动。

科技创新贡献突出。积极开展高新技术企业申报宣传工作，建立134家高企后备库，高新技术企业净增30家、达105家。发挥国家级创客梦工场和科技企业孵化器作用，累计引进孵化项目92个，毕业项目46个，其中，国家特聘专家创业项目1个，第五批全国农村创业创新优秀带头人创业项目1个，组织开展创新创业活动36场次，参加各类创新创业大赛6场次，获得奖项5个，其中省级奖项3个，市级奖项2个。2022年园区内12家企业通过市级专精特新，7家企业通过省级专精特新，6家企业入选省重点上市后备企业名单，6家通过科技小巨人企业认定，2家企业获评全省数字经济领域“瞪羚”创新企业，2家企业的核心技术列入国内首台（套）重大技术装备和省内首台（套）关键配套基础件，威诺数控被认定为省级工业设计中心，山河药业获省科技进步奖三等奖。2022年高新区科技企业孵化器获批国家级科技企业孵化器，创客梦工场备案为国家级众创空间。获评国家绿色工业园区、2022年度突出经济贡献（“专精特新”示范园区）。

生态环保推动发展。完成绿色发展五年行动方案的编制、清洁生产审核创新试点实施方案文本编制、循环化改造园区实施方案文本编制，推进绿色高质量发展。推动传统产业绿色低碳转型发展，支持重点用能企业加快节能技改，单位GDP能耗下降31.7%，28家企业通过省、市清洁生产审核，1家企业获评国家级绿色供应链。优化规划管理。开展园区总体规划、规划环境影响评价修编。完成环境影响评价等4个区域评估项目文本编制。做好园区企业100%排污入管、管道日常排查、赤港泵站日常运行等工作。

（摘编：苏小雨）

莆田湄洲湾北岸经济开发区

湄洲湾北岸经济开发区是经国家发改委、福建省政府批准设立的省级开发区，是福建省少有的具有县区一级行政管理职能的经济开发区，与台湾隔海相望，距台中港仅72海里。2022年，全区地区生产总值完成112.34亿元，比增5.0%。其中：第一产业增加值16.88亿元，比增3.3%；第二产业增加值46.16亿元，比增10.7%；工业增加值25.65亿元，比增1.2%；建筑业增加值20.56亿元，比增24.2%；第三产业增加值49.29亿元，比增0.8%。规上工业增加值25.02亿元，比增1.8%。农林牧渔业总产值31.07亿元，增长3.9%。固定资产投资完成255.45亿元，比增11.0%。外贸出口总额完成47.52亿元，比增22.3%。社会消费品零售总额完成21.11亿元，下降11.4%。一般公共预算总收入6.58亿元，比降48.8%；其中地方一般公共预算收入5.07亿元，比降30.8%。城镇人均可支配收入39127元，比增6.1%。农村居民人均可支配收入25725元，比增8.3%。

项目建设有序推进。2022年，园区实施省市重点项目共14个，完成投资25.1亿元，全区列入省、市级开工项目共7个，均已实现开工或具备开工条件；新增区级开工项目7个，均已实现开工。金鹰绿色纤维产业园生活纸、莱赛尔等2个子项目取得省工信厅节能审查意见，能耗分别达28万吨和22万吨。热电联产项目完成热电联产专项规划和供热专项规划送审稿，国投云顶湄洲湾电力有限公司与赛得利就热电联产项目进行了多轮洽谈。罗屿8#、11#—12#泊位工程已于9月份正式开工建设。罗屿选矿集中区项目稳步推进。福建医科大学附属协和医院妈祖院区主体工程、设备安装按序时推进。

产业发展取得突破。哈纳斯LNG项目配套码头工程进入施工准备阶段，海水提钾项目上马在即，湄洲湾火电厂一期BOT等容量替代项目正在开展BOT谈判工作，三期2个660兆瓦项目正式签约落地并已取得省发改委新增煤电容量指标支持。金鹰绿色产业园项目子项目莱赛尔项目、生活纸项目完成项目备案，并取得省工信厅节能审查意见，配套热电联产项目完成热电联产专项规划、供热专项规划编制并上报省发改委。罗屿集中选矿区中的五矿集团铁矿石选矿项目已签约落地。瑞资联、宝晨、三钢国贸等选矿项目有序推进前期工作。新兴产业后劲更足。两岸生技园已建成标准化厂房12.28万平方米，已落地太阳树生物工程（已投产）、宜泰达石墨烯、义齿、牛樟芝、济康医药、金永源、药品包装厂等10个项目。策划推动两岸生技园综合开发项目，加快建设两岸生技园三期工程。“中巴”电商产品加工区项目落地两岸生技园三期。“两体两中心”项目主体封顶并全面装修，年内交付620多户人才公寓，建成后可服务于1000多名产业人才。文旅产业蓄势待发。协同岛岸一体发展，“一湾一堤一祠一阁一古城，一山一湖一岛一澳一公园”十景连线生态旅游精品路线展现新貌，紫玉湖、妈祖城海堤成为新晋网红打卡点。强化文旅宣传推广，推出“县区委书记谈文旅经济”系列北岸访谈报道，提升文化旅游知名度，2022年度接待国内旅游人数45.59万人次，国内旅游收入2.82亿元。

生态环保深入实施。全年经开区空气质量达标率97.6%，细颗粒物浓度等6项污染物指标达到国家二级标准。探索“污水零直排区”试点建设，完成3个试点村的创建工作。持续加强危险废物规范化管理，转移危险废物355.52吨，完成1家省级土壤污染重点监管单位监测工作。落实海上环卫队伍机制，海漂垃圾治理实现日产日清，共清理海漂垃圾约1242吨，密度同2020年相比下降34%。深入实施生态环境损害赔偿制度，办理生态环境损害案件3起。积极谋划山水林田湖草沙一体化保护和修复工程项目，北岸生态环境治理（EOD）项目已纳入国家EOD项目库，全市唯一、全省唯二。策划生成北岸开发区农村污水收集二期工程项目，拟申请中央资金2亿元。

（摘编：游永贵）

莆田华林经济开发区

莆田华林开发区前身——莆田市华林工业园区于2003年6月经市政府批准成立，2006年4月经国家发改委批准为省级经济开发区并更名为福建莆田华林经济开发区，核准面积6.47平方公里。2022年，开发区共有企业465家，其中征地企业117家，租赁企业348家，规上企业78家。完成产值303.38亿元，比增15.2%；完成固定资产投资28亿元。

项目建设积极推进。园区认真落实《园区高质量发展三年规划》，实施园区标准化建设，建立园区基本信息库，推进园区高质量发展。积极推进5G新基建、电子信息、鞋业产业等工业旅游项目，重点培养大唐5G产业园、亚明食品的中国中餐标准化产业基地。华林经济开发区5G产业园项目，主要包括：5G产业园标准化厂房、鞋业基地标准化厂房建设项目，园区教育、人才公寓等生活设施配套项目和园区道路提升等基础设施配套项目，通过引进中国信科、大唐网络等，建设5G产业研究院及东南总部基地，打造5G测试及应用示范园区。亚明食品通过扩建及收购闲置厂房（皇冠制罐），投资5.5亿元新建中餐标准厂房及预制菜肴产业园，项目均已签约。

产业发展围绕重点。华林开发区主要以鞋服产业、电子信息产业、食品产业、工艺美术四大产业为主：全年规模以上工业产值303.38亿元，同比增长15.2%。其中：①鞋服产业规模以上企业43家，工业产值为170.48亿元，占56.2%。重点企业有：力奴鞋业、三迪鞋服、祥冠鞋业等。②电子产业规模以上企业8家，工业产值为24亿元，占7.9%。重点企业有：三利谱电子、嘉辉光电、杰讯光电等。③食品产业规模以上企业7家，工业产值为30.18亿元，占9.9%。重点企业有：天怡现代、亚明食品、复茂食品等。④工艺美术产业规模以上企业4家，工业产值为29.30亿元，占9.7%。重点企业有：庄严苑、腾辉工艺等。⑤其它产业规模以上企业16家，工业产值为49.42亿元，占16.3%。重点企业有：新旺隆、溢通环保、腾安建材等。

招商引资加速推进。招商方面开发区加速推进低效片区腾笼换鸟，先后收购清华园、永德、天利达、天一祥、华龙、合众天成等厂区，动态摸排闲置厂房约3万平方米，已上报“为企寻场”平台1.5万平方米；可利用的合规屋顶约50万平方米，可成片开发分布式光伏项目；周边华林智汇、风达研发中心、祥和水岸花园公租房约有5万平方米商住空间，可为提质传统产业生态圈，构建商住产一体化集成模式提供物理空间。①招商储备地块山霞片区、日山片区相继启动前期手续办理，拟新储备工业用地375.25亩，有力拓展工业园区辐射圈。②富力智造产业园，位于西许片区，计划投资102亿元，规划用地467亩，建设总建筑面积45万平方米的标准厂房和配套设施，计划打造集产业、交流和生活于一体的综合性功能园区。项目主要依托富力等鞋业龙头企业，拟建设200条以上自动化、智能化鞋服生产线，建设智能化仓储物流配送体系，形成鞋服全产业链智能化生产基地。③“专精特新”产业园，位于西许片区，计划投资30亿元，占地168亩。拟营建绿色产业空间，构建“高精尖”产业体系，建成绿色产业园区。园区计划采用“先租后售”模式，为入驻企业提供环境稳定、组合灵活、可拓展的发展空间。已对接意向入驻企业6家，其中5家已签订认购协议，招商对象涵盖食品加工、智能制造、个性定制等领域。

（摘编：郭向东）

荔城经济开发区

荔城经济开发区原为莆田市荔园工业区，创办于2002年10月，2006年3月份经省政府批准、国家发改委审核，升级为省级经济开发区。2022年，开发区完成固投7.6亿元，实现规上工业产值122.79亿元，限上商贸213.5亿元，亩均产值达520.23万元，实现税收10.93亿元，亩均税收26.13万元。

项目建设提速加快。开发区全年在建项目27

个；预备项目5个；前期项目4个。其中已竣工9个，分别是：交战东路一期、方显光电扩建项目、福盛鞋材扩建项目、华承鞋业扩建项目、央聚跨境电商大楼、灏谷智能制造创新产业园、鑫合鞋业扩建项目、顺天通5G物联园、艾力艾鞋业扩建项目；中光科技设备购置项目、百利鑫易拉罐项目等15个技改项目均已竣工投产。

招商引资加快推动。开发区为加快推进跨境电商发展，推动贸易数字化，结合顺天通企业规划建设占地65亩的跨境电商定制化生产基地，集聚跨境电商供应链企业，建设选品和人才孵化中心，配套建设金融服务区、酒店商贸区等，引进园区运营服务公司，构建荔城跨境电商企业和产品、销售、物流、运营、孵化及研发中心于一体的综合服务平台，初步形成跨境电商产业生态圈。全年跨境电商云产业园完成全市首单9810模式出口业务。

生态环保深入治理。开发区污水管网规划已纳入莆田市污水排放规划。规划在南少林路口建一座污水泵站，开发区内污水由市污水处理厂统一处理。目前，荔城经济开发区内污水管网已建成并投入使用的约有36公里，已形成以城涵大道、荔涵大道、南少林路、荔园路、东川路、九华路、绶溪路等为主干道的污水管网，上述污水管网中的污水经西天尾镇提升泵站统一纳入闽中污水处理厂收集处理。一年来，开发区已完成对园区内东川路、洞湖路、石盘路、工业一号路等污水管网进行疏通和清淤维护，确保污水有效收集。

（摘编：王利兴）

仙游经济开发区

仙游经济开发区地处海峡西岸经济区的中心地带、莆田市南大门、湄洲湾南北岸湾底结合部，南邻肖厝港，东接秀屿港，西连福泉高速公路出入口处，东南紧接出海通道。2022年开发区核心区54家规模以上工业企业完成产值258.73亿元，比增28%；完成固投92.93亿元，比增28.5%；实现工业税收3.93亿元，同比增长25.2%。新增规模以上工业企业4家，年产值超亿元的企业达29家，创税500万元以上的企业达17家。

基础建设不断完善。按规划合理推进基础设施项目建设，不断加强、完善园区基础配套设施建设、提高园区承载力，使园区基础设施更加合理完善，为入园企业提供有力保障。进一步拓展发展空间，提高园区综合竞争力和可持续发展能力。慈岳片区基础设施逐步完善，枫秀西路6.8公里竣工通车，慈岳中路完成路床碎石垫层及桩基80%及完成桥梁下部结构；南片区仙港大道连接线（枫亭段）道路工程完成8根冲孔桩灌注；北片区园景路已完工；五里岭片区外环路已完成地形测量，目前正在进行地质勘察与施工图设计等前期工作；集镇区公园东路已完成地勘，施工图图审和立项，正在协调控规；锦山路及安置房图审已完成初稿，立项正在受理阶段；枫秀西路铺头安置房已完成基础设施建设，正在进行主体施工。

项目建设狠抓进度。坚持实行项目领导分工负责制并在抓落实上下功夫，倒排工期、狠抓进度，不断完善项目推进工作沟通联系、督察督办、跟踪问效和保障激励机制，及时解决项目报批、用地、环评等问题，确保项目顺利落户、顺利进场、顺利建设。

招商引资多措并举。围绕莆田市十二条产业链及县九大产业招商方向，进一步抓好招商引资，突出抓好大项目招商。以产业招商、专业招商为重点，突出开放招商，提高招商选资的质量和效益。落实领导和部门主动出击，紧追不放、跟踪落实，力争源源不断地引进一批有质量、有规模、上档次的项目落户开发区。全年开发区对接招商项目8个，其中已落地2个（和拓（仙游）新材料产业园项目，计划总投资50亿元，目前综合楼、3#厂房已完成基础结构，1#、2#厂房开始做独立承台，3#厂房开始搭建钢构厂房梁柱，综合楼第一层开始搭建。艾德鞋材项目，计划总投资3千万元，完成厂房租用及莆田德弘鞋业有限公司注册，设备已订购，正在装修），已签约2个（华峰服装产业园生产项目，计划总投资23.73亿元，已完成征地及土方平整，项目331.7亩用地已全部获批，正在对接企业土地挂摘牌手续。因业主投资计划调整，未能明确投资意愿。海安集团高端装备产业园项目，计划总投资30亿元，二期项目已完成片区控规修编，一期成片开发方案已经省厅已批复，其中235亩土地已组件送审，待省自然资源厅批复。二期成片开发方案正在公示；完成一期林地报批，二期林地报批正在前期手续；已完成一期土方地形测量、地质钻探，已完成约96万土方和石方含量测算；片区主干道完成可研编制、项目代码，正在组件土地报批材料；业主方面已编制项目可研报告初稿，已签订框架协议。），正在洽谈7个（华峰鞋服自主品牌研发智造项目、“中国李宁”鞋类产品研发中心及生产基地项目、石墨烯新材料项目、歌士玮嘉适步自主品牌项目、协胜智能智造项目、连续热扎铜精密带卷复合材料生产项目、差别化功能纤维项目等）。

（摘编：郑欣然）

湄洲湾国投经济开发区

2010年12月省政府批复同意将湄洲湾（石门澳）产业园区确认为省级开发区，定名为湄洲湾国投经济开发区，规划面积37.2平方公里。2022年度，园区现有各类市场主体534家，其中规上工业企业169家，限上商贸企业74家。

营商环境健康向上。石门澳化工新材料产业园已列入国家级新型功能材料产业集群核心承载园区，是全省布局的湄洲湾石化基地“一湾、两区、两园”的重要组成部分，是全省首批认定的省级化工园区；临港工业园是首批省级循环经济示范园，是全国首个利用LNG冷能形成的具有节能环保型示范园区；笏石工业园依托火车站、莆田国际物流港打造闽中物流枢纽，落地全省首个鲍鱼科技产业园；东峤工业园区以纺织产业为龙头，现已成为福建省纺织产业外贸出口基地和高端鞋服面料重要生产基地；上塘珠宝城成为继深圳之后全国第二大银饰珠宝交易批发集散地，海峡西岸最大的金银珠宝交易市场，是中国银饰之都、中国银饰城、福建省首批省级特色小镇、国家AA级旅游景区；木材加工区是经国家林业局批准的全国第一个国家级木材贸易加工示范区，被国家林业局、商务部、海关总署批准为进口原木加工锯材出口试点基地，被授予“中国木业之城”、“福建省循环经济示范园区”等称号。

一区多园优势互补。2022年10月12日，秀屿区委批准设立中共湄洲湾国投经济开发区管理委员会党组。10月16日上午，秀屿区举行了湄洲湾国投经济开发区管委会暨各园区服务中心授牌仪式，分别对湄国投管委会、石门澳服务中心、笏石工业园区服务中心、上塘金银珠宝城服务中心、临港工业园区服务中心、木材加工区服务中心、东峤工业园区服务中心进行授牌。10月20日，秀屿区委批准成立中共湄洲湾国投经济开发区综合党委，下辖66个党支部，523名党员。11月28日召开中共湄洲湾国投经济开发区综合委员会第一次党员代表大会，选举产生第一届委员会委员以及第一届委员会第一次全体会议选举产生综合党委书记、副书记。至此，经开区整体组织架构基本完成，“一区多园”管理模式在全市率先实质性运作。

港口建设加速推进。湄洲湾秀屿港是国家对外开放一类口岸，可开发利用岸线322千米，规划建设码头泊位22个，其中秀屿港作业区规划建设码头泊位11个、莆头港作业区规划建设码头泊位11个。目前已建成LNG0#码头泊位，秀屿港口1#、4#、5#、6#码头泊位，中原港务8#码头泊位，莆头港口1#、2#码头泊位；莆头港口3#—4#码头泊位加快建设。2022年，秀屿港口实现货物吞吐量1080.41万吨。其中，秀屿作业区0#泊位完成液化天然气货物吞吐量291.39万吨；秀屿作业区1#、4#—6#泊位的完成散杂货物吞吐量419.53万吨；秀屿作业区8#泊位完成液体化工货物吞吐量54.11万吨；莆头港口实现吞吐量315.4万吨，其中木材吞吐量54.68万吨。石门澳作业区规划建设14个泊位，其中通用泊位4个、化工泊位10个。1#—3#、8#泊位为2万吨级化工泊位，4#—7#泊位为5000吨级化工泊位，9#—10#泊位为10万吨级化工泊位，11#—12#泊位为10万吨级通用泊位，13#—14#泊位为5万吨级通用泊位。泊位总长3747米，规划泊位能力2850万吨。目前，石门澳作业区6#、9#泊位正在加快建设。

（摘编：郑平名）

南平开发区概况

南平工业园区

南平工业园区是2006年3月经福建省人民政府批复设立的省级工业园区，是省级绿色生态示范园区、省级循环经济示范园区、省级军民融合高技术产业示范区、全省首批工业（产业）园区标准化建设试点园区、闽北最大的机电装备制造基地。2022年，园区净增规上工业企业5家，完成规模工业产值242.22亿元，同比增长7.6%；税收入库约12亿元，同比增长约5%。全年完成固定资产投资32.79亿元，其中，完成工业投资14.95亿元，完成投资10.24亿元。累计新增固定资产投资入库项目21个，新增固投16亿元。在南平市本级经济增长中持续发挥重要拉动作用。在2021年全省97家省级及以上开发区综合发展水平考核评价排名第28位，相比上年位次提升8位，成为南平市首次进入全省前30名的省级工业园区；全省首批16家（含10家国家级开发区）标准化建设试点园区考评排名第5位，获激励发展资金500万元。

项目建设有序推动。围绕化工园评级，基础配套投入持续加大，年内完成应急指挥中心、救援中心、消防取水码头、危化品停车场、应急池等一批化工园基础配套设施建设；污水处理厂提标改造顺利完成，污水处理达到一级A排放标准。年内南福路快速通道工程一期建成通车，南平港延平新城港区码头2个泊位建成，闽江唯一的千吨级内河港口“南平港”顺利开港，闽江干流实现复航；此外，围绕闽江通航，总投资5亿元的南平港智能云仓和3亿元的“公铁水”联运项目开工建设；瓦口洋湿地公园、延平医院等“产城融合”项目建设有序推进，职工公寓、直播基地、实训基地及文化艺术体育中心等社会事业项目进规入盘。园区进入“产城港”融合发展新阶段。

产业发展欣欣向荣。在打造物联网电池产业园方面，园区着力撬动“资本、资产”杠杆，大力推动南孚电池横向、纵向领域拓展，重点打造物联网电池精品专业园。先后引进了电池钢壳、彩印包装等碱性电池产业链生产配套及电动工具、电子线束等电池应用等5个总投资3.6亿元项目入园，物联网电池产业园一期建成，全部建成后预计年新增产值2亿元，税收1000万元；积极孵化新能源细分领域项目，积极对接行业龙头、优质资本，推进新能源电池投资项目、锂电池综合利用项目，以瑞晟新能源为主体投资的锂锰电池生产项目实现当年建设、当年投产，预计3年内可实现新增产值5亿元。园区新能源小电池产业集聚发展迈出坚实步伐。在打造炭硅新材料产业园方面，总投资22亿元的白炭黑林产化工循环经济专业园基本建成，实现循环发展。总投资65亿元的泰盛竹浆纸一体化项目签约入园、建设在即。3亿元的爱克太尔新材料项目建设快速推进，1.2亿元的熊宝户外重竹项目10个月迅速投产；同时，园区在循环经济园建设上，积极招商并加快推动产业向炭硅新材料发展转型，总投资10亿元的高性能纳米二氧化硅项目、12亿元的元力环保用活性炭项目及10亿元的元力新能源硬碳项目等关联产业项目相继签约落地，即将开工建设。园区林产化工循环经济产业集聚效应逐步显现，朝百亿产值目标稳步迈进。在打造新型轻纺产业园方面，以园区获评福建省军民融合高技术产业示范园区为契机，进一步加大园区军民融合示范基地建设力度，依托南平军需被服厂，联合福能南纺，积极对接北京融通公司，打造军需被服生产基地取得进展。

招商引资独占鳌头。始终坚持“抓龙头、铸链条、建集群”，立足产业基础，围绕“一个‘五南’企业”，组建“一支招商队伍”，打造“一个精品专业园”的发展思路，加快园区传统企业转型升级、延链聚群，做大园区主导产业，壮大产业集群。全年谋划项目16个，其中，10项完成项目审批、2项完成项目备案；“一把手”招商新签约并开工总投资2亿元以上重大产业集群项目4个，其中总投资10亿元以上项目2个、总投资5亿—10亿元项目2个；5000万元以上正式签约项目11项，开工率100%。全年实现外资到资7098万元，占年度任务355%，居全市第一。

（摘编：陈闽声）

南平高新技术产业园区（闽北经济开发区）

2005年，福建省开展《中心城市框架规划研究》时，提出了“武夷新区”的概念，并设立省级闽北经济开发区，定名为“南平高新技术产业园区”。2022年，园区共有工业企业78家，项目88个，规上工业企业22家。工业产值45.39亿元，同比增长4.7%；增加值完成10.45亿元，同比增长3.3%；工业固定资产投资完成10.35亿元，同比增长57.8%；其中技改累计投资9.38亿元，同比增长107.8%；全年用电5694.54万千瓦时，同比增长10.3%。

项目建设多管齐下。实行挂图作战、专班推进。以投产增效促发展为目标，多管齐下，加快项目建设进度。主动对接、精准帮扶，对入驻企业采取清单式服务，对重点项目执行“一企一策”“保姆式”服务，建立武夷新区企业名优产品目录，全力协助企业对接省内特别是闽北市场，在推进项目建设过程中，抽调精干力量，成立工作专班，建立工作机制，每个专项组均实行清单管理，挂图作战，如：36天完成了顺丰南平分拨中心过渡点4万平方米的厂房整修建设任务；61天完成了闽铝三期项目4号厂房建设。针对企业列出的问题清单，采取“企业派单、政府接单”机制，打通政企沟通渠道。

产业发展围绕重点。围绕新能源、新材料上下游产业抓招商，依托闽铝轻量化、海源新材料等企业，加强与绿色储能电池、光伏组件等产业招商项目的对接。围绕生态食品、智慧物流等绿色产业抓招商，发挥华润怡宝、圣农恒冰物流等入驻企业的领军作用和品牌效应，提升生态资源的附加值，加快引进水产业、生态食品相关头部企业落地。以教育实训、旅游康养产业为突破的绿色发展新格局。

招商引资精准对接。聚焦产业园区标准化、集约化、智能化目标，重点打造新能源新材料、数字信息、生态食品、教育培训四大产业，全力延链、补链、强链。武夷新区以“一把手”招商为引领，围绕食品加工业、水产业、商贸物流、电子信息、职业教育、新能源材料及健康养生等产业，采取内外联动方式，精心谋划招商线路、精准对接招商企业，开展招商活动30余次。2022年，武夷新区签约招商项目11个，开工10个，其中“一把手”新签约项目4个。

生态环保持续深化。坚持“党政同责、一岗双责”，强化开发区环保监督和服务，创新环保工作管理方式，通过购买服务方式引进第三方环保服务机构，为做好开发区环境保护工作提供技术支持，在大力促进园区发展的同时，确保既创造“金山银山”，又守护好绿水青山。目前开发区一企一档已建立，开发区突发环境事件应急预案已完成编制并发布，环境质量评估报告已完成，日常技术服务有序推进。

（摘编：吴建翰）

光泽工业园区

光泽工业园区于2006年3月经福建省人民政府审批、国家发改委核准的省级工业园区，批准规划面积1.33平方公里（2018年调整为1.253平方公里）。园区以发展食品加工、新兴科技、传统资源加工等生态绿色低碳循环产业为主，现已初步形成了食品加工、竹木加工、生物科技、生物能源及仓储物流等为主体的产业群。2022年实现工业总产值150.62亿元、比上年增长12%，实现税收1.87亿元、比上年增长44%，解决就业18644人。

项目建设日新月异。金岭园2022年完成标准厂房建设1.25万平方米，即建成电子科技园Ⅰ期2#楼0.79万平方米、建成竹循环园Ⅰ期3#与4#楼0.46万平方米，另有电子科技园Ⅰ期1#楼0.84万平方米、竹循环园Ⅱ期共8栋2.39万平方米已开工建设；金岭园新扩建成金岭污水处理厂600吨/日处理能力的新型模块化一体式污水处理设施、建成1089.979米的中萤环路，和顺园新增建成一座3.5万吨/日处理能力的和顺工业园污水处理厂、建成集中供热的圣新能源生物质热电项目；园区道路、排水、排污、供水、供电、通信等基础配套设施建设不断推进，持续得到完善和提升，城区至园区的公交线路已开通。

产业发展不断壮大。园区目前共入驻生产性和仓储物流企业82家（投产64家、在建18家，包括圣农集团旗下12家），其中和顺工业园共有农业产业化国家重点龙头的联合型肉鸡生产加工企业圣农集团等27家企业（在建1家，包括圣农集团旗下9家）入驻，金岭工业园共有55家企业（在建17家，包括圣农集团旗下3家）入驻。截至2022年底，园区拥有上市企业1家、省级龙头企业1家，创新研发平台机构1家、创业服务平台机构2家，通过ISO14000认证企业3家，国家级及省级高新技术企业12家，企业发明专利20项。食品加工上市企业“圣农集团”，已形成了集饲料加工、种鸡养殖、种蛋孵化、肉鸡饲养、肉鸡加工、食品深加工为一体的现代化程度最高的完整全产业链企业，是自繁、自养、自宰白羽肉鸡全国及亚洲规模最大的专业生产企业。

招商引资攻坚克难。滚动开展招商项目策划、论证和项目库更新，成立“一把手”招商攻坚工作专班，常态化推进和开展项目招商引资、实行招商项目全程跟踪管理机制，重点抓好签约项目的履约率、到资率、开工率。2022年园区引进项目9个（食品加工4个、生物能源2个、机械制造与运营2个、冷链物流1个），项目总投资6.71亿元，三峡圣农首期分布式光伏、圣新能源集中供热、汽贸仓储物流中心等一批产业特色项目陆续落地，项目落地率、签约项目开工转化率与开工建设项目入统率均达100%，4个项目在建、占项目总数的44%，5个项目竣工投产、竣工率与建成投产率达到56%。

生态环保严格执行。光泽工业园区对新上产业项目始终坚持执行环境影响评价不过关不批、环境容量不允许不批、区域或流域排污总量超标不批、污染防治措施不可行不批的“四不批”政策，需环评的入园项目均通过环评审查；配套建有日处理能力5600吨的金岭污水处理厂、日处理能力3.5万吨的和顺工业园污水处理厂实现了Ⅰ级A达标排放；新一轮土地集约利用评价、水土保持方案、地质灾害评估正在实施；全园企业固体废物综合利用率指标达到国家标准；工业园区绿化面积9.3万平方米、绿地率达31%、绿化覆盖率达36%，公园式的“生态绿色金岭园”打造成效显著、并在持续推进，将和顺园建成生态优美的“圣农旅游小镇”综合体建设已全面推进实施。

（摘编：陈闽声）

邵武经济开发区

邵武经济开发区自2003年2月开始建设，2006年8月经国家发改委审核、省政府批准为省级开发区，核定面积为86.67公顷。2019年对开发区总体规划进行修订，修订后总规面积27.21平方公里，实际可建设用地20.11平方公里，规划龙川、紫金、香林、水尾、朱山、吝源、香铺等7个工业平台。2022年开发区共入驻企业301家，规上企业62家，2022年实现工业总产值171.56亿元，比增3.6%；完成固定资产投资47.54亿元，比增5.7%；实现税收3.05亿元，比增31.5%。在2021年全省97家省级以上开发区综评中，21个经济指标高于全省开发区平均水平，综合实力排名第48位，较2020年度上升10位。

基础建设日趋完善。电力设施：建设22万千伏安坪变电站1座，规划建设朱山11万千伏变电站。供水系统：实行工业用水和生活用水分支供水，工业用水来源1.75万吨/日的紫金山水厂（日供水1万吨左右），生活用水管网与城区联网，均由中闽水务（邵武）有限公司运行。环保设施：已建成并正常运行6000吨/日的污水处理厂一座（远期总规模为30000吨/日）和空气监测站3座，正在建设6000立方米事故应急处1座；一般固废和危废处理分别依托市垃圾填埋场和绿益新环保公司专业处理。能源供应：主要以天然气和蒸汽为主，天然气由中裕燃气公司建设运行，供气管网已铺设至紫金、龙川平台；蒸汽由福建中燃清洁能源公司投资建设集中供热项目，设计规模 3＊45 吨燃煤锅炉。通信设施：已建成 5G 基站 5 个，5G 信号基本可覆盖整个园区。产城融合：建有皇庭新世界、城中花园、紫金城等 3 个高档住宅小区，有商品房近 6000 套，同时配套建设 4 个保障性安置小区，建设安置房 1254 套；区内有邵武第二实验幼儿园、八一希望小学、邵武第八中学等，维也纳酒店、大型商超、餐饮酒店、麦当劳、闽赣物流园已入驻，基础设施配套完善。是闽北地区规模优势明显、产业配套齐全、产业特色突出、产业链条完善、产业集群聚集的综合性省级开发区。

项目建设有力推进。2022 年，开发区秉承以抓项目建设为王的做法，按照策划一批、开工一批、投产一批机制，抓好项目建设。省市重点项目 16 个，其中省重点项目 2 个，南平市重点项目 14 个。全年共开工项目 14 个，总投资 33 亿元，用地面积 39168 亩。列入三大攻坚行动集中开竣工项目 5 个，开工项目 3 个。推动技改项目 5 个。竣工或部分竣工投产项目 9 个，总投资约 8 亿元，用地面积 384 亩。基础设施项目主要推进开发区各工业平台基础设施和重点配套设施建设，2022 年建成投入使用项目 3 项，新开工建设项目 4 项，处前期阶段正在加快推进项目 4 项。

招商引资高质高效。围绕开发区主导产业，开展“一把手”招商，注重以商招商，提高招商引资实效。全年通过入园评审 6 个，总投资 7.8 亿元，其中亿元项目 4 个，列入南平市“一把手”招商项目 4 个。已完成土地挂牌，正在开工准备项目 1 个，正在土地挂牌、办理用地规划设计项目 5 个。2022 年已批专项债券资金 1.5 亿元用于开发区基础设施建设项目，已上报需争取专项债券资金 5 亿元用于开发区竹木科技产业园项目。

生态环保多管齐下。严守“环境质量只能更好、不能变坏”底线，坚持生态优先、加快绿色发展，以中央生态环保督察整改为抓手，结合“四比六促”活动，严格落实党政领导生态环境目标责任制，全力打好污染防治攻坚战，精心呵护好绿水青山。一是坚持高位推进，着力强化生态环保责任；二是坚持绿色发展，着力推动高质量发展；三是坚持综合治理，着力打好污染防治攻坚战；四是坚持问题导向，着力解决生态环境突出问题；五是坚持依法依规，着力提升环境监管水平；六是坚持与时俱进，着力构建生态环境治理体系；七是坚持从严治党，着力打造生态环境保护铁军。

（摘编：周少雄）

浦城工业园区

浦城工业园区地处县城北部，离中心城市 3.5 公里，工业园区紧连“长三角”与上海、温州、杭州、福州、南昌形成四小时经济圈，是福建浦城北大门前锋的重要平台，也是浦城承接长三角产业梯度开发的前沿平台及经济结构调整、产业升级和招商引资的重要基地。2022 年，园区 25 家规模企业完成工业产值 28.32 亿元，创造税收 9398 万元，固定资产投资 4.94 亿元。工业园区在整体经济下行和疫情持续冲击的交叉环境下，保持了各项经济指标良好的发展态势。

基础建设不断完善。浦潭产业园（化工集中区）：已建成综合管廊架、浦潭大道（二）；正在建设污水处理厂二期、特勤消防站、古西路，经一路等基础设施；同时推进大石溪村搬迁，启动建设浦潭产业园村庄搬迁集中安置区。万安食品园：已完成圣农（浦城）二期“生+熟”一体化食品加工厂土方平整、挡墙工程；正在建设万安南路、排洪沟、电力杆线迁移、食品产业创业园。南浦生态园：已开工建设闽创公司年产 40 万吨精密铜铝制品产业基地土方平整项目，启动建设北外环路及园区大道延伸段项目。荣华山共建产业（竹木产业园）：已开工建设横十六路、纵十路、浦西路。

招商引资成果喜人。按照园区特色化、专业化、集群化的发展思路，加大“一把手”招商、园区招商、产业链招商力度，引进更多大项目、好项目，促进产业延链聚群发展。2022 年园区引进总投资 10 亿元以上项目 3 个、总投资 5 亿—10 亿元项目 3 个、总投资 0.5 亿—5 亿元项目 4 个。

化工集中区：①福美医药降压药、降血糖药及医药中间体项目，总投资10.2亿元，竣工达产后预计可实现年产值24亿元、税利1.2亿元。②扬帆控股有限公司（仁宏药业）年产4000吨香料香精和新材料中间体项目，总投资9.7亿元，竣工达产后预计可实现年产值20亿元、税利1亿元。③临江生物科技年产25000吨高效农药原料药系列建设项目，总投资10.6亿元，竣工达产后预计可实现年产值32亿元、税利12.7亿元。④绿安生物肥料年产22800吨新型肥料生产项目，总投资1亿元，竣工达产后预计可实现年产值2.5亿元、税利0.8亿元。生物专业园：①绿康生化2000吨/年绿色微生物添加剂项目，总投资4亿元，预计达产后年产值约3.5亿元，年利税0.6亿元。②绿康生化3000吨/年的兽药项目，总投资6亿元，预计达产后年产值约10亿元，年利税约1.8亿元。③蒙正生物年产3000吨素食氨糖保健食品项目，总投资1亿元；蒙正生物以鸡胸软骨为原料的鸡硫酸软骨素生产线项目，总投资为5000万元，预计达产后年产值约2亿元，年利税约3千万元。南浦生态工业园：①国瑞药业总投资5.3亿元，建设医药食品仓储销售中心及医药工业产业园，竣工投产后可实现年产值10亿元，税利3000万元。②闽创新能源科技年产40万吨精铜铝制品产业基地项目，总投资5.6亿元，项目正式投产后可实现年产值50亿元，年缴税5亿元。以上项目达产后，园区年产值将突破100亿元，年税收超过10亿元。

生态环保落实到位。组织开展园区公共雨水和污水管网排查3次，共发现问题8项，全部按环保要求整改到位，完善了公共雨污管网等环保设施，完善了园区雨污分流工作，保障园区所有企业雨污的正常排放。联合县生态环境局对企业进行现场检查1次，发现存在问题企业14家，通知并督促企业按环保要求进行整改，全部14家企业按要求整改到位，进一步规范企业环保行为。处理园区环保类投诉3件，约谈企业1家。协调热电联产开机启动及后期运营工作，协调热电厂与浦潭园区5家企业签订供用蒸汽协议，保障园区企业生产的正常用汽需求。

（摘编：邓新民）

建瓯工业园区

建瓯市工业园区位于建瓯市东郊，距市中心3公里，距火车站约6公里，高速公路枢纽互通口设置其中，环城路和浦南高速公路均在中心区穿过，到武夷山机场50分钟车程，交通十分便利。2022年，“一区三园”入园企业140家，其中，工业企业101家，投产86家；商贸企业39家，投产32家。园区新增招商引资入园项目15个，其中“腾笼换鸟”项目4个。园区实现总产值156亿元，税收2.8亿元。其中44家规模企业产值实现72亿元，税收1.8亿元，同比增长12.5%；完成工业固定资产投资33.5亿元，同比增长6.7%；完成出口创汇13.1亿元，同比增长4.5%。新增规模工业企业4家。

基础建设大力推动。为加快产业发展，优化营商环境，高质量推动园区标准化建设。2022年园区加大力度投资园区基础设施建设，其中城东工业园已建成客运汽车始发站、22万伏变电站、供水能力达3万吨的自来水供水站、省级竹产品检测中心、总规模2万吨（一期建设日处理7500吨）的污水处理厂、全民健身活动中心和园区主次干道。园区主干道曙光路“白改黑”工程已竣工验收，顺利通车。丰乐工业园正在建设投资1.5亿元的园区基础设施项目，包含路网3.8公里、台地平整约500亩、总规模日处理5000吨（一期日处理量3000吨）的污水处理厂和总规模日处理1万吨（一期日处理量5000吨）的自来水厂各一座。丰乐污水处理厂主体工程已基本完工。丰乐自来水厂已开工建设，预计2024年投入使用。丰乐三期道路、丰乐一期道路已基本完工。莲花坪工业园已建成日处理3000吨的污水处理厂，园区主次干道。二期规划面积3000亩，完成征地650亩，二期开发项目建成后预计可供入驻企业40家。

项目建设提质增效。在做强“一根竹”、做大“一瓶酒”产业发展中挑大梁勇担当，强化产业延链补链，着力谋划、生成、落地一批质量高、利长远的新项目好项目，推进项目滚动接续，持续增强发展后劲，为园区生产提质增效。做大做强食品精深加工园区建设、培育培优圣象华宇集团、双龙戏珠酒业等龙头企业，跟踪落实双龙戏珠二期建设项目、联华七贡农产品综合深加工项目等省、市重点项目，确保按期竣工投产。

产业发展发挥优势。精准园区产业定位，充分发挥建瓯市优势资源，结合现有招商环境、优惠政策，发挥现有园区产业集群效应，对一区三园进行统一规划，集中打造城东工业园以竹木加工为主导，食品加工、中药制造、废纸再生利用、汽车物流，专业市场等公共服务设施相配套的综合园区；丰乐工业园产业规划以竹木加工、农产品加工为主导；莲花坪工业园规划以新材料、食品加工为主导。明确三园发展方向，突出主导产业，带动产业集群，延伸产业链条，打造工业园区区域品牌。

招商引资多措并举。为全面营造快捷、规范、透明的营商环境，推动经济快速发展，园区从健全机制、优化流程、夯实基础等几个方面入手，建立“一站式服务平台”，全流程对接企业，做好服务跟踪。2022年园区主动对接客商，共接待客商30多批次，充分用好山海协作、以商招商工作机制。2022年新落地项目16个，其中包括厦门联华食品、君韵竹木、万佰兴汽车（比亚迪4S店）等业内知名企业。腾笼换鸟4个（木社实业、永誉新材料、华屹汽配、索泰克光电照明），改扩建2个（上睿机械扩建项目、双龙戏珠扩建项目），竣工投产8个。

（摘编：邓新民）

松溪经济开发区

松溪经济开发区按“一区三园”架构，分城东园、旧县园、三和园组团建设。城东园于2003年启动建设，2011年8月城东园经省政府批准（闽政文〔2011〕255号）为省级开发区，以新型轻纺、林产工业、机械制造为主导产业；2007年启动旧县园建设，打造机电制造专业园区；三和园目前处于开发建设起步阶段，重点打造新型轻纺、绿色食品、机械制造、新型建材、生物医药等产业。2022年园区目前已入驻企业95家，其中规模以上工业企业44家，现有新三板上市公司1家，国家级高新技术企业10家，“专精特新”小巨人企业2家，省级院士工作站1个，全年实现工业总产值48.6亿元，创税5653万元。

基础建设日趋完善。城东园和旧县园“七通一平”工程已基本完成，三和园正在开发建设。2022年先后完成熹茗路、溪东支路、中兴二路（黄坑垅段）、城东园排水系统提升等十余个基础设施工程建设，总投资约8000万元，启动三和园A区毛源垅片区配套供水、三和园C区启步区一期土方平整及九龙北路（830县道至夙屯路段）等工程建设，总投资约6700万元。

产业发展凸显优势。园区以新型轻纺、机械制造、林产工业、食品加工等产业为主导产业。其中新型轻纺产业最早以从华西村引进的高端ES纤维项目为依托，形成以闽瑞新合纤和闽松纤维为龙头的新型轻纺产业链，目前共有规上企业8家，2022年规上企业完成产值10.82亿元，同比增长25.8%，当前重点打造以闽松为“链主”的轻纺循环经济建设项目，预计2025年全面建成投产，年产值可达50亿元，税收1.6亿元；机械制造产业积极承接温州及台州等地区的机械铸造、中高端装备产业转移，引导落地旧县园区集聚发展，打造专业园区，目前共有规上企业16家，2022年规上企业完成产值13.76亿元，同比增长10.1%；林产工业主要集中于城东园，分为工艺茶盘茶具、文化产品、竹制品加工等类型，目前共有规上企业13家，2022年规上企业完成产值12.85亿元，同比增长8.4%；食品加工产业依托松溪县丰富的绿色资源，以茶叶和笋蔬加工为主，目前共有规模工业企业3家，2022年规上企业完成产值5.87亿元，同比增长26%，当前着力打造三和园林屯食品加工产业园，已成功引进熹茗白茶、龙坛茶业、雍蔗食品等项目，全力培育一个具有松溪特色的高标准、高水平食品加工园区。

招商引资改革创新。通过开展小分队招商，由县委、县政府主要领导带队赴长三角、闽南、京津冀等地开展招商活动，同时针对疫情期间人员流动不便、现场接洽困难等不利因素，开启“云招商”模式，通过“隔屏招商”，将招商洽谈“面对面”变为“线连线”“屏对屏”。全年引进项目8个，总投资约19.5亿元，完成择多工贸、周泰阀门、格莱姆食品、拉提法贸易、鸿晶新能源等外资项目签约，2022年外资实际到资1578.26万元，实现五年来外资“零”的突破。

（摘编：郑平名）

政和经济开发区

政和经济开发区于2012年6月获批省级开发区，地处宁武高速政和出口，紧邻204省道及衢宁铁路政和站点，距离城关仅10公里路程，是闽北集海、陆、空多式联运的重要“陆地港口”。2022年，开发区入驻企业124家，累计完成投资约150亿元，用工人数超7000人。规模以上企业58家，完成工业总产值48.21亿元，同比增长31.7%；工业用电量2.76亿千瓦时，同比增长6.7%；税收1.03亿元。在建工程项目25个，总投资30.03亿元，完成固定资产投资9.85亿元。在2021年度福建省国家级和省级开发区综合发展水平考核评价中，位列全省第37位，在23个省级脱贫县名列第二，综合排名实现连续6年攀升。

项目建设逐步完善。完成了支五路护栏、护坡及排水、纵二支路与企业之间挡墙、鸭母垄西段临时排污管道、政源企业后山边坡治理、排水及道路等工程，基本完成松源垄道路一期工程；正在推进政和县第二污水处理厂改造提升工程，有效解决园区建设发展和人口增加带来的工业废水、生活污水处理问题；加快推进政和经济开发区四期基础设施建设项目，解决部分低收入人员住房问题；加速推进政和经济开发区竹产业园建设项目，建设以农产品、副食品加工产业为主，形成一个规模较大、生态、环保的专业园；全力推进政和经济开发区市政信息化建设项目，更好地解决园区招商难、企业监管难、惠企政策兑付难、决策支撑不足等突出问题，基于园区电子沙盘，实现开发区“一平台”招商、“一张网”监管、“一终端”兑付及“一张屏”决策，促进园区管理更加科学高效、决策制定更加精准、惠企服务更加贴心，助力园区发展跨上新台阶。

产业发展转型升级。遵循“1+2+N”产业布局，做大电工电器产业园，着力构建以机电制造产业为主，配套发展汽摩配、不锈钢精密制造、发电机整机等产业，推动机电制造高端化、智能化、绿色化发展，全力打造具有核心竞争力的中国阀门产业基地。做优闽北绿色家居产业园，新建标准化厂房7万平方米，加强与中国林业集团、福人集团对接，鼓励已落地竹木企业做大做强，引进一批技术先进、装备高端、绿色环保的大项目好项目，打造中国竹具设计、制造、集散中心，加快竹产业标准化、规模化、高端化发展步伐，有效提升绿色产业发展水平。做强食品精深加工产业园。支持圣农全产业链扩产提能，引进肉鸡上下游企业到开发区建立生产加工基地，推进政和县华盛饲料有限公司等食品加工产业项目加快建设投产，推动一二三产融合发展。做活现代服务业。统筹产城融合和智慧园区建设，不断引进创意设计、开发、生产等供应链环节的文创企业和物流仓储、快递中转、商贸服务等项目。完善“互联网+”智慧城市功能，提升大数据在经济运行、能耗管控、生态环保、安全生产等领域的监测管理能力。

招商引资精准对接。采取强化“一把手”招商、利用市县活动平台招商、围绕产业链招商、以商招商及以企引企等方式，有针对性地走出去进行对接洽谈。2022年先后前往江西赣州、四川成都、上海、浙江温州等区域进行招商引资，接洽意向企业32家，走访考察江西臻顺科技集团、福人集团有限公司、上海美科阀门有限公司等30多家，引进柏恩博、恩泰阀门、欧科阀门、福建美科机械、必拓必和、立博奥阀门、浙立合金等9个项目，总投资19.48亿元，在谈项目17个，项目总投资超20亿元。其中美科机械、浙立合金、立博奥阀门、铠博阀门、必拓必和、汇展阀门六家企业已经投产。

（摘编：苏小雨）

顺昌工业园区

顺昌县工业园区总规划面积15.21平方公里，沿316国道和福银高速引线等交通干道布局，初步形成了“一区多园”发展格局，即以新屯机械加工园区为核心、促进金山化工园、郑坊光电园、文新生物质产业园、张坑绿色食品产业园等多个专业特色园区共同发展。截至2022年，园区入园企业61家，其中正常投产30家，在建10家，拥有规模工业企业27家，省级高新技术企业5家，上市企业1家，省级龙头企业3家，企业员工约5000千余人。2022年，实施技改项目5个，完成投资26.1亿元，企业有效发明专利24个；规模企业R&D经费占主营业务收入比重达1.5%；园区规上工业每万元增加值能耗0.74吨标准煤、增加值水耗16.85立方米；二氧化碳排放量0.06吨，完成污水零直排建设。2021年，园区开放合作全省排名前10名，综合发展水平省级脱贫县开发区排名第6名。

基础建设提升改造。按照“七通一平”标准化建设要求，园区进一步完善道路、通信、能源、环保、安全等配套基础设施体系，相继建成5幢共340套公租房、一期平台路网工程、排洪系统改造工程、标准厂房及公租房（产城融合区道路工程）、临时供水厂、18幢标准厂房、园区污水处理厂、工业供水厂、园区快速通道、园区主干道及在建608套房间保障性租赁住房、园区污水处理厂提升改造等重要基础设施，切实提升基础设施承载能力。

招商引资依托优势。浙商（中国）出口家具产业以山海协作为引导，学习先进地区的经验，依托现有的基础配套完善、竹木资源丰富等优势，通过出租标准厂房等方式，降低企业投入成本，减轻企业投资压力，提高园区招商吸引力。目前已有3家家具制造企业与园区签约入园，投产后年产值可达到12.2亿元，实现税收6000万元。提供靠前服务，引资入企，协助饶氏百钰食品有限公司海鲜菇微波烘干色选、云宇机电农业机械生产制造项目、福建宏丰实业集团有限公司电炉等技改项目落地开工。

生态环保专项整治。为切实做好园区安全生产专项整治三年行动，2020年以来园区坚持按照“管行业必须管安全，管业务必须管安全，管生产经营必须管安全”的原则，监督指导园区企业主要负责人认真开展安全生产自查自纠工作；认真按照省、市、县各阶段安全生产工作会议精神和要求对园区三年行动以来，累计检查单位和场所40处，排查发现安全隐患452处，其中：一般隐患441处，重大隐患11处；截至目前，已完成安全隐患整改452处，整改完成率达100%。为企业生产创造了良好的安全生产环境。为持续推进人居环境整治行动，园区定期开展对园区污水处理厂、入园企业环境保护巡查工作，多次与县生态环境保护局联合检查，及时落实问题整改，持续优化园区环境。委托第三方专业单位对园区排污口水质进行定期取样检测，目前园区排污口水质可以满足一级A的排放标准。开展对环境保护基础设施情况排查，各类设施运行基本正常。

（摘编：王利兴）

龙岩开发区概况

龙岩高新技术产业开发区（龙岩经济技术开发区）

龙岩高新技术产业开发区是福建省人民政府正式批准在龙岩设立的省级高新区，园区范围涉及长汀、永定、新罗三个县区，规划面积132.9平方公里。2022年，龙岩高新区实现规模工业产值288.6亿元，规模工业增加值增长1.6%；财政总收入9亿元，地方级财政收入5.5亿元，税性比分别达85.7%、76.8%，均居龙岩市第一；固投完成53.9亿元、比增12%，其中工业固投完成28亿元、比增97.7%，居全市第一；限上销售额及营业额完成255.7亿元、比增25.4%。

基础建设持续推进。新建交通路网6000余米、污水管网约7600米，快速通道三期、滨江路通车，实验学校扩建、高陂枢纽站建成。跨境电商生态圈二期建成，新增公共服务平台备案23家，全年出口约1.78亿美元。深化“放管服”改革，推进“互联网+监管”，“智慧税务办税云厅”启用，审批事项网上可办率100%，推出远程视频委托等举措。简化工业项目工程规划许可程序和远程视频委托获市行政服务中心宣传推广。

产业发展提质增效。三大主导产业中电子信息实现产值比增66.5%。与广州、厦门建立合作，引进益善生物、环卫机器人等项目加快落地。新培育“四上”企业18家，其中规上工业企业10家，新增国家“专精特新”小巨人企业1家，省“专精特新”中小企业3家；省数字经济领域“瞪羚”企业3家，占全市66.7%；新增省“上云上平台”工业企业11家，完成全年目标任务。美舫科技创新中心正式启动，京东数字经济产业园开园，福龙马入选工信部特色型工业互联网平台试点示范，全省唯一。

项目建设扎实推动。开展重点项目百日攻坚战役，6个市级项目、50个区级项目分别完成攻坚计划的155.5%、159.2%，实现项目开工10个、建成29个，绿色装配式钢结构提前投产。“五比一看”中竣工完成率居全市第一、平均投资规模居全市第二，开工完成率居全市第三。组织开展12次互比互看集中开竣工，实现开竣工项目74个，总投资156.56亿元。2个项目入选工信部大数据产业发展试点示范，居全省首位；1个项目入选工信部工业互联网+绿色低碳解决方案试点示范，全国仅10个。

招商引资紧抓机遇。紧抓苏区振兴发展和示范区建设机遇，加快建设现代化产业体系，探索建立“链长+链主”“老区+湾区”“老区+特区”新模式，加快实施“基金+招商”“股权+招商”新举措，绘制产业地图，编制产业链招商图谱。全年新谋划市级项目17个，新签约项目53个，总投资144.1亿元，完成市下达任务的143.2%，其中10亿元以上项目6个，排名全市第三；新设立外资企业5家，外资到资1000万美元，完成率居全市第一。

（摘编：游永贵）

漳平工业园区

漳平工业园区位于福建省龙岩地区漳平市菁城街道、和平镇、西园乡三个乡镇之间，是国家发改委批准建设的省级工业园区。2022年，园区实现规模以上工业产值212亿元，产值首次突破200亿元，同比增长8.2%，新增规模以上工业企业14家；全年实现入库税收2.39亿元，同比下降0.3%，其中税收500万以上11家；企业全年用电总量26431.16万千瓦时，同比下降4.7%，占全市工业用电总量100009.55万千瓦时的26.4%。园区全年在册企业员工10561人。

项目建设提升改造。实施园区基础设施改造提升工程包，持续开展“七通一平”标准化建设。2022年，园区实施21个基础设施建设项目，总投资5.12亿元，已完成投资1.2亿元以上；启动工业园区创新创业基地建设项目、工贸新区污水处理厂应急池、华寮化工集中区污水处理厂、10万平方米登榜标准化厂房等项目建设。

产业发展围绕重点。重点培育发展钢铁机械制造、建材、新材料等3大主导产业，加快木竹加工、轻纺等产业转型升级，不断强化建链补链强链延链，加速形成产业集群竞争优势和规模效应。2022年园区钢铁机械制造、建材、新材料产业三大主导产业产值占园区总产值56%。

招商引资筑巢引凤。主动融入粤港澳大湾区、闽西南协同发展区，引进一批支撑性、战略性项目落户园区，为经济发展注入新动力。2022年新签约项目17个，总投资8亿元以上，其中供地项目4个，供地面积160.28亩，兼并重组项目2个，盘活闲置用地面积62.23亩。

生态环保严格执行。2022年，园区累计排查发现隐患及问题354条，所查隐患及问题已经全部完成整改；认真宣传新《安全生产法》，发放安法宣传手册600份；发放消防安全知识海报500余份；张贴悬挂38条宣传横幅；转发安法相关资讯15次，企业1000名以上职工受到宣传教育。坚持“绿水青山就是金山银山”理念，2022年累计巡查企业986人次，发出整改通知书15份；完成华寮化工集中区污水处理厂、3000吨事故应急池建设；完成2022年度新材料污水处理厂和工贸新区污水处理站自动污染源监控设施运维工作；“污水零直排区”建设取得重大成效，共建成污水管网4.5千米，基本实现雨污分流体系的建立。

（摘编：曾文升）

武平工业园区

武平工业园区是省级工业园区，规划面积14.37平方公里。2022年，入园企业109家，规模以上企业51家，员工约5300人。实现工业产值103亿元，同比增长6.9%，其中规上工业产值96.14亿元，同比增长6.2%；实现税收1.15亿元，同比增长12.5%；实现外贸出口1530.64万美元；完成固定资产投资7.69亿元；工业用电量7472万千瓦时，同比增长0.7%。其中，新显产业实现产值6.89亿元、同比增长2.5%；机械制造产业实现产值0.53亿元、同比增长7.9%。

基础建设完善配套。统筹规划布局与产业园区相配套的文化、教育、交通、物流等公共基础设施，努力打造集生活、生产、娱乐、休闲为一体的功能配套设施，提升园区配套公共服务水平，推动“产城人”融合发展。高标准建设有滨河公园、心月公园，与千鹭湖、碧水公园毗邻；工业大道、环城南路贯穿园区，交通便利；建设碧水幼儿园、吉美幼儿园、集文小学、附小福景分校、儿童乐园等，实现园区城区生活服务设施互联互通、资源共享。

项目建设有序推进。省级科技孵化器三期项目是省级重点项目，10栋标准厂房及1栋科创楼2022年投入使用；建成工业污水处理厂，改善了园区投资环境；新建4栋职工宿舍楼，共337套住房的匠心园项目建成并向员工出租、销售；投资3500万元，建设公园入口、登山步道、心月阁、月亮湾、表白谷的心月公园，以及可点亮城市的灯光秀和全国第一个户外山体的城市规划馆，2022年10月1日已建成并对外开放；9月开始动工新建新显产业园。南部扩园项目，武平县成立了武平工业园区扩园指挥部，指挥部按项目设岗配人，合理设置内设机构，优化人员配备，建立一套协调、灵活、高效的扩园工作运行机制，做到职责清晰、任务明确、责任到人。2022年，由龙岩市城乡规划设计院中标，完成了南部6平方公里的控制性详规的编制；同时，编制成片开发方案、土地林地的报批。

招商引资卓有成效。2022年，园区新签约14

个（盛信泰、苏视、中触、亮立达、和立新、兴鑫晶、兴奥金属科技、新生贸易、鸿锦科技、田边精机、立铭机械、鑫龙物流仓储配载中心、鑫诚裕、佳烨电子），新开工项目12个（中触、田边、奕源、兴鑫晶、金彩视界、和立新、天塑、高衡、佳烨、瑞博、鸿锦、亮立达），新竣工7个（奕源偏光片及液晶模组、盛信泰、松香/松节油深加工、不锈钢智能家居生产项目、钜明鑫、田边精机、佳烨电子），新上规模7家（威旺、泉之辰、华辉、金叶、中天、吉信德、健道）。园区管委会招商项目田边空压机整机生产项目实现签约并开工建设，10月实现试投产，2022年招商引资工作在县直单位综合考评中获得第三名；另外，成功对接和牵头完成深圳触显协会招商推介会工作。

（摘编：林维耀）

上杭工业园区

上杭工业园区成立于1997年8月，2006年9月经省政府批准设立、国家发改委核定为省级开发区。2022年，园区已入驻企业253家，规模以上企业43家，亿元企业12家，其中100亿元以上企业2家，分别是紫金矿业黄金冶炼有限公司产值620亿元、福建上杭太阳铜业有限公司产值106.9亿元。全年实现规模以上工业产值约797亿元，增长12.3%。

基础设施日趋完善。按照生产、生活、生态“三生融合”及“产城人”深度融合的发展理念，积极开展园区标准化建设。一是按“七通一平”标准建设。供水、电、路、排污、排水、通讯、绿化亮化等基础设施建设加快推进，已建成龙翔大道、黄竹路、杭富路、江南路一期、龙腾路、永杭高速出口接线连通等主路及管网铺设，完成主干道路及管水管网25公里，绿化面积达300亩。二是标准厂房不断完善，园区标准厂房项目分三期建设，规划建设总面积20.4万平方米，已建成7栋9.6万平方米。已入驻福建晶旭半导体科技有限公司、福建润发电缆科技有限公司、福建豪锦鹏新材料有限公司、福建惟至毓景科技有限公司、艾斯芸防伪科技（福建）有限公司等5家企业；在建9栋厂房及办公楼10.8万平方米，总投资约3.5亿元，已全部完成封顶。三是配套设施有序推进。龙翔片区职工公寓项目于2022年10月开工建设，正在实施地基工程。

招商引资发挥优势。持续实施“建链、强链、补链、延链”，通过产业链招商、以企招商、以商招商，扩展下游相关电子化学新材料、锂电新材料等产业。充分发挥黄金冶炼公司、福建紫金铜业的龙头带动作用，加强产业链协同创新，打造更强创新力、更高附加值的产业链。2022年落户园区项目33个，总投资129亿元，其中超10亿元项目5个，分别为：福建紫金铜箔年产2万吨高性能电子铜箔建设项目，总投资20.29亿元；晶旭半导体2英寸化合物半导体芯片生产项目，总投资10亿元；龙净量道6GWh锂电池储能系统项目，总投资11.8亿元；艾斯芸防伪包装研发及生产建设项目，总投资10亿元；捷昕半导体引线框架制造项目，总投资18.1亿元。

（摘编：余松山）

连城工业园区

连城工业园区坐落在风景秀丽的国家重点风景名胜区冠豸山城区西部，是经国家发改委核准、省人民政府批准的省级工业园区。2022年，连城工业园区规模以上企业实现产值110.3亿元，税收1.16亿元，固定资产投资11.7亿元，培育福建哈尼贝日用科技有限公司、连城五洲盛兴电子科技有限公司、福建省致锋精密科技有限公司3家规上企业。

基础设施提升改造。云龙路、连岳路建成通车，完成高新技术产业园人行道、路灯、道路隔离带改造工程、浦梅铁路站前广场配套设施等工程。积极推进海峡光电产业园职工公寓、北部新城小学（工业园区小学）、连城一中北部分校（园区中学）等生活配套设施建设。

项目建设围绕重点。园区围绕“产业集聚、空间优化、生态和谐、产城人融合”的要求，深化重点产业“链长”“链主”双链驱动机制，重点发展光电、新材料、健康体育等高新技术产业，2022年新签约紫金新能源发电、泫朗蓝宝石手表镜片成品加工等16个项目；新开工五洲盛兴电子终端产品生产线、信德隆粉末冶金生产设备制造等11个项目；新竣工晶驰蓝宝石新材料深加工、哈尼贝高端智能婴幼儿系列用品等13个项目。浩宏年产300万片智能视窗防护玻璃生产线、盛信装配式混凝土建筑砼结构件生产、冠盛年产1000万套UPS电源产品及配件等项目完成技改增资。赛特新材自主研发真空玻璃自动化生产线及智能化量产设备，投产后可年产真空玻璃50万平方米，产值达3亿元。推进冠睿电子扩大智能穿戴、智能终端产品生产规模，推动晶微电子触摸屏功能片达产达效。爱的电器在厦门成立研发中心，加强与国际房车游艇和水上运动行业标准化组合，拓展水上服务业开发，打造游艇配套产品重要供应基地。以允升科技、福建赛特新材、富润建材为龙头，实施占地2000亩的新型建材产业园建设，项目以标准化厂房为载体，配套完善基础设施，打造特色鲜明、集聚效应强的新型建材产业基地。

管理服务纾困解难。通过落实"百千挂百企""项目代办制"服务机制，变"被动受理"为"主动服务"，为10余家新入园企业提供代办服务，帮助企业协调解决困难问题60项，报送有效建议12条至县营商办，落实交办事项17件，为项目早开工、早建设、早投产创造有利条件。积极组织志愿者开展"我为群众办实事"活动，不定期走访重点企业、召开企业家座谈会，面对面了解企业困难，深入企业宣传解读《关于促进2022年一季度工业生产稳定运行有关措施的通知》、职工子女就学政策，2022年解决"一园两区"38家企业141名企业职工子女就学问题。引导企业转型发展，鼓励爱的、渡远、奕龙等企业实行"精益管理""机器换工"等方式降低生产成本，赛特、万恒等企业技改扩建，提高设备智能化程度，提高生产效率。

（摘编：郭向东）

永定工业园区

永定工业园区原称莲花工业园区，创建于2002年10月，2006年9月经省政府批准为省级工业园区。永定工业园区入驻企业112家。其中，2022年新入驻企业18家，比上年增长12.5%；规模以上工业企业32家；实现工业总产值100.02亿元（含指悦科技），比上年增长38.2%；完成固定资产投资14.6亿元，完成年度目标112.3%。

项目建设赶超进度。至2022年底，永定工业园区三大园区（文秀数字经济产业园、永定红建材循环经济产业园、南部光电信息产业园）累计建成标准化厂房68万平方米，重点基础设施项目完成投资额70亿元，完成比例居全市前列。2022年，新建标准化厂房11万平方米，职工公寓170余间；南部园区光电信息产业园三期，文秀军民融合产业园一期等重大项目投入使用，维骑动力锂电池产业园项目和年产2000万条汽车安全系统线束生产项目投产；推动南部园区、文秀园区土地报批、场地平整工作，新增建设用地1000亩。永定红石材循环经济产业园5个区重点产业项目均实现开工建设，其中正鑫石材加工生产项目、锦鑫石材加工生产项目、创建石材加工生产项目、金磊异型板材加工生产项目等4个项目实现试投产。

产业发展蓬勃兴旺。南部工业园规划定位以高科技型、环保型、劳动密集型及轻工业为主，按照"产业化、生态化、生活化"思路建设产城融合园区。至2022年底，入驻企业66家，实现总产值22.52亿元。其中规模以上企业24家，规模以上企业产值17.12亿元。文秀数字经济产业园面积1.75万亩，重点打造数字通信、高端装备制造、军民两用技术三大主导产业，培育节能环保、新能源、新材料三大新兴产业，发展商贸、物流两大现代服务业。其中一期规划4845亩，重点发展大数据、人工智能、通信装备制造、数字文娱、汽车配件等重点产业，打造集研发、终端生产、系统集成及运营服务于一体的数字产业聚集区。至2022年底，产业园引进总部经济项目1个，生产线项目7个，总投资133.6亿元。其中，2022年引进项目2个，总投资3.5亿元。永定红产业园是全市唯一以石材加工生产为主题的石材产业特色园区，是永定区工业再造和产业转型的重要支撑，也是"双培育"（培育工业支柱产业、龙头企业）的重要支柱产业，园区规划总用地面积约3600亩，总投资约27.5亿元，分3期建设。其中项目一期建设13栋标准厂房，每栋厂房含堆场用地面积约10亩，主要用于搬迁原有的石材加工企业，同步建设污水处理厂、工业循环用水池和石粉综合利用处理厂等所有环保配套设施；二、三期用地主要用于招商引资项目，每块用地分别为30—100亩。另外分期建设科研办公、商住服务、会展中心，配套建设停车场、汽修站、加油站等基础设施。至2022年底，入驻企业25家，其中规模以上企业7家，规模以上企业产值10.05亿元。

招商引资主动出击。2022年，园区组织前往闽西南、粤港澳大湾区等地区招商16次，新签约项目8个，总投资9.32亿元。新开工项目7个，竣工项目4个，协助相关引资单位完成13个入园工业项目的对接及合同洽谈工作。永定红石材循环经济产业园，引进异形石材雕刻等产品附加值高的项目。石材产业园引进平庆石业、创建石业、正鑫石业、锦鑫石业、金磊石业等5个石材加工生产项目，总投资4.51亿元。

（摘编：林汇智）

长汀经济开发区（龙岩稀土工业园区）

长汀经济开发区（龙岩稀土工业园区）成立于2010年，规划总面积12.82平方公里，建设用地面积7.98平方公里，已纳入省级工业园区管理，为福建省重抓的20个产业基地（集群）之一，被评为第一批省级战略性新兴产业集群、第二批福建省新型工业化产业示范基地、第三批福建省省级绿色园区。2020年6月，省政府同意龙岩稀土工业园区更名为长汀经济开发区。2022年2月，园区被评为福建省第四批循环经济示范园区。2022年全年实现规模以上工业增加值47.64亿元，比增10%；税收收入1.5亿元，比增27%；固定资产投资完成8.1亿元，比增37%。截至2022年底，共有企业20家（含在建），其中规模企业9家，亿元企业5家。

基础建设加快推进。加快园区标准厂房建设，全年完成投资约3068万元，推进两栋标准厂房建设项目，占地面积3560平方米，建筑面积11725平方米。完善园区配套设施建设，包含长汀职业中专学校新校区建设工程项目、红星幼儿园建设工程项目、兰东路建设工程项目、西环路A段工程、中心大道C段工程等5个项目，累计完成投资约2.14亿元。

招商引资政策先行。结合园区稀土产业发展现状，编制《长汀县稀土产业发展指导目录（2022—2025）》《长汀县稀土产业高质量发展工作方案》《长汀县稀土产业链图谱、招商地图及人才地图》等政策文件。前往京津冀、长三角、珠三角、包头等地区开展稀土产业招商活动10场；组织召开稀土产业推介会1场；完成谋划项目4个；签约项目3个。

（摘编：李元）

龙雁经济开发区

龙雁经济开发区是福建首批循环经济示范园区、国家级加工贸易梯度转移重点承接地核心区，2013年11月13日，福建省政府批复同意设立龙雁经济开发区，纳入省级经济开发区管理。2022年，龙雁经济开发区入园企业56家，投产企业48家，其中规模以上企业30家。入驻项目5个，计划总投资6.5亿元，其中投资亿元以上企业3家，投产项目3个，在建项目2个。全年完成工业总产值201.49亿元，比增23.5%；完成税收4.55亿元，比增9.9%；用电量4.93亿千瓦时。

项目建设重点围绕。2022年，开发区重点围绕绿色环保、资源再生、节能降碳、增效减污等方面，完成加米晟年产5万吨环保燃料项目、鸿玲百瑞脱色废白土再生利用加工项目2个开工项目，策划钨渣减量化资源化和无害化综合利用项目、龙岩市危固废处置中心及资源化综合利用项目二期工程项目、高温高压水解羽毛粉蛋白饲料生产项目、铝合金和铝复合材料生产项目4个项目，其中，已入市库项目1个，入区库项目3个。

安全环保创新机制。建立园区企业“一企一档案”、挂钩干部“一周一巡查”、领导班子“一月一会商”工作机制，聘请第三方安全服务机构银丰公司，定期深入园区企业进行安全检查，2022

年以来，累计发现问题400余条，限期整改，定期复查；指导龙化、豪邦两家企业联合成立企业应急小分队，组织企业定期开展消防安全培训、应急演练，2022年以来累计参加消防演练人数达300余人次，开展消防、应急实战演练10余次；结合“百安”“安全生产月”等时间节点，开展专项检查，对检查出的隐患问题进行分类登记、全程跟踪，保证处理一起，销号一起，杜绝重复隐患“回潮”，全年累计组织1886人次对48家企业进行安全隐患排查，发现自查隐患186条，已全部完成整改，整改率100%。

（摘编：郑欣然）

宁德开发区概况

东侨经济技术开发区

东侨经济技术开发区位于福建省宁德市中心城区。1997年成立，2012年12月经国务院批准，升级为国家级经济技术开发区，定名为东侨经济技术开发区，实行现行国家级经济技术开发区政策。2022年，东侨经济技术开发区主要经济指标态势良好。全年实现规上工业产值2251.61亿元，比增47.6%；规上工业增加值653.66亿元，比增22.3%；税收收入98.85亿元，固定资产投资120.23亿元；实际使用外资2250万元；出口总值740亿元，比增106.7%。园区标准化建设连续两年位居全省第二，国家级经济技术开发区综合评价再创新高，由上年度的第26位上升至第22位，再度成为我省唯一一家进入全国排名前30位的开发区。

营商环境健康向上。2022年，东侨经济技术开发区持续完善链长制招商、一把手招商、以商招商等模式，全年签约、落地项目42个，协议总投资148.1亿元，超额完成年度招商任务。深入推进“不见面审批”和审批流程再造，三星以上服务事项网上办事开通率100%，行政许可类“一趟不用跑”事项占比97.1%，审批服务事项办理环节压缩到3个以内。深化机制创新，设立规建办，进一步规范用地规划和城市建设工作程序。出台推动开发区经济高质量发展、企业上市等优惠政策，兑现各级惠企资金5.7亿元，办理退税9.31亿元，多渠道解决企业融资需求94.76亿元，市场主体受益明显。制定创建全国一流政务服务中心、世界一流锂电新能源特色小镇实施方案，打好产业环境、政务环境、生活环境优化升级组合拳，切实为企业纾困，为发展蓄能。

产业发展提质增效。2022年，东侨经济技术开发区推动产业发展提质增效，“一核两翼多元”的现代化产业体系逐步完善。其中锂电产业合计完成产值2173.78亿元，同比增长50%，智能装备制造产业实现产值24.8亿元，增长28%；大健康产业实现产值36亿元。扎实开展“双百”攻坚、“三比三赛”等专项行动，实施项目前期“1+3+N”工作机制，时代湖西锂离子电池扩建、新能源湖西数码三期等一批重大项目顺利竣工，24个在建省市重点项目共完成投资112.54亿元，超年度计划19.1%。厦钨新能源、卓高新材料入选省级龙头培育企业，宁德时代动力电池连续6年、宁德新能源科技消费类锂电池连续11年市场占有率全球第一。宁德时代入围全球市值百强上市公司，荣获“中国工业大奖”，麒麟电池被《时代周刊》评为2022年度最佳发明。全国首座标准化光储充检智能超充站建成投用，成功获评省级绿色园区。

创新驱动投入加大。2022年，东侨经济技术开发区深入实施创新驱动发展战略，以双创示范基地建设为重要抓手，重点实施高新技术企业培育工程，新增国家级高新技术企业14家、省级“专精特新”企业2家、省级科技小巨人领军企业12家、科技型中小企业18家，亚南电机省级工程研究中心顺利验收，奥弗锐获评省级企业技术中心。产业人才集聚，申报认定省级高层次人才27人、省工科类青年专业技术人才387人、市“天湖人才”647人。全区研发经费投入超3亿元，规上工业企业研发覆盖率47.4%，社会研究与开发投入占地区生产总值比重超过10%。

城市建设不断完善。2022年，东侨经济技术开发区城市功能不断完善，48个城建计划项目完成年度投资6.96亿元，新建改建城市道路4公里，钟山路、井上路、电机路等7条道路完成施工，东吾路、官井路等道路实现“白改黑”。新建改造雨（污）水管网11.31公里，北部片区排水管网改造工程项目（一期）完成建设，基本实现污水应纳尽纳。建成口袋公园5个、街头运动场7个、城市驿站3座，新增停车泊位150个。城市形象持续提升，全面修整道路市政基础设施，修复人行道2.6万平方米、沥青路面1.9万平方米。新设立冠云轩社区，曙光社区、迎宾社区等9个社区完成绿色社区创建。

（摘编：郭向东）

福安经济开发区

福安经济开发区（原名“福建福安经济开发区”），地处闽东中心的赛江之畔，是福安市滨海新区建设的重要组成部分，是闽东地区第一个省级经济开发区，是宁德市（福安）军民融合深度发展产业园的核心区。2022年，5个分园区实现固定资产投资共57.66亿元，规模以上工业总产值共2041.54亿元，限上贸易业营业额共108.45亿元，税收39.69亿元。在全省省级以上开发区2021年度综合发展水平考核评价中排名第38位，较2020年度上升6位。

项目建设持续推进。2022年，福安经济开发区持续推进重点项目建设，突出抓好列入“三比三赛”活动的嘉元科技、宁德震裕、宁德长盈、高端制造产业园和工业园区基础设施等重点项目建设。嘉元科技项目累计完成投资约7.7亿元，预计2023年初开始投产。高端制造产业园项目目前已完成投资1.5亿元。宁德震裕项目动工建设、宁德长盈（二期）顺利投产。工业园区基础设施建设项目已完成项目实施方案审批。甘棠工贸区基础设施建设项目已完成项目立项批复，目前正办理土地划拨手续。初步设计及概算已经完成方案设计，等确定后报发改部门审批；畲族经济开发区小微园区及基础设施建设项目目前已完成地方政府专项债实施方案编制及审批、子项目风情路立项，已出具项目红线图并报自然资源局审核，已委托第三方编制项目整体可研。湾坞园区有效推进福建青拓新材料有限公司高性能不锈钢新材料及配套项目（一期）、青拓实业股份1780mm热连轧及配套扩建、福建瑞钢金属科技有限公司高端冷轧不锈钢精密钢带、福建宏旺实业有限公司年增130万吨不锈钢冷轧扩建、宁德鸿志金属材料有限公司（甬金权属企业）年产145万吨宽幅精密冷轧不锈钢板带、福建青拓特钢有限公司福安青拓镍业配套不锈钢棒线材加工、福安奥展不锈钢制品产业范园二、三、四期建设、福建青拓矿卡及总成部件项目青山重工和福安宏泰不锈钢产业科技园项目。

招商引资成果喜人。2022年，5个分园区招商引资共实现136.58亿元。成功签约宏旺实业不锈钢冷轧、青拓实业1780mm热连轧扩建、青拓材料高性能不锈钢、顾石新材料、华荣电机、宁德震裕、宁德长盈（二期）、浙江宸远等项目16个，谋划在谈项目5个。

（摘编：游永贵）

宁德三都澳经济开发区

宁德三都澳经济开发区于1998年3月经省政府批准设立，是以港口、商贸、加工业、海洋产业为主的省级经济开发区，位于天然深水良港三都澳内，已建成万吨码头和疏港公路，可建多个10万—30万吨级泊位码头。2022年，开发区实现地区生产总值201.65亿元，同比增长22.4%；工业总产值696.56亿元，同比增长23.8%；财政收入约11.85亿元，同比增长33.8%，税收收入11.43亿元，同比增长35.1%。其中，三屿工业园区上汽乘用车福建分公司累计生产汽车26.19万台（套），同比上年增长14.9%，实现工业总产值约300亿元，同比增长超29.9%；创造税收约9亿元。

项目建设高效推动。三屿工业园区：三屿新能源汽车工业园区基础设施建设项目完成方案设计及施工图，环保、水保批复，施工、监理招标以及地基基础建设工作。2022年9月28日，上汽宁德基地在投产三周年之际迎来第50万台整车正式下线，开启全新里程碑。大黄鱼产业园：高效推进省重点项目大黄鱼产业园项目排污口论证、环评、污水处理、供水供电等基础设施建设，有序推进园区厂房及办公配套用房建设。A1 地块标准厂房交付使用，A2 地块标准厂房建设完成总建筑面积 75%，B 地块和南侧商住地块 B 区完成总评方案。飞鸾城镇综合污水处理厂项目按序时进度推进，完成前期排污口论证、环评编制及批复、污水厂（一期）污水处理站建设以及施工初设及评审工作。宁德锂电新能源车里湾园区：建成后主要生产新能源汽车动力电池及储能电池，主要供应国际车企需求，助力宁德打造万亿级锂电产业集群，项目达产后年新增产值约 600 亿元，一期项目于 2022 年 4 月投产。城澳园区：三都澳经济开发区基础设施建设项目申报 2023 年政府专项债，于 2022 年 9 月完成区发改备案，项目总投 4.42 亿元，申请 2023 年政府专项债 2.21 亿元，包含城澳片区防洪排涝工程、配套防洪堤南北侧连接线、码头经济孵化基地、路网工程、公共停车场、环境整治项目、公共卫生服务中心等子项目。

招商引资凸显优势。新能源汽车产业招商工作：围绕上汽宁德基地配套供应链持续招商发力，积极开展企业摸排和招商拓展，引入两家供应商企业入驻园区，并协调厂房用地，进一步完善上汽宁德基地汽车生产产业链，实现新一级供应商落地投产。同时，根据企业申请，帮助途盛、伊控等企业协调厂房增租需求，并加快推进园区供应商企业厂房建设。大黄鱼产业招商工作：开发区牵头制定《蕉城区大黄鱼产业“退城入园”优惠政策》，并进行政策宣传，开展大黄鱼产业园招商入园工作，推动水产企业尽快入驻园区。全年累计收到 31 家企业入园意向申请书。对接上海津沛物流冷链项目落地大黄鱼产业园，预计投资 6 亿元，达产后年产值 3 亿元以上，年税收 2000 万元以上。

（摘编：林汇智）

福鼎工业园区

福鼎工业园区位于福建省宁德市福鼎市福鼎新城，距市中心 2 公里，总规划面积 2.1 平方公里，前身为星火工业园区，于 1998 年 9 月由宁德市政府批准成立，2006 年 4 月福建福鼎工业园区经省政府批准并报国家发改委审核为省级工业园区。2022 年，福鼎工业园区共有投产企业 212 家，其中规模以上企业 135 家，全年累计完成工业产值 407.44 亿元，同比增长 117.8%；完成固定资产投资 101.61 亿元，同比增长 43%；完成税收 5.2 亿元。荣获“2022 年度福鼎市平安建设工作表现突出集体”“2022 年福鼎市推进沙埕湾生态临港产业城市建设先进集体”称号。

项目建设大力推进。深入实施“双百项目、献礼二十大”和“三比三赛”活动，大力推进重点项目建设，前岐、双岳片区环城西路南段一期、滨溪西路南段贯通交付福鼎时代使用，前岐高位水池建成投用、福东溪高水高排隧洞全线贯通；彩岙路、规划路三、环湾大道、城市综合体云鼎时代开工建设，时代配套人才房挂牌出让。龙安化工园完成经六路、经八路、纬七路（凯欣段）道路建设，环山大道东白线电力改造；推进龙安化工园安全风险整治提升和提级初评存在问题整改，启动龙安化工园区智慧平台、消防站、危化品停车场、公共事故应急池、空气监测站等前置项目建设。福鼎时代 4 号超级工厂、汽摩配小微园、泰美白茶文创、龙安化工园国泰华荣三期、邦普二期、凯欣二期、福鼎热电厂工程扩建等 7 个项目开工建设，总投资达 40 多亿元；福鼎时代 1 和 3 号工厂、有氟密 10 万套衬氟管阀改扩建、龙安化工园邦普一期、凯欣一期、国泰二期等 7 个项目相继竣工投产，年新增产值 200 多亿元。

产业发展日新月异。完成双岳项目区、前岐锂电新能源产业园及龙安化工园防洪排涝规划和控规编制，佳阳片区、文渡项目区正在进行控规修编，龙安化工园给排水、强电、道路等各项专项规划正在加快推进。调整要素，保障用地。累计完成土地成片开发方案面积 11600 多亩，正在编制 4500 多亩，今年完成征地约 2000 亩，农转用审批近 1500 亩。

招商引资依托优势。全面启动龙安化工园区审批建设工作，引进邦普、国泰、凯欣、威海财金等锂电配套项目，并进入宁德时代、福鼎时代项目供应链采购体系，产能将达到年产 120 万吨锂电池电解液，建设全国最大的锂电池电解液基地。同时，做好汽车部件、智能制造以及配套项目对接，确保新能源汽车PACK箱体、锂电池外包装材料（宏森木业）以及博发物流等项目签约落地，推进园区高质量发展。

生态环保有效治理。实施龙安、文渡片区雨水管网提升改造工程，完成各片区环评、水保、土壤污染状况调查等区域评估，及文渡集中供热项目35蒸吨及以上燃煤锅炉超低排放改造。全力抓好中央及省生态环境保护督察、各类突出生态环境问题整改，完成双岳项目区双岳路、岳秀路、岳丰路等周边建筑施工扬尘及道路扬尘问题整治。持续推进群众关注的合成革企业二甲胺废气问题处置，督促企业全面落实废气收集处理等环保措施，巩固废气治理成效。

（摘编：郑欣然）

周宁工业园区

周宁工业园区始创于1992年，几经扩建，现规划面积3500亩。园区位于县城西2公里，距宁武高速公路八浦互通口12公里，交通条件十分便捷。2022年，周宁工业园区规上工业企业46家，其中电力企业3家、铸造企业12家、茶叶企业9家、不锈钢企业13家、其他企业9家。2022年规上工业完成产值45.25亿元。

产业发展日新月异。周宁县积极推进工业（产业）园区标准化建设，对县域内的各类工业（产业）园区重新规划定位，按照“一区多园”的发展思路，以不锈钢深加工产业链为核心，重点布局棉纺、茶叶、高端装备及高铁经济产业。同时，将周宁不锈钢深加工产业园、李墩工业园区、虎岗山海协作产业园、七步铸造产业科技园等个园区作为拓展区纳入周宁工业园区，进行规划整合提升，面积达6.7平方公里，力争到“十四五”规划中期成为百亿级工业园区。为优化园区产业结构，突出优势特点，发挥集聚效应，节省基础配套投资。周宁工业园区在工业产业发展规划和工业空间布局规划上对园区的产业规划进行重新定位。周宁不锈钢工业园区现阶段重点开发建设的园区，园区以不锈钢深加工业为主导，配套不锈钢针管等创新型企业，通过引进国内知名品牌的冷轧钢管成型流水线、自动冷拔钢管成型流水线、热处理流水线、超声波探伤检测线、涡流探伤检测线等先进设备，促进不锈钢产品由原材料向高附加值、高科技方向延伸发展，形成独特的经济优势。李墩工业园区为我县老牌工业园区，园区内多为机械铸造企业，主要通过改变传统铸造工艺，采用半自动化生产线进行转型升级，生产电机电器、水泵、汽车配件和球墨井盖为主。虎岗山海协作产业园区以布设棉纺项目、花卉科研组培展示一体化中心项目、茶叶精制标准化厂房项目、天行山海项目为主。七步铸造产业科技园区为我县龙潭铸造企业“退城入园，转型升级”园区，按照现代化企业标准布局设计，转型升级，引进高新技术设备，转换动能，建成一个集模具设计、铸件加工、贸易集散一体化的功能齐全、设施先进、理念超前、管理科学的环保型专业性铸造产业园。站前工贸科技园借助衢宁铁路通车的良机，拟布局落地一批与宁德千亿产业集群相配套的锂电新能源、新能源汽车、循环经济、仓储物流、工业制造、商业贸易等优质项目。

招商引资卓有成效。2022年招商引资签约的项目有14个落在工业园区，总投资20.73亿元；园区完成固定资产投资8.9亿元，其中基础设施建设5.7亿元，单体企业3.2亿元；不锈钢园区达产满产后，亩均产值500万元/亩以上；铸造产业园达产满产后，亩均产值350万元/亩以上；山海协作产业园达产满产后，亩均产值370万元/亩以上；站前工贸科技园达产满产后，亩均产值300万元/亩以上。

生态环保落实到位。李墩工业园区总规、控规、环评已完成，污水处理站已完成建设并投入使用。周宁不锈钢深加工产业园总规、控规、环评、水保方案已完成，污水处理厂完成建设并投入使用；虎岗山海协作产业园控规已完成，规划环评（没有工业废水只有生活污水）前期工作已完成，待纵三线地下雨污管网布局图完成后即可完成。梨坪八蒲工业组团区目前已完成控规、规划环评及10家企业单体环评，污水处理站、应急池已完成建设并投入使用。

（摘编：周少雄）

古田工业园区

古田工业园区为省级工业园区，分东区（食用菌加工基地）、西区。东区位于县城东街道前山村，西区位于县城西街道官江村。2022 年，园区实现地区生产总值 46.8 亿元，比增 2.2%，规模以上工业完成营业收入 110636.7 万元，增长 35.9%。纳税总额 3400.59 万元，进出口总额 45542 万元，从业人员约 6000 人。

基础建设持续推进。2022 年，东区建设完成 1 座 300 立方米混凝土突发环境事件应急池。西区建设完成标准化丙类工业厂房 6 栋、配套用房 1 栋，配套建设停车位 1321 个、电动汽车快速充电桩 6 个，并全部投入使用。古田县自来水公司提供园区供水，日供水能力满足园区需求；园区污水管网接入市政污水管网，纳入古田县污水处理厂处理；园区设有垃圾转运站或垃圾处理设施。

招商引资精准定位。围绕全市四大主导产业和食品加工等资源，以“强链”“延链”“补链”为方向，精准定位招商，一是引进的 6 家自建企业三友、德惠、志诚及三林项目，总投资约 4.48 亿元，共占地面 169.16 亩，目前三友项目已投产，德惠、志诚项目已完成土建验收，待消防验收后投产，三林项目均已完工，待设备采购后投产。6 个项目投产后产值约 11.5 亿元。二是西区标准化厂房项目已对接食用菌加工企业 28 家，目前共有 11 家企业共计划总投资 3.01 亿元，共租赁厂房面积 78397.77 平方米（含公摊），预计投产后年产值达 10 亿元以上、年税收可达 2200 万元以上，可提供约 2000 个就业岗位。

（摘编：余松山）

屏南工业园区

屏南县工业园区为省级开发区，按照福建省人民政府审核批准的范围，屏南县工业园区东至涤头村、南到甘棠村、西到屏南县城关、北至凤林村，用地总面积 160 公顷。2022 年，屏南工业园区目前规划开发总面积面积约 11420 亩，入驻企业 43 家，实现工业总产值 66.36 亿元，企业总投资额 25.7 亿元。园区抓住宁德四大主导产业蓬勃发展的机遇，全面推动绿色工业发展，以“小县大作为、发展大志气”的站位格局，深入推进工业强县，着力打造“闽东北一流的山区绿色工业基地”，朝着争当山区县发展排头兵目标努力奋进。

基础设施完善配套。2022 年，屏南工业园区管委会推进完成溪角洋工业园区基础设施配套建设项目主体厂房建设、新能源北侧 10 千伏佳垅电杆迁改项目、溪角洋工业园区南侧道路、滨溪路、凤棠路等 4 条道路建成通车；甘棠板式家具园区、上源中小微双创产业园建成投产。规划建设溪角洋北部片区基础配套设施建设项目、甘棠会溪工业园区基础配套设施建设项目、溪角洋工业园区基础设施配套建设项目（二期）有序推进，产业平台承载能力显著提升。

项目建设欣欣向荣。2022 年，屏南工业园区新建、竣工项目 9 个，全县规上工业总产值是 2021 年 3 倍，新增规上工业企业 8 家。其中时代电子科技 PCBA 一期、华阳新材料一期等一批带动能力强、科技含量高的项目实现投产，时代新材料磷酸铁锂项目试投产，时代新材料年产值突破 30 亿元，时代电子科技年产值突破 15 亿元，瑞幸咖啡年产值超 9 亿元。

产业发展独具特色。2022 年，屏南工业园区基本形成具有产业特色的新型工业园区，其中甘棠工业园区结合早兴亭组团发展规划，利用屏南县丰富的森林资源，重点发展竹木加工上下游产业链及配套或附属产业；漈头工业园区利用“全国民间药膳示范县”和“福建药膳美食名城”的牌子，以瑞幸咖啡产业，结合药膳小镇开发建设，重点发展特色食品加工基地及配套或附属产业；溪角洋工业园区作为屏南新兴产业园区，逐步形成以屏南时代电子科技、邦普循环新材料、德茂无纺布等为龙头的新能源汽车产业链及配套等附属产业、打造辰颐严选电商园、傲农生物的食品加工、高新技术产业为主导的先进制造业基地；溪坪工业园区主要打造以承载其他园区所需要配套的电商、金融、物流、商务服务等服务业，打造产城融合发展新型园区。

（摘编：曾文升）

寿宁工业园区

寿宁工业园区于2006年4月被省政府确定为省级工业园区，是寿宁县对接长三角、承接浙东南产业转移的重要平台，也是宁德市较早定位、启动的工业园区之一。2022年园区入驻企业157家，2022年，园区实现工业总产值约483100万元，税收约14979.85万元。

基础建设日趋完善。园区采取“依托城镇、集中突破、不断完善”措施，使配套设施建设日趋完善。南阳工业园区自来水和污水管网设施建设、园内主干道硬化、通信网络、南阳镇洋边村至南阳锆镁新材料产业园污水管网工程等建成投用。际武工业集中区涵盖职工生活区、污水处理厂、溪滨路、山前路硬化、景观公园等，PPP项目已竣工验收，完成际武工业集中区溪滨路K0+538—K0+563段挡墙水毁修复工程。提升了园区的运转能力，为企业的发展提供了良好的投资环境。宁德锆镁新材料产业园职工共享之家、产品展览厅、科研楼已建成投用，已完成洋边村至宁德锆镁新材料产业园污水管道修复工程，为园区的进一步发展夯实基础。

产业发展依托优势。依托溧宁高速公路在境内的三个互通口，规划建设南阳工业园区、际武工业集中区和宁德锆镁新材料产业园，着力打造“道口经济”“场站经济”，培育形成工业新材料、精密铸造、汽摩配件、电机电器等主导产业，工业经济已成为推动寿宁加快发展绿色崛起的主引擎。

生态环保严格把关。寿宁是国家级生态功能区，根据国家产业政策及产业负面清单的要求，严把项目引进审批关，从源头上杜绝高污染、高耗能、低效益的企业入驻；并对区内各类企业进行合理规划布局，促进园区产业聚集和生态保护、集约用地、资源节约，努力建设“节能减排、低碳环保、循环经济”的绿色工业园区。按照生态型工业园区的发展目标，强化源头管控，实行绿色招商。严格入园企业项目准入门槛，杜绝或限制引进污染大、能耗大的项目，同时淘汰一批在环保、节能方面存在较大问题且无力整改的企业项目；强化企业生产过程动态监管，对重点耗能、耗水、排放企业，按照“减量化”有限原则，进行节能改造、节能监察、能源审计。大力扶持发展绿色产业，实现富民富县。建设污水、垃圾以及固废处理设施，加强运行管理，营造环保、生态、美洁的园区环境。推进循环经济发展，鼓励和扶持企业内部以及企业之间的副产品与能源梯级利用，实现环境效益、经济效益和社会效益同步提升。

（摘编：李元）

柘荣经济开发区

柘荣经济开发区于2013年10月获省政府批准成立（闽政文〔2013〕393号），总规划面积9平方公里，省政府批复面积4.4平方公里（含三个产业园），目前建成面积约3平方公里，下辖生物医药循环经济产业园、砚山洋山海协作示范园、富源综合区等3个产业园区。2022年，柘荣经济开发区实现产值52.37亿元，缴纳税收2.42亿元。

基础建设日新月异。园区主要建设医药标准化厂房、企业服务中心、公共实训基地、冷链仓储交易中心、园区路网等园区基础设施，建设区间干路8.94公里、支路12.68公里，绿化、综合管网、通讯、电力等配套设施，总投资13亿元。截至2022年底累计完成投资7.4亿元，已建成企业服务中心、医药标准厂房1.6万平方米、35千伏变电站、园区污水管网、电力迁改等设施，建成干路5.5公里、支路6公里及绿化、综合管网配套设施。

招商引资突出重点。2022年，园区以新兴医药产业项目为重点，坚持“服务是最好的招商手段、落地是招商的最终目的”的理念，致力产业集聚，全力推进项目引进和建设。先后对接国药、省医药集团等30余家涉及生物医药、保健食品的企业项目，成功引进北京医美项目（北京方达讯医药）、亿康医疗器械、国药凯丽康、闽参中药材、蛮将食品等8个生物医药项目；促成国药、省医药集团与时珍堂药业开展中药材流通合作，国投海峡基金投资建设闽东药博园项目等。

（摘编：邓新民）

霞浦经济开发区

霞浦经济开发区于2014年1月经省政府批准设立省级经济开发区，位于城市南部，南临古县沙塘里，规划面积362.2公顷。2022年，霞浦经济开发区实现GDP为65.80亿元，同比增长126.7%；税收2.78亿元。

项目建设赶超进度。园区主导的在建项目为新能源产业园区及配套设施项目、霞浦经济开发区转型升级改造一期建设项目标准化工程（宁德国龙）项目（以下简称“国龙项目”）。新能源产业园区及配套设施项目为省重点项目，项目2022年度计划投资10000万元，年末累计完成投资10289万元，年度占比102.9%，2022年完成纵二路建设，完成渔洋地原路扩建工程桥梁桥台施工、路基清表、雨污水管理铺设等，同时推动长寿路道路及长寿路内河（排洪渠）工程开工建设；国龙项目为省重点项目，该项目投资3.5亿元，用地面积120亩，建筑面积7.6万平方米，2022年累计完成投资7852万元，正按照序时进度推进项目主体建设。

产业发展持续推动。2022年，霞浦经济开发区继续以新能源、水产品精深加工为着力点，致力发展绿色工业经济，加大基础设施建设，拓展对外承接空间。同时，开发区紧紧围绕着服务重点项目，做好项目入驻前期工作和配套基础设施建设，目前省市等重点项目建设进展顺利，时代一汽动力电池实现百亿产值，“时代科士达储能项目”（北区）第三生产线完成安装，实现提质增效，突破产值10亿元；国龙项目、科士达南区项目、怀民食品、森信投资项目等项目顺利开工，嘉鸿水产、善邀福项目、元福塑胶及三海科技项目完成竣工，闽泰钢业顺利投产。

招商引资凸显优势。继续围绕“扶引大龙头、培育大集群、发展大产业”为目标，大力支持主导产业发展壮大、新兴产业占比提升、传统产业转型升级，利用时代一汽等龙头企业入驻的有利条件，加快产业结构调整，积极开展上下游配套项目的招商活动。2022年以来陆续引进宁德市海发投资、森信投资、溢晟水产品、御蓝记食品、正川工程、创峰能源、佳兴建筑、长鹰信质新能源、东蒲智能新能源等8家企业，协议总投资达33.27亿元，积极对接引进丸顺汽车配件、海洋产业园项目、天福茶业等企业。

生态环保严格落实。高度重视开发区的环保生态建设，严格抓好各项目环保措施落实，力推不锈钢集中式污水处理厂的环保验收工作，全面实现大沙片区不锈钢集中式污水处理厂和邦德合成革基地污水处理厂的污水处理达标后全部回用不外排，入园企业的生活污水全部接入县城污水厂处理，委托有资质的第三方水质监测机构定期对园区污水处理厂的水质进行检测，确保企业排放的污水达到环保标准。同时，积极响应省市相关文件精神，委托专业机构在园区开展“污水零直排区”建设自查工作，全面摸清企业排污纳基础设施建设、雨污管道长度及淤积量等情况，在此基础上编制“一园一策”建设方案，提升园区管道系统，进一步加大环保投入，完善环保设施，建设省级绿色环保生态工业区。

（摘编：陈闽声）

第六篇 品牌建设

2023 先进制造业百强市福建省上榜名单

2023 年 11 月 30 日福建省工信厅消息，近日，工信部赛迪顾问先进制造业研究中心公布了 2023 年先进制造业百强市榜单，福建厦门、福州、泉州、宁德、莆田、漳州 6 个城市入围，分列第 18、第 20、第 29、第 79、第 86 和第 93 位。深圳、苏州、广州位居榜单前三名。

先进制造业是构建现代产业体系、培育发展新动能、助推经济高质量发展的重要手段，是城市能级和核心竞争力的重要体现。2023 年先进制造业百强市榜单从创新能力、融合发展、经济带动、品牌质量和绿色集约 5 个一级指标、24 个二级指标，对全国 293 个地级市的先进制造业发展情况进行了系统研究和综合评估。

据统计，2023 年，先进制造业百强市共拥有 28.5 万家高新技术企业，占全国高新技术企业总量的 71%。2022 年，先进制造业百强市的 PCT 国际专利授权量为 1.1 万件，占全国总量的 75%。

（摘编：余松山）

全国杂交水稻制种第一大市——三明

2023 年 7 月 26—27 日，由福建省种子总站、福建省种子协会主办的全省杂交水稻制种病虫害防控技术培训会在尤溪举行，来自全省 29 个制种县的 105 名农业技术干部、制种企业技术人员、制种大户等参加培训。

杂交水稻制种是福建的优势特色产业。2022 年全省杂交水稻制种面积 46.43 万亩，产量 9604 万公斤，连续五年保持全国第一；三明成为全国杂交水稻制种第一大市，建宁、泰宁、宁化、尤溪等 4 个县被认定为新一轮国家级制种大县。目前杂交水稻制种已经成为我省多个县市乡村振兴的重点产业。

2022 年，三明市杂交水稻制种面积 31.8 万亩、产量 6800 万公斤，约占全国的四分之一，单产水平每亩较全国高 71 公斤。2023 年全市计划制种面积超过 34 万亩，其中制种大县建宁县 15.7 万亩、宁化县 5 万多亩、泰宁县 3.9 万亩、尤溪县 3.6 万亩，制种县将乐县 3.6 万亩，明溪县、沙县区均超过 2 万亩。生产的水稻种子 95% 销往南方各稻区和越南、泰国、菲律宾、老挝等东南亚国家。

（摘编：周少雄）

“三品”战略示范城市福建省入围名单

2023年2月23日福建省工信厅消息，工信部日前公布了39个2022年消费品工业“三品”战略示范城市，我省的泉州市德化县以“陶瓷制品制造”为特色优势产业入围该名单，为福建唯一上榜城市。

“三品”战略是国家推动消费品工业转型升级的重要举措，通过“增品种、提品质、创品牌”提升市场竞争力，实现向价值链上游攀升。入选“三品”战略示范城市名单的都是消费品工业基础较好、实施“三品”战略实力较强的城市。

近年来，德化聚力打造高端日用陶瓷产业园、生活家电产业园、玻璃产业园、高科技材料产业园、陶瓷智能装备产业园、建筑卫浴陶瓷产业园“六大功能园区”，通过集约式、集聚式发展，不断完成全链布局和集群裂变。5年来，累计引进陶瓷上下游产业项目234个，不断激发产业发展活力。该县通过成立陶瓷创新发展研究院、工业设计研究院、智能装备研究院、高新材料陶瓷中试研究院等四大科创平台，提升全链创新能力；投入近百亿元打造瓷艺城、茶具城、红旗坊、月记窑、电商物流园等五大平台。随着这些产业平台的建成投用，德化有望成为全国乃至全球陶瓷业界优质资源要素的聚集地。

（摘编：李元）

2022年中国外贸百强城市福建入选名单

2023年12月7日福州海关消息，根据海关总署最新发布的《2022年中国城市外贸竞争力报告》显示，福建省厦门、福州、宁德、漳州、泉州5城入选2022年中国外贸百强城市榜单。与2020年发布的榜单相比，上榜城市数量增加1个。

榜单通过城市外贸水平竞争力、结构竞争力、效益竞争力、创新竞争力和潜力竞争力五大评价体系，测评出各城市的外贸综合竞争力。从综合竞争力看，厦门依然是福建省外贸的龙头，列全国第11位；福州排名提升11位至第27位；宁德、漳州为新上榜城市，分列第40、第73位；泉州排名第83位。

从分项指标看，福建省城市的外贸水平竞争力和效益竞争力提升明显。其中，厦门、宁德、福州3城入围“外贸水平竞争力50强”，分列第7、25、29位，2020年仅厦门入榜；宁德、莆田进入“外贸效益竞争力50强”，分列第7、48位，2020年无城市入榜。此外，厦门入围“外贸结构竞争力50强”，列第14位；福州、泉州、厦门进入“外贸创新竞争力50强”，分列第19、22、27位；宁德、厦门、福州、漳州4城入围“外贸潜力竞争力50强”，分列第6、20、21、45位。

（摘编：邓新民）

国家级、省级中小企业特色产业集群名单

2023 年 7 月 22 福建省工信厅消息，在工信部年初公布的 2022 年度 100 个中小企业特色产业集群名单中，我省的福州市马尾区用户侧新型储能产业集群、漳州市龙文区石英钟表产业集群、晋江市运动鞋原辅材料产业集群、武平县显示模组及材料制造产业集群、厦门市集美区工业机器人产业集群入选国家级榜单。

近日，省工信厅公布了 2023 年度福建省中小企业特色产业集群名单，全省共 8 个集群入选，分别是：福清市化工新材料产业集群、福州市长乐区纺织功能性新材料产业集群、德化县白瓷产业集群、南安市建材家居产业集群、邵武市氟新材料产业集群、龙岩市新罗区机械装备产业集群、漳州市长泰区新型电子元器件产业集群、仙游县仙作红木家具产业集群。

今年初，我省发布了《福建省促进中小企业特色产业集群发展暂行办法》，决定开展福建省中小企业特色产业集群认定工作，并指明了省中小企业特色产业集群认定须满足八方面指标：具有较强核心竞争力、优质中小企业梯度培育成效显著、产业链供应链协作高效、具有较强协同创新能力、数字化转型效果明显、具有较高绿色化发展水平、积极参与产业开放合作、具有较强治理和服务能力等。

2023 年 10 月 18 日福建省工信厅消息，工信部近日发布 2023 年度中小企业特色产业集群名单，进一步促进中小企业特色产业集群发展。在上榜的 100 个中小企业特色产业集群中，福建省有 6 个，新增数量与北京、河北、江苏、安徽并列全国第四。

此次我省上榜的中小企业特色产业集群包括：福州市长乐区纺织新材料产业集群、南安市水暖厨卫产业集群、德化县白瓷产业集群、邵武市氟材料产业集群、龙岩市新罗区应急抢险救援装备产业集群、厦门市思明区智慧城市智能系统产业集群。

按照规定，集群评定坚持动态管理，申报认定的产业集群有效期为 3 年，期满后，由工信部组织开展复核并考核目标完成情况，通过的有效期延长 3 年。

（摘编：陈闽声）

福建首届品牌价值百强榜单

2023年5月6—7日，福建首届品牌价值百强榜单发布暨“一带一路”福建知名品牌发展与合作大会在宁德召开。此次大会由福建省企业与企业家联合会、福建省品牌建设促进会主办，大会就如何深入贯彻落实党的二十大精神和全国两会精神，如何牢牢把住“质量、标准、品牌”三个着力点的问题进行积极讨论，政商各界人士踊跃发言，共商良策。

为更好地贯彻习近平总书记“推动中国制造向中国创造转变，中国速度向中国质量转变，中国产品向中国品牌转变”重要思想，有效落实中共中央、国务院《质量强国建设纲要》和福建省委、省政府《福建省质量强省建设纲要》精神，助力质量、标准、品牌强省战略，提升福建自主品牌的影响力和生命力，助推全方位高质量发展超越，让更多“福建品牌”面向全国、走向世界，奋力谱写全面建设社会主义现代化国家福建篇章。本次大会立足福建省发展建设需要，以发展具有特色的福建本土品牌产业为主旨，共有120个品牌（地区）首次进入福建百强品牌价值榜单，其中企业品牌63个，产品品牌11个，自主创新品牌25个，老字号品牌1个，区域形象品牌1个，产业集聚区2个，地理标志8个，旅游目的地9个。

福建首届品牌价值百强榜单如下。

福建首届品牌价值百强榜单

品牌企业

（一）企业品牌

序号	企业名称	企业性质	属地	品牌强度（千分制）	品牌价值（亿元）
1	安踏体育用品集团有限公司	民营企业	泉州	881	550.35
2	福建恒安集团有限公司	民营企业	泉州	904	458.29
3	恒申控股集团有限公司	民营企业	福州	896	310.98
4	达利食品集团有限公司	台港澳法人独资	泉州	872	262.95
5	厦门禹洲集团股份有限公司	民营企业	厦门	739	192.66
6	福建三钢闽光股份有限公司	国有企业	三明	886	171.20
7	厦门钨业股份有限公司	国有企业	厦门	861	145.31
8	福建省港口集团有限责任公司	国有企业	福州	810	129.96
9	福建圣农发展股份有限公司	民营企业	南平	890	124.90
10	九牧集团有限公司	民营企业	泉州	964	113.41
11	福建龙净环保股份有限公司	国有企业	龙岩	918	87.70
12	福建星网锐捷通讯股份有限公司	国有企业	福州	896	81.13
13	新大陆科技集团有限公司	民营企业	福州	859	77.89

续表

序号	企业名称	企业性质	属地	品牌强度（千分制）	品牌价值（亿元）
14	厦广宏发电声股份有限公司	民营企业	厦门	894	74.95
15	中国武夷实业股份有限公司	国有企业	福州	795	71.44
16	合力泰科技股份有限公司	国有企业	莆田	831	60.95
17	福建百宏聚纤科技实业有限公司	港澳台法人独资	泉州	861	60.83
18	福龙马集团股份有限公司	民营企业	龙岩	924	60.79
19	福建以晴科技集团有限公司	民营企业	漳州	798	44.65
20	中铜东南铜业有限公司	国有企业	宁德	728	40.57
21	厦门市美亚柏科信息股份有限公司	国有企业	厦门	902	39.24
22	福建路港（集团）有限公司	民营企业	泉州	816	38.15
23	联盛纸业（龙海）有限公司	民营企业	漳州	823	36.78
24	福建金牛水泥有限公司	民营企业	三明	813	36.49
25	福建长源纺织有限公司	民营企业	福州	884	36.43
26	安发（福建）生物科技有限公司	合资企业	宁德	845	34.99
27	福建一建集团有限公司	国有企业	三明	829	32.35
28	九牧王股份有限公司	民营企业	泉州	882	31.99
29	福建豆讯科技有限公司	民营企业	莆田	704	30.71
30	福建凯邦锦纶科技有限公司	民营企业	福州	873	27.55
31	圣元环保股份有限公司	民营企业	厦门	896	27.09
32	福州吴航钢铁制品有限公司	民营企业	福州	793	26.97
33	中国（福建）对外贸易中心集团有限责任公司	国有企业	福州	673	26.11
34	福建好运联联信息科技有限公司	中外合资企业	福州	735	23.60
35	丽珠集团福州福兴医药有限公司	合资企业	福州	784	22.63
36	福建紫山集团股份有限公司	民营企业	漳州	828	17.07
37	福建东飞环境集团有限公司	民营企业	福州	785	16.90
38	漳州灿坤实业有限公司	合资企业	漳州	867	16.81
39	雅客（中国）有限公司	台港澳法人独资	泉州	778	15.96
40	福建福矛酒业集团	民营企业	南平	801	15.38
41	福建博思软件股份有限公司	民营企业	福州	882	15.24
42	厦门燕之屋生物工程股份有限公司	民营企业	厦门	789	15.21
43	太龙电子股份有限公司	民营企业	漳州	825	14.50
44	福建立兴食品股份有限公司	民营企业	漳州	768	13.23
45	信泰（福建）科技有限公司	民营企业	泉州	862	11.77
46	福建南平太阳电缆股份有限公司	民营企业	南平	866	11.56
47	福建省华莱士食品股份有限公司	民营企业	福州	775	11.51
48	国药控股星鲨制药（厦门）有限公司	国有企业	厦门	841	11.50

续表

序号	企业名称	企业性质	属地	品牌强度（千分制）	品牌价值（亿元）
49	福人集团有限责任公司	国有企业	福州	815	11.11
50	福建省晋江万利瓷业有限公司	民营企业	泉州	761	11.11
51	福建福昕软件开发股份有限公司	民营企业	福州	871	10.91
52	福建岳海水产食品有限公司	民营企业	宁德	812	9.88
53	福建天马科技集团股份有限公司	民营企业	福州	896	9.67
54	福建省华龙集团饲料有限公司	民营企业	福州	772	9.30
55	豪士（福建）食品有限公司	民营企业	漳州	821	9.20
56	同溢堂药业有限公司	民营企业	漳州	853	9.01
57	华映科技（集团）股份有限公司	国有企业	福州	812	8.85
58	厦门轨道建设发展集团有限公司	国有企业	厦门	900	8.47
59	福建省招标股份有限公司	国有企业	福州	720	8.07
60	福建省建筑设计研究院有限公司	国有企业	福州	860	7.88
61	宝宝巴士股份有限公司	民营企业	福州	801	7.80
62	福建快科城建增设电梯股份有限公司	民营企业	福州	837	7.56
63	福建品品香茶业有限公司	民营企业	宁德	897	7.55

（二）产品品牌

序号	企业名称	企业性质	属地	品牌强度（千分制）	品牌价值（亿元）
1	福建申远新材料有限公司	民营企业	福州	880	139.10
2	百威雪津啤酒有限公司	外商独资	莆田	864	56.38
3	福建水泥股份有限公司	国有企业	福州	819	27.54
4	福建永荣科技有限公司	民营企业	莆田	791	23.84
5	福建省青山纸业股份有限公司	国有企业	福州	845	13.92
6	厦门中药厂有限公司	合资企业	厦门	770	6.52
7	福建省梦娇兰日用化学品有限公司	民营企业	漳州	832	6.16
8	漳州水仙药业股份有限公司	国有企业	漳州	732	4.54
9	福建侨龙应急装备股份有限公司	民营企业	龙岩	802	4.29
10	福建睿能科技股份有限公司	民营企业	福州	826	4.01
11	福建正盛无机材料股份有限公司	民营企业	龙岩	794	3.70

（三）自主创新品牌

序号	企业名称	企业性质	属地	品牌强度（千分制）	品牌价值（亿元）
1	福建匹克集团有限公司	民营企业	泉州	842	70.15
2	中乔体育股份有限公司	民营企业	泉州	707	49.88

续表

序号	企业名称	企业性质	属地	品牌强度（千分制）	品牌价值（亿元）
3	金冠（中国）食品有限公司	台港澳法人独资	泉州	707	20.54
4	福建武夷山国家级自然保护区正山茶业有限公司	民营企业	南平	793	19.52
5	福建龙溪轴承（集团）股份有限公司	国有企业	漳州	920	16.77
6	厦门强力巨彩光电科技有限公司	民营企业	厦门	796	16.02
7	福建青松股份有限公司	民营企业	南平	711	14.17
8	海安橡胶集团股份公司	民营企业	莆田	744	13.59
9	福建紫金铜业有限公司	国有企业	龙岩	676	8.63
10	青蛙王子（福建）婴童护理用品有限公司	民营企业	漳州	876	7.88
11	漳州万晖洁具有限公司	港澳台投资、非独资	漳州	656	7.65
12	武夷星茶业有限公司	台港澳法人独资	南平	858	7.37
13	福建省海佳集团股份有限公司	民营企业	泉州	709	7.13
14	福建集成伞业有限公司	台港澳法人独资	泉州	750	7.03
15	福建仙芝楼生物科技有限公司	民营企业	福州	855	5.44
16	福州米立科技股份有限公司	民营企业	福州	603	4.18
17	漳州科晖专用汽车制造有限公司	民营企业	漳州	747	3.87
18	福建福安闽东亚南电机有限公司	民营企业	宁德	812	3.79
19	海欣食品股份有限公司	民营企业	福州	641	3.75
20	厦门南讯股份有限公司	民营企业	厦门	659	3.41
21	漳州市恒丽电子有限公司	民营企业	漳州	828	3.19
22	南平华孚电器有限公司	外国法人独资	南平	689	3.12
23	福建浩蓝光电有限公司	台港澳与境内合资	福州	603	2.66
24	福建威而特旋压科技有限公司	民营企业	龙岩	700	2.64
25	龙合智能装备制造有限公司	民营企业	龙岩	826	2.51

（四）老字号品牌

序号	企业名称	企业性质	属地	品牌强度（千分制）	品牌价值（亿元）
1	漳州片仔癀药业股份有限公司	国有企业	漳州	926	409.37

福建首届品牌价值百强榜单

区域品牌

（一）区域形象品牌

序号	品牌名称	属地
1	武夷山水	南平

（二）产业集聚区

序号	名称	属地
1	全国红木古典家具产业知名品牌创建示范区	莆田
2	浦城大米	南平

（三）地理标志

序号	产品名称	属地
1	安溪铁观音	泉州
2	武夷岩茶	南平
3	平和琯溪蜜柚	漳州
4	东峰矮脚乌龙	南平
5	古田银耳	宁德
6	宁德大黄鱼	宁德
7	福鼎白茶	宁德
8	政和白茶	南平

（四）旅游目的地

序号	申报景区	属地
1	湄洲岛妈祖文化旅游区	莆田
2	清源山风景名胜区	泉州
3	福州市三坊七巷历史文化街区	福州
4	太姥山景区	宁德
5	大金湖	三明
6	冠豸山风景区	龙岩
7	白水洋·鸳鸯溪景区	宁德
8	福建土楼（南靖）景区	漳州
9	坛南湾—海坛古城旅游区	平潭

（摘编：陈闽声）

中国企业500强上榜闽企

2023年9月21日，省企联消息，在安徽合肥举行的2023中国500强企业高峰论坛上，中国企业联合会、中国企业家协会连续第22次向社会发布中国企业500强名单。此次我省共有23家企业上榜500强，比去年增加4家，上榜数量创历史新高。此外，有22家闽企入围制造业500强榜单、41家闽企入围服务业500强榜单，数量均比去年多1家。

23家上榜福建企业中，包括12家国企、11家民企。其中，排名前三位的企业均来自厦门，分别是厦门建发集团有限公司、厦门国贸控股集团有限公司、厦门象屿集团有限公司，分列榜单的第21、29、42位，相比去年排名都有不同程度上升。兴业银行股份有限公司、宁德时代新能源科技股份有限公司、紫金矿业集团股份有限公司分列第67、85、100位。以上6家闽企跻身前100位，比去年多2家，数量同样创下新高。

除以上闽企外，其余入围500强榜单的福建企业为：大东海实业、永辉超市、厦门路桥工程、省能化集团、恒申集团、永荣控股、中景石化、省港口集团、百宏聚纤、漳州九龙江集团、省电子信息集团、金纶高纤、三钢集团、三宝集团、厦门港务、安踏体育、厦门钨业。其中，百宏聚纤、漳州九龙江集团、金纶高纤、三宝集团、厦门钨业为今年新上榜。

中国企业500强榜单显示，国家电网以3.57万亿元的营收位列第一，连续第三年夺冠。中石油以3.25万亿元营收排名第二，中石化以3.17万亿元营收排名第三。中国建筑、工商银行、建设银行、农业银行、平安保险、中国中化、中国中铁入围前十。入围500强的企业规模继续保持增长态势，营业收入总额108.36万亿元；千亿级企业达254家，首次超过50%。

（摘编：周少雄）

2023 福建企业 100 强

12 月 19 日下午，2023 福建企业 100 强发布大会在三明举行。会上发布了 2023 福建企业 100 强等 4 个榜单。榜单评选依照中国企业联合会研究发布“中国企业 500 强”的做法和国际通行惯例，采取企业自愿申报方式，以 2022 企业营业收入为基本标准，通过省统计局、省国资委提供的基础数据，根据企业提供的财务审计报表和上市公司公开报表，对照往年的百强榜单等，经汇总、整理、审核，最终确定“2023 福建企业 100 强”“2023 福建制造业企业 100 强”“2023 福建服务业企业 100 强”“2023 福建战略性新兴产业企业 100 强”4 个排序榜单。同时，收集入围企业 8 大经营指标进行研究分析，并与周边省份百强榜单进行对比分析，形成研究报告，向社会公开发布。

2023 福建百强企业经济地位和作用进一步提升，百强企业规模、创新、国际化等指标持向好，制造业、服务业、战新产业百强企业稳步发展。2023 年，福建共有 6 家企业入围 2023 世界 500 强，分别为厦门建发集团、厦门国贸控股集团、厦门象屿集团、兴业银行、宁德时代、紫金矿业集团。2023 福建企业 100 强营业收入总额为 61514. 8 亿元，增幅为 19. 3%，高于福建 2022 年 GDP 增幅。2023 福建制造业百强企业、服务业百强企业和战略性新兴产业百强企业分别实现营业收入 2. 5 万亿元、4. 1 万亿元和 0. 5 万亿元，较上一年均有不同程度提升。4 个榜单如下。

2023 福建企业 100 强名单

排名	企 业 名 称	属性	地区	行业	2022 营业收入（万元）
1	厦门建发集团有限公司	国有	厦门	服务业	84737423
2	厦门国贸控股集团有限公司	国有	厦门	服务业	69346046
3	厦门象屿集团有限公司	国有	厦门	服务业	56262153
4	兴业银行股份有限公司	国有	福州	服务业	41026800
5	宁德时代新能源科技股份有限公司	民营	宁德	制造业	32859399
6	紫金矿业集团股份有限公司	国有	龙岩	采掘业	27032900
7	青拓集团有限公司	民营	宁德	制造业	18308849
8	国网福建省电力有限公司	国有	福州	服务业	15771058
9	福建省冶金（控股）有限责任公司	国有	福州	制造业	11077068
10	福建大东海实业集团有限公司	民营	福州	制造业	10309529
11	永辉超市股份有限公司	民营	福州	服务业	9009082
12	厦门路桥工程物资有限公司	国有	厦门	服务业	8615879
13	中化泉州石化有限公司	国有	泉州	制造业	8221818
14	福建省能源石化集团有限责任公司	国有	福州	制造业	7282591
15	恒申控股集团有限公司	民营	福州	制造业	7234250

续表

排名	企　业　名　称	属性	地区	行业	2022 营业收入（万元）
16	永荣控股集团有限公司	民营	福州	制造业	7128010
17	中景石化集团有限公司	民营	福州	制造业	6754221
18	福建省港口集团有限责任公司	国有	福州	服务业	6704940
19	戴尔（中国）有限公司	外资	厦门	制造业	6516080
20	福建百宏聚纤科技实业有限公司	民营	泉州	制造业	6236200
21	漳州市九龙江集团有限公司	国有	漳州	服务业	5845553
22	福建省农村信用社联合社	国有	福州	服务业	5591288
23	福建省电子信息（集团）有限责任公司	国有	福州	制造业	5517743
24	福建省金纶高纤股份有限公司	民营	福州	制造业	5395668
25	三宝集团股份有限公司	民营	漳州	制造业	5209886
26	安踏体育用品集团有限公司	民营	厦门	制造业	5070534
27	福州城市建设投资集团有限公司	国有	福州	服务业	4582857
28	中建海峡建设发展有限公司	国有	福州	建筑业	4208548
29	厦门海沧投资集团有限公司	国有	厦门	服务业	3996325
30	福建福海创石油化工有限公司	国有	漳州	制造业	3796929
31	均和（厦门）控股有限公司	民营	厦门	服务业	3588854
32	福建漳龙集团有限公司	国有	漳州	服务业	3503294
33	一柏集团有限公司	民营	福州	服务业	3225260
34	福建建工集团有限责任公司	国有	福州	建筑业	3142731
35	福建广源再生资源回收有限公司	民营	福州	服务业	3043031
36	厦门中骏集团有限公司	民营	厦门	服务业	2820230
37	福耀玻璃工业集团股份有限公司	中外合资	福州	制造业	2809875
38	中国移动通信集团福建有限公司	国有	福州	服务业	2756031
39	中铜东南铜业有限公司	国有	宁德	制造业	2734455
40	厦门禹洲集团股份有限公司	民营	厦门	服务业	2673724
41	盛屯矿业集团股份有限公司	民营	厦门	制造业	2535655
42	厦门夏商集团有限公司	国有	厦门	服务业	2443171
43	福建亿力集团有限公司	国有	福州	制造业	2439804
44	宝钢德盛不锈钢有限公司	国有	福州	制造业	2347538
45	福建漳州城投集团有限公司	国有	漳州	建筑业	2281108
46	福建恒安集团有限公司	民营	泉州	制造业	2261588
47	福建省国有资产管理有限公司	国有	福州	服务业	2256953
48	物泊科技有限公司	民营	莆田	服务业	2211472
49	福建长源纺织有限公司	民营	福州	制造业	2183582
50	中建四局建设发展有限公司	国有	厦门	建筑业	2161428
51	福建傲农生物科技集团股份有限公司	民营	漳州	制造业	2161304
52	福州朴朴电子商务有限公司	民营	福州	服务业	2096618

续表

排名	企　业　名　称	属性	地区	行业	2022 营业收入（万元）
53	泉州发展集团有限公司	国有	泉州	服务业	2016926
54	达利食品集团有限公司	民营	泉州	制造业	1995720
55	龙岩烟草工业有限责任公司	国有	龙岩	制造业	1978745
56	鹭燕医药股份有限公司	民营	厦门	服务业	1946250
57	厦门翔业集团有限公司	国有	厦门	服务业	1915801
58	福建省汽车工业集团有限公司	国有	福州	制造业	1892396
59	福建纵腾网络有限公司	民营	福州	服务业	1760478
60	福建圣农控股集团有限公司	民营	南平	制造业	1713280
61	厦门国际银行股份有限公司	国有	厦门	服务业	1712764
62	中国电信股份有限公司福建分公司	国有	福州	服务业	1639516
63	厦门市嘉晟对外贸易有限公司	民营	厦门	服务业	1636641
64	冠捷电子科技（福建）有限公司	外资	福州	制造业	1613077
65	厦门烟草工业有限责任公司	国有	厦门	制造业	1594347
66	中国（福建）对外贸易中心集团有限责任公司	国有	福州	服务业	1589139
67	福建古雷石化有限公司	民营	漳州	制造业	1581174
68	福建福清核电有限公司	国有	福州	制造业	1569297
69	福建省旅游发展集团有限公司	国有	福州	服务业	1550966
70	厦门合兴包装印刷股份有限公司	民营	厦门	制造业	1537527
71	兴业证券股份有限公司	国有	福州	服务业	1537472
72	厦门火炬集团有限公司	国有	厦门	服务业	1398783
73	福建三木集团股份有限公司	国有	福州	服务业	1395408
74	厦门恒兴集团有限公司	民营	厦门	服务业	1372986
75	厦门市政集团有限公司	国有	厦门	服务业	1366830
76	福建一建集团有限公司	国有	三明	建筑业	1331534
77	三明市城市建设发展集团有限公司	国有	三明	建筑业	1319194
78	福建南平太阳电缆股份有限公司	民营	南平	制造业	1310324
79	友达光电（厦门）有限公司	外国法人独资	厦门	制造业	1300940
80	特步集团有限公司	民营	泉州	制造业	1293038
81	厦门鑫东森控股有限公司	民营	厦门	服务业	1265185
82	福建晟育投资发展集团有限公司	民营	漳州	服务业	1226981
83	安井食品集团股份有限公司	民营	厦门	制造业	1218266
84	福州京东方光电科技有限公司	国有	福州	制造业	1215873
85	福建奔驰汽车有限公司	国有	福州	制造业	1210087
86	福建省华荣建设集团有限公司	民营	福州	建筑业	1201371
87	厦门市明穗粮油贸易有限公司	民营	厦门	服务业	1199067
88	厦门天马微电子有限公司	国有	厦门	制造业	1181530
89	厦门宏发电声股份有限公司	民营	厦门	制造业	1173339

续表

排名	企业名称	属性	地区	行业	2022营业收入（万元）
90	福建友谊胶粘带集团有限公司	民营	福州	制造业	1140064
91	福建新华源科技集团有限公司	民营	福州	制造业	1135127
92	三棵树涂料股份有限公司	民营	莆田	制造业	1133837
93	百威雪津啤酒有限公司	外商投资	莆田	制造业	1129205
94	冠城大通股份有限公司	民营	福州	制造业	1113980
95	福建宁德核电有限公司	国有	宁德	制造业	1095830
96	福建省闽南建筑工程有限公司	民营	泉州	建筑业	1082476
97	厦门轨道建设发展集团有限公司	国有	厦门	服务业	1079135
98	九牧集团有限公司	民营	厦门	制造业	1069284
99	厦门安居控股集团有限公司	国有	厦门	服务业	1069062
100	厦门信和达电子有限公司	民营	厦门	服务业	1010749

2023福建制造业企业100强名单

排名	企业名称	属性	地区	2022营业收入（万元）
1	宁德时代新能源科技股份有限公司	民营	宁德	32859399
2	紫金矿业集团股份有限公司	国有	龙岩	27032900
3	青拓集团有限公司	民营	宁德	18308849
4	福建大东海实业集团有限公司	民营	福州	10309529
5	中化泉州石化有限公司	国有	泉州	8221818
6	福建省能源石化集团有限责任公司	国有	福州	7282591
7	永荣控股集团有限公司	民营	福州	7128010
8	中景石化集团有限公司	民营	福州	6754221
9	戴尔（中国）有限公司	外资	厦门	6516080
10	福建百宏聚纤科技实业有限公司	民营	泉州	6236200
11	福建省三钢（集团）有限责任公司	国有	三明	5254960
12	三宝集团股份有限公司	民营	漳州	5209886
13	安踏体育用品集团有限公司	民营	厦门	5070534
14	厦门钨业股份有限公司	国有	厦门	4822279
15	福耀玻璃工业集团股份有限公司	中外合资	福州	2809900
16	中铜东南铜业有限公司	国有	宁德	2734455
17	盛屯矿业集团股份有限公司	民营	厦门	2535655
18	福建亿力集团有限公司	国有	福州	2439804
19	腾龙芳烃（漳州）有限公司	国有	漳州	2360715
20	福建申远新材料有限公司	民营	福州	2353879
21	宝钢德盛不锈钢有限公司	国有	福州	2347538
22	福建恒安集团有限公司	民营	泉州	2261588
23	福建长源纺织有限公司	民营	福州	2183582

续表

排名	企　业　名　称	属性	地区	2022 营业收入（万元）
24	福建傲农生物科技集团股份有限公司	民营	漳州	2161304
25	达利食品集团有限公司	民营	泉州	1995720
26	龙岩烟草工业有限责任公司	国有	龙岩	1978745
27	福建省恒申合纤科技有限公司	民营	福州	1898936
28	厦门金龙汽车集团股份有限公司	国有	厦门	1824041
29	福建圣农控股集团有限公司	民营	南平	1713280
30	福建福日电子股份有限公司	国有	福州	1655046
31	冠捷电子科技（福建）有限公司	外资	福州	1613077
32	厦门烟草工业有限责任公司	国有	厦门	1594347
33	福建古雷石化有限公司	民营	漳州	1581174
34	福建星网锐捷通讯股份有限公司	国有	福州	1574057
35	福建福清核电有限公司	国有	福州	1569297
36	厦门合兴包装印刷股份有限公司	民营	厦门	1537527
37	翔鹭石化（漳州）有限公司	国有	漳州	1530546
38	福建南平太阳电缆股份有限公司	民营	南平	1310324
39	友达光电（厦门）有限公司	外国法人独资	厦门	1300940
40	特步集团有限公司	民营	泉州	1293038
41	安井食品集团股份有限公司	民营	厦门	1218266
42	福州京东方光电科技有限公司	国有	福州	1215873
43	福建奔驰汽车有限公司	国有	福州	1210087
44	福建省南平铝业股份有限公司	国有	南平	1189854
45	福建龙净环保股份有限公司	国有	龙岩	1188015
46	厦门天马微电子有限公司	国有	厦门	1181530
47	厦门宏发电声股份有限公司	民营	厦门	1173339
48	福建友谊胶粘带集团有限公司	民营	福州	1140064
49	福建新华源科技集团有限公司	民营	福州	1135127
50	三棵树涂料股份有限公司	民营	莆田	1133837
51	百威雪津啤酒有限公司	外商投资	莆田	1129205
52	冠城大通股份有限公司	民营	福州	1113980
53	福建宁德核电有限公司	国有	宁德	1095830
54	九牧集团有限公司	民营	厦门	1069284
55	福建省长乐市山力化纤有限公司	民营	福州	1002388
56	中铝瑞闽股份有限公司	国有	福州	1001205
57	联盛纸业（龙海）有限公司	民营	漳州	921978
58	宸美（厦门）光电有限公司	外资	厦门	912220
59	福建省船舶工业集团有限公司	国有	福州	887193
60	漳州片仔癀药业股份有限公司	国有	漳州	869400

续表

排名	企 业 名 称	属性	地区	2022 营业收入（万元）
61	宸鸿科技（厦门）有限公司	外资	厦门	848890
62	厦门万泰沧海生物技术有限公司	民营	厦门	842655
63	福建金源纺织有限公司	民营	福州	838684
64	福建吴航不锈钢制品有限公司	中外合资	福州	833760
65	福建盼盼食品有限公司	民营	泉州	813748
66	泉州福海粮油工业有限公司	民营	泉州	786825
67	立达信物联科技股份有限公司	民营	厦门	755731
68	福建省海新集团有限公司	民营	漳州	736020
69	福建经纬新纤科技实业有限公司	民营	福州	718779
70	华峰华锦有限公司	民营	莆田	709493
71	福建天马科技集团股份有限公司	民营	福州	700753
72	昇兴集团股份有限公司	民营	福州	687765
73	厦门市建潘集团有限公司	民营	厦门	679544
74	飞毛腿（福建）电子有限公司	民营	福州	649000
75	福建祥鑫股份有限公司	民营	福州	634812
76	厦门银鹭食品集团有限公司	外资	厦门	621616
77	厦门正新橡胶工业有限公司	外资	厦门	618052
78	福建申马新材料有限公司	民营	福州	613064
79	林德（中国）叉车有限公司	中外合作	厦门	605124
80	奥佳华智能健康科技集团股份有限公司	民营	厦门	602434
81	福建匹克集团有限公司	民营	泉州	584238
82	福建凯邦锦纶科技有限公司	民营	福州	579209
83	联芯集成电路制造（厦门）有限公司	民营	厦门	571281
84	科华数据股份有限公司	民营	厦门	564849
85	福建恒捷实业有限公司	民营	福州	561256
86	捷太格特转向系统（厦门）有限公司	民营（外商合资）	厦门	544642
87	厦门吉宏科技股份有限公司	民营	厦门	537588
88	福建鑫森合纤科技有限公司	民营	三明	537134
89	路达（厦门）工业有限公司	民营	厦门	527740
90	福建金牛水泥有限公司	民营	三明	523729
91	福建龙麟集团有限公司	民营	龙岩	520100
92	福龙马集团股份有限公司	民营	龙岩	507961
93	福建元成豆业有限公司	民营	福州	493090
94	福建省轻纺（控股）有限责任公司	国有	福州	492705
95	厦门亿联网络技术股份有限公司	民营	厦门	481055
96	厦门保沣集团有限公司	民营	厦门	443701
97	厦门银祥集团有限公司	民营	厦门	434105

续表

排名	企 业 名 称	属性	地区	2022 营业收入（万元）
98	福建天辰耀隆新材料有限公司	国有	福州	433958
99	明达实业（厦门）有限公司	外资	厦门	423832
100	厦门建霖健康家居股份有限公司	外资	厦门	418625

2023 福建服务业企业 100 强名单

排名	企 业 名 称	属性	地区	2022 营业收入（万元）
1	厦门建发集团有限公司	国有	厦门	84737423
2	厦门国贸控股集团有限公司	国有	厦门	69346046
3	厦门象屿集团有限公司	国有	厦门	56262153
4	兴业银行股份有限公司	国有	福州	41026800
5	国网福建省电力有限公司	国有	福州	15771058
6	永辉超市股份有限公司	民营	福州	9009082
7	漳州市九龙江集团有限公司	国有	漳州	5845553
8	福建省农村信用社联合社	国有	福州	5591288
9	厦门港务控股集团有限公司	国有	厦门	5260428
10	福建闽光云商有限公司	国有	三明	4775162
11	中建海峡建设发展有限公司	国有	福州	4208548
12	厦门海沧投资集团有限公司	国有	厦门	3996325
13	均和（厦门）控股有限公司	民营	厦门	3588854
14	厦门华闽盛屯物产有限公司	国有	厦门	3560969
15	福建漳龙集团有限公司	国有	漳州	3503294
16	福建建工集团有限责任公司	国有	福州	3142731
17	福建广源再生资源回收有限公司	民营	福州	3043031
18	厦门中骏集团有限公司	民营	厦门	2820230
19	中国移动通信集团福建有限公司	国有	福州	2756031
20	厦门禹洲集团股份有限公司	民营	厦门	2673724
21	厦门夏商集团有限公司	国有	厦门	2443171
22	福建漳州城投集团有限公司	国有	漳州	2281108
23	物泊科技有限公司	民营	莆田	2211472
24	中建四局建设发展有限公司	国有	厦门	2161428
25	福州朴朴电子商务有限公司	民营	福州	2096618
26	泉州发展集团有限公司	国有	泉州	2016926
27	鹭燕医药股份有限公司	民营	厦门	1946250
28	厦门翔业集团有限公司	国有	厦门	1915801
29	福建纵腾网络有限公司	民营	福州	1760478
30	厦门国际银行股份有限公司	国有	厦门	1712764
31	厦门市嘉晟对外贸易有限公司	民营	厦门	1636641

续表

排名	企业名称	属性	地区	2022营业收入（万元）
32	中国（福建）对外贸易中心集团有限责任公司	国有	福州	1589139
33	兴业证券股份有限公司	国有	福州	1537472
34	厦门火炬集团有限公司	国有	厦门	1398783
35	福建三木集团股份有限公司	国有	福州	1395408
36	厦门市政集团有限公司	国有	厦门	1366830
37	一柏国际贸易有限公司	民营	厦门	1356405
38	福建一建集团有限公司	国有	三明	1331534
39	三明市城市建设发展集团有限公司	国有	三明	1319194
40	厦门鑫东森控股有限公司	民营	厦门	1265185
41	福建晟育投资发展集团有限公司	民营	漳州	1226981
42	福建省华荣建设集团有限公司	民营	福州	1201371
43	厦门市明穗粮油贸易有限公司	民营	厦门	1199067
44	福州市建设发展集团有限公司	国有	福州	1151176
45	福建省人力资源服务有限公司	国有	福州	1116130
46	福建省石油化工供销有限公司	国有	福州	1106478
47	漳州路桥物资发展有限公司	国有	漳州	1088545
48	福建省闽南建筑工程有限公司	民营	泉州	1082476
49	厦门安居控股集团有限公司	国有	厦门	1069062
50	厦门信和达电子有限公司	民营	厦门	1010749
51	百威东南销售有限公司	外商投资企业	莆田	981054
52	福州左海控股集团有限公司	国有	福州	946643
53	厦门闽嘉华石化有限公司	民营	厦门	945254
54	福建省二建建设集团有限公司	国有	福州	928985
55	福建省投资开发集团有限责任公司	国有	福州	924167
56	泉州城建集团有限公司	国有	福州	857377
57	福建路港（集团）有限公司	民营	泉州	855058
58	福建省惠东建筑工程有限公司	民营	泉州	853579
59	智旦运宝宝（福建）科技有限公司	民营	福州	842527
60	新大陆科技集团有限公司	民营	福州	824887
61	福建网龙计算机网络信息技术有限公司	民营	福州	786600
62	永富建工集团有限公司	民营	福州	781536
63	福建省民益建设工程有限公司	民营	福州	770004
64	中国联合网络通信有限公司福建省分公司	国有	福州	764018
65	泉州银行股份有限公司	国有	泉州	752840
66	福建发展集团有限公司	民营	福州	752313
67	名城控股集团有限公司	民营	福州	736846
68	厦门宝拓资源有限公司	民营	厦门	724518

续表

排名	企　业　名　称	属性	地区	2022 营业收入（万元）
69	福州市产业投资集团有限公司	国有	福州	724468
70	福州开发区新电燃料有限公司	民营	福州	716563
71	全骏达实业有限公司	民营	福州	704269
72	福建省五建建设集团有限公司	国有	泉州	674608
73	福州市金融控股集团有限公司	国有	福州	671506
74	厦门芗江进出口有限公司	国有	厦门	643235
75	福建省泷澄建设集团有限公司	民营	漳州	637912
76	弘信创业工场投资集团股份有限公司	民营	厦门	634086
77	中交建宏峰集团有限公司	民营	莆田	622364
78	厦门特房建设工程集团有限公司	国有	厦门	608637
79	四三九九网络股份有限公司	民营	厦门	577661
80	泉发建设股份有限公司	民营	泉州	565162
81	福建好运联联信息科技有限公司	民营	福州	557576
82	福建省东霖建设工程有限公司	民营	泉州	557567
83	鑫东森集团有限公司	民营	厦门	557315
84	福建省顺安建筑工程有限公司	民营	莆田	552280
85	泉州交通发展集团有限责任公司	国有	泉州	551994
86	厦门兴汇能源有限公司	民营	厦门	551459
87	中交一公局厦门工程有限公司	国有	厦门	535967
88	厦门源昌集团有限公司	民营	厦门	535088
89	福建省通信产业服务有限公司	国有	福州	533416
90	福建广电网络集团股份有限公司	国有	福州	525044
91	厦门吉比特网络技术股份有限公司	民营	厦门	516762
92	厦门嘉联恒进出口有限公司	民营	厦门	513567
93	福建省金正建设工程有限公司	民营	泉州	510238
94	福建豆讯科技有限公司	民营	莆田	506664
95	中铁二十二局集团第三工程有限公司	国有	厦门	505120
96	福建省百盛建设发展有限公司	民营	福州	501274
97	漳州市交通发展集团有限公司	国有	漳州	500101
98	龙洲集团股份有限公司	国有	龙岩	499349
99	福建申宏国际贸易有限公司	民营	福州	480758
100	厦门中联永亨建设集团有限公司	民营	厦门	472155

2023福建战略性新兴产业企业100强名单

排名	企业名称	战新业务所属领域	企业所属行业	属性	地区	2022营业收入（万元）
1	福建百宏聚纤科技实业有限公司	新材料产业	化学纤维制造	民营	泉州	6236200
2	厦门厦钨新能源材料股份有限公司	新材料产业	新能源材料制造	国有	厦门	2875131
3	福建申远新材料有限公司	新材料产业	化学纤维制造	民营	福州	2353879
4	福建长源纺织有限公司	新材料产业	化学纤维制造	民营	福州	2183582
5	福建省恒申合纤科技有限公司	新材料产业	化学纤维制造	民营	福州	1898936
6	厦门金龙汽车集团股份有限公司	新能源汽车产业	客车制造	国有	福州	1824041
7	福建福日电子股份有限公司	高端装备制造产业	智能制造装备产业	国有	福州	1655046
8	福建福清核电有限公司	新能源产业	核电运营维护	国有	福州	1569297
9	福建省力恒锦纶实业有限公司	新材料产业	化学纤维制造	民营	福州	1228464
10	福州京东方光电科技有限公司	电子核心产业	新型电子元器件及设备制造	国有	福州	1215873
11	福建龙净环保股份有限公司	先进环保产业	大气污染治理、环保设施运营	国有	龙岩	1188015
12	厦门天马微电子有限公司	电子核心产业	新型电子元器件及设备制造	国有	厦门	1181530
13	锐捷网络股份有限公司	新一代信息技术	网络设备制造	国有	福州	1132596
14	宸美（厦门）光电有限公司	新一代信息技术	新型电子元器件及设备制造	外资	厦门	912220
15	智旦运宝宝（福建）科技有限公司	新一代信息技术	互联网平台服务（互联网+）	民营	福州	842527
16	福建金源纺织有限公司	新材料产业	化学纤维制造	民营	福州	838684
17	漳州立达信光电子科技有限公司	新一代信息技术	智能消费相关设备制造	民营	漳州	615116
18	福建申马新材料有限公司	新材料产业	专用化学品及材料制造	民营	福州	613064
19	福建省长汀金龙稀土有限公司	新材料产业	稀土新材料制造	国有	龙岩	611573
20	福建凯航再生资源有限责任公司	节能环保产业	资源循环利用	民营	福州	581569
21	福建凯邦锦纶科技有限公司	新材料产业	高性能纤维及制品制造	民营	福州	579209
22	四三九九网络股份有限公司	数字创意	数字文化创意软件开发	民营	厦门	577661
23	联芯集成电路制造（厦门）有限公司	电子核心产业	集成电路制造	民营	厦门	571281
24	福建恒捷实业有限公司	新材料产业	高性能纤维及制品制造	民营	福州	561256
25	捷太格特转向系统（厦门）有限公司	高端装备制造产业	其他智能设备制造	民营（外商合资）	厦门	544642
26	福建豆讯科技有限公司	新一代信息技术	数字福利综合性解决方案	民营	莆田	506664
27	福建中锦新材料有限公司	新材料产业	工程塑料制造	民营	莆田	506518
28	福建省轻纺（控股）有限责任公司	生物产业	现代中药与民族药制造	国有	福州	492705
29	厦门金鹭特种合金有限公司	新材料产业	硬质合金及制品制造	国有	厦门	448564
30	兴证全球基金管理有限公司	相关服务	现代金融服务	国有	福州	431931

续表

排名	企 业 名 称	战新业务所属领域	企业所属行业	属性	地区	2022 营业收入（万元）
31	福建省华龙集团饲料有限公司	生物农业及相关产业	生物饲料制造	民营	福州	427668
32	厦门强力巨彩光电科技有限公司	新一代信息技术	新型电子元器件及设备制造	民营	厦门	358840
33	福建省福投新能源投资股份公司	新能源	其他新能源运营服务	国有	福州	349504
34	福建佳通轮胎有限公司	新能源汽车产业	新能源汽车零部件配件制造	民营	莆田	349173
35	奋安铝业股份有限公司	新材料产业	铝及铝合金制造	民营	福州	347938
36	玉晶光电（厦门）有限公司	新一代信息技术	人工智能	外资	厦门	326523
37	厦门松霖科技股份有限公司	高端装备制造	智能关键基础零部件制造	民营	厦门	318052
38	福清市汇融和供应链管理有限公司	新一代信息技术	互联网平台服务（互联网+）	国有	福州	308935
39	厦门弘信电子科技集团股份有限公司	新一代信息技术	柔性电路板	民营	厦门	279238
40	福建合盛气体有限公司	新材料产业	专用化学品及材料制造	民营	福州	278269
41	大通（福建）新材料股份有限公司	智能电网产业	智能电力控制设备及电缆制造	民营	福州	277221
42	福建华峰新材料有限公司	新材料产业	高端面料	民营	莆田	273028
43	福建海峡企业管理服务有限公司	新一代信息技术	新型信息技术服务	国有	福州	264198
44	新中冠智能科技股份有限公司	新一代信息技术	互联网平台服务（互联网+）	民营	福州	255599
45	联通（福建）产业互联网有限公司	新一代信息技术	工业互联网及支持服务	国有	福州	253154
46	科之杰新材料集团有限公司	新材料产业	新型建筑材料制造	民营	厦门	252641
47	福建赛隆科技有限公司	新材料	涤纶纤维	民营	莆田	251306
48	福建新大陆支付技术有限公司	新一代信息技术	新型计算机及信息终端设备制造	民营	福州	249261
49	福建博那德科技园开发有限公司	新材料产业	新一代功能复合化建筑用钢加工	民营	福州	246397
50	福建采木工业互联网科技有限公司	新一代信息技术	互联网平台服务（互联网+）	民营	莆田	239255
51	漳州宏发电声有限公司	电子核心产业	新型电子元器件及设备制造	民营	漳州	236573
52	厦门翔鹭化纤股份有限公司	新材料产业	化学纤维制造	合资企业	厦门	235819
53	华映科技（集团）股份有限公司	新一代信息技术	新型电子元器件及设备制造	国有	福州	234981
54	金强（福建）建材科技股份有限公司	新材料产业	轻质建筑材料制造	民营	福州	230827
55	中仑新材料股份有限公司	新材料	高性能 BOPA 薄膜	民营	厦门	229683
56	开发晶照明（厦门）有限公司	新一代信息技术	电子核心产业	国有	厦门	212080
57	三明市海斯福化工有限责任公司	电子专用材料制造	锂离子电池电解液	民营	三明	203652

续表

排名	企业名称	战新业务所属领域	企业所属行业	属性	地区	2022营业收入（万元）
58	福州市力源锦纶实业有限公司	新材料产业	化学纤维制造	民营	福州	201066
59	福建博思软件股份有限公司	新一代信息技术	新型信息技术服务	民营	福州	191942
60	腾龙特种树脂（厦门）有限公司	新材料产业	聚合单体纤维制造	外资	厦门	190813
61	福建大道成物流科技有限公司	新一代信息技术	互联网相关信息服务	民营	福州	190220
62	中电福富信息科技有限公司	新一代信息技术	云服务平台	国有	福州	186341
63	福建省电信技术发展有限公司	新一代信息技术	其他网络运营服务	国有	福州	184022
64	漳州中科智谷科技有限公司	新一代信息技术	液晶显示模组	民营	漳州	182029
65	福建亚通新材料科技股份有限公司	高端装备制造	海洋工程装备制造	民营	福州	181955
66	中闽能源股份有限公司	新能源	风能发电运营维护	国有	福州	179093
67	圣元环保股份有限公司	节能环保	城乡生活垃圾综合利用	民营	厦门	175153
68	南威软件股份有限公司	新一代信息技术	新兴软件和新型信息技术服务	民营	泉州	173966
69	福建龙溪轴承（集团）股份有限公司	高端装备制造	智能关键基础零部件制造	国有	漳州	171942
70	福建鑫森合纤科技有限公司	新材料产业	化学纤维制造	民营	三明	171427
71	福建省数字福建云计算运营有限公司	新一代信息技术	互联网与云计算、大数据服务	国有	福州	170584
72	厦门乾照光电股份有限公司	新一代信息技术	全色系超高亮度LED外延片、芯片	民营	厦门	169771
73	中武（福建）跨境电子商务有限责任公司	新一代信息技术	互联网平台服务（互联网+）	国有	福州	163457
74	福建省禹澄建设工程有限公司	节能环保	环保工程施工	民营	漳州	161903
75	福建天晴数码有限公司	数字创意	数字文化创意软件开发	民营	福州	158832
76	福建飞毛腿动力科技有限公司	新一代信息技术	智能消费相关设备制造	民营	福州	158365
77	信泰（福建）科技有限公司	新材料产业	高性能纤维及制品和复合材料	民营	泉州	156464
78	厦门最有料新材科技有限公司	新一代信息技术	互联网平台服务（互联网+）	民营	厦门	152061
79	漳州科华电气技术有限公司	智能电网产业	智能电网输送与配电	民营	漳州	150117
80	厦门她趣信息技术有限公司	新一代信息技术	互联网相关信息服务	民营	厦门	149539
81	福建龙麟环境工程有限公司	节能环保	环境保护及污染治理服务	民营	龙岩	141971
82	福建烯石新材料科技有限公司	新材料产业	化学纤维制造	民营	泉州	141258
83	福建杉杉科技有限公司	电子核心产业	高储能和关键电子材料制造	民营	宁德	133209
84	福建永晶科技股份有限公司	新材料	专用化学品及材料制造	民营	南平	132495
85	福建星网智慧科技有限公司	新一代信息技术	新型计算机及信息终端设备制造	国有	厦门	130961
86	晋江力绿食品有限公司	生物产业	海洋生物制品制造	民营	泉州	129612

续表

排名	企　业　名　称	战新业务所属领域	企业所属行业	属性	地区	2022 营业收入（万元）
87	福建福船一帆新能源装备制造有限公司	新能源产业	风能发电其他相关装备及材料制造	国有	福州	128027
88	福建星云电子股份有限公司	高端装备制造	智能测控装备制造	民营	福州	128022
89	福建升腾资讯有限公司	新一代信息技术	新型计算机及信息终端设备制造	国有	福州	123105
90	中邮科通信技术股份有限公司	新一代信息技术	新型信息技术服务	国有	福州	120727
91	飞毛腿电池有限公司	高技术电池及相关产品	集成电路制造	民营	福州	119430
92	漳州万利达科技有限公司	新一代信息技术	新型计算机及信息终端设备制造	民营	漳州	118055
93	海环科技集团股份有限公司	节能环保	环保工程施工	民营	福州	114185
94	福建鑫晟铜业有限公司	稀有金属材料制造	有色金属压延加工	民营	福州	113907
95	绿新（福建）食品有限公司	生物产业	其他生物业	民营	漳州	109603
96	福建联迪商用设备有限公司	新一代信息技术	新型计算机及信息终端设备制造	民营	福州	107127
97	厦门科华数能科技有限公司	新能源产业	新能源产品	民营	厦门	106371
98	福建天晴在线互动科技有限公司	数字创意	数字文化创意软件开发	民营	福州	100320
99	福建重励电气有限公司	智能制造装备	其他电气机械及器材制造	民营	福州	99354
100	福建省建阳金石氟业有限公司	无水氟化氢	专用化学品及材料制造	民营	南平	94676

（摘编：吴建翰）

2023 中国民营企业 500 强福建上榜企业

2023 年 9 月 12 日全国工商联发布的“2023 中国民营企业 500 强”榜单和《2023 中国民营企业 500 强调研分析报告》显示，京东集团、阿里巴巴（中国）有限公司、恒力集团有限公司位居榜单前三位。

2023 年是全国工商联连续组织开展的第 25 次上规模民营企业调研，共有 8961 家年营业收入 5 亿元以上的企业参加。根据调研分析报告，2022 年，民营企业 500 强入围门槛为 275.78 亿元，较上年增加 12.11 亿元。其中，2022 年营业收入总额超过 1000 亿元（含）的企业有 95 家。福建上榜的企业名单如下。

500 强排名	企业名称	500 强排名	企业名称
16	宁德时代新能源科技股份有限公司	201	福建省金纶高纤股份有限公司
91	福建大东海实业集团有限公司	205	安踏体育用品集团有限公司
103	永辉超市股份有限公司	222	三宝集团股份有限公司
140	恒申控股集团有限公司	391	福建圣农控股集团有限公司
145	永荣控股集团有限公司	394	一柏集团有限公司
156	福州中景石化集团有限公司	420	名城控股集团有限公司
172	福建百宏聚纤科技实业有限公司	498	福耀玻璃工业集团股份有限公司

（摘编：陈闽声）

2023 福建省民营企业 100 强榜单

2023 年 9 月 19 日，2023 福建省民营企业 100 强发布会在龙岩市举行。会上，省工商联发布了 2022 年福建省民营企业 100 强、制造业民营企业 100 强、创新型民营企业 100 强、服务业民营企业 100 强四个榜单以及百强分析报告。

榜单显示，宁德时代新能源科技股份有限公司位居省民企 100 强、制造业民企 100 强、创新型民企 100 强榜首，永辉超市股份有限公司位居服务业民企 100 强榜首。

2022 年，福建省民营经济增加值 3.69 万亿元，同比增长5%，占全省GDP比重69.4%，民营经济成为全省经济发展的重要支撑、创新创业创造的重要主体。2023年，我省民营企业100强呈现出稳健发展、总体向好的态势。

根据榜单，规模实力上，入围门槛不断抬高，大型企业稳步增长，经营持续稳健增长。2022年，福建民营企业100强营业收入总额2.14万亿元，资产总额2.1万亿元，百强门槛和整体规模呈现逐年增长态势。分段位看，营业收入超1000亿元的民营企业有3家，超500亿元的有11家，超100亿元的有47家，大型企业不断增加。

区域分布上，梯次结构明显，福厦泉宁占比领先。全省民营企业100强主要集中于厦门市、福州市和泉州市、宁德市，四地在入围企业数量、营业收入和资产规模等指标上领先优势明显。福州市入围企业规模实力位居第一，32家入围企业营收总额达7713.3亿元，占比36%。宁德市位居第二，营收总额占比25.3%，成为全省民营经济发展的一大亮点。

行业结构上，制造业仍呈主导态势。主营业务为第二产业的有66家，比去年增加2家；第三产业的有34家，比去年减少2家。制造业在数量上仍占主体，入围数量达54家。第二产业的营业收入总额达1.64万亿元，是第三产业的3.3倍，占百强营业收入的76.7%；第二产业的资产总额达1.64万亿元，是第三产业的3.5倍，占百强资产总额的78%。

新兴产业较快发展。百强中涉及新一代信息技术、高端装备制造、新材料、新能源、节能环保、生物与新医药、海洋高新等产业的民营企业共有54家，总营业收入11458.2亿元，平均营业收入212.2亿元，同比增长33.4%。增幅高于百强平均营业收入17.7个百分点，总体呈现位次不断上移态势。

作为创新创造主力军，我省民营企业100强研发投入持续增大。2022年度研发经费投入共394.3亿元，比上年增加125亿元，同比增长46.4%。其中排名前十位企业的研发经费投入为266.3亿元，比上年增加114.7亿元，同比增长75.7%。此外，研发人才队伍不断壮大，年度研发人员达到41277人，比去年增加3379人，同比增长8.2%。

在开放浪潮中，我省民营企业国际化步伐不断加快，国际竞争力逐步提高。百强民营企业境外营业收入总额1523.1亿元，境外员工人数17822人，境外研发费用9742万元，企业境外分支机构所涉国际和地区数量达102个；海外投资项目数达412项，户均6.4项。

在参与社会责任体系建设中，我省民营企业社会贡献突出。民企百强纳税总额668亿元，占2022年全省重点税源税收收入的16%。纳税额超过20亿元的企业共有8家。百强民企员工总数达到89万人，同比增加5.51万人，占2022年福建省城镇新增就业的10.6%。员工数超过1万人的企业有20家。百强民企中有64家企业参与各类国家区域发展战略，78家企业参与乡村振兴战略，79家企业参与污染防治攻坚战，93家企业参与社会捐赠。

2023年福建省民营企业100强名单

1. 宁德时代新能源科技股份有限公司
2. 青拓集团有限公司
3. 福建大东海实业集团有限公司
4. 永辉超市股份有限公司
5. 恒申控股集团有限公司
6. 永荣控股集团有限公司
7. 福州中景石化集团有限公司
8. 福建百宏聚纤科技实业有限公司
9. 福建省金纶高纤股份有限公司
10. 安踏体育用品集团有限公司
11. 三宝集团股份有限公司
12. 均和（厦门）控股有限公司
13. 福建圣农控股集团有限公司
14. 一柏集团有限公司
15. 名城控股集团有限公司
16. 福耀玻璃工业集团股份有限公司
17. 厦门禹洲集团股份有限公司
18. 盛屯矿业集团股份有限公司
19. 福建恒安集团有限公司
20. 物泊科技有限公司
21. 福建长源纺织有限公司
22. 福建傲农生物科技集团股份有限公司
23. 福州朴朴电子商务有限公司

24. 福建三安集团有限公司
25. 达利食品集团有限公司
26. 鹭燕医药股份有限公司
27. 福建纵腾网络有限公司
28. 厦门市嘉晟对外贸易有限公司
29. 福建甬金金属科技有限公司
30. 厦门合兴包装印刷股份有限公司
31. 泉州福海粮油工业有限公司
32. 厦门宏发电声股份有限公司
33. 福建宏旺实业有限公司
34. 厦门恒兴集团有限公司
35. 福建南平太阳电缆股份有限公司
36. 特步集团有限公司
37. 安井食品集团股份有限公司
38. 厦门市明穗粮油贸易有限公司
39. 福建友谊胶粘带集团有限公司
40. 福建新华源科技集团有限公司
41. 三棵树涂料股份有限公司
42. 冠城大通股份有限公司
43. 福建省闽南建筑工程有限公司
44. 九牧集团有限公司
45. 盈众控股集团有限公司
46. 福建世德久晟贸易有限公司
47. 福建省长乐市山力化纤有限公司
48. 飞毛腿（福建）电子有限公司
49. 联盛纸业（龙海）有限公司
50. 福建路港（集团）有限公司
51. 福建省惠东建筑工程有限公司
52. 厦门信和达电子有限公司
53. 厦门万泰沧海生物技术有限公司
54. 福建金源纺织有限公司
55. 新大陆科技集团有限公司
56. 瑞幸咖啡（中国）有限公司
57. 福建盼盼食品有限公司
58. 福建网龙计算机网络信息技术有限公司
59. 永富建工集团有限公司
60. 福建省民益建设工程有限公司
61. 立达信物联科技股份有限公司
62. 中乔体育股份有限公司
63. 华辉建工集团有限公司
64. 厦门宝拓资源有限公司
65. 福建经纬新纤科技实业有限公司
66. 华峰华锦有限公司
67. 泉州展志钢材有限公司
68. 全骏达实业有限公司
69. 福建天马科技集团股份有限公司
70. 福建人力宝科技有限公司
71. 三六一度（中国）有限公司
72. 厦门乔丹发展有限公司
73. 厦门市建潘集团有限公司
74. 福建省泷澄建设集团有限公司
75. 福建祥鑫股份有限公司
76. 弘信创业工场投资集团股份有限公司
77. 福建鸿星尔克体育用品有限公司
78. 奥佳华智能健康科技集团股份有限公司
79. 福建匹克集团有限公司
80. 福建凯邦锦纶科技有限公司
81. 四三九九网络股份有限公司
82. 福建省龙祥建设集团有限公司
83. 联芯集成电路制造（厦门）有限公司
84. 科华数据股份有限公司
85. 福建好运联联信息科技有限公司
86. 福建省东霖建设工程有限公司
87. 鑫东森集团有限公司
88. 厦门兴汇能源有限公司
89. 福建磊鑫（集团）有限公司
90. 厦门吉宏科技股份有限公司
91. 福建鑫森合纤科技有限公司
92. 福建金牛水泥有限公司
93. 福建龙麟集团有限公司
94. 厦门西海控股有限公司
95. 厦门吉比特网络技术股份有限公司
96. 厦门嘉联恒进出口有限公司
97. 福龙马集团股份有限公司
98. 福建豆讯科技有限公司
99. 福建旷远（集团）有限公司
100. 福建元成豆业有限公司

2023 年福建省制造业民营企业 100 强名单

1. 宁德时代新能源科技股份有限公司

2. 青拓集团有限公司
3. 福建大东海实业集团有限公司
4. 恒申控股集团有限公司
5. 永荣控股集团有限公司
6. 福州中景石化集团有限公司
7. 福建百宏聚纤科技实业有限公司
8. 福建省金纶高纤股份有限公司
9. 安踏体育用品集团有限公司
10. 三宝集团股份有限公司
11. 福建圣农控股集团有限公司
12. 福耀玻璃工业集团股份有限公司
13. 福建恒安集团有限公司
14. 福建长源纺织有限公司
15. 福建傲农生物科技集团股份有限公司
16. 福建三安集团有限公司
17. 达利食品集团有限公司
18. 福建甬金金属科技有限公司
19. 厦门合兴包装印刷股份有限公司
20. 泉州福海粮油工业有限公司
21. 厦门宏发电声股份有限公司
22. 福建宏旺实业有限公司
23. 福建南平太阳电缆股份有限公司
24. 特步集团有限公司
25. 安井食品集团股份有限公司
26. 福建友谊胶粘带集团有限公司
27. 福建新华源科技集团有限公司
28. 三棵树涂料股份有限公司
29. 九牧集团有限公司
30. 福建省长乐市山力化纤有限公司
31. 飞毛腿（福建）电子有限公司
32. 联盛纸业（龙海）有限公司
33. 厦门万泰沧海生物技术有限公司
34. 福建金源纺织有限公司
35. 福建盼盼食品有限公司
36. 立达信物联科技股份有限公司
37. 中乔体育股份有限公司
38. 福建经纬新纤科技实业有限公司
39. 华峰华锦有限公司
40. 福建天马科技集团股份有限公司
41. 三六一度（中国）有限公司
42. 厦门市建潘集团有限公司
43. 福建祥鑫股份有限公司
44. 福建鸿星尔克体育用品有限公司
45. 奥佳华智能健康科技集团股份有限公司
46. 福建匹克集团有限公司
47. 福建凯邦锦纶科技有限公司
48. 联芯集成电路制造（厦门）有限公司
49. 科华数据股份有限公司
50. 福建鑫森合纤科技有限公司
51. 福建金牛水泥有限公司
52. 福建龙麟集团有限公司
53. 福龙马集团股份有限公司
54. 福建元成豆业有限公司
55. 厦门保沣集团有限公司
56. 厦门盈趣科技股份有限公司
57. 厦门银祥集团有限公司
58. 厦门建霖健康家居股份有限公司
59. 玖龙纸业（泉州）有限公司
60. 中仑科技集团有限公司
61. 厦门海辰储能科技股份有限公司
62. 厦门强力巨彩光电科技有限公司
63. 福建火炬电子科技股份有限公司
64. 奋安铝业股份有限公司
65. 福建万鸿纺织有限公司
66. 厦门日上集团股份有限公司
67. 福建七匹狼实业股份有限公司
68. 厦门松霖科技股份有限公司
69. 厦门金达威集团股份有限公司
70. 厦门华特集团股份有限公司
71. 厦门弘信电子科技集团股份有限公司
72. 福建经纬集团有限公司
73. 科之杰新材料集团有限公司
74. 福建御冠食品有限公司
75. 厦门市波生生物技术有限公司
76. 金强（福建）建材科技股份有限公司
77. 厦门宝太生物科技股份有限公司
78. 福建德通金属容器股份有限公司
79. 福建华宇集团有限公司
80. 通达（厦门）科技有限公司
81. 三明市海斯福化工有限责任公司
82. 兴业皮革科技股份有限公司
83. 漳平红狮水泥有限公司

84. 厦门瑞尔特卫浴科技股份有限公司
85. 漳州中科智谷科技有限公司
86. 欣贺股份有限公司
87. 青蛙王子（福建）婴童护理用品有限公司
88. 厦门燕之屋生物工程股份有限公司
89. 厦门乾照光电股份有限公司
90. 诏安县安邦水产食品有限公司
91. 厦门宜施德实业有限公司
92. 海欣食品股份有限公司
93. 信泰（福建）科技有限公司
94. 厦门特宝生物工程股份有限公司
95. 福建柒牌时装科技股份有限公司
96. 福建省好兄弟体育用品有限公司
97. 福建紫山集团股份有限公司
98. 福建科源新材料股份有限公司
99. 舒华体育股份有限公司
100. 厦门太平货柜制造有限公司

2023年福建省创新型民营企业100强名单

1. 宁德时代新能源科技股份有限公司
2. 福建广生堂药业股份有限公司
3. 科华数据股份有限公司
4. 福建福昕软件开发股份有限公司
5. 瑞芯微电子股份有限公司
6. 奥佳华智能健康科技集团股份有限公司
7. 易联众信息技术股份有限公司
8. 厦门点触科技股份有限公司
9. 福建网龙计算机网络信息技术有限公司
10. 九牧集团有限公司
11. 福建省禹澄建设工程有限公司
12. 新大陆科技集团有限公司
13. 漳州市恒丽电子有限公司
14. 厦门盈趣科技股份有限公司
15. 厦门特宝生物工程股份有限公司
16. 厦门斯坦道科学仪器股份有限公司
17. 福建顺源纺织有限公司
18. 厦门赛尔特电子有限公司
19. 福耀玻璃工业集团股份有限公司
20. 福建博思软件股份有限公司
21. 科技谷（厦门）信息技术有限公司
22. 厦门狄耐克智能科技股份有限公司
23. 厦门艾德生物医药科技股份有限公司
24. 福建榕基软件股份有限公司
25. 福建星云电子股份有限公司
26. 四三九九网络股份有限公司
27. 福建紫杉园生物有限公司
28. 立达信物联科技股份有限公司
29. 厦门纳龙健康科技股份有限公司
30. 福建匹克集团有限公司
31. 厦门立林科技有限公司
32. 华峰华锦有限公司
33. 星宸科技股份有限公司
34. 厦门真有趣信息科技有限公司
35. 钥棠（厦门）网络科技有限公司
36. 厦门宏发电声股份有限公司
37. 厦门松霖科技股份有限公司
38. 福建百宏聚纤科技实业有限公司
39. 厦门网宿有限公司
40. 三棵树涂料股份有限公司
41. 厦门立马耀网络科技有限公司
42. 三六一度（中国）有限公司
43. 福建茂增木业有限公司
44. 厦门建霖健康家居股份有限公司
45. 厦门鲁班源房屋营造有限公司
46. 厦门吉比特网络技术股份有限公司
47. 厦门乾照光电股份有限公司
48. 福建恒安集团有限公司
49. 福建大东海实业集团有限公司
50. 厦门快快网络科技有限公司
51. 厦门力巨自动化科技有限公司
52. 厦门万泰沧海生物技术有限公司
53. 睿科集团（厦门）股份有限公司
54. 厦门用友烟草软件有限责任公司
55. 利郎（中国）有限公司
56. 瑞华高科技电子工业园（厦门）有限公司
57. 特步集团有限公司
58. 厦门南讯股份有限公司
59. 金牌厨柜家居科技股份有限公司
60. 厦门三五互联科技股份有限公司
61. 厦门美柚股份有限公司

62. 厦门亿联网络技术股份有限公司
63. 智业软件股份有限公司
64. 厦门亿芯源半导体科技有限公司
65. 厦门光莆电子股份有限公司
66. 福建国科信息科技有限公司
67. 厦门至恒融兴信息技术股份有限公司
68. 科之杰新材料集团有限公司
69. 雅歌乐器（漳州）有限公司
70. 厦门海辰储能科技股份有限公司
71. 中仑科技集团有限公司
72. 双驰实业股份有限公司
73. 厦门瑞尔特卫浴科技股份有限公司
74. 厦门鸿基伟业复材科技有限公司
75. 青蛙王子（福建）婴童护理用品有限公司
76. 福建鸿星尔克体育用品有限公司
77. 厦门嘉戎技术股份有限公司
78. 安井食品集团股份有限公司
79. 天守（福建）超纤科技股份有限公司
80. 厦门熙重电子科技有限公司
81. 厦门艾美森新材料科技股份有限公司
82. 厦门安科科技有限公司
83. 福建科顺新材料有限公司
84. 厦门汉印电子技术有限公司
85. 联盛纸业（龙海）有限公司
86. 中富通集团股份有限公司
87. 中乔体育股份有限公司
88. 厦门金达威维生素有限公司
89. 厦门扬森数控设备有限公司
90. 厦门游动网络科技有限公司
91. 厦门普为光电科技有限公司
92. 福建康莱宝运动用品有限公司
93. 泰普生物科学（中国）有限公司
94. 福建新华源科技集团有限公司
95. 飞毛腿（福建）电子有限公司
96. 福建漳平市德诺林业有限公司
97. 厦门延趣网络科技有限公司
98. 漳州市华威电源科技有限公司
99. 福建浩通管业科技有限公司
100. 家乡互动（厦门）网络科技有限公司

2023年福建省服务业民营企业100强名单

1. 永辉超市股份有限公司
2. 均和（厦门）控股有限公司
3. 一柏集团有限公司
4. 名城控股集团有限公司
5. 厦门禹洲集团股份有限公司
6. 物泊科技有限公司
7. 福州朴朴电子商务有限公司
8. 鹭燕医药股份有限公司
9. 福建纵腾网络有限公司
10. 厦门市嘉晟对外贸易有限公司
11. 厦门恒兴集团有限公司
12. 厦门市明穗粮油贸易有限公司
13. 冠城大通股份有限公司
14. 盈众控股集团有限公司
15. 福建世德久晟贸易有限公司
16. 厦门信和达电子有限公司
17. 新大陆科技集团有限公司
18. 瑞幸咖啡（中国）有限公司
19. 福建网龙计算机网络信息技术有限公司
20. 厦门宝拓资源有限公司
21. 泉州展志钢材有限公司
22. 全骏达实业有限公司
23. 福建人力宝科技有限公司
24. 厦门乔丹发展有限公司
25. 弘信创业工场投资集团股份有限公司
26. 四三九九网络股份有限公司
27. 福建好运联联信息科技有限公司
28. 鑫东森集团有限公司
29. 厦门兴汇能源有限公司
30. 厦门吉宏科技股份有限公司
31. 厦门西海控股有限公司
32. 厦门吉比特网络技术股份有限公司
33. 厦门嘉联恒进出口有限公司
34. 福建豆讯科技有限公司
35. 福建旷远（集团）有限公司
36. 厦门亿联网络技术股份有限公司
37. 福建三叶集团有限公司

38. 厦门松泰实业有限公司
39. 华彬快速消费品销售（福建）有限公司
40. 福建桐邦信息科技有限公司
41. 福建省睿谷产业园有限公司
42. 泉舜集团有限公司
43. 道普（厦门）石化有限公司
44. 中钧（厦门）新能源有限公司
45. 厦门大亮贸易有限公司
46. 云启世纪（厦门）实业有限公司
47. 福建能化供应链管理有限公司
48. 福建三元金属有限公司
49. 华厦眼科医院集团股份有限公司
50. 厦门盛元集团有限公司
51. 厦门育哲集团有限公司
52. 福建中绿投资有限公司
53. 厦门泰柯集团有限公司
54. 瑞通明杰（厦门）贸易有限公司
55. 世纪中凌（厦门）供应链有限公司
56. 厦门天邻缘电子商务有限公司
57. 中璟（厦门）新材料有限公司
58. 玉凌世纪（厦门）科技有限公司
59. 盛辉物流集团有限公司
60. 成记泰达航空物流股份有限公司
61. 上糖网电子商务（厦门）有限公司
62. 厦门元初食品股份有限公司
63. 星宸科技股份有限公司
64. 厦门滴滴出行科技有限公司
65. 厦门金华南进出口有限公司
66. 瑞达期货股份有限公司
67. 厦门聚波达电子有限公司
68. 福建海通发展股份有限公司
69. 福建省凯景投资集团有限公司
70. 瑞芯微电子股份有限公司
71. 福州来玩互娱网络科技有限公司
72. 厦门她趣信息技术有限公司
73. 厦门瑞德矸国际贸易有限公司
74. 平潭三福服饰有限公司
75. 福建博思软件股份有限公司
76. 厦门市旺紫洲工贸有限公司
77. 福建大道成物流科技有限公司
78. 福建兴油环保有限公司
79. 厦门佰煤能源有限公司
80. 永兴东润服饰股份有限公司
81. 福建龙马环境产业有限公司
82. 圣元环保股份有限公司
83. 厦门众联世纪股份有限公司
84. 南威软件股份有限公司
85. 厦门百应供应链管理有限公司
86. 福建博鸿达食品有限公司
87. 福建省昌晶恒业化工有限公司
88. 厦门禹港有限公司
89. 思宇集团有限责任公司
90. 厦门步拓贸易有限公司
91. 福建南泉集团有限公司
92. 厦门林产能源开发有限公司
93. 福建省竞购网路科技有限公司
94. 福建晋江农村商业银行股份有限公司
95. 厦门邦芒服务外包有限公司
96. 协和胜贸易（平潭）有限公司
97. 厦门鑫乾慧网络技术有限公司
98. 厦门伞伞商贸有限公司
99. 厦门钌添丁科技有限公司
100. 厦门金泰化工有限公司

（摘编：陈闽声）

全球新能源企业 500 强入围闽企

2023 年 9 月 16 日福建省工信厅消息，日前，在 2023 年太原能源低碳发展论坛期间，由中国能源报和中国能源经济研究院共同发起的《2023 全球新能源企业竞争力报告》和“2023 全球新能源企业 500 强排行榜”正式发布。榜单显示，2023 全球新能源 500 强企业中，中国企业数达 259 家，比上年增加 14 家，占比达 51.80%。宁德时代新能源科技股份有限公司、协鑫集团有限公司、中国电力建设股份有限公司 3 家中国企业分列榜单前三位。福建共有 8 家企业入围榜单。

除宁德时代外，其他进入 500 强的福建企业还有：厦门厦钨新能源材料股份有限公司（第 73 位）、盛屯矿业集团股份有限公司（第 198 位）、厦门科华数能科技有限公司（第 310 位）、厦门海辰储能科技有限公司（第 375 位）、龙岩卓越新能源股份有限公司（第 398 位）、福建安泰新能源科技有限公司（第 457 位）、福建福能股份有限公司（第 459 位）。

数据显示，2023 年全球新能源 500 强的总营业收入规模达到 8.66 万亿元人民币，比上年度增加 3.17 万亿元，增长 57.74%，产业规模实现爆发式增长。其中，上榜的中国企业总营业收入达 4.47 万亿元，比上年增加 1.94 万亿元；营业收入增长 76.42%，增幅比上年提升 36.68 个百分点。上榜的美国企业总营业收入为 1.01 万亿元，比上年增长 42.25%。中国、美国成为全球仅有的新能源“万亿俱乐部”成员，与其他国家拉开了明显的差距。

报告表示，从新能源产业链上看，中国不仅在各产业领域都涌现了一批龙头企业，如太阳能领域的协鑫、隆基、通威，储能电池领域的宁德时代、比亚迪，风能领域的金风科技、明阳、龙源电力，氢能领域的中国石化等，也涌现出一大批高成长和具有发展前景及潜力的新兴企业，如太阳能领域的高景、华晟、润阳、杭州纤纳、中清光伏，储能电池领域的瑞浦兰钧、海辰储能，氢能领域的亿华通、爱德曼、国鸿氢能等等。中国已经补齐短板，在各领域产业链上建立了完备的发展梯队，形成了可持续发展潜力和竞争优势。

本次评选围绕新能源企业上一年度营业收入、盈利能力、研发创新投入等核心指标进行综合评估排名，是具有全球影响力和权威性的年度评选活动，旨在推选新能源企业标杆，推动行业持续健康发展。

（摘编：郑欣然）

中国通信技术设备服务商百强榜入围闽企

2023年10月3日福建省工信厅消息，日前，在第十七届中国通信产业榜发布仪式上，中国通信技术设备服务商100强榜单正式发布，我省的星网锐捷、瑞为技术、升腾3家企业入围榜单。

综合各项指标，华为、中兴通讯、高通、英伟达、中国信科排名中国通信技术设备服务商100强前五位。我省入围企业中，星网锐捷连续第四年上榜百强，较去年上升3个位次，列第35位；瑞为技术和升腾均为首次入围，分列第48位、第56位。

中国通信产业榜作为通信产业领域唯一一个第三方产业评价体系，已成为产业链发展的晴雨表。在数字经济快速渗透的2023年，通信产业榜评价遵循面向AI时代技术研发与创新（30%）、产业市场领导力（30%）、经营基本面（20%）、管理与团队（20%）四大一级指标，产品技术方案的供给与产业适用性、核心关键技术研发能力、标准贡献与专利持有和利用、产业市场份额、市场影响力、产业链协作、领导核心与团队能力、企业管理、收入规模、盈利能力等十大二级指标，综合评出2022—2023年度中国通信技术设备服务商100强，反映了通信产业领域企业的综合实力。

（摘编：余松山）

福建省高新技术企业情况

福建省2022年度
第二批更名高新技术企业

2023年2月23日福建省科学技术厅、福建省财政厅、国家税务总局福建省税务局印发《关于公布福建省2022年度第二批更名高新技术企业名单的通知》（闽科高〔2023〕2号）提出，根据《高新技术企业认定管理办法》（国科发火〔2016〕32号）和《高新技术企业认定管理工作指引》（国科发火〔2016〕195号）的有关规定，现对2022年度第二批46家企业变更高新技术企业名称予以公布，其高新技术企业证书编号和有效期不变。

福建省2022年度高新技术企业

2023年4月7日福建省科学技术厅、福建省财政厅、国家税务总局福建省税务局印发《关于认定福建省2022年度高新技术企业的通知》（闽科高〔2023〕3号）提出，根据《高新技术企业认定管理办法》（国科发火〔2016〕32号）和《高新技术企业认定管理工作指引》（国科发火〔2016〕195号）有关规定，以及全国高新技术企业认定管理工作领导小组办公室《关于对福建省认定机构2022年认定的第一批高新技术企业进行备案的函》（国科火字〔2023〕12号）、《关于对福建省认定机构2022年认定的第二批高新技术企业进行备案的函》（国科火字〔2023〕14号）、《关于对福建省认定机构2022年认定的第三批高新技术企业进行备案的函》（国科火字〔2023〕59号）、《关于对福建省认定机构2022年认定的高新技术企业进行第一批补充备案的函》（国科火字〔2023〕57号）、《关于对福建省认定机构2022年认定的高新技术企业进行第二批补充备案的函》（国科火字〔2023〕71号），现认定福州华宏消防科技有限公司等3549家企业为福建省2022年度高新技术企业，有关认定企业名单与发证日期见附件，高新技术企业资格有效期为3年。

福建省2023年度第一批异地搬迁高新技术企业

2023年6月27日福建省科学技术厅、福建省财政厅、国家税务总局福建省税务局印发《关于公布福建省2023年度第一批异地搬迁高新技术企业名单的公告》（闽科高〔2023〕3号）提出，根据《高新技术企业认定管理办法》（国科发火〔2016〕32号）和《高新技术企业认定管理工作指引》（国科发火〔2016〕195号）关于高新技术企业异地搬迁的有关规定，经审核，福建成达兴智能科技股份有限公司、福建永福数字能源技术有限公司符合整体迁移条件，其高新技术企业资格继续有效，高新技术企业证书编号与有效期不变。

福建省2023年度第一批更名高新技术企业名单

2023年7月19日福建省科学技术厅、福建省财政厅、国家税务总局福建省税务局关于公布福建省2023年度第一批更名高新技术企业名单的通知（闽科高〔2023〕8号）提出，根据《高新技术企业认定管理办法》（国科发火〔2016〕32号）和《高新技术企业认定管理工作指引》（国科发火〔2016〕195号）的有关规定，现对2023年度第一批90家企业变更高新技术企业名称予以公布，其高新技术企业证书编号和有效期不变。

取消福建创高智联技术股份有限公司等18家企业高新技术企业资格

2023年10月25日福建省科学技术厅、福建省财政厅、国家税务总局福建省税务局印发《关于取消福建创高智联技术股份有限公司等18家企业高新技术企业资格的通知》提出，根据《高新技术企业认定管理办法》（国科发火〔2016〕32号）等有关规定，经研究，决定取消福建创高智联技术股份有限公司（证书编号：GR202035000057）自2021年度起的高新技术企业资格；取消福建君友大数据技术有限公司（证书编号：GR202035000383）、福建炎信信息技术有限公司（证书编号：GR201935000287）、泉州森鹤电子有限公司（证书编号：GR201935000842）、福建无限工场信息技术有限公司（证书编号：GR201935000704）、福州钧鼎生物科技有限公司（证书编号：GR201935000823）、福建久丰信息科技有限公司（证书编号：GR201935001059）、福建易支点信息技术有限公司（证书编号：GR202035000867）、荣德铵家新型材料（福州）有限公司（证书编号：GR202035000728）、福建形维数字科技有限公司（证书编号：GR202035000700）、黑金刚（福建）自动化科技股份公司（证书编号：GR201935000336）、福建银达汇智信息科技股份有限公司（证书编号：GR201935000023）、福州市闽川科技有限公司（证书编号：GR201935000212）、福建和泉生物科技有限公司（证书编号：GR201935001124）、福建丹海新材料科技有限公司（证书编号：GR201935000706）、福建省扬子信息科技有限公司（证书编号：GR202035001325）、福建中煤化工环保科技有限公司（证书编号：GR201935001039）、福州智慧城信信息科技有限公司（证书编号：GR201935000683）自2022年度起的高新技术企业资格。

取消福建天澜致远信息科技有限公司等15家企业高新技术企业资格

2023年12月27日福建省科学技术厅、福建省财政厅、国家税务总局福建省税务局印发《关于取消福建天澜致远信息科技有限公司等15家企业高新技术企业资格的通知》提出，根据《高新技术企业认定管理办法》(国科发火〔2016〕32号)等有关规定，经研究，决定取消福建天澜致远信息科技有限公司（证书编号：GR201835000923)、福建奋安铝业有限公司（证书编号：GR201835000385）自2018年度起的高新技术企业资格；取消福建格林生物科技有限公司（证书编号：GR201935000909)、晋江市达胜纺织实业有限公司（证书编号：GR201935000750）自2019年度起的高新技术企业资格；取消福州市罗零勘测技术有限公司（证书编号：GR202035001706)、福建联畅网络科技有限公司（证书编号：GR201935000906)、福建森亿织造有限公司（证书编号：GR202035001414)、福建冠泓工业有限公司（证书编号：GR202035001913)、福建奥斯福电力系统有限公司（证书编号：GR201935000905)、福建省南平市闽科通信有限公司（证书编号：GR201935001024)、福建钜丰汽车配件有限公司（证书编号：GR202035001372)、福建省立新船舶工程有限公司（证书编号：GR202035000685)、福建鼎信科技有限公司（证书编号：GR201935000788）自2020年度起的高新技术企业资格；取消福建安溪亿盛机械工贸有限公司（证书编号：GR202135002525)、宁德市森森林业技术有限公司（证书编号：GR202135001982）自2021年度起的高新技术企业资格。

（摘编：曾文升）

首届中国—东盟优质籼稻品种食味品质鉴评结果福建两品种获金奖

2023年10月28日，首届中国—东盟优质籼稻品种食味品质鉴评结果公布，20个品种获金奖，其中包括福建选育的“野香优633”“浦乡优一号”。

本次鉴评活动，共有61个籼稻同台竞争，包括国内12个籼稻主产省份的49个品种，以及越南、泰国、缅甸、老挝、柬埔寨等5个东盟国家的12个品种。

福建的两个金奖品种，均为今年刚刚通过省级主要农作物品种审定的优质稻新品种。

“野香优633”由福建省农科院水稻研究所、福建禾丰种业股份有限公司、广西绿海种业有限公司等单位合作选育，在福建适宜作晚稻种植。该品种两年区域试验平均亩产509.9千克，2022年生产试验平均亩产507.3千克。其稻米品质达到部颁一等优质食用稻品种品质标准。

“浦乡优一号”由福建双海种业科技有限公司选育，在福建适宜作晚稻种植。该品种两年区域试验平均亩产512.3千克，2022年生产试验平均亩产506.6千克。其稻米品质达部颁二等优质食用稻品种品质标准。

（摘编：曾文升）

2023 预制菜产业基地百强福建省入围名单

2023 年 11 月 22 日，在北京举行的“2023 食品预制化（预制菜）产业基地生态大会”上，工信部赛迪顾问消费经济研究中心发布了《2023 预制菜产业基地百强研究》报告。报告首次发布了“2023 预制菜产业基地百强”，福建共有 13 个产业基地入选，与广东并列全国第二。

本次评价制定了“2023 预制菜产业基地综合实力评价指标体系”，涵盖 4 个一级指标，下设 8 个二级指标、27 个三级指标。根据这一指标，“2023 预制菜产业基地百强”榜单中，重庆市梁平区、山东省诸城市和山东省寿光市列前三位；我省的厦门市同安区、福州市马尾区跻身前十，分别列第 6、第 7 位，福清市、诏安县、连江县、宁德市蕉城区、福州市仓山区、东山县、闽侯县、莆田市涵江区、漳州市龙海区、安溪县、莆田市城厢区入围；入选基地数量最多的省份为山东，共有 17 家入围，我省与广东均有 13 家入围，并列全国第二；预制菜产值超过百亿元的基地共计 17 家，山东、福建、重庆分布数量位列前三，分别为 5 家、4 家和 2 家；拥有千亩以上预制菜专业园区最多的三个省份分别为山东、广东、福建，数量分别为 8 家、8 家和 6 家。

（摘编：邓新民）

首届福建省农业产业化龙头企业百强榜单

2023 年 11 月 22 日，首届福建省农业产业化龙头企业 100 强榜单发布会在福州举行。

为加快实施乡村振兴战略，发挥龙头企业示范引领作用，促进农业产业优化升级，福建省企业与企业家联合会、福建省农业产业化龙头企业协会联合开展首届福建省农业产业化龙头企业 100 强研究发布活动。经申报、汇总、专家评审组评定、征求意见、公示等程序，最终确定福建天马科技集团股份有限公司等百强企业名单。

近年来，我省出台系列政策，为加快培育壮大农业产业化龙头企业。全省现有 1297 家农业产业化省级重点龙头企业，其中 77 家为农业产业化国家重点龙头企业。2022 年，仅百强龙头企业营业收入总额达 7400 多亿元，惠及 120 万农户，户均增收 2.89 万元。

首届福建省农业产业化龙头企业百强榜单

一、福州（26 家）

1. 福建天马科技集团股份有限公司
2. 永辉超市股份有限公司

3. 福建御冠食品有限公司
4. 福清市兆华水产食品有限公司
5. 福建省华龙集团饲料有限公司
6. 福州日兴水产食品有限公司
7. 福建春伦集团有限公司
8. 福建康宏股份有限公司
9. 海欣食品股份有限公司
10. 福建光阳蛋业股份有限公司
11. 福州百洋海味食品有限公司
12. 福建元成豆业有限公司
13. 福建省闽清双棱竹业有限公司
14. 福州市帮利茶业有限责任公司
15. 福建省天源水产集团有限公司
16. 久泰现代农业有限公司
17. 福清市恒泰水产食品有限公司
18. 闽榕茶业有限公司
19. 福建容益菌业科技研发有限公司
20. 长乐聚泉食品有限公司
21. 福建正冠渔业开发有限公司
22. 福清市贸旺水产发展有限公司
23. 福建省辉业食品集团有限公司
24. 福建御味香冷冻食品有限公司
25. 福清市绿丰农业开发有限公司
26. 熹茗集团有限公司

二、厦门（11家）

27. 厦门象屿股份有限公司
28. 安井食品集团股份有限公司
29. 厦门银祥集团有限公司
30. 华祥苑茶业股份有限公司
31. 如意情集团股份有限公司
32. 福慧达股份有限公司
33. 厦门夏商黄金香食品有限公司
34. 中绿食品集团有限公司
35. 厦门茶叶进出口有限公司
36. 厦门夏商农产品集团有限公司
37. 厦门益和丰食品集团有限公司

三、漳州（19家）

38. 福建傲农生物科技集团股份有限公司
39. 大闽食品（漳州）有限公司
40. 福建省海新集团有限公司
41. 福建立兴食品股份有限公司
42. 福建万辰生物科技集团股份有限公司
43. 福建东方食品集团有限公司
44. 福建紫山集团股份有限公司
45. 漳州市同发食品工业有限公司
46. 绿新（福建）食品有限公司
47. 漳州大北农农牧科技有限公司
48. 漳州天福茶业有限公司
49. 福建铭兴食品冷冻有限公司
50. 漳州市港昌工贸有限公司
51. 福建省龙海市安利达工贸有限公司
52. 福建百汇绿海现代农业科技有限公司
53. 福建升隆食品有限公司
54. 漳州墁天香食品有限责任公司
55. 漳州市孚美实业有限公司
56. 福建康之味食品工业有限公司

四、泉州（17家）

57. 晋江力绿食品有限公司
58. 阿一波食品有限公司
59. 蜡笔小新（福建）食品工业有限公司
60. 福建八马茶业有限公司
61. 福建省晋江福源食品有限公司
62. 石狮正源水产科技开发有限公司
63. 金冠（中国）食品有限公司
64. 福建省深沪湾海洋科技有限公司
65. 福建乐隆隆食品科技有限公司
66. 日春股份公司
67. 泉州福海粮油工业有限公司
68. 回头客食品集团股份有限公司
69. 福建顺成面业发展股份有限公司
70. 福建省力诚食品有限公司
71. 福建省中闽华源茶业有限公司
72. 福建省泉州喜多多食品有限公司
73. 达利食品集团有限公司

五、三明（4家）

74. 福建省华农食品有限公司
75. 福建和其昌竹业股份有限公司
76. 三明市农林发展集团有限公司
77. 三明市食品集团有限责任公司

六、莆田（2家）

78. 福建省莆田市海源实业有限公司
79. 福建大老古食品有限公司

七、南平（8 家）

80. 福建圣农控股集团有限公司
81. 福建青松股份有限公司
82. 福建省顺昌县升升木业有限公司
83. 武夷星茶业有限公司
84. 龙竹科技集团股份有限公司
85. 福建武夷山国家级自然保护区正山茶业有限公司
86. 福建双羿竹木发展有限公司
87. 福建旭禾米业有限公司

八、龙岩（3 家）

88. 连城县福农食品有限公司
89. 福建省长汀盼盼食品有限公司
90. 福建容和盛食品集团有限公司

九、宁德（9 家）

91. 宁德市南阳实业有限公司
92. 福建品品香茶业有限公司
93. 福建鼎白茶业有限公司
94. 福建闽威实业股份有限公司
95. 福建岳海水产食品有限公司
96. 宁德市金盛水产有限公司
97. 宁德市星光食品有限公司
98. 福建省广福茶业有限责任公司
99. 福建奇古枝茶业有限公司

十、平潭综合开发区（1 家）

100. 中福海峡（平潭）发展股份有限公司

以上排名按照属地划分，不分先后顺序。

（摘编：陈闽声）

国家级种质资源圃福建省获授牌名单

2023 年 4 月 12 日，福建省农科院消息，中国农业科学院作物科学研究所日前在山东青岛举办农作物种质资源保护工作推进会。会议期间，农业农村部种业管理司为首批 72 个国家级农作物种质资源库（圃）授牌，其中包括福建 3 个种质资源圃。

2022 年，农业农村部确定了第一批 72 个国家级农作物种质资源库（圃）名单，由此建立了以 1 个长期库为核心，1 个复份库、15 个中期库、55 个种质圃为依托的国家级农作物种质资源保护体系。在首批名单中，福建有 3 个种质资源圃入选。

其中，国家龙眼枇杷种质资源圃（福州）依托省农科院亚热带农业研究所建设，现保存枇杷资源 15 个种（变种）654 份、龙眼资源 2 个种 368 份，保存龙眼枇杷资源量、多样性水平居世界首位。

国家红萍种质资源圃（福州）依托省农科院农业生态研究所建设，采用茎尖培养保存、温室培养保存和网室培养保存 3 种方法，共保存 560 份红萍种质资源，是目前我国乃至全世界最大、保存红萍资源最为丰富的种质资源圃。

国家闽台特色作物种质资源圃（漳州）主要承担闽台特色作物种质资源收集、整理、鉴定、登记、保存、交流和利用等工作，现保存特色果树、野特菜、水仙花、甘蔗、香料等闽台特色作物种质资源 2200 多份。

（摘编：林汇智）

国家第五批林业重点龙头企业福建省入选名单

2023 年 1 月 30 日福建省林业局消息，国家林业和草原局近日公布了第五批 166 家国家林业重点龙头企业名单，我省福建华宇集团有限公司等 10 家龙头企业入选。近年来，我省高度重视林业龙头企业的培育，特别是培育了一批小而强、小而精、小而特成长型企业，着力打造品牌、壮大龙头企业，现有规模以上林业企业 3000 家、省级以上龙头企业 225 家、境内外上市林业企业 23 家。国家第五批林业重点龙头企业福建省入选名单如下。

1. 福建华宇集团有限公司
2. 福建省尤溪县红树林木业有限公司
3. 福建胜华农业科技发展有限公司
4. 厦门市江平生物基质技术股份有限公司
5. 漳州明成食品有限公司
6. 福建省闽清双棱竹业有限公司
7. 福建省金阳园林工程有限公司
8. 建瓯市天添食品有限公司
9. 福建森美达生物科技有限公司
10. 福建省永安林业（集团）股份有限公司

（摘编：林汇智）

全国“十佳林场”福建省新增名单

2023 年 9 月 23 日福建省林业厅消息，近日，中国林场协会确定 50 家国有林场为 2023 年全国“十佳林场”。我省 3 家入选，分别为：福建省厦门坂头国有防护林场、福建省永春碧卿国有林场、福建省邵武故县国有林场。

中国林场协会自 2010 年开始组织认定年度全国“十佳林场”，主要表彰在森林经营利用、林业产业发展、科技兴林、改革管理等十个方面表现突出的林场。到目前，福建共有 17 个国有林场先后被授予全国“十佳林场”荣誉称号。

（摘编：林汇智）

“2022 年度央企十大超级工程”福建省入选项目

2023 年 1 月 3 日福建省国资委信息，国务院国资委日前发布了“2022 年度央企十大超级工程”，“新建福厦铁路全线铺轨贯通”入选。

2022 年 8 月 30 日，随着福厦铁路厦门最后一组 500 米长钢轨顺利铺设，我国首条跨海高铁——新建福厦铁路全线铺轨贯通。新建福厦铁路设计时速 350 公里，正线全长 277.42 公里，全线共设 8 座车站。福厦高铁建成通车后，福州、厦门将形成“一小时生活圈”，厦门、漳州、泉州等地形成“半小时交通圈”，东南沿海城市群将串联起一条“黄金旅游带”。

同期发布的“2022 年度央企十大国之重器”中，全球单机容量最大 16 兆瓦海上风电机组下线入选。

2022 年 11 月 23 日，由中国三峡集团与新疆国企金风科技联合研制的 16 兆瓦海上风电机组在福建下线。该机组叶轮直径 252 米，叶轮扫风面积约 5 万平方米，约相当于 7 个标准足球场大；轮毂高度达 146 米，约相当于一座 50 层大楼的高度。在满发风速下，单台机组每转动一圈可发电 34.2 千瓦时。这是目前全球范围内单机容量最大、叶轮直径最大、单位兆瓦重量最轻的风电机组。

（摘编：苏小雨）

创建世界一流示范企业和专精特新示范企业福建省上榜名单

2023 年 3 月 16 日，国务院国资委公布创建世界一流示范企业名单。从名单来看，7 家地方国有企业成为新一批创建世界一流示范企业，200 家中央和地方国有企业入围创建世界一流专精特新示范企业名单。我省有 4 家企业入围创建世界一流专精特新示范企业名单，分别是：厦门市美亚柏科信息股份有限公司、福建省长汀金龙稀土有限公司、漳州片仔癀药业股份有限公司和中红普林医疗用品股份有限公司。

为深入落实党中央、国务院关于加快建设世界一流企业的决策部署，在 11 家中央企业创建世界一流示范企业工作取得积极成效的基础上，国务院国资委组织中央企业和地方国资委同步开展创建世界一流示范企业和专精特新示范企业“双示范”行动。经过企业申报、专家评审、征求意见等环节，最终确定示范企业名单。

（摘编：李元）

“2022 福布斯中国可持续发展工业企业 TOP50”闽企入围榜单

2023 年 2 月 7 日，“2022 福布斯中国可持续发展工业企业 TOP50” 榜单发布，紫金矿业入围榜单，成为中国工业企业中具有高可持续发展价值的行业标杆。

“2022 福布斯中国可持续发展工业企业 TOP50” 评选围绕 “管理体系、技术创新、综合效益、资源配备、示范推广” 五大维度，并根据维度下的细化指标进行逐一评定，最终由评委会评选出年度可持续发展工业企业的先驱典范。

紫金矿业秉持 “绿水青山就是金山银山” 的发展理念，扎实推进生态修复、生物多样性保护、水资源管理以及固废资源产业化利用，全面推行 ISO45001、ISO14001 等国际标准化体系认证。目前，紫金矿业拥有 15 座绿色矿山、10 家绿色工厂和 1 座矿山公园。2023 年 1 月，紫金矿业发布《应对气候变化行动方案》，提出 2029 年实现碳达峰、2050 年实现碳中和的目标。围绕实现碳中和目标，紫金矿业提出了短期、中期、长期三步走的转型路径规划，将通过由高到低的比重实施清洁燃料替代、清洁能源替代、节能技术实施、碳抵消、碳交易等组合方式实现减排。

（摘编：王利兴）

第三批能源领域首台（套）重大技术装备名单福建省上榜项目

2023 年 8 月 9 日福建省工信厅消息，日前，国家能源局公布了第三批能源领域首台（套）重大技术装备名单，全国共 58 个项目入选，我省 5 个项目榜上有名。其中，在全国仅有的 9 项年度氢能重大首台套项目中，我省占据 2 席。

我省入围的项目分别是：由三峡集团、金风科技、洛阳 LYC 轴承等机构研制，在平潭外海上风电场项目、漳浦六鳌海上风电场二期项目投用的 “16MW 海上风力发电机组整机和主轴承重大部件”；由中国核动力研究设计院投用于漳州核电 1、2 号机组的 “三代核电棒控棒位系统设备”；由中国核动力研究设计院投用于漳州核电 1、2 号机组的 “华龙一号疲惫监测和瞬态统计系统设备”；由福大紫金氢能科技股份有限公司研制，投用于中国铁塔龙岩基地绿色备用电源示范项目的 “10kW 级 ‘氨-氢’ 燃料电池分布式发电系统”；由嘉庚创新实验室研制的“基于低铱阳极的百千兆瓦级高电流密度PEM电解槽”作为氢能领域重大首台（套）项目，同样榜上有名。

能源领域首台（套）重大技术装备是指国内率先实现重大技术突破、拥有自主知识产权、尚未批量取得市场业绩的能源领域关键技术装备，包括前三台（套）或前三批（次）成套设备、整机设备及核心部件、控制系统、基础材料、软件系统等。

（摘编：林汇智）

国家级专精特新“小巨人”企业名单（第二批第二年）福建省上榜名单

2023年5月26日福建省工信厅信息，工信部近日公布了建议继续支持的国家级专精特新“小巨人”企业名单（第二批第二年），福建省有6家企业在名单之中。同时，此次还公布了已获得支持的国家（或省级）中小企业公共服务示范平台（第二批第一年）绩效评价通过名单，我省有2个平台获得支持。

进入建议继续支持的国家级专精特新“小巨人”企业名单（第二批第二年）的福建企业是福建亿榕信息技术有限公司、福建飞通通讯科技股份有限公司、泉州恒毅机械有限公司、福建省南安市巨轮机械有限公司、福建南方制药股份有限公司、杰讯光电（福建）有限公司。泉州市中小企业服务中心、福建省质量管理协会入选已获得支持的国家（或省级）中小企业公共服务示范平台（第二批第一年）绩效评价通过名单。

（摘编：王利兴）

国家级工业设计中心福建省新增名单

2023年12月4日福建省工信厅消息，近日，工业和信息化部发布了第六批国家级工业设计中心名单，福建新增10家国家级工业设计中心。截至目前，我省共有国家级工业设计中心35家，列山东（56家）、广东（47家）和浙江（44家）之后，排名全国第四。

此次我省新增的10家国家级工业设计中心分别是：信泰（福建）科技有限公司绿色纺织鞋面设计中心、漳州市东方智能仪表有限公司智能测试仪表工业设计创新中心、特步（中国）有限公司工业设计中心、安踏（中国）有限公司工业设计中心、福建华峰新材料有限公司纺织设计与创意中心、奥佳华智能健康科技集团股份有限公司健身按摩康复设备设计中心、厦门瑞尔特卫浴科技股份有限公司工业设计中心、科华数据股份有限公司工业设计中心、厦门亿联网络技术股份有限公司音视频通信智能终端工业设计中心、厦门立林科技有限公司工业设计中心。

国家级工业设计中心是经工业和信息化部认定，工业设计创新能力强、特色鲜明、管理规范、业绩突出的企业工业设计中心或工业设计企业，每两年认定一次，旨在引导企业重视设计创新，为产业战略转型升级提供支撑。

（摘编：曾文升）

2023 中国独角兽企业闽企上榜名单

2023 年 6 月 28 日，在“2023 中国（苏州）独角兽企业大会”上，长城战略咨询发布了《中国独角兽企业研究报告 2023》，我省的海辰储能、德尔科技上榜 2023 中国独角兽企业榜单。

研究报告中的独角兽企业定位为成立时间不超过 10 年、企业估值在 10 亿美元以上的非上市公司。报告显示，独角兽企业群体依然保持着良好的发展态势，有望为我国经济高质量发展注入强劲动力。我省两家独角兽企业海辰储能和德尔科技，都来自新能源行业。其中，海辰储能自成立起就专注于储能赛道，去年海辰储能实现中国电力储能电池交付项目数量与中国储能电池出货量增速的“双第一”；来自龙岩的德尔科技主要从事含氟新材料研发制造，已成为动力电池与储能等新能源材料的国内重要供应商。

在“潜在独角兽”榜单上，入围的企业主要分布于集成电路与新消费两大领域。我省入围企业大多来自厦门，其中开元通信、士兰集科、云天半导体均是半导体企业；UMU 来自互联网教育企业；美柚、a1 零食研究所则来自网红爆品以及生活服务细分赛道。来自福州的朴朴超市作为新消费企业代表同样入围“潜在独角兽”榜单。

（摘编：林汇智）

福建省第七批省级制造业单项冠军及通过复核的第四批省级制造业单项冠军名单

2023年12月1日福建省工业和信息化厅印发《关于公布第七批省级制造业单项冠军及通过复核的第四批省级制造业单项冠军名单的通知》（闽工信函产业〔2023〕606号）提出，

根据《福建省制造业单项冠军企业（产品）管理实施细则》（闽工信规〔2023〕2号）、《关于组织推荐第七批省级制造业单项冠军和复核第四批省级制造业单项冠军的通知》（闽工信函产业〔2023〕314号），经企业自愿申报，地方工业和信息化主管部门、省属企业推荐，专家评审和网上公示等程序，共确定28家企业为第七批省级制造业单项冠军。同时，对第四批省级制造业单项冠军开展复核，确定35家企业通过复核。现予以公布，并就有关事项通知如下：

一、单项冠军有效期3年，第七批省级制造业单项冠军及通过复核的第四批省级制造业单项冠军有效期为2023年12月1日至2026年11月30日。《福建省工业和信息化厅关于公布福建省第四批制造业单项冠军企业（产品）名录的通告》（闽工信产业〔2020〕147号）同时废止。

二、各设区市工信部门、省属企业及有关行业协会要加强对企业的服务和支持，引导企业走“专精特新”发展之路，提升核心竞争力，培育具有全国乃至全球竞争力的链主企业。

获评第七批省级制造业单项冠军名单（28家）

序号	企业名称	产品名称
一、冠军企业		
1	福建泓光半导体材料有限公司	光刻胶及关键配套材料
2	福建华佳彩有限公司	TFT/LCD智能手机面板
3	福建立亚新材有限公司	高性能陶瓷纤维
4	福建赛隆科技有限公司	循环再利用涤纶长丝
5	福建三明金氟化工科技有限公司	氟硼酸钾、氟钛酸钾
6	福建永荣科技有限公司	己内酰胺
7	厦门艾德生物医药科技股份有限公司	肿瘤精准医疗分子诊断产品
8	厦门艾思欧标准砂有限公司	中国ISO标准砂
9	厦门海辰储能科技股份有限公司	储能专用电池
10	厦门市科力电子有限公司	电源适配器系列产品
11	厦门万泰凯瑞生物技术有限公司	化学发光免疫检测试剂
12	厦门唯恩电气有限公司	重载连接器
13	厦门英诺尔电子科技股份有限公司	特种电子标签

续表

序号	企业名称	产品名称
14	厦门优迅高速芯片有限公司	2.5G—10G 光纤通信前端收发芯片组
15	厦门宇电自动化科技有限公司	智能温控器/调节器
16	安波电机（宁德）有限公司	铝壳电机
二、冠军产品		
1	福建海创光电技术股份有限公司	激光雷达 1.5μm 光源模组
2	福建恒捷实业有限公司	仿麻锦纶纤维
3	福建申利卡铝业发展有限公司	倾铸旋压真空电镀铝合金轮毂
4	福建省恒申合纤科技有限公司	锦纶 6 切片
5	福建钰融科技有限公司	再生剥离液
6	厦门普诚科技有限公司	紫外线 UV 固化设备
7	厦门赛诺邦格生物科技股份有限公司	聚乙二醇衍生物
8	厦门厦钨新能源材料股份有限公司	钴酸锂电池材料
9	厦门市铂联科技股份有限公司	高性能超导核磁共振线圈
10	厦门松元电子股份有限公司	WIFI 用介质滤波器
11	厦门亚锝电子科技有限公司	高效节能 LED 特种照明驱动电源
12	上杭县紫金佳博电子新材料科技有限公司	键合金丝

备注：排名不分先后

通过复核的第四批省级制造业单项冠军名单（35 家）

序号	企业名称	产品名称
一、冠军企业		
1	奥佳华智能健康科技集团股份有限公司	保健按摩器具
2	福建金杨科技股份有限公司	二氧化锰原电池（组）零件
3	福建省展化化工有限公司	过硫酸钠
4	福建祥鑫股份有限公司	铝型材及铝棒材
5	福建中锦新材料有限公司	聚酰胺切片
6	泉州嘉德利电子材料有限公司	电容器用聚丙烯薄膜
7	沙迪克（厦门）有限公司	慢走丝线切割机床
二、冠军产品		
1	奋安铝业股份有限公司	建筑用高强铝型材
2	福建奥翔体育塑胶科技股份有限公司	EPDM 颗粒
3	福建福特科光电股份有限公司	星光级超高清 ETC 高速摄像头
4	福建和盛塑业有限公司	电力电缆护套用改性聚丙烯管材
5	福建华峰运动用品科技有限公司	HAPTIC 印刷鞋面产品
6	福建华泰集团股份有限公司	生态陶板
7	福建华威钜全精工科技有限公司	汽车发动机进排气系统铝合金摇臂零件

续表

序号	企业名称	产品名称
8	福建金源纺织有限公司	合成纤维与人造纤维混纺纱（涤纶短纤纱）
9	福建晶安光电有限公司	4 英寸图形化蓝宝石衬底
10	福建礼恩科技有限公司	高性能防火电缆
11	福建鹏翔实业有限公司	人造石
12	福建青拓镍业有限公司	不锈钢棒材
13	福建申远新材料有限公司	己内酰胺
14	福建思嘉环保材料科技有限公司	高强工业聚酯纤维空间复合材料
15	福建亚通新材料科技股份有限公司	HDPE 网箱框架系统
16	福建永晶科技股份有限公司	氢氟酸
17	福建正盛无机材料股份有限公司	二氧化硅（白炭黑）
18	福建紫金铜业有限公司	锡磷青铜铜带（铜箔）
19	福州迈新生物技术开发有限公司	免疫组化检测试剂
20	晋江市港益纤维制品有限公司	鞋材用非织造布
21	泉州科牧智能厨卫有限公司	智能坐便器
22	泉州市凯鹰电源电器有限公司	阀控式密封铅酸蓄电池
23	沙县宏盛塑料有限公司	酚醛塑料
24	厦门日上集团股份有限公司	钢制汽车轮毂
25	厦门思泰克智能科技股份有限公司	3D 锡膏印刷检测设备（3D SPI）
26	厦门翔鹭化纤股份有限公司	低熔点聚酯/聚酯复合牵伸丝
27	易宝（福建）高分子材料股份公司	SBR 有机硅闭孔发泡材料
28	英侨机械制造有限公司	疏水阀

（摘编：游学荣）

福建省企业斩获国际显示技术器件创新金奖

在2023年8月29日开幕的中国（上海）国际显示技术及应用创新展（DIC EXPO）上，福建华佳彩有限公司携金属氧化物 Mini-LED 车载屏、OLED屏、高端平板屏等最新研发成果参展，获得DIC AWARD 2023 国际显示技术器件创新金奖等四大奖项。

华佳彩是国内首家将金属氧化物技术与 Mini-LED 背光技术相结合的厂商，其推出的全国首创12.3寸金属氧化物内嵌式触控 Mini-LED 车载显示屏，将超卓的金属氧化物技术带到车载显示领域，填补了业界空白，可降低面板功耗。

作为一年一度举行的行业盛会，国际显示技术及应用创新展（DIC EXPO）是由中国光学光电子行业协会液晶分会（CODA）为全球显示产业搭建的集展览展示、行业交流和采购洽谈于一体的综合商贸平台，聚焦显示行业全产业链，集中展示上游材料和装备工艺、中游模组和显示面板以及下游终端创新应用产品，每年均得到众多行业领军企业支持。

（摘编：郑欣然）

福建省2023年度省级绿色制造名单

2023年10月18日福建省工业和信息化厅印发《关于公布2023年度省级绿色制造名单的通知》（闽工信函节能〔2023〕522号）提出，为持续完善绿色制造体系，推进工业绿色发展，助力工业碳达峰碳中和，省工信厅组织开展了2023年度省级绿色制造名单推荐工作。经企业申报、各地工信部门初审推荐、省节能中心评审、征求相关部门意见并公示，确定了2023年度省级绿色制造名单，其中绿色工厂131家、绿色工业园区7个、绿色供应链管理企业12个，现予以公布。

2023年度省级绿色工厂名单

序号	企业名称	属地	序号	企业名称	属地
1	福建恒捷实业有限公司	福州	4	福建福光天瞳光学有限公司	福州
2	福建礼恩科技有限公司	福州	5	中国水电四局（福清）装备工程有限公司	福州
3	福建天辰耀隆新材料有限公司	福州	6	福建省金纶高纤股份有限公司	福州

续表

序号	企业名称	属地	序号	企业名称	属地
7	福州天宇电气股份有限公司	福州	43	厦门欧米克生物科技有限公司	厦门
8	福建省新宏港纺织科技有限公司	福州	44	厦门源利达建材科技有限公司	厦门
9	福州市长乐锦源纺织有限公司	福州	45	中鲨动物保健品（厦门）有限公司	厦门
10	福建友谊胶粘带集团有限公司	福州	46	开发晶照明（厦门）有限公司	厦门
11	福建福清核电有限公司	福州	47	中骏智能电气科技股份有限公司	厦门
12	福建省长乐市山力化纤有限公司	福州	48	厦门汉印电子技术有限公司	厦门
13	福建申马新材料有限公司	福州	49	厦门市广和源工贸有限公司	厦门
14	福州联华林德气体有限公司	福州	50	厦门冠音泰科技有限公司	厦门
15	福建恒杰塑业新材料有限公司	福州	51	厦门立林电气控制技术有限公司	厦门
16	福建榕升纸业有限公司	福州	52	冠捷显示科技（厦门）有限公司	厦门
17	中建科技（福州）有限公司	福州	53	厦门太古可口可乐饮料有限公司	厦门
18	福建正味生物科技有限公司	福州	54	祥达光学（厦门）有限公司	厦门
19	福州吴航钢铁制品有限公司	福州	55	厦门普为光电科技有限公司	厦门
20	福建森源电力设备有限公司	福州	56	厦门视贝科技有限公司	厦门
21	厦门万泰沧海生物技术有限公司	厦门	57	厦门华信安电子科技有限公司	厦门
22	厦门群鑫机械工业有限公司	厦门	58	厦门立林高压电气有限公司	厦门
23	厦门佳浴智能卫浴有限公司	厦门	59	韦尔通科技股份有限公司	厦门
24	厦门宏发电力电器有限公司	厦门	60	福建安泰新能源科技有限公司	漳州
25	厦门拓宝科技有限公司	厦门	61	漳州中集集装箱有限公司	漳州
26	百路达（厦门）工业有限公司	厦门	62	福建福贞金属包装有限公司	漳州
27	宸鸿科技（厦门）有限公司	厦门	63	百威雪津（漳州）啤酒有限公司	漳州
28	达运精密工业（厦门）有限公司	厦门	64	漳州万晖洁具有限公司	漳州
29	宸美（厦门）光电有限公司	厦门	65	凯盛（漳州）新能源有限公司	漳州
30	厦门华泰利机电有限公司	厦门	66	福建立兴食品股份有限公司	漳州
31	厦门瑞尔特卫浴科技股份有限公司	厦门	67	漳州奇美化工有限公司	漳州
32	厦门海普锐科技股份有限公司	厦门	68	润科生物工程（福建）有限公司	漳州
33	厦门安踏实业有限公司	厦门	69	福建欧瑞园食品有限公司	漳州
34	容大合众（厦门）科技集团股份公司	厦门	70	漳州建霖实业有限公司	漳州
35	厦门三烨清洁科技股份有限公司	厦门	71	福建新胜达新材料科技有限公司	漳州
36	林德（中国）叉车有限公司	厦门	72	龙海协能新能源科技有限公司	漳州
37	厦门优胜卫厨科技有限公司	厦门	73	威驰腾（福建）汽车有限公司	漳州
38	华懋（厦门）新材料科技股份有限公司	厦门	74	豪士（福建）食品有限公司	漳州
39	协成科技股份有限公司	厦门	75	大闽食品（漳州）有限公司	漳州
40	厦门力富电子有限公司	厦门	76	恒安（中国）纸业有限公司	泉州
41	清源科技股份有限公司	厦门	77	福建省德化县华茂陶瓷有限公司	泉州
42	电气硝子玻璃（厦门）有限公司	厦门	78	梅花（晋江）伞业有限公司	泉州

续表

序号	企业名称	属地	序号	企业名称	属地
79	泉州科牧智能厨卫有限公司	泉州	106	三明市海斯福化工有限责任公司	三明
80	安踏（中国）有限公司	泉州	107	福建雅鑫电子材料有限公司	三明
81	泉州精准机械有限公司	泉州	108	福建省沙县盛春纸业有限公司	三明
82	福建立亚新材有限公司	泉州	109	福建中欣氟材高宝科技有限公司	三明
83	匹克（中国）有限公司	泉州	110	中国机械总院集团海西（福建）分院有限公司	三明
84	福建恒尚实业有限公司	泉州	111	三明市康华塑料科技有限公司	三明
85	茂泰（福建）新材料科技有限公司	泉州	112	福建省八一村永庆竹木业开发有限责任公司	三明
86	福建七匹狼实业股份有限公司	泉州	113	福建赛隆科技有限公司	莆田
87	福建省泉州喜多多食品有限公司	泉州	114	才子服饰股份有限公司	莆田
88	石狮豪宝染织有限公司	泉州	115	莆田市涵江区依吨多层电路有限公司	莆田
89	福建立亚化学有限公司	泉州	116	祥恒（莆田）包装有限公司	莆田
90	石狮市新华宝纺织科技有限公司	泉州	117	福建亿发卫生用品有限公司	莆田
91	达利食品集团有限公司	泉州	118	莆田市华源工贸有限公司	莆田
92	冠宏股份有限公司	泉州	119	福建圣维生物科技有限公司	南平
93	晋江万兴隆染织实业有限公司	泉州	120	福建居怡竹木业有限公司	南平
94	永固纺织科技有限公司	泉州	121	福建帝盛科技股份有限公司	南平
95	世兴达（福建）纺织科技有限公司	泉州	122	福建味家生活用品制造有限公司	南平
96	福建省天骄化学材料有限公司	泉州	123	福建华宇集团有限公司	南平
97	福建省德奥针织股份有限公司	泉州	124	福建武夷山水食品饮料有限公司	南平
98	泉州天娇妇幼卫生用品有限公司	泉州	125	福建邵武福临日用品制造有限公司	南平
99	国投闽光（三明）城市资源有限公司	三明	126	福建漳平市德诺林业有限公司	龙岩
100	福建科源新材料股份有限公司	三明	127	福建中晶科技有限公司	龙岩
101	福建隆源纺织有限公司	三明	128	瑞幸咖啡烘焙（屏南）有限公司	宁德
102	福建新盈彩铝有限公司	三明	129	中铜东南铜业有限公司	宁德
103	福建旭源纺织有限公司	三明	130	福建裕能电力成套设备有限公司	宁德
104	福建东方鑫威纺织科技有限公司	三明	131	屏南时代新材料技术有限公司	宁德
105	福建永林蓝豹家居有限公司	三明			

2023 年度省级绿色供应链管理企业名单

序号	企业名称	地区	序号	企业名称	地区
1	福人木业（福州）有限公司	福州	7	厦门华电开关有限公司	厦门
2	福建长源纺织有限公司	福州	8	科华数据股份有限公司	厦门
3	福建宇邦纺织科技有限公司	福州	9	晋江市龙兴隆染织实业有限公司	泉州
4	中建科技（福州）有限公司	福州	10	晋江市维盛织造漂染有限公司	泉州
5	厦门 ABB 低压电器设备有限公司	厦门	11	泉州市六源印染织造有限公司	泉州
6	友达光电（厦门）有限公司	厦门	12	福龙马集团股份有限公司	龙岩

2023 年度省级绿色工业园区名单

序号	园区名称	地区	序号	园区名称	地区
1	福清融侨经济技术开发区	福州	5	福建宁化华侨经济开发区	三明
2	罗源湾经济开发区	福州	6	福建莆田华林经济开发区	莆田
3	福建漳州古雷港经济开发区	漳州	7	湄洲湾国投经济开发区	莆田
4	建宁经济开发区	三明			

（摘编：游学荣）

福建省新增 15 家科技小院

2023 年 6 月 25 日，福建省科协公布第五批“福建省科协科技小院”名单，共有 15 家入选，同时，这 15 家科技小院作为“中国农技协科技小院”推荐对象。

为深入贯彻中国科协、国家乡村振兴局《关于实施“科技助力乡村振兴行动”的意见》，按照福建省科协有关通知要求，经有关单位申报、设区市科协审核推荐、形式审查、实地调研考察、专家评审、省科协研究审定，最终 15 家入选第五批“福建省科协科技小院”。这 15 家科技小院是福建罗源沙蚕科技小院、福建龙海杨梅科技小院、福建南靖金线莲科技小院、福建南安荔枝科技小院、福建惠安胡萝卜科技小院、福建尤溪柑橘科技小院、福建莆田南日鲍科技小院、福建邵武多花黄精科技小院、福建顺昌菌草科技小院、福建建瓯稻渔科技小院、福建连城地瓜科技小院、福建永定芋科技小院、福建蕉城花椰菜科技小院、福建柘荣太子参科技小院、福建周宁马铃薯科技小院。

近年来，福建省科协积极搭建平台，已率先创建推广 4 批共 33 家“福建省科协科技小院”并入选“中国农技协科技小院”，成立全国首家科技小院省级联盟，发布全国首个《“科技小院”建设与管理指南》团体标准。

（摘编：余松山）

中国工艺美术博览会福建省创佳绩

2023年6月2日省工美中心消息，由中国轻工业联合会主办的第三届中国工艺美术博览会日前在南京举行。在中国工艺美术界顶级奖项“百鹤杯”“百花奖”“百花杯”以及文创设计大赛的评比中，我省参评作品共有90件获奖，其中12件作品获百鹤杯最高奖“金鼎奖”。

中国工艺美术博览会是我国工艺美术行业规模最大、规格最高、覆盖最全的综合性展会。本届博览会我省共有200多家企业参展，展位数量300多个，展位面积近4000平方米。其中，福州寿山石、莆田木雕、德化白瓷、惠安石雕、安溪藤铁、建瓯根雕等集中亮相。

工艺美术界最重要的奖项——“百鹤杯”工艺美术设计创新大赛在博览会举办期间揭晓。“百鹤杯”设“金鼎奖”“百鹤奖”和“新锐奖”（相当于金、银、铜奖），我省选送作品获“金鼎奖”12件、“百鹤奖”13件、“新锐奖”21件。值得一提的是，福建“金鼎奖”作品数量占全国获奖总数的18.2%。

此外，在中国首饰玉器“百花奖”评选中，我省获金奖6项、银奖6项、铜奖15项，金奖数量占全国的近三成。我省参展作品还获得中国工艺美术协会“百花杯”金奖5项、银奖6项、铜奖4项以及文创设计金奖1项、银奖1项。福州市工信局被授予“第三届中国工艺美术博览会优秀组织金奖”，泉州市城镇集体工业联合社被授予“第三届中国工艺美术博览会优秀组织奖”。

（摘编：曾文升）

全国第三批城乡交通运输一体化示范创建县福建省入选名单

2023年8月5日福建省交通运输厅消息，交通运输部日前公布第三批城乡交通运输一体化示范创建县，我省惠安县、福清市、东山县上榜。

在两年创建期结束后，验收合格的创建县将被命名为“城乡交通运输一体化示范县”。目前，我省石狮市已经当选全国首批“城乡交通运输一体化示范县”，沙县入围第二批城乡交通运输一体化示范创建县，今年底将迎来验收。

近年来，省交通运输厅积极开展全国城乡交通运输一体化示范县创建工作，不断提升全省城乡交通运输服务均等化水平。接下来，将纵深推进农村客货邮融合发展，深化交通、邮政、供销、商务等部门交流合作，加快推进站场、运力、人力等优势资源融合共享，持续推广“一站多能、一网多用”等发展模式。加快统筹城乡道路客运发展，促进城乡融合，全力推进城乡客运公交化进程，为城市居民和乡村居民提供更加便捷、更加安全的道路运输出行服务。

（摘编：马新华）

2022 年度中国港口集装箱码头十个单项评比优胜单位福建上榜名单

2023 年 5 月 24 日，中国港口协会集装箱分会公布了 2022 年度中国港口集装箱码头十个单项评比优胜单位名单。福建多个港口码头榜上有名，收获多项荣誉称号。

在集装箱吞吐量超 200 万标箱集装箱码头评比中，厦门集装箱码头集团有限公司海天分公司被评为 2022 年超 290 万标箱码头，厦门远海集装箱码头有限公司被评为 2022 年超 270 万标箱码头，厦门海润集装箱码头有限公司被评为 2022 年超 210 万标箱码头。

在内贸集装箱吞吐量超 100 万标箱集装箱码头评比中，厦门海沧新海达集装箱码头有限公司被评为 2022 年内贸箱吞吐量超 130 万标箱码头。泉州太平洋集装箱码头有限公司被评为 2022 年内贸箱吞吐量超 130 万标箱码头。福建江阴国际集装箱码头有限公司被评为 2022 年内贸箱吞吐量超 110 万标箱码头。厦门海润集装箱码头有限公司被评为 2022 年内贸箱吞吐量超 100 万标箱码头。

福建江阴国际集装箱码头有限公司被评为 2022 年海铁联运超 4 万标箱码头，跻身海铁联运前 10 名集装箱码头。厦门嵩屿集装箱码头有限公司被评为 2022 年国际中转超 40 万标箱码头，跻身国际中转前 10 名集装箱码头。

在桥吊作业效率平均每台时超 30 自然箱集装箱码头评比中，我省 4 码头入围，他们分别是厦门海沧新海达集装箱码头有限公司、厦门海润集装箱码头有限公司、泉州太平洋集装箱码头有限公司和厦门嵩屿集装箱码头有限公司。

在船舶装卸效率平均每艘时超 100 自然箱集装箱码头评比中，厦门嵩屿集装箱码头有限公司和厦门远海集装箱码头有限公司入围。在每标箱消耗电力和燃油最低前 10 名集装箱码头评比中，厦门海润集装箱码头有限公司榜上有名。

作为中国港口行业的专业机构，中国港口协会每年根据全国各港口的实际运营情况开展行业各项先进评比。其下设的集装箱码头专业分会，成员单位集装箱吞吐量占全国集装箱码头吞吐量的 90%以上，在行业内具有较高的权威性。

（摘编：陈闽声）

国家电子商务示范基地福建省新增两家

2023年9月5日福建省商务厅消息，近日，由商务部、北京市主办的2023中国电子商务大会在北京国家会议中心开幕。会上公布了2023年新增16家国家电子商务示范基地名单，我省新增石狮国际轻纺城跨境和直播电商产业园、东海跨境电商生态圈两家国家电子商务示范基地。截至目前，全省国家电子商务示范基地总数达到12家。

石狮国际轻纺城跨境和直播电商产业园是石狮市打造的“跨境电商+市场采购+外贸综合服务”相结合的外贸新业态改革试验区，已有近200家跨境电商和直播电商企业及电子商务服务企业进驻，年交易额超过66亿元。位于泉州的东海跨境电商生态圈，目前则聚集了跨境电商企业超千家，实现区域年产值超100亿元，年发货量3000万件，跨境电商出口规模占泉州市1/3以上。

截至目前，全省共创建国家电子商务示范城市4个，8个城市获批国家跨境电商综合试验区。2023年1—6月，我省网络零售额3692.43亿元，同比增长9.7%；我省跨境电商进出口规模664亿元，同比增长18.5%，高于全国增速2.5个百分点。

（摘编：李元）

国家4A级旅游景区和省级旅游度假区新增名单

2023年1月3日福建省文旅厅消息，根据《旅游景区质量等级管理办法》和《旅游景区质量等级评定与划分》国家标准（GB/T 17775-2003）及《旅游度假区等级划分》国家标准（GB/T 26358-2010），经有关设区市旅游资源规划开发质量等级评定委员会推荐，福建省旅游资源规划开发质量等级评定委员会组织评定，日前确定7家旅游景区为国家4A级旅游景区、4家旅游度假区为省级旅游度假区。

新增的7家国家4A级旅游景区是：漳州高峰谷景区、泉州溪禾山铁观音文化园、宁化天鹅洞景区、福建三钢工业旅游区、松溪梅口埠景区、柘荣鸳鸯草场景区、中国白茶小镇·石圳湾景区。

4家省级旅游度假区是：泉州八仙过海旅游度假区、连江环马祖澳滨海旅游度假区、永泰葛岭旅游度假区、长乐滨海旅游度假区。

（摘编：游永贵）

首批国家文化产业赋能乡村振兴试点福建省入选名单

2023年11月28日福建省文化和旅游厅消息，文化和旅游部办公厅、教育部办公厅、自然资源部办公厅、农业农村部办公厅日前联合印发《关于公布首批文化产业赋能乡村振兴试点名单的通知》，确定了首批63个全国文化产业赋能乡村振兴试点名单。我省龙岩市永定区、南平市建阳区入选。

龙岩市永定区依托丰富的文旅资源、特色鲜明的乡村产业、“东楼西湖北线”的全域旅游格局，提出创新工作机制，出台文化和旅游产业用地优惠政策，申报省级文旅产业特派员试点县，持续推进乡村振兴“一县一片区”，省级乡村振兴试点村、实绩突出村项目建设等25项试点工作任务，打造独具特色的试点示范样板。

南平市建阳区提出创新工作体制机制，提增文化产业和旅游产业的社会效益，做强乡村特色文化产业和旅游业，加强文化和旅游人才队伍建设，推动文化和旅游项目建设运营，提升文化和旅游设施效能，统筹利用乡村文化和旅游资源，探索文化产业和旅游业用地模式等8个方面26项试点工作任务，积极探索文化产业赋能乡村振兴新路径。

（摘编：王利兴）

第三批国家级旅游休闲街区福建省入选名单

2023年12月27日，第三批国家级旅游休闲街区名单公布，我省龙岩市长汀县店头街历史文化街区、三明市泰宁县尚书街旅游休闲街区入选。至此我省已有7个国家级旅游休闲街区，数量位居全国第五。

长汀县店头街历史文化街区是古汀州城最早的商业街区，形成于宋，繁荣于明清，至今仍保留着前店后宅或前店后作坊的特色，有“明清古街”之称。街区具备典型的客家文化和深厚的红色文化，地域文化特色鲜明，现有国保1处、省保4处、保存完整的宗祠家庙12处、历史建筑45处。

泰宁县尚书街旅游休闲街区位于泰宁旅游风景名胜区的中心区域，列入文物保护单位6处、文保点42个，被誉为“汉唐古镇、两宋明城”，曾有“隔河两状元、一门四进士、一巷九举人”之科举盛况。街区内现建有全省首个乡村非遗博览苑，打造了状元文化、乡村民宿、特色美食、旅游休闲等特色主题馆。

（摘编：林汇智）

福建省第三批国家A级物流企业培育对象名单

2023年12月11日福建省工业和信息化厅印发《关于公布第三批国家A级物流企业培育对象名单的通知》(闽工信函服务〔2023〕629号)提出，根据省工业和信息化厅等15部门《关于进一步促进服务型制造发展的实施意见》(闽工信法规〔2021〕46号)，在省、市物流协会推荐的基础上，经研究，确定百琪物流科技有限公司等65家企业为第三批国家A级物流企业培育对象(详见附件)。请指导企业进一步完善设施建设、丰富服务模式、提升服务能力，尽快达到国家A级物流企业认定条件。

第三批国家A级物流企业培育名单

序号	企业名称	序号	企业名称
1	百通物流有限公司	22	福建省四通物流集团有限公司
2	福港(罗源)国际港务有限公司	23	漳州市通达物流有限公司
3	福建畅翔物流有限公司	24	中外运物流(福建)有限公司
4	福建豪捷物流有限公司	25	百琪物流科技有限公司
5	福建可门港物流有限责任公司	26	福建艾城物流有限公司
6	福建蒲公英供应链管理有限公司	27	福建广通物流有限公司
7	福建善祥物流有限公司	28	福建凯锋物流发展有限责任公司
8	福建省顺翃农产品冷链物流有限公司	29	福建瑞丰快递有限公司
9	福建省物资储运有限公司	30	福建中通云仓科技有限公司
10	福建省祥通运输有限公司	31	晋江市畅燃物流有限公司
11	福建新紫金医药有限公司	32	泉州港口物流有限公司
12	福州德信通道路货物运输有限公司	33	泉州港务集团有限公司
13	福州港罗源湾码头有限公司	34	泉州市清濛交通服务有限公司
14	福州景通物流有限公司	35	泉州顺路物流有限公司
15	福州优鲜冷链物流有限公司	36	泉州腾泓物流有限公司
16	顺恒(福建)冷链物流有限公司	37	国投湄洲湾港口有限公司
17	纵横现代(福州)物流有限公司	38	福建闽强达物流有限公司
18	厦门航运价格评估有限公司	39	福建省建瓯市芝峰同齐物流有限公司
19	厦门一嘉跨境电商物流有限公司	40	福建长盛通达物流有限公司
20	厦门浩亚物流有限公司	41	南平市华顺物流有限公司
21	福建省立通物流有限公司	42	南平市汇普云仓供应链有限公司

续表

序号	企业名称	序号	企业名称
43	南平市蚂蚁帮快递有限公司	55	三明市元浩物流有限公司
44	南平市众配物流有限公司	56	三明市正通物流有限公司
45	福建鸿祥易达物流有限公司	57	福建利华物流有限责任公司
46	福建环亚物流有限公司	58	龙岩市港通汽车运输有限公司
47	福建晋程物流有限公司	59	漳平市顺利汽车运输有限公司
48	福建开拓物流有限公司	60	福安市昌运物流有限公司
49	福建闽中兄弟现代物流城有限公司	61	福建省双一物流有限公司
50	福建三明兄弟公路港有限公司	62	福建甬福物流有限公司
51	福建省速天捷汽车运输有限公司	63	宁德市交投物流集团有限公司
52	将乐县汉宇物流有限公司	64	宁德市宁港水陆联运有限公司
53	三明市将乐县三达物流有限公司	65	福建岚和供应链管理有限公司
54	三明市聚牛物流有限公司		

（摘编：邓新民）

第十二届“福建省文化企业十强”及提名企业 第六届“福建省最具成长性文化企业”名单

2023年10月8日，第十二届“福建省文化企业十强”及提名企业暨第六届“福建省最具成长性文化企业”发布仪式在福州举行，省委宣传部、省委网信办、省文旅厅、省广电局等有关负责人为37家上榜企业授牌。

省文化企业十强中，有8家为新晋企业，榜单更新率达80%。十强及提名企业中，非公企业占比分别为60%、90%。17家最具成长性文化企业全部为非公企业且大部分为高新技术企业，近3年营收增速、净资产收益率平均值都达到20%以上，2022年研发费用占同期销售收入的比例平均超过3%，充分显示了我省民营文化企业的创新创造能力和竞争优势。

福建省文化企业十强名单

（共10家，排名不分先后）

1. 海峡出版发行集团有限责任公司
2. 厦门外图集团有限公司
3. 福建省文松彩印有限公司
4. 印象大红袍股份有限公司
5. 德艺文化创意集团股份有限公司
6. 漳州市恒丽电子有限公司
7. 福建网龙计算机网络信息技术有限公司
8. 厦门吉比特网络技术股份有限公司
9. 四三九九网络股份有限公司
10. 厦门文广移动传媒有限公司

文化企业十强提名企业名单

（共10家，排名不分先后）

1. 厦门报业传媒集团有限公司
2. 厦门意外境界文化传播有限公司
3. 厦门自在互娱文化传媒有限公司
4. 厦门第二未来科技有限公司
5. 厦门中建东北设计院有限公司
6. 福建省华一设计有限公司
7. 厦门媒管家文化科技有限公司
8. 福建省德化同鑫陶瓷有限公司
9. 厦门真有趣信息科技有限公司
10. 厦门联发商置有限公司

第六届福建省“最具成长性文化企业”名单

（共17家，排名不分先后）

1. 福州佳软软件技术有限公司
2. 福建游龙共创网络技术有限公司
3. 福州灰度科技有限公司
4. 福建品家竹品科技有限公司
5. 福建新创立家居用品有限公司
6. 福建省碧诚工贸有限公司
7. 福建省九竹工贸有限公司
8. 南平市建阳区山石建盏陶瓷有限公司
9. 福建省泉州龙鹏集团有限公司
10. 福建省华峰盛石业雕刻有限公司
11. 福建省天材古典工艺有限公司
12. 福建良亚工艺品有限公司
13. 厦门勇仕网络技术股份有限公司
14. 厦门飞鱼科技有限公司
15. 厦门极致互动网络技术股份有限公司
16. 家乡互动（厦门）网络科技有限公司
17. 厦门维虎网络科技有限公司

（摘编：郑欣然）

福建省2022年省级示范物流园区名单

2023年2月27日福建日报报道，省工信厅日前公布了2022年省级示范物流园区名单，共有6家企业上榜，我省将从省级工业企业技改专项转移支付资金中给予每个园区一次性奖励100万元。

入围2022年省级示范物流园区的分别是：八方物流福州口岸物流园区、厦门盛辉物流园（夏商淘化大同二期项目）、厦门前场铁路大型货场（一期）、中通快递集团泉州综合物流园、龙岩公路港物流园和安吉物流上汽宁德基地配套物流园区。

我省要求各设区市物流牵头部门要加强指导，推动省级示范物流园区进一步完善公共基础配套设施，提高园区运行效率，创新园区运作模式，提升园区信息化标准化水平，积极服务地方经济和产业集群，在推动全省现代物流业高质量发展中发挥示范带动作用。

（摘编：邓新民）

国家认可实验室福建省新增名单

2023 年 7 月 8 日福建省农科院消息，近日，省农科院畜牧兽医研究所动物疫病检测中心，通过了中国合格评定国家认可委员会（CNAS）资质评审及合格评定，获得“国家认可实验室”资质证书。这是我省第一家获得 CNAS 认可的动物疫病检测实验室。

CNAS 是国家认证认可监督管理委员会批准设立并授权的国家认可机构，统一负责对认证机构、实验室和检验机构等的认可工作。通过认可的实验室，可在其出具的检测报告上加盖 CNAS 印章，所出具的数据国际互认。

2021 年，省农科院畜牧兽医研究所动物疫病检测中心开始推动 CNAS 实验室认可工作各项筹备工作，通过组织人员开展培训、实验室人员能力评价，开展能力验证项目和实验室间比对，升级改造软硬件设施，确保检测过程中的全部要素达到 CNAS 认可的相关要求。成功通过 CNAS 实验室认可，标志着该检测中心已经建立了符合国际标准的质量管理体系、软硬件设备设施、管理水平和检测技术能力。

（摘编：周少雄）

福建省数字化支付安全等 18 家重点实验室名单

2023 年 7 月 15 日福建省科学技术厅印发《福建省科学技术厅关于福建省数字化支付安全等 18 家重点实验室通过验收并授牌的通知》（闽科基〔2023〕4 号）提出，根据《福建省重点实验室管理实施细则》，我厅组织对 18 家省重点实验室（企业类）开展了验收工作。根据验收专家组意见，经研究决定，福建省数字化支付安全重点实验室等 18 家重点实验室（具体名单附后）通过验收，予以正式授牌运行。为确保实验室建设水平和质量，现将有关事项通知如下：

一、本通知下发之日起，各重点实验室即进入运行期，省科技厅按照年度总结和定期考核评估的动态监督方式进行管理。

二、各重点实验室要结合专家组现场考察验收时提出的意见和建议，聚焦国家战略和我省经济社会发展重大需求，围绕重点实验室的主要任务和研究方向，开展应用基础研究和前沿技术研究，发挥重点实验室在关键核心技术创新和重大原创技术突破中的作用。

三、请业务主管部门和依托单位继续大力支持重点实验室的运行和管理，在资源投入、激励和保障等方面给予重点实验室倾斜支持，发挥重点实验室的引领带动作用，为奋力谱写全面建设社会主义现代化国家福建篇章提供有力科技支撑。

通过验收并授牌的省重点实验室名单

序号	实验室名称	依托单位	业务主管单位	负责人
1	福建省数字化支付安全重点实验室	福建新大陆支付技术有限公司 福建新大陆自动识别技术有限公司	福州市科学技术局	林　建
2	福建省高性能发电机组重点实验室	福建永强力加动力设备有限公司	福州市科学技术局	黄　宪
3	福建省智能健康按摩器具重点实验室	奥佳华智能健康科技集团股份有限公司	厦门市科学技术局	张云龙
4	福建省电子数据存取证重点实验室	厦门市美亚柏科信息股份有限公司	厦门市科学技术局	江汉祥
5	福建省眼表与角膜病重点实验室	厦门大学附属厦门眼科中心	厦门市科学技术局	吴护平
6	福建省冷冻调理水产品加工重点实验室	福建安井食品股份有限公司	厦门市科学技术局	黄建联
7	福建省智能网联商用车重点实验室	厦门金龙联合汽车工业有限公司 福州物联网开放实验室有限公司	厦门市科学技术局	陈卫强
8	福建省车联网重点实验室	厦门雅迅网络股份有限公司	厦门市科学技术局	陈典全
9	福建省水产功能性饲料及养殖环境调控重点实验室	福建大北农华有水产科技集团有限公司	漳州市科学技术局	易敢峰
10	福建省高新面板重点实验室	福建华佳彩有限公司	莆田市科学技术局	曾志远
11	福建省数控机床与智能制造重点实验室	福建省威诺数控有限公司 莆田学院	莆田市科学技术局	李才儿
12	福建省高效能电池重点实验室	福建南平南孚电池有限公司	南平市科学技术局	常海涛
13	福建省焊接质量智能评估重点实验室	龙合智能装备制造有限公司 龙岩学院	龙岩市科学技术局	陈虹微
14	福建省稀土功能材料重点实验室	福建省长汀金龙稀土有限公司	龙岩市科学技术局	张永健
15	福建省消费类锂离子电池重点实验室	宁德新能源科技有限公司	宁德市科学技术局	鲁宇浩
16	福建省高速公路工程重点实验室	福建省高速技术咨询有限公司 福建省高速路桥工程有限公司	福建省国有资产监督管理委员会	刘光东
17	福建省乘用车节能减排技术重点实验室	东南（福建）汽车工业有限公司	福建省国有资产监督管理委员会	许　尚
18	福建省智能电网保护与运行控制重点实验室	国网福建省电力有限公司	国网福建省电力有限公司	陈金玉

（摘编：郭向东）

中国钢企竞争力暨发展质量评级结果 福建三钢获评 A+（极强）级别

2023 年 1 月 8 日福建省工信厅消息，冶金工业规划研究院日前线上发布了 2022 中国钢企竞争力暨发展质量评级结果，19 家钢企获评 A+（极强）级别，占评估钢企总数的 17.4%，福建三钢位列其中。

本次共有 109 家钢企进入评估范围，粗钢产量累计占全国总产量的 90.9%。获评为 A+（极强）、A（特强）、B+（优强）的钢企共有 96 家，占评估钢企总数的 88.1%，其粗钢产量累计占全国总产量的 89%。

（摘编：马新华）

2023 中国民企研发投入和发明专利榜单 福建上榜企业名单

2023 年 10 月 24 日福建省工商联消息，日前，在湖南长沙举行的 2023 全国民营企业科技创新与标准创新大会上，全国工商联发布了“2023 中国民营企业研发投入 500 家榜单”和“2023 中国民营企业发明专利 500 家榜单”。两个榜单中我省各有 19 家企业入围。

入围“2023 中国民营企业研发投入 500 家榜单”的 19 家闽企分别是宁德时代、大东海实业、百宏聚纤、安踏体育、福耀玻璃、新大陆科技、四三九九网络、吉比特网络、三安集团、宏发电声、瑞芯微电子、九牧集团、永荣集团、亿联网络、永辉超市、三宝集团、万泰沧海生物、中景石化、恒申集团。其中，宁德时代排第 11 位，为排名最靠前的福建企业。

入围“2023 中国民营企业发明专利 500 家榜单”的闽企是宁德时代、奥佳华、瑞芯微电子、福耀玻璃、匹克集团、科华数据、九牧集团、乾照光电、盈趣科技、宏发电声、新大陆科技、建霖家居、科之杰新材料、恒安集团、松霖科技、三宝集团、立达信物联、三棵树涂料、安踏体育。其中，宁德时代排第 14 位，同样是排名最靠前的福建企业。

（摘编：游永贵）

第七篇

年度纪事

年度纪事

一月

2日，我省又有3县率先基本实现农作物生产全程机械化。

近日，农业农村部公布全国第七批率先基本实现农作物生产全程机械化示范县（市、区）名单。全国114个县（市、区）入选，另有14个设区市整建制率先基本实现主要农作物生产全程机械化。我省浦城县、尤溪县、上杭县榜上有名。农业农村部自2015年开始，在全国组织开展全程机械化示范县创建活动。截至目前，我省共有10地入选该名单。另外7个县（区）为：建宁县、长汀县、莆田市荔城区、三明市沙县区、宁化县、武平县、南平市建阳区。

3日，漳州龙文石英钟表入选工信部中小企业特色产业集群。

近日，工信部公布2022年度中小企业特色产业集群的认定评审结果。其中，漳州市龙文区的石英钟表产业集群入选，为漳州市唯一入选的产业集群。

3日，德化将打造全国区域（城市）产业名片。

日前，2022年工业文化发展大会暨第六届中国工业文化高峰论坛召开。会上，工业文化发展中心与“区域（城市）产业名片打造计划”的首批试点区域（城市）正式签约启动，德化县列入其中。

3日，福建省第三届评茶员职业技能大赛举行。

由省人社厅、农业农村厅、供销社联合主办的福建省第三届评茶员职业技能大赛日前在福州举行，来自9个设区市、平潭综合实验区及省级有关单位组成的12支代表队同台竞技。

4日，元旦假期全省交通客运量131.65万人次。

福建省交通运输厅假日办（运输中心）消息，元旦假期，全省交通运输总体安全、平稳、有序。假期3天，全省道路水路客运量131.65万人次，以省内中短途客流为主。全省高速公路出入口流量（含省际）490.5万辆次，其中小型客车流量360.8万辆次。

5日，福建省房地产金融对接推进会召开。

福建省房地产金融对接推进会召开。省委常委、常务副省长郭宁宁，副省长林文斌出席会议并讲话。会上，共有9家金融机构与16家房企现场签约，明确意向授信金额1450亿元。

6日，福建省委农村工作会议召开。

省委农村工作会议在福州召开。会议的主要任务是，全面贯彻党的二十大精神，深入贯彻习近平总书记关于“三农”工作的重要论述，按照中央经济工作会议、中央农村工作会议部署，分析我省当前“三农”工作形势，明确今年及今后一个时期“三农”工作总体思路，研究部署全面推进乡村振兴重点工作。省委书记周祖翼出席并讲话。省委副书记、省长赵龙主持。

7日，厦金“小三通”客运航线7日复航。

中断了近3年的厦金“小三通”客运航线复航，中央台办副主任龙明彪，省委常委、常务副省长郭宁宁到厦门五通客运码头向返乡过年的台湾同胞表达了新春祝福，并与前来迎接返金乡亲的金门县长陈福海一行见面交流。

8日，两马“小三通”客运航线复航。

中断近3年的两马“小三通”客运航线正式复航。11时15分许，由马祖出发载有30名旅客的“吉顺十号”客轮停靠福州马尾琅岐客运码头，14时15分许搭载14名旅客安全返抵马祖，顺利完成复航首个往返航班。至此，我省已有2条“小三通”客运航线（厦门—金门、马尾—马祖）实现复航，为广大金门、马祖乡亲返乡过年提供便利。

9日，省领导会见沙特国家石油公司亚洲副总裁一行。

省委常委、常务副省长郭宁宁在福州会见沙特国家石油公司亚洲副总裁王稚一行。

10日，省政协十三届一次会议在榕开幕。

上午，政协第十三届福建省委员会第一次会议在福州开幕。十二届省政协主席崔玉英代表十二届省政协常委会向大会报告过去五年的工作。滕佳材主持会议。

11日，省十四届人大一次会议开幕。

周祖翼主持，省长赵龙代表省人民政府向大会作政府工作报告。报告分为四个部分：一、2022年和过去五年工作回顾；二、全面贯彻落实党的二十大精神，奋力谱写全面建设社会主义现代化国家福建篇章；三、敢拼会赢、真抓实干，全力做好2023年工作；四、坚持党的全面领导，全力建设让人民更加满意的政府。

12日，我省支持企业春节连续生产给予稳就业奖补。

经省政府同意，省人社厅、财政厅日前联合出台《关于实施2023年春节期间稳工稳产促就业七条措施的通知》，进一步保障企业春节期间用工需求，助力我省一季度“开门稳开门红”。通知明确，鼓励企业抢占先机稳定生产，对经当地政府有关经济部门认定，积极采取措施稳定职工队伍，春节当月连续稳定生产的重点企业，可申请一次性稳就业奖补。

15日，全省港口货物吞吐量去年首破7亿吨。

福建省交通运输厅消息，2022年全省公路水路投资再创历史新高，全年完成投资1051亿元，实现连续三年突破1000亿元，推动综合立体交通网加快完善。全省完成港口货物吞吐量首次突破7亿吨，达到7.14亿吨。

16日，我省首列出口汽车国际铁路直达专列宁德陆港开行。

一趟满载着290台国产商品汽车的整车国际铁路直达专列由宁德陆港驶出，班列到达满洲里口岸后经换乘俄铁专用车，将于18天后抵达俄罗斯莫斯科多斯基诺站。这是宁德首开中欧班列，也是我省首列出口汽车国际铁路直达专列。

17日，全省安全生产工作暨省政府第一季度防范重特大生产安全事故视频会议召开。

全省安全生产工作暨省政府第一季度防范重特大生产安全事故视频会议召开，贯彻落实全国安全生产电视电话会议精神，部署下一阶段安全生产重点工作。省委常委、常务副省长郭宁宁出席并讲话。

17日，去年全省审批用地同比增加37%。

全省自然资源工作视频会议消息，2022年，全省审批用地17.5万亩、同比增加37%，其中省以上重点项目8.9万亩、同比增加47%；国务院批准用地面积5.1万亩，同比增加184%。供应国有建设用地30.9万亩，同比增加31%，出让土地价款2589亿元。国家基金第一、二批项目全部开工、落实用地用海保障。

18日，去年我省市场主体减轻税费负担和增加现金流1146亿元。

全省税务工作会议消息，受益退税减税、缓税政策，2022年，我省纳税人缴费人减轻税费负担和增加现金流1146亿元，其中留抵退税705亿元、新增减税降费232亿元、缓税缓费209亿元。全省税务系统组织税费收入8851.45亿元，其中：税收收入4173.55亿元，同比下降14.0%，扣除留抵退税因素还原后，下降4.0%。办理出口退税833.42亿元，同比增长11.2%。

19日，去年福建进出口贸易规模创新高。

据福州海关统计，2022年福建省货物贸易进出口1.98万亿元人民币，比上年（下同）增长7.6%，达到历史最高值。其中，出口1.21万亿元，增长12.3%；进口7688亿元，增长0.9%。

20日，省领导调研春节假期文化旅游工作。

省委常委、宣传部部长张彦带队前往三坊七巷、省非遗博览苑、福建芳华越剧院、福建博物院等文旅景区、文化单位和企业，检查督导春节期间公共服务、文化旅游和安全生产等工作，看望慰问坚守岗位的一线干部职工。副省长王金福参加调研。

22日，去年福建跨境电商增速超20%。

根据海关统计数据，2022年1—12月，福建省经海关监管的跨境电商出口、进口、进出口规模均实现同比20%以上增长，均高于全国增速。

25日，我省水利投资规模、增量、增幅均创历史新高。

福建省水利厅消息，2022年我省水利投资规模、增量、增幅均创历史新高，规模同比增长35.3%；水利建设实现提档升级，重大项目开工数量超年计划70%；水利工程建设质量考评首次跃居全国前五。

26日，全省累计实现旅游收入逾136亿元。

福建省文旅厅消息，据第三方测算，2023年春节假期全省累计接待游客2087.79万人次，同比增长25.4%；累计实现旅游收入136.55亿元，同比增长78.0%。按可比口径，上述两项指标分别恢复到2019年同期的98.8%和102.9%。

26日，我省汽车出口迎“开门红”。

15时，福州港江阴港区，伴随着悠扬的汽笛声，1110辆上汽名爵出口车辆有序驶上“安吉23”号滚装船，即将漂洋过海发往墨西哥拉萨罗卡德纳斯港。这是上汽集团首次在福州港江阴港区开展外贸滚装汽车出口作业。

28日，福建内外贸一体化提速。

商务部等14部门近日正式公布了内外贸一体化试点地区名单，包括福建（含厦门市）在内的九省市入选。试点地区将通过推进重点领域、重点环节的改革创新，形成一批可复制推广的经验和模式，为促进内外贸融合发展发挥示范带动作用。

29日，周祖翼赵龙分赴泉州福州调研企业节后生产、项目推进情况。

福建省委书记周祖翼、省长赵龙分别到泉州市、福州市，深入企业一线、项目建设现场，带头调研推动，带头督促落实。

29日，2022年福建GDP首破5万亿。

在今日召开的省政府新闻发布会上，省统计局通报了2022年福建省经济运行情况。根据地区生产总值统一核算结果，2022年全省地区生产总值53109.85亿元，按可比价格计算，比上年增长4.7%，这是我省地区生产总值首次跨上5万亿元大关。

30日，我省全面加强基础设施项目建设。

基础设施建设，一头连着民生补短板的需求，一头连着稳投资稳增长的重任。2022年，八闽大地重大基础设施建设快马加鞭，捷报频传，保持强劲势头。全省基础设施投资5231.80亿元，比上年增长15.0%，高于全省投资增幅7.5个百分点，对全省投资增长的贡献率达47.7%，拉动全省投资增长3.6个百分点。

30日，我省科学家在水稻抗耐旱性研究方面取得进展。

近日，由省农科院水稻研究所研究员张建福领衔的水稻抗逆分子育种团队，在水稻耐旱基因研究方面取得新进展。研究发现，IPA1基因对水稻耐旱性具有正调节作用。相关成果已于本月25日发表在国际知名期刊*BMC Plant Biology*上。

31日，我省水稻护颖发育分子机理研究取得新突破。

近日，由省农科院水稻研究所研究员张建福、中科院院士谢华安领衔的水稻抗逆分子育种团队，在水稻护颖发育分子机理研究方面取得进展。该研究构建的水稻护颖发育分子调控网络，具有一定的理论价值，为深入研究护颖发育的分子机制提供了思路。相关研究成果，已于本月6日发表在国际知名期刊*BMC Plant Biology*上。

31日，去年我省技术合同成交额创近五年新高。

来自省科技厅的最新数据显示，我省技术市场日趋活跃，技术合同认定登记额逐年攀升。2022年，全省技术合同成交额约289亿元，同比增长35%，是2017年的2.8倍，创近五年新高。

（摘编：郭向东）

二月

1日，去年我省规上工业增速东部地区居首。

2023年全省工业和信息化工作会议消息，2022年，我省高效统筹疫情防控和工业发展，工业增长保持稳定，主要指标持续领先，全年规上工业增加值增长5.7%，增速稳居东部地区第一位。

2日，福建2022年林业重点工作获国家林草局通报表扬数列全国第一。

福建持续推进集体林权制度改革和林业“八大工程”，森林覆盖率持续保持全国第一，林业改革发展等多项工作都走在全国前列。近日国家林草局下发通报，福建省在国家公园建设、集体林权制度改革和林长制、森林防火、有害生物防控、法治建设、林草科技和林业工作站及信息化等6个方面工作得到国家林草局表扬，数量全国最多。

3日，福建全力打造消费大省。

全省商务工作会议消息，去年全省社会消费品零售总额21050.1亿元，同比增长3.3%，增速居全国第三位。

3日，去年我省规上工业营业收入超7万亿元。

福建省统计局日前公布我省规上工业营业收入和盈利状况。数据显示，2022年，我省规模以上工业营业收入保持稳定增长，总量突破7万亿元大关。去年全省规上工业实现营业收入达70367.52亿元，比上年增长7.0%。

5日，4.24亿元衔接资金及时下达助力推进乡村振兴。

近期，省财政厅及时将中央衔接推进乡村振兴补助资金4.24亿元下达各地，为巩固拓展脱贫攻坚成果同乡村振兴有效衔接工作顺利开展打下基础。衔接资金重点支持脱贫人口稳定脱贫基础、培育和壮大特色优势产业、高质量发展庭院经济和补齐基础设施短板。

6日，福建首个出境游团队厦门启程。

上午7时，在出境团队游按下暂停键三年后，“重游世界·相约巴厘岛5天4晚”2023福建厦门出境旅游首发团活动在厦门高崎国际机场T航站楼国际出发厅举行，标志着厦门出境团队游业务试点正式恢复。

7日，去年我省海洋经济规模继续保持全国前列。

福建省海洋与渔业局消息，2022年福建省海洋经济规模继续保持全国前列，预计全省海洋生产总值1.2万亿元，占地区生产总值23%。全省水产品总量862.4万吨，其中海水养殖产量548.9万吨，居全国第一；水产品人均占有量200余公斤，居全国第一；水产品出口额85亿美元，连续十年居全国首位。渔民人均纯收入2.75万元，同比增长6.6%，继续保持全国前列。

7日，去年我省存、贷款余额双双突破7万亿元。

人行福州中心支行召开的新闻发布会消息，2022年，全省社会融资规模增加1.15万亿元，比上年多增1463.87亿元，社融增量创历史新高。

9日，闽江流域河湖长制工作推进会召开。

副省长郑建闽带领省直相关部门负责同志赴三明市将乐县开展巡河调研，并召开闽江流域河湖长制工作推进会，听取相关设区市河湖长述职，安排部署有关工作。

10日，福建经济增长“主引擎”更强劲。

省委宣传部“稳经济　促发展”系列主题新闻发布会扩大有效需求专场上，省发改委、省科技厅、省工信厅、省商务厅有关负责人进行了解读。2022年，福建固定资产投资以7.5%的增幅领先全国、领跑东部，其中基础设施投资和工业投资分别增长15%和16.9%，成为拉动增长、提质增效的重要引擎；1587个省重点项目完成年度投资的117.6%，全省420个重大招商项目完成年度投资的112.6%，均超额完成年度目标。2023年度1580个省重点项目力争完成投资6480亿元，进一步巩固投资增长势头；促进重点消费、培育新型消费、加大福品消费等多举措扩大需求，全力打造消费大省。

10日，厦门机场首条金砖货运航线开通。

从厦门至巴西圣保罗的金砖货运航线举行首航仪式，这是厦门机场开通的首条金砖货运航线。

当天，埃塞俄比亚航空 ET3743 航班搭载 96 吨货物由厦门高崎国际机场起飞，在埃塞俄比亚首都亚的斯亚贝巴技术经停后，前往南美第一大城市圣保罗，该批货物中，跨境电商货物占比 80.4%。

14 日，福建诚邀全国院士出谋献策。

中国工程科技发展战略福建研究院面向全国发布该院 2023 年咨询研究项目指南，旨在切实发挥战略咨询研究对科学决策的支撑作用，诚邀院士前来申报。研究周期为 2023 年 3 月 1 日至 2024 年 2 月 29 日。中国工程科技发展战略福建研究院是中国工程院和福建省人民政府共同设立的公益性、咨询性学术研究机构，是省院共建的工程科技高端智库，设在省科协。

14 日，闽企去年直接融资 7210 亿元。

2022 年，全省企业通过沪深交易所和银行间市场直接融资 7210.48 亿元，同比增长 4.98%，其中股权融资 1364.77 亿元，债权融资 5845.71 亿元，分别居全国第 6、7 位。

14 日，"科技贷" 助力中小微企业创新发展。

福建省科技厅消息，2022 年，我省扩大"科技贷" 服务对象和重点支持领域，降低企业综合融资成本，全年累计发放 1739 笔"科技贷"，发放金额 74.7 亿元，惠及 1041 户科技型中小微企业。我省自 2019 年实施"科技贷" 以来，受益范围广泛，合作范围不断扩大，截至 2023 年 2 月 6 日，全省累计发放 5620 笔"科技贷"，发放金额 229.32 亿元，惠及 3169 户科技型中小微企业。

16 日，去年我省渔业保费规模居全国第二位。

福建省海洋与渔业局消息，2022 年福建全省渔业保费 4.3 亿元，规模居全国第二位，提供风险保障超 1000 亿元。

16 日，全省体育产业总产出超 6000 亿元。

福建省体育工作会议消息，2022 年全省体育产业总产出达 6008.78 亿元，体育产业增加值占全省地区生产总值的比重达 4.14%，对全省经济增长的贡献率为 4.3%，拉动地区国民经济增长 0.5 个百分点。

17 日，我省中央引导地方科技发展资金项目启动申报。

福建省科技厅消息，2023 年度福建省中央引导地方科技发展资金项目日前启动申报。根据相关通知，项目将发挥中央财政用于支持和引导地方政府落实国家创新驱动发展战略等资金引导作用，以问题为导向，以需求为牵引，结合我省实际，支持自由探索类基础研究等三个方面，单个项目申请资助额度最高达 100 万元。

19 日，"双倍增" 行动见成效。

福建省科技厅消息，2022 年我省深入实施高新技术企业数量和产业增加值"双倍增" 行动，依托互联网平台为近万家高企开展认定宣传辅导，全省有超过 5000 家企业申报国家高新技术企业认定。

21 日，福建与江西签署全面深化战略合作框架协议。

福建省委书记、省人大常委会主任周祖翼在福州会见了来闽考察的江西省委副书记、省长叶建春一行，就进一步拓展两省合作空间、强化产业协作、深化文旅互动、提高区域联动发展水平等进行深入交流。省委副书记、省长赵龙参加会见，出席两省座谈会，见证两省签署全面深化战略合作框架协议，并陪同考察调研。在闽期间，叶建春一行先后考察了博思软件、高意集团、福山郊野公园、省大数据集团等，深入了解科技创新、数字经济发展、生态保护与民生改善等情况。

21 日，福建金融综合实力持续提升。

福建省金融监管局消息，2022 年全省实现金融业增加值 3889.78 亿元，同比增长 6.7%，增速同比提高 1.5 个百分点，高于全国 1.1 个百分点，高于同期 GDP 增速 2 个百分点，金融综合实力持续提升。金融机构增量提质，对地区经济贡献度不断增强。至 2022 年末，全省共有各类金融机构、地方金融组织超 2800 家；地方法人金融机构持续做优做强，总资产超 12 万亿元，居全国前列。

22 日，全省数字经济"独角兽" 企业开始征集。

省数字办近日发布通知，2023 年全省数字经济核心产业领域"独角兽""未来独角兽" 和"瞪羚" 创新企业开始公开征集遴选，申报截止时间为 3 月 5 日。

22 日，我省将评出十个"建筑之乡"。

福建省住建厅消息，我省将根据各地近三年累计完成建筑业总产值，确定排名前十的县（市、区）为“建筑之乡”，实施动态管理。在建筑业企业资质审批方面，赋予“建筑之乡”与设区市同等审批权限。数据显示，2022 年我省完成建筑业总产值 1.71 万亿元，同比增长 8.3%左右。我省建筑工程品质明显提升，2022 年共有 6 个项目入选鲁班奖，8 个项目入选国家优质工程奖，84 个项目获评“闽江杯”省优工程。

23 日，我国面积最大的高铁站房智能天窗在厦建成。

新建厦门北站建筑面积约 1400 平方米的天窗施工调试成功，这是国内高铁站房中面积最大的侧悬式模块化滑移启闭感应智能天窗。整个天窗呈人字形，高差 2.6 米，由 420 个单重 180 公斤的工厂预制化模块构成，现场仅用 15 天完成高空拼装作业。

24 日，《中国区域科技创新评价报告 2022》显示福建科技活动人力投入居全国第一。

根据科技部最新发布的《中国区域科技创新评价报告 2022》，2020 年福建科技活动人力投入指标表现亮眼，位次大幅上升了 5 位，与广东、浙江等 10 个省市并列第 1 位；企业 R&D 研究人员数增长 51.19%，占全社会 R&D 研究人员比重提高了 23.92 个百分点，位次上升了 1 位至全国第 5 位。

26 日，《2022 年度中小企业发展环境评估报告》发布。

近日，在第二届全国中小企业发展环境论坛上，中国中小企业发展促进中心发布了《2022 年度中小企业发展环境评估报告》（以下简称《报告》）。《报告》选取 4 个直辖市、5 个计划单列市和 27 个省会城市，共计 36 个典型城市作为评估对象，以上一年数据为基础，由第三方机构独立开展评估。最终，深圳、上海、南京、广州、北京位列全国前五。福建 2 地上榜，厦门位列第 7 名，福州位列第 18 名。

27 日，我省高快速铁路里程居全国第十。

福建省铁路建设发展中心消息，截至 2022 年底，我省铁路运营里程达到 4381 公里，其中高、快速铁路 1906 公里，位居全国第十，初步形成“三纵六横”的铁路网格局。到 2035 年，我省铁路网规模预计达到 8000 公里，其中高速铁路 4450 公里，基本实现“市市通高铁，县县通铁路”。

28 日，福建税务加力稳外贸。

近日，国家税务总局福建省税务局出台助力外贸稳增长的 10 条政策举措，进一步精简出口退税涉税资料报送、优化出口退税流程、加快退税进度。

28 日，我省进口通关效率位列前七大外贸省市第 3 位。

福建省商务厅消息，2022 年全省进口、出口整体通关时间分别为 26.77 小时、1.19 小时，进口、出口整体通关效率分别位列前七大外贸省市第 3、4 位。

（摘编：游永贵）

三月

2 日，2022 年福建船舶出口逆势增长 17.5%。

福建省船舶出口基地商会第三届第四次理事会消息，过去一年，面对船市低迷、疫情困扰，福建船舶企业创造了良好业绩，其中出口实现逆势增长 17.5%。一年来，福建船舶企业紧盯国内外船舶市场需求新变化，努力调整经营策略，在设计创新、产品升级、工艺改革等方面狠下功夫。全省规上船舶工业企业共完工船舶 157 艘/74.9 万载重吨，新承接订单 203 艘/108.68 万载重吨，手持订单 243 艘/186.52 万载重吨；全年完成工业总产值 109.1 亿元，其中实现出口产值 35.2 亿元，同比增长 17.5%；全省完成修船 1138 艘，创工业产值 20.14 亿元。2022 年福建船企海工辅助船去库存 35 艘，回笼资金 19.06 亿元，取得了去库存的明显成效。

3 日，“中国十大纺织科技”在泉州发布。

近日，由中国纺织科学研究院，泉州市发改委、工信局、科技局联合主办的 2022 中国纺织科技成果对接峰会暨第九届“中国十大纺织科技”发布会在晋江举行。

6日，全省根治拖欠农民工工资工作电视电话会议召开。

全省根治拖欠农民工工资工作电视电话会议召开。会议要求，各级各有关部门要紧盯目标任务，聚焦重点工作，持续开展“雷霆清零”行动。要坚持问题导向和目标导向，对标对表国家要求。要严格落实属地政府责任、行业部门监管责任，督促企业落实主体责任。副省长林瑞良出席并讲话。

8日，省领导赴省高速公路集团调研。

上午，省委常委、常务副省长郭宁宁一行赴省高速公路集团，调研全省高速公路路网监控指挥中心、高速花博园项目，看望慰问省高速公路集团坚守在工作一线的巾帼文明岗女性员工，向她们送上亲切的节日祝福。

9日，福建省绿色经济重点项目融资对接会举行。

由省发改委和省金融监管局主办的福建省绿色经济重点项目融资对接会在福州举行。会上，省发改委、金融监管局作了政策解读，5家金融机构推介了支持绿色经济特色金融产品，5家绿色经济领域企业进行了现场项目路演。中国银行福建省分行、兴业银行、国开行福建省分行、农行福建省分行、建行福建省分行、浦发银行等金融机构与企业代表进行产融项目集体签约，总金额逾800亿元。省委常委、常务副省长郭宁宁出席会议并致辞。

10日，去年我省老区苏区居民收入增速高于全省平均水平。

省委宣传部召开“稳经济，促发展”系列主题新闻发布会乡村振兴和老区苏区振兴发展专场，邀请省发改委、省财政厅、省住建厅、省农业农村厅、省林业局、福建银保监局等单位有关负责人介绍有关情况。去年，全省老区苏区GDP达到3.69万亿元，是2012年的2.56倍；人均GDP达到11万元，是2012年的2.35倍，去年老区苏区居民收入增速持续高于全省平均水平。

13日，福建省网信产业助力数字福建发展工作推进会召开。

福建省网信产业助力数字福建发展工作推进会在福州召开。会前，福建省网信产业联合会正式成立，并召开第一次会员大会，选举产生第一届理事会会长等。省委常委、常务副省长郭宁宁出席会议并讲话。

14日，福建首趟海铁联运“天天班”开行啦！

一列搭载40标箱进口木薯干的海铁联运班列，从特区厦门（前场站）顺利发车，前往老区江西（向塘站）。这是南昌局集团公司（以下简称“南铁”）开行的首趟海铁联运“天天班”，也是南铁为进出口物资保供保畅，畅通国内国际供应链推出的一条海铁物流新通道。

14日，福建清洁能源装机占比首超六成。

福建省统计局和国家统计局福建调查总队联合发布的2022年福建省国民经济和社会发展统计公报显示，2022年末，全省发电装机容量7531万千瓦，比上年末增长7.8%。其中，水电、核电、并网风电、并网太阳能发电装机容量分别达1538.3万千瓦、1101.2万千瓦、742万千瓦、464.9万千瓦。至2022年末，我省清洁能源装机容量达4541万千瓦，占全省发电装机的比重首次超过60%，达60.3%。

15日，1—2月福建外贸实现开局稳。

据福州海关统计，今年1—2月，福建省外贸进出口3014.5亿元人民币，比去年同期（下同）增长5.2%。其中，出口1789.2亿元，增长1.6%；进口1225.3亿元，增长10.9%。我省民营企业进出口占比近六成。前2个月，福建省民营企业进出口1769.4亿元，增长13.7%，占同期全外贸进出口总值的58.7%，比重较去年同期提高4.4个百分点。同期，国有企业进出口678.6亿元，增长13.9%，占22.5%。

15日，上汽宁德—墨西哥自营航线首发启航。

上汽宁德基地举行宁德—墨西哥国际自营航线首发仪式，上汽旗下运载量最大的汽车滚装船——安吉凤凰号搭载首批千辆MG品牌新车，从福建宁德港专属滚装码头驶向墨西哥拉萨罗卡德纳斯港。

17日，我省推进“光储充检”充电基础设施建设。

为深化“电动福建”建设，适应快速增长的新能源汽车充电需求，日前，省工信厅、发改委、住建厅、交通运输厅、市场监管局、应急管理厅、自然资源厅联合印发《福建省“光储充检”充电基础设施建设管理指南（试行）》，提出支持“光储充检”新一代充电基础设施建设和运营，加快相关装备推广应用。到2025年，力争全省建成“光储充检”充电基础设施200个。

18日，2023中国跨境电商交易会开幕。

2023中国跨境电商交易会在福州开幕。副省长王金福出席跨交会“物流+金融”高峰论坛暨签约仪式并巡视展馆。本届跨交会以交易为重，规模达7万平方米，超过80%的展位用于跨境电商供应链，全国20多个省市60多个产业带和50多家中外跨境电商平台共同亮相跨交会。

19日，2022年全国林长制督查考核福建位居首位。

日前，国家林业和草原局组织开展2022年林长制督查考核，福建等12个省份被认定优秀，其中福建总分位居各省（区、市）首位。全面推行林长制，旨在构建党政同责、属地负责、部门协同、源头治理、全域覆盖的长效机制。2021年9月，福建全面建立省、市、县、乡、村五级林长责任体系，共设立五级林长3.3万名，并确定了各自责任区域。

20日，人民日报头版：福建引导民营企业自觉走高质量发展路子。

人民日报头版刊发报道，点赞福建传承弘扬“晋江经验”，实施新时代民营经济强省战略，鼓励和支持民营经济和民营企业发展壮大。

20日，福建口岸首度出口丙烯。

经泉州海关监管，福建联合石油化工有限公司生产的1批1600吨丙烯出口海外，标志着福建省此类化工品出口实现新突破。丙烯是现代工业中非常重要的化工原料，是塑料、合成橡胶和合成纤维最基础原料之一，广泛应用于汽车制造、服装纺织、建筑工程、家用电器以及生物医药等领域。2022年我国进口丙烯233.71万吨，出口仅3.88万吨。

21日，第二十三届投洽会第一次筹备工作会议召开。

第二十三届投洽会第一次筹备工作会议在北京召开。商务部部长助理陈春江、福建省副省长王金福出席会议并讲话。经中央批准，投洽会今年起恢复一年一办。第二十三届投洽会将于今年9月在厦门举办，目前各项筹备工作正有序开展。本届投洽会将继续增强大会双向投资促进、权威信息发布和投资趋势研讨“三大平台”功能，持续提升国际化、专业化、品牌化水平，努力打造新一轮高水平对外开放平台。

22日，2023国际产业合作大会（新加坡）暨中国机电产品品牌展览会开幕。

2023国际产业合作大会（新加坡）暨中国机电产品品牌展览会在新加坡开幕。大会在中国商务部、新加坡贸易与工业部的指导和支持下，由中国机电产品进出口商会、新加坡中华总商会联合主办，于3月22日至24日在新加坡滨海湾金沙会议展览中心举办。

23日，福建省纺织服装大会达成投资签约6.9亿元。

近日，由省工信厅、三明市政府指导，福建省纺织行业协会、三明市工信局主办的福建省纺织服装大会暨“手拉手”活动在三明举办。活动现场，23家纺织企业达成产品采购及投资意向，其中供需采购签约12.7亿元，投资签约6.9亿元，现场集中签约银行授信金额7.1亿元。

24日，“3·24”企业家活动日”座谈会举行。

福建省企业与企业家联合会在福州召开纪念55位厂长经理呼吁“松绑”放权39周年暨2023年“3·24”企业家活动日座谈会。来自各个行业的80余家福建知名企业负责人、部分省级行业协会代表及各地市企联代表参会。

24日，前两月我省高技术产业保持增长。

福建省统计局日前发布数据显示，今年1—2月，全省高技术产业增加值同比增长3.2%、装备制造业增加值同比增长4.5%，均高于全省规模以上工业增速。在国家大力发展新能源产业、我省加快推进“电动福建”建设的背景下，储能产业快速发展，带动电气机械和器材制造业增加值同比增长38.5%；新能源汽车产业“动力”十足，带动汽车制造业增加值同比增长4.3%。

24日，全省重点领域投资开局增势强劲。

福建省统计局日前公布统计数据：1—2月，我省固定资产投资2695.51亿元，同比增长6.1%。

25日，前2月福建实际使用外资同比增长7.4%。

福建省商务厅消息，1—2月，全省新设外商投资企业282家，实际使用外资8.3亿美元，同比增长7.4%。

26日，龙龙高铁开始铺轨。

在龙龙高铁福建古田会址站施工现场，一对500米长轨平稳铺设到路基上，标志着龙龙高铁福建段进入铺轨阶段。龙龙高铁福建段正线铺轨127.69公里，其中无砟轨道70.24公里，有砟轨道57.45公里，道岔33组，计划于6月中旬完成铺轨。

26日，我省建筑业全面开工势头强劲。

福建省住建厅消息，今年前两月我省建设市场各项数据指标稳定增长，全面开工势头强劲。1—2月，全省项目图审完成房屋建筑面积5627万平方米，同比增长159.3%；施工许可审批项目807个，同比增长8.9%；报监合同金额561.42亿元，同比增长41.8%；龙头企业新签合同额556.99亿元，同比增长16.9%。一季度全省力争完成建筑业总产值3300亿元，同比增长6%，实现“开门稳”。

27日，我省首个海岸建筑后退线划定方案获批。

福建海洋研究所消息，日前，由福建海洋研究所、福建省海岛与海岸带管理技术研究重点实验室编制的“东山县海岸建筑后退线划定方案”，获得漳州市人民政府批复。该方案是福建省内首个获批的海岸建筑后退线划定方案。

28日，全省交通建设开展攻坚行动。

福建省交通运输厅近日开展攻坚行动，确保一季度“开门红”、二季度增长稳、三季度势头强、四季度成效好，推动全年完成公路水路投资1000亿元以上。

28日，生鲜食用菌冷链物流领域首个国家标准发布。

近日，由省农科院农业工程技术研究所牵头制定的国家标准《生鲜银耳包装、贮存与冷链运输技术规范》GB/T 42482-2023获批发布。

30日，首届京闽科技合作论坛暨京闽（三明）科技项目对接活动举行。

首届京闽科技合作论坛暨京闽（三明）科技项目对接活动在福建三明举行，与会嘉宾聚焦新材料、新能源、智能制造等领域，围绕“科技赋能强引擎、新兴产业加速度”主题开展研讨交流。

31日，全国优化营商环境现场会在厦门举行。

全国优化营商环境现场会在厦门举行。国家发展改革委党组成员、副主任赵辰昕出席会议并讲话，省委常委、厦门市委书记崔永辉，省委常委、常务副省长郭宁宁出席会议并致辞。

（摘编：郑欣然）

四月

1日，我省试行启运港退税政策。

福建省财政厅消息，根据财政部、海关总署、税务总局近日印发的通知，自2023年4月1日起，我省列入启运港退税试点政策实施范围。启运港退税，是指符合条件的货物自启运港（或经停港）运出，即视同出口，企业可提前申请退税，有效缩短企业获得出口退税的时间。

2日，去年我省规模以上食品工业营业收入居全国第四。

福建省食品工业协会消息，2022年我省规模以上食品工业企业个数达2465个，经济运行情况良好，规模以上食品工业实现营业收入6882.88亿元，位居全国第四位，同比增长2.4%，销售收入、利润总额均实现增长。

4日，我省海工行业AEO高认企业实现零的突破。

厦门海关为豪氏威马（中国）有限公司颁发了海关高级认证企业证书，标志着我省海工行业AEO高级认证企业实现零的突破。

5日，我省967家企业入选“全国科技型中小企业信息库”。

福建省科技厅日前公布2023年我省第一批入库科技型中小企业名单，共有967家企业进入“全国科技型中小企业信息库”培育。

5日，我省商贸贷外贸贷累计放款突破20亿元。

福建省商务厅消息，截至一季度末，福建省“商贸贷、外贸贷”累计支持816家中小微商贸外贸企业（含个体工商户）融资授信总额24.59亿元，放款总额21.86亿元。

6日，我省首创3项农产品质量安全检测团体标准。

由省农科院农业质量标准与检测技术研究所主持制定的3项团体标准近日发布。这3项标准均作为全国首创技术。

7日，我省全力推进第六届数字中国建设峰会筹备工作。

峰会组委会消息，我省正全力推进第六届数字中国建设峰会筹备工作，目前报名参展单位超200家，已征集首创成果214项，峰会创新大赛9个赛道共有超1.7万支队伍报名，“云上峰会”平台计划4月20日上线。本届展览报名踊跃，央企、世界500强、中国500强数量较上届提升23%，不仅老朋友“回头率”超80%，还有故宫博物院、中国建科、小米、一汽、英特尔、AMD等新朋友加入。目前，报名参展单位超200家，其中9家部级单位、17家省外政府单位、26家央企、27家世界500强、34家中国500强。

8日，我省民营工业实现稳步开局。

福建省统计局发布了1—2月我省规上工业企业利润数据。数据显示，今年1—2月，我省民营工业企业实现营业收入6696.66亿元，同比增长1.4%，实现利润总额377.59亿元，增长1.9%；营业收入利润率为5.64%，高于全省规上工业企业营业收入利润率0.76个百分点。

9日，第十六批福建省“水乡渔村”休闲渔业基地开始申报。

近日，福建省海洋与渔业局、福建省文化和旅游厅联合发布通知，将在全省继续培育一批“水乡渔村”休闲渔业基地，以促进福建省休闲渔业规范发展。这标志着第十六批福建省“水乡渔村”休闲渔业基地开始申报。

9日，福建省植物品种测试中心揭牌。

福建省植物品种测试中心授牌仪式在福州举行。该中心依托农业农村部植物新品种测试福州分中心设立，采取一套人马、两块牌子方式运行。

9日，我省“五一”假日旅游订单量猛增。

携程最新发布的“五一”假日旅游数据显示，国内游订单已追平2019年，同比增长超7倍；出境游预订同比增长超18倍。其中，目的地为福建的旅游订单量比去年同期增长超10倍。

11日，福建水利建设再获佳绩。

全国水利工程建设工作会议消息，至目前，我省水利建设质量工作考核已连续3年保持A级行列，取得全国第五的历史最好成绩，获评我国水利优质工程最高奖“大禹奖”的项目数量创历史新高。据统计，近年我省新开工中型水库和国家重大项目100%签订“大禹奖”创建协议，目前全省已有3个项目获评“大禹奖”。

11日，优质“福品”亮相第三届消博会。

以“共享开放机遇，共创美好生活”为主题的第三届中国国际消费品博览会10日在海口开幕，一批福建产优质“福品”好物亮相消博会。省商务厅牵头组织28家企业组成福建馆，以“福品卖全球、全球买闽货”为主题，分“福味飘香”“福茶生活”“福农优品（乡村振兴）”“福潮国风”“福见精品”五个展区重点展现福建省总体发展情况及“福品”好物。单独组团的厦门市以“数字浪潮 精品厦门”为主题，在厦门馆规划了“运动智能”和“时尚生活”两大主题场景，甄选7家品牌企业优势产品，为观众提供沉浸式体验。

12日，全国水利工程建设工作会议在厦门召开。

全国水利工程建设工作会议在厦门召开。水利部副部长刘伟平、副省长李建成出席会议并讲话。

13日，全省早稻播种基本完成。

福建省农业农村厅消息，截至12日，全省早稻播种已基本完成，早稻插秧86.1万亩，春种大豆22.1万亩、玉米29.5万亩，进度比去年同期略快；83.4万亩春粮、13.2万亩油菜长势良好，预计5月上旬可完成收获，面积、产量可超年度计划。今年，我省粮食生产目标任务是，粮食播种面积 1253 万亩（其中大豆 52.8 万亩），总产量 507 万吨，油料面积 125 万亩。

13 日，福建高速项目集中招商。

日前，在福建省高速公路投资推介活动上，全省共推出 63 个项目，总投资约 3500 亿元。

13 日，首届海峡两岸乡村振兴与共同富裕论坛在厦门开幕。

首届海峡两岸乡村振兴与共同富裕论坛暨两岸乡村振兴与“三茶”成果展在厦门国际会议展览中心开幕。两岸专家学者、业内人士聚首厦门，以“论坛+展会”形式，对话研讨“乡村振兴和共同富裕”课题。

14 日，全省重点园区产业链发展和招商工作现场会召开。

全省重点园区产业链发展和招商工作现场会在福州市连江县召开。省政府党组成员康涛出席会议并讲话。会议充分肯定了近年来我省工业（产业）园区建设和招商引资工作成效。

17 日，我省选认 2217 名省级个人科特派和 822 个团队及法人科特派。

福建省省科技厅消息，经省科技特派员工作联席会议成员单位共同审核筛选，决定选认 2023 年福建省科技特派员 2217 名、团队科技特派员 794 个、法人科技特派员 28 个。

17—18 日，2023 年福建省非遗精品展举办。

作为 2023 年福建省文旅经济发展大会的重要活动内容，“文旅融合　共享非遗”——2023 年福建省非遗精品展在宁德市举行。共有来自全省各地的 32 个非遗代表性项目和 30 多位非遗代表性传承人参加。

18 日，一季度全省农村建设品质提升超序时推进。

省农村建设品质提升工作组办公室消息，截至 3 月底，全省农村建设品质 5 类提升工程、21 项重点任务、35 个具体项目完成投资 92.1 亿元，同比增加 17 亿元，占年度计划投资的 30.7%，总体建设超序时推进。

18 日，“投资福建　赢在未来”文化和旅游项目招商推介会举办

下午，作为 2023 年福建省文旅经济发展大会的重要活动，“投资福建　赢在未来”文化和旅游项目招商推介会在宁德举办。省委常委、宣传部部长张彦出席活动并致辞，副省长王金福出席活动并为获聘“福建省文旅经济发展决策咨询专家”的代表颁发聘书。

19 日，2023 年福建文旅经济论坛在福州举办。

作为 2023 年福建省文旅经济发展大会的配套活动，福建文旅经济论坛在福建博物院举办，副省长常斌出席并致辞。

19 日，一季度福建外贸进出口实现“开门红”。

据福州海关统计，一季度，福建外贸进出口 4792.5 亿元，同比增长 10.1%。

20 日，一季度福建居民人均可支配收入同比增长 4.4%。

据国家统计局福建调查总队住户抽样调查，一季度福建居民人均可支配收入 13054 元，比上年同期增加 554 元，同比增长 4.4%，扣除价格因素实际增长 3.1%。

20 日，一季度全省公路水路交通投资完成 289 亿元。

省交通运输厅消息，今年一季度，福建省公路水路交通投资累计完成 289 亿元，占年度目标 1000 亿元的 28.9%，超序时进度 3.9 个百分点，实现“开门稳”。

21 日，我省知识产权转化运用效益加速显现。

2022 年，全省发明专利授权 16213 件，同比增长 29.1%；PCT 国际申请 3055 件，同比增长 72.8%；拥有高价值发明专利 27905 件，同比增长 23.2%；每万人口高价值发明专利拥有量 6.66 件，同比增长 22.2%。

21 日，我省发布科技攻关榜单　广邀英雄“揭榜挂帅”。

日前，围绕 11 个重大技术需求（难题）项目和 2 个成果转化项目，我省面向全国发布 2023 年“揭榜挂帅”英雄榜，广邀科研单位和企业前来“揭榜”攻关。研发总预算初步预测达 2.535 亿元。

23 日，环武夷山国家公园保护发展带总体规划通过评审。

《环武夷山国家公园保护发展带总体规划（2021—2035 年）》日前在南平顺利通过专家评

审。该规划是全国首个国家公园周边地区协同保护相关专项规划，为我国国家公园体制建设提供了可借鉴、可复制的“南平探索”。

24日，全球发展倡议新工业革命伙伴关系研讨会在厦开幕。

全球发展倡议新工业革命伙伴关系研讨会在厦门开幕。研讨会由工业和信息化部、福建省人民政府、厦门市人民政府共同主办，来自25个国家的主管部门、驻华使领馆、科研机构、行业协会、领军企业及相关国际组织约150名代表参加。

24日，去年全省技术合同成交金额超289亿元。

来自省科技厅的最新数据，2022年，全省共登记技术合同17324项，成交金额2895150.69万元，同比增长分别为6.15%和35.04%。

24日，一季度福建锂电池出口值同比增长1.7倍。

据厦门海关统计，今年一季度，福建锂电池出口293.3亿元人民币，同比增长169.8%。其中3月份出口106.4亿元，同比增长105.1%。

25日，第二届福建省数据要素与产业生态大会举行。

第二届福建省数据要素与产业生态大会在福州开幕。本次大会设置“1场主论坛+8场高峰论坛”，通过开展高峰论坛、专家演讲、揭牌仪式、行业签约、项目对接等活动，凝聚产业生态资源，推动数字经济高质量发展。

26日，数字技术应用创新生态大会在福州举行。

作为第六届数字中国建设峰会系列活动之一，数字技术应用创新生态大会今日在福州举行。大会以“根生创新　云启未来”为主题，由华为技术有限公司主办，旨在探讨政企数智化转型新趋势、分享新实践、总结新路径，助力政企深度用云，实现高效提质和应用创新。

27日，第六届数字中国建设峰会在福州举办。

第六届数字中国建设峰会今日在福建省福州市开幕。中共中央政治局委员、中宣部部长李书磊出席开幕式并发表主旨讲话。本届峰会以“加快数字中国建设，推进中国式现代化”为主题，以宣传贯彻落实《数字中国建设整体布局规划》为主线，集中展示数字中国建设最新成果，分享发展经验，以数字中国建设推动高质量发展，助力中国式现代化。峰会将举办系列论坛活动，包括开幕式、主论坛以及20个分论坛，发布《数字中国发展报告（2022年）》等重要报告，启动2023年全民数字素养与技能提升月。

27日，《数字中国发展报告（2022年）》发布。

第六届数字中国建设峰会上，国家互联网信息办公室发布《数字中国发展报告（2022年）》。报告显示，2022年，我国数字经济规模达50.2万亿元，稳居世界第二，占GDP比重提升至41.5%。

28日，第六届数字中国建设峰会在福州闭幕。

数据显示，本届峰会共招商对接数字经济项目606个，总投资3357亿元。其中，集中签约项目52个，总投资581亿元，项目平均投资额比上届增长超30%。

30日，第二批创新型县（市）建设名单福建省入选县（市）。

福建省科技厅消息，科技部网站近日公示第二批创新型县（市）建设名单，我省有4地入选，数量创新高。根据本次公示，我省有上杭县、闽侯县、武夷山市和武平县4地入选。

（摘编：余松山）

五月

1日，共赴数字之约，描绘数字未来。

《人民日报》4月30日第四版刊发文章《第六届数字中国建设峰会在福建福州举办——共赴数字之约　描绘数字未来》。福建日报今日予以转载。

3日，我省高速车流量、福州地铁客运量创新高。

5月1日，福建省高速公路单日出入口车流量达540.21万辆次，创历史新高值。

4日，全省首个温泉地球化学综合观测站在清流建成。

日前，我省首个用于地震科学研究氢气、二氧化碳的温泉地球化学综合观测站，经省地震局构造地球化学攻关团队联合市、县地震部门攻关，在清流县建设完成。

4日，“五一”假期福建口岸出入境流量同比增长近9倍。

4月29日至5月3日，福建边检机关共查验出入境旅客5.9万余人次，同比增长近9倍，日均出入境客流量近1.2万人次；查验出入境交通运输工具720余艘（架）次，是去年同期的2倍多。

4日，全国农垦产业（茶业）发展示范交流活动举行。

全国农垦产业（茶业）发展示范交流活动日前在福安市召开。来自全国28个垦区主管部门负责人以及相关农垦管理人员共100余人参与。

4日，全国首次无人区1000千伏特高压直升机带电作业在福建完成。

国网福建电力在位于宁德市洪口乡的1000千伏特高压都榕Ⅰ路实施直升机吊篮法带电作业，成功消除线路隐患，保障了福建与华东联网主通道安全。这也是国内首次实施无人区1000千伏特高压交流输电线路直升机带电作业。

5日，“五一”假期全省道路客运量达417.1万人次。

据省交通运输厅数据，“五一”假期，全省高速公路出入口流量2327.7万辆次，日均465.5万辆次，同比增长71.3%，比2019年增长39.5%，日均车流量创近年来新高。

5日，“福建省汽车电子与电驱动技术重点实验室”通过验收。

由福建工程学院承担的中央引导地方科技发展专项“福建省汽车电子与电驱动技术重点实验室”日前通过专家验收。

6日，我省开展化工园区专项监督帮扶。

福建省生态环境厅消息，今年以来，我省针对闽江流域上游的化工园区开展专项监督帮扶，进一步提升化工园区和化工企业环保管理水平，保障流域水环境安全，以提升生态环境质量和解决老百姓身边突出环境问题。此次专项监督帮扶重点选择闽江流域上游的三明、南平、龙岩以及宁德等4市的19个化工园区及166家化工企业，针对园区规划环评落实、环境风险应急防控、环保基础设施建设、环境预警监测体系建设、企业污染防治、园区环境管理能力等方面，深入挖掘问题线索；综合运用无人机、激光测距仪、PID快测仪等技术设备，结合在线监控、视频监控、用电监控等远程监管手段，为园区及企业污染防治“把脉开方”。

6日，我省成立生态草业产业研究院。

由省农科院、福建农科沃土生物科技有限公司共建的农科沃土生态草业产业研究院在福州揭牌。

9日，我省出台政策深化大中小企业融通创新。

福建省工信厅消息，为深入贯彻落实党中央、国务院关于促进大中小企业融通创新的决策部署，日前我省发出《关于组织开展2023年度大企业“发榜”中小企业“揭榜”工作的通知》。

10日，福建省代表团在印尼中爪哇省访问。

福建省委书记、省人大常委会主任周祖翼率福建省代表团在印尼中爪哇省访问，出席福建省与中爪哇省结好20周年庆祝大会，并参观纪念图片展等。庆祝大会上，两省签署了建立丝路伙伴关系协议，福州市与三宝垄市签署了深化友城合作备忘录，并进行有关产业项目签约，进一步推动友城交流合作。

10日，省领导出席中国品牌发展国际论坛。

2023年中国品牌日活动今日在上海开幕。福建展区以“福见福品”为主题，设置“福见智造”“福见服务”“福见文化”“福见生活”四大主题板块，“国潮泉州”“靠莆莆田”“花样漳州”三个地方特色板块，宁德时代、福耀集团等37家福建品牌企业线下参展，80家企业参加云上展览。

10日，“十四五”我省力争修复10万亩历史遗留矿山。

《福建省“十四五”历史遗留矿山生态修复行动计划实施方案》（以下简称《方案》）近日公布，《方案》提出通过“十四五”期间开展专项行动，重点推进敖江流域建材矿山、闽江上游煤铁矿山等8个集中区的修复，力争完成修复任务10万亩。

10日，福建海洋研究所“延平2号”科考船完成今年首航。

日前，福建海洋研究所“延平2号”科考船及全体科考人员顺利完成今年首航安全返回母港厦门。本航次历时32天，总航程3200海里，作业区域覆盖珠江口及长江口海域。

11日，古雷石化EVA装置安全投料试车一次成功。

古雷炼化一体化一期项目最后一套建成的化工装置——乙烯-醋酸乙烯树脂（EVA）装置实现安全投料试车一次成功。EVA装置于2019年3月开工建设，采用全球领先技术，设计产能30万吨/年，是国内单条管式法产能最大的生产线。

12日，福建与广东电力实现互补互济。

福建省发改委、广东省发改委、国网福建省电力有限公司、广东电网有限责任公司今日共同签署福建省、广东省2023年电力电量互送协议。根据协议，2023年福建与广东两省计划通过闽粤联网工程进行30万千瓦基础电力互送，预计全年输送电量达到25亿千瓦时以上，实现能源资源大范围优化配置。

13日，我省在全国首推商业秘密保护协作机制。

日前，福建省市场监督管理局联合公检法司四部门，在全国率先出台《福建省商业秘密保护协作机制》，积极探索建设具有福建特色的商业秘密保护体系。

14日，1—4月福建工程机械出口劲增逾五成。

据厦门海关统计，1—4月，福建省工程机械出口总值29亿元，同比增长53.3%。

14日，全国首个全传感器多功能航标投放福建海域。

全国首个全传感器多功能航标——漳州LNG8号灯浮，在国家管网集团闽投（福建）天然气有限责任公司漳州LNG项目码头进港航道正式入网并投入使用。

15日，28家省级新型研发机构获财政奖补。

省财政厅消息，为促进科技成果转化、提升科技创新能力，我省对今年被评估命名的28家省级新型研发机构给予补助，涉及评估命名一次性奖励补助和仪器设备软件经费补助。

15日，全省银行业促消费一致行动正式启动。

在人行福州中心支行指导下，中国银联福建分公司携手省内各银行在福州市晋安区喜盈门广场启动2023年福建省银行业促消费一致行动。省委常委、常务副省长郭宁宁出席并致辞。即日起，我省银行业将以“全闽U惠·助商利民”为主题，统筹营销、财务、信贷、服务等各项资源，共同投入、共同发声、共同行动。

16日，前4个月我省外贸进出口增长9.5%。

据福州海关统计，今年前4个月，福建省外贸进出口6394.3亿元人民币，比去年同期（下同）增长9.5%。其中，出口3797.5亿元，增长8.7%；进口2596.8亿元，增长10.7%。

16日，福建新能源电池企业加速“出海”。

厦门钨业下属厦门厦钨新能源材料股份有限公司15日早间公告，公司下属子公司计划于北京时间5月16日与法国ORANO（欧安诺集团）下属公司签署合资协议，在法国北部港口城市敦刻尔克设立一家电池正极材料合资企业及一家前驱体合资企业。

18日，第十届中国企业家发展年会在福州开幕。

第十届中国企业家发展年会在福州开幕。第十二届全国人大常委会副委员长陈昌智出席并发表重要讲话，省委常委、常务副省长郭宁宁，中国贸促会副会长陈建安出席并致辞。

18日，福建对中亚五国进出口年均增长19%。

厦门海关消息，2022年，双边贸易额达83.2亿元，较2013年增长3.8倍，年均增速达19%，高于同期福建省外贸平均增速11.7个百分点。

19日，中国（福州）国际渔业博览会已成全球前三大专业品牌渔业展会。

组委会消息，今年的海峡（福州）渔业周·中国（福州）国际渔业博览会将于6月2日至4日在福州举行。

19日，1—4月福建汽车出口增速明显

福汽集团消息，当前我省整车出口增速较为明显。1—4月，福汽集团实现整车出口5972辆，同比增长 33.63%；出口交货值 23.78 亿元，同比增长 71.1%，占营收的 42.5%。

21 日，2023 年“茶和天下　共享非遗”主题活动主会场活动在福州开幕。

今年 5 月 21 日是第四个“国际茶日”，由文化和旅游部、福建省人民政府主办的 2023 年“茶和天下　共享非遗”主题活动主会场活动在福州开幕。开幕式上举行了列入联合国教科文组织人类非物质文化遗产代表作名录项目“中国传统制茶技艺及其相关习俗”颁证仪式。

22 日，我省首个船员权益保护中心成立。

福州船员权益保护中心在福州海事局举行揭牌仪式，标志着省内首个船员权益保护中心正式成立。福州海事局、福州市海洋与渔业局、厦门海事法院福州法庭等多家成员单位代表出席仪式。

22 日，厦门首创全省水产市场计量管理团体标准。

由厦门夏商水产集团有限公司、厦门市计量测试学会、厦门市衡器检定站、厦门市计量检定测试院等单位共同起草的《水产市场诚信计量管理规范》团体标准近日在全国团体标准信息平台上发布。

23 日，我省 6 个海岛入围和美海岛名单。

国家自然资源部对和美海岛候选名单结果进行公示，福建省 6 个海岛入围，分别是湄洲岛、鼓浪屿、海坛岛、大嶝山、惠屿、南日岛。和美海岛每 5 年组织一次评选，称号有效期 5 年。

23 日，前 4 月我省水利投资建设超序时推进。

省水利厅信息，截至 4 月底，全省已累计完成水利投资 198.87 亿元，超序时 1.5 个百分点；重点项目有序推进，水土流失综合治理、农村供水保障工程和安全生态水系建设等 3 项“为民办实事”项目均超序时进度。

23—25 日，福建与德国在高端制造、信息技术、新能源等多个领域纵深推进合作。

由欧美同学会主办、泉州市政府承办的第三届中德科技论坛在泉州举办。中德两国政商学界代表人士、企业家、科学家围绕中德科技合作潜力、经贸和人才交流等方面，汇集众智、增进共识，推动科技更好造福各国人民。

24 日，第三届中德科技论坛在泉州开幕。

第三届中德科技论坛在泉州开幕。全国人大常委会副委员长、民盟中央主席、欧美同学会（中国留学人员联谊会）会长丁仲礼，省委书记、省人大常委会主任周祖翼，国务院侨务办公室主任陈旭在开幕式上致辞。本次论坛以“携手共创中德科技合作新未来：相互成就　共同发展”为主题，举办主旨演讲，并召开数字经济与智能制造、新能源与汽车产业发展、生命科学与新医药三个平行论坛。与会人员还将在泉州进行实地考察。

26 日，2023 中国体博会在厦开幕。

为期四天的 2023 中国国际体育用品博览会在厦门开幕。中国体博会始办于 1993 年，历经 30 年的积累和发展，已成长为亚太地区规模最大的体育行业综合性展览品牌。本届体博会由中国体育用品业联合会、中体联（海南）体育科技产业发展有限公司联合主办，以“破局 · 蝶变，演绎新时代体育产业”为主题，展览面积超过 15 万平方米，共有 1565 家体育用品企业参展，专业观众人数预计将超过 10 万人次。

26 日，首届武夷竹产业高质量发展峰会在建瓯召开。

以“小竹子、大产业——以竹代塑，‘竹’生活更美好”为主题的首届武夷竹产业高质量发展峰会在建瓯市开幕，众多业内专家学者齐聚一堂，共话竹产业高质量发展。建瓯现有竹林面积 163.5 万亩，2022 年全市笋竹产业总值 168.7 亿元，占地区生产总值 55.7%，锚定“做强一根竹”目标，全力打造千亿林产工业集群龙头。副省长林瑞良出席峰会开幕式。

29 日，福建投资环境推介暨中日企业洽谈会举行。

第四季“日资企业福建行”——福建投资环境推介暨中日企业洽谈会在福州举行。副省长王金福、中联部副部长钱洪山出席并致辞。此次活动由中国经济联络中心、省商务厅、省外办、中国日本商会主办。会后，王金福、钱洪山共同会见了中国日本商会副会长上田敏裕、齐藤晃一行。

29 日，国家农民合作社示范社名单公布。

全国农民合作社发展部际联席会议近日认定全国 1919 家农民合作社为国家农民合作社示范社，

我省36家农民合作社入选。

30日，福州港打造省内最大单体连片经营集装箱港区。

福州港集装箱业务运营的福港集箱消息，今年3月，福州港江阴港区6号、7号泊位扩能工程暨自动化码头项目开工以来，正在加紧建设。项目建成后，将与先期投产经营的江阴港区1—5号泊位形成连片开发、规模效应，成为福建省内规模最大的单体连片经营集装箱港区，助力我省港口经济加快发展。

31日，全省安全生产形势总体稳定。

省人大常委会组成人员分组审议了省政府提交的关于安全生产工作情况的报告。报告指出，今年以来全省安全生产形势总体稳定，今年前4个月未发生重大及以上事故。

（摘编：林汇智）

六月

1日，《福建省气候资源保护和利用条例》今起施行。

《福建省气候资源保护和利用条例》（以下简称《条例》）正式施行。今年3月31日，福建省第十四届人民代表大会常务委员会第三次会议审议通过《条例》，于6月1日起施行。《条例》内容共分六章四十条，充分考虑福建实际，围绕总则、气候资源探测、气候资源保护、气候资源利用、法律责任和附则等方面，对气候资源保护利用作出较全面的规定。

2日，中国海洋食品产业福州峰会举行。

由中国渔业协会、福州市人民政府、福建省海洋与渔业局共同主办的“中国海洋食品产业福州峰会”在福州海峡国际会展中心召开。大会以“共商海洋食品新需求、新挑战，共建产业发展新格局、新未来”为主题，旨在贯彻落实大食物观，构建多元化食物供给体系，对接海洋强国，开发海洋食品发展空间和潜力，探索水产预制菜的发展现状和未来趋势。

2日，福建保险业质量齐升保发展。

今年一季度末，全省保险业总资产3731.13亿元，比年初增加190.92亿元。1—3月，全省保险业累计实现保费收入469.35亿元，同比增长10.62%。

5日，九地市宽带用户下载速率指标评价报告出炉。

《福建省九地市宽带用户下载速率指标评价（2022年）》报告发布。从评价结果看，厦门、福州、泉州地区宽带用户下载速率位居全省前三，第四至九名依次是莆田、龙岩、三明、宁德、漳州、南平。

6日，“四时福建”（北京）文旅推介活动在京举行。

“四时福建”（北京）文旅推介活动今日在新华社新立方演播厅举行。文化和旅游部党组成员、副部长卢映川，新华社党组成员、秘书长景如月，福建省人民政府党组成员、副省长王金福，中国气象局党组成员、副局长毕宝贵及相关部门负责人、新闻媒体等近百人出席活动。

7日，全国职工数字化应用技术技能大赛决赛在福州开幕。

全国职工数字化应用技术技能大赛决赛开幕式在福建省福州海峡国际会展中心举行。该决赛是全国总工会首次举办全国职工数字化应用技术技能大赛，也是全国总工会首次在福建举办全国性的职工技能大赛。

7日，“闽人智慧”主题馆亮相深圳文博会。

第十九届中国（深圳）国际文化产业博览交易会今日开幕，福建馆以“闽人智慧”为主题亮相。

8日，我省启动智慧财审系统。

作为数字财政建设一个组成部分，经设计和测试，智慧财审系统今日在省财政厅启动。

8日，我省首票“内河运费扣减”享惠货物顺利通关。

福州海关消息，日前，福建首票“内河运费扣减”享惠货物在福州马尾口岸顺利通关，单批次为企业节约税款近万元，这也意味着“内河运费扣减”惠企举措在该口岸正式落地。

8 日，全省首家菌草微生物技术产业研究院揭牌。

中福菌草微生物农业产业研究院在福州揭牌。该产业研究院由省农科院、中福海峡（平潭）发展股份有限公司共建，是我省菌草微生物技术领域的第一家产业研究院。

12 日，2023 福建国际产学研用合作对接会举行。

由省对外友协理事会、福建师范大学近日共同举办的 2023 福建国际产学研用合作对接会在福州举行。我省 8 名高校智库专家学者、10 余家“走出去”企业负责人、来自 18 个国家的在闽留学生和本地高校毕业生代表等百余人参加。对接会上，印尼研究中心、菲律宾研究中心、欧洲研究院等我省区域国别研究智库和专业智库专家分享了各自的研究成果。企业代表重点介绍海外投资发展情况以及对中外人才的需求和培养。两位在闽留学毕业生代表分享了自己在中国的求职经历和工作感受。此外，智库与企业还就联合开展课题研究促进协同发展等进行了探讨。

14 日，周祖翼在福州走访民营企业商会。

福建省委书记周祖翼在福州先后走访了福建省江西商会、浙江商会等异地商会和福建省民营企业商会，并主持召开在闽异地商会代表座谈会。

14 日，福建高速首个屋顶分布式光伏电站并网成功。

福建高速首个屋顶分布式光伏电站日前在沈海高速厦门同安段龙掘东服务区并网发电，标志着福建高速在新能源基础设施建设领域又迈进了一大步。该项目利用服务区 1790 平方米建筑屋顶面积建设光伏电站，总装机容量 247.32 千瓦，平均每年提供绿色电能 26.04 万千瓦时。

14 日，前 5 月福建对非洲进出口增长 12.5%。

据厦门海关统计，今年 1—5 月份，福建对非洲外贸进出口总额 382.6 亿元，同比增长 12.5%；其中进口 167.5 亿元，增长 11.4%，出口 215.1 亿元，增长 13.3%。5 月当月进出口额 86.5 亿元，增长 7.6%。

15 日，泉州市首届“海丝”侨商投资贸易大会开幕。

以“聚侨共赢·筑梦泉州”为主题的泉州市首届“海丝”侨商投资贸易大会开幕。来自 30 多个国家和地区的海内外侨商泉商代表等近千人参会，中国侨联副主席邵旭军，省委常委、统战部部长王永礼出席开幕式并讲话。会上，还重点推介泉州投资环境、泉州优品出海行动，并现场签约 71 个重大项目，总投资 1195.11 亿元。

15 日，“全福游　防非行”启动。

今日是全国防范非法集资集中宣传日，2023 年福建省防范非法集资集中宣传日暨“全福游　防非行”宣传活动启动仪式在福州三坊七巷旅游景区举行。各设区市同步在辖区内的 4A 级以上旅游景区举行启动仪式，全面拉开了 2023“全福游　防非行”宣传推广活动帷幕。

15 日，我省 5G 移动电话用户达 1811.2 万户。

省通信管理局发布最新数据显示，我省 5G 用户保持快速发展，占比持续提升。截至 4 月底，全省电话用户达 5593.7 万户，同比增长 0.6%。

16 日，“海峡金融论坛·台企发展峰会”举办。

第十五届海峡论坛“海峡金融论坛·台企发展峰会”在厦门举行。本次论坛聚焦“服务台企台青、拥抱绿色金融”主题，旨在激发台企台青创新创业新活力，共商绿色金融赋能台企发展新思路，探索全面注册制下台资企业高质量发展新路径。

17 日，第十八届国际菌草产业发展研讨会举办。

上午，第十八届国际菌草产业发展研讨会在福州开幕。副省长常斌出席研讨会开幕式并致辞，联合国经济和社会事务部、非洲联盟组织代表以及坦桑尼亚、尼日利亚、津巴布韦等 25 国代表，中国专家学者、企业协会和部分省市代表出席活动。此次研讨会以“乡村振兴　可持续发展”为主题。在三天的会期里，与会代表将听取国内外专家主旨报告，实地考察福建农林大学国家菌草工程技术研究中心和顺昌县菌草产业示范区，就加快推进国际菌草产业发展进行深入交流探讨。

18日，第二十一届中国·海峡创新项目成果交易会开幕。

为期5天的第二十一届中国·海峡创新项目成果交易会在福州开幕，主题为“项目·技术·资本·人才——践行‘深学争优、敢为争先、实干争效’行动，科技创新助力高质量发展”。本届海创会采用“线下海创中心展+线上云展览”模式，主要活动包括第十三届民营企业产业项目洽谈会、第十九届粮洽会、金融服务融资对接会、省生态环境成果发布会、省双碳高峰论坛、第三届丝路科技创新合作论坛等。线下展览面积4500平方米，吸引151个单位（个人）的291个项目（产品）参展。

18日，粮食产销协作福建洽谈会开幕。

第十九届粮食产销协作福建洽谈会在福州开幕。吸引1286家企业参会，对接生成我省与其他省粮食购销意向合同265项、数量396万吨，征集到25项粮食行业科技成果、22项粮食企业科技需求。现场，我省与山东、吉林、安徽等省签订粮食产销合作框架协议。

20日，省人大常委会召开《关于加强经济工作监督的决定》贯彻实施座谈会。

福建省人大常委会日前召开贯彻实施《福建省人民代表大会常务委员会关于加强经济工作监督的决定》工作座谈会，省人大常委会党组书记、副主任周联清出席会议并讲话，省人大财经委、常委会预算工委和法工委，省政府有关部门负责同志出席会议。

21日，礼赞劳动者·奋进新福建——“劳动最美丽”主题征文颁奖典礼在榕举行。

由省总工会、省文联联合主办的礼赞劳动者·奋进新福建——“劳动最美丽”主题征文颁奖典礼在省广播影视集团演播厅举行。省人大常委会党组书记、副主任，省总工会主席周联清出席颁奖典礼，并为获奖者颁奖。

22日，第二十一届海创会在福州落幕。

为期五天的第二十一届中国·海峡创新项目成果交易会（海创会）在福州高新区双创高新产业孵化基地顺利闭幕。据不完全统计，本届海创会成功对接项目521项，金额约4000亿元。

22—25日，2023IAI国际设计节在厦举行。

2023IAI国际设计节暨第十四/十五届IAI全球设计奖颁奖盛典在厦门集美举行。来自美国、德国、荷兰、意大利、韩国等国家和地区的数百名设计师聚首厦门，参加IAI设计论坛、IAI全球设计奖作品展、IAI颁奖之夜、大师公益讲堂等丰富多彩的系列活动。

23日，前5个月我省外贸进出口同比增长7.2%。

海关部门统计数据显示，今年前5个月，福建省外贸进出口8034.8亿元，比去年同期（下同）增长7.2%。

23日，我省3个项目入选“科创中国”系列品牌活动项目。

中国科协日前公布2023年“科创中国”科技服务团及系列品牌活动项目评审结果，我省有3个项目入选。福建省科协牵头申报的“科创中国”福建区域科技服务团入选“科创中国”科技服务团示范项目，在福州市举办的中国通信学会“科创中国”数据智能产学融合会议、在泉州市举办的中国流行色协会“科创中国”纺织鞋服产学融合会议，分别入选试点城市系列品牌活动。

25日，端午假日文旅市场持续回暖。

2023年端午假期，全省文旅市场安全平稳有序，民俗文化活动精彩纷呈，文旅新玩法集聚人气，假日文旅消费持续回暖。据第三方测算，2023年端午假日全省接待游客人数621.08万人次，实现旅游收入43.39亿元。

26日，“中国·海峡”工业设计周启幕。

2023年“中国·海峡”工业设计周正式启幕。来自境内外数百名优秀设计师、设计机构代表、工业设计优势院校专家等齐聚晋江，感受海丝设计魅力。设计周为期5天，将围绕设计主线，举办“中国·海峡”工业设计双线展、第八届“海峡杯”工业设计大赛颁奖仪式、“缘设计·融闽台”工业设计交流对接会、设计走进制造企业、设计师之夜等系列主题活动。

27日，5月我省规上工业增加值增长2.6%，装备制造业带动工业增速显著回升。

福建省统计局信息，今年5月份，我省规模以上工业增加值同比增长2.6%，增幅比4月份回升

7.4个百分点。

28日，福建持续助力企业“减负”。

根据国务院减轻企业负担部际联席会议《关于印发“强化清单管理　提升减负效能”2023年全国减轻企业负担专项行动实施方案的通知》精神以及省委省政府工作要求，近日，省减轻企业负担办公室发布《福建省2023年减轻企业负担工作要点》，持续助力企业“减负”。

29日，我省自贸试验区入列试点对接国际高标准经贸规则。

国务院日前印发《关于在有条件的自由贸易试验区和自由贸易港试点对接国际高标准推进制度型开放的若干措施》，率先在上海、广东、天津、福建、北京等具备条件的自由贸易试验区和海南自由贸易港，试点对接相关国际高标准经贸规则，稳步扩大制度型开放。

29日，福建啤酒走俏海外市场。

随着夏日模式正式开启，以啤酒等为代表的快销食品备受青睐，福建省啤酒出口呈现高速增长态势。据厦门海关统计，1—5月福建省出口啤酒2.6亿元，同比增长46%，其中5月份单月出口超5400万元，激增71.5%。

30日，“一件事”集成套餐省级地方标准发布。

福建省市场监督管理局公告称，福建省地方标准《政务服务“一件事”集成套餐服务要求》近日获批发布，将于今年9月19日起正式实施。

（摘编：曾文升）

七月

7日，周祖翼会见沙特基础工业公司客人。

福建省委书记、省人大常委会主任周祖翼在福州会见了沙特基础工业公司执行副总裁兼福建中沙石化有限公司董事长艾哈迈德·阿尔-谢赫一行。

7日，福建与希腊共和国西希腊大区正式建立友好省区关系。

福建省与希腊共和国西希腊大区建立友好省区关系协议书签字仪式在福州举行，副省长林文斌、西希腊大区副主席福基安·柴伊米斯分别代表双方签署协议书。

7日，我省首个“企业之家”服务平台上线。

福建省工信厅消息，我省首个“企业之家”服务平台——“龙岩企业之家”7日正式上线运营，这意味着龙岩市政企沟通有了一个跨部门、跨区域、跨产业的交流平台。

8日，全国城乡历史文化保护传承培训班在莆举办。

近日，2023全国城乡历史文化保护传承培训班在莆田举办。来自全国各地有关单位的200余名学员参加培训。此次培训班由住建部建筑节能与科技司主办，中国建筑文化中心承办，为期3天。

10日，福建省全国节能宣传周启动。

福建省2023年全国节能宣传周暨全国低碳日启动仪式在宁德举行。本次活动由省政府节能办、省发改委主办，各界代表宣读了“节能降碳，你我同行”倡议书。现场同时开展九市一区现场直播联动汇报、绿色健步行、节能宣传展、有奖竞答、政策解读、专家论坛，以及节能改造典型案例、节能新技术新产品和绿色金融机构扶持节能项目推介。省政协副主席刘献祥出席并讲话。

11日，福建首份省级国土绿化综合性规划出台。

福建省绿化委近日印发《福建省国土绿化规划（2022—2030年）》。作为福建首份省级国土绿化综合性规划，提出了至“十四五”末及“十五五”末全省国土绿化的主要任务和目标。根据最新统计口径，福建省森林覆盖率高达65.12%，连续44年领跑全国。

12日，上半年我省水利投资同比增长27.3%。

福建省水利厅消息，上半年全省水利投资同比增长27.3%，水利工程建设、水土流失治理等均超序时，城乡供水一体化工作已超额完成年度投资计划。全省共完成水利投资293.85亿元，占年计划的51.47%，同比增长27.3%；新开工重大水利项目107个，占年计划的53.5%。

13日，全省深入学习“千万工程”经验建设福建美丽乡村现场推进会举行。

全省深入学习“千万工程”经验建设福建美丽乡村现场推进会在南平邵武市举行。会议以习近平新时代中国特色社会主义思想为指引，深入贯彻落实习近平总书记关于“三农”工作的重要论述和浙江“千万工程”经验的重要批示精神，结合省委主题教育开展“千万工程”经验案例学习，总结我省“千村试点、万村推进”工作做法，对建设福建美丽乡村作出全面部署，坚定不移走具有福建特色的乡村振兴之路。

13日，我省出台惠企政策“免申即享”实施方案。

为推动惠企政策落地见效，持续激发市场主体活力，省促进中小企业发展工作领导小组办公室日前制定出台了《福建省惠企政策“免申即享”实施方案（试行）》，旨在通过数据汇聚共享、大数据分析、人工智能辅助，精准匹配符合条件的企业，实现政策主动推送，让企业无需提出申请即可享受政策红利。

13日，我省冷链物流正热。

据统计，我省现有冷藏运输车11148辆，同比增长48%，拥有含冷链运输业务的货运企业1737家，累计建设农产品产地冷藏保鲜设施100多个，新增库容10万立方米，农产品末端冷链微循环实现有效畅通。

13日，“科创中国”福建区域科技服务团连续两年获评全国示范。

日前，福建省科协申报的“科创中国”福建区域科技服务团项目成功获评2023年全国示范，该项目已连续两年获评全国示范项目。2023年项目由郑兰荪、付贤智、郭东明、孙世刚等多位院士领衔，20位省内外专家参与，重点服务福州、泉州等“科创中国”试点城市，加快人才与技术资源导入产业一线。

14日，“一闸三线”工程全线通水活动在平潭举行。

国家节水供水重大水利工程——“一闸三线”工程全线通水活动在平潭举行，标志着该工程全线通水。

14日，上半年福建口岸出入境流量同比增长约7.4倍。

厦门出入境边防检查总站消息，2023年上半年，福建边检机关累计查验出入境旅客167.5万余人次，同比增长约7.4倍，恢复至疫情前同期流量的三成多；出入境交通工具2.3万余架（艘）次，同比增长约76%，恢复至疫情前同期流量的近五成。

14日，今年世界航海装备大会10月在福州举办。

经国务院批准，由福建省人民政府、工业和信息化部、交通运输部主办的2023世界航海装备大会（WMEC）将于2023年10月12日—15日在福州市举办。这是国内最具影响力的海事装备会展之一，为航海装备领域搭建了全方位、多层次交流与合作的桥梁和纽带。

15日，上半年全省普通公路投资实现“双过半”。

福建省交通运输厅消息，今年上半年，全省普通公路系统累计完成固定资产投资224.57亿元，占年度计划400亿元的56.1%，超序时进度6.1%，顺利实现“时间过半、任务过半”。

15日，我省启动标准创新型民营企业试点建设。

近日，福建省标准创新型民营企业试点工作推进会在泉州举办。活动由福建省市场监管局和福建省工商联联合开展。目前泉州共有国家级、省级专业标准化技术委员会、工作组25个，在多个行业和领域参与了1713项标准制修订。安踏、恒安、九牧等35家民营企业220项产品标准成为“标准领跑者”。

16日，海内外青年闽商大会在福州举行。

海内外青年闽商大会在福州举行。会议以“同心赋能促发展　青商建功新时代”为主题，由省委统战部、省工商联主办，福建省青年闽商联合会承办。省委常委、统战部部长王永礼出席会议并讲话，省政协副主席、省工商联主席王光远出席会议。

17日，福建省对RCEP其他成员国进出口破万亿元。

据厦门海关统计，自2022年1月《区域全面经济合作伙伴关系协定》（RCEP）生效以来，截至上月，福建省对RCEP其他成员国进出口10040.5亿元，占福建省外贸进出口总值的34.2%。

17日，闽清经济开发区获批设立。

省政府近日印发《关于同意设立闽清经济开发区的批复》，同意设立闽清经济开发区。该开发区位于闽清县白中镇，面积318.97公顷，纳入省级经济开发区管理。

18日，2023年两岸科技创新融合发展研讨会在厦门举行。

2023年两岸科技创新融合发展研讨会在厦门举行，来自两岸的专家学者、高校科研院所代表、青年创业者近200人参会。本次研讨会以“创新生物科技　共享健康未来”为主题，聚焦智慧医疗、康养、中医药传承与创新、食品研发等领域。研讨会为期3天，将开展主题演讲、创新沙龙、项目资本对接等活动。

19日，我省十部门联合推进百万就业见习岗位募集。

针对离校两年内未就业高校毕业生和16—24岁失业青年，省人社厅、省教育厅等十部门近日联合推进实施就业见习岗位募集计划，采取补贴支持、税费支持和保障激励等系列支持政策促进就业。

20日，工信部与省政府加快电动船舶产业发展座谈会在福州召开。

工业和信息化部与福建省人民政府在福州召开座谈会，并签署《加快电动船舶产业发展合作备忘录》。部省将在加快电动船舶推广应用、推动电动船舶标准化发展、打造电动船舶优势产业集群、提升电动船舶产业创新能力、构建电动船舶产业生态、先行先试推动电动船舶产业发展等六方面开展合作，建立高层领导协商机制，深入开展工作对接交流。

20日，海峡两岸食品交易会开幕。

第七届海峡两岸食品交易会在晋江国际会展中心开幕。本届食交会规模再创新纪录，总展览面积达6万平方米，共设置七大主题馆及台湾馆、进口馆等特色展区，2800个国际标准展位。展会吸引来自德国、英国、荷兰、俄罗斯、菲律宾等20多个国家和地区的1200家企业参展，预计将吸引10万名以上采购商和观众参会。

22日，2023中国人工智能大会在榕举行。

2023中国人工智能大会在榕举行。本届大会以“数智领航·共筑未来”为主题，旨在聚焦国内外人工智能领域研究进展和学术前沿，为人工智能产业发展提供新的思路。开幕式上，还为福州、厦门和泉州三地的福建省人工智能产业园授牌，并举行福建省人工智能产业人才基地建设启动仪式等活动。

22日，上半年福建省外贸进出口超9000亿元。

据福州海关统计，今年上半年，福建省外贸进出口9535.7亿元人民币，比去年同期（下同）下降1.3%。其中，出口5592.1亿元，下降5.3%；进口3943.6亿元，增长5%。

25日，第二十三届投洽会第二次筹备工作会议召开。

第二十三届中国国际投资贸易洽谈会第二次筹备工作会议在厦门召开。商务部部长助理陈春江、福建省副省长王金福出席会议并讲话。第二十三届投洽会将于9月8日至11日在厦门举办。今年的投洽会以“开放·融合　引领高质量发展”作为年度主题，主要由重大活动、会议论坛活动、权威信息发布、展览展示、对接洽谈等部分组成。

25日，税费组合拳助力我省民营经济向稳向好。

1—6月，全省民营企业开票金额同比增长9.2%，增速快于全省水平（7.9%）1.3个百分点；占全省开票总额的89.6%，同比提升1.1个百分点。其中装备制造业民营企业增长22.7%，整体形势较好。

25日，上半年我省与“一带一路”沿线国家进出口同比增长6.2%。

福州海关统计数据显示，今年上半年，福建省与“一带一路”沿线国家进出口继续保持较快增长，进出口额3712.9亿元，同比增长6.2%，高出福建省整体外贸增速7.5个百分点，占同期福建省外贸总值的38.9%。

29日，省财政厅紧急下拨5000万元支持做好台风应急救灾工作。

福建省财政厅、省应急管理厅紧急下拨5000万元中央自然灾害救灾资金，支持做好台风“杜苏芮”应急救灾工作。其中，受灾较为严重的泉州市2000万元、福州市1000万元、莆田市1000万元，其他地区1000万元。由地方统筹用于应急抢险救援和受灾群众救助，重点做好搜救转移安置受灾人员、排危除险等应急处置、开展次生灾害隐患排查和应急整治、倒损民房修复等。

29日，住建部门：抢险救灾道路清障排洪清淤。

福建省住建厅消息，台风“杜苏芮”过境时，狂风伴随大暴雨袭来。截至29日18时，全省住建系统出动队伍1433支，出动抢险力量7.9万余人次、装备12205台套，抢通道路1707处，抢通中断供水135处，处理排涝积水190处，处置倒伏、倾斜等受损树木11.1万株，救助遇险群众257人，疏散群众7.9万余人。

30日，2023厦门生态环保展览会开幕。

2023厦门生态环保展览会在厦门开幕。展会上，龙净环保、嘉戎技术、中琉科技、省环保设计院、吉龙德、远富新、微水环保、蓝深环保、宇春环保、英辉新材料、步兴环保、华松环保等40余家企业同台竞览。展会同期举办了福建省生态环保新技术新产品发布会。

31日，第八批国家集采药品中选结果落地福建。

福建医疗保障局消息，今日起，第八批国家组织药品集中带量采购中选结果在我省落地执行。此次集采药品平均降价56%，落地执行后，我省预计一年可节约医疗费用5.15亿元，切实减轻患者负担。本批国家集采中选药品39个品种，福建省本次落地执行除头孢西丁注射剂型外的38个品种。

31日，“中国福建”客户端小程序上线。

经过前期试运行，今日，福建省人民政府门户网站移动版“中国福建”客户端小程序正式上线。

31日，台风“杜苏芮”共造成我省266.69万人受灾。

福建省防指消息，今年第5号台风“杜苏芮”共造成我省266.69万人受灾，紧急避险转移39.95万人，紧急转移安置16.24万人；农作物受灾面积37396.27公顷，其中绝收面积1701.76公顷；倒塌和严重损坏房屋3357间，一般损坏房屋14998间，直接经济损失147.55亿元。

（摘编：李元）

八月

1日，福建“四大经济”高层次人才认定标准出炉。

省委人才办、省发改委、财政厅、人社厅、文旅厅等5部门近日联合发布我省数字经济、海洋经济、绿色经济、文旅经济省级高层次人才认定条件。明确了高层次人才认定办法和3个方面23项政策支持。

1日，李兴湖同志任三明市委书记。

日前，省委决定，李兴湖同志任三明市委书记。

2日，王进足同志任漳州市委书记。

日前，省委决定，王进足同志任漳州市委书记。

3—4日，福建省工业企业供需对接平台电机产业供需配套交流会举行。

福建省工业企业供需对接平台电机产业供需配套交流会在“中国中小电机之都”福安市举行，现场促成福建万达电机、福建海能机电等30家企业签约电机供需对接项目，签约金额达10.5亿元。本次交流会是对接平台在今年举行的第二场重点供需对接活动，以“供需对接·协同发展”为主题，吸引130余家电机企业及相关行业商协会、科研院所等参加。活动现场设置电机产业展区，展出电动机、水泵、机床、发电机等电机及其配套产品，并依托对接平台桥梁作用，实现企业“面对面”、技术“手拉手”，推动我省电机产业链供应链深入融合。

4 日，我省低糖功能性水稻育种获突破。

近日，由福建省农科院水稻研究所选育的水稻品种“清优 308”，获第三方机构国珩检验认证有限公司认证为“低 GI 产品”。该品种为我省自主选育的首个高抗性淀粉、低 GI 杂交稻品种。GI 即“血糖生成指数”的英文简写，是国际公认用于衡量食物对血糖影响的指标。

4 日，我省首次发布数字福建发展报告。

福建省人民政府新闻办公室召开新闻发布会，发布《数字福建发展报告（2022 年）》。这是我省首次发布数字福建发展报告。

4 日，“中国白·德化瓷”国际巡展启动。

“中国白·德化瓷”国际巡展在新华社历史陈列馆启动，省委常委、宣传部部长张彦，新华社党组成员、秘书长景如月出席启动仪式并致辞。启动仪式上，德化县与新华社中国经济信息社签署了战略合作协议。

4 日，第十四届海峡两岸文博会在厦门举行。

第十四届海峡两岸（厦门）文化产业博览交易会在厦门国际会展中心开幕，中央台办副主任潘贤掌、副省长王金福参加有关活动。本届展会总展览面积达到 10 万平方米，比上届增加 3.2 万平方米，创历届之最。

5 日，福建向金门供水工程通水五周年活动举行。

福建向金门供水工程通水五周年活动在晋江举行。通水五年来，我省累计向金门供水 2800 多万吨，占金门县自来水厂日常供水总量的 73%，金门民生用水对地下水的依赖从 68%降至 14.3%。

6 日，5 个特色鲜食玉米品种通过省级以上审定。

省农科院作物研究所邀请专家赴永安市，对甜玉米品种“闽甜 986”高山夏播百亩示范片进行测产验收。专家组一致认为，项目组针对福建生态特点，选育出了优质、高产、抗倒性强的甜玉米新品种，并研究出相应的配套栽培技术，经济社会生态效益显著，建议扩大推广和应用。

6 日，中国（福建）—东盟经贸合作论坛在榕举办。

中国（福建）—东盟经贸合作论坛在福州举办。省委常委、福州市委书记林宝金出席并讲话。本次论坛还发布了中印尼“两国双园”高质量发展成果，为首批对印尼重大投资公司授牌，并举行中印尼“两国双园”公共服务平台揭牌、项目集中签约等活动。

7 日，第四届中国人工智能大赛成果发布会在厦举办。

以“融新汇智　竞促发展”为主题的第四届中国人工智能大赛成果发布会近日在厦门举行。本届大赛自今年 2 月启动以来，累计吸引了 185 支队伍报名参赛，包括来自国内互联网企业，以及航天、金融、广电、医疗等领域的科研机构等。经过激烈角逐，最终共有 12 支团队获得 A 级证书、17 支团队获得 B 级证书。

7 日，闽藏协作开展中印边境菌物资源调查。

福建省农科院食用菌种质资源创新团队近日赴西藏林芝市巴宜区、波密县、墨脱县等地，对当地大型菌物资源进行本底调查和资源收集。这是该团队连续第三年在中印边境开展此项科考活动。本次科考活动共采集到大型真菌标本 595 份，其中 2 份初步判断是疑似新种，还收集分离绣球菌、离褶伞、桑黄、金耳、肺形侧耳等食药用菌种质资源 42 份。

9 日，长汀水土保持科研成果获水利部珠江委员会科技进步一等奖。

近日，水利部珠江水利委员会公布 2022 年度科学技术奖获奖结果。长汀县水土保持中心参与的科技研究课题《基于植被三维绿量的水土保持遥感监测关键技术及应用》，获水利部珠江水利委员会科技进步一等奖。

9 日，福州关区首票国际班列多式联运入境货物抵榕。

649 吨保税进口的高碳铬铁，自哈萨克斯坦通过“国际货运班列+国内货运班列+公铁”联运方式运抵位于福州综合保税区的福建海盛龙供应链有限公司保税仓库，这是福州关区首票国际班列多式联运入境货物。

10 日，我省在全国率先实现海岸沿线 30 公里 5G 连续覆盖。

第六届“绽放杯”5G应用征集大赛5G+水利海洋专题赛启动会在泉州举办。会上发布，截至今年6月，全省累计建成5G基站9.4万个，实现所有乡镇和85%以上建制村5G覆盖，推动重点港口、码头5G深度覆盖，并在全国率先实现全省海岸沿线30公里5G连续覆盖。

10日，我省首个乡镇光储充检一体化智能充电站开工建设

宁德蕉城区虎贝镇光储充检一体化智能充电站项目今日开工建设。这是福建省首个乡镇光储充检一体化智能充电站，它的开工建设标志着宁德光伏产业发展开辟全新赛道。

11日，7月末全省金融机构本外币各项贷款余额同比增长9.0%。

省政府新闻办举行的2023年上半年福建省金融运行情况新闻发布会上，人行福州中心支行发布的数字显示，今年以来，我省存贷款总量保持稳步增长，在一系列政策带动下，信贷结构不断优化，企业融资成本稳中有降。7月末，全省金融机构本外币各项贷款余额8.05万亿元，同比增长9.0%；1至7月，本外币贷款累计增加4323.04亿元。

14日，金服云平台上线专精特新金融专区。

近日，在省金融监管局指导下，为加大对专精特新等科创企业的金融扶持力度，福建省金融服务云平台上线专精特新金融专区。

14日，我省已基本形成电动船舶全产业链。

省工信厅组织召开推动全省电动船舶产业发展暨“光储充检”一体化示范站推广应用工作现场会。会议消息，福建已基本打通电动船舶产业链上下游，初步形成涵盖研发设计、总装建造、“三电”系统研制、运营配套、船舶应用的电动船舶全产业链。

15日，全国消费品工业座谈会在泉州召开。

全国消费品工业座谈会在福建省泉州市召开。各省、自治区、直辖市、新疆生产建设兵团工业和信息化主管部门，部分部属事业单位，有关行业协会，部分消费品工业“三品”战略示范城市有关负责同志参加会议。

15日，首个全国生态日福建活动成功举办。

根据国家发展改革委工作部署，按照省委和省政府工作安排，由福建省发展改革委、三明市人民政府主办的全国生态日福建活动在将乐县成功举办。本次活动主题是“绿水青山就是金山银山”，省发展改革委梳理总结53个绿色低碳发展案例，发布2023年福建生态文明建设成果。

16日，聚焦福建省首届开海文化季。

12时，在渔船汽笛长鸣声中，为期三个半月的2023年福建伏季休渔期结束，石狮祥芝国家中心渔港数百艘渔船拔锚启航奔赴渔场，开启新一轮捕捞作业。当天，“福见扬帆　渔海同乐”福建省首届开海文化季在祥芝国家中心渔港设置主会场，在福州、漳州、莆田、宁德、平潭等地设置分会场，同步举行启动仪式，拉开了开渔序幕。

17日，我省与中国进出口银行签署战略合作协议。

近日，福建省人民政府与中国进出口银行在福州签署战略合作协议。

18日，全省再生稻产业发展暨高标准农田改造提升现场推进会召开。

全省再生稻产业发展暨高标准农田改造提升现场推进会在南平浦城召开。副省长王金福出席会议并讲话，强调要全面贯彻落实习近平总书记关于耕地保护和保障国家粮食安全的重要指示批示精神，深入贯彻落实全省耕地保护和粮食安全工作会议精神，抓好粮食安全保障能力建设，牢牢把住粮食安全主动权，为高质量推进新福建建设提供坚实保障。

18日，中国—菲律宾经贸创新发展示范园区建设推进会暨招商大会举办。

中国—菲律宾经贸创新发展示范园区建设推进会暨招商大会在漳州举办。省委常委、常务副省长郭宁宁，菲律宾总统对华贸易、投资和旅游特使梅纳德出席会议并讲话。大会还举办现场经贸洽谈、集中考察等活动。会议期间，共签约经贸项目37个、投资贸易额近400亿元。

18日，第十一届福建创新创业大赛决赛举行。

第十二届中国创新创业大赛（福建赛区）暨第十一届福建创新创业大赛决赛在福州举行。本届大赛共有674家企业报名，创下历史新高。

19日，武夷山国家公园总体规划发布。

在青海西宁举行的第二届国家公园论坛上，

国家林业和草原局发布了包括武夷山国家公园在内的首批国家公园总体规划。总体规划的规划期为2023年至2030年，坚持保护优先，把生态系统的完整性、原真性保护作为首要任务，突出保护管理、监测监管、科技支撑、教育体验、和谐社区等重点任务，布局了先进的监测体系、高水平的科研体系、完备的科普宣教体系。

20日，厦门企业首度在北交所上市。

日前，厦门路桥信息股份有限公司正式在北京证券交易所敲钟上市，成为厦门企业在北交所上市的第一股。除了路桥信息外，厦门还有一批拟登陆北交所的“后备军”，均为专注于细分市场、创新能力强、发展潜力大的优秀专精特新企业。

21日，全省首只证监会注册企业债发行。

近日，2023年莆田市城厢区城乡建设投资集团公司债券（第一期）成功发行。据悉，该债券为我省首只成功发行的证监会注册企业债，也是全省年度首只评级为AA/AAA的5年期品种债券。

22日，第二十三届投洽会新闻发布会在京举行。

第二十三届中国国际投资贸易洽谈会新闻发布会在北京举行。投洽会今年起恢复“一年一办”。本届大会以“开放·融合　引领高质量发展”为年度主题，围绕投资促进、产业创新、项目资本对接三大板块布展12万平方米。

22日，福建首个公用型原油保税仓库启用。

在泉州斗尾港区中化青兰山10#泊位，经泉州海关监管，1批14.2万吨的进口保税原油，顺利卸入中化泉州石化有限公司20万立方米的保税储罐，后续该批货物将根据国内外市场需求陆续分拨国内，这标志着福建省首个公用型原油保税仓库在泉州斗尾港区启用。

23日，福建发布进一步促消费扩内需若干措施。

近日，福建省外贸外资（稳价保供）协调机制办公室印发《关于进一步促消费扩内需若干措施》，支持各地聚焦汽车、家电、家居、服装鞋帽等重点消费，围绕中秋、国庆、双11等重要消费节点，策划开展美食节、家居节、网购节、年货节、直播大赛等重点主题促销活动5000场次以上。

23日，福建文旅（成都）推介会举办。

福建文旅推介会今日在四川成都举办，推介会上，福建文旅重点推介了全省夏季十大精品线路，设置了“送福礼”互动环节，让游客们在不同类别的旅游线路中，感受山海交融、人文荟萃的福建之美。南平、龙岩“文旅推荐官”上台推介特色文旅资源，发布相关优惠政策，向四川人民发出“来福建，享福气，自由自在好生活”的邀请。

25日，2023世界航海装备大会部省联席会议召开。

2023世界航海装备大会部省联席会议在北京召开。省委常委、常务副省长郭宁宁，工业和信息化部、交通运输部有关领导，福州市、省直有关部门，赛迪研究院、中船集团有关单位负责同志参加会议。

25日，福建LNG接收站累计外输天然气超600亿方。

中海福建天然气有限责任公司（福建LNG）消息，通过流量计统计显示，中国海油气电集团福建LNG接收站累计外输天然气超600亿方。据测算，600亿方天然气相当于福建省1000多万个家庭33年的用气量，可替代燃煤约7400万吨，减排二氧化碳8100万吨。

26日，我省启动2023年度中小企业“揭榜”工作。

日前，省工信厅发布了《关于做好2023年度中小企业“揭榜”工作的通知》，旨在做好我省中小企业“揭榜”工作，促进大中小企业融通创新。今年此项工作最鲜明的特色之一是将企业需求分为“公开”与“不公开”两类。

27日，2023年平潭国际赛车嘉年华启幕。

2023年平潭国际赛车嘉年华开幕式举行。本次活动由China GT中国超级跑车锦标赛平潭站、壳牌喜力国际汽联F4方程式中国锦标赛平潭站、超吉联赛PRO平潭站三大赛事组成，共吸引70名顶尖车手齐聚平潭如意湖国际赛道，展开“速度与激情”的巅峰对决。

29日，福建省现代种业发展战略研究项目通过专家评审。

中国工程科技发展战略福建研究院组织专家对“福建省现代种业发展战略研究”项目进行结题评审。

29日，新闽菜推广活动在榕启动。

由省商务厅、工业和信息化厅、农业农村厅、文化和旅游厅联合主办的“新闽菜推广暨福满金秋·八闽美食嘉年华”启动仪式在福州举行。启动仪式上，省商务厅发布了“八闽全福宴·一县一桌菜”推广计划，并与中国烹饪协会、中国饭店协会、世界中餐业联合会以及美团、京东零售、饿了么、滴灌通等企业签订战略合作协议，共同助力新闽菜发展。

29日，国家碳计量中心（福建）获批筹建。

福建省市场监管局消息，日前，国家碳计量中心（福建）获市场监管总局批准筹建，中心将以“产学研用”新模式加快科研成果落地转化，服务相关产业集群。国家碳计量中心（福建）以福建省计量科学研究院为主体，联合福建南平工业园区管理委员会共同筹建。

29日，全省产融合作政银企对接活动（兴业银行专场）举办。

为合力抓工业全力稳增长，省工信厅、省金融监管局、中国人民银行福建省分行联合举办全省产融合作政银企对接活动（兴业银行专场）。此次对接活动由兴业银行和省中小企业服务中心承办，除在福州兴业银行大厦设立主会场外，还在各地设立42个分活动会场，共签约36个融资项目（企业），签约金额183.36亿元。

30日，福建理工大学举行揭牌仪式。

福建理工大学揭牌仪式在福州举行。省委常委、宣传部部长张彦出席并代表省委省政府对学校办学发展提出希望，副省长常斌出席并宣读《教育部关于同意福建工程学院更名为福建理工大学的函》。

31日，全省生态环境保护大会举行。

全省生态环境保护大会在福州举行。省委书记、省人大常委会主任周祖翼出席并讲话，强调要以习近平生态文明思想为统领，坚持以人民为中心，牢固树立和践行绿水青山就是金山银山的理念，坚定不移实施生态省战略，加快建设美丽中国先行示范省，为福建高质量发展绘就最亮丽的底色，让绿水青山永远成为福建的骄傲。省委副书记、省长赵龙主持会议。省政协主席滕佳材出席。

31日，2023世界航海装备大会新闻发布会召开。

2023世界航海装备大会新闻发布会在福州召开。省委常委、常务副省长郭宁宁，工业和信息化部、交通运输部有关司局及福州市政府负责同志出席发布会介绍情况并答记者问。

31日，中印尼“两国双园”联合工作委员会第二次会议召开。

中印尼“两国双园”联合工作委员会第二次会议以线上线下结合的方式在福州召开。商务部副部长李飞、福建省常务副省长郭宁宁、印尼海洋与投资统筹部代理副部长莫查马德·费尔曼·希达亚特出席会议并讲话。印尼海洋与投资统筹部部长特别顾问林优娜和有关单位负责人线上出席会议。会议由福建省副省长王金福主持。

（摘编：吴建翰）

九月

2日，省财政追加安排1.8亿元支持工业企业技改投资和专精特新企业。

为落实省委十一届四次全会关于推进新时代民营经济强省战略部署，省财政厅在深入调研基础上，研究提出进一步支持企业发展的政策建议，得到省政府批准，于近日追加安排1.8亿元，用于加大对工业企业技改投资和专精特新企业支持力度。

2日，“闽企力量”亮相服贸会。

由商务部、北京市政府共同主办的2023年中国国际服务贸易交易会在北京开幕。以“创新助发展　服贸促开放”为主题的我省综合形象展示区在国家会议中心亮相，着重展现我省聚力“四大经济”，扩大服务业对外开放的举措和成效，以及14家我省重点服务贸易企业的风采。

2日，南南技术转移与合作创新推介会在京举行。

在福建省组团参加2023年中国国际服务贸易交易会期间，南南技术转移与合作创新推介会在北京举行。各相关企业、行业协会近百人参加此次推介会。

2日，香港理工大学晋江技术创新研究院揭牌。

香港理工大学晋江技术创新研究院正式签约并揭牌。副省长林瑞良见证签约并参加揭牌仪式。

5日，福建新增324家农业产业化省级重点龙头企业。

近日，省农业农村厅会同10家省农业产业化联席会议成员单位，组织开展了2023年农业产业化省级重点龙头企业认定工作，决定增补认定福建丰大集团有限公司、福清市华盛水产食品有限公司、厦门益和丰食品集团有限公司等324家企业为农业产业化省级重点龙头企业。

5日，我省32个乡镇入选首批国家农业产业强镇。

日前，农业农村部办公厅、财政部办公厅认定首批770个国家农业产业强镇名单。其中，我省32个乡镇入选。

6日，商务部门出台措施支持民营经济高质量发展。

近日，省商务厅出台了《关于支持民营经济高质量发展的若干措施》，着力激发民营经济发展活力，增强统筹利用两个市场、两种资源能力，积极融入国内国际双循环。该措施是我省推进实施新时代民营经济强省战略，构建实施的新时代民营经济“1+N”战略政策体系之一。

6日，我省发布第一批“免申即享”惠企政策。

近日，我省发布第一批共四项“免申即享”惠企政策目录清单。这四项政策分别是：免征部分行业地方水利建设基金，即对我省工业、物流、餐饮、住宿、公路水路运输、旅游等六大行业免征2022年度地方水利建设基金。

6日，我省遴选出5个科技经济融合服务平台

日前，经有关单位申报、专家评审、公示，福建省科协遴选确认5个平台为2023年福建省科技经济融合服务平台。

6日，第二十三届中国国际投资贸易洽谈会8日开幕。

第二十三届中国国际投资贸易洽谈会新闻发布会在厦门举行。本届投洽会参会的主宾国、国际组织、境外副部级官员，以及发布的投资权威信息和专业报告均为近年来数量最多。本届投洽会将于8日至11日在厦门举办。今年是投洽会恢复“一年一办”的第一年。从本届开始，投洽会设置永久主题“扩大双向投资　共促全球发展”，今年以“开放·融合　引领高质量发展”为年度主题。

7日，第五届“丝路海运”国际合作论坛开幕。

第五届“丝路海运”国际合作论坛在厦门开幕。国内外航运、物流、贸易、金融、科技等领域代表齐聚一堂，围绕“共商港航合作、共建丝路通道、共享经贸繁荣”主题，共商、共建、共享“丝路海运”高质量发展。省委书记、省人大常委会主任周祖翼出席开幕式并致辞。省委副书记、省长赵龙主持。

7日，广州市与龙岩市对口合作第二次联席会议召开。

广州市与龙岩市对口合作第二次联席会议在龙岩举行。福建省委常委、组织部部长邢善萍，广东省委常委、广州市委书记、市长郭永航出席会议并讲话，副省长林文斌出席会议。

7日，16家闽企上榜2023中国印刷包装企业百强。

2023印刷包装产业经济论坛暨全国印刷经理人年会在泉州举行。我省16家企业上榜2023中国印刷包装企业100强排行榜，在所有省份中位列第一。

7日，“福建农科优秀青年奖”设立。

福建省农科院与中福海峡（平潭）发展股份有限公司举行联合设立“福建农科优秀青年奖”

签约仪式。“福建农科优秀青年奖”由省农科院负责组织评选，每年评定一次，每次评选10人，每人奖金2万元。

7日，第二十二届世界商业领袖圆桌会议举行。

第二十二届世界商业领袖圆桌会议在厦门举行。会议以“共促共享海洋产业发展新动能”为主题，邀请“一带一路”沿线国家和地区政要、国际组织、工商机构、海洋产业知名企业，围绕海洋产业进行趋势前瞻和深度对话，促进海洋产业的贸易与投资。

7日，第八届中国国际绿色创新发展大会举行。

第八届中国国际绿色创新发展大会在厦门举行。中国国际投资促进会会长马秀红、福建省政府党组成员康涛出席并致辞。中国工程院院士贺鸿作主旨演讲。

8日，第二十三届中国国际投资贸易洽谈会暨2023国际投资论坛开幕。

第二十三届中国国际投资贸易洽谈会暨2023国际投资论坛在福建厦门开幕，全国政协副主席王勇出席开幕式并致辞。福建省委书记周祖翼、甘肃省委书记胡昌升致辞。商务部部长助理陈春江致欢迎辞。巴西副总统兼发展、工业、贸易和服务部部长热拉尔多·阿尔克明，塞尔维亚副总理兼文化部长玛娅·戈伊科维奇，联合国贸发会议秘书长丽贝卡·格林斯潘，卡塔尔商工部次大臣苏尔坦·哈蒂尔分别在现场或通过视频致辞。省委副书记、省长赵龙，省领导罗东川、林宝金、郭宁宁、吴偕林、黄海昆、李建成、王金福、王光远出席。省委常委、厦门市委书记崔永辉主持开幕式。来自多个国家的政府官员、驻华使节，国家有关部委领导，部分省（区、市）领导，中资企业代表，及相关国际组织、跨国公司、境外商协会负责人等参加开幕式。

8日，第十七届两岸经贸合作与发展论坛举行。

由商务部与国台办共同主办的第十七届两岸经贸合作与发展论坛在厦门举行，百余位政府部门代表、两岸业界人士和专家学者参加。商务部部长助理陈春江在论坛上致辞。论坛以“携手新基建　共谋新发展”为主题，通过政策解读、专家研讨、签约对接、交流互动等形式，宣介大陆重大发展战略，向台湾同胞分享大陆发展机遇。

8日，第三届RCEP国际合作论坛举办。

下午，第三届RCEP国际合作论坛在厦门举行。中国国际投资促进会会长马秀红、柬埔寨投资委员会副秘书长努万拉及厦门市政府领导出席并致辞。本次论坛由中国国际投资促进会、联合国国际贸易中心主办。

8日，主宾省甘肃省开馆仪式举行。

上午，本届“9·8”投洽会主宾省甘肃省开馆仪式举行。福建省领导罗东川、袁毅，甘肃省领导张锦刚、张晓强、张伟出席。投洽会期间，甘肃设置了720平方米整体形象展示馆，以“交响丝路　如意甘肃”为主题，共组织新材料、新能源、文化旅游、食品加工、生物医药、数字经济6个产业123家企业参展，展品数达390多种，为历年来该省外出参展数量之最。

8日，2023中国国际工业互联网创新发展大会举行。

由中国通信学会、福建省工业和信息化厅主办的2023中国国际工业互联网创新发展大会在厦门举行。国家邮政局原局长刘立清、福建省政府党组成员康涛、国际电联前秘书长赵厚麟出席开幕式并致辞，工业和信息化部原部长、中国工业经济联合会会长李毅中，中国科学院院士郑志明作主旨发言。

8日，中国投资·跨境投资高质量发展论坛举行。

中国投资·跨境投资高质量发展论坛暨《中资企业国别发展报告》发布会在厦门举行。论坛以“把握跨境投资新趋势　共谋绿色发展新机遇”为主题，邀请来自各领域的权威代表围绕创新对外投资合作发展方式、推动跨境投资绿色发展等主题进行高端交流和深度对话。

8日，2023领航中国·新兴产业合作大会开幕。

大会邀请头部企业、专精特新企业、科创型中小企业、各省市成员单位、境外投资促进机构、金融机构、投资促进服务机构等，以及美国、英国、爱尔兰、巴西和北京、上海、福建、四川等境内外165家企业参与。

8日，投洽会首届营商环境论坛举办。

第二十三届投洽会首届营商环境论坛在厦门召开。国家发展改革委党组成员、副主任赵辰昕，省委常委、常务副省长郭宁宁出席论坛并致辞。联合国工业发展组织副总干事海达拉、国务院发展研究中心原副主任王一鸣、中国社会科学院副院长王昌林等在论坛上发表演讲。

8日，主宾国卡塔尔开馆仪式举行。

本届“9·8”投洽会主宾国卡塔尔开馆仪式举行，省委常委、常务副省长郭宁宁出席。本届投洽会上卡塔尔设置了500平方米国家馆，现场展示一些创新性、具有可靠安全性能以及战略前瞻性的技术和产品。

8日，主宾国塞尔维亚开馆仪式举行。

上午，本届“9·8”投洽会主宾国塞尔维亚开馆仪式举行。塞尔维亚副总理兼文化部长玛娅·戈伊科维奇，福建省委常委、常务副省长郭宁宁出席开馆仪式。塞尔维亚国家展馆面积为500平方米。

8日，福建省农业生物种质资源库奠基。

福建省农业生物种质资源库项目奠基仪式，在省农科院海峡现代农业示范园举行。农业生物种质资源库（圃）是种质资源安全保存与共享利用的战略性、基础性和公益性设施。

9日，第十届中国—中亚合作论坛开幕。

第十届中国—中亚合作论坛在厦门开幕。全国政协副主席、上合组织睦委会主席沈跃跃宣读习近平主席贺信并发表主旨讲话。福建省委书记周祖翼出席开幕式并致辞。

9日，联合国亚太创新论坛举行。

联合国亚太创新论坛在厦门举行。联合国亚洲及太平洋经济社会委员会执行秘书阿里沙赫巴纳视频致辞，世界投资促进机构协会总干事伊斯梅尔·艾沙欣致辞。本次论坛主题是“促进数字经济领域外商直接投资的可持续发展”。

9日，第十届中国—中亚合作论坛数字经济合作分论坛举行

第十届中国—中亚合作论坛数字经济合作分论坛在厦门举行。省政府党组成员康涛、吉尔吉斯共和国总统下属国家投资署副署长热纳利耶夫出席论坛并致辞。

9日，第十届中国—中亚合作论坛陆海联通与产业合作分论坛举行。

第十届中国—中亚合作论坛陆海联通与产业合作分论坛在厦门举行。副省长王金福出席并致辞。

9日，2023跨国投资对话暨中国外商投资企业协会会长论坛举行。

上午，2023跨国投资对话暨中国外商投资企业协会会长论坛在厦门举行。商务部部长助理陈春江、福建省副省长王金福出席并致辞。

9日，中美省州经贸合作研讨会举行。

中美省州经贸合作研讨会在厦门举行。副省长林文斌出席并致辞。本次研讨会主题为“加强中美省州经贸合作，推动绿色共赢发展”，福建、天津、黑龙江、江苏、山东、湖南、广东、重庆、四川等省市与美国加利福尼亚州、南卡罗来纳州、马里兰州、伊利诺伊州等两国地方政府代表和工商界人士200余人参会。

9日，首届中国—巴西省州经贸合作研讨会举行。

首届中国—巴西省州经贸合作研讨会在厦门举行。本次会议以“省州对接，务实合作，引领中巴经贸关系新发展”为主题，由商务部、福建省人民政府主办。

9日，第六届“一带一路”发展高层论坛举行。

第六届“一带一路”发展高层论坛在厦门举行。本届论坛邀请60余名来自“一带一路”沿线国家的政府官员，围绕“‘一带一路’倡议十周年回顾暨高质量发展下的机遇与挑战”主题开展研讨。

9日，第二届金砖国家数字经济对话会举行。

第二届金砖国家数字经济对话会在厦门举行，围绕“深化数字领域合作，共享数字经济机遇”主题，聚焦数字基础设施建设、数字贸易生态体系搭建、产业数字化转型的经验与实践等重点议题，共享前沿观点、共谋合作发展。

9日，电子信息企业竞争力报告及前百家企业发布。

上午，2023年度电子信息企业竞争力报告及

前百家企业在厦门发布。电子信息百强企业发布活动至今已成功举办37届，已成为本土大公司和自主品牌培育的重要平台。

10日，数字赋能福建实体经济高质量发展院士专家恳谈会召开。

省长赵龙与参加今年“福建数字产业化与产业数字化院士行”活动的院士、专家座谈，听取他们对数字赋能福建实体经济高质量发展的意见建议。省委副书记罗东川主持，副省长林瑞良出席。

10日，“AI赋能产业招商”论坛举行。

由省商务厅主办、厦门国贸云展科技有限公司承办的“AI赋能产业招商”论坛在厦门举办，论坛邀请人工智能领域的专家学者和产业界领军人物，分享人工智能领域行业洞察，探讨如何训练AI大模型助力招商引资数字化转型。

11日，广州龙岩合作产业园揭牌。

广州市党政代表团赴龙岩开展对口合作活动圆满落幕。为期两天的活动中，穗龙双方签约总投资403.8亿元的30个项目，并在教育、医疗、文旅等方面达成一系列合作协议，广龙合作产业园也正式揭牌。广龙合作产业园揭牌仪式上，8家企业举行入园仪式，签约及入园企业共14家，总投资63.45亿元。

12日，福建高速科技创新平台正式揭牌。

2023智慧高速公路关键技术研讨会暨福建高速科技创新推进会在福州举行。中国科学院院士、发展中国家科学院院士梅宏，中国工程院院士、武汉理工大学教授姜德生等专家受邀作主旨报告，分享探讨智慧高速公路建设关键技术、发展方向。会议现场，福建高速科技创新平台正式揭牌。

13日，福建北电南送特高压交流输变电工程线路工程全线贯通。

在闽侯县，随着福建北电南送特高压交流输变电工程线路工程最后一相导线成功牵引到位，标志着该工程实现全线贯通。

13日，智慧轻工高质量发展大会召开。

由省工信厅和泉州市政府主办的智慧轻工高质量发展大会在泉州召开。副省长林瑞良、中国联通集团副总经理梁宝俊出席会议并致辞。

15日，“福建与金砖国家产业合作路径研究”项目启动。

日前，中国工程科技发展战略福建研究院重点咨询项目“福建与金砖国家产业合作路径研究”启动会在福州召开。中国工程院原常务副院长潘云鹤院士、深圳大学丁文华院士，以及来自浙江大学、福州大学等单位的30多位专家参会。

16日，2023国家网络安全宣传周网络安全服务产业发展分论坛举行。

2023国家网络安全宣传周网络安全服务产业发展分论坛在福州举行。本次论坛以“共建网安服务健康生态　共促产业高质量发展”为主题，邀请网络安全相关主管部门领导、专家学者、企业代表等，共同探讨我国网络安全服务产业的发展现状、趋势和挑战，进一步推动网络安全服务产业健康发展，助力实现网络安全服务高质量、规范化。其间还举行了圆桌对话及“2023年网络安全服务阳光行动优秀应用案例”颁奖仪式。

18日，戴云山保护区生物资源本底调查取得阶段性成果。

福建戴云山国家级自然保护区管理局消息，新一轮生物资源本底调查项目取得阶段性成果。截至目前，共发现66个新记录种，包括植物26种、鸟类12种、两栖爬行类1种、昆虫10种、鱼类12种、大型真菌5种。

19日，8月厦门网约车订单合规率全国第一。

近日，交通运输部公布全国网约车监管信息交互平台8月份统计数据，我省厦门市网约车订单合规率排名位居全国36个中心城市（直辖市、省会城市、计划单列市）第一名。

19日，国家低效用地再开发试点城市公布。

日前，自然资源部印发《关于开展低效用地再开发试点工作的通知》，决定在全国15个省（市）的43个城市开展为期4年的低效用地再开发试点，我省福州、厦门、泉州、漳州四城入围。

20日，全省近岸海域污染防治工作推进会召开。

全省近岸海域污染防治工作推进会在福州长乐区召开。会议深入学习贯彻习近平生态文明思想，按照中央决策部署和省委工作要求，对近岸海域污染防治工作进行再研究、再部署、再落实。

20日，我省修改企业和企业经营管理者权益保护条例。

《福建省企业和企业经营管理者权益保护条例修正案（草案）》提交省人大常委会一审。此次修改突出福建特色，将我省传承弘扬“晋江经验”和福建企业家精神、保护企业和企业经营管理者合法权益等方面的有益探索和创新实践转化为地方立法。

20日，海洋经济促进条例（草案修改稿）提交二审。

《福建省海洋经济促进条例（草案修改稿）》提交省人大常委会会议二审。二审稿强化了海域资源市场化配置、海洋产业发展、海洋生态保护等方面的内容。

20—24日，2023世界制造业大会今日开幕。

主题为“智造世界·创造美好”的2023世界制造业大会在合肥市举办，会上将集中展示中国制造业新模式、新业态、新技术、新产品，我省将作为主宾省亮相本次大会。主宾省展（福建）在合肥滨湖会展中心综合馆展出。福建馆以“数字工业”为总基调，聚焦先进制造、新能源、数字经济与人工智能、传统优势产业、新材料与生物医药五个板块。展览面积为420平方米，共有92家企业参展。

22日，打造福建现代水网。

日前，《福建省水网建设规划》获省政府批复，提出我省将投资超万亿元，加快建成“系统完备、安全可靠，山海统筹、协调共享，集约高效、绿色智能”的福建现代水网。

23日，福建省2023年中国农民丰收节系列活动启动。

福建省2023年中国农民丰收节主会场活动在龙岩市上杭县古田镇举办。副省长王金福出席并宣布福建省2023年中国农民丰收节系列活动正式启动。

25日，将“长汀经验”提升为国家标准。

由国家林草局生态建设工程管理中心、天保GEF项目国家执行办公室主办，中国典型水土流失区退化天然林用地修复与管理项目启动会暨指导委员会第一次会议在长汀举行。以此为契机，长汀把水土流失治理的“长汀经验”提升为国家标准。

27日，福厦高铁明日开通运营。

中国国家铁路集团有限公司消息，福州至厦门至漳州高铁将于9月28日开通运营，福州至厦门最快55分钟可达，两地实现“一小时生活圈”。这是继京张高铁、京雄城际后我国建成投用的又一智能高铁。

27日，我省首批“福农优品”百品榜发布。

近日，省农业农村厅发布福建省首批“福农优品”百品榜产品名单。经县级推荐、市级筛选、省级审核等环节，“福州茉莉花茶”等106个产品上榜。

27日，8月我省规上工业增加值同比增长5.4%。

福建省统计局消息，今年1—8月，我省规模以上工业增加值同比增长2.1%，比1—7月提高0.3个百分点。

28日，福厦高铁开通运营了。

9时15分，福厦高铁首趟列车G9801次从福州南站开出，经停泉州南站后抵达厦门北站，历时1小时1分。这标志着我国首条设计时速350公里的跨海高铁——福厦高铁正式开通运营。

30日，2023世界航海装备大会工作推进会召开。

上午，2023世界航海装备大会工作推进会在福州召开，对大会筹备各项工作进行再检查再部署再落实。省委常委、福州市委书记林宝金出席并讲话，省委常委、常务副省长郭宁宁主持并讲话，十一届省政协副主席、2023世界航海装备大会筹委会顾问陈义兴出席。

30日，闽粤联网工程投运一周年累计送电超35亿千瓦时。

省电力公司消息，闽粤联网工程投运一周年，累计输送电量超35亿千瓦时，超额完成送电计划。其中，广东输送福建电量15亿千瓦时，福建输送广东电量20.9亿千瓦时。

（摘编：陈闽声）

十月

4日，我省举办专题展览宣介文化产业发展成效。

第十二届“福建省文化企业十强”及提名企业、第六届“福建省最具成长性文化企业”评选结果近日出炉，37家企业榜上有名。

4日，我省道路运输部门加大返程运输保障。

全省道路客运量61.70万人次，比2022年增长24.99%。中秋国庆假期以来累计客运量403.98万人次，比2022年同期增长34.9%。当日，全省城市轨道交通客运量150.76万人次，比2022年增长66.3%，比2019年增长171.1%。其中，福州地铁88.85万人次，厦门地铁61.53万人次，南平有轨电车0.38万人次。中秋国庆假期以来累计客运量892.27万人次，比2022年增长57.1%，比2019年增长167.1%，总体安全、有序。

7日，8天长假福建旅游收入逾323亿元。

中秋国庆假期，虽受台风“小犬”影响，假期后三天沿海部分景区关闭，但全省文旅市场整体安全有序、供需两旺。据第三方测算，全省接待游客3949.41万人次，实现旅游收入323.86亿元，按可比口径分别比上年同期增长18.0%和33.2%，分别恢复至2019年国庆假日的106.1%和104.7%。

7日，“双节”假期全省高速出入口流量同比增长19%

福建省交通运输厅消息，今年中秋、国庆假期，全省高速出入口总流量3497.5万辆次，日均437.2万辆次，较2022年同期增长19%。

7日，中秋国庆假期福建口岸出入境流量同比增长近7倍。

厦门边检总站消息，今年中秋、国庆“双节”叠加，福建口岸出入境客流增速明显，迎来三年来出入境客流新高峰。9月29日至10月6日，福建边检机关共查验出入境旅客12.2万余人次，同比增长近7倍；查验出入境交通运输工具1240余艘（架）次，同比增长约74%；日均出入境客流1.5万余人次，与9月相比增长3.9%。

9日，黄金周消费“成绩单”出炉。

中秋国庆黄金周（9月29日—10月6日）福建多项重要消费数据出炉。据银联系统统计，全省线下交易总规模456.7亿元，比2022年增长2%，较2019年增长16%；据浪潮大数据监测，全省网络零售额达170亿元，按可比口径较2022年同期增长11.8%，比2019年增长56.2%；商务部监测数据显示，全省265家重点零售、餐饮企业累计实现销售额同比增长1.1%，比2019年增长7.2%。

9日，全省党委农办主任座谈会召开。

全省党委农办主任座谈会在福州召开，分析当前我省农业农村形势，听取各地意见建议，研究推进下阶段重点工作。

11日，首届两岸农业交流大会将在福建举行。

国台办例行新闻发布会消息，首届海峡两岸农业交流大会将于10月23日至27日在福建省漳平市举行。

11日，2023中国数字音乐产业大会在厦开幕。

2023中国数字音乐产业大会在厦门开幕。本届大会以“担负新使命，高歌新征程”为主题。

12日，中国海洋装备博览会游艇展区开展。

2023中国海洋装备博览会游艇展区开展仪式在毗邻本届博览会主展馆的冠城大通游艇码头举行。这不仅标志着福州首个游艇展正式启幕，更是中国游艇装备行业和水上休闲运动圈的一大盛事。

12日，深远海养殖装备及产业生态论坛举行。

深远海养殖装备及产业生态论坛在福州举行。本次论坛的主题为“耕海牧渔　建设蓝色粮仓”，由中国渔船渔机渔具行业协会、中国电子信息产业发展研究院、福建省投资开发集团有限责任公司和福建省船舶工业集团有限公司承办，福建省船舶与海洋工程学会协办。

12日，省新联会创投分会进园区资本项目对接活动举行。

以“汇聚资本新力量，赋能经济新活力”为主题的2023年第20期“同心·半月座谈”走进厦门火炬高新区和仙游县经济开发区。

12日，海洋装备产业链供应链生态大会举办。

海洋装备产业链供应链生态大会——中国船舶集团供应商大会（2023）在福州举办。

12日，2023世界航海装备大会主论坛举行。

2023世界航海装备大会主论坛在福州举行。十二届全国政协副主席、国家电子政务专家委员会主任王钦敏出席主论坛并致辞。

12日，海洋经济产业合作创新发展大会举行。

福建省海洋经济产业合作创新发展大会在福州举行。大会共对接签约项目170项、总投资超2000亿元，涵盖海工装备、海洋信息、海洋新材料、海洋生物医药等海洋新兴产业领域。其中，现场集中签约项目50个，总投资超1000亿元。

13日，国际深水港建设发展论坛举行。

国际深水港建设发展论坛在福州举行，福建省副省长王金福、吉布提共和国驻华大使阿卜杜拉·米吉勒出席论坛并致辞。

13日，国际船艇产业发展论坛举行。

2023世界航海装备大会专题论坛—国际船艇产业发展论坛在冠城大通游艇会举行。福建省副省长常斌、中国船舶工业行业协会会长郭大成出席并致辞。

13日，亚洲造船技术论坛举行。

作为2023世界航海装备大会分论坛之一，以“面向海事技术前沿，深化合作伙伴关系”为主题的亚洲造船技术论坛在福州举行。

13日，内河船舶绿色智能发展论坛举办。

2023世界航海装备大会“内河船舶绿色智能发展论坛”在福州举办。福建省委常委、常务副省长郭宁宁出席并致辞。

14日，第二届中英海事服务与人才发展合作论坛举办。

第二届中英海事服务与人才发展合作论坛在福州举办。论坛以“育海事服务集群，筑国际人才高地”为主题。

15日，生物医药发展专场推进会举行。

2023年金融资本服务实体经济福建创新发展大会生物医药发展专场推进会在福州举行。副省长林瑞良出席会议并致辞。

16日，2023年金融资本服务实体经济福建创新发展大会举行。

2023年金融资本服务实体经济福建创新发展大会在福州举行。省委书记、省人大常委会主任周祖翼出席并致辞。中国证券监督管理委员会副主席李超在会上致辞，中国证券监督管理委员会原主席肖钢作发言。省委副书记、省长赵龙主持。

16日，我省举办世界粮食日宣传活动暨粮食安全宣传周启动仪式。

10月16日是世界粮食日，今年活动主题确定为：“水是生命之源，水是粮食之本。不让任何人掉队。”10月16日所在周是我国粮食安全宣传周，主题是“践行大食物观　保障粮食安全”。

17日，产业基金专场推进会举行。

2023年金融资本服务实体经济福建创新发展大会产业基金专场推进会举行。省委常委、常务副省长郭宁宁出席会议并致辞。

22日，福建省竹产业标准化技术委员会成立。

福建省林业局消息，福建省竹产业标准化技术委员会日前获省市场监管局批准成立。第一届省竹标委由34名委员组成，秘书处设在政和县。

22日，今年全省普通公路“福路贷”新增贷款31.5亿元。

今年以来，全省新增普通公路“福路贷”签约项目6个56公里、贷款额31.5亿元，新增贷款额是2022全年贷款总额8.1亿元的近4倍，大大拓展了普通公路建设资金筹集渠道和规模。

24日，“情系福建　茗香两岸——两岸文化联谊行”活动启动。

由中华文化联谊会、海峡两岸旅游交流协会和福建省人民政府共同主办，中华全国台湾同胞联谊会支持举办，福建省文化和旅游厅承办的“情系福建　茗香两岸——两岸文化联谊行”活动在福州开幕。福建省人民政府党组成员康涛、台湾中华民族发展基金会董事长林中森等出席开幕式，来自两岸的100多名文化、旅游、传媒等业界人士参加活动。

24日，我省固定资产投资持续向好。

省统计局发布今年前三季度我省固定资产投资数据。数据显示，前三季度，全省投资同比增长3.0%，增幅比1—8月提高0.4个百分点，释放高质量发展稳步推进信号。

24日，前三季度规上工业增加值同比增

长2.5%。

省统计局消息，今年前三季度，我省规模以上工业增加值同比增长2.5%，增速比1—8月加快0.4个百分点，比上半年加快1.8个百分点。

24日，我省首张“全程网办”台企营业执照发放。

我省首张“全程网办”台企营业执照在平潭发放，标志着福建在全国率先实现台胞注册企业业务“全程网办”，享受与大陆居民办企同等便利。

24日，我省建成全国首个一站式林业无人机应用管理平台。

福建省智慧林业“123”工程一期项目，在福州通过省数字办组织的终验，这是信息化项目建设管理体制改革后，省大数据集团承担的第一个，也是提早完成并一次性通过终验的项目。

25日，省农科院举办猕猴桃新品种新技术展示会。

近日，省农科院在寿宁县举办猕猴桃新品种新技术展示现场会，展出70余种猕猴桃品种、优株、野生资源及果茶、果面、果脯、果酒、果苗等产品。

25日，我省2个海洋生态保护修复项目将获中央奖补6亿元。

近日，财政部网站发布公示，拟将16个项目确定为2024年海洋生态保护修复工程项目。漳州云霄县、泉州惠安县海洋生态保护修复工程项目通过竞争性评审入选，将获中央财政奖补6亿元。

26日，我省与“一带一路”共建国家进出口贸易规模快速提升。

福州海关消息，“一带一路”倡议提出十年来，福建省与“一带一路”共建国家进出口贸易规模快速提升，由2013年的4389.7亿元增长到2022年的9833.2亿元，累计增长124%，年均增速达到9.4%，较同期福建省外贸年均增速快2.1个百分点，占福建省进出口总值的比重由41.8%提升到49.6%。

26日，福建2.72万亿“金融活水”流向民营经济。

我省金融支持民营经济力度持续加大。省政府新闻办举办的“福建省实施新时代民营经济强省战略推进高质量发展系列新闻发布会（第二场）金融服务民营经济发展专场”消息，9月末，全省民营经济贷款余额2.72万亿元，同比增长14.69%，较本外币各项贷款平均增速高6.44个百分点，民营经济贷款占比由上年同期的31.55%提升至33.43%。

26日，“闽茶海丝行”活动在英国伦敦启动。

当地时间10月26日下午，“海丝茶缘·中英传情”——2023年“闽茶海丝行”活动在英国伦敦正式启动。正在英国访问的省委副书记罗东川出席活动。英国商务部官员、中国驻英国大使馆官员、英中贸易协会负责人、地方议员和媒体参加活动。

27日，九月福建外贸进出口全面转正。

据福州海关统计，今年前三季度，福建省外贸进出口1.45万亿元人民币，比去年同期（下同）下降1.7%。其中，出口8580.2亿元，下降4.8%；进口5924.5亿元，增长3.1%。值得关注的是，9月份，福建省外贸进出口创年内新高，达1784.1亿元，增长8.5%。其中，出口达1042.4亿元，增长7.7%；进口达741.7亿元，增长9.6%，实现全面转正。

30日，前三季度我省四大领域信贷投放持续高增长。

中国人民银行福建省分行2023年三季度福建省金融运行情况新闻发布会消息，1至9月，全省金融机构本外币各项贷款累计增加5174.92亿元，各项存款累计增加6730.67亿元。截至9月末，各项贷款余额8.14万亿元，同比增长8.25%；各项存款余额7.97万亿元，同比增长10.57%。前三季度金融数据显示，流动性合理充裕，信贷结构持续优化，四大领域支持力度进一步加大，为福建经济回升向好提供了有力金融支撑。

30日，南平港货物吞吐量超两万五千吨。

南平港是我省重要内河港口，于去年12月正式开港，今年2月开始常态化运营。截至目前，累计开航131次，往来运输标准集装箱1936柜，港区货物吞吐量已超2.5万吨，正全力冲刺3万吨目标。

31日。前三季度福建“新三样”出口同比增长80%。

据福州海关统计，前三季度福建省合计出口“新三样”商品（电动载人汽车、锂电池、太阳能电池）971.1亿元，比去年同期（下同）增长80%，占全省出口比重同比提升5.3个百分点，达到11.3%，拉动全省出口整体增长4.8个百分点。

（摘编：邓新民）

十一月

1日，福建省民营经济标准创新发展大会举行。

福建省民营经济标准创新发展大会暨2023民营经济标准创新周福建专场活动在泉州举行。会上表彰福建省首批33家标准创新型民营企业，表扬10家团体标准化工作优秀商会，颁发福建省第九届标准贡献奖，发布福建省民营经济标准创新13个典型案例。

1日，第三届中国—俄勒冈州气候变化与可持续发展论坛在福州举行。

第三届中国—俄勒冈州气候变化与可持续发展论坛在福州举行。福建省副省长林文斌、天津市副市长张玲、美国俄勒冈州参议员迈克尔·登布罗出席并致辞，中国驻旧金山总领事张建敏线上致辞，俄勒冈州—中国理事会主席蓝进出席。

2日，我省开展农村食品销售安全风险隐患排查治理专项行动。

省市场监管局消息，近日我省开展农村食品销售安全风险隐患排查治理专项行动。目前，全省已清查登记农村地区食品销售者、集贸市场、批发市场以及第三方冷库等农村食品销售主体12.29万家。

3日，海内外新生代闽商创新创业精英对话会举行。

下午，海内外新生代闽商创新创业精英对话会在福州举行。现场签约12个项目，涉及海洋经济、数字经济、文旅经济、绿色经济、生物医药、新型材料，投资总额120亿元人民币。

4—5日，赵龙出席第六届进博会开幕式并参观展馆。

省长赵龙出席在上海举行的第六届中国国际进口博览会开幕式并参观部分展馆。副省长王金福参加有关活动。在上海国家会展中心，第六届进博会企业展吸引来自128个国家和地区的3400多家企业参展，参展的世界500强、行业龙头企业以及创新型中小企业数量均为历届之最，超过400项新产品、新技术、新服务集中展示。

5日，福建氢能装备技术再结硕果。

日前，国家能源局正式公布《第三批能源领域首台（套）重大技术装备（项目）名单》，全国共有58项技术装备入选，我省5个项目榜上有名。

5日，国内首条金砖城市跨境电商空运专线进出口货量突破一万吨。

厦门海关消息，截至11月3日，国内首条金砖城市跨境电商空运专线航班货物包裹数正式突破千万大关，达到1001.2万个，进出口货量突破1万吨，达到10658.6吨，共计执飞142架次。

5日，首批“福建制造”纯电动矿卡出口印尼。

福安市湾坞半岛，由青拓重工制造的我省首批10辆新能源纯电动矿用运输车整装待发，将在此启程出口印尼。首批“福建制造”纯电动矿卡将为当地绿色矿山建设贡献“中国力量”。

5日，我省再生稻示范片两季产量达1318.97公斤。

“2023年再生稻绿色丰产高效栽培现场观摩及学术研讨会”在南平市建阳区举办。当天上午，与会专家组对福建农林大学承担的“优质再生稻科技成果示范推广”项目示范片进行现场测产验收。结果显示，再生季最高亩产为606.94公斤，平均亩产为551.17公斤，加上头季平均亩产767.8公斤，再生稻两季产量达1318.97公斤，该示范片连续8年实现再生稻两季亩产“超吨粮”。

7日，我省与中国农业发展银行签署战略合作协议。

省政府与中国农业发展银行签署战略合作协议，省长赵龙、中国农业发展银行行长湛东升见证签约。省委常委、常务副省长郭宁宁参加。根据协议，双方将围绕全面推进乡村振兴、保障粮食安全、水利基础设施、生态文明建设、区域协调发展等方面，深化战略合作，促进共同发展。未来五年，农发行将发挥政策性金融服务“三农”优势，为福建提供5000亿元融资支持，助力谱写中国式现代化福建篇章。

8日，第二十三届中国（南安）水头国际石博会开幕。

第二十三届中国（南安）水头国际石博会暨石设计周及第七届中国（南安）泛家居主题活动周在南安市水头镇开幕。本次展会以“石未来，新水头”为主题，策划15个主题配套活动，展会共有19个展区、超100万平方米展示面积，来自全球100多家知名石材生产及机械企业、430多家品牌携近百款新品参展。

9日，香港福建商会来闽考察。

香港福建商会一行40人到访福建，开启为期3天的商务考察之旅。

9日，2023厦门国际海洋周开幕。

2023厦门国际海洋周开幕式暨厦门国际海洋论坛在厦门举行。自然资源部副部长许大纯、福建省人民政府副省长林文斌、厦门市人民政府市长黄文辉出席并致辞。

10日，我省茶叶全产业链产值超1500亿元。

省乡村振兴研究会、省农科院、宁德市政府、宁德师范学院在福安市举办“茶文化、茶产业、茶科技”研讨交流会。来自茶业界的专家学者、企业代表，开展茶文化探究、茶产业交流、茶科技研讨，探索“三茶”统筹发展的创新模式。2022年全省茶园面积361万亩，毛茶产量52万吨，茶叶全产业链产值超1500亿元，茶叶出口金额5.31亿美元。其中，毛茶单产、全产业链产值、出口金额均居全国第一。

11日，我省跨境人民币业务结算金额突破1万亿元。

中国人民银行福建省分行消息，今年1至10月，全省跨境人民币业务结算金额10088亿元，再创历史新高，在上年高速增长的背景下持续增长36.2%。

13日，福建省企业与企业家联合会换届大会在福州召开。

省企业与企业家联合会第九届第一次会员代表大会暨第九届理事会第一次会议在福州召开。副省长林瑞良，中国企业联合会党委书记、常务副会长兼理事长朱宏任出席会议并致辞。

13日，第四届海丝茶文化论坛将在武夷山举办

2023年（第四届）海丝茶文化论坛组委会消息，论坛将于11月14日—17日在“双世遗”城市武夷山市举办。

15日，福建文旅分享会暨“清新福建”铁路旅游计次票上线启动仪式举行。

福建文旅分享会暨“清新福建”铁路旅游计次票上线启动仪式在福州举行。省委常委、常务副省长郭宁宁出席活动。

15日，福建携35项先进技术成果亮相高交会。

今天开幕的第二十五届中国国际高新技术成果交易会上，福建展团组织高新企业、高校科研院所等30家单位，带来了35项涵盖电子信息、机械设备、医药与医疗器械、节能环保、化工新材料和食药用材及深加工等领域的先进技术成果项目。此外，来自13家单位的15个优秀项目参加了现场路演，进一步扩大了参展成效。

15日，10月福建外贸进出口增长13.5%。

据福州海关统计，今年前10个月，福建省外贸进出口总值1.61万亿元人民币，比去年同期（下同）下降0.4%，降幅较前9个月收窄1.4个百分点。

16日，2023国际（永安）竹博会在上海开幕。

第四届长三角国际文化产业博览会、第十八届海峡两岸（三明）林业博览会——2023国际（永安）竹博会在国家会展中心（上海）隆重举办。开馆式上，中国林业产业联合会向永安市授予“中国竹都”牌匾。

17日，福厦海关RCEP原产地证签证货值突破200亿元

《区域全面经济伙伴关系协定》（RCEP）实施

以来，“朋友圈”持续扩大让福建外贸潜力加速释放。截至今日，福州、厦门海关共签发 RCEP 原产地证书 4.79 万份，货值突破 200 亿元人民币，凭借 RCEP 原产地证书，出口企业在进口国预计可享受关税减让超 2 亿元。

17 日 2023 福建旅游交易会开幕。

“畅游八闽　有福相见”——2023 福建旅游交易会在福州海峡国际会展中心开幕。省人大常委会党组副书记陈冬，原国家旅游局副局长吴文学出席。作为第八届海丝国际旅游节的重要组成部分，本届旅游交易会相比往届展品更丰富、体验更数智、活动更新奇、服务更优质。交易会展馆面积近万平方米，展位 453 个，参展商近 500 家，设有八大主题展区，处处彰显八闽元素，生动展现福建省在精品旅游、文化创意、非遗体验、乡村振兴、教育研学等“旅游+新兴业态”融合发展中的跨界成果、个性魅力和创新活力，实现福建文旅资源宣传推广。

17 日，全国种子双交会将首次在福建举办。

全国农技中心复函，同意在福州市举办第十六届中国国际种业博览会暨第二十一届全国种子信息交流与产品交易会，为我省首次举办此会。

19 日，海西交通基础设施建设高端论坛在榕举行。

2023 年海西交通基础设施建设高端论坛在榕举行。作为福建公路学会的年度学术年会，论坛以“海西交通基础设施建设”为主题，议题涵盖跨海通道、智慧交通、智能化监测、数字孪生、旅游景观公路、预制拼装桥梁等多个领域，涉及规划设计、施工建设、养护、管理等不同内容。

20 日，国家发改委发文推广龙岩市与广州市对口合作经验做法。

国家发改委、中咨公司联合印发最新一期《全国革命老区重点城市对口合作工作情况监测报告》，从建立健全革命老区对口合作制度体系、不断拓宽对口合作工作领域、狠抓产业合作项目落地三个方面，系统总结了龙岩市与广州市对口合作工作经验和成效，并在全国进行推广。

21 日，我省修订安全生产条例。

《福建省安全生产条例（修订草案）》提交省人大常委会会议一审。此次条例（修订草案）对总则、生产经营单位安全生产保障、从业人员权利与义务等方面内容进行了修改。

21 日，全省国土空间生态修复规划印发。

省自然资源厅近日印发《福建省国土空间生态修复规划（2021—2035 年）》，提出修复目标任务，推动构建“两屏一带六江两溪”生态安全格局，进一步提升我省生态系统多样性、稳定性、持续性，支撑高质量发展。

21 日，福建省首票沿海捎带业务落地。

2 个从波兰格但斯克港进口至中国的集装箱，在厦门远海码头被装上中国香港籍货轮“中远海运塞纳河号”，运往最终目的地青岛港，标志着福建省首票国际航行船舶沿海捎带业务正式落地。

22 日，2023“一带一路国际商协会大会”在榕开幕。

2023“一带一路国际商协会大会”在福州数字中国会展中心开幕。来自非洲、亚洲、欧洲等多个共建“一带一路”国家的政要、驻华大使出席。

22 日，前 10 个月福建锂电池出口破千亿元。

据厦门海关统计，1—10 月，我省锂电池出口 1029.5 亿元人民币，同比增长 73.4%，连续 17 个月保持同比大幅增长。

24 日，我省首个口服小分子全球创新药获批上市。

国家药监局正式批准福建广生堂药业旗下控股子公司广生中霖具有全球自主知识产权的抗新冠病毒创新药阿泰特韦片/利托那韦片组合包装（商品名：泰中定）附条件获批上市。这是福建首个获批上市用于治疗新冠病毒感染的口服小分子化学药物，也是我省自主创新小分子药物研发的一个重要里程碑。

25 日，我省规模以上工业持续恢复。

福建省统计局消息，今年 1—10 月，我省规模以上工业增加值同比增长 2.7%，比 1—9 月加快 0.2 个百分点。

25 日，第七届中国（宁德）大黄鱼文化节开幕。

第七届中国（宁德）大黄鱼文化节在宁德开幕。本届文化节以“山海宁德　黄鱼之都”为主题，由中共宁德市委、宁德市人民政府、中国渔业协会主办。

27日，第二届全国金线莲产业发展大会在永春举办。

近日，以“发展金线莲产业，助力乡村振兴”为主题的第二届全国金线莲产业发展大会在永春县举行。来自全国11个省市的200多位知名专家学者、全国中药材生产企业代表、科研工作者及行内从业人员参加会议。

27日，省发展和改革委员会召开融资专题民营企业座谈会。

座谈会以“聚焦融资难题　助力民企发展”为主题，国家金融监督管理总局福建监管局、省地方金融监管局、省公共资源交易中心、中国银行福建省分行等单位有关负责人与奋安铝业、正力海工等民营企业负责人进行面对面、点对点的深入交流讨论。

28日，龙龙高铁武梅段项目可研获国家发展改革委批复。

近日，国家发展改革委正式批复了龙岩至龙川铁路武平至梅州段（以下简称“龙龙高铁”）项目可研报告，这标志着该项目前期工作取得关键突破和重大进展，为力争今年底开工建设创造了有利条件。龙龙高铁龙岩至武平段项目已于11月18日进入试运行阶段，将于12月底开通。武平至梅州段项目的可研获批和初设审查，意味着龙龙高铁向着全线通车的目标又迈进一大步。

28日，全国首例进口二手航空发动机经营性租赁业务落地厦门自贸片区

近日，厦门飞机租赁有限公司顺利通过象屿综合保税区引进境外独立采购的二手航空发动机并完成交付，这是全国首例采用保税租赁模式进口的二手航空发动机经营租赁业务。飞机发动机是一种高价值资产，通过“保税+经营性租赁”的方式获得适航的二手备用发动机可以有效提升航空公司资金周转效率，助力降本增效。

28日，全国首个茶苗交易大会举行。

全国首个茶苗交易大会在福安市甘棠镇举行，各路专家、茶商会聚一堂，共商茶苗产业发展大计。现场，全国首个区域性茶苗良种繁育科研中心落成，为当地茶苗发展注入科技力量。

29日，银耳领域首个国家级标准化服务平台通过验收。

近日，受国家标准化管理委员会委托，江西省市场监督管理局组织专家，在宁德市古田县对“国家银耳农业标准化区域服务与推广平台”项目进行验收。专家组一致认为，该项目完成了各项任务目标，同意通过验收。

30日，2023中国上市公司发展论坛举行。

2023中国上市公司发展论坛在泉州晋江举行。截至目前，我省共有境内上市公司172家，境内外上市公司276家，居全国第八位，其中民营上市公司123家，占比72%；上市公司市值3万亿元，其中民营上市公司2万亿元，占比67%。

（摘编：周少雄）

十二月

1日，2023年海峡两岸农业融合发展论坛举行。

2023年海峡两岸农业融合发展论坛在厦门国际会展中心举行，农业农村部国家首席兽医师李金祥参加。论坛上，与会嘉宾围绕近年两岸农业合作发展情况、对台交流合作情况、服务台农台商发展经验等多个农业热点话题展开研讨。

1日，我国首个国家级海上风电研究与试验检测基地在闽开工建设。

我国首个国家级海上风电研究与试验检测基地（以下简称“海上风电试验基地”）在福建开工建设。海上风电试验基地是国家“十四五”规划重大项目、可再生能源并网全国重点实验室重要组成部分，由国家电网有限公司、中国华电集团有限公司和中国电力建设集团有限公司等单位共同投资建设，计划于2024年整体建成投运。

2日，省检察院出台十八项举措助推新时代民营经济强省战略。

近日，省检察院印发《关于全面履行检察职能助推新时代民营经济强省战略的具体举措》（以下简称《具体举措》），立足“四大检察”法律监督基本格局，提出18项具体措施。《具体举措》要求，自觉强化民营经济保护政治责任、法治责任、检察责任，依法履行法律监督职能，坚持依法保护、平等保护、善意保护、文明司法，全面准确贯彻宽严相济刑事政策，持续深化“亲清护企”检察品牌建设，着力营造法治化营商环境，为推动我省从民营经济大省向民营经济强省跨越突破贡献检察力量。

3日，全国首个省级杂交水稻种子生产规范性文件施行。

福建省农业农村厅日前出台《福建省杂交水稻种子生产管理办法》（以下简称《管理办法》）。该《管理办法》自发布之日起施行，有效期5年。

3日，福建已建成196个一刻钟便民生活圈。

近日，第二届福博会现场举行的福建省一刻钟便民生活节消息，我省已建成196个一刻钟便民生活圈，其中福州市167个，厦门市23个，泉州市6个。在“2023中国城市便利店发展指数”中，厦门连续四年蝉联全国第一。

3日，我省建成全国首个蔬菜表型分析平台。

近日，由省农科院作物研究所与数字农业研究所承担的该院科研基础条件建设专项“福建省作物育种数字化平台”通过结题验收。

4日，全省新型工业化推进大会召开。

全省新型工业化推进大会在福州召开。省委书记周祖翼出席并讲话，强调要深入学习贯彻习近平总书记关于新型工业化的重要论述，落实全国新型工业化推进大会部署，抢抓机遇、改革创新、攻坚克难，加快建设先进制造业强省，以奋发有为的精神状态推动新型工业化不断跃上新台阶。省委副书记、省长赵龙主持。

5日，新时代山海协作专题推进工作会议召开。

省政府召开新时代山海协作专题推进工作会议，对下阶段新时代山海协作工作进行再动员、再部署、再落实。省委常委、常务副省长郭宁宁主持会议并讲话。

5日，全省根治欠薪工作冬季专项行动动员部署电视电话会议召开。

全省深化根治欠薪工作经验交流会暨冬季专项行动动员部署电视电话会议召开。副省长林瑞良出席会议并讲话。

6日，省政府与中国广核、中国能建集团签署战略合作协议。

省长赵龙在福州分别会见了中国广核集团董事长杨长利和中国能源建设集团董事长宋海良，共同见证福建省政府与中国广核、中国能源建设集团签署战略合作协议。

7日，福建省发展和改革委员会等五部门出台九条措施保障各类经营主体平等参与招投标竞争。

近日，福建省发展和改革委员会、省工业和信息化厅、省住房和城乡建设厅、省交通运输厅、省水利厅等5部门印发《关于保障各类经营主体平等参与招投标竞争的九条措施》，推动各类经营主体平等参与工程建设领域招投标活动，着力破解中小企业中标难问题，进一步激发发展活力。

7日，全国首单水土保持碳汇交易签约。

长汀县罗地河小流域水土保持碳汇项目签约仪式在长汀举行，现场签约交易罗地河小流域综合治理水土保持碳汇10万吨，总价180万元。这是全国首单水土保持碳汇交易。

8日，漳州在全国率先完成地市级海水养殖碳汇核算。

漳州市海水养殖碳汇核算成果上线仪式举行，建立了全国首个地市级渔业碳汇资源库，并通过海峡资源环境交易中心颁发了漳州市首张海水养殖蓝色碳票。

9日，平潭数据跨境流动服务枢纽平台投入运营。

平潭数据跨境流动服务枢纽平台顺利通过专家评审，正式投入试运行，这标志着我省在数据跨境流动领域取得重大进展，全国首个全链条、全流程、一站式、智能化的数据跨境合作服务平台初具雏形。

11日，我省粮食获丰收。

国家统计局发布2023年粮食产量数据公告。其中，我省粮食总产量511万吨，高于去年的

508.7万吨。今年全省10多个县（市、区）试点开展水稻完全成本保险试点，探索将土地租金、人力投入等非直接物化成本纳入保障范围。我省还在全国率先探索为再生稻再生季提供保险保障。国家统计局的数据显示，今年我省粮食播种面积841.1千公顷，比去年增加3.5千公顷。

12日，“一带一路”兰州走进福州交流推介活动举行。

“东西协作　河海同州——‘一带一路’兰州走进福州交流推介活动”在福州市举办。甘肃、福建两省省会共话发展、共谋新机。

13日，第一届中国侨智发展大会筹备工作协调会召开。

第一届中国侨智发展大会筹备工作协调会召开，深入贯彻落实习近平总书记关于侨务工作的重要论述，按照中国侨联和省委、省政府工作要求，对大会各项筹备工作进行再协调再部署再落实。

13日，1000亿元融资支持科技型企业高质量发展。

日前，省科技厅与中国建设银行福建省分行举行战略合作签约暨科技金融推介会。根据合约，建设银行福建省分行将在未来三年内提供不少于1000亿元的意向性融资，支持省内科技型企业高质量发展，全力支持“创新福建”。

14日，福建省实施新时代民营经济强省战略推进高质量发展系列新闻发布会第四场召开。

福建省实施新时代民营经济强省战略推进高质量发展系列新闻发布会第四场——民间投资和工程建设领域服务民营经济发展专场在福州召开。新闻发布会上，省发改委、工信厅、财政厅、住建厅、交通运输厅、水利厅等部门有关负责人就我省如何多措并举促进民间投资稳步发展，介绍情况并答记者问。

15日，全国首创，福建主导制定“科技特派员”国家标准。

省政府新闻办就福建省主导制定“科技特派员”国家标准召开新闻发布会。省科技厅、省市场监管局、南平市政府有关负责人对“科技特派员”国家标准进行了详细解读。科技特派员制度源起南平、兴于福建、推向全国。2021年11月23日，全国第一个涉及科技特派员制度的福建省地方标准《科技特派员服务规范》正式发布实施。

15日，两岸港航业界座谈会在平潭举办。

时值两岸双向“三通”全面启动15周年纪念日，海峡两岸港航业界座谈会在平潭举办，两岸港航业界代表百余人齐聚一堂，话发展、谋合作。

15日，福建举行纺织鞋服新产品专场供需对接活动。

福建省工业企业供需对接平台之纺织鞋服新产品专场供需对接活动在福州长乐举行。活动中，省工信厅发布了福建省首批纺织鞋服新产品，恒申、新华源、福能南纺等代表企业对新产品作重点推介，匹克、尚飞制衣等鞋服品牌企业发布产品创新及需求。华峰新材料、向兴纺织、凯邦锦纶、闽江学院等11家企业、高校、科研机构在活动现场达成合作意向，签约金额约6.7亿元。阿里巴巴、亚马逊、太平鸟、恒源祥、永荣等近百家省内外行业重点企业负责人，东华大学等高校院所专家及行业协会等代表共200多人参加活动。

15—17日，全国工艺品制作（石雕工）职业技能大比武在惠安举行。

“2023年全国轻工行业职业技能竞赛——全国工艺品制作（石雕工）职业技能竞赛”总决赛在惠安雕艺文创园举行。本届技能竞赛共有来自华西、华北、华南三大预赛区的74名选手进入总决赛。

17日，11月福建出口规模创年内新高。

据福州、厦门海关统计，今年11月，福建省出口规模年内首次突破1100亿元，达1142亿元，比去年同期（下同）增长3.1%，已连续3个月保持正增长。一般贸易和加工贸易出口双双增长。

17日，前11个月我省民营外贸进出口额破万亿元。

厦门海关统计数据显示，今年前11个月，福建民营外贸进出口额10466亿元，同比增长5.4%，创同期历史新高，占同期福建省外贸总值的58.4%，同比提升3.1个百分点。

17日，2023年福建省科技型中小企业突破7000家。

福建省科技厅消息，2023年我省（不含厦门）共7195家企业获得全国科技型中小企业入库编号，较去年增加932家；入库企业科技人员占比24.4%，R&D投入强度8.9%，共获得Ⅰ类知识产权6934件、Ⅱ类知识产权118857件。

18日，全省民营经济人士理想信念教育基地——福州市企业家之家揭牌。

全省民营经济人士理想信念教育基地——福州市企业家之家揭牌仪式，在位于福州市台江区的福州商务总会旧址举行，省政协副主席、省工商联主席王光远出席。

18日，我省再生稻将有专门品种试验渠道。

近日，省种子总站发布关于做好2024年福建省主要农作物品种试验申报工作的通知。其中水稻区域试验组别由6个增加至7个，新增早稻再生稻组。

20日，第一届中国侨智发展大会在榕开幕。

由中国侨联、福建省人民政府共同主办的第一届中国侨智发展大会在福州开幕。全国人大常委会副委员长、农工党中央主席何维在开幕式上讲话并宣布大会开幕。省委书记、省人大常委会主任周祖翼，中国侨联党组书记、主席万立骏在开幕式上致辞。省委副书记、省长赵龙主持开幕式。本次大会以“五洲聚‘福’汇侨智，同心共圆中国梦”为主题，立足福建、服务全国、面向海外，聚焦新能源新材料、人工智能、海洋经济、生物医药等战略性新兴产业，促进项目、人才资源在政府、企业、高校间有效对接，吸引了来自37个国家和地区的1000余名海内外嘉宾参会。

20日，侨创联盟与侨界新生代创新创业分享会召开。

第一届中国侨智发展大会专题论坛“侨创联盟与侨界新生代创新创业分享会”在福州召开。中国侨联副主席程红和福建省委常委、统战部部长王永礼出席并致辞，海内外36个国家和地区的260多位嘉宾参加。

20日，第一届中国侨智发展大会生物医药产业发展推介会举行。

第一届中国侨智发展大会生物医药产业发展推介会在福州举行。海内外生物医药领域的专家学者、领军企业代表、金融资本代表等齐聚福州，共商生物医药产业发展大计，推动产业交流合作。

20日，中国科学院科技成果专场推介活动举办。

中国科学院科技成果专场推介活动在福州海峡国际会展中心举办，省政府党组成员康涛出席并致辞。活动现场围绕福建省主导产业、优势产业和新兴产业，展示发布了稀土材料、工业仿真、能源动力、先进医疗等领域24项科研成果，8个项目进行现场签约。

20日，“两国双园”海洋食品产业发展项目推介会举行。

作为第一届中国侨智发展大会重要活动之一，“两国双园”海洋食品产业发展项目推介会在福州举行。福建省政协副主席严可仕出席会议并致辞。

20日，中国侨智“氢”动未来绿色产业高端对话活动举办。

作为第一届中国侨智发展大会活动之一，由福建省发改委、省工信厅、福州市人民政府共同主办的中国侨智“氢”动未来绿色产业高端对话活动在福州举办，省政府党组成员康涛出席并致辞。

20日，第一届中国侨智发展大会“侨智汇”展区开馆。

第一届中国侨智发展大会“侨智汇”展区开馆活动在福州举行。展区活动分为五个区域，包括视频互动区、资源交流区、政策发布区、招聘对接区、人才推介区。截至20日下午招聘结束，共有9800多人入场参加活动。

21日，智能网联汽车“芯”动力成果发布暨技术交流对接会举行。

作为第一届中国侨智发展大会的重要活动之一，智能网联汽车“芯”动力成果发布暨技术交流对接会在福州举行。中国工程院院士陈清泉等院士专家发表主旨演讲。

21日，“侨智发展伯乐汇”圆桌会议举行。

“侨智发展伯乐汇”圆桌会议在福州举行。本次会议以“汇侨智、促发展”为主题，会聚了众多的海内外专家学者、留学人才、企业家，共同为国家经济、科技、人才交流合作贡献智慧力量。

21日，“聚侨论数　智创未来”数字经贸产业交流研讨会举行。

“聚侨论数　智创未来”数字经贸产业交流研

讨会在福州举行。研讨会上，国际数字人才创新创业孵化基地合作框架协议签约仪式、中国（福州）东盟数字贸易产业园项目签约仪式同步举行。

25日，闽东北协同发展区暨福州都市圈（福州）联席会议召开。

会议审议通过了《关于加快数字都市圈高质量发展的若干意见》《闽东北协同发展区、福州都市圈2023年工作总结及2024年工作建议》《闽东北协同发展区、福州都市圈2023年度重点协作项目进展情况》，“四市一区”签署了《湿地生态一体化建设战略合作协议》等17份合作项目协议。

25日，全省发展和改革工作会议召开。

全省发展和改革工作会议在榕召开。会议深入学习领会习近平总书记在中央经济工作会议上的重要讲话精神和系列重要指示批示精神，认真落实全国发展改革工作会议、省委十一届五次全会、省委经济工作会议部署，总结2023年发展改革工作，部署2024年重点任务。

25日，仙游举办第十一届红木家具精品博览会。

日前，2023年第十一届中国（仙游）红木家具精品博览会暨国际家具品牌中心成立大会在“世界中式古典家具之都”仙游县举办。活动由中国家具协会、中国工艺美术协会联合主办，现场中国国家品牌网与仙游县政府签订“国际家具品牌中心”项目合作协议，将助力构建“区域品牌+企业品牌+产品品牌”的仙作品牌体系，全力提升打造仙作品牌IP。同时，现场还发布了《国际家具品牌评价》团体标准。

26日，首届中国（武夷山）竹业博览会将于明年一月举办。

省政府新闻办召开的新闻发布会消息，首届中国（武夷山）竹业博览会将于2024年1月5日—7日在南平武夷山市武夷会展中心举行。本届“竹博会”宣传口号为“缘聚武夷·竹行天下”，将按照“市场化运作、专业化筹办、特色化展示”的办展方向，着力打造具有特色与影响力的竹业盛会。

28日，福建省山海协作招商推介会举行。

以“山海协作　协同发展”为主题的福建省山海协作招商推介会在福州举行。副省长王金福出席。推介会上，省商务厅就提升山海协作产业发展水平、加大协同招商引资力度、用好展会平台拓展招商提出具体意见；三明、南平、龙岩、宁德4个地市围绕各自发展优势、产业特色、投资机遇、营商环境等开展招商推介；晋江市政府、武平高新技术产业园区管委会、福建盼盼食品集团分享了山海协作典型经验。推介会现场还举行了项目签约仪式，34个招商项目进行签约，总投资额153.7亿元人民币。

28日，我省“科技贷”累计投放突破300亿元。

截至目前，我省“科技贷”省级政策性优惠贷款风险分担资金池累计投入6亿元，“科技贷”累计发放给客户4346家，发放7575笔，投放金额305亿元；已签约合作金融机构达24家。同时，发放“高新贷”15.34亿元，对进一步优化科技创新环境，支持科技型中小微企业发展起到了积极作用。

28日，全省首个标准化乡镇农产品质量安全监管站在武夷山揭牌。

以“‘新’农安，‘兴’武夷”为主题的2023年武夷山市农产品质量安全宣传活动在武夷山市启动。活动上，全省首个按照国家标准建设的乡镇监管站——星村镇乡镇农产品质量安全监管站正式投入使用。该站是全省第一个按照国家标准建设的乡镇监管站。

28日，全省首个“三茶”统筹学习实践基地在福鼎投用。

位于福鼎市佳阳畲族乡“三茶”统筹学习实践基地的“福鼎白茶主题展”开放。展厅分为“山上银行”、“三茶”统筹、“走向未来”三个篇章，让观众全方位了解福鼎白茶的起源与发展。

29日，第二届中国茶叶交易会开幕。

第二届中国茶叶交易会在福州开幕，省委副书记罗东川，省委常委、福州市委书记林宝金，农业农村部国家首席兽医师李金祥，贝宁驻华公使吕克·艾巴出席并致辞，省领导王金福、严可仕，海峡两岸茶业交流协会会长林钟乐，中国科学院院士谢华安等嘉宾出席。本届茶交会以“中国茶·世界享”为主题，超700家企业参展，其中包括贝宁、斯里兰卡等共建“一带一路”国家使领馆及商会代表。本届茶交会专设“台湾精品区”，60 家台湾地区企业代表参展。

29 日，我省开展节前文旅市场安全督导工作。

为落实落细文化和旅游部、省委省政府关于做好元旦、春节文化旅游安全的部署要求，连日来，我省文化和旅游部门组织相关专业人员分别前往龙岩、福州等地，深入旅游景区、度假村、文物保护单位、剧场、演艺团体，开展节前文旅市场安全生产督导工作。

29 日，2024 年辰龙迎春跨年购启动。

“全闽乐购·畅享福品”2024 年辰龙迎春跨年购活动在福州启动。副省长王金福出席启动仪式。启动仪式发布了福建省入围全国县域商业领跑县和全省 100 家首店、第三批特色步行街、首届智慧商圈、“闽菜馆”获评企业等名单；福州市商务局介绍新春跨年购活动安排和促消费政策；政银企签署消费促进合作协议。

31 日，省财政提前下达 2024 年县级基本财力保障转移支付资金 78.92 亿元。

省财政厅消息，为切实增强基层政府保基本民生、保工资、保运转的财政保障能力，提高预算完整性，加快支出进度，近日，省财政提前下达 2024 年县级基本财力保障转移支付资金 78.92 亿元。

（摘编：王利兴）

第八篇

政策文件

福建省人民政府
关于进一步加强招商引资工作的意见

闽政〔2023〕3号

各市、县（区）人民政府，平潭综合实验区管委会，省人民政府各部门、各直属机构，各大企业，各高等院校：

为统筹做好全省招商引资工作，强化主动招商、科学招商、精准招商，为全方位推进高质量发展提供有力支撑，现提出如下意见。

一、总体要求

（一）指导思想。坚持以习近平新时代中国特色社会主义思想为指导，全面贯彻落实党的二十大精神和习近平总书记重要讲话重要指示批示精神，立足新发展阶段、贯彻新发展理念、服务和融入新发展格局，以推动高质量发展为主线，深化落实“深学争优、敢为争先、实干争效”行动，坚持科学谋划，坚持创新引领，坚持招大引强，以招商引资为抓手，积极扩大有效投资，拓展招才引智，全面提升实体经济竞争力，塑造发展新动能新优势，努力在推进中国式现代化中展现福建作为、谱写福建篇章。

（二）主要目标

——引资规模实现新增长。坚持统筹内外资一体化招商，准确把握产业招商方向，始终把壮大实体经济，增强市场活力，提升全省综合竞争力作为主攻目标。2023—2025年，省级重大招商活动集中签约项目总数超过300个，总投资超过8000亿元。全省新签合同外资项目8000个，合同外资金额超过3000亿元。三年力争全省新增市场主体200万户。

——招大引强实现新突破。聚焦数字经济、海洋经济、绿色经济、文旅经济以及重点产业领域，着力“铸链、赋能、拓维”，招大引强，招新引优，加快未来产业布局。2023—2025年，全省引进10亿元以上项目150个，50亿元以上项目30个，100亿元以上项目10个。力争到2025年，全省累计引进世界500强项目240个，一批标志性、引领性项目落户福建，大项目对经济增长的带动效应进一步显现。

——产业发展实现新提升。围绕构建现代化产业体系，建设先进制造业强省的要求，加大招引产业关联性强、集聚性显著的投资项目，形成新的经济增长极。力争到2025年实现电子信息和数字产业、先进装备制造、石油化工、现代纺织服装等4个万亿主导产业由“数控一代”向“智能一代”跃升。新能源、新材料、生物与新医药、海洋高新等战略新兴产业培育形成一批产值超千亿的重点产业集群。全省产业布局更加合理，结构更加优化，发展更加绿色低碳。

——招商氛围实现新气象。全省招商引资统筹协调能力不断提升，工作机制更加完善。各级各部门招商配合更加默契，行动更加有力，社会各界、全省各地尊商、重商、亲商、安商氛围更加浓厚。

二、强化招商引资统筹协调

（一）强化招商统筹。充分发挥省招商引资工作领导小组统筹协调职能，着力完善部门协调、省市联动招商新机制。省招商引资工作领导小组办公室（以下简称“省招商办”）会同省发改委、工信厅、商务厅等单位建立省级重大招商项目推进工作机制，落实省招商引资工作领导小组工作部署。各地加强对内外资一体化招商、产业招商工作的领导，提高招商引资统筹能力。畅通省市县（区）各层级的招商信息网络，打造横向到边、纵向到底、精简高效的招商工作体系，促进招商政策、活动、平台、资源、信息协同优化。

（责任单位：省招商办，省发改委、工信厅、商务厅，各设区市人民政府、平潭综合实验区管委会）

（二）强化属地责任。各地要不折不扣扛起招商引资主体责任，把招商引资工作列为“一把手”工程，主要领导亲自研究谋划招商引资工作，主动带队招商，参与重点项目对接洽谈。强化领导干部挂钩服务企业制度，帮助企业协调解决项目推进实际问题。各地要进一步优化用地、用林、用海、用电等要素保障，有效推动重点项目落地。要守牢生态环境保护底线，坚决不招引落后产能和高能耗、高污染、低水平的项目。

（责任单位：各设区市人民政府、平潭综合实验区管委会）

（三）强化部门协同。各行业管理部门要履行“管行业管产业也管招商”的职责，共同抓好招商引资工作。抓紧形成省招商办牵头抓总，各行业管理部门负责本行业领域投资项目招引的分工合作格局。各部门要加强招商信息、招商项目、招商资源互联互通，积极向上争取政策支持，加强对各地的业务指导，主动研究、制定、出台本部门本行业领域招商引资扶持政策。

（责任单位：省招商办，省各行业主管部门）

三、推进主动科学精准招商

（一）推进产业链招商。进一步明确方向、突出重点，紧紧围绕我省重点产业发展规划，科学谋划千亿产业链图谱，加快构建现代化产业体系。积极推行产业链招商“链长制”，一条产业链一个部门负责。各牵头单位要聚焦产业链缺失和关键环节，策划生成一批补链强链延链项目，建立重点招商项目库，压实产业链发展责任。

（责任单位：省各行业主管部门，各设区市人民政府、平潭综合实验区管委会）

（二）推进重点项目招商。紧盯制造业提升、战略性产业发展前沿，集中力量招大商、招好商。根据重点产业链图谱，瞄准目标区域目标企业，建立重点目标企业库，紧盯关键节点、骨干企业，推进精准招商。对重点盯引项目，协同各级建立“一个项目、一位领导、一套班子、一套方案”攻坚机制，专班运作，力保项目签约落地。

（责任单位：省各行业主管部门，各设区市人民政府、平潭综合实验区管委会）

（三）推进活动平台招商。全力打造中国国际投资贸易洽谈会、数字中国建设峰会、民企产业项目洽谈会、21世纪海上丝绸之路博览会暨海峡两岸经贸交易会等品牌化招商活动平台，加快形成汇聚全球优质企业、优质项目、优质产业、优质资源的“金字招牌”。积极参与中国国际进口博览会、中国国际服务贸易交易会、世界互联网大会等国内重大展会，主动开展高端对接洽谈。积极谋划境内境外重大招商活动，推介招商项目，宣传引资政策。

（责任单位：省招商引资工作领导小组成员单位）

（四）推进多元渠道招商。发挥政府驻外办事机构、福建商会组织、福建企业在外分支机构作用，采用“短期高频”小分队上门招商方式，密切对接北京、上海、深圳等重点城市，以及环渤海、长江经济带、粤港澳大湾区等重点区域目标客商，织密国内招商网络。发挥我省港澳台侨资源优势，紧密联系各驻境外机构、侨商会、闽籍社团，以情引商、以侨引商、以商引商，构建畅通的国际招商网络，大力推动闽商回归工程。

（责任单位：省招商引资工作领导小组成员单位）

（五）推进创新方式招商。推动“招商引资”和“招才引智”有机融合，加强与国家级实验室、高水平创新平台对接合作，注重引进科技领军人物，以人才引进带动科研、资本、产业发展。鼓励民营、外资企业来闽创办创新型企业和服务机构，主持或参与我省科技计划项目，享受省内企业同等待遇。积极探寻全球招商合作伙伴，聘请一批国际企业家、行业优秀人才、国际投资顾问，开展委托招商。用好知名高校校友资源，拓展校友招商。借助大数据技术精准匹配招商项目，提高数字化招商水平。推广5G、AR、VR技术在“云上投洽会”、福建投资促进网等网上招商平台应用，提升云展示、云推介、云洽谈效果。

（责任单位：省招商引资工作领导小组成员单位）

（六）推进专业队伍招商。支持各地加强招商人员培训，按照专业化、市场化、国际化原则，打造一支作风过硬、熟悉产业政策、懂得谈判技巧的专业化招商队伍。坚持在招商一线工作中锻炼人才、发现人才、使用人才。探索成立公司化专业招商机构，实行绩效薪酬挂钩和灵活聘用制度，吸引高端人才。

（责任单位：省招商引资工作领导小组成员单位）

（七）推进载体园区招商。发挥自贸试验区、综合实验区、国家级新区等对外开放排头兵优势，积极争取中央政策支持，提升投资自由化便利化水平，增强对各类资本吸引力。推动各类开发区加快“腾笼换鸟”，盘活存量引进增量，扶持做大特色产业和“链主”企业。鼓励开展异地园区招商、飞地园区招商等多种形式招商。支持各类开发区构建以企业为主导、产学研用合作的创新网络，大力发展新技术、新模式、新业态，促进先进制造业、战略性新兴产业集群化发展。加快中印尼、中菲经贸创新发展示范园区建设，推进双方产业深度对接。

（责任单位：省商务厅、科技厅、发改委、工信厅，各设区市人民政府、平潭综合实验区管委会）

（八）推进优质服务招商。打造高效、诚信、法治政府，真正用心服务企业，持续优化营商环境，让项目引得进、留得住、发展好。依法依规制定招商引资政策，保持政策相对连续稳定，及时兑现落实政策内容。加强对投资者权益的保护，完善投诉解决机制，维护市场公平竞争，让投资者放心，让落地者安心。

（责任单位：省招商引资工作领导小组成员单位）

四、健全高效工作机制

（一）建立重点项目推进机制。对重点产业项目招引中的困难和问题实行省市分级协调、分级推进。重点项目实行专班制，由属地领导、招商部门、产业部门、行业专家组成专班，统筹调度各类资源，开展对接洽谈、评估决策和项目推进。需省里协调的重点项目问题报省招商引资工作领导小组协调解决。

（责任单位：省招商办，省发改委、工信厅、商务厅，各设区市人民政府、平潭综合实验区管委会）

（二）建立招商信息统计通报机制。各地各部门招商引资工作开展情况、重点招商项目招引情况等信息按月报省招商办汇总统计。省招商办建立招商信息统计通报制度，定期发布招商引资工作动态，评选典型案例和最佳实践，按季度对各设区市招商引资、重点项目推进情况等进行通报。

（责任单位：省招商引资工作领导小组成员单位）

（三）建立招商成效考核机制。省招商办负责组织开展全省招商引资工作成效考核，会同省发改委、工信厅、商务厅制定科学合理的考核指标体系，多维度反映招商引资实绩。有关考核结果抄送省效能办作为部门和地方年度绩效考评依据。

（责任单位：省招商办，省发改委、工信厅、商务厅、效能办）

五、完善提升保障措施

（一）加强组织领导。各地各部门“一把手”要切实负起招商引资第一责任人职责，科学谋划、精心部署、狠抓落实。各工作部门要研究制定专项工作方案，明确重点任务，压实工作责任。要加强典型经验总结提炼、宣传报道、复制推广，发挥示范引领作用。工作推进中遇到困难和问题，及时向省招商引资工作领导小组报告反馈，协调解决。

（责任单位：省招商引资工作领导小组成员单位）

（二）加强要素保障。纳入省重点产业项目库的项目，各地优先安排用地计划指标，优先保障用地、用林、用能、主要污染物排污权等要素，实行全链条全周期全天候服务。发挥产业基金招商引导作用，对经科学评估的项目，政府产业投资基金可通过参股参投方式提供支持。积极引导银行、创投、保险基金等参与设立各类专项产业基金，共同推动重点产业项目建设。

（责任单位：省自然资源厅、生态环境厅、财政厅、金融监管局、国资委，省税务局，人行福州中心支行，各设区市人民政府、平潭综合实验区管委会）

（三）加强工作督查。加强对各地各部门招商引资情况的督促指导，落实容错纠错机制，营造“比学赶超”的招商氛围。鼓励各地各部门制定招商引资正向激励办法，对招商引资成效显著的单位、商协会、个人予以奖励。

（责任单位：省招商办，省委组织部，省财政厅）

福建省人民政府

2023 年 5 月 8 日

发文机关：福建省人民政府

文　　号：闽政〔2023〕3 号

标　　题：福建省人民政府关于进一步加强招商引资工作的意见

发文日期：2023 年 5 月 8 日

中共福建省委办公厅　福建省人民政府办公厅印发《新形势下促进文旅经济高质量发展激励措施》

2023 年 4 月 17 日福建省人民政府网站发布，近日，中共福建省委办公厅、福建省人民政府办公厅印发《新形势下促进文旅经济高质量发展激励措施》，并发出通知，要求各地各部门结合实际认真贯彻落实。

《新形势下促进文旅经济高质量发展激励措施》公布如下：

为全面贯彻落实党的二十大精神，深入贯彻落实习近平总书记关于文化和旅游工作的重要论述，进一步激发和调动全省上下做大做强做优文旅经济的积极性、主动性和创造性，加快推动文旅产业回暖复苏，全面促进文旅市场活起来、火起来，全方位推进文旅经济高质量发展，现提出如下激励措施。

一、激励县域文旅经济争优争先争效

（一）支持县域文旅经济争先发展。对推动落实文旅经济高质量发展取得明显成效的县（市、区），由省政府通报表扬，并优先推荐申报国家级文旅相关资金和创建相关品牌，优先安排省级文旅融合发展专项资金补助，优先推荐文旅项目申报省重点项目，在文旅品牌宣传和项目招商推广中予以重点支持。

（二）支持区域文旅经济品牌创建。对获评国家全域旅游示范区的，每个给予 300 万元奖励；获评省级全域生态旅游示范县（市、区）的，每个给予 150 万元奖励。对入选国家级文化产业赋能乡村振兴试点县（市、区）的，每个给予 100 万元奖励。对获评全国乡村旅游重点镇（乡）的，每个给予 30 万元奖励；获评全国乡村旅游重点村的，每个给予 20 万元奖励。对被认定为省“全域生态旅游小镇”的，每个给予 20 万元奖励；被认定为省“金牌旅游村”的，每个给予 10 万元奖励。

二、激励文旅产业延链补链强链

（三）支持文旅重点项目建设。每年安排省级服务业发展引导资金，重点支持各地各部门系统性谋划开发一批主题鲜明、具有地方特色、产业整合度高、示范性强的文旅产业项目，有效促进区域文旅资源整合。鼓励各地用足用好组合政策，强化服务保障，引进知名企业在省内投资布局重大文旅项目。支持文旅项目试点探索点状布局用地开发。对符合条件的文旅领域重大项目优先推荐申报地方政府专项债等，优先列入政策性开发性金融支持项目。

（四）支持数字文旅发展。强化全省文旅数据资源汇聚共享和开放开发，加快建设全省数字文旅综合服务平台。鼓励各地加快推动大数据、区块链、人工智能、混合现实等现代科技在文旅领域应用，支持在公共文化场馆推广普及自助语音讲解、路线引导、数字体验产品等智能导览功能，对经济社会效益好、代表性强、可复制、可推广的数字文旅和智能导览优秀典型案例，每个奖励 5 万元。鼓励和引导景区逐步向数字化、智慧化转型，对新被认定的五钻级智慧景区，每个奖励 20 万元；新被认定的四钻级智慧景区，每个奖励 15 万元。

（五）支持文旅新业态培育。推动露营旅游休闲健康有序发展，对新建被认定为 4C 级及以上等级的自驾车旅居车营地，每个给予 50 万元补助。支持各地广泛开展街头文化艺术展演，对符合条件的在历史文化街区、都市商圈等组织开展常态化展演的机构或单位，每个给予 25 万元补助。支持研学旅游发展，鼓励利用农业、水利、林业等资源发展研学项目，对新被认定的省级优秀研学旅行基地，每个给予20万元奖励。

（六）支持民宿健康有序发展。各县（市、区）于2023年年底前出台民宿发展实施细则，设置受理备案窗口，建立一站式民宿联合备案和检查工作机制。鼓励民宿标准化建设，对成功创建甲、乙、丙级旅游民宿的，每家民宿分别给予30万元、20万元、10万元奖励。

（七）支持文旅产业园区建设。鼓励各地利用闲置工业厂房、仓储用房、历史街区、校园建筑、商务楼宇等存量房产建设文化创意产业园区。对成功创建国家级文化产业示范园区的，每个给予运营管理机构100万元奖励。对成功创建国家级文化产业示范基地的，每个给予30万元奖励。

三、激励文旅融合和跨界发展

（八）支持文旅融合精品打造。鼓励各地依托福建地域特色文化打造一批标志性文旅融合产品。支持“福”文化有机融入文旅产品开发，打造一批“福”文化旅游精品。鼓励历史文化名镇名村传统村落保护利用与旅游融合发展，将传统人居理念、营建智慧融入文旅产业，打造精品村落。鼓励各级文化馆、艺术馆、博物馆举办民间工艺品主题精品展览，对展陈场所费用给予减免。鼓励举办民间收藏展，支持民间藏品参加全省非国有博物馆联展。鼓励文化馆、艺术馆、博物馆等文化文物单位和文化企业开发文创旅游商品。

（九）支持“+文旅”融合发展。支持“工业+文旅”，鼓励各地依托工厂、工业遗产项目等发展工业旅游，对获评国家工业旅游示范基地的，每个给予30万元奖励；鼓励工业龙头企业、品牌企业创建观光工厂，对被认定为金牌观光工厂的，每个给予20万元奖励；支持将工业创意产品和设计纳入全省文创市集活动展览展示。支持“体育+文旅”，发挥品牌赛事带动旅游、促进消费的重要载体作用，并根据赛事的规格、规模、带动力及办赛水平等，每年安排1000万元对培育和引进国内、国际品牌赛事的城市给予资金补助。支持“茶产业+文旅”，扶持茶文化小镇、茶文化庄园等一批茶文旅融合项目。支持“影视综艺+文旅”，每年安排100万元对拍摄景地、影视拍摄服务体系建设等项目给予支持，鼓励创作能够带火各地文旅发展的歌曲、纪录片、电影、电视剧、综艺节目等。支持“林业+文旅”，鼓励创建森林康养基地，优先在景区景点等重点区域开展林相改善行动，增强周边整体景观的观赏性。支持工会培育职工疗休养基地。

（十）支持舞台艺术与旅游市场融合发展。鼓励文艺院团参与创排可面向旅游市场的舞台艺术剧目，支持进驻景区常态化开展公益性演出。鼓励以福建地域特色文化为重点题材的舞台艺术精品创作。支持实施“福建戏曲名老艺人薪传计划”。对入选国家级舞台艺术创作项目或参加展演的各地文艺院团，每个给予10万元补助。

（十一）支持红色旅游发展。鼓励各地加强红色资源挖掘和提升，创新红色旅游融合发展模式。对入选全国红色旅游融合发展试点单位的，每个给予100万元奖励。对新获评国家A级旅游景区的红色旅游景区（点），每个给予30万元奖励。鼓励旅行社开发红色主题旅游产品。

四、激励文旅消费扩容提质升级

（十二）支持文旅促消费活动举办。鼓励各地商务和文旅部门联合举办2023“全闽乐购”线下主题促消费活动。支持大众茶馆和闽菜馆入驻景区、旅游集散服务中心、交通服务区、酒店、宾馆等。鼓励文旅企业针对长假、周末等重要时间节点推出优惠券、打折让利等促消费措施。鼓励有条件的旅游景区因地制宜实行门票减免，对试行年度免门票且符合条件的景区给予补助。充分发挥展会对文旅消费的带动作用，积极引进市场化举办的国际性、国家级展览或会议，鼓励各地统筹现有资金渠道对被认定为重点引进展会或会议的项目给予支持。支持景区、旅行社等文旅行业协会或联盟组织建设，构建资源共享、融合共建、自律共赢的文旅消费促进机制，联合推出文旅促消费优惠措施。

（十三）支持文旅消费品牌创建。鼓励各地培育文旅消费新模式，积极创建、建设国家文化和旅游消费试点城市、示范城市、夜间文化和旅游消费集聚区。对成功创建国家文化和旅游消费示范城市的，每个给予100万元奖励。对成功创建国家级旅游休闲街区的，每个给予30万元奖励。

（十四）支持精品旅游线路打造。鼓励各地围绕“清新福建”旅游列车沿线，串点成线、以线带面，推出列车游、滨海游、乡村游、周末游等特色旅游线路。指导文旅企业围绕“十大主题”精品线路，精心策划推出适应不同游客群体的深度体验游线路和一系列微旅游、轻度假特色旅游线路，并利用各类宣传渠道予以重点推介。

（十五）鼓励加强文旅宣传推广。鼓励各地整合传统媒体和新媒体资源，加大福建文旅资源宣传推广力度，打造具有地方特色的文旅IP，丰富“福文化”、“清新福建”品牌内涵。对各设区、平潭综合实验区承办省部级主办的文旅营销活动，每个给予100万元补助。对符合条件的区域文旅联盟活动，每个给予50万元补助。对符合条件的赴省外重点客源地开展旅游促销推介活动，每个给予50万元补助。对获得全国旅游公益广告大奖或全国旅游宣传推广优秀案例、全国优秀网络视听推选活动优秀作品的，优先在省级宣传营销活动上予以推广，并在举办相关宣传推广活动时给予优先支持。

（十六）支持深化闽台旅游合作。精心培育闽台特色旅游产品，鼓励各地举办或参加闽台旅游展会、旅游节事、旅游培训和旅游推介等活动。推进闽台乡建乡创与文旅产业融合发展，推动已建成项目大力发展乡村旅游产业，指导和支持闽台乡建乡创合作样板村创建“金牌旅游村”、国家A级旅游景区等文旅品牌。鼓励支持台湾青少年团组来闽开展研学活动。支持做大做强海峡旅游博览会等平台。

（十七）鼓励省外游客入闽。鼓励各地积极推出吸引游客入闽旅游激励措施，做热福建旅游消费市场。对旅行社一次性组织省外500人以上的“清新福建”列车入闽旅游，签订规范的团队旅游合同，且住宿两晚以上的，给予单程单列奖励10万元，单个旅行社年度最高奖励不超过50万元。此项政策与入闽过夜团队游客奖励政策不重复享受。

（十八）支持境外文旅市场拓展。加大福建文旅品牌境外宣传推广力度，着力发掘新兴入境旅游市场，每年安排300万元支持福建文化海外驿站、福建海外旅游合作推广中心开展交流推广工作。鼓励旅行社与航空公司对接开展跨境包机包航业务。鼓励福州、厦门、泉州等沿海城市拓展所在地机场、邮轮母港、“小三通”码头航班航线。

（十九）支持文旅消费环境优化。完善文旅市场综合监管和联合执法机制，严厉打击欺客宰客、“不合理低价游”等扰乱市场秩序行为。落实“放心游福建”服务承诺，完善旅游投诉“一口受理、快速办结、先行赔付”机制，对工作成绩突出的旅游投诉处理机构予以通报表扬，营造优质文旅市场环境。

五、激励文旅市场主体做大做强

（二十）鼓励景区提质升级。对获评国家5A级旅游景区或国家级旅游度假区的，每个给予150万元奖励。对获评国家4A级旅游景区或省级旅游度假区的，每个给予30万元奖励。对博物馆、美术馆、非遗展示馆获评国家4A级旅游景区的，每个给予50万元奖励。支持国家5A级旅游景区和国家级旅游度假区打造世界级旅游景区、度假区。

（二十一）支持旅行社发展。鼓励机关企事业单位将符合规定举办的工会活动、会展活动等委托旅行社组织实施，明确服务内容、服务标准等细化要求，加强资金使用管理，合理提高预付款比例，加快支付进度。

（二十二）支持融资渠道拓宽。筛选优质文旅企业纳入省重点上市后备企业库，加强文旅企业上市培育孵化，对实现境内上市的分阶段给予奖励。优化文旅专项贷审核流程，扩大惠企覆盖面和支持度。组织遴选文旅企业“白名单”，帮助企业解决资金周转困难、扩大再生产等问题。

（二十三）支持文旅企业人才队伍建设。鼓励各地帮助文旅企业引进高层次和急需紧缺人才，每年安排100万元奖励引才成效显著的市级文旅部门或省属文旅企业。支持文旅企事业单位与相关高校开展“订单式”人才培育。每年举办骨干导游、一线导游和出境游领队业务提升培训班或研讨班，提升专业素养和业务能力。

各级各部门要深刻认识新形势下促进文旅经济高质量发展的重要意义，将其作为贯彻落实党的二十大精神的重要行动、推动高质量发展的重要抓手、建设现代化产业体系的重要内容、满足人民群众美好生活需要的重要支撑，做到政策服务齐努力、激励约束同发力，充分调动干事创业的精气神，形成全省上下“拼文旅经济”的浓厚氛围，全面提升文旅经济能级。省直相关部门要树立“+文旅”理念，抓紧制定具体实施细则，指导和帮助各地用好用足各项激励措施，加强政策执行的统筹协调和督促检查。各市、县（区）要强化一把手“抓文旅经济”意识，结合本地实际，加大激励力度。省旅游产业发展领导小组办公室要加强对政策兑现落实的统筹跟踪协调，确保各项政策措施落实到位。本政策实施期限为2023—2025年度，到期后将进一步评估调整完善。

发文机关：中共福建省委办公厅　福建省人民政府办公厅

标　　题：中共福建省委办公厅　福建省人民政府办公厅印发《新形势下促进文旅经济高质量发展激励措施》

发文日期：2023年4月17日

福建省人民政府办公厅关于印发巩固拓展经济向好势头的一揽子政策措施的通知

各市、县（区）人民政府，平潭综合实验区管委会，省人民政府各部门、各直属机构，各大企业，各高等院校：

《巩固拓展经济向好势头的一揽子政策措施》已经省政府同意，现印发给你们，请认真组织实施。

福建省人民政府办公厅

2023年2月24日

（此件主动公开）

巩固拓展经济向好势头的一揽子政策措施

为全面贯彻落实党的二十大和中央经济工作会议精神，落实省委十一届三次全会和省“两会”部署，深入实施“深学争优、敢为争先、实干争效”行动，进一步强信心、鼓干劲，激励市场主体增产增效，巩固拓展经济向好势头，努力推动一季度开门红、二季度增长稳、三季度势头强、四季度成效好，制定以下措施。

一、继续加大财税支持力度

1. 全面落实增值税小规模纳税人减免增值税等政策，自2023年1月1日至2023年12月31日，对月销售额10万元以下（含本数）的增值税小规模纳税人，免征增值税；增值税小规模纳税人适用3%征收率的应税销售收入，减按1%征收率征收增值税；适用3%预征率的预缴增值税项目，减按1%预征率预缴增值税；允许生产性服务业纳税人按照当期可抵扣进项税额加计5%抵减应纳税额；允许生活性服务业纳税人按照当期可抵扣进项税额加计10%抵减应纳税额。〔责任单位：省税务局、厦门市税务局，各市、县（区）人民政府，平潭综合实验区管委会，以下均需各市、县（区）人民政府，平潭综合实验区管委会落实，不再列出〕

2. 落实增值税留抵退税政策，按规定对符合条件的企业继续落实好增值税留抵退税政策，在纳税人自愿申请的基础上，确保应退尽退、及时退付。（责任单位：省税务局、厦门市税务局，省财政厅，人行福州中心支行）

二、强化金融服务实体经济

3. 引导延期还本付息等政策平稳接续过渡。推动进一步扩大“无还本续贷”产品覆盖面，缓释市场主体疫情恢复期偿债压力。继续加大“随借随还”类金融产品创新和推广力度，支持市场主体降低融资成本。（责任单位：人行福州中心支行、福建银保监局、厦门银保监局，省金融监管局）

4. 设立福建省中小微企业“争优争先争效”专项资金贷款，第一期规模100亿元，省财政安排贴息资金1亿元，支持中小微企业创新转型、开拓市场、提质增效等。积极支持小微企业、个体工商户以及“三农”主体1000万元以下的融资担保业务，在可持续经营前提下，合理降低担保费率。各地政府性融资担保机构主管部门要推动政府性融资担保机构合理提高担保放大倍数，减少重复尽职调查，扩大对小微企业的覆盖面。（责任单位：省财政厅、金融监管局）

5. 新发行小微企业增信集合债券，对募集资金由托管商业银行转贷给中小微企业的，省发改委按当年实际完成的转贷规模一次性给予发行人

0.5%贴息。(责任单位：省发改委)

6. 推动金融机构加大对房地产项目（特别是收尾项目）金融扶持力度，缓解企业资金短缺。区分房地产集团公司风险和项目公司风险，加大对正常建设房地产项目的开发贷款、按揭贷款等合理融资需求的支持力度，确保房地产项目建设交付。(责任单位：省金融监管局、住建厅，人行福州中心支行、福建银保监局、厦门银保监局)

7. 扩大“乡村振兴贷”、信贷直通车服务等农业农村金融产品，以及“商贸贷”“外贸贷”“台企快服贷”等商务领域金融产品普惠覆盖面。(责任单位：省农业农村厅、商务厅、财政厅)

8. 继续做好中小企业融资支持，落实好普惠小微贷款支持工具资金支持比例提高的政策，按相关地方法人银行普惠小微贷款余额增量的2%提供资金支持。充分用好普惠性再贷款再贴现政策工具，持续引导金融机构加大对涉农、小微和民营企业的信贷支持。加强跨部门“几家抬”，激励引导金融机构实施差异化信贷支持政策，加大首贷、信用贷支持力度，推动民营和中小微企业融资增量、扩面、降价。(责任单位：人行福州中心支行，省金融监管局，福建银保监局、厦门银保监局)

9. 对2022年第四季度到期、因新冠疫情影响暂时遇困的小微企业贷款（含个体工商户和小微企业主经营性贷款），鼓励银行业金融机构与借款人按市场化原则共同协商延期还本付息，延期贷款正常计息，免收罚息，还本付息日期原则上最长可延至2023年6月30日。(责任单位：人行福州中心支行、福建银保监局、厦门银保监局，省金融监管局)

10. 推动优化贷款利率，促进贷款利率稳中有降，充分发挥市场利率定价自律机制作用，持续释放LPR改革效能，发挥存款利率市场化调整机制作用，强化存款利率自律管理，稳定银行负债成本，推动金融机构进一步向实体经济合理让利。(责任单位：人行福州中心支行、福建银保监局、厦门银保监局，省金融监管局)

11. 抓住全面实行股票发行注册制机遇，加快资本市场融资步伐，持续加大对拟上市企业的培育孵化力度，引导符合条件的企业在境内外交易所上市融资、再融资。支持我省上市公司和新三板挂牌公司通过股权和债权再融资、并购重组等方式做大做强。鼓励福建私募股权基金、创业投资基金加大对省内相关企业的投入，引导基金投早投小，投长期，投未来，积极支持各类中小企业发展。(责任单位：省金融监管局、财政厅，福建证监局、厦门证监局、人行福州中心支行)

三、鼓励企业增产增效

12. 支持工业企业开拓市场。对2023年上半年各级工信部门牵头举办（含承办）的各类线上或线上线下相结合的促销活动，支持当地财政给予资金补助，可从切块下达的省级工业技改专项资金中列支，每场活动最高列支100万元。引导省内工业企业上下游产业链对接，对2023年各级工信部门通过省工业企业供需对接平台开展的“手拉手”供需对接活动，参会工业企业达25（含）—50家、50家及以上的分别给予举办方每场5万元、10万元奖励。(责任单位：省工信厅)

13. 支持新能源汽车生产企业做大做强。在现有扶持政策基础上，对省内（不含厦门）、省属新能源汽车生产企业今年较去年扩大生产部分，按照9座（含）以下新能源载客车、3.5吨（含）以下新能源货车及其他新能源专用车，给予不超过1000元/辆生产奖励；9座以上新能源载客车、3.5吨以上新能源货车及新能源其他专用车，按不超过2000元/辆给予生产奖励，单家企业奖励资金不超过1000万元。(责任单位：省工信厅)

14. 实施龙头企业固链延链强链工程，鼓励策划实施增资扩产项目。推动各地开展产业链供应链招商，围绕重点产业产业链缺失、薄弱等环节，精心策划一批高质量的招商项目，对符合条件的给予前期工作经费奖励。(责任单位：省工信厅、商务厅、发改委)

15. 鼓励企业吸纳就业。企业吸纳登记失业半年以上人员就业，可按人数给予一次性吸纳就业补贴（不超过1个月当地最低工资标准/人）。对企业吸纳就业困难人员、毕业年度高校毕业生，按规定给予社保补贴。加大对网络招聘活动支持力度。(责任单位：省人社厅)

16. 实施通行费优惠政策，落实鲜活农产品“绿色通道”、大中型货车、集装箱车辆等高速公

路差异化收费政策。（责任单位：省交通运输厅）

17. 继续执行电压等级不满 1 千伏的工商业用户，参与现货市场交易的，不承担辅助服务、成本补偿等市场分摊费用的政策，执行期限至 2023 年 12 月 31 日。（责任单位：省发改委，省电力交易中心，国网福建省电力公司）

18. 持续返还小微企业工会经费，对全年上缴工会经费低于 1 万元（不含）的小额缴费工会组织上缴上级工会经费实行全额返还，政策执行至 2024 年 12 月 31 日。（责任单位：省总工会）

19. 综合运用预留采购份额、价格评审优惠、优先采购等措施，支持中小微企业参与政府采购。2023 年实施的政府采购项目，采购人可以结合项目实际，给予中小企业不低于采购合同金额 50% 的预付款，预付款比例和支付时间应当在采购文件和采购合同中予以明确。加强各级预算单位的预算和需求管理，小额采购项目（200 万元以下的货物、服务采购项目，400 万元以下的工程采购项目），适宜由中小企业提供的，专门面向中小企业采购。将超过 400 万元的政府采购工程面向中小企业的预留份额阶段性提高至 40% 以上政策延续到 2023 年 12 月 31 日。政府采购工程以及与工程建设有关的货物、服务，应当执行政府采购政策。采购人要规范资格条件设置，降低中小企业参与门槛，灵活采取项目整体预留、合理预留采购包、要求大企业与中小企业组成联合体、要求大企业向中小企业分包等形式，确保中小企业合同份额。（责任单位：省财政厅）

20. 支持企业入规升级，在省工业企业供需平台设立“小升规”培育库，对纳入“小升规”培育库的 2023 年新投产纳统的规上工业企业、规下转规上工业企业，省级财政给予每家 5 万元一次性奖励，对第一季度新投产纳统的规上工业企业给予每家 10 万元一次性奖励。对新增纳入 2023 年省工业战略性新兴产业年报库，且工业战新产品产值 2000 万元及以上或工业战新产品产值占企业工业总产值 50% 及以上的企业每家给予 5 万元奖励。本条政策不重叠享受。（责任单位：省工信厅）

四、助力服务业加快恢复发展

21. 加大服务业引导资金对困难行业支持力度。2023 年度省级服务业发展引导资金重点支持各地打造一批主题鲜明、产业融合度高、品牌效应显著、具有地方特色和示范效应的文旅项目，促进受新冠疫情影响较大的文旅产业恢复发展；支持各地建设原产地冷库、冷链物流集配中心、末端冷链配送网点和冷链物流信息化平台等项目建设，构建冷链物流设施网络；支持服务于港区及其后方物流园区、物流中心、智慧港区物流公共信息平台以及港铁联运配套服务设施等项目建设，促进现代物流发展。（责任单位：省发改委、财政厅）

22. 支持物流业制造业深度融合创新发展，从我省物流企业用于服务制造业企业，或制造业企业为开展专业化物流服务而实施的物流设施设备改造项目（含网络平台、技术、软件等）中，择优纳入省重点技术改造项目范围，享受省技改项目相关政策。（责任单位：省工信厅）

23. 2023 年 4 月 1 日（含当日）以后取得旅行社业务经营许可证的旅行社，可申请暂缓交纳保证金。享受暂退或暂缓交纳保证金政策的旅行社，补足保证金期限延长至 2024 年 3 月 31 日。（责任单位：省文旅厅、财政厅，福建银保监局、厦门银保监局）

24. 吸引外省游客入闽，对年内组织接待入闽过夜团队游客的旅行社给予奖励，每人每晚奖励 20 元，每个团队游客连续住宿两晚以上累积计算奖励，每团每人次奖励金额最高为 60 元，每家旅行社奖励总额不超过 100 万元，奖励资金超出预算额度时，奖励标准按比例调整。鼓励机关企事业单位将符合规定举办的工会活动、会展活动等委托旅行社组织实施，在规定标准和限额内凭旅行社发票报销。（责任单位：省文旅厅、财政厅、总工会）

五、推动消费复苏回暖

25. 引导金融机构加强与餐饮、零售行业主管部门的信息共享，运用中小微企业和个体工商户的交易流水、经营用房租赁以及有关部门掌握的信用信息等数据，提升风险定价能力，更多发放信用贷款。（责任单位：省金融监管局、商务厅，人行福州中心支行、福建银保监局、厦门银保监局）

26. 稳定和扩大汽车消费，省级财政对出台汽车促销政策的地市给予资金支持。鼓励各地开展汽车下乡惠民巡展活动，满足农村居民汽车消费需求。推动绿色智能家电消费，鼓励各地开展家居家电以旧换新和家电下乡活动。（责任单位：省商务厅、工信厅、财政厅）

27. 对购置日期在2023年1月1日至2023年12月31日期间内，符合条件的纯电动汽车、插电式混合动力（含增程式）汽车、燃料电池汽车，免征车辆购置税。（责任单位：省税务局、厦门市税务局，省财政厅）

28. 提升航空运力和机场集货能力，鼓励相关地市对航空公司新开通国内定期客运、货运航线给予资金补助。省级财政资金对武夷山、沙县、冠豸山支线机场，给予每年每个机场不超过3000万元的航班航线补助，由省发改委、省财政厅各承担一半。（责任单位：省发改委、财政厅）

29. 支持合理住房消费。结合新建商品住房库存实际，研究调整限购区域、购房套数等住房消费领域限制性政策，落实最低购房首付比例和贷款利率政策，支持多孩家庭和新市民购房需求。鼓励各地举办房产推介会，营造促进住房消费的市场氛围。全面推行带押过户，实现二手房交易登记无需提前还贷，支持“卖旧买新”改善性住房需求。实施房票安置，对于使用房票在规定期限内购房，房地产企业和属地政府给予团购优惠和购房补助。（责任单位：省住建厅、自然资源厅，人行福州中心支行，福建银保监局、厦门银保监局）

30. 促进福品消费，深化“全闽乐购”促消费活动，持续举办福品博览会，支持“万福”商城等线上展销，推动各地组织开展线上线下主题促消费活动，进一步推动“福品供全球，全球享福品”。（责任单位：省商务厅）

六、持续扩大有效投资

31. 发挥政府投资引导带动作用。加快地方政府专项债券、中央预算内投资、基础设施投资基金等项目储备和资金争取工作，继续设立高质量发展融资专项，推动一批补短板、调结构的项目建设，发挥重大项目牵引和政府投资撬动作用，带动社会投资增长。（责任单位：省发改委、财政厅，国开行福建省分行）

32. 鼓励金融机构对列入年度计划的重点技术改造项目，加大贷款投放力度，落实技术改造融资无还本续贷、中长期贷款支持等政策。已获得国家高质量发展专项、技改专项等支持项目，可同时享受省级技改政策扶持。（责任单位：省工信厅）

33. 支持水产品加工企业引进信息化、智能化、低能耗、环保型生产线和“预制菜”加工生产线，鼓励企业增资扩产，支持水产工厂化养殖基地建设，对符合条件的水产品精深加工生产线项目和水产工厂化养殖基地给予资金补助。（责任单位：省海洋渔业局、财政厅）

34. 促进房地产市场良性健康发展。坚持“房住不炒”定位，深入研判房地产市场供求关系和城镇化格局等重大趋势性、结构性变化，建立人房地钱四位一体新机制，因城因地精准实施房地产市场调控。调整供地节奏，细分片区均衡供地，优化土地出让条件，完善周边路网、水、电等基础设施配套建设，靠前服务，推动房地产项目加快投资建设。开展房地产企业信用评价，实施商品房预售条件、预售资金差异化监管，推广保函替代预售监管资金。（责任单位：省住建厅、自然资源厅，人行福州中心支行，福建银保监局、厦门银保监局）

35. 加强用地、用林等要素保障，精准配置新增建设用地计划指标，将能源、交通、水利等单独选址项目纳入省级重大项目清单或争取纳入国家重大项目清单，使用国家配置新增建设用地计划指标；各设区市在尚未产生用地计划指标前，可先行预支一定规模计划指标，优先保障重大项目用地。省级预留部分用林指标用于保障省级以上重点项目用林需求，缩短审批时限，为加快项目落地实施创造条件。（责任单位：省自然资源厅、林业局、发改委）

36. 提速项目环评审批，实行“一个窗口”改革，提升行政审批窗口管理和服务水平。对省重点建设项目，实行技术评估提前介入、技术评估和环评审批并联开展等支持措施，压缩审批时间。加快项目环评审查等前期工作，能快尽快、能早尽早，推动尽快开工形成实物工程量。（责任单位：省生态环境厅）

37. 支持地区间能耗指标交易试点和跨区域能耗双控协作，对国家能耗单列的重大项目、原料用能以及可再生能源电力消费不纳入地方能耗强度和总量考核。（责任单位：省发改委）

七、着力稳外贸稳外资

38. 加大组团“走出去”力度，出台支持外贸企业赴海外参展相关政策，助力外贸企业更好拓展海外市场。（责任单位：省商务厅）

39. 进出口银行福建省分行设立800亿元稳外贸专项信贷额度，积极支持进出口贸易、外贸产业链和供应链、外贸新业态等领域企业，服务福建外贸高质量发展。（责任单位：进出口银行福建省分行，省商务厅）

40. 加大出口信保支持外贸力度，鼓励出口信用保险福建分公司推进“单一窗口+出口信保”统保服务，扩大中小微企业覆盖面和短期出口信用保险覆盖面。（责任单位：省商务厅，出口信保福建分公司）

41. 继续支持企业用好外汇避险产品政策，对出口企业运用汇率避险产品的综合费用予以补助。（责任单位：省商务厅、财政厅，人行福州中心支行、人行厦门市中心支行）

42. 积极支持我省有条件的企业发行外债，有效利用境外低成本资金降低融资成本。支持产业投资基金通过平潭等地QFLP试点参与我省新兴产业孵化，支持资本金境内再投资扩大产业布局，发挥资本收入支付便利化政策红利，助力承接高端产业及引进核心技术。推行外国投资者来闽投资外汇登记线上办理，推动省内银行数字化服务试点落地，实现线上全流程办理外汇登记、账户开户入账、支付便利化等FDI业务。（责任单位：人行福州中心支行，省金融监管局、发改委）

43. 对新设（含增资）外商投资企业实际到资符合相关条件的，省级财政按比例给予一定资金奖励。同时，对外资制造业大项目、认定为国家高新技术企业、确认为技术先进型服务企业，符合外资到资奖励条件的，加大比例给予资金支持。（责任单位：省商务厅、财政厅）

各级各部门要抓紧制定具体实施细则和申报指南，加强政策宣传和解读，进一步优化提升服务，实施精准推送、线上办理、免申即享等便利化措施，确保各项政策应落尽落、市场主体应享尽享。省发改委要加强对政策兑现落实的统筹跟踪协调，省政府督查室、效能办适时对各级各部门政策兑现落实情况开展督查，确保各项政策措施落实到位。

发文机关：福建省人民政府办公厅
文　　号：闽政办〔2023〕8号
标　　题：福建省人民政府办公厅关于印发巩固拓展经济向好势头的一揽子政策措施的通知
发文日期：2023年2月24日

福建省人民政府办公厅关于印发福建省促进人工智能产业发展十条措施的通知

闽政办〔2023〕26号

各市、县（区）人民政府，平潭综合实验区管委会，省人民政府各部门、各直属机构，各大企业，各高等院校：

《福建省促进人工智能产业发展十条措施》已经省政府研究同意，现印发给你们，请认真组织实施。

福建省人民政府办公厅

2023年9月16日

（此件主动公开）

福建省促进人工智能产业发展十条措施

为深入贯彻落实国家发展新一代人工智能的工作部署，打造人工智能产业发展东南创新高地，推动人工智能与实体经济深度融合，助力数字应用第一省建设，结合我省实际，制定以下措施。

一、布局提升算力基础。在福州、厦门、泉州规模化、集约化建设人工智能计算中心，汇聚产业链上下游企业、科研院所资源，支撑产业生态建设。支持新建（含扩容升级）100P以上人工智能算力项目申报列入省重点技改项目库，按规定享受最长3年、年化2%贴息补助。积极支持符合条件的人工智能基础设施项目申报地方政府专项债券。（责任单位：省工信厅、财政厅）

二、提供普惠算力服务。以普惠算力降低人工智能企业研发成本，支撑快速增长的算力需求，促进自然语言、多模态认知等超大规模智能模型开发训练。对符合条件的人工智能企业，购买算力服务年度总额达到30万元（含）以上的，按照当年实际服务费第一年50%，第二年40%，第三年30%，每年给予最高50万元补助。（责任单位：省工信厅、财政厅）

三、推动数据开放应用。完善省市一体的公共数据资源开放机制，依法依规向人工智能企业开放重点领域数据，支持企业充分挖掘公共数据的商业价值，促进人工智能应用创新。推动建立开放性行业大数据训练库、标准测试数据集，鼓励企业或机构将用于人工智能相关研发的高质量数据集接入省公共数据统一开放平台或省大数据交易平台。深化省大数据交易所建设，支持高质量数据交易流通，探索新型数据交易范式。探索打造数据训练基地，培育发展人工智能生成语音、图像和自然语言等内容产业。〔责任单位：省发改委（数字办）、省直有关单位，各设区市人民政府、平潭综合实验区管委会，省大数据集团〕

四、加强关键技术攻关。聚焦智能机器人、大数据分析、计算机与三维视觉、元宇宙与数字孪生等领域关键技术需求，支持龙头企业联合省内外一流高校院所实施一批省级人工智能科技重大项目，最高给予项目承担单位800万元补助。支持符合条件的区域主体布局建设人工智能领域产业技术研发公共服务平台，并享受相应平台补助政策。围绕新型机器学习、自然语言理解、新型人机交互、智能控制与决策等重点领域，加快发展国产化自主可控产品服务，每年实施一批人工智能领域技术创新重点攻关及产业化项目，按照项目总投入的40%给予最高300万元补助。（责任单位：省科技厅、工信厅、财政厅）

五、支持企业做大做强。每年评选一批创新能力强、研发投入大、市场占有率高的人工智能领域“领雁”软件企业，每家给予最高50万元奖励。支持发展人工智能芯片、传感器、智能理解设备、智能控制设备等人工智能相关硬件产品，鼓励开发人工智能应用软件产品，每年评选一批人工智能软硬件优质产品，对获评产品给予每个30万元奖励。（责任单位：省工信厅、财政厅）

六、鼓励企业入园集聚发展。支持福州、厦门、泉州三大省级人工智能产业园建设，加快培育一批国家级、省级人工智能产业集群。鼓励企业入园，实施差别化、特殊化的扶持政策，对园区企业投产、技改、融资等方面予以奖补，助力企业做大做强做优。加强园区招商，每年各安排不低于100万元支持福州、泉州开展人工智能企业专场招商活动，以及对引进人工智能优质企业的招商机构或个人给予奖励，具体奖励办法由属地政府研究制定。每年度组织人工智能园区评估，省工信厅、发改委（数字办）、科技厅有关专项资金对评估优秀的园区予以倾斜支持。对获评国家人工智能创新应用先导区或国家新一代人工智能创新发展试验区的地区给予1000万元奖励。〔责任单位：省工信厅、发改委（数字办）、科技厅、财政厅，福州市、厦门市、泉州市人民政府〕

七、推广典型应用场景。实施“智赋百景”行动，支持政务、制造、金融、医疗、教育、商贸、建筑、农业等领域典型应用场景复制推广，鼓励政府机关、事业单位、国有企业先行先试。建立人工智能技术应用场景项目库，评选发布百个人工智能典型应用场景，每个给予50万元奖励。持续用好数字中国建设峰会等国家级平台，每年遴选一批重点行业领域典型应用场景，集中发布展示、宣传推广，提升优质企业、核心产品、典型场景的品牌影响力。〔责任单位：省工信厅、发改委（数字办）、教育厅、住建厅、农业农村厅、商务厅、卫健委、国资委、金融监管局、财政厅，人行福建省分行、国家金融监督管理总局福建监管局、福建证监局，各设区市人民政府、平潭综合实验区管委会〕

八、引进领军人才团队。将符合相关条件的人工智能领域人才（团队）作为省级高层次人才以及产业领军团队、省引才“百人计划”等省级人才计划（项目）的重点对象认定和支持，围绕企业、高校核心需求，实现人工智能高端人才精准引进。对人工智能领军人才（团队）的资源配套和家庭生活保障等问题，各设区市人民政府、平潭综合实验区管委会应及时召开专题会议研究解决。（责任单位：省委人才办，省工信厅、教育厅、科技厅、人社厅、财政厅，各设区市人民政府、平潭综合实验区管委会）

九、丰富教育培训体系。强化人工智能学科建设，鼓励校企联合共建产业学院，促进产学研协同创新发展。支持人工智能职业技能等级认定及培训，鼓励符合条件的机构申报人工智能相关工种职业技能等级认定试点，支持企业、劳动者参与人工智能相关职业技能培训，符合条件的按规定享受职业培训补贴政策。（责任单位：省教育厅、人社厅、工信厅、科技厅、财政厅，各设区市人民政府、平潭综合实验区管委会）

十、营造良好发展环境。对人工智能发展实行包容审慎监管，提升科技伦理治理能力。加强人工智能方面知识的培训，提升干部对相关知识的理解掌握运用。成立省人工智能专家委员会，开展前瞻性、战略性问题研究，为产业发展提供战略路线和前沿技术咨询。支持举办人工智能领域国家级、国际性展会、学术会议、论坛，以及常态化组织沙龙、分享会、交流会等活动，促进相关管理、产业、技术等多维度碰撞交流。重点支持举办省级（含）以上人工智能大赛，对赛事承办单位，按赛事运营费用给予最高200万元补助。〔责任单位：省委组织部，省工信厅、发改委（数字办）、教育厅、科技厅、人社厅、财政厅，各设区市人民政府、平潭综合实验区管委会〕

各地应结合地区实际及特色优势，抢抓发展机遇，布局人工智能产业，出台政策措施，加强招商宣传，推动人工智能基础设施建设、关键技术研发、应用场景创新、人才资源集聚，构建良好产业发展环境。

对上述符合省重点技改项目条件的，可叠加享受技改项目设备投资补助或奖励政策。本政策有效期至2025年12月31日，厦门市可参照执行，所需资金由厦门市政府统筹解决。

发文机关：福建省人民政府办公厅
文　　号：闽政办〔2023〕26号
标　　题：福建省人民政府办公厅关于印发福建省促进人工智能产业发展十条措施的通知
发文日期：2023年9月16日

福建省工业和信息化厅等十部门关于印发全面推进“电动福建”建设的实施意见（2023—2025年）的通知

闽工信规〔2023〕4号

各设区市人民政府、平潭综合实验区管委会，省直有关部门：

为深入贯彻落实党中央、国务院关于碳达峰碳中和的决策部署，根据工业和信息化部等八部门《关于组织开展公共领域车辆全面电动化先行区试点工作的通知》精神和省委、省政府工作要求，经省政府同意，现将《全面推进“电动福建”建设的实施意见（2023—2025年）》印发给你们，请认真组织实施。

福建省工业和信息化厅
福建省发展和改革委员会
福建省科学技术厅
福建省公安厅
福建省财政厅
福建省住房和城乡建设厅
福建省交通运输厅
福建省文化和旅游厅
福建省人民政府国有资产监督管理委员会
福建省机关事务管理局

2023年6月5日

（此件主动公开）

全面推进“电动福建”建设的实施意见（2023—2025年）

为深入贯彻落实党中央、国务院关于碳达峰碳中和的决策部署，根据工业和信息化部等八部门《关于组织开展公共领域车辆全面电动化先行区试点工作的通知》精神和省委、省政府工作要求，全面推进“电动福建”建设，提出如下实施意见。

一、培育壮大新能源汽车产业链

促进整车企业加快发展。支持新能源汽车（含专用车）生产企业做大做强、扩大规模，继续安排专项资金予以扶持。对年度产能利用率达到60%及以上且产量同比增长，或产能利用率20%以上且产量同比增长50%及以上的新能源汽车生产企业，按汽车产能利用率比例给予单家企业最高1000万元的奖励。加大新能源汽车消费支持力度，支持新能源汽车生产企业拓展国际市场。

实施产业链企业培育。加快新能源汽车产业链招商，鼓励上下游企业开展协作配套。支持新能源汽车、动力电池企业引进产业链配套企业，对于三年内新引进单家企业年配套规模达5000万元及以上的，给予最高100万元奖励，单家年度奖励资金最高1000万元；对三年内新引进的智能网联汽车产业链配套企业，年配套规模达1000万元、2000万元、5000万元及以上的，分别给予最高50万元、100万元、200万元奖励；全省年度奖励资金最高5000万元。培育一批新能源汽车领域“专精特新”及单项冠军企业，支持企业上市发展。

（责任单位：省工信厅、发改委、商务厅、金融监管局、科技厅、财政厅，省汽车集团，各设

区市人民政府、平潭综合实验区管委会按职责分工负责）

二、加大新能源汽车推广应用力度

加快新能源汽车推广应用。巩固公交车和巡游出租车电动化成果，持续提升物流配送、环卫、工程建设、党政机关、国有企业等公共领域新能源汽车比重，引导带动私人购买使用新能源汽车。

1. 公务车。全省党政机关、事业单位、国有企业等新增和更新公务用车，除实物保障岗位工作用车、处置突发事件应急用车、特种专业技术用车、执法用车等特殊情况外，全部采用新能源汽车，逐年提升公务车领域新能源汽车比重，力争2023年达到10%、2024年达到25%、2025年达到40%。鼓励公务租赁用车使用新能源汽车。

2. 其他公共领域用车。公交车：全省新增和更新的公交车全部采用新能源汽车；推广新能源微循环公交车运营模式；推动全省农村客运采用新能源汽车。出租车：全省新增和更新的城市巡游及网约出租车原则上全部采用新能源汽车，加快推进分时租赁汽车采用新能源汽车。物流车：全省中心城区新增和更新的邮政物流车全部采用新能源汽车，加快推进其他物流用车采用新能源汽车；加快推进货运车辆电动化改造和电动化替代工作。景区和港区用车：加快推进全省旅游景区新增和更新车辆、港区新增和更新集装箱卡车采用新能源汽车，4A级及以上景区用车，争取两年内基本改用新能源汽车。环卫等领域用车：全省新增和更新的中心城区环卫用车原则上采用新能源汽车。鼓励全部或部分使用财政性质资金的购买服务项目，将新能源环卫车、渣土运输车、水泥搅拌车配备比例作为评审因素。

3. 私人用车。鼓励整车企业开展“以旧换新”等模式，促进私人用户购买新能源汽车；鼓励地方政府出台支持私人用户购买新能源汽车的政策措施。

推进公共领域车辆全面电动化试点。支持有条件地市开展公共领域车辆全面电动化试点。其中，试点城市在完成公务车及其他公共领域用车任务基础上，重点推动驶入城区的物流车等采用新能源汽车。积极支持相关地市申报国家公共领域车辆全面电动化先行区试点城市，对获批的给予专项奖励1000万元。

组织实施综合示范应用项目。支持新能源汽车、新能源工程机械、新能源农用机械、动力电池等生产企业与推广应用单位在景区、厂区、港区、矿区、物流园区、设区市中心城区等重点区域及湄洲岛等岛屿联合打造推广应用示范项目，对示范项目中新能源汽车、新能源工程机械、新能源农用机械、新能源非公路用卡车和新能源无人驾驶装备等单个推广合同金额达到1000万元并实现交付使用的，按不超过合同金额的5%给予生产企业一次性奖励，全省年度奖励金额最高5000万元。推动智能网联汽车示范应用，支持有关地市、汽车生产企业、示范应用单位等联合开展智能网联汽车准入和上路通行试点，对纳入国家试点的牵头单位给予专项奖励500万元。

（责任单位：省工信厅、交通运输厅、农业农村厅、机关事务管理局、财政厅、国资委、住建厅、公安厅、林业局、文旅厅、民宗厅、水利厅、市场监管局、邮政管理局，各设区市人民政府、平潭综合实验区管委会按职责分工落实）

三、推动电动船舶全产业链发展

提升电动船舶研发设计水平，对引进的央属高水平电动船舶研发设计机构，除支持享受当地科技、教育、人才等方面的扶持政策外，设立分公司的一次性奖励200万元，设立子公司的一次性奖励300万元。

支持船舶电池动力推进系统研制与应用、标准化箱式电池开发，培育具有全球领先优势的电动船舶动力电池及电池动力推进系统供应商；对电动船舶电池动力推进系统生产企业按交付电池动力推进系统金额的20%给予补助（不含省示范项目），单套系统补助最高200万元。

加快推进江、河、湖、海等电动船舶应用场景建设，重点打造港口作业船、闽江货船、公务船、闽江游船、渡轮、沿海观光客船、湖区（库区）客船、内河客船、渔业辅助船、游艇等示范项目。对省电动船舶示范项目（含新建和改造），按交付船舶电池动力（含氢燃料电池）总成价格的40%给予补助，单船补助最高1000万元（其中省首批次示范项目按60%给予补助，单船补助最高1500万元），补助由建造船厂、动力总成生产企业或项目总包方申领。

鼓励有条件的单位、地区先行先试大力推广应用电动船舶。重点打造闽江新能源船舶示范应用流域，力争到2025年闽江新造船舶主要使用新能源船舶。以厦门岛、平潭岛、罗源湾、湄洲湾、三都澳、闽江、九龙江、赛江、翠屏湖、大金湖、石门湖等区域为重点，加快船舶电动化升级，鼓励相关县（市）、区或单位结合当地实际情况，先行先试打造电动船舶示范应用场景〔包括投资建造一批电动船舶及充（换）电站等配套设施〕，对试点地区或单位等给予奖补资金总额最高1000万元；鼓励多个县（市）、区携手打造电动船舶发展试点城市群。4A级及以上景区和城市内河新增船舶全部使用新能源船舶，争取两年内现有高能耗高排放老旧船舶基本更新改用新能源船舶。

推进岸电一体化和电动船舶充（换）电设施设备产业化发展，对配套服务电动船舶示范项目的动力电池充电设施，给予一次性设备购置补助，其中单台（套）充电功率大于等于250千瓦小于等于500千瓦的给予20万元补助，超过500千瓦的给予50万元补助。

（责任单位：省工信厅、发改委、财政厅、交通运输厅、国资委、海洋渔业局、文旅厅、科技厅，福建海事局，省船舶集团、港口集团，中国船级社福州分社，各设区市人民政府、平潭综合实验区管委会按职责分工负责）

四、支持企业研发与创新

支持企业新产品开发。对新能源汽车生产企业新开发的新能源汽车车型（含扩展车型），自获得国家《道路机动车辆生产企业及产品公告》起一年内销售量达500辆及以上的9座以上载客车、3.5吨以上货车及其他专用车，2000辆及以上的9座及以下载客车、3.5吨及以下货车及其他专用车，50辆及以上的氢燃料电池汽车，每款车型分别给予一次性新产品开发奖励100万元、200万元、200万元。支持绿色智能船型研发设计，对纳入国家绿色智能船型目录的，单个船型给予研发设计单位一次性奖励500万元。

加强研发创新平台建设。支持产业链“链长”整合省内外技术与项目资源，牵头打造相关领域共性和前瞻技术创新平台，促进新能源汽车、电动船舶、动力电池、氢能产业链高质量发展。支持建设覆盖全产业链、全溯源链、全生命周期的新能源汽车、智能网联汽车、动力电池等领域第三方检测中心。

推动关键核心技术攻关。加强“电动福建”领域关键核心技术攻关与产业化示范应用，推动产学研深度融合。充分利用省级科技重大专项“揭榜挂帅”项目、重点产业产学研协同创新重大项目、技术创新重点攻关及产业化项目等政策，对符合条件的攻关项目给予支持。

鼓励制定相关技术标准。鼓励新能源汽车、电动船舶等产业链企业围绕核心技术、应用场景研究制定相关标准，支持将有关企业标准、团体标准上升为省地方标准、国家标准。对主导、参与制定及修订国家标准、省地方标准的单位，按有关政策给予一定补助。鼓励开展公共交通领域新能源汽车动力电池系统年检工作，支持机动车检测机构及相关企业开展动力电池安全检测业务。

（责任单位：省工信厅、发改委、科技厅、市场监管局、财政厅，中国船级社福州分社，省汽车集团等按职责分工负责）

五、拓展完善产业生态

拓展应用场景。对生产并实现销售的以动力电池（含燃料电池，其中锂离子动力电池单体能量密度不低于140瓦时/千克）为驱动的新能源工程机械、新能源农用机械、新能源非公路用卡车和新能源无人驾驶装备等产品，按100元/千瓦时对动力电池额定容量给予奖励，单家企业年度奖励最高1000万元。支持发展氢燃料电池为动力的相关装备，对生产并实现销售的氢燃料电池系统〔单台（套）功率达到50千瓦以上〕，按照2万元/台（套）给予奖励，单家企业年度补助金额最高500万元。

发展电池租赁。支持动力电池租赁企业做大做强、辐射全国，对在购买和使用环节开展动力电池租赁等业务，按30元/千瓦时对动力电池额定容量进行补助，三年补助资金最高1亿元。鼓励动力电池生产企业等牵头组建多种类型的联合体共同打造良性发展的换电商业模式，并在新能源汽车、电动船舶、新能源工程机械和农用机械等领域推广应用。

创新金融服务。鼓励各类金融机构建立适应新能源汽车及电动船舶行业特点和市场消费特点的信贷管理和融资评审制度，创新金融产品服务。支持汽车生产企业、示范应用单位等参与智能网联汽车准入和上路通行试点，对通过银行融资、融资租赁等融资方式购买智能网联汽车的示范应用单位，在融资利率基础上予以1个百分点贴息补助（3年期以内的融资按实际期限贴息，发放期限超过3年的中长期融资按3年贴息）。对购买省示范项目电动船舶的船东企业，参照执行。

（责任单位：省工信厅、财政厅、金融监管局，人行福州中心支行、兴业银行按职责分工负责）

六、推进充（换）电及加氢设施建设

支持新能源汽车、电动船舶充（换）电设施、智能路侧设施和功能性平台纳入“新基建”示范项目。完善充（换）电网络设施建设规划，强化公共充（换）电设施省级平台功能，优化经营性充（换）电网络布局。优先安排土地利用年度计划指标，将独立占地的集中式充（换）电站、加氢站纳入公用设施营业网点用地，支持在有条件的企业厂区、作业区等开展充（换）电站试点建设，支持依法依规利用现有加油加气站的场地设施研究开展改扩建加氢站或增设充（换）电设施。

推广集中式“光储充检”一体化示范站，对配置储能电池系统额定容量达到800千瓦时以上，充电桩达到16根以上，单枪最大输出180千瓦以上的“光储充检”示范站建设给予业主单位单站补助50万元。推广智能有序、慢充为主、应急快充为辅的居民区充电服务模式，鼓励采用具备有序充电功能的智能化充电桩。落实公共停车场和新建住宅充电基础设施配建要求，相关职能部门应在新建住宅项目规划报批、竣工验收环节依法督促、检查、监督，电网企业应配合开展配建及接电情况核验。鼓励采用“统建统营”等方式加快推进老旧小区充电设施建设。结合老旧小区、街区片区改造等工作，在设计及改造实施环节充分预留充电设施供电管沟，满足充电设施快速接电要求。对符合消防安全、电力容量等充电设施建设条件的，物业服务企业或其他管理人等应积极配合做好充电设施建设工作。

（责任单位：省发改委、住建厅、自然资源厅、交通运输厅、工信厅、财政厅，省电力公司，各设区市人民政府、平潭综合实验区管委会按职责分工负责）

七、营造有利发展环境

对新能源汽车（运营车辆除外）在政府投资的公共停车场（点）等按时计费的，24小时内首次停车免收2小时（含）车辆停放服务费，2小时后按同车型现行标准收取；按次计费的，按同车型现行收费标准的50%缴纳停车费。对已向邮政管理部门备案的新能源邮（快）件末端揽投车辆，在不影响道路通行的情况下，允许在城市非主干道上短时停靠。在新、旧住宅小区规划建设和改造时，调增邮政、快递新能源车辆临时停车位。

对新能源汽车不实行限购；对悬挂新能源汽车号牌的货车（重型货车和危险物品运输车辆除外）在市区道路通行不限行；对于限时作业路段，除早晚高峰外，允许新能源物流车和专用车等每日一定时间的增时作业，具体举措由各地根据实际情况制定。省高速公路公司对新能源汽车办理电子收费的，予以赠送电子标签，并按有关规定给予通行费用优惠；鼓励各地对辖区内部分高速路段，给予新能源物流车等通行补助。支持电动船舶享受优先过闸、优先靠离泊权利。

（责任单位：省住建厅、公安厅、发改委、交通运输厅、市场监管局、邮政管理局、财政厅，省高速公路公司，各设区市人民政府、平潭综合实验区管委会按职责分工负责）

八、加强“电动福建”平台建设和管理

整合省级新能源汽车、充电设施、电动船舶监管等多个信息化应用平台，建设一体化的“电动福建”平台，强化全省公共领域新能源汽车、公共领域电动船舶、公共充电桩等管理，接入闽政通APP面向全省提供优质的便民充电服务。“电动福建”平台建成后可按程序统一部署至省级电子政务云平台，所需云资源由省级电子政务云平台提供。对平台给予每年最高200万元的运营资金补助。鼓励新能源汽车生产企业、动力电池生产企业与综合利用企业合作开展动力电池的评估检测、梯级利用、拆解回收。进一步完善地方动力电池回收利用管理体系，研究建设全省统一的动力电池回收利用政府监管和追溯服务平台，适时整合到“电动福建”平台。

（责任单位：省工信厅、科技厅、财政厅、生态环境厅、交通运输厅、商务厅、税务局、市场监管局、数字办，省汽车集团、大数据集团按职责分工负责）

九、加强保障措施

健全组织保障。继续发挥省新能源汽车推广应用和产业发展联席会议制度作用，统筹协调新能源汽车推广应用和产业发展，全面推进“电动福建”建设。

加大资金支持。安排“电动福建”建设专项资金，不同类别补助政策可叠加。引导省市有关投资基金加大对“电动福建”产业投资。完善政银企合作机制，加快建立包括财政出资和社会资金投入在内的多层次担保体系，加大“电动福建”产业链及相关应用场景的信贷支持力度。

强化责任落实。各省直单位要根据自身职能，提出贯彻落实意见，并加强部门协同，形成工作合力。各设区市、平潭综合实验区要落实属地主体责任，结合当地实际，研究制定具体实施方案和政策措施，确保各项任务落实到位。

（责任单位：省工信厅、发改委、财政厅、科技厅、公安厅、自然资源厅、住建厅、交通运输厅、农业农村厅、生态环境厅、国资委、金融监管局，省电力公司，省汽车集团、投资集团，福建银保监局、福建证监局、人行福州中心支行，各设区市人民政府、平潭综合实验区管委会按职责分工负责）

以上政策自2023年1月1日起执行，有效期至2025年12月31日。

发文机关：福建省工业和信息化厅等十部门
文　　号：闽工信规〔2023〕4号
标　　题：福建省工业和信息化厅等十部门关于印发全面推进“电动福建”建设的实施意见（2023—2025年）的通知
发文日期：2023年6月5日

福建省地方金融监督管理局等四部门关于印发提增民营企业融资服务质效若干措施的通知

各设区市金融监管局（金融办）、平潭综合实验区财政金融局，人民银行省内各市分行、国家金融监督管理总局各监管分局，省内各金融机构：

为深入贯彻习近平总书记重要讲话重要指示批示精神，有效落实《中共中央 国务院关于促进民营经济发展壮大的意见》和《中共福建省委 福建省人民政府关于实施新时代民营经济强省战略推进高质量发展的意见》，省金融监管局、中国人民银行福建省分行、国家金融监督管理总局福建监管局、中国证监会福建监管局等部门联合制定了《关于提增民营企业融资服务质效的若干措施》。经省政府同意，现印发给你们，请认真贯彻执行。

福建省地方金融监督管理局
中国人民银行福建省分行
国家金融监督管理总局福建监管局
中国证监会福建监管局
2023 年 9 月 25 日

（此件主动公开）

关于提增民营企业融资服务质效的若干措施

民营经济是推动高质量发展的重要主体，是推动实现中国式现代化的重要力量。支持民营经济发展，做好民营企业融资服务，是金融服务实体经济的具体要求和具体体现。为深入贯彻落实习近平总书记重要讲话重要指示批示精神，全面落实党中央、国务院决策部署，按照省委十一届四次全会部署要求，实施新时代民营经济强省战略，传承弘扬“晋江经验”，进一步提增民营企业金融服务质效，推动民营经济高质量发展，现提出以下措施。

一、提升民营企业融资可得性

（一）加强货币信贷政策工具的引导作用。综合运用再贷款、再贴现等货币政策工具，引导金融机构加大对民营小微企业、“三农”等领域的信贷投放。重点加大对单户授信 1000 万元及以下的小微企业贷款（含个体工商户和小微企业主经营性贷款，下同）的支持力度。进一步提升信贷政策导向效果评估制度的正向激励作用，将评估结果作为货币信贷政策、债券市场支持、财税优惠奖补等政策激励方面的参考依据。（责任单位：中国人民银行福建省分行、国家金融监督管理总局福建监管局，省财政厅、发改委）

（二）落实好系列支持中小微企业专项贷款政策。进一步强化财政金融政策协同，在现有“科技贷”“外贸贷”“商贸贷”“乡村振兴贷”等政策性优惠贷款的基础上，用好新设立的第二、三期共 200 亿元规模的福建省中小微企业提质增产争效专项资金贷款，支持中小微企业创新转型、开拓市场、提质增效。鼓励银行机构发放首贷、信用贷，创新民营企业特色信贷产品，并通过利率优惠、减免服务收费等方式为企业让利。（责任单位：省财政厅、金融监管局，中国人民银行福建省分行、国家金融监督管理总局福建监管局）

（三）加强对民营企业特色化金融服务。加强互联互通场景建设，推动各类银行服务平台、电子政务平台等与“金服云”平台无缝对接。推动运用产业链供应链金融模式，为上下游企业提供无抵押担保的订单融资、应收应付账款融资。结合民营经济特点，积极探索创新存货、股权等动产和权利质押融资业务。持续开展专利权质押融资贷款贴息工作，提高知识产权质押融资普及度和惠益面。（责任单位：省金融监管局、知识产权局、财政厅，中国人民银行福建省分行、国家金融监督管理总局福建监管局）

（四）做大融资担保业务规模。省财政对融资担保机构单户1000万元及以下，且担保费率不超过1.5%的小型企业融资担保业务按年度贷款担保金额不超过1%的比例予以奖补，对满足上述条件的微型企业和“三农”主体按不超过1.6%的比例予以奖补。对融资担保机构新增担保单户1000万元及以下，平均年化担保费率不超过1.5%的小微企业和“三农”融资担保业务，且机构年度担保代偿率不超过当年国家融资担保基金与我省合作协议设定的担保代偿率的，省再担保机构对融资担保机构风险分担比例提高至40%。引导银行机构提高对银担合作分险业务出险的容忍度，将落实银担合作业务出险尽职免责纳入对银行机构的监管考核指标。（责任单位：省金融监管局、财政厅，国家金融监督管理总局福建监管局）

（五）优化民营企业金融服务组织架构。鼓励有条件的金融机构设立民营企业金融服务专职管理部门，制定和完善民营企业金融服务相关经营管理制度，为落实各项政策要求提供组织保障。推动大型金融机构加强普惠金融事业部及相关专营机构建设，加大民营企业信贷投放和金融服务力度。推动中小金融机构继续下沉经营管理和服务重心，为民营企业提供特色化、专业化金融服务。（责任单位：国家金融监督管理总局福建监管局）

二、引导信贷资源支持民营企业发展

（六）落实民营企业公平信贷原则。推动银行机构全面梳理信贷政策，落实“一视同仁”的要求，贷款审批中不得对民营企业设置歧视性要求，同等条件下民营企业与国有企业贷款利率和贷款条件保持一致。引导金融资源向民营企业适度倾斜，推进民营企业融资规模稳步扩大，融资成本逐步下降并稳定在合理水平，进一步提高民营企业贷款在新发放公司类贷款中的比重。（责任单位：国家金融监督管理总局福建监管局）

（七）推动“敢贷、愿贷、能贷”长效机制建设。鼓励金融机构在风险可控的前提下，将一定额度民营企业信贷业务的发起权和审批权下放至分支机构。引导金融机构运用金融科技支持风险评估与信贷决策，不断优化信贷业务流程，提高贷款审批效率和便利度。鼓励金融机构进一步完善“尽职免责清单”，落实授信尽职免责制度。（责任单位：国家金融监督管理总局福建监管局）

（八）强化服务民营企业考核激励。引导商业银行提高民营企业金融业务在全行的考核分值权重，加大正向激励力度，将民营企业业务考核指标完成情况纳入监管考核评价体系。持续开展银行机构服务民营企业和中小微企业发展评价激励，对服务民营企业和中小微企业质效好的机构授予年度“服务民营企业和中小微企业突出贡献银行”荣誉，提升金融支持民营经济发展的外部激励。（责任单位：国家金融监督管理总局福建监管局、中国人民银行福建省分行，省金融监管局）

三、加大民营企业直接融资政策支持力度

（九）完善民营企业上市服务政策。落实落细《加快推进企业上市行动方案》，对计划申报上市的企业开展“一对一”专业辅导培育。支持区域性股权市场加快“专精特新”专板建设。对列入省级重点上市后备企业库的企业，省级财政分阶段分别予以一次性奖励，完成福建证监局辅导验收后奖励50万元，实现境内上市（含上海证券交易所、深圳证券交易所、北京证券交易所）后奖励100万元。支持民营上市公司充分发挥独立董事在完善现代企业制度、健全企业监督体系中的重要作用。（责任单位：省金融监管局、财政厅，福建证监局）

（十）支持民营企业发债融资。支持优质民营企业到债券市场发债融资。鼓励有条件的法人银行机构发行创新创业金融债券，拓宽支持双创企业的资金来源。加快推进市场化债转股，支持民营企业优化资产负债结构。支持省投资集团进一步提升省融资担保公司、省闽投融资再担保公司发债增信服务能力，按照市场化、法治化原则，支持符合条件的民营企业发债融资。（责任单位：

省金融监管局、财政厅，中国人民银行福建省分行、福建证监局）

（十一）引导基金行业服务民营企业。充分发挥政府引导基金和国企产业投资基金作用，搭建覆盖不同产业、不同阶段、不同目的、不同层次的产业投资基金体系，推动国企产业投资基金和政府引导基金形成合力，引导我省基金业积极服务民营企业。鼓励符合条件的私募基金管理人发起设立民营企业发展支持基金，为符合产业转型升级方向、有发展前景的民营企业提供流动性。（责任单位：省财政厅、国资委、金融监管局，福建证监局）

四、强化民营企业融资服务工作保障

（十二）畅通政银企对接合作机制。建立行业主管部门融资对接服务工作机制，通过召开银企座谈会、民营企业项目推荐会、产融对接会等形式，推动政银企良性互动，提高产融对接效率。行业主管部门根据本行业特点，确定"白名单"企业，并定期更新名单，引导"白名单"企业登录"金服云"平台提交融资需求，降低金融机构获客成本，进一步提升融资对接成功率。（责任单位：省金融监管局、发改委、工信厅、农业农村厅、商务厅等）

（十三）推进涉企信用信息共享应用。进一步优化"金服云"平台功能，有序增加实时查询信用信息项目。加强公共信用信息平台建设，加大公共信用信息对金融机构的开放力度，依托省公共数据资源开发服务平台依法依规向金融机构提供数据服务，促进金融机构利用有效整合信息加大金融产品创新力度。加强对金融机构合规使用信用信息的监管，定期评估金融机构利用公共信用信息加强金融服务的成效。（责任单位：省金融监管局、数字办、发改委，中国人民银行福建省分行、国家金融监督管理总局福建监管局、福建证监局）

本政策有限期5年。

发文机关：福建省地方金融监督管理局　中国人民银行福建省分行　国家金融监督管理总局福建监管局　中国证监会福建监管局

标　　题：福建省地方金融监督管理局等四部门关于印发提增民营企业融资服务质效若干措施的通知

发文日期：2023年9月25日

福建省发展和改革委员会 国家能源局福建监管办公室 关于印发2024年福建省电力中长期市场交易方案的通知

国网福建省电力有限公司、福建电力交易中心有限公司，各发电企业、售电公司：

现将《2024年福建省电力中长期市场交易方案》印发给你们，请遵照执行。具体实施过程中若遇问题，请及时向省发改委、福建能源监管办报告。

福建省发展和改革委员会
国家能源局福建监管办公室
2023年12月21日

（此件主动公开）

2024年福建省电力中长期市场交易方案

根据国家电力体制改革工作部署，为深化电力市场化改革，加快构建新型电力系统，保障电力安全稳定供应，结合我省电力市场建设实际，制定本交易方案。

一、基本原则

贯彻落实《国家发展改革委、国家能源局关于加快建设全国统一电力市场体系的指导意见》（发改体改〔2022〕118号）等文件精神，根据《国家发展改革委、国家能源局关于做好2024年电力中长期合同签订履约工作的通知》（发改运行〔2023〕1662号）等工作要求，发挥电力中长期交易保供稳价作用，健全电力中长期市场与现货市场有序衔接的市场体系，推进新型电力系统建设。

二、经营主体

（一）发电企业

已投入商业运营且符合市场准入条件的发电企业，经注册生效后可参与市场交易，具体包括：

1. 燃煤发电机组（含热电联产机组、地方小火电和余量上网的燃煤自备机组，下同）原则上全部上网电量参与市场交易。

2. 福清核电1—4号机组、宁德核电1—4号机组原则上全部上网电量参与市场交易。

3. 省调统调集中式风电机组部分上网电量参与市场交易。

4. 独立新型储能电站，可参与市场交易。

5. 余热余压余气发电机组（以下简称“三余发电机组”）参照地方小火电、余量上网的燃煤自备机组参与市场交易。

6. 参与绿电交易的机组准入范围参照我省绿色电力交易试点方案和实施细则。

水电、燃气发电、华龙一号等核电机组、生物质发电上网电量和市场合约外的风电、光伏发电机组上网电量用于保障居民、农业优先购电。

（二）电力用户

电力用户包括直接参与市场交易用户（以下简称“直接交易用户”）和电网企业代理购电用户（以下简称“电网代购用户”）。其中，直接交易用户包括直接向发电企业购电的批发用户和选择向售电公司购电的零售用户。年购电量1000万千瓦时及以上的直接交易用户可自主选择作为批发用户或零售用户，其余用户仅可作为零售用户。

1. 10千伏及以上工商业用户（含独立新型储能电站）原则上全部直接参与市场交易，鼓励10千伏以下工商业用户直接参与市场交易。

2. 暂未直接参与市场交易的工商业用户由电网企业代理购电，电网企业按照相关规定和要求开展代理购电工作。

3. 推动新增10千伏及以上工商业用户，原则上自并网运行起6个月内应全电量直接参与市场交易（含变压器增容和新增户号的10千伏及以上工商业用户）。

（三）售电公司

1. 售电公司应在2023年10月底前注册生效，并于2024年度批发市场开市前与零售用户完成线上绑定或零售套餐交易、足额提交履约保函（保险），方可参与市场交易。

2. 售电公司与零售用户开展购售电业务的履约截止时间统一为2024年12月31日。

3. 优选资产良好、经营稳定、无不良信用的售电公司成为保底售电公司，按国家相关规定对零售用户承担保底售电，具体名单另行明确。

三、交易电量规模

2024年，全省电力市场直接交易规模约2160亿千瓦时。参与市场交易的主要发电机组交易电量预测如下：

（一）燃煤发电机组及三余发电机组：约1300亿千瓦时。

（二）核电机组（福清核电1—4号机组、宁德核电1—4号机组）：约640亿千瓦时。

（三）省调统调的风电机组：约220亿千瓦时。

四、交易组织

中长期交易按年度、月度及月内3个周期组织开展，交易方式包括双边协商、挂牌、集中竞价、滚动撮合等。2024年，根据我省现货市场建设推进情况，优化中长期分时段交易机制，推动中长期市场按工作日连续运营，实现电力中长期市场与现货市场有序衔接。

（一）年度交易

主要开展清洁能源挂牌、双边协商、集中竞价、电网企业代理购电挂牌交易。其中：

1. 清洁能源挂牌交易。由省调统调风电、核电和批发用户、售电公司、电网企业代理购电参与。购售两侧挂牌成交电量统一均分至1—12月。

2. 双边协商交易。由燃煤发电、核电和批发用户、售电公司参与。

3. 集中竞价交易。由燃煤发电、三余发电、独立新型储能和批发用户、售电公司参与。购售两侧集中竞价成交电量统一均分至1—12月。

4. 电网企业代理购电挂牌交易。由燃煤发电、三余发电、独立新型储能和电网企业代理购电参与，摘牌电量不足部分由当次交易准入机组按剩余限额等比例分摊。购售两侧代理购电挂牌成交电量统一均分至1—12月。

风电参与清洁能源挂牌交易电量预测为65亿千瓦时；核电参与清洁能源挂牌交易电量预测为300亿千瓦时，参与双边协商交易电量预测为70亿千瓦时；燃煤发电等电源类型参与双边协商、集中竞价、电网企业代理购电挂牌交易电量预测合计为1170亿千瓦时。以上年度交易类型的交易电量限额以交易平台发布为准。

（二）月度及月内交易

月度交易主要开展合同调整、清洁能源挂牌、绿电双边协商、发用电两侧合同转让双边协商、集中竞价、电网企业代理购电挂牌交易。月内交易主要开展滚动撮合、电网企业代理购电挂牌、发用电两侧合同转让双边协商交易。

1. 月度交易

（1）合同调整交易。对于年度双边协商交易，在确保后续月份合同总电量不变的情况下，双方可协商调整月度合同电量，具体由燃煤发电、核电和批发用户、售电公司参与。年度集中交易合同中，除电网企业代理购电电量外，其余电量原则上不作调整。

（2）清洁能源挂牌交易。由省调统调风电、核电和批发用户、售电公司、电网企业代理购电参与。批发用户、售电公司参加清洁能源挂牌交易的电量限额按照交易组织月的最近一次省内实际月度结算市场化电量确定，电网企业代理购电参加清洁能源挂牌交易的电量限额参考交易组织月的最近一次省内实际月度结算市场化电量等确定。

(3) 绿电双边协商交易。按照我省绿色电力交易试点方案和实施细则组织开展。

(4) 发用电两侧合同转让双边协商交易。由燃煤发电、三余发电、独立新型储能、核电和批发用户、售电公司参与。

(5) 集中竞价交易。由燃煤发电、三余发电、独立新型储能、核电和批发用户、售电公司参与。

(6) 电网企业代理购电挂牌交易。由燃煤发电、三余发电、独立新型储能和电网企业代理购电参与，摘牌电量不足部分由当次交易准入机组按剩余限额等比例分摊。

2. 月内交易

(1) 滚动撮合交易。由燃煤发电、三余发电、独立新型储能、核电和批发用户、售电公司参与，按旬组织开展。发电企业、批发用户、售电公司可根据发用电计划变化情况，选择作为购电方或售电方，但每批次交易仅可选定一个交易方向(购电或售电)。

(2) 电网企业代理购电挂牌交易。参照月度电网企业代理购电挂牌交易组织方式开展。

(3) 发用电两侧合同转让双边协商交易。每月下旬组织开展，由燃煤发电、三余发电、独立新型储能、核电和批发用户、售电公司参与。

电力用户参与电力现货市场结算试运行时，在年度中长期交易合同曲线分解的基础上，根据结算试运行持续时长，合理制定月度及月内各交易品种交易组织或曲线形成方式，并在结算试运行方案中予以明确。

五、交易价格

(一) 直接交易用户用电价格由购电价格、上网环节线损费用、输配电价、系统运行费用、政府性基金及附加等组成，输配电价执行固定目录电价。

(二) 电网代购用户价格按照电网企业代理购电相关规定执行。

(三) 双边协商交易的交易价格由交易双方自主协商确定，鼓励燃煤发电企业与批发用户、售电公司在双边交易合同中约定购电价格与煤炭价格挂钩联动的浮动机制，可通过每月开展的合同调整交易进行协商调整；集中竞价交易、挂牌交易的交易价格分别以统一出清价格和挂牌价格为准；滚动撮合交易每成交对的交易价格为购、售双方申报价格的算术平均值。

(四) 电网企业代理购电年度挂牌交易，以本年度集中竞价交易价格作为挂牌购电价格；电网企业代理购电月度、月内挂牌交易，以最近一次集中竞价交易加权平均价格作为挂牌购电价格。

(五) 已直接参与市场交易在无正当理由情况下改由电网企业代理购电的用户，拥有燃煤发电自备电厂并由电网企业代理购电的用户，暂不能直接参与市场交易由电网企业代理购电的高耗能用户，购电价格按电网企业代理购电价格的 1.5 倍执行。

(六) 燃煤发电机组市场化交易价格在我省燃煤发电基准价基础上，上下浮动需符合国家相关规定，高耗能企业市场交易电价上浮不受限制，如遇国家政策调整，按国家最新政策执行。

(七) 燃煤发电机组市场化交易价格不包含容量电价，容量电价按照国家和省内有关政策执行。

六、交易安排

2023 年 12 月起组织 2024 年年度交易。1、2 月月度及月内交易视年度交易组织情况另行明确，3 月及后续月份交易按当月交易时序组织开展。

七、计量与结算

2024 年，考虑我省电力中长期市场与现货市场建设同步，电力用户未参与电力现货市场结算试运行时，中长期交易成交电量为交易履约期内的总电量，交易价格为平时段价格；电力用户参与电力现货市场结算试运行时，中长期交易应与现货交易充分衔接。

(一) 电力用户未参与电力现货市场结算试运行时，所有参与市场交易的发电企业和电力用户抄表起止时间统一为每月 1 日 0 时至该月最后一日 24 时，电力用户按照分时电价政策时段划分标准开展计量和抄表；电力用户参与电力现货市场结算试运行时，现货运行日发电企业和电力用户按照 24 个时段开展计量和抄表。不具备分时段计量采集条件的，暂按照各时段电量均分的原则形成分时段电量。

(二) 电力用户未参与电力现货市场结算试运行时，市场交易合同未申报用电曲线以及市场电价峰谷比例低于政策性峰谷比例，结算时购电价格按省价格主管部门确定的分时段和价格比例系数执行。发电侧各时段结算价格均为交易成交价格（即平时段交易价格）。

（三）发电企业、批发用户、售电公司、电网企业代理购电按照全月电量开展结算和偏差考核，并月清月结。偏差考核费用处理的相关规定另行制定。

八、有关事项及要求

（一）批发用户年度交易电量限额为其2023年度（2022年12月至2023年11月，下同）购电量的80%；售电公司年度交易电量限额为其所有代理零售用户2023年度购电量之和的80%，并符合资产和履约保函（保险）相关要求；电网企业代理购电年度交易电量限额为电网代理工商业购电2023年度市场化购电量的80%。

因并户删除的用电单元纳入主户计算，其余已删除或未生效的用电单元不纳入计算范围；对2022年12月后新投产企业，其2023年度市场化购电量按照2023年最大用电月份日均用电量乘以365天计算。

（二）直接交易用户2024年年度中长期合同签约电量应不低于上一年度用电量的80%。燃煤发电企业2024年年度中长期合同签约电量应不低于上一年度实际发电量的80%，未按要求执行的另行研究处理。电力用户参与电力现货市场结算试运行时，直接交易用户中长期合同签约电量比例应不低于实际用电量的95%，具体另行明确。

（三）清洁能源挂牌交易采用按等比例方式出清。参加清洁能源挂牌交易的风电机组应按照交易电量限额足额开展交易，未完成交易的电量另行研究处理。

（四）保安全、保供热、保供应等必开机组签订足额中长期合同，省调直调热电联产机组年度交易限额按不少于4500小时计算。上述机组如无法足额签订中长期合同，调度机构可按需调用机组。

（五）依据国家信息公开有关规定，加强市场信息披露规范管理，重点加强批发、零售市场信息合规披露与公开管理，建立并完善售电公司运营评价和管理体系。交易中心应持续提升零售侧管理和服务工作，加强电力零售商城服务平台建设，根据市场需要逐步丰富零售套餐品种，适时修订零售市场合同范本，规范开展售电公司运营评价和结果应用工作。

（六）电网企业和交易中心要组织好用户入市工作，细化各项工作流程，应制定用电单元管理的相关办法，切实落实好组织用户侧进市场的主体责任。电网企业应加强市场准入与退出相关用电单元管理工作，每半年开展自查评估并向省发改委、福建能源监管办报告。电网企业应保障本方案要求的分时段计量条件满足市场运营要求，实现电网企业信息系统与交易平台数据贯通，确保交易顺利推进。

（七）省发改委会同福建能源监管办按照各自职责分工，协调处理电力市场运行中出现的问题。对交易组织实施全过程进行监督，加强事中、事后监管，维持市场正常秩序。

发文机关：福建省发展和改革委员会　国家能源局福建监管办公室

文　　号：闽发改规〔2023〕10号

标　　题：福建省发展和改革委员会　国家能源局福建监管办公室关于印发2024年福建省电力中长期市场交易方案的通知

发文日期：2023年12月21日

福建省住房和城乡建设厅 福建省发展和改革委员会关于印发《福建省城乡建设领域碳达峰实施方案》的通知

省直有关单位，各设区市住房和城乡建设主管部门、发改委，平潭综合实验区交建局、经发局：

为深入贯彻党的二十大精神，落实党中央、国务院决策部署和省委、省政府工作要求，深入推进我省城乡建设绿色低碳发展，根据《中共福建省委　福建省人民政府印发〈关于完整准确全面贯彻新发展理念做好碳达峰碳中和工作的实施意见〉的通知》《住房和城乡建设部　国家发展改革委关于印发城乡建设领域碳达峰实施方案的通知》等文件要求，我们研究制定了《福建省城乡建设领域碳达峰实施方案》，现印发给你们，请抓好贯彻落实。

福建省住房和城乡建设厅
福建省发展和改革委员会
2023 年 3 月 23 日

福建省城乡建设领域碳达峰实施方案

为深入贯彻落实《中共中央　国务院关于完整准确全面贯彻新发展理念做好碳达峰碳中和工作的意见》《国务院关于印发 2030 年前碳达峰行动方案的通知》《住房和城乡建设部　国家发展改革委关于印发城乡建设领域碳达峰实施方案的通知》和《中共福建省委　福建省人民政府印发〈关于完整准确全面贯彻新发展理念做好碳达峰碳中和工作的实施意见〉的通知》等文件精神，按照省委、省政府关于碳达峰碳中和工作要求，结合我省实际，制定本实施方案。

一、总体要求

（一）指导思想

以习近平新时代中国特色社会主义思想为指导，深入贯彻党的二十大精神，认真贯彻落实习近平来闽考察重要讲话精神，坚持系统观念，完整、准确、全面贯彻新发展理念，构建新发展格局，坚持生态优先、节约优先、保护优先，坚持人与自然和谐共生，坚持开源、节流、转方式，统筹发展和安全，以绿色低碳发展为引领，推进城市更新和乡村建设行动，加快转变城乡建设方式，控制城乡建设领域碳排放量增长，不断满足人民群众对美好生活的需要。

（二）主要目标

2030 年前，城乡建设领域碳排放达到峰值。城乡建设绿色低碳发展政策体系和体制机制基本建立；建筑节能、垃圾资源化利用等水平大幅提高；用能结构和方式更加优化，可再生能源应用更加充分；建筑品质和工程质量进一步提高，人居环境质量大幅改善；城乡建设方式绿色低碳转型取得积极进展，“大量建设、大量消耗、大量排放”基本扭转；城市整体性、系统性、生长性增强，“城市病”问题初步解决，绿色生活方式普遍形成，绿色低碳运行初步实现。

二、建设绿色低碳城市

（三）优化城市结构和布局

1. 推动城市组团式发展。积极开展绿色低碳城市建设，推动多中心、组团式发展。每个组团面积不超过 50 平方公里，组团内平均人口密度原则上不超过 1 万人/平方公里，个别地段最高不超过1.5万人/平方公里。加强生态廊道、景观视廊、通风廊道、滨水空间和城市绿道统筹布局，依托自然山体和水系建立贯通连续的生态廊道，净宽度不少于100米。推动城市生态修复，完善城市生态系统。促进就业岗位、居住空间均衡融合布局，适度降低老城人口密度，加强新城新区与老城联动，合理控制新城新区职住比例。（责任单位：省住建厅、自然资源厅等按职责分工负责）

2. 严格控制新建超高层建筑。一般不得新建超高层住宅。城区常住人口300万以下城市严格限制新建150米以上超高层建筑，不得新建250米以上超高层建筑；城区常住人口300万以上城市严格限制新建250米以上超高层建筑，不得新建500米以上超高层建筑。（责任单位：省住建厅、发改委、应急厅、消防援总队、自然资源厅等按职责分工负责）

3. 完善绿色低碳交通体系。打造福州都市圈、厦漳泉都市圈快速通道体系，加快建设城市群一体化交通网。优化城市道路与高速公路、干线公路的衔接，完善快速路、主次干路、支路等级配和结构合理的城市道路网，城市建成区道路网密度大于8.5公里/平方公里，加大城市公交专用道建设力度。开展人行道净化、自行车专用道建设专项行动，完善城市慢行网络系统，因地制宜设置慢步道、骑行道等多样化慢行通道。科学规划建设城市停车设施，加快配建公共交通系统的绿色能源设施。提升城市公共交通运行效率和服务水平，城市绿色交通出行比例稳步提升。（责任单位：省发改委、住建厅、自然资源厅、交通运输厅等按职责分工负责）

4. 加强建筑拆除管理。严格实施建筑拆除管理，坚持从“拆改留”到“留改拆”推动城市更新，除违法建设和经专业机构鉴定为危房且无修缮保留价值的建筑外，不大规模、成片集中拆除现状建筑，城市更新单元（片区）或项目内拆除建筑原则上不应大于现状总建筑面积的20%。提倡分类审慎处置既有建筑，推行小规模、渐进式有机更新和微改造，盘活存量房屋，减少各类空置房。（责任单位：省住建厅）

（四）建设绿色低碳社区

5. 优化社区布局和功能。推广功能复合的混合街区，倡导居住、商业、无污染产业等混合布局，通过步行、骑行网络串联若干居住社区，构建15分钟生活圈。按照《完整居住社区建设标准（试行）》完善水、电、路、信、无障碍等市政配套基础设施，加快推进城市供气管道和设施等老化更新改造，完善社区综合服务站、快递服务等基本公共服务设施，提升公共活动空间，到2030年，各设区市的完整居住社区覆盖率达到60%以上。推进绿色社区创建行动，将绿色发展理念贯穿社区建设、管理和服务全过程，发挥社区居民的主体作用，开展社区道路综合治理、海绵化改造建设、生活垃圾分类，有序推进社区充换电等基础设施绿色化建设，提高社区信息化智能化水平，60%的城市社区先行达到绿色社区创建要求。积极探索零碳社区建设，鼓励国有资金投资的项目先行先试，打造可复制可推广示范样板。（责任单位：省住建厅、自然资源厅、发改委、民政厅、生态环境厅、市场监管局、商务厅、邮政管理局、通信管理局、国网福建省电力公司等按职责分工负责）

6. 倡导低碳生活方式。鼓励选用低碳节能节水家电产品，减少使用一次性消费品。鼓励部分空间、部分时间等绿色低碳用能方式，倡导随手关灯，电视机、空调、电脑等电器不用时关闭插座电源。鼓励选用新能源汽车，新建住宅小区应按规定建设电动汽车和电动自行车充换电设施，充电桩应具备有序充电功能，鼓励引入第三方充电服务企业参与建设运营。鼓励物业服务企业向业主提供居家养老、家政、托幼、健身、购物等生活服务，在步行范围内满足业主基本生活需求。（责任单位：省商务厅、发改委、市场监管局、住建厅、工信厅、国网福建省电力公司等按职责分工负责）

（五）提高绿色低碳建筑水平

7. 深入开展绿色建筑创建行动。贯彻落实《福建省绿色建筑发展条例》，规范绿色建筑设计、施工、运行、管理，新建民用建筑执行基本级以上绿色建筑标准，政府投资公益性建筑和大型公共建筑执行一星级以上绿色建筑标准，超高层建筑执行三星级绿色建筑标准。各市、县应按规定组织编制绿色建筑专项规划，福州、厦门、泉州以及各地新城新区应率先实施更高标准的绿色建筑要求。到2025年，当年城镇新建建筑中绿色建筑占比达到100%，星级绿色建筑占比达到35%以上。（责任单位：省住建厅）

8. 提升建筑能效水平。2028年前，新建居住建筑本体达到75%节能要求，新建公共建筑本体达到78%节能要求。加强适用于夏热冬暖和夏热冬冷气候区的节能低碳技术研究，推动低碳建筑规模化发展，加快推广适合我省气候特点的超低能耗、近零能耗建筑，发展零碳建筑。结合城市更新、城镇老旧小区改造等工作推进既有居住建筑节能改造，加强节能改造鉴定评估，对具备改造价值和条件的居住建筑要应改尽改，推动门、窗、外墙、屋面等围护结构保温隔热性能提升改造，推动公共区域高效照明及智能照明控制改造，改造部分节能水平应达到现行标准规定。持续推进公共建筑能效提升重点城市建设，“十四五”和“十五五”期间全省实施公共建筑节能改造面积不少于1600万平方米，其中福州、厦门、泉州实施公共建筑节能改造面积各不少于240万平方米，其他设区市改造面积各不少于150万平方米，改造后实现整体能效提升20%以上。加强建筑空调、照明、电梯等重点用能设备运行评估和调适工作，到2030年，实现公共建筑机电系统的总体能效在现有水平上提升10%。（责任单位：省住建厅牵头，省发改委、机关事务管理局等按分工负责）

9. 加强能耗统计监测。落实民用建筑能源资源消耗统计报表制度，逐步实施能耗限额管理，各设区市应结合实际制定公共建筑能耗限额，定期公布超限额用能的公共建筑名单，并纳入节能改造计划。新建国家机关办公建筑和建筑面积1万平方米以上的其他公共建筑应当安装建筑能耗在线监测分项计量装置，加强建筑低碳运行管理。完善省、市公共建筑节能监管平台，推动用水、用电、用气等能源消费数据共享，加强建筑运行能耗和碳排放统计监测。（责任单位：省住建厅牵头，省发改委、机关事务管理局、国网福建省电力公司等按职责分工负责）

（六）建设绿色低碳住宅

10. 推进住宅低碳化建设。积极发展中小户型普通住宅，限制发展超大户型住宅。结合本省气候特点，合理确定住宅朝向、窗墙比和体形系数，推广应用自然通风、自然采光、建筑遮阳、立体绿化、雨水利用、可再生能源、建筑智能化等适宜技术，降低住宅能耗。鼓励大开间、小进深，合理布局生活空间，推行灵活可变的居住空间设计，减少改造或者拆除造成的资源浪费。加强住宅共用部位维护管理，延长住宅使用寿命。（责任单位：省住建厅）

11. 加快住宅产业化。推广装配化建造方式，鼓励采用装配式装修，推广应用整体卫浴、集成厨房、整体门窗等模块化部品。新建保障性住房应当按照全装修成品住房的要求建设。鼓励新建商品住房一次装修到位，推广菜单式全装修模式，到2025年，新建商品住房全装修交付比例达到50%以上。（责任单位：省住建厅、工信厅等按职责分工负责）

（七）提高基础设施运行效率

12. 推进生活垃圾分类和资源化利用。完善生活垃圾分类投放、分类收集、分类运输、分类处理系统。全链条推进生活垃圾分类配套设施建设，推行“限塑令”、制止餐饮浪费行为等源头减量措施。加快推动县城推行生活垃圾分类，建立健全社会服务体系，努力推动全民生活垃圾分类习惯养成。到2025年，原生生活垃圾基本实现“零填埋”，城市生活垃圾资源化利用率达到60%以上；到2030年，城市生活垃圾资源化利用率达到80%以上。（责任单位：省住建厅、发改委、生态环境厅、教育厅、商务厅、工信厅等按职责分工负责）

13. 推进城市水环境低碳化建设。系统化推进海绵城市建设，到2030年，城市建成区可渗透面积占比达到45%以上。推进节水型城市建设，引导福州、晋江、石狮创建国家节水型城市，沿海设区市、平潭及其他有条件的城市力争创建国家节水型城市。全面改造漏损严重的供水管网，强化分区计量管理，提升供水管网智能化管理水平，到2030年，城市公共供水管网漏损率控制在7.5%以内。实施污水收集处理设施改造和城镇污水资源化利用行动，全面推进市政排水管网错接混接改造、雨污分流改造和破损管网修复，加快推进居民小区、企事业单位内部排水管网雨污分流改造及破损管网修复，重点消除城中村、老旧城区和城乡结合部管网空白区，推广再生水用于市政公用、工业用水和生态补水。鼓励污水处理厂采用高效低能耗设备，优化工艺流程，加强污水、污泥处理设施能耗和碳排放管理。到2025年，新增污水处理能力150万吨/日以上，新建改造污水管网3500公里，城市生活污水集中收集率力争达到70%以上，缺水城市再生水利用率超过25%；到2030年，全省城市平均再生水利用率达到30%。（责任单位：省住建厅、生态环境厅、水利厅、发改委等按职责分工负责）

14. 推进城市绿色照明。加强城市照明规划、建设、运营过程管理，严格控制公用设施和大型建筑物等景观照明能耗，控制过度亮化和光污染，推进城区道路路灯节能化智慧化改造，到2025年，实施LED节能改造8万盏以上；到2030年，LED等高效节能灯具使用占比超过80%，全部城市实现照明数字化管理。（责任单位：省住建厅）

15. 提升城市园林绿化水平。优化完善城市绿地布局，加强立体绿化，提高乡土和本地适生植物应用比例，推进中心城区、老城区绿道网络建设，打造依山傍水、串联城乡的“万里福道”。创建一批国家生态园林城市和国家园林城市。到2030年，城市建成区绿地率达到41%，城市建成区拥有绿道长度达到3.4公里/万人。（责任单位：省住建厅）

（八）优化城市建设用能结构

16. 加大城镇建筑可再生能源应用。具备日照条件的居住建筑优先推广应用太阳能热水系统，其他居住建筑应采用空气能热水系统，宾馆、医院、学校等有热水需求的公共建筑应采用太阳能、空气能等形式热水系统。在沿江、邻河、近海的大型公共建筑推广应用地表水热泵技术。推广屋顶光伏和发电玻璃等光伏建筑一体化应用，开展“光储直柔”一体化试点建设，加快智能光伏应用推广。推动既有公共建筑和厂房屋顶加装太阳能光伏系统，鼓励盘活闲置屋顶资源，对屋顶资源较好的交通场站、大型商场、工业园区等建筑有序连片开发建设分布式光伏系统。到2025年，城镇建筑可再生能源替代率力争达到8%，新建公共机构建筑、新建厂房屋顶光伏覆盖率力争达到50%，厦门、漳州、泉州等太阳能资源较为丰富地区应提高比例要求。（责任单位：省住建厅、发改委、工信厅、机关事务管理局、国网福建省电力公司等按职责分工负责）

17. 推进建筑用能电气化。引导生活热水、炊事等向全屋电气化发展，到2030年建筑用电占建筑能耗比例超过90%。推动开展新建公共建筑全电气化，到2030年，全电气化比例达到20%。推广热泵热水器、高效电炉灶等燃气替代产品，推动高效直流电器与设备应用。加强与电网的衔接与协调，推动智能微电网技术应用，提高建筑终端电气化水平，探索建筑用电设备智能群控技术，在满足用电需求的前提下，合理调配用电负荷，实现电力少增容、不增容。（责任单位：省住建厅、国网福建省电力公司等按职责分工负责）

（九）推进绿色低碳建造

18. 发展新型建筑工业化。大力发展装配式建筑，提高预制构件和部品部件通用性，推广标准化、少规格、多组合设计，鼓励发展钢结构、组合结构等装配式建筑体系，优先采用工程总承包建设方式，到2030年，装配式建筑占当年城镇新建建筑的建筑面积比例达到40%。推动智能建造发展，积极打造建筑产业互联网平台，大力推行智慧工地管理，推广建筑机器人、建筑信息模型（BIM）、传感器网络、低功耗广域网、射频识别（RFID）及二维码识别等新技术集成应用，到2030年培育不少于5个智能建造产业基地。积极推广节能型施工设备，监控重点能耗设备耗能，对多台同类设备实施群控管理。推广建筑材料工厂化精准加工、精细化管理，到2030年，施工现场建筑材料损耗率比2020年降低20%。（责任单位：省住建厅、工信厅、生态环境厅等按职责分工负责）

19. 推进建筑垃圾减量化和资源化利用。加强施工现场建筑垃圾管控，到2030年，新建建筑施工现场建筑垃圾排放量不高于300吨/万平方米。将建筑垃圾处理和资源化利用设施用地纳入国土空间规划统一布局，推进建筑垃圾集中处理、分级利用，积极推广应用建筑垃圾再生产品。到2030年，建筑垃圾资源化利用率达到55%。（责任单位：省住建厅、自然资源厅、工信厅等按职责分工负责）

20. 推广绿色建材。支持企业开展绿色建材生产和应用技术改造，推广新型墙体材料、预拌砂浆、预拌混凝土、节能门窗、陶瓷砖、卫生陶瓷等绿色建材应用，鼓励有条件的地区使用木竹建材。加快推进绿色建材产品认证，鼓励建设项目优先选用获得绿色建材认证标识的建材产品。加快建立政府工程采购绿色建材机制，引导福州、龙岩率先开展政府采购支持绿色建材促进建筑品质提升试点城市建设。到 2030 年，星级绿色建筑全面推广绿色建材。（责任单位：省工信厅、市场监管局、住建厅、财政厅等按职责分工负责）

三、打造绿色低碳县城和乡村

（十）提升县城绿色低碳水平

21. 强化县城建设管控。因地制宜强化县城建设密度与强度管控，位于生态功能区、农产品主产区的县城人口密度应控制在 0.6 万—1 万人/平方公里，建筑总面积与建设用地面积的比值应控制在 0.6—0.8；建筑高度要与消防救援能力相匹配，新建住宅以 6 层为主，最高不超过 18 层，6 层及以下住宅建筑面积占比应不低于 70%；确需建设 18 层以上居住建筑的，应严格充分论证，并确保消防应急、市政配套设施等建设到位。（责任单位：省住建厅、自然资源厅、应急厅、消防救援总队等按职责分工负责）

22. 建设县城绿色基础设施。因地制宜推行大分散与小区域集中相结合的基础设施分布式布局，建设绿色节约型基础设施，推行“窄马路、密路网、小街区”，县城内道路红线宽度不超过 40 米，广场集中硬地面积不超过 2 公顷，步行道网络应连续通畅。（责任单位：省住建厅、自然资源厅等按职责分工负责）

（十一）开展绿色低碳乡村建设

23. 营造自然紧凑的乡村格局。农房和村庄建设选址应安全可靠，顺应地形地貌，保护山水林田湖草沙生态脉络。鼓励新建农房向基础设施完善、自然条件优越、公共服务设施齐全、景观环境优美的村庄聚集，引导农房群落自然、紧凑、有序布局，提升乡村生态环境，减少资源能源消耗。（责任单位：省农业农村厅、住建厅、自然资源厅、生态环境厅等按职责分工负责）

24. 推进绿色低碳农房建设。按照结构安全、功能完善、节能降碳等要求，制定和完善农房建设相关地方标准。持续推动“崇尚集约建房”专项行动，培育集约建房新风，整县、整镇、整村或整片区开展既有农房综合整治，逐步消除农房“高大裸空”现象。加强新建农房风貌管控，全面落实建筑立面图集管控要求。引导新建农房执行《农村居住建筑节能设计标准》等相关标准，推广使用高能效照明、灶具等设施设备，鼓励就地取材和利用乡土材料，推广使用绿色建材，鼓励选用装配式钢结构、木结构等建造方式。到 2030 年，全省既有农房基本完成整治，建成一批绿色农房示范，鼓励建设星级绿色农房和零碳农房。（责任单位：省住建厅、农业农村厅、自然资源厅、工信厅等按职责分工负责）

25. 推进农村污水垃圾低碳化治理。深入实施农村生活污水提升治理工程，合理确定排放标准，因地制宜推广小型化、生态化、分散化的污水处理工艺，推动农村生活污水就近就地资源化利用。加快推动农村生活垃圾分类处理，推进农村生活垃圾“干湿”分类，强化源头减量和资源化利用，以县域为单位推行打捆村庄保洁、垃圾转运、农村公厕管护等市场化运营管理模式。到 2030 年，农村生活污水治理率达到 70% 以上，农村生活垃圾基本实现分类收集处理。（责任单位：省生态环境厅、农业农村厅、住建厅等按职责分工负责）

26. 推广应用可再生能源。推进太阳能、地热能、空气热能、生物质能等可再生能源在农房建设中的应用。落实《福建省“十四五”能源发展专项规划》，重点推进光照资源条件较好的 24 个县（市、区）开展整县屋顶分布式光伏开发试点，大力开展屋顶分布式光伏建设。鼓励农房屋顶、院落空地、农业设施加装太阳能光伏系统。加强农村电网建设，提升农村用能电气化水平，鼓励炊事、交通、热水等用能电气化。（责任单位：省住建厅、发改委、农业农村厅、国网福建省电力公司等按职责分工负责）

四、强化保障措施

（十二）加强组织实施

在省碳达峰碳中和工作领导小组领导下，各级住建、发改部门要加强部门协调，科学制定本地区城乡建设领域碳达峰实施细化方案，明确任务目标，强化任务落实。各设区市和平潭综合实验区住建、发改部门于每年11月20日前将当年贯彻落实情况报告报省住建厅、省发改委。（责任单位：省住建厅、发改委）

（十三）完善支撑体系

各地根据碳排放控制目标和产业结构情况，合理确定城乡建设领域的碳排放控制目标。完善节能减碳标准体系，制定完善绿色建筑、零碳建筑、绿色建造等地方标准，逐步构建城市、县城、社区、行政村、住宅开发项目绿色低碳指标体系。大力开展城乡建设绿色低碳试点。结合城市体检评估、乡村建设评价等工作，加大绿色低碳发展质量评估。加大建筑信息模型（BIM）技术和城市信息模型（CIM）平台融合应用，推动数字建筑、数字孪生城市建设，加快城乡建设数字化转型。发展节能服务产业，大力推广合同能源管理、合同节水管理服务模式。（责任单位：省住建厅、发改委、市场监管局、数字办等按职责分工负责）

（十四）强化财政金融支持

完善支持城乡建设领域碳达峰的相关财政政策，调整优化专项支出结构，多渠道筹集资金，加大绿色低碳试点建设支持力度。鼓励金融机构通过绿色信贷、绿色保险、绿色债券等多种方式为绿色低碳项目提供绿色金融服务。鼓励开发商投保全装修住宅质量保险，发挥绿色保险产品的风险保障作用。合理开放城镇基础设施、建筑垃圾资源化利用等投资、建设和运营市场，通过特许经营等手段吸引社会资本投入。（责任单位：省财政厅、发改委、住建厅、市场监管局、工信厅、金融监管局、人行福州中心支行、福建银保监局等按职责分工负责）

（十五）加大宣传推广

组织开展基础研究、关建核心技术攻关、工程示范和产业化应用，推动科技研发、成果转化、产业培育协同发展。整合优化行业产学研科技资源，推动高水平创新团队和创新平台建设，培育创新型领军企业。加强人才队伍建设，将碳达峰碳中和作为城乡建设领域干部培训重要内容，加强规划、设计、施工、运营等从业人员培训，鼓励高等院校增设碳达峰碳中和相关课程。鼓励开展碳达峰碳中和技术交流、专业技能培训等活动，加大优秀项目、典型案例宣传力度，配合开展好全民节能行动、节能宣传周、全国低碳日、绿色建材下乡等活动，动员全社会各方力量参与降碳行动。开展减排自愿承诺，引导公众自觉履行节能减排责任。（责任单位：省科技厅、发改委、住建厅、教育厅、工信厅等按职责分工负责）

发文机关：福建省住房和城乡建设厅　福建省发展和改革委员会

文　　号：闽建科〔2023〕11号

标　　题：福建省住房和城乡建设厅　福建省发展和改革委员会关于印发《福建省城乡建设领域碳达峰实施方案》的通知

发文日期：2023年3月23日

福建省交通运输厅　福建省发展和改革委员会关于印发《福建省乡镇便捷通高速工程实施方案》的通知

各设区市交通局、发展改革委，平潭综合实验区交建局、经发局：

经省政府同意，现将《福建省乡镇便捷通高速工程实施方案》印发给你们，请认真组织实施。

福建省交通运输厅
福建省发展和改革委员会
2023 年 6 月 27 日

福建省乡镇便捷通高速工程实施方案

为全面贯彻党的二十大精神，深入落实交通强国战略，更好地发挥高速公路对全省经济社会发展的支撑和带动作用，服务全面推进乡村振兴战略实施，在总结《福建省乡镇便捷通高速工程实施方案（2020—2022 年）》实施成效的基础上，结合地方发展需求，调整“乡镇便捷通”项目库，完善项目实施工作要求，制定本实施方案。

一、总体目标

按照省委实施“深学争优、敢为争先、实干争效”行动的部署要求，坚持以经济社会发展需求为导向，着眼“交通+乡村振兴”、“交通+旅游”、“交通+产业”，继续实施“乡镇便捷通”工程，有序推进更多陆域乡镇、重要旅游景区、重要产业园区、重要交通枢纽等交通集散节点 30 分钟内通达高速公路，持续促进城乡居民出行、景区客流、园区物流便捷畅通，服务区域协同发展，服务文旅经济发展，服务产业提质增效，为我省奋力谱写全面建设社会主义现代化国家福建篇章提供坚强有力的交通运输保障。

二、主要任务

立足全省公路网，通过新增高速公路出入口、新增服务区出入口、新建改建高速公路互通接线三种方式，推进更多的重要交通集散节点实现 30 分钟内便捷通达高速公路，持续扩大高速公路服务覆盖面，显著提升路网整体效率和公共服务水平。

（一）通达对象——重要交通集散节点

1. 陆域乡镇。

2. 重要旅游景区，指国家地质公园、国家森林公园、省级及以上风景名胜区、4A 级及以上旅游景区。

3. 重要产业园区，指省级及以上的工业园区、高新技术产业园区、经济开发区。

4. 重要交通枢纽，指机场、高铁站动车站、重点港区。

（二）建设任务

1. 新增高速公路出入口，扩大高速公路辐射范围

在满足工程技术标准及路网通行安全的前提下，结合沿线经济社会发展、交通需求、工程条件等情况，在高速公路主线新增建设出入口，不断优化高速公路网的出入口布局，持续扩大高速公路辐射范围。出入口类型和建设方案的确定应因地制宜、科学合理，集约节约利用土地资源。

项目库内新增高速公路出入口项目共 20 个，相应接线公路规模为 100. 8 公里，匡算总投资约 113. 1 亿元。

2. 新增服务区出入口，强化服务乡村振兴功能

在具备工程条件的高速公路服务区（停车区）后方，新增建设出入口及接线通道，就近接入地方道路，实现高速公路与地方道路共用服务区。服务区出入口工程宜结合服务区改造提升工程整体设计实施，为服务区打造成为地方特色农产品展销平台、区域旅游集散中心等提供便捷通道。服务区出入口工程应优先利用存量建设用地，尽量减少新增用地，鼓励探索建设纯 ETC 收费系统的简易出入口。

项目库内新增服务区出入口共 9 个，相应接线公路规模为 28. 8 公里，匡算总投资约 12. 4 亿元。

3. 新建改建高速公路互通接线，提升接线公路通行能力

通过提级改建既有高速公路互通及接线公路，或新建既有高速公路的接线公路，着力提升接线公路的技术标准，有效增强高速公路互通及周边路网的快速集散能力。

接线公路属于普通国省道的，原则上采用二级公路标准建设；属于农村公路的，原则上采用三级公路标准建设。

项目库内新建改建高速公路互通接线项目共 55 个，相应接线公路规模为 776. 7 公里，匡算总投资约 506. 5 亿元。

综上，全省“乡镇便捷通”工程项目库共 84 个项目，相应接线公路总规模为 906. 3 公里，匡算总投资约 632. 0 亿元。

（三）项目调整机制

“乡镇便捷通”项目库实行动态调整机制，由省交通运输厅、发改委负责跟踪调整工作。对已列入项目库的项目，省交通运输厅、发改委每年组织评估实施情况，确实无法继续实施的，可调出项目库；对市、县（区）政府新增提出的项目申请，省交通运输厅、发改委每年组织研究，对符合下列条件的项目，可增列入项目库：

1. 通达节点为陆域乡镇、重要旅游景区、重要产业园区或重要交通枢纽；

2. 既有交通条件下，节点在 30 分钟内无法通达高速公路，项目实施后 30 分钟内可通达；

3. 项目工程技术方案符合公路工程技术标准；

4. 用地、用林、生态环保等方面符合相关要求；

5. 建设资金来源明确。

三、实施要求

（一）落实主体责任

各市、县（区）政府要切实落实主体职责，加强组织领导，建立工作机制，分年度细化目标任务，明确时间节点，确保各项任务的全面完成。

（二）加快前期工作

各级各部门依法简化审批程序，积极推动市、县（区）政府加快项目前期工作。新增高速公路出入口项目与新增服务区出入口项目，视同纳入高速公路网规划并参照省重点项目管理。新建改建高速公路互通接线项目由设区市投资主管部门审批。省有关部门要加强指导，提前研究、提前介入，及时帮助协调解决项目推进中的重大事项，推动项目加快建设。

（三）加强资金筹措

各级政府要加大资金支持力度，积极争取中央资金支持，用好地方政府债券资金，依法依规引导社会资本投入，大力拓展筹融资渠道，强化项目资金保障。接线公路部分，属于普通国道路段，积极争取交通运输部补助；其他非普通国道路段，按照《福建省财政厅　福建省交通运输厅关于印发〈福建省交通运输省级补助资金管理办法〉的通知》（闽财建〔2021〕40 号）相关规定给予补助。

（四）强化要素保障

各级发展改革、交通运输、自然资源、生态环境、林业等部门要加强对接、密切配合，用足政策，全力保障项目用地、用林、用海需求。项目建设应当符合国土空间规划和“三区三线”等空间管控要求，严格执行《公路工程项目建设用地指标》。各市、县（区）政府要切实做好项目征迁交地、群众安置等工作，确保无障碍施工。

（五）加强建设管理

始终把人的生命安全放在首位，把安全发展理念贯穿“乡镇便捷通”工程规划设计、工程建设、运营管理各方面全过程，严格履行法定基建程序，全面实行标准化管理。各市、县（区）政府要明确项目建设单位，加强专业技术力量，严格“一岗双责”制度，强化质量安全监督，努力打造“品质工程”、“平安工程”。

本文件自印发之日起实施，《福建省交通运输厅　福建省发展和改革委员会关于印发〈福建省乡镇便捷通高速工程实施方案（2020—2022年）〉的通知》（闽交规〔2020〕69号）不再执行。

附件：福建省乡镇便捷通高速工程项目库（2023—2025年）（略）

发文机关：福建省交通运输厅　福建省发展和改革委员会

文　　号：闽交规〔2023〕30号

标　　题：福建省交通运输厅　福建省发展和改革委员会关于印发《福建省乡镇便捷通高速工程实施方案》的通知

发文日期：2023年6月27日

福建省农业农村厅关于落实省委和省政府2023年全面推进乡村振兴重点工作部署的实施意见

各市、县（区）和平潭综合实验区农业农村局，厅机关各处室、各直属单位：

2023年是全面贯彻党的二十大精神的开局之年，是实施“十四五”规划承上启下的关键一年，做好农业农村工作意义重大。全省农业农村系统要全面贯彻党的二十大精神，深入贯彻落实习近平总书记关于“三农”工作的重要论述和对福建工作的重要讲话重要指示精神，落实中央农村工作会议部署，按照省委农村工作会议要求，坚持和加强党对“三农”工作的全面领导，坚持稳中求进工作总基调，更好统筹疫情防控和农业农村发展，更好统筹发展和安全，坚持农业农村优先发展，坚持城乡融合发展，深入实施“深学争优、敢为争先、实干争效”行动，大力保障粮食安全，加快发展特色现代农业，建设宜居宜业和美乡村，走具有福建特色的乡村振兴之路，为建设农业强国贡献福建力量。

一、稳定发展粮油生产

1. 强化稳粮惠农政策。严格落实粮食安全党政同责要求，压实粮食生产属地责任。及时发放耕地地力保护补贴等中央资金，落实省级种粮奖补政策，协调烟草部门继续支持烟后稻种植，推动市县加大对发展粮油作物特别是双季稻、再生稻等扶持力度，促进水稻种植保险提标，鼓励开展水稻完全成本保险，稳定农民预期。

2. 切实稳定粮食生产。逐级细化落实粮食种植面积1253万亩（其中大豆52.8万亩）、产量507万吨任务。积极利用边坡荒地、果茶园等扩种、间作套种旱粮，推动抛荒山垅田复垦种粮，引导低效茶果园退果退茶还粮，挖掘种粮潜力。推进粮食绿色高质高效创建，集成推广水稻工厂化机插育秧、精确定量栽培等关键增产技术，强化病虫害绿色防控，带动大面积均衡增产。开展水稻机收减损行动，大力发展粮食烘干、存储等服务，推进节粮减损。推广部颁二等以上优质稻和优质玉米、甘薯品种，培育浦城大米、宁化河龙贡米、尤溪再生稻、漳浦六鳌地瓜、永安青水玉米等区域公用品牌。持续开展“我在乡间有亩田”等活动，营造全社会重视粮食生产良好氛围。

3. 巩固提升粮食产能。坚持良田粮用原则，耕地优先保粮食，果树苗木尽量上山上坡，蔬菜园艺更多依靠设施生产和工厂化种植。加快实施新一轮高标准农田建设规划，按照灌排化、机械化、生态化、田园化、数字化建设要求，新建高标准农田90万亩以上。完善高标准农田管护机制，建设省级数字农田管理平台，推广县级数字农田管理模式，开展农田设施灾损保险试点。实施新一轮粮食产能提升行动。全面开展第三次全国土壤普查工作。

4. 积极发展油料作物。示范推广“双低”油菜、短生育期油菜、高油高蛋白花生等油料作物品种，集成组装配套栽培技术，全省油料种植面积达到125万亩、扩种3万亩以上。

二、有效保障重要农产品供给

5. 稳定生猪等畜禽生产。加强监测指导，落实分区间产能调控措施，开展生猪产能调控工作考核，保持能繁母猪存栏稳定在90万头、规模猪场保有量5000个以上，基本实现省内生猪供需平衡。大力发展优势特色畜禽，推进设施化规模化肉鸡、蛋禽养殖，加快实施奶业生产能力提升整县推进项目，稳步提升禽蛋、鲜奶生产供给能力。

6. 大力发展优质蔬菜。发展大中城市叶菜、夏秋高山冷凉蔬菜、东南沿海设施蔬菜，支持建设高标准钢架温室大棚，完善水肥一体化、智能控制、无土栽培等设施装备，促进蔬菜周年均衡供应。因地制宜发展高辣辣椒，推进规模化标准化生产。

7. 推进“三茶”统筹发展。制定“三茶”统筹发展强省行动方案，支持南平市创建全国茶文化茶产业茶科技统筹发展先行区。办好中国茶叶交易会、“闽茶海丝行”等活动，鼓励开展各类茶事活动，提高“多彩闽茶”影响力。支持茶叶龙头企业做强做大，发展茶叶清洁化、自动化、智能化加工，发展茶庄园，推广茶园生态游、茶乡体验游、茶事研学游等新业态。推进茶树优异种质资源保护与利用，选育推广茶树良种，加快建设生态茶园、智慧茶园。

8. 实施特色果业提升工程。加快果树品种结构调整，提高早熟、晚熟果树品种比重，适度扩大鲜食加工兼用品种种植，因地制宜发展特色鲜食果类品种。积极推广果树标准化生产，提升果品品质，推进水果采后商品化处理和分等分级销售。

9. 推动食用菌产业转型升级。实施现代设施栽培提升行动，引导发展楼宇食用菌工厂和多层架式设施栽培。健全“企业+农户”利益共享机制，完善菌包集中供应社会化服务，推广移动智慧菇房栽培模式。

10. 大力发展闽产药材“福九味”。组织制定一批中药材行业标准或团体标准，建立一批全程可追溯生产基地。支持建设中药材“一村一品”专业村、特色产业强镇，加强“福九味”品牌宣传推介，打造闽产药材“福九味”优势特色产业集群。

11. 加强农产品质量安全监管。加强源头快检筛查、风险监测排查和重点监督抽查，实施食用农产品承诺达标合格证、追溯凭证亮证行动，推动赋码出证500万批次，保持全省农产品质量安全监测总体合格率高于全国平均水平。深化“治违禁控药残促提升”三年行动，大力推进豇豆农药残留突出问题攻坚治理，全面落实技术性管控措施，加强检打联动，严厉打击违法违规行为。

三、加快建设特色现代农业

12. 提升特色产业优势。深入实施特色现代农业高质量发展“3212”工程，加快创建优势特色产业集群、现代农业产业园、产业强镇、“一村一品”专业村，推进农业现代化示范区建设，实施现代农业重点项目850个、完成投资380亿元以上。

13. 加强农业品牌建设。推进品种培优、品质提升、品牌打造和标准化生产行动，打造“福农优品”品牌。加快农业地方标准制修订，创建国家现代农业全产业链标准化示范基地。实施农业品牌精品培育提升行动，推进农产品地理标志保护工程，培育绿色有机地理标志农产品400个以上，推进全国名特优新农产品收集登录。评定一批福建农产品区域公用品牌、福建名牌农产品。

14. 促进农村三产融合。大力发展农产品产地初加工，推进农产品产地冷藏保鲜设施建设，深入实施“互联网+”农产品出村进城工程，鼓励发展直播带货、社区团购、预制菜、中央厨房等新业态。培育美丽休闲乡村和休闲农业示范点，推介一批精品旅游线路，支持申报中国重要农业文化遗产和全球重要农业文化遗产，保护和开发利用好传统农耕资源。培育壮大省级以上农业产业化重点龙头企业，增强联农带农能力。

15. 深化闽台农业融合发展。高质量建设台湾农民创业园和闽台农业融合发展产业园，力争新创建一批台湾农民创业园。推进闽台农业融合发展推广县和基地建设，引进推广台湾农业良种100个、先进实用技术40项以上。支持建设三明海峡两岸乡村融合发展试验区，积极创建海峡两岸乡村振兴合作基地。办好海峡论坛两岸特色乡镇交流对接农业专场活动。

16. 扩大农业对外开放。实施农产品出口提升行动，创建40个农业国际贸易高质量发展基地，积极开拓RCEP市场。开展境外客商八闽行等活动，吸引外资投资我省现代农业。加强农业对外投资和国际合作，推动菌草技术援外。

四、着力提升农业科技和装备水平

17. 开展农业关键核心技术攻关。聚焦我省特色现代农业发展需求，围绕农业核心种源、农业关键技术、现代农机装备等重点领域，推行“揭榜挂帅”，加强产学研用协同创新与推广应用。

18. 深入实施种业振兴行动。加强农业种质资源保护和利用，完成农业种质资源普查，加快建设省农业生物种质资源库。推进第四轮种业创新与产业化工程，组织开展青梗菜、花椰菜、白羽肉鸡国家育种联合攻关。加快海南南繁科研育种基地改扩建。支持建设三明“中国稻种基地”。建立一批农作物新品种核心展示示范片，推广应用我省自主培育品种。开展种业监管执法年活动，净化种业市场。

19. 加强农业科技推广。推进基层农技推广体系改革与建设项目，实施基层农技推广人员“双百”计划，强化基层农技推广队伍建设。开展县乡农技骨干培训3000名以上，建设200个农业科技示范展示基地、培育2万个科技示范主体，开展“农业专家八闽行”活动。

20. 推进农业生产设施化。启动设施农业现代化提升行动。开展主要农作物全程机械化推进行动，完善农机购置补贴政策，鼓励研发推广适合丘陵山区和特色作物生产的小型、智能机械，打造农机装备补短板示范基地，提升农机社会化服务水平，主要农作物耕种收综合机械化率提高到74%。

21. 加快智慧农业和数字乡村建设。实施福建“农业云131”二期工程，加快建设农业农村大数据资源中心，完善农业农村综合信息服务平台。创建一批数字农业创新应用基地和农业物联网应用基地，加快田间管理、投料饲喂、病虫害监测防治等环节数字化提升。深化益农信息社与农村普惠金融服务点联合运营试点，拓展数字乡村应用场景，培育一批省级数字乡村示范乡镇。

22. 推动农业绿色发展。深化5个国家农业绿色发展先行区和18个省级先行区建设，探索建立整县全要素全链条农业面源污染综合防治工作机制，开展农田碳汇试点。实施化肥减量工程，示范化肥投入定额制100万亩次，推广地力提升技术2000万亩次。开展农药减量控害行动，推进农作物病虫害绿色防控、统防统治。实施畜禽粪污资源化利用提升工程，创建60家美丽牧场，畜禽粪污资源化综合利用率提高到93%。支持5个县整县推进农作物秸秆综合利用，构建秸秆收储运服务网络，秸秆综合利用率保持在90%以上。加大田园环境整治力度，推广全生物降解地膜，加强地膜回收，积极推进农药包装物回收处理。

五、深入实施乡村建设行动

23. 深化农村人居环境整治提升五年行动。加强乡村规划建设管理，推进村庄编制实用性村庄规划，实现村庄规划管控全覆盖。推进农村建设品质提升行动，加快农村户用厕所升级改造，推动农村生活垃圾分类减量，加强农村黑臭水体治理，整县整镇整村开展既有农房综合整治，建设水环境质量、居住环境整治、风貌管控、基础设施提档、样板建设等5类21项重点项目，完成投资250亿元以上。创建一批农村人居环境整治提升样板县、农村“厕所革命”样板县，打造100个农村建设品质提升样板村。建立乡村建设信息监测平台。完善乡村建设“互联网+督查”平台，拓宽群众监督渠道。

24. 推进乡村“五个美丽”建设。从改造、完善、提升入手，挖掘原生态村居风貌与引入现代元素相结合，将乡土特征、人文历史、民族特色和地域特点等融入建设，促进“美丽建设”向“美丽经济”延伸。全年培育美丽乡村庭院典型1000户、美丽乡村微景观典型100处、美丽乡村小公园（小广场）典型100个、美丽田园典型100片、美丽乡村休闲旅游点典型40个，打造一批叫得响、立得住、推得开的样板。

25. 深化乡村振兴试点示范。实施“十大行动”重点任务100项以上，建设“百镇千村”示范项目5000个、完成投资50亿元以上，提升乡村振兴精品线路100条。加强与国家“百县千乡万村”乡村振兴示范创建政策对接，创建一批国家级示范县、示范乡镇、示范村。

26. 加强和改进乡村治理。加强农村精神文明建设，开展听党话、感党恩、跟党走宣传教育活动，培育文明乡风。推进农村移风易俗，开展“一县一专项”治理，重点整治高价彩礼、人情攀比、厚葬薄养等陈规陋习。完善推广积分制、清单制、数字化、接诉即办等务实管用的治理方式，力争全省50%以上的建制村推广运用积分制，1000个以上建制村推广运用清单制。推进乡村治理示范村镇创建，汇编推广一批乡村治理典型案例。扩大台胞参与乡村治理试点，加快培育两岸乡村治理共建融合模式。

六、巩固拓展脱贫攻坚成果

27. 常态化开展防止返贫动态监测帮扶。健全防止返贫监测和帮扶机制，发挥“一键报贫”等平台作用，定期组织开展干部走访排查、行业部门专项筛查，加强部门联动监测预警，及时将易致贫返贫人口纳入监测对象强化帮扶，巩固提升“三保障”和饮水安全保障成果，坚决守牢不发生规模性返贫底线。

28. 建立完善脱贫人口持续稳定增收机制。优化财政衔接资金使用，安排固定资产投资补助资金集中支持一批脱贫县。加强产业、就业帮扶，落实帮扶项目联农带农机制，扶持带动10万户脱贫户发展特色产业，深入实施“雨露计划”就业促进行动，推动15万人以上脱贫人口稳岗就业。支持15个试点县发展庭院经济，培育庭院经济重点村160个、庭院经济示范户1600个。加强易地扶贫搬迁后续扶持，强化务工就业服务，指导盘活用好迁出地资产资源。完善扶贫项目资产后续管理，落实管护主体，确保项目资产长期发挥效益。

29. 推进脱贫地区振兴发展。完善“老区优先、适当倾斜”政策体系，健全对38个乡村振兴重点县及欠发达老区苏区县的挂钩帮扶机制，深化山海协作，加强驻村帮扶，落实实地互访、资金支持、园区建设、招商引资等帮扶措施，支持脱贫地区特色产业培育、基础设施建设和公共服务提升。

30. 提升闽宁对口协作水平。深化闽宁协作机制，加强产业合作、劳务对接、人才交流，支持宁夏国家乡村振兴重点帮扶县和闽宁镇、闽宁乡村振兴示范村、闽宁产业园建设，推动“闽宁云”“东数西算”等数字经济领域合作创新，实施消费扶贫惠民行动，助力宁夏加快发展。

七、持续深化农业农村改革

31. 完善农村基本经营制度。稳定家庭承包关系，推进农村承包地“三权分置”，引导土地经营权规范有序流转，发展农业适度规模经营。探索建立土地经营权流转合同网签制度。健全社会资本通过流转取得土地经营权资格审查、项目审核和风险防范制度。

32. 巩固提升农村集体产权制度改革成果。构建产权关系明晰、治理架构科学、经营方式稳健、收益分配合理的运行机制，探索资源发包、物业出租、居间服务、资产参股等多样化途径发展新型农村集体经济，推进集体资产股份抵押、担保试点。健全农村集体资产监管体系，加强农村集体资产线上监督平台建设。加强农村产权流转交易市场试点建设。

33. 完善新型农业经营体系。培育壮大新型农业经营主体，支持有条件的小农户成长为家庭农场，引导家庭农场联合组建农民合作社，培育农民合作社联合社。完善农业生产社会化服务，大力发展水稻、特色作物等生产关键薄弱环节托管和全程托管，服务好、带动好小农户。

34. 推进农业农村改革试点。指导推动沙县、屏南、永春全国农村改革试验区建设，启动省级试验区创建，总结提炼成功创新实践，形成一批改革案例和制度成果。稳慎推进晋江、沙县、建瓯农村宅基地制度改革试点，积极稳妥激活农村闲置宅基地和闲置农房资源。

35. 深化农垦改革。加强农垦资产资源整合，推进农场公司化运作和企业化改制，推动组建区域农垦集团（公司），做大做强农垦实体。加快落实国有农场“一衔接、两覆盖”政策，推动解决农垦重点难点问题。

八、切实加强农业安全生产监管

36. 强化重大动植物疫病防控。落实强制免疫、监测流调、检疫监管、无害化处理和应急管理等常态化防控措施，加强入省指定通道管理，稳定有效控制非洲猪瘟、高致病性禽流感等重大动物疫病。加快建设农作物病虫疫情田间监测点，完善农业有害生物监控信息系统，加强重大病虫疫情监测预报和防治，有效降低主要农作物病虫害损失率。

37. 强化农业行业安全生产监管。严格落实行业部门监管责任和生产经营主体的主体责任，全面开展农业安全生产标准化提升行动，强化安全教育培训，严防农机、饲料、沼气、农药、屠宰、农事休闲等领域发生重大安全事故。

38. 强化农业防灾减灾。会同气象、应急等部门强化灾害性天气研判预警和应急响应联动，及时指导落实防御措施，完善应急预案，备足备荒种子、消毒剂等救灾物资，最大程度减少农业因灾损失。

九、健全完善工作保障机制

39. 压实五级书记抓乡村振兴责任。研究制定乡村振兴责任制实施细则，完善市县党政领导班子和领导干部推进乡村振兴战略实绩考核制度，推动落实各级党委和政府负责同志乡村振兴联系点制度，将五级书记抓乡村振兴要求落到实处。开展“十四五”特色现代农业发展专项规划中期评估。

40. 加大资金投入。推动形成“三农”财政投入稳定增长机制，稳步提高土地出让收益用于农业农村比例，争取更多政府专项债投向农业农村。鼓励市县建立农业农村投融资平台，引导政策性金融资金加大投入。依托省级政策性优惠贷款风险分担资金池，扩大乡村振兴贷规模，撬动更多金融资源和社会资本配置到农业农村。

41. 增强人才支撑。实施农民素质提升行动，培育高素质农民10万人次，远程培训农民100万人次。推进农村创业创新，开展农村创业带头人培育行动，实施乡村产业振兴带头人“头雁”项目。完善派驻第一书记和工作队、科技特派员、乡村振兴指导等制度，引导大学毕业生到乡、能人回乡、农民工返乡、企业家入乡，推动各类人才投身乡村振兴事业。

42. 推进依法行政。推动制修订一批农业农村法律法规。开展“宪法进农村”“民法典进农村”“乡村振兴法治先行”等普法活动，培育农村学法用法示范户。深入实施农业综合行政执法能力提升行动，举办全省农业综合执法大比武大练兵活动。

43. 提升工作效能。弘扬“马上就办、真抓实干”等优良作风，深化挂钩联系推动重点工作制度和“两直两前”调研实践活动，一线指导推动工作。推进“放管服”改革，动态调整权责清单和政务服务事项目录，推行“一业一证”改革，加强审管联动，不断优化营商环境。

福建省农业农村厅

2023年2月28日

（此件主动公开）

发文机关：福建省农业农村厅

文　　号：闽农综〔2023〕1号

标　　题：福建省农业农村厅关于落实省委和省政府2023年全面推进乡村振兴重点工作部署的实施意见

发文日期：2023年2月28日

第九篇 数据资料

说明：本篇内容摘自《2024 福建统计摘要》，采用近 3 年的数据（除注明外），“#”表示其中的主要项。

（摘编：郑平名）

综合与核算

国民经济和社会发展情况

项　目	单位	2022 年	2023 年	比上年增长（%）
人口				
年末常住人口	万人	4188	4183	-0.12
#城镇人口	万人	2937	2972	1.19
国民经济核算				
地区生产总值	亿元	51765.12	54355.10	4.5
第一产业	亿元	3077.58	3217.66	4.2
第二产业	亿元	23125.30	23966.43	3.7
第三产业	亿元	25562.23	27171.01	5.2
主要行业				
#工业	亿元	18013.27	18548.27	3.4
建筑业	亿元	5178.64	5497.97	5.1
人均地区生产总值	元	123618	129865	4.5
人民生活				
居民人均可支配收入	元	43118	45426	5.4
城镇居民人均可支配收入	元	53817	56153	4.3
农村居民人均可支配收入	元	24987	26722	6.9
财政				
一般公共预算总收入	亿元	5382.45	5907.88	9.8
#地方一般公共预算收入	亿元	3339.21	3591.87	7.6
一般公共预算支出	亿元	5691.22	5868.43	3.1
金融				
金融机构本外币存款余额	亿元	72927.90	81021.13	11.1
金融机构本外币贷款余额	亿元	75373.62	82387.64	8.2

续表

项　　目	单位	2022 年	2023 年	比上年增长（%）
固定资产投资				
固定资产投资	亿元	–	–	2.5
项目投资	亿元	–	–	9.4
房地产开发投资	亿元	–	–	–12.7
国内贸易				
社会消费品零售总额	亿元	21050.12	22109.57	5.0
对外经济				
进出口总额	亿元	19776.98	19743.48	–0.2
出口总额	亿元	12097.43	11766.35	–2.7
进口总额	亿元	7679.51	7977.12	3.9
实际利用外商直接投资	亿美元	49.94	43.07	–13.7
农业				
农林牧渔业总产值	亿元	5502.56	5729.21	4.3
主要农产品产量				
粮食	万吨	508.70	510.97	0.4
茶叶	万吨	52.08	55.01	5.6
园林水果	万吨	817.31	866.54	6.0
肉类	万吨	296.30	311.41	5.1
水产品	万吨	86.39	890.20	3.3
工业				
规模以上工业主要产品产量				
原煤	万吨	443.17	401.70	–8.6
水泥	万吨	8375.43	8038.75	–4.0
布	亿米	42.77	35.20	–17.7
汽车	万辆	30.85	33.23	7.7
全社会发电量	亿千瓦小时	3073.96	3272.94	6.5
建筑业（只含总承包和专业承包）				
建筑业企业年末从业人员	万人	–	494.49	5.1
建筑业总产值	亿元	–	17383.36	4.8

续表

项　　目	单位	2022 年	2023 年	比上年增长（%）
交通运输邮电				
客运量	万人	18140	28795	58.7
货运量	万吨	169107	178766	5.7
沿海主要港口货物吞吐量	万吨	71408	74894	4.9
旅游				
国内旅游人数	万人次	39146.80	57003.58	45.6
国内旅游收入	亿元	4306.54	6857.12	59.2
入境旅游人数	万人次	48.26	172.24	256.9
国际旅游收入	亿美元	3.14	17.58	460.4
教育				
普通高等学校在校生数	万人	107.61	113.99	5.9
普通中学在校生数	万人	231.21	238.07	3.0
普通小学在校生数	万人	359.09	369.79	3.0
文化				
图书出版总印数	亿份	1.74	1.59	-8.7
期刊出版总印数	亿份	0.20	0.19	-3.1
报纸出版总印数	亿份	6.39	6.02	-5.8
卫生				
卫生技术人员数	万人	30.81	32.60	5.8
#医生	万人	11.61	12.33	6.2
卫生机构床位数	万张	23.24	24.22	4.2
#医院、卫生院	万张	21.85	22.80	4.3
价格指数				
居民消费价格指数	上年=100	101.9	100.0	0.0
工业生产者出厂价格指数	上年=100	102.9	98.2	-1.8
工业生产者购进价格指数	上年=100	105.2	96.2	-3.8

国民经济与社会发展结构情况

单位:%

指　　标	2022 年	2023 年	比上年增减 (+/-)
地区生产总值			
第一产业	5.9	5.9	0.0
第二产业	44.7	44.1	-0.6
第三产业	49.4	50.0	0.6
一般公共预算收入			
中央	38.0	39.2	1.2
地方	62.0	60.	-1.2
按收入性质分			
税收收入	62.7	65.2	2.5
非税收入	37.3	34.8	-2.5
金融机构本外币各项存款占境内存款比例			
#住户存款	44.2	45.2	1.0
非金融企业存款	29.8	28.0	-1.8
非银行业金融机构存款	13.2	15.0	1.8
金融机构本外币各项贷款占境内贷款比例			
住户贷款	47.5	46.1	-1.4
企（事）业单位贷款	52.1	53.2	1.1
非银行业金融机构贷款	0.4	0.7	0.3
固定资产投资			
#基础设施	24.8	25.6	0.8
按产业分			
第一产业	1.3	1.4	0.1
第二产业	33.1	36.2	3.1
第三产业	65.6	62.4	-3.2
农林牧渔业总产值			
农业	37.5	38.4	0.7
林业	7.8	7.9	0.1
牧业	19.4	18.9	-0.5
渔业	31.6	31.2	-0.4
农林牧渔服务业	3.6	3.6	0.0
农作物播种面积			
粮食作物	48.2	47.5	-0.7
经济作物	51.8	52.5	0.7
规模以上工业增加值			
大型企业	35.7	40.8	5.1
中型企业	27.7	23.0	-4.7
小型企业	35.3	34.5	-0.8
微型企业	1.3	1.7	0.4

续表

指　　标	2022 年	2023 年	比上年增减（+/-）
货物运输量			
铁路	2.8	2.9	0.1
公路	63.2	61.8	-1.4
水运	33.9	35.3	1.4
民航	0.01	0.01	0.00
旅客运输量			
铁路	35.2	43.3	8.1
公路	53.2	41.8	-11.4
水运	3.0	3.8	0.8
民航	8.7	11.2	2.5
国际旅游			
入境旅游人数结构			
外国人	43.3	45.3	2.0
港澳同胞	24.7	24.9	0.2
台湾同胞	32.0	29.8	-2.2
社会消费品零售总额			
城镇	86.9	86.5	-0.4
乡村	13.1	13.5	0.4
货物进出口总额			
出口	61.2	59.6	-1.6
进口	38.8	40.4	1.6
城镇居民消费结构			
食品烟酒	31.2	31.1	-0.1
衣着	5.0	4.9	-0.1
居住	29.9	28.3	-1.6
生活用品及服务	5.4	5.4	0.0
交通通信	11.1	11.6	0.5
教育文化娱乐	9.5	10.1	0.6
医疗保健	5.8	6.1	0.3
其他用品和服务	2.2	2.4	0.2
农村居民消费结构			
食品烟酒	34.5	34.4	-0.1
衣着	4.7	4.7	0.0
居住	25.3	23.6	-1.7
生活用品及服务	5.0	5.3	0.3
交通通信	11.3	11.6	0.3
教育文化娱乐	9.0	9.6	0.6
医疗保健	8.0	8.5	0.5
其他用品和服务	2.1	2.3	0.2

国民经济和社会发展比例和效益指标

项　　目	2022 年	2023 年
人口		
出生率（‰）	7.07	6.81
死亡率（‰）	6.52	6.95
国民经济核算		
工业增加值占地区生产总值比重（%）	34.8	34.1
人均地区生产总值（元）	123618	129865
人均地区生产总值（美元）	18379	18429
财政金融		
一般公共预算总收入相当于地区生产总值比例（%）	10.4	10.9
金融机构人民币贷款余额相当于地区生产总值比例（%）	143.2	149.7
能源		
电力消费弹性系数	0.52	1.47
农业		
粮食亩产（千克）	405	405
工业		
规模以上工业		
资产负债率（%）	54.55	54.94
产品销售率（%）	95.59	96.20
自然环境		
森林覆盖率（%）	65.12	65.12
对外贸易		
进出口总额相当于地区生产总值比例（%）	38.2	36.3
#出口总额相当于地区生产总值比例（%）	23.4	21.6
居民生活		
城乡收入比	2.15	2.10
教育卫生		
高中阶段毛入学率（%）	97.4	97.2
每千人口拥有医生数（人）	2.77	2.95
每千人口拥有卫生机构床位数（张）	5.55	5.79

主要年份地区生产总值

单位：亿元

年　份	地区生产总值	第一产业	第二产业	第三产业	人均地区生产总值（元）
2021	49566.05	2899.91	23319.82	23346.32	118750
2022	51765.12	3077.58	23125.30	25562.23	123618
2023	54355.10	3217.66	23966.43	27171.01	129865

主要年份地区生产总值增速

单位:%

年　份	地区生产总值	第一产业	第二产业	第三产业	人均地区生产总值
2021	8.3	5.0	8.1	9.0	7.7
2022	4.2	3.4	3.3	5.2	3.9
2023	4.5	4.2	3.7	5.2	4.5

按行业分地区生产总值

单位：亿元

指　　标	2022 年	2023 年	比上年增长（%）
地区生产总值	**51765.12**	**54355.10**	**4.5**
按产业分			
第一产业	3077.58	3217.66	4.2
第二产业	23125.30	23966.43	3.7
第三产业	25562.23	27171.01	5.2
按行业分			
工业	18013.27	18548.27	3.4
建筑业	5178.64	5497.97	5.1
交通运输仓储和邮政业	2047.23	2238.42	7.9
批发和零售业	6349.50	6825.75	6.2
住宿和餐饮业	745.17	851.62	11.0
金融业	4119.80	4355.89	7.4
房地产业	2671.62	2552.45	-4.9
其他服务业	9444.76	10144.54	5.3

三次产业对经济增长的贡献率

单位:%

年　　份	地区生产总值	第一产业	第二产业	第三产业	工业
2021	100.0	3.7	44.8	51.5	42.5
2022	100.0	4.9	35.9	59.2	21.7
2023	100.0	5.7	38.1	56.2	27.1

“三新”经济增加值

单位：亿元

指　　标	2021 年	2022 年
“三新”经济增加值	**9526.79**	**10825.11**
一、按产业分		
第一产业	350.40	370.70
第二产业	3928.58	4750.01
第三产业	5247.81	5704.40
二、按“三新”大类分		
现代农林牧渔业	364.25	385.39
先进制造业	3279.31	3939.54
新型能源活动	344.67	443.10
节能环保活动	325.75	393.48
互联网与现代信息技术服务	1191.95	1345.12
现代技术服务与创新创业服务	427.81	437.77
现代生产性服务活动	2308.96	2505.71
新型生活性服务活动	1248.48	1324.29
现代综合管理活动	35.61	50.71
三、按“三新”经济重点领域分		
#战略性新兴产业增加值	4786.02	6197.36
高技术产业增加值	4239.35	4417.83
电子商务增加值	2264.12	2368.58

价 格

主要年份各种价格指数

(以上年价格为100)

年 份	居民消费价格指数	工业生产者出厂价格指数	工业生产者购进价格指数	农产品生产者价格指数
2021	100.7	104.9	109.2	104.5
2022	101.9	102.9	105.2	100.8
2023	100.0	98.2	96.2	99.8

2021—2023年居民消费分类价格指数

(以上年价格为100)

指 标	2021年	2022年	2023年
居民消费价格	**100.7**	**101.9**	**100.0**
按城乡分			
城市	100.8	101.9	100.1
农村	100.3	101.8	100.0
按商品非商品分			
服务价格	101.0	100.7	100.4
消费品价格	100.5	102.6	99.8

（以上年价格为100）　续表

指　　标	2021年	2022年	2023年
按类别分			
食品烟酒	**98.9**	**102.4**	**100.9**
食品	97.6	103.2	100.9
粮食	100.6	100.4	100.9
食用油	108.0	106.0	99.7
鲜菜	105.0	103.1	100.0
畜肉类	80.4	94.6	94.0
猪肉	68.5	90.2	88.9
水产品	105.6	105.5	101.8
蛋类	110.5	107.9	100.3
奶类	101.6	101.0	101.9
鲜果	101.4	114.5	106.8
卷烟	100.7	100.8	101.2
酒类	99.6	100.3	98.9
衣着	**101.5**	**100.0**	**100.0**
服装	101.3	99.5	100.2
衣着服务费	101.3	104.6	101.7
鞋类	102.7	102.2	98.8
居住	**101.3**	**100.9**	**99.8**
租赁房房租	101.1	99.9	99.8
水电燃料	101.4	103.4	100.0
生活用品及服务	**100.7**	**101.3**	**99.9**
家用器具	100.9	101.3	98.9
家庭服务	103.8	104.8	102.0
交通通信	**103.7**	**104.9**	**96.7**
交通工具	98.2	97.9	94.1
交通工具用燃料	117.3	121.1	94.5
交通工具使用和维修	100.0	100.4	100.2
通信工具	102.8	98.7	97.3
通信服务	99.7	100.0	100.0
邮递服务	99.8	100.1	99.6
教育文化娱乐	**102.0**	**101.4**	**101.6**
教育服务	102.8	101.6	101.4
旅游	99.9	101.8	104.7
医疗保健	**100.0**	**100.3**	**100.7**
中药	101.7	102.4	105.6
西药	99.9	101.7	101.0
医疗服务	100.0	99.9	100.2
其他用品和服务	**96.3**	**101.5**	**103.1**

2021—2023年农产品生产者价格指数

（以上年价格为100）

指　　标	2021年	2022年	2023年
农产品生产者价格	**104.5**	**100.8**	**99.8**
种植业产品	**101.9**	**103.2**	**102.1**
谷物	95.6	103.4	100.6
早籼稻	100.0	101.1	96.7
晚籼稻	101.1	104.2	98.8
薯类	104.1	103.5	99.9
油料	105.2	100.2	102.4
蔬菜	104.8	99.3	102.0
烤烟叶	107.7	107.2	105.3
食用菌（干鲜混合）	95.3	99.5	103.3
水果	100.1	105.2	103.4
茶叶	104.7	100.6	99.8
林业产品	**115.2**	**98.3**	**102.8**
木材	99.3	97.5	96.8
竹材	105.9	97.5	97.2
饲养动物及其产品	**85.7**	**95.8**	**95.1**
活猪（毛重）	62.9	87.0	87.0
家禽（毛重）	103.4	102.0	101.6
渔业产品	**116.4**	**104.8**	**99.1**
#海水养殖产品	116.1	105.7	98.7
海水捕捞产品	107.6	108.4	104.1
淡水养殖产品	129.0	95.4	93.7

2021—2023 年工业生产者出厂价格指数

（以上年价格为 100）

指　　标	2021 年	2022 年	2023 年
工业生产者出厂价格	**104.9**	**102.9**	**98.2**
按轻重工业分类			
轻工业	101.7	101.7	99.7
以农产品为原料	100.9	101.4	99.7
以非农产品为原料	103.1	102.2	99.8
重工业	108.0	104.0	96.7
采掘工业	113.2	103.3	98.5
原材料工业	115.1	111.8	95.4
制造工业	104.5	100.3	97.2
按生产、生活资料分			
生产资料	107.7	103.9	96.8
采掘	113.2	103.3	98.5
原料	114.6	110.7	95.7
加工	104.7	101.0	97.3
生活资料	99.9	101.0	100.6
食品	99.8	100.9	100.8
衣着	99.6	100.6	101.3
一般日用品	99.8	101.4	99.5
耐用消费品	101.0	101.9	100.7
按工业部门分类			
冶金工业	120.0	101.4	94.8
电力工业	98.5	104.4	101.6
煤炭及炼焦工业	132.0	117.4	92.4
石油工业	120.0	134.0	93.8
化学工业	110.7	105.2	95.7
机械工业	101.4	100.4	98.4
建筑材料工业	99.9	99.9	98.1
森林工业	99.4	100.7	96.9
食品工业	100.7	101.4	101.0
纺织工业	105.8	104.2	95.5
缝纫工业	100.4	99.6	99.9
皮革工业	98.2	102.3	102.9
造纸工业	102.4	99.3	96.2
文教艺术用品工业	103.1	101.8	99.0
其他工业	99.8	102.3	102.0

2021—2023年工业生产者购进价格指数

（以上年价格为100）

指　　标	2021年	2022年	2023年
工业生产者购进价格	**109.2**	**105.2**	**96.2**
燃料、动力类	120.0	123.6	94.2
黑色金属材料类	124.5	101.4	94.5
有色金属材料类和电线类	113.1	103.9	100.7
化工原料类	114.3	104.4	93.0
木材及纸浆类	106.2	103.1	96.6
建材材料及非金属矿类	102.3	100.6	99.7
其他工业原材料及半成品类	103.3	102.7	95.7
农副产品类	103.8	104.7	97.0
纺织原料类	103.0	102.4	99.4

农　业

2022—2023 年农业基本情况

指　　　标	2022 年	2023 年	比上年增长（%）
农作物播种面积（万亩）	2606.93	2653.87	1.8
粮食作物播种面积	1256.42	1261.66	0.4
非粮作物播种面积	1350.52	1392.22	3.1
茶叶年末实有面积（万亩）	361.50	372.71	3.1
园林水果年末实有面积（万亩）	565.64	575.67	1.8
水产品养殖面积（万亩）	379.82	393.84	3.7
海水养殖	251.93	265.98	5.6
淡水养殖	127.89	127.86	0.0
农林牧渔业总产值（亿元）	5502.56	5729.21	4.3
农业	2065.66	2193.52	3.7
林业	429.92	454.75	3.5
牧业	1066.25	1083.36	6.2
渔业	1740.75	1789.56	4.0
农林牧渔服务业	199.98	208.01	4.2

主要年份农林牧渔业总产值

单位：亿元

年　　份	农林牧渔业总产值	农　业	林　业	牧　业	渔　业	农林牧渔服务业
2021	5200.97	1906.02	424.87	1059.91	1621.51	188.65
2022	5502.56	2065.66	429.92	1066.25	1740.75	199.98
2023	5729.21	2193.52	454.75	1083.36	1789.56	208.01

主要年份农林牧渔业总产值指数

（上年为100）

年　　份	农林牧渔业总产值	农　业	林　业	牧　业	渔　业	农林牧渔服务业
2021	105.1	104.1	102.3	110.5	102.9	105.1
2022	103.9	105.2	105.0	104.2	101.9	104.2
2023	104.3	103.7	103.5	106.2	104.0	104.2

2022—2023年主要农产品产值

单位：亿元

指　　标	2022年	2023年	占农林牧渔业总产值比重（%）
粮食	189.98	195.87	3.4
#稻谷	136.22	141.17	2.5
薯类	38.52	39.00	0.7
豆类	9.23	9.05	0.2
油料	28.18	27.84	0.5
甘蔗	3.48	4.05	0.1
烤烟	43.81	52.87	0.9
蔬菜	609.69	635.62	11.1
茶叶	249.93	270.73	4.7
水果	443.25	492.67	8.6
食用菌	260.44	270.64	4.7
竹木采运	174.39	180.21	3.1
林产品	213.17	234.17	4.1
肉类	929.72	934.74	16.3
#猪肉	367.41	327.01	5.7
主要禽肉	484.82	529.20	9.2
主要禽蛋	103.12	113.67	2.0
奶	19.02	22.38	0.4
水产品	1740.75	1789.56	31.2
淡水产品	240.08	243.99	4.3
海水产品	1500.67	1545.57	27.0

2022—2023 年主要农产品产量

单位：万吨

指　　标	2022 年	2023 年	比上年增长（%）
粮食总产量	508.70	510.97	0.4
#稻谷	393.75	394.64	0.2
早稻	61.62	60.12	-2.4
中稻	169.05	168.76	-0.2
晚稻	163.07	165.76	1.6
薯类	85.18	86.08	1.1
甘薯	63.95	64.80	1.3
马铃薯	21.24	21.28	0.2
油料	23.61	24.38	3.3
甘蔗	28.84	28.50	-1.2
烤烟	12.09	13.43	11.0
蔬菜	1599.77	1649.42	3.1
茶叶	52.08	55.01	5.6
园林水果	817.31	866.54	6.0
食用菌	153.13	155.36	1.5
毛竹（万根）	64337	65721	2.2
篙竹（万根）	33481	33481	0.0
木材（万立方米）	1563.16	1586.03	1.5
竹笋干	48.43	50.64	4.6
肉类	296.30	311.41	5.1
#猪肉	128.07	135.47	5.8
主要禽肉	158.64	166.46	4.9
主要禽蛋	59.83	69.13	15.6
牛奶	21.51	24.90	15.8
水产品	861.39	890.20	3.3
淡水产品	98.95	102.36	3.4
淡水养殖	91.75	95.09	3.6
淡水捕捞	7.20	7.28	1.0
海水产品	762.44	787.83	3.3
海水养殖	547.79	579.84	5.9
海水捕捞	214.65	207.99	-3.1

2023 年主要农作物产量及单产

指　标	总产量		单　产	
	总量（万吨）	增长（%）	亩产（公斤）	增长（%）
粮食作物	**510.97**	**0.4**	**405.0**	**0.0**
#稻谷	394.64	0.2	437.7	-0.1
甘薯	64.80	1.3	403.3	0.9
马铃薯	21.28	0.2	288.6	0.4
大豆	10.13	2.0	188.4	0.0
杂豆	2.04	-6.4	205.8	-5.4
非粮作物				
#油料	24.38	3.4	191.4	-1.0
#花生	22.99	2.5	203.0	0.7
油菜籽	1.32	19.5	96.9	-10.6
芝麻	0.04	-1.4	103.0	3.3
甘蔗	28.5	-1.2	3725.4	0.1
烟叶	13.47	11.1	142.6	0.8
#烤烟	13.43	11.0	142.5	0.8
莲籽	0.73	0.0	126.0	-0.1
蔬菜	1649.42	3.1	1715.0	0.9
青饲料	6.77	0.8	1334.3	-0.2

2022—2023 年农作物播种面积

单位：万亩

指　标	2022 年	2023 年	比上年增长（%）	比重（%）
农作物播种面积	**2606.93**	**2653.87**	**1.8**	**100.0**
粮食作物播种面积	**1256.42**	**1261.66**	**0.4**	**47.5**
#稻谷	899.17	901.67	0.3	34.0
甘薯	159.97	160.69	0.5	6.1
马铃薯	73.87	73.73	-0.2	2.8
非粮作物播种面积	**1350.51**	**1392.22**	**3.1**	**52.5**
#油料	122.08	127.37	4.3	4.8
#花生	111.36	113.26	1.7	4.3
油菜籽	10.16	13.59	33.8	0.5
甘蔗	7.75	7.65	-1.3	0.3
烟叶	85.73	94.42	10.1	3.6
#烤烟	85.58	94.20	10.1	3.5
蔬菜	940.84	961.52	2.2	36.2
绿肥	16.61	21.25	27.9	0.8
青饲料	5.02	5.07	1.0	0.2

2023 年畜牧业生产情况

指　　标	出栏数		存栏数	
	数量	增长（%）	数量	增长（%）
猪（万头）	1694.95	5.0	948.62	-0.9
牛（万头）	25.04	4.5	30.86	-6.8
羊（万头）	158.91	-1.2	99.06	-6.4
主要家禽（亿只）	11.58	3.8	2.34	11.0

工业与能源

主要年份工业增加值

年份	工业增加值		规模以上工业增加值
	总量(亿元)	比上年增长(%)	比上年增长(%)
2021	18292.82	9.9	9.9
2022	18013.27	2.5	5.7
2023	18548.27	3.4	3.3

2023年按类型分规模以上工业增加值与出口交货值增速

单位:%

指标	工业增加值比上年增长	工业出口交货值比上年增长
规模以上工业	**3.3**	**-1.2**
#国有控股企业	9.0	18.8
#主导产业	5.9	6.9
电子信息	0.9	-7.9
机械装备	5.4	22.9
石油化工	9.9	0.3
按轻重分		
轻工业	-1.7	-0.6
重工业	7.8	-1.8
按规模分		
大型	5.1	8.4
中型	3.7	-7.6
小型	2.7	-10.3
微型	-24.7	-19.3
按经济类型分		
#私营企业	3.3	3.2
#国有企业	-48.3	-3.9
集体企业	-18.8	
股份制公司	5.1	5.9
外商及港澳台商投资企业	-2.1	-8.4

2023 年按行业分规模以上工业增加值和出口交货值增速

单位:%

指　标	工业增加值 比上年增长	工业出口交货值 比上年增长
总　计	**3.3**	**-1.2**
采矿业	**6.5**	**21.7**
煤炭开采和洗选业	-1.0	
石油和天然气开采业		
黑色金属矿采选业	9.9	
有色金属矿采选业	-1.4	
非金属矿采选业	15.0	21.7
开采辅助活动		
其他采矿业		
制造业	**3.2**	**-1.2**
农副食品加工业	-5.0	-13.5
食品制造业	-1.7	-14.1
酒、饮料和精制茶制造业	-11.4	-27.4
烟草制品业	-1.3	7.7
纺织业	-3.4	-29.0
纺织服装、服饰业	5.4	-2.8
皮革、毛皮、羽毛及其制品和制鞋业	-6.4	-7.6
木材加工和木、竹、藤、棕、草制品业	0.8	-21.4
家具制造业	-17.2	-16.1

续表

指　　标	工业增加值 比上年增长	工业出口交货值 比上年增长
造纸和纸制品业	12.5	13.7
印刷和记录媒介复制业	31.3	5.4
文教、工美、体育和娱乐用品制造业	8.3	-5.7
石油、煤炭及其他燃料加工业	12.9	10.1
化学原料和化学制品制造业	20.1	13.3
医药制造业	-20.6	51.1
化学纤维制造业	-6.9	7.6
橡胶和塑料制品业	-3.2	-1.9
非金属矿物制品业	-6.1	-3.7
黑色金属冶炼和压延加工业	18.9	33.2
有色金属冶炼和压延加工业	17.9	-42.9
金属制品业	-2.8	-14.6
通用设备制造业	7.3	-3.8
专用设备制造业	0.6	-2.7
汽车制造业	15.6	70.1
铁路、船舶、航空航天和其他运输设备制造业	15.0	34.8
电气机械和器材制造业	6.0	26.6
计算机、通信和其他电子设备制造业	0.9	-7.9
仪器仪表制造业	-3.8	-9.8
其他制造业	25.9	3.7
废弃资源综合利用业	24.1	-77.4
金属制品、机械和设备修理业	11.5	40.4
电力、热力、燃气及水生产和供应业	**3.5**	
电力、热力的生产和供应业	2.3	
燃气生产和供应业	18.4	
水的生产和供应业	3.7	

2023 年规模以上工业企业主要财务指标

指　　标	2023 年	比上年增长（%）
企业单位数（个）	21396	3.0
流动资产合计（亿元）	28449.37	4.3
#应收账款（亿元）	6747.61	3.4
产成品（亿元）	2301.76	-8.4
资产总计（亿元）	53522.64	4.4
营业收入（亿元）	565055.53	0.5
税金及附加（亿元）	574.13	-0.1
利润总额（亿元）	3429.31	10.9
应交增值税（亿元）	702.09	3.2

2023 年规模以上工业经济效益综合指标

指　　标	2023 年	比上年增减（+/-）
每百元营业收入中的成本（元）	86.70	-0.17
每百元营业收入中的费用（元）	7.11	0.04
单位成本费用（元）	93.81	-0.13
资产负债率（%）	54.94	0.39
资产利润率（%）	8.58	0.18
成本费用利润率（%）	6.47	0.61
营业收入利润率（%）	6.07	0.57

2023 年按类型分规模

项　　目	资产总额		营业收入	
	总量（亿元）	比上年增长（%）	总量（亿元）	比上年增长（%）
合　计	**53522.64**	**4.4**	**56505.53**	**0.5**
#国有控股企业	14803.56	4.0	10732.97	4.5
#主导产业	26230.67	5.8	23691.72	1.2
电子信息	5918.15	1.0	4238.22	-11.4
机械装备	13466.88	9.4	11637.40	6.5
石油化工	6845.63	3.2	7816.10	1.5
按轻重分				
轻工业	21600.30	4.2	24954.03	-0.2
重工业	31922.34	4.6	31551.49	1.1
按规模分				
大型企业	24558.77	7.1	19799.61	2.0
中型企业	12680.51	6.5	12751.85	-0.1
小微型企业	16283.36	-0.9	23954.07	-0.3
按登记注册分				
#私营企业	24383.17	5.5	32006.31	1.4
#国有企业	42.58	-40.6	5.77	-63.7
集体企业	30.92	-1.9	121.42	-20.1
股份制公司	41415.43	5.8	44010.68	2.8
外商及港澳台商投资企业	11943.31	0.4	12110.39	-6.5

以上工业企业主要指标

税金及附加		利润总额		应交增值税	
总量（亿元）	比上年增长（%）	总量（亿元）	比上年增长（%）	总量（亿元）	比上年增长（%）
574.13	**-0.1**	**3429.31**	**10.9**	**702.09**	**3.2**
385.48	-0.1	568.56	130.1	191.8	-6.0
218.50	-2.6	1361.55	7.1	270.82	12.7
16.87	5.7	153.26	-39.3	33.96	-3.2
53.35	13.5	955.29	19.7	159.17	58.5
148.27	-8.2	253.01	15.1	77.68	-25.9
318.20	2.9	1821.69	2.0	314.21	14.5
255.92	-3.5	1607.61	23.0	387.89	-4.5
411.94	3.5	1609.34	36.8	294.32	12.9
64.71	-17.5	673.94	-8.1	148.82	-8.3
97.48	-0.7	1146.03	-3.1	258.96	0.6
119.05	-2.6	1874.68	0.9	355.68	11.0
0.04	-50.0	0.01	-	0.12	20.0
0.48	6.7	1.57	-59.2	0.36	9.1
441.02	-1.2	2563.59	17.5	555.99	6.4
131.22	3.8	847.77	-4.6	143.74	-7.6

2023年按行业分规模

项目	资产总额		营业收入	
	总量（亿元）	比上年增长（%）	总量（亿元）	比上年增长（%）
合计	**53522.64**	**4.4**	**56505.53**	**0.5**
煤炭开采和洗选业	100.52	-0.7	86.93	-11.0
石油和天然气开采业				
黑色金属矿采选业	78.52	-8.5	162.70	11.4
有色金属矿采选业	73.32	0.6	60.13	4.3
非金属矿采选业	155.32	2.6	197.21	7.2
开采辅助活动				
其他采矿业				
农副食品加工业	1782.69	0.4	2752.90	-3.2
食品制造业	1186.17	2.1	1287.29	0.4
酒、饮料和精制茶制造业	528.79	-7.0	577.86	-9.8
烟草制品业	269.87	1.0	380.50	3.3
纺织业	1856.38	0.9	2815.81	-3.3
纺织服装、服饰业	1071.60	-3.9	2226.44	2.6
皮革、毛皮、羽毛及其制品和制鞋业	1612.24	-2.7	2730.35	-4.4
木材加工和木、竹、藤、棕、草制品业	368.44	-0.5	803.84	-3.4
家具制造业	345.31	2.9	470.80	-12.9
造纸和纸制品业	1084.07	15.9	1032.35	7.6
印刷和记录媒介复制业	292.15	0.6	435.11	-5.7
文教、工美、体育和娱乐用品制造业	776.20	-0.3	1391.42	2.1
石油加工、炼焦和核燃料加工业	1063.58	-2.9	1619.42	-1.0
化学原料和化学制品制造业	3395.59	7.2	3175.27	6.8
医药制造业	927.36	1.9	495.52	-19.5
化学纤维制造业	951.01	1.9	1288.00	-2.0
橡胶和塑料制品业	1435.45	-0.1	1733.42	-2.7
非金属矿物制品业	2882.53	2.6	3670.21	-7.6
黑色金属冶炼和压延加工业	2064.96	9.6	2575.41	5.4
有色金属冶炼和压延加工业	2889.59	15.4	4299.45	8.2
金属制品业	1195.68	2.2	1822.65	-5.7
通用设备制造业	1063.65	0.6	1198.33	-0.4
专用设备制造业	1070.11	3.9	1045.02	-2.8
汽车制造业	1251.63	9.8	1411.83	14.1
铁路、船舶、航空航天和其他运输设备制造业	325.36	13.2	276.52	7.1
电气机械和器材制造业	8050.90	12.9	5450.04	13.6
计算机、通信和其他电子设备制造业	5918.15	1.0	4238.22	-11.4
仪器仪表制造业	336.55	2.1	251.16	-7.6
其他制造业	141.56	-8.4	252.15	5.6
废弃资源综合利用业	132.21	10.8	401.01	10.7
金属制品、机械和设备修理业	173.00	9.7	181.85	18.1
电力、热力生产和供应业	5509.58	1.1	2989.99	4.1
燃气生产和供应业	342.17	-1.0	606.84	23.3
水的生产和供应业	820.41	5.6	111.59	3.2

以上工业企业主要指标

税金及附加		利润总额		应交增值税	
总量（亿元）	比上年增长（%）	总量（亿元）	比上年增长（%）	总量（亿元）	比上年增长（%）
574.13	**-0.1**	**3429.31**	**10.9**	**702.09**	**3.2**
1.04	-22.4	2.00	-86.0	3.09	-21.2
1.65	42.8	12.22	3.7	2.93	-6.1
1.70	30.9	7.36	-9.5	1.35	4.7
3.00	11.1	10.79	-0.1	2.84	-7.5
6.34	0.5	126.45	1.6	14.39	-13.3
5.30	9.3	99.97	2.3	18.43	13.1
9.08	-1.3	70.73	-11.2	11.13	14.6
217.58	4.6	25.29	48.4	34.75	5.5
7.96	-4.7	126.19	-15.9	22.78	-1.9
9.47	5.2	124.64	-3.6	24.42	-6.4
12.40	-9.2	227.99	-0.4	38.67	-11.3
2.38	-6.3	55.33	9.0	8.42	0.2
2.11	2.4	23.94	-18.9	4.31	-19.7
4.72	3.3	67.03	17.3	19.09	-5.9
1.95	4.3	24.80	-8.9	4.98	-0.8
8.73	13.8	95.76	-1.9	11.02	-8.2
122.52	-2.3	-14.97	-277.0	26.54	-7.8
14.08	-40.5	119.71	65.0	28.20	-44.5
3.23	-17.0	98.05	-41.9	14.82	-6.6
3.60	0.3	40.11	14.8	2.76	-46.3
8.07	-8.4	108.16	4.1	20.17	0.2
25.00	-17.1	240.54	-0.4	55.62	4.6
4.57	0.9	9.99		11.15	-48.8
9.75	9.6	340.97	255.7	22.47	1.5
5.92	-7.2	75.46	-15.2	18.84	-1.6
5.68	-2.7	81.83	9.8	12.43	-6.4
5.22	2.0	64.83	-14.4	13.66	-5.3
15.37	2.7	87.12	53.9	25.40	25.9
1.81	-9.0	21.86	96.8	2.44	-20.3
17.40	61.4	595.28	29.8	80.48	226.0
16.87	5.7	153.26	-39.3	33.96	-3.2
1.26	9.6	14.42	-27.8	4.62	1.3
0.71	-4.1	11.86	10.0	1.78	-18.7
2.30	-19.3	1.41	-56.5	19.92	-7.8
0.70	-10.3	14.49	11.4	1.30	18.2
12.61	7.3	248.13	34.5	78.86	15.3
0.75	17.2	7.72		1.86	47.6
1.32	10.9	8.59	6.8	2.20	-19.1

2022—2023年规模以上工业主要产品产量

指标名称	计量单位	2022年	2023年
饮料酒	万千升	168.69	170.81
饮料	万吨	777.62	722.67
卷烟	亿支	899.87	904.61
纱	万吨	440.71	408.26
布	亿米	42.77	35.20
硫酸（折100%）	万吨	256.10	285.61
烧碱（折100%）	万吨	26.12	68.06
乙烯	万吨	189.57	192.96
化学纤维	万吨	794.72	746.62
水泥	万吨	8375.43	8038.75
平板玻璃	万重量箱	4984.97	5303.92
十种有色金属	万吨	102.47	109.37
电解铝	万吨	7.15	7.19
混凝土机械	台	1020	949
环境污染防止专用设备	台（套）	24518	23601
汽车	万辆	30.85	33.23
#轿车	万辆	14.48	13.08
SUV	万辆	6.37	10.44
载货汽车	万辆	2.55	2.81
新能源汽车	万辆	9.79	9.79
家用房间空气清洁装置	万台	182.46	240.88
微型计算机设备	万台	856.56	466.06
手机	万台	890.26	852.61
#智能手机	万台	166.55	23.55
彩色电视机	万台	1068.68	1011.22
#智能电视	万台	1068.36	1011.22
集成电路	亿块	18.60	9.94

2022—2023 年全社会用电量及能耗系数

指　　标	2022 年	2023 年	比上年增长（%）
全社会用电量（亿千瓦小时）	**2899.61**	**3089.58**	**6.6**
第一产业	49.54	55.44	11.9
第二产业	1824.64	1939.06	6.3
第三产业	466.08	518.97	11.3
居民	559.35	576.12	3.0
城镇	286.35	295.57	3.2
乡村	273.00	280.55	2.8
主要行业			
工业	1795.40	1912.42	6.5
交通运输、仓储和邮政业	48.51	55.69	14.8
信息传输、软件和信息技术服务业	40.32	43.00	6.6
批发和零售业	129.17	150.80	16.8
住宿和餐饮业	35.90	41.05	14.1
金融业	6.47	6.65	2.9
房地产业	34.14	37.77	10.6
租赁和商务服务业	21.10	23.93	13.4
公共服务及管理组织	142.73	151.80	6.4
能源消费弹性系数	**0.69**		
电力消费弹性系数	0.52	1.47	

固定资产投资

主要年份固定资产投资增速

单位:%

年　份	固定资产投资 比上年增长	房地产开发投资 比上年增长
2021	6.0	2.8
2022	7.5	-11.0
2023	2.5	-12.7

2022—2023年按行业分固定资产投资增速

单位:%

指　　标	2022年	2023年
固定资产投资额	**7.5**	**2.5**
按产业分		
第一产业	10.4	9.7
第二产业	17.0	12.0
第三产业	2.7	-2.5

续表

指　　标	2022 年	2023 年
按行业分		
农、林、牧、渔业	17.9	20.6
采矿业	-40.8	30.0
制造业	19.7	11.6
电力、热力、燃气及水生产和供应业	4.4	16.0
建筑业	30.7	-34.2
批发和零售业	-12.8	-4.7
交通运输、仓储和邮政业	5.0	7.5
住宿和餐饮业	20.8	35.1
信息传输、软件和信息技术服务业	7.5	9.8
金融业	73.6	124.6
房地产业	-9.1	-11.5
租赁和商务服务业	58.2	21.2
科学研究和技术服务业	-18.4	7.0
水利、环境和公共设施管理业	24.9	3.2
居民服务、修理和其他服务业	7.2	41.1
教育	10.5	-6.3
卫生和社会工作	-1.3	2.8
文化、体育和娱乐业	8.4	-1.6
公共管理、社会保障和社会组织	2.5	27.5
国际组织		

2022—2023 年固定资产投资增速

单位：%

指　　标	2022 年	2023 年
固定资产投资额	**7.5**	**2.5**
按登记注册类型分		
内资企业	8.8	3.0
#国有企业	16.1	23.5
集体企业	43.9	2.0
私营企业	2.8	-6.5
港、澳、台商投资	-11.1	-21.7
外商投资企业	-14.1	15.2
个体经营	38.0	7.1
按构成方式分		
建安工程	10.7	2.6
设备工具器具购置	-4.3	2.6
其他费用	3.1	2.1
按隶属关系分		
中央投资	21.5	-6.3
地方投资	7.0	2.9
新增固定资产	**-2.5**	**40.9**
建设项目计划总投资	**7.4**	**-2.0**
#本年新开工项目	48.2	-27.4
施工项目个数	**12.3**	**-8.4**
#本年新开工	29.8	-26.5
全部建成投产项目个数	**2.1**	**-8.1**
投资资金情况		
上年末结余资金	15.9	-9.2
本年资金来源小计	2.9	-5.8
国家预算内资金	71.5	14.2
国内贷款	-7.6	-5.5
利用外资	860.7	-36.2
自筹资金	4.4	-2.8
其他资金来源	-22.0	-25.6

2022—2023 年房地产开发主要指标增速

单位:%

指　　标	2022 年	2023 年
房地产开发		
企业个数	-4. 1	-8. 1
完成投资额	-11. 0	-12. 7
施工面积	-8. 5	-12. 5
# 新开工面积	-35. 7	-14. 7
商品房屋竣工面积	**0. 5**	**5. 2**
住宅	5. 5	2. 4
办公楼	-39. 7	28. 6
商业营业用房	-22. 7	12. 7
其他	2. 3	8. 8
商品房屋销售面积	**-13. 2**	**-15. 8**
住宅	-22. 1	-14. 1
办公楼	15. 7	-23. 4
商业营业用房	14. 4	-28. 8
其他	28. 2	-15. 9
商品房屋销售额	**-20. 9**	**-14. 7**
住宅	-25. 4	-14. 0
办公楼	1. 3	-13. 6
商业营业用房	6. 2	-26. 4
其他	11. 0	-11. 4
商品房屋待售面积	**4. 0**	**14. 8**
# 1—3 年待售面积	24. 6	-10. 7
# 住宅	30. 0	20. 5
房地产交易数据		
商品房屋销售面积	-35. 7	-6. 1
# 住宅	-42. 4	-4. 8
商品房屋销售额	-40. 2	-6. 5
# 住宅	-43. 1	-5. 8

交通运输与邮电

主要年份各类运输总量

年份	客运量（万人）	旅客周转量（亿人千米）	货运量（万吨）	货物周转量（亿吨千米）
2021	21893	650.89	166131	10164.20
2022	18140	511.82	169107	11344.64
2023	28795	1004.18	178766	12235.42

2022—2023 年交通运输业基本情况

指标	2022 年	2023 年	比上年增长（%）
运输线路长度（千米）			
铁路营业里程	4230	4574	8.1
公路里程	112878	115646	2.5
# 等级公路	100780	105713	4.9
# 高速公路	5951	5964	0.2
旅客运输量（万人）	**18140**	**28795**	**58.7**
铁路	6378	12471	95.5
公路	9651	12024	24.6
水运	538	1089	102.5
民航	1572	3212	104.2

续表

指　　标	2022 年	2023 年	比上年增长（%）
旅客周转量（亿人千米）	**511.82**	**1004.18**	**96.2**
铁路	191.74	378.58	97.4
公路	68.13	86.61	27.1
水运	0.53	0.99	84.3
民航	251.41	538.01	114.0
货物运输量（万吨）	**169107**	**178766**	**5.7**
铁路	4815	5211	8.2
公路	106939	110497	3.3
水运	57336	63040	9.9
民航	17	18	6.2
货物周转量（亿吨千米）	**11344.64**	**12235.42**	**7.9**
铁路	206.37	214.57	4.0
公路	1260.62	1319.11	4.6
水运	9873.30	10697.20	8.3
民航	4.36	4.54	4.2
港口货物吞吐量（万吨）	**71407.99**	**74899.00**	**4.9**
内贸吞吐量	45641.53	45847.55	0.5
外贸吞吐量	25766.46	29051.45	12.7
沿海主要港口货物吞吐量（万吨）	**71407.99**	**74894.25**	**4.9**
福州港	30164.10	33202.14	10.1
湄洲湾港	11039.13	13368.93	21.1
泉州港	8265.15	6302.84	-23.7
厦门港	21939.62	22020.34	0.4

续表

指　　标	2022 年	2023 年	比上年增长（%）
集装箱吞吐量（万标箱）	**1800.21**	**1817.87**	**1.0**
福州港	346.03	368.40	6.5
湄洲湾港	2.31	3.31	43.5
泉州港	208.39	190.78	-8.5
厦门港	1243.47	1255.37	1.0
全社会机动车拥有量（万辆）	**1379.96**	**1438.30**	**4.2**
#汽车	827.07	870.59	5.3
#私人汽车	718.62	760.46	5.8
#载客汽车	731.52	773.98	5.8
大型	3.39	3.35	-1.2
中型	1.75	1.63	-6.9
小型	724.10	766.98	5.9
微型	2.28	2.02	-11.4
#载货汽车	92.19	93.14	1.0
重型	16.43	16.31	-0.7
中型	1.53	1.47	-3.9
轻型	73.59	74.84	1.7
微型	0.003	0.007	133.3
低速货车	0.63	0.52	-17.5

2022—2023 年邮电业务基本情况

指　　标	2022 年	2023 年	比上年增长或增减（%、+/-）
邮电通信业务量			
函件（万件）	2693	2840	5.5
快递（万件）	426377	498673	17.0
移动电话年末用户（万户）	4894	4911	0.3
固定电话年末用户（万户）	680	671	-1.3
固定互联网宽带接入用户（万户）	2145	2261	5.4
移动互联网用户（万户）	4282	4404	2.9
电信通信水平			
固定电话普及率（部/百人）	16.2	16.0	-0.2
移动电话普及率（部/百人）	116.9	117.3	0.4
固定宽带家庭普及率（部/百户）	126.1	129.0	2.9

国内、国际贸易与旅游

主要年份国内外贸易情况

年份	社会消费品零售总额（亿元）	进出口总额（亿元）	出口	进口	进出口总额（亿美元）	出口	进口
2021	20373.11	18342.13	10729.85	7612.29	2838.43	1660.68	1177.74
2022	21050.12	19776.98	12097.47	7679.51	2967.27	1814.02	1153.25
2023	22109.57	19743.48	11766.35	7977.12	2808.11	1672.60	1135.50

2022—2023 年社会消费品零售总额

单位:%

项　　目	2022 年	2023 年
社会消费品零售总额	**3.3**	**5.0**
限额以上	6.5	1.9
吃类商品	14.5	4.7
穿类商品	8.6	5.0
用类商品	3.9	-1.5
#汽车	-0.8	-5.9
限额以下	1.1	6.8

2022—2023 年实际利用外资情况

单位：万美元

项 目	2022 年	2023 年	比上年增长（%）
实际利用外资	**499364**	**430742**	**-13.7**
#农、林、牧、渔业	4504	16944	276.2
制造业	187845	195454	4.1
电力、燃气及水的生产和供应业	519	15900	2963.6
交通运输、仓储和邮政业	21682	4593	-78.8
批发和零售业	36083	24476	-32.2
房地产业	29613	20211	-31.8
租赁和商务服务业	87078	57573	-33.9

2022—2023 年进出口主要分类情况

单位：亿元

项　　目	2022 年	2023 年	比上年增长（%）
进出口总额	**19776.98**	**19743.48**	**−0.2**
出口总额	12007.47	11766.35	−2.7
进口总额	7679.51	7977.12	3.9
出口商品总额	**12097.47**	**11766.35**	**−2.7**
初级产品	964.46	897.59	−6.9
工业制品	11133.01	10868.76	−2.4
进口商品总额	**7679.51**	**7977.12**	**3.9**
初级产品	4776.16	5360.15	12.2
工业制品	2903.36	2616.97	−9.9
机电产品进出口	**5782.80**	**6380.99**	**10.3**
出口总额	4633.53	5185.24	11.9
进口总额	1149.27	1195.75	4.0
高新技术产品进出口	**2122.61**	**2174.88**	**2.5**
出口总额	1286.94	1267.71	−1.5
进口总额	835.67	907.18	8.6
外商投资企业进出口	**4360.90**	**3875.07**	**−11.1**
出口总额	2726.20	2293.38	−15.9
进口总额	1634.70	1581.69	−3.2
一般贸易进出口	**15233.85**	**15549.39**	**2.1**
出口总额	8899.88	8885.75	−0.2
进口总额	6333.97	6663.64	5.2
加工贸易进出口	**2221.58**	**1925.10**	**−13.3**
出口总额	1472.97	1273.73	−13.5
进口总额	748.61	651.37	−13.0

2023年按主要国别（地区）分进口、出口商品贸易额

单位：亿元

国别（地区）	进出口		进口		出口	
	总量	比上年增长（%）	总量	比上年增长（%）	总量	比上年增长（%）
总计	**19743.48**	**-0.2**	**7977.12**	**3.9**	**11766.35**	**-2.7**
亚洲	**8971.81**	**-3.7**	**3623.27**	**-2.0**	**5348.54**	**-4.8**
#中国香港	407.86	-16.0	20.60	10.8	387.26	-17.0
中国澳门	5.35	32.2	0.84	16800.5	4.51	11.6
中国台湾	906.22	-13.5	358.53	-10.2	547.69	-15.6
日本	714.03	-13.5	224.91	-24.5	489.11	-7.3
菲律宾	662.14	-21.0	73.95	-19.3	588.18	-21.2
泰国	480.59	-2.7	139.02	-5.0	341.57	-1.8
马来西亚	632.14	5.1	181.07	-5.1	451.07	9.8
新加坡	293.31	9.5	40.58	-40.0	252.73	26.2
阿拉伯联合酋长国	357.58	32.4	179.54	50.1	178.05	18.4
欧洲	**3644.57**	**1.3**	**1039.75**	**5.1**	**2604.82**	**-0.1**
#德国	714.92	4.7	157.35	46.0	557.57	-3.0
法国	192.56	6.5	73.35	63.1	119.21	-12.2
意大利	244.69	19.0	40.24	10.2	204.46	20.9
芬兰	31.86	-10.8	24.72	115.1	7.13	-70.5
英国	283.94	-3.5	26.41	11.3	257.53	-4.8
丹麦	31.90	-24.7	5.72	0.2	26.18	-28.6
瑞典	37.35	-16.8	12.40	57.6	24.94	-32.6
瑞士	78.98	-59.1	68.45	-61.5	10.53	-31.3
西班牙	261.19	0.7	25.16	-27.6	236.03	5.1
北美洲	**2832.98**	**-5.5**	**689.07**	**-1.0**	**2143.91**	**-6.8**
#加拿大	291.77	-18.8	157.24	-19.7	134.52	-17.8
美国	2536.82	-3.6	527.88	6.6	2008.94	-6.0
大洋洲	**1316.51**	**19.7**	**932.48**	**14.1**	**384.03**	**35.9**
#澳大利亚	1109.93	22.0	771.03	15.2	338.90	40.9
拉丁美洲	**2069.88**	**9.6**	**1307.66**	**15.1**	**762.22**	**1.3**
非洲	**896.09**	**2.3**	**378.65**	**10.7**	**517.45**	**-3.0**

2022—2023 年旅游人数和收入情况

指　　标	2022 年	2023 年	比上年增长（%）
入境旅游人数（万人次）	**48.26**	**172.24**	**256.9**
外国人	20.91	78.09	273.4
亚洲	9.45	44.43	370.4
#日本	2.56	7.00	172.9
美洲	4.78	13.39	180.5
#美国	2.84	8.75	207.9
加拿大	1.23	2.52	105.5
欧洲	5.04	13.64	170.7
#英国	2.11	1.95	-7.5
法国	0.26	1.08	308.2
德国	0.76	1.85	143.7
大洋洲	1.33	4.42	231.6
#澳大利亚	0.92	2.71	194.3
新西兰	0.29	0.62	116.8
非洲	0.32	2.20	594.7
港澳同胞	11.90	42.87	260.1
台湾同胞	15.44	51.29	232.2
国际旅游外汇收入（亿美元）	**3.14**	**17.58**	**460.4**
国内旅游人数（万人次）	**39146.80**	**57003.58**	**45.6**
#一日游游客人数	29305.18	40343.18	37.7
国内旅游收入（亿元）	**4306.54**	**6857.12**	**59.2**
外省游客消费	1322.07	2948.30	123.0
本省多日游游客消费	1615.56	2049.11	26.8
一日游游客消费	1368.91	1859.71	35.9
国内旅游人均花费（元）	**1100**	**1203**	**9.3**

财政、金融与保险

主要年份财政金融情况

单位：亿元

年 份	一般公共预算总收入	地方一般公共预算收入	一般公共预算支出	人民币各项存款	人民币各项贷款
2021	5743.86	3383.40	5204.72	60557.26	65920.32
2022	5382.45	3339.21	5691.22	70859.00	74128.73
2023	5907.88	3591.87	5868.43	78471.93	81378.80

2022—2023 年一般公共预算收入与支出

单位：亿元

指 标	2022 年	2023 年	比上年增长（%）
一般公共预算总收入	**5328.45**	**5907.88**	**9.8**
地方一般公共预算收入	**3339.21**	**3591.87**	**7.6**
#增值税	675.79	1017.38	50.5
企业所得税	448.08	429.51	-4.1
个人所得税	137.29	137.58	0.2
资源税	10.05	9.59	-4.6

续表

指　　标	2022年	2023年	比上年增长（%）
城市维护建设税	125.25	131.80	5.2
房产税	101.84	113.98	11.9
印花税	54.28	72.11	32.8
城镇土地使用税	34.61	36.28	4.8
土地增值税	239.86	142.85	-40.4
车船使用和牌照税	30.12	30.56	1.5
耕地占用税	15.28	10.94	-28.4
契税	207.73	196.00	-5.6
烟叶税	8.41	10.22	21.5
一般公共预算支出	**5691.22**	**5868.43**	**3.1**
#一般公共服务支出	490.33	483.40	-1.4
公共安全支出	357.21	351.44	-1.6
教育支出	1217.26	1259.01	3.4
科学技术支出	153.00	146.72	-4.1
文化体育与传媒支出	117.35	106.12	-9.6
社会保障和就业支出	717.23	770.79	7.5
卫生健康支出	606.35	617.66	1.9
节能环保支出	122.62	119.56	-2.5
城乡社区事务支出	431.26	443.69	2.9
农林水事务支出	410.37	412.40	0.5
交通运输支出	264.98	261.01	-1.5
资源勘探信息等支出	239.78	251.26	4.8
住房保障支出	127.53	149.38	17.1

2022—2023 年政府性基金收支

单位：亿元

指　　标	2022 年	2023 年	比上年增长（%）
政府性基金预算收入	**2631.32**	**2070.68**	**-21.3**
#大中型水库库区基金收入	1.41	1.41	0.0
国有土地使用权出让金收入	2492.79	1920.67	-23.0
国有土地收益基金收入	29.10	24.87	-14.5
农业土地开发资金收入	0.69	0.95	38.3
彩票公益金收入	21.02	29.54	40.6
政府性基金预算支出	**4174.41**	**3589.02**	**-14.0**
#文化体育与传媒支出	0.40	0.29	-26.7
社会保障和就业支出	9.97	10.17	2.0
#大中型水库移民后期扶持基金支出	9.38	9.70	0.3
城乡社区支出	2386.13	1953.52	-18.1
#国有土地使用权出让金支出	1981.28	1571.42	-20.7
国有土地收益基金支出	26.74	15.87	-40.6
农业土地开发资金支出	0.84	0.57	-31.7
农林水事务	6.29	5.21	-17.2
交通运输	89.02	53.35	-40.1

2023年金融机构存贷款余额

单位：亿元

	本外币	比上年增长（%）	人民币	比上年增长（%）
金融机构各项存款余额	**81021.13**	**11.1**	**78471.93**	**10.7**
（一）境内存款	79502.27	11.2	77565.00	10.9
1. 住户存款	35934.08	13.8	35709.83	13.9
2. 非金融企业存款	22246.99	4.5	20677.15	3.4
#企业活期存款	6295.66	-2.2	5322.33	-5.5
企业定期存款	4556.04	34.2	4104.44	35.7
企业保证金存款	2196.59	-12.3	2141.26	-12.4
3. 机关团体存款	8475.47	0.7	8472.14	0.7
4. 财政性存款	957.90	20.2	957.90	20.2
5. 非银行业金融机构存款	11887.83	26.3	11747.97	24.9
（二）境外存款	1518.86	6.9	906.93	1.9
金融机构各项贷款余额	**82387.64**	**8.2**	**81378.80**	**8.6**
（一）境内贷款	80887.91	8.1	80577.01	8.4
1. 住户贷款	37257.75	3.6	37255.57	3.6
（1）短期贷款	10965.73	3.5	10963.62	3.4
#个人消费贷款	5153.64	-5.1	5151.53	-5.1
个人经营性贷款	5812.09	12.4	5812.09	12.4
（2）中长期贷款	26292.02	3.7	26291.96	3.7
#个人消费贷款	19078.02	-1.6	19077.95	-1.6
个人经营性贷款	7214.01	20.6	7214.01	20.6
2. 企（事）业单位贷款	43066.31	11.7	42757.59	12.2
（1）短期贷款	12028.19	10.1	11904.53	11.2
#单位经营贷款	9733.37	7.8	9699.15	8.0
单位固定资产贷款	41.04	4.3	41.04	4.3
（2）中长期贷款	24479.45	10.7	24294.47	11.1
#单位经营贷款	6957.71	21.7	6802.97	23.4
单位固定资产贷款	16897.19	6.6	16877.59	6.8
（3）融资租赁	204.55	17.3	204.55	17.3
（4）票据融资	6338.27	19.3	6338.27	19.3
（5）各项垫款	15.86	-56.1	15.77	-56.4
3. 非银行业金融机构贷款	563.85	103.4	563.85	103.4
（二）境外贷款	1499.73	8.9	801.79	33.6

2023年保险公司业务经济技术指标

单位：亿元

指　　标	保费	比上年增长（%）	赔款及给付	比上年增长（%）
合计	**1509.01**	**9.8**	**528.76**	**18.3**
财产保险公司	**456.69**	**4.0**	**337.71**	**19.4**
企业财产保险	19.60	4.6	12.80	43.6
家庭财产保险	7.24	44.9	2.24	59.3
机动车辆保险	256.04	4.5	191.54	19.7
工程保险	4.30	-3.0	2.67	11.9
责任保险	29.45	8.0	16.41	17.7
信用保险	12.67	16.2	8.51	124.3
保证保险	8.56	-58.1	14.89	-9.3
船舶保险	4.14	13.2	2.93	42.7
货物运输保险	6.88	21.9	3.21	35.7
特殊风险保险	1.82	1.2	0.46	104.5
农业保险	11.38	15.0	9.88	29.2
健康险	72.28	9.5	59.20	11.7
意外伤害保险	12.47	-13.7	6.10	0.8
其他	9.87	61.2	6.85	50.0
人寿保险公司	**1052.31**	**12.5**	**191.06**	**16.4**
寿险	811.63	15.2	121.23	35.9
健康险	224.71	5.4	65.16	-7.7
人身意外伤害险	15.97	-9.3	4.67	8.8

市、县、区主要统计指标

2023年设区市主要统计指标

	单位	福州	平潭	福州（不含平潭）	厦门	莆田
人口						
年末常住人口	万人	846.9	38.1	808.8	532.7	317.9
常住人口城镇化率	%	73.91	61.61	74.49	90.81	65.04
国民经济核算						
地区生产总值	亿元	12928.47	370.19		8066.49	3070.73
第一产业	亿元	721.59	43.51		27.73	149.94
第二产业	亿元	4675.12	88.41		2867.94	1503.32
工业	亿元	2997.28	15.91		2162.94	1322.49
建筑业	亿元	1702.86	72.75		738.18	184.06
第三产业	亿元	7531.77	238.26		5170.81	1417.47
人均地区生产总值	元	152846	97034		151697	96291
三次产业结构						
第一产业	%	5.6	11.7		0.3	4.8
第二产业	%	36.1	23.9		35.6	49.0
#工业	%	23.2	4.3		26.8	43.1
第三产业	%	58.3	64.4		64.1	46.2
农业						
农林牧渔业总产值	亿元	1235.28	82.93	1152.35	59.35	281.75
粮食产量	万吨	49.63	1.90	47.72	2.60	18.95
水产品产量	万吨	307.47	48.88	258.59	5.89	106.79
农作物播种面积	万亩	420.81	14.13	406.68	30.90	105.43

续表

	单位	三明	泉州	漳州	南平	龙岩	宁德
人口							
年末常住人口	万人	242.9	888.3	506.3	263.0	269.3	315.7
常住人口城镇化率	%	65.90	70.79	64.19	62.28	65.44	63.96
国民经济核算							
地区生产总值	亿元	3007.10	12172.33	5728.43	2270.00	3317.96	3807.33
第一产业	亿元	355.08	261.66	599.34	381.60	322.86	401.13
第二产业	亿元	1342.53	6469.12	2694.45	809.95	1339.06	2136.12
工业	亿元	982.24	5681.29	2009.46	504.37	844.74	1942.99
建筑业	亿元	363.74	796.41	689.51	305.81	494.32	195.45
第三产业	亿元	1309.49	5441.55	2434.64	1078.45	1656.04	1270.08
人均地区生产总值	元	123141	137060	113087	85969	122683	120619
三次产业结构							
第一产业	%	11.8	2.1	10.5	16.8	9.7	10.5
第二产业	%	44.6	53.2	47.0	35.7	40.4	56.1
#工业	%	32.7	46.7	35.1	22.2	25.5	51.0
第三产业	%	43.5	44.7	42.5	47.5	49.9	33.4
农业							
农林牧渔业总产值	亿元	600.61	474.20	1117.88	675.32	566.54	718.28
粮食产量	万吨	95.88	51.12	42.12	118.82	83.74	48.11
水产品产量	万吨	11.92	110.13	219.82	9.65	6.87	111.65
农作物播种面积	万亩	490.69	253.85	272.63	471.02	342.19	266.35

续表

	单位	福州	平潭	福州（不含平潭）	厦门	莆田
国内贸易						
社会消费品零售总额	亿元	4963.76	57.20	4906.56	2743.33	1872.64
对外经济						
海关进出口总额	亿元	3605.87	170.60	3435.27	9470.44	641.95
出口	亿元	2648.44	89.92	2558.52	4474.49	327.02
进口	亿元	957.43	80.68	876.75	4995.95	314.92
实际利用外资	万美元		601	91968	197384	4690
财政						
一般公共预算总收入	亿元	1189.77	43.09	1146.68	1577.06	252.35
地方一般公共预算收入	亿元	754.08	25.41	728.67	932.10	162.81
一般公共预算支出	亿元	1007.78	67.20	940.58	1088.34	268.56
居民生活						
居民人均可支配收入	元	48861	34099		71062	38867
城镇居民人均可支配收入	元	58009	50788		72880	48371
农村居民人均可支配收入	元	28636	23787		34206	26316

续表

	单位	三明	泉州	漳州	南平	龙岩	宁德
国内贸易							
社会消费品零售总额	亿元	914.17	6271.34	2080.09	842.56	1487.08	934.58
对外经济							
海关进出口总额	亿元	157.90	2599.29	1218.11	130.81	418.93	1500.17
出口	亿元	147.79	1885.52	857.26	125.36	200.32	1100.15
进口	亿元	10.11	713.77	360.86	5.46	218.61	400.02
实际利用外资	万美元	3672	84839	40558	4383	720	1927
财政							
一般公共预算总收入	亿元	170.99	1018.47	407.80	164.06	362.53	361.51
地方一般公共预算收入	亿元	117.97	580.79	279.30	113.37	172.70	209.88
一般公共预算支出	亿元	361.44	851.36	521.77	365.94	376.08	405.04
居民生活							
居民人均可支配收入	元	36851	49486	38727	34373	37240	35347
城镇居民人均可支配收入	元	46517	60697	48736	42867	47879	44639
农村居民人均可支配收入	元	24822	29596	27788	23327	26056	24819

2023年设区市主要统计指标增速

单位：%

	福州	平潭	福州（不含平潭）	厦门	莆田
人口					
年末常住总人口	0.2	-0.3	0.3	0.4	-0.6
国民经济核算					
地区生产总值	5.2	3.0		3.1	3.6
第一产业	4.0	3.5		-4.0	3.5
第二产业	4.8	5.0		-2.8	2.9
工业	2.7	2.8		-1.1	3.0
建筑业	9.0	5.6		-6.9	2.2
第三产业	5.5	2.2		7.0	4.4
人均地区生产总值	4.9	4.2		2.6	4.2
农业					
农林牧渔业总产值	4.1	3.5	4.1	-2.8	3.6
粮食产量	0.5	0.1	0.6	1.2	1.0
水产品产量	2.6	3.5	2.4	-8.7	4.1
农作物播种面积	2.0	-1.7	2.1	-4.4	1.9
工业					
规模以上工业增加值	3.3	1.8	-	0.0	3.6
固定资产投资					
固定资产投资	3.2	3.8	3.2	0.5	1.6
#工业投资	30.2	-42.4	32.4	7.2	3.6
房地产开发投资	-35.3	-66.7	-34.2	33.8	-5.5
国内贸易					
社会消费品零售总额	6.1	-3.9	6.2	2.9	3.8
对外经济					
海关进出口总额	-6.5	-19.2	-5.7	2.7	-3.3
出口	-1.0	-26.1	0.2	-3.0	-10.7
进口	-18.9	-9.8	-19.6	9.4	5.9
实际利用外资		27.9	-16.7	-10.8	-60.2
财政					
一般公共预算总收入	12.3	6.9	12.6	5.6	15.3
地方一般公共预算收入	8.0	7.9	8.0	5.5	7.8
一般公共预算支出	0.2	-4.3	0.5	0.0	-3.0
居民生活					
居民人均可支配收入	5.3	5.1		4.5	5.0
城镇居民人均可支配收入	4.3	4.0		3.4	3.8
农民人均可支配收入	6.7	6.8		5.8	6.5

续表

	三明	泉州	漳州	南平	龙岩	宁德
人口						
年末常住总人口	-1.1	0.0	-0.1	-0.8	-0.8	0.0
国民经济核算						
地区生产总值	1.8	4.8	5.9	5.0	3.8	8.6
第一产业	4.6	3.9	5.5	4.4	3.9	3.9
第二产业	0.0	4.1	5.5	6.1	2.3	11.8
工业	2.7	3.0	4.0	3.5	0.5	14.9
建筑业	-6.4	13.7	11.2	10.8	5.8	12.2
第三产业	3.0	5.7	6.5	4.3	5.0	4.6
人均地区生产总值	2.8	4.6	6.0	5.8	4.5	8.4
农业						
农林牧渔业总产值	4.6	3.9	5.5	4.4	4.0	4.0
粮食产量	0.5	0.5	0.2	0.3	0.7	0.0
水产品产量	-1.5	3.1	4.4	3.1	3.8	4.1
农作物播种面积	2.8	1.0	1.3	1.6	1.7	2.1
工业						
规模以上工业增加值	3.5	3.3	5.6	4.0	0.2	17.1
固定资产投资						
固定资产投资	2.8	11.5	8.1	2.7	-3.7	-22.5
#工业投资	10.4	19.5	18.2	14.6	6.9	-31.0
房地产开发投资	-10.0	-10.6	-24.1	-35.6	-41.8	-21.7
国内贸易						
社会消费品零售总额	3.5	4.8	9.2	6.5	4.2	2.5
对外经济						
海关进出口总额	9.9	-4.0	1.6	-12.8	-22.5	16.2
出口	8.6	-5.3	5.3	-13.0	-37.1	10.6
进口	34.4	-0.5	-6.3	-7.6	-1.4	34.9
实际利用外资	-43.5	-12.8	2.4	65.8	-82.4	-64.7
财政						
一般公共预算总收入	8.2	10.6	19.6	11.4	1.7	32.6
地方一般公共预算收入	5.9	10.3	11.5	8.9	4.4	25.3
一般公共预算支出	3.4	5.4	4.0	6.3	4.1	8.8
居民生活						
居民人均可支配收入	5.3	6.0	6.1	5.5	5.2	5.6
城镇居民人均可支配收入	4.2	5.1	5.1	4.3	4.1	4.4
农民人均可支配收入	6.9	7.3	7.7	7.1	6.8	7.4

2023年县（市、区）地区生产总值及三次产业构成

县（市、区）	地区生产总值		人均 GDP		三次产业构成（%）		
	数值（亿元）	增长（%）	数值（元）	增长（%）	第一产业	第二产业	第三产业
全省	**54355.10**	**4.5**	**129865**	**4.5**	**5.9**	**44.1**	**50.0**
福州市	**12928.47**	**5.2**	**152846**	**4.9**	**5.6**	**36.1**	**58.3**
鼓楼区	2850.67	5.2	421384	4.8	–	14.9	85.1
台江区	713.26	3.5	172077	3.3	–	8.1	91.9
仓山区	1048.97	2.2	88708	1.5	0.2	36.9	63.0
马尾区	700.44	5.0	236236	4.9	2.1	54.9	43.0
晋安区	1201.07	6.7	150134	6.3	0.8	24.2	75.0
长乐区	1246.35	3.1	153303	2.9	6.5	56.1	37.4
福清市	1682.79	6.8	119009	6.6	8.3	47.3	44.4
闽侯县	1030.50	3.5	100487	2.9	5.8	53.9	40.4
连江县	788.25	7.2	122020	7.2	24.7	37.4	38.0
罗源县	451.14	6.7	173184	6.3	13.9	53.7	32.4
闽清县	470.54	6.6	179937	6.0	9.5	55.7	34.9
永泰县	374.31	2.7	130650	2.3	18.6	51.9	29.4
平潭县	370.19	3.0	97034	4.2	11.7	23.9	64.4
厦门市	**8066.49**	**3.1**	**151697**	**2.6**	**0.3**	**35.6**	**64.1**
思明区	2729.53	5.6	256294	5.4	0.1	12.6	87.3
海沧区	1010.43	-2.3	162710	-2.9	0.2	56.1	43.7
湖里区	1724.18	1.5	172677	2.7	0.0	35.4	64.6
集美区	993.48	2.6	90854	1.8	0.3	44.4	55.3
同安区	721.69	1.5	80771	1.3	1.6	47.6	50.8
翔安区	887.17	7.0	137333	3.9	1.0	63.2	35.8
莆田市	**3070.73**	**3.6**	**96291**	**4.2**	**4.8**	**49.0**	**46.2**
城厢区	584.84	4.0	107606	4.6	1.8	35.4	62.7
涵江区	668.40	3.0	140568	3.7	2.9	63.8	33.3
荔城区	593.88	0.2	88706	0.8	3.0	45.7	51.3
秀屿区	577.21	4.7	96122	5.3	13.2	49.3	37.6
仙游县	646.40	6.3	71822	7.0	4.0	48.5	47.5
三明市	**3007.10**	**1.8**	**123141**	**2.8**	**11.8**	**44.6**	**43.5**
三元区	713.11	3.7	173400	3.3	3.7	44.7	51.5
沙县区	347.33	1.0	140053	1.6	10.2	51.2	38.6

续表

县（市、区）	地区生产总值		人均 GDP		三次产业构成（%）		
	数值（亿元）	增长（%）	数值（元）	增长（%）	第一产业	第二产业	第三产业
永安市	495.61	3.3	146998	4.8	7.9	53.3	38.8
明溪县	123.33	1.2	130308	2.7	19.7	42.9	37.5
清流县	137.72	-8.4	121023	-7.1	23.2	31.8	45.0
宁化县	237.83	2.8	93875	5.0	13.7	39.8	46.5
大田县	253.14	1.4	86250	3.0	17.6	46.4	35.9
尤溪县	262.46	2.4	78231	3.8	21.6	30.8	47.5
将乐县	195.73	3.5	138742	4.7	11.9	45.2	42.9
泰宁县	87.80	-7.6	86542	-6.8	19.5	26.4	54.0
建宁县	153.03	1.1	136026	1.9	15.2	52.1	32.6
泉州市	**12172.33**	**4.8**	**137060**	**4.6**	**2.1**	**53.2**	**44.7**
鲤城区	762.17	7.3	177044	7.0	0.0	42.2	57.8
丰泽区	902.23	4.8	123678	3.8	0.2	17.5	82.2
洛江区	369.17	4.8	143648	4.1	1.5	58.7	39.8
泉港区	561.75	-9.9	155180	-10.4	2.5	64.7	32.9
石狮市	1200.34	5.5	172338	4.8	2.7	41.7	55.6
晋江市	3363.50	6.5	161862	6.2	0.7	58.5	40.8
南安市	1706.75	6.2	111407	6.1	2.0	57.6	40.4
惠安县	1671.20	6.0	159771	5.7	2.5	67.1	30.4
安溪县	920.03	3.5	92465	4.1	7.1	49.4	43.6
永春县	414.82	5.4	99717	6.5	7.0	46.8	46.2
德化县	374.63	6.1	110672	5.8	3.7	59.2	37.1
漳州市	**5728.43**	**5.9**	**113087**	**6.0**	**10.5**	**47.0**	**42.5**
芗城区	957.93	6.7	148956	6.6	1.2	44.1	54.7
龙文区	454.65	6.6	148023	6.3	1.1	36.9	62.0
龙海区	1348.37	6.3	141013	6.2	5.9	60.8	33.3
长泰区	406.04	5.2	175433	4.9	5.6	66.6	27.8
云霄县	303.44	5.8	73463	5.6	20.1	40.0	39.9
漳浦县	683.55	7.6	80252	7.5	15.5	37.7	46.8
诏安县	356.32	5.4	64411	6.2	17.8	46.5	35.7
东山县	273.91	8.2	123968	8.2	19.2	38.2	42.6
南靖县	405.21	0.4	134066	1.2	23.4	39.7	36.9

续表

县（市、区）	地区生产总值		人均 GDP		三次产业构成（%）		
	数值（亿元）	增长（%）	数值（元）	增长（%）	第一产业	第二产业	第三产业
平和县	318.18	6.7	70145	6.6	19.6	27.5	52.9
华安县	220.83	4.6	166288	5.5	18.0	53.2	28.8
南平市	**2270.00**	**5.0**	**85969**	**5.8**	**16.8**	**35.7**	**47.5**
延平区	457.27	3.8	102642	4.7	9.3	36.3	54.4
建阳区	287.62	5.2	83368	4.8	16.9	37.8	45.3
邵武市	278.81	4.5	103453	5.4	13.3	42.5	44.2
武夷山市	240.50	5.2	92324	5.4	14.2	33.0	52.8
建瓯市	312.07	5.4	73514	6.6	20.2	33.7	46.1
顺昌县	153.29	5.8	88350	7.6	14.7	34.0	51.3
浦城县	195.20	3.5	66964	4.6	21.7	32.6	45.7
光泽县	134.12	7.0	105609	7.8	37.9	31.6	30.5
松溪县	92.91	6.5	72302	7.3	17.7	35.0	47.3
政和县	118.21	6.6	67551	7.9	20.5	35.6	43.9
龙岩市	**3317.96**	**3.8**	**122683**	**4.5**	**9.7**	**40.4**	**49.9**
新罗区	1149.58	3.4	134218	2.9	4.7	43.3	51.9
永定区	344.67	4.3	109768	6.1	11.5	38.7	49.8
漳平市	319.99	3.4	128251	4.5	12.9	38.5	48.7
长汀县	344.89	4.1	87313	4.9	12.6	36.8	50.6
上杭县	526.14	4.6	142009	5.8	11.5	38.9	49.6
武平县	312.84	3.8	114804	5.4	12.9	39.2	47.9
连城县	319.85	3.2	129758	4.5	13.5	40.7	45.8
宁德市	**3807.33**	**8.6**	**120619**	**8.4**	**10.5**	**56.1**	**33.4**
蕉城区	1340.10	10.4	206169	8.5	3.3	71.3	25.4
福安市	835.64	10.3	138811	11.3	7.5	61.4	31.1
福鼎市	562.43	13.5	99545	12.1	14.4	55.2	30.4
霞浦县	371.53	2.3	77563	2.1	26.1	31.3	42.6
古田县	253.87	3.6	80722	4.9	22.6	29.1	48.3
屏南县	129.30	3.2	94380	4.0	14.3	42.0	43.6
寿宁县	115.17	2.0	66764	3.4	17.5	32.8	49.8
周宁县	112.31	2.3	77721	4.1	9.3	35.9	54.8
柘荣县	86.99	2.8	94550	2.8	11.9	38.9	49.2

2023年县（市、区）一般公共预算收支

县（市、区）	一般公共预算总收入		地方一般公共预算收入		一般公共预算支出	
	数量（亿元）	增长（%）	数量（亿元）	增长（%）	数量（亿元）	增长（%）
全省	**5907.88**	**9.8**	**3591.87**	**7.6**	**5868.43**	**3.1**
福州市	**1189.77**	**12.3**	**754.08**	**8.0**	**1007.78**	**0.2**
鼓楼区	63.95	11.9	40.61	16.3	37.50	3.7
台江区	25.52	18.0	16.23	10.8	20.42	-9.6
仓山区	41.39	32.5	26.28	18.6	36.31	-6.6
马尾区	40.90	19.8	26.48	16.4	37.67	0.5
晋安区	34.71	31.7	21.49	24.1	28.54	-5.8
长乐区	91.75	-4.7	64.28	-5.5	73.77	-14.8
福清市	204.45	20.9	131.27	12.0	151.86	6.6
闽侯县	143.40	0.2	91.86	-8.8	118.47	1.0
连江县	52.50	15.6	35.99	6.8	72.06	-4.8
罗源县	21.82	47.2	15.29	29.9	34.96	22.5
闽清县	31.58	3.1	20.35	12.1	35.71	8.1
永泰县	19.68	22.2	13.45	17.7	35.56	-3.3
平潭县	43.09	6.9	25.41	7.9	67.20	-4.3
厦门市	**1577.06**	**5.6**	**932.10**	**5.5**	**1088.34**	**0.0**
思明区	136.71	-0.3	77.53	4.9	127.67	6.9
海沧区	151.93	-4.3	41.16	3.9	70.55	-6.3
湖里区	102.76	7.9	59.46	6.3	94.33	-4.0
集美区	72.39	7.4	45.87	-0.4	89.14	-7.0
同安区	52.64	11.4	33.50	3.4	82.78	-1.1
翔安区	48.08	20.3	31.48	12.6	63.75	-2.2
莆田市	**252.35**	**15.3**	**162.81**	**7.8**	**268.56**	**-3.0**
城厢区	33.30	-4.6	22.92	-9.8	33.55	4.1
涵江区	46.65	62.0	30.14	61.6	26.88	-11.7
荔城区	48.85	0.3	30.06	-7.8	41.21	9.1
秀屿区	39.58	68.8	26.98	41.8	40.34	-6.7
仙游县	52.51	11.2	30.97	4.5	56.24	-14.6
三明市	**170.99**	**8.2**	**117.97**	**5.9**	**361.44**	**3.4**
三元区	15.30	4.7	10.63	1.4	25.52	10.5
沙县区	15.19	8.0	11.16	5.5	29.23	0.7

续表

县（市、区）	一般公共预算总收入		地方一般公共预算收入		一般公共预算支出	
	数量（亿元）	增长（%）	数量（亿元）	增长（%）	数量（亿元）	增长（%）
永安市	28.85	8.7	21.10	5.1	39.52	10.2
明溪县	6.85	12.6	4.45	11.6	17.70	6.3
清流县	8.20	13.4	5.65	12.4	21.06	3.4
宁化县	10.49	28.2	7.68	20.1	31.25	-1.6
大田县	14.64	18.0	10.05	14.9	29.79	5.9
尤溪县	13.43	21.2	9.44	7.3	36.29	6.7
将乐县	10.67	8.6	7.69	7.7	24.46	-4.4
泰宁县	5.20	20.1	3.75	15.7	16.67	0.4
建宁县	4.72	2.3	3.46	4.3	19.45	1.1
泉州市	**1018.47**	**10.6**	**580.79**	**10.3**	**851.36**	**5.4**
鲤城区	26.17	18.8	16.12	15.8	26.33	0.9
丰泽区	32.46	11.9	21.07	14.3	29.02	10.4
洛江区	30.80	12.9	20.05	22.0	23.85	4.0
泉港区	101.17	10.9	24.37	10.0	37.12	3.0
石狮市	70.05	20.6	50.34	15.4	61.32	-1.2
晋江市	250.69	8.5	152.95	1.4	185.10	5.2
南安市	115.63	15.4	74.31	8.9	106.17	9.4
惠安县	125.08	0.5	50.53	14.9	67.35	3.7
安溪县	50.91	11.0	38.09	20.8	78.48	12.1
永春县	22.32	10.0	15.14	9.4	39.33	8.3
德化县	27.11	19.7	18.48	15.7	39.68	3.2
漳州市	**407.80**	**19.6**	**279.30**	**11.5**	**521.77**	**4.0**
芗城区	36.98	11.1	22.48	11.3	32.46	4.3
龙文区	21.35	-2.1	14.29	-11.2	21.38	13.0
龙海区	48.89	20.8	30.54	1.3	53.90	6.5
长泰区	27.85	18.1	18.60	13.1	29.01	9.0
云霄县	14.14	16.9	10.45	14.4	30.58	-2.7
漳浦县	41.27	291.1	35.14	93.3	71.80	-2.7
诏安县	12.05	44.5	8.03	37.3	32.42	10.7
东山县	21.98	8.5	15.78	-3.0	23.15	-29.2
南靖县	17.14	21.7	12.55	25.2	32.78	12.7

续表

县（市、区）	一般公共预算总收入		地方一般公共预算收入		一般公共预算支出	
	数量（亿元）	增长（%）	数量（亿元）	增长（%）	数量（亿元）	增长（%）
平和县	12.92	23.8	9.17	14.3	41.65	41.9
华安县	11.13	31.4	7.76	29.3	22.45	14.1
南平市	**164.06**	**11.4**	**113.37**	**8.9**	**365.94**	**6.3**
延平区	12.15	12.3	8.85	10.3	32.20	17.6
建阳区	19.34	7.0	14.74	5.1	35.30	6.8
邵武市	19.79	20.6	14.29	9.9	36.96	3.9
武夷山市	15.46	18.0	10.97	13.1	31.57	-2.4
建瓯市	17.53	17.9	12.30	9.8	37.52	3.2
顺昌县	9.16	16.1	6.79	13.1	25.00	4.8
浦城县	11.98	17.0	8.19	8.1	35.49	7.0
光泽县	7.84	15.1	5.70	12.6	20.12	13.1
松溪县	4.96	21.9	3.44	14.3	17.98	-0.9
政和县	6.97	11.2	4.70	8.5	22.76	1.1
龙岩市	**362.53**	**1.7**	**172.70**	**4.4**	**376.08**	**4.1**
新罗区	35.49	-8.2	23.05	-15.3	43.88	-3.1
永定区	15.89	5.1	11.53	9.1	36.22	11.8
漳平市	15.95	16.9	11.16	5.4	29.32	10.9
长汀县	18.55	34.0	11.95	18.3	45.24	4.3
上杭县	53.60	1.1	37.89	11.2	61.00	-4.3
武平县	13.48	11.3	9.34	9.4	34.28	15.7
连城县	13.03	11.9	9.66	7.4	30.75	5.3
宁德市	**361.51**	**32.6**	**209.88**	**25.3**	**405.04**	**8.8**
蕉城区	76.76	26.0	38.49	26.2	50.67	10.2
福安市	76.05	15.2	44.45	12.3	66.06	13.5
福鼎市	40.76	11.8	24.07	0.7	50.09	7.0
霞浦县	31.64	3959.4	23.72	171.3	53.33	43.4
古田县	13.11	19.8	9.56	10.5	30.00	8.9
屏南县	5.38	-9.4	3.73	-24.7	20.19	-5.2
寿宁县	6.02	3.1	4.07	0.7	23.26	16.2
周宁县	7.11	73.0	5.33	47.6	20.63	4.8
柘荣县	5.87	2.7	3.66	-4.0	14.30	-9.0

2023年县（市、区）农林牧渔业总产值及农作物播种面积

县（市、区）	农林牧渔业总产值		农作物播种面积	
	数值（万元）	增长（%）	数值（万亩）	增加（万亩）
全省	**57292059**	**4.3**	**2653.87**	**46.94**
福州市	**12352797**	**4.1**	**420.81**	**8.14**
鼓楼区				
台江区				
仓山区	34781	-12.8	1.92	-0.41
马尾区	254584	3.7	3.65	0.14
晋安区	155022	0.1	11.11	0.64
长乐区	1382687	5.2	51.71	0.69
福清市	2457765	2.6	90.03	1.76
闽侯县	986960	8.6	86.77	2.11
连江县	3366168	3.6	20.54	0.35
罗源县	1082241	4.2	23.91	0.50
闽清县	702823	6.2	45.45	0.60
永泰县	1100497	4.8	71.59	1.99
平潭县	829270	3.5	14.13	-0.24
厦门市	**593489**	**-2.8**	**30.90**	**-1.41**
思明区	45862	-0.7	0.00	0.00
海沧区	42297	-2.1	1.50	-0.20
湖里区				
集美区	70215	-2.4	3.80	-0.40
同安区	235029	4.4	13.95	-0.13
翔安区	200085	-5.2	11.66	-0.68
莆田市	**2817517**	**3.6**	**105.43**	**2.00**
城厢区	215568	1.6	5.17	-0.02
涵江区	365545	3.7	14.59	0.57
荔城区	332865	0.2	23.51	-0.58
秀屿区	1415599	4.2	26.96	0.43
仙游县	487941	5.0	35.20	1.60
三明市	**6006091**	**4.6**	**490.69**	**13.27**
三元区	454077	5.7	14.29	-0.92
沙县区	598463	4.2	34.65	0.82

续表

县（市、区）	农林牧渔业总产值		农作物播种面积	
	数值（万元）	增长（%）	数值（万亩）	增加（万亩）
永安市	659749	5.1	37.67	0.99
明溪县	402443	3.9	40.61	0.68
清流县	541935	5.2	69.39	2.09
宁化县	550723	3.8	84.31	2.74
大田县	749584	3.8	61.69	1.14
尤溪县	942930	4.3	55.33	1.05
将乐县	387441	4.4	30.75	0.92
泰宁县	302226	4.8	24.01	1.14
建宁县	416519	6.1	36.71	1.35
泉州市	**4741980**	**3.9**	**253.85**	**2.57**
鲤城区	4341	1.6	0.67	0.00
丰泽区	55258	5.4	0.80	-0.02
洛江区	112420	4.6	6.52	0.18
泉港区	261315	4.5	6.55	0.10
石狮市	616080	1.0	4.49	0.11
晋江市	471001	0.8	22.81	-0.80
南安市	603491	4.1	58.86	0.50
惠安县	763853	6.3	32.96	0.50
安溪县	1065984	5.5	53.96	0.69
永春县	519453	4.3	39.58	0.78
德化县	268782	5.3	26.66	0.54
漳州市	**11178819**	**5.5**	**272.63**	**3.52**
芗城区	204824	-0.1	4.90	0.12
龙文区	85050	0.2	2.12	-1.07
龙海区	1505956	4.4	34.38	0.27
长泰区	451173	3.2	18.81	-0.03
云霄县	1074425	4.3	26.97	0.28
漳浦县	1970977	4.8	77.01	1.02
诏安县	1171922	4.4	36.05	0.78
东山县	1108340	8.2	7.53	0.06
南靖县	1736139	8.1	33.41	0.26

续表

县（市、区）	农林牧渔业总产值		农作物播种面积	
	数值（万元）	增长（%）	数值（万亩）	增加（万亩）
平和县	1198578	7.0	15.93	0.26
华安县	671436	5.9	14.37	0.44
南平市	**6753213**	**4.4**	**471.02**	**7.58**
延平区	809033	5.5	32.73	0.41
建阳区	824981	3.8	75.30	1.95
邵武市	642136	4.4	71.34	0.34
武夷山市	569053	3.1	41.01	0.46
建瓯市	1074226	4.2	78.07	0.73
顺昌县	387653	5.8	19.65	0.22
浦城县	791840	3.3	68.96	2.35
光泽县	960804	4.8	30.11	0.14
松溪县	276376	3.3	23.64	0.18
政和县	417111	6.1	30.20	0.80
龙岩市	**5665394**	**4.0**	**342.19**	**5.83**
新罗区	1012003	1.6	22.78	0.56
永定区	704853	2.5	41.29	1.32
漳平市	688377	4.2	33.67	0.12
长汀县	768936	6.8	67.03	1.75
上杭县	1022812	7.8	72.21	1.20
武平县	731551	1.8	54.03	0.75
连城县	736861	4.3	51.18	0.13
宁德市	**7182759**	**4.0**	**266.35**	**5.45**
蕉城区	864266	0.8	17.95	0.71
福安市	1076780	2.3	56.80	0.75
福鼎市	1399553	7.4	45.84	-0.24
霞浦县	1808586	3.4	27.53	0.75
古田县	994887	3.2	38.91	0.16
屏南县	324436	10.8	20.01	0.34
寿宁县	339792	3.1	28.64	1.21
周宁县	188802	3.9	14.12	0.30
柘荣县	185657	2.0	16.56	1.48

2023年县（市、区）规模以上工业增加值增速

单位:%

县（市、区）	规模以上工业增加值	重工业	轻工业
全省	**3.3**	**7.8**	**-1.7**
福州市	**3.3**	**9.9**	**-9.0**
鼓楼区	3.4	6.8	-24.0
台江区	-	-	-
仓山区	-1.8	-1.1	-2.9
马尾区	1.2	1.2	1.4
晋安区	-1.7	-1.2	-2.8
长乐区	0.8	16.7	-6.7
福清市	4.6	8.8	-8.4
闽侯县	4.6	6.9	-0.5
连江县	12.5	21.5	-37.9
罗源县	11.1	11.9	-0.4
闽清县	-10.4	-7.1	-21.9
永泰县	-1.9	6.3	-7.6
平潭县	1.8	4.4	-32.3
厦门市	**0.0**	**6.2**	**-10.5**
思明区	8.8	10.5	-4.4
海沧区	-6.2	4.2	-12.9
湖里区	-4.3	-4.8	1.2
集美区	-1.5	12.7	-21.6
同安区	-2.5	-10.8	3.7
翔安区	15.0	23.2	-14.6
莆田市	**3.6**	**6.2**	**2.2**
城厢区	7.6	7.0	7.7
涵江区	1.1	3.5	0.1
荔城区	-3.7	-25.6	0.7
秀屿区	6.2	9.0	1.7
仙游县	7.3	13.1	5.4
三明市	**3.5**	**4.1**	**2.2**
三元区	7.5	7.1	11.4
沙县区	0.7	6.0	-10.1

续表

县（市、区）	规模以上工业增加值	重工业	轻工业
永安市	6.5	7.0	4.6
明溪县	0.3	0.2	0.5
清流县	0.2	0.2	-0.1
宁化县	0.6	0.4	0.7
大田县	1.6	2.4	-1.8
尤溪县	0.1	0.3	0.0
将乐县	7.3	3.5	13.1
泰宁县	-18.6	-11.7	-32.2
建宁县	0.4	0.4	-0.5
泉州市	**3.3**	**5.7**	**1.5**
鲤城区	6.4	17.5	4.0
丰泽区	3.9	5.3	2.5
洛江区	6.9	52.7	-8.6
泉港区	-22.7	-16.9	-70.5
石狮市	7.4	7.7	7.3
晋江市	8.7	17.3	6.9
南安市	8.5	9.8	5.8
惠安县	7.2	14.9	1.3
安溪县	4.3	65.4	-24.5
永春县	6.5	10.6	4.3
德化县	6.9	11.4	5.6
漳州市	**5.6**	**7.3**	**3.2**
芗城区	1.0	1.9	-9.4
龙文区	4.7	4.4	4.9
龙海区	7.7	2.1	8.9
长泰区	3.3	-5.1	13.3
云霄县	2.4	3.4	-0.3
漳浦县	22.0	22.8	9.8
诏安县	5.3	1.1	4.2
东山县	13.9	51.9	-1.5
南靖县	-19.6	-17.7	-22.5

续表

县（市、区）	规模以上工业增加值	重工业	轻工业
平和县	6.6	13.2	2.5
华安县	0.1	-3.4	0.7
南平市	**4.0**	**2.1**	**5.8**
延平区	5.0	0.3	17.8
建阳区	5.9	12.3	-5.1
邵武市	0.5	3.0	-4.9
武夷山市	8.5	13.4	7.8
建瓯市	8.6	9.6	8.3
顺昌县	-1.3	-0.7	-2.9
浦城县	1.7	9.4	-0.6
光泽县	8.4	5.5	8.6
松溪县	8.4	2.0	11.5
政和县	7.5	1.9	11.9
龙岩市	**0.2**	**1.0**	**-1.0**
新罗区	-0.8	1.0	-2.5
永定区	0.7	-0.9	5.7
漳平市	0.9	4.1	-6.5
长汀县	-2.7	-1.8	-3.7
上杭县	4.7	4.7	3.0
武平县	0.6	-2.3	10.8
连城县	0.5	-13.8	7.8
宁德市	**17.1**	**17.8**	**16.7**
蕉城区	16.6	27.2	14.0
福安市	19.8	20.2	-19.0
福鼎市	42.0	4.3	80.8
霞浦县	-13.1	1.8	-15.4
古田县	-10.4	-18.7	-7.4
屏南县	-5.2	-11.3	-4.5
寿宁县	-13.5	-0.5	-53.2
周宁县	3.9	2.1	31.4
柘荣县	-24.7	-44.4	-12.0

2023年县（市、区）固定资产投资和社会消费品零售总额

市、县（区）	固定资产投资增速（%）	房地产开发投资增速（%）	社会消费品零售总额	
			数值（亿元）	增长（%）
全省	**2.5**	**-12.7**	**22109.57**	**5.0**
福州市	**3.2**	**-35.3**	**4963.76**	**6.1**
鼓楼区	-35.9	-67.6	1528.65	6.1
台江区	8.6	43.1	322.09	9.0
仓山区	3.2	1.0	563.07	0.3
马尾区	15.5	37.7	218.88	5.8
晋安区	8.8	-15.1	973.53	10.9
长乐区	-13.7	-71.7	222.62	6.4
福清市	4.6	-47.2	435.34	8.6
闽侯县	14.1	-46.9	346.91	5.6
连江县	14.4	-22.6	143.25	-7.1
罗源县	15.4	-42.8	69.46	5.7
闽清县	19.2	-51.6	46.13	6.4
永泰县	0.2	-68.4	36.63	-0.3
平潭县	3.8	-66.7	57.20	-3.9
厦门市	**0.5**	**33.8**	**2743.33**	**2.9**
思明区	46.3	89.8	1080.24	4.7
海沧区	-9.5	31.3	320.33	2.2
湖里区	29.4	73.0	548.16	3.1
集美区	-21.6	-8.2	241.09	4.6
同安区	12.3	21.6	410.99	-2.9
翔安区	-23.2	-37.4	142.52	5.9
莆田市	**1.6**	**-5.5**	**1872.64**	**3.8**
城厢区	9.1	-5.0	664.60	1.6
涵江区	7.2	-37.4	161.41	1.6
荔城区	8.6	-3.5	516.56	0.0
秀屿区	-9.1	17.1	127.68	10.2
仙游县	0.8	-1.8	402.39	11.9
三明市	**2.8**	**-10.0**	**914.17**	**3.5**
三元区	11.1	-43.4	222.08	6.0
沙县区	24.1	21.1	116.14	5.6

续表

市、县（区）	固定资产投资增速（%）	房地产开发投资增速（%）	社会消费品零售总额	
			数值（亿元）	增长（%）
永安市	16.1	-1.5	145.69	1.4
明溪县	13.1	126.6	25.46	-1.6
清流县	-60.7	-32.6	51.83	-1.8
宁化县	15.9	-44.8	72.52	4.7
大田县	16.2	152.6	67.33	4.5
尤溪县	14.0	33.1	78.00	3.8
将乐县	3.4	9.3	62.07	0.6
泰宁县	-64.4	-50.5	30.00	3.0
建宁县	15.8	26.5	43.04	3.3
泉州市	**11.5**	**-10.6**	**6271.34**	**4.8**
鲤城区	27.2	37.0	452.95	4.0
丰泽区	11.6	8.1	590.90	5.0
洛江区	0.0	31.3	105.73	9.8
泉港区	-5.4	-41.4	159.38	3.2
石狮市	9.7	-26.6	647.43	0.9
晋江市	10.6	3.8	1754.13	5.1
南安市	11.5	-32.2	878.01	6.3
惠安县	15.5	-26.2	607.95	5.6
安溪县	11.5	-24.8	713.67	4.5
永春县	10.9	-14.2	198.03	4.9
德化县	24.0	7.3	163.17	8.2
漳州市	**8.1**	**-24.1**	**2080.09**	**9.2**
芗城区	6.6	-28.9	355.40	7.2
龙文区	6.1	-15.9	276.18	9.4
龙海区	6.1	-20.6	304.88	9.6
长泰区	4.3	-49.7	113.05	7.3
云霄县	10.1	-6.8	128.41	8.0
漳浦县	10.8	-34.5	301.97	10.2
诏安县	9.9	-22.3	129.77	10.1
东山县	10.0	-6.9	100.89	11.2
南靖县	11.6	-24.3	130.83	11.8

续表

市、县（区）	固定资产投资增速（%）	房地产开发投资增速（%）	社会消费品零售总额	
			数值（亿元）	增长（%）
平和县	9.1	-26.9	120.48	10.4
华安县	9.1	-54.4	47.95	10.3
南平市	**2.7**	**-35.6**	**842.56**	**6.5**
延平区	-6.2	-82.3	121.21	5.8
建阳区	-10.9	-35.5	106.03	5.8
邵武市	4.0	-46.2	137.08	5.3
武夷山市	6.0	-28.1	82.77	7.3
建瓯市	6.8	-14.7	175.34	7.2
顺昌县	9.9	-8.3	38.00	8.4
浦城县	8.0	-16.8	50.01	6.5
光泽县	8.3	-7.3	26.84	5.8
松溪县	6.5	-64.1	39.51	7.1
政和县	7.0	37.1	65.78	7.2
龙岩市	**-3.7**	**-41.8**	**1487.08**	**4.2**
新罗区	-27.3	-55.2	537.90	3.6
永定区	-6.3	-62.6	148.25	3.1
漳平市	4.5	58.8	119.86	2.2
长汀县	7.0	-45.5	182.24	4.5
上杭县	9.5	-45.3	183.42	7.6
武平县	1.1	6.5	166.79	4.5
连城县	5.9	0.2	148.53	4.0
宁德市	**-22.5**	**-21.7**	**934.58**	**2.5**
蕉城区	-22.3	1.9	183.46	3.0
福安市	-22.6	-48.6	178.63	4.6
福鼎市	-15.0	-21.0	209.27	2.9
霞浦县	-35.1	-57.5	116.49	2.3
古田县	2.5	-17.2	102.03	2.0
屏南县	-35.4	-43.8	44.86	0.1
寿宁县	-49.5	-67.7	31.38	-5.7
周宁县	-19.2	-30.9	29.42	-1.1
柘荣县	-19.0	32.9	39.03	4.4

2023年县（市、区）城乡居民人均可支配收入

县（市、区）	全体居民人均可支配收入		城镇居民人均可支配收入		农村居民人均可支配收入	
	数值（元）	增长（%）	数值（元）	增长（%）	数值（元）	增长（%）
全省	**45426**	**5.4**	**56153**	**4.3**	**26722**	**6.9**
福州市	**48861**	**5.3**	**58009**	**4.3**	**28636**	**6.7**
鼓楼区	68636	4.4	68636	4.4		
台江区	63130	4.3	63130	4.3		
仓山区	53140	3.1	53140	3.1		
马尾区	55945	5.0	64049	4.1	36858	6.5
晋安区	58594	5.1	58999	5.1	28972	7.0
长乐区	43983	5.1	59923	4.4	32445	6.2
福清市	44798	5.6	59157	4.4	34284	7.1
闽侯县	41252	5.9	55744	4.9	27714	6.6
连江县	33722	5.9	47357	5.1	26135	6.6
罗源县	30032	6.4	43407	4.8	22120	8.0
闽清县	27315	4.4	41419	3.6	21566	6.2
永泰县	26861	4.4	40072	3.7	21006	6.0
平潭县	34099	5.1	50788	4.0	23787	6.8
厦门市	**71062**	**4.5**	**72880**	**3.4**	**34206**	**5.8**
思明区	88425	4.1	88425	4.1		
海沧区	66887	3.5	66887	3.5		
湖里区	71514	3.2	71514	3.2		
集美区	64132	4.1	65131	2.9	41406	5.8
同安区	54610	4.2	60999	2.9	31514	6.2
翔安区	44525	4.8	52161	3.8	30916	5.5
莆田市	**38867**	**5.0**	**48371**	**3.8**	**26316**	**6.5**
城厢区	49414	5.2	56009	4.3	29088	5.9
涵江区	43421	4.4	45805	3.3	25090	6.1
荔城区	48520	4.9	53821	3.6	29872	6.5
秀屿区	30517	5.3	40723	4.1	27502	6.9
仙游县	30925	5.0	41609	3.8	23943	6.8
三明市	**36851**	**5.3**	**46517**	**4.2**	**24822**	**6.9**
三元区	49700	3.9	51074	3.5	27354	7.1
沙县区	40537	6.3	47714	4.8	27751	6.8

续表

县（市、区）	全体居民人均可支配收入		城镇居民人均可支配收入		农村居民人均可支配收入	
	数值（元）	增长（%）	数值（元）	增长（%）	数值（元）	增长（%）
永安市	39947	5.0	47317	3.8	26072	7.4
明溪县	30994	7.3	39007	5.2	23174	7.6
清流县	30265	4.8	40380	4.0	23623	7.0
宁化县	27892	6.0	38333	4.6	23135	7.2
大田县	35792	7.1	47651	5.5	25211	6.4
尤溪县	32846	5.5	44627	4.2	25701	6.7
将乐县	34482	3.7	44984	3.7	25014	5.4
泰宁县	31871	5.2	42329	3.9	23632	7.7
建宁县	28729	3.4	38712	3.4	23261	6.2
泉州市	**49486**	**6.0**	**60697**	**5.1**	**29596**	**7.3**
鲤城区	58880	5.2	58880	5.2		
丰泽区	71140	5.4	71140	5.4		
洛江区	41100	6.7	54019	6.8	25349	6.4
泉港区	36307	6.2	46293	5.1	28446	8.1
石狮市	68330	5.2	76191	4.1	36589	7.2
晋江市	54463	5.8	65005	4.8	34322	7.5
南安市	47795	5.6	60077	4.3	31753	7.8
惠安县	45210	5.0	56806	3.7	30254	6.9
安溪县	31323	6.6	43032	6.3	24012	7.5
永春县	33852	6.3	41683	5.8	23258	6.8
德化县	39559	6.2	44846	5.1	22916	8.0
漳州市	**38727**	**6.1**	**48736**	**5.1**	**27788**	**7.7**
芗城区	54174	6.3	54803	5.3	27695	7.7
龙文区	53832	5.9	55642	4.9	29884	7.8
龙海区	39872	5.8	50360	4.7	29089	7.7
长泰区	38776	6.1	50733	5.1	29108	7.8
云霄县	32780	5.9	42970	5.0	25461	7.5
漳浦县	38252	5.9	49969	4.8	30679	7.6
诏安县	30211	7.3	40999	6.3	25106	8.9
东山县	40277	6.0	48301	4.9	32165	7.7
南靖县	34507	6.2	44419	5.1	26939	8.0

续表

县（市、区）	全体居民人均可支配收入		城镇居民人均可支配收入		农村居民人均可支配收入	
	数值（元）	增长（%）	数值（元）	增长（%）	数值（元）	增长（%）
平和县	31432	5.8	41544	5.1	26955	7.2
华安县	33509	5.7	44966	4.8	26560	7.3
南平市	**34373**	**5.5**	**42867**	**4.3**	**23327**	**7.1**
延平区	38140	3.9	43277	2.6	25136	5.6
建阳区	35771	4.9	43990	3.3	23669	7.0
邵武市	39712	4.8	43941	3.6	26899	6.4
武夷山市	36481	5.1	44188	3.8	25377	6.8
建瓯市	33643	6.4	43139	5.0	24947	8.2
顺昌县	31049	5.7	39554	4.6	22450	7.2
浦城县	29884	5.6	40009	4.8	21263	6.9
光泽县	29043	6.2	39690	5.1	19991	7.7
松溪县	27709	6.4	37907	5.1	18189	8.0
政和县	27438	5.9	37954	5.0	18665	7.1
龙岩市	**37240**	**5.2**	**47879**	**4.1**	**26056**	**6.8**
新罗区	45799	4.7	51654	3.9	30394	6.5
永定区	36087	4.6	50203	3.4	27107	7.5
漳平市	35736	4.8	45692	4.2	25738	6.1
长汀县	29131	5.9	34996	4.5	23852	7.1
上杭县	35351	5.8	52668	4.4	25857	7.0
武平县	31293	5.1	45009	4.0	24909	6.9
连城县	30728	5.4	41270	4.3	23868	6.7
宁德市	**35347**	**5.6**	**44639**	**4.4**	**24819**	**7.4**
蕉城区	38797	6.5	46862	5.4	24873	7.5
福安市	39799	6.1	48266	4.8	25814	7.9
福鼎市	37622	5.9	47558	4.7	25002	7.8
霞浦县	32814	4.5	44226	3.4	25267	6.2
古田县	32009	5.7	42386	4.2	26299	8.0
屏南县	27772	5.1	37074	4.3	22156	6.4
寿宁县	27722	6.0	34925	4.5	21986	8.2
周宁县	30265	5.5	38638	4.4	23050	7.0
柘荣县	29940	5.2	35650	3.8	22007	7.7

2023 年县（市、区）年末常住人口

单位：万人

县（市、区）	常住人口	城镇	乡村
全省	**4183.00**	**2972.00**	**1211.00**
福州市	**846.90**	**625.90**	**221.00**
鼓楼区	67.80	67.80	0.00
台江区	41.50	41.50	0.00
仓山区	118.50	118.50	0.00
马尾区	29.70	26.22	3.48
晋安区	80.20	78.27	1.93
长乐区	81.40	51.95	29.45
福清市	141.40	77.55	63.85
闽侯县	102.70	62.86	39.84
连江县	64.60	33.51	31.09
罗源县	26.10	18.86	7.24
闽清县	26.20	12.24	13.96
永泰县	28.70	13.17	15.53
平潭县	38.10	23.47	14.63
厦门市	**532.70**	**483.70**	**49.00**
思明区	106.60	106.60	0.00
海沧区	62.20	62.20	0.00
湖里区	100.10	100.10	0.00
集美区	109.60	99.90	9.70
同安区	89.50	68.20	21.30
翔安区	64.70	46.70	18.00
莆田市	**317.90**	**206.70**	**111.20**
城厢区	54.20	39.28	14.92
涵江区	47.40	37.87	9.53
荔城区	66.70	50.15	16.55
秀屿区	59.90	29.35	30.55
仙游县	89.70	50.05	39.65
三明市	**242.90**	**160.00**	**82.90**
三元区	41.20	38.66	2.54
沙县区	24.70	18.15	6.55

续表

县（市、区）	常住人口	城镇	乡村
永安市	33.50	24.78	8.72
明溪县	9.40	5.20	4.20
清流县	11.30	6.02	5.28
宁化县	25.10	12.95	12.15
大田县	29.10	16.29	12.81
尤溪县	33.30	17.49	15.81
将乐县	14.00	8.52	5.48
泰宁县	10.10	6.15	3.95
建宁县	11.20	5.79	5.41
泉州市	**888.30**	**628.80**	**259.50**
鲤城区	43.10	43.10	0.00
丰泽区	73.30	73.30	0.00
洛江区	25.80	16.11	9.69
泉港区	36.30	21.88	14.42
石狮市	69.80	60.28	9.52
晋江市	208.00	146.03	61.97
南安市	153.10	98.99	54.11
惠安县	104.60	62.16	42.44
安溪县	99.10	54.43	44.67
永春县	41.30	25.70	15.60
德化县	33.90	26.82	7.08
漳州市	**506.30**	**325.00**	**181.30**
芗城区	64.30	58.81	5.49
龙文区	30.80	28.46	2.34
龙海区	95.60	61.98	33.62
长泰区	23.20	15.04	8.16
云霄县	41.30	23.32	17.98
漳浦县	85.20	49.29	35.91
诏安县	55.20	27.14	28.06
东山县	22.10	14.83	7.27
南靖县	30.10	16.77	13.33

续表

县（市、区）	常住人口	城镇	乡村
平和县	45.30	22.23	23.07
华安县	13.20	7.13	6.07
南平市	**263.00**	**163.80**	**99.20**
延平区	44.30	33.01	11.29
建阳区	34.60	22.47	12.13
邵武市	26.80	21.87	4.93
武夷山市	26.00	16.62	9.38
建瓯市	42.20	23.07	19.13
顺昌县	17.20	9.27	7.93
浦城县	29.00	14.65	14.35
光泽县	12.70	6.71	5.99
松溪县	12.80	6.65	6.15
政和县	17.40	9.48	7.92
龙岩市	**269.30**	**176.20**	**93.10**
新罗区	85.80	74.31	11.49
永定区	31.10	17.19	13.91
漳平市	24.80	15.04	9.76
长汀县	39.30	21.79	17.51
上杭县	36.80	19.75	17.05
武平县	27.00	15.07	11.93
连城县	24.50	13.05	11.45
宁德市	**315.70**	**201.90**	**113.80**
蕉城区	65.40	46.53	18.87
福安市	59.90	40.60	19.30
福鼎市	56.80	37.57	19.23
霞浦县	47.90	30.32	17.58
古田县	31.40	16.63	14.77
屏南县	13.70	7.20	6.50
寿宁县	17.10	9.03	8.07
周宁县	14.30	8.02	6.28
柘荣县	9.20	6.00	3.20

第十篇

高级人才

产经人才

2022 年度福建省科学技术奖获奖名单

2024 年 4 月 6 日福建省人民政府印发《关于 2022 年度省科学技术奖励的决定》（闽政文〔2024〕126 号）提出，为深入贯彻落实习近平新时代中国特色社会主义思想，认真学习贯彻党的二十大精神，深入实施科教兴省战略、人才强省战略、创新驱动发展战略，加快实现高水平科技自立自强，根据《福建省科学技术奖励办法》的有关规定，省科学技术奖励委员会组织对 2022 年度福建省科学技术奖进行评审，经研究，决定对 2022 年度在科学技术进步活动中作出重要贡献的科学技术人员和组织给予奖励。具体如下：

一、授予厦门大学孙世刚院士、福建省农业科学院果树研究所郑少泉研究员福建省科学技术重大贡献奖。

二、授予“钙钛矿光电转换材料与器件的应用基础研究”等 4 项成果福建省自然科学奖一等奖，授予“基于‘知识+层次’的视觉感知理解理论和方法”等 5 项成果福建省自然科学奖二等奖，授予“致密天体爆发机制的多信使研究”等 12 项成果福建省自然科学奖三等奖。

三、授予“海洋动物新型抗菌肽的发现及其产品创制与应用”成果福建省技术发明奖一等奖，授予“多源地质隧道灾变高精度感知与处治技术及工程应用”成果福建省技术发明奖三等奖。

四、授予“边缘场景下多模态智能分析与芯片关键技术及应用”等 23 项成果福建省科学技术进步奖一等奖，授予“城市大脑视觉数据高效感知与智能中台分析技术及其产业化”等 56 项成果福建省科学技术进步奖二等奖，授予“新型高刷新全面显示屏的开发与产业化”等 93 项成果福建省科学技术进步奖三等奖。

五、授予“高强度超薄化学钢化汽车玻璃技术的产业化应用”成果福建省科学技术成果转化奖一等奖，授予“基于聚硼硅氧烷的自适应共混弹性体鞋材的研制及产业化”成果福建省科学技术成果转化奖三等奖。

六、授予布鲁诺・布里斯杰拉（Bruno Briseghella）、辛口・帕特里克（Sinko，Patrick John）、程方（Fang Cheng）等 3 人福建省国际科学技术合作奖。

希望获奖集体和个人珍惜荣誉，再接再厉，再创佳绩。全省科技工作者要认真贯彻落实习近平总书记关于科技创新的重要论述，加快推进科技创新发展，强化关键核心技术攻关，深化科技体制改革和人才发展体制机制改革，加快建设高水平创新型省份，推动形成新质生产力，为全方位推进高质量发展、奋力谱写全面建设社会主义现代化国家福建篇章作出新的更大贡献。

2022年度福建省科学技术奖获奖名单

序号	项目名称	主要完成单位	主要完成人
	一、科学技术重大贡献奖（2人）		
	孙世刚（厦门大学）		
	郑少泉（福建省农业科学院果树研究所）		
	二、自然科学奖（21项）		
	一等奖		
1	钙钛矿光电转换材料与器件的应用基础研究	华侨大学	魏展画、谢立强、田成波、林克斌、卢建勋
2	拓扑代数与最优传感器布局的广义度量和映射方法	闽南师范大学、宁德师范学院、苏州大学	林福财、林　寿、恽自求
3	植物蓝光受体隐花色素原初光反应机理	福建农林大学	王　琴、林辰涛
4	肿瘤靶点JMJD6的功能、分子机制和干预研究	厦门大学	刘　文、肖荣权、冉　挺、易　佳、黄琦绚
	二等奖		
1	基于“知识+层次”的视觉感知理解理论和方法	厦门大学、华东师范大学	曲延云、谢　源、张志忠、李翠华、罗小同
2	变换光学隐身、反隐身及超散射基础研究	厦门大学、苏州大学、上海交通大学	陈焕阳、徐亚东、罗旭东、杨　涛、徐　林
3	海洋硝化过程的驱动因子与全球变化	厦门大学	高树基、万显会、郑珍珍、徐　敏、杨进宇
4	花生基因组和重要性状基因研究	福建农林大学	庄伟建、陈　华、张　冲、庄宇慧、蔡铁城
5	诊疗一体化影像探针及临床应用研究	厦门大学	刘　刚、楚成超、张现忠、王骁勇、张　阳
	三等奖		
1	致密天体爆发机制的多信使研究	厦门大学	刘　彤、李　昂、顾为民
2	基于四配位硼的新型转化及应用的研究	华侨大学、福州大学	宋秋玲、杨　凯
3	晶态多孔质子导体的设计和微观结构的研究	福建师范大学	张章静、项生昌、叶应祥、陈邦林、姚梓竹
4	基于图论的多模态图像模式识别理论与应用	厦门理工学院、杭州电子科技大学	洪朝群、俞　俊、王晓栋
5	区域生态环境监测与评估的遥感机理与实现	福州大学、福建农林大学	徐涵秋、胡喜生
6	非受控环境下数据安全共享理论与方法	福州大学、西安电子科技大学、福建师范大学	刘西蒙、杨　旸、苗银宾、马建峰、熊金波
7	小样本高可靠性产品寿命评估方法及优化设计研究	三明学院、华东师范大学、浙江工商大学	管　强、汤银才、徐安察
8	基于新颖微纳结构的光场按需调控机理研究	泉州师范学院、西南科技大学、浙江大学	吴平辉、易　早、陈泽强
9	金属间强相互作用调控及其气态污染物催化净化作用机制	中国科学院城市环境研究所、中国科学院福建物质结构研究所	贾宏鹏、陈　金、陈　傲、卢灿忠

续表

序号	项目名称	主要完成单位	主要完成人
10	柔性铁电晶体材料的设计合成和物性研究	中国科学院福建物质结构研究所	罗军华、孙志华、李丽娜、刘希涛、姬成敏
11	植物生长发育调控和逆境适应	福建农林大学	吴　双、李朋雪、许梅芝
12	创新生物纳米材料精准遏制和清除血中致病物质的系统研究	闽江学院、福州大学、厦门大学	贾　力、高瑜、谢静静、解晓东
	三、技术发明奖（2 项）		
	一等奖		
1	海洋动物新型抗菌肽的发现及其产品创制与应用	厦门大学、厦门海嘉成生物科技有限公司、福建省华龙饲料有限公司	王克坚、彭　会、陈芳奕、黄贞胜、郭　庆
	二等奖（空缺）		
	三等奖		
1	多源地质隧道灾变高精度感知与处治技术及工程应用	福建雄泰建设工程有限公司、中铁十一局集团有限公司、中铁十八局集团有限公司	高　军、杨立云、许　丹、李行利、王更峰
	四、科学技术进步奖（172 项）		
	一等奖		
1	边缘场景下多模态智能分析与芯片关键技术及应用	华侨大学、厦门亿联网络技术股份有限公司、星宸科技股份有限公司、厦门云知芯智能科技有限公司、厦门华联电子股份有限公司	曾焕强、朱建清、廖　昀、林　博、陆　阳、陈　虢、施一帆、陈　婧、冯万健、沈剑楠
2	核主泵机械密封智能化健康管理与延役技术及应用	福建福清核电有限公司、清华大学	黄伟峰、文　学、杨全超、刘　莹、向先保、王玉明、宋　林、尹　源、郑嘉榕、杜鹏程
3	锂电池工业质检关键技术及其系统集成应用	宁德时代新能源科技股份有限公司、江苏时代新能源科技有限公司、腾讯云计算（北京）有限责任公司、凌云光技术股份有限公司]	NI JUN、马　林、阳　超、姚　毅、王艺若、胥飞龙、陈　飞、金　鹏、赵　宾、杨　涛
4	光伏电站智能运维关键技术研发及产业化	福州大学、福建至善伏安智能科技有限公司、福建承昌建设工程有限公司、恒超建工集团有限公司	程树英、林培杰、陈志聪、吴丽君、陈智东、陈　榕、王　铭、林火养
5	长大桥梁抗震抗风与减振性能提升关键技术及应用	福州大学、北京工业大学、中铁大桥局集团有限公司、福建省英城建设工程有限公司、福建省二建建设集团有限公司、福建路港（集团）有限公司、福建星原建设工程发展有限公司、福建省燕城建设工程有限公司	许　莉、许　坤、温佳年、张　超、韩　强、何浩祥、鲍丹宇、孙国光、林楷奇、艾四芽
6	大跨度混合梁刚构桥设计与施工关键技术研究与示范	福建省高速公路建设总指挥部、中交一公局厦门工程有限公司、同济大学、中交泉州高速公路有限责任公司、上海市城市建设设计研究总院（集团）有限公司、福建省高速路桥建设发展有限公司	林志平、苏庆田、吴积县、陈智威、丁忠亮、徐　晨、闫兴非、蔡玉强、王荣勇、何善美

续表

序号	项目名称	主要完成单位	主要完成人
7	复杂海域环境下超长管道整体式沉管施工关键技术与应用	华侨大学、厦门市政水务集团有限公司、南京工业大学、厦门理工学院、福建荣工建设有限公司	俞　缙、王元清、陈炜昀、蔡燕燕、王　磊、周先齐、姚　玮、涂兵雄、刘士雨、翁国漳
8	复杂地质环境节理岩体变形破坏模拟装备与锚注协同控灾关键技术	福建理工大学、福州大学、山东科技大学、福建省路桥建设集团有限公司、中旗华昊建设有限公司、福建省国筑建设工程有限公司、福建和盛达建筑工程有限公司、福建成森建设集团有限公司	王　刚、吴学震、赖志超、贺　鹏、尤志嘉、蒋宇静、邓　涛、陈党辉、臧万军、严为玉
9	重大装备复合材料结构全生命周期健康监测关键技术与应用	厦门大学、厦门市特种设备检验检测院	王奕首、卿新林、孙　虎、李卫彬、吴会强、曾志伟、伏喜斌、薛文东、刘琦华、刘晓
10	高性能聚烯烃复合管材关键技术及其应用	福建师范大学、福建纳川管材科技股份有限公司、福建和盛塑业有限公司、福建省燕城建设工程有限公司、福建佰胜达建设有限公司、福建省群溢建筑工程有限公司、福建纳川水务有限公司、福建纳川管业科技有限责任公司	钱庆荣、曹长林、黄宝铨、魏作友、严立万、陈庆华、成惠斌、陈建福、陈苏焕、肖荔人
11	超大力值精准量传关键技术及应用	福建省计量科学研究院、福州大学、中国航空工业集团公司北京长城计量测试技术研究所、福建理工大学、绍兴市肯特机械电子有限公司	池　辉、梁　伟、杨晓翔、赵印明、林　硕、韦铁平、赖征创、柴继新、马　兴、姚进辉
12	基于大数据的智能天气预报关键技术及应用	福建省气象台、国家气象中心、中国气象局气象干部培训学院、福建华网信息科技有限公司、福建省气候中心	吴启树、姚秀萍、危国飞、林　青、苏同华、贺雅楠、林金淦、刘　铭、潘　宁、江晓南
13	低碳节能水泥窑协同处置垃圾技术及装备研发与应用	福建龙麟环境工程有限公司、天津大学、福建创盛建设有限公司、福建天蒙建设有限公司、福建金鼎建筑发展有限公司、福建省富衢建筑工程有限公司、福建成冠建设工程有限公司、福建巧匠建筑工程有限公司	吕学斌、黄永生、于志昊、郑高峰、张　蕊、胡艳军、陈文曦、何纲平、林　峰、林育香
14	南方设施番茄新品种选育与产业关键技术研究利用	福建省农业科学院作物研究所、广西壮族自治区农业科学院、华南农业大学、福建省意达科技股份有限公司、厦门中厦蔬菜种籽有限公司、厦门如意种苗高科技股份有限公司	朱海生、张前荣、李永平、王益奎、汪国平、温庆放、薛珠政、甘桂云、黄章国、陈木林
15	番鸭细小病毒病和小鹅瘟二联活疫苗创制关键技术及产业化应用	福建省农业科学院畜牧兽医研究所、青岛易邦生物工程有限公司	陈少莺、程晓霞、林锋强、陈仕龙、王　劭、朱小丽、胡奇林、江　斌、张　青、邹　敏
16	预制菜加工关键技术及装备的创新与产业化	福建农林大学、福建省亚明食品有限公司、福建省标准化研究院、福建佰翔天厨食品有限公司、厦门绿进食品有限公司、厦门银祥集团有限公司、福建立兴食品股份有限公司、福建省莆田市赏味央厨餐饮管理有限公司	郭泽镔、张宁宁、卢　旭、吴其明、梁　静、钟小清、柯进步、张志刚、邹少强、林庆祥

续表

序号	项目名称	主要完成单位	主要完成人
17	凡纳滨对虾健康养殖关键技术研究与应用	集美大学、福建大北农华有水产科技集团有限公司、厦门龙程水产科技有限公司	张春晓、黄永春、汪　攀、叶继丹、孙云章、康顺元、朱传忠、鲁康乐、宋　凯、王　玲
18	海藻高值化加工关键技术创新与产业化应用	集美大学、宁波大学、福建省绿麒食品胶体有限公司、厦门唯康食品科技有限公司、福建亿达食品有限公司、阿一波食品有限公司、厦门元之道生物科技有限公司、厦门海洋职业技术学院	姜泽东、倪　辉、朱艳冰、林坤城、林景新、邱碧香、李宁波、骆其君、黄君阳、陈艳红
19	以状态辨识为核心的治未病理论体系构建与应用	福建中医药大学、漳州片仔癀药业股份有限公司、厦门燕来福制药有限公司、厦门越人健康技术研发有限公司	李灿东、林雪娟、杨朝阳、吴长汶、黄进明、陈淑娇、周常恩、俞　洁、朱　龙、曾秋红
20	重组人乳头瘤病毒16/18型双价疫苗（大肠杆菌）的研制与应用	厦门大学、厦门万泰沧海生物技术有限公司	夏宁邵、李少伟、张　军、吴　婷、潘晖榕、顾　颖、黄　博、李仲艺、黄守杰、沈文通
21	纳米炭染色剂研发及其在肿瘤手术标记定位中的临床应用	中国人民解放军联勤保障部队第九〇〇医院、重庆莱美药业股份有限公司	王　瑜、王　雯、肖春红、林　楠、李达周、唐小海、王　蓉、张再重、吴伟航、汪　徐
22	急性Ⅰ型主动脉夹层手术技术创新和预后评价体系的推广应用	福建医科大学附属协和医院	陈良万、林雁娟、吴青松、戴小福、林　勇、丘智煌、李虔桢、徐　帆、罗增荣、黄凌晨
23	胸主动脉病变腔内修复术中保留弓上分支关键技术体系的建立与推广	复旦大学附属中山医院厦门医院、复旦大学附属中山医院、先健科技（深圳）有限公司	王利新、符伟国、马　韬、洪　翔、卢伟锋、郭大乔、董智慧、周　旻、洪诗钗、唐江峰
二等奖			
1	城市大脑视觉数据高效感知与智能中台分析技术及其产业化	厦门大学、福州大学、浙江大华技术股份有限公司、中国移动通信集团福建有限公司、厦门大数据有限公司、南强智视（厦门）科技有限公司	纪荣嵘、郭文忠、殷　俊、洪　青、姜　山、王振宁、林贤明
2	高效高密模块化UPS及其智能管理关键技术与应用	厦门大学、厦门市爱维达电子有限公司、厦门金龙联合汽车工业有限公司、福建福清核电有限公司、中兴通讯股份有限公司	何良宗、陈一逢、李　伟、马铁军、谢凤华、曾　涛、王勇军
3	面向智能网联汽车的三维环境感知关键技术及产业化	厦门大学、厦门雅迅网络股份有限公司、贵州航天天马机电科技有限公司、易图通科技（北京）有限公司	温程璐、涂岩恺、刘伟权、王海龙、程　明、刘秋平、王　程
4	病理AI辅助诊断平台关键技术研发与产业化	厦门理工学院、麦克奥迪（厦门）医疗诊断系统有限公司、中国人民解放军陆军第七十三集团军医院、厦门艾德生物技术研究中心有限公司、北京交通大学	王大寒、黄荣祥、王继伟、王蓟斌、张淳杰、李建敏、朱晨雁
5	面向公共安全的涉网异常行为识别与分析关键技术及应用	厦门市美亚柏科信息股份有限公司、厦门理工学院	江汉祥、吴克寿、杜新胜、苏再添、陈　云、陈俊珊、张　旭
6	基于5G数字孪生柔性产线的工业元宇宙场景技术与产业化	厦门盈趣科技股份有限公司、天津大学、浙江大学、清华大学、厦门攸信信息技术有限公司、天津大学福州国际联合学院	杨　明、陈建成、胡伟飞、张　涛、李克秋、黄志菊、刘　昱

续表

序号	项目名称	主要完成单位	主要完成人
7	用于10GPON及100G数通的光通信收发芯片研发及产业化	厦门优迅高速芯片有限公司	林少衡、陈　哲、柯腾隆、李发明、彭慧耀、洪　明、陈志阳
8	核反应堆控制棒用高安全性中子吸收材料研发及应用	厦门大学、上海核工程研究设计院股份有限公司、中国科学院上海硅酸盐研究所	冉　广、卢俊强、朱丽兵、张兆泉、林建新、汤春桃、范武刚
9	华龙一号百万千瓦级反应堆冷却剂泵性能提升关键技术与工程应用	福建福清核电有限公司	杜鹏程、费冬冬、江腊涛、吴　明、宋　林、文　学、杨全超
10	纯电商用车动力系统产业协同数字化制造关键技术与应用	厦门金龙联合汽车工业有限公司、福建（泉州）哈工大工程技术研究院、上海交通大学、泉州装备制造研究所	梁培栋、刘志军、蔡鸿明、黄承曦、林宝星、于　晗、魏　宪
11	超长寿命锂离子储能电池关键技术及应用	宁德时代新能源科技股份有限公司	赵丰刚、金海族、刘晓梅、杨龙飞、谢　斌、刘　江、王国宝
12	面向新型电力系统的高压电力设备状态感知与预警关键技术及产业化	华侨大学、红相股份有限公司、中国大唐集团科学技术研究总院有限公司、中汇建筑集团有限公司、福建嘉宜建筑工程有限公司、福建登发建设工程有限公司	方瑞明、邓　敏、尚荣艳、苏太育、吴　铮、杨玉磊、彭长青
13	规模化风电并网系统稳定分析与主动阻尼控制技术及应用	国网福建省电力有限公司电力科学研究院、华北电力大学、深圳市禾望电气股份有限公司、新疆金风科技股份有限公司、北京四方继保自动化股份有限公司、清华海峡研究院（厦门）	马　静、李　超、徐福聪、沈雅琦、赵书强、杨志千、曾志杰
14	基于电力工业互联网的智能终端网络安全关键技术及应用	国网福建省电力有限公司漳州供电公司、国网福建省电力有限公司电力科学研究院、国网新疆电力有限公司电力科学研究院、国网福建省电力有限公司信息通信分公司、国网福建省电力有限公司	郭敬东、罗富财、张坤三、吴丽进、李　峰、舒　斐、沈立翔
15	基于多源信息的岩土边坡隐患智能预警协同防控技术	福建永强岩土股份有限公司、泉州装备制造研究所、中国有色金属工业昆明勘察设计研究院有限公司、福建省交通规划设计院有限公司、中钢集团马鞍山矿山研究总院股份有限公司、清华大学	聂　闻、孔秋平、刘文连、刘晓丽、郑清松、许汉华、张　强
16	建筑结构隔震设计方法与性能测试技术及工程应用	福州大学、北京工业大学、福建森正建设集团有限公司、至永建设集团有限公司、中城投集团第八工程局有限公司、中建四海建设开发有限公司	吴应雄、唐贞云、林友勤、邱灿星、张东鹏、翁锦华、许燕芳
17	全预制装配化耗能减震韧性结构关键技术与工程应用	福建理工大学、福建省二建建设集团有限公司、福建省华荣建设集团有限公司、飞阳建设工程有限公司、福州市建筑设计院有限责任公司、千易建设集团有限公司	郑莲琼、颜桂云、刘如月、黄跃森、潘钦锋、翁锦华、杨　勇
18	钢框架建筑整体结构抗火试验与设计方法	华侨大学、中国建筑科学研究院有限公司、恒超建工集团有限公司、福建径坊建造工程有限公司、皓耀时代（福建）集团有限公司、厦门卓毅建筑工程有限公司	董毓利、张大山、王卫华、房圆圆、肖泽南、何宗莺、齐建全

续表

序号	项目名称	主要完成单位	主要完成人
19	工农业固废绿色协同利用关键技术研发与推广	三明学院、山东农业大学、海峡建工集团有限公司、福建省华荣建设集团有限公司、福建一建集团有限公司、海颐建工集团有限公司	张会芝、王少杰、崔秀琴、郑春林、林忠东、刘纪峰、卢　健
20	多雨地区山谷型填埋场资源回收与污染阻控关键技术及应用	福建理工大学、中国环境科学研究院、中庆建设有限责任公司、福建大佳建设工程有限公司、福州城建设计研究院有限公司、中交建福能建设工程有限公司	何小松、蒋柱武、肖友淦、卓　雄、沈俊宏、余　海、黄　益
21	轴承式单向超越离合器研发及产业化	厦门大学、传孚科技（厦门）有限公司、福建省三明齿轮箱有限责任公司	许水电、曾景华、李延福、许　涛、姚　斌、陈菊花、余振芳
22	大型低品位金属资源露地协同规模化开采关键技术研究与应用	紫金矿业集团股份有限公司、福州大学	陈景河、李和平、付　毅、龙　翼、黄明发、高　忠、黄明清
23	全地形车辆橡胶材料关键技术研发与绿色制造	厦门大学、厦门正新橡胶工业有限公司、万新（厦门）新材料有限公司、厦门正新海燕轮胎有限公司	戴李宗、曹和胜、兰加水、许一婷、袁丛辉、许智明、曾碧榕
24	高性能钨钼制品的关键制备技术与应用	厦门理工学院、厦门虹鹭钨钼工业有限公司、北京科技大学	张厚安、古思勇、黄志民、秦明礼、杨益航、林　强、郑艾龙
25	精品再生骨料制备方法及智能成套装备产业化应用开发	福建南方路面机械股份有限公司、华侨大学、哈尔滨工业大学、福建省南星建设工程有限公司	黄文景、杨建红、易军艳、冯德成、秦双迎、郭银岁、房怀英
26	建筑智能传感监控和状态评估的关键技术与管理平台	厦门大学、中建海峡建设发展有限公司、华侨大学、福建金鼎建筑发展有限公司、三明客家源建设工程有限公司、福建恒声建设集团有限公司	雷鹰、董小鹏、王　耀、刘丽君、廖成皓、王　成、陈仁心
27	垃圾渗滤液全量化处理关键技术及产业化	厦门理工学院、厦门嘉戎技术股份有限公司、深圳大学、盛发环保科技（厦门）有限公司、优尼索膜技术（厦门）有限公司	严　滨、董正军、牛青山、刘其彬、王如顺、张净瑞、叶　茜
28	湿热地区沥青路面再生关键技术及工程应用	福建省建筑科学研究院有限责任公司、福建南方路面机械股份有限公司、湖南大学、福建众合开发建筑设计院有限公司、福建省榕圣市政工程股份有限公司、福建龙健建设发展有限公司	林云腾、张恒龙、路俊杰、翟资雄、潘万南、林志平、江　星
29	生态敏感区特长隧道绿色建造关键技术	福建省水利水电工程局有限公司、中铁十局集团有限公司、福建路港（集团）有限公司、中国建筑第五工程局有限公司、中国铁建港航局集团有限公司、深圳市市政设计研究院有限公司	涂启龙、余世为、覃　晖、章慧健、林有心、黄国兴、杨　卫
30	跨越隐伏断层隧道灾害防治关键技术及应用	华侨大学、厦门轨道建设发展集团有限公司、水玲龙（福建）建设工程有限公司、中建协和建设有限公司、中国科学院武汉岩土力学研究所、中铁十四局集团有限公司	蔡奇鹏、刘永淼、崔　臻、杨圣建、陈金龙、苏龙辉、苏世灼

续表

序号	项目名称	主要完成单位	主要完成人
31	穿越复杂海域地铁盾构隧道建造关键技术研究及应用	厦门轨道建设发展集团有限公司、中铁第四勘察设计院集团有限公司、盾构及掘进技术国家重点实验室、西南交通大学、水利部交通运输部国家能源局南京水利科学研究院、同济大学	陈晓坚、王金龙、周建军、蔡光远、张竹清、陈建福、蔡文明
32	高耐蚀强润滑清洁能源燃料内燃机气缸套关键技术及应用	三明学院、福建龙生机械有限公司、福建荣建集团有限公司、福建西南建设有限公司、中原内配集团股份有限公司、焦作大学	王春荣、林　岚、程超增、刘　栋、孟　超、魏　剑、侯起飞
33	大功率激光加工装备研制与应用	中国机械总院集团海西（福建）分院有限公司、厦门大学、深圳市杰普特光电股份有限公司、中机数控科技（福建）有限公司、长园装备制造有限公司	薛松海、姜　超、连云崧、赵崇光、林锦明、张炳才、刘　明
34	新型全预制装配式桥梁建造关键技术和应用	福建承昌建设工程有限公司、北京建筑大学、中恒建设集团有限公司、皓耀时代（福建）集团有限公司、恒超建工集团有限公司、中恒宏瑞建设集团有限公司	胡梦涵、曾志攀、陈冠华、陈　榕、贾振雷、刘晓光、刘佑伟
35	国产首套带式焙烧机高品质熔剂性球团关键技术与装备	福建三钢闽光股份有限公司、中南大学、中钢设备有限公司、福建省三钢（集团）有限责任公司	洪荣勇、潘　建、陈昭尧、朱德庆、胡文祥、郭正启、易安南
36	福建省治涝水文关键技术研究与推广应用	福建省水利规划院、河海大学	黄常斌、向　龙、林明财、陈　琼、陈　星、石　朋、杨传国
37	威兰胶生产关键技术及产业化与应用	福建师范大学、中国石油大学（华东）、枣庄市杰诺生物酶有限公司	朱　虎、李　慧、常爱平、王继乾、徐　海、姬思雪、许向阳
38	湿电子化学品提纯关键技术及工业应用	福州大学、金为环保科技（常州）有限公司、浙江联盛化学股份有限公司、天津中福环保科技股份有限公司、清源创新实验室	杨　臣、陈　杰、邱　挺、黄　斌、杨振杰、郑晓舟、王清莲
39	纺织面料立体印花智能装备关键技术与应用	福建屹立智能化科技有限公司、东华大学、福建华峰运动用品科技有限公司	孟　婥、季　霞、孙志军、郗欣甫、李培波、闫红霞、方华玉
40	海洋藻源色素蛋白/肽的绿色制备关键技术及产业化应用	福州大学、福建中益制药有限公司、福建蓝海食品科技有限公司、安徽国肽生物科技有限公司	蔡茜茜、汪少芸、陈旭、邱远望、林德雄、张　恒、田永奇
41	食品品质安全近红外光电传感快速智能化检测技术创新和应用	集美大学、江苏大学、厦门海荭兴仪器股份有限公司	陈全胜、陈晓梅、李欢欢、焦天慧、张荣宝、杨　彬
42	磷酸赋活法制备竹木质颗粒活性炭关键技术及产业化	福建农林大学、福建省林业科学研究院、福建省鑫森炭业股份有限公司、福建省芝星炭业股份有限公司	林冠烽、黄　彪、陈志强、林　鹏、常颖萃、魏安国、吴开金
43	杜鹃种质创新与产业化关键技术研究及应用	福建农林大学、贵州科学院、金华市永根杜鹃花培育有限公司、诚誉建设集团有限公司、福建洋塔园艺有限公司、福建江海苑园林工程有限公司	郭梨锦、陈孝丑、林　蔚、陈　翔、何碧珠、周　艳、王　玲

续表

序号	项目名称	主要完成单位	主要完成人
44	百香果种质创新与生产关键技术研究及应用	福建农林大学、龙岩市新罗区良种繁育场、龙岩市新罗区种子站、龙岩市新罗区经济作物技术推广站、福建莲蜜生态农业发展有限公司、福建百果壹号农业发展有限公司	陈发兴、张文斌、蔡世锋、倪秋凉、吴胜芳、林水明、林炎照
45	海洋环境绿叶蔬菜品种选育及智能化生产关键技术研究应用	福建农林大学、福建金品农业科技股份有限公司、鑫晟欣（厦门）农业工场技术有限公司、福建九圃生物科技有限公司	钟凤林、许　茹、侯毛毛、朱　彬、李小英、曹萍、出泽宏
46	福建省海上绿色养殖设施装备及模式创新与产业化	福建省水产研究所、集美大学、金贝尔（福建）水环境工程有限公司、福建亚通新材料科技股份有限公司、福建省闽东水产研究所、莆田市水产科学研究所	郑国富、王春忠、扈　喆、颜阔秋、曾庆民、王兴春、魏盛军
47	水稻重大害虫褐飞虱绿色防控关键技术创新与应用	福建省农业科学院水稻研究所、福建省农业科学院植物保护研究所、尤溪县农业技术推广站、湖南新长山农业发展股份有限公司	施龙清、邱良妙、占志雄、朱永生、刘　锋、谢华安、刘其全
48	基于绿芦笋优化栽培模式的病虫害绿色防控技术研究与应用	福建省农业科学院植物保护研究所、浙江大学、福州市农业科学研究所、杭州佳惠农业开发有限公司、京博农化科技有限公司	杜宜新、陈福如、石妞妞、施建军、卢　钢、张旭娟、阮宏椿
49	植物油基生物质复合材料制备关键技术及产业化	福建农林大学、青岛弧光高分子科技有限公司、福人集团森林工业有限公司	刘文地、邱仁辉、邱建辉、吴宇超、陈婷婷、付腾飞
50	食管癌放射治疗关键技术的创新与应用	福建省肿瘤医院、江苏省人民医院、上海市胸科医院	李建成、孙新臣、程文芳、蔡旭伟、林明蔷、姚奇伟、吴海山
51	基于类脑智能的中药生产管控关键技术及临床转化应用	厦门中药厂有限公司、浙江大学、福建中医药大学、浙江工业大学	墙世发、王　毅、林　羽、关　斌、车　莉、钱　景、赖志成
52	福建社区老年人综合健康评估和干预体系的构建与示范	福建省立医院	朱鹏立、黄　峰、林　帆、张琼瑶、袁　音、李乔薇、李　娜
53	“通督强脊”论治脊柱病的科学内涵与推广应用	福建医科大学、福建中医药大学、福建中医药大学附属第二人民医院、福建中医药大学附属康复医院、正上智能科技（福建）有限公司	王诗忠、陈少清、林建平、张坤木、李　明、宋红梅、陈水金
54	遗传性中枢神经退行性疾病的分子诊断及应用	福建医科大学附属第一医院、中国科学院脑科学与智能技术卓越创新中心	陈万金、王　柠、姚香平、熊志奇、程学文、赵　森、何　瑾
55	腹腔镜和机器人胰腺手术关键技术建立和应用	福建医科大学附属协和医院	黄鹤光、林荣贵、林贤超、陈燕昌、陆逢春、杨媛媛、王丛非
56	老年认知障碍早期筛查评估与康复的关键技术及应用	福建中医药大学、厦门市和家健脑智能科技有限公司、香港大学、香港教育大学、中国人民解放军联勤保障部队第九〇〇医院、易家健康管理有限公司	陶　静、柳维林、李湄珍、陈智轩、吴劲松、刘　娇、张胜行
		三等奖	
1	新型高刷新全面显示屏的开发与产业化	福建华佳彩有限公司	黄　丽、钟慧萍、霍安邦、吕陈凤、吴文靖

续表

序号	项目名称	主要完成单位	主要完成人
2	3.5GHz 频段 5G 终端砷化镓功放芯片研发及产业化	厦门市三安集成电路有限公司	魏鸿基、杨　健、王鹏、王文平、李艺君
3	跨行业异构数据智能分析关键技术与应用	福州大学、国网信通亿力科技有限责任公司、福建正孚软件有限公司、福建拓尔通软件有限公司	陈羽中、倪时龙、林建华、牛玉贞、赵铁松
4	智能终端语音交互技术研发与产业化	厦门大学、海信视像科技股份有限公司、厦门市美亚柏科信息股份有限公司、厦门天聪智能软件有限公司	洪青阳、童　峰、李　琳、杨善松、马　明
5	面向边缘感知的轻量化三维数字底座及产业化应用	集美大学、罗普特科技集团股份有限公司、厦门市政管廊投资管理有限公司、厦门大学	蔡国榕、江文涛、林亚杰、苏锦河、李绍滋
6	基于知识图谱和深度迁移学习的 B2C 智能电商关键技术研发及应用	华侨大学、福建奇鹭物联网科技股份公司、蓝海（福建）信息科技有限公司、易点生活电子商务有限公司	王　成、张忆文、林仪清、傅顺开、王　靖
7	面向下一代互联网的主动防御关键技术及应用	泉州信息工程学院、福建中信网安信息科技有限公司、中国人民解放军战略支援部队信息工程大学、泉州市搏浪科技集团有限公司	金华松、王　禹、郭　毅、张连成、曾耕耘
8	云数据中心超大规模 SDN 网络技术及应用	锐捷网络股份有限公司、中移动信息技术有限公司、中移（苏州）软件技术有限公司、福建星网锐捷通讯股份有限公司	林镜华、黄奇峰、黄东远、刘　虹、齐　骥
9	网络化客流需求条件下的城市轨道交通智能运输关键技术及决策平台	厦门大学、北京交通大学、海环科技集团股份有限公司、中工建设集团（福建）有限公司	许旺土、许心越、张　薇、李建民、刘四德
10	信息智能处理系统安全防护关键技术研究与应用	厦门大学、福建联迪商用设备有限公司、睿云联（厦门）网络通讯技术有限公司、福建省中电海峡智能装备研究院	高志斌、黄联芬、林　英、黄　悦、冯　超
11	新型智慧防控安全体系关键技术创新与产业化	莆田学院、润建股份有限公司、深圳大学、广西信安锐达科技有限公司	闻　辉、刘海涛、裴继红、李林强、覃　诗
12	系统工程与数字化技术在三代核电“华龙一号”工程中的应用与创新	中核国电漳州能源有限公司、北京航天兴科高新技术有限公司、中国核工业二四建设有限公司、中国核工业第五建设有限公司	陈国才、宋丰伟、邹德麟、汤建秋、丁　峰
13	基于云计算的电力网络空间威胁智能分析防御关键技术及应用	国网福建省电力有限公司信息通信分公司、南京南瑞信息通信科技有限公司、国网信通亿力科技有限责任公司、东南大学	蔡宇翔、蒋　鑫、金倩倩、程光、付　婷
14	基于云边端协同的低压配电网智慧运维关键技术及应用	国网福建省电力有限公司电力科学研究院、中国电力科学研究院有限公司、国电南瑞科技股份有限公司、北京智芯微电子科技有限公司	范元亮、陈金玉、吴涵、陈伟铭、林佳颖
15	考虑多能源互补的综合需求响应优化控制及市场交易关键技术与应用	国网福建省电力有限公司经济技术研究院、中国电力科学研究院有限公司、华北电力大学、天津大学	杜　翼、田世明、曾　鸣、穆云飞、李源非

续表

序号	项目名称	主要完成单位	主要完成人
16	省级电网高比例核电安全灵活运行控制技术及应用	国网福建省电力有限公司、福建福清核电有限公司、广西电网有限责任公司电力科学研究院、武汉大学	林　毅、文立斌、赵　洁、江　伟、宋少群
17	配电网数字化全顺控调度关键技术及工程应用	国网福建省电力有限公司、福州大学、积成电子股份有限公司、国网福建省电力有限公司电力科学研究院	陈宇星、殷自力、李宽宏、高俊彦、张振宇
18	架空输电线路耐候钢杆塔耐久性提升关键技术及工程应用	国网福建省电力有限公司电力科学研究院、北京科技大学、中国电力科学研究院有限公司、国网智能电网研究院有限公司	林德源、黄　耀、程学群、陈云翔、杨小佳
19	大型变压器硫腐蚀故障检测诊断与高效防治关键技术及规模化应用	国网福建省电力有限公司电力科学研究院、广东电网有限责任公司电力科学研究院、华北电力大学、国网湖南省电力有限公司电力科学研究院	连鸿松、丛浩熹、钱艺华、郑东升、万　涛
20	高安全长寿命车用动力电池系统关键技术研发及产业化	厦门金龙汽车新能源科技有限公司、厦门大学、中创新航新能源（厦门）有限公司	赵金保、陈晓冰、刘晓涵、张　鹏、叶伟宏
21	基于端—边—云智能协同的生活空间智能管控关键技术及产业化	华侨大学、北京师范大学珠海校区、厦门安明丽光电科技有限公司、厦门亚锝电子科技有限公司	高振国、王　田、王焕华、卢　凯、谢　伟
22	高性能大功率轨道交通供电装备关键技术及工程应用	福州大学、中铁电气化局集团有限公司、福建省协兴建设有限公司、福州地铁集团有限公司	林云志、金　涛、毛行奎、夏建勇、王征
23	公路桥梁地震易损性评估与加固关键技术及应用	福州大学、中庆建设有限责任公司、福建省五洲建设集团有限公司、福建永东南建设集团有限公司	陈力波、张洪军、苏火金、张瀚武、陈　龙
24	城市主干道下浅埋小净距隧道施工关键技术及应用	华侨大学、济南城建集团有限公司、中铁一局集团有限公司、中铁十四局集团有限公司	陈士海、孙　杰、甄西东、杨　勇、潘合斌
25	超轻高承载与高安全驱动的客车主被动防护关键技术研发与产业化	华侨大学、厦门金龙联合汽车工业有限公司	张　勇、张　锋、龚　刚、陈叶旺、蔡鸿毅
26	轨道交通信息物理融合系统的可信保障技术及应用	华侨大学、同济大学、卡斯柯信号有限公司	陈祖希、梅　萌、朱永华、李卫娟、周长利
27	钢铁行业实现 NOx 超低排放的中低温 SCR 脱硝技术及应用	华侨大学、福建龙净脱硫脱硝工程有限公司	荆国华、吴孝敏、郭厚焜、黄和茂、黄志伟
28	航空轻合金零件精密加工用高强韧性刀具的研制及产业化	厦门钨业股份有限公司、华侨大学、厦门金鹭特种合金有限公司	刘　超、黄　辉、钟可祥、王杰伟、王福增
29	高端反光膜制造关键技术研发及产业化	集美大学、福建夜光达科技股份有限公司	杨　光、姜　涛、刘　铠、黄志鹏、皮　钧
30	氢燃料电池应急通信指挥车关键技术及产业化	厦门大学、龙岩市海德馨汽车有限公司、国网福建省电力有限公司龙岩供电公司、福建铭泰集团有限公司	黄建祥、褚旭阳、吴龚静、吴东锋、郑猷泉

续表

序号	项目名称	主要完成单位	主要完成人
31	福建泵产业离心泵关键技术与产业化应用	福建省机械科学研究院（福建省农业机械化研究所）、江苏大学、福建省银象电器有限公司、福州海霖机电有限公司	马栋棋、张启华、张金凤、丁敏良、连松锦
32	梁板一体化装配混凝土结构体系产业化关键技术与应用	福建建工装配式建筑研究院有限公司、福州大学、福建华航建设集团有限公司、福建建工集团有限责任公司	任　彧、姜绍飞、陈宇峰、张雅杰、刘越生
33	大跨度缆索支承体系桥梁动力灾变机理及控制关键技术	福建省建筑科学研究院有限责任公司、东南大学、福建路港（集团）有限公司、深圳大学	夏　坚、宗周红、周　锐、黄学漾、林万福
34	大型富水厚层滑坡治理及智能感知监测关键技术研究	福建省交通规划设计院有限公司、福州大学、深圳市工勘岩土集团有限公司、福建省交通科技发展集团有限责任公司	秦志清、戴自航、卢才金、陈　鸿、艾四芽
35	内河航道助航服务能力提升的关键技术研究及应用	福建师范大学、福建吉星智能科技股份有限公司、长江航道测量中心、大连海事大学	吴允平、刘华松、杨保岑、苏伟达、潘明阳
36	城市黑臭河道水环境综合治理关键技术研究与示范应用	福州大学、福州城建设计研究院有限公司、中建三局集团有限公司、宇旺建工集团有限公司	范功端、魏忠庆、董晓刚、徐开钦、张显忠
37	中国古代木构建筑营造技术研究与应用	福州大学、上海交通大学、华侨大学、福州市建筑设计院有限责任公司	朱永春、刘　杰、吴任平、成　丽、关瑞明
38	高层建筑钢板剪力墙高性能抗震体系关键技术提升及推广应用	福建创盛建设有限公司、天津城建大学、福建天蒙建设有限公司、福建宇凡建设有限公司	赵秋红、卢复正、林育芳、谭志伦、郐俊明
39	复杂环境地下给排水管绿色施工与升级修复关键技术	国智建筑科技有限公司、浙江工业大学、皓耀时代（福建）集团有限公司、恒超建工集团有限公司	苏　霖、王康宇、陈　松、缪生超、王　铭
40	起重机械安全保障及性能提升关键技术与工程应用	永富建工集团有限公司、福建省特种设备检验研究院、闽江学院、福建诚恒意建设集团有限公司	胡敬铨、张　冲、郑祥盘、黄志强、陈　洁
41	复杂海域中固定式风电场工程建造关键技术与应用	福建省燕城建设工程有限公司、中铁大桥局集团有限公司、福建路港（集团）有限公司、中交鹭建有限公司	刘　超、李明林、席仁强、郎绿原、黄金星
42	高精高速长寿命打印机传动与控制技术的研究及产业化	厦门汉印电子技术有限公司、集美大学	林锦毅、蒋清山、林　扬、陈俊英、陈秀玉
43	公共领域电梯安全风险防控及智慧监管关键技术研究与应用	厦门市特种设备检验检测院、福州大学、福建省特种设备检验研究院、永富建工集团有限公司	伏喜斌、钟剑锋、潘健鸿、徐火力、王　冰
44	低温多晶硅车载抬头显示产品开发与产业化	厦门天马微电子有限公司、厦门天马显示科技有限公司	沈柏平、叶道福、方丽婷、钟健升、吴　薇
45	建筑垃圾绿色低碳高质化利用的关键技术及产业化	福建省兴岩建设集团有限公司、福建理工大学、福建祥睿建设发展有限公司、福建博厚建设工程有限公司	郑闽锋、郑东明、林锦祥、陈　华、范亚明

续表

序号	项目名称	主要完成单位	主要完成人
46	汽车轮毂智能制造装备、系统及其轻量化设计技术研发与应用	正兴车轮集团有限公司、福建理工大学、华安正兴车轮有限公司、福建成功机床有限公司	林资源、彭晋民、赖建辉、童　昕、赖志东
47	绿色节能数据中心精准管理和智能调优技术研发与应用	华侨大学、国富瑞数据系统有限公司、国富瑞（福建）信息技术产业园有限公司	翟术英、莫毓昌、翁智峰、贾　静、庄清渠
48	长效全防滑功能橡胶鞋底的开发及应用	黎明职业大学、茂泰（福建）新材料科技有限公司、南京工程学院	王经逸、卢　鑫、廖毅彬、张青海、王育玲
49	绿色化智能化大型新能源地坪磨抛车	三明学院、福建兴翼机械有限公司、福建省禹澄建设工程有限公司、福建泉润建设工程有限公司	叶根翼、张　璐、王延忠、陈礼炜、黄一展
50	工业废气回收提纯电子级六氟乙烷关键技术	福建德尔科技股份有限公司	李纪明、李向如、华祥斌、李嘉磊、刘志强
51	基于节能运行的智能化气力输送系统	福建龙净环保股份有限公司	潘仁湖、贾明成、田　青、江兴涛、薛日顺
52	燃煤烟气低碳节能深度净化系统及装备	福建龙净环保股份有限公司	廖增安、罗如生、陈晓雷、谢庆亮、钟志良
53	现役堤防长效健康服役与生态整治关键技术及应用	福建汇达建筑工程有限公司、河海大学、福建泉润建设工程有限公司、安徽水利开发有限公司	郑喜年、陈　波、蓝丽华、杜新春、蔡贤俊
54	滨水带综合治理与生态景观岸坡关键技术及应用	神州建设集团有限公司、浙大城市学院、安徽水利开发有限公司、四川港航建设工程有限公司	谢雨川、王新泉、李　枭、王志强、何俊明
55	极端天气下滨海高强度开发城市韧性防涝体系关键技术研究及应用	厦门市城市规划设计研究院有限公司、中国科学院城市环境研究所、武汉新烽光电股份有限公司、厦门理工学院	王开春、崔胜辉、王泽阳、武治国、王连接
56	基于水生态安全的移动式重金属检测系统研发及产业化应用	闽江学院、杭州谱育科技发展有限公司、福建佰胜达建设有限公司、中大（福建）工程建设集团有限公司	陈　强、张　兰、俞晓峰、林　棋、曾志胤
57	海峡西岸强对流形成机理与监测预报技术及应用	厦门市气象局	赵玉春、王叶红、郑　辉、黄亦鹏、池艳珍
58	大数据驱动的智能运动鞋服功能性关键技术及其产业化	黎明职业大学、三六一度（中国）有限公司、厦门理工学院、华侨大学	王　锋、魏书涛、彭飘林、赵少聪、吕明旭
59	分结构宽幅数控提花经编机关键技术及产业化应用	福建省鑫港纺织机械有限公司	郑依福、郑春乐、赖秋玉、郑春华、鲍玲鑫
60	福建特色鱼类蛋白加工关键技术的创新及产业化	集美大学、宁德市海扬食品有限公司、厦门同泉水产食品有限公司、东山腾新食品有限公司	郑明静、杨远帆、魏好程、黄朱华、陈先木
61	含砷物料资源化、无害化处理关键技术开发及工业化应用	紫金矿业集团股份有限公司、厦门紫金矿冶技术有限公司、紫金铜业有限公司	王乾坤、林鸿汉、许晓阳、方荣茂、蒋开喜
62	超薄竹刨花板生产关键技术及产业化	福人集团森林工业有限公司、福建农林大学	叶世俊、兰从荣、吴林生、段珍光、林志伟

续表

序号	项目名称	主要完成单位	主要完成人
63	高安全性锂电池用凝胶聚合物基陶瓷复合隔膜的研究与应用	宁德卓高新材料科技有限公司、中国科学院福建物质结构研究所、宁德师范学院	王晓明、杨浩田、周素霞、李文木、张　磊
64	大宗传统酿造调味品产业提升关键技术创研与应用	福建农林大学、福建省潘氏食品有限公司、福建吉百年食品有限公司、福州康达食品有限公司	田玉庭、庄玮婧、潘雪婷、林锦云、陈　挺
65	人造肉肠产业化关键技术研究与应用	福建农林大学、海欣食品股份有限公司、福建小二哥食品有限公司、福州素天下食品有限公司	曾绍校、滕用庄、刘宜锋、林建杰、邓荣华
66	基于生消周期藻类细胞特征的水华监测方法与关键控制技术	厦门大学、福建省水利水电勘测设计研究院有限公司、中国科学院城市环境研究所	于　鑫、陈　辉、李　曦、李晶晶、王立武
67	袋栽海鲜菇品种选育及高效生产技术体系创新与产业化应用	福建农林大学、福建福泉鑫生物科技有限公司	孙淑静、金文松、李佳欢、胡开辉、程泳春
68	油茶高产栽培及高值化利用关键技术研发与产业化示范	福建师范大学、福建胜华农业科技发展有限公司、福建省沈郎油茶股份有限公司、福建中胜华兴建工集团有限公司	卢玉栋、游瑞云、王晓艳、李晓艳、卢圣钊
69	南方重要树种人工林质量精准提升关键技术及应用	福建农林大学、福建省林业科学研究院、福建林业职业技术学院	吴鹏飞、叶功富、李　明、高　伟、陈志云
70	福建红树林及其生态环境演变规律与恢复提升应用	福建师范大学、福建农林大学、福建省林业科学研究院、泉州湾河口湿地自然保护区发展中心	胡敏杰、仝　川、洪志猛、陈思明、万晓会
71	畜禽多靶点低耐药高效替抗减抗的技术集成与推广应用	龙岩学院、漳州大北农农牧科技有限公司、福建龙岩闽雄生物科技股份有限公司、龙岩大北农生物科技有限公司	邱龙新、陈洪博、尹会方、陆黎明、陈星星
72	特色海水鱼保鲜与精深加工关键技术及产业化应用	福建农林大学、海南热带海洋学院、浙江大学、福建技术师范学院	吴春华、胡亚芹、王良玉、吴甜甜、骆主胜
73	南方风景园林树种主要害虫绿色防控关键技术研发与应用	福建省林业科学研究院、福州植物园、漳州市英格尔农业科技有限公司、武夷山国家公园科研监测中心	何学友、蔡守平、潘爱芳、曾丽琼、陈清海
74	经济鱼类高质化开发关键技术创新及应用	福建省水产研究所、自然资源部第三海洋研究所、安井食品集团股份有限公司、海南华研胶原科技股份有限公司	陈　贝、陈俊德、刘智禹、黄建联、陈晓婷
75	进口热带水果危险性有害生物监测预警与除害处理	福建省农业科学院农业质量标准与检测技术研究所、福建省农业科学院植物保护研究所、广州海关技术中心、厦门海关技术中心	傅建炜、李建宇、吴佳教、黄蓬英、史梦竹
76	食用菌废弃物资源化利用模式及关键技术研究与应用	福建省农业科学院农业生态研究所、福建省农业科学院食用菌研究所、福建省农业科学院农业生物资源研究所、福建省农业科学院土壤肥料研究所	黄秀声、应正河、钟珍梅、张　迪、张　青

续表

序号	项目名称	主要完成单位	主要完成人
77	农艺农机融合促进杂交稻制种提质增产技术创新与应用	福建省农业科学院水稻研究所、福建省种子总站、建宁县农业技术推广站、三明市种子站	吴志源、郑长林、谢华安、阮妙鸿、李忠才
78	大宗经济海藻生物脱腥与深加工关键技术及装备	福建省农业科学院农业工程技术研究所、福建省红太阳精品有限公司、福建亿达食品有限公司	林晓姿、李维新、陈秉彦、郭鸿华、邱碧香
79	口岸外来入侵植物检疫鉴定及防控关键技术与应用	福州海关技术中心、榕城海关综合技术服务中心、广西壮族自治区农业科学院	虞　赟、李　敏、沈建国、林谷园、邓　真
80	新生儿危重症救治关键技术建立及推广应用	厦门市儿童医院、复旦大学附属儿科医院	庄德义、程国强、王明帮、钱莉玲、黄湘晖
81	福建省新型冠状病毒肺炎的流行病学及病原学特征研究	福建省疾病预防控制中心、泉州市第一医院	郑奎城、余雪平、陈光敏、欧剑鸣、张炎华
82	骨肉瘤预后相关分子标志物及其在早期诊断及靶向治疗中的应用研究	福建医科大学附属第一医院	林建华、钟光贤、王生淋、陈锦元、吴朝阳
83	肺动脉高压发病的分子机制及药物治疗的系列研究	福建医科大学附属第一医院	谢良地、罗　莉、庄　伟、梁敏烈、黄邦邦
84	基于MR引导的恶性肿瘤介入诊疗技术	福建医科大学附属第一医院	林征宇、陈　锦、林瑞祥、严　媛、陈　健
85	OSAHS相关代谢紊乱及心血管损伤的系列研究	福建医科大学附属第一医院、福建省漳州市医院、福建医科大学附属第二医院	林其昌、陈理达、黄杰凤、陈公平、陈清石
86	恶性肿瘤成纤维激活蛋白PET/CT分子影像的创新和临床应用	厦门大学附属第一医院（厦门市第一医院）	陈皓鋆、孙　龙、赵　亮、逄一臻、付　浩
87	新冠肺炎致病机制及救治体系建立与应用	厦门大学附属第一医院（厦门市第一医院）、厦门大学、华侨大学	王占祥、钟　平、陈学勤、伍定辉、李剑锋
88	抗肿瘤药物临床评价体系及关键技术的创建与应用	厦门大学附属第一医院（厦门市第一医院）、厦门大学、莱必宜科技（厦门）有限责任公司	李卫华、范明霞、叶　峰、吴彩胜、吴云龙
89	急性缺血性卒中区域性救治新体系的创建及精准介入技术的应用推广	福建省漳州市医院	蔡铭智、陈文伙、易婷玉、吴燕敏、林定来
90	慢性乙型肝炎中西医结合防、诊、治体系的构建和推广应用	厦门市中医院、厦门大学	梁惠卿、陈少东、毛乾国、吴春城、王付强
91	良性前列腺增生中西医结合防诊治研究体系的建立与推广应用	厦门市中医院、厦门大学附属中山医院	黄源鹏、邓龙生、金海鹏、陈　平、庄小梅
92	医学影像大设备智能化质量控制与管理关键技术研究与临床应用	中国人民解放军联勤保障部队第九〇〇医院	付丽媛、许尚文、梁永刚、肖　慧、陈泽龙
93	间充质干细胞治疗糖尿病关键技术研究	中国人民解放军联勤保障部队第九〇〇医院	吴志贤、陈　津、蔡锦全、王水良、林宇宁

续表

序号	项目名称	主要完成单位	主要完成人
五、科学技术成果转化奖（2项）			
一等奖			
1	高强度超薄化学钢化汽车玻璃技术的产业化应用	福耀玻璃工业集团股份有限公司、厦门大学	林　军、郑明生、王　哲、郭说喜、周忠华、吴声桂、温苏文、陈碧珠、翁吓华、何宗华
二等奖（空缺）			
三等奖			
1	基于聚硼硅氧烷的自适应共混弹性体鞋材的研制及产业化	泉州匹克鞋业有限公司、福建泉州匹克体育用品有限公司、西安理工大学、陕西匹克玄铠新材料有限公司	蔡维健、许志华、李家保、李峰、于钟梅
六、国际科学技术合作奖（3人）			
布鲁诺·布里斯杰拉（Bruno Briseghella）（福州大学）			
辛口·帕特里克（Sinko，Patrick John）（闽江学院）			
程方（Fang Cheng）（华侨大学、厦门天马微电子有限公司）			

（摘编：吴建翰）

2023 年两院院士福建省新当选人员名单

2023 年 11 月 22 日，中国科学院、中国工程院公布 2023 年院士增选结果，分别选举产生中国科学院院士 59 人，中国工程院院士 74 人。福建共有 3 人当选。

其中，当选 2023 年中国科学院院士的有郑南峰（厦门大学）、张荣（厦门大学）；当选 2023 年中国工程院院士的有夏宁邵（厦门大学）。

郑南峰，中国科学院院士，厦门大学化学化工学院教授、嘉庚创新实验室主任、纳米材料制备技术国家地方联合工程研究中心主任。曾以第一完成人获国家自然科学奖二等奖、首届科学探索奖、何梁何利基金科学与技术创新奖、教育部青年科学奖、中国青年科技奖、中国化学会-英国皇家化学会青年化学奖、东京大学 Zasshi-kai 讲席奖、中国化学会青年化学奖等。

张荣，中国科学院院士，厦门大学党委书记、厦门大学国家集成电路产教融合创新平台主任，厦门市未来显示技术研究院院长。曾获国家技术发明二等奖、国家自然科学二等奖、国家教学成果二等奖和国家技术发明三等奖各 1 项，何梁何利科学与技术进步奖、省部级科技一等奖 3 项。

夏宁邵，中国工程院院士，厦门大学生命科学学院/公共卫生学院教授、国家传染病诊断试剂与疫苗工程技术研究中心主任、传染病疫苗研发全国重点实验室主任、翔安创新实验室主任，曾任厦门大学公共卫生学院院长。曾以第一完成人获国家技术发明二等奖、国家科技进步二等奖、全国创新争先奖、中国专利金奖、福建省科技重大贡献奖、厦门市科技重大贡献奖、求是杰出科技成就集体奖、转化医学杰出贡献奖。

院士是我国科学技术方面和工程科技领域的最高荣誉称号，院士制度是党和国家为树立尊重知识、尊重人才导向，凝聚优秀人才服务国家设立的一项重要制度。

本次增选后，我国院士队伍的年龄结构和学科分布进一步优化。本次两院院士增选名额进一步向国家急需的关键领域和基础学科、新兴学科、交叉学科倾斜；向为国防和国家安全作出突出贡献的科研人员倾斜；向承担国家重大科研任务、重大科技基础设施建设和重大工程并作出突出贡献的科研人员倾斜。

（摘编：吴建翰）

2023年福建省技能大师工作室名单

2023年12月29日福建省人社厅网站发布：福建省技能大师工作室是依托企事业单位，由行业（领域）技能拔尖、技艺精湛，具有较强创新创造能力和社会影响力，且在带徒传技方面经验丰富的技能大师领办建设的技能传承、攻关、推广、交流的平台。经单位自主申报、属地人社部门或行业主管部门推荐、专家评审、社会公示等环节，日前，省人社厅、省财政厅联合发文公布了2023年省级技能大师工作室名单60个，具体如下（按照推荐地或行业主管部门分类，排名不分先后），名单如下：

一、省教育厅

王苏锋技能大师工作室　福建第二轻工业学校

辛顺强技能大师工作室　福建水利电力职业技术学院

二、国网福建省电力有限公司

陈章山技能大师工作室　福建省送变电工程有限公司

庄敬清技能大师工作室　国网石狮市供电公司

三、省粮食局

郑莉技能大师工作室　福建经贸学校

四、省委统战部

郭丽技能大师工作室　福州三宝工艺品有限公司

五、福州市

师延财技能大师工作室　中核检修福清分公司

陈承仪技能大师工作室　中国铁路南昌集团有限公司福州机务段

林敬春技能大师工作室　福建京元餐饮管理有限公司

林鹤技能大师工作室　福州石尚工坊文化产业有限公司

全瑞炳技能大师工作室　福建石韵天工文化艺术有限公司

李香邮技能大师工作室　福建威石文化创意发展有限公司

侯和炎技能大师工作室　福建哥弟缘实业有限公司

蔡友灵技能大师工作室　福建中艺文化传媒有限公司

林贤洲技能大师工作室　福州漆艺术研究院有限公司

六、厦门市

翁建建技能大师工作室　厦门博视源机器视觉技术有限公司

陈清山技能大师工作室　厦门永赞工贸有限公司

昝强技能大师工作室　集美工业学校

阙福标技能大师工作室　路达（厦门）工业有限公司

张金和技能大师工作室　厦门精合电气自动化有限公司

杨超技能大师工作室　厦门市集美职业技术学校

荣波技能大师工作室　厦门工商旅游学校

七、泉州市

庄森彬技能大师工作室　福建群峰机械有限公司

詹保凌技能大师工作室　福建富源茶业有限公司

钟桂尧技能大师工作室　石狮市宸汐职业技能培训学校有限公司

林灵月技能大师工作室　德化县韵瓷轩陶瓷艺术有限公司

方碧双技能大师工作室　永春县桃城镇芳亭纸织画社有限公司

李甲栈技能大师工作室　德化县华达陶瓷有限公司

陈向阳技能大师工作室　福建九匠九建设发展有限公司

谢泉忠技能大师工作室　福建惠安县宝树石材有限公司

洪仲森技能大师工作室　福建兴全香业有限公司

八、漳州市

黄琬瑜技能大师工作室　漳州高新职业技术学校

黄宝华技能大师工作室　漳州职业技术学院

王兴虎技能大师工作室　漳州一凡窑陶瓷有限公司

九、莆田市

颜震平技能大师工作室　福建省莆田市高级技工学校

郑志明技能大师工作室　福建广电网络集团莆田分公司

林建军技能大师工作室　莆田市藏云堂精微透雕艺术研究院

陈玉树技能大师工作室　莆田市四君子古典家具有限公司

陈开泉技能大师工作室　莆田市仙游县紫檀缘古典家俱有限公司

十、三明市

范振武技能大师工作室　福建三明林业学校

包世生技能大师工作室　三明尤溪宾馆有限公司

曾凯华技能大师工作室　福建曾氏餐饮管理服务有限公司

上官灿丁技能大师工作室　福建龙门官坊旅游文化有限公司

傅永方技能大师工作室　尤溪县择善堂设计工作室

十一、南平市

张碧清技能大师工作室　福建林业职业技术学院

杨振莲技能大师工作室　武夷山民品茶业有限公司

林凌技能大师工作室　武夷山旅游职业中专学校

郑世阳技能大师工作室　南平市延平区世阳雕刻制品有限公司

蔡龙技能大师工作室　南平市建阳区水木间建盏陶瓷有限公司

邱芙蓉技能大师工作室　南平市建阳区丘盏文化传播有限公司

十二、龙岩市

俞金生技能大师工作室　福建紫金铜箔科技有限公司

华素梅技能大师工作室　紫金铜业有限公司

廖卫明技能大师工作室　龙岩纯萃餐饮管理有限公司

刘华平技能大师工作室　福建金彩蓝农副产品商贸有限公司

十三、宁德市

张松涛技能大师工作室　宁德时代新能源科技股份有限公司

林章明技能大师工作室　宁德市山哈服饰有限公司

阮明技能大师工作室　宁德市阮明百草堂推拿馆

叶石和技能大师工作室　宁德市叶石和根艺有限公司

十四、平潭综合实验区

梅明亮技能大师工作室　卫蓝（平潭）科技有限公司

詹胜技能大师工作室　福建映像海坛文化创意有限公司

（摘编：游永贵）

福建省农业技术正高级职务和农业技术推广研究员任职资格人员名单

2023年4月21日福建省人力资源和社会保障厅印发《关于批准确认刘道泉等44位同志农业技术正高级职务和农业推广研究员任职资格的通知》（闽人社批复〔2023〕220号）提出，经研究，批准确认由福建省第三届农业技术正高级职称和农业技术推广研究员评审委员会评审通过的刘道泉等17位同志农业技术正高级职务、黄冰煌等27位同志农业技术推广研究员任职资格，任职资格确认时间为2023年4月3日，现予公布，名单如下。

刘道泉等17位农业技术正高级职务任职资格人员名单

福州市（1人）：

正高级兽医师：刘道泉

厦门市（1人）：

正高级农艺师（植物保护）：杨森山

漳州市（1人）：

正高级农艺师（园艺）：林锦辉

三明市（1人）：

正高级农艺师（园艺）：杨彬

莆田市（2人）：

正高级农艺师（园艺）：郑龙

正高级农艺师（植物保护）：黄建青

南平市（5人）：

正高级农艺师（农学）：刘端华

正高级农艺师（园艺）：刘国英

正高级农艺师（农业资源环境）：朱秀端

正高级农艺师（农业资源环境）：王宗寿

正高级兽医师：余明兴

龙岩市（2人）：

正高级农艺师（农学）：徐淑英

正高级兽医师：陈长福

宁德市（1人）：

正高级兽医师：叶裕香

福建省农业农村厅（2人）：

正高级农艺师（园艺）：郑峻

正高级农艺师（农业资源环境）：黄曦

海峡人才市场（1人）：

正高级兽医师：江兴华

黄冰煌等27位农业技术推广研究员任职资格人员名单

福州市（2人）：

农业技术推广研究员（园艺）：黄冰煌

农业技术推广研究员（兽医）：林晓英

漳州市（3人）：

农业技术推广研究员（农业资源环境）：张民生

农业技术推广研究员（畜牧）：黄清虎

农业技术推广研究员（兽医）：陈燕慧

泉州市（2人）：

农业技术推广研究员（农学）：李福德

农业技术推广研究员（园艺）：杨文俪

三明市（8人）：

农业技术推广研究员（农学）：林先杯、黄回南、邱桂如

农业技术推广研究员（园艺）：姜能宝、陈联双

农业技术推广研究员（农业资源环境）：冯发华

农业技术推广研究员（水产）：朱小发

农业技术推广研究员（兽医）：张莹

南平市（3人）：

农业技术推广研究员（农学）：万华雄、黄金星

农业技术推广研究员（畜牧）：施晞

龙岩市（1人）：

农业技术推广研究员（农业资源环境）：张明来

宁德市（8人）：

农业技术推广研究员（农学）：林丽艳

农业技术推广研究员（园艺）：叶传财、李妙芳、曾志芳

农业技术推广研究员（植物保护）：林长征

农业技术推广研究员（水产）：周华书、王朝新

农业技术推广研究员（兽医）：范良志

（摘编：李元）

福建省正高级工程师职务任职资格人员名单

2023年3月21日福建省人力资源和社会保障厅印发《关于批准确认陈绍林等214位同志正高级工程师职务任职资格的通知》(闽人社批复〔2023〕142号)提出，经研究，批准确认由福建省第一届正高级工程师任职资格评审会评审通过的陈绍林等214位同志正高级工程师职务任职资格，任职资格确认时间为2023年2月19日，现予公布，名单如下。

一、福建省发展和改革委员会（1人）

福建省经济信息中心：陈绍林

二、福建省科技厅（3人）

福建省科学技术信息研究所：王良熙

福建省测试技术研究所：郭升平、卢先勇

三、福建省自然资源厅（5人）

福建省测绘院：叶昆平、罗火箭

福建省国土资源勘测规划院：毛玉龙

福建省基础地理信息中心：林晓萍

福建省制图院：陈能坦

四、福建省生态环境厅（2人）

福建省生态环境信息中心：蔡旺华

福建省厦门环境监测中心站：梁榕源

五、福建省住房和城乡建设厅（4人）

福建省城乡规划设计研究院：张强、林涛

福建省建设工程质量安全总站：周文、郑稳

六、福建省交通运输厅（19人）

福建省福州港口发展中心：陈阜

福建省港航勘察设计院有限公司：林金裕

福建省交通规划设计院有限公司：顾中华、陈平燕、林文霞、林礼华、陈金盛、杨新燕、刘其卓、李其泉、郑庆平、简注清、郑清松、廖晓和、尹志芳

福建省交通建设质量安全中心：陈学雄

福建省交通科技发展集团有限责任公司：吴超凡

福建省交通科研院有限公司：陈航

福建省交通信息通信与应急处置中心：庄孝昆

七、福建省水利厅（5人）

福建省水利水电勘测设计研究院：叶聿衍、胡志英、付开雄、施泰、邱昌锴

八、福建省卫生健康委员会（1人）

福建省妇幼保健院：缪崇

九、福建省林业局（6人）

福建三明林业学校：王邦富

福建省林业科技试验中心：陈春

福建省林业调查规划院：卓秋萍、严洪

福建省洋口国有林场：游云飞

福州植物园：魏理树

十、福建省市场监督管理局（7人）

福建省产品质量检验研究院：陈奋忠、林彤

福建省锅炉压力容器检验研究院：尤俊、郑荣部

福建省计量科学研究院：刘旗峰

福建省特种设备检验研究院：潘健鸿

福建省纤维检验中心：刘贵

十一、福建省药品监督管理局（1人）

福建省食品药品质量检验研究院：陈章捷

十二、福建省煤田地质局（2人）

福建省煤田地质勘查院：黄光明

福建省121地质大队：陈国庆

十三、福建省地质矿产勘查开发局（6人）

福建省地质测绘院：黄姮、王余沛、吴资龙、张进高

福建省地质调查研究院：林敏

福建省厦门地质工程勘察院：吴少元

十四、福建建工集团有限责任公司（27人）

福建建工集团有限责任公司：王宗成、曾金聪

福建建工环海房屋制造集团有限责任公司：吴尚杰

福建平祥建设工程有限公司：吴国来

福建省建科工程技术有限公司：罗贞海

福建省建科院施工图审查有限公司：傅玉麟、张智娟

福建省建研工程顾问有限公司：郑瑞生

福建省建筑科学研究院有限责任公司：刘祥民、傅友东、黄德棋、陈旻、谢竹雯、黄春文

福建省建筑设计研究院有限公司：崔育青、黄晓冬、李艳英、黄乐颖、陈伟恩、陈子颖、杨世华、叶振华、黄剑雄

福建天正建筑工程施工图审查事务有限公司：黄晓琼、郑聪

福建众合开发建筑设计院有限公司：陈克用

武夷装修工程（福州）有限公司：郑国栋

十五、福建省冶金（控股）有限责任公司（1人）

厦门金鹭特种合金有限公司：邹伶俐

十六、福建省招标采购集团有限公司（2人）

福建省交通建设工程试验检测有限公司：陈勇

福建经纬测绘信息有限公司：郑志煌

十七、福建省高速公路集团有限公司（3人）

福建省高速路桥工程有限公司：林志平

福建省高速公路集团有限公司：陈岳峰

福建省高速技术咨询有限公司：张超

十八、福建省电子信息（集团）有限责任公司（2人）

四创科技有限公司：单森华

福建福光股份有限公司：汪建平

十九、福建省能源石化集团有限责任公司（3人）

福建省华厦能源设计研究院有限公司：郭尧顺

福建省福能龙安热电有限公司：洪方明

福建福能股份有限公司：李祖安

二十、福建省轻纺（控股）有限责任公司（1人）

福建省建筑轻纺设计院有限公司：陈家春

二十一、福建省广播影视集团（1人）

福建省广播影视集团：曹谊

二十二、福建省机电（控股）有限责任公司（2人）

福建省机电沿海建筑设计研究院有限公司：陈朝煜、林烽

二十三、福州大学（1人）

福州大学：黄清明

二十四、中国建设银行股份有限公司（1人）

建银工程咨询有限责任公司福建分公司：陈政

二十五、福建省国有资产管理有限公司（1人）

恒锋信息科技股份有限公司：魏晓曦

二十六、中国海峡人才市场（19人）

澳蓝（福建）实业有限公司：何华明

福建工大建设工程检测有限公司：林挺伟

福建六建集团有限公司：李峻

福州城建设计研究院有限公司：陈弼成、卓雄

福州地铁集团有限公司：庄全贵

福州市规划设计研究院集团有限公司：黄志心、叶清理、林大地、董帅、吕荔炫、魏澜、陈冠华、袁安华

福州市勘测院：田其煌、蔺保云

嘉博联合设计股份有限公司：吴鸿志

数字乡村（福建）科研院有限公司：石松

中国科学院福建物质结构研究所：陈远强

二十七、福州市（27人）

福建省东锅节能科技有限公司：方桂平

福建省二建建设集团有限公司：黄仲辉

福清市计量检测所：王开平、陈国文

福州市建筑科学研究院有限公司：陈峰、吴武玄

福州市城乡建总集团有限公司：赵仕桥、毛祚财

福州市地铁建设工程质量安全监督站：林伯华

福州市规划设计研究院集团有限公司：林兆楼、林之航、陈汝琬、林忠雄、刘澄源、范江、高诚鹏

福州市规划设计研究院集团有限公司（福州市勘测院）：姚路

福州市建设工程质量监督站：陈苓、何增平

福州市建筑设计院有限责任公司：黄晓忠、孙秋月、何雁斌

福州市抗震办公室：俞波

福州市西湖公园管理处：廖昌福

福州水务平潭引水开发有限公司：黄智刚

福州新区开发投资集团有限公司：黄庆财

万华化学（福建）异氰酸酯有限公司：王文波

二十八、厦门市（28人）

福建安井食品股份有限公司：黄建联

福建省九龙建设集团有限公司：陈加才

福建艺景生态建设集团有限公司：朱祎珍

垒知控股集团股份有限公司：邱发强

厦门佰地建筑设计有限公司：邱毅梅、丁立群

厦门合立道工程设计集团股份有限公司：王康、陈建胜

厦门宏发电声股份有限公司：刘金枪

厦门华岩勘测设计有限公司：谢鑫

厦门金龙联合汽车工业有限公司：柯志达、苏亮、林银聚

厦门经济特区房地产开发集团有限公司：连世洪

厦门乾照光电股份有限公司：陈凯轩

厦门上城建筑设计有限公司：郭天祥

厦门市标准化研究院：李振良

厦门市产品质量监督检验院：傅诺毅

厦门市城市规划设计研究院有限公司：韦希、关天胜

厦门市国土空间和交通研究中心：丁明

厦门市环境监测站：黄全佳

厦门市环境科学研究院：庄马展

厦门市绿化中心：陈东华

厦门市市政工程设计院有限公司：傅重龙

厦门市翔安区建设与交通工程质量安全站：洪长河

厦门卫星定位应用股份有限公司：江培舟

厦门中药厂有限公司：关斌

二十九、漳州市（8人）

福建省华安金山国有林场：陈清根

福建省龙海九龙岭国有林场：陈国彪

漳州高新技术产业开发区建设工程质量安全站：张雅玲

漳州佳龙科技股份有限公司：王志强

漳州科华技术有限责任公司：陈四雄

漳州市城市规划设计有限公司：许少亮、陶勇

漳州通正勘测设计院有限公司：林志东

三十、泉州市（1人）

泉州市城市规划设计研究院（泉州市城市规划设计研究院有限责任公司）：黄培荣

三十一、三明市（12人）

福建省将乐国有林场：方禄明

福建省三明莘口格氏栲自然保护区服务站：沈彩霞

福建省永安国有林场：魏永平

机械科学研究总院海西（福建）分院有限公司：刘文志

明溪县森林病虫害防治检疫站：林曦碧

清流县莲花山省级自然保护区服务中心：江斌

三明市计量所：杨图强

三明市建设工程质量服务中心：林月云

三明市建筑工程施工图设计文件审查中心：曾念童

三明市三元区林业有害生物防治检疫站：黄文玲

三明市沙县区林业工作总站：林素娇

尤溪县林业科技推广中心：陈锡桓

三十二、南平市（3人）

南平武夷集团有限公司：朱中全

南平市产品质量检验所：杨惟喜

福建南平太阳电缆股份有限公司：范德发

三十三、龙岩市（3人）

福建省龙岩市建设工程质量监督站：黄传宝

紫金矿业集团股份有限公司：鲁军、张兴勋

三十四、宁德市（2人）

宁德市计量所：林原在

宁德市林业执法支队：王鹏

三十五、平潭综合实验区党群工作部（3人）

平潭综合实验区文旅发展集团有限公司：唐勇三

平潭综合实验区交通投资集团有限公司：丁玉仁

平潭综合实验区自然资源服务中心：刘宜灼

三十六、福建龙净环保股份有限公司（1人）

福建龙净环保股份有限公司：陈颖

（摘编：游永贵）

福建省正高级工艺美术师人员名单

2023 年 12 月 8 日福建省人力资源和社会保障厅印发《关于批准确认邱丹桦等 9 位同志正高级工艺美术师任职资格的通知》（闽人社批复〔2023〕764 号）提出，经研究，同意确认 2022 年度福建省正高级工艺美术师评审会通过的邱丹桦等 9 位同志正高级工艺美术师任职资格。任职资格确认时间为 2023 年 11 月 25 日，现予公布，名单如下。

一、福建省旅游发展集团有限公司（2 人）

福建省工艺美术实验厂有限公司：邱丹桦

福建省工艺美术研究院：陈冰

二、福州市（5 人）

闽江学院：吴欣（吴思冬）

福州雕刻工艺品总厂：林霖

福州艺道山人文化发展有限公司：林国庆

福州市寿山石行业协会：施庭汉

福州市首邑木雕有限公司：余春洲

三、厦门市（1 人）

厦门斯玛特工业设计有限公司：杨德安

四、泉州市（1 人）

福建丰盈园林古建工程有限公司：吴德强

（摘编：吴建翰）

福建省正高级经济师职称人员名单

2023 年 6 月 30 日福建省人力资源和社会保障厅印发《叶世岳等 6 位同志正高级经济师职称人员名单》（闽人社批复〔2023〕349 号）提出，经研究，批准确认由第二届福建省正高级经济师职称评审会评审通过的叶世岳等 6 位同志正高级经济师职称人员名单职务任职资格，任职资格确认时间为 2023 年 6 月 17 日，现予公布，名单如下。

一、福建医科大学（1 名）

福建医科大学附属第一医院：叶世岳

二、厦门市（3 名）

厦门国信信用大数据创新研究院：曾光辉

厦门市政水务集团有限公司：许建国

厦门塔斯曼生物工程有限公司：詹圣泽

三、福建龙溪轴承（集团）股份有限公司（1 名）

福建龙溪轴承（集团）股份有限公司：陈晋辉

四、中国烟草总公司（1 名）

福建中烟工业有限责任公司：蔡明聚

（摘编：林汇智）

福建省正高级会计师职称人员名单

2023年12月25日福建省人力资源和社会保障厅印发《关于批准确认陈燕等11位同志正高级会计师职称的通知》（闽人社批复〔2023〕819号）提出，经研究，批准确认由2023年福建省正高级会计师任职资格评审委员会评审通过的陈燕等11位同志正高级会计师职称，任职资格确认时间为2023年11月26日，现予公布，名单如下。

一、福建省正高级会计师职称人员名单

（一）福建省财政厅（1人）

福建省注册会计师中心：陈燕

（二）福建省体育局（1人）

福建体育职业技术学院：游俊红

（三）福建中医药大学（2人）

福建中医药大学附属第二人民医院：陈亨强

福建中医药大学附属康复医院：林坚

（四）福建省农村信用社联合社（1人）

福建省农村信用社联合社：刘爱晖

（五）福建省港口集团有限责任公司（1人）

平潭综合实验区港务发展有限公司：谢家清

（六）福州市（1人）

福州左海控股集团有限公司：刘昌安

（七）厦门市（1人）

厦门欣洲会计师事务所有限公司：林溪发

（八）漳州市（1人）

福建漳州发展股份有限公司：吴坤洪

（九）龙岩市（1人）

龙岩人民医院：黄炳周

二、中直单位委托代评的正高级会计师职称人员名单

中国人民健康保险股份有限公司（1人）

中国人民健康保险股份有限公司福建分公司：刘健生

（摘编：游永贵）

福建省自然科学研究系列高级职务任职资格人员名单

2023年11月9日福建省人力资源和社会保障厅印发《关于批准确认郭舜民等41位同志自然科学研究系列高级职务任职资格的通知》（闽人社批复〔2023〕675号）提出，经研究，批准确认2022年度福建省自然科学研究系列高级职务任职资格评审委员会评审通过的郭舜民等41位同志自然科学研究系列的高级职务任职资格，任职资格确认时间为2023年9月16日，现予公布，名单如下。

一、研究员（8人）

（一）省卫健委（1人）

福建省医学科学研究院：郭舜民

（二）福州市（1人）

福州市蔬菜科学研究所：花秀凤

（三）漳州市（2人）

漳州市农业科学研究所：张朝坤、赖宝春

（四）泉州市（1人）

泉州市农业科学研究所：谢旺有

（五）莆田市（1人）

莆田市水产科学研究所：肖懿哲

（六）龙岩市（1人）

龙岩市农业科学研究所：郭达伟

（七）高层次人才绿色通道（1人）

嘉庚创新实验室：ZHANG AIQIANG

二、副研究员（33人）

（一）省科技厅（2人）

福建省科技发展研究中心：许艺苹、李文梅

（二）福建医科大学（2人）

福建医科大学附属第一医院：王锃、陈锦元

（三）中国海峡人才市场（1人）

国家菌草工程技术研究中心：苏德伟

（四）福州市（3人）

福州市农业科学研究所：陈躬国、赵光辉

福建医科大学孟超肝胆医院：张达

（五）厦门市（5人）

厦门市健康医疗大数据中心（厦门市医药研究所）：李明

厦门大学附属第一医院：王涛、周卫东

厦门市仙岳医院：徐志忠

厦门承葛生物科技有限公司：张帮周

（六）泉州市（1人）

泉州市农业科学研究所：武竞超

（七）三明市（4人）

三明市农业科学研究院：张锐、姚凤琴、曹奕鸯、曾跃辉

（八）莆田市（6人）

莆田市农业科学研究所：卢翠香、余金姜、黄强、林彬彬、郑国栋

莆田市生物工程研究所：吴建宇

（九）龙岩市（2人）

龙岩市农业科学研究所：严良文、陈根辉

（十）宁德市（3人）

宁德市农业科学研究所：池福铃、翁琳琳、郭慧慧

（十一）省引进生（4人）

1. 省卫健委（3人）

福建省立医院：唐海军

福建省妇幼保健院：孙斌

福建省儿童医院：张丹薇

2. 福建医科大学（1人）

福建医科大学附属第一医院：潘冠星

（摘编：游永贵）

福建省高级专业技术资格人员名单

2023年11月28日福建省人力资源和社会保障厅印发《关于批准确认方奇等60位同志高级专业技术资格的通知》（闽人社批复〔2023〕742号）提出，经研究，批准确认由福建省第五届特殊人才高级职称认定（评审）委员会认定（评审）通过的方奇等60位同志高级专业技术资格，资格确认时间为2023年11月15日，现予公布，名单如下。

一、正高级工程师（35人）

（一）福建省冶金（控股）有限责任公司

方　奇　厦门钨业股份有限公司

（二）福州市

李如斌　福州德亿电子科技有限公司

李　阳　闽都创新实验室

陈光郎　闽都创新实验室

张　科　福建阿石创新材料股份有限公司

董敬明　福州市规划设计研究院集团有限公司

谢秉昆　福建坤彩材料股份有限公司

林　哲　医工瑞思（福建）工程研究中心有限公司

许春耀　北卡科技有限公司

（三）厦门市

沈鼎瀛　厦门半导体工业技术研发有限公司

贾　斌　开元通信技术（厦门）有限公司

孙龙喜　厦门科拓通讯技术股份有限公司

谢大成　厦门市智联信通物联网科技有限公司

蔡卓剑　达微智能科技（厦门）有限公司

刘鸿飞　奥谱天成（厦门）光电有限公司

刘　涛　韦尔通科技股份有限公司

顾世海　厦门蔚扬药业有限公司

占　伟　厦门致善生物科技股份有限公司

张长弓　厦门市波生生物技术有限公司

王　旭　厦门万泰沧海生物技术有限公司

张志刚　厦门银祥集团有限公司

周成祖　厦门市美亚柏科信息股份有限公司

裴小明　厦门思坦集成科技有限公司

张云龙　奥佳华智能健康科技集团股份有限公司

（四）三明市

郭尚接　三明市普诺维机械有限公司

（五）莆田市

刘期敏　福建永荣科技有限公司

（六）龙岩市

阙朝阳　紫金矿业集团股份有限公司

龙　翼　紫金矿业集团股份有限公司

谢雄辉　紫金矿业集团股份有限公司

林泓富　紫金矿业股份有限责任公司

徐　春　瓮福紫金化工股份有限公司

（七）宁德市

黄起森　宁德时代新能源科技股份有限公司

王耀辉　宁德时代新能源科技股份有限公司

陈小波　宁德时代新能源科技股份有限公司

（八）试点龙头企业

陈晋辉　福建龙溪轴承（集团）股份有限公司

二、正高级工艺美术师（4人）

（一）厦门市

张　浩　红伍玖玖玖（厦门）贸易有限公司

（二）泉州市

林建胜　德化县聚益瓷雕工艺厂

兰全盛　德化县立琦瓷艺研究所

郑雄彭　德化县飞天陶瓷艺术研究所

三、正高级农艺师（1人）

厦门市

康英德　厦门百利控股有限公司

四、高级工程师（15 人）

（一）福州市

褚襄萍　福建瑞泰来医药科技有限公司

赵　培　福建上源生物科学技术有限公司

张　蕾　福州数据技术研究院有限公司

（二）厦门市

邱泰玮　厦门半导体工业技术研发有限公司

沈长达　厦门市美亚柏科信息股份有限公司

陈杞城　厦门狄耐克智能科技股份有限公司

姜宗然　厦门昶科生物工程有限公司

王鹏程　厦门海辰储能科技股份有限公司

（三）漳州市

林友钦　漳州立达信光电子科技有限公司

（四）南平市

罗伟菜　福建永晶科技股份有限公司

（五）龙岩市

杨松涛　紫金矿业集团股份有限公司

杨　静　龙合智能装备制造有限公司

（六）宁德市

王少飞　宁德时代新能源科技股份有限公司宁德时代创新实验室

杨云广　屏南时代新材料技术有限公司

王晓明　宁德卓高新材料科技有限公司

五、制茶高级工程师（2 人）

南平市

陈志强　武夷山市手尚工夫茶业有限公司

陈泽思　武夷山市植茗茶叶研究所

六、高级畜牧师（1 人）

南平市

卢长吉　福建圣农发展股份有限公司

七、高级工艺美术师（2 人）

泉州市

朱芳芳　福建省德化鲁闽怡家陶瓷文创有限公司

张景阳　福建省振昌园林古建筑有限公司

（摘编：郭向东）

福建省农业技术高级职务任职资格人员名单

2023年7月24日福建省人力资源和社会保障厅印发《关于批准确认林洪等183位同志农业技术高级职务任职资格的通知》（闽人社批复〔2023〕402号）提出，经研究，批准确认由福建省第二十七届农业技术高级职称评审委员会评审通过的林洪等183位同志农业技术高级职务任职资格，任职资格确认时间为2023年7月6日，现予公布，名单如下。

一、福州市（14人）

高级农艺师（农学）：林洪、陈世平

高级农艺师（园艺）：张延晖、杨文文、许思亮、黄仕明、林冬梅

高级农艺师（水产）：吴雅雅

高级畜牧师：陈霖

高级兽医师：林凌、陈维维、林梅钦

高级农艺师（农业机械化）：吴芝

高级农艺师（农村合作组织管理）：吴紫榕

二、厦门市（6人）

高级农艺师（农学）：洪世孟

高级农艺师（园艺）：陈建烟、詹瑞琪

高级农艺师（水产）：周晔平

高级畜牧师：乔欣君

高级农艺师（农村合作组织管理）：张梦夏

三、漳州市（14人）

高级农艺师（农学）：胡福俊

高级农艺师（园艺）：张月玲、曾春华

高级农艺师（植保）：蔡丽君、蔡金炉

高级农艺师（水产）：叶锦渊

高级畜牧师：林招和

高级兽医师：徐洪辉、李卫斌、郭清伟

高级农艺师（农业资源环境）：黄双勇

高级农艺师（农村合作组织管理）：何淑娟、张连国、蔡汉祥

四、泉州市（13人）

高级农艺师（农学）：康蓉蓉、戴清良、张宝葛

高级农艺师（园艺）：陈明贤、吴昭环、杨振福、张育业、陈旭东

高级农艺师（水产）：洪婧妮、洪培辉

高级兽医师：张素霞、郑金爊

高级农艺师（农业资源环境）：赵兰

五、三明市（47人）

高级农艺师（农学）：池有奏、李晓宝、肖久顺、郑爱武、张太根、林福星、陈香妹、詹丽青、官琦、雷林森

高级农艺师（园艺）：郑鸿昌、林晓红、王晓红、李红梅、张雪瑶、阴慧华、郑锋、李其生

高级农艺师（植保）：任俊

高级农艺师（水产）：俞永发、卓德武、张德凤

高级畜牧师：蔡薇、肖春新

高级兽医师：陈玉珍、邱拥仁、邱县容、罗尚永、詹生威、邱贞兰、黄辉富、林长炽、郭齐议、邹先念、蓝智聪

高级农艺师（农业资源环境）：阳庆盛、魏晓琼、陈家炜、黎庆华

高级农艺师（农业机械化）：张玲、陈为周

高级农艺师（农村合作组织管理）：张钰娟、邱祖东、张珍、黄秀芳、李振城、黄佑刚

六、莆田市（10人）

高级农艺师（植保）：彭建新

高级农艺师（水产）：李青俞

高级兽医师：邱萍、张敏、柯希洪、林剑辉、曾丽金

高级农艺师（农业机械化）：陈达兴

高级农艺师（农村合作组织管理）：林丹萍、刘志阳

七、南平市（15人）

高级农艺师（农学）：刘玉珍、刘梦莹、叶喜琴、张丽霞

高级农艺师（园艺）：杨静民、刘玉琴、庄道旺

高级农艺师（植保）：邱英东

高级农艺师（水产）：李立新

高级畜牧师：郑炎

高级兽医师：王富峰、吴晓辉

高级农艺师（农产品加工与质量安全）：詹永贵

高级农艺师（农村合作组织管理）：黄莉、陈亮

八、龙岩市（28人）

高级农艺师（农学）：左生力、卢春玉、刘桂连、林秀美、钟太文、吴悠熙

高级农艺师（园艺）：谢璟萍、林文明、张丰娥、刘素惠、王丁祥、傅文华

高级农艺师（植保）：文永仙、肖荣洪

高级农艺师（水产）：张小东、丘永龙、邱标增、林长春

高级畜牧师：兰启明、陈梅娘、刘春盛、李美琳

高级兽医师：范永婵、蓝养金

高级农艺师（农业资源环境）：谢宝玲、廖玉琴、钟雄发

高级农艺师（农村合作组织管理）：陈汉荣

九、宁德市（21人）

高级农艺师（农学）：陈华

高级农艺师（园艺）：李锋、张春柳、张琪辉、杨诗龙、肖文光、张丽琴、谢鹏进、李建梅

高级农艺师（植保）：欧阳传禄

高级农艺师（水产）：张芳芳、郑守专、陈洁

高级畜牧师：李明华

高级兽医师：何强、林巧彬、王为城、王升星

高级农艺师（农业资源环境）：李文龙

高级农艺师（农村合作组织管理）：张儒峰、叶里波

十、平潭综合实验区（1人）

高级兽医师：林心钦

十一、福建省农业农村厅（10人）

高级农艺师（园艺）：张雯婧、卢诗琴、于学领、肖靖、沈立

高级农艺师（农业资源环境）：洪雅芳

高级农艺师（农产品加工与质量安全）：陈勇强、黄子建

高级畜牧师：林丽娟、杨敏馨

十二、福建省水利厅（1人）

高级农艺师（农业资源环境）：谢建华

十三、福建省海洋渔业局（1人）

高级农艺师（水产）：张慧萍

十四、中国海峡人才市场（2人）

高级兽医师：包松英、陈慧婧

（摘编：余松山）

福建省高级工程师职务任职资格人员名单

廖金堆等177位同志机械专业高级工程师职务任职资格人员名单

2023年1月12日福建省人力资源和社会保障厅印发《关于批准确认廖金堆等177位同志机械专业高级工程师职务任职资格的通知》（闽人社批复〔2023〕9号）提出，经研究，批准确认由2021年度机械专业高级工程师任职资格评审会评审通过的廖金堆等177位同志机械专业高级工程师职务任职资格，任职资格确认时间为2022年12月18日，现予公布，名单如下。

一、福建省教育厅（5名）

福建信息职业技术学院：廖金堆

福建水利电力职业技术学院：陈婷、辛顺强、林朝明

福建林业职业技术学院：林德颖

二、福建省工业和信息化厅（1名）

福建省农业机械化研究所（福建省机械科学研究院）：郑珍

三、福建省文化和旅游厅（1名）

福建人民艺术剧院：柯剑平

四、福建省卫生健康委员会（2名）

福建省肿瘤医院：傅世楣

福建省妇幼保健院：邓菲

五、共青团福建省委员会（1名）

福建富兰光学股份有限公司：许德

六、福建医科大学（1名）

福建医科大学附属第一医院：雷硕

七、福建中医药大学（1名）

福建中医药大学附属人民医院：黄建辉

八、福建省电信公司（1名）

中邮科通信技术股份有限公司：张汉杰

九、福建省高速公路集团有限公司（2名）

福建省三明高速公路有限公司：刘玉晖

福建省泉州高速公路有限公司：肖燊

十、福建省冶金（控股）有限责任公司（1名）

厦门创云精智机械设备股份有限公司：詹树福

十一、福建省能源石化集团有限责任公司（5名）

福建省福能龙安热电有限公司：欧阳连燚

福建福海创石油化工有限公司：邱明峰、邹春寿

福建省东南电化股份有限公司：杨清添

福建福能南纺卫生材料有限公司：杨海忠

十二、福建省港口集团有限责任公司（1名）

福建福港拖轮有限公司：龚银春

十三、福建省电子信息（集团）有限责任公司（1名）

福建四站航空装备有限公司：郑彦文

十四、福建建工集团有限责任公司（5名）

福州万山电力咨询有限公司：陈钦勇、陈凤、郑建烨、陈艳春

领磐（福建）科技有限公司：侯晨

十五、福建省投资开发集团有限责任公司（2名）

福建永泰闽投抽水蓄能有限公司：黄周洲

福建闽投电力有限责任公司：黄子果

十六、福建省船舶工业集团有限公司（1名）

福建省马尾造船股份有限公司：林章

十七、福建省轻纺（控股）有限责任公司（2名）

福建省轻安工程建设有限公司：潘盛亿

福建省青山纸业股份有限公司：黄海龙

十八、福建省机电（控股）有限责任公司（6名）

福建兵工装备有限公司：贾俊清

福建海峡科化股份有限公司：陈志斌、范道

龙、黄宝龙

福建邵化化工有限公司：徐承发

福建省机电沿海建筑设计研究院有限公司：洪志阳

十九、福建省国有资产管理有限公司（10 名）

冠捷电子科技（福建）有限公司：王霞

福建通用同溢电气有限公司：余云龙

福建宏瑞建设工程有限公司：孙新光、陈黎斌

福建长盛亿信息科技有限公司：洪霄星

福建伟海电力工程有限公司：庄清霖

福建源大电力工程有限公司：袁传剑

福建八闽建工发展集团有限公司：黄盛春

福建源发电力勘察设计有限公司：陈小华、任薇

二十、中国海峡人才市场（31 名）

福建奔驰汽车有限公司：史毅

福建博电工程设计有限公司：林佰熙

福建南方路面机械股份有限公司：王富筑

福建群峰机械有限公司：黄佳忠、陈小辉

福建省劳安设备技术开发有限公司：涂传魁

福建省特种设备检验研究院：陈崇钰

福建省特种设备检验研究院泉州分院：蔡钟山、吴福森

福建省特种设备检验研究院漳州分院：陈庆

福建省新能海上风电研发中心有限公司：贾传宝

福建永福电力设计股份有限公司：姚海荣、林玲、王凯、陈丽华、傅寿熹、李积煜

福建众和利达化工装备有限公司：纪贤炎

福建卓翼能源科技发展有限公司：何孝定

福州电力设计院有限公司：张小洪

福州福光水务科技有限公司：陈美林

福州福禄德自动化科技有限公司：黄金宝

福州万山电力咨询有限公司：王建发、廖林宏

国家管网集团福建省管网有限公司：余霄鹏

国网信通亿力科技有限责任公司：谢石木林

华升富士达电梯有限公司福建分公司：林影

华阳电业有限公司：冯锦祥

阳光城物业服务有限公司：张浩

中国城市建设研究院有限公司：李坤

中能祥瑞电力工程有限公司：严澍

二十一、福建龙净环保股份有限公司（41 名）

邱秉鑫、谢庭进、陈东、金文锋、刘颖、赖江贞、黄新杰、卢敏荣、李元海、沈锋兴、罗跃彬、张锐、陈信良、陈威祥、罗毅、郑圣彬、曾艳、李永丰、廖荣福、唐小发、卢泳辉、林银端、周发桥、张建华、林庆钦、周永隆、吴锐川、邓建旺、石亮、邱瑞湘、谢光曾、饶广福、王宝添、陈敏金、刘文俊、卢舜凯、李国清、张洪凯、苏林琪、彭华宁、陈潘虹

二十二、福建龙溪轴承（集团）股份有限公司（7 名）

赵如意、杨志华、曾春祥、许彩凤、陈清伟、王启瑞、林志埙

二十三、宁德时代新能源科技股份有限公司（9 名）

倪大军、王庆、陈兴地、陈智明、唐怀超、杨雷、潘先喜、谷燕龙、曾信

二十四、漳州市（4 名）

福建标驰吊装工程有限公司：林境川

福建省漳浦职业技术学校：林清桂

漳州旗滨玻璃有限公司：贾立彬

漳州市城市规划设计研究院有限公司：曾国怀

二十五、泉州市（15 名）

福建（泉州）哈工大工程技术研究院：霍光磊、林雅峰

福建南方路面机械股份有限公司：肖宁、丁顺古、林伟端、林杰斌

福建泉城特种装备科技有限公司：李斌凤

福建省宏润市政工程有限公司：陈天顺

晋江科创新区开发建设有限公司：刘端亮

南安实康水务有限公司：王振柱

南安市质量计量检测所：朱文清

泉州晋江国际机场股份有限公司：李经验

泉州市华茂机械设备有限公司：谢舒敏

泉州晚报社：林江虹

石狮市水务建设工程有限公司：蔡志伟

二十六、三明市（6 名）

福建三农新材料有限责任公司：林隆眉

三明市第二医院：兰珍

三明市金圣特种钢有限公司：李灿辉

三明亿源电力勘察设计有限公司：池英镑

厦工（三明）重型机器有限公司：朱丹、王振银

二十七、龙岩市（14名）

福建龙亿粉体装备制造有限公司：邹震

福建紫金铜业有限公司：胡伟

福龙马集团股份有限公司：贺艺伟、张水田根、张德伟、林春玮

龙岩畅丰专用汽车有限公司：张红艳

龙岩市新电工贸有限公司：廖小平

紫金矿业集团股份有限公司：蓝小武、游开强、蓝福顺、孙欢欢

紫金铜业有限公司：刘庆宏、俞家海

二十八、宁德市（1名）

宁德时代润智软件科技有限公司：刘帝平

刘艳良等35位同志汽车、船舶机械专业高级工程师职务任职资格人员名单

2023年1月16日福建省人力资源和社会保障厅印发《关于批准确认刘艳良等35位同志汽车、船舶机械专业高级工程师职务任职资格的通知》（闽人社批复〔2023〕13号）提出，经研究，批准确认由2021年度汽车、船舶机械专业高级工程师任职资格评审会评审通过的刘艳良等35位同志汽车、船舶机械专业高级工程师职务任职资格，任职资格确认时间为2022年12月17日，现予公布，名单如下。

一、福建省交通运输厅（2人）

福建省港设船舶检验有限公司：刘艳良、袁小秋

二、福建省汽车工业集团公司（1人）

福建省汽车工业集团公司：翁鸿

三、福建省船舶工业集团有限公司（19人）

1. 福建省马尾造船股份有限公司：陈明君、李霞、乐明友、刘波、涂家鹰

2. 福建东南造船有限公司：胡阿永

3. 厦门船舶重工股份有限公司：颜建耀、李寅寅、徐佳、林炼炼、林新奇、聂贤仪、徐锋、姚志建

4. 福建福船一帆新能源准备制造有限公司：高险峰、林荣华、丘成荣、任汉斌、王维松

四、福建省港口集团有限公司（1人）

福建省海运集团有限责任公司：张学群

五、海峡人才市场（9人）

1. 福建新龙马汽车股份有限公司：张欣

2. 福建奔驰汽车有限公司：许光程、叶志伟

3. 东南（福建）汽车工业有限公司：李文彬、陈逢业、陈珍贵、黄祖书、叶风旺、施鸿炜

六、云度新能源汽车有限公司（1人）

云度新能源汽车有限公司：胡殿柱

七、漳州市（1人）

金龙（龙海）投资有限公司：刘波

八、龙岩市（1人）

龙岩畅丰专用汽车有限公司：方金顺

丁建辉等129位同志水利水电专业高级工程师职务任职资格人员名单

2023年1月16日福建省人力资源和社会保障厅印发《关于批准确认丁建辉等129位同志水利水电专业高级工程师职务任职资格的通知》（闽人社批复〔2023〕11号）提出，经研究，批准确认由2022年水利水电专业高级工程师任职资格评审会评审通过的丁建辉等129位同志水利水电专业高级工程师职务任职资格，任职资格确认时间为2022年11月26日，现予公布，名单如下。

一、福建省水利厅（26人）

1. 福建省水利水电勘测设计研究院有限公司：丁建辉、王乐乐、尤蓓、叶泽炜、连舒阳、陈文艺、陈梁、陈舒扬、陈璟晗、林宇、林祎熙、林晚梅、罗晖、胡朝阳、柳煦颖、黄丽艳、黄梅琼、梁越、谢源

2. 福建省水利建设中心：徐金象

3. 福建省九龙江北溪水资源调配中心：陈昊、郑建民、黄勤锬

4. 福建省水利管理中心：黄隆

5. 福建省水土保持试验站：郑义文

6. 福建省溪源水库管理处：吴佳琦

二、福建省水利投资开发集团有限公司（12人）

1. 福建省水利投资开发集团有限公司：夏让欣

2. 福建省水务发展集团有限公司：刘发霖

3. 福建省水利水电工程局有限公司：吴建敏、张剑锋、肖鸿泽、陆帅君、欧补荣、魏晓锋

4. 福建省水利水电建设有限公司：林翰清

5. 福建省围垦建设工程有限公司：蔡志雄、廖爱强

6. 福建省水投勘测设计有限公司：李坚

三、福建省能源石化集团有限公司（1人）

福建省华厦能源设计研究院有限公司：张小兵

四、福建建工集团有限责任公司（2人）

1. 福建省江海工程管理有限公司：林国强

2. 福建省汇闽水利水电工程发展有限公司：曾国安

五、福建省国有资产管理有限公司（1人）

锦曦控股集团有限公司：江铨

六、中国海峡人才市场（14人）

1. 平潭综合实验区堤防工程建设有限公司：袁统一

2. 福建省建江水利水电设计咨询有限公司：张贻典

3. 福建省华铭工程咨询有限公司：许步居

4. 福建省水科水利技术设计开发有限公司：王启灯

5. 福建润闽工程顾问有限公司：何时建

6. 福建省永川水利水电勘测设计院有限公司：刘长隆、罗淑钦

7. 福建省本壹工程管理有限公司：黄华倡

8. 福建省明兴工程建设有限公司：鲍协武

9. 福建省水投勘测设计有限公司：游春香

10. 福建省飞翔建设工程有限公司：林水发

11. 福建天泽工程咨询有限公司：王建军

12. 厦门仁铭工程顾问有限公司：张熙芳、魏志洪

七、福州（10人）

1. 福州市水利水电规划设计院：陈家春

2. 福州市马尾区水利中心：房建城

3. 福州市马尾区琅岐海堤所：卓林

4. 福清市江镜镇水利站：王宝金

5. 闽清县岭里水库管理处：黄敬凤

6. 闽清县水利局：冯贞武

7. 闽侯县水利电力管理站：陈宣清、林鑫

8. 闽侯县排涝管理服务中心：吴磊

9. 福建星洲水利水电工程有限公司：王玉林

八、厦门（5人）

1. 厦门安能建设有限公司：王彬

2. 厦门市政水务集团有限公司：张琼飞

3. 厦门仁铭工程顾问有限公司：朱伟

4. 福建万山水利水电设计有限公司：孟国栋

5. 厦门市市政工程设计院有限公司：韦珍娟

九、漳州（4人）

1. 漳州市万泽水利设计咨询有限公司：陈群艺、林谋延

2. 漳州市龙海区水政监察大队：许文敏

3. 云霄县人民政府防汛抗旱指挥部办公室：张建阳

十、泉州（10人）

1. 泉州山美水库综合开发有限公司：王连飞

2. 泉州水务工程建设集团有限公司：杨玉旺、聂当华

3. 泉州湄洲湾南岸供水有限公司：林乐华

4. 泉州水利投资有限公司：张青霞

5. 惠安县农村水利工作站：王奕平

6. 惠安县水利工程建设站：林雄伟

7. 惠安县惠女菱溪陈田库区事务所：曾广耀

8. 安溪县防汛抗旱和防灭火调度中心（安溪县应急救援中心）：林华惠

9. 永春县农村水电建设服务中心：黄燕玲

十一、三明（12人）

1. 三明市水利工作站：蒋芳彪

2. 三明市河务中心：朱超

3. 三明市三元区水资源与河务中心：刘媛媛

4. 三明市沙县区官昌水库服务中心：龚祖贵

5. 将乐县电力工作站：黄少斌

6. 将乐县水电工程质量安全站：李国宏

7. 清流县琴源水库运行调度中心：张加清

8. 三明市联盛工程咨询监理有限公司：陈栋梁

9. 福建宏涛工程咨询有限公司：杨波

10. 福建省中禹水利水电工程有限公司：刘莲英、周清忠

11. 福建省泰宁县际头水库有限责任公司：邹业刚

十二、莆田（3人）

1. 莆田市河务管理中心：黄晓男

2. 莆田市东圳水库管理局：刘忠群

3. 仙游县水利水电建设管理中心：胡金藏

十三、南平（13人）

1. 武夷新区创业服务中心：郑能、曹忠华

2. 南平市建阳区水利技术队：夏年花

3. 建瓯市河务中心：杨炜英

4. 建瓯市水利水电技术推广中心：陈平、周娟

5. 邵武市水利技术队：傅裕健

6. 政和县水利水电工程质量技术站：王金为

7. 政和县水利水电技术队：许娟

8. 政和县水利规划基建室：谢锋

9. 松溪县茶洲水库运行调度中心：杨忠凤

10. 松溪县水利水电服务中心：朱志云

11. 福建省顺昌县谟武水电有限责任公司：郑映畿

十四、龙岩（4人）

1. 福建安澜水利水电勘察设计院有限公司：邓晓娟、曾宝珍、阙鹏远

2. 福建省泰成建设工程有限公司：陈春林

十五、宁德（12人）

1. 宁德市蕉城区漳湾镇乡村振兴服务中心：许宁

2. 古田县洪水预警报中心：孙友

3. 古田县水利技术队：张惠斌、郑晓钦、潘登星

4. 周宁县水利工程质量技术站：叶建勇

5. 屏南县水利水电发展中心：吴逢贵

6. 福安市河道堤防服务中心：张培坤

7. 福安市水利水保事业服务中心：孙守忠

8. 福安市茜安水利服务中心：何敏志

9. 宁德市溪南半岛开发有限公司：阮元会

10. 福建省福安市留洋水电有限公司：林敏

陈莹等207位同志交通专业高级工程师职务任职资格人员名单

2023年1月18日福建省人力资源和社会保障厅印发《关于批准确认陈莹等207位同志交通专业高级工程师职务任职资格的通知》（闽人社批复〔2023〕27号）提出，经研究，批准确认由福建省交通专业高级工程师任职资格评审会评审通过的陈莹等207位同志交通专业高级工程师职务任职资格，任职资格确认时间为2022年12月23日，现予公布，名单如下。

一、福建省交通运输厅：（81人）

1. 福建省福州港口发展中心（2人）

（1）福建省福州港口发展中心：陈莹

（2）福建省福州港口发展中心水路运输站：缪亚欣

2. 福建省湄洲湾港口发展中心（1人）：邱逢埕

3. 福建省交通科技发展集团有限责任公司（78人）

（1）福建省交通规划设计院有限公司（15人）：谢陈贵、姚勋、曾呈涛、吴姗、林弼胄、任晓萍、崔彦平、李华、林邦瑞、叶琼、蒋海泓、李晓磊、郑炜、郑哲希、陈婷

（2）福建省交通科研院有限公司（12人）：王刚、陈标、周秀丽、郭威、缪扬扬、王达龙、林丹、孙秀梅、陈财焕、王锦清、林晗、朱志方

（3）福建省交通人力资源有限公司代理人员（45人）

福建省交通建设工程监理咨询有限公司：林国樑、赵晓峰、毛文锦、郭进添、黄俊杰、范必强、庄泽祺、罗钊

福建省交通建设工程试验检测有限公司：吴俊、祝晓燕、魏甦、何炎恋、苏南

福建省交通建设试验检测中心有限公司：郑镇平

福建省交设工程试验检测有限公司：吴良周、叶霞妹

福建省陆海工程科技有限公司：苏国良、许春春、吴桂铨、刘昌生、李孝明、黄志龙

海峡（福建）交通工程设计有限公司：俞志龙、许丽香

福建贝润建设有限公司：陈超

福建汇达建筑工程有限公司：赖祥兴

福建交科建设有限公司：陈铖

福建省精创交通设计咨询有限公司：张丽娟

福建省金通建设集团有限公司：黄种杰

福州市规划设计研究院集团有限公司：杨文沅、吴恭晖

福州市城乡规划设计院有限公司：张学良

福州路信公路设计有限公司：陈相

福州建通工程试验检测有限公司：颜小英

福建省永正工程质量检测有限公司：陆丽实

福建砼路工程建设有限公司：高仁居

龙海城投集团有限公司：连木根

漳州市路达工程设计有限公司：陈银山

福州永升工程管理有限公司：郑见锋

宁德市路兴设计有限公司：戴立平

闽晟集团城建发展有限公司：李阳贵

漳州新立基沥青有限公司：庄嫦萍

福州市首邑交通建设投资有限责任公司：陈和芳

深圳市市政设计研究院有限公司：杨旭

健研检测集团有限公司：吴燕君

（4）福建省港航勘察设计院有限公司（6人）：沈灵、张智翔、陈小婷、吴同坤、李涛、陈丽阳

二、福建省港口集团有限责任公司（6人）

1. 福建省港航建设发展有限公司：郭艳

2. 福建省港口工程有限公司：李金山、林仕

3. 宁德港务集团有限公司：章华哲

4. 厦门国际货柜码头有限公司：郑火碾

5. 福建电子口岸股份有限公司：严志展

三、福建建工集团有限责任公司（7人）

1. 福建建工集团有限责任公司：袁新清、徐柳清

2. 福建省建筑设计研究院有限公司：林燕紫、马文华、吴超

3. 中国市政工程西北设计研究院有限公司：王健

4. 福建省交通建设工程监理咨询有限公司：许伟敏

四、福建省高速公路集团有限公司（35人）

1. 福建省高速公路集团有限公司：李莉萍

2. 福建省高速公路养护工程有限公司：杨成虎、叶轩云、张奇

3. 福建省高速公路信息科技有限公司：王奕槟

4. 福建省高速公路达通检测有限公司：柯建聪

5. 福建省高速公路联网运营有限公司：李世忠、曹乾

6. 福建省福泉高速公路有限公司：郑程斌

7. 福建省高速公路集团有限公司福州管理分公司：林威、张泽民、王伟杰、颜岩、江晓东、黄见和、江訸

8. 福建省高速公路集团有限公司漳州管理分公司：许德妹、洪月华、李捷、林孔文

9. 福建省泉州高速公路有限公司：沈雄斌

10. 福建省高速公路集团有限公司莆田管理分公司：许铭生、陈金维、刘鑫

11. 福建省高速公路集团有限公司南平管理分公司：刘旭、杨名有、周俊琦、陈衍

12. 福建省高速公路集团有限公司龙岩管理分公司：林维、丘小联

13. 福建省宁德高速公路有限公司：马茂凉、陈长伟

14. 福建高速至信建设管理有限公司：黄友鑫

15. 福建省高速技术咨询有限公司：姜英男

16. 福建省高速路桥工程有限公司：高建英

五、中国海峡人才市场（4人）

1. 福州东南绕城高速公路有限公司：蔡智敏

2. 莆田市交通投资集团有限公司：周建长

3. 福建省迅捷交通科技有限公司：陈飞彪

4. 福建路通工程管理有限公司：林清山

六、厦门市（13人）

1. 厦门市政交通规划设计院有限公司：郑建、叶志鑫

2. 厦门市市政建设开发有限公司：傅立磊

3. 厦门市交通建设工程检测有限公司：丘政春

4. 厦门中平工程监理咨询有限公司：高正伟

5. 厦门中平公路勘察设计院有限公司：崔耀全、唐陈烨

6. 福建怡鹭工程有限公司：林明好

7. 大成工程建设集团有限公司：黄鑫

8. 湖北省交通规划设计院股份有限公司厦门分公司：易志锋

9. 华设设计集团股份有限公司厦门分院：吴辉

10. 宇旺建工集团有限公司湖里分公司：陈炜

11. 厦门东翔工程设计有限公司：涂燕娇

七、漳州市（12人）

1. 漳州城投市政集团有限公司：叶青海

2. 漳州市公路事业发展中心：许可斌

3. 漳州市公路事业发展中心直属分中心：胡锦周

4. 漳州市城市规划设计有限公司：卢喜招

5. 漳州高新技术产业开发区城市建设服务中心：林建明

6. 漳州公路工程监理有限公司：林宗泽

7. 漳州通正勘测设计院有限公司：胡清志

8. 漳州市通顺交通建设有限公司：叶阿英、张宇琳

9. 漳州通广云平高速公路有限公司：林锦武

10. 漳州市腾峰建筑工程有限公司：李聪鑫

11. 漳州市交通建设工程技术中心：曾庆河

八、泉州市（13人）

1. 福建第一公路工程集团有限公司：王晶、张健、赖礼协、蔡文晖、陈琼、林金江、李焕明

2. 福建省华福工程检测有限公司：卢雪华

3. 泉州市交通工程规划建设技术中心：柯长泽

4. 泉州市交通建设工程试验检测有限公司：傅家福

5. 晋江市路桥建设开发有限公司：李金萍、刘斌、王池波

九、三明市（11人）

1. 三明市公路事业发展中心：江鹏

2. 三明市公路事业发展中心三元分中心：苏昌胜

3. 三明市公路事业发展中心永安分中心：李琛

4. 三明市公路事业发展中心建宁分中心：季川

5. 三明市公路事业发展中心尤溪分中心：陈本灵

6. 三明市交发集团永达工程检测有限公司：林晓艳

7. 三明市三元区交通建设工程质量安全监督管理站：叶式鸿

8. 三明市公路设施维护中心：纪宠焜

9. 三明莆炎高速公路有限责任公司：沈向彬

10. 三明市沙县区农村公路站：吴圣增

11. 建宁县交通工程站：揭贵女

十、莆田市（1人）

福建省石门澳港口建设发展有限公司：蓝家香

十一、南平市（7人）

1. 南平市公路事业发展中心：刘锦锋

2. 福建省永信交通设计院有限公司：张生

3. 福建兴夷交通科技有限公司：范沛明、张宗燕

4. 南平高速咨询监理有限公司：吴杰

5. 南平市公路事业发展中心浦城分中心：沈智

6. 南平市公路事业发展中心建阳分中心：吴剑芳

十二、龙岩市（12人）

1. 福建省闽西交通工程有限公司：袁首、江永华、陈邦杰

2. 龙岩交通建设集团有限公司：吴蕊

3. 龙岩市交通基本建设质量监督站：陈大亮

4. 龙岩市永定区交通运输综合执法大队：赖建和

5. 龙岩百通工程技术有限公司：陈宇飞、欧艳

6. 龙岩永杭高速公路有限责任公司：陈有强

7. 长汀县交通工程管理站：蔡炎福、刘昌林

8. 福建省迅捷交通科技有限公司龙岩分公司：郑宏汉

十三、宁德市（3人）

1. 宁德市公路事业发展中心：钟榕、王建华

2. 宁德市路兴设计有限公司：叶储斌

十四、平潭综合实验区（2人）

平潭综合实验区文旅发展集团有限公司：陈伟、施恭龙

林建珠等801位同志土建专业高级工程师职务任职资格人员名单

2023年1月18日福建省人力资源和社会保障厅印发《关于批准确认林建珠等801位同志土建专业高级工程师职务任职资格的通知》（闽人社批复〔2023〕28号）提出，经研究，批准确认由福建省土建专业高级工程师任职资格评审会评审通过的林建珠等801位同志土建专业高级工程师职务任职资格，任职资格确认时间为2022年12月22日，现予公布，名单如下。

一、省交通运输厅（15人）

1. 福建省交通规划设计院有限公司：林建珠、

杨维英、戴永生、李德强、陈丽兰、黄耘翰、刘汉义、李小辉、严晓青、翁榕晖

2. 福建省建设工程管理有限公司：杜鑫

3. 福建省交设工程咨询有限公司：姚达希

4. 福建省中马建设工程有限公司：林成章

5. 福州建通工程试验检测有限公司：吴善圳

6. 平潭市政开发有限公司：林旭铮

二、省住建厅（1人）

福建省建设人才与科技发展中心：陈文杰

三、省地矿局（3人）

1. 福建地矿建设集团公司：涂李养、汤信涛

2. 福建省地质工程公司：涂翔峰

四、省林业局（1人）

福建省林业勘察设计院：陆术芳

五、省海洋与渔业局（1人）

福建省水产设计院：张聪亮

六、省卫生健康委员会（2人）

1. 福建省儿童医院：林蔚婷

2. 福建省肿瘤医院：薛晓辉

七、团省委（4人）

1. 福建省多维环境景观设计工程有限公司：李振华

2. 福州市园林建设开发有限公司：梁毅

3. 深圳市景鸿建设工程有限公司：黄奕兴

4. 中核华辰工程管理有限公司：庄海河

八、厦门大学（1人）

厦门大学：翁伟福

九、省机电（控股）公司（2人）

1. 福建省沿海建筑设计院有限公司：吴剑超

2. 福建省机电沿海建筑设计研究院有限公司：陈依俤

十、省轻纺（控股）公司（1人）

福建省建筑轻纺设计院有限公司：林兴明

十一、省冶金（控股）公司（1人）

福建省冶金工业设计院有限公司：魏祥取

十二、省能源石化集团公司（4人）

福建省华厦能源设计研究院有限公司：张遵杰、杨莲峰、

朱怡丹、林敏辉

十三、省港口集团公司（1人）

厦门港口开发建设有限公司：曹水莲

十四、省招标采购集团公司（1人）

福建省闽招咨询管理有限公司：陈淑青

十五、省国有资产管理公司（10人）

1. 福建金万城建设发展有限公司：陈文恽

2. 福建省恒宇工程勘察院有限公司：杨学锦

3. 福建省路海工程管理有限公司：程保振

4. 福建怡闽风景园林规划设计有限公司：江基亮

5. 福州市勘测院有限公司：陈锦

6. 恒锋信息科技股份有限公司：郑尧

7. 垒智设计集团有限公司：谢祖芬

8. 连江县三强建材有限公司：卢绍昌

9. 尚建筑（福建）建筑工程设计有限公司：石晓航

10. 中铁二十四局集团福建铁路建设有限公司：林志峰

十六、福建建工集团（85人）

1. 福建建工集团有限责任公司：陈天仙、刘动、雷泽明、许少勇、方俊杰、李宗慰、朱宗榕、陈至、傅少阳、廖以威、倪杨、伍广锋、林文霄、陈玲珑、李佳威、雷力、魏文杰、占文超、余秋、程旭、吴奔生、陈鸿儒、范海燕、李毅鑫、谢承钺、黄健、张延祥、谭肖琳、林桂花、陈镪滨

2. 福建七建集团有限公司：黄思特、王庆国

3. 福建建工环海房屋制造集团有限公司：张智辉

4. 福建闽设工程管理咨询有限公司：尤永杰

5. 福建省建科工程技术有限公司：陆守林、林霖、张延润

6. 福建省建研工程顾问有限公司：林晋辉、黄金辉、王东东、范吉龙、林志强

7. 福建省建研工程检测有限公司：董剑文、江艺、陈修宇、常记莽、林佳声、周小龙、陈俊民、陈国棋、余兆城、陈虹丽、许智星、龚洪秀

8. 福建省建筑设计研究院有限公司：林鑫、刘锋、王锴、徐倖、李雅菁、方丰阳、刘荣、洪世海、卓国梂、徐媛媛、郑宇、卢君、杨群山、郑薇炜、程明辉、黄挺

9. 福建省建筑工程质量检测中心有限公司：林东龙、佘长辉、陈思远、顾金顺、卢新建、魏初材

10. 福建省建筑科学研究院有限责任公司：郑仁春、瞿端人

11. 福建省闽设工程检测有限公司：邓少桢

12. 中国武夷实业股份有限公司：池毓熠、王鹏通、施智捷、杨凡、王建斌、丘文德

十七、福建建工集团（人才中心207人）

1. 保利海西实业有限公司：陈双来

2. 德化顺达建材有限公司：范鲁平

3. 福安市溪北洋新区投资开发有限公司：安继国

4. 福鼎市鼎盛建筑工程有限公司：周孝祖

5. 福建百禾市政建筑设计有限公司：胡丽华

6. 福建宝宏建设工程有限公司：胡尧峰

7. 福建博越建筑设计有限公司：欧阳蕾

8. 福建晟隆合建设工程有限公司：王丽萍

9. 福建创盛建设有限公司：黄辉

10. 福建创盈建设发展有限公司：黄惠彬

11. 福建达宇景观建设集团有限公司：王庆琦

12. 福建德昇工程检测有限公司：纪琳铭

13. 福建东南设计集团建设发展有限公司：汪余

14. 福建东昇建筑工程有限公司：张明金

15. 福建发展集团有限公司：侯惠敏

16. 福建工大建设工程检测有限公司：李寒竹

17. 福建工实工程项目管理有限公司：林芳

18. 福建广宇建筑设计院有限公司：王懿

19. 福建杭利建设工程有限公司：庄琼红

20. 福建华航建设集团有限公司：邹娟俤、胡凤彬

21. 福建华景建筑设计院有限公司：张剑华

22. 福建环闽工程造价咨询有限公司：陈文胜

23. 福建建工集团有限责任公司：赖利军、吴炜东

24. 福建建和工程管理有限公司：李丽君

25. 福建建岚建筑科技有限公司：滕凌云

26. 福建金鼎建筑发展有限公司：张元祥

27. 福建金垄工程项目管理有限公司：王培灿

28. 福建境景建筑设计有限公司：陈清

29. 福建九鼎工程质量检测有限公司：赖建财

30. 福建九鼎建设集团有限公司：黄为新

31. 福建巨岸建设工程有限公司：柳建华

32. 福建昆鼎建设有限公司：林文海

33. 福建利全建设工程有限公司：吴红丽

34. 福建六建集团有限公司：陈锦、谢鹤院

35. 福建陆度建设有限公司：上官明杭

36. 福建闽才工程造价咨询有限公司：姚静

37. 福建清秀市政园林集团有限公司：冯上坤

38. 福建泉福水利水电工程有限公司：余志宏

39. 福建泉宏工程管理有限公司：邹立平

40. 福建泉州市土地开发有限公司：李小红

41. 福建融海置业有限公司：曹娟

42. 福建昇华工程造价咨询有限公司：陈群

43. 福建省滨城建设发展有限公司：黄开彬

44. 福建省博意建筑设计有限公司：李建锵

45. 福建省城乡规划设计研究院：蔡思迪、黄秋实、洪星

46. 福建省鼎贤市政园林工程有限公司：陈海山

47. 福建省二建建设集团有限公司：陈伟波、龚雨轩、王文海、陈治国、陈锋、邱灵俐、王曦、赵一帆

48. 福建省工大工程设计有限公司：蔡起增、危金进

49. 福建省宏尚检测技术有限公司：陈济志

50. 福建省宏实建设工程质量检测有限公司：何少锋

51. 福建省花卉盆景有限公司：俞丹艳

52. 福建省华清园林建设有限公司：蔡妙忠

53. 福建省环境保护设计院有限公司：李碧云

54. 福建省建榕勘测设计有限公司：邱志忠

55. 福建省建信工程管理集团有限公司：王清清

56. 福建省建研工程检测有限公司：郭霄伟

57. 福建省建专岩土工程有限公司：林胜辉、林伟岗、陈杰

58. 福建省交设工程咨询有限公司：陈晓晖

59. 福建省九龙建设集团有限公司：方颖

60. 福建省兰竹绿宝建筑装饰有限公司：陈素美

61. 福建省兰竹生态景观工程有限公司：池凌靖、吴游凯

62. 福建省林业勘察设计院：暨珍

63. 福建省泷澄建设集团有限公司：罗海泉

64. 福建省闽东工程勘察院：王国金

65. 福建省闽建工程造价咨询有限公司：李顺珠

66. 福建省闽咨造价咨询有限公司：江演辉、郑欣、郑如新、孙文芳

67. 福建省泉州工程勘察院：吴小龙

68. 福建省榕圣市政工程股份有限公司：林金扬

69. 福建省杉朴工程建设有限公司：黄晓奕

70. 福建省燊鸿建设有限公司：林纪宏

71. 福建省汤头建筑工程有限公司：吴怀宾

72. 福建省五建装修装饰有限公司：李超峰、吴汉彬

73. 福建省湘闽建设发展有限公司：郑东

74. 福建省迅捷交通科技有限公司：曾林威

75. 福建省雅林建设集团有限公司：蔡力

76. 福建省宇瀚工程管理有限公司：马洪珍

77. 福建省禹坤建筑科技有限公司：黄学武

78. 福建省中鼎昇建设工程有限公司：许银琴

79. 福建省中隧建设工程有限公司：何敏

80. 福建顺恒工程项目管理有限公司：杨娜娜

81. 福建舜晟建设工程有限公司：鲍舜

82. 福建斯迈工程管理有限公司：王美玲

83. 福建天能建筑工程有限公司：陈树金

84. 福建西海岸建筑设计院有限公司：吴君俊

85. 福建鑫岑园林绿化有限公司：杨晨

86. 福建星美生态建筑装饰有限公司：张人银

87. 福建兴港建工有限公司：阮鹏

88. 福建易成工程管理有限公司：王胜

89. 福建永顺通建设工程有限公司：谢辉

90. 福建云投建筑工程有限公司：齐丹

91. 福建漳发建设有限公司：叶官松

92. 福建正恒工程项目管理有限公司：郭小清

93. 福建中枢建设发展有限公司：曹汉龙

94. 福建众合开发建筑设计院有限公司：陆陈灼、黄如碧

95. 福建众腾建设工程有限公司：陈宪光

96. 福建住建建设有限公司：高翔

97. 福州仓前山房地产开发有限公司：游龙滔

98. 福州城建设计研究院有限公司：蔡玲玲、吴晓峰

99. 福州高新区投资控股有限公司：周洪

100. 福州禾鑫园林工程有限公司：杨巧珠、张良、柯碧玉

101. 福州建工集团有限公司：林建标

102. 福州诺成工程项目管理有限公司：徐财琴

103. 福州市城投检测科技有限公司：吴淼

104. 福州市城投建筑有限公司：陈帅

105. 福州市城投造价咨询有限公司：廖小婧

106. 福州市城乡规划设计院有限公司：李建云、林翔

107. 福州市规划设计研究院集团有限公司：张兵兵

108. 福州市建设工程管理有限公司：李中建

109. 福州市勘测院有限公司：李锦福

110. 福州市琅岐路桥市政管理有限公司：江乃敏

111. 福州新城市政工程设计有限公司：廖俊宏

112. 福州新七建设有限公司：付镇龙

113. 福州中天建工程管理有限公司：陈丽花

114. 福州中盈工程造价咨询有限公司：叶光焰

115. 广通建设集团有限公司：谢灵裕

116. 广州地铁设计研究院股份有限公司：高永强

117. 合普项目管理咨询集团有限公司：李俊泽

118. 核工业西南勘察设计研究院有限公司：陈锦增

119. 恒晟集团有限公司：叶俊煌

120. 恒信合力项目管理有限公司：叶阿芳

121. 汇龙工程咨询有限公司：刘德宁

122. 惠安建设监理有限公司：林振发

123. 建盟设计集团有限公司：张金望

124. 江苏华泰路桥建设集团有限公司：林公正

125. 江西省宜春市建设监理有限公司：林永盛

126. 晋江新奥燃气有限公司：陈婷婷

127. 景宁鼎丰置业有限公司：曾一平

128. 巨茂建设投资有限公司：王艺填

129. 聚璜集团有限公司：黄欢

130. 联盛建信（福建）建筑设计院有限公司：伍百嘉

131. 闽武长城建设发展有限公司：梁昌南、尤细良

132. 南安市城市建设投资集团有限责任公司：黄东阳

133. 宁德新奥燃气有限公司：史向辉

134. 平潭市政开发有限公司：林海峰

135. 莆田市万科置业有限公司：潘丽娟

136. 青岛华鹏工程咨询集团有限公司：汪一峰

137. 泉州经济技术开发区官桥园区开发建设有限公司：黄宏伟

138. 泉州市燃气有限公司：彭文生

139. 泉州豫固建设工程有限公司：陆祖寿

140. 荣升（福州）置业发展有限公司：黄锦芳

141. 融侨集团股份有限公司：冯君

142. 厦门安港建设集团有限公司：陈晶鑫

143. 厦门诚键建筑工程有限公司：陈友生

144. 厦门高诚信工程技术有限公司：余文平

145. 厦门国景建筑工程有限公司：洪坤辉

146. 厦门华丽新建筑装饰集团有限公司：黄世芳

147. 厦门华旸建筑工程设计有限公司：林剑

148. 厦门基业衡信咨询有限公司：王福造

149. 厦门龙起建设工程有限公司：何志清

150. 厦门市东区建设有限公司：陈金盾

151. 厦门市吉兴集团建设有限公司：许庆山

152. 厦门市五华建设工程有限公司：许志伟

153. 厦门特房建设工程集团有限公司：郑志强

154. 厦门兴海湾工程管理股份有限公司：颜建

155. 厦门中易城市景观艺术有限公司：蔡建辉

156. 厦门筑博工程设计有限公司：陈雪梅

157. 陕建丝路（福建）建设发展有限公司：陈亮

158. 上海市政工程设计研究总院（集团）有限公司：陈云娇

159. 深圳市市政设计研究院有限公司：林铮

160. 思成（福建）工程建设咨询有限公司：范荣进

161. 信创投资管理有限公司：辛秋蓉

162. 信和置业（漳州）有限公司：赵晓华

163. 一鼎（福建）生态园林建设有限公司：林健

164. 驿涛工程集团有限公司：陈少青、陈伟杰

165. 瀛华生态环境股份有限公司：谢铭鸿

166. 永富建工集团有限公司：曾海勇、檀遵光

167. 永泰县碧桂园房地产开发有限公司：胡亦枝

168. 漳州发展地产集团有限公司：吕雅欢

169. 中城建（福建）建筑设计研究院有限公司：陈茜

170. 中晟海峡建设有限公司：黄清华

171. 中国华西工程设计建设有限公司：李伟鹏

172. 中国建筑东北设计研究院有限公司：陈国雁

173. 中核华辰工程管理有限公司：廖秋凤

174. 中建远南集团有限公司：林学华

175. 中交建宏峰集团有限公司：张凯宏

176. 中交通达（福州）工程设计有限公司：陆冠

177. 中石建基础设施建设有限公司：陈瑶

178. 中天璟宏（福建）建设工程有限公司：陈仲凯

179. 中星联丰建设集团有限公司：陈榕希

十八、海峡人才市场（182人）

1. 北京华巨建筑规划设计院有限公司：林锦铭、张崇枫、黄超峰

2. 赤壁市建筑勘察设计院：王文斌

3. 顶丞建工集团有限公司：吴传武

4. 福建本也瀚辰景观设计有限公司：黄小玲、潘莺

5. 福建晨曦信息科技集团股份有限公司：曾开发

6. 福建大地景观有限公司：侯晓东

7. 福建大地市政园林工程有限公司：陈旭伟

8. 福建东辰综合勘察院有限公司：朱铭

9. 福建东政智能科技有限公司：罗旌魁

10. 福建泛亚远景环境设计工程有限公司：卢剑伟

11. 福建恒宏坤建设工程有限公司：李青春

12. 福建鸿丰工程项目管理有限公司：唐黛婼

13. 福建华航建设集团有限公司：叶进银

14. 福建建龙工程咨询有限公司：林德财

15. 福建景尚建筑环境设计工程有限公司：吴义暖

16. 福建璟榕工程建设发展有限公司：郑良生

17. 福建磊鑫（集团）有限公司：蔡和明、洪秀君

18. 福建六建集团有限公司：胡驰名、李林、陈龙、郑景敏、许辉阳、陈奋月、黄成标、曾新荣、刘芳芳、林志钦、陈功枢

19. 福建启智检测技术有限公司：聂荣斌

20. 福建省博意建筑设计有限公司：何雪强

21. 福建省二建建设集团有限公司：黄义蓉

22. 福建省合道建筑设计有限公司：陈如麒、叶碧云

23. 福建省宏实建设工程质量检测有限公司：林伟民、戴文龙

24. 福建省华力勘测设计有限公司：金文婷、张莹

25. 福建省环境保护设计院有限公司：李杰

26. 福建省环宇工程质量检测有限公司：张茂根

27. 福建省惠和城市规划设计有限公司：高英、张弛

28. 福建省嘉宸建筑工程有限公司：曾佳佳

29. 福建省建筑设计研究院有限公司：刘雅鹏

30. 福建省交通规划设计院有限公司：张登

31. 福建省景瑞工程咨询有限公司：甘琳敏

32. 福建省兰竹生态景观工程有限公司：黄明哲

33. 福建省林业勘察设计院：唐勇、严建清、游苗苗

34. 福建省南安市第一建设有限公司：陈金坤

35. 福建省南平闽延电力建设有限公司：张章

36. 福建省榕树王园林工程有限公司：蒋盛国

37. 福建省同源建设工程有限公司：高友彬

38. 福建省迅捷交通科技有限公司：蓝安生

39. 福建省永泰建筑工程公司：陈治史

40. 福建省永正工程质量检测有限公司：刘添芳、黄剑丰、黄师婷、孔先辉、陈亮丰、翁月泉

41. 福建省长希生态环境有限公司：梁永肖

42. 福建万宝建设有限公司：颜树仁

43. 福建鑫陆建设集团有限公司：陆程辉、彭高建、刘礼生

44. 福建永福电力设计股份有限公司：李杰、赵志刚

45. 福建源恒工程监理有限公司：陈剑峰

46. 福建中道景观设计有限公司：李晨林、翁文怡

47. 福建住建建设有限公司：杜海胜

48. 福清洪宽园艺有限公司：汪志强、张德安、陈康河

49. 福州滨海临空开发建设有限公司：林斯翰

50. 福州伯邦景观工程设计有限公司：黄婷婷

51. 福州城建设计研究院有限公司：陈德美、邰晓勇、张昌羽、郑桂敏

52. 福州大禹建设工程造价咨询有限公司：欧彦恒

53. 福州道艺园林景观工程有限公司：张洁

54. 福州地铁集团有限公司：潘南泉、邱文翔、温文兵、王威宇、侯伟清、杨沛山、危阜庆、王正、李海翔、陈林、王惠蓉

55. 福州高新区投资控股有限公司：李垒

56. 福州轨道交通设计院有限公司：蔡金山、林挺、林敬文、王锦、徐旺兴

57. 福州禾鑫园林工程有限公司：林春霖

58. 福州奇思环境艺术设计有限公司：林致远

59. 福州盛迹投资有限公司：卓炜

60. 福州市城乡规划设计院有限公司：彭仙沾、苏建强

61. 福州市规划设计研究院集团有限公司：曹祖勇、许振宇、郑翔、刘程、余世勤、邵珂夫、

俞松、郭君、蔡信昕、戴剑林、赖丹锋、胡灿、邓振宇、叶鹤文、郭荣、胡刚、易灿、刘丽英、陈武贞

62. 福州市建筑设计院有限责任公司：张涛

63. 福州市勘测院有限公司：林海、李庆松、王国策、陈永汀、叶琪、潘润

64. 福州市琅岐路桥建设有限公司：傅贤岳

65. 福州新城市政工程设计有限公司：房敏

66. 光泽县城市建设开发有限责任公司：徐佳腾

67. 海西（厦门）建设规划设计有限公司：缪元发

68. 汉嘉设计集团股份有限公司：叶艺委

69. 翰林（福建）勘察设计有限公司：黄玲平、林云钿

70. 恒锋信息科技股份有限公司：陈列强

71. 垒智设计集团有限公司：蔡景显

72. 南安市城市建设发展投资有限公司：黄锦原

73. 宁德东侨一建工程建设有限公司：沈勇平

74. 宁德新奥燃气有限公司：陈全通

75. 平潭综合实验区先行实业有限公司：任帅

76. 莆田市城乡规划设计研究院：陈玉金

77. 泉州市城市规划设计研究院有限责任公司：周高煜

78. 泉州市燃气有限公司：游丽梅、王在基、张谋力

79. 融侨集团股份有限公司：程飞

80. 厦门涪安建设工程有限公司：谢应根

81. 厦门海投建设咨询有限公司：曾文彬

82. 厦门华旸建筑工程设计有限公司：程望平

83. 厦门莲前集团有限公司：石启辉

84. 厦门市市政工程设计院有限公司：陈高许、张鹏

85. 厦门市长禹建筑工程有限公司：何乐顺

86. 厦门永正元晟检验检测有限公司：郭溪龙

87. 上海中福建筑设计院有限公司：聂恺晖、许晖东

88. 深圳市市政设计研究院有限公司：董永红

89. 石狮市规划设计院有限公司：林荣华

90. 时代建筑设计院（福建）有限公司：黄春辉、陈青

91. 首宏建设有限公司：王锦华

92. 新大陆科技集团有限公司：王旌

93. 瀛华生态环境股份有限公司：胡燕玲

94. 宇烈工程设计院（福建）有限公司：周莺

95. 元泽（福建）股份有限公司：周建斌

96. 正坤建业建设科技有限公司：尚兴虎

97. 正荣（福州）投资发展有限公司：胡丽珍

98. 郑州市交通规划勘察设计研究院莆田分院：张燕华

99. 中帆睿建工程咨询有限公司：龚招凤

100. 中国市政工程西北设计研究院有限公司：许贤亮、王彭

101. 中核华辰工程管理有限公司：刘宇镔

102. 中建协和建设有限公司：苏龙辉

103. 中交建宏峰集团有限公司：黄金华

十九、厦门市（8人）

1. 大连市勘察测绘研究院集团有限公司：姜秀

2. 福建常地勘测设计有限公司：郑志伟

3. 福建磐基岩土工程有限公司：陈美红

4. 核工业江西工程勘察研究总院有限公司：程玉果

5. 厦门华润燃气有限公司：孙建华

6. 厦门华岩勘测设计有限公司：熊秋雨

7. 厦门市海沧区建设与交通工程质量安全站：吴艺重

8. 厦门市集美区建设与交通工程质量安全站：刘诗苑

二十、漳州市（62人）

1. 北京东方筑中建设规划设计有限公司：叶军

2. 福建安华发展有限公司：罗东金

3. 福建大佳建设工程有限公司：林素香

4. 福建江南春城市建设集团有限公司：林火灯

5. 福建乐程市政园林工程有限公司：郑斌

6. 福建两顺市政工程有限公司：吴宝国

7. 福建荣冠环境建设集团有限公司：柳君

8. 福建昇华工程造价咨询有限公司：李惠红

9. 福建省春天生态科技股份有限公司：池毓

涯、张金平、张艳龙

10. 福建省泷澄建设集团有限公司：谢新阳、蓝亚珍

11. 福建省明建工程咨询有限公司：郑艳凤

12. 福建省日誉建设集团有限公司：张毅辉

13. 福建省漳州市建筑设计有限公司：郭景联

14. 福建省中福工程建设监理有限公司：吴玉亭

15. 福建顺祥建设发展有限公司：陈志福

16. 福建越众日盛建设咨询有限公司：丁开宝、陈小苇

17. 福建漳龙集团有限公司：吴晓音

18. 福建漳龙建投集团有限公司：庄莉玲

19. 广州市弘基市政建筑设计院有限公司：胡章清

20. 湖南中大设计院有限公司：刘玉琴

21. 凯第建筑集团有限公司：郑美响

22. 平和县建筑工程安全站：林秋梅

23. 厦门市市政工程设计院有限公司：王娟

24. 上海开艺设计集团有限公司：戴伟泉

25. 漳州城投地产集团有限公司：林天池、宋秋娟

26. 漳州城投设计咨询集团有限公司：杨柳晨

27. 漳州高新人力资源有限公司：林立全

28. 漳州古城保护开发有限公司：游剑峰

29. 漳州靖圆发展有限公司：林木松、吴文煌

30. 漳州蓝田开发有限公司：李琳

31. 漳州片仔癀药业股份有限公司：郑一宁

32. 漳州市城市规划设计有限公司：卢喜招

33. 漳州市城市规划设计有限公司：陶勇、许少亮

34. 漳州市风景园林中心：蔡奕静

35. 漳州市建工程勘察院有限公司：杨国兴

36. 漳州市建设工程质量站：方明辉

37. 漳州市建设执业资格注册中心：杨超

38. 漳州市建筑工程有限公司：魏燕华

39. 漳州市龙海区园林服务中心：黄淑惠

40. 漳州市龙文佳宝混凝土工程有限公司：高峰

41. 漳州市龙文区城市建设开发中心：陈永坤

42. 漳州市龙文区城乡建设服务中心：姚梅芳、曾原飞

43. 漳州市市政工程中心：向永煌

44. 漳州市园林绿化建筑工程有限公司：吴麟亮

45. 漳州市长泰区建设工程质量工作站：吴艺铃、杨明松

46. 漳州台商投资区建设工程质量安全站：苏凯

47. 漳州圆山发展有限公司：杨丽平

48. 漳州圆山新城建设有限公司：朱锦辉、陈永春

49. 漳州圆新建设集团有限公司：许锦辉

50. 漳州圆山新城建设有限公司：方宇

51. 中都工程设计有限公司：卢志渊、许东兴

二十一、泉州市（65 人）

1. 安溪县公共资源交易中心：刘江山

2. 德化县市政公用事业发展中心：陈春庆、周爱生

3. 福建大地市政园林工程有限公司：陈奕文

4. 福建第一公路工程集团有限公司：郭晓浓

5. 福建泉州勘测设计院有限公司：袁洪龙

6. 福建省东霖建设工程有限公司：陈志锋

7. 福建省惠东建筑工程有限公司：林显志

8. 福建省惠房建设工程有限公司：赖燕招

9. 福建省惠一建设工程有限公司：吴秀月

10. 福建省金正建设工程有限公司：潘成典

11. 福建省晋江市住房建设中心：叶世康

12. 福建省闽南建筑工程有限公司：李爽路

13. 福建省泉州市第一建设有限公司：洪礼通、黄文达、吴端奕、许世仲

14. 福建省群溢建筑工程有限公司：李后富

15. 福建省五建建设集团有限公司：蔡瑞瑾、王胜军、曾凉凉、陈阳彬、刘地靖、谢镇涛、陈荣发、陈瑞淦、蔡伟景、周文俊、黄福卿、陈益祥

16. 福建省五建装修装饰有限公司：张伟

17. 福建省中迪建工集团有限公司：陈江培

18. 福建仙景建设有限公司：李水拨

19. 福建耀景园林有限公司：苏志良

20. 晋江市城乡规划设计研究院有限责任公司：黄雪花

21. 晋江市灵源街道社会事务服务中心：陈

春喜

22. 南安市建设工程质量与安全监督站：王荣辉

23. 南安市燃气有限公司：毛元生

24. 泉州江南城市建设集团有限公司：黄炜业

25. 泉州市城市规划设计研究院有限责任公司：崔海升

26. 泉州市房屋交易中心：黄健

27. 泉州市丰泽区市政建设管理中心：何世毅

28. 泉州市工程建设监理事务所有限责任公司：许家毅

29. 泉州市建设工程造价站：黄小卫

30. 泉州市开源实业有限责任公司：廖芬芳

31. 泉州市泉港区建设工程质量监督站：王荣锌

32. 泉州市市政工程中心：黄丽娥

33. 泉州市市政园林古建筑设计院有限公司：黄雅利

34. 泉州市住房和城乡建设局技术中心：宋景旭

35. 泉州水务工程建设集团有限公司：纪任东、林林琴、陈伟强

36. 泉州水务工程建设集团有限公司：吴剑东、李思达

37. 泉州台商投资区城市建设发展有限公司：王培强、庄白葵

38. 泉州台商投资区市政管理有限责任公司：庄俏榕

39. 泉州台商投资区水务投资经营有限公司：林金钏

40. 石狮市公共资源交易中心：黄应跃

41. 石狮市市政公用事业发展中心：王鸿泽、王松

42. 永春县市政服务中心：潘晓斌

43. 中建远南集团有限公司：陈建江、刘加福

44. 中科博能（福建）工程设计集团有限公司：许碧海

二十二、莆田市（10人）

1. 福建省涵城建设工程有限公司：姚庆元

2. 莆田市城市建设投资开发集团有限公司：朱振

3. 莆田市城厢区国有资产投资集团有限公司：陈宏斌

4. 莆田市涵江区建设工程质量安全监督站：陈颖

5. 莆田市建设工程质量安全站：陈瑞星

6. 莆田市水利水电勘测设计院有限公司：何建平

7. 莆田市水质净化有限公司：柳青弟

8. 莆田市秀屿区财政投资评审中心：许志伟

9. 仙游县人民政府鲤城街道办事处：徐瑞科

10. 仙游县水利水电建设管理中心：黄建生

二十三、三明市（34人）

1. 大田县建设镇村镇规划建设服务中心：林开隆

2. 福建东南设计集团建设发展有限公司：汤有志

3. 福建东南设计集团有限公司：卢文娟、陈玉玲、吴羡

4. 福建三明市政工程有限公司：肖文杰

5. 福建省广厦工程咨询有限公司：李哲图

6. 福建省明建工程咨询有限公司：邓丽琴

7. 福建省三明市工程项目管理有限公司：江俊健

8. 福建兴田建设工程有限公司：章进王

9. 福建一建集团有限公司：朱兴基、叶正洪

10. 建宁县建设科技设计服务中心：梅杰

11. 闽晟集团城建发展有限公司：黄步玉、张平

12. 宁化县建设工程质量安全服务中心：丁志凌

13. 三明市城市建设发展集团有限公司：余芳华、宋博宇

14. 三明市城市建设投资集团有限公司：邹胜祥

15. 三明市三元区建设工程质量安全生产服务中心：赵峰、李文敏

16. 三明市市政工程养管中心：章爱娥、余巧萍

17. 厦门建兴工程管理有限公司：俞志云

18. 泰宁县房地产服务中心：黄雪冬

19. 天铭建设集团有限公司：罗美增

20. 永安市建设工程技术服务中心：邱晓云、张绍辉

21. 永安市建筑工程质量站：张良富

22. 永安市自来水管道安装工程有限公司：巫朝旭

23. 尤溪县房地产交易中心：陈亦衡

24. 尤溪县建设工程造价与质量安全站：黄丽玉

25. 中汇建筑集团有限公司：刘培漳

26. 中亿通达设计咨询集团有限公司：乐建基

二十四、南平市（18 人）

1. 福建安华发展有限公司：田斌

2. 福建国运建设发展有限公司：饶丽妃

3. 福建深业投资有限公司：罗建林

4. 福建省建瓯市园林市政中心：林永健

5. 福建省睿翼建设有限公司：张国清

6. 建瓯市建设工程质量安全站：姜利慧

7. 南平高速中凡建筑工程有限公司：洪剑文

8. 南平实业集团新城科技园有限公司：卢祯君

9. 南平市城市桥梁服务中心：吴庆辉

10. 南平市城乡规划设计研究院有限责任公司：金忠

11. 南平市固定资产投资审计中心：危奇飞

12. 南平市延平区公用事业服务中心：许绍辉

13. 南平市延平区建设工程质量安全站：张福养

14. 南平市园林服务中心：陈礼腾、朱林孝

15. 浦城县房地产综合开发公司：黄雄标

16. 邵武市房地产市场服务中心：黄亮

17. 武夷山市星村镇综合执法大队：林芳盛

二十五、龙岩市（64 人）

1. 福建成森建设集团有限公司：林欢洁、古兴生

2. 福建互华土木工程管理有限公司：李荣林、王维、黄强华、胡远耀

3. 福建汇达建筑工程有限公司：钟四林

4. 福建惠丰建筑工程有限公司：林蔡飞

5. 福建建龙工程咨询有限公司：黄招英

6. 福建南方建业工程管理有限公司：陈圆圆

7. 福建启宏日兴建设发展有限公司：张小芳

8. 福建荣建集团有限公司：吴建鑫

9. 福建省富茂建筑工程有限公司：苏雄丰

10. 福建省九通建设工程有限公司：林健锋

11. 福建省龙岩汇金置业有限公司：林源政

12. 福建省龙岩市城乡规划设计院：蓝永辉、刘勇先

13. 福建省南方联合置业有限公司：卢敏庭

14. 福建省同源建设工程有限公司：吴慧玲

15. 福建省泽林建设工程有限公司：刘还林

16. 福建省中福工程建设监理有限公司：林奇、童晓凌

17. 福建拓海建设工程有限公司：周德峰

18. 福建西景市政园林建设有限公司：蒋太钊

19. 福建新华夏建工集团有限公司：夏丽萍、范祖平

20. 福建新华夏建工集团有限公司：俞芳

21. 福建学智建设工程有限公司：谢立山

22. 福建永晟建设工程有限公司：李祖锋

23. 福建源恒工程监理有限公司：黄元水

24. 福建越众日盛建设咨询有限公司：傅钟庆

25. 福建长亿建设有限公司：童朝泰

26. 福建正恒工程项目管理有限公司：邱静

27. 福建中天建设工程有限公司：廖永金

28. 恒亿集团有限公司：连敏、王龙

29. 建融建设管理集团有限责任公司：卢毅春

30. 连城县基层卫生财务核算中心：黄启贵

31. 连城县市政公用事业建设管理中心：陈梅华

32. 连城县智慧城市服务中心：张桂金

33. 龙岩交通建设集团有限公司：陈瑞开、江明清

34. 龙岩昆润天然气有限公司：郜聪

35. 龙岩市安居住宅建设有限公司：李荣海、王嘉威、马文涛、陈秋荣、张艺、杨钰城

36. 龙岩市财政投资评审中心：张洪妹、卢俊海

37. 龙岩市成正工程检测有限公司：蒋天星

38. 龙岩市古田圣地旅游投资开发建设有限公司：蒋凌杰

39. 龙岩市固定资产投资审计中心：罗洁、陈萍

40. 龙岩市建设工程检测中心站：谢生龙

41. 龙岩市市政项目建设中心：邓桂华

42. 龙岩市西安建筑工程有限公司：林治祥、张浩明、章生

43. 龙岩市新罗区路桥工程有限公司：郑庆钟

44. 龙岩市新罗区消防化工建设工程中心：苏丽玲

45. 上杭县建设工程质量安全监督站：黄宜仁

46. 长汀县土地与房屋征收办公室：蒋本钰

二十六、宁德市（16人）

1. 福安市城市管理服务中心：陈雄华

2. 福鼎市住房和城乡建设服务中心：夏明强

3. 福建闽东建设发展有限公司：林座

4. 福建省宁德市公路事业发展中心：章林平

5. 福建省宁德市闽东建设工程试验检测有限公司：缪奕奕

6. 华地设计有限公司：阮克育

7. 宁德安然燃气有限公司：陈罗彬

8. 宁德市村镇建设发展中心：李影

9. 宁德市建设工程造价站：陈聪

10. 宁德市建筑工程技术中心：陈伟星

11. 宁德市三都澳大酒店有限公司：施飞羽

12. 宁德市园林绿化中心：叶德科、吴雪燕

13. 屏南县审计服务中心：陈姿梅

14. 霞浦县建设工程质量安全监督站：施钰、庄泓

二十七、平潭综合实验区（2人）

1. 平潭嘉源置业开发有限公司：陈立炎

2. 平潭综合实验区先行实业有限公司：林喜乐

吴峰等52位同志科技管理专业高级工程师职务任职资格人员名单

2023年2月23日福建省人力资源和社会保障厅印发《关于批准确认吴峰等52位同志科技管理专业高级工程师职务任职资格的通知》（闽人社批复〔2023〕92号）提出，经研究，批准确认由2021年度科技管理专业高级工程师任职资格评审会评审通过的吴峰等52位同志科技管理专业高级工程师职务任职资格，任职资格确认时间为2023年2月12日，现予公布，名单如下。

一、福建省科技厅（1人）

福建省科学技术信息研究所：吴峰

二、福建省应急管理厅（1人）

福建省安全生产科学研究院：郑元锟

三、福建省市场监督管理局（1人）

福建省知识产权保护中心：林国

四、中国海峡人才市场（7人）

福州地铁集团有限公司运营事业部：林冬良

福州中电科轨道交通有限公司：李楠煜、潘宇杨

福建省君融安全技术咨询有限公司：卞矛

漳州市角美轨道交通投资发展有限公司：陈益群

中检集团康泰安全科技有限公司：吕玲芝

福建省晋华集成电路有限公司：聂静

五、福建广电网络集团股份有限公司（2人）

福建广电网络集团股份有限公司：王纬城、谢彬

六、福建省科学技术协会（1人）

福建省科技馆：张文婷

七、福建省残疾人联合会（1人）

福建省残疾人体育运动管理中心：范宁

八、中国冶金地质总局（1人）

中国冶金地质总局二局：林晓晖

九、福建省农村信用社联合社（2人）

福建省农村信用社联合社：黄能、邱威

十、福建省冶金（控股）有限责任公司（2人）

厦门钨业股份有限公司：肖延祯、范超颖

十一、福建省能源石化集团有限责任公司（1人）

福建省福能龙安热电有限公司：王大为

十二、福建省汽车工业集团有限公司（1人）

福建省汽车工业集团有限公司：李岩峰

十三、福建省电子信息（集团）有限责任公司（1人）

福建省电子口岸运营服务有限公司：刘仪

十四、福建建工集团有限责任公司（2人）

福建省新通网络科技有限公司：李青

福建省建研工程顾问有限公司：林玲

十五、福建省招标采购集团有限公司（1人）

福建省机电设备招标有限公司：黄鸿彬

十六、福建省国有资产管理有限公司（1人）

福建省冶金工业设计院有限公司：刘新

十七、福州市（1人）

福州市科学技术情报研究所：郑彩霞

十八、漳州市（6人）

漳州古雷港经济开发区投资与统计服务中心：杨添柔

漳州高新技术产业开发区应急救援中心：黄少伟

漳州古雷港经济开发区应急救援中心：王晓影

漳州片仔癀资产经营有限公司：柯文杰

漳州片仔癀药业股份有限公司：郑玉清、林小红

十九、泉州市（12人）

泉州市政府投资项目评审中心：杜频湖、陈烽盛

泉州市洪水预警报中心：庄英杰

泉州市安全生产执法支队：陈斯桂

泉州市市场监管综合执法支队：黄德志、赖礼碧

泉州市食品药品认证与不良反应监测中心：李喆元

泉州市环境卫生中心：吴焕宁、洪德海

惠安兴港公用工程管理有限公司：黄晓阳

南安市质量计量检测所：杨松林

德化县科学技术信息研究所：苏俊基

二十、三明市（1人）

尤溪县农业机械化技术推广站：郭太钟

二十一、莆田市（2人）

莆田市荔城区农机化技术推广站：陈德涵

莆田市城厢区重大危险源监控中心：吴晓丽

二十二、南平市（1人）

南平市浦城县仙阳镇乡村振兴发展中心：刘军华

二十三、龙岩市（1人）

上杭县苏区振兴发展服务中心：黄庆柱

二十四、福建龙溪轴承（集团）股份有限公司（1人）

福建龙溪轴承（集团）股份有限公司：熊垒

二十五、九牧集团有限公司（1人）

九牧厨卫股份有限公司：刘小龙

冉振礼等84位同志地勘专业高级工程师职务任职资格人员名单

2023年2月23日福建省人力资源和社会保障厅印发《关于批准确认冉振礼等84位同志地勘专业高级工程师职务任职资格的通知》（闽人社批复〔2023〕93号）提出，经研究，批准确认由2021年度地勘专业高级工程师任职资格评审会评审通过的冉振礼等84位同志地勘专业高级工程师职务任职资格，任职资格确认时间为2022年12月25日，现予公布，名单如下。

一、福建省地质矿产勘查开发局（69人）

福建省闽北地质大队：冉振礼、张亮、刘丽、林尚炳、陈厚强

福建省闽西地质大队：秦学军、张小亮、李校斌、武斌、罗碧笏、林铭铝、湛晓伟

福建省第二地质勘探大队：刘先赟

福建省闽东南地质大队：洪炳义

福建省第四地质大队：林金顺、刘迪福、黄艺、陈勇

福建省第八地质大队：袁光治、张建宝、王勇、郑敏梁、边林浩

福建省闽南地质大队：李建强、王艳艳、陈秀清、游茂云、陈加喜、陈淑芳、郑宗鹏、魏强、黄建伟、李永发、朱进金

福建省厦门地质工程勘察院：王强

福建省地质工程勘察院：吴章亮

福建省地质工程大队：吴国立

福建省地质测试研究中心：周剑、李铿

福建省地质测绘院：胡凡、何建刚、陈忠、刘宜淋、麦英兰、张平波、赵辛宇、庄立贤、林腾、吕红梅、林文杰、洪剑武、陈忠林、骆红梅

福建省地质调查研究院：陈淑华、周小栋、赖斯颖、刘章鹏、滕传耀、詹玉坤、薛德杰、林光隆、邓志军、袁勋、赵小星、张岩、柯永华

福建省核工业二九五大队：蓝强、彭剑勇、林晓虎

二、福建省自然资源厅（1人）

福建省国土资源评估中心：徐广东

三、福建省煤田地质局（6人）

福建省121地质大队：江仁剑、于婷婷

福建省196地质大队：杨立普

福建省197地质大队：郑飞、陈景灿

福建省煤田地质勘查院：余芝华

四、福建建工集团有限责任公司（2人）

核工业西南勘察设计研究院有限公司：吴道荣

闽武长城建设发展有限公司：杨明

五、南平市（1人）

武夷山市兴武测绘咨询有限公司：陈茂建

六、龙岩市（5人）

紫金矿业集团股份有限公司：林明钟、赖晓丹、饶东平、林寿洪、陈新攀

陈代文等104位同志环保专业高级工程师职务任职资格人员名单

2023年2月28日福建省人力资源和社会保障厅印发《关于批准确认陈代文等104位同志环保专业高级工程师职务任职资格的通知》（闽人社批复〔2023〕108号）提出，经研究，批准确认由2021年度环保专业高级工程师任职资格评审会评审通过的陈代文等104位同志环保专业高级工程师职务任职资格，任职资格确认时间为2022年12月13日，现予公布，名单如下。

一、福建省生态环境厅直属事业单位（15人）

福建省辐射环境监督站：陈代文、朱佳山

福建省近岸海域环境监测站：徐洪顺

福建省福州环境监测中心站：龙小燕、陈金水

福建省泉州环境监测中心站：王志强、吴萍萍、李佳艺、陈丽华、王俊毅、许冬梅

福建省宁德环境监测中心站：贾晓芳、王陈敏

福建省龙岩环境监测中心站：连卫中

福建省环境监察总队九龙江流域生态环境监管和行政执法大队：蔡进福

二、福建省交通运输厅（1人）

福建省交通科研院有限公司：邱高顺

三、福建省水利厅（1人）

福建省水利水电勘测设计研究院有限公司：刘燕

四、中国海峡人才市场（16人）

福建省水利投资集团（平潭）水务有限公司：李群

福鼎市三联污水处理有限公司：陈光设

福州新区开发投资集团有限公司：王艳红

福建龙源环境工程技术有限公司：杨义村

福清市致青循环农业产业园有限公司：黄钦

福建省环境科学研究院：黄颖慧

福建奔驰汽车有限公司：胡文婷

福建省金皇环保科技有限公司：陈璐

福建省环境保护设计院有限公司：陈梦莹

福建海峡建筑设计规划研究院：王晋沅

福建省林业勘察设计院：蓝宁锋

福建省爱善环保集团有限公司：代义强

福建榕净生态科技有限公司：林世霖

福建省东锅节能科技有限公司：彭龙

福州盈科水处理工程有限公司：林世华

福州城建设计研究院有限公司：肖晓强

五、共青团福建省委员会（1人）

福建闽科环保技术开发有限公司：林建西

六、福建省轻纺（控股）有限责任公司（2人）

福建省金皇环保科技有限公司：张晓燕、商婕

七、福建建工集团有限责任公司（2人）

福建省蓝深环保技术股份有限公司：张敏芳

福建省环境保护设计院有限公司：游丽燕

八、福建省能源石化集团有限责任公司（3人）

福建省华厦能源设计研究院有限公司：雷兴龙、罗竞

福建福海创石油化工有限公司：张士敏

九、福建省水利投资开发集团有限公司（1人）

福建省水务发展集团有限公司：郑贤明

十、福州市（7人）

福州市仓山生态环境保护综合执法大队：林宇烽

福州市福清环境监测站：林利强

福州市福清核电厂核事故应急中心：郑青英、王执华

福州市永泰环境监测站：卓少玲

福州城建设计研究院有限公司：吴煌州

福建海峡环保集团股份有限公司：张秀玲

十一、漳州市（12人）

福建省漳州环境监测中心站：杨松彬、赵小华

漳州市环境信息中心：林振伟

漳州市海洋环境监测中心：吴惠璇

漳州市芗城环境监测站：林炜

漳州市龙海环境监测站：黄毅峰

漳州市龙海区生态环境保护综合执法大队：许发财

漳浦县各乡镇生态环境工作站：卢向荣

南靖县污染源控制站：林美容

长泰经济开发区生态环境工作站：刘玉丽

漳州市华安环境监测站：张阿惠

漳州高新技术产业开发区生态环境保护综合执法大队：黄佳蓉

十二、泉州市（12人）

泉州市环境卫生中心：黄丽真

泉州市山美水库水资源调配中心：王江滨

泉州市泉港区环境监测站：林友招

泉州市泉港生态环境保护综合执法大队：林佳煌

南安市环境保护监测站：陈泳艺、黄鸿华

惠安县环境监测站：庄汉斌、康国忠

永春县环境监测站：穆炜崟、郑永辉

德化县环境监测站：颜燕玲

福建省晋江自来水股份有限公司：纪银传

十三、三明市（2人）

三明市泰宁生态环境保护综合执法大队：廖隆琪

三明市思创环保技术有限公司：余婷

十四、莆田市（3人）

莆田市环境监测站：杨志强

莆田市环境保护科学研究所：何伟文

莆田市仙游环境监测站：陈丽萍

十五、南平市（4人）

南平市清洁生产审核评估与固体废物环境管理技术中心：吴震强

南平市延平环境监测站：高忠林

南平市邵武环境监测站：王剑超

南平市武夷山环境监测站：梁益

十六、龙岩市（15人）

龙岩市新罗环境监测站：陆勇

龙岩市上杭环境监测站：陈月华

龙岩市上杭生态环境保护综合执法大队：吴坤宗

龙岩市武平生态环境保护综合执法大队：林良英

龙岩市连城环境监测站：傅志远

龙岩市漳平环境监测站：许森鑫

紫金矿业集团股份有限公司：熊明瑜、赖才书、刘珊珊、廖梅芳、聂建瑞

紫金铜业有限公司：张微、邱建森

福建常青新能源科技有限公司：陈征贤

福建西景市政园林建设有限公司：颜爱

十六、宁德市（7人）

宁德市环境保护科学研究所：黄辉宏

宁德市古田环境监测站：翁建杰、卢小兵

宁德市柘荣环境监测站：王婷婷

宁德市福鼎环境监测站：卢兴润、赖颖颖、王斌

刘景锦等63位同志电子专业高级工程师职务任职资格人员名单

2023年3月3日福建省人力资源和社会保障厅印发《关于批准确认刘景锦等63位同志电子专业高级工程师职务任职资格的通知》（闽人社批复〔2023〕111号）提出，经研究，批准确认由2021年度福建省电子专业高级工程师任职资格评审会评审通过的刘景锦等63位同志电子专业高级工程师职务任职资格，任职资格确认时间为2023年2月16日，现予公布，名单如下。

一、福建省教育厅（1名）

福建幼儿师范高等专科学校：刘景锦

二、福建省交通运输厅（1名）

广东省电信规划设计院有限公司福州分公司：潘少斌

三、福建省广播电视局（1名）

福建省广播电视监测中心：杨艇

四、中国海峡人才市场（10名）

福建瑞之付微电子有限公司：蔡巍

福建超智集团有限公司：陈聪慧

冠捷显示科技（厦门）有限公司：林孔俭、王衍军

福州福光水务科技有限公司：岳元长

福州普贝斯智能科技有限公司：沈睿汀

福建火炬电子科技股份有限公司：郑婉真

福州高意通讯有限公司：贾春艳

福州理工学院：傅诏午

长威信息科技发展股份有限公司：吴迎晖

五、福建省广播影视集团（12名）

福建省广播影视集团：陈翠、陈高峰、邓建

玲、胡悦、廖锦瑛、林霁、林其波、薛承典、杨勇志、张力行、郑晖

福建省广播电视传输发射中心：刘丹

六、福建广电网络集团股份有限公司（7名）

福建广电网络集团股份有限公司：魏琛、翁义龙

福建广电网络集团股份有限公司漳州分公司：戴伟明、何峰、杨振春、林茂忠

福建广电网络实业集团有限公司：阮邦耀

七、福建省国有资产管理有限公司（15名）

福建省福芯电子科技有限公司：林良飞

麦克赛尔数字映像（中国）有限公司：邱勤

福建星海通信科技有限公司：高敏、黄奇家、吴志聪、赵浩翰

锐捷网络股份有限公司：陈小龙、陈莹星、何诗红、赖国洪、刘熙、俞成龙、郑宁

福建星网锐捷通讯股份有限公司：邓福钦、毛志杰

八、中国联合网络通信有限公司福建省分公司（1名）

中国联合网络通信有限公司福建省分公司：叶兴贵

九、漳州市（4名）

福建利利普光电科技有限公司：蓝永祥、华山

漳州芝山转播台：曾昭彤

南靖县融媒体中心：朱清钟

十、泉州市（2名）

福建迈纬通信科技股份有限公司：陈兴

福建火炬电子科技股份有限公司：林志盛

十一、三明市（3名）

三明七〇五台：黄志光、刘昭伟

三明市沙县区水利水电技术服务中心：张锦虹

十二、南平市（1名）

建瓯市融媒体中心：黄人鸿

十三、宁德市（1名）

福鼎市医院：林茂

十四、福建龙净环保股份有限公司（4名）

福建龙净环保股份有限公司：刘振兴、任秋荣、童新革、张晓滨

林文金等168位同志高级工程师职务任职资格人员名单

2023年3月13日福建省人力资源和社会保障厅印发《关于批准确认林文金等168位同志测绘等专业高级工程师职务任职资格的通知》（闽人社批复〔2023〕124号）提出，经研究，批准确认由2021年度测绘、国土空间规划、土地管理专业高级工程师任职资格评审会评审通过的林文金等168位同志测绘等专业高级工程师职务任职资格，任职资格确认时间为2023年2月19日，现予公布，名单如下。

一、测绘专业高级工程师（88人）

（一）福建省自然资源厅（7人）

福建省测绘院：林文金、林华贤

福建省制图院：曾光榕

福建省国土资源信息中心：王菊荣、齐昕

福建省国土测绘院有限公司：邓春焰、林平

（二）福建省交通厅（1人）

福建省港航勘察科技有限公司：邬红涛

（三）福建省林业局（1人）

福建省林业调查规划院：李峥

（四）福建省海洋与渔业局（1人）

福建省水产设计院：朱毅斌

（五）福建省地质矿产勘查开发局（8人）

福建省地质调查研究院：余蓬春

福建省地质测绘院：陈颖、陈斯恺、刘翔、熊立

福建省闽西地质大队：叶基云、邓丽、方小勤

（六）海峡人才市场（23人）

福建省地质遥感与地理信息服务中心：池美月

福州市勘测院有限公司：申佳亮、刘龙、陈德师、杜金桥、张东东、沙剑、曾凯、吕贤锰、翁伟琳、赵华成、潘家宝、罗飞、林健、王云光、倪凯、林碧珊

福建金地勘测规划有限公司：邵万里、蔡扬

福州君道空间信息技术有限公司：张向涛

福建科劲测绘服务有限公司：侯健钦

福建永福电力设计股份有限公司：林汉云

泉州市新宇测绘工程有限公司：刘朝新

（七）福建建工集团有限责任公司（4人）

福州市勘测院有限公司：郑龙葭

福建省建研工程顾问有限公司：李荆剑

福建省海陆勘测有限公司：廖正康

福建省建筑工程质量检测中心有限公司：张兴华

（八）福建省国有资产管理有限公司（1人）

福建经航勘测设计有限公司：张文洪

（九）福建省招标采购集团有限公司（1人）

福建经纬测绘信息有限公司：王军德

（十）福建省冶金控股有限责任公司（1人）

宁化行洛坑钨矿有限公司：王槐仁

（十一）福州市（4人）

福州市勘测院有限公司：熊开明

福建国佳勘测有限公司：朱守智

福州市建筑设计院有限责任公司：林华捷

福清市三垣测绘技术有限公司：陈敦盛

（十二）厦门市（14人）

厦门市规划数字技术研究中心：余启义

厦门市测绘与基础地理信息中心：洪卓众

厦门高新人才开发有限公司：林加发

厦门市政集团有限公司：谢有福

厦门市市政工程设计院有限公司：柯振瑶

福建省云上晴天规划设计有限公司：王前进

厦门图辰信息科技有限公司：邓永火、曾敦梁、陈小海、谢珍莲

守正（厦门）工程科技有限公司：梁彬荣

厦门易景软件工程有限公司：王晓强

厦门华岩勘测设计有限公司：王华明

厦门亿力吉奥信息科技有限公司：吕喜容

（十三）漳州市（8人）

漳州市测绘设计研究院：陈雪玲、吴玉燕、姚金龙、肖登枝、陈维成

漳州市自然资源信息中心：蒋海阳

漳州市水利水电勘测设计有限公司：王金扬

漳州市力远测绘有限公司：赖志阳

（十四）泉州市（1人）

泉州市城乡规划信息中心：杨志海

（十五）莆田市（1人）

莆田市城乡勘测设计研究院：陈国柱

（十六）龙岩市（5人）

龙岩市勘察测绘大队：刘建辉、邱建文

紫金矿业集团股份有限公司：刘国元

福建安澜水利水电勘察设计院有限公司：魏海明

龙岩市城投测绘有限公司：饶勇健

（十七）三明市（3人）

三明市测量队：向彩云

三明山水勘测规划有限公司：廖木生

永安市东南测绘有限责任公司：陈克均

（十八）南平市（2人）

松溪县土地收购储备中心：廖风云

邵武市不动产登记中心：吴建红

（十九）宁德市（1人）

周宁县自然资源与国土空间规划所：陈圣德

（二十）平潭综合实验区（1人）

平潭综合实验区行政服务中心：连夏晖

二、国土空间规划专业高级工程师（71人）

（一）福建省地质矿产勘查开发局（1人）

福建省地质测绘院：邓西鹏

（二）海峡人才市场（8人）

福建省地质遥感与地理信息服务中心：谢美娇

福建省村镇建设发展中心：叶丽

福州市规划设计研究院集团有限公司：薛姣龙、林若达、王盛威、林超、陈智睿

福建省工大工程设计有限公司：曾晓抒

（三）福建建工集团有限责任公司（9人）

福建省城乡规划设计研究院：潘炯鑫、何海滨

福建省地质遥感与地理信息服务中心：张菊萍

福建省工大工程设计有限公司：张慧芬、付鹏、方园

福建省唯冠工程设计有限公司：胡凯凯

湖南省国土资源规划院：戴冰武

朗建城市设计研究院有限公司福建分公司：钱仁晓

（四）福州市（2人）

福州市长乐区规划编制研究中心：刘根培

福州市长乐区国土资源局玉田国土资源所：江抒琳

（五）厦门市（22人）

厦门市规划数字技术研究中心：张雪梅、谢舒菁、胡文涓、洪珑梅

厦门市国土空间和交通研究中心（厦门规划展览馆）：林佳妮、阮海波、邓方文

厦门市城市规划设计研究院有限公司：马毅、陈宏、贺捷、陈毅伟、张健全、陈忠良、卫丹阳、陈卫龙

天津市城市规划设计研究总院有限公司厦门分院：谢书宇、赖茂荣、许宏彬

华侨大学建筑设计院（泉州）有限责任公司厦门分公司：饶琴

建盟设计集团有限公司：江昭禄

中社科（北京）城乡规划设计研究院厦门分院：魏建国

重庆市规划设计研究院厦门分院：卢章华

（六）漳州市（7人）

漳州市规划编制研究中心：林小卿

漳州市土地收购储备中心：林君

漳浦县城乡规划服务中心：赵金淮、卢寅生

漳州市长泰区村镇建设工作站：陈凌威

湖南城市学院设计研究院有限公司漳州分公司：曾芬

漳浦县绥安工业区开发总公司：林艺君

（七）泉州市（2人）

惠安县规划技术站：王凡君

泉州市城市规划设计研究院有限责任公司：刘中游

（八）龙岩市（6人）

福建省龙岩市城乡规划设计院：刘红生、吴晓武、吴春磊、余春意

连城县国土空间规划中心：项小花、邓旭东

（九）三明市（4人）

三明市土地收购储备中心：杨志荣

将乐县城乡建设规划队：朱土森

明溪县自然资源局土地收购储备中心：陈康

福建东南设计集团有限公司：余莉莉

（十）南平市（6人）

南平市国土空间规划技术研究中心：熊艳

南平市城市展示馆：高晨

武夷山市国土空间规划所：詹璐璐、周志富

顺昌县国土空间规划中心：谭灏

政和县土地收购储备中心：许宗胜

（十一）宁德市（4人）

宁德市规划编制研究中心：刘杰

霞浦县国土空间规划服务中心：骆星辰

霞浦县自然资源局：李婧

宁德市城建集团博创设计研究院有限公司：李戈

三、土地管理专业高级工程师（9人）

（一）福建省自然资源厅（1人）

福建省国土资源勘测规划院：李留所

（二）福建省地质矿产勘查开发局（3人）

福建省地质测绘院：林吉程、叶芬珍

福建省地质调查研究院：陈德林

（三）海峡人才市场（2人）

福建省地质遥感与地理信息服务中心：王志诚

福州市规划设计研究院集团有限公司：陈澍欣

（四）厦门市（1人）

厦门理鹭信息产业有限公司：陈燕斌

（五）漳州市（1人）

漳州招商局土地收购储备中心：黄永才

（六）泉州市（1人）

泉州市地质环境监测中心：林皆敏

周秀华等97位同志质量专业高级工程师职务任职资格人员名单

2023年3月29日福建省人力资源和社会保障厅印发《关于批准确认周秀华等97位同志质量专业高级工程师职务任职资格的通知》（闽人社批复〔2023〕163号）提出，经研究，批准确认由福建省2021年度质量专业高级工程师任职资格评审会评审通过的周秀华等97位同志质量专业高级工程师职务任职资格，任职资格确认时间为2023年2月26日，现予公布，名单如下。

一、福建省市场监督管理局（16人）

福建省产品质量检验研究院：周秀华、谢静

福建省计量科学研究院：廖小华、方杰、王秀荣、黄志煌、曾新宇、郭贵勇、方仁桂

福建省标准化研究院：林孟朝、柯毅

福建省特种设备检验研究院泉州分院：许宏达

福建省特种设备检验研究院三明分院：周曦

福建省锅炉压力容器检验研究院南平分院：张花

福建省纤维检验中心：何军

福建省工业产品生产许可证审查技术中心：蓝友方

二、福建省药品监督管理局（2 人）

福建省食品药品质量检验研究院：陈祥奕

福建省药品审核查验中心：高海荣

三、福建省供销合作社联合社（1 人）

福建省茶叶质量检测与技术推广中心：陈百文

四、中国海峡人才市场（40 人）

福建省产品质量检验研究院（中国海峡人才市场人事代理人员）：黄彬红、温金开、潘城、王少丽、林健、詹思敏、周良东、李郁、殷光松、刘华丰、伍仁库、张烨、郑玲、陈大霖、郑家引

福建省计量科学研究院（中国海峡人才市场人事代理人员）：邹建清、董小龙、刘挺、肖娜丽、陈冬梅

福建省特种设备检验研究院（中国海峡人才市场人事代理人员）：林天星、廖亚翾、张莉君、吴蔚峰、陈官顺

福建省特种设备检验研究院漳州分院（中国海峡人才市场人事代理人员）：康福灵、王泳霏

福建省特种设备检验研究院泉州分院（中国海峡人才市场人事代理人员）：黄明辉、杜明忠、陈必添、陈颖芳、蔡思杰、黄承锋

福建省特种设备检验研究院莆田分院（中国海峡人才市场人事代理人员）：宋威

福建省锅炉压力容器检验研究院（中国海峡人才市场人事代理人员）：蔡俊、陈宗杰、吴俊英

福建省纤维检验中心（中国海峡人才市场人事代理人员）：郭光振、李津

方圆标志认证集团福建有限公司（中国海峡人才市场人事代理人员）：巫瑞上

五、福建能源石化集团有限责任公司（2 人）

福建福海创石油化工有限公司：祝晓蓉、张阿国

六、福州市（4 人）

福建省特种设备检验研究院（福州市人事人才公共服务中心人事代理人员）：陈浩龙

福建省计量科学研究院（福州市人才市场人事代理人员）：谢石昊

福建恒杰塑业新材料有限公司：郑玉平

宏东渔业股份有限公司：罗联钰

七、漳州市（9 人）

福建省特种设备检验研究院漳州分院（漳州市人事人才公共服务中心人事代理人员）：苏加新

漳州市工业产品生产许可证审查技术中心：郑惠超、林雅娴

漳州市龙海区质量计量检验检测所：郑嘉兴

东山县食品快检中心：林哲寅

东山县质量计量检验检测所：林三福

南靖县质量计量检验检测所：杨伟国

平和县质量计量检验检测中心：陈德龙、曾钟波

八、泉州市（4 人）

泉州市食品药品认证与不良反应监测中心：连海林

泉州市产品质量检验所：上官良敏

泉州市泉港区疾病预防控制中心：庄文兰

永春县质量计量检测所：康恺

九、三明市（2 人）

三明市计量所：吴维炜

三明市检验检测中心：魏榕梓

十、莆田市（3 人）

莆田市产品质量检验所：丁高照

莆田市计量所：黄海旭、林彝芳

十一、南平市（4 人）

南平市计量所：董敏君

南平市建阳区质量计量和执法技术检测所：郑艺、张倩

武夷星茶业有限公司：段联勃

十二、龙岩市（4 人）

龙岩市食品药品认证审评和药品不良反应监测中心：龚国汉

龙岩市产品质量检验所：魏源

龙岩市计量所：邓玉湖

武平县质量计量检验检测中心：李祖洪

十三、宁德市（6 人）

福建省特种设备检验研究院宁德分院（宁德市人才服务中心人事代理人员）：刘立源、陈洪俊

福建省锅炉压力容器检验研究院宁德分院（宁德市人才服务中心人事代理人员）：翁诗源

宁德市食品药品检验检测中心：詹少丹

宁德市计量所：黄培辉

柘荣县质量计量检测所：吴文耀

李娟等73位同志冶金专业高级工程师职务任职资格人员名单

2023年4月4日福建省人力资源和社会保障厅印发《关于批准确认李娟等73位同志冶金专业高级工程师职务任职资格的通知》（闽人社批复〔2023〕176号）提出，经研究，批准确认由福建省2021年度冶金专业高级工程师任职资格评审会评审通过的李娟等73位同志冶金专业高级工程师职务任职资格，任职资格确认时间为2023年3月5日，现予公布，名单如下。

一、福建省冶金（控股）有限责任公司（50人）

1. 福建省三钢（集团）有限责任公司（11人）：李娟、彭恢攀、温健、李小环、林恩景、高岩、郭兆钊、段晨、王华钊、苏正飞、林丽梅

2. 福建省三钢闽光股份有限公司（10人）：陈贺、张庆庆、尚东海、徐泽宗、鲍日忠、姜迪刚、郭帅、陈其淋、胡正益、赖建伟

3. 厦门钨业股份有限公司（6人）：李成志、杨潮进、刘锦锐、黎轩、颜彬游、骆滦

4. 厦门金鹭特种合金有限公司（2人）：林亮亮、林凤添

5. 厦门厦钨新能源材料股份有限公司（2人）：张见、林建雄

6. 福建省长汀金龙稀土有限公司（2人）：孔维峰、阴长福

7. 厦门金鹭硬质合金有限公司（1人）：林小璇

8. 厦门朋鹭金属工业有限公司（1人）：高观金

9. 宁化行洛坑钨矿有限公司（1人）：杨美情

10. 福建贝思科电子材料股份有限公司（1人）：刘杰

11. 龙岩市稀土开发有限公司（1人）：孔维长

12. 福建省南平铝业股份有限公司（2人）：赵亚峰、钟文辉

13. 福建马坑矿业股份有限公司（5人）：黄荣庆、梁钱辉、杨羽慰、王志东、唐飞

14. 福建省连城锰矿有限责任公司（2人）：陈上华、刘清华

15. 福建省潘洛铁矿有限责任公司（1人）：刘海滨

16. 福建省冶金工业设计院有限公司（2人）：吴涌华、危雪梅

二、海峡人才市场（1人）

福建祥鑫股份有限公司（1人）：池海涛

三、厦门市（3人）

1. 紫金（厦门）工程设计有限公司（2人）：刘龙琼、谭伟

2. 紫金矿业集团股份有限公司厦门分公司（1人）：陈水波

四、龙岩市（15人）

1. 紫金矿业集团股份有限公司（12人）：陈庆坤、傅飞龙、高忠、罗秀芬、佘文远、孙言飞、温建、巫雨田、吴炳生、张德文、张焕然

2. 紫金铜业有限公司（2人）：甘聪、何发友

3. 福建紫金铜业有限公司（1人）：邱建根

4. 武平县三鑫矿业开发有限公司（1人）：陈才勇

五、宁德市（2人）

1. 福建青拓实业股份有限公司（1人）：黄建平

2. 福建青拓特钢技术研究有限公司（1人）：蒋一

六、漳州市（2人）

福建三宝钢铁有限公司（2人）：肖世钊、陈俊坤

陈庆良等32位同志通信专业高级工程师人员名单

2023年4月6日福建省人力资源和社会保障厅印发《关于批准确认陈庆良等32位同志工程系列通信专业高级职务任职资格的通知》（闽人社批复〔2023〕179号）提出，经研究，批准确认2021年度福建省通信专业高级职务任职资格评审委员会评审通过的陈庆良等32位同志工程系列通信专业高级工程师的任职资格。任职资格确认时

间为2023年2月10日，现予公布，名单如下。

一、中国电信股份有限公司福建分公司（21人）

（一）厦门分公司（3人）：陈庆良、连任、蔡璟珑

（二）莆田分公司（1人）：王必荣

（三）泉州分公司（4人）：赖孙芳、蔡珣、洪世协、谢思雄

（四）龙岩分公司（1人）：黄聪

（五）三明分公司（1人）：李致常

（六）省公司本部（10人）：张艳、温新英、侯翔宁、刘青、王建荣、郑新勇、陈磊石、黄赞、陈巧灵、谢振伟

（七）无线通信分公司（1人）：林磊

二、中电福富信息科技有限公司（4人）：林祺、陈德勤、伍广通、舒玉凤

三、福建省邮电规划设计院有限公司（7人）：陈厚鼎、陈金、孙龙山、黄崇明、李晓雷、张莹莹、江城

庄智燊等28位同志科技管理专业高级工程师职务任职资格批准确认名单

2023年5月19日福建省人力资源和社会保障厅印发《关于批准确认庄智燊等28位同志科技管理专业高级工程师职务任职资格的通知》（闽人社批复〔2023〕322号）提出，经研究，同意确认由省非公有制企业高级专业技术职务任职资格考核委员会考核并审议通过的庄智燊等28位同志科技管理专业高级工程师职务任职资格。任职资格确认时间为2023年5月19日，现予公布，名单如下。

福州市（3人）：庄智燊、魏强、秦小艳

厦门市（1人）：廖凤珠

泉州市（6人）：黄祥贤、刘小龙、吴飞、黄其昌、曹树明、邱晓辉

南平市（5人）：胡正财、苏江波、杨斌、李满康、朱伟平

三明市（1人）：谢伟东

省工商联所属商会（12人）：黄贤前、李良华、陈大海、苏玉梅、吴春元、李海青、卢志恩、蔡小郭、王育玲、林臭知、李仁、林文峰

郑国永等51位同志机械专业高级工程师职务任职资格批准确认名单

2023年6月20日福建省人力资源和社会保障厅印发《关于批准确认郑国永等51位同志机械专业高级工程师职务任职资格的通知》（闽人社批复〔2023〕320号）提出，经研究，同意确认由省非公有制企业高级专业技术职务任职资格考核委员会考核并审议通过的郑国永等51位同志机械专业高级工程师职务任职资格。任职资格确认时间为2023年5月19日，现予公布，名单如下。

福州市（4人）：郑国永、李游高、周永宏、刘艳中

厦门市（3人）：黄晓菲、陈锦程、陆峰

漳州市（1人）：汤茂平（机电）

泉州市（12人）：林成惠、许聪艳、傅章敏、吴培红、张文中、黄志伟、李小锋、蒋启程（电气）、陈国富（电气）、王梅玲、黄发明（电气）、苏美燕

莆田市（3人）：陈晶、林健、闫炳雷

南平市（5人）：蒋国辉、洪祖强、邵安灿、张财生、李建（电气）

宁德市（2人）：王体智、梁世进

龙岩市（2人）：胡来意、李瑞平

省工商联所属商会（19人）：陈华颖、陈华、杨为鹏、欧秀勇、王采芳、王志鑫、李振芳、何希雄、康长春、李益森、林庆芳、叶宗贤、卢远计、曾艺宾、苏裕英、庄跃新、程文淦、许必海、林道城

林艳等26位同志电子专业高级工程师职务任职资格批准确认名单

2023年6月20日福建省人力资源和社会保障厅印发《关于批准确认林艳等26位同志电子专业高级工程师职务任职资格的通知》（闽人社批复〔2023〕321号）提出，经研究，同意确认由省非公有制企业高级专业技术职务任职资格考核委员会考核并审议通过的林艳等26位同志电子专业高级工程师职务任职资格。任职资格确认时间为

2023年5月19日，现予公布，名单如下。

福州市（4人）：林艳、孙建章、柳思泉、唐振华

厦门市（3人）：蒋洪奎、刘宗源、巩玉琴

泉州市（7人）：林救星、游丽萍、叶清润、林锦章、林良辉、刘聪江、胡雪娥

省工商联所属商会（12人）：杨基明、傅秋莲、许小芳、林生野、倪明元、陈水平、林飞、叶进发、曾小力、赵桂林、潘成伟、林述清

刘文美等5位同志食品专业高级工程师职务任职资格批准确认名单

2023年6月20日福建省人力资源和社会保障厅印发《关于批准确认刘文美等5位同志食品专业高级工程师职务任职资格的通知》（闽人社批复〔2023〕325号）提出，经研究，同意确认由省非公有制企业高级专业技术职务任职资格考核委员会考核并审议通过的刘文美等5位同志食品专业高级工程师职务任职资格。任职资格确认时间为2023年5月19日，现予公布，名单如下。

厦门市（2人）：刘文美、陈月龙

泉州市（2人）：刘贻添、黄宗宝

省工商联所属商会（1人）：毛景华

张庆荣等596位同志建筑专业高级工程师职务任职资格批准确认名单

2023年6月20日福建省人力资源和社会保障厅印发《关于批准确认张庆荣等596位同志建筑专业高级工程师职务任职资格的通知》（闽人社批复〔2023〕324号）提出，经研究，同意确认由省非公有制企业高级专业技术职务任职资格考核委员会考核并审议通过的张庆荣等596位同志建筑专业高级工程师职务任职资格。任职资格确认时间为2023年5月19日，现予公布，名单如下。

一、建筑工程施工高级工程师（197人）

福州市（42人）：张庆荣、黄辉期、林云瑜、卢国晖、薛卉、付镇龙、刘澍、陈裕城、徐水平、胡文斌、魏威、陈龙海、施建恩、叶竹芝、陈前、雷津、林宜胜、李国海、陈建明、方欣、章科振、林旺、林忠、陈成、滕述、许建华、方淼、赵希川、洪银辉、黄芳、李胜武、熊玉忠、林孟墀、林开勇、董建华、陈增锋、黄炳谊、吴绍木、朱景松、李坤伦、张宗群、潘彪

厦门市（12人）：王兴强、石燕志、廖恒好、张兆良、刘文贤、凌元忠、黄友鹏、蔡美拱、杨增、官旭、陈宝文、吴世荣

漳州市（12人）：李金祥、陈志福、方志坚、杨恩祥、刘良国、许丽莲、何海明、黄建明、林阿忠、赖桥福、柯振兴、郑勇杰

泉州市（37人）：郭培鸿、何志阳、邹其兴、郭东海、陈其山、汪国元、何晓莺、郭伟明、陈俊琪、庄斌斌、董家星、王梓忠、董斌、苏永林、庄学文、蔡晓龙、吴国辉、范成永、郭汉甦、苏元署、陈俊杰、吴学彬、吴海龙、许剑华、吴明辉、杨奕建、王育民、李玉山、邓少强、陈志平、柳培育、柳明聪、郑晓伟、赖传烜、杨汉林、陈军军、陈锦灿

三明市（5人）：上官昌烨、吴益延、潘可秀、许碧金、谢伟

莆田市（4人）：陈候明、严玉梨、吴伸坤、陈国强

南平市（15人）：倪友盛、朱丽东、叶丽仙、叶小明、詹名琳、曾清辉、陈一星、邓福英、郑丽娜、林后武、黄新喜、胡琦云、谢于光、陈秋彬、刘英

龙岩市（9人）：林春华、刘茂荣、黄旭、郑富年、温定权、吴立飞、王鑫泷、王诚发、钟锦权

宁德市（4人）：张如东、吴建军、魏林春、王岩生

平潭综合实验区（1人）：林登辉

省工商联所属商会（56人）：黄金龙、连嘉滨、林景南、徐正宗、许文彬、叶志勇、林凤温、庄志武、李家铮、黄声忠、林新、陈金龙、罗梨花、徐良坤、陈义、翁祖斌、刘木英、魏晓芳、林明锋、林晟野、陈旭亮、蔡秋蓉、林天元、王仁福、黄诗魁、郭云锋、张彬彬、郑建彬、汤永生、魏广宜、李铭铨、张明龙、陈明华、许族亮、余金林、赵小华、陈锋、陈建、杜志芳、蔡建康、陈少伟、林杰良、陈秀山、林苗春、魏洪禄、施志猛、张传跃、陈新、周腊梅、陈旭辉、侯晓辉、

张国良、郑文、邱吉强、雷大橡、陈力向

二、市政工程施工高级工程师（93人）

福州市（24人）：王正祥、郑友、林辉、钱福圣、刘增瑞、陈沂、林真、林华镜、苏桂婷、朱梅香、黄忠栋、黄浩境、鄢晨烽、杨柳明、陈建强、吴仕健、叶芳美、蒋恩、陈敬景、卢思丽、黄新健、邱志强、林源、蒋宝珍

厦门市（4人）：詹建生、林锦裕、郑炳龙、陈艺强

漳州市（2人）：朱伟贤、王许平

泉州市（13人）：连忠民、吴端奕、黄琼红、蔡金聪、黄振三、左辉荣、谢潘德、陈志杰、王命清、刘平如、肖坤元、练发焰、洪世伟

三明市（3人）：章志伟、黄海清、陈泽斌

莆田市（2人）：戴丽清、庄友芳

南平市（5人）：何晓燕、倪友棋、林贵、余远锋、廖强

龙岩市（5人）：郭耀辉、王建煌、苏志红、游小鹭、李海艳

省工商联所属商会（35人）：黄善强、陈昌彬、邓忠良、黄澄海、黄飞龙、许金塔、王辉、苏鹏、倪行干、许可顺、吴世辉、叶香金、刘斌、吴升升、陈岚、杨帆、倪连森、黄立雄、梁丽梅、谢晓荣、陈榕、王铭、柯兴阳、许景德、谢靖、连庆国、张辉阳、谢万智、王曾辉、张德海、林敬辉、严宗为、张国友、邱振祥、张由建

三、建筑机电设备安装施工高级工程师（5人）

福州市（1人）：唐雅彬

泉州市（2人）：刘永平、黄清平

龙岩市（1人）：刘添敏

省工商联所属商会（1人）：乐运清

四、建筑给水排水工程施工高级工程师（3人）

福州市（1人）：黄言安

泉州市（1人）：任文峰

省工商联所属商会（1人）：林家辉

五、建筑电气工程施工高级工程师（18人）

福州市（3人）：林诒喜、刘正香、林文清

厦门市（2人）：黄盛春、黄晓斌

漳州市（2人）：游建城、许华荣

泉州市（4人）：刘明喜、吕超迟、程之怀、张群英

省工商联所属商会（7人）：杨仕辉、陈凌峰、王俊瑜、林武、穆秀鳌、叶伟程、李志坚

六、道路与桥梁工程施工高级工程师（42人）

福州市（5人）：温才华、黄邦海、张云妹、魏光铨、张春林

厦门市（4人）：沈瑞昌、翁明忠、颜志福、陈耀文

漳州市（1人）：孙丽彬

泉州市（9人）：刘淑娥、吴婷婷、王永江、高灿辉、张志鸿、何向红、朱叶洲、庄秋松、黄志河

三明市（1人）：王云芳

莆田市（1人）：黄金华

南平市（4人）：唐小燕、张发进、李军、邵彩

宁德市（1人）：陈威

平潭综合实验区（1人）：陈兴煊

省工商联所属商会（15人）：柳熔彬、许金城、庄惠昌、庄绍浈、吴小烽、曾羽翔、陈秋城、刘伟、叶明亮、黄章林、王加虎、董李清、陈梅明、陈飞洪、许黄荣

七、建筑装饰施工高级工程师（8人）

福州市（1人）：林珅辉

漳州市（1人）：张长议

泉州市（1人）：张志忠

南平市（2人）：张洪峥、胡宗林

省工商联所属商会（3人）：陈山水、陈文水、林佳洋

八、建筑智能化施工高级工程师（8人）

福州市（3人）：王连英、张师举、王选铭

泉州市（2人）：林金洞、骆杰河

省工商联所属商会（3人）：李惠娟、郭振青、王志刚

九、工程建设管理高级工程师（118人）

福州市（58人）：林密、何书其、许文城、严大洋、张际喜、陈晓旭、曾宪旺、张凌宇、林垂焕、林澎、周国军、胡高东、华秩明、张祖冰、许展庚、陈书仁、徐良、徐丹、郑清、郑大立、任树磊、李华明、林辉、蒋仙俤、林世养、陈少航、冯德旺、李忠华、夏菁、范鸿年、苏美珍、叶陈清、郑垚锋、蒋义绥、郭世拯、林长泉、林

富、游开志、雷天辉、温惠榕、黄巧林、蒋林立、章进象、周涛、方玉修、陈盛、池丹辉、苏光沂、许柯清、范家伟、郑忠和、谢唐天、李连国、胡建辉、刘钒、张冬萍、雍新扬、丁海华

厦门市（10人）：李建锵、徐本龙、吴志荣、吴岚、王俊伟、谢明成、方芳、柯浩斌、侯献廉、邹永兴

漳州市（12人）：张镇章、郭敏锋、赖江华、李绍宏、赵宝泉、邱根发、刘艺珍、郑荣平、陈慧生、陈协协、吴胜、杨进林

泉州市（5人）：周敏、骆志聪、刘炳耀、陈江培、陈燕宾

三明市（1人）：林勇

莆田市（6人）：许金豹、陈飞、张海星、陈海忠、许志雄、陈于山

南平市（2人）：雷增华、严士玉

龙岩市（1人）：吴庆祥

宁德市（2人）：肖朝荣、林方

平潭综合实验区（1人）：池快伦

省工商联所属商会（20人）：朱宗焰、林培、卢国安、郭剑平、陈金龙、许东灿、林国贵、陈振华、杨斌、陈真、吕胜利、林文迪、刘朝华、黄志平、李云胜、唐飞、李秋艺、叶俊、陈惠、陈文豹

十、工程检测高级工程师（14人）

福州市（4人）：林健华、洪雪华、刘良德、林福东

厦门市（1人）：彭学援

漳州市（2人）：李特龙、胡晓姗

泉州市（2人）：孙培阳、张时维

莆田市（3人）：许文滔、艾细红、喻劲松

宁德市（1人）：吴震业

省工商联所属商会（1人）：刘祖炎

十一、工程造价高级工程师（7人）

福州市（2人）：傅海云、胡宝忠

泉州市（1人）：郭奎明

三明市（1人）：程阳

宁德市（2人）：陈莹、黄其辉

省工商联所属商会（1人）：杨家桂

十二、暖通与空调安装（3人）

厦门市（1人）：纪宠彬

龙岩市（1人）：苏国华

省工商联所属商会（1人）：吴凯斌

十三、风景园林施工高级工程师（80人）

福州市（18人）：林舟、陈滨振、唐娜、许航、陈敏、吴乐群、彭剑斌、张清、何鹏、赖传棋、夏能良、陈韬、王景洲、李秋桂、林兴朝、黄周泉、陈飞文、黄福川

厦门市（4人）：刘丽梅、黄满琼、包海华、杨海岳

漳州市（9人）：黄伟杰、石自磊、林勇敏、陈灵、黄燕萍、吴惠红、曾金杯、郭平、林艺燕

泉州市（9人）：黄玉萍、赖家彬、叶志建、庄明裕、朱万坤、吴明智、黄伟平、黄柳清、吴杰文

南平市（3人）：董建峰、许海、陈元武

平潭综合实验区（1人）：吴锦锐

省工商联所属商会（36人）：何毅伟、刘荣珍、王巧艺、徐庆祥、杨建腾、吴炳华、赖锡忠、李桂云、林征、邱丽华、颜献福、罗财明、商佳冰、黄倩、蓝可然、林艳芳、颜惠玲、林育芳、赖丽姗、尤庆健、陈乐婷、许章景、姜建新、林东明、康元鹏、石卉、刘锦树、林先荣、李金彪、黄身捷、邓有焕、孟建仁、童忠喜、严云山、王已有、柯立

江玉容等3位同志轻纺专业高级工程师职务任职资格人员名单

2023年7月6日福建省人力资源和社会保障厅印发《关于批准确认江玉容等3位同志轻纺专业高级工程师职务任职资格的通知》（闽人社批复〔2023〕364号）提出，经研究，批准确认由福建省轻纺专业高级工程师任职资格评审会评审通过的江玉容等3位同志轻纺专业高级工程师职务任职资格，任职资格确认时间为2023年5月26日现予公布。

一、福建省能源石化集团有限责任公司（2人）

福建福能南纺卫生材料有限公司：江玉容、黄秀珍

二、漳州市（1人）

东山海关综合技术服务中心：朱惠娜

林德城等 25 位同志通信专业高级工程师名单

2023 年 8 月 11 日福建省人力资源和社会保障厅印发《关于批准确认林德城等 25 位同志工程系列通信专业高级工程师任职资格的通知》（闽人社批复〔2023〕459 号）提出，经研究，批准确认 2022 年度福建省工程系列通信专业高级职务任职资格评审委员会评审通过的林德城等 25 位同志工程系列通信专业高级工程师的任职资格。资格确认时间为 2023 年 7 月 22 日，现予公布，名单如下。

一、中国移动通信集团福建有限公司（20 人）

林德城、郑银云、叶娴、徐健、章金水、王琳、陈俊杰、叶建锋、叶育文、李志鹏、陈细迷、张峰、连毅、范照峰、孙钰、陈向荣、薛建洪、李静、王皓轮、张志鹏

二、中国铁塔股份有限公司福建省分公司（2 人）

詹绍武、林斌高

三、厦门市专用通信局（1 人）

柯福心

四、福建永福电力设计股份有限公司（1 人）

邓舒

五、锐捷网络股份有限公司（1 人）

张灿峰

陈嫣等 143 位同志高级工程师职务任职资格人员名单

2023 年 11 月 16 日福建省人力资源和社会保障厅印发《关于批准确认陈嫣等 143 位同志林业专业高级工程师职务任职资格的通知》（闽人社批复〔2023〕690 号）提出，经研究，批准确认由 2022 年度林业专业高级工程师任职资格评审会评审通过的陈嫣等 143 位同志林业专业高级工程师职务任职资格，任职资格确认时间为 2023 年 10 月 24 日，现予公布，名单如下。

一、福州市（8 人）

罗源县林业局白塔林业站：陈嫣

罗源县林业局霍口林业站：李昌良

闽侯县林业局林业规划队：张瀚峰

连江县林业规划队：邱仁寿、孙亲安

福州市林长制事务中心：杨逢志

福州市森林病虫害防治检疫站：吴禹杰

福州市晋安区林业执法大队：张丽烟

二、厦门市（1 人）

厦门市翔安区林政资源事务中心：王国联

三、漳州市（8 人）

漳州市花卉研究所：张其生

福建省龙海九龙岭国有林场：林东升

福建省长泰岩溪国有林场：石联运

漳州市长泰区马洋溪林业工作站：汤锦坤

福建省漳浦下蔡国有防护林场：杨育杰

云霄县种苗服务站：陈洁波

华安县新圩林业站：陈建波

禾佳生态环境股份有限公司：陈荣顺

四、泉州市（6 人）

南安市林业局营林管理站：黄燕如

南安市森林病虫害防治站：黄仕君

福建省南安罗山国有林场：郭肖华

安溪县魁斗林业站：陈德清

安溪县西坪林业站：陈志洪

永春县蓬壶片区林业工作站（桂洋）：康俊永

五、莆田市（2 人）

仙游县营林指导站：黄志杰

仙游县林业局基层林业工作站：颜志勤

六、三明市（33 人）

福建君子峰国家级自然保护区管理局：曹雪芬

三明市三元区莘口林业工作站：陈芬

三明市沙县区林业工作总站：王陈明

福建省沙县官庄国有林场：黄帮水

福建省沙县水南国有林场：陈立、罗邦华、余小龙

永安市林业综合行政执法大队：吴步章

福建省永安林业（集团）股份有限公司：何金明

尤溪县林业行政执法大队：梁其斌、林明晖

尤溪县林业局坂面林业站：俞琳

福建省尤溪国有林场：李肇守

大田县广平林业工作站：张玉化

大田县湖美林业工作站：高建东

大田县华兴林业工作站：陈思伟

大田县建设林业工作站：颜梅文

大田县均溪林业站：刘丽婷

福建省大田桃源国有林场：姜承财

明溪县林业科技推广中心：邱乐平

清流县城关林业站：罗福云

清流县嵩溪林业站（清流县城关林业站）：林光忠

福建省清流国有林场：邓宗杰

宁化县绿化工作站：谢阿琼

宁化县速生丰产林基地站：王兴选

福建省宁化国有林场：张标铭

宁化县县属国有林场：邱衍生

将乐县城市建设发展集团有限公司：陈海强

福建省将乐国有林场：吴炜

泰宁县造林绿化中心：谢金礼

福建省泰宁国有林场：翁建宇

福建省建宁国有林场：姜景荣、廖朝晖

七、南平市（26人）

南平市建阳区黄坑林业站：詹世鹏

顺昌县林业执法大队：陈凌强

顺昌县林业种苗站：陈昌斌

福建省顺昌埔上国有林场：江上喜

浦城县濠村林业工作站：曹明俊

浦城县森林资源技术中心：敖波平

浦城县万安林业工作站：祝松泉

浦城县忠信林业工作站：张清招

光泽县林业综合行政执法大队：严政勇

光泽县森林病虫害防治检疫站：官雁华

光泽县苗圃：江乃光

光泽县华桥林业工作站：陈建平

光泽县天源国有林场大青分场：陈金叶

光泽县寨里林业工作站：黄加林

政和县林业局岭腰林业工作站：杨勇

政和县林业局石屯林业工作站：徐世荣

邵武市张厝国有林场有限责任公司：危青泉

福建省武夷山国有林场：张华

福建省建瓯市属国有林场有限公司：郑勇青

福建省建瓯市玉山林业工作站：郑玉金

福建省建瓯水西国有林场：陈旭辉

建瓯市吉阳林业工作站：胡美绿

建瓯市鑫林海林业规划发展有限公司：陈完亮、刘国财

福建省南平葫芦山国有林场：张红梅

福建南平三元循环技术有限公司：陈卫群

八、龙岩市（30人）

龙岩市新罗区林业综合执法大队：吴宏业

龙岩市新罗区大池林业站：倪跃村

龙岩市新罗区龙门林业站：陈耕辉

龙岩市新罗区西陂林业站：许晓银

长汀县森林病虫害防治检疫站：江晟

长汀县森林资源服务站：吴剑英

长汀县林业执法大队：涂水秀

长汀县策武林业工作站：钟春连

长汀县三洲林业工作站：陈鹏飞

长汀县四都林业工作站：赖腾生

福建省长汀楼子坝国有林场：俞初庸、郑坚、钟祥顺

上杭县汀江国有林场：黄崇康

上杭县国有林场管理站：丘国文

上杭县林业局才溪林业站：林启春

上杭县林业局官庄林业站：林炳富

上杭县林业局湖洋林业站：林文英

上杭县森防检疫站：郭永平

武平县湘店林业工作站：刘梓江

连城县林业局罗坊林业站：郑连峰

连城县林业局四堡林业站：谢贻銮

连城县林业执法大队：沈楚瑛

漳平市林业防灾减灾中心：余清海

福建省漳平木村林产有限公司：钟振亚

福建省漳平五一国有林场：陈武荣、李文贵、余国清

龙岩市兴龙林业技术咨询服务有限公司：林培锋

铁山林业站：陈德相

九、宁德市（10人）

宁德市野生动植物与湿地保护中心：石玲

宁德市林业科研与技术推广中心：李敏霞

宁德市蕉城区林业行政执法大队：吴海燕

古田县凤埔林业站：郑建锤

屏南县林业局岭下林业站：张春青

周宁县林业（花卉）产业发展中心：林小娟

周宁县林业执法大队：周少华

福建省福鼎后坪国有林场：王其桁

福鼎市太姥山林业工作站：郑峰奇

福建省宁德福口国有林场：陈庆武

十、平潭综合实验区（1人）

平潭综合实验区自然资源服务中心：高晖

十一、省林业局（16人）

福建省林业科学研究院：黄雍容、汤行昊

福建省林业调查规划院：陈花丹、方晓敏、刘海、周奇

福建省林业勘察设计院：葛小娟、郭建民、何文浩、刘晨舒、刘剑钊、叶伟

福州植物园：游剑滢

福建省洋口国有林场：连书钗、杨淑宝

福建省林业科技试验中心：林龙

十二、福建农林大学（1人）

福建农林大学西芹教学林场：谢建文

十三、省船舶工业集团有限公司（1人）

福人集团有限责任公司：叶平昊

徐剑华等12位同志建筑机电设备安装专业高级工程师职务任职资格人员名单

2023年12月4日福建省人力资源和社会保障厅印发《关于批准确认徐剑华等12位同志建筑机电设备安装专业高级工程师职务任职资格的通知》（闽人社批复〔2023〕752号）提出，经研究，批准确认由2022年度福建建工集团建筑机电设备安装专业高级工程师任职资格评审会评审通过的徐剑华等12位同志建筑机电设备安装专业高级工程师职务任职资格，任职资格确认时间为2023年11月8日，现予公布，名单如下。

一、福建省工业设备安装有限公司（7人）

徐剑华　钟富玉　刘添锋　赖友根　陈伟艺　聂建华　卢晓伟

二、福建省三安机电工程有限公司（5人）

许仪煌　赖晓龙　郑积栋　陈波　黄德水

林晓瑜等194位同志交通专业高级工程师职务任职资格人员名单

2023年12月8日福建省人力资源和社会保障厅印发《关于批准确认林晓瑜等194位同志交通专业高级工程师职务任职资格的通知》（闽人社批复〔2023〕760号）提出，经研究，批准确认由2022年度交通专业高级工程师任职资格评审会评审通过的林晓瑜等194位同志交通专业高级工程师职务任职资格，任职资格确认时间为2023年11月17日，现予公布，名单如下。

一、福建省交通运输厅：（66人）

（一）福建省湄洲湾港口发展中心（2人）

1. 福建省湄洲湾港口发展中心斗尾港务站：林晓瑜

2. 福建省湄洲湾港口发展中心水运工程质量安全技术站：郭梅辉

（二）福建省交通科技发展集团有限责任公司（64人）

1. 福建省交通规划设计院有限公司（28人）：林威、薛承鹏、王少杰、张悦、肖鸿志、张成江、江婧、黄晓迪、倪政斌、黄超、陈磊华、郑尚孚、林坚、王达荣、马芳、周桂梅、连铭恒、毛文浩、张帆、兰荣彬、邓兴婷、詹大山、黄发兴、曾真、陈晨风、俞冠、冯小平、潘苑

2. 福建省交通科研院有限公司（8人）：程琳、翁旭恒、陈嘉齐、游德泉、钟培鑫、罗子林、乐立区、许静

3. 福建省交通人力资源有限公司代理人员（22人）

（1）福建省交通建设工程监理咨询有限公司：黄俊平、晏建辉

（2）福建省交通建设工程试验检测有限公司：洪慧通、叶勇、邓玉华、廖智敏、陈彰发

（3）福建省交通建设试验检测中心有限公司：陈春日

（4）福建省交设工程试验检测有限公司：张小玲、林永旺

（5）福建省陆海工程科技有限公司：苏应寿、吴志芳、林联泰

（6）福州市首邑交通建设投资有限责任公司：陈晖

（7）福州西港工程设计有限公司：詹家涛

（8）福建省博达企业管理咨询服务有限公司：蓝剑秋

（9）福建省港永建设工程有限公司：黄志新

（10）福建省交院工程建设有限公司：黄铭泉

（11）福州路港交通工程试验检测有限责任公司：郭燕平

（12）厦门中建东北设计院有限公司：毛欣华

（13）武平县富通公路建设投资有限公司：钟锦荣

（14）中泓筑业设计有限公司：肖培源

4. 福建省港航勘察设计院有限公司（5人）：杨云、李阳、皇甫凯龙、林国银、吴正翔

5. 福建省交发高科有限公司（1人）：蔡隆文

二、福建省教育厅（1人）

（一）福建水利电力职业技术学院：余李艳

三、福建省港口集团有限责任公司（8人）

（一）福建八方港口发展有限公司：连俊

（二）福建省港口工程有限公司：张泽光

（三）福建省海航建设管理有限公司：张健

（四）福建省罗屿港口开发有限公司：郑祥昌

（五）福建省莆田涵江港口建设发展有限公司：陈航

（六）泉州沙格港务有限公司：庄松鹏

（七）厦门港口开发建设有限公司：许宁

（八）厦门港务疏浚工程有限公司：李建国

四、福建建工集团有限责任公司（5人）

（一）福建建工集团有限责任公司（3人）：章龙、纪红媚、江婷

（二）福建建筑人才服务中心代理人员（2人）

1. 福建省禹天建设有限公司：陈建锋

2. 福建致和工程勘察设计院有限公司：池全华

五、福建省高速公路集团有限公司（27人）

（一）福建泉厦高速公路管理有限公司：黄汉东

（二）福建省高速公路达通检测有限公司：钟华、陈晶、赖政清、梁腾杭、林立峰、郑光岩

（三）福建省高速公路养护工程有限公司：胡宇霖

（四）福建省高速技术咨询有限公司：王芊、贾晓娟、唐志敏

（五）福建省高速公路信息科技有限公司：林国选

（六）福建省龙岩高速公路有限公司：王永发、江勋

（七）福建省宁德高速公路有限公司：傅永禄

（八）福建省泉州高速公路有限公司：周允谆、李森、林忆谛

（九）福建省三明高速公路有限公司：胡晓刚

（十）福建省漳州高速公路有限公司：许丽莉

（十一）福州川达公路养护工程有限公司：宋刚

（十二）福州京福高速公路有限责任公司：林思风、陈继情、危炫杰

（十三）南平福银高速公路有限责任公司：魏海宝、黄明敏、王芳彬

六、中国海峡人才市场（6人）

（一）福建省林业勘察设计院：郑德斌、曾翔

（二）福建省天柱建设工程有限公司：刘薇

（三）漳州市古雷市政园林发展有限公司：卢志伟

（四）福州地铁二号线东延线有限公司：吴永泉

（五）福州永升工程管理有限公司：陈行兵

七、漳州市（7人）

（一）漳州通平漳武高速公路有限公司：车轲

（二）漳州市金通建设工程有限公司：吴州平

（三）漳州市公路事业发展中心长泰分中心：蔡州鹏

（四）福建漳龙建投集团有限公司：丁建文

（五）南靖县交通综合服务中心：叶植生

（六）漳州市城市规划设计研究院有限公司：张思旺

（七）漳州市公路事业发展中心云霄分中心：方进树

八、泉州市（7人）

（一）福建第一公路工程集团有限公司：倪江斌、雷鹏晖、陈阳平

（二）福建路港（集团）有限公司：何毅伟

（三）泉州台商投资区城市建设发展有限公

司：张鑫平

（四）泉州市公路事业发展中心惠安分中心：曾丽梅

（五）泉州市交通运输综合执法支队：罗贞

九、三明市（19人）

（一）三明市公路事业发展中心宁化分中心：付贤龙、范锋

（二）三明市公路事业发展中心泰宁分中心：黄发铨

（三）三明元溪高速公路有限责任公司：马立铭

（四）三明市交通事业发展中心：苏海

（五）三明市公路桥隧保障中心：范立峰、巫海明

（六）三明市交发集团公路建设开发有限公司：陈聚霖

（七）三明市路桥集团交通规划设计院有限公司：钟和、陈文明

（八）三明市路桥集团永达工程咨询有限公司：陈续鸿、郑际练

（九）三明田安高速公路有限责任公司：卓仕敏

（十）尤溪县交通建设发展中心：黄文飞

（十一）明溪县农村公路养护中心：林阳春

（十二）福建省海盛交通投资有限公司：郑瑞程

（十三）福建省友诚建设有限公司：黄其冰

（十四）清流县城市建设投资服务中心：雷发根

（十五）清流县交通建设工程质量安全技术站：赖炜华

十、莆田市（4人）

（一）福建省闽招工程检测有限公司：王华

（二）莆田市公路事业发展中心涵江分中心：翁丽花

（三）莆田市交通建设质量安全中心：张敏

（四）莆田市交通投资集团有限公司：谢能辉

十一、南平市（20人）

（一）南平市公路事业发展中心武夷山分中心：滕炜

（二）福建南平路桥建设工程有限公司：季浦和、江通进

（三）福建省恒通路桥工程有限公司：曾华超

（四）福建武夷山旅游发展股份有限公司：官宇

（五）福建新路达交通建设监理有限公司：程建洪、姚孔军、游培钧、陈针

（六）南平高速建设有限公司：黄涛、林文宝、翁火斌

（七）南平高速咨询监理有限公司：丁凯

（八）南平市建阳区嘉禾公路建设投资有限公司：郑成忠

（九）南平市交通运输综合执法支队：游书锋、温晞

（十）松溪县交通事业发展中心：吴志炜

（十一）南平武沙高速公路有限责任公司：高原、黄清明

（十二）南平武夷矿产资源发展有限公司：黄美容

十二、龙岩市（17人）

（一）龙岩市公路事业发展中心：林武清

（二）福建尚达建设工程有限公司：龚新明

（三）福建省永明建设工程有限公司：池红斌

（四）福建顺联公路养护科技有限公司：钟晟龙

（五）连城县县乡公路站：巫容初

（六）龙岩交通建设集团有限公司：刘彪、刘键涌、陈小晓、林锋旺

（七）龙岩靖永高速公路有限责任公司：卢金华、刘福明

（八）龙岩市公路建设发展中心：刘天平

（九）龙岩市长汀公路事业发展中心：钟益升

（十）长汀县交通建设质量安全监督站：丘有贵

（十一）漳平市交通工程站：陈锦浙、林德荣

（十二）漳平市农村公路养护站：陈振新

十三、宁德市（5人）

（一）宁德市公路事业发展中心：龚晓琳

（二）东侨经济技术开发区财政投资评审中心：郑小凤

（三）宁德宁古高速公路有限责任公司：陈建东

（四）宁德三都澳高速公路有限责任公司：郑孝炼

（五）宁德市交通运输综合执法支队：魏岑翀

十四、平潭综合实验区（2人）

（一）平潭综合实验区城乡建设与交通运输服务中心：韩斌

（二）平潭综合实验区先行实业有限公司：林喜

王凌等98位同志地勘专业高级工程师职务任职资格人员名单

2023年12月14日福建省人力资源和社会保障厅印发《关于批准确认王凌等98位同志地勘专业高级工程师职务任职资格的通知》（闽人社批复〔2023〕783号）提出，经研究，批准确认由2022年度福建省地勘专业高级工程师任职资格评审会评审通过的王凌等98位同志地勘专业高级工程师职务任职资格，任职资格确认时间为2023年11月25日，现予公布，名单如下。

一、福建省地质矿产勘查开发局（86人）

（一）福建省闽北地质大队

1. 地质矿产：王凌、黄文昌、李常萌、方能辉、梁林、张晓君

2. 水文地质与工程地质：黄晓辉

（二）福建省闽西地质大队

1. 地质矿产：江锦忠、吴金钟、吴久芳

2. 水文地质与工程地质：王小平、张火亮

3. 地质测绘：程少强、李陈

4. 实验测试：陈玟

（三）福建省第二地质勘探大队

1. 地质矿产：洪鑫源、梁彬

2. 水文地质与工程地质：苏俞晓、揭育华、严国敏、罗远烽

（四）福建省闽东南地质大队

1. 地质矿产：胡庆伟、李全力、谢明阳、陈伟、张良旭

2. 水文地质与工程地质：朱晓星、谢殿荣、郑坚持、潘泉发

3. 地质测绘：林祥伟、杨飞红、赖礼泉

4. 探矿工程：李明

（五）福建省第四地质大队

1. 地质矿产：张国东、陈坛寿

2. 水文地质与工程地质：陈海军、张春何、钟鸣

3. 地质测绘：张萍

4. 地球化学勘查：黄景、刘善华

（六）福建省第八地质大队

1. 地质矿产：蓝文强、陈江华、吴冬、沈火春

2. 水文地质与工程地质：席亚龙

（七）福建省闽南地质大队

1. 地质矿产：阙万焜、吴大焕、范君学

2. 水文地质与工程地质：陈永进、周秋容、史晓磊

（八）福建省厦门地质工程勘察院

1. 水文地质与工程地质：林涛、谢邦安

2. 海洋地质：王强

（九）福建省地质工程勘察院

1. 水文地质与工程地质：龚匡周、陈志超、李方振、江彬、刘兴学

2. 地质测绘：吴捷、许敏

（十）福建省地质工程大队

1. 水文地质与工程地质：殷超凤、江福贤

2. 探矿工程：魏志雄

（十一）福建省地质测试研究中心

实验测试：郑飞鹏、魏若眉、林添

（十二）福建省地质测绘院

1. 地质矿产：季一君、张程

2. 水文地质与工程地质：林晗平、肖永强

3. 地质测绘：翁夏青、郑哲、胡一鸿

4. 地球物理勘查：肖章寿

（十三）福建省地质调查研究院

1. 地质矿产：黄良伟、陈中央、倪君君

2. 地球化学勘查：钟和清、周云龙、陈腾

3. 海洋地质：袁勋

（十四）福建省核工业二九五大队

水文地质与工程地质：戈金华、郭崚

二、福建省煤田地质局（7人）

（一）福建省121地质大队

1. 地质矿产：雷明亮

2. 水文地质与工程地质：张雍照

3. 探矿工程：潘小志

4. 地球物理勘查：陈斌

（二）福建省196地质大队

水文地质与工程地质：汪翔

（三）福建省197地质大队

水文地质与工程地质：余国松

（四）福建省煤田地质勘查院

水文地质与工程地质：卢文徽

三、中国海峡人才市场（1人）

福州市勘测院有限公司

水文地质与工程地质：叶文超

四、福建建工集团有限责任公司（1人）

闽武长城建设发展有限公司

水文地质与工程地质：陈明

五、三明市（1人）

三明市三元区自然资源局技术服务中心

水文地质与工程地质：简磊

六、南平市（1人）

邵武市土地收购储备中心

地质矿产：李泽俊

七、龙岩市（1人）

紫金矿业集团股份有限公司

地质矿产：阙永泉

陈杰等70位电子专业高级工程师职务任职资格人员名单

2023年12月21日福建省人力资源和社会保障厅印发《关于批准确认陈杰等70位同志电子专业高级工程师职务任职资格的通知》（闽人社批复〔2023〕813号）提出，经研究，批准确认由2022年度电子专业高级工程师任职资格评审会评审通过的陈杰等70位同志电子专业高级工程师职务任职资格，任职资格确认时间为2023年12月3日，现予公布，名单如下。

一、中国海峡人才市场（3人）

中国人民解放军联勤保障部队第九〇〇医院：陈杰

广东省电信规划设计院有限公司福州分公司：苏昌荣、张丽英

二、福州大学（1人）

福州大学：廖彬

三、福建中医药大学（1人）

福建中医药大学附属人民医院：林郑春

四、福建省广播影视集团（17人）

福建省广播影视集团：林征、阮平凡、黄亚海、董行喆、辜维维、张诚彬、姚思芬

福建省广播电视传输发射中心：张志昊、柯少锋、赵梦奇、林柏青、孙演、王志杰、刘珠明、林灵、林鑫明、卢滔

五、福建广电网络集团股份有限公司（5人）

福建广电网络集团股份有限公司：吴进强

福建广电网络集团股份有限公司台江分公司：王子诚

福建广电网络集团股份有限公司漳州分公司：邱勇杰

福建广电网络集团股份有限公司安溪分公司：陈明飞

福建广电网络集团股份有限公司明溪分公司：黄田森

六、福建省农村信用社联合社（2人）

福建省农村信用社联合社：屈盛知、廖根健

七、福建省电子信息（集团）有限责任公司（1人）

四创科技有限公司：庄文鹏

八、福建省国有资产管理有限公司（29人）

福建星网锐捷通讯股份有限公司：沈东海、段琼、李中冬、薛建清、陈节省、夏威

锐捷网络股份有限公司：陈凤标、郭发长、何新彪、黄宏、卢燕瑜、陆生贵、潘文贤、王辉、谢筱耸、徐毅、叶进、叶兆丰、张茂峰、郑成锵

福建星海通信科技有限公司：蓝茂利、林煜、吴保义、吴利生、林燕雪

福建省数字福建云计算运营有限公司：王清江

福建福顺半导体制造有限公司：陈力

福建省应急通信运营有限公司：许明

北京天融信网络安全技术有限公司：乐文城

九、漳州市（1人）

漳州众环科技股份有限公司：王跃能

十、泉州市（3人）

泉州广播电视台：颜亚东

福建（泉州）先进制造技术研究院：黄小春

泉州中侨（集团）股份有限公司半导体器件

厂：张培宗

十一、龙岩市（1人）

龙岩有线电视台：张献江

十二、宁德市（1人）

福建省宁德市电视微波站：朱文雄

十三、平潭（1人）

平潭综合实验区融媒体中心：蔡峰

十四、试点龙头企业（4人）

宁德时代新能源科技股份有限公司：陈长松、张继君

福建龙净环保股份有限公司：魏芳梅、张林星

陈珑等59位同志科技管理专业高级工程师职务任职资格人员名单

2023年12月26日福建省人力资源和社会保障厅印发《关于批准确认陈珑等59位同志科技管理专业高级工程师职务任职资格的通知》（闽人社批复〔2023〕823号）提出，《福建省工程技术经济专业职称改革领导小组关于批准确认陈珑等59位同志科技管理专业高级工程师任职资格的请示》（闽工信职改〔2023〕24号）悉。经研究，批准确认由2022年度福建省科技管理专业高级工程师任职资格评审会评审通过的陈珑等59位同志科技管理专业高级工程师职务任职资格，任职资格确认时间为2023年12月10日，现予公布。

一、福建省发展和改革委员会（2人）

福建省经济信息中心：陈珑、陈祥钦

二、福建省科技厅（2人）

福建省科学技术信息研究所：林宁思、林劲松

三、福建省工业和信息化厅（2人）

福建省节能中心：陈亮

福建省中小企业服务中心：郭音

四、福建省生态环境厅（2人）

福建省生态环境信息中心：谢晓刚

福建省辐射环境监督站：陈东军

五、福建省市场监督管理局（1人）

福建省知识产权保护中心：杨晟

六、福建省创新研究院（1人）

福建省创新研究院：黄海滨

七、福建省煤田地质局（2人）

福建省煤田地质勘查院：李富芹

福建省东辰建设工程集团有限公司：何根照

八、中国海峡人才市场（4人）

福建经济和信息化技术中心：高锦萍

福州市城建数智科技有限公司：陈庆勇

福建日报报业集团印刷厂：林来河

福建科瑞药业有限公司：李曦

九、福州大学（1人）

福州大学：李群

十、福建广电网络集团股份有限公司（2人）

福建广电网络实业集团股份有限公司：吴俭

福建广电网络集团南平分公司：彭晓鹏

十一、福建省投资开发集团有限责任公司（1人）

福建省投资开发集团有限责任公司：鲁伟

十二、福建省冶金（控股）有限责任公司（2人）

厦门钨业股份有限公司：刘滨、吴培云

十三、福建省能源石化集团有限责任公司（1人）

福建省华厦能源设计研究院有限公司：李红

十四、福建建工集团有限责任公司（3人）

福建省建研工程检测有限公司：陈娟婷

福建省国源教育科技有限公司：吴太青

国脉科技股份公司：许颖

十五、福建省机电（控股）有限责任公司（1人）

福建海峡科化股份有限公司：张贤锋

十六、福州市（4人）

福州市生态环境宣传教育中心：谢冠君

福州市海洋与渔业技术中心：余钦明

福州左海控股集团有限公司：黄桦

福州启云信息技术有限公司：田志胜

十七、漳州市（2人）

漳州市科技情报研究所：沈细冰

漳州市九龙江集团有限公司：李晓莲

十八、泉州市（11人）

泉州市政府投资项目评审中心：白德辉

泉州市应急救援中心：杨能川

泉州市区应急备用水源调配中心：鲍天降

泉州市第一医院：王力毅

泉州市医疗废物处置中心：黄诗树

晋江市生产力促进中心：许伟琦

南安市机关效能投诉中心：谢金波

南安市梅山镇综合执法队：黄炼发

永春县城乡环境卫生考评中心：黄长昌

安溪县湖头镇社会事务服务中心：王怀山

福建第一公路工程集团有限公司：林志灵

十九、三明市（6人）

三明市科技信息研究所：邹璇

永安市应急救援中心：俞志斌

明溪县总医院：吴丽燕

尤溪县轻纺行业促进中心：阮荣钟

尤溪县防震减灾中心：陈丽芳

尤溪县安全生产应急救援指挥中心：郭齐统

二十、南平市（1人）

邵武市公共资源交易中心：李志新

二十一、龙岩市（5人）

龙岩市节能监测中心：赖应源

龙岩市科技情报研究所：邱孝聪

上杭县政府投资项目评审中心：邱甫红

紫金矿业集团股份有限公司：温文富

福建德尔科技股份有限公司：阙祥育

二十二、宁德（1人）

福鼎市中小企业服务中心：曾金珠

二十三、试点龙头企业（2人）

宁德时代新能源科技股份有限公司：李世松、刘子华

林华益等17位同志
汽车、船舶机械专业
高级工程师职务任职资格人员名单

2023年12月28日福建省人力资源和社会保障厅印发《关于批准确认林华益等17位同志汽车、船舶机械专业高级工程师职务任职资格的通知》（闽人社批复〔2023〕833号）提出，经研究，批准确认由2022年度福建省汽车、船舶机械专业高级工程师任职资格评审委员会评审通过的林华益等17位同志汽车、船舶机械专业高级工程师职务任职资格，任职资格确认时间为2023年12月9日，现予公布，名单如下。

一、福建省船舶工业集团有限公司（6人）

福建省马尾造船股份有限公司：林华益、胡文尧、吴恭鼎

厦门船舶重工股份有限公司：陈章、李赟

福建福船一帆新能源装备制造有限公司：罗斌

二、海峡人才市场（10人）

福建奔驰汽车有限公司：李顺、王佳、郑春晖

东南（福建）汽车工业有限公司：李青、钟文英、林华霖、马昌金、黄书生、王顺俗

福州智洋船舶工程有限公司：郑均文

三、三明市（1人）

中国重汽集团福建海西汽车有限公司：李少华

（摘编：郭向东）

福建省工程系列土建专业技术职务任职资格人员名单

2023年1月18日福建省人力资源和社会保障厅印发《关于批准确认朱雯喆等16位引进生工程系列土建专业技术职务任职资格的通知》（闽人社批复〔2023〕26号）提出，经研究，批准确认由福建省工程技术人员土建专业高级专业技术职务评审委员会评审通过的朱雯喆等16位工程系列土建专业技术职务任职资格，任职资格确认时间为2022年12月22日。

一、高级工程师（2人）

宁德市（2人）

宁德市规划编制研究中心：朱雯喆、南晶

二、工程师（14人）

1. 福建建工集团（3人）

福建建工集团有限责任公司：段建平、尚心悦

福建省建筑科学研究院有限责任公司：黄佳坤

2. 福州市（1人）

福州市规划设计研究院集团有限公司：卢哲超

3. 厦门市（7人）

厦门市规划数字技术研究中心：郑笠、詹强

厦门市国土空间和交通研究中心（厦门规划展览馆）：李画儿、陈思曲、段苏湉

厦门市城市规划设计研究院有限公司：谢佳琪、罗睿紫

4. 宁德市（1人）

宁德市规划编制研究中心：陈海清

5. 平潭综合实验区（2人）

平潭综合实验区自然资源服务中心：方学斌、赖盛霖

（摘编：林汇智）

福建省高级工艺美术师人员名单

林文祥等83位同志高级工艺美术师职务任职资格批准确认名单

2023年6月20日福建省人力资源和社会保障厅印发《关于批准确认林文祥等83位同志高级工艺美术师职务任职资格的通知》（闽人社批复〔2023〕323号）提出，经研究，同意确认由省非公有制企业高级专业技术职务任职资格考核委员会考核并审议通过的林文祥等83位同志高级工艺美术师职务任职资格。任职资格确认时间为2023年5月19日，现予公布，名单如下。

泉州市（37人）：林文祥、张斌强、陈宝明、王银昆、林建荣、曾少锋、张泽云、蔡碧海、陈玉坤、谢淑兰、陈志彬、陈各明、杨金林、陈志福、陈少兴、张永坤、张惠强、庄惠东、张朝伟、徐彩花、郑金溪、徐随金、李锦峰、许启椿、周崇柩、林英杰、陈宝坤、苏来吉、林建华、詹贻海、黄光华、陈建瑞、李璋高、陈金煌、杨锦彬、李海聪、赖传泰

莆田市（9人）：方双青、方双洁、何春魁、黄建海、李元高、林胜、游君立、杨剑青、任金鹏

省工商联所属商会（37人）：许坤鑫、王志红、林开新、林庆富、林明俊、陈伟权、刘建明、林庆付、张为民、黄少屏、徐友源、王龙龙、许志雄、黄世春、徐志钰、庄晓明、林斌金、廖设生、曾国荣、林文钦、李香邮、吴金勇、周建平、李光熙、卓瑶养、江春华、孙寒冰、吴周福、朱信丛、林子照、黎跃龙、颜美珠、王长坤、余明泉、赵旭辉、林礼渠、张景阳

钟建华等17位同志高级工艺美术师任职资格批准确认名单

2023年12月11日福建省人力资源和社会保障厅印发《关于批准确认钟建华等17位同志高级工艺美术师任职资格的通知》（闽人社批复〔2023〕769号）提出，经研究，同意确认2022年度福建省工艺美术系列副高级职称评审会通过的钟建华等17位同志高级工艺美术师任职资格。任职资格确认时间为2023年11月25日，现予公布，名单如下。

一、中国海峡人才市场（1人）

福建省东方工艺美术研究所：钟建华

二、泉州市（1人）

泉州工艺美术职业学院：张丽娇

三、莆田市（6人）

莆田狼臻雕塑文化研究院：吴立波、李辉

莆田海西文化艺术研究院：翁志晨

莆田市荔城区至诚缘创雕塑室：陈俊明

仙游县屏艺坊古典装饰艺雕厂：吴玉伯

福建省琚宝古典家具有限公司：陈麟

四、南平市（9人）

南平市延平区世阳雕刻制品有限公司：郑世阳

建瓯市老根世家家居有限公司：黄少屏

南平市建阳区兰亭叙建盏陶瓷有限公司：李光熙

福建省鼎吉建盏陶瓷有限公司：杨敏

武夷山市卓窑陶瓷工作室：卓瑶养

南平市建阳艺术丹轩建盏陶瓷工作室：叶诗明

南平市水木茶洋建盏文化研究所：张建忠

南平市建阳区喆曜堂陶瓷工艺有限公司：张志兵

南平市建阳区硕丰进出口贸易有限公司：廖珍琴

（摘编：吴建翰）

福建省高级经济师职务任职资格批准确认名单

2023年6月20日福建省人力资源和社会保障厅印发《关于批准确认陈明宏等45位同志高级经济师职务任职资格的通知》（闽人社批复〔2023〕326号）提出，经研究，同意确认由省非公有制企业高级专业技术职务任职资格考核委员会考核并审议通过的陈明宏等45位同志高级经济师职务任职资格。任职资格确认时间为2023年5月19日，现予公布，名单如下。

福州市（6人）：陈明宏、林向凯、陈秀君、林颖、李海文、林骏嵩

厦门市（3人）：殷芝、杨林杰、张馨月

漳州市（1人）：张哲毅

泉州市（11人）：尤笑治、吴培森、周旺茂、张秀蓉、林群芳、陈丽花、蔡清泉、谢志伟、郑铭炫、蔡冠明、张新欢

莆田市（3人）：陈锦程、林玉珊、林金田

宁德市（1人）：阎杨

省工商联所属商会（20人）：施林平、吴合武、何晓玲、王芬、欧国原、李林、何成宏、杨建春、郑海棠、林明理、陈水来、陈似平、裘露、李振卓、李昱、林锦、刘静凤、计红日、邱龙峰、林明生

（摘编：曾文升）

福建省经济系列高级专业技术职务任职资格人员名单

2023 年 3 月 20 日福建省人力资源和社会保障厅印发《关于批准确认孙以全等 231 位同志经济系列高级专业技术职务任职资格的通知》（闽人社批复〔2023〕140 号）提出，经研究，批准确认由 2021 年度福建省经济系列高级专业技术职务任职资格评审委员会评审通过的孙以全等 231 位同志经济系列高级专业技术职务任职资格，任职资格确认时间为 2023 年 3 月 5 日，现予公布，名单如下。

一、高级经济师（123 人）

（一）福建省财政厅（1 人）

福建省注册会计师中心：孙以全

（二）福建省交通运输厅（1 人）

福建省环境保护设计院有限公司：卞婷丹

（三）福建省市场监督管理局（1 人）

福建省计量科学研究院：张丽琴

（四）福建省农业农村厅（1 人）

福建省农业广播电视学校：周丽

（五）福建省林业局（2 人）

福州植物园：魏晖、赖梅兰

（六）福建省地质矿产勘查开发局（1 人）

福建省地质物资供应站：金涛

（七）福建省港口集团有限责任公司（2 人）

中国厦门外轮代理有限公司：陈慧苹

厦门港务疏浚工程有限公司：魏琪

（八）福建建工集团有限责任公司（1 人）

福建省建研工程检测有限公司：吴锦华

（九）福建省冶金（控股）有限责任公司（4 人）

福建闽光云商有限公司：邓小燕

福建三钢闽光股份有限公司：罗灶明

福建三钢闽光股份有限公司销售公司：廖贵美

福建闽光云商有限公司：朱开棠

（十）福建省电信公司（2 人）

中国电信股份有限公司福建分公司：林彬

福建省通信产业服务有限公司监理分公司：林春晖

（十一）中国海峡人才市场（4 人）

福建日报社：杨欢

福州地铁集团有限公司：陈琳婷

茶花现代家居用品股份有限公司：林宇

平潭旅游文化发展有限公司：林梅

（十二）福建省农村信用社联合社（7 人）

福建省农村信用社联合社：陈伟阳、陈屹、李驰、李茜、吴昊

福建福州农村商业银行股份有限公司：郑茳玮

福建南安农村商业银行股份有限公司：黄小容

（十三）中国光大银行股份有限公司（1 人）

中国光大银行股份有限公司福州分行：梁琰

（十四）福州市（8 人）

福州市科普服务中心：王靖

福州市科学技术情报研究所：马锋梅

中国（福建）自由贸易试验区福州片区管理委员会：董建东

福建海峡银行股份有限公司福州台江支行：黄煌

福州市鼓西街道综合便民服务中心：邹毓洁

福建福诺移动通信技术有限公司：朱志勇

福州市长乐区金峰镇综合技术保障中心：游宇辉

福建建龙工程咨询有限公司：许景彬

（十五）漳州市（12 人）

漳州市房产交易中心：陈婉丽

漳州市长泰区陈巷镇农业农村服务中心：黄少辉

漳州市长泰区国库支付中心：张燕真
漳州市长泰区项目服务中心：叶丽莉
云霄县经济信息中心：阮贵彪
云霄县企业服务中心：汤秀明
南靖县招商引资服务中心：王晶
南靖县社会劳动保险中心：陈燕
漳浦县工信局国有企业服务中心：蔡巧贤
漳浦县渔业经营服务站：杨友艺
华安县经济责任审计中心：杨腊凤
华安县招标投标服务中心：李红宝

（十六）泉州市（17人）

泉州市投资贸易促进中心：王蓉娟
泉州市不动产登记中心：洪世昌
泉州银行股份有限公司：陈一洪
泉州市金融发展服务中心：洪晓彤
鲤城区重点项目建设和工程招投标服务中心：陈熊彪
泉州市鲤城区金龙街道社会事务服务中心：林奕铭
泉州经济技术开发区综合协调服务中心：吴朝秋
泉州台商投资区市政管理有限责任公司：陈伟
泉州台商投资区价格认定与商贸发展服务中心：彭新池
泉州市泉港区建设工程质量监督站：郑惠春
晋江市土地储备中心：肖伟林
晋江市西园街道综合便民服务中心主任：张良善
中共石狮市委石狮市人民政府发展改革研究中心：廖雅梅
南安市城乡规划编制管理中心：黄婉琼
安溪县价格认定中心：凌伟斌
安溪县蓬莱镇社会事务服务中心：陈凤波
福建恒安集团有限公司：吴先礼

（十七）三明市（13人）

三明市文化和旅游服务中心：赖远兰
三明市住房公积金管理中心：王静
三明市农村经济经营管理站：黄亦斌
三明市沙县区节能监测中心：朱彩华
大田县委巡察工作保障中心：廖乃庆
大田县城乡低保工作站：叶新娇
宁化县普查中心：吴玉富
宁化县政务和公益域名注册服务中心：李红梅
泰宁县财政预算编审中心：李祖求
尤溪县城关镇经济发展综合服务中心：李振城
尤溪县交通运输综合执法大队：林秀银、吴玉春
建宁县农村公路服务中心：张国彬

（十八）莆田市（7人）

莆田市商务发展服务中心：林君贞
莆田老鹰尖省级自然保护区中心：王芳
莆田市城厢区灵川镇综合便民服务中心：陈德文
莆田市城厢区农村合作经济经营站：许庆平
莆田市涵江区农业市场与经济信息站：翁锦龙
仙游县农村综合改革服务中心：陈春鲜
福建省莆田市仙游县村镇规划建设管理中心站：温锦沙

（十九）南平市（10人）

南平市政府和社会资本合作（PPP）管理中心：周良伟
南平市住房公积金管理中心：余为聪
南平市工业园区建设服务中心：卢国胜
南平市房屋征收中心：蔡建英
南平市延平区财政局国库收付中心：余佑玲
福建建阳龙翔科技开发有限公司：龚昌雄
南平市建阳区村镇建设发展服务中心：邹征慧
武夷山市民用航空服务中心：朱文玉
浦城县节能技术中心：吴雪梅
顺昌县农村水利水电建设中心：郑梁旭

（二十）龙岩市（18人）

福建省龙岩市财政局财政政策研究所：李旭琴
龙岩市农业科学研究所：陈红玉
龙岩市不动产登记中心：林新
龙岩市自然资源局西城自然资源所：苏卫杰
龙岩市国有资产管理中心：林永姑
闽西革命烈士陵园管理处：卢小群
龙岩市新罗区社区服务管理中心：饶勇峰
龙岩市新罗区医疗机构服务中心：廖晓玲
龙岩市永定区第三产业发展服务中心：詹桂华
漳平市土地收购储备中心：李唯兰
上杭县节能监测中心：陈水招

连城县农村合作经济经营指导站：柯小旺

连城县房屋征收与补偿中心：傅金成、黄春华

连城县价格认证中心：黄凌俊

武平县招商服务中心：钟月红

武平县住房保障站：罗建萍

武平县城厢镇乡村振兴服务中心：许仁发

（二十一）宁德市（7人）

宁德市蕉城区价格监测中心：刘颖

福鼎市林业科学技术推广中心：郑陈瑜

古田县巡察工作协调中心：叶春燕

古田县农村合作经济经营站：叶里波

古田县环翠屏湖文旅产业发展中心：黄江杉

柘荣县人民政府经济研究中心：杨清明

屏南县招商服务中心：陈祥定

（二十二）平潭综合实验区（1人）

平潭综合实验区医院：翁晓峰

（二十三）福建龙溪轴承（集团）股份有限公司（2人）

福建龙溪轴承（集团）股份有限公司：黄文兰、黄融生

二、高级人力资源管理师（106人）

（一）福建省人力资源和社会保障厅（3人）

福建省公务员测评中心：陈燕

福建省留学人员创业园管理中心：方世银

福建省职业培训中心：叶秀娟

（二）福建省市场监督管理局（1人）

福建省计量科学研究院：吴路易

（三）福建省煤田地质局（2人）

福建省196地质大队：吴雁林

福建省197地质大队：肖锦良

（四）中国海峡人才市场（1人）

福建省永正工程质量检测有限公司：陈明

（五）福建省地质矿产勘查开发局（2人）

福建省地质调查研究院：林韩

福建省地质测绘院：阮颀

（六）福建中医药大学（1人）

福建中医药大学附属第三人民医院：张爱花

（七）福建省冶金（控股）有限责任公司（1人）

福建马坑矿业股份有限公司：蓝善元

（八）福建建工集团有限责任公司（2人）

福建建工集团有限责任公司：郑华敏

福建省建设人才与科技发展中心：黄成艳

（九）福建省机电（控股）有限责任公司（1人）

福建智和置业有限公司：徐长新

（十）福建省港口集团有限责任公司（1人）

福建肖厝港物流有限责任公司：颜伟政

（十一）福建省招标采购集团有限公司（1人）

福建省招标采购集团有限公司：黄凌劼

（十二）福建省水利投资开发集团有限公司（1人）

福建中闽水务投资集团有限公司：张巧义

（十三）福建省电信公司（1人）

中国电信股份有限公司福建分公司：方青

（十四）福州市（8人）

福州广播电视台：郑洋

福州市第二医院：林薇

福州市体育工作大队：凌江

福州新榕城市建设发展有限公司：吴爱萍

福州市生态环境宣传教育中心：陈杨炀

福州新投置业发展有限公司：黄玉峰

福州市马尾区土地发展中心：王晓琳

闽清县招商服务中心：陈少春

（十五）漳州市（12人）

漳州市发展新型建筑材料中心：陈伟娇

漳州市长泰区武安镇农业农村服务中心：兰慧娜

漳州市华安县发展研究中心：童梦

华安县文物保护中心：黄江勇

华安县城乡居民社会养老保险中心：黄旺德

华安县项目服务中心：阮淑芬

华安县社会科学界联合会：杨秀凤

华安县城乡居民社会养老保险中心：张锦泉

东山开投集团有限公司：柳游清

伟成油脂有限责任公司：郑慕兰

漳浦县社会劳动保险中心：郑茹璇

云霄县综治中心：林晓晴

（十六）泉州市（16人）

泉州市公园中心：丁海英

泉州水务集团有限公司：洪丽芸

泉州市华侨服务中心：赖彩凤

泉州广播电视台：肖丽梅

泉州市洛江区人力资源公共服务中心：谢农

泉州市洛江区农村公路养护管理所：彭凉
泉州市泉港区人力资源服务中心：陈颖南
泉州城建集团有限公司：许艳芳
福建闽山消防有限公司：谢志伟
晋江市纪委办案中心：万培纯
晋江市劳动人事争议仲裁院：许秋停
德化县大铭乡社会事务服务中心：赖进塔
安溪县卫生健康信息中心：李齐贵
安溪县库区移民服务中心：林荣水
永春县社会保险中心：林素珠
德化县城乡居民社会养老保险中心：苏淑燕

（十七）三明市（9人）

三明市机关服务中心：余友盛
三明市医疗保障基金中心：马涛
三明市公路事业发展中心：冯丽红
建宁县机关事业单位社会保险中心：黄华琴
尤溪县精神文明建设理论研究中心：黄秀贞
大田县矿业生产服务中心：林淑花
大田县政务中介服务中心：涂广森
宁化华侨经济开发区服务中心：叶苏华
福建省宁化国有林场：杨宁明

（十八）莆田市（11人）

莆田市机关事业单位社会保险中心：翁丽玉
莆田市住房公积金管理中心：崔桂香
莆田市水务集团有限公司：李丽娟
莆田市能源执法监察支队：林伟丽、林莺莺
莆田市城厢区工业发展服务中心：曾秀钗
仙游县人力资源培训中心：陈素群
莆田市涵江港区建设服务中心：王丽芳
仙游县人力资源公共服务中心：谢丽萍、徐剑华
仙游县工业产业园管理委员会：卢丽娥

（十九）南平市（11人）

南平市公路应急保障中心：戴颖
南平市延平区劳动就业中心：陈秋燕
南平市延平区劳动就业中心：黄兴辉
南平市建阳区人事人才公共服务中心：范玉萍
建瓯市劳动就业中心：叶缨缨
建瓯市劳动人事争议仲裁院：张晓冬
浦城县疾病预防控制中心：陈方美
浦城县城乡居民社会养老保险中心：徐丽美
浦城县社会保险中心：杨梅卿
松溪县劳动人事争议仲裁院：李圆
邵武市社会保险中心：朱春梅

（二十）龙岩市（11人）

龙岩市公共就业和人才服务中心：汤德旺
福建省龙岩市第二医院：付燕红
福建省龙岩市第三医院：陈小娟
龙岩市公路事业发展中心：黄斌华
福建雁翔实业发展集团有限公司：赖礼强
漳平市重大危险源监控中心：吕娟
上杭县社会劳动保险中心：刘富锋、郑贵彬
中共连城县委机关后勤服务中心：巫凤兰
连城县效能建设中心：余兴辉
连城县职业技能鉴定指导中心：周荣莉

（二十一）宁德市（10人）

宁德市蕉城区巡察工作协调中心：陈芬
宁德市蕉城区数字蕉城建设办公室：张瑾玲
宁德市蕉城区劳动就业中心：冯婧文
福安市城市管理综合执法大队：林贤景、袁洌
福鼎市劳动人事争议仲裁院：卓巍
柘荣经济信息中心：陈奶菊
屏南县养老保险中心：孙金贵
屏南县劳动人事争议仲裁院：吴陈霖
屏南县公共资源交易中心：张祥瑞

三、高级知识产权师（2人）

（一）福建省市场监督管理局（1人）

福建省知识产权保护中心：黄晓玲

（二）海关总署（1人）

福州长乐机场海关：林雨晴

（摘编：郭向东）

福建省高级审计师职务任职资格人员名单

2023 年 3 月 3 日福建省人力资源和社会保障厅印发《关于批准确认陈宇婷等 24 位同志高级审计师职务任职资格的通知》（闽人社批复〔2023〕109 号）提出，经研究，批准确认由福建省 2021 年度高级审计师任职资格评审会评审通过的陈宇婷等 24 位同志高级审计师职务任职资格，任职资格确认时间为 2023 年 2 月 11 日，现予公布，名单如下。

一、厦门市（3 人）

同安区审计事务中心：陈宇婷

集美区审计事务中心：吴秀英

厦门日报社：沈秋娴

二、泉州市（4 人）

晋江市审计保障中心：林鸿玲

永春县审计中心：郑耿虹

泉港区审计举报中心：庄似云

鲤城区审计举报中心：郑东霞

三、漳州市（2 人）

云霄县乡镇审计中心：张汉清

长泰区乡镇审计中心：张杰敏

四、莆田市（1 人）

涵江区审计中心：梁丹

五、龙岩市（5 人）

龙岩市固定资产投资审计中心：郑阿萍

上杭县固定资产投资审计中心：丘翠英

连城县乡镇审计中心：童茜

武平县乡镇审计中心：李芳英

龙岩市农村公路管理所：杨新民

六、三明市（1 人）

尤溪县乡镇审计办事处：余丽琴

七、南平市（3 人）

南平市计算机审计中心：龚智强

武夷山市固定资产投资审计中心：邱桂清

浦城县固定资产投资审计中心：娄琪军

八、福建省卫生健康委（1 人）

福建省立医院：陈妍

九、福建省农村信用社联合社（2 人）

福建省农村信用社联合社审计部：陈清阁

永春县农村信用合作联社：肖节海

十、福建建工集团有限责任公司（1 人）

福建建工集团有限责任公司审计内控部：王瑜琦

十一、中国海峡人才市场（1 人）

福州地铁集团有限公司：魏文云

（摘编：余松山）

福建省高级会计师职务任职资格人员名单

赖丽莲等121位同志高级会计师职务任职资格人员名单

2023年9月20日福建省人力资源和社会保障厅印发《关于批准确认赖丽莲等121位同志高级会计师职务任职资格的通知》（闽人社批复〔2023〕555号）提出，经研究，批准确认由2022年度福建省高级会计师职务任职资格评审委员会（事业类）评审通过的赖丽莲等121位同志高级会计师职务任职资格，任职资格确认时间为2023年7月23日，现予公布，名单如下。

一、福建省高级会计师专业技术职务任职资格人员（事业类）名单

（一）福建省教育厅（1人）

福建水利电力职业技术学院：赖丽莲

（二）福建省文化和旅游厅（1人）

福建省艺术馆：林玉华

（三）福建省卫生健康委员会（3人）

福建省立医院：潘娟

福建省级机关医院：钟雪萍

福建省肿瘤医院：高云莺

（四）福建省地质矿产勘查开发局（3人）

福建省闽南地质大队：郑秋容

福建省核工业二九五大队：江玲

福建省地质工程勘察院：吴慧颖

（五）福建省林业局（1人）

福建省林业调查规划院：李祥寅

（六）中国海峡人才市场（1人）

姚增富

（七）福建中医药大学（2人）

福建中医药大学附属第二人民医院：徐力

福建中医药大学附属第三人民医院：朱丽铃

（八）平潭综合实验区党工委党群工作部（1人）

平潭综合实验区农业农村发展服务中心：林文静

（九）福州市（12人）

福州市财政投资评审中心：张静

福州市科学技术情报研究所：马锋梅

福州市动物园管理处：陈泽榕

福州市皮肤病防治院：罗彩云

福建省福州旅游职业中专学校：胡颖

福州市疾病预防控制中心：黄斐莹

福州市建设工程消防设计审查验收技术中心：陈嘉

福州市琴亭湖公园管理处：丁小娟

永泰县财政绩效评价中心：邱瑜

福州市长乐区预算编审中心：张美云

福清市国库支付中心：王长明

福州市闽侯固体废物污染防治技术中心：倪芬清

（十）厦门市（17人）

海西晨报社：何海燕

厦门市中医院：陈丽娜

厦门市第三医院：王秋霜

厦门市妇幼保健院：周卷

厦门市儿童医院（复旦大学附属儿科医院厦门医院）：高爽

厦门市仙岳医院：许凡

厦门大学附属第一医院：周幼真、潘丁

厦门市港航服务中心：纪洁银

厦门市高层次人才发展中心：李清云

厦门市工人文化宫：施岚

厦门市音乐学校：骆伦娜

厦门市思明区财政审核中心：许凌燕

厦门市思明区厦港街道社区卫生服务中心：洪素好

厦门火炬高技术产业开发区财政服务中心：李承泽

厦门市海沧区教育事务中心：游晓梅

厦门市海沧医院：王翀

（十一）漳州市（9人）

漳州市金融发展服务中心：戴志民

漳州市第二医院：高继玲

漳州市公路事业发展中心漳浦分中心：李彦琼

漳州市项目策划服务中心：林煜德

漳州市龙文区步文街道经济服务中心：张楼峰

漳州市龙海区榜山卫生院：方秀娟

漳浦县建设工程造价站：余凤敏

漳浦县机关公务用车服务中心：王瑞莲

华安县华丰良村卫生院：杨志伟

（十二）泉州市（12人）

泉州市纪委办案中心：郭滨梅

泉州市龙门滩水资源调配中心：张华英

黎明职业大学：郑彩云

泉州市困难职工帮扶中心：姚彩霞

泉州医学高等专科学校附属人民医院：陈森莉

福建中国闽台缘博物馆：王凌凌

鲤城区江南街道社区卫生服务中心：蔡燕雪

晋江市财政国库支付中心：郑晓云

晋江市毓英中学：胡明远

德化县国库支付中心：陈茂众

惠安县崇武镇中心卫生院：张飞明

永春县达埔卫生院：颜雅敏

（十三）莆田市（4人）

莆田市荔城区人民政府拱辰街道办事处：黄贵花

仙游县学校财务管理中心：吴锦华

莆田市秀屿区实验中学：李丽平

莆田市涵江区三江口镇卫生院：方舟

（十四）三明市（10人）

福建省特种设备检验研究院三明分院：杨玉艳

三明市医疗保障基金中心：曹春霞、阳婷婷

三明市沙县区行政事业资产管理营运中心：李萍

三明市沙县区生态国有林场：陈颖

永安市立医院：张秋妹

尤溪县生态国有林场：陈晓玲

尤溪县中医医院：江亚斌

将乐县总医院：黄虹

朱口镇社会事务综合服务中心：黎连生

（十五）南平市（26人）

南平市住房公积金管理中心：吕雪燕

南平市交通运输综合执法支队：范俊英

福建省南平技师学院：吴迪

南平市延平区预算绩效评价中心：苏秀琴

南平市延平区纪检监察网络信息中心：官高定

南平市建阳区国库支付中心：邹文兰

南平市建阳区财政投资评审中心：吴文玉

南平市建阳区疾病预防控制中心：周宝英

建瓯市国有资产运营服务中心：张荣珍

建瓯市通济街道党群服务中心：张传辉

福建省建瓯水西国有林场：范洪辉

邵武市财政国库收付中心：周彬莉、蒋俊峰

邵武市立医院：刘敏

邵武市林业服务中心：吴秀琦

邵武市水利水电工程移民发展中心：白雪

邵武市干部档案中心：肖文秀

松溪县渭田镇中心卫生院：潘佐强

浦城县莲塘镇乡村振兴发展中心：李蔚

浦城县莲塘卫生院：林慧

政和县铁山镇卫生院：陈秉辉

顺昌县种子站：伍冬英

武夷山市国有资产运营服务中心：罗冰艳

武夷山风景名胜区后勤保障中心：朱谨霞

中共武夷山市纪委派驻机构协调中心：廖华巾

光泽县财政国库集中支付中心：丁小玲

（十六）龙岩市（9人）

福建省龙岩市第一医院：陈翠芬

龙岩市新罗区疾病预防控制中心：张慧铭

龙岩市永定区高陂镇中心卫生院：张丽群

龙岩市永定区医院：陈满娘

上杭县中小学生校外综合实践基地：郑丽霞

上杭县财政国库支付中心：袁丹萍

武平县财政国库支付中心：石冬香、肖美琴

武平县国资金融中心：石德禄

（十七）宁德市（7人）

宁德师范学院附属宁德市医院：黄锌

宁德市蕉城区不动产登记中心：林熙然

宁德市周宁生态环境保护综合执法大队：陈素娟

周宁县财政服务中心：郑柳香

寿宁县清源卫生院：叶瑞清

福安市康厝卫生院：缪穆瑾

屏南县林业产业发展中心：周前辉

二、中直单位委托代评的高级会计师专业技术职务任职资格人员（事业类）名单

（一）厦门海关（1人）

厦门海关培训中心：张勇燕

（二）华侨大学（1人）

张琴

邹浩锟等310位同志高级会计师职务任职资格人员名单

2023年9月25日福建省人力资源和社会保障厅印发《关于批准确认邹浩锟等310位同志高级会计师职务任职资格的通知》（闽人社批复〔2023〕560号）提出，经研究，批准确认由2022年度福建省高级会计师职务任职资格评审委员会（企业类）评审通过的邹浩锟等310位同志高级会计师职务任职资格，任职资格确认时间为2023年8月13日，现予公布。

一、福建省高级会计师专业技术职务任职资格人员（企业类）名单

（一）福建省交通运输厅（1人）

福建省交通规划设计院有限公司：邹浩锟

（二）中国海峡人才市场（38人）

福建雪人股份有限公司：黄昊

福建闽才税务师事务所有限公司：董隽

福州航空有限责任公司：张册

中信保诚人寿保险有限公司福建省分公司：秦岭

福建易道大咖商业管理有限公司：陈丽丽

福州地铁集团有限公司：张喜燕

福建省农业融资担保有限公司：吴宗圣

福建新大陆支付技术有限公司：刘考红

福州高宏教育咨询集团有限公司：张敏

恒申控股集团有限公司：姚顺熙

福建省城乡规划设计研究院：王雅芳

福州海狸家口腔科技有限公司：林征

福建泉工股份有限公司：谢铭泉

福建国通信息科技有限公司：王颖

北京金辉锦江物业服务有限公司福州分公司：黄雪群

福建三木集团股份有限公司：郑惠芳

福建左海科技有限公司：王绍丽

兴业证券股份有限公司：杨倩倩

华兴会计师事务所（特殊普通合伙）：周婷、陈佳佳

福州榕悦房地产有限公司：张丽

福州福晟集团有限公司：叶晓星

福州市一建建设股份有限公司：陈剑芳

福建永荣控股集团有限公司：宋婷

福融新材料股份有限公司：姚美凤

福建六建集团有限公司：孙坚炜

福州宏昌混凝土有限公司：阙琴妹

恒瑞通（福建）信息技术有限公司：陈玉艳

福建省永正工程质量检测有限公司：温华春

北京人寿保险股份有限公司福建分公司：范丹慧

福建省亿鑫海信息科技有限公司：郭爱兰

闽武长城建设发展有限公司：蔡丽娟

福州益惠税务师事务所有限责任公司：冯慧婷

三盛资本管理（平潭）有限公司：杨修串

福建省新闽科生物科技开发有限公司：郑序镃

福建福旅联信基金管理有限公司：陈小榕

长汀县金博铝业有限公司：郑海兴

福州国化智能技术有限公司：张德梅

（三）福建省农村信用社联合社（3人）

福建省农村信用社联合社：赵致远

福建邵武农村商业银行股份有限公司：江艳

东山县农村信用合作联社：董圣红

（四）福建省冶金（控股）有限责任公司（3人）

福建省冶金（控股）有限责任公司：缪莲英

福建省三钢（集团）有限责任公司：陈颖、吕丽姬

（五）福建省能源石化集团有限责任公司（10人）

福建安砂建福水泥有限公司：袁希

福建省福能新型建材有限责任公司：詹晓霞

福建省福能兴业股权投资管理有限公司：林春辉
福建煤电股份有限公司：刘雅丹
福建福能健康管理股份有限公司：许琳
福建省福能集团总医院：王美珍
福建联美建设集团有限公司：林天钢、李晓倩
福建省能源集团财务有限公司：林晓晨
福建省鸿山热电有限责任公司：方宇亮

（六）福建省港口集团有限责任公司（5人）

莆田港务集团有限公司：林娣妹
福建省宏源环境资源有限公司：郑标
厦门港务发展股份有限公司：罗丹青
石狮市华锦码头储运有限公司：邱丽端
厦门海隆码头有限公司：王小文

（七）福建省电子信息（集团）有限责任公司（1人）

张媛媛

（八）福建建工集团有限责任公司（10人）

福建建工集团有限责任公司：何畅、纪任翔
福建省建惠建筑科技有限公司：林剑喜
福建建祥建筑科技有限责任公司：连秋香
中国武夷实业股份有限公司：林馨怡、何海明
福建省工业设备安装有限公司：黄秀清
福建建工工程集团有限公司：林艳
福建永盛设计装饰工程有限公司：吴树妍
平潭建设集团股份有限公司：陈丽君

（九）福建省船舶工业集团有限公司（2人）

福建省船舶工业集团有限公司：陈坤
福建船政重工股份有限公司：童小林

（十）福建省投资开发集团有限责任公司（2人）

福建省投资开发集团有限责任公司：鲍奇森
福建省融资担保有限责任公司：陈宏

（十一）福建省旅游发展集团有限公司（2人）

张俊、姚钦妹

（十二）福建省高速公路集团有限公司（3人）

福建发展高速公路股份有限公司：刘铭
福建省泉州高速公路有限公司：吴珊珊
福建省高速公路信息科技有限公司：郑芬

（十三）福建省水利投资开发集团有限公司（3人）

福建省水利投资开发集团有限公司：张丽、沈哲伟
福建省水务发展集团有限公司：林星

（十四）福建广电网络集团股份有限公司（1人）

王利琼

（十五）福建省招标采购集团有限公司（1人）

福建省环境保护设计院有限公司：林拓

（十六）福建省国有资产管理有限公司（3人）

福建省粮油食品进出口集团有限公司：张琳
华映科技（集团）股份有限公司：周静茹
太平财产保险有限公司福建分公司：游艺

（十七）兴业证券股份有限公司（1人）

林红珍

（十八）福建省华侨实业集团有限责任公司（1人）

百纳（福州）进出口有限公司：茅莉萍

（十九）福建省金融投资有限责任公司（2人）

福建省金融投资有限责任公司：曹舒芳
福建省金投私募基金管理有限公司：杨堇怡

（二十）福州市（19人）

福州沪榕海环再生能源有限公司：陈鑫
福州朴朴电子商务有限公司：陈乐平
泓欣环境集团有限公司：辛俊杰
福州市城乡建总集团有限公司：何丹、刘彦
福州市市政建设开发有限公司：李世敏
福州信达嘉金雷克萨斯汽车销售服务有限公司：史叶萍
恒鸿达科技有限公司：王燕平
福州东进世美肯科技有限公司：吴晓波
福州市公共交通集团有限责任公司：汤静
福州融侨物业管理有限公司：林妃
福建省二建建设集团有限公司：于君贻
阳光云享咨询服务有限公司：王林琳
福州市交通建设集团有限公司：李小红
鸿博股份有限公司：蔡万群
福州中澳科技有限公司：郭雄伟
福州市建筑科学研究院有限公司：陈淑泳
福州市国有房产经营有限公司：林慧
华睿会计师事务所（福建）有限公司：谢丽

（二十一）厦门市（88人）

厦门金圆金控股份有限公司：卢明通
厦门金圆投资集团有限公司：高晓君
厦门海投房地产有限公司：陈书香

厦门国际银行股份有限公司：郭思
厦门国际银行股份有限公司厦门分行：尤佳彬
厦门市翔安招商集团有限公司：洪清配
大成工程建设集团有限公司：曾满平
厦门国贸集团股份有限公司：周武杨、吴婧
厦门国贸控股集团有限公司：黄玲玲、吴易虹
厦门国贸会展运营有限公司：赵晓微
厦门国贸商产文旅有限公司：沈凌燕
厦门华电开关有限公司：郭俊标
厦门路桥工程物资有限公司：郑鹭莹
厦门路桥百城建设投资有限公司：叶和平
福建金帝集团有限公司：林欣怡
厦门厦工重工有限公司：熊赞旺
厦门象屿集团有限公司：翁溪湖
厦门象屿股份有限公司：吴鹭萍、王莹莹
厦门象屿化工有限公司：陈丽静
厦门特运集团有限公司：林陈斌
君龙人寿保险有限公司厦门分公司：陈新
福建新继船舶服务有限公司：陈静
厦门市开元国有投资集团有限公司：张燕群
诚益光学（厦门）有限公司：黄宗妹
厦门同安资产管理有限公司：许怀宁
国药控股福建有限公司：姚文海
鹭燕医药股份有限公司：蓝惠娟
厦门海沧投资集团有限公司：黄海滨、黄艺凤
厦门海沧发展集团有限公司：赖金玉
宸展光电（厦门）股份有限公司：兰彬彬
厦门东亚机械工业股份有限公司：岳秀丽
珠海万达商业管理集团股份有限公司：郑淑敏
通达（厦门）科技有限公司：周紫薇
厦门乔丹发展有限公司：王健
立信中联会计师事务所（特殊普通合伙）厦门分所：尤琳
立信会计师事务所（特殊普通合伙）厦门分所：卢珊珊
中国建材检验认证集团厦门宏业有限公司：廖婉梅
厦门海谊楼宇经营管理有限公司：李修进
厦门市政工程有限公司：郭海华
厦门骏佑房地产开发有限公司：邱玲玲
厦门建发生活资材有限责任公司：俞金龙
厦门建发股份有限公司：陈雅玲
厦门建发集团有限公司：邱银丰
厦门市湖里保安集团有限公司：黄燕绒
厦门市集美建设发展有限公司：曾慧
厦门成创装饰工程有限公司：周秀红
厦门夏商农产品集团有限公司：徐松青
厦门松霖科技股份有限公司：赖凤连
厦门南强后勤服务有限公司：叶巧瑜
厦门住房租赁发展有限公司：陈良明
厦门安居集团有限公司：刘银珍
厦门泓正会计师事务所有限公司：黄兴全
奥的斯机电电梯有限公司厦门分公司：姚东宽
厦门海翼国际贸易有限公司：黄玲
健研检测集团有限公司：谢明
厦门柏宏锐尔科技投资有限公司：苏华利
厦门市政环能股份有限公司：刘麟
厦门华特集团股份有限公司：黄燕芬
厦门高新技术创业中心有限公司：邓晓芳
厦门太古起落架维修服务有限公司：林婷
厦门炬业房地产开发有限公司：林燎原
厦门市杏林建设开发有限公司：郑娟娟
厦门灿坤实业股份有限公司：傅剑霞
厦门市城市建设发展投资有限公司：王铭城
厦门市政集团有限公司：李爱云
福建鹭江出版社有限责任公司：雷英
安思尔（厦门）防护用品有限公司：叶晓燕
厦门华夏国际电力发展有限公司：高艺婷
厦门滕王阁物业管理有限公司：方阿燕
厦门科司特电子工业有限公司：胡均
厦门英诺尔电子科技股份有限公司：王毓彬
厦门海辰储能科技股份有限公司：赖志宏
厦门轨道建设发展集团有限公司：魏在锐
厦门国升发展私募基金管理有限责任公司：陈晨
厦门网中网软件有限公司：陈文娟、李颖生
厦门唐润商业管理有限公司：吴滢
天下达融资租赁（厦门）有限公司：肖长树
厦门航空有限公司：王青
厦门金龙联合汽车工业有限公司：刘敏莹
厦门国际邮轮母港集团有限公司：曾聪欣
厦门悠生活网络科技有限公司：张广耀
厦门智宇信息技术有限公司：朱丽俊

九牧王股份有限公司：杨惠恋

（二十二）漳州市（17人）

漳州市国有资产投资经营有限公司：高云洁

南靖县荆江国有资产投资有限公司：张秋虾

漳州市经发置业有限公司：陈渊鹏

漳州城投建材集团有限公司：卢莹

漳州市芗城城市投资开发有限公司：朱志斌

漳州人才发展集团有限公司：程靖远

漳州圆新建设集团有限公司：郭艳娇

福建漳龙集团有限公司：庄少珍、庄莹

云霄县房地产综合开发公司：何云婷

东山粮食集团有限公司：李丽蓉

漳州市金信金融服务有限公司：魏艳梅

漳州市城市规划设计研究院有限公司：林金兰

漳州城投地产集团有限公司：林丽芬

漳州片仔癀药业股份有限公司：郑子超

漳州市交通发展集团有限公司：刘文丽

漳州市国有资本运营集团有限公司：陈惠格

（二十三）泉州市（20人）

福建天广消防有限公司：林军

福建佰源智能装备股份有限公司：伍臣通

泉州市圣泽环境工程有限公司：林森海

圣元环保股份有限公司泉州分公司：吴锦秀

泉州城市规划设计集团有限公司：黄奕萍

福建石狮产业投资发展集团有限责任公司：王美蓉

泉州市东海投资管理有限公司：王瑜敏

福建慧芯激光科技有限公司：刘颖鸿

福建第一公路工程集团有限公司：陈文荣

福建安琪儿卫生用品有限公司：刘思明

福建宏远集团有限公司：唐晓勉

泉州兴贤医院有限公司：施养康

泉州交发置业投资集团有限公司：柯文选

海峡石化产品交易中心有限公司：刘婧

泉州晋江国际机场股份有限公司：许佳佳

泉州东南有限责任会计师事务所：陈丽花

泉州太平洋集装箱码头有限公司：陈培阳

福建省五建建设集团有限公司：廖明滨

泉州中泉国际经济技术合作（集团）有限公司：叶小瑜

泉州侨乡文体产业开发有限公司：王玲玲

（二十四）莆田市（13人）

莆田市民生实业有限公司：林炳清

三棵树涂料股份有限公司：王淑花、陈均杭

莆田市国有资产投资集团有限责任公司：陈建峰、阮玲玲

中交建宏峰集团有限公司：蔡明洪

莆田市医疗健康产业投资集团有限公司：周文娟

云度新能源汽车有限公司：刘冠军

莆田市建工投资集团有限公司：郑朝欣

福建新亿发集团有限公司：林国仁

奋安铝业股份有限公司：吴荔芬

福建巨岸建设工程有限公司：高志明

中核华辰工程管理有限公司：林敏杰

（二十五）三明市（6人）

福建一建集团有限公司：王珺、傅蕾

福建三明海晟连锁商贸有限公司：张月娥

福建省三明市东辰机械制造有限责任公司：邓小华

建宁县建设工程消防服务中心：吴祖富

宁化行洛坑钨矿有限公司：张胜谋

（二十六）南平市（8人）

南平建设集团信达供应链有限公司：吴国蕊

南平武夷新区投资开发集团有限公司：方爱珺

福建建达开发建设集团有限公司：叶世海

福建南平青松化工有限公司：杨仁群

福建武夷水务发展有限公司：李丽珠

福建圣农发展股份有限公司：李萍

福建圣农食品有限公司：刘国云

南平市武夷新区贸易投资有限公司：车琼

（二十七）龙岩市（25人）

福建德尔科技股份有限公司：谢慧芳

福建龙净环保股份有限公司：陈丽玲

福建清景铜箔有限公司：伍富堂

福建省龙岩市环畅投资有限公司：邱敏

福建省南方京融投资有限公司：郑泳福

福建卫东环保股份有限公司：魏爱璋

福建雁翔建设有限公司：曾桂珍

福建正孚软件有限公司：黄欢欢

福龙马集团股份有限公司：王舒文

龙岩弘业有限责任会计师事务所：林根才

龙岩交通发展集团有限公司：叶丹

龙岩交通建设集团有限公司：邓志华

龙岩矿业发展有限公司：郭湧攀

龙岩市安居住宅建设有限公司：张荣连

龙岩市公物采购招标代理有限公司：程伟聪

龙岩市古田圣地旅游投资开发建设有限公司：龚林生

龙岩市华隆建设有限公司：廖兰花

龙岩市土地发展集团有限公司：谢琴芳

龙岩投资发展集团有限公司：石书才、赖丽玲

武平县天恒城市建设投资集团有限公司：钟凤华

龙岩弘业有限责任会计师事务所：程子耘

紫金矿业集团股份有限公司：邓晓红、林尚能

福建紫金铜箔科技有限公司：梁晓莹

（二十八）宁德市（10人）

宁德市国有资产投资经营有限公司：陈浩

福建宁德核电有限公司：李琛

福建青拓实业股份有限公司：林奶玲

宁德新能先锋检测科技有限公司：陈钒

中铜东南铜业有限公司：孙丹丹、罗珺

福建亚南电机有限公司：赵义亮

福建省嘉盟网络科技集团有限公司：林仰铨

宁德市三都澳新区开发建设有限公司：陈小宁

宁德市旅发集团有限公司：陈建新

（二十九）平潭综合实验区（2人）

平潭综合实验区城市发展集团有限公司：吴珊珊

平潭市政开发有限公司：黄小玲

二、中直单位委托代评的高级会计师专业技术职务任职资格人员名单（企业类）

（一）中国农业发展银行（2人）

中国农业发展银行漳州市分行：庄明舜

中国农业发展银行三明市分行：邱琳香

（二）中国邮政集团有限公司（3人）

中国邮政集团有限公司福建省分公司：林芳

中国邮政集团有限公司漳州市分公司：付娇蓉

中国邮政集团有限公司福建省顺昌县分公司：卢泽霖

（三）中国电信股份有限公司福建分公司（2人）

中国电信股份有限公司漳州分公司：蔡静妤

福建省通信产业服务有限公司信息科技分公司：孔丽娟

（四）中国移动通信集团福建有限公司（1人）

杨臻

（五）中移铁通有限公司（1人）

中移铁通有限公司福州分公司：蔡项

（六）中国太平洋人寿保险股份有限公司（1人）：

中国太平洋人寿保险股份有限公司厦门分公司：陈建国

（摘编：郑欣然）

福建省高级统计师职务任职资格人员名单

2023 年 3 月 3 日福建省人力资源和社会保障厅印发《关于批准确认张凌远等 8 位同志高级统计师职务任职资格的通知》（闽人社批复〔2023〕110 号）提出，经研究，批准确认由福建省第二十五届高级统计师任职资格评审会评审通过的张凌远等 8 位同志高级统计师职务任职资格，任职资格确认时间为 2023 年 2 月 11 日，现予公布，名单如下。

一、省统计局

福建省统计科学研究所：张凌远、何祥伟

福建省统计信息服务中心：邓文颖

二、漳州市

漳浦县统计局统计监测中心：黄小芳

漳州市龙文区妇幼保健院：王淑荣

三、泉州市

南安市社会经济调查中心：王毅滢

四、宁德市

古田县统计局统计调查中心：曾秋玲

福安市统计局能源监测统计中心：景向荣

（摘编：郑欣然）

表彰奖励

福建省劳动模范和先进工作者名单

根据《中共福建省委办公厅　福建省人民政府办公厅关于做好省劳动模范和先进工作者评选表彰工作的通知》（闽委办发明电〔2023〕16号）精神，2023年4月26日福建省人民政府网站发布了2023年福建省劳动模范和先进工作者名单（496名）。

福州市

劳动模范（54名）

马小伟（女）、王缘、王榆、王林敏（女）、王秋琳、毛有仓、卢健、卢云长、刘伟、江航（女）、江烽、江叔山、许晓霞（女）、孙朝阳、吴晓莉（女）、何献、何学智、何宝平、张必诚、陈忠、陈晶（女）、陈开注、陈水银、陈旭龙、陈秀荣（女）、陈海清、陈章宇、林友亭、林向武、林连忠、林国镜、林望嵩、欧丽彬（女）、卓文海、卓宇枫（女）、周林（女）、周华官、郑国珍（女）、胡玉柳、柯琳（女）、柳海榕（女）、侯艳梅（女）、姚朝响、翁秀英（女）、翁茂荣、高小平（女）、高向登、高理清、陶武样、黄燕（女）、黄永剑、黄廷松、黄宗明、镇千金（女）

先进工作者（23名）

毛丽华、方晓敏（女）、刘小龙、齐忠华、苏桂铁、李章平、吴梦好（女）、沈烽、宋霖、林松（女）、林家新、林融榕（女）、祝昌镇、黄兴、黄乐增、黄秀芳（女）、黄莉玲（女）、黄碧华（女）、康德智、蒋春彬、游益银、谢赠生、廖庭俊

厦门市

劳动模范（38名）

马仁刚、王开辉、邓美健（女）、卢渊鸣、尧刚、庄莹莹（女）、刘松、许丁上、孙素环（女）、苏家榆（女）、李义福、吴兴（女）、吴岩松、邹春龙、陈亮、陈水让、陈伟和、陈炎珠（女）、林沪荣、林环环（女）、林朝辉、林惠斌、林锦峰、周广斌、郑天源、郑宏扬、钟俊杰、姚天妹（女）、郭光清、郭润阳、陶云（女）、陶利（女）、康英德、彭志团、温松涛、蔡月华、熊彩茶（女）、滕达

先进工作者（15名）

尹震宇、刘慧恒（女）、孙跃民、李海北、李缘缘（女）、何宏舟、佘峥（女）、张伟中、林银玲（女）、柯明月（女）、洪炜、姚培泰、徐夙侠（女）、谢素原、蔡志福

漳州市

劳动模范（32名）

于娟（女）、方绍东、卢溪河、江银盛、许志典、苏鹏程、杨志军、吴有林、何世杰、沈晓妹（女）、张群毅、张鹭媛（女）、陈朱池、陈恋凤（女）、陈祺芳（女）、林雄、林达三、林婉彬、罗荣毅、周建喜、洪百中、洪精明、翁保环（女）、黄子欣、梁加辉、梁兴木、曾奕彰、曾惠兰（女）、蔡秋平、廖建坤、熊丽（女）、薛从福

先进工作者（12名）

卞国平、朱平然、朱栩焕、纪文洋、李玉（女）、李阿池、杨晓娟（女）、吴勇江、林淑贞（女）、洪树棠、黄庆永、黄惠珠（女）

泉州市

劳动模范（62名）

丁文欢、王志秀、王松勇、王烈平、王祥林、龙小雄、卢鑫、叶文城、叶美丽（女）、刘伟洪、许为民、许阳阳（女）、孙秋琼（女）、孙晓东、苏进全、杜天瑞、李小松、李金登、李斌凤（女）、吴韦力、吴为荣、吴丽川、吴刺莲（女）、吴荣照、吴晓彪、何棋松、张丽（女）、张佳雄、陈志成、陈树全、陈树森、陈晓玲（女）、林阳顺、林志成、林丽芳（女）、林灵月（女）、林建忠、林振清、卓开流、易泽平、罗江平、罗学飞、郑友套、郑国兴、郑培忠、柯珍珍（女）、洪文艺、顾奎武、徐芳（女）、黄达平、黄连福、黄种衍、曹先强、康桂珠（女）、傅贵华（女）、温文溪、谢小凤（女）、谢泉忠、赖作伟、蔡鹏泽、廖亚隆、潘建平

先进工作者（19名）

王发红、尤芬蕾（女）、车卫东、卢世锋、刘善辉、苏秀真（女）、李建强、吴雅芳（女）、汪春花（女）、林天来、柯向阳、钟泽鑫、翁景斌、郭艳娜（女）、郭焕钢、黄金树、黄雅莉（女）、曾云燕（女）、蔡亮

三明市

劳动模范（27名）

王燕清（女）、邓云生、邓春福、邓清娇（女）、乐发灯、刘渊毅、纪贤灿、李金红（女）、杨文锦、吴光焕、吴厚辉、邱璜其、何天仁、张仕滨、张金珠（女）、陈宇鹏、陈克满、陈振云、范祯现、柳建民、黄世恩、章瑞任、曾伟华、曾志慧、赖侦杰、廖尚斌、戴春华（女）

先进工作者（11名）

王红英（女）、邓祥、许旭明、杨惠（女）、邱智强、林义彬、罗信昌、胡安煦、蒋际君、曾岷芝（女）、谢汝根

莆田市

劳动模范（27名）

卢玮彬、卢金荣、朱志芳、朱桂水、刘坤泳、许国平、严国圣、佘雅敏（女）、沈清华、陈清（女）、陈丽洪、陈国华、陈彩霞（女）、武奇静（女）、林玉珊、林华忠、林如海、林金花（女）、林建春、林荣腾、周咮冬、郭素云（女）、郭清地、黄青山、黄春玉（女）、黄雪清（女）、曾献星

先进工作者（11名）

王金桂、庄虓宇、许开清、许东平、陈建红（女）、陈超楠（女）、林钗钗（女）、林群英（女）、黄世举、黄萍萍（女）、蔡键恒

南平市

劳动模范（28名）

叶文青、刘秀棋、刘学懋、刘善庭、江元勋、杜锦祥、李晔、李国友、杨飞、杨庭珠（女）、吴先朝、吴昌晖、何水双、何柳红（女）、张颖（女）、张兴旺、张建胜、张益金（女）、陆宝英（女）、陈佳（女）、陈仕雷、陈进添、林忠贤、翁夏翔、高流滔、黄正旺、程寿波、游成雄

先进工作者（10名）

王振芳（女）、池光萌、李文富、宋少铨、宋毓敏、陈松、林志宏、郑群瑞、黄晓梅（女）、黄敬民

龙岩市

劳动模范（28名）

王庆新、王新宝、孔秋平（女）、苏向阳、李志鸿、吴才英（女）、吴水长、吴兰玉（女）、邱琰琛、邱道良、邱碧荣（女）、张曲萍（女）、张松妹（女）、陈益荣、罗家淇、周小燕（女）、胡新亮、柯小兰（女）、钟英有、姜志强、郭毅斌、黄小娜（女）、黄建萍、惠颖娟（女）、傅颜洪、蓝永建、蔡裕泰、廖月璋

先进工作者（11 名）

朱莲秀（女）、巫吉芳（女）、李秀菊（女）、邹秉章、林福、林新英（女）、章生亮、傅权华、曾松生、曾清能、谢建谋

宁德市

劳动模范（27 名）

王金伟、王顺奎、方敏、甘乾耀、左允文、刘军、刘元建、刘江平、许广伟、杜丽钦（女）、李显红、张为露、张吓勇、张林科、陈弟、陈锦、陈志星、陈海青（女）、欧阳昭权、俞水荣、俞珍群（女）、郭光锋、黄昭术、黄高英（女）、温作平、谢义淳、赖盛君

先进工作者（10 名）

兰子君、李成双、李华杰、杨宁霞（女）、张神驹、陈琳（女）、陈进兴、贺曦、袁涛、蒋昌明

平潭综合实验区

劳动模范（3 名）

丁昌强、陈孟邦、林月莲（女）

先进工作者（2 名）

吕振南、章颖（女）

省直机关

劳动模范（1 名）

陈加彬

先进工作者（14 名）

刘海滨、许育良、李琳（女）、陈品、陈汉杰、陈孝丑、林敏、郑少泉、郑伟强、郑祝连（女）、高松涛、郭国聪、温曜圻、游秀钦（女）

省国资委出资企业

劳动模范（15 名）

华崇略、刘海镇、李其平、肖秀婷（女）、吴先发、林金炼、周亚山、郑王辉、郑庆樟、赵辉、耿克红、高雨、高险峰、黄文忠、黄荣庆

高教系统

先进工作者（3 名）

江莉龙、许月云（女）、辛顺强

行业、系统

劳动模范（11 名）

刘文基、李岩、吴良江、陈憬云（女）、郑炜、郑海珠（女）、洪淮斌、徐海涛、黄玉芳（女）、程珮珮（女）、谢智波

先进工作者（2 名）

冯增芳、廖红（女）

（摘编：曾文升）

第 20 届福建青年五四奖章和第 20 届福建青年五四奖章集体表彰名单

2023 年 5 月 4 日福建共青团发布：为引导和激励广大青年以五四精神为指引、以先进典型为榜样，认真履行职责、勇于担当作为，经过专家评审、公示、复核，共青团福建省委、福建省青年联合会研究决定，授予朱从军等 100 名同志“第 20 届福建青年五四奖章”荣誉称号，授予厦门市翔安区新圩青年创业促进会等 50 个集体“第 20 届福建青年五四奖章集体”荣誉称号。名单如下：

第 20 届福建青年五四奖章表彰个人名单

（个人共 100 名）

标兵

万存灵　中央广播电视总台福建总站记者

方　舟　福建省武夷山市永生茶业有限公司总经理

阮沈滨　漳州市龙溪搏击健身有限公司总经理

李　骁　福鼎市白琳镇党委宣传委员

陈耘嘉　漳平市岳山茶业有限公司董事长

林　翔　福建医科大学附属第一医院副主任医师

卓　荦　福建省公安厅刑事技术总队警务技术四级主任

施晓健　漳州市公安局龙文分局刑侦大队大队长、龙文区反诈骗中心主任黄　烯　厦门大学生命科学学院副院长、教授

缪文钦　寿宁县祥瑞葡萄种植专业合作社理事长

乡村振兴青年人才

朱从军　南平市延平区南山镇江边村支部书记、村主任

陈文盛　福建省生态环境信息中心综合科副科长

周　青　新知青艺术公社社长

黄金门　鲜珥家（福建）生物科技有限公司董事长

詹伟鹏　福建工程学院土木工程学院党委组织员（助理研究员）、省派第六批驻平潭青观顶村第一书记

蔡垟莹　国家税务总局莆田市湄洲湾北岸经济开发区税务局党委委员、副局长

廖炫辉　福建省花卉盆景有限公司工程管理部副经理

熊　强　福建省国资保安守押有限公司综合办公室主任、安溪县龙涓乡内灶村党支部第一书记（挂职）

颜丽芳　中共漳州市委组织部派驻东山县前楼镇下西坑村第一书记

魏建森　福建壹谷生态农业发展有限公司总经理

青年科教人才

叶陈勇　福建船政交通职业学院教务处教学科科长、副教授

祁　第　集美大学港口与海岸工程学院副院长、教授

吴新星　福州外语外贸学院董事长

张　进　福州大学石油化工学院材料化工系副主任

张舒琪　厦门市集美区实验小学德育主任、少先队大队辅导员

张璐滢　龙岩学院经济与管理学院团委书记、讲师

陆耀坤　晋江金井毓英中心小学少先队副大队辅导员

陈冬冬　闽南理工学院创新创业教育学院副院长

陈宇笙　福建省福州实验小学教师

黄　镇　福建师范大学生命科学学院副教授

黄家晖　小未来中英亲子图书馆创始人

蒋雪晶　宁德市蕉城区第一中心小学少先队大队辅导员

青年技能人才

王保成　漳州市龙海区石码消防救援站站长助理

卢文财　宁德市财之润装饰工程有限公司创始人、设计总监

叶一凡　漳州东山海事处东山海巡执法大队副大队长

叶祖彪　湄洲湾职业技术学院教师

李　洋　泉州市石狮市湖滨消防站执勤站长助理

张　磊　福州东车辆段检修车间制动室制动钳工

张丽娇　德化县多娇生活陶瓷有限公司艺术总监、高级工艺美术师

陈吴晓　国网福建营销服务中心需求侧管理中心副主任

陈宏鑫　福建明一国际营养品集团有限公司总裁

林清景　福清市侨乡街舞团团长

周代乐　福建七建集团有限公司副总经理

侯艳萍　福建福光股份有限公司党委副书记、董事

俞丁凌　漳州市国有企业评审中心负责人、漳州市国资委改革发展科负责人

洪少阳　厦门金龙联合汽车工业有限公司车载能源研究工程师

郭宇虹　国家税务总局福安市税务局税政一股副股长

青年法务工作者

邬钦海　福州市公安局网络安全保卫支队三大队三级警长

李金森　厦门市同安区人民法院党组成员、副院长、审判委员会委员

吴　涛　南平市浦城县公安局水北街派出所教导员

陈妙娜　云霄县人民检察院第五检察部副主任（主持工作）

郑　鸿　福建省高级人民法院民三庭副庭长

胡文颖　福建省人民检察院机关党委三级主任科员

徐晓雯　漳州市芗城区人民法院行政与生态环境审判庭副庭长

郭丽花　福建省司法厅直属机关党委一级主任科员

黄诚浩　福建知望律师事务所主任

雷　蕾　宁德市人民检察院机关党委四级主任科员

熊文哲　三明市公安局刑侦支队三元大队三级警长

青年经营管理人才

王俊清　利郎（中国）有限公司零售中心总监

杨青元　福建三简集团创始人、福建三简茶界供应链有限公司董事长

杨　静　龙合智能装备制造有限公司董事长

杨绿汀　福建省大数据集团综合办公室主任助理

吴雨青　共青团武平县委兼职副书记、福建茂增木业有限公司党支部书记、工会主席、车间主任

吴定昊　中国联合网络通信有限公司厦门市分公司政企营销中心经理

吴毅菲　中国太平洋财产保险股份有限公司泉州中心支公司综合管理部副经理

邱兴烨　中国工商银行股份有限公司长汀支行副行长

张晶晶　中国银保监会厦门监管局其他非银行金融机构监管处副处长

张瀚武　福建永东南建设集团有限公司党支部书记、总经理

陈雷翔　福建平潭瑞谦智能科技有限公司董事

赵雅菲　福建福旅教育科技有限公司副总经理

黄锦龙　福建省三福古典家具有限公司副总裁

蔡欣欣　福建银保监局一级主任科员

青年公益人才

王　鑫　厦门味友餐饮管理有限公司总经理

吴昌强　武夷学院学生工作部思想教育科科长

陈志腾　莆田市荔城区社区青少年宫负责人

林丹楠　厦门市湖里区培善社会服务中心、项目主管

黄增强　泉州市丰泽区新的社会阶层人士联谊会会长

青年新闻和文体工作者

邱泽林　南安市汉侯德化现代瓷博物馆副馆长

范　霖　福建省体育用品服务中心贸易科科长、省体育局派驻南靖县和溪镇坂场村党支部第一书记

郑薇薇　厦门铁路公安处乘警支队综合大队大队长

青年医药卫生工作者

吴佳娇　惠安县妇幼保健院妇保科副科长

青年政治人才

方振忠　福建省发改委重点项目综合管理处一级主任科员

冯　文　福州市仓山区机关事务服务中心副主任（主持工作）

李明立　福建省政府督查室三级调研员

李泽民　中共福建省委编办综合处一级主任科员

李滢颖　泉州市医疗保障基金中心鲤城分中心负责人

郑剑斌　中共莆田市城厢区委办公室干部

赵志婷　中共福州市委办公厅秘书一处副处长

赵呈霁　晋安区机关事务服务中心党组成员、副主任

翁　琳　中共福建省委组织部离退休干部工作处处长、新疆昌吉州党委组织部副部长（援疆）

黄云龙　福建省民政厅养老服务处一级主任科员

魏国海　中共福建省委办公厅秘书一处二级主任科员

青年台港澳及海外华侨人士

李京机　福州市劳务派遣有限公司派驻福州市行政服务中心台胞专员

陈建翔　平潭综合实验区旅游与文化体育局办公室副主任

陈楚翰　瑞士百达银行助理副总裁

林易达　台厝（福建）科技有限公司董事长、永安市毛氏食品有限公司董事、省级“心农业新未来”星创天地联合创始人

俞　凯　名城地产（福建）有限公司董事长

俞婉萱　福州五方集教育咨询有限公司创始人

黄保勋　集美大学海洋信息工程学院副教授

赖伟通　华侨大学学生

第20届福建青年五四奖章表彰集体名单

（共50个，排名不分先后）

标兵

廖红平和蜜柚科技小院团队

厦门厦钨新能源钴酸锂研发团队

福建福清核电有限公司维修三处华龙团队

福建省妇幼保健院中医科

厦门铁路公安处泉州车站派出所

德化县农村信用合作联社

福州格致中学“星火”志愿服务队

泉州市消防救援支队特勤大队

福建省直广厦幼儿园

国家税务总局将乐县税务局第一税务分局（办税服务厅）

青年创业团队

第一云家园

青年乡村振兴团队

厦门市翔安区新圩青年创业促进会

清华大学乡村振兴工作站福鼎站（福建团队）

福州随坪一里建筑设计有限公司

福建艺术职业学院美术与设计学院艺术设计专业群乡村振兴服务中心

青年科研团队

福建省铁拓机械股份有限公司青年科研团队

华侨大学精密制造与装备青年科研团队

福建农林大学海洋研究院

厦门大学海洋种业青年科学家团队

福建工程学院先进合金科研团队

福建船政重工“设计猿”攻坚项目组

青年卫士团队

福州市仓山区消防救援大队

连江县公安局巡特警反恐大队

福州第二医院小儿骨科

漳州市长泰区消防救援大队

建宁县人民法院

武夷山市消防救援大队

南平检察“夷树光”未爱联盟

龙岩市公安局巡特警支队

龙岩市消防救援支队曹溪路特勤站

中国渔政 35001 船

厦门市思明区人民法院立案庭

漳浦未检浦小卫团队

福建省国资保安守押有限公司南平押运分公司邵武押运大队

漳州古雷港经济开发区海盾见义勇为救援队

青年志愿服务团队

黎明职业大学军魂社

国家税务总局漳平市税务局第一税务分局（办税服务厅）

福能总医院青年志愿服务突击队

国网龙岩供电公司“让电传递爱”青年志愿服务队

华侨大学“萤火之光”境外生志愿服务队

其他综合类团队

厦门深田社区“近邻·思民”青年志愿服务队

漳州市城市展示馆

国家税务总局三明市沙县区税务局第一税务分局（办税服务厅）

国网福建省电力有限公司仙游县供电公司榜头镇供电所

周宁县财政预算绩效服务中心

国家税务总局平潭综合实验区税务局第一税务所（办税服务厅）

福建师范大学闽派文化育人团队

福州大学 ACM 协同创新团队

国能（连江）港电有限公司设备管理部热控班组

三明银保监分局农村银行机构监管科

（摘编：郑平名）

福建省三八红旗手标兵、福建省三八红旗手（集体）名单

2023 年 3 月 4 日福建日报刊发，为表彰先进、树立榜样，进一步引领和激励广大妇女坚定不移听党话、跟党奋进新征程，豪情满怀、意气风发投入推进中国式现代化的伟大实践，省妇联决定，授予卓艳华等 10 人福建省三八红旗手标兵称号，授予刘倩文等 202 人福建省三八红旗手称号，授予福州市台江区洋中街道金斗社区居民委员会等 100 个单位福建省三八红旗集体称号。

2021—2022 年度福建省三八红旗手标兵名单（10 名）

卓艳华　福州市罗源县凤山镇凤美社区党总支书记、居委会主任

陶　云　厦门轨道建设发展集团有限公司运营分公司党委委员、副总经理

张明理　漳州市云霄县农业农村局经作站站长、农业推广研究员

张银珠　三明市宁化县城郊镇妇联主席、无线电工程师

黄艳艳　福建省莆仙戏剧院副院长、一级演员

王　英　南平市人民医院妇产科主任医师、不孕症专科主任

陈　桥　宁德市霞浦县实验幼儿园教师、宁德市鸿爱慈善会巾帼志愿服务总队队长

林月莲　平潭综合实验区金井镇青观顶村党支部书记、村委会主任、村妇联主席

张丽钦　中共福建省委审计委员会办公室秘书处处长

王　红　福建省军区第四离职干部休养所政治委员

2021—2022 年度福建省三八红旗手名单（202 名）

福州市

刘倩文　福州市鼓楼区华大街道思儿亭社区党委书记、居委会主任、妇联主席

吴刘驰　新中冠智能科技股份有限公司总裁

任沐芳　福州市台江区义洲街道浦东社区党委书记、居委会主任

傅晓萍　福建春伦集团有限公司副总裁、集团妇工委主任

陈　晶　福州市晋安区寿山乡前洋村党支部副书记

鲁亚男　福建星云电子股份有限公司一线招聘负责人

陈　文　福州市闽侯县甘蔗街道三福社区党支部书记、居委会主任

吴新星　福州外语外贸学院董事长

郭文豪　福州市福清市音西街道福百社区党总支书记、居委会主任

邵盛岚　恒申集团化工国际贸易中心/福建申远新材料有限公司高级产品经理

张燕玲　福州市罗源县松山镇岐屿社区党支部书记、居委会主任

张水如　福州市永泰县樟城镇南门社区党委书记、居委会主任

郭晓梅　福州市闽清县农村信用合作联社普惠金融部总经理

李灵华　福州高新区村镇办党委党建专职工作者，博海湾社区党支部书记、居委会主任

俞少奇　中共福州市委深改办综合协调处处长

黄丽慧　福州市不动产登记和交易中心测绘技术处处长

谢惠琳　中共福州市委宣传部理论处处长

陈婀娜　中共福州市台江区委常委、组织部部长，兼区委党校（区行政学校）校长

曹素华　福州市城乡建设局发展计划处处长、一级主任科员

罗秀凤　福州市疾病预防控制中心纪委委员、工会副主席、副科长

杨彦伟　福州市乌山小学党委书记、校长

翁　真　福州市长乐区公安局网络安全保卫大队大队长

林　霞　31618部队61分队连长

齐利萍　福州市体育运动学校教练员

杨玉琴　福州市连江县医院急诊科副科长、副主任医师

厦门市

庄莹莹　厦门市思明区开元街道深田社区党委书记、妇联主席

吴雅峰　厦门市思明区人民检察院第一检察部副主任、一级检察官

林满治　厦门市湖里区疾病预防控制中心副主任、副主任医师

谢晓青　厦门市集美区后溪镇三兴社区党支部书记、居委会主任

许月琼　厦门市海沧区海沧街道渐美村党委委员

许春梅　厦门市同安区五显镇侨安社区党总支书记、居委会主任

陈亚锦　厦门市翔安区大嶝街道办事处综合服务中心副主任

陈海云　厦门市翔安区富美大宅火龙果专业合作社负责人，火龙源（厦门）生物科技有限公司经理

刘　钊　厦门市公安局技术侦察支队第六大队教导员

廖家琳　厦门市南普陀寺实业社主任

叶敏琦　厦门市发展和改革委员会服务业发展处副处长

费霞丽　厦门市政水务集团有限公司教授级高工

洪陈洁　厦门市公路事业发展中心团委副书记、工程师

张雅芬　厦门市第五中学高级教师

赖晓玲　福建省厦门地质工程勘察院人事科科长，高级人力资源管理师

章燕宝　厦门市信息中心标准规划部副主任

范宝琴　厦门海沧红裙子志愿服务中心理事长

漳州市

梁小梅　漳州市凯盛环境服务集团有限公司监事

张正根　大闽食品（漳州）有限公司行政科科长

廖映苹　漳州市龙海区卫健局党组书记、局长

陈燕治　福建聚芝林医药连锁有限公司总经理

杨彬珍　漳州市长泰区总医院重症医学科护士长

林鸿斌　漳州市漳浦县中医院护理部主任

吴小妙　漳州市云霄县下河乡巾帼志愿服务队负责人

沈杰珍　漳州市诏安县总医院院感科科长

方雪萍　漳州市东山县妇联主席

李庆丽　福建省润和集团党支部书记、副总经理

张雯婷　中共南靖县委组织部副部长、部务会成员

吕燕雅　福建立兴食品股份有限公司总经办秘书处经理

游婉瑜　漳州市财政局党组成员、二级调研员

吴春风　漳州市医院儿科护士长

蔡淑丽　福建开度律师事务所律师

范凌燕　漳州市实验小学教导处副主任

杨秀灵　漳州市九龙江集团有限公司高级审计师

朱淑凤　漳州市平和县育英小学教研室主任

泉州市

陈竞芳　泉州市鲤城区委组织部副部长、部务会议成员，兼任区委非公企业和社会组织工委书记

张红萍　泉州市红莲木雕艺术研究院有限公司艺术总监、高级工艺美术师

邵　凡　泉州市丰泽区华大街道党工委书记

王玉萍　泉州市丰泽区实验小学书记

陈　颖　泉州市洛江区南少林实验学校常务副校长、洛江区武术协会会长

赖艺艺　泉州市洛江区双阳中心幼儿园园长

房香莲　泉州市泉港区妇联兼职副主席、泉港区未成年人心理辅导站站长、泉港二中党支部副书记

蔡娃娃　泉州市石狮市委组织部三级主任科员，市直机关党工委副书记、纪检监察工委书记

张　丽　中联品检（福建）检测服务有限公司高级工程师、董事会秘书、总监

庄怀璇　泉州市晋江市委常委、市纪委书记、市监委主任

陈青青　福建浔兴拉链科技股份有限公司企业文化部经理

李惠琼　泉州市南安市民政局福利中心主任

陈秀凤　泉州市南安市医院院感办主任

庄丽娟　中共惠安县委文明办副主任

郑燕萍　泉州市惠安县国明雕刻艺术园设计总监

王美芳　泉州市安溪县沼涛实验小学高级教师

陈木兰　泉州市安溪县凤城镇蓝湖社区党支部书记、居委会主任

陈桔雯　泉州市永春县妇联办公室主任

李　平　泉州市德化县人民法院上涌法庭庭长

陈明华　福建省德化县铭华瓷艺有限公司艺术总监

杨婷婷　泉州台商投资区融媒体中心记者

林惠君　泉州市第二实验小学（泉州开发区校区）校长助理、一级教师

王佳惠　中共泉州市纪委、泉州市监委组织部部长

吴婉艺　泉州市妇幼保健院·儿童医院护理部副主任

郭　艳　泉州市海西社工事业发展中心联合创始人兼副理事长

何环珠　安溪铁观音女茶师非遗传习所所长兼妇联主席

黄幼连　泉州乐乐家政服务有限公司副总经理

三明市

陈　晨　三明市人民检察院第六检察部副主任

张建燕　福建省高速公路车辆通行费三明南征收管理所干事

李丽芳　三明市城市建设发展集团有限公司综合部主任

魏彩平　三明市列东中学工会主席

叶　薇　三明市永安市燕南街道巴溪湾社区党委书记、居委会主任

罗德倩　三明市尤溪县公安局党委委员、分管日常工作的副局长、一级警长

柯美英　福建沈郎生物科技集团有限公司党支部书记、工会主席，福建省沈郎油茶股份有限公司副总经理

郑艳青　三明市三元区徐碧街道北门社区党支部书记、居委会主任

黄榕慧　三明市宁化县中沙乡人民政府社会事务综合服务中心主任

宋彩凤　三明市森彩生态农业发展有限公司总经理

艾述蓉　三明市建宁县蓉丰种子专业合作社监事长

郑玉婷　三明市清流县龙津镇渔沧社区党支部书记、主任

黄雪珍　三明市泰宁县委文明办创建股股长

王红英　三明市大田县总医院妇产科主任医师

莆田市

郑青青　莆田市仙游县钟山镇临水村党支部书记兼村民委员会主任

林艳青　莆田市仙游县赖店镇人民政府党委副书记、镇长

黄　莹　莆田市荔城区妇联党组书记、主席

陈　琴　莆田藏云堂艺术品有限公司总经理

张丽芬　福建省亚明有限公司党支部书记、财务副总裁

陈　清　莆田市涵江区新县镇广宫村党支部书记

肖丽琴　莆田盛兴医院妇产科副护士长

黄　倩　莆田市忠湄轮渡有限责任公司干事

吴　凡　武警第二机动总队机动第五支队作战支援大队通信中队中尉副中队长

张雪芳　湄洲湾职业技术学院助理研究员

许　利　莆田市外国语学校（莆田第一中学妈祖城校区）校长

武奇静　福建省洪英工艺有限公司艺术指导、中级工艺美术师

黄珊珊　莆田市中级人民法院民一庭庭长（四级高级法官）

郑淑娟　莆田市荔城区司法局西天尾司法所所长

南平市

温阿丽　南平市延平区洋后镇党委书记

王艳萍　福建建阳龙翔科技开发有限公司党委委员、工会主席，高级会计师

黄静芳　南平市邵武市洪墩镇河坊村村委

叶　灿　武夷山茶言精舍文化旅游有限公司董事长、武夷山止止茶道文化传播有限公司董事长

李　静　南平市建瓯市瓯宁街道金瓯社区党委书记、社区居委会主任

许　丽　福建省顺昌合亿农产品开发有限公司总经理

黄正芬　南平市浦城县富岭镇店亭村党支部书记、村委会主任

付郁樱　南平市光泽县第一中学高级教师

张　颖　中国农业银行股份有限公司松溪县支行业务部副经理

张荣丽　南平市政和县人民法院立案庭庭长、审判委员会委员，一级法官

朱晓燕　南平市教师进修学院高中教研室主任、正高级教师

严丽榕　中共南平市委办公室法规室主任、一级主任科员

魏　焰　南平市财政局会计科（行政审批科）科长

罗伟菜　福建永晶科技股份有限公司研发副总监

龙岩市

洪　为　龙岩市新罗区妇联主席

陈柳芬　龙岩市新罗区东城街道松涛社区党委书记、社区居委会主任

吕清清　福建客家建设发展集团有限公司党委副书记、财务总监、工会主席

丘金霞　龙岩市上杭县皮肤病防治院，上杭县新冠肺炎密切接触者集中隔离医学观察点护士长

吴兰玉　龙岩安心农产品有限公司总经理

王秀金　中共武平县委常委

李海珍　龙岩市长汀师范附属小学一级教师

兰锦英　龙岩市长汀县汀州镇西门社区居民委员会党委书记兼主任

杨先金　龙岩市连城县圣兰花卉种植专业合作社理事

付珊珊　龙岩市漳平市疾病预防控制中心检验检测股股长

黄丽平　龙岩市中心血站党支部书记、站长

王夏菁　国网龙岩供电公司调控中心地区调度班副班长兼调度长

马双梅　福建贝思科电子材料股份有限公司党支部书记、行政副总经理、工会主席

廖素清　龙岩博物馆党支部书记、馆长

魏婉婷　龙岩市爱伊闽西姑娘家政服务有限公司总经理

宁德市

雷美凤　宁德市蕉城区八都镇猴盾村党支部书记

林　彬　宁德市蕉城区虎贝镇党委书记

陆燕清　宁德市古田县公安局巡特警反恐大队二级警长

胡晓华　中国邮政集团有限公司福建省屏南县分公司党支部书记、总经理

许金容　宁德市周宁县纯池镇党群服务中心主任

林少云　三祥新材股份有限公司党支部书记、副总经理、市场总监

钟团玉　全国人大代表、福安市妇联兼职副主席、福安市康厝畲族乡金斗洋村党支部书记、村民主任兼妇联主席

林喜盈　宁德市福鼎市茶产业发展中心高级农艺师

林如婷　宁德市霞浦县人民法院诉讼服务中心主任

余清华　宁德市华侨小学党总支部书记、校长

林沐榅　宁德市生态环境局环境督察科科长、一级主任科员

张　婷　宁德市农业农村局饲料兽药管理站站长

陈惠华　宁德师范学院附属宁德市医院妇产科科主任兼妇科科主任

樊丽丽　宁德市霞浦县松山街道古县村党支部第一书记、华能霞浦核电有限公司团委书记、党群管理专工

平潭综合实验区

王尚可　平潭综合实验区公安局政治部警察公共关系处副处长、三级警长

余小燕　平潭综合实验区融媒体中心、平潭时报社专副刊部主任（办公会成员）、平潭综合实验区海峡文化传媒有限公司总经理助理

郑声华　平潭城中小学副校长

汪　宁　国家税务总局平潭综合实验区税务局机关党委四级主办

陈静乐　福建省帆船帆板运动管理中心风筝板运动员、平潭综合实验区体育总会会员、平潭风筝冲浪运动协会会员

省直及驻闽单位

余连菊　福建省政府办公厅机关党委副书记、机关纪委书记、二级调研员

王慜婧　福建省委政法委执法监督处三级调研员

郭少榕　福建省教育科学研究所基础教育研究室主任

林晓萍　福建警察学院教授

林志鹃　福建省民政厅社会组织管理局局长

刘　华　福建省应急管理厅危化处处长、一级调研员、高级工程师

郑益昕　福建省篮排球运动管理中心女排运动员

郑　懿　福建省统计局普查中心副主任

张　洁　福建省直屏西幼儿园园长

王增华　福建省革命历史纪念馆公众服务部主任、文物博物专业馆员

郑百灵　共青团福建省委少年部四级主任科员、福建省少先队总辅导员

吴静怡　福建省人民检察院第十检察部副主任、四级高级检察官

高佳丽　福建省广播影视集团融媒体资讯中心采访部融合直播科副科长

潘　越　厦门大学经济学院金融系主任、党支部书记、教授、博士生导师

宋美杰　福建师范大学传播学院院务委员、教授、博士生导师

秦　源　福建农林大学生命科学学院院长、教授

郑　昭　福建日报社屏山记者站主任记者

许　超　福州铁路公安处福州南车站派出所副所长

省国资委

惠颖娟　福建省长汀金龙稀土有限公司磁性材料事业部运管副经理

李美贞　厦门集装箱码头集团有限公司副总经理

刘惠琴　福建福海创石油化工有限公司工会副主席、女职委主任

刘少华　中闽能源股份有限公司纪检监察室副主任、工程师

任永欢　厦门金龙联合汽车工业有限公司技术专家2025工作室成员、高级工程师、车载能源专业总师

王　颖　福建中旅集团有限公司副总经理、福建中旅饭店管理集团有限公司董事

省总工会

李德清　福州市公共交通集团有限责任公司驾驶员

张　琦　厦门第一中学正高级教师、总务处主任

邱　榕　漳州市芗城区东铺头社区卫生服务中心党支部书记

李少婷　泉州市宜家装饰工程有限公司总经理

刘梅梅　中国农业银行股份有限公司宁化县支行副行长

魏燕芬　福建龙泰实业有限公司人力资源科副科长

杨美丽　宁德市霞浦县茶产业发展中心专业技术人员

林荔琴　莆田市力奴鞋业有限公司供应链中心副总经理

省双拥办

桑小瑶　中国人民解放军东部战区陆军 32227 部队信访和法律室律师（文职）

陈明花　中国人民解放军 32251 部队上校政治委员

王文之　中国人民武装警察部队第二机动总队少校副政治教导员

王　萍　中国人民解放军 92435 部队医院专业技术上校主治医师

廖湘江　中国人民解放军 94816 部队专业技术上校工程师

张婷婷　中国人民解放军 73630 部队专业技术中校工程师

吴晓晖　中国人民武装警察部队福建省总队医院少校营级副职干事

2021—2022 年度福建省三八红旗集体名单（100 个）

福州市

福州市台江区洋中街道金斗社区居民委员会

福州市晋安区岳峰镇桂溪社区居民委员会

飞毛腿（福建）电子有限公司

福州市闽侯县甘蔗街道瀛洲社区居民委员会

福州市长乐区营前街道长安村村民委员会

福建福清汇通农村商业银行股份有限公司

中国移动通信集团福建有限公司闽清分公司华侨城营业厅

福州市劳动就业中心

中共福州市罗源县委组织部

福州市第一医院心脏重症监护室

福建省福州第八中学

福州市公安局出入境管理处

厦门市

厦门市思明区厦港街道巡司顶社区居委会

厦门市湖里实验小学

厦门市湖里区湖里街道怡景社区居委会

厦门市集美区杏滨街道社区卫生服务中心

厦门市海沧区海沧街道石塘社区卫生服务中心

厦门市同安区美林街道金海社区居委会

厦门市翔安区马巷街道舫星社区居委会

国家税务总局厦门市税务局 12366 纳税缴费服务热线

厦门航空有限公司地面服务保障部地面服务处

漳州市

漳州市芗城区人民检察院

漳州市龙文区步文街道龙江社区居委会

漳州市长泰宾馆有限责任公司

漳州市漳浦县绥安镇绥南社区居委会

漳州市云霄县机关幼儿园

漳州市诏安县梅岭镇南门哨所

漳州市东山县西埔镇中兴社区居委会

漳州市南靖县船场镇“稻花香”巾帼宣讲队

漳州市华安县华丰镇新村社区居委会

漳州市重点少年儿童业余体育学校

泉州市

泉州市鲤城区海滨街道东鲁社区居委会

泉州市丰泽区泉秀街道社区卫生服务中心

国家税务总局泉州市洛江区税务局第一税务分局（办税服务厅）

泉州市泉港区第二实验幼儿园

泉州市石狮市疾病预防控制中心

泉州市晋江市行政服务中心管理委员会

泉州市南安市第二幼儿园

泉州市惠安县人民法院民事审判一庭

泉州市安溪县凤城镇城东社区居委会

泉州市永春县岵山镇人民政府

泉州市德化县妇女联合会

泉州市第一医院呼吸与危重症医学科

三明市

三明市妇女联合会

三明市沙县区总医院

三明市将乐县总医院

三明市建宁县人民法院

三明市明溪县雪峰镇城南社区

中国工商银行三明三元支行营业部

三明市婚姻家庭纠纷人民调解委员会

国家税务总局三明市三元区税务局第一税务分局（办税服务厅）

莆田市

莆田市公安局出入境管理支队

晔晨集团（福建）有限公司

莆田市荔城区西天尾镇后黄社区

莆田市凤凰家政服务有限公司

莆田市涵江区双福村

国家税务总局莆田市秀屿区税务局第一税务分局（办税服务厅）

莆田学院附属医院胃肠外一科

福建省高速公路车辆通行费仙游城区征收管理所

南平市

福建广电网络集团延平分公司商业城营业厅

南平市建阳区潭城街道西门社区居民委员会

南平市邵武市妇女联合会

福建盈昌竹木生态科技有限公司

南平市浦城县疾病预防控制中心

南平市光泽县闽源保洁服务有限公司

南平市松溪县人民检察院“湛卢青检先锋连”

南平市政和县实验幼儿园

龙岩市

龙岩市新罗区雁石镇益坑村

龙洲集团股份有限公司永定分公司永定汽车站

龙岩市上杭县实验小学

龙岩市武平县百家姓农民专业合作社联合社

龙岩市长汀县人民法院立案庭诉讼服务中心

国家税务总局连城县税务局第一税务分局（办税服务厅）

龙岩市漳平市农业农村局

龙岩海关综合业务科

宁德市

宁德市蕉城区人民检察院第五检察部

宁德市古田爱心公益联合会

宁德市屏南县妇女联合会

宁德市寿宁县农村信用合作联社

宁德市福安市民族实验小学

中共柘荣县城郊乡靴岭尾村支部委员会

中共福鼎市委组织部

宁德市霞浦县松港街道东昇社区

平潭综合实验区

平潭敖东镇中心幼儿园

国网福建省电力有限公司平潭供电公司营业班

省直及驻闽单位

福建省直机关在职职工医疗互助中心

福建省财政厅社会保障处

福建省水土保持试验站

福建省疾病预防控制中心地方病及慢性非传染性疾病防治所

福建省人民政府信访局办公室

福建省档案馆编研开发处

省国资委

福建省汽车运输集团有限公司福州站务分公司客北站陈萍服务组

福建福海创石油化工有限公司 QHSE 部化验检测团队 PX 化验室

厦门金龙联合汽车工业有限公司专用车营销中心

省总工会

泉州市总工会职工服务中心

平潭城东小学音乐教研组

福建农村信用社联合社集中作业中心

中铁二十四局集团福建铁路建设有限公司财务部

省双拥办

中国人民武装警察部队福建省总队医院

中国人民解放军联勤保障部队第 900 医院呼吸与危重症医学科

（摘编：游永贵）

福建省商务系统先进集体和先进工作者名单

2023年12月8日福建省人力资源和社会保障厅、福建省商务厅印发《关于表彰全省商务系统先进集体和先进工作者的决定》（闽人社表彰〔2023〕34号）提出，近年来，全省商务系统广大干部职工以习近平新时代中国特色社会主义思想为指导，贯彻落实习近平总书记关于商务工作重要论述精神和省委、省政府工作部署，积极统筹疫情防控和商务发展，统筹发展和安全，抓招商、扩开放、促消费、稳外贸、稳外资，为新发展阶段新福建建设作出了积极贡献，涌现出一大批先进集体和先进工作者。为表彰先进、树立榜样，激励全省商务系统广大干部职工在新时代有新担当新作为，省人力资源和社会保障厅、省商务厅决定，授予福州市商务局等46个单位“全省商务系统先进集体”称号，授予陈昕等100名同志“全省商务系统先进工作者”称号。

希望受到表彰的先进集体和先进工作者珍惜荣誉，再接再厉，继续发挥模范带头作用，为全省商务事业发展再立新功。全省商务系统各单位和广大干部职工要以受表彰的先进集体和先进工作者为榜样，紧紧围绕省委、省政府工作大局，守正创新，担当作为，扎实工作，为推动全省商务工作高质量发展作出新的更大贡献！

全省商务系统先进集体名单（共46个）

福州市

福州市商务局

鼓楼区商务局

台江区商务局

晋安区商务局

长乐区商务局

福清市商务局

永泰县商务局

厦门市

厦门市商务局对外贸易处

厦门市会议展览促进中心

中国（福建）自由贸易试验区厦门片区管理委员会经济发展局（数字化促进局，含投促中心）

思明区商务局

湖里区商务局

翔安区商务局

漳州市

漳州市商务局

龙文区商务局

东山县商务局

南靖县商务局

漳州古雷港经济开发区管委会商务局

漳州台商投资区管委会经济发展局

泉州市

泉港区商务局

石狮市商务局

晋江市商务局

南安市商务局

德化县工业信息化和商务局

泉州市电子商务中心

三明市

沙县区商务局

尤溪县商务局

将乐县商务局

莆田市

莆田市商务局办公室

仙游县商务局

涵江区商务局

南平市

建阳区商务局

邵武市工业信息化和商务局

武夷山市商务局

浦城县商务局

龙岩市

新罗区商务局

上杭县商务局

长汀县商务局

宁德市

古田县商务局

福安市商务局

霞浦县商务局

东侨经济技术开发区商务局

平潭综合实验区

平潭综合实验区经济发展局口岸工作处

福建省商务厅

福建省商务厅市场运行调节处

福建省商务厅外资管理处

福建省商务厅机关党委

全省商务系统先进工作者名单（共 100 名）

福州市

陈　昕（女）　福州市商务局流通业发展处处长

刘　洁（女）　福州市商务局对外贸易处处长

苏　珊（女）　鼓楼区商务局副局长

吴群中　台江区商务局党组副书记、三级主任科员

何　榕　仓山区商务综合行政执法大队队员

魏　薇（女）　晋安区外商投资服务中心职员

何必停　福州经济技术开发区商务综合行政执法大队教导员

陈碧琴（女）　福清市商务局党组成员、副局长

林秀铭（女）　闽侯县商务局商贸科科长、闽侯县商务综合执法大队专技人员

吴艳丹（女）　连江县招商中心副主任、八级职员

陈　曦（女）　福州高新技术产业开发区商务局副局长

林天荣　中国（福建）自由贸易试验区福州片区管理委员会（福州保税港区管理委员会）经济发展局综合审批科科长

厦门市

李艳玲（女）　厦门市商务局机关党委专职副书记

赖仁根　厦门市商务局行业管理处处长

杨朝伟　厦门市商务局外资促进处处长

时　斌（女）　厦门市商务局流通处二级主任科员

陈舟凌　厦门市招商中心内资科副科长

蔡伟强　厦门自贸片区管委会经济发展局（数字化促进局）三级主任科员

官　斌　厦门自贸片区管委会象屿园区管理局三级主任科员

吴　琳（女）　厦门火炬高新区管委会经济发展处职员

陈　达　思明区投资促进中心十一级专业技术人员

许雯霞（女）　湖里区商务局中级经济师

何　立　集美区酒类流通发展中心一级科员

林珍珍（女）　海沧区工业和信息化局四级主任科员

苏晓青（女）　同安区招商中心主任助理

王玮婷（女）　翔安区商务局综合科副科长

漳州市

潘煜垦　漳州市商务局开发区科科长

郭景宏　漳州市商务局办公室主任

吴炜聪　芗城区招商服务中心八级职员

卢旭展　龙海区招商中心副主任

涂惠宗　漳浦县工业和信息化局副局长

李　菁（女）　诏安县招商服务中心副主任

庄贵德　平和县商务局市场和贸易股负责人

刘菊梅（女）　华安县工业和信息化局贸易管理股股长

戴惠凤（女）　漳州高新区招商服务中心干部

方　琦　漳州招商局经济技术开发区经济发展局副科长

泉州市

陈金针　泉州市商务局外资促进科科长、四

级调研员

林　琳（女）　泉州市商务局商务运行科科长

谢明辉　泉州市商务综合行政执法支队经济师

吴湘萍（女）　鲤城区商务局流通业发展股股长

黄宗敢　丰泽区商务局党组副书记、二级主任科员

颜永溪　洛江区商务局二级主任科员

陈瑶萍（女）　惠安县工业信息化和商务局商贸流通股股长

林培荣　安溪县工业信息化和商务局党组成员、副局长

李巧伶（女）　永春县工信商务综合执法大队经济师

王菲菲（女）　泉州开发区科经局四级主任科员

庄俊强　泉州台商投资区科经局副局长、一级主任科员

三明市

陈传才　三明市商务局四级调研员

邱　炜　三明市商务行政执法支队支队长、市商务局外资与外经科负责人

叶生香（女）　三元区商务局办公室负责人、四级主任科员

邓　键　永安市商务局电商科科长

艾之诚　建宁县工业和信息化局电商信息化股股长

张峰仁　宁化县工业和信息化局副局长

苏祎群（女）　大田县商务局局长、县招商服务中心主任

莆田市

许赞卫　莆田市商务局外贸科科长

柯　风　莆田市商务局市场科科长

占　斌　莆田市商务局电商科科长

林爱新　仙游县商务局党组书记、局长

戴建斌　荔城区商务局商贸股负责人（中级经济师）

陈　明　荔城区第三产业服务中心中级经济师

潘源懿　城厢区第三产业发展服务中心八级专业技术人员

张欢婷（女）　涵江区商务发展服务中心、第三产业办公室负责人（专技十三级）

陈俊伟　秀屿区商务局党组成员、副局长

郭金木　莆田市湄洲岛商务科技局局长、一级主任科员

郑　锋　莆田市北岸经济开发区发展和改革局局务成员

南平市

温文辉（女）　南平市商务局局长、市口岸办主任、一级调研员

魏孟辉　南平市商务局贸促会联合党组成员、商务局副局长

雷　蕾（女）　南平市延平区商务局投资促进股负责人

马　捷（女）　建瓯市工业信息化和商务局商贸流通和市场秩序股负责人

黄福兰（女）　光泽县工业信息化和商务局副局长

魏　彪　政和县工业信息化和商务局副局长

杨礼杰　顺昌县外商投资服务中心外经贸股负责人

吴邦伟　松溪县工业信息化和商务局办公室主任

龙岩市

池俊荣　龙岩市商务局服务业与电子商务发展科科长、一级主任科员

赖锦琪　龙岩市投资促进中心副主任（龙岩市商务局对外贸易管理科负责人）

邱永杰　新罗区商务局综合股股长

阙翠芸（女）　永定区商务局综合股股长（专技十二级）

林海山　上杭县商务局外经外贸与行政审批股股长

陈圣文　武平县商务局党组书记、一级主任科员

赖木木　长汀县商务局党组成员、副局长

罗煜东　连城县商务局党组成员、副局长、三级主任科员

黄荣江　漳平市商务局市场体系建设与流通业发展股负责人

林艳芳（女）　龙岩高新区（经开区）投资促进中心十二级专业技术人员

宁德市

倪陈琛（女）　宁德市商务局党组成员、副局长

谢令健（女）　宁德市商务局计财与政策法规科科长

蔡晓文（女）　宁德市人民政府招商中心副主任

阮菲菲（女）　蕉城区商务局党组成员、副局长、三级主任科员

卓瑞富　古田县商务局内贸管理股股长

黎光辉　屏南县招商服务中心副主任

李佐锶　周宁县工信局副局长

卢金忠　寿宁县商务局一级主任科员

吴忠平　柘荣县企业服务中心副主任

梁世斌　福鼎市商务局副局长

占海燕（女）　东侨经济技术开发区商务局党支部书记、局长

平潭综合实验区

毕　太　平潭综合实验区经济发展局口岸工作处处长（正科长级）

王　萍（女）　平潭综合实验区招商与产业促进中心事业干部

福建省商务厅

陈德提　福建省商务厅办公室副主任

薛从彬　福建省商务厅财务处二级主任科员

吴婷芳（女）　福建省商务厅对外贸易处三级调研员

何　文　福建省对外经济合作中心八级职员

（摘编：李元）

福建省市场监管系统先进集体和先进工作者名单

2023年2月1日福建省人力资源和社会保障厅、福建省市场监督管理局印发《关于表彰全省市场监管系统先进集体和先进工作者的决定》（闽人社表彰〔2023〕2号）提出，近年来，全省市场监管系统广大干部职工始终坚持以习近平新时代中国特色社会主义思想为指导，全面贯彻落实习近平总书记关于市场监管工作重要论述精神，认真落实省委、省政府和市场监管总局工作部署，扎实推进改革创新，积极服务市场主体发展，加快建设质量强省和知识产权强省，坚决守住市场监管领域安全底线，全方位推进高质量发展，涌现出一大批先进集体和先进工作者。

为表彰先进、树立榜样，激励全省市场监管系统广大干部职工新时代新担当新作为，省人力资源和社会保障厅、省市场监督管理局决定，授予福州市市场监督管理局等78个单位“全省市场监管系统先进集体”称号，授予张胜等148名同志“全省市场监管系统先进工作者”称号。希望受到表彰的先进集体和先进工作者珍惜荣誉，再接再厉，继续发挥模范带头作用，为推进福建市场监管现代化再立新功。全省市场监管系统各单位和广大干部职工要以受表彰的先进集体和先进工作者为榜样，坚持以习近平新时代中国特色社会主义思想为指引，深入贯彻落实党的二十大精神，按照省委、省政府和市场监管总局工作要求，认真实施“深学争优、敢为争先、实干争效”行动，踔厉奋发、勇毅前行、担当作为，加快推进市场监管现代化，以实际行动坚定拥护“两个确立”，坚决做到“两个维护”，为全方位推进高质量发展、谱写全面建设社会主义现代化国家福建篇章作出应有的贡献！

全省市场监管系统先进集体名单（78个）

福州市

福州市市场监督管理局

福州市市场监督管理局消费者投诉举报指挥中心

福州市市场监管综合执法支队直属二大队

福州市工业产品生产许可证审查技术中心

福州市鼓楼区鼓东市场监督管理所

福州市长乐区市场监管综合执法大队

福清市玉屏市场监督管理所

闽侯县南通镇市场监督管理所

连江县市场监督管理局

闽清县梅城市场监督管理所

永泰县大洋市场监督管理所

厦门市

厦门市市场监督管理局营商环境促进处

厦门市市场监管综合执法支队

厦门市海沧区市场监督管理局

厦门市思明区市场监督管理局莲前市场监督管理所

厦门市同安区市场监督管理局新民市场监督管理所

厦门市翔安区市场监督管理局马巷市场监督管理所

厦门市食品药品质量检验研究院

漳州市

漳州市芗城区市场监督管理局新桥市场监管所

漳州市长泰区市场监督管理局武安市场监督管理所

漳浦县市场监督管理局登记注册与审核审批股

云霄县市场监督管理局陈岱市场监督管理所

东山县市场监督管理局西埔市场监督管理所

平和县市场监督管理局坂仔市场监督管理所

华安县市场监督管理局丰山市场监管所

漳州台商投资区市场监督管理综合行政执法大队

漳州高新技术产业开发区市场监督管理局九湖市场监督管理所

泉州市

泉州市市场监督管理局

泉州台商投资区管理委员会市场监督管理局

晋江市市场监督管理局

石狮市市场监督管理局

南安市市场监督管理局水头镇市场监督管理所

惠安县市场监督管理局

安溪县市场监督管理局湖头镇市场监督管理所

永春县市场监督管理局

德化县市场监督管理局

泉州市洛江区市场监督管理局

泉州市泉港区市场监管综合执法大队

三明市

三明市沙县区市场监督管理局

宁化县市场监督管理局

三明市三元区徐碧市场监督管理所

永安市市场监督管理局新安市场监督管理所

泰宁县市场监督管理局食品安全综合协调与监管股

将乐县市场监督管理局古镛市场监督管理所

尤溪县市场监督管理局洋中市场监督管理所

大田县市场监督管理局建设市场监督管理所

莆田市

莆田市市场监管综合行政执法支队

莆田市城厢区市场监督管理局

莆田市涵江区市场监督管理局

仙游县市场监督管理局盖尾市场监督管理所

莆田市荔城区市场监督管理局镇海市场监督管理所

莆田市秀屿区市场监督管理局埭头市场监督管理所

南平市

南平市计量所

南平市食品药品审评与不良反应监测中心

南平市建阳区市场监督管理局

武夷山市市场监督管理局审批股

建瓯市市场监管综合执法大队

顺昌县市场监督管理局

松溪县市场监督管理局

政和县城关市场监督管理所

龙岩市

漳平市市场监督管理局

龙岩市新罗区市场监督管理局南城市场监督管理所

龙岩市永定区市场监督管理局坎市监管所

连城县市场监督管理局朋口监管所

龙岩市食品药品认证审评与药品不良反应监测中心

龙岩市市场监督管理局反垄断与反不正当竞争科

宁德市

宁德市市场监督管理局登记注册与行政审批科

宁德市食品药品审评认证中心

福安市市场监督管理局

柘荣县市场监督管理局

福鼎市市场监督管理局太姥山市场监督管理所

周宁县市场监督管理局李墩市场监督管理所

寿宁县市场监督管理局南阳市场监督管理所

平潭综合实验区

平潭综合实验区市场监督管理局药械监督管理处

省市场监督管理局（含省药品监督管理局）

福建省市场监督管理局政策法规处

福建省市场监督管理局登记注册与行政审批处

福建省产品质量检验研究院食品检验研究所

福建省药品审评与监测评价中心

全省市场监管系统先进工作者名单
（148 个）

福州市

张　胜　福州市市场监督管理局信用监管处处长

周　荣　福州市市场监督管理局人事教育处一级主任科员

黄小红（女）　福州市市场监督管理局机关党委专职副书记

林　帅　福州市市场监督管理局网络交易监管处副处长

洪　宇（女）　福州市市场监管局消费者权益保护处三级主任科员

陈德伟　福州市市场监督管理局食品流通安全监管处三级主任科员

吴碧文（女）　福州市市场监管监测服务中心监测一部部长、工程师

黄友忠　福州市鼓楼区华大市场监督管理所所长、三级主任科员

刘　燕（女）　福州市台江区市场监管局鳌峰市场监督管理所四级主任科员

张　凌　福州市仓山区建新市场监督管理所副所长

陈昶晔（女）　福州市晋安区市场监督管理局党委办主任、四级主任科员

林　毅　福州经济技术开发区市场监督管理局党组书记、局长

蒋旭春　福州市长乐区市场监督管理局营前市场监督管理所所长

凌　伟　福清市市场监督管理局一级主任科员

何子灿　闽侯县市场监督管理局餐饮服务食品安全监管科科长、一级科员

林　楷　连江县敖江市场监督管理所所长

郑孙辉　闽清县白中市场监督管理所所长

何志群　罗源县市场监督管理局凤山市场监督管理所所长、三级主任科员

柯庭云　永泰县市场监管综合执法大队中队长

陈华锋　福州高新技术产业开发区市场监督管理行政执法大队大队长

厦门市

焦　勇　厦门市市场监督管理局信用监督管理处处长

陈　悦（女）　厦门市市场监督管理局网络交易监督管理处二级主任科员

林丽琼（女）　厦门市市场监督管理局食品流通安全监督管理处一级主任科员

王志军　厦门市市场监督管理局标准化处副处长

王俊颖（女）　厦门火炬高技术产业开发区市场监督管理处副处长

张　弥（女）　厦门市思明区市场监督管理局筼筜市场监督管理所二中队中队长、一级主任科员

黄　煜　厦门市集美区市场监督管理局食品监督管理科科长

刘淑娟（女）　厦门市集美区市场监督管理局杏林市场监督管理所三中队中队长

何铁峰　厦门市海沧区市场监督管理局党组成员、副局长

杨晓慧（女）　厦门市海沧区市场监督管理局政策法规科四级主任科员

颜明旭　厦门市同安区市场监督管理局祥平市场监督管理所一中队中队长

吴迪矛　厦门市知识产权发展保护中心创新发展部二级主任科员

倪　栋　厦门市产品质量监督检验院副院长

邵跃武　厦门市特种设备检验检测院检验六科副科长

漳州市

林丽卿（女）　漳州市市场监督管理局党组成员、副局长

王其鲁　漳州市市场监督管理综合执法支队二级主任科员

郑秀蓉（女）　漳州市市场监督管理局漳州开发区分局副局长

刘林斌　漳州市计量所副所长

韩清队　漳州市芗城区市场监督管理局巷口市场监管所所长、二级主任科员

张子钦　漳州市龙文区市场监督管理局蓝田市场监管所副所长、四级主任科员

程子希　漳州市龙海区市场监督管理局东园市场监督管理所所长、三级主任科员

黄秋霞（女）　漳州市龙海区市场监督管理局人事教育股股长、四级主任科员

熊华平　漳州市长泰区市场监督管理局机关党委副书记、办公室副主任、市场监管综合执法大队副大队长

林志强　漳浦县市场监督管理局绥安市场监

督管理所所长

林毅秀（女）　云霄县市场监督管理局莆美市场监督管理所所长

王贵林　诏安县市场监督管理局南诏市场监督管理所副所长、四级主任科员

黄洋平　平和县市场监督管理局文峰市场监督管理所所长

陈振辉　南靖县市场监督管理局山城市场监督管理所所长、二级主任科员

泉州市

郑添寿　泉州市市场监督管理局四级调研员

邱江鸿　泉州市知识产权保护中心主任

王金川　晋江市陈埭镇市场监督管理所所长

蔡文博　石狮市市场监督管理局湖滨街道市场监督管理所副所长

黄宏毅　南安市市场监督管理局人事教育科科长

陆奕敏（女）　惠安县市场监督管理局办公室主任

陈志忠　安溪县市场监督管理局城厢镇市场监督管理所所长

郑星彬　永春县市场监督管理局蓬壶市场监督管理所所长

刘建业　德化县市场监督管理局龙浔镇市场监督管理所所长

杨昌进　泉州市鲤城区市场监督管理局党组书记、局长

蔡安莉（女）　泉州市丰泽区市场监督管理局党组成员、副局长

廖世同　泉州市洛江区市场监督管理局河市市场监督管理所副所长

倪琦豪　泉州市泉港区市场监督管理局特种设备安全监察股股长

蔡剑智　泉州台商投资区管理委员会市场监督管理局洛阳镇市场监督管理所所长、三级主任科员

郑青萍（女）　泉州市市场监督管理局泉州经济开发区分局食药化械股股长

黄智贤　泉州市市场监管综合执法支队办公室主任

尤晓君　泉州市市场监管综合执法支队执法二大队三中队负责人

卓黎阳　泉州市产品质量检验所副所长

陈志刚　泉州市计量所医学室副主任

齐　鲁　泉州市食品药品检验所主管药师

三明市

林　华　三明市市场监督管理局产品质量安全监督管理科科长

陶　然　三明市市场监督管理局食品生产安全监督管理科科长

杨图强　三明市计量所检测室主任

江　峰　三明市三元区满园春市场监督管理所所长

吴江明　三明市沙县区市场监管综合执法大队大队长

余成广　永安市市场监督管理局食品生产流通安全综合监督管理科科长

饶大良　明溪县市场监督管理局雪峰市场监督管理所所长

黄中创　清流县市场监督管理局党组书记、局长，四级调研员

刘雯蓉（女）　宁化县市场监督管理局食品药品总监

陈凌姗（女）　建宁县市场监督管理局均口市场监督管理所所长

朱思咪（女）　泰宁县市场监督管理局餐饮监管股负责人

余　勇　将乐县市场监督管理局黄潭市场监督管理所所长

王其伟　尤溪县市场监督管理局城关市场监督管理所所长

余燕琴（女）　大田县市场监督管理局标准计量监督股股长

莆田市

郑建兴　莆田市市场监督管理局产品质量监督管理科科长、一级主任科员

卓荔娟（女）　莆田市市场监督管理局登记注册与行政审批科科长

柯健杰　莆田市市场监督管理局广告监督管理科二级主任科员

周文鑫　莆田市市场监督管理局食品流通安全监督管理科副科长

陈晓霞（女） 莆田市市场监督管理局综合科四级主任科员

杨凌文 莆田市计量所所长

林立忠 莆田市市场监督管理局湄洲岛分局党组成员、副局长

周鹏星 莆田市市场监督管理局北岸分局四级主任科员

南平市

池世伟 南平市市场监督管理局机关党委专职副书记

张 铨 南平市食品药品执法支队九级职员

黄凤妹（女） 南平市食品药品检验检测中心食品室主任

邱家美（女） 南平市产品质量检验所化验室副主任

游乐晨 南平市延平区市场监督管理局西芹市场监督管理所所长

赵建华 南平市建阳区市场监督管理局信用与网络交易监督管理股股长、四级主任科员

姚 庆 邵武市市场监督管理局邵南市场监督管理所指导员、四级主任科员

周 翔 武夷山市市场监督管理局吴屯市场监督管理所所长、综合执法大队负责人

严育华 建瓯市市场监督管理局瓯宁市场监督管理所所长、三级主任科员

罗志湖 浦城县市场监督管理局办公室主任

谢舒楚（女） 顺昌县市场监督管理局办公室主任、四级主任科员

元慧祥 光泽县市场监督管理局办公室主任

黄 晖 松溪县市场监督管理局郑墩市场监督管理所所长

许榅清 政和县市场监督管理局党组成员、副局长

龙岩市

黄顺妹（女） 龙岩市市场监督管理局登记注册与行政审批科科长

吴永涛 龙岩市市场监督管理局消费者权益保护科科长

傅 立 龙岩市市场监管综合执法支队四大队负责人

魏连军 龙岩市新罗区市场监督管理局党组书记、局长

李建芳 龙岩市新罗区市场监督管理局西陂市场监督管理所所长

曹鑫元 上杭县市场监督管理局应急管理与宣传股股长

张 健 上杭县市场监督管理局才溪市场监督管理所所长

黄益峰 漳平市永福市场监督管理所所长

易椿发 长汀县市场监督管理综合执法大队大队长

肖 伟 长汀县市场监督管理局河田市场监督管理所所长

何剑翔 武平县市场监督管理局东留市场监督管理所所长

曾菊平（女） 武平县市场监督管理局药品监管股股长

卢庆祥 龙岩市永定区市场监督管理局综合执法大队大队长

高小青（女） 连城县市场监督管理局姑田监管所所长

宁德市

朱华斌 宁德市市场监督管理局餐饮服务食品安全监督管理科科长

吴 峥 宁德市市场监督管理局特种设备安全监察科科长

林 莺 宁德市市场监督管理局知识产权科科长

康新宇 宁德市市场监督管理局产品质量安全监督管理科副科长

张承聘（女） 宁德市市场监督管理综合执法支队干部

蔡剑巍 宁德市蕉城区市场监督管理局登记注册和行政审批股股长

张晋霞（女） 福安市市场监督管理局城南市场监督管理所副所长

卓亚龙 福鼎市市场监督管理局食品安全协调股股长、餐饮股股长

陈 华（女） 霞浦县市场监督管理局二级主任科员

杨武廉 古田县市场监督管理局大桥市场监督管理所所长

陈贵辉　周宁县市场监督管理局食品药品总监

范希叶　寿宁县市场监督管理局党组成员、食品药品总监

温丽燕（女）　柘荣县市场监督管理综合执法大队大队长

张中华　屏南县市场监督管理局棠口市场监督管理所所长

平潭综合实验区

林小强　平潭综合实验区市场监督管理局坛东分局三级主任科员

苏高锋　平潭综合实验区市场监督管理局苏平分局副局长

省市场监督管理局（含省药品监督管理局）

邹琍珊（女）　福建省市场监督管理局人事教育处处长

郭桂滨　福建省市场监督管理局办公室副主任

余惠庚　福建省市场监督管理局应急管理与宣传处副处长

黄丹君（女）　福建省市场监督管理局食品流通安全监督管理处一级主任科员

闫宏宇　福建省市场监督管理局特种设备安全监察处一级主任科员

庄胜延　福建省药品监督管理局综合与财务处四级调研员

邓绪铨　福建省药品监督管理局三明药品稽查办公室一级主任科员

徐彩军　福建省特种设备检验研究院党委书记

潘行星　福建省纤维检验中心主任

周丽红（女）　福建省知识产权发展保护中心综合管理处副处长、三级调研员

李　群　福建省计量科学研究院力学与声学计量研究所所长

王　荃（女）　福建省标准化研究院技发委办公室主任、计划科技财务部副部长

骆文灿　福建省工业产品生产许可证审查技术中心高级工程师

林　宇（女）　福建省知识产权保护中心综合管理部助理工程师

（摘编：苏小雨）

全国住房和城乡建设系统先进集体、先进工作者和劳动模范福建省表彰名单

2023年2月9日福建省住建厅消息，根据《人力资源社会保障部　住房和城乡建设部　关于表彰全国住房和城乡建设系统先进集体、先进工作者和劳动模范的决定》。我省福州市水系联排联调中心等9个单位被授予“全国住房和城乡建设系统先进集体”称号，陈小壮等21名同志被授予“全国住房和城乡建设系统先进工作者”称号，王摩西等27名同志被授予“全国住房和城乡系统劳动模范”称号。名单如下。

一、全国住房和城乡建设系统先进集体名单（福建省）

福州市城区水系联排联调中心

厦门市环境卫生中心

晋江市住房和城乡建设局

漳州市城市管理指挥中心

三明市城市管理局

龙岩市住房和城乡建设局

莆田市住房公积金管理中心

福建省建设信息中心

厦门市住房保障和房屋管理局住房保障处

二、全国住房和城乡建设系统先进工作者名单（福建省）

陈小壮　厦门市住房保障中心住房事务科副科长

陈　华　平潭综合实验区综合执法与应急管理局指挥中心一级主任科员

陈光村　龙岩市新罗区城市管理局党组成员、副局长

陈海杰　泉州市排水中心党支部书记、主任

张扬帆　龙岩市住房和城乡建设局城建科科长

张富城　福建省住房和城乡建设厅科技与设计处一级主任科员

吴郯武　南平市城市管理局市容管理科科长

吴　涛　南平市住房和城乡建设局城建科科长

杨学敏　福州市城乡建设局办公室主任

苏鹏毅　厦门市城市管理行政执法支队督察大队办公室主任

郑国晖　宁德市房地产交易中心副主任

郑际忠　福建省住房和城乡建设厅机关党委二级调研员

周　雯（女）　福州市台江区住房保障和房产管理局党委书记、副局长

柳启生　漳州市云霄县住房和城乡建设局党组书记、局长

徐　建　莆田市城市管理局办公室主任

黄　山　厦门市建设局工程建设管理处处长

韩小刚　福建省住房和城乡建设厅工程处副处长

董　琳（女）　泉州市城建项目管理中心综合股股长

蔡海鸿　泉州市住房和城乡建设局党组成员、副局长、总工程师

薛玉贵　福州市园林中心基建处处长

薛志兵　宁德市城市管理局办公室主任

三、全国住房和城乡建设系统劳动模范名单（福建省）

王摩西　厦门市政公共服务管理有限公司副总经理、工会主席

王进南　中建远南集团有限公司董事长

王明亮　德京集团有限公司项目经理

王碧云（女）　福清市城投园林建设有限公司副总经理

邓兴联　南平美城环境工程有限公司保洁班长

乐文基　福建一建集团有限公司副经理兼项目经理

叶国希　厦门特房建设工程集团有限公司项目管理中心总监、项目经理

刘卫群（女）　漳州发展水务集团有限公司技术负责人

任　帅　平潭综合实验区先行实业有限公司副总经理

卢荣智　中建协和建设有限公司总经理、工程师

吴叶娇（女）　莆田市城建给排水服务有限公司检测室主任

吴哲明　福建西景市政园林公司设计负责人

余剑明（女）　漳州尚农投资集团有限公司总经理助理

沈　晨　福州名城保护开发有限公司朱紫坊历史文化街区项目负责人

林　志　平潭综合实验区城市发展集团有限公司建设管理部经理

林喜贤　福建省九建建筑工程有限公司党委书记、董事长

林忠贤　南平建设集团有限公司质量安全管理部经理

林型岳　福州城市建设投资集团有限公司党委副书记、工会主席

周代乐　福建七建集团有限公司副总经理

徐亮元　漳州天利仁和物业服务股份有限公司管理员

康设兴　福州水务集团有限公司建设事业部经理

黄晓冬　福建建筑设计研究院三院院长

黄展鑫　福建省九龙建设集团有限公司项目部生产经理

黄德汕　福建龙环环境工程有限公司安全员

谢天福　三明市建筑工程施工图设计文件审查中心主任

谢智波　福州市东飞环境服务有限公司鼓楼垃圾分类项目管理员

廖成皓　福建金鼎建筑发展有限公司项目负责人

（摘编：江涛）

“大禹奖”福建省获奖项目

“大禹奖”全称为中国水利工程优质（大禹）奖，是全国水利行业优质工程的最高奖项。获奖工程，意味着建设规范、设计优秀、施工先进、质量优良、运行可靠、效益显著，达到国内领先水平。

2023 年 5 月 5 日，2021—2022 年度“大禹奖”项目名单公布，我省金门供水工程（取水泵站及陆地管道部分）、木兰溪防洪工程华林段两个项目光荣上榜。

近年来，我省统筹发展、安全、稳定与高质量水利建设，项目监管、争先创优同时推进，新开工中型水库和国家重大项目 100% 签订“大禹奖”创建协议，不断打造优质水利工程。截至目前，我省水利建设质量工作考核已连续 3 年保持在 A 级行列，有 5 个项目获评“大禹奖”，数量创历史新高。

（摘编：曾文升）

图书在版编目（CIP）数据

2024福建产业经济年鉴 / 福建产业经济年鉴编委会编. -- 福州 : 福建科学技术出版社, 2024. 9. -- ISBN 978-7-5335-7351-5

Ⅰ. F269.275.7-54

中国国家版本馆CIP数据核字第2024TJ3305号

出 版 人 郭 武
责任编辑 李新文
编辑助理 李艺华
责任美编 余景雯
责任校对 林锦春

2024福建产业经济年鉴

编　　者 福建产业经济年鉴编委会
出版发行 福建科学技术出版社
社　　址 福州市东水路76号（邮编350001）
网　　址 www.fjstp.com
经　　销 福建新华发行（集团）有限责任公司
印　　刷 福州力人彩印有限公司
开　　本 889毫米×1194毫米 1/16
印　　张 48.25
字　　数 900千字
版　　次 2024年9月第1版
印　　次 2024年9月第1次印刷
书　　号 ISBN 978-7-5335-7351-5
定　　价 495.00元（含光盘）

书中如有印装质量问题，可直接向本社调换。